U0853778

21世纪法学研究生参考书系列

Law Graduate Students

邱本◎著

经济法研究

(上卷：经济法原理研究)

中国人民大学出版社

·北京·

作者简介

邱本，1966年生，江西宁都人。1989年毕业于吉林大学法学院，获法学学士学位；2000年毕业于中国社会科学院研究生院，获法学博士学位；曾在瑞士联邦研究所做访问学者。现为江西财经大学法学院教授、博士生导师。著有《自由竞争与秩序调控》、《经济法原论》、《市场法治论》、《宏观调控法论》、《市场竞争法论》、《经济法通论》、《经济法总论》、《人权原论》、《法律内外》等著作；在《哲学研究》、《法学研究》、《中国法学》和《法理学论丛》、《商事法论集》、《经济法论丛》等书刊上，发表《无偿人权和凡人主义》、《从契约到人权》、《形中法学论纲》、《商土中国及其法治建设》、《经济的法律分析》等学术论文百余篇。

总　序

在变革中发展的中国经济法学

中国经济法学走过了近三十年的发展历程，这是一段在变革中发展的历程，全面、具体、深入地分析这段历程的内容、特点和趋势，有利于经济法学的鉴往知来和科学发展。

一、从热闹浮华到冷静思考

中国经济法学是在1978年中国共产党的十一届三中全会以后才兴起发展的一门新兴学科，“由于宏伟的社会主义现代化经济建设的要求，震惊世界的社会主义经济体制改革的推动，规模空前的经济立法实践的促进，我国经济法理论研究取得了突飞猛进的发展”①，出现了几十位经济法学家，创立了综合经济法学派、纵横经济法学派、纵向经济法学派、经济行政法学派和学科经济法学派等经济法学流派，呈现出学派林立、众说纷纭、百花齐放、百家争鸣的喜人局面，好一派繁荣景象，经

① 王家福等：《中国经济法诸论》，前言，北京，法律出版社，1987。

济法成为一时之显学。但与此同时，我们要清醒地认识到，这种繁荣景象是特定时代背景促成的。具体说来，是经济法沾了经济的光，经济法重点在“经济”而不在“法”，人们对经济的热望外溢、辐射到了法律身上，规模空前的经济立法使得法律水涨船高。但与此同时，人们不仅对经济法，就是对许多法律部门包括民商法和行政法都认识不清，以至于把经济法想当然地理解为是有关经济的法，甚至是一切有关经济的法。在这种“大经济法”的观念和旗帜下，当然就群贤毕至，少长咸集，包罗万象，热闹非凡，一派繁荣了。由于当时中国经济法学尚处于初创阶段，许多基本问题都尚在探求之中，不要说当时难以解决，就是今天乃至今后相当长的一段时期内也难以真正彻底解决。而当时许多实际问题，如承包租赁、两权分离、经营责任制，都被纳入了经济法的研究领域，大加研究。但这些问题是一时的问题，甚至不是什么真正的问题，解决它们也没有多大的现实意义。因此，可以说，当时中国经济法学的繁荣，客观地说是繁而不荣。

1986 年我国《民法通则》的颁布使这种繁荣成为昔日的荣光。《民法通则》第 2 条明确规定：“中华人民共和国民法调整平等主体的公民之间、法人之间、公民和法人之间的财产关系和人身关系。”并在立法说明中进一步指出：“民法主要调整平等主体间的财产关系，即横向的财产、经济关系。政府对经济的管理，国家和企业之间及企业内部等纵向经济关系或者行政管理关系，不是平等主体之间的经济关系，主要由有关经济法、行政法调整，民法基本上不作规定。”上述规定和说明给中国经济法学带来了巨大的冲击，这一方面使综合经济法学说分化，纵横统一经济法学说解体；另一方面在经济法原有的领域内引入了新的“竞争者”，即行政法，这大长经济行政法的志气，而这一学说认为：“单纯从国家行政权力活动这一点看，经济行政法与行政法没有区别。按照传统行政法学的观点看来，经济行政法应当属于行政法中的行政作用法之一部。”[①] 因此，该学说的根本宗旨与学科经济法学说一样，都是否定经济法是一个独立的法律部门。由于法律是经济关系的记载和表述，《民法通则》得以颁行，正说明《民法通则》所依存的商品经济取代了传统的高度集权的计划经济，从而使得立足在这一基础上的计划经济法学说、纵向经济法学说也日趋式微。这样一来，昔日林立的中国经

① 梁慧星、王利明：《经济法的理论问题》，224 页，北京，中国政法大学出版社，1988。

济法学流派许多已纷纷倒闭，众说纷纭的盛况已不复存在。

中国的法学研究总是紧跟立法步伐，随立法转移而转移。《民法通则》的颁行掀起了民法研究的高潮。特别是，像民法这种学科，历史悠久，积淀深厚，文献浩繁，大可借鉴，又与人们的日用常行密切相关，本来就是商品经济、市场社会的基本法。这一切都使得民法魅力无穷，值得研究，足以引起广大学人尤其是法律学人的极大关注。这就使得那些本是学民法出身，只是暂时“转战”经济法的人自然要回归到民法阵营中去，其实，他们“转战”经济法本来就是维护民法的正统地位而反击经济法。另外，随着商品经济的发展、市场体制的完善，商事活动层出不穷，日益丰富，相应的法律也日积月累，蔚为可观，这样，又有许多人从经济法阵营中分流到商法队伍中去了。结果，原先的“大经济法”已一分为三或更多，如最近，又有一群学者从经济法阵营中分流到社会法中去了。经过几次分流以后，经济法人才流失严重，人气不旺了，只剩下一部分人还在苦心孤诣，惨淡经营经济法学。但由于经济法研究本身十分繁难，从事经济法研究不仅是巨大的智力挑战，也是极其艰苦的精神劳作，还是充满风险的研究历程。人们难免避重就轻、舍难求易、避害趋利，这就使得即使是留在经济法阵营中的人们也时常旁及其他，以至于到目前为止大多数高校的大多数经济法学硕士、博士写的毕业论文，大都不是本来的纯粹意义上的经济法学论文。凡此种种，都促使经济法学走向沉寂衰落。

这真可谓是“三十年河东，三十年河西”。

不过，这正是学科发展的一般规律。学科的发展常常人多则乱，而人少则进。始初由某（些）人创立某（些）学术观念、思想和理论，尔后人们争相呼应，有好奇而来的，有激情而来的，有慕名而来的，有问学而来的，有为利而来的，也有莫名而来的，不一而足，可以说是人们为了不同的目的走到一起来了。但学科（术）发展犹如大浪淘沙，在学术长河中，能够驾驭学术方舟乘风破浪并成为中流砥柱的永远是极少数人，极少数真诚学问、不畏艰难、精神跋涉的人。所以，再往后人们就会分道扬镳，不是为她而来的肯定不会为她而留，只有极少数人能坚持守护她。这实质上是从业人员的纯化、优化，而从业人员的纯化、优化有利于减少无谓的争吵，有利于志同道合，有利于学科的发展。学问总是极少数人的事业，从来不以人多势众为论，只要这极少数人对经济法不离不弃，经济法就会发展，经济法就能发展。

学科的发展往往会从热闹归于冷静。新兴学科，魅力四射，人们纷至沓来，观点、思想和理论层出不穷，学术争鸣，百花齐放，真是热闹非凡。但新兴学科，历史不长，积累不够，根基不深，观点、思想和理论多是昙花一现，学术争鸣难以引起共鸣。一旦激情已过，兴趣大减，难度日增，许多人便会知难而退了。特别是在热闹的氛围里，人们难免头脑发热，心浮气躁，胡思乱想，非宁静不能致远，这极不利于学科的发展。冷静是理性思维的特点，也是理性思维的优点。在冷静的环境里，人们能平心静气，精研细究，深思熟虑，宁静致远，这极有利于学科的发展。学科的发展是静悄悄的革命。同样，经济法学也需要冷静，需要冷静的氛围、冷静的思考，需要一场静悄悄的革命。

学科的发展是曲折前进的。几十年来，许多人为经济法殚精竭虑，提出了种种经济法学说，但大都事与愿违，这种种经济法学说大多在理论上难以自圆其说，在实践中缺乏解释力、实践力，这就必然会招致许多人的非议和诘难，甚至反对。近来又传来对经济法来说是致命的打击：人民法院系统不顾学术理论争论率先在法庭设置上取消了经济庭，改为民事庭或民事某庭。经济法已被宣告破产，这似乎为实践所证明。但我认为，具有证明力的实践，不是一个人、一些人、一代人的实践，而是许多人、全人类、几代人的实践。对于过去种种经济法学说，我们也反对，对于过去那种经济庭，我们早就指出过是“民事二庭”而不是真正意义上的经济法法庭。尽管如此，我们还是要对过去的种种经济法学说，哪怕是错误的、失败的经济法学说表示真诚的理解和虔诚的敬重，因为错误是真理之源、失败是成功之母。尽管他们也许没有找到真正的经济法，但不等于说真正的经济法就不存在，经济法的先学失败了不等于经济法就失败了。正视错误、修正错误，总结失败、告别失败，学科才能发展，就能发展，一味吹捧、满堂喝彩远不如深刻批判、真诚异议有利于学科发展，学科发展也是在逆境中进行的。因此，不必哀叹，目前对经济法的批判和非议实有利于经济法学科的发展。

其实，正是在这种冷静非议的环境和氛围里，这些年来，中国经济法学研究取得了前所未有的可喜发展。学者们先后发表了大量的有重大突破的经济法学术论文，如王保树教授的《市场经济与经济法学的发展机遇》（《法学研究》，1993（2）），杨紫烜教授的《论新经济法体系》（《中外法学》，1995（1）），史际春教授的《社会主义市场经济与我国的经济法》（《中国法学》，1995（3）），李昌麒、鲁篱教授的《中国经济法现代化的若干思考》(《法学研究》,1999(3))等;并出版了一系列重要的有代表性的经济法学术著作,如李昌麒教授的《经济法——国家干预经济的基本法律形式》(成都,四川人民出版社,1997),漆多俊教授的《经济法基础理论》(武汉,武汉大学出版社,1996),史际春、邓峰教授的《经济法总论》(北京,法律出版社,1998),张守文教授的《经济法理论的重构》(北京,人民出版社,2004),邱本教授的《经济法通论》(北京,高等教育出版社,2004)等。这些经济法学术论文和著作都是在新的时代背景下,人们立足市场经济对经济法进行的深入反思和科学重构。如果人们对这些经济法著述认真加以研读的话,不难发现,它们确实有了重大变革和长足发展。

还要指出的是,也是在这一时期,分别创刊了徐杰教授主编的《经济法论丛》(法律出版社),漆多俊教授主编的《经济法论丛》(中国方正出版社),史际春、邓峰教授主编的《经济法学评论》(中国法制出版社),李昌麒教授主编的《经济法论坛》(群众出版社)。这些丛书为经济法论文的大量发表问世创造了有利条件,并促使中国经济法学重新繁荣起来。与此同时,新一辈的经济法学者也承前启后,继往开来,大量涌现,已渐成气候。人们欣喜地看到,中国经济法学的发展后继有人,中国经济法的学术薪火相传更旺。①

二、从众说纷纭到学说统一

中外经济法学从其出现以来,已形成了各种经济法学派,存在过种种经济法学说,可谓学派林立、众说纷纭。在我国,最著名的有综合经济法学派、纵横经济法学派、纵向经济法学派、经济行政法学派和学科经济法学派。其中综合经济法学派认为,经济法的调整对象是,我国社会主义经济生活中所发生的平等的、行政管理性的、劳动的具体社会经济关系;纵横经济法学派认为,经济法的调整对象是国民经济管理,各个经济组织之间、经济组织内部以及经济组织与个体户、公民之间,在有计划的商品经济活动中所发生的经济关系;纵向经济法学派认为,经济法是调整具有经济管理性质的纵向经济关系的主要法律规范;经济行

① 参见李昌麒:《发展与创新:经济法的方法、路径与视域——简评我国中青年学者对经济法理论的贡献》(上、下),载《山西大学学报(哲学社会科学版)》,2003(3)、(4)。

政法学派认为，经济法的调整对象是，国家在组织和管理国民经济的活动中，与社会组织和公民之间形成的具有隶属性特征的经济管理关系；学科经济法学派认为，经济法不是一个独立的法律部门，而是一门十分必要的法律学科，其任务就是研究经济法规运用各种基本法手段和原则对经济关系进行综合调整的法律。在此基础上，它们各自形成了一套自己的经济法学说和理论体系。① 历史地看，这些学说代表了当时历史条件下人们对经济法的最为典型和最高水平的认识，各有一定的合理性，其合理内核为后来的经济法学所继承和发扬，它们起着承前启后的重要作用，在相当长的时期内，人们对经济法的认识依然难以绕过它们，而只能是对它们的不同选择，并在它们的基础上加以必要的改进和完善，如在它们的基础上发展起来的"管理协作说"、"紧密联系说"、"需要干预说"和"规制调控说"等等即是。但由于中国经济法学毕竟刚刚起步，处于认识之初，实践不够，特别是立足、依附于计划体制，上述诸说都或多或少地打上了那个时代的深刻烙印，并不知不觉地沾染上了计划体制的某种缺陷，在今天看来，它们都有这样或那样的不足。对此，学界已有评析。②

应当指出的是，人们对经济法见仁见智，莫衷一是，学说林立、观点纷争，局面相当混乱，以至于有人说：读一本经济法书，知道经济法是什么，读两本经济法书，就有点困惑，读三本经济法书，就头脑混乱，以至于不知道经济法是什么。这种混乱不堪的局面，不是百家争鸣、学术繁荣，而是对经济法认识的片面、偏执、模糊和混沌，有点像"盲人摸象"，人们摸到什么就说它是什么。科学允许百家争鸣，但科学不是公说公有理、婆说婆有理，真理需要争议、讨论，但真理不是争论不休、永无定论。作为一门学科，一门在世界上有了上百年、在中国也有了数十年发展历史的学科来说，没有一致的理念、共同的信守、基本的共识、统一的话语，是不应该的。特别是对于作为法律的经济法来说，这种混乱不堪与法律所要求的统一性也是相去甚远的。

值得庆幸的是，这种局面已大为改观。时至今日，人们对经济法的学说和认识已在日益趋同。如，王保树教授指出，在经济法学研究中，人们最大的共识莫过于"经济法应调整经济管理关系"的判断。但在如

① 参见王家福等：《中国经济法诸论》，北京，法律出版社，1987。

② 参见刘国欢：《经济法调整对象理论的回顾、评析与展望》，载《法律科学》，1996（1）；张传兵等：《评我国经济法学新诸论》，载《法学评论》，1995（4）。

何认识经济法所调整的经济管理关系的本质特征上，他进一步指出，应该从行政性转变为社会公共性，经济法的调整对象是市场管理关系和宏观间接管理关系①；李昌麒教授明确提出经济法是国家干预经济的基本法律形式，具体说来，经济法是国家为了克服市场调节的盲目性和局限性而制定的，调整需要由国家干预的具有全局性和社会公共性的经济关系法律规范的总称②；石少侠教授认为，随着我国社会主义市场经济体制的确立以及法制建设的发展与法律体系的完善，我国的经济法理论研究亦日趋深化，人们越来越倾向于经济法就是调整国家（政府）干预或管理社会经济关系之法，是调整国家在调控社会经济运行、管理社会经济活动的过程中，在政府机关与市场主体之间发生的经济关系的法律规范的总称③；徐孟洲教授认为，现代市场经济的形成和发展，市场机制与宏观调控耦合现象的客观存在，需要一种新的法律形式为之服务，反映市场机制与宏观调控耦合要求的、以促进和稳定二者耦合为主要调整任务的经济法，正是这种新的法律形式④；张守文教授认为，在现代市场经济条件下，由于存在着民商法无力解决的诸如垄断、不正当竞争等破坏市场机制的现象以及市场经济的盲目性、外部性等问题，因而要求国家必须行使其职能以对市场经济进行宏观调控和市场规制，经济法的调整对象形成宏观调控经济关系和市场规制经济关系的二元结构，以此为基础，经济法的体系由宏观调控法和市场规制法构成⑤；邱本教授认为，经济法立足于市场经济，市场经济具有自由竞争的本质属性，而这一本质属性又派生出垄断、不正当竞争等限制竞争和盲目无序等妨碍市场经济健康、有序发展的现象，因此，要发展市场经济国家就必须依法反对限制竞争和加强宏观调控，但源于民法机理和行政法的特性，使得它们不宜对其加以调整，而需要产生其他法律部门，实践证明，这个法不是民法，也不是行政法，而是对它们予以补充和促进的经济法，经济法就是调整市场竞争关系和宏观调控关系的法律规范的总称，经济法的体系由市场竞争法和宏观调控法统一构成。⑥ 由上可见，尽管人们在对

① 参见王保树：《市场经济与经济法学的发展机遇》，载《法学研究》，1993（2）。

② 参见李昌麒：《经济法——国家干预经济的基本法律形式》，198页，成都，四川人民出版社，1995。

③ 参见石少侠主编：《经济法新论》，6页，长春，吉林大学出版社，1996。

④ 参见徐杰主编：《经济法论丛》，第2卷，北京，法律出版社，2001。

⑤ 参见张守文：《经济法的理论重构》，208页，北京，人民出版社，2004。

⑥ 参见邱本：《经济法通论》，自序，北京，高等教育出版社，2004。

经济法的具体表述上还有细微的差别，但大都认为经济法是调整市场监管（规制）关系和宏观调控关系的法律部门，其体系由市场监管（规制）法和宏观调控法统一构成，这已成为老中青经济法学者最基本的共识，而且已是当今最具代表性的占主流的中国经济法学说，它已为大众所接受，也为实践所证实。

经济法学说之所以能从众说纷纭走向学说统一，首先，应归功于我国的经济体制改革从计划经济体制到市场经济体制的转变。什么是计划经济体制？集中地说，就是用计划实质上是人的主观意志去指挥经济活动，这是一种人治经济，它深受计划者的主观意志支配，往往因人而异。立足于这种经济体制的经济法学说自然也会因人而异，众说纷纭了。尤其是，计划不仅指挥经济活动，而且控制意识形态，人们对真理的认识受到计划者当然也是权力者的左右，使得人们对经济法的认识往往因人立论，为政策注释甚至辩解，难免有失客观和科学。随着计划经济体制的被否定，立于其上的各种经济法学说自然也就失去了存在的根据，各种主观臆断也就没有了市场。这使得经济法学说纯化了许多。什么是市场经济体制？核心的一点就是资源主要由市场去配置。市场机制是一只“看不见的手”，正因为它是看不见的，所以谁也摸不着、控制不了，进而也就无人能控制意识形态，左右人们对真理的认识。人们直面市场，探求客观规律，百花齐放，百家争鸣，在思想的市场上，经过比较竞争，优胜劣汰，人们的认识也会逐渐地去伪存真，在真理的基础上，日益趋同，达成共识。因此，经济法学说的日趋统一，关键是人们找到了市场经济体制这一客观公认和公理性的基础并共同立足于之上。

其次，应归功于经济法学者的不断反思和自觉调整。纵观经济法学的发展历程，人们可以发现一个显著的特点，那就是经济法学者总是与时俱进，不断地自我反思，无私地抛弃成见，自觉地修正错误，大度地欢迎高见，真诚地接受真理。大家只要去看一看王家福、王保树、李昌麒、漆多俊、杨紫烜等老一辈经济法学家的论著，就可以清楚地了解这一点。如李昌麒先生关于经济法学说的基本观点就经历了从“纵横统一论”到“紧密联系论”再到“需要干预论”这样一个发展过程。更不用说中青年经济法学者了。也正因为如此，才会有综合经济法学派等“经济法旧诸论”和“管理协作论”、“紧密联系论”、“需要干预论”、“经济管理论”等“经济法新诸论”以及上述共识。其实，学科的发展历程就是一个不断试错的过程，一个不断发现、修正错误和日益接近科学真理的过程，并在这一过程中得到发展完善。如果人们故步自封，固执己见，思想僵化，那么，今天的经济法学也许一仍其旧，仍然是学派林立、众说纷纭。因此，心无芥蒂，与时俱进，吐故纳新，去伪存真，对于经济法学说在科学层面上的统一是十分重要的。

再次，应归功于人们对经济法认识的不断深化。人们对事物的认识总是由表及里，由现象到本质。人们的认识越来越深化，认识越是深化就越能抓住事物的根本，而在根本上人们易于并能够达成共识，因为学问、学术和道理在根本上是“道通为一”的。人们对经济法的认识亦然。经济法就像是一棵大树，如果人们对这棵大树向上看，看到的是各不相同的枝节，人们对它的纷争不已，莫衷一是，当然就在所难免了。如果对这棵大树向下看，看到这棵大树的主干，那么差别就不会那么大，甚至还会感到“本是同根生”，从而自然不愿“相煎何太急”。经济法研究的深化，有利于抓住经济法的主干，把握经济法的根本，统一经济法的认识。

三、从务虚到务实

在过去相当长的时期内，经济法学研究注重务虚，十分重视经济法基础理论的研究。无论是综合经济法学派等“经济法旧诸论”，还是“管理协作论”等“经济法新诸论”，它们都有着浓厚的理论旨趣，都着眼于从基础理论上把经济法说清道明，力求科学地回答到底经济法是什么。应该说，这是难能可贵的，也是十分必要的，因为经济法学作为一门新兴学科，尚处于打牢基础、构建原理、自圆其说的阶段，应当专注于自身的理论建设而无暇他顾。但囿于当时的历史条件和人们的认识水平，它们所达到的理论水平还不是很高，也许还缺乏真正的理论感。尤其是，当时我国正处于经济体制改革的初期，经济体制经历了从计划经济到有计划的商品经济，再到商品经济新秩序以及“国家调节市场，市场引导企业”的变革，随之而来的是，建立在它们基础之上的各种经济法理论亦有变化。同时各种问题也层出不穷，但这些问题只不过是改革过程中出现的暂时问题，有的甚至还是无法求解的假问题，解决这些问题并没有多大的实际意义。其实，这些问题也不是法律所能解决的，因为当时许多法律尚付阙如，也不完善，要法律解决这些问题，是勉为其难。事实上，许多问题都是随着经济体制的变革而自生自灭，不了了之的。这就说明当时的经济法既没有解决真正的理论问题，也无力解决那些所谓的实践问题。正是从上述几个方面而言，当时的经济法注重务虚。

很显然，这里所说的务虚，不仅是指经济法在理论上还不能给人以真知，更重要的是经济法难以实用。经济法的一些常识性教条，脱离生动活泼、丰富多彩的社会现实，既没有解释力，也没有实践力，难以指导立法和司法，许多经济法也没有颁布出来，自然就难以规制应当由它调整的社会关系，难以解决具体的经济法案件，司法部门也没有依据经济法审判过什么真正意义上的经济法案件。如果说哲学作为一种形而上学，自有其独特的实用方式，是一种“无用之用”、“无用即大用”，人们不应用功利世俗的态度去要求哲学之实用，允许哲学在彼岸世界遐想的话，那么，对于经济法这样一门实用性很强的学科来说，千条万条实用是第一条，人们不允许经济法是一门无用之学。经济法如果不能实用，不是一套切合社会现实、有效调整社会关系、解决社会问题的法律规则，就难以立足。

但随着市场经济大潮的汹涌而来，人们的研究已发生了重大转向，非常偏好务实。一方面，是由于市场经济给人们带来了无限的实践机会和广阔的实践空间，使得人们跃跃欲试，许多现实问题也确实急需人们予以回答和解决；另一方面，是由于原理的研究需要深广的知识基础、扎实的理论功底、浓厚的理论兴趣、高度的抽象概括能力、不屈的理论创新精神，因而十分艰难。加上长期以来，经济法原理研究进展缓慢，表现欠佳，频遭质疑和批评，也令人气馁，使人望而却步，进而促使人们转向对实践问题的研究。应该说，这种转向是必要的，也是可以理解的，因为经济法学毕竟是一门实践性很强的学科。

但应该提请注意的是，这种偏好务实已经有点走向极端，务实变成了唯实，以至于远离、厌恶甚至反对、否弃对经济法基础理论的研究。这是十分危险和有害的。

我认为，加强对经济法原理的研究意义十分重大。

法律是调整社会关系的规则，但规则总是有限的、相对固定的，而社会关系是丰富繁多、变动不居的，所以，法律调整社会关系，只能用有限的固定的规则去调整丰富繁多、变动不居的社会关系，这就难免出现法律调整的漏洞、空白、刻板和不适。这正如荀子所说的：“不知法之义而正法之数者，虽博，临事必乱。”[①] 为了弥补法律调整的漏洞、空白，消解法律调整的刻板、不适，法律在规定规则的同时还必须“知法之义”，即确定法律的原则，这个原则就是法律的理念、原理。法律实质上是规则与原则、规则与理念、规则与原理的内在统一，缺一不可，这又如荀子所谓的：“人无法则伥伥然，有法而无志则渠渠然，依乎法而又深其类，然后温温然。”[②] 这里所谓的“志”和“类”实质上就是法的原则、理念与原理，是“法上法”、“补充法”、“万能法”，它们弥补了规则的局限性，消解了规则的僵硬性，使规则超越有限性，扬弃僵硬性，从而更有效地调整丰富繁多、变动不居的社会关系。可见，原理对于法具有十分重要的意义。但要深切地体会并掌握、运用法的原理，必须加强对法的原理研究。作为法律的经济法更应如此，因为经济法的规则更为有限、更为固定，如我国《反不正当竞争法》只有 32 条，《反垄断法》只有 57 条，经济法所调整的那种社会关系，却是丰富繁多、变动不居的，有限的固定的经济法规则在调整丰富繁多、变动不居的社会关系时存有更多的漏洞、空白、刻板和不适。所以，经济法的性质决定了经济法更倚重经济法的原理，这也就说明了经济法原理的研究甚为重要。

经济法学尽管有了数十年的历史，但目前仍然处于自我巩固、自我完善时期，还处于打基础的阶段。经济法原理研究就是要为经济法的发展打好基础，让经济法立于不败之地，使经济法不至于成为无源之水、无本之木、无根之学。

目前中国的经济法研究还比较浅陋，现状尚不尽如人意。人们对经济法的研究还不够深广，近乎处女地的经济法还没有得到足够的辛勤汗水的浇灌耕耘，经济法也未能结出丰硕成熟的果实。理性尚有待提高，许多经济法问题似乎为理性所冷漠，缺乏理性之光的普照，没有得到理性应有的审视，有的也经不起理性的检验，在经济法中谬误和缺漏不在少数。理性是科学的基本规定性，经济法目前尚不完全具备这种属性。人们对经济法的认识还不够深入，没有深入经济法的本质层面，没有揭示出经济法的内在规定性，浅尝辄止、语焉不详的地方在经济法中随处可见。理论只有彻底才能说服人，才是真正的理论，经济法还缺乏理论

① 《荀子·君道》。
② 《荀子·王制》。

感。思想需要大大加强，许多经济法研究还没有上升到思想的高度，不能给人以思想，不能启迪人思想。思想是认识的精华，思想是最高的学问，经济法思想还比较贫乏，有时还难以成之为学。

要改变这种局面，必须加强经济法原理的研究。只有加强经济法原理的研究，才能使经济法走向成熟，富有理性，增强理论感。只有加强经济法原理的研究，才能结束混乱，取得共识。只有加强经济法原理的研究，才能发挥经济法的实用性，因为只有在原理上说得清道得明的东西，人们才能运用得了、运用得好。

法律是一种强制性的行为规则，直接关涉人们的权利、自由、安全，对它的运用必须有十分清晰明确的认识，对法的原理说不清道不明，就贸然去运用它，后果是不堪设想的。特别是对于经济法来说，它是一种国家干预社会经济之法，是国家权力保证贯彻的国家意志的体现，它对人们的权利、自由、安全构成更大的威胁，运用它要有清晰明确的认识，要明确地划定国家权力的作用范围和方式。在对经济法原理说不清道不明的情况下就贸然去运用它，追求它的实用价值，实在是太危险了。经济法原理就是为了对经济法的基本理论说清道明。但不知从什么时候开始，人们对经济法形成了一种特有的认识，即认为经济法在原理上不能给人以真知，在实践中无法让人去操作，因而不太实用甚至无用。在这种认识的影响下，许多人远离并拒斥经济法。如何看待经济法的实用价值已成为一个关系到经济法生死存亡的十分重要的问题。

经济法当然是一门实践性很强的学科，对于经济法来说，总是首先表现为一条条的规则，如果经济法没有具体化为规制、无法实用，那么就必然会遭到人们的非议和冷落，甚至根本就没有存在的合法性。法律以规则为载体，是规则的集成，这就决定了经济法研究和所有其他法学研究，最终目的在于人们通过究天人之际，通古今之变，博中外之长，成一套规则。可以说，形成规则、制定法典，为国家社会奠定一套优良先进、行之有效的法律制度，并以此促进国家的长治久安和社会的长足发展，是包括经济法研究在内的一切法学研究最神圣的使命和最伟大的贡献。因此，能否把理念、思想转化、制订为规则，规则制订得怎样、在实践中效果如何，是检验法学研究的最后和最高标准。

尽管近年来，人们本着求真务实的精神加强和深化了经济法的研究，尤其是经济法具体法律制度的研究，并取得了相当丰硕的成果，但如果按照上述标准要考量经济法研究，那么毋庸讳言，确实还存在相当大的差距，许多经济法研究还没有形成为具体的法律规则。形成具体的规则是一切法律实用的前提和开始，连具体的法律规则都没有，还谈什么实用价值！如计划法研究即是如此。按理说，我国长期实行计划经济，对计划可谓经验丰富，最起码教训深刻；而且一直以来，经济法学界都在极力倡导以计划法为“龙头法”去构建经济法的体系，但即使有这种大好时机，我国也未能制定出一部“计划法”。现在早已时过境迁了，我国实行了社会主义市场经济体制，人们又走向了另一个极端，把市场与计划对立起来，否定计划，作为计划工作的主要机构——“国家计划委员会”都改名了，先是改为“国家发展计划委员会”，后又改为“国家发展与改革委员会”，改来改去，离计划越来越远，甚至在名称中连“计划”的影子都没有了，看来计划法更是不值一提了。但我们应充分地认识到，人有理性，会思维，人们从事经济活动总是“先思后行”，甚至“三思而行”，这就从根本上决定了人们从事经济活动的目的性和计划性，只要是人的经济活动就必然具有计划性。因此，我们应注意到，我们改革的是计划体制而不是否定经济计划，作为经济手段的计划是否定不了的，而且历史反复证明，越是社会化大生产、市场化程度越高，越是需要未雨绸缪、整体规划、宏观调控，也就是说越需要计划。计划，作为一种与市场调节相辅相成的资源配置手段，属于大政国是，关系国计民生，涉及整体全局，影响国泰民安，如果这么重要的事情都无法可依，这是不可想象的。计划无法可依，哪还有法治经济可言?!计划无法治，法治经济就是一句空话。经济法学者应该深入细致研究，会通古今中外，总结历史经验教训，结合中国具体国情，借助法律原理和技术，为中国制定一部“计划法”，详细规定计划事项、计划主体、计划权限、计划程序和计划责任，使计划工作有法可依、有法必依、执法必严、违法必究，使我国的计划工作实现法治化。

与之相反的是，财政法、金融法这两类法律倒是法律规则很多，甚至多得不胜其烦。打开这两类书，里面充斥着规则。众所周知，法律规则是最重要的法律读本，但法律规则生硬枯燥和条块分割，因而又是人们最不喜欢读、也可能是人们读得最少的法律书本。即使人们硬着头皮、耐着性子把它们读完了，也未必有多少效果。难道这就是苏东坡所说的“读书万卷不读律”的缘故。所以，形成了规则并且写进了书本并不等于为人们所知悉、所运用了。这里有必要重申一种认识，即并不是法律规则越多、越具体、越细致就越务实、越有用，有时还恰恰相反。

这一点早就为古今中外许多先贤所指出，如老子就认为："法令滋彰，盗贼多有"；叔向认为："国将亡，必多制"；古罗马塔西陀指出："国家愈糟，法网愈密"；孟德斯鸠也发现："当一个民族有良好风俗的时候，法律总是简单的。"法律规则多如牛毛，远远超出了人们的掌握能力，根本无法运用，形同虚设，也谈不上有何实用价值，即使有人具有超凡的能力悉数掌握了法律规则，也未必运用得了，因为法律规则仅是法律之一面并且是末的一面，法律还有比它更根本的一面，即法律的精义，如果不掌握法律的精义，根本运用不了法律，因为"不知法之义而正法之数者，虽博，临事必乱"。况且，法律规则千条万条，但最高最后的一条还是基本的道理，只要把法律的基本道理说清道明，掌握了法律的精神实质，能够明理弘道就了不得了。"法者，存其大纲，而其出入变化固将付之于人。"法学研究没有必要囊括所有的法律规则，有所遗漏，人们记不住也没有关系，需要的时候，人们翻开法典或法规汇编查查就是了。所以，法学研究重要的不是就法论法式地告诉人们以规则，而是追根究底地揭示法律规则背后的原理精神，仅仅授人以规则，知其然，而不知其所以然，这犹如授人以鱼只供一餐之需，用途是极其有限的；而揭示法律的原理精神，犹如授人以渔即授给人们以打鱼的方法才能让人终生受用无穷。实践证明，真正影响人的思想从而规范人的行为的依然是公平、正义、自由、权利、博爱、责任等最原始又最简朴的理念，而所有规则都不过是它们的具体化，因此，法学研究应追根究底，揭示、诠释法律规则的上述理念，并使它们深入人心，化为行动，这才是真正的实用，并且是大用。

一般说来，法学研究的状况直接决定着法制完善的程度，上述无论是计划法尚未形成规则，还是财政法、金融法规则太多，都说明计划法、财政法和金融法的研究不够，尚待大力加强。但也有例外，比如反垄断法。众所周知，在经济法领域，归属最没有争议的就是反垄断法，现代意义上的经济法就肇端于反垄断法。在目前经济法学研究中，研究最充分深入、成果最大最多、地位最明确无疑的也是反垄断法，有关部委召开了许多次国内国际的反垄断法研讨会，也提出了《反垄断法（建议稿）》，人们针对该建议稿还提出了许多修改完善的意见，可是依然迟迟不能出台。究其根本原因，就是国家发改委、商务部和国家工商总局三家各自都认为反垄断法执行机关应设在自己部门内，由自己行使反垄断法的执行权最合适，结果互不相让又相持不下。应该说，三部门的主张都有一定的合理性，但也不见得就足以决定反垄断法的执行权非己莫属，只能由自己执行反垄断法。其实，由哪个部门执行反垄断法都有一定的弊端，应以大局为重，认识到现实中垄断的复杂性、危害性和反垄断的迫切性和艰巨性，理应舍弃部门利益，通力合作，协商解决。况且，立法本来就是利益的分配，如果协商不成，完全可以也应该尽早由国家权力机关加以定夺，不至于因为反垄断法执行机关的设立和执行权力的争夺这一并非原则性的问题而延误反垄断法的出台实施。为了反垄断法的尽早出台，立法者只好先把争议搁置起来，于2007年先出台《反垄断法》，把存在争议的反垄断法的执法权问题留待以后再解决，所以，《反垄断法》第9条只是笼统地规定："国务院设立国家反垄断委员会，负责组织、协调、指导反垄断工作"；第10条规定："国务院规定的承担反垄断执法职责的机构依照本法规定，负责反垄断执法工作。"至于国家反垄断委员会由哪些部门构成，反垄断法的执法权具体由哪个部门来行使或在各部门之间如何划分，则留待"反垄断法的实施细则"或国家权力机关去解决。可以预言，如果这个问题解决不好，还会影响反垄断法的执行及适用。

这也说明经济法的实施与有些法律的实施有所不同。经济法的实施往往为私人所不能为，为私力所不能济，它要求国家机关公权力的介入干预，因此，国家机关的态度如何，执法人员的素质高低，公权力怎样行使直接影响着经济法的实施。

对于经济法的实用价值，还有一点值得指出，那就是并非一定要实施经济法才能发挥其价值。回顾经济法的历史，不难发现经济法大多是在社会经济出现问题尤其是国难当头之时才大显身手，而在社会经济正常运行、国泰民安之时却不显其要。经济法本质上是故障排除法、校正纠错法和危机对策法，只有在社会经济出现故障、存在失误、发生危机时才启动实施，否则就悬而不用。那么，悬而不用是不是就形同虚设并无实用价值呢？并非如此。日本为了应对物价高涨等经济异常事态，调控与国民生活密切相关的物资及其供求关系，确保国民生活的安定和国民经济的正常运行，制定过《国民生活稳定紧急措施法》等法律和法令，但实践证明，这些法律实际上几乎没有得到实施，上述法律的效果是暂时的、有限的和心理层面的，如紧急立法对于物价暴涨的对策只能起到类似向发烧病人注射强心剂的作用，因为针对物价暴涨现象，正确的做法应该是开展适当的需求管理，而不是简单地运用法律手段便能够加以解决的。如果使用过度还会带来生产停滞等相反效果。但即使如此，其作用也是不可低估的，因为物价失控在很大程度上也是受心理作用的影响，而上述法令恰恰可以收到抑制投机心理不使其过热的效果。[①] 对于经济法来说，也许悬而不用才是最好之用，才是大用。我们并不期望经济法频繁地、长期而广泛地实施，因为那样的话，恰恰说明社会经济出现问题、发生危机了，而这是我们所不愿看到的。

四、从计划经济到市场经济

“经济法”既然是“经济法”，肯定是有关“经济”的“法”，“经济”的内容和性质决定了“经济法”的内容和性质。所以，要理解经济法是什么，关键是要认识这里的“经济”是什么意义上的经济。在现当代，这里的“经济”确切地说，主要是指计划经济还是市场经济？就经济法的缘起来说，由于国家干预是经济法产生的主要根源，经济法本质上是一种国家干预经济之法，而计划经济是最典型的国家干预经济，这就决定了经济法与计划经济是密切相关的；就经济法的发展历程来说，由于我国长期实行计划经济，因而经济法在历史上也曾经立足于计划经济，还把计划法视为经济法的“龙头法”，以统率经济法的其他法律规范，把计划法当作经济法的轴心，经济法体系围绕它而构成。但实践证明，计划经济是行不通的，必须加以改革，以通向不可逾越的市场经济。随着计划经济向市场经济的变更，经济法的观念思想、法律法规和体系构成都发生了巨大的变化，其中，许多具有计划经济性质和色彩的经济法观念思想、法律法规和构成要素都随之被否弃了。有的人甚至走向了极端，借口市场经济替代计划经济而从根本上否定经济法。

这就有必要去科学认识市场经济了。一方面，市场经济特别是高度发达的市场经济，本质上是一种自由竞争激烈的经济，结果优胜劣汰，生产集中，形成垄断；或者各市场竞争主体，为了避免在激烈的市场竞争中两败俱伤，而合谋限制竞争或进行不正当竞争，无论是垄断、限制竞争还是不正当竞争都是对市场经济的釜底抽薪，市场经济不能自由竞争就从根本上丧失了自己的优势和价值。为了维护市场的自由竞争，必须反垄断、反限制竞争和反不正当竞争，但这些并不是市场自身能解决

① 参见《第九届中日民商事法研讨会议材料》。

的，而必须通过国家干预才能完成。另一方面，市场经济特别是高度发达的市场经济，是一种高度社会化的经济，是一种宏观经济，它涉及方方面面，关系错综复杂，关切国计民生，影响国泰民安，任何私人都无法掌控，市场那只“看不见的手”也不能调节自如，而必须由作为社会总代表的国家通过搜集分析国民经济信息、运用国家公权力去宏观调控。这两个方面都说明，市场经济并不排斥国家干预，而是内在地要求国家干预。有国家干预就有其所依据的经济法，在市场经济体制下有经济法的立足基础，或者说，经济法可以立足于市场经济。因此，什么是经济法？往大了说，经济法是市场经济之法；往小了说，经济法是对市场竞争进行监督管理和对市场经济进行宏观调控之法。

立足于计划经济的经济法与立足于市场经济的经济法，看似有相同之处，因为它们都是依据国家干预。确实如此，我们没有必要否认经济法的国家干预性质，不必否定计划经济就一同否定经济法的国家干预性质。但我们要看到立足于计划经济的经济法国家干预与立足于市场经济的经济法国家干预是大有不同的：一是前者是对计划经济的国家干预，由于在计划体制下，计划经济就是国家干预经济，它与国家干预是同一的，所以这种国家干预往往没有客观的经济基础，大都是纯粹的国家干预，有时是主观臆断和人治经济，社会经济按照国家干预运行；后者是对市场经济的国家干预，市场经济是国家干预的基础、内容和对象，有客观经济的制约，国家干预要适应市场经济的客观要求。二是前者国家干预的范围十分广泛，几乎无所不包；而后者国家干预的范围较小，主要集中在市场监管和宏观调控上。三是国家干预的方式不同：前者多是国家启用行政权力进行直接干预；而后者是国家依据法定权力和法定程序利用经济参数和经济杠杆进行间接干预。四是国家干预的法制（治）要求不同。前者是把国家干预的意图、计划、政策法律化，该法律是对国家干预的确认；而后者是把市场经济对国家干预的客观要求上升为法律，该法律是对国家干预的规范。所有这些不同，都要求不能把计划经济的经济法国家干预与市场经济的经济法国家干预混为一谈，不能根据计划经济条件下经济法国家干预的缺陷和失败来否定市场经济条件下的经济法国家干预。与计划经济条件下的经济法国家干预相比，市场经济条件下的经济法国家干预有着质的飞跃，有了重大的改进，还将不断完善，也更大有作为，因此，我们可以理直气壮地依然主张经济法的国家干预性质。

经济法作为一种市场经济之法，是对市场经济客观规律要求的表述和提升。因此，研究经济法就要研究经济法与市场经济的关系，这是法律与经济的关系在经济法中的具体化和具体要求。市场经济是经济法的立足点，只有坚定地立足于市场经济，经济法才能正确定位。过去许多经济法观点之所以不妥和错误，从根本上说就是由于立足点不对，立足于计划经济，自然随着计划经济的改革和否弃，它们也就没有了立足之地。市场经济是经济法的规制对象，只有深入地剖析市场经济，才能把握市场经济的客观规律，进而经济法才能作出正确的规制。经济法的规制如何，从根本上决定于人们对市场经济的认识和把握的程度，凡是经济法的规制存在不妥或失误的地方，往往就是由于人们对市场经济的认识和把握不准。

市场经济是我们研究经济法时必须反复和时刻研读的一本大书。无论是我们对经济法调整对象、基本原则、主要范畴、体系构建等经济法的基础理论问题的认识，还是对市场竞争、不正当竞争和限制竞争的认定和反对等市场竞争法问题的认识，以及对宏观调控、计划法、财政法、金融法和产业政策法等宏观调控法的认识，从根本上说都取决于我们对市场经济的认识。只有当我们读懂了、读好了市场经济这本大书以后，我们才能科学地认识上述诸问题，进而我们才能科学地认识什么是经济法。

五、从“两轮驱动”到“三驾马车”

就市场经济的调节机制而言，主要是市场调节和国家干预（人们通常把国家干预等同于行政干预），与此相应，记载和表述市场经济这两种调节机制的法律分别是民法和行政法，所以，人们习惯上把民法和行政法视为调整市场经济关系的两个主要法律部门。

但后来人们逐渐发现，民法和行政法内在的规定性和固有的局限性，使得仅有民法和行政法不足以全面、有效地调整市场经济关系，因而产生了经济法。其实，民法和行政法分别是调整市场经济关系的两极之法，但世界上的问题并不是两极存在的，解决问题的方法也不是非此即彼的，真理往往在两极之间，解决方法大都是中庸之道。经济法为了弥补民法和行政法的不足，就是从两极到中介，它的机理、性质、特点和功能恰恰介于民法和行政法之间，是一个介于民法和行政法中间的法律部门。

正因为经济法是从民法和行政法中间冒出来的，是从民法和行政法领域中挤出来的，所以经济法自产生伊始就在同民法和行政法争地盘，这就必然要遭到民法和行政法的两面夹击。长期以来，经济法也一直夹在民法和行政法中间，深受民法和行政法的非议和排斥。经济法的理论争论特别是经济法的外围理论争论主要就是经济法与民法和行政法的争论，民法和行政法企图否定经济法的存在价值，而经济法却力图说明自己是一个独立的法律部门，以至于经济法学者一直在两条战线上分别同民法和行政法作战，在论述许多经济法问题时都必须进行经济法与民法和行政法的比较，并要在比较中回答经济法与民法和行政法到底有何不同。

这些都说明，怎样处理经济法与民法和行政法的关系，不仅关系到这些法律部门对市场经济关系的调整和促进，而且关系到整个法律体系的构建和完善，因而显得十分重要。

我认为，就经济法与民法的关系来说，经济法产生于民法之后，是对民法的补充，是对民法“诚实信用”、“禁止权利滥用”、“公序良俗”等基本原则的具体化，是为民法服务的，因此，经济法应以民法为参照，以民法为指南，以民法为目的。由于民法与经济法共同立足于市场经济，是分工合作地调整市场经济关系的不同方面，它们的根本目的是一致的，都是为了促进市场经济的发展，民法与经济法应相依而存，相濡以沫，同舟共济。由于经济法开始于民法存在局限性的地方，是对民法局限性的克服，所以经济法只有对民法的规定性有根本的把握，对民法的局限性有清楚的认识，才能正确理解经济法，知彼才能知己，知道了什么是民法，才能知道什么是经济法。由于民法知识是最基础的法律知识，民法学习是最重要的法律训练，对经济法大有裨益，学好了民法才能学好经济法，所以，经济法应以民法为师，向民法学习，这是经济法对民法所应有的态度。对于民法来说，不应以老大自居，藐视经济法，而应深刻地认识到，民法自己的基础不是自备的，自身的作用不是万能的，自己的不足不是自我能完善的，而经济法为民法奠定基础和创造条件，是对民法的补充和促进，经济法有益于民法，因此，民法应像长辈对晚辈、先进对后学那样，真诚关切、善意批评、有效建议、积极奖掖经济法，与经济法携手并进。

就经济法与行政法的关系来说，经济法与政府干预紧紧相连，与行政权力密切相关，而政府干预、行政权力是行政法规制的核心，这就决定了经济法与行政法必然有千丝万缕的联系。经济法与行政法的内容有些交叉，具有种种共识，关系比较密切，因此，对经济法来说，与行政法同行、与行政法合作、借鉴行政法是经济法所应有的态度。对行政法来说，不应有“霸气”，应肯认经济法有一席之地，这是法律体系发展的必然规律。人类社会发展的历史是一个从国家本位、政府干预一切到个体本位、私人自治为主，再到个人与国家、私人自治与政府干预相结合的历史，与这一历史发展进程相适应，法律体系的发展经历了以行政法为主，行政法体系丰富庞杂、包罗万象，到行政法体系逐步分化、各种法律日益从行政法体系中分化独立出来的历史，经济法就是从行政法体系中分化出来并独立于行政法的一个法律部门。

总之，民法、行政法和经济法都是立足于市场经济的基本法律，它们分工合作，共同调整市场经济关系，是拉动市场经济发展前进的“三驾马车”。

六、从国际借鉴到自我发展

“经济法”一词是舶来品。自从1755年法国空想共产主义者摩莱里在其名著《自然法典》中提出这个词以后，德国、日本和苏联制定过大量的经济法法规，并形成过众多的经济法学说，许多著作被译介到了中国，对中国经济法学的创立和发展起过重要的推动和促进作用。由于经济体制相同和意识形态相近等原因，苏联的经济法学说在过去对中国经济法学的影响最大，它们的经济法学说在中国都有相应的翻版，并在相当长的时期内为人们所信奉。如拉普捷夫的“纵横统一经济法学说”，即是最为典型的一种。

但由于苏联的经济法学说形成于苏联僵化的计划经济体制的巅峰时期，加之它忽视这种体制的弊病，甚至站在维护这一体制的立场上，因而它们在本质上是各种阐发计划经济体制合理性的经济法学说。如拉普捷夫的“纵横统一经济法学说”，它虽然名义上强调纵横统一，但并不是为了强调经济法调整对象的不同方面，而是排斥商品经济关系的独立地位，甚至是将横向经济关系统一到和服从于纵向经济关系；它认为企业是“机关”，国家与企业的关系被笼统地视为“领导与被领导的关系”，坚持政企不分的立场；它肯定经济行政体制，为行政垄断辩护，等等。所以，它们传入中国不久，就同中国经济体制改革的实践发生了碰撞。并且，我国经济体制改革越是向前发展深入，它与我国经济体制改革的方向和要求就越是相背离。①

在这种情况下，人们不得不对苏联的经济法学说进行反思和批判，并彻底抛弃与市场经济要求不相适应的各种经济法学说和主张。与此同时，中国经济法学者立足市场体制，借鉴国际经验，结合中国实践，自主研究，开拓创新，相继提出了各种新的经济法学说，并逐渐达到了这样的基本共识，即认为经济法是调整市场监管关系和宏观调控关系的法律规范的总称。

经济法与一国政策密切相关，具有很强的政策性。所谓的政策性，就是要求政策要与时俱进，因地制宜，区别对待，具体问题具体分析。在历史上，经济法之所以能够在“国难当头”之际大显身手，充当“战时统制法”或“危机对策法”，原因也在这里。但由于一国有一国的具体国情和特殊问题，因而一国有一国的政策。这就决定了经济法具有突出的国别性和本土化特性，从而也要求经济法研究不应也不能照抄照搬他国经济法，实践也证明这样做是不成功的，我们不但照抄照搬苏联的经济法不成功，就是照抄照搬西方市场经济发达国家的经济法也同样不会成功。经济法研究应立足本国，走自己的路，独立研究，自主创新。

其实，就中国的法律来说，最有自主“知识产权”、最具中国特色、在国际领先的法律学科也许就是中国的经济法原理了。这是因为，一是经济法在世界上出现也只有百来年历史，大家都刚刚起步，起点相同，都处于探索创建阶段，差距本来就不大；二是在国外，即使是像美、德、日等经济法较先进的国家，也主要集中于竞争法和产业政策法、财税法和金融法等具体法律部门的研究，并不很重视经济法原理的研究；三是经济法极具各国特色，就像各国文化没有优劣之分一样，各国的经济法学也难分高下。虽然我国经济法理论研究起步稍晚，但早就有人指出：“我国经济法理论研究取得了突飞猛进的发展，无论在研究的规模上，还是发展的速度上，都远远超过其他国家，大有后来居上之势。”②

此外，中国的本土资源也能够促成中国经济法的自主发展。

① 参见王保树：《市场经济与经济法学的发展机遇》，载《法学研究》，1993（2）。

② 王家福等：《中国经济法诸论》，前言，北京，法律出版社，1987。

西方资本主义国家经济法的产生并不是自觉的而是被动的。当资本主义进入垄断阶段以后，周期性地爆发经济危机，结果，在经济思想和政策上发生了凯恩斯国家干预主义对亚当·斯密自由放任主义的“革命”，它强调国家干预社会经济的必要性和重要性。在这种情况下，西方资本主义国家特别是实行“罗斯福新政”的美国，颁布了大量的体现和贯彻国家干预主义的法律法规，至此，经济法才在西方资本主义国家真正正式地登堂入室。但随着“凯恩斯革命的再革命”，新自由主义经济学在西方资本主义国家重占统治地位，反对国家干预和政府管制的思潮和政策仍然是主流。经济法本质上是一种国家干预经济之法，有无国家干预决定了有无经济法，国家干预是否受重视决定了经济法是否受重视。国家干预在西方资本主义国家的性质和地位决定了经济法在西方资本主义国家的地位并不高，甚至这个词都很少甚至没有。

我国经济法产生的路径与它们有所不同。我国是从高度集权的计划经济体制逐渐向市场经济体制变革的，这种变革集中地说，是从国家对经济干预得过多过死向国家对经济依法科学干预的变革，虽然突出市场配置资源的基础地位，但从不否弃国家干预经济的必要性和重要职能。尤其是中国有自己的具体情况，如疆域辽阔，地区发展不平衡；人口众多，贫富差距较大；经济转轨，社会重大变革；对外开放，与国际接轨。在这种国情和世局下，要实现国家发展和民族复兴，绝不能仅仅诉诸市场机制，让市场放任自流。我们已日益达成这样的共识：我们要实现科学发展、共同富裕、社会和谐，立足中国，走向世界，就必须把市场调节这只“看不见的手”和国家干预这只“看得见的手”密切结合统一起来，缺少任何“一只手”，都孤掌难鸣。只要看到了国家干预这只手的重要性，就会看到经济法的重要性。正是因为我国有正视和强调国家干预这只手的重要性的历史传统，并在日益改良完善它，随着国家干预的科学化将决定并促进经济法的科学化。所以，我们说，也许中国才是催生和促长经济法的最好土壤。

那么，国家干预这只“看得见的手”，有何作为呢？我认为，一是促进市场自由竞争，废除一切束缚和限制人们主动性、积极性和创造性的条条框框，让人们投身市场自由竞争，并在市场自由竞争中大显身手，把一切有利因素发挥到极限，把事情做到极致。市场自由竞争是经济发展、社会进步和人类文明的基本动力。二是与此同时，必须加强对国民经济的宏观调控，保证计划科学、结构合理、供求平衡、分配公平、社会正义，使国民经济协调、健康、有序、快速、高效地发展。宏观调控是国泰民安、社会和谐、社会发展的必要保障。上述二者就是国家干预“这只手”十分看得见的方面。这两个方面是密不可分的，我们可以把它们比作鸟之双翼、车之两轮，我们也可以把它们分别比作一辆车的发动机和方向盘。这些比喻都足以形象地说明作为国家干预之“手”的自由竞争和宏观调控的重要作用。中国独具特色的社会发展和前所未有的市场法制建设的伟大实践，为中国经济法提供了广阔的用武之地，也创造了重要的发展机遇。

那么，国家干预之“手”怎样才能发挥作用呢？实践证明，必须有法可依并依法进行。从前面的论述可知，这个法正是经济法，因为经济法就是调整市场竞争关系和宏观调控关系的法律部门，它由市场竞争法和宏观调控法统一构成，其宗旨就是促进市场自由竞争和加强宏观调控。可见，国家干预之“手”与经济法是契合因应的，或者说经济法就是国家干预之“手”的法律化和法治化。正是这些因素决定了经济法的重要地位，也许应该从这个角度，把经济法（而不仅仅是其一的反限制竞争法）称为“经济宪法”。

如果我们能从这个高度去认识、看待经济法的话，我们实在没有任何理由忽视经济法学。中国目前所进行的市场法制建设，是前所未有的，无法也没有必要照抄照搬外国模式，说老实话，我们甚至想照抄照搬外国模式都不可能。有些人总是偏好根据国外的情况来考量中国的事务，以国外没有“economic law”或“law of economy”这类概念或相关的内容就断言中国也不应有经济法，如果有，就是与国际脱轨，就是瞎折腾，也没有发展前途。这样的观念和认识不但是我们所不能接受的，而且是我们所要坚决反对的。其实那些认为国外没有经济法的概念和法律的人，貌似有国际眼光，实则一知半解，有所不知，因为世界上没有哪个国家是完全的放任自流的市场经济国家，它们都或多或少有国家干预或管理市场经济的法律，最起码有反托拉斯或反限制竞争方面的法律，有财政法和金融法，怎么能说国外没有经济法呢？这些法律不是众所公认的经济法又是什么？没有“经济法”一词并不等于没有经济法法律规范。不管国外有无经济法，我们都应根据中国自己的国情，立足自我研究、发展自己的经济法，如果国外有经济法，我们也要在学习研究、分析批判的基础上加以参考借鉴，为我所用；如果国外没有，我们更要自主思考，自我研究，独立发现。经济法抓住了自由竞争和宏观调控这一市场法制的核心，必定会大有作为。这些都是中国经济法得天独厚的发展条件。

七、从占有资料到转识成智

在目前中国学术界，盛行一种好引经据典的风气，尤其是一些所谓的权威书刊往往根据注解的有无或多少来考量论著质量的高低和学者学问的多寡，尤其崇尚外国文献资料，言必称西方。

我认为引证是必要的，但引证有两条规则：一是所引证的必须是经典，是自己说不出来或说得不好的话，凡是自己说得出来并且说得更好的话，就没有必要去引证别人的话；二是引证以必要为限，不要堆砌，更不要炫博。其实，资料信息充斥与没有资料信息一样是糟糕的。过多的引证，在现在信息、网络、搜索非常发达的今天，不是很有必要，也没有多大价值，只要人们对某问题有兴趣，想多加了解，输入关键词“baidu”或“google”一下就几乎应有尽有了。再说，过多的引证，不仅有“鹦鹉学舌”、“掉书袋”、“炒冷饭”的味道或嫌疑，而且是学术自疑和自卑的表现。综观许多号称句句都有来历的所谓扎实论著，其实，自己的话极少，自己的真知灼见尤其少，有时还徒增阅读的困难。这从根本上说不合乎论著的本质。所谓论著，之所要论著，正是因为经过自我研究，有话要说，并且是自说自话。至于别人的话，已在别处说过，没有必要在我这里说，除非非说不可。因此，问题不在注解的多少而是见解的有无，不在资料的占有而在转识成智。

人们经常叹息，某一课题的研究太难了。因为相关的资料太少。人们已习惯于挑选那些资料丰富的课题，而避开那些资料较少的课题，好像没有资料就不能进行研究一样，这似乎犹如“巧妇难为无米之炊”。但我认为，精神生产不同于物质生产，不能如此类比，这也不是真正的科学研究态度。其实，那些资料丰富的课题，正是说明人们对这一课题进行了长期、全面、反复而深入的研究。再从事这一课题的研究，如果不能有所创新和深化的话，那就是重复劳动，甚至还是无谓的劳动。事实上也难以真正创新和深化，并取得真正有价值的科学研究成果，这就像一个人在别人已长期大量开采的矿床上不大可能重新挖出重要的矿藏一样。相反，那些资料较少或没有资料的课题，正是说明人们对这个课题研究甚少，甚至尚未真正重视。从事这一课题的研究，不但易于创新，而且易于深入，有的甚至可以填补空白。这种研究才是用得其所。

人类发展至今已有几千年的历史了，关于人类社会的许多问题许许多多的有识之士思考研究过，并留下了无数的文献资料。因此，应该说今天我们的资料不是太少了而是太多了，以至于皓首难穷其经，个人已不可能完全通晓继受。我们往往深陷浩繁的资料之中不能自拔，资料尚未穷尽，早已精疲力竭，无所作为了。过分强调资料，往往依附依赖资料，不敢开放心智，大胆想象，自由创造，这是对研究的束缚。我们应当深刻地认识到仅仅搜集、整理、分析资料只是科学研究的开始，还不是真正的科学研究，也没有真正的价值，就像一个人占有了许多食物但不吃到肚子里去，没能消化吸收，不能视为己有、有益身心一样。对于科学研究来说，重要的是解放人的身心，开动人的理智，激发人的想象，需要求新求深求真的精神；重要的不是知识性的学问，而是创新性的思想；我们不乏学问家，但缺乏思想家；考量学问的高低不在知识的多少而在思想的有无。因此，根本不用去担心资料问题，资料少反而逼迫人们去自主思考、自我研究、自力更生、自强不息，这更有利于科学研究并取得科研成果。如我国的核工业和航天业，就是在外国封闭，连一张图纸都没有的情况下开始白手起家的，结果从无到有，从小到大，逐渐成为世界强国。相反，在许多援建合资合作的领域，学习借鉴的机会可谓多矣，但并没有取得多大的进展。真正的科学研究应该诉诸内而不是求诸外。选择课题应以资料少而不是以资料多为标准，考量科研成果质量的标准不在占有资料的多少而在创新思想的有无。

我们应该认真地对待资料。我们看资料不是为了摘抄引用，而是看别人是怎样思考的，为什么要这样，我能不能不这样。资料的真正价值不是引为证据，而是供检索之用。所谓检索就是看看人们对相关课题已作过哪些研究，研究到什么程度，有无以及能否从中得到灵感和启发，是否有进一步研究的必要，能否有新的突破和进展。然后根据检索的结果，决定研究的对策。但即使是这一点也不是很重要。因为，即使不检索资料，但如果作出了与已有研究相同的研究，同样有价值，因为经过独立自主的研究而英雄所见略同，这是对研究者智商的验证和肯认，这同样会给人们带来无穷的鼓舞和欢欣。这也未必就是重复研究，因为研究过程的重复与仅仅资料的重复是不同的，研究过程是高度个性化的，即使结果（论）相同，其研究过程也不可能是完全相同的。况且，人文社会科学研究很多就是“重复研究”，即所谓的“知识考古”，因为已有的研究，年代久远，隐藏各处，难以共知，需要“考古发现”，重新传播，为世人所知。对于那些不知道它们的人们来说，碰巧遇到我的研究，哪怕我的重复研究，或者是旧话重提，那也是温故知新，就不是简单的重复而是新知了。在这种新知的基础上，人们再从新的历史条件、时代背景下进行新的研究、提出新的思想。

不同学科处于不同的发展阶段，也有不同的特点。有些学科历史悠久，日积月累，博大精深，十分成熟，已成文化高山、知识海洋，许多问题都被前人思考过、论述过，值得借鉴，也只有在借鉴的基础上才能有所进步。但一些新兴学科，处于开天辟地、奠基创建阶段，需要一种披荆斩棘、筚路蓝缕的开创精神；新兴学科往往没有直接的学术渊源，几乎无处可以直接借鉴；新兴学科要开宗立派、自立门户，必须要自圆其说，成一家之言；新兴学科，新问题层出不穷，需要一种求新精神，一种新新不已的精神。学问贵在求新创新，从这个角度看，也许研究新兴学科更合乎学问的本质，也更有意义。

经济法学就是这样的一门新兴学科，也希望和需要人们这样去对待它。

八、从批判到建构

目前，人们对于经济法批判激烈，有时甚至有根本否定之嫌。我认为，对于科学来说，批判是必要的，因为批判有助于发现错误、改正错误、减少错误，批判是知识增长和认识完善的重要机制。只有经得起严肃批判的知识和认识才是真正的知识和科学的认识，而且真正的知识和科学的认识是从来不怕批判的。但我们发现，人们对经济法的批判还不是真正的批判，有的甚至只是偏见。

我认为，没有建设的批判价值不大，这也不是辩证的批判和真正的批判。辩证的批判是“扬弃”，是在否定的同时有所肯定，而不是简单地否定；真正的批判不仅是反思追问、怀疑否定、去谬存正，还有同情的理解、正确的判断和有益的建议，而不是一味地攻讦，这对于经济法的发展来说是十分不利的。人们对经济法的认识是一个艰难曲折的历史过程，也是一个不断试错的过程。特别是由于经济法是一门新兴学科，“初生之物，其形必丑”，总有这样或那样的缺陷和不足，我们不应对它横加指责，把它批得体无完肤，把它扼杀在萌芽状态。相反，只要人们有所发现、有所进步，就应肯定鼓励，并帮助其成长完善。只有这样，经济法才能长成参天大树，并立于法学之林。

当然，我们并不是不要批判，但我们需要的是上述那种辩证的批判和真正的批判，最起码批判的武器应比批判的对象要先进、高明，在批判旧事物时能够发现新事物，在批判错误的东西时能够指出正确的东西。在批判中，批判者与被批判者相得益彰，共同提高，进而形成精诚团结、畅所欲言、全力合作的局面和氛围，共同为经济法学的发展完善而集思广益。这样的批判对经济法来说才是幸事和益事。

经济法是一门非常年轻的学科，是学苑中的一棵幼苗，这棵幼苗还十分娇嫩和脆弱，还有这样或那样的缺陷和不足，但正像幼苗需要特别宽厚的培育、扶植一样，经济法也需要人们特别宽厚的培育和扶植。对于经济法的缺陷和不足，我们当然要正视，但同时我们也应当认识到这是年轻学科、发展中学科难免的缺陷和不足，世界上没有什么事物是天生成熟、天生完美的，没有哪个学科是一蹴而就、一步到位的，都有一个从不成熟到成熟、从不完善到完善的必然历史进程。因此，对经济法来说，需要的不是嫌弃拒斥而是理解宽宏，需要的不是打击指责而是善意的、建设性的批评指正，需要的不是对抗封锁，而是对话交流。经济法如同任何一门学科，其发展成熟，需要人们用热诚、理解和扶持去指正它，用辛劳、汗水和智慧去建构它。

九、在求新求深求真中不断变革发展

经济法的研究需要求新、求深、求真的精神。

学科的生命在于求新，学科的发展贵在创新，只有不断求新创新才能使学科充满活力，新新不已，不断发展，也只有求新创新才是最高的学术研究、真正的学术研究。经济法的许多领域近乎处女地，急需开垦。可是目前有些经济法研究陈陈相因，炒作冷饭，这与处于发展中的经济法来说是不相适应的。在这种情况下，经济法的发展尤其需要开拓精神、创新意识，需要从新的立场、新的视角，以新的资料，用新的方法，提出新的思想，构建新的理论，只有这样才能使经济法打开新的局面、进入新的境界。近年来，人们在经济法研究中不断补充新的智识、援引新的方法、转换新的视角，这是一种可喜可贺的新现象。因为经济法学研究因补充新的智识而注入了源头活水，因援引新的方法而柳暗花明，因转换新的视角而面目一新。经济法必须与整个人类科学密切关联起来，在整个人类科学的大背景下去观照和审视经济法，经济法才能与之俱进，与之匹敌；经济法应当站在整个人类科学所达到的高度，才能视野宽阔，高瞻远瞩；经济法应当用整个人类科学的已有成就去装备自己，才能根基坚实，底蕴雄厚。只有这样，才能避免就经济法论经济法，在狭小的圈子里打转转而跳不出来。但应当指出的是，那些被补充进经济法学中的新智识尚未完全被经济法学所消化吸收，那些被援引到经济法中的新方法尚未内化变成经济法自己的方法，那些被转换的经济法的新视角尚未使经济法革故鼎新。不难看出，在经济法研究中，更多的是重复谈论被补充的新智识、被援引的新方法和被转换的新视角，而对它们的经济法本体化则涉及不够，往往语焉不详，甚至一笔带过。对于经济法研究来说，工作似乎完成了，但最主要的任务还没有开始。这些都说明，那些被补充的新智识、被援引的新方法和被转换的新视角与经济法本体，两者结合不紧、协调不够、整合不好，还没有真正彻底地经济法化，还没有成为经济法自己特有的智识、方法和视角。我认为，补充新的智识、援引新的方法和转换新的视角是重要的，但更重要的是使它们经济法本体化。这是经济法科学化的重要方面。

求新创新固然重要，但求新创新如果不想成为昙花一现的思想火花、稍纵即逝的学术流星、别出心裁的标新立异，那就要求深，走向深刻深化，求深才能真正求新，深刻的思想才能万古常新，深入的认识才能与时俱进。事物的本质总是内在的深入的，只有思想深刻、认识深化才能触及它、认识它，思想深刻、认识深化也是学科成熟的内在要求和外在标志。目前不少经济法研究还比较浅显，尽管时有新的观点、新的思想出现，但由于不够深入深刻，没有抓住根本，经不起理性批判，经不住实践检验。经济法研究必须求深，深刻思考，深化认识，深入本质，把握真谛，让经济法摆脱目前的浅显状态。

当然求深不是故弄玄虚，而是为了求真，真理是事物的内在规律，求深才能求真，求真与求深是相通的。求真是学科的本性，探求真理、发现真理是学科的使命。目前经济法学派林立、观点纷争，但并不都是真理，显然还有谬误，或者真伪混杂，这就有一个鉴别真伪、去伪存真的问题。经济法需要求真精神，只有坚持求真精神才能大胆怀疑、批判现存的经济法观点，小心提出、论证新颖的经济法观点，求新求深是为了求真，为了发现真理，真理就是在怀疑批判中、在革故鼎新中孕育和发现的。只有怀抱求真精神，才能正确地对待错误、勇敢地修正错误、真诚地接受真理。错误是真理之母，真理产生于错误的修正之中。

可以预言，只要我们本着求新、求深、求真的精神，中国经济法定能不断地在变革中发展。

目　录

导　　言

法学即讲理

一

在当前中国的学术界，占主流的是学问家而不是思想家，人们的研究风尚越来越侧重于具体的、可操作的，对策性、实用性问题的研究，而日益淡化对抽象的、形而上的，思想性、理论性问题的研究，并且已经形成了一种浓厚的学术氛围，套用西方的一句名言叫作“拒绝形而上学”，这是一个“思想家淡出，学问家凸显”① 的时代。

这种风尚也深刻地影响到了我国的法学界，并且存在的问题可以说是有过之而无不及，这令人不得不反思法学是什么。

对于法学，人们已有众多相同又相异的认识。但在我看来，最朴素、最根本的认识应该是，法学即讲理。这是由法律即道理的性质所决定的。

第一，法律是人的行为规范，而人的行为受人的思想所支配，法律要有效地规范人的行为贵在做通做好人的思想工作，而要有效地做通做好人的思想工作，关键是讲清讲通其中的道理，做到以理服人，把道理讲到人们的心坎里去，让人心服口服、不得不服。人们从内心里从思想上认可法律、接受法律、信从法律，法律才能深入人心，化为支配人们行为的思想，并体现在人们的行为上。法律通过讲理使人良心发现，并

① 李泽厚语。参见《二十一世纪》，1994 年 6 月。

归依法律，可以说“动之以情，晓之以理”是世界上做人的思想工作最有效的方法，所以韩非子指出：“因事之理，则不劳而成”①，“思虑熟，则得事理；得事理，则必成功”②。

第二，法律具有强制性，它强制人们服从，人们不能借口不知道法律、不理解法律而拒不服从法律。在一个自由、民主和法治的社会，越是强制性的东西就越要讲理。法律跟人们的生命、财产和自由息息相关，如果法律不讲理，无理地剥夺人们的生命、财产和自由，那么这样的法律就是恶法，推行如此法律的社会就是一个不合理的社会。法律应具有权威，但法律的权威最终不是来自“力”而是源自“理”，因为“力”最终也是源自“理”，讲理的法律才有力量可言，才有权威可言，这正如管子所言：“尊天地之理，所以论威也。”③ 不讲理的法律全凭暴力，也只是暴力，不能以理服人而只能以力压人，但人们从来都是只向真理低头而不向暴力屈服，哪里有暴力，哪里就有反抗，在人们的反抗面前，再强暴的法律都会荡然无存。而其他学问像经济学等，虽然它也讲理，但由于它不具有强制力，并不强制人们服从，仅供人们参考，人们可以自由取舍，因此，人们对于它是否讲理以及如何讲理的要求自然不会像人们要求法律和法学讲理那样高以及那么严。

第三，法律的制定要充分发扬民主，集思广益。法律是大众智慧的结晶，所以西塞罗说“法律是最高的理性”；法律的制定有严格的程序，严格的程序是对法律的层层把关、道道过滤、步步改进，使法律尽可能地杜绝任性、偏见和谬误，使之成为“天下之公器”，法律应是天下之公理，所有这些都使得法律能够讲理。而其他学问如号称是“时代精神之精华”的哲学大都只是个性化的学问或者是私人学问，自言自语，都难免成为一孔之见、一家之言，具有不可避免的片面性和局限性。

第四，法律的规则是有限的，但法律所要调整的社会关系是无限复杂多样的。其实，法律是用有限的规则把握无限世界的一种方式，当有限的规则不足以应对无限世界时，总要诉诸真情和至理，真情和至理是法律最高和最后的一条，真情和至理是法律规则不敷运用时可供援引的最后依据，也是法律规则取之不竭和用之不尽的源泉，只有它们才能填补法律规则的漏洞和空白以克服其有限性和局限性。法律规则是固定

① 《韩非子·外储说右下》。

② 《韩非子·解老》。

③ 《管子·侈靡》。

的，而其适用的对象是活生生的人，法律适用的一个难题就是，如何使固定僵硬的规则能够灵活地适应活生生的人，解决这一难题的根本出路在于法律要讲理。理是万事万物的主宰，“天下之物莫不有理焉”①，理无处不在、无时不有、无事不涉、无人不讲，理才是活灵活现、神通广大的，理才具有普适性，“有理才能走遍天下”，只有真理才能放之四海而皆准，只有讲真理的法律才能通行天下，所以管子认为，法律要“治之以理”，“以法数治民则安，故事不广于理者，其成若神”②。

第五，在一个法治社会，法律是一个社会是非、真假、善恶、美丑的最后评判标准，自应是讲理的事情和地方。如果连法律和法院都不讲理，那么这个社会就是一个是非颠倒、真假不辨、善恶不清、美丑不分的社会，这种社会无正义可言，也无可救药。人们之所以对法律、对社会还有信心，从根本上说，就是因为人们相信无论怎样，最后还是有讲理的事情和地方，不讲理的法律是恶法，这种恶法极大地败坏了法律的声誉，甚至使法律声誉扫地。

第六，从法律的实施来看，之所以要设立法庭，要有严格的诉讼程序，等等，最终都是为了讲理，给人们提供一个充分讲理的地方，保障人们讲理的权利，并通过讲理去发现谁更有理，并根据理的有无和多少来分配各自的法律责任。法官特别是英美法系的法官，其职责就是听听谁更有理并加以审判。所以，审判也叫审理，审的就是一个“理”字，而审理后所作出的判决书就是一份说理书，要尽可能作出详细充分的理由说明。这样的判决书才是好的判决书，才能成为判例。讲理充分的判决书才易于执行，相反，有些判决书之所以难于执行，一个重要的原因就是判决书讲理不充分细致，不能令人信从。

如本书中卷所举的 1986 年美国医院集团诉联邦贸易委员会案（Hospital Corporation of American v. FTC）、1992 年柯达公司诉图像技术服务公司（Eastman Koda Co. v. Image Technical Services，Inc.），等等，法院所作的判决都已经成为反限制竞争法方面的经典案例，但是认真研读这些长篇累牍的判例，我们就会发现这些判例几乎就没有什么法律条文，更没有那些生僻的法律术语，有的只是道理，只是讲理，并且讲得那么通俗易懂。③

① 邵雍：《皇极经世·观物内篇》。

② 《管子·形势解》。

③ 参见本书中卷的有关内容。

这是值得我们反思和学习的，我们应努力使我们的法学讲好理。但道理是研究出来的，研究出道理以后才能讲好理，我们必须高度重视和大力加强法学的基础理论研究。

二

既然法学即讲理，那么对照一下，经济法又如何呢？众所周知，目前经济法尚未完全科学化，之所以如此，主要是因为经济法的基础理论没有完全科学化，而经济法基础理论之所以没有完全科学化，关键又在于经济法基础理论还没有把其中的道理讲通讲透。凡是在基础理论上说不清道不明，不能以理服人的，都没有达到科学化的程度。经济法亦然。

按理说，我们应该更加重视和加强经济法基础理论的研究才对，但事情并非如此。许多人不但不重视和加强经济法的基础理论研究，反而认为这样做是没有用的，纯属奢侈和浪费，几十年的经济法基础理论研究也没有取得多大进展，似乎就已经很说明这一点了，因此，许多人认为我们应该多研究一些经济法的实际问题或者实用的东西。对此，我完全不敢苟同。

人的认知能力与客观对象之间是存在相当差距的，人类有限的认知能力决定了人类不可能在短时间内完全认知客观对象。但人类不能认知客观对象并不等于说它们就不存在，就像宇宙中的许多客观事物，我们至今不能完全认知它们，但它们却在宇宙中存在相当长的时期了。同样，我认为经济法作为一种客观事物，这个“事”和“道”是客观存在的，只不过是目前我们还没有完全认知它或者还没有很好地认知它而已。但这并不是我们放弃认知它甚至否认它客观存在的根据，相反，这是我们努力认知它的重要理由。不要用过去和现在的研究情况去诋毁将来的研究，过去和现在研究得不好不能说明将来也研究得不好，按照学科发展的一般规律来说，将来的研究肯定比过去和现在的研究要好。只要我们齐心协力，前赴后继，深研细究，不断进步，我们总有一天会较完全地或者更好地认知它。

研究实际问题和实用的东西是对的，也是必要的。但问题是，对于经济法这样一个尚处于奠基阶段的学科来说，最实际的问题和最实用的东西不是别的，而是关系到经济法能否立足的那些基础性的、根本性的问题，也即经济法的基础理论问题。如果这个问题解决不了，就说明经济法这个学科无立足之地，既然经济法这个学科都不存在了，哪还有什么经济法的实际问题和实用的东西?！另外，即使要研究实际问题或实用的东西，也不能放弃或脱离基础理论的研究，因为所谓的研究实际问题或实用的东西不过是运用基础理论去解决实际问题。但人类的认识和实践规律反复证明，人们大多是先学后用，学以致用，只有首先学会掌握了某事物的基本原理以后，才能正确而有效地运用它。凡是没有学会掌握某事物的基本原理就贸然去运用它，盲动瞎干，不但运用不了，而且十分危险，就是偶尔运用起来了，也是碰巧，但终究不能大用。目前在经济法的具体实证分析中，之所以显得有些单薄、浅陋和不太实用，正是因为经济法的基础理论研究不够，不能为之提供丰富、深刻和通灵的理论资源并予以支持。这正应了那句古训：理不通，则事不成。

为了使经济法更有道理、更讲理，我们必须高度重视和大力加强经济法基础理论的研究。具体说来就是，要充分发挥人们的聪明才智，从经济、政治和社会中去奠定、构建和夯实经济法的理论基础，这些基础是客观公认的，是全面丰富的，是牢固坚定的，在这些基础之上能够建立起巍峨的经济法大厦；去探求、发现、形成一套科学的经济法范畴，这套范畴应具有确切的内涵，能准确地概括事物的本质，并成为逻辑思维的基础要素；立足经济法的基础，根据经济法的范畴，结合经济法的对象，去构建一套科学的经济法基本原理，这套经济法基本原理应具有很强的解释力和应用性，能够解释许多经济法现象并加以广泛应用。只有经济法基础理论科学化了，经济法学科才能科学化。

如果经济法基础理论能有显著的改善并取得长足的进步，能够真正有道理并讲理，那么，经济法的科学化就指日可待了。其实，近年来，经济法已发生了科学变革并取得了长足进步，经济法的道理越来越多，讲理越来越好。我们有充分的理由相信，经过一代又一代人的艰苦努力，“长江后浪推前浪”，“青出于蓝而胜于蓝”，经济法会不断地驶向科学的彼岸！

三

本卷作为经济法的原理研究，研究的是经济法中基础性、根本性的理论问题。

具体说来，侧重于研究以下内容。

法是历史的产物。经济法的产生有其历史背景、社会条件和历史契机，经济法原理应该研究这些问题，对这些问题的研究，有助于科学地认识经济法。这正如列宁在《论国家》中所指出的："要非常科学地分析这个问题，至少应该对国家的产生和发展作一个概括的历史的考察。在社会科学问题上有一个最可靠的方法，它是真正养成正确分析这个问题的本领而不致淹没在一大堆细节或大量争执意见之中所必需的，对于用科学眼光分析这个问题来说是最重要的，那就是不要忘记基本的历史联系，考察每个问题都要看某种现象在历史上怎样产生、在发展中经过了哪些主要阶段，并根据它的这种发展去考察这一事物现在是怎样的。"① 思想没有全新的，思想在借鉴和继承中发展。经济法在世界上有上百年的历史，在中国也有数十年的历史。在这段时间里，学术史上形成了许多经济法学流派，人们提出了种种经济法学说，这些学说凝结着在特定历史时期人们对经济法有代表性的思想认识，它们标志着在特定历史时期人们对经济法的认识水平。这些学说对经济法的发展起过奠基性的作用，功不可没。尽管在今天看来它们有这样或那样的缺陷，但它们并非完全成为陈迹，其中还有合理的内核可供后人吸收阐扬。后人可以超越它们，但不应绕过它们，实际上也绕不过它们。经济法原理研究，应介评、总结中外经济法学说史，以期推陈出新，鉴往知来。

法作为一种复合的社会现象，它不是孤立存在的，而是与其他各种社会现象存在着密切的联系，因此，对法的理解和阐释必须从法与其他各种社会现象的联（关）系中进行。这一点已为许多法学家所注意。孟德斯鸠指出："从最广泛的意义来说，法是由事物的性质产生出来的必然关系，这些关系综合起来就构成所谓法的精神。"② 黑格尔对孟德斯鸠给予了高度评价，认为这是"真正的历史观点和纯正哲学立场，这就是说，整个立法和它的各种特别规定不应孤立地、抽象地来看，而应把它们看作是一个整体中依赖的环节，这个环节是与构成一个民族和一个时代特性的其他一切特点相联系的。只有在这一联系中整个立法和它的各种特别规定才获得他们的真正意义和它们的正当理由。"③ 从这些论

① 《列宁选集》，3版，第4卷，26页，北京，人民出版社，1995。

② ［法］孟德斯鸠著，张雁深译：《论法的精神》，下册，1页，北京，商务印书馆，1961。

③ ［德］黑格尔著，范扬、张企泰译：《法哲学原理》，5页，北京，商务印书馆，1961。

述，我们可以看出，法是社会关系的总和。这一认识交给了我们一种解开法律之谜的金钥匙：法是全部社会因素和社会关系相互作用的结果和产物，或如埃利希所说的“法的真正根源是社会本身的活动”，以及庞德所说的“法律是一种社会工程”。这就要求人们应在社会中研究法律，以整个社会为广阔的背景，视野开阔；以社会各要素为探求对象，“究天人之际”；从社会中总览普遍规律，万流归宗。经济法尤应如此。经济法与社会、经济和政治因素密切相关，有其社会、经济和政治基础，经济法就是建立在这些基础之上并由这些基础来最后说明的。经济法原理应研究经济法的基础。

一个独立的法律部门必须有其独立的调整对象，即某种由其调整的特定社会关系。经济法要想成为一个独立的法律部门，必须证成有其独立的调整对象，即在社会现实中客观存在某种特定的社会关系，已有的法律部门不宜调整或调整不了，从而要求由经济法来调整。这是经济法原理中最基本、最重要的问题之一，可以说是经济法的“生死存亡”的重大问题，也是决定经济法其他一切问题的关键环节。

概念是人类理论思维的基本方法，它依据内涵与外延的统一去把握、描述、解释、反思世界。概念是理论思维的“支点”、“纽结”和“灵魂”。科学研究始于概念、依靠概念，概念的形成、变革和演化往往导致科学的出现、发展和进化。原理研究的重要使命在于构筑科学研究的基础——概念，具体说来就是构建概念、厘清概念、提炼概念、重铸概念、阐释概念。一门科学如果没有一套自己的科学精确的概念，没有概念框架，就没有理论根基和学术支撑。经济法原理研究必须构建、厘清、提炼、重铸、阐释自己的概念，为自己形成一套科学精确的概念体系和概念框架，在这个基础上经济法才能建立起自己的理论体系。经济法原理应研究经济法的基本概念，也即经济法的范畴，尤其是经济法的基本范畴。

法是法律原则与法律规则的内在统一。法律原则是法的精神实质和实践纲领，是法律规则的统帅，而法律规则是法律原则的具体化。经济法的规则较为有限，规定相当抽象，内容比较空灵，经济法的这种性质决定了必须要有经济法的原则去指导、补充和普适经济法的规则，经济法的原则在经济法中占有突出的地位。经济法原理应当研究经济法的原则，阐明经济法的精神实质，把握经济法的实践纲领。

法律对社会关系的调整具结为法律关系，法律关系是法学研究最核心的内容之一。经济法对特定社会关系的调整具结为经济法关系，其内容包括经济法主体、经济法权力（利）义务和经济法责任。其中，如何界定经济法主体，如何确定经济法权力（利）和义务，如何规定经济法责任，这些是经济法原理研究的重要内容。

法律是不断发展进化的，经济法的产生和发展是法律发展进化的重大事件之一。经济法的产生和发展意味着已有法律部门难以胜任对某种特定社会关系的调整要求，经济法要调整这种特定的社会关系，必须具有一些与已有法律部门不尽相同但能满足调整这种特定社会关系所要求的制度构造、调整机理和本质属性。这指的是经济法有哪些属性。经济法原理研究应把它们揭示出来。

一个法律部门由一套规则所构成，但这些规则不是杂乱堆积的而是有其内在的逻辑构成，是一个有机整体，形成一种法律体系。经济法作为一个独立的法律部门，它由哪些规则构成？怎样构成？体系如何？与其他法律部门是什么关系？这就要求研究经济法的体系。

法律是立法的结果，立法是法律的前提，立法是法学研究的重要内容。经济法是经济法立法的结果，经济法决定于经济法立法。经济法立法有何意义？经济法立法的对象是什么？经济法立法有何特点？经济法立法权限如何划分？经济法立法应有哪些立法程序？经济法立法应运用怎样的立法技术？经济法原理应研究经济法立法。

法律是一种实践规则，必须实施，法律的实施是法律的终极目的，法律实施也是法学研究的重要内容。经济法当然要实施。经济法实施有何意义？经济法实施具有哪些特点？经济法实施应怎样进行？经济法实施存在哪些障碍以及怎样排除它们？经济法原理应研究这些内容。

四

经济法原理是对经济法的总括和抽象，它相当于经济法的哲学或形而上学。对于哲学或形而上学，黑格尔曾指出："一个有文化的民族，如果没有形而上学，就像一座庙，其他各方面都装饰得富丽堂皇，却没有至圣的神那样。"[①] 这个比喻十分形象而生动地揭示了哲学或形而上学之于其他具体学科的崇高地位。我们完全可以类推，如果我们把经济法也比作"一座庙"的话，那么经济法原理就相当于"这座庙"里"至

① ［德］黑格尔著，杨一之译：《逻辑学》，上卷，2页，北京，商务印书馆，1966。

圣的神”。如果没有经济法原理的研究，或者经济法原理研究得不好，那么即使我们有各种经济法的具体研究，并且它们可能还研究得不错，但经济法“这座庙”里因没有“神”及其“灵光”的照耀而必然黯然失色，以至于难以跻身于由所有人类科学文化所组成的“这座大庙”里，并在其中获得自己应有的学术尊严和学科地位。

因此，经济法原理的研究，就相当于为经济法“这座庙”“造神”，其使命当然是神圣的。为此，我们要不懈努力。

第一章

经济法的学说史

自从有人提出经济法的概念和发现经济法的问题以来，不知有多少人在为之上下而求索，但时至今日，什么是经济法依然是一个尚待求解的未知数和认识的必然王国，因而还将使人难以释怀，去不懈追问，要苦思冥想。

事物的胚胎和基因决定着事物的发展进程。发展了的事物总能从其胚胎和基因中找到根据，要认识发展了的事物往往要回过头来寻根、反思其胚胎和基因。这已经成为认识事物的基本规律。这正如列宁所指出的，要非常科学地分析某个问题，至少应该对这个问题的产生和发展作一个概括的历史的考察。在社会科学问题上有一个可靠的方法，它对于真正养成正确分析这个问题来说是最重要的，“……那就是不要忘记基本的历史联系，考察每个问题都要看某种现象在历史上怎样产生、在发展中经过了哪些主要阶段，并根据它的这种发展去考察这一事物现在是怎样的”①。

这一方法同样适用于对经济法的分析。历史孕育现实，历史预言未来，历史是思想的源泉和思想的指南。而且，思想没有全新的，思想不是空前绝后的，而是前赴后继的。思想具有连续性，后人的思想是前人思想的继续和发展。我们通过对经济法的历史尤其是经济法学说史的回顾和反思，从经济法的胚胎和基因中，我们就能够总结和阐发出丰富的经济法思想和理论，洞悉经济法的本质属性，并把握经济法的发展趋势。

第一节　国外经济法学说

“经济法”一词是“舶来品”。

据迄今史料所载，“经济法”一词最早是于1755年法国空想共产主义者摩莱里在其名著《自然法典》中提出的。在该书第四篇，作者勾画了一幅“合乎自然意图的法制蓝本”，其中的第二部分标为“分配法或经济法”，共12条。从所含条文的内容来看，他所谓的“分配法和经济法”，是指在作者所设想的未来理想的公有制社会中，用以“调整自然

① 《列宁选集》，3版，第4卷，26页，北京，人民出版社，1995。

产品或人工产品的分配”的法律规定。[①] 在这里，应该说，“经济法”一词还不是一个科学的概念，但他把经济法和分配法等同起来，对真正经济法的内涵似乎有一点冥会暗通。

1842年，另一位法国空想共产主义者德萨米出版了《公有法典》一书，其中的第三章题为“分配法和经济法”，其含义与摩莱里的大致相同。[②] 虽然德萨米所谓的“经济法”包括各种经济法律制度，但他把“分配法和经济法”看作是“公有法典”的重要组成部分，也把经济法和分配法等同起来，也似乎洞见了真正经济法的某些意蕴，并为他所坚持着。

从往后的经济法来看，经济法产生的目的之一就是矫正市场的第一次分配，因而计划法、财政法成为经济法体系的重要构成要素，它们的宗旨是对社会资源或社会财富进行第二次分配，从这方面来说，经济法确实就是一种分配法。在这里，我们不能不钦佩摩莱里和德萨米对于经济法的先见之明。

1865年，法国思想家蒲鲁东在其名著——《工人阶级的政治能力》一书中也使用了“经济法”这一概念。蒲鲁东认为，法律应该通过“普遍和解”的途径解决社会生活中的矛盾，但是，不改组社会，“普遍和解”就无法实现，而且，构成新社会组织基础的，就是“经济法”。因为公法和私法都无助于实现这一目标：一个会造成政府过多地限制经济自由的危险，另一个则无法影响经济活动的全部结构。因此，社会组织将建立在“作为政治和民法之补充和必然结果的经济法”的基础之上。其目的在于维护社会正义。应当说，蒲鲁东已经准确地把握到了“经济法”的一些本质属性，不愧为高明之见。从后面我们对经济法的论述可以看出，经济法确实是从公法与私法中“中立”出来的，是对公法和私法局限性的克服和不足的补充，目的就是实现社会正义。此外，蒲鲁东还为后人认识经济法指明了一条科学的道路，那就是认识经济法应当在对比公法和私法中进行，了解了公法和私法才能了解经济法，尤其是了解了公法与私法的不足以后才能知道经济法的功能。

现代经济法概念的形成，肇端于第一次世界大战前后的德国。当时德国颁布了一系列国家干预社会经济的法律，有的还直接冠以“经济法”的名称，如1919年颁布的《煤炭经济法》、《碳酸钾经济法》等等。这些法律都有一个共同特点，即都是国家干预社会经济的法律。它们既

① 参见［法］摩莱里著，黄建华译：《自然法典》，108页，北京，商务印书馆，1959。

② 参见［法］德萨米著，黄建华等译：《公有法典》，112页，北京，商务印书馆，1959。

不同于民法，也有别于行政法，于是学者们把它们名之为“经济法”。自此，“经济法”这一概念首先在德国流行起来，继而在世界各国传播开来，对此，学者们提出过种种经济法学说。

一、德国的经济法学说①

德国是思想家的摇篮，也是经济法的发源地，在那里，曾出现过各种不同的经济法学说，要而言之，主要有：

1. 集成说

代表人物是努兹巴姆（Nussbaum），他认为，“凡是以直接影响国民经济为目的的规范的总体就是经济法”。这一学说的意义在于从总体上去认识经济法，把经济法同国民经济联系起来，认识到经济法具有社会公共性，是一种整体调节和宏观调控之类的法律。这正是经济法的“大气”所在，也是经济法不同于其他法律特别是私法的地方。

2. 对象说

主张经济法具有特定的调整对象，是独立的法律分支。代表人物是哥尔德斯密特（Goldschmidt），他认为经济法是“组织经济固有之法”。这一见解，以国民经济形态的交易经济（个体经济）和共同经济为线索，同时着眼于这种经济的组织化，从而构成了组织经济，它在国民经济中占有独立的地位。而以此组织经济固有之法被称为经济法，并把它作为独立的法律分支。他所谓的“组织经济”，是指“以改进生产为目的而规制的交易经济和共同经济”。具体说来就是垄断阶段的卡特尔或辛迪加，其中一部分是指魏玛时期被称为社会化法的《钾矿业法》和《煤炭业法》所规制的强制性辛迪加。值得指出的是，在当时还不熟悉被称为竞争政策的德国，类似卡特尔和辛迪加那样的组织经济是被看作改进生产的一种良好制度，哥尔德斯密特虽然对经济法的对象是卡特尔和辛迪加等的市场支配（即限制竞争）现象这一点有比较明确的认识，但当时的德国对规制这种现象以维持竞争秩序的基本原理却是不甚了解。这一学说的意义在于从特定社会经济关系的角度去探讨经济法，认识到了经济法是“组织经济”也即社会化大经济所固有之法。确实，经

① 参见［日］金泽良雄著，满达人译：《经济法概论》，第一篇，第一章，兰州，甘肃人民出版社，1985；［日］丹宗昭信、厚谷襄儿编，谢次昌译：《现代经济法入门》，第一章，北京，群众出版社，1985。

济法就是以个体为基础的交易经济发展到社会化大生产时要求国家对整个社会进行调节而产生的一个法律部门。此外，这一学说把经济法同垄断组织等现象联系起来，尽管它是从肯定的角度去看待垄断组织，但这是第一次把垄断组织纳入经济法的规制范围内，为往后从否定的角度规制垄断组织提供了条件，具有重要意义。

3. 世界观说

代表人物是赫德曼（Hedemann），他认为："以具有现代法为特征，并渗透着现代法的经济精神之基调的法为经济法。"正如18世纪以"自然"为该时代的基调，自然法成为主要的法律观和法律思想，并在整个法律体系中占有统帅地位。而19世纪末20世纪初，则以"经济性"作为时代的基调，而以此经济性为特征的法为经济法。这一学说的意义在于从"经济性"去观察经济法，尽管人们对于"经济性"的理解可能有异，但对于经济法而言，本义就是"经济＋法"，并且在很大程度上可以说，明白了什么是经济、经济性，也就知道了什么是经济法。这是一种重要的法律观，为我们正确认识经济法提供了科学的世界观。反思一下历史上的经济法理论，特别是我国的一些经济法理论，之所以会存在这样或那样的错误，一个根本的原因就是没有把握"经济性"，没有把握"经济的时代精神"，如我国的一些经济法理论长期以来立足于计划经济而不是市场经济，在这样的经济基础上是不可能构建科学的经济法理论的。

4. 方法论说

这一学说，是试图从方法论的角度来研究经济法。其代表人物卡伊拉（Geiler），他认为"经济法无非是在有关经济生活的法律领域中，适用法学研究的社会学方法而已"。另外，托尼斯扬斯基从"社会"中来寻求经济法的固有对象，认为经济法也就是把"社会"作为规制对象的法，是一种社会的法。这一学说的意义在于倡导用社会学方法去研究经济法，在社会中探讨经济法，并指出经济法是一种社会法。确实，法律之所以是法律，从根本上说，就是一种解决社会问题的方法，如果法律不是一种解决社会问题的方法，那么它就没有存在的可能和价值。同样，经济法作为一个法律部门，本质上也是一种方法，并且，经济法的产生正是由于已有的法律方法不足以解决社会问题，所以经济法从产生那天起，就肩负着寻找新的法律方法以解决已有法律方法解决不了的社会问题的使命，这就必然要求经济法从方法论的角度去研究经济法。我认为，经济法的产生和经济法方法的发现，如不是从个体而是从社会去调整社会关系等，就是法律方法的改进、发展、丰富和完善，具有重要价值。

5. 机能说

这一学说，着眼于法律的机能，并以经济统制为经济法中心概念的学说。其代表人物之一的贝姆（Bohm）主张，作为经济法的中心概念，必须考虑到在国家统制经济和特定经济政策意义上的经济秩序以及有关的经济制度；另一位代表人物赫梅尔勒（Heamerle）认为，以国家统制经济特有的法律为经济法。此外，林克（Rinck）也主张把经济法定义为统制、促进和限制营业活动的法律以及国家性决定的组织之律。这一学说的意义在于把经济法同国家统制（国家干预）联系起来，应该说它抓住了经济法最核心的内容。从后面对经济法的论述可以看到，经济法产生于国家对经济的干预，经济法的调整方法不同于私法的意思自治或契约自由，也不同于行政法的命令服从，而是一种国家统制的方法，其目的是维护经济秩序，其表现形式之一是经济政策，其功能确如林克所说的包括统制、促进和限制等方面。不难看出，这一学说已经非常接近现代乃至当代的经济法理论了。

德国的经济法在进入 20 世纪以后，经历了允许卡特尔市场统制的法制、扶助卡特尔的法制、防止卡特尔滥用市场统制的法制、政府直接统制市场的法制、禁止卡特尔支配市场、保护自由市场的法制等变化，现在已在以反对限制竞争法为核心的法制的基础上基本上统一起来，公认反限制竞争法是经济法的核心构成要素。此外，1958 年以来，社会民主党主张国家管理经济，只是这种管理应该最大限度地尊重消费者选择的自由和事业者的事业活动自由，并且还必须是有效率的。同时，作为国家管理经济的秩序政策，也应该尽可能地维持和促进竞争而保护市场经济的结构，只是在必要的不得已的情况下，国家才直接介入。与国家统制经济政策一脉相承的国家经济秩序政策也日益成为经济法的重要构成要素。这已经成为德国经济法的共识。

二、日本的经济法学说

日本是一个极其善于学习的民族。日本的经济法学说受德国经济法学说的影响较大，但这并不等于说日本的经济法学说是德国经济法学说的直接翻版。事实上，日本的经济法研究推陈出新，特别是在第二次世界大战以后，作为战败国的日本，根据美国的旨意，制定了一系列经济市场化和民主化的法律。其中的财阀解散法是为了让日本垄断财阀承担战争责任，主要是为了把财阀集团中的大企业分割成竞争性的企业而制定的。在这个基础上又于1947年制定了《禁止垄断私人及确保公正交易法》，从而强制实行了竞争政策，建立了竞争体制。在20世纪60、70年代，又制定了许多产业政策及其法律，既促进了日本经济的高速增长，也大大地丰富和深化了人们对经济法的认识。正是在这种历史背景下，日本学者提出过多种经济法学说。

1. 金泽说

金泽良雄认为，经济法是适应经济的社会调节要求的法，经济法主要是用社会调节的方式（即“国家之手”）解决经济循环中所产生的而市民法自动调节所克服不了的矛盾和困难的法。金泽说有几点重要的意义：一是指出了经济法产生的时代性。经济法是经济社会化时代和要求的产物，在经济尚未社会化之前，经济处于以个体为基础的自由交易阶段，仅凭市场那只“看不见的手”就能调整自如，还用不着国家的多少干预，经济法还没有存在的必要和基础。二是认识到了经济法是适应经济的社会调节要求，以“国家之手”代替“无形之手”，国家从国民经济总体上对其进行干预调节而产生的法，认识到了经济法是一种国家干预社会经济之法。三是指出了经济法的功能，是“为了弥补民法调整所不及的法律空白状况，即其中包含的与市民社会私人方面相对的公共（社会）方面的法”，正确指出了经济法与民法的关系。四是指出了经济法社会调节的灵活性。由于时代和社会的不同而有各种不同的表现，如它有时表现为卡特尔助长法，有时又表现为竞争秩序维持法。

2. 正田说

正田彬认为，经济法是规制垄断资本主义阶段固有的以垄断为中心的经济从属关系的法，并认为经济法是通过规制经济支配者的活动，在经济从属关系上，限制其进行恣意的活动，或限制处于支配地位的经济主体任意进行交易的经济规制法和以反映允许经济从属者为了提高经济地位而结成的经济关系为中心的经济关系法这两个部分组成的。他指出：“现在的日本，把反垄断法作为经济法的核心来把握几乎已成定论……承认反垄断法是规制经济上从属关系的法的立场，也可以说是通说。”[①] 正田说有以下几点重要意义：一是指明了经济法产生的时间，即垄断资本主义阶段，也就是说，有垄断以后，为了反垄断而制定了反

① ［日］正田　彬著，金玉珍译：《经济法》，134～135页，东京，日本评论出版社，1980。

垄断法，有了反垄断法以后才产生了真正意义上的经济法；二是把垄断禁止法置于经济法的中心位置，这与把反垄断法奉为“自由企业大宪章”、“经济宪法”不无二致，也符合当代经济法的共识；三是阐明了经济法的宗旨，即限制经济支配者的恣意活动和提高经济从属者的经济地位，创立和维持经济主体的平等，进而促进市场公平自由竞争，这是经济法的根本宗旨所在。

正因为如此，正田说在日本学者中应者众多。丸山稔对其深表赞同，认为“进入了垄断资本主义阶段以后，因资本的运动规则、靠资本的集中、规模的扩大化而形成了垄断组织支配的资本——垄断资本。在垄断组织、垄断资本和非垄断组织、附庸者之间形成了经济上的从属支配关系，以至确立了垄断组织以垄断资本为中心的支配体制（垄断体制）”，“所以形成了规制这种关系（从属性经济关系）的法——经济法，作为其核心内容制定了反垄断法，而且经济法是以经济上的支配者——作为强者的经济主体和经济上的从属者——作为弱者的经济主体之间的支配从属关系恢复实质上的对等、平等关系为目的的，在某些意义上说经济法基本上具有社会法的性质”①。宫坂富之助等所著的《现代经济法》，也“把重点放在经济法中的核心领域的反垄断法和反不正当竞争法”上。② 可见正田说在日本影响甚大。

3. 丹宗说

丹宗昭信认为，经济法是“国家规制市场支配之法”。这里所谓的“市场支配”，是指限制市场自由竞争的状况。他认为，国家为了维持竞争秩序而介入市场的法就是本来意义上的经济法。丹宗把竞争（秩序维持）法作为经济法概念的中心。他指出，“把经济法作为竞争法而在理论上构成的经济法理论，不仅在国内经济法领域，就是在国际经济法领域都将产生重大影响，正确认识这一点将是十分必要的”。丹宗说的要义在于把经济法界定为自由竞争法。

4. 今村说

今村成和认为，经济法是“依靠政府的力量支持因垄断发展而失去自主性的资本主义经济体制的法律的总体”③，是以维持垄断阶段的资

① ［日］丸山　稔著，金玉珍译：《经济法讲义》，3页，东京，中央经济社，1981。

② 参见［日］宫坂富之助等著，金玉珍译：《现代经济法》，2页，东京，三省堂出版社，1995。

③ ［日］今村成和著，金玉珍译：《关于经济法》，载《北海道大学法学论文集》，第18卷第2号。

本主义经济体制为目的的经济政策立法。今村说的精华在于：一是把经济法认为是政府干预经济之法，目的是挽救资本主义经济体制的自主性；二是把经济法与垄断联结起来，认为经济法是垄断阶段特有之法；三是认识到了经济政策是经济法特有的表现形式。

5. 高田说

高田源清认为，经济法是“从国民经济整体立场出发约束经济之法”。高田说正确地指出了经济法是一种从国民经济整体对国民经济进行调节之法，认为经济法是一种宏观调控法，而不仅仅是以垄断禁止为中心的法。这丰富和扩展了对经济法的认识。

由上可见，日本的经济法学说，尤其是二战后的经济法学说，可以大致区别为不以垄断禁止法为核心的经济法学说和以垄断禁止法为核心的经济法学说。如金泽说和高田说，它们认为经济法的核心是社会调节法或宏观调控法；如正田说、丹宗说、今村说等，它们认为经济法的核心是垄断禁止法。但这两种经济法学说都共同认为19世纪后半叶，随着资本主义的发展，经济循环中出现了其他法律不能自动调节的矛盾和困难，产生了各种市场弊端，如垄断市场的倾向日益显著，市场失灵，导致资本主义经济体制失去自主性、经济不平等、经济不民主、经济不自由等，为此需要国家干预。国家对自由市场进行干预以维护市场自由竞争秩序和从国民经济整体进行宏观调控的法律，即经济法。

三、苏联的经济法学说[①]

苏联的经济法研究起步较早，但受国家政治风云变幻和经济体制改革的影响，几起几落，也先后出现过几种有代表性的经济法学说。

1. 经济——行政法学说

20世纪20年代由И.И.斯图奇卡提出。他认为当时苏联社会存在两种不同的经济成分，从而要求两种不同的法律来加以调整。其中，民法调整私人成分的经济关系，这些关系的特点是私人性、无计划性；经济——行政法调整属于社会主义经济成分的各社会主义组织之间的关系，这些关系的特点是隶属、计划性。在他看来，经济法就是经济——

① 参见国立莫斯科大学、斯维尔德洛夫法学院合编，中国人民大学法律系译：《经济法》，第一章，北京，中国人民大学出版社，1980；［苏］B.B.拉普捷夫主编，中国人民大学法律系译：《经济法理论问题》，第一章，北京，中国人民大学出版社，1981。

行政法。20 世纪 60 年代 C. H. 勃拉图西和 C. C. 阿列克斯谢耶夫继续坚持这种学说。

2. 大经济法学说

20 世纪 30 年代中期由 Л. H. 金茨布尔格和 E. B. 帕舒卡尼斯提出。在他们看来，经济法是“无产阶级国家在组织经营管理和组织经济联系方面所实行的特殊形式”，他们批判斯图奇卡“两成分法”的理论，为了克服“两成分法”的“对抗性”，他们不仅把各种社会主义组织之间的经济关系，而且也把公民之间的经济关系都纳入经济法的调整范围，由经济法统一调整。他们的这种经济法实际上是一种大经济法。

3. 纵横经济法学说

20 世纪 50 年代末 60 年代初由 B. B. 拉普捷夫、B. K. 马穆托夫等人提出。他们认为，经济法调整“在领导和实现经济活动中社会主义组织和它们的所属部门之间形成的关系”，“苏联的经济活动建立在社会主义所有制上并带有计划性质，这一点决定了实现和领导经济活动时形成的经济关系的内容。这类关系把财产成分和组织计划成分结合起来。这既指实现经济活动时形成的横向经济关系，也指领导经济活动时形成的纵向经济关系”。“横向经济关系和纵向经济关系之间有着不可分割的联系，它们实质上是统一复杂的经济关系的部分，这些经济关系是不能单独实现的。”① 这是“经济法作为部门法的理论基础”。这种理论被人们称为“纵横经济法学说”。随着苏联政治经济体制的改革，“纵横经济法学说”的具体内容也有所变化和发展，正如他们所指出的：“在由计划经济向市场经济过渡的时候。经济活动正在成为经营活动”，“在社会主义经济法观念中这曾经是有计划有组织成分和财产成分结合在一起的有计划性质的关系。现在已经谈不上这种结合，作为宏观范畴的计划工作已被有意识地抛弃”。“这也就决定经济法的新内容。经济法也就正在成为经营活动法。”②

4. 综合部门法学说

早在 20 世纪 40 年代，拉斯赫尔就提出在苏维埃社会主义法的体系中应当把法的部门分为基本部门和综合部门。根据这种理论，Ю. K. 托尔斯泰认为经济法是一种综合部门法。B. Ф. 雅可夫列夫认为调整经济

① ［苏］B. B. 拉普捷夫：《经济法的对象》，载《法学译丛》，1988（5）。

② ［苏］B. B. 拉普捷夫：《经济法——经营活动法》，载《外国法译评》，1993（4）。

关系的规范性文件构成经济法。①

学术理论研究虽然要注重现实，但注重现实不等于沉迷于现实，为不合理的现实辩护，用不合理的现实去构建、注解、证明学术理论。真正的学术理论应富有想象，怀有理想，与现实保持一定的距离，以免只因“身在此山中”而不识“庐山真面目”。理论应是批判的、不满现实的，是要改良超越现实的。也许若即若离是学术理论之于现实的较好态度。如上述苏联的各种经济法学说，都深受当时经济体制和政治气候的影响，都打上了那个时代特有的深刻烙印。至于苏联经济法学说的具体内容及其缺憾，因其在中国广为流布且影响较深，所以在介评中国经济法学说时可一并论及。

四、其他国家的经济法学说②

在法国，经济法概念有宽窄之分。按照范围较宽的概念，J. 阿梅尔和 G. 拉加尔等认为，“经济法的使命在于管理经济生活，尤其是管理生产和财产的流通”。按照范围较窄的概念，R. 乌安等认为：“经济法集中了使国家得以对经济施加直接影响的全部法律规则。从这个观点看，经济法由于主要包括‘官方组织经济的措施’而属于公法：这是官方对商品和服务的生产、销售和商品化进行管理和干预的法律。”

在比利时，E. 谢雷克斯认为：“经济法是由国家据以对经济施加积极影响的全部法律规则组成的……它是政府当局以有效地实现其经济政策的工具之一。”R. 昂立翁认为，经济法是处于公法和私法交界处的一个新部门；它是集中和综合的产物，它的统一性在于它的唯一目的是“管理经济活动，而且观察经济活动不是按照法律规则的观点，而是按照从事某种特定活动、适用经济形势和经济需要所引出的一系列不同渊源规则的所有人的观点”。

在荷兰，没有使用“经济法”这种表达方式的概念。相反，人们在

① 参见《苏联经济法论文选》，77 页，北京，法律出版社，1982。

② 参见［法］阿莱克西·雅克曼、居伊·施朗斯著，宇泉译：《经济法》，43～62 页，北京，商务印书馆，1997。

那里见到的概念，却是“社会经济法”。这一概念由 A. 米尔德尔在 1949 年提出。“经济”一词在后，“社会”一词在前，是为了明确表示组织经济是从全部社会活动着眼，而不是从企业着眼。按照这种宏观经济型概念，社会经济法包含以有意识地影响市场运作为直接目的或间接目的的全部法律规则。大多数人认为社会经济法属于公法范围。

在意大利，不叫“经济法”，而叫“经济的法”，主要有三种倾向。第一种倾向，如莫萨认为，“经济的法”包括一系列当前可以有规范性迅速变化的、与公法和私法交叉的法规。第二种倾向，如卡塞塔认为，“经济的法”主要涉及政府部门在经济领域的活动，是“经济公法”。第三种倾向，如罗索等认为，“经济的法”既是一个特别的部门，又是一个一般的部门，因为它要全面研究一系列制度，那是将传统部门结合起来的一种方法。

在英国，人们尚未感到有使用“经济法”概念的必要，更不用说给“经济法”概念下个定义。但这不等于说，在英国就没有与之相应的法律。C. M. 施米特霍夫写道：“如果要求一个英国法学家下一个定义，他可能会说，经济法包含管理国家在商业、工业和金融领域进行的干预。传统商法经济法之间的主要区别，在于它们对经济活动的基本态度。商法的基础是双方按独立意志签订合同的原则。因此，在维护公共秩序这个唯一的条件下，双方可以按照自己的意愿自由经营自己的企业。相反，经济法的基本原则却是统制经济，即家长式国家可以为了公共利益限制双方独立意志的思想。因此，经济法介乎商法和行政法之间；经济法和商法共同关心经济事务，又和行政法共同关心管理方法。”

考察上述世界各国学者对经济法的认识，不难看出，尽管他们存有这样或那样的差别，但不乏对经济法的共同见解。无论是 J. 阿梅尔和 G. 拉加尔等认为的“经济法的使命在于管理经济生活”，R. 乌安的“经济法集中了使国家得以对经济施加直接影响的全部法律规则”，是“官方组织经济的措施”，R. 昂立翁的经济法是“管理经济活动，而且观察经济活动不是按照法律规则的观点，而是按照从事某种特定活动、适用经济形势和经济需要”进行，还是 A. 米尔德尔的“社会经济法”以“有意识地影响市场运转作为直接目的或间接目的”，卡塞塔的“经济的法”主要涉及“政府部门在经济领域的活动”，以及施米特霍夫所谓的“经济法包含管理国家在商业、工业和金融领域进行的干预”、“经济法的基本原则却是统制经济，即家长式国家可以为了公共利益限制双方独立意志的思想”，等等，都是把经济法看作是为了公共利益国家

（政府）管理（干预）社会经济之法，把经济法视为是“处于公法与私法的交叉处的一个新部门”，或者是“介乎商法和行政法之间”，或者是“社会法”。应该说，这些大家的共识包含着许多普遍的真理，具有相当的参考价值。不过，这些认识还有待深化、系统化和中国化。

第二节　中国经济法学说

经济法在中国有了近三十年的历史，期间出现过几种有影响、有代表性的经济法学说。尽管这几种学说根源于传统体制下固有的观点和观念，有这样或那样的缺陷，但仍然有意无意地传承着历史上经济法的固有传统，断断续续地坚持着经济法的本质属性，因而历史地看，它们对中国经济法的发展起过奠基性的作用。

一、《民法通则》颁布前的中国经济法学说[①]

1. 综合经济法学说

这种学说认为，经济法的调整对象由平等的社会经济关系、行政管理性的社会经济关系和劳动的社会经济关系综合构成；其调整方法由经济民法方法、经济行政方法和经济劳动法方法综合构成；其特征是综合性（包括调整对象的综合性、调整方法的综合性和法律规范的综合性）、经济性等。这种学说认为，经济法作为综合的法律部门所占据的地位是重要的，但它不是一个独立的法律部门，因为它没有自己特定的调整对象和独特的调整方法。

我认为，综合经济法学说把经济法看作是由调整平等的社会经济关系、行政管理性的社会经济关系和劳动的社会经济关系的法律综合构成的，这样就把经济法变成了有关经济的法律或者说是调整一切经济关系的法律。这是一种“大经济法学说”，是不尽适当的，因为：

第一，平等的社会经济关系、行政管理性的社会经济关系和劳动的社会经济关系，这三种具体的社会经济关系个性大于共性，因而综合起

① 参见王家福等：《中国经济法诸论》，北京，法律出版社，1987。

来由一个法律部门来调整不仅不大可能，而且没有必要。

第二，平等的社会经济关系、行政管理性的社会经济关系和劳动的社会经济关系这三种具体的社会经济关系已分别由民法、行政法和劳动法加以调整，这在理论上已达成共识，在实践上已成为通例。如果综合起来，势必扰乱现有的法律体系。

第三，把这三种相关但更多的是相异的具体的社会经济关系综合起来构成经济法，是另一种意义上的“诸法合体”。这与法律部门的划分愈来愈细的大趋势是相悖的。

第四，关于经济性。综合经济法之所以要把这三种个性大于共性的具体的社会经济关系综合起来由经济法来调整，就是因为它们都具有“经济性”这一共性。其所谓的“经济性”，一是指具有财产内容；二是指与社会经济生产、分配、交换和消费有关。但我认为具有上述经济性的部门远不止经济法，还有其他法律部门，比如宪法。查尔斯·比尔德就认为，在某种意义上，宪法本身就是一个经济文件，离开经济，宪法就是一纸空文。[①] 现实生活也告诉我们，对社会经济制度、经济体制和经济关系的现状和变革首先作出反映的是宪法，写成宪法条文，然后它才成为各部门法的渊源。如果我们更进一步地去探讨法律的本质，那么我们就不难发现，“法律是利益的估价”，“利益是法律的目的物”，“法律的目的在于保障利益”[②]。可以断言，世界上根本就没有无经济性的法律，尽管程度有所不同，但任何法律都与经济密切相关。因此，不能根据“经济性”去认定经济法，也不能笼统地认为凡是具有经济性的法律都是经济法。如宪法、民法、商法等法律都与经济密切相关，都具有经济性，但众所周知，它们并不是经济法。

第五，关于经济法的地位。这个学说据以否定经济法不是一个独立的法律部门的两个依据都是站不住脚的。经济法并不是没有自己特定的调整对象，而是当时的人们没有认识清楚，时至今日，绝大多数人都认为经济法有自己特定的调整对象，这是某些人想否定也否定不了的客观事实。经济法也不是没有自己独特的调整方法，而是我们对法律的调整方法理解不正确。道理很简单，社会关系日益复杂多变，但全人类几千年来殚精竭虑地所设想出来的、能用来调整它们的方法依然还是那么有

① 参见［美］查尔斯·比尔德著，朱曾汶译：《美国政府与政治》，上册，384页，北京，商务印书馆，1990。

② ［法］克拉勃：《近代国家概念》，48页，北京，商务印书馆，1957。

限的几种（或民事方法，或行政方法，或刑事方法等）。这就说明要充分地发挥法律对社会关系的调整功能，必须也只能综合运用人们已有的法律调整方法，追求某种或某些独特的法律调整方法必将使法律的调整功能丧失，因而这根本不是法律调整方法的发展趋势。

但综合经济法学说仍有其积极意义。综合经济法学说，是当时在中国既没有民法，也没有行政法和劳动法，更没有经济法的特殊历史背景下提出的一种经济法学说，实属难能可贵，尤其是它预示了将来中国经济法律体系的大致轮廓和基本框架。此外，它把过去只是笼统的经济关系进一步加以分析，具体分为三种各具特性的社会经济关系，即平等的社会经济关系、行政管理性的社会经济关系和劳动的社会经济关系，并指出这三种具体的社会经济关系采用不同的法律方法加以调整。这种学说尽管没能在上述具体分析的基础上进一步科学地、明确地指出其中调整行政管理性的社会经济关系的法律可能就是将来的经济法，但很有意义地指明，调整经济关系的法律除了调整平等的社会经济关系的民法和调整劳动的社会经济关系的劳动法以外，还有调整行政管理性的社会经济关系的一种法律。这种认识，在那个历史时代，应当说是富有创见和颇具意义的。

2. 纵横经济法学说

这种学说是从苏联传播来的，并在中国有所改进和发展。苏联纵横经济法学说的代表人物拉普捷夫认为："应该考虑横向经济关系和垂直经济关系的不可分割的联系"，"调整横向经济关系和垂直经济关系的规范，组成一个统一的法律部门——经济法"①。在中国，纵横经济法学说被人们广为接受，因而影响较大。如直到今天还有人认为要运用"纵横统一说"，探讨经济法的产生问题，确立经济法的独立地位，建立经济法的基本原则，建立经济法的主体体系，建立经济法的体系。② 依然有人主张"纵横经济法"是"既调整一定范围的纵向经济关系，也调整一定性质的横向经济关系"的法律规范的总称。

我认为，纵横经济法学说明明知道经济关系可以区分为纵向（垂直）经济关系和横向经济关系，却不合理地过分夸大和强调了两者之间存在的联系以至于想要达到统一，并且是把横向经济关系统一到纵向经

① 《苏联经济法论文选》，54页，北京，法律出版社，1982。

② 参见刘文华：《"纵横统一说"是经济法的理论基础》，1985年全国第二次经济法理论会议材料。

济关系之中并最终把横向经济关系消解于纵向经济关系之中。这正如苏联纵横经济法学说的另一位代表人物马穆托夫所认为的："商品货币关系不是社会主义经济的本质，社会主义企业的经济独立性不是主要的，而它们在社会主义所有制体制中的统一性以及在国家计划原则领导下的活动才是主要的。"① 在当时那种高度集权的计划体制下，这种学说也许是合理的，但随着高度集权计划体制被否弃，这种学说就日趋不合理了。纵横经济法学说的实质就是：把纵向经济关系凌驾于横向经济关系之上并使之混同；把国家管理经济的行政方法凌驾于其他一切方法之上并使之混同。不难看出，这种观点是过去高度集权的计划体制的反映和产物，与我国经济体制的改革方向、与社会主义市场经济体制是不相适应的。我国经济体制改革的过程是发展商品经济而不是否定商品经济，是使企业独立自主于政府而不是隶属服从于政府，是减少行政管理、扩大市场调节。我国社会主义经济关系的本质是市场取向而不是计划取向。因此，横向经济关系必将不断地分离、独立于纵向经济关系。社会主义市场经济体制本质上要求商品货币关系才是主要的，要求政府有所不为而让市场主体享受消极自由，要求公权力和私权利相对分离独立，形成"公域"和"私域"，让行政机关和市场主体遵循不同的行为规则而活动，把它们各自所形成的不同的社会关系分立开来，由不同的法律部门来调整，这就是所谓的"公私法的划分"。1986 年我国《民法通则》的颁布实施，从立法上打破了这种纵横统一经济法学说。

不过，纵横经济法学说把经济关系区分为纵向（垂直）经济关系和横向经济关系无疑比以前又进了一步，并指出了经济法所调整的经济关系，是"计划组织因素与财产因素密切结合的那种经济关系。这种关系是在领导和实现经济活动的过程中形成的"②。这对于进一步洞悉经济法的本质属性是有参考借鉴意义的。纵横经济法学说正确地看到了不同经济关系尤其是纵横经济关系的联系，缺点是过分夸大强调了这种联系，并本末倒置地对待纵横经济关系，这给后人指明了努力的方向，那就是把被倒置的纵横经济关系调整过来，把横向经济关系从纵向经济关系中分割出来，并最终割掉这个"尾巴"。

① ［苏］马穆托夫：《调整经济关系的各种法律主张》，载《苏维埃国家与法》，1979（5）。
② ［苏］拉普捷夫：《经济法学的发展问题》，载《国外法学》，1981（3）。

3. 经济行政法学说

这种学说认为，行政权力在经济领域的活动集中表现为经济行政，“经济行政法的调整对象，就是国民经济行政管理中所发生的各种关系，即国家经济行政机关在对国民经济实行计划、组织、管理、监督、调节和干预中所形成的各种联系”①。这种关系是以隶属性为其特征的。我认为，经济行政法学说把经济法与行政法关联起来，尤其是认为“经济行政法在对经济关系进行调整时，必然要采用属于行政法的调整方法”②，“经济行政法律关系的权利义务，是行政权利与行政义务”③，“单纯从国家行政权力活动这一点看，经济行政法与行政法没有区别。按照传统行政法学的观点看来，经济行政法应当属于行政法中的行政作用法之一部”④ 的观点值得商榷。因为这样就把经济法与行政法搅在一起了，而事实上，经济法是行政法的进化和变异，虽然两者会有联系，但也必然存在差异，本来要作的是努力把这些差异揭示和阐发出来，使两者区别开来。但经济行政法学说只是强调两者的联系，使得问题更加纠缠不清，并进而据此认为经济法是行政法的一部分，否定经济法是一个独立的法律部门。这种结论是在当时人们对行政法和经济法都缺乏充分深入研究的基础上作出的，是不足取的。

尤其是，这种学说把国家干预等同于行政干预⑤，视行政干预为经济法的核心，并进而把经济法归属于行政法，最终否定了经济法是一个独立的法律部门。我认为这种学说还有以下几点是值得商榷的。

第一，关于经济法的产生。这种学说一般都提出经济法的产生源于两个根由：一是经济学上的凯恩斯主义；二是历史上存在的某些经济立法现象。关于凯恩斯主义，我认为凯恩斯在《就业、利息和货币通论》

① 梁慧星：《中国民法经济法诸问题》，292页，北京，法律出版社，1991。

② 梁慧星：《中国民法经济法诸问题》，250页，北京，中国法制出版社，1999。

③ 梁慧星、王利明：《经济法的理论问题》，238页，北京，中国政法大学出版社，1988。

④ 梁慧星、王利明：《经济法的理论问题》，224页，北京，中国政法大学出版社，1988。

⑤ 有一个问题应引起人们的注意，那就是到底叫“国家干预”好还是叫“政府干预”好？我们常常不加区分地互用“国家干预”或“政府干预”，但当人们用“政府干预”代替“国家干预”时，有人进一步把“政府干预”简化为或等同于“行政干预”，这就不正确了。我认为，“政府干预”中的“政府”不限于行政机关，而等同于“国家”，就像在国际事务中一样，人们常常听到“对××政府表示强烈抗议”，这里的“政府”并不限于行政机关，这里的“……政府表示强烈抗议”也不是“……行政机关表示强烈抗议”。人们是在广义上或“国家”的意义上使用“政府”的。因此，为了避免误解，特别是避免有人把“政府干预”等同于“行政干预”，我觉得还是使用“国家干预”更好。

等著作中提出的经济思想和经济政策是丰富的，而不仅仅是像我们所理解的那样只是国家干预主义，尤其不是简单地用行政手段来管理国民经济。凯恩斯主义是西方资本主义经济制度的改良者而不是革命者，是医治资本主义经济危机的药方，这一出发点就决定了凯恩斯的国家干预主义是建立在以下基础上并在其中起作用的：一是私有财产神圣不可侵犯；二是资本主义经济制度是市场经济而不是计划经济；三是政治体制上实行三权分立和权力制衡，国家权力和政府权力有限制、受约束。因此，在上述基础上的国家干预不可能是广泛无边的，国家干预在社会经济生活中所占的地位并不像我们所认为的那样举足轻重。关于历史上存在的某些经济立法现象，主要有两类：一类是战时经济法，二类是危机对策法。这两类经济法历来被认为是经济法的鼻祖，但事实并非如此，日本著名经济法学家田中成二就正确地指出，这些经济法是经济法的一种“病态”现象，并不是本来意义上的、“健康的”经济法。因此，以此为据来论证经济法的产生，未足为凭。

第二，经济行政法过分强调政府干预，与市场经济的本质属性和要求不尽相合。在市场经济条件下，要求从政府主治走向市场主治，即要求政府干预减少到最低限度，而让市场调节发挥到最大限度，这就要求转变政府职能，减少政府干预甚至在许多方面取消政府干预。

第三，市场经济当然不是无政府主义经济，特别是像我们这种发展中国家，要依赖政府来培育市场、发展市场以及规范市场、管理市场，世界上也不存在无政府的纯粹的市场经济。但是，这里有一个重要问题必须加以分析，这就是市场经济与政府权威的关系问题，或者说如何看待市场经济条件下的政府权威的问题。我认为，在市场经济条件下建立和维护政府权威，并不等于必须或只能依靠政府对社会经济生活的广泛干预。实践证明，政府对社会经济生活广泛干预，管很多不该管也管不了、管不好的事情，这样不但不能建立和维护政府权威，反而会破坏和损害政府权威。在市场经济条件下，建立和维护政府权威，并不等于必须或只能依据企业对政府的隶属服从，因为政府对社会经济生活的干预不是要使企业隶属服从于政府，而是要使企业成为独立的市场主体。因此，建立和维护市场中政府的权威，最根本的办法在于科学地界定政府职能和有效地规范政府行为。那种没有权力制约的政府干预、侵吞企业自主权的政府干预，是没有什么权威的，是值得我们警惕的。

这些都说明经济行政法学说需要进一步的完善和深化。但相对来说，经济行政法学说比其他各种经济学说更深刻、更系统。尤其是经济行政法学说抓住了经济法最核心的内容，那就是把经济法与政府干预联结起来，认为经济法的本质在于“运用行政法律手段解决经济问题，通过行政权力活动调整经济管理关系”①，几乎认识到了经济法是政府干预经济之法。这具有里程碑式的意义。而且，这也廓清了缠绕在经济法身上的许多迷雾，清除了许多不及根本的争论，使方向更加明确、问题更为集中，剩下的问题只是对“政府干预经济”的科学理解问题了。

4. 纵向经济法学说

这种学说认为，经济法只调整纵向经济关系，或者说只调整国家在管理经济活动中所产生的经济关系。尽管这种学说对所谓的纵向经济关系作了许多不恰当的理解和阐释，如认为纵向经济关系具有如下一些特征：（1）发生在生产领域，以全社会需要为宗旨的无偿关系；（2）以国家权力为中心，体现了权力和服从；（3）参加这类经济关系的当事人，其中必有一方是经济管理机关，当事人之间在组织上直接或间接地具有从属性；（4）这种经济关系需采取指令与服从、指导与参照相结合的方法进行调整。但它始终坚持经济法只调整纵向经济关系，就与调整横向经济关系的民法区别开来了。同时，它没有把纵向经济关系作行政权力管理经济关系的理解，又有意识地企图避免同行政法的纠葛。就坚持经济法只调整纵向经济关系这一点来说，纵向经济法学说比任何其他经济法学说都显得更纯粹、更彻底，这不仅实属不易，而且有先见之明。应当说坚持经济法只调整纵向经济关系是正确的，问题只在于怎样科学地理解和系统地阐发这种纵向经济关系，以及如何在此基础上构建一套科学的经济法学说。

5. 学科经济法学说

这种学说认为，经济法一词有两种含义：一是指国家制定和颁布的经济法规范，二是指在理论上形成的经济法学科。这两种含义是不相同的。从法律规范上说，经济法不能形成独立的法律部门，但是从学科上看，经济法是一门必要的学科。②

我认为，上述论题是值得商榷的。如果说上述四种学说还或多或少不同程度地肯认经济法有一席之地的话，那么在学科经济法学说看来，经济法几乎就没有立足之地了。这种学说极其尖锐且事关重大，因此，

① 梁慧星、王利明：《经济法的理论问题》，224页，北京，中国政法大学出版社，1988。

② 参见佟柔：《学科经济法论》，载《佟柔文集》，144～145页，北京，中国政法大学出版社，1996。

下面结合上述论题及其主要论据加以详尽分析。

学科经济法学说认为："西方经济法规量的积累是传统的部门法发展的趋势而非新的法律部门建立的标志。"① 对于这种观点，连稍有哲学常识的人都不敢苟同。因为哲学常识告诉我们，事物的量变会导致事物的质变。法律亦然，当某一类法规量的积累达到一定程度以后，就会发生质变，就会形成一个新的独立的法律部门。事实上，没有哪个法律部门不是这样形成起来的，任何法律部门都是这样先观念后法规、法规由少到多逐步形成起来的。如就拿学科经济法学说主张者最熟悉的民法与商法来说，商法与民法的关系最为密切，一开始，只有少量的商法规范，难以独立成章或成篇，更不用说成为一个独立的法律部门了。但随着商法规范越来越多，并且有些规范与民法规范相比，有自己的特质，甚至异质于民法理论，难以为民法体系所包容，在这种情况下，商法就从民法中独立出来了。经济法也一样，几乎所有国家都有国家干预或管理经济的法律规范，只不过刚开始，量少面窄，可以合并规定到民法、商法或行政法中，但后来，随着市场失灵频频，国家干预日多，法治观念日昌，国家干预经济的法律越来越多，其理念和规范异质于民法、商法和行政法，在这种情况下，经济法就会从民法、商法或行政法中独立出来。

学科经济法学说是从历史上的经济法提炼总结出来的。这种学说所考察的"西方经济法规"具体说来主要就是历史上的"统制经济法"，即"利用国家强有力的行政权力对经济实行干预的法规总称"，"统制经济，顾名思义，就是对经济实行统一管制"②。学科经济法学说对经济法的理解深受历史上统制经济法的影响并且囿于统制经济法之内。

考察任何事物当然要从历史中提炼总结，但从历史中提炼总结并不是固守历史、迷信历史，事物在历史中是不断发展变化的，历史上存在的经济法并不等于就是经济法存在的真正样式，经济法的存在样式也不是一成不变的，历史上的经济法是什么样说明不了现在的经济法应该是什么样，或就是什么样。事实上，历史上存在的统制经济法是经济法的一种"病态现象"，并不是真正的经济法，真正的经济法不是那个样子。根据统制经济法的"历史缩影"来理解现在的经济法，难免会导致对经济法本义的误解。比如，或许可以认为："既然统制经济法是借助行政

① 《佟柔文集》，145页，北京，中国政法大学出版社，1996。

② 《佟柔文集》，145页，北京，中国政法大学出版社，1996。

干预经济的法规，那么它就应该作为行政法而归入行政法。”① 但据此推论“总之，西方经济法规量的积累实际上是传统的部门法发展的趋势，而并不是新的部门法建立的标志”② 就未必正确了。因为统制经济法总是出现在社会发生危机的时期，如战争时期、经济危机时期，在这种社会不正常的时期，国家借助于行政权力干预经济在短时间内能够立竿见影地达到预期的目标，在这种情况下，制定的统制经济法是借助行政权力干预经济的法规，它作为经济行政法或许可以归入行政法。但在社会的绝大部分时期，社会的常态不是战争时期，不是经济危机时期，而是和平时期、经济有序发展时期。在社会正常时期，任何社会都不会也不可能实行统制经济，“对经济实行统一管制”，并且“一统制到底”，简单地片面地利用行政权力干预经济。实践证明，这是经济发展最拙劣的做法，不但不能促进经济发展反而阻碍经济发展。

时至今日，人类关于经济发展最高成就的认识就是：要发展经济就必须发展市场经济，要发展市场经济既不能单靠市场调节，也不能仅靠国家干预，而必须将两者有机地结合起来。但其中的国家干预不等于行政干预，尤其不是对经济进行纯粹的行政权力干预。发展经济只能有秩序地进行，但这种秩序不能靠行政干预来缔造和维持，因为赤裸裸的行政权力对经济的粗暴干预所缔造和维持的秩序往往是一种高度集权专制的秩序，这种秩序与市场经济发展的内在要求相去甚远。在这种情况下，人们必须努力去寻找一种能够缔造和维持市场经济内在要求秩序的新的干预方法，这种干预方法是借助了行政干预的某些优点但同时祛除了行政干预的许多缺点的一种独特的干预经济的方式，这种干预方式本质上是法律干预而不是行政干预，经济法就是这种国家干预经济的法律形式。在这种情况下，再把经济法看作是经济行政法而归入行政法，认为是传统的部门法（实质上主要是行政法）发展的趋势而非新的法律部门建立的标志就是没有正确看待法律发展的趋势。社会演进以及由其所导致的法律变迁大体上呈以下发展趋势：在自然经济阶段，行政权力管理一切。在这种情况下，法律主要是行政法，行政法包罗一切，不存在其他独立的法律部门，这是法制不发达、不完善阶段。在商品经济（市场自由竞争）阶段，由于私权利与公权力的划分，市民社会与政治国家的分离，特别是资本主义国家三权分立的确立，立法权、司法权从行政

① 《佟柔文集》，148页，北京，中国政法大学出版社，1996。
② 《佟柔文集》，149页，北京，中国政法大学出版社，1996。

权中分立出来，行政权的范围日益缩小，行政权的行使不断受到制约，在这种情况下，行政法由于行政权的缩小而缩小，许多法律部门从行政法中分离出来，如宪法、民法、商法等等。这在法律进化史上就是公、私法的划分。在市场经济的垄断阶段，在市场经济自由竞争基础上形成了具有盲目无序性和垄断、不正当竞争等限制竞争性质的社会关系，提出了对社会经济进行宏观调控和维护竞争的普遍要求，要满足这种普遍要求，仅靠过去那种临时性的、个别性的、行政性的管理是远远不够的，必须进行经常性的、普遍性的、法律的调整，在这种情况下，一个新的法律部门就从行政法中分离出来了，这个法律部门就是经济法。

学科经济法学说也是从实践中总结出来的。“从分析我国的经济现状可见，现阶段我国存在着以下几种基本经济关系，并受到不同的法律部门调整。”① “一类是国家在组织和领导国民经济中形成的经济关系，或称为纵向的关系，这种关系十分庞杂，依不同的标准可以划分为不同的类型，但是都具有行政隶属的特征，因而主要通过体现行政指挥和服从方法的行政法调整。”② “一类是经济组织和公民参加横向的互相交换各自劳动成果的活动产生的商品关系，主要依靠体现了平等协调、等价有偿方法的民法调整。”③ “一类是劳动者在运用劳动能力、实现劳动过程时所发生的劳动关系。这类关系是劳动法部门赖以建立的基础。”④ “所以，在我国调整经济关系的法基本上可以分为三个部门，即行政法、民法和劳动法。”⑤ 而经济法不是一个独立的法律部门。

构建一个独立的法律部门当然要立足现实，不立足现实而去构建一个独立的法律部门无异于把高楼大厦建筑在流动的沙丘上，这是建立不起来的。但立足现实，并不等于立足现在，现在是暂时的现实，是即将成为过去的现实。立足现实，并不是固守现在、拒斥未来，无视事物发展的客观规律。就经济关系来说，经济关系本身是不断发展变化的，现在的经济关系不同于将来的经济关系，现在的经济关系包括不了将来的经济关系，现在没有某种经济关系并不等于将来没有某种经济关系，现在只有三类经济关系分别由行政法、民法和劳动法调整，并不等于将来

① 《佟柔文集》，151 页，北京，中国政法大学出版社，1996。
② 《佟柔文集》，151 页，北京，中国政法大学出版社，1996。
③ 《佟柔文集》，151 页，北京，中国政法大学出版社，1996。
④ 《佟柔文集》，152 页，北京，中国政法大学出版社，1996。
⑤ 《佟柔文集》，152 页，北京，中国政法大学出版社，1996。

就没有第四类经济关系要由经济法调整。学术研究重要的是高瞻远瞩，鉴往知来，而不是因循守旧、裹足不前。更何况，作者对第一类经济关系的理解和对其调整的法律的认识本身并不完全正确。

学科经济法学说也承认："谁要想建立一个经济法部门，就必须指出这些经济法在调整对象上的同类性，或者指出在我国现阶段已产生了一种新的经济关系，它不同于以往人们所认识的任何一类经济关系，并应找到在这种经济关系中起作用的特殊规律，找出不同于其他部门法的调整原则和方法。"① 当时中国正处于经济体制改革的起始阶段，改革方向并不明确，经济关系的流变难以把握，哪些经济关系会产生，哪些经济关系会发展，哪些经济关系会消亡，都不甚清楚。但经济关系会产生、发展、消亡是肯定的，因此，固守现有的三类经济关系分别由行政法、民法和劳动法调整，而否定将来有某类经济关系会产生并由经济法来调整就不应该了。时至今日，中国的经济体制改革方向是建立和发展社会主义市场经济体制，在市场经济体制下，人们日益认识到，必然会形成一类在过去经济体制下不可能存在的新的经济关系，这类新的经济关系就是市场经济在自由竞争基础上产生的具有盲目无序性和限制竞争性的社会关系，这类社会关系在调整对象上具有同类性，有其中起作用的特殊规律，有不同于其他部门法的调整原则和方法。从后面的论述可以看出，这类新的社会关系应由经济法调整。

通观学科经济法学说，不难看出，它始终把经济法更多地看作是经济法规，如认为："经济法实际上是指国家或由国家授权的机关颁布的一系列经济法规"②，把经济法看作是行政法、民法和劳动法的下位规范，是它们的具体化，如认为："经济法规是基本法的原则在具体经济领域中的具体化"③，"经济法规不过是基本法的具体化"④。学科经济法学说之所以这样看待经济法，是因为它认为："基本法调整的社会关系是抽象化的带有普遍意义的社会关系，比如民法是基本法，它调整的商品关系是抽象化了的经济关系。"而经济法规，"这些法规只是把某种具体的经济现象、经济事务、经济过程作为自己的规范的对象"⑤。我认

① 《佟柔文集》，152 页，北京，中国政法大学出版社，1996。
② 《佟柔文集》，153 页，北京，中国政法大学出版社，1996。
③ 《佟柔文集》，165 页，北京，中国政法大学出版社，1996。
④ 《佟柔文集》，169 页，北京，中国政法大学出版社，1996。
⑤ 《佟柔文集》，152 页，北京，中国政法大学出版社，1996。

为，这里存在着对法的基本规定性的重大误解。法最根本的规定性之一就在于它的普遍性，首先是对象的普遍性。众所周知，一种社会关系只有具有普遍性才能构成法的调整对象，那种“具体的经济现象、经济事务、经济过程”，如果不具普遍性就不应成为法的调整对象，包括经济法规的对象。规范那种不具有普遍性的“具体的经济现象、经济事务、经济过程”的实质是行政措施、经济政策而不是经济法（规）。

如果认识到法的调整对象必须具有普遍性，那就不会认为“经济法规调整的是具体经济现象、经济过程、经济事务”，不会认为（或者误解）“经济法规具有调整范围的广泛性、变动性、反映经济要求的针对性的特征”①，更不会据此认为：“为什么要把经济法规作为一个独立部门束缚起来，以限制它的对象和范围，并扼杀它的灵活性、广泛性、针对性的固有特征呢?”“划分部门法的条条框框只是捆绑经济法规的条条绳索，是和经济法规所固有的特征格格不入的。从这个意义出发，可见我国经济法不是、而且也不应该成为一个独立的法律部门。”② 因为法的普遍性，还包括法律规定的普遍性，“法深无善治”，法律规定“不苛细小”，它只作普遍性规定，这不但不会扼杀经济关系的灵活性、广泛性、针对性，反而只有法的普遍性规定才能容纳经济关系的广泛性，因应经济关系的灵活性，反映经济关系的针对性。因此，把经济法作为一个独立的法律部门并不会把经济法束缚起来，正如把行政法、民法和劳动法作为一个独立的法律部门不会把行政法、民法和劳动法束缚起来一样。

学科经济法学说认为：“学科经济法的任务就是研究经济法规运用各个基本法手段和原则对经济关系进行综合调整的规律。”③ 确实，“国民经济关系是一个范围广泛的领域”，“由于在这些领域中的经济关系的复杂性、多样性，使法律的综合调整作用显得特别重要。而完成对某一些领域综合调整的任务不是一个部门法所能承担的”④。但这并不意味着，“这样，就产生了综合利用各个部门法手段对各个经济领域进行综合调整的经济法规的形式”⑤。因为：一是前已论及，后面还将进一步

① 《佟柔文集》，157 页，北京，中国政法大学出版社，1996。
② 《佟柔文集》，157 页，北京，中国政法大学出版社，1996。
③ 《佟柔文集》，162 页，北京，中国政法大学出版社，1996。
④ 《佟柔文集》，163 页，北京，中国政法大学出版社，1996。
⑤ 《佟柔文集》，163 页，北京，中国政法大学出版社，1996。

论明，经济法不是行政法、民法和劳动法这些“基本法”的具体化，而是一个独立的法律部门，它只调整国民经济的某一方面的经济关系，所以经济法不可能是对行政法、民法和劳动法这些基本法的“兼收并用”，经济法调整也不可能发挥行政法、民法和劳动法的综合调整的作用。二是研究运用各个基本法手段和原则对经济关系进行综合调整的规律应首先是各个基本法自己的任务，它们各自也是这一任务的最佳完成者，在此基础上，各个基本法共同合作才能完成“研究法律综合调整规律”的任务，因此，这一任务绝不是学科经济法一个法律的任务，而是所有调整经济关系的法律的共同任务。三是如果不承认在市场体制下有一种在自由竞争基础上形成的具有盲目无序性和限制竞争性的经济关系，不确立调整这种经济关系的经济法是一个独立的法律部门，那么对国民经济关系的认识就不完整，对国民经济的法律调整也不会是真正综合的。

上述经济法学说可以说是那个时期人们对经济法的最新最高认识，各种经济法学说认识不一，各有其理，形成了经济法流派纷呈、学说争鸣的喜人景象。至于孰是孰非，谁优谁劣，尚难于评说，只能由实践去检验，在实践中修正，在实践中发展，在实践中趋同。总结、归纳综合经济法学说、纵横经济法学说、经济行政法学说和纵向经济法学说以及学科经济法学说，不难发现，这种趋同就是综合经济法学说中的“行政管理性的经济关系”、纵横经济法学说中的“纵向经济关系”、经济行政法学说中的“经济行政管理关系”，以及纵向经济法学说中的“纵向经济关系”、学科经济法学说所认为的经济法是“利用国家强有力的行政权力对经济实行干预的法规总称”，成为经济法共同的焦点、共同的认识，特别是后来《民法通则》的颁布更是有力地促进了这种共识。

二、《民法通则》颁布后的中国经济法学说

1986 年 4 月《中华人民共和国民法通则》正式颁布，这是中国法制建设和法学发展具有重大意义的大事。《民法通则》的正式颁布，给聚讼已久的经济法和民法的关系作出了立法判决。《民法通则》第 2 条规定：“中华人民共和国民法调整平等主体的公民之间、法人之间、公民和法人之间的财产关系和人身关系。”这条规定给许多经济法学说带来巨大冲击，并且一度使经济法学举步维艰，但也促使经济法学说进行反思调适、正本清源，并日益科学化。

在如何反思和调适上，经济法学说存在着不同的主张：

一种主张认为，经济法的调整对象虽不好再提既调整纵向经济关系，又调整横向经济关系，但可以提主要是调整纵向经济关系（即经济管理关系），同时还调整与经济管理关系密切联系的横向经济关系（或称经济协作关系）。这种提法看来并不违背《民法通则》的精神，因为《民法通则》的立法说明有“民法主要调整平等主体之间的财产关系”的提法，同时，这种提法也照顾到原有的经济法理论和体系，使之不必作过大的调整和变动。据此，有人认为，经济法的调整对象还是经济管理关系和经济协作关系。只是对经济法所调整的横向经济关系有所强调和侧重，不同于民法所调整的横向经济关系，如下面所说的经济协作关系。其中，经济管理关系，是在对社会生产总过程的经济活动进行计划、组织、指挥、监督和调节过程中发生的物质利益关系，具体包括宏观经济管理关系即国民经济管理关系，以及微观经济管理关系即经济组织内部的管理关系；经济协作关系，是在生产过程中有计划地合作而发生的物质利益关系，具体包括宏观（经济组织外部）经济协作关系和微观（经济组织内部）经济协作关系。① 但也有人认为，为了不使人产生歧义，误认为是纵横经济法学说的翻版，不妨直接认为，经济法的调整对象就是经济管理关系以及与经济管理关系有密切联系的经济协作关系。②

另一种主张认为，经济法只调整经济管理关系，不调整横向经济关系，经济法学应该在经济管理关系上大做文章、做好文章，建立自己的理论和体系。持这种主张的同志不同意前一种主张，认为它带了一个“与纵向关系密切联系的横向关系”或“与经济管理关系密切联系的经济协作关系”的尾巴，在理论上是不彻底的，如果按照这种主张，许多问题将会退回到“纵横统一论”的立场上去，很难在理论上与民法划清界限。因为所谓的“与纵向关系密切联系的横向关系”，毕竟是一种横向关系，即平等主体之间的关系；所谓的“与经济管理关系密切联系的经济协作关系”，毕竟是一种协作关系，协作关系也是一种横向关系，应归民法调整。并指出，不能把“协作”与“组织协作”两个概念相混淆。经济协作是平等主体间的关系，应由民法调整；而国家组织协作发生的以国家为一方主体同各协作方的关系，是一种国家经济管理关系，应由经济法调整。③

① 参见杨紫烜：《再论经济法的调整对象》，载《法学杂志》，1987（5）。

② 参见李昌麒：《经济法调整对象新探》，载《现代法学》，1988（2）。

③ 参见漆多俊：《经济法调整对象及其他》，载《法学评论》，1991（2）。

不难看出，上述两种主张，有不同点，不同点在于经济法是否调整横向经济关系或经济协作关系，以及如果调整，是调整怎样的横向经济关系或经济协作关系；但也有共同点，共同点在于经济法都应调整纵向经济关系或经济管理关系，即使经济法调整横向经济关系或经济协作关系，这种横向经济关系或经济协作关系要么是“有计划地进行的”，要么是“与纵向经济关系密切联系的”，或“与经济管理关系密切联系的”，都是带有“纵向性质”或者“管理因素”的横向经济关系或经济协作关系，都不是纯粹的横向经济关系或经济协作关系，它区别于民法所调整的平等主体之间的经济关系。所以应当说，《民法通则》的正式颁布，祛除了各种经济法的理论纷争，达成了经济法的许多共识，即人们日益共同认为，经济法的调整对象应概括为纵向经济关系或经济管理关系。

1986 年《关于中华人民共和国民法通则（草案）的说明》指出：“民法主要调整平等主体间的财产关系，即横向的财产、经济关系。政府对经济的管理，国家和企业之间及企业内部等纵向经济关系或者行政管理关系，不是平等主体之间的经济关系，主要由有关经济法、行政法调整，民法基本上不作规定。”这一说明，尽管划清了经济法与民法的界限，但同时也指出纵向经济关系也不是由经济法一个法律部门调整，而是由经济法和行政法两个法律部门共同调整，至于经济法和行政法如何分工，则未作出明确的具体划分，这样，经济法又陷入了如何与行政法划分的纠葛之中。这也说明纵向经济关系或经济管理关系有待进一步研究和分析。

有人根据《民法通则》的规定及其立法说明，对经济管理关系进行了深入的阐析，认为“政府对经济的管理”、“国家和企业之间的关系”、“企业内部的纵向经济关系”，都是一种经济管理关系，“不平等主体之间的经济关系”，实际上也是一种经济管理关系。所谓经济管理，包括国家对整个国民经济的管理和经济组织内部的管理两个层次。前者属于宏观经济管理，后者属于微观经济管理。这两个层次的经济管理关系都属于纵向经济关系，其中又可以分为三种情况：一是命令和服从关系，这主要是国家（部门、地区）和企业的有关机关通过单方面的意思表示，强制有关主体实施而发生的关系；二是指导和被指导关系，这主要是国家（部门、地区）和企业的有关机关通过经济杠杆和其他非强制性手段引导有关主体实施自己意志而发生的关系；三是监督和被监督的关系，这主要是国家（部门、地区）和企业有关机关通过一定的程序和途径对有关主体是否服从和接受指导并对其违反行为进行处罚而发生的关系。经济法就是调整以上经济管理关系的法律规范的总称。并据此认为，经济法与行政法存在以下不同：第一，调整对象不同。经济法调整经济管理关系，包括国家机关对经济的管理关系和经济组织内部的管理关系，主要涉及经济基础领域；行政法调整行政组织关系以及经济领域以外的其他行政管理关系，主要涉及上层建筑领域。第二，调整原则不同。经济法以实现经济利益、尊重经济规律为原则；行政法则不考虑经济因素，以行政服从为原则。第三，调整方法不同。经济法采取强制性和指导性相结合的方法，而且逐步过渡到以指导性的方法为主；行政法则单纯采用强制性的方法。第四，主体的范围不同。经济法的主体包括国家权力机关、行政机关和司法机关，以及经济组织内部的机构和人员；行政法的主体则只限于国家行政机关及其工作人员。第五，法律责任不同。经济法承担责任的方式主要是经济惩罚；行政法承担责任的方式主要是非刑事的人身惩罚。①

有人认为，经济法是适应社会经济发展的需要，由行政法渗透而成的，但作为经济法组成的经济管理法律规范形成了自己的某些特点，并区别于传统的行政法规范。主要是：第一，经济管理法律规范中，既坚持经济管理机关（代表国家）意思表示先定的原则，又形成了对这一原则的某些矫正；经济管理义务主体从无条件接受指令到不完全无条件接受指令；确认经济管理机关和企业在维护经济管理秩序中各负其责。第二，注意对被管理者的权利保护。第三，社会主义经济民主。如经济管理分权的制度化、法律化；规范市场行为，防止行政垄断和经济垄断支配市场；企业管理民主化等等。②

有人认为，国家按照经济规律，运用经济杠杆，用“国家之手”对社会总体经济进行调控、引导，这与行政管理是不同的。当代各国，即使对于财政税收、工商、市场等方面的管理，也服从社会经济发展的总体目标，要求符合经济发展的客观规律，与一般行政管理在目标、作用和内容上也有明显区别。当然，大量经济管理机关也是国家行政机关，其有关组织和行政执行、指挥活动也要受行政法调整。但行政法调整的只是这些行政管理关系，与经济法调整的经济管理关系虽有联系，但毕竟不同。因此，以行政法取代经济法，或者把经济法降格为行政法的一

① 参见谢次昌：《论经济法的对象、地位及学科建设》，载《中国法学》，1990（6）。

② 参见王保树：《关于经济法与行政法关系的考察》，载《法学研究》，1992（2）。

个分支，是不正确的。[①]

上述对经济法与行政法关系的思考，尽管难免带有那个时代所处环境的局限性，但无疑进一步揭示了经济法所调整的经济管理关系的许多性质、内涵和特征，并力图使经济法与行政法区别开来。这对于经济法的发展和完善是有意义的，也是经济法继续发展和日益完善的基础。

三、1992 年以来的中国经济法学说

学科的发展需要机遇，也需要抓住机遇，这包括开明的政治氛围、正确的经济体制和良好的学术环境。经济法的发展同样如此。1992 年春，邓小平同志发表“南巡”讲话，其中指出，计划经济不等于社会主义，资本主义也有计划；市场经济不等于资本主义，社会主义也有市场；计划和市场都是经济手段；计划多一点还是市场多一点，不是社会主义与资本主义的本质区别。之后，中国共产党的十四大报告决定，中国经济体制改革的目标是建立社会主义市场经济体制。这一体制的确立，为经济法的发展创造了较好的机遇，并且经济法也抓住了这一机遇，取得了突飞猛进的发展。

有人认为，社会主义市场经济体制的建立，意味着我国将彻底抛弃高度集权的计划经济体制，这就要彻底抛弃拉普捷夫的经济法理论和与此相适应的经济法观念，因为它形成于苏联僵化的计划经济体制的巅峰时期，忽视这种体制的弊端，甚至站在维护这一体制的立场上，本质上是一种阐发计划经济体制合理性的经济法理论和经济法观念。要重新认识经济管理关系的本质特征。在经济法学研究中，人们最大的共识莫过于“经济法应调整经济管理关系”的判断，但是，在如何认识经济法所调整的经济管理关系的本质特征上，仍有重新认识的必要。这是因为，随着计划经济体制向市场经济体制的变革，经济管理的单一行政性被经济管理的多样性所代替，直接管理、间接管理和市场管理等多种形式的管理都已出现。毫无疑问，因不同管理而发生的经济管理关系，其本质特征是不同的。在直接管理领域里发生的经济管理关系，从严格意义上说，并不是一种经济关系，而是仅有经济外壳的以权力从属为特征的行政关系。对它的调整依赖于行政调节机制，其直接目的是满足国家利益

① 参见漆多俊：《经济法调整对象及其他》，载《法学评论》，1991（2）。

的要求，很显然，这部分社会关系由行政法调整。间接管理领域里发生的经济管理关系则不同，它是一种非权力从属性的经济关系。它的发生根据不是行政命令，而是普遍性的调控措施。这种措施不表现为对企业的直接控制，也不表现为对某个企业的保护，而是以承认并维护企业的独立为基点，着眼于对所有企业的宏观管理。市场管理领域发生的经济管理关系，实质上是对企业竞争进行管理所发生的社会关系。在市场活动中，企业竞争是企业意志自由的表现，任何机关、社会组织、个人和其他企业都不得限制企业竞争。但是，企业竞争行为不得侵害其他企业的合法权益，尤其不得侵害市场竞争秩序。因此，以保护正当、公平竞争为宗旨的市场管理（包括规范市场主体及其行为）是不可缺少的。这种管理，通常不是对企业内部经营事务的任意干涉，而主要是对企业（当然也包括其他主体）实施限制竞争行为和不正当竞争行为的制止。它同宏观调控一样，涉及哪个企业，就同哪个企业发生经济管理关系。市场管理和宏观的间接管理的共同点在于：它们所直接保护的利益都是社会公共利益，而不是企业法人或公民的单个利益，也不是国家利益；它们的有效实施，有赖于社会整体调节机制，包括社会制约、社会评价、社会监督和要求企业履行社会责任。这表明，虽然市场管理和宏观间接管理的权利主体也主要是国家和国家授权的行政（经济管理）机关，但这只是为了统一代表社会利益的方便而已，而不表明它与前述的直接管理有不可分性。相反，这两类管理所共同表现出的社会公共性和对社会整体调节的要求，已使它们同直接管理分离开，成为一种独具特点的管理。因这两类管理而发生的经济关系不再像权力从属关系那样归行政法调整，而由经济法调整。因此，对于经济法所调整的经济管理关系的本质特征的概括，应该从行政性转变为社会公共性。①

有人认为，中国经济法学的产生和发展同我国经济体制改革的进程有着紧密的联系。党的十四大报告明确提出：“我国经济体制改革的目标是建立社会主义市场经济体制。”要适应社会主义市场经济的需要，经济法必须有新的发展。在市场体制下，市场对资源的配置虽然起着基础性作用，但它不是万能的，在经济运行中存在着“市场失效”或“市场失灵”，市场调节具有自发性、滞后性和一定的盲目性，这就决定了国家协调经济运行的必要性。在国家协调经济运行的过程中必然会发生

① 参见王保树：《市场经济与经济法学的发展机遇》，载《法学研究》，1993（2）。

一定的社会关系，这种经济关系应该由经济法调整。也就是说，经济法的调整对象应该是在国家协调经济运行过程中发生的经济关系。在国家协调经济运行过程中发生的经济关系，可以简称为经济协调关系或者协调型经济关系，具体包括以下内容：第一，企业组织管理关系；第二，市场管理关系；第三，宏观经济调控关系；第四，社会经济保障关系。据此，可以把经济法定义为：经济法是调整国家协调经济运行过程中发生的经济关系的法律规范的总称。①

有人认为，经济法是国家为了克服市场调节的盲目性和局限性而制定的，调整需要由国家干预的具有全局性和社会公共性的经济关系的法律规范的总称，简言之，经济法是调整需要由国家干预的经济关系的法律规范的总称。在本定义中，使用了“需要由国家干预”这样一个定语，一是表明经济法不是调整所有的经济关系，而仅仅是调整需要由国家干预的具有全局性的和社会公共性的经济关系；二是表明不是所有的全局性的和社会公共性的经济关系，都需要由国家进行干预，干预或者不干预，完全取决于国家的意志；三是表明国家需要干预的经济关系的范围并不是固定不变的，有时可能广一些，有时可能窄一些，使用上述那个不确定或者模糊的字眼，正好是为了使经济法能够适应可能不断变化的经济情势的需要。不过，这里所谓的干预是指在经济法律、法规的规定范围内干预，而不是随意干预。具体来讲，国家需要干预的经济关系是指市场主体调控关系、市场秩序调控关系、宏观经济调控关系和社会分配调控关系。②

有人认为，经济法是调整在国家调节社会经济过程中发生的各种社会关系，以保障国家调节，促进社会经济协调、稳定和发展的法律规范的总称。经济法的调整对象是因国家经济调节而引起的一种国家经济管理关系，按照不同标准，可划分为不同的种类：一是按照国家调节经济的基本方式（强制、参与和促导），可分为反垄断和限制竞争关系、国家投资经营管理关系和宏观调控关系；二是按照国家调节经济的目标和任务所主要侧重的方面（总量或结构），可分为宏观经济运行调节关系与宏观经济结构调节关系；三是按照国民经济各职能方面和各行业部门，国家在调节经济中发生的国家同它的各职能管理机关和各行业部门

① 参见杨紫烜：《经济法调整对象新探》，载《经济法制》，1994（2）。

② 参见李昌麒：《经济法——国家干预经济的基本法律形式》，197～198页，成都，四川人民出版社，1995。

管理机关之间、各职能管理机关和各行业部门管理机关之间、各职能管理机关和各行业部门管理机关相互之间，以及它们同企业、事业等社会各方之间的各种社会关系；四是按照国家经济调节实施过程各环节，可分为经济决策管理关系、经济组织调节管理关系、经济运行调节管理关系、对国家经济调节过程的监督和对纠纷与违法的调处关系；五是按照国家各种经济调节措施的实施过程，可以分为宏观经济调节关系与微观经济管理关系；六是按照国家经济调节是否涉外，可以分为国内经济的调节关系与涉外经济的调节关系。其中，反垄断和限制竞争法、国家投资经营法和国家宏观经济调控法是作为国家调节社会经济的经济法，其体系包含三个基本方面的法律渊源。①

有人认为，现代市场经济是有宏观调控的市场经济，"对市场经济应以市场调节为主，调控规制为辅"，这不仅是经济实践的经验总结，也是经济规律的客观要求。这说明，在市场经济条件下，市场调节是主要的，政府调节是次要的，凡是市场调节能够做到的，政府就不用去干预；只有当市场调节发生故障，难以自行解决时，才需要政府调节；政府调节并非消极被动，它与市场调节融为一体；政府的先行调节有助于防患于未然，其宏观调控是更高层次的调节，上述政府调节包括计划、财政、金融、税收、物价等方面的调节，是一种综合调节，从宏观上调节经济的运行，目的在于通过宏观调控来实现总量和结构的平衡与合理化，以保障社会经济的持续、协调发展。这一目的并非传统法律部门直接的立法宗旨，基于此，经济法应运而生，有关宏观调控的法律规范应当直接构成经济法的组成部分。此外，为了保障宏观调控目标的实现，维护市场机制的有效运作，还必须对市场经济进行必要的管理或曰市场规制，以保护公平、自由的竞争。为此，必须对市场主体之间的垄断和不正当竞争行为加以规制，规范市场秩序，保护消费者利益。这方面亦是民商法等传统法律部门力所不及的领域，故反垄断、反不正当竞争、保护消费者合法权益及相关市场主体资格等方面的法律规范，亦应是经济法的重要组成部分。对市场经济的宏观调控与市场规制是相辅相成的、不可分割的、统一互补的，共同构成经济法的调整领域，经济法的调整对象就是国家在对市场经济进行宏观调控和市场规制的过程中所发生的经济关系。②

① 参见漆多俊：《经济法基础理论》，31、121～128页，武汉，武汉大学出版社，1996。

② 参见张守文、于雷：《市场经济与新经济法》，64～66页，北京，北京大学出版社，1993。

有人认为，经济法，是社会主义市场经济的重要法律。这里所说的经济法不是我们平时所讲的有关经济的法律，也不是多数经济法学者所说的对纵横统一关系都调整的经济法，而是各国都认同的作为一个法律部门的经济法。它是国家从社会整体利益出发对市场干预和调控、管理的法律。就其性质而言，它是公法，也就是经济行政法。经济法规范的源头，可以追溯到一百多年以前。但是经济法作为一个法律部门是20世纪30年代特别是第二次世界大战以后发展起来的，并且越来越显其重要性。这表明现代市场经济虽然应以市场主体的自主、自治为前提，但为了维护社会的整体利益，保障市场的健康发展，国家对市场的适度干预和宏观调控是非常必要和必不可少的。经济法大体可以包含两个部分。一个部分是创造竞争环境、维护市场秩序的法律，如反垄断法、反不正当竞争法、消费者权益保护法、广告法等。现在后三个法律我国已制定，只剩下反垄断法没有制定出来。反垄断法是禁止垄断和其他限制竞争行为的法律，其立法目的在于禁止限制竞争行为，制造公平竞争的良好环境，俾求市场经济得以健康发展。制定反垄断法对于我们社会主义国家来说，还有一个维护社会主义宗旨的意义。因为任何企业不断捞取好处，实质上是无偿占有他人劳动，这是与社会主义宗旨相悖的，必须予以反对。我国正处于高度集中的计划经济体制向社会主义市场经济体制转轨的时期，反垄断法的制定不仅要反对诸如限制竞争协议、滥用市场力量、联合破坏市场结构、垄断性合并等经济垄断，而且还要反对地方封锁、部门分割为主要形态的行政性垄断。行政垄断是我们在改革中打破国家垄断的同时，却不自觉地强化了地方政府及某些行政部门管理经济的权力，刺激了地方保护主义和部门保护主义倾向的结果。行政垄断不仅保护落后，形成“诸侯经济”，破坏统一市场之建立，而且还会引发社会腐败，腐蚀我们的政权。为使我国经济逐步社会化、专业化、集约化，取得较高规模效益，在制定反垄断法时一定要注意“度”的规定。对于合理的集中一定要允许，有关限制竞争的允许条款、限制竞争的排除条款必须精心拟定，使之合乎我国国情，有利经济的高速发展。经济法的另一个部分是国家宏观调控和管理的法律，比如预算法、审计法、中央银行法、商业银行法、计划法、物价法、经济稳定增长法、国民生活安定法等。我国是泱泱社会主义大国，人口众多，发展又不平衡。因此，国家宏观调控、管理的法律非常重要。这些法律主要是拟订国家间接调控经济的规则，但是也必须规定在特定的条件下依法采取直接行政调控和管理手段，以维护经济的稳定和社会的安定。这类法律我国不是多了而是相当缺乏，以致必须采取措施时常常缺乏法律的依据。①

有人认为，经济法是调控以社会公共性为根本特征的经济管理关系的法律规范的总和；经济法是确认和规范政府适度干预经济之法；在经济法追求的利益保护结构中，社会公共利益应该放在首位；经济法所调整的经济管理关系是政府或政府部门以社会公共管理者的名义进行管理时发生的社会关系，它只具有社会性，而不具有行政隶属性；经济法体系的构造应着眼于政府对经济进行社会公共管理的两个方面，即市场管理和宏观经济管理。②

学科的发展建基于对思想的思想，对认识的认识。

通过对中外经济法历史的回顾和反思，不难看出，历史上各种有代表性的经济法学说，尽管时代不同、历史条件不同、具体使命不同，但它们不乏共同的基因；尽管角度不同、重点不同、认识不同，但不乏“英雄所见略同”。人们对经济法的认识在不断祛除歧见、达成共识，其中一种共识，已渐成公论，并在日益明朗和突现，那就是：经济法的核心内容和主要法域是市场管理法和宏观调控法，或者市场规制法和宏观调控法，或者市场管理法和宏观管理法，或者市场监管法和宏观调控法，或者市场竞争法和宏观调控法。透过这些词语之表象，我认为经济法的核心意旨和本质属性就是自由竞争与秩序调控。这种统一的认识应该说是有重大意义的。

不过，对经济法的这一概括在目前大都是宣言式的、论纲性的，不够精细深化，也不太系统整严，为此，还需努力论证和不懈陈辞。

学科的发展是渐进式的，是代代学人日积月累、添砖加瓦、薪火承传的结果。庞德曾指出：我们应当依照建筑物的观点去思考法律问题，“该建筑是人类为满足自身的欲望而建造的，之后人类又不断地对它进行修理、改造、重建，不断地给它增砖添瓦，以满足人们日益扩大和变化的要求或日益变化的时尚。我们必须考虑从过去留传下来的、我们有意识或潜意识地进行过研究的、用以实现和满足现代人的欲望与要求的、实际使用的全部法律资料，并且通过建议和模仿对之进行补充和完善。当旧法律资料不能为我所用时，就应当既谨慎又大胆地进行创新，

① 参见王家福：《社会主义市场经济法律制度建设问题》，载肖扬主编：《社会主义市场经济法制建设讲座》，17～18页，北京，中国方正出版社，1996。

② 参见王保树主编：《经济法原理》，序，北京，社会科学文献出版社，1999。

并将它们都塑造成人们的欲望和要求所给予传统信念与信仰的那种形式。”[①] 经济法学科的发展也是如此、也应如此，我们应该沿着经过历史总结和反思所得的共识，这种共识是经济法学科这个庞大建筑物的基础和骨架，在这个基础和骨架上添砖加瓦，使它日益基础牢固、结构严整、蔚为壮观，成为人类安身立命的家园。

不过，“添砖加瓦”并非雕虫小技，要真正做到所添之“砖”和所加之“瓦”适合造物的本性、体现时代色调、预示未来前景，就必须怀抱新的建议，采用新的材料，作出新的工作。庞德指出：“我们应再次解放法律，从外界吸收更多更新的养料。这是不远的将来的要求，这些要求需要人类作出上世纪的法律科学所没有做的事，这需要人类相信自己有力量能作出上世纪法律科学所没有做的事。”[②]

在这里，具体来说，就是通过对经济法学的发展历史进行回顾、反思和总结，并在此基础上加以深细化和系统化，从整体上看，是对经济法的基础构建和原理阐析。

① ［美］庞德著，曹玉堂等译：《法律史解释》，20页，北京，华夏出版社，1989。
② ［美］庞德：《法律史解释》，137页，北京，华夏出版社，1989。

第二章

经济法的基础

任何法律都有其产生、存在和发展的社会、经济和政治基础，经济法亦然。从经济法产生、存在和发展的社会、经济和政治基础可以获知经济法的根底和性质，有助于更好地认识经济法。

第一节　经济法的社会基础

社会是一个庞杂的复合体，它由多个要素、多块领域复合构成。极而言之，个人和国家是社会的两个基本要素，由个人所组成的私人领域和由国家所支配的公共领域是社会的两块主要领域。这两个要素和两块主要领域的冲突抗争、此消彼长、互动因应，构成了社会发展波澜壮阔的历史进程，也构成了法律包括经济法的社会基础。

一、从原始人群到集权国家

刚刚脱离动物界的原始人，势单力薄，个人无以自立，只有成群结队，实行原始共产主义制度才能生存发展下去。在这一时期，还没有国家。这正如恩格斯所指出的："……国家并不是从来就有的。曾经有过不需要国家而且根本不知国家和国家权力为何物的社会。"①

随着个人力量的有所提高，特别是作为人的手脚的延伸——工具的制造、使用和改进，社会生产力有所发展但又发展不足，产品有所剩余但又不能按需分配。在这种环境下，由于人的逐利本性，必然会产生争夺这剩余不多的劳动产品的斗争，一些人占有另一些人的劳动产品，社会开始分裂为阶级，并出现了阶级斗争。为了把阶级斗争控制在有序的范围内而不至于使斗争各方在斗争中同归于尽，就需要有一个强权组织机构，于是产生了国家。这正是恩格斯所说的："在经济发展到一定阶段而必然使社会分裂为阶级时，国家就由于这种分裂而成为必要了。"②

这是国家产生的最根本原因。此外，人的其他本性也使国家的产生成为必要。

人具有双重本性。一方面，人作为个体而存在，具有个体人格，是

① 《马克思恩格斯选集》，2版，第4卷，174页，北京，人民出版社，1995。
② 《马克思恩格斯选集》，2版，第4卷，174页，北京，人民出版社，1995。

一个独立的人、自由的人，甚至喜好特立独行、为所欲为，希望摆脱一切束缚，如入无人之境，渴望绝对自由。

但另一方面，人是一种“类存在物”，要跟同类一起生存，组成社会，是一种社会动物。个人组成社会以后，生活在社会中，相互作用、相互限制，必然会发生矛盾和冲突。如果冲突得不到缓解和控制，那么社会就会分崩离析。为了缓解和控制矛盾与冲突，维护社会秩序，就产生了国家。这正如恩格斯所指出的：“……国家是社会在一定发展阶段上的产物；国家是承认：这个社会陷入了不可解决的自我矛盾，分裂为不可调和的对立面而又无力摆脱这些对立面。而为了使这些对立面，这些经济利益互相冲突的阶级，不致在无谓的斗争中把自己和社会消灭，就需要有一种表面上凌驾于社会之上的力量，这种力量应当缓和冲突，把冲突保持在‘秩序’的范围以内；这种从社会中产生但又自居于社会之上并且日益同社会相异化的力量，就是国家。”①

正是因为国家是一种“从社会中产生但又自居于社会之上并且日益同社会相异化的力量”，使得国家超然盖世，愈演愈巨，“……既包括执行由一切社会的性质产生的各种公共事务，又包括由政府同人民大众相对立而产生的各种特殊职能”②，以至于国家对抗社会，侵吞社会。

这种现象集中表现在前资本主义时期的一些国家。如路易十四时代的法国，封建专制国家登峰造极，托克维尔曾这样描述：“在旧制度下，像今天一样，法国没有一个城市、乡镇、村庄、小村、济贫院、工场、修道院、学院能在各自的事务中拥有独立意志，能够照自己意愿处置自己的财产。当时，就像今天一样，政府把全体法国置于管理监督之下，如果说这个蛮横的字眼当时尚未造出，至少它在事实上已经存在了。”③前资本主义社会是一种“小农社会”，其特点是“行政权支配社会”④。十月革命后的苏维埃为了加快社会主义建设实现现代化，苏维埃国家权力不断集中，他们认为：“在政治上，成功的现代化意味着在广阔的领域确立安定和秩序，这便要求一个强有力的中央政府。”⑤ 早在1917

① 《马克思恩格斯选集》，2版，第4卷，170页，北京，人民出版社，1995。

② 《马克思恩格斯全集》，中文1版，第25卷，432页，北京，人民出版社，1974。

③ ［法］托克维尔著，冯棠译：《旧制度与大革命》，91页，北京，商务印书馆，1992。

④ 《马克思恩格斯选集》，2版，第1卷，678页，北京，人民出版社，1995。

⑤ ［英］摩尔著，拓夫等译：《民主与专制的社会起源》，379页，北京，华夏出版社，1987。

年，列宁就指出社会主义革命即是要“……把全体公民变为一个大‘辛迪加’即整个国家的工作者和职员，并使整个辛迪加的全部工作完全服从真正民主的国家，即工兵代表苏维埃国家”①。但由于当时不但没有实现国家民主化，反而使国家集权化，结果，不是“使这整个辛迪加的全部工作完全服从真正的民主国家”，而是“使这整个辛迪加的全部工作完全服从真正的集权的国家”，斯大林以后的苏联社会已经蜕变成“约瑟夫·斯大林公司”②。随着国有化的加强，社会开始国家化，这正如卡尔平斯基所说的：“在‘国家化’条件下，社会只能以国家为体现才成为自己活动手段的所有者，然而国家利用民主的孱弱，却不必依赖社会，完全可以通过自己的机关来总地行使这种所有权。不是国家进入社会，而是社会为国家所‘浸润’、所同化，而国家的官僚机关使整个社会过程都要适应自己，直到膨胀到前所未有的程度。”③ 在这种情况下，除了集权主义国家以外，社会几乎不再留下任何个人自由的空间，个人自由没有了，社会国家化了。

二、从集权国家到无政府状态

社会的国家化导致严重后果，社会授予国家的权力，转而被国家用来对付社会自身，剥夺个人自由，使人们倾向认为，国家的产生近似乎“打开瓶盖放出魔鬼”，深受其害的人们自然想把它关回去。物极必反，集权的国家导致极端的革命。法国大革命是反对国家化最激进的举措。托克维尔写道：“法国革命的目的不仅是要变革旧政府，而且要废除旧社会结构，因此，它必须同时攻击一切现存权力，摧毁一切公认势力，除去各种传统，更新风俗习惯，并且可以说，从人们的头脑中荡涤所有一贯培养尊敬服从的思想。”④ 法国大革命以“天赋人权”为武器，攻击国家，要求平等、自由、博爱，“他们有了‘人权’。不可能有任何规定是反对这些权利的；没有任何协定对这些权利是有约束力的；这些权利是不承认任何节制和任何妥协的；任何扼制他们的充分要求的东西，

① 《列宁选集》，3 版，第 3 卷，199 页，北京，人民出版社，1995。

② T. H. Rigby, *The Changing Soviet System*, Bluckfield, Edward Erga, 1990, p. 72.

③ ［苏］阿法纳西耶夫主编，王复士等译：《别无选择——社会主义的经验教训和未来》，908 页，沈阳，辽宁大学出版社，1989。

④ ［法］托克维尔：《旧制度与大革命》，48 页，北京，商务印书馆，1992。

都充满了大量的狡诈和不正义。他们的人权是不容许任何政府以其延续的悠久性或以其行政措施的正义性和宽大性来寻求安全而反对这些权利的”①。对此，柏克不无讽刺地把这种“天赋人权”学说看作是“一份暴动的请柬，是动乱的一个持久的原因”，把以这种“天赋人权”学说为基础所制定的1793年法国宪法称作是“无政府学说汇纂”②。革命后，个人大大解放，近乎我行我素，个人极度膨胀，几乎至高无上；对国家大加贬抑、严格限制，国家极度萎缩，几乎瘫痪，社会以个人为本位，社会无政府化。社会无政府化导致严重的后果，这种后果正如有人对有关俄国农民的描述：“他最朝思暮想的，就是能够完全地、不负责任地自由。对于这个理想状态，他用的词就是volia，这个词指的是‘我行我素’。能够volia，就意味着可以放纵，可以狂欢，可以痛饮，可以把东西烧掉……我们的老百姓把自由理解为volia，而volia又意味着我行我素。俄罗斯一旦解放，它不会走向议会制，而会走向酒铺，喝烈性酒，甩玻璃杯，把刮胡子并穿礼服大衣的贵族吊死……”③

三、个人与国家的相依而存

尽管法国大革命的是非功过，各有评说，但它所提倡的“天赋人权”，所号召的平等、自由、博爱是对人们思想的重大启蒙，它深远地影响着人们对个人与国家关系的态度和认识，并积淀成根深蒂固的自由主义传统，这种传统因应时势，新新不已，特别是经历过社会国家化和社会无政府化，以及与之相应的国家专制和个人放任两个极端以后，日趋中和辩证。这种中和辩证的自由主义既是保障个人自由的护身符，同时又是界定国家权力的经和纬。弗里德曼曾尖锐地批判过广为流传的美国前总统肯尼迪就职演说中的一句话：“不要问你的国家能为你做什么——而问你能为你的国家做些什么。”弗里德曼认为，肯尼迪这句话的两个部分中，“没有一个能正确表示合乎自由社会中的自由人的理想的公民和其政府的关系”，因为“自由人既不会问他的国家能为他做些什么，也不会问他能为他的国家做些什么。他会问的是：‘我和我的同

① ［英］柏克著，何兆武译：《法国革命论》，76页，北京，商务印书馆，1998。

② ［德］卡西尔著，范进等译：《国家的神话》，220页，北京，华夏出版社，1999。

③ ［俄］R·派帕斯：《旧制度下的俄罗斯》。转引自［匈牙利］安东尼·雅赛，陈茅等译：《重申自由主义》，25页，北京，中国社会科学出版社，1997。

胞能通过政府做些什么’，以便尽到我们的个人责任，以便达到我们各自的目标和理想，其中最重要的是：保护我们的自由”[①]。弗里德曼的上述思想可以看作是现代自由主义者、现代人对个人与国家关系的基本的、普遍的立场。

高度集权的社会主义国家日益滋弊，必须改革了。早在列宁时期，列宁在谈论经济问题时就已经思考了个人与国家的关系问题。他指出：不要把商品经济视为与社会主义水火不相容的东西，要“……靠个人利益，靠同个人利益的结合，靠经济核算……”走向社会主义。[②] 布哈林也提出：“不能过高估计计划经济的因素，也不应当忽视大量的自发性成分”，“我们的计划的力量是相对的，它的结构是特殊的”[③]。但遗憾的是，这种改革集权国家的努力在苏联没能继续下去，集权国家反而被斯大林加强了。不过，这种努力并没有因为社会主义“老大哥”的放弃而被“小老弟”也放弃，相反，在其他社会主义国家进行了各种实践。如南斯拉夫实行社会自治制度。对此，卡德尔曾精辟地指出：“任何完善的官僚主义机关，无论在它那里具有什么样的天才领导，都不可能建设成社会主义。社会主义只有在千百万人民群众的首创精神、在无产阶级政党的正确领导作用之下，才能发展。因此，社会主义的发展不可能走任何其他的道路，而是走不断深化社会主义民主的道路，即，逐步扩大人民群众的自治，越来越吸收他们参加国家机关的工作，从最底层的机关到最高层的机关，也就是逐步参加每个企业和机关的直接管理等等。”[④] 时至今日，社会主义国家几乎都选择了市场取向的体制改革，正在不断限制、矫正、规范国家权力，这种改革实质上是“……社会把国家政权重新收回，把它从统治社会、压制社会的力量变成社会本身的生命力”[⑤]。

就社会发展的规律来说，是个人自由日益扩大、国家权力不断缩减，国家权力的根本目的是保护个人自由，也许只有这样才真正猜出来“国家再好也不过是在争取阶级统治的斗争中获胜的无产阶级所继承下来的一个祸害；胜利了的无产阶级也将同公社一样，不得不立即尽量除去这个祸害的最坏方面，直到在新的自由的社会条件下成长起来的一代

① ［美］弗里德曼著，张瑞玉译：《资本主义与自由》，3页，北京，商务印书馆，1988。

② 参见《列宁全集》，2版，第42卷，176页，北京，人民出版社，1987。

③ ［苏］布哈林著，中央编译局译：《布哈林文选》，中册，222页，北京，人民出版社，1981。

④ ［南］杜尚·比兰契奇著，马军等译：《南斯拉夫社会发展的思想和实践：1945—1973》，46页，北京，商务印书馆，1986。

⑤ 《马克思恩格斯选集》，2版，第3卷，95页，北京，人民出版社，1995。

有能力把这全部国家废物抛掉”① 的谜底，才能正确理解“……国家自行消亡”② 的本义。就今后相当一段时期内来说，以个人为基础，以国家为要件，在个人自治的基础上辅之以必要的国家干预，个人自治的日益扩大与国家权力的逐渐缩小是个人和国家的合理关系。

由上可见，社会发展大体上经过了从只有个人（人群）无国家到需要国家、产生国家以致集权国家、社会国家化，再到反对国家、社会无政府化，最后到个人和国家的中和辩证的演进历程。这一历程是一个螺旋式上升和否定之否定的发展进程。人们反对集权国家，反对国家社会化，并不能回复到原初的只有个人无国家的放任野蛮状态。实践证明，没有国家、社会无政府化是行不通的。不是从一个极端走向另一个极端，而是从两极到中介，在保留国家的前提下节制国家，建立一种有限国家，使国家与个人保持一种合理的关系。具体说来就是，个人既独立又不独尊，既有个性又不任性，既不弃私又不偏私，既自由又不放任；社会既需要国家又节制国家，依赖国家但不依归国家，国家干预但又干预国家，国家维护秩序但不侵犯自由。这样，就形成了一种新的社会模式，在这种社会模式里，个人和国家保持合理的关系和格局，市场调节和国家干预密切结合，个人权利和国家权力处于均衡状态，个人自由和社会秩序相依而存。

这是现代社会的基本性质和根本要求，建立在现代社会之中的所有法律包括经济法都应以此为基础，经济法应该从中寻求立足之地。

第二节　经济法的经济基础

法律是经济关系的记载和表述，经济关系的变革必然导致法律的变迁。

一、从亚当·斯密到凯恩斯革命

亚当·斯密对个人自治无比坚信，他说：“对于现世生活的维持，

① 《马克思恩格斯选集》，2版，第3卷，13页，北京，人民出版社，1995。

② 《马克思恩格斯选集》，2版，第3卷，631页，北京，人民出版社，1995。

以及对于来世生活的幸福，人民是那么关心，政府因此必须听从人民的意见。”① 具体说来，“关于可以把资本用在什么种类的国内产业上面，其生产物能有最大价值这一问题，每一个人处在他当地的地位，显然能判断得比政治家或立法家好得多。如果政治家企图指导私人应如何运用他们的资本，那不仅是自寻烦恼地去注意最不需注意的问题，而且是僭取一种不能放心地委托给任何人、也不能放心地委之于任何委员会或参议院的权力。把这种权力交给一个大言不惭地、荒唐地自认为有资格行使的人，是再危险也没有了”②。众所周知，拿自己资本冒险的人比指导如何运用他人资本的人更高度谨慎、千思百虑、竭尽全力、严肃负责，而“政治家”或“立法家”“在某种程度上指导私人应如何运用他们的资本，这种管制几乎毫无例外地必然是无用的或有害的”③。

亚当·斯密认为人是经济人，“完全为自己不为他人，这似乎是一切时代为主子所遵守的可鄙格言”④。所以，“我们每天所需要的食料和饮料，不是出自屠户、酿酒家或烙面师的恩惠，而是出自他们自利的打算”。因此，“我们不说唤起他们利他心的话，而说唤起他们利己心的话。我们不说自己有需要，而说对他们有利”⑤。总之，“私人利润的打算，是决定资本用途的唯一动机”⑥。但自私自利的人们并不可恶，因为他虽然“所盘算的只是他自己的利益”，“他通常既不打算促进公共的利益，也不知道他自己是在什么程度上促进那种利益”，但“在这场合，像在其他许多场合一样，他受着一只看不见的手的指导，去尽力达到一个并非他本意想要达到的目的”。尽管“事非出于本意”，但并不“对社会有害”，因为“他追求自己的利益，往往能比在真正出于本意的情况

① ［英］亚当·斯密著，郭大力、王亚南译：《国民财富的性质和原因的研究》，下卷，111页，北京，商务印书馆，1974。

② ［英］亚当·斯密：《国民财富的性质和原因的研究》，下卷，27～28页，北京，商务印书馆，1974。

③ ［英］亚当·斯密：《国民财富的性质和原因的研究》，下卷，28页，北京，商务印书馆，1974。

④ ［英］亚当·斯密：《国民财富的性质和原因的研究》，上卷，375页，北京，商务印书馆，1974。

⑤ ［英］亚当·斯密：《国民财富的性质和原因的研究》，上卷，14页，北京，商务印书馆，1974。

⑥ ［英］亚当·斯密：《国民财富的性质和原因的研究》，上卷，344页，北京，商务印书馆，1974。

下更有效地促进社会的利益”[①]。这就是亚当·斯密著名的“看不见的手”的理论，在他看来，这只“看不见的手”是神奇的全智全能之“手”，它能把私人利益与社会公共利益协调统一起来，能把整个经济社会调节得运行自如，因而根本用不着其他之“手”包括“国家之手”的掺和。

他主张贸易自由，认为“不需报告任何官厅，不需受任何盘问检查，换言之，得享受毫无限制的自由”。这样，“一切特惠或限制的制度，一经完全废除，最明白最单纯的自然自由制度就会树立起来。每个人，在他不违反正义的法律时，都应听其完全自由，让他采用自己的方法，追求自己的利益，以其劳动及资本和任何其他人或其他阶级相竞争。这样，君主们就被完全解除了监督私人产业、指导私人产业、使之最适合于社会利益的义务。要履行这种义务，君主们极易陷于错误；要行之得当，恐不是人间智慧或知识所能做到的”[②]。总之，在他看来，个人自治先于、广于、优于国家干预。

对于上述自由放任思想，亚当·斯密并没有去充分地证明它们，而是在自己的著作中极尽所能地列举国家所做的许多蠢事。他援用了大量古代和当时的史事来说明动机良好的国家、法令是如何如何地造成害处。亚当·斯密的这些思想不仅影响了整整几个时代的思想家和政治家，而且积淀成一种根深蒂固的观念：市场是道德的，国家是邪恶的，管理得最少的国家是最好的国家。经济的自由放任、国家的少加干预甚至不加干预一时成为管理经济最成功的秘诀而被奉若神明。

但正当人们沉浸在自由放任主义氛围里的时候，资本主义的天国发生了人们所没预想到的社会地震。19 世纪末 20 世纪初席卷整个资本主义世界的经济危机，使人们头脑中的、亚当·斯密为人们所设想的“天国模式”岌岌可危了。严酷的现实使人们日益清醒，大危机暴露出了市场机制自发调节的局限性，也提出了国家干预的必要性，以国家这只“看得见的手”去弥补甚至代替市场那只“看不见的手”成为那个时代的主旋律和最强音，从而导致了在经济领域的“凯恩斯革命”。

凯恩斯师承马歇尔，是汲取新古典经济学说的乳汁成长的，新古典经济学说也曾是他一直信奉的教义。然而，20 世纪 30 年代席卷整个资本

① ［英］亚当·斯密：《国民财富的性质和原因的研究》，下卷，27 页，北京，商务印书馆，1974。

② ［英］亚当·斯密：《国民财富的性质和原因的研究》，下卷，252 页，北京，商务印书馆，1974。

主义的严重危机，打破了新古典经济学说的神话，他强烈地感触到自己“以前师承而且拿来教人的自由放任学说，其理论基础不够充分”。1926年凯恩斯发表了《自由放任主义的终结》一文，“来彻底清理一下那些时常被作为自由放任主义依据的抽象或一般原则”。他指出：“假定个人在他们的经济活动中拥有约定俗成的‘天赋自由’，这是不真实的，世上也不存在赋予那些权利的拥有者和获得者以永恒保证的‘契约’。宣称私人利益和社会利益必定会相互一致，这是没有根据的，上天并非是如此来统治世界的。说两者在实际上是一致的，这也是不真实的，在现实生活中并非是照此来管理社会的。断言开明的自利必定会促进公共利益，也不是根据经济学原理得出的正确推论。而所谓自利一般是开明的，同样也是不符合实际情况的，个人在追求他们各自目标的实现时，常常是太愚昧、太懦弱，以至于甚至在这方面都难以如愿以偿。经验也并未表明，当人们组成一个社会单位来行动时，会总是不如他们各自单独行动那样目光敏锐。”①

凯恩斯既然认为个人自由是不真实的，开明的私利是不符合实际的，私人利益与社会利益未必相互一致，个人未必贤于、优于国家，那么，理所必致的是国家干预有其必然性、必要性。他提出了国家干预的初步思想，他认为：“我们时代许多最为严重的经济弊病，都是起因于冒险、不确定性和无知。是由于某些居于优越地位、能力较强的个人，能够利用这种不确定性和无知来牟利，也是由于在同样的原因下，大企业常常是前途难卜，并造成财富分配的严重不均。同样的因素还造成了失业、合理的企业预期的落空、效率和产出的滑坡。然而，治疗的措施正在这些个人活动之外。对个人利益的孜孜以求，也许甚至加重了病情。我们治疗这些病症的良方，在于一方面由一个中央机关对货币和信用实行审慎的控制，另一方面大规模地收集和传播有关企业状况的资料，包括在必要时制定法律，规定把企业的一切实际情况，只要是公开后对社会是有利的，统统予以完全的公开，这些举措将使社会能够通过适当的行动机关，运用直接的聪明才智来监督企业内部错综复杂的情况，而又不会打击个人的积极性和进取心。”②

1936年，凯恩斯的划时代的不朽著作——《就业、利息和货币通论》出版，对传统经济理论和经济政策提出了较为全面的挑战和批判，建立

① ［英］凯恩斯著，赵波等译：《预言与劝说》，313～314页，南京，江苏人民出版社，1999。
② ［英］凯恩斯：《预言与劝说》，317～318页，南京，江苏人民出版社，1999。

了一套以国家干预为中心、以医治资本主义经济危机为目标的完整的宏观经济理论和经济政策体系。

凯恩斯主义一旦形成即刻投入运用，美国是公认的凯恩斯主义最初、最成功的实验场所。1933 年春，罗斯福一上台就要求国会授予他“紧急安全权”，颁布了大量的新政法令，并相应设立了许多执行机关，实行国家对经济生活的较全面干预。所以，有人说，“凯恩斯摆脱经济萧条的处方，与‘新政’在政府扩大投资与赤字财政政策的主要领域里施行的政策，是有力的巧合”①，“‘新政’倘若是一种鸡尾酒，那么凯恩斯所提倡的更多的货币、较低的利息率、贷款、提高消费倾向的措施、不受国外支配的自由——所有这一切要素，都是这种‘新政’鸡尾酒的成分”②。凯恩斯被奉为是资本主义制度的“救星”、“战后繁荣之父”。

二、凯恩斯革命的再革命

在凯恩斯主义的理论模式中，经济犹如一只在大海中漂泊不定的无舵小船，如果听其自然的话，当其自身的内部力量推动着经济走向繁荣的狭窄通道时，迟早会撞在“大萧条”的礁石上。这个模式用于进行经济分析，就意味着，经济发展的大方向一定要被国家干预强制性地确定下来。他所创立的宏观经济学理论蕴藏着国家干预主义的倾向，它对经济学家的征服导出了国家迥异于以前的各种职能，有效的经济体制的含义也发生了重大变化。

但凯恩斯革命的意义是历史性的。在 20 世纪 70 年代，当资本主义经济出现经济衰退、失业增长和通货膨胀并存这种综合征——“滞胀”现象出现时，凯恩斯主义已经力不从心了，已经失败了。琼·罗宾逊在谈到“凯恩斯革命”失败以后的情景时，不禁辛酸地说：“我并不把凯恩斯的革命看成一次重大智慧的胜利。正相反，这个革命是一出悲剧。”③ 实践是理论的先导，新的实践必然要求新的理论——一种能够解释实践同时又有利于指导改造实践的理论。在这种背景下，众多新的

① ［英］埃里克·罗尔著，陆元诚译：《经济思想史》，502～503 页，北京，商务印书馆，1981。

② ［英］哈罗斯：《新经济学》。转引自［英］埃里克·罗尔：《经济思想史》，503 页，北京，商务印书馆，1981。

③ ［英］琼·罗宾逊：《经济理论的第二次革命》，载《现代国外经济学论文选》，第 1 辑，13 页，北京，商务印书馆，1979。

经济学派如供应学派、货币学派、公共选择学派等所谓的新自由主义经济学派开始了对凯恩斯革命的再革命。

如公共选择学派把市场的微观经济分析方法导入公共决策过程，为考察市场机制和国家干预找到了一个统一的标准，它突破了用市场的缺陷性来求证国家干预的必要性这种二者必居其一的思维模式。该学派认为：揭示我们市场制度的缺陷是件大好事，深入研究公共干预的逻辑和进一步完善公共权力手中掌握的工具也是一件大好事。但是我们还必须对国家尽可能好地使用供其支配的工具这一点有把握。然而，有什么东西能向我们保证这一点呢？我们必须从上述虚构中摆脱出来，我们不是要向国家干预原则提出挑战，而是要使现代人意识到：如果市场是一种极不完善的财富分配机关，那么，国家也并非没有缺点。我们想做的是：把25年来用以调查市场经济之缺陷和过失的方法同样应用于国家和公共经济的一切部门，这不是为了恢复对事物善恶二元论的看法，即像人们过去和现在为市场所做的那样，揭露“邪恶”的国家，歌颂“有道德”的市场，而仅仅是为了再增加一点理智，并且当事实很明显或得到证明，市场解决办法的确比公共干预解决办法代价更高时，才选择国家。我们的目的可以说是把证明方法颠倒过来，我们不从下述原则出发，即调查出市场的一系列缺陷之后，认为任何国家干预都是正当的，我们希望大家能确信：国家干预的缺陷将会大于我们希望弥补的那些缺陷。①

公共选择学派指出：“国家不过是人类的一个普通组织，国家帷幕后的人既不比其他人更好，也不比其他人更坏，共同利益归根结底仅仅是大量权力之争的结果。”② 他们进而认为：“国家并不是一个具有无所不在、正确无误的天赋的神圣建筑，我们没有丝毫理由认为政治市场一定比经济市场更道德、更公正、更人道，事实完全相反。”③ 他们最终断言：“凯恩斯的设想并没有错，而是他对政治、政客、雇主以及工联主义者所持的乐观主义态度错了。”④

公共选择学派认为国家干预破坏了社会民主和个人自由，认为“凯

① 参见［法］亨利·勒帕日著，李燕生译：《美国新自由主义经济学》，121～123页，北京，北京大学出版社，1985。

② ［美］詹姆斯·布坎南著，刘廷安译：《赤字中的民主》，45～46页，北京，北京经济学院出版社，1988。

③ ［法］亨利·勒帕日：《美国新自由主义经济学》，314页，北京，北京大学出版社，1985。

④ ［美］詹姆斯·布坎南：《赤字中的民主》，10页，北京，北京经济学院出版社，1988。

恩斯经济学导致了政治家的过度自由，它摧毁了对政治家正常欲望的有效约束”①。他们指责“凯恩斯不是一个赞同民主政治的人，恰恰相反，他将自己看作是潜在的导师式的精英统治者的一员”②。国家的干预和控制造成了社会生活的官僚化和程序化，守成而不创新，成为社会进步的陷阱，这是通往奴役之路。危险来源于对权力的恣意运用。公共选择学派认为，“权力总是用于促进好的方面，而不是坏的方面，我们在收入政策、价格、工资控制以及国家计划等方面受到了越来越尖刻的批评，因为要达到这些目标就必须对个人自由施加新的限制”③。现在，“国家的许多干涉和管理条例……事实上真正剥夺了人们的自由”④。在他们看来，任何限制个人自由的政策都是不应有的、不正确的，只有个人自由政策是唯一真正进步的，这一指导原则在今天依然像在 19 世纪那样正确。另一位美国新自由主义者索伯对凯恩斯主义评论说：“在政治上，凯恩斯主义孕育着一种相当严重的社会弊病，经过一个较长的时期，它将使民主社会的功能丧失殆尽。”⑤

他们的理论和实证分析，令人信服地表明了市场调节的社会效率高于官僚主义的国家干涉方式，市场的自然制裁比国家的人为制裁更客观、更公正，也更有效。他们认为：“假如市场的确是造成浪费、无效率和不公正的根源，那么我们拿什么来担保国家行动的结果确实符合它进行干涉的目的呢?”⑥ 实践证明，市场法则已经把事情做到了极致，人们很难指望国家能把事情做得更好。一句话，市场法则办不到的事情，国家往往也办不到。

国家在经济管理方面的失败以及它所树立的不良形象使他们深信，国家的活动并不总像应该的那样，或像理论上能够做到的那样“有效”，我们考证了市场经济运转中的缺陷，但是我们也考证了弥补这一缺陷的国家干预所造成的缺陷，发现国家干预所造成的缺陷不但不能弥补已有的市场经济运转中的缺陷，反而造成更大的缺陷，实在是以一种更不完善的东西来代替不完善的东西，既然如此，那么我们还需要国家干预干

① ［美］詹姆斯·布坎南：《赤字中的民主》，4 页，北京，北京经济学院出版社，1988。

② ［美］詹姆斯·布坎南：《赤字中的民主》，7 页，北京，北京经济学院出版社，1988。

③ ［美］詹姆斯·布坎南：《赤字中的民主》，73 页，北京，北京经济学院出版社，1988。

④ ［法］亨利·勒帕日：《美国新自由主义经济学》，315～316 页，北京，北京大学出版社，1985。

⑤ ［美］詹姆斯·布坎南：《赤字中的民主》，55 页，北京，北京经济学院出版社，1988。

⑥ ［法］亨利·勒帕日：《美国新自由主义经济学》，187 页，北京，北京大学出版社，1985。

什么？

国家干预的加强和国家不断给竞争过程的正常进行设置了障碍，因此，国家超出它所应扮演的角色，即稳定秩序和保证作为整个市场经济基础的自愿交换机制的良好运转，超越了其活动的自然限制，阻碍了与竞争活动相联系的平衡结构的有效运转，总之，任何国家干预肯定是坏事而不会有好处，我们的弊病在于国家干预太多，如果国家干预少一点，竞争就会进一步发展，垄断就会大大减少。他们坚信国家干预妨碍了市场资本主义的发展，使得自由竞争不是名副其实的自由竞争，他们预言，“明天的社会不是来自某种预先确定的选择，而是来自不同生产方式和价值体系之间的自由竞争”①，因为“从根本上来说，自由主义这一制度所确定的目标是给尽可能多的人最多的选择自己生活方式的机会”②。

三、从两极思维到辩证思维

如果说自由放任主义和国家干预主义是经济思想和经济政策的两极的话，那么，时至今日，那种完全偏极于自由放任主义而否定国家干预主义与完全偏极于国家干预主义而否定自由放任主义的经济思想和经济政策是极为罕见的，大多数经济思想和经济政策要么侧重于自由放任主义，要么侧重于国家干预主义，要么把自由放任主义和国家干预主义有机地结合起来。纵观上述西方资本主义国家经济思想和经济政策的历史演进，即从亚当·斯密到凯恩斯革命，从凯恩斯革命再到凯恩斯革命的再革命，明显地呈现出从或者侧重自由放任主义或者侧重国家干预主义到将自由放任主义和国家干预主义辩证地结合起来的发展趋势。

事实上，既没有绝对的自由放任主义，也没有纯粹的国家干预主义。市场机制与国家干预是市场经济关系中最根本的问题，解决这一问题的正确方法是将两者有机地结合起来，伺机而行。这正如英国著名经济学家米德教授所指出的：“实际上，到底是采取自由放任的市场竞争，还是采取对个别经济行为进行必要的社会控制？这二者之间常常发生冲突，要抉择何者更优是不可能的。纵观经济政策的演变，我们可以看出，理论与实践都是在不断地发生变化的，人类有时强调自由竞争市场

① ［法］亨利·勒帕日：《美国新自由主义经济学》，233页，北京，北京大学出版社，1985。
② ［法］亨利·勒帕日：《美国新自由主义经济学》，320页，北京，北京大学出版社，1985。

的作用，有时却又希望政府能进行适当的控制。但是，我们始终如一地认为：当人们只考虑需要政府对经济进行特别干预而忽视市场机制时，应该提请政府注意竞争性市场机制的功能；当人们虔诚地笃信自由放任可以解决一切问题时，又必须强调社会控制在什么情况下仍然是必要的。”① 萨缪尔森把现代经济称为“混合经济”，并形象而生动地指出：对于“混合经济”来说，“市场和政府这两个部分都是必不可缺的。没有政府和没有市场的经济都是一个巴掌拍不响的经济”②。市场机制与国家干预较之一国经济的发展腾飞来说，犹如车之两轮、鸟之双翼，两者缺一，经济的发展腾飞只能是天方夜谭！

这是市场经济的共同属性和普遍要求，对一切调整市场经济关系的法律包括经济法都具有决定性的指导意义，经济法应该立足于市场机制与国家干预有机结合的基础之上，并把它的内在性质和特定要求准确地记载和表述出来。

第三节　经济法的政治基础

法律是政治的集中表现，有什么样的政治及其意识形态就有什么样的法律。经济法受特定政治及其意识形态的影响，并且是它们的法律体现。

一、从契约伦理到社会正义

19 世纪以来的主要社会思潮，就其本质来说是一种契约伦理。契约伦理坚持：每个人都是平等自由的，每个人都是富有理性的，自有认识、自知利害、自会判断，可以通过契约自由，自由竞争，优胜劣汰，各得其所。契约伦理实质上是一种功利主义：“每个在实现他自己利益的人都肯定会自动地根据他自己的所得来衡量他自己的所失。因此，我们就有可能在目前作出某种自我牺牲，以得到未来的较大利益。既然一

① ［英］詹姆斯·米德著，欧晓理、罗青译：《混合经济》，4～5 页，上海，上海三联书店，1989。

② ［美］萨缪尔森等著，高鸿业等译：《经济学》，12 版，上册，87 页，北京，中国发展出版社，1992。

个人能非常恰当地行动，以达到他自己的最大利益，尽可能地接近他的合理目的，那么，为什么一个社会就不能按照同样的原则去行动，并因此把那种对一个人是合理的行动看作对一个联合体也是正当的呢?”①在功利主义者看来，个人是社会的原子，社会是个人的集成和扩大，因此，行动原则可以由个人推及社会，对个人适用的原则对社会也同样适用。“个人的原则是要尽可能地推进他自己的福利，满足他自己的欲望体系，同样，社会的原则也是要尽可能地推进群体的福利，最大限度地实现包括它的所有成员的欲望的总的欲望体系。正像一个人是根据现在和未来的损失来衡量现在和未来的利益，一个社会也可以如此在不同的个人之间衡量满足。”② 按照这样一种思路，一个人只要按照功利原则行事，得大于失，就是正当的；一个社会亦然，当一个社会的制度最大限度地增加满足的净余额时，这个社会制度的安排就是恰当的。

“功利主义观点的突出特征是：它直接地涉及一个人怎样在不同的时间里分配他的满足，但除此之外，就不再关心（除了间接的）满足的总量怎样在个人之间进行分配。”③ 这就是说，各人自能各得其所，无须由某个代表社会的权威机关对社会财富在各社会成员之间进行再分配，因为这种社会再分配必然导致分配机关（国家）权力的扩大，侵犯个人自由，人为的主观分配未必比市场的客观分配更公正，会妨碍社会正义。功利主义把一切都化约为可计算的利益，把一切都看作是可以按得失相较原则交换的利益，甚至包括人的基本自由，它认为最大多数人的幸福大于优于先于少数人的自由，因此，“原则上就没有理由否认可用一些人的较大得益补偿另一些人的较少损失，或更严重些，可以为了使很多人分享较大利益而剥夺少数人的自由”④。这样，功利主义就成为了剥夺少数人自由的充分理由。

罗尔斯批判了契约伦理，提出了公平正义，他认为，“每个人都拥有一种基于正义的不可侵犯性，这种不可侵犯性即使以社会整体利益之名也不能逾越。因此，正义否认为了一些人分享更大利益而剥夺另一些人的自由是正当的，不承认许多人享受的较大利益能绰绰有余地补偿强

① ［美］约翰·罗尔斯著，何怀宏等译：《正义论》，20～21页，北京，中国社会科学出版社，1988。

② ［美］约翰·罗尔斯：《正义论》，21页，北京，中国社会科学出版社，1988。

③ ［美］约翰·罗尔斯：《正义论》，23页，北京，中国社会科学出版社，1988。

④ ［美］约翰·罗尔斯：《正义论》，23页，北京，中国社会科学出版社，1988。

加于少数人的牺牲。所以，在一个正义的社会里，平等的公民自由是确定不移的，由正义所保障的权利决不受制于政治的交易或社会利益的权衡。”①

在罗尔斯看来，人的基本自由是至高无上的，是不可计算的，如果硬要计算，它也是得天独厚的，任何东西与之相比较，都无与伦比。人的基本自由是神圣不可侵犯的，不允许进行市场交换，用人的基本自由去交换其他任何东西都是捡芝麻丢西瓜，都是失而不得。为了反对功利主义，罗尔斯提出了他的著名的正义原则——“第一个原则：每一个人都有平等的权利去拥有可以与别人的类似自由权并存的最广泛的基本自由权。第二个原则：对社会和经济不平等的安排应能使这种不平等不但可以合理地指望符合每一个人的利益，而且与向所有人开放的地位和职务联系在一起。”② 正义的第一个原则为平等原则，规定公民的基本自由权是完全平等的、绝对不可侵犯的，它适用于社会制度中规定并保障公民平等自由权的那些方面；正义的第二个原则为“差别原则”，即允许人们在经济和社会福利方面存在一定的差别，但这种差别要符合每一个人的利益，尤其是要符合地位最不利的人、境况最差的人的最大利益。“差别原则”旨在“最大限度地提高地位最不利人的期望”，是一种关心不幸、照顾弱者、扶助穷人的原则，因而也是一种博爱原则，它适用于经济和社会福利方面。这两个原则不是并重等值的，而是有严格序列的，“这两个原则要按照一种序列来安排，第一个原则优先于第二个原则”③。这意味着“承认自由权相对于社会和经济利益的绝对重要性”④，“不允许在基本自由权与经济和社会利益之间进行交换”⑤。

罗尔斯的正义原则是对自由竞争资本主义价值观的反思、检讨和纠偏，是对垄断资本主义伦理观的设计、阐发和弘扬。他反对一味地迷信形式上的机会平等，看到了形式上的机会平等，实质上是不平等的，因为这种机会平等，“就是在追求个人影响和社会地位时把较不幸的人丢在后面的平等机会”⑥，“为了平等地对待所有的人，为了提供真正的机

① ［美］约翰·罗尔斯：《正义论》，1～2 页，北京，中国社会科学出版社，1988。

② ［美］约翰·罗尔斯著，谢延光译：《正义论》，66 页，上海，上海译文出版社，1991。

③ ［美］约翰·罗尔斯：《正义论》，67 页，上海，上海译文出版社，1991。

④ ［美］约翰·罗尔斯：《正义论》，69 页，上海，上海译文出版社，1991。

⑤ ［美］约翰·罗尔斯：《正义论》，68～69 页，上海，上海译文出版社，1991。

⑥ ［美］约翰·罗尔斯：《正义论》，118 页，上海，上海译文出版社，1991。

会平等，社会必须对具有较少先天禀赋的人和生来社会地位就不大有利的人给予更多的关心”①。针对客观存在的差别适当地区别对待才是真正的平等，这正是“差别原则”存在的理由和价值所在。他要求节制市场法则，人的基本自由权利是完全平等的、绝对拥有的，不允许按市场法则进行买卖和交换，经济强者不得购买侵吞经济弱者的基本自由权利；他主张补充、校正自由竞争，不能听凭自由竞争，优胜劣汰，他认为：“地位较好的人应该得到较大的利益，而不管是否符合别人的利益。对于这种说法有一种天然的不赞成倾向。”② 优胜者必须同情兼济劣汰者，“地位较有利的人的较高期望应有助于地位最不利人的前景”③，优胜者应对劣汰者具有博爱情怀，“即如果不能使境况欠佳的人得到利益，则自己也不希望得到较大利益的思想”④。并且，“一个社会应该努力避免出现这样的领域，在那里境况较好的人对受惠较少者的福利的边际贡献是负的”⑤。他要求根据“差别原则”实行补救原则，即对那些出生和天赋不利的人，对市场自由竞争失败的人，对不应有的不平等予以补救。“补救在平等方面偶然因素所产生的偏差”，“差别原则”“当然不是补救原则。差别原则并不要求社会去努力拉平不利条件，好像所有的人都应该在同一场比赛中公平的基础上一争短长似的”，但“差别原则”“确实达到了补救原则的某些目的”，使社会不至于沦为“冷酷无情的能人统治的社会”⑥。为了达到上述目标，他允许国家对基本的权利与义务进行分配，并对经济与社会利益进行调整，他认为：“基本结构的正义是首要问题”，“这意味着首要的分配问题，是对基本的权利与义务进行分配，并对社会和经济的不平等以及基于这些不平等的合法期望进行调整”⑦。其中，国家对基本权利与义务进行分配是进行平等分配，这不言而喻、不证自明、众所公认，但国家对经济和社会利益进行调整却见仁见智，难成共识。因此，国家的上述两方面的职能，真正具有争论的是后者。

① ［美］约翰·罗尔斯：《正义论》，112页，上海，上海译文出版社，1991。
② ［美］约翰·罗尔斯：《正义论》，114页，上海，上海译文出版社，1991。
③ ［美］约翰·罗尔斯：《正义论》，106页，上海，上海译文出版社，1991。
④ ［美］约翰·罗尔斯：《正义论》，117页，上海，上海译文出版社，1991。
⑤ ［美］约翰·罗尔斯：《正义论》，115页，上海，上海译文出版社，1991。
⑥ ［美］约翰·罗尔斯：《正义论》，111页，上海，上海译文出版社，1991。
⑦ ［美］约翰·罗尔斯：《正义论》，92页，上海，上海译文出版社，1991。

罗尔斯主张国家对经济和社会利益进行调整是罗尔斯正义论的独到之处。不过，国家对经济和社会利益进行调整不是无条件的、任意的，而是有条件的、有目的的，即“在我们认为是实现现代国家社会正义的这个体制复合体中，境况较好的人的利益改善了受惠最少者的条件。如果不能做到这一点，那就对利益进行调整，使之做到这一点，例如，把最小的社会差别固定在适当的水平上”①。罗尔斯的正义原则，尤其是“差别原则”要求扩大国家权力加强国家干预以提高和改善境况最不利者的条件和待遇。在罗尔斯看来，扩大国家权力加强国家干预是保障人们自由平等、实现社会正义的必要条件。

罗尔斯的正义原则是对垄断集团的批判武器和革命力量，是对经济弱者的热切同情和悉心关爱。他不愿看到社会上经济强者飞扬跋扈，超然至上，而广大经济弱者销声匿迹，无以立足。他坚持人的基本自由权利是完全平等的，坚持人的基本自由权利是不可侵犯的，坚持人的基本自由权利是绝对优先的，经济强者不得因为经济强大而购买、侵吞经济弱者的基本自由权利，人的基本自由权利不按市场交易规则交换，不受自由竞争法则支配，“因为正义社会里的公民是应该拥有同等的基本权利的”②，在正义社会，是人人自由、一切人自由、同等自由，而不是少数人自由、垄断者自由、不同等自由。“正义的原则表明，社会基本结构中的人都有不是把彼此当作手段而是作为目的本身来看待的愿望。”③ 一个正义的社会是一个人人基本自由权利平等的社会，一个人人基本自由权利神圣不可侵犯的社会，一个人人皆为主体的社会，一个人人皆为目的的社会。他反对听任市场自由竞争造成的优胜劣汰、贫富悬殊愈演愈烈，认为“富人与穷人之间的甚至更大的差别，使穷人的境况变得更糟，这不但违反了民主的平等，而且也违反了互利的原则”④。在他看来，少数垄断集团攫取、霸占社会财富的绝大部分，为富不仁，显然是违反正义的。

罗尔斯的正义第二原则即“差别原则”，就旨在解决这一问题。他承认人们在经济和社会福利方面存在一定的差别，有差别并不等于不正义，但这种差别必须合乎正义。具体说来，一是要合乎地位最不利的

① ［美］约翰·罗尔斯：《正义论》，97页，上海，上海译文出版社，1991。
② ［美］约翰·罗尔斯：《正义论》，67页，上海，上海译文出版社，1991。
③ ［美］约翰·罗尔斯：《正义论》，196页，上海，上海译文出版社，1991。
④ ［美］约翰·罗尔斯：《正义论》，87页，上海，上海译文出版社，1991。

人、境况最差的人的利益。二是可以确立和保证地位较有利的人、境况较好的人的利益，但这样做应当能够提高地位最不利的人的期望，能够改善境况最差的人的利益，“差别原则”“要求每个人都能从经济和社会福利的不平等中得到好处”①，对所有人都有利的不平等（差别）是正义的，“不正义就是并非对所有人都有利的不平等”②。差别原则体现了一种互惠观，“它是一种互利原则”③。因此，“差别原则”“对于地位较有利的人和地位较不利的人似乎都是可以接受的”④。当然，“差别原则”的重点和核心是“从平等公民的观点和地位最不利的人的观点”看问题，评判社会是否正义，具有贫民立场和救世情怀。罗尔斯认为：“唯一使我们关心的指数问题，也就是与地位最不利的集团有关的问题……因此，指数问题基本上变成了给地位最不利的人、权力最少的人和收入最低的人增加基本善的问题。”⑤ “差别原则”是弱者本位、穷人本位的原则，是对弱者、穷人的补救原则，是要求强者、富人兼济扶助弱者、穷人的原则，是弱者、穷人容忍、尊重强者、富者的原则，是谋求强者与弱者、富人与穷人和睦共处、共同发展的原则，是改革垄断社会为正义社会的原则。当然，这一切的实现，都必须诉诸扩大国家权力、加强国家干预。因为在社会上分化出强者与弱者并且格局已定的情况下，弱者仅靠自己的力量与强者自由竞争无异于与虎谋皮，特别是对于垄断者这种强权组织，非垄断者更是无力与之抗衡。这都说明和要求以强权对强权。所以，“差别原则”也是扩大国家权力和加强国家干预的原则性根据。

二、社会正义所导致的法律变革

过去的正义理论多是功利主义的正义理论，认为只要合乎最大多数人的最大利益就是正义的，这种功利主义的正义理论无视最少数人的最小利益，甚至为了最大多数人的最大利益不惜牺牲最少数人的最小利益，哪怕是最少数人的基本自由。而罗尔斯的正义理论的一个突出的贡

① ［美］约翰·罗尔斯：《正义论》，71页，上海，上海译文出版社，1991。
② ［美］约翰·罗尔斯：《正义论》，68页，上海，上海译文出版社，1991。
③ ［美］约翰·罗尔斯：《正义论》，113～114页，上海，上海译文出版社，1991。
④ ［美］约翰·罗尔斯：《正义论》，115页，上海，上海译文出版社，1991。
⑤ ［美］约翰·罗尔斯：《正义论》，104页，上海，上海译文出版社，1991。

献就是择出并立足于社会境况最差者并捍卫他们的利益，这是独具慧眼的。从谋求最大多数人的最大利益到关爱社会境况最差者，这是正义立场的重大转变，是正义日益合乎自身的规定性。社会境况最差者处于社会的最底层，能力最低、机会最少、受惠最小、困苦最多，他们是社会上最需要关心的人，也是最渴望正义的人。哪里有苦难，哪里就有正义，正义在苦难中方显本色。那些境况较好者，自会好好地关爱自己，没有太大的问题，正义要求不很突出。因此，正义问题应该主要是社会境况最差者的生存与发展问题，社会问题主要是他们的问题，如果他们解放了社会就解放了，他们发展了社会就发展了，他们没困苦了社会就没困苦了，实现了他们的正义就实现了社会正义。立足社会境况最差者、关爱社会境况最差者才是真正的大众立场、社会立场、人道立场、正义立场。但社会境况最差者的生存与发展问题并不是社会境况最差者自己就能解决的问题，因为他们之所以沦为社会境况最差者，一个根本原因就是他们难以自力更生，没有自我解决能力，必须寻求社会协助，而正义正是社会境况最差者寻求社会协助的充分理由。这种社会协助主要是通过国家干预进行社会再分配来实现的，这就要求扩大国家职能，让国家积极行动起来。正义问题实际上就是由作为社会总代表的国家对社会上境况最差者给予人道协助的问题。

那么，何谓社会境况最差者呢？社会境况最差者的生存与发展问题是什么问题？国家协助社会境况最差者在什么程度上进行呢？或者说国家为了协助社会境况最差者可以在什么程度上干预其他人的权利呢？这些问题最终要归结为人权问题。因为人权是人之为人必不可少的权利，是人的生存和发展最基本的权利，连人权都得不到保障的人自然是社会境况最差者，社会境况最差者的生存与发展问题主要是人权问题。社会境况最差者的生存与发展问题不能随意扩大或提高，应仅限于其人权问题，保障了他们的人权问题就解决了他们的生存与发展问题，国家也就尽到了它应尽的义务。国家只应在这个程度上协助社会境况最差者，国家只有出于保障社会境况最差者的人权，才有权力“侵犯”其他人的非人权权利，超出这个限度就会侵犯其他人的权利。

立足社会境况最差者而构建的正义理论促成了法律视角的转换。过去的法律立足于人的平等，这种平等是抽象平等，即抽象掉人的差别而达到的平等，是形式平等，不包括实质平等，它无视、忽视人的差别，认为人的差别是人所固有的，百人百性，差别难免，况且千人一面、千篇一律，也违反人性，由人的差别所导致的差别不以人的意志为转移，不能归咎于任何人，因而是正义的。法律不能根除这种差别，只能放任它。而现在的法律认为，不能无视、忽视人的一切差别，而应正视、强调人的差别，尽管法律不能强行抹去人的一切差别，但可以考虑允许某些差别、不允许某些差别，即使允许某些差别，也可以明确规定在什么条件下允许某些差别，差别可以多大。现代法律认为由人的差别主要是自然差别决定人的一生是任意的、专横的，是不正义的，必须有所节制，而且人作为人不管差别有多大，总有共同点，总有相同的地方，总有共同的“人”的身份的认同，在这些地方应人人平等，实质平等。实现在这方面（最低生活要求）的实质平等要求就不应一概对不同的人实行同一的法律，而应立足于社会境况最差者对不同的人实行不同的规则，这种规则目的在于保护社会境况最差者作为人的权利不受其他人的侵蚀，这是对法律面前人人平等的新发展。施瓦茨认为，“法律秩序的基本前提似乎也在改变。一个远远超出以前任何法律面前人人平等观念的平等概念正在形成。传统的划分是，形式上或法律上的平等，与实际上或事实上的平等。直到现代为止，改革者的主要目标还是获取前者，既然前者一旦形成，为人们希望的后者被认为同时也建立起来了。现在，法律认为这种方法过于狭隘了”①。

平等是历史发展的，是不断从不平等走向平等的发展。当社会生产力落后、社会财富不足时，可以不平等地满足不同人的需要，但随着社会生产力的发展、社会财富的增长，有条件共同满足人们的某种标准的需要时就应平等地加以满足。因此，“考虑到使生活在当代社会中充满意义的日益增多的各种因素，法律的目标不仅在于维护法律上的平等，同时也在于提供事实上的平等。法律开始认可一种要求享受类似他人的生活条件的愿望。一种受保障的标准人类生活先决条件，会让位于一种更开阔的设想，即人们有权获取与同伴一样的生活条件”②。

社会正义是人类的目标，要实现社会正义，关键是要择出社会的最好代表。无疑，社会上境况最差者处于社会的最底层，他们的需要最需要迫切满足，满足了他们的需要也就最大限度地满足了社会需要、人类需要。依据这种正义要求，法律应从关爱一般人过渡到关爱境况最差者，

① ［美］伯纳德·施瓦茨著，王军等译：《美国法律史》，331页，北京，中国政法大学出版社，1997。

② ［美］伯纳德·施瓦茨：《美国法律史》，331～332页，北京，中国政法大学出版社，1997。

关爱最需要关爱的人，关爱最为普遍的人，关爱最大多数人。目前“法律制度在很大程度上仍然处于过渡之中。不过，看来其直接方向是，在通过现有法律秩序可能达到的限度内，努力满足最大范围的人类需要”①。

当代正义原则是关爱境况最差者的原则。当代社会在紧缩、人际在密切，人与人息息相关，相互影响，在这种相互影响中，境况最差者不大可能影响别人而大都受别人影响，并且对他们的影响多是负面的、不利的，有时甚至把他们逼入绝境；社会资源在减少，人的需求在增长，有人多占就有人少得，在这种资源争夺战中，境况最差者处于不利地位，没有争夺能力，几乎无法问津。幸亏，人权观念日长，要求人类一家、人人平等、共同发展。不能把境况最差者视为社会的弃儿，把他们扔下不管，与他们同是人的其他人仅因为同是人就应关爱他们、扶助他们、带领他们共同发展。为此，法律应有所发展，从过去突出个人竞争、使人出人头地到现在强调整体合作，共同发展。“在 20 世纪，法律的传统目的正在让出自己的地位。20 世纪之初，法律的口号是机会和安全。虽然平等已被提到宪法高度，人们将它严格解释为市场交易的机会均等。人们强调的是保护赢利的安全，一旦需要，甚至不惜以社会利益为代价。随着 20 世纪的进步，这些目的越来越受到怀疑。20 世纪下半叶，就法律的目的而言是一个过渡时期。我们似乎正从个人突出的理想移向彼此合作的理想。在法律中如同在社会里竞争正变为相互依赖。”② 人们日益相互依赖，唇亡齿寒，情同手足，这规定着法律发展的趋势。“发展中的法律正以满足人类需要作为自己的口号。抽象的不受限制的个人至上作为价值尺度，已为人类最大限度地控制自然所代替（这个自然包括外在的自然界和人类本身），以满足社会的需要。法律的任务被视为协调彼此冲突的人类要求或期望，以便以最少的矛盾和最小的浪费去获取文明的价值。”③

把正义问题归结为社会境况最差者的生存与发展问题，把社会境况最差者的生存与发展问题归结为人权问题，这样就把正义归结为人权问题。人权问题的提出深化了对权利问题的认识，也深化了对正义的认识，避免了在正义问题上的无谓争论。从权利中区分出人权，把正义直接同人权联结起来是当代正义理论的重大进展。过去只是笼统地谈权

① ［美］伯纳德·施瓦茨：《美国法律史》，332 页，北京，中国政法大学出版社，1997。
② ［美］伯纳德·施瓦茨：《美国法律史》，330 页，北京，中国政法大学出版社，1997。
③ ［美］伯纳德·施瓦茨：《美国法律史》，330 页，北京，中国政法大学出版社，1997。

利，或者把权利泛化为人权，都没有很好地区分权利和人权。结果，一是把人权降格为经济社会权利，按市场配置，导致不平等，侵犯人权；二是把经济社会权利上升为人权，进行统一分配、一律平等，扩大了国家权力，侵犯了人们的经济社会权利。罗尔斯的正义论明确地对人权和权利作了区分。在他看来，公民的政治权利是人权，优先保障，必须平等，不允许市场交易，不允许侵犯，国家对保障人权负有积极义务；社会经济权利不是人权，允许市场配置，可以不平等，国家对保护经济社会权利负有特定义务，即只限于保证这种不平等要有利于境况最差者。罗尔斯对社会基本结构的划分具有重大意义，可以说是“黄金分割”。自此，“在我们这个时代，有了‘公民——政治权’和‘经济——社会权’这一著名的划分，由此引起持续不断的争论，诸如是否有、能够有且应当有经济——社会权的问题；这两种权利是否存在紧张关系的问题；这两种权利中哪一个优先的问题，等等”①。

社会基本结构的划分、人权与权利的区分、正义原则的区别，导致法律规则的分立，法律规则由过去的单轨制向现在的双轨制转化。过去的法律规则本质上是市场规则，它一统天下、一贯到底，一切听任市场自由竞争，这有利于激发人的主动性、积极性和创造性，使人尽其才，有利于优化资源配置，使物尽其用，提高效益，在很大程度上，市场规则最大限度地发展了人类的能力。但市场规则优胜劣汰、弱肉强食，是一种“丛林法则”，市场优胜者会对社会资源搜刮殆尽，市场劣汰者一文不名，无以立足，甚至人本身都会沦为市场优胜者的“战利品”。这是形式正义导致的实质不正义，合法的方式导致非法的后果。这就说明，社会结构不能全由市场规则统治，必须对社会结构进行划分，划分出一块与人的最低生活要求密切相关的领域，它不同于市场领域，在这一领域，人们享有的是人权，只要是人就应享有人权，人权按人分配，一律平等，不进行市场竞争，不允许优胜劣汰，这一领域是人之成为人的立足之地，是人作为人过上最低要求生活的保护地带。这一领域应当实行与市场规则不同的规则，这种规则主要不是竞争性的而是分配性的。这正如施瓦茨所指出的：“从这一点看，我们可能正走向一种主要功能是分配性而非管理性的法律秩序。法律也开始承认一些表明其承担了分配基本职责的先决条件。这些先决条件可以让我们作出假设：附属

① ［美］路易斯·亨金等编，郑戈等译：《宪政与权利》，12页，北京，三联书店，1996。

于生命的经济负担日渐由社会承担，至少应该保障让人实现一种标准人类生活最低要求。”① 在这种规则中，人权至上，它保障每个人享有人之成为人的必不可少的权利，并且是平等的权利，保障每个人作为人的合理期望，为实现该期望，每个人都有对国家的正当要求，人在这种规则中被大写特写。“在法律中如同在社会里一样，人不仅在生活的数量方面，而且开始在生活的质量方面得到关注。一种新权利义务的先决条件开始产生：任何人有期望，为生活在社会上的人们提供一个适于居住的环境。这种先决条件要求彻底改变对于传统的生命、自由、财产的三部曲的强调，法律将第一次承担起保护生命质量的积极义务。”②

从权利中区分出人权，并认为公民的政治权利是人权，经济社会权利不是人权，并分别适用不同的正义原则，这一观点影响深远，以至于对上述问题，许多人作了同罗尔斯相同的回答。如路易斯·亨金也认为：“总体说来，经济权利和社会权利在美国还不是宪法权利。”③ “美国宪法仍然反映着对有限政府的承诺，仍然信奉‘管得最少的政府就是管得最好的政府’。宪法只告诉政府不要做什么，而没有赋予它做什么的义务。”④ 正是因为经济社会权利不是人权，与作为公民政治权利的人权相比，处于次要地位，国家为了保障人权，必要的时候可以合法地“侵犯”人们的经济社会权利，因而经济社会权利不再是绝对地神圣的。这正如安东尼·奥格斯所指出的：“从社会的富有层向贫穷层进行资源再分配，是20世纪许多工业化社会的一项国策，而达到这一再分配目标的必不可少的手段，显著的是征税，将不可避免地侵犯到财产权的绝对性。”⑤ 克鲁泽也认为：“财产权的无条件的不可剥夺性只是一句豪言壮语，在革命的狂热和宪法的曙光中，人们很容易在屋顶上为它呐喊，但是事后冷静下来，真要实践它却几乎是不可能的。”⑥ 人权是人之作为人的必不可少的权利，只要是人就应享有人权，人享有人权不再需要任何理由，人要求国家保障其人权也不需要任何理由。人权的优先性、

① ［美］伯纳德·施瓦茨：《美国法律史》，330～331页，北京，中国政法大学出版社，1997。
② ［美］伯纳德·施瓦茨：《美国法律史》，331页，北京，中国政法大学出版社，1997。
③ ［美］路易斯·亨金等编：《宪政与权利》，519页，北京，三联书店，1996。
④ ［美］路易斯·亨金等编：《宪政与权利》，519页，北京，三联书店，1996。
⑤ ［美］路易斯·亨金等编：《宪政与权利》，155页，北京，三联书店，1996。
⑥ ［美］路易斯·亨金等编：《宪政与权利》，156页，北京，三联书店，1996。

人权优先于社会经济权利为国家干预社会经济生活提供了充分理由，这有力地改变了私有财产神圣不可侵犯，国家无权干预私人社会经济权利的传统观念和做法。

但是，国家只负有保障人权的义务，保障人权是国家干预社会经济生活的根据，也是国家干预社会经济生活的限度，超出人权保障而对社会经济权利进行干预有双重不良后果：一是为社会境况最差者给予了超出人权保障的保障，给予了多余的不必要的关照，营造了一种安乐窝，会培养人的懒惰性和寄生性，会泯灭人的进取精神和自治能力；二是国家保障社会境况最差者的人权是通过“侵犯”其他人的经济社会权利实现的，国家给予社会境况最差者超出人权保障的范围，必然要对其他人的经济社会权利多“索取”，这样就会侵犯他们的合法权利。因此，国家为了保障社会境况最差者的人权而对其他人的经济社会权利进行的“侵犯”是有限度的，这个限度具体说来，一是允许人们的经济和社会权利不平等，这种不平等是市场机制造成的，允许不平等就说明允许市场机制还要起作用，但这种不平等应有利于境况最差者，在市场体制下，经济和社会权利由市场配置，会出现不平等，而且这种不平等肯定不会有利于境况最差者，要使这种不平等有利于境况最差者，国家必须进行适当干预；二是有利于境况最差者并不能完全通过国家干预来实现，而必须保证机会公平、平等，并向所有人开放，必须保留市场配置的主导地位，国家干预应建立在市场机制的基础上并通过市场机制而进行，并受市场机制的制约，这就是说国家干预是有限度的，可见，“差别原则”既是国家干预的根据也是国家干预的限度。“差别原则”既反对国家对经济社会权利甘当“守夜人”的传统，也反对国家对经济社会权利广泛干预的做法。从这里也可以看出，诺齐克对罗尔斯正义论中的国家干预会侵犯个人自由的担忧是不必要的。

无论是作为适用于人权的平等原则还是适用于经济社会权利的“差别原则”都内涵着确认国家干预与限制国家干预的双重要求。这一要求集中体现在社会正义，社会正义既是确认国家干预的根据，也是限制国家干预的准绳。

法律是实现社会正义的最重要的载体，因为法律（学）自古以来就被认为是“关于正义和非正义的科学”[①]，正义是法律的基本理念，法律是正义的规则化。有什么样的正义理论就相应地有什么样的法律规

① ［古罗马］查士丁尼著，张企泰译：《法学总论》，5页，北京，商务印书馆，1993。

则。上述既确认国家干预又限制国家干预的社会正义理论，也应有相应的法律规则，这种法律规则主要就是经济法。经济法是上述社会正义理论的规则化。

综上所述，所谓经济法的社会基础指的是个人与国家的关系，核心是个人自由与社会秩序问题；所谓经济法的经济基础指的是市场调节与国家干预的关系，核心是自由竞争与秩序调控问题；所谓经济法的政治基础指的是契约自由与人权保障的关系，核心是确认国家干预与限制国家干预问题。这些关系和问题汇总集中起来就形成了在任何一个社会都共同存在的一种特定的社会关系和问题，即以个人自由与社会秩序、市场调节与国家干预和确认国家干预与限制国家干预为核心的社会关系和问题，它们要求从法律上予以调整和解决，其中一个核心而重要的法律部门就是我们这里所论述的经济法。这些基础决定着经济法的内容和性质，经济法的许多问题都要由这些基础来说明。

第三章

经济法的调整对象

法律的调整对象是法律存在和划分的根据，只有客观存在某种社会关系需要某种法律去调整，该法律才有存在的根据，才能存在，否则，无以立足。所以，法律的调整对象是法律的“生死存亡”的重大问题，对于法律本身来说，具有十分重要的意义。

研究法律的调整对象，就是研究各种社会关系，通过对各种社会关系的探本溯源、条分缕析，在这个基础上有针对性地进行法律调整，从而形成各种法律部门，各种法律部门进而构成一国的法律体系。可见，如果没有对法律调整对象的研究，就不可能知道需要哪些法律，社会关系的客观要求也不能正确地反映和上升为法律，就不能正确地划分各种法律部门，也不能有效地协调各种法律部门，最终就不能建立完善的法律体系。因此，研究法律的调整对象是建立和完善法律体系的前提与关键。

法律的调整对象对于一个新兴的法律部门来说，尤为重要。一个新兴的法律部门要存在立足，必须首先回答有无自己的调整对象以及这种调整对象是什么？这个重要问题往往充满着争论，不仅与其他法律部门存在争论，而且本法律部门内部也存在争论，可谓“内外夹击”。过不了这一关，就会各个击破，土崩瓦解；过了这一关，就能无懈可击，立于不败之地。

研究法律的调整对象，就是研究该法律所调整的社会关系，只有深入研究该社会关系，知晓其内容，把握其本质，明确其要求，才能有与之相因应的法律，该法律才不会成为无源之水，无本之木。犹如平地起高楼，研究法律的调整对象是在划定、廓清和夯实法律大厦的地基；就像培植参天大树，研究法律的调整对象是在培育、加固和养殖法律大树的根基，是一项基础性的工作，是其他一切工作的前提。

具体对经济法来说，经济法作为一个新兴的法律部门，有无存在的理由，就看其有无自己的调整对象；是否能合理定位，就看其如何与民法、行政法等其他法律部门的调整对象进行划分和协调；能否科学构建，取决于对其调整对象的正确理解；怎样统一独立，关键在于对其调整对象能否取得共识，等等。这些都说明，研究经济法的调整对象对于经济法来说是首要的先决的重大问题。

第一节　经济法调整对象的立足点

关于经济法的调整对象一直是诸论并存，众说纷纭，既有“旧诸论”——综合经济法论、纵向经济法论、经济行政法论、纵横经济法论和学科经济法论①，也有“新诸说”——协调关系说、国家调节说、需要干预说、管理经营说和社会公共说。② 这就说明经济法的调整对象依然是一个充满争论的问题。

那么，应该怎样去界定经济法的调整对象呢？我认为，法律是社会关系的记载和表述，有什么样的社会关系就相应地有什么样的法律，不同的社会关系构成了不同法律的调整对象，之所以有上述不同的经济法调整对象的观点，正是源于认为经济法调整不同的社会关系。因此，要研究经济法的调整对象，关键是要研究经济法所立足的社会关系。要正确界定经济法的调整对象，经济法必须立足于真实、客观而公认的基础。这些基础就是上面所论述的经济法的社会基础、经济基础和政治基础，从中可以找到和界定经济法的调整对象，经济法的调整对象是这些基础的集中体现。

一、自然经济时期不存在经济法

经济法之所以是经济法，当然是与“经济”有关的“法”，那么，这里的“经济”是何种形式的“经济”呢？众所周知，经济形式一般分为自然经济、商品经济或市场经济和计划经济或产品经济。因此，这里的问题是，上述各种经济形式是否都能产生和存在经济法。有相当多的人认为，有经济活动和经济关系就有经济法，因而从自然经济时期起就有经济法。我认为，这种认识是不确切的。因为：

第一，自然经济是一种落后的经济。一方面，社会生产力十分落后，社会财富极其匮乏是自然经济时期的客观事实；另一方面，建立在

① 参见王家福等：《中国经济法诸论》，北京，法律出版社，1987。

② 参见王保树主编：《经济法原理》，北京，社会科学文献出版社，2000。

自然经济基础之上的国家，“官冗之患，所从来尚矣!”[1] 为了维持庞大的国家官僚机构的运行和统治者的奢侈生活，又必须占有大量的社会财富，这就形成了在自然经济时期社会生产发展不足而又“超前高消费”的矛盾。根据制度经济学派关于社会财富的丰歉程度与法律控制强度关系之理论，在社会财富匮乏时期，法律的控制是最大限度的暴力强制。[2] 也就是说，解决自然经济时期的这一矛盾，主要是统治者依仗国家暴力，通过严刑峻法向社会搜刮民脂民膏来实现的。“苛政猛于虎”正是这种情况的形象写照。

第二，自然经济是一种封闭的自给自足的经济。每个生产者“……都是直接生产自己的大部分消费品，因而他们取得生活资料多半是靠与自然交换，而不是靠与社会交往”[3]。这种经济要求国家“听民自便”、“无为而治”，它在本质上是排斥国家干预的。国家对社会经济生活的干预往往仅局限于社会财富的分配领域而不大能够介入物质财富的生产过程。因此它并不具有多少组织管理社会生产的职能而只能是一种“超经济的强制”，其实质是依仗国家暴力掠夺社会财富。这正如马克思在分析自然经济时所指出的：“与资本主义关系不同，在这里，对这种剩余劳动的占有不是以交换为中介，而是以社会的一部分人对另一部分人的暴力统治为基础。”[4]

第三，自然经济是一种小农经济。一家一户的小农之间只有地域联系，没有或者少有经济联系，形成不了统一的力量，从而缺乏抵抗国家掠夺社会财富的暴力进攻，也构成不了对统治者的威胁，因此，统治者总是把自然经济视为立国之本来加以维护。但社会生产力的发展，促使自然经济日益崩溃，商品经济萌芽成长，在这一社会经济形式转轨之际，当时的统治者由于本阶级的局限性，认识不到商品经济代替自然经济是一个必然的历史进程。当时的统治者为了维持自己的统治，竭力保护自然经济，视商品经济如洪水猛兽，“以刑止商”、“以刑治商”又成为其国家干预社会经济生活的主要手段。

以上三个方面表明，在自然经济时期，自然经济的落后性、封闭性

---

① 《续〈资治通鉴〉·卷第八十一》。

② 参见［美］康芒斯著，于树生译：《制度经济学》，下册，449页，北京，商务印书馆，1981。

③ 《马克思恩格斯选集》，2版，第1卷，677页，北京，人民出版社，1995。

④ 《马克思恩格斯全集》，中文1版，第26卷Ⅲ，440页，北京，人民出版社，1974。

以及历史性，决定了无论是国家掠夺社会财富的手段，还是国家干预社会经济生活的方法，大都是严刑峻法。为了维护统治者的经济利益和经济秩序，统治者几乎把一切破坏经济秩序、违反统治者经济利益的行为，都视为违法犯罪行为，并用严刑峻法加以惩治，从而使经济关系的法律调整泛刑化、极刑化。这种社会关系的本质决定了规制这种社会关系的法律只能是刑法或以刑为主。

第四，自然经济是一种分工简陋的经济。自然经济时期的社会分工主要就是农业生产，辅之以简单的手工业生产。各生产者彼此之间进行着相同的生产，他们这种相同的生产方式“……不是使他们互相交往，而是使他们互相隔离。这种隔离状态由于……交通不便和……贫困而更为加强了”①，从而决定了自然经济条件下“……没有丰富的社会关系”②。这种社会关系的简陋性决定了调整这种社会关系的法律的单一性，同时当时法制建设的局限性又强化了这种单一性，以至于把几乎所有的社会关系都纳入一部法律加以调整，形成诸法合体。

我认为，我们的逻辑分析与历史实证是一致的。中国的历代法典从《秦律》、《唐律》、《宋刑统》、《大元通制》一直到《大明律》和《大清律例》，尽管它们名称不一，但究其实质，都是以刑为主，诸法合体的。为了进一步说明这个问题，不妨以在我国法制史上具有承前启后和典范作用的《唐律》为例。《唐律》是在过去历代法典的基础上取其精华锤炼而成的。对于《唐律》的内容及其属性，《唐六典》言简意赅地作了认定：“凡律以正刑定罪”，意为《唐律》是有关犯罪和刑罚的法律规定。对这一点，我国著名学者陈寅恪在《隋唐制度渊源略论稿》刑律章中更是直接指出，《唐律》“成为二千年来东亚刑律之准则”③。

在这里，我们要申明的是，在划分法律部门的两个标准即调整对象和调整方法中，在不同的历史时期是有所侧重的。如上所述，在自然经济条件下，社会关系是简陋淳朴的但同时又是杂然一体的，因此，在这一时期划分法律部门的标准在很大程度上不可能是依据条分缕析的各种社会关系而只能以调整方法为主。而在我国古代，法律的调整方法主要就是刑罚，给许多社会关系规定各种残酷的刑罚。即使被誉为“得古今

① 《马克思恩格斯选集》，第1卷，677页，北京，人民出版社，1995。

② 《马克思恩格斯选集》，第1卷，677页，北京，人民出版社，1995。

③ 陈寅恪：《隋唐制度渊源略论稿》，载《中国现代学术经典·陈寅恪卷》，116页，石家庄，河北教育出版社，2002。

之平”的《唐律》，也在《名例篇》中首列五刑（笞、杖、徒、流、死）并解释说：“名者，五刑之罪名；例者，五刑之体例。”这就充分地说明，《唐律》主要就是以刑罚的方法（而又限于五刑）来调整当时的社会关系的，这种调整方法决定了《唐律》只能是一部典型的刑法化了的刑法典。唐代以后的历代法典直至《大清律例》，都是以《唐律》为蓝本而制定的，其属性也“一准乎此”——《唐律》。因此，我国古代法主要就是刑法以及刑法化了的其他法。

近来，有人认为中国古代法不仅有律，还有其他形式，如唐代，除了《唐律》以外，还有“令”、“格”、“式”；宋代，除了《宋刑统》以外，还有“敕”；明清除了《大明律》、《大清律》以外，还有“例”，因此，不能认为中国古代法是“诸法合体，民刑不分”，并认为这种认识是一个重大的误解。

但我认为，尽管中国古代法不仅有律，而且还有其他表现形式，但无疑中国古代法是以律为主，其余为辅。如《宋刑统》卷三十《断狱律·断罪引律令格式》云：“今后凡有刑狱，宜据所犯罪名，须具引律、令、格、式，逐色有无正文，然后检详后敕，须是名目条件同，即以后敕定罪。后敕内无正文，即以格文定罪。格内又无正条，即以律文定罪。”尽管敕有优于律首先适用的地位，但宋代编敕的宗旨是：以敕补律之未备，以敕补律之未详，以敕纠律之偏颇，以敕补律之僵化。[①] 可见，在这里依然是律主敕辅，以敕补律。再如明清律例，两者的关系是：“盖立例以辅律，贵依律以定例。”[②] 也是律主例辅，以例辅律。

众所周知，事物的性质和特点是由事物的主要方面决定的，看问题应抓住根本而不应拘泥枝节。认识中国古代法亦然，应抓住它的主要方面，即律，而不必拘泥于律之外的琐细而浩繁的其他形式，就像认识中国现代法一样，主要看的是基本法典而不是大量的分散的具体规章和司法解释。就中国古代法的主体“律”来说，历代主要律典是刑法典，并且诸法合体、以刑为主，这符合历史事实和共识。

西方古代法的发展与我国有所不同，但西方古代法，同样体现出诸法合体、以刑为主的特点。这正如梅因所指出的：“大体而论，所有已知的古代法的杂集都有一个共同的特点使它们和成熟的法律学制度显然不同。最显著的差别在于刑法和民法所占的比重。我以为可以这样说，

① 参见杨一凡：《中华法系研究中的一个重大误区》，载《中国社会科学》，2002（6）。

② 舒化：《重修问刑条例题稿》。

法典愈古老，它的刑事立法就愈详细、愈完备。这种现象常常可以看到，并且这样解释无疑地在很大程度上是正确的。”① 这说明西方古代法也是“诸法合体”（“杂集”）的，其中占主导地位的法律也是刑法而不是民法（更不是经济法）。

通观国内外自然经济时期的法律制度，社会关系较为简单淳朴，法律条文也不甚丰富，加之法律被视作暴力统治的工具，因而以刑罚方法为主，这决定它们几乎都是诸法合体、以刑为主的。而作为真正意义上的、独立法律部门的经济法在这个时期是不存在的。

任何事物都不是空穴来风，而都是有根有源的。同样，古代法中也存在某些现代部门法的萌芽、内容或规定，如古代也存在有关经济方面的方面，甚至有现代经济法的个别零星的内容，如古代的“禁榷”制度，就与现代经济法的“垄断”有历史渊源。但这不等于说在古代法中存在严格意义上的现代部门法，就像今天有些教材和专著从古代法中分列出“经济法”来，并大讲长达几千年的“经济法史”。这种从典籍中钩沉发隐、搜集整理出一些内容或规定并牵强附会为“经济法”，实际上是用现代部门法的语境和分类去割裂和臆造古代法，这是把现代法部门强加给古代法，是不符合历史事实的。这样做，充其量可以作为法学史去研究，但不能认为法律史就是如此。

二、商品经济或市场经济前期也不存在经济法

不但自然经济时期不存在严格意义上的现代经济法，就是商品经济或市场经济前期，即资本原始积累时期和自由竞争时期也不存在严格意义上的现代经济法。

商品经济或市场经济的发展经历了资本原始积累时期、自由竞争时期和垄断时期三个阶段。在资本原始积累时期，由于受重商主义的影响，新兴的资本主义国家干预达到了登峰造极的地步。但资本原始积累“不是资本主义生产方式的结果，而是它的起点”②，因此，这种国家干预仅限于积累原始资本，为建立资本主义生产方式创造条件，还未介入商品经济的整个领域和各个环节，因而它并不具有多少管理社会生产的职能。此外，由于资本原始积累一方面受到自然经济日益崩溃而商品经

① ［英］梅因著，沈景一译：《古代法》，207页，北京，商务印书馆，1981。
② 《马克思恩格斯全集》，中文1版，第23卷，781页，北京，人民出版社，1975。

济尚未发展起来这种青黄不接所带来的社会财富十分匮乏的制约，另一方面又受到来自反动落后的旧势力的极力抵抗和人们旧的生产方式的阻挠，因而难以一蹴而就。为了“……促进从封建生产方式向资本主义生产方式的转变过程，缩短过渡时间”[①]，只能“……利用集中的有组织的社会暴力……”[②] 来掠夺社会财富。历史也表明，资本原始积累“……在真正的历史上，征服、奴役、劫掠、杀戮……暴力起着巨大的作用”[③]。资本原始积累时期的国家干预的突出特征就是暴力的滥用，它同自然经济时期的暴力干预并无二致，其实质都是依仗严刑峻法掠夺社会财富，这时的经济立法依然是刑法或变相刑法，如“十五世纪末和整个十六世纪，整个西欧都颁布了惩治流浪者的血腥法律”，“……这些古怪的恐怖的法律，通过鞭打、烙印、酷刑……”，来迫使他们习惯于雇佣劳动制度所必需的纪律。[④] 而真正意义上的经济法并未产生。

经过资本原始积累，为资本主义生产方式奠定了基础，创造了条件，资本主义已能自行运转了，从此，资本主义进入了自由竞争时期。在自由竞争时期，当时的社会生产条件符合商品经济发展的客观要求，推动了社会生产力的发展。资产阶级深明此理，国家不干预成为“重商”的经济政策，“私法自治”成为“治商”的法制原则。国家的经济职能仅仅是充当“仲裁员”，维护商品经济自由竞争的外部秩序，这时的国家干预也尚未介入社会生产的全过程而只是凌驾于社会生产之上，这时的社会经济关系主要就是各经济主体在自由竞争中形成的平等经济协作关系。这种社会关系的本质必然要求把“……自由贸易被宣布为立法的指路明灯！”[⑤] 因此，调整这种经济关系的“专利”法——民法应运而生了。1804 年《法国民法典》即是适时的产物，而经济法的产生却为时尚早。

三、计划经济或产品经济时期也不存在经济法

由于计划经济被实践证明是行不通的，世界上几乎所有的国家包括

① 《马克思恩格斯全集》，中文 1 版，第 23 卷，819 页，北京，人民出版社，1975。
② 《马克思恩格斯全集》，中文 1 版，第 23 卷，819 页，北京，人民出版社，1975。
③ 《马克思恩格斯全集》，中文 1 版，第 23 卷，782 页，北京，人民出版社，1975。
④ 参见［德］马克思：《资本论》，2 版，第 1 卷，846 页，北京，人民出版社，2004。
⑤ ［德］马克思：《资本论》，2 版，第 1 卷，327 页，北京，人民出版社，2004。

那些长期实行计划经济的国家，都先后放弃了计划经济转而实行市场经济，计划经济已经成为历史，所以计划经济也不是经济法存在的真正基础。至于产品经济，那是遥远的共产主义社会的经济形式，按照经典作家的设想，在共产主义社会没有阶级，国家消亡了，法律也废除了，当然也就不存在经济法了。

四、经济法立足于市场经济

既然经济法不能存在于自然经济时期，也不能存在于商品经济或市场经济前期，又不能存在于计划经济或产品经济时期，如此看来，经济法就只能存在于商品经济或市场经济的高度发展阶段，即当市场竞争发展到了垄断时期。因此，要追寻经济法的真正源头，就必须立足市场经济。研究经济法的调整对象应从分析市场经济的属性开始。

1. 场经济的本质属性

一谈到市场经济，指的是主体众多，对手林立；独立自治，竞相博弈；商品丰富，货比三家；讨价还价，斤斤计较；买卖自由，择优交易；价值规律，优胜劣汰，等等，这些都表明，市场经济的本质属性是自由竞争。这正如艾哈德所指出的，保持自由竞争，乃是任何市场经济的基础，只要哪里的自由竞争不受任何限制，哪里的自由竞争得到法律保障，哪里的市场经济基础就能存在，也会受到社会上的极端重视。①

市场经济的自由竞争这一本质属性也是市场经济的主要优越之处。为什么世界上的发达国家都是市场经济国家？为什么市场经济成为不可逾越的普遍的迄今为止最先进的经济形式？为什么我们搞了几十年的计划经济以后还要回过头来搞我们过去一直否定的市场经济？根本原因就在于市场经济本质上是一种自由竞争经济，市场经济内涵着、激发出自由竞争，自由竞争是经济发展、社会进步和人类文明的基本动力。这正如马克思所断言的：自由竞争是“……资产阶级经济的重要推动力……”② 列宁所说的：自由竞争“……在稍微广阔的范围内培植进取心、毅力和大胆首创精神……”③ 实践也证明，之所以要发展市场经济，根本原因就是

① 参见［德］艾哈德著，祝世康、穆家骥译：《来自竞争的繁荣》，101页，北京，商务印书馆，1983。

② 《马克思恩格斯全集》，中文1版，第46卷（下），47页，北京，人民出版社，1980。

③ 《列宁选集》，3版，第3卷，375页，北京，人民出版社，1995。

要促进自由竞争，而促进自由竞争又是发展市场经济的基本举措。

2. 市场经济的派生属性之一

但市场主体在天赋条件、能力素质、经济基础、社会环境、信息状况、市场机会、竞争实力等方面都存在着千差万别，这些千差万别的市场主体被推向市场并置于形式平等的同一规则下去自由竞争，必然导致优胜劣汰，生产集中，最终形成垄断，垄断是市场自由竞争的必然结果。这正如列宁所说的："……集中发展到一定阶段，可以说就自然而然地走到垄断"①，"……从竞争到垄断的转变，不说是最新资本主义经济中最重要的现象，也是最重要的现象之一"②，是"……现阶段资本主义发展的一般的和基本的规律"③。

垄断排挤弱者，消灭对手，相互勾结，合众为一，使本来相互独立自由竞争的市场主体大为减少甚至不复存在，这是对市场自由竞争的釜底抽薪；垄断是一种市场霸权，垄断者仅凭垄断优势就能获得超额利润，因而通过发明创造和科技进步去赢得市场的动力和压力就大大减少了，垄断阻碍科技进步；垄断是对市场的独占、支配，"除此一家，别无分店"，消费者没有选购自由，不存在讨价还价的余地，垄断损害消费者的合法权益；垄断是经济专制，经济基础决定上层建筑，经济专制必然导致政治专制，垄断妨碍政治民主和社会自由。这些都说明，垄断具有严重的弊害，所以恩格斯指出："任何一个民族都不会容忍由托拉斯领导的生产……"④ 反垄断是必须的，只有反垄断才能促进市场经济自由竞争地发展。但垄断者本人不会自己反对自己，而其他非垄断者、私人力量，势单力薄，无济于事，因此，反垄断只能也必须由国家介入，实行国家干预，以强权对强权，才能奏效。这就说明反垄断要求国家干预去维护市场自由竞争。

此外，市场中的人们是经济人，难免唯利是图，为了自身利益的极大化，有时会进行不正当竞争；市场竞争激烈，优胜劣汰，有人为了在竞争中胜出，不惜违反诚实信用、破坏公序良俗而进行不正当竞争，如假冒仿冒、商业贿赂、虚假宣传、侵犯商业秘密、非法倾销、强制搭售、不正当有奖销售、商业诽谤、串通招投标，等等，这些行为不但损

① 《列宁选集》，第 2 卷，585 页，北京，人民出版社，1995。
② 《列宁选集》，第 2 卷，585 页，北京，人民出版社，1995。
③ 《列宁选集》，第 2 卷，588 页，北京，人民出版社，1995。
④ 《马克思恩格斯选集》，2 版，第 3 卷，752 页，北京，人民出版社，1995。

害经营者的合法权益，也侵害消费者的合法权益，还会扰乱市场竞争秩序，损害社会公共利益，因而必须加以反对。但这些不正当竞争行为，不是市场自身所能完全解决的，也不是市场经营者所能自觉修正的，更不是消费者所能自力维护的，反不正当竞争也必须由国家进行干预，对市场正当竞争加以维护。

3. 市场经济的派生属性之二

市场经济中主体众多，中心多元，向度各异，私利为本，权利分立，决策分散，目标不一，追逐利益，外向扩张，不断发展，市场无疆，这些都决定了市场经济是一种社会化的大经济。在这种大背景下，“……各个业主自由竞争，他们是分散的，彼此毫不了解，他们进行生产都是为了在情况不明的市场上去销售”①。这就使得市场自由竞争在一种无法总体控制的未知环境下进行，只能听命于那只“看不见的手”的支配，茫然不知所措，必然具有盲目无序性。实践证明，市场经济越是社会化，信息就越具局限性，市场自由竞争的盲目无序性也就越大。

市场自由竞争的盲目无序性，使得社会总供给与社会总需求脱节，要么供大于求，要么供不应求，供求严重失衡时，还会引起经济危机；市场自由竞争的盲目无序性，导致市场经济不能平稳顺畅地进行，而是大起大落、忽冷忽热，形成经济周期，出现经济波动，具有严重的不稳定性；市场自由竞争的盲目无序性，表现为个别规划，盲目投资，重复建设，顾此失彼，造成遗漏，产业结构混乱，产业盲目无序地发展；市场自由竞争的盲目无序性，体现为地方主义，各自为政，在对外贸易中，不能统一对外，而是“窝里斗”，自相残杀，结果鹬蚌相争，渔翁得利，等等。这些都说明，市场自由竞争的盲目无序性具有严重的弊害，必须加以克服。

但由于私人散居社会各隅，信息受限，仅有私权，力所不及，不可能克服市场自由竞争的盲目无序性。只有处于社会中央，信息丰富而集中，享有公共权力，拥有足够权威的国家机关尤其是中央国家机关才能完成这一重大任务。实践证明，国家只能通过宏观调控完成这一重大任务。

从上述市场经济的本质属性和派生属性可以看出，市场经济的自由竞争导致市场的垄断、不正当竞争等限制竞争性和盲目无序性，无论是

① 《列宁选集》，3版，第2卷，592页，北京，人民出版社，1995。

限制竞争性还是盲目无序性，都会严重地影响市场经济社会有效、健康、稳定、协调地发展，必须加以反对和克服，而这又只有通过国家干预市场竞争和进行宏观调控才能达到目的，这样就形成了一种特定的社会关系，即由国家干预而形成的市场竞争关系和宏观调控关系。

第二节　经济法调整对象的界定

市场竞争关系和宏观调控关系是市场经济条件下客观而普遍存在的重大社会关系，必须依法加以调整。但具体应该由哪个法律部门来调整呢？还需要进行深入分析。

一、先看民法能否调整这种社会关系

民法能否调整这种社会关系取决于民法自身的规定性。

1. 民法是主体平等法。但民法的这种平等是形式平等、抽象平等，它无视市场主体之间的千差万别，把他（她）们抽象为平等的人并置于同一起点上和同一规则下去契约自由和自由竞争，结果优胜劣汰，生产集中，导致垄断。这是因应市场规律的民法规则的必然结果，并且在民法看来也是合法的。但合法的过程导致非法的结果，垄断的形成表明市场主体不平等、不自由，并反过来限制契约自由，阻碍市场自由竞争。这是对民法的异化，而这在民法的框架内又难以解决。可见，民法滋生垄断但无力反垄断。

2. 民法是私人本位法。民法的主体是私人，民法的核心是私权，民法的宗旨是私利。但人非圣贤，孰能无私，在私心的支配下，在私利的诱惑下，在利益冲突面前，许多人难免自私自利，损人利己，损公肥私。特别是在激烈的市场竞争中，在利益的得丧变更面前，人们会滥用私权，而置诚实信用和公序良俗于不顾，从事各种不正当行为，其重要表现之一就是不正当竞争。不正当竞争妨害经营者正当竞争，损害消费者合法权益，扰乱市场竞争秩序，必须加以反对。但要反对不正当竞争，仅靠民法的私人自治和私人自律是远远不够的，还需要国家介入和公力干预。

3. 民法是意思自治法。但这种意思自治只能是从私人角度就私人

事务进行，是一种私人自治，而且深受私人地位、私人信息和私人能力等的限制，难免一叶障目，不见泰山，井底之蛙，坐井观天，因而民法的私人自治只能是微观自治，不可能是宏观调控。民法是微观自治法而不是宏观调控法。

上述三点说明，民法不宜调整这种社会关系。

二、再看行政法能否调整这种社会关系

这取决于对行政法的科学理解。

要理解什么是行政法？首先要理解什么是行政？对于什么是行政，有许多杰出的思想家作过论述。如亚里士多德指出："执行人员和公民团体只应在法律（通则）所不及的'个别'事例上有所抉择，两者都不该侵犯法律……命令永不能成为通则。"① 洛克认为："在某种场合，法律本身应该让位于执行权……因为世间常能发生许多偶然的事情。"② 卢梭说："行政权力并不能具有像立法者或主权者那样的普遍性，因为这一权力仅包括个别的行动。这些个别行动根本不属于法律的能力。"③ 孟德斯鸠指出："行政权的行使总是以需要迅速处理的事情为对象。"④ 归纳上述种种权威的论述可见，行政的对象具有特殊性而不具有普遍性，是一种特殊性的社会关系。

而特殊性的社会关系，法律不宜调整，因为"法律始终是一种一般的陈述"，"立法者并不关注那些只发生过一两次的情形"，"法律不理琐事"，"法律的对象永远是普遍的"⑤，"法对于特殊性始终是漠不关心的"⑥。所以，那种认为行政法就是调整行政关系的说法是不准确的，不能笼统地这么认为。

由于对特殊性的社会关系不能立法，所以，行政在管理特殊性的社会关系时无法可依，享有广泛的自由裁量权，对公民权利和社会自由构成巨大的威胁，这在一个自由、民主、法治的社会是不能不有所规制

① ［古希腊］亚里士多德著，吴寿彭译：《政治学》，192页，北京，商务印书馆，1981。

② ［英］洛克著，叶启芳、瞿菊农译：《政府论》，下篇，99页，北京，商务印书馆，1964。

③ ［法］卢梭著，何兆武译：《社会契约论》，2版，51页，北京，商务印书馆，1980。

④ ［法］孟德斯鸠：《论法的精神》，上册，161页，北京，商务印书馆，1961。

⑤ ［美］博登海默著，邓正来、姬敬武译著：《法理学—法哲学及其方法》，225～226页，北京，华夏出版社，1987。

⑥ ［德］黑格尔：《法哲学原理》，58页，北京，商务印书馆，1961。

的。尽管法律不能规制作为行政作用对象的特殊性的社会关系，但行政机关行政人员运用行政权力管理行政对象却有一定的规律，有一套程式，有相同的内容，有共同的遵循，如都要涉及行政主体、行政权限、行政程序、行政诉讼、行政责任等问题，它们是具有普遍性的，可以立法，形成行政组织法、行政程序法、行政诉讼法、国家赔偿法，这些法律构成所谓的行政法。从这里也可以看出，行政法的核心是程序法而不是实体法，这正如伯纳德·施瓦茨所指出的："行政法的要害不是实体法，而是程序法。"① 因为行政法的宗旨不是行政管理而是管理行政，即为行政权力的运行规定一套规程，以制约行政权力、规范行政行为和明确行政责任。

长期以来，西方资本主义国家深受洛克、卢梭、孟德斯鸠和汉密尔顿等先贤的影响，坚持立法权属于全体人民，法律是社会公意的表示，立法是专属议会的权力。如美国宪法第 1 条规定："本宪法所授予的各项立法权，均属于由参议院与众议院所组成的合众国国会。"

但自 19 世纪末 20 世纪初以来，资本主义国家出现了许多社会经济问题，这些问题仅靠市场机制自发调节无能为力，而要求国家干预予以解决，从而引致政府权力的扩大，并依据种种理由扩大其立法权。早在 1799 年法国宪法第 44 条就明确规定：政府可以"制定实施法律必需的规章和命令"，嗣后，行政立法更是大量出现。

行政立法也是立法，同样是规制具有普遍性的社会关系，但这是否说明行政法也调整具有普遍性的社会关系，因而否定了对行政法的上述界定呢？

其实不然。资本主义国家的民主自由体制决定了议会立法是基本的、主要的，美国宪法第 5 条修正案规定："非经正当法律程序，不得剥夺任何人的生命、自由或财产"，凡是涉及人身、自由和财产方面的立法仍由议会控制，行政立法只是在次要方面拾遗补阙。即使这样，行政立法也必须由议会授权，授权法严格限制授权的内容、目的和范围，并要接受议会监督和司法审查，它们依法有权纠正、废弃不正当的行政立法。随着时间的推移，行政立法的弊端也日益暴露，如行政专权，程序松懈，内部操作，混乱芜杂，部门利益，滥加干预，等等，使得行政

① ［美］伯纳德·施瓦茨著，徐炳译：《行政法》，译者序言，北京，群众出版社，1986。

立法的理由日欠充分。美国的一项研究表明，1977 年，48 家公司仅为遵守联邦政府关于环境方面的规定就花费了 26 亿美元。1994 年，美国国会选举期间，共和党宣称美国企业当年为遵守各项政府规定而支出的费用达5 000亿美元。除此以外，人们还发现，某些领域政府干预越多，企业发展就越慢，由此造成社会供给减少、商品服务价格上升，损害消费者合法权益。[①] 行政立法成本远远大于收益，政府干预的失灵，促使人们对行政立法进行反思，并要求行政权和行政法的回归。人们重又认为，行政法，“它通常专指规定政府官员和机构权限的法律，而不是指如‘联邦通讯委员会’这样的独立机构所发布的各种技术规则和规章”[②]。或如施瓦茨所指出的：“行政法是管理行政机关的法，而不是由行政机关制定的法。”[③]

在一个社会中，社会关系大致可以划分为具有特殊性的社会关系和具有普遍性的社会关系，其中前者由行政管理，但行政管理应依照行政法；后者由法律调整，根据不同社会关系的性质分别由不同的法律部门来调整。

三、经济法的调整对象是市场竞争关系和宏观调控关系

上述这种社会关系具有普遍性，不应由行政管理，而应由法律调整。由于上述行政法的性质，这个法也不是行政法，而是别的法。

综上所述，由于传统法律部门如民法、行政法质的规定性与这种新的社会关系的内在要求是不尽吻合的，因而难以完全调整。在立法需要如此强烈而立法现状又如此不足的情况下，必然产生一个新兴的法律部门，这个新兴的法律部门就是经济法。真正意义上的经济法就肇端于反垄断法。从 1890 年美国《谢尔曼法》至今，“所有先进国家的立法里，禁止垄断法制的意味一点也没有的很少”[④]。美国继 1890 年《谢尔曼法》以后，颁布了 1914 年《克莱顿法》、《联邦贸易委员会法》，1934

① 参见周汉华：《现实主义法律运动与中国法制改革》，145～146 页，济南，山东人民出版社，2002。

② 《美国百科全书》，第 1 卷，172 页，1980。

③ ［美］伯纳德·施瓦茨：《行政法》，3 页，北京，群众出版社，1986。

④ 《世界法学》，1989（1）～（6）。

年《罗宾逊—根特曼法案》，1937 年《米勒—泰丁法案》，1938 年《惠勒—李法案》，1950 年《塞勒—凯浮尔法案》，1976 年《反托拉斯修正法案》。日本于 1934 年颁布《不正当竞争防止法》，于 1947 年颁布《禁止私人垄断及确保公正交易法》。联邦德国于 1957 年颁布了《反限制竞争法》。欧洲共同体其他各国都依据《罗马条约》制定了各自的反垄断法。“在发展中国家，从以色列始，印度和韩国也制定了禁止垄断法，其他一些国家的立法准备也在进行。”① 在东欧各国，罗马尼亚早在 1932 年就颁布了反不正当竞争法，南斯拉夫 1974 年通过了反对不正当竞争和垄断法（1986 年修订），匈牙利 1984 年第 4 号法对关于禁止不正当竞争、禁止限制竞争和保护消费者利益作了规定。波兰于 1987 年通过了反国民经济垄断法。② 我国于 1993 年颁布了《反不正当竞争法》，于 2007 年颁布了《反垄断法》。

与此同时，由于市场失灵，经济危机频发，金融风暴发生，人们也日益认识到必须由国家对国民经济进行宏观调控，认为“计划必须具有经济法调整的基准的性质”，“把经济法的调整放在对整个经济（或经济部门）实行计划调整的地位是必须的”③。在这种认识的指导下世界各国也纷纷开始了计划、财政、金融、产业政策等方面的宏观调控立法。

可见，把这种新的社会关系视为经济法的调整对象，为了对其进行调整而出现的以反限制竞争法和宏观调控法为核心的经济法是世界性的大同趋势。

根据上述经济法的调整对象，如果要给经济法下一个定义或概念的话，我认为，经济法就是调整市场竞争关系和宏观调控关系的法律规范的总称。

① ［日］金泽良雄著，刘瑞复译：《当代经济法》，121 页，沈阳，辽宁人民出版社，1988。

② 参见《世界法学》，1989（1）～（6）。

③ ［日］金泽良雄：《当代经济法》，49 页，沈阳，辽宁人民出版社，1988。

第四章

经济法的基本原则

关于经济法的基本原则在法学界进行过持久而广泛的探讨，但由于种种原因，这依然是一个悬而未决而又亟待解决的重大的经济法的理论和实践问题。

我认为，经济法的基本原则，要而言之就是经济法的精神实质和实践纲领。所谓的精神实质是指在认识上要以经济法的基本原则为指导思想，经济法的基本原则应能够概括经济法的具体制度，表现经济法的总体面貌，体现国家的主导意志，反映国家的基本政策，表明经济法的根本宗旨；所谓的实践纲领是指在实践中要以经济法的基本原则为行为准则，经济法的基本原则应能够规划经济法立法、监督经济法执法、规范经济法司法、指导经济法守法。

第一节　确立经济法基本原则的根据

为什么要确立经济法的基本原则？怎样确立经济法的基本原则？我认为，对这两个问题的回答，取决于对法的科学认识。亚里士多德说，“法始终是一种一般的陈述”①；卢梭认为，“法的对象永远是普遍的，它绝不考虑个别的人以及个别的行为”②；黑格尔说，“法对于特殊性始终是漠不关心的”③；马克思指出，“……法律是肯定的、明确的、普遍的规范……”④ 从这些著名思想家关于法（律）的认识中，我们可以得出一个关于法的本质特征的重要结论，即法的本质特征之一就是法的普遍性。

所谓法的普遍性，我认为，至少包括以下意义：

第一，法的普遍性表明了法的进化性。法不完全是人类头脑制定的，人类理性在一定的历史条件下是有限的，不可能对一切大事小情不分巨细都作出明确具体的规定，这正如孟德斯鸠所指出的：“理性的人们可能有他们自己制定的法，但他们也有某些他们制定不了的东西。”⑤

① ［美］博登海默：《法理学—法哲学及其方法》，225～226 页，北京，华夏出版社，1987。

② ［法］卢梭著，何兆武译：《社会契约论》，2 版，50 页，北京，商务印书馆，1980。

③ ［德］黑格尔：《法哲学原理》，58 页，北京，商务印书馆，1961。

④ 《马克思恩格斯全集》，中文 1 版，第 1 卷，71 页，北京，人民出版社，1956。

⑤ Hayek，*Law Legislation and Liberty*，the University of Chicago Press，vol. 1，1973，p. 1.

法是社会进化的产物，法随着社会进化而不断地完善。因此，在一定历史条件下的法律都只能是处于不断完善这个总过程中的某个不完善阶段，它的根本表现之一就是在一定历史条件下的法律总是带有许多普遍性、一般性和原则性的规定，而有待于在未来不断地明确化、具体化和详尽化。

第二，法的普遍性是一种“无知性”。著名的新自由主义法学家哈耶克深刻地指出，由于任何人、任何机关对纷繁复杂的社会关系的具体情况都不可能全面认知，也即都处于某种“无知”状态，因而也就不可能详尽立法，这样，法也就只能采用与人们对纷繁复杂的社会关系的一种总体性的认识相适应的普遍性形式。他突出强调法律作为一种正义行为规则必须是也只能是普遍性的，它必须无视、扬弃那些个别的、具体的细节，因此，他认为法就是一种处理我们对个别行为结果无知的设计①，这种法要对付无知必须采用普遍性规范，这种普遍性是人类有限的理性对无限的绝大多数个别、具体事实无知的一种适应性。② 法没有普遍性就没有适应性。

第三，法的普遍性也是一种“抽象性”。法的普遍性是根源于法的普遍适用这一根本性要求，法要“地不分东西南北，人不分男女老少”地普遍适用，只能是普遍性的，也即抽象性的。法必须从纷繁复杂的社会关系中抽象出一般性的可以普遍适用的规则，而不能顾及那些特殊的、具体的、个别的情形和细节。这也就说明了法作为一种行为规范，只作类的调整而不作个别调整，只作抽象规定而不作具体规定。它不能一人一法、一事一法，为了普遍适用，必须作抽象规定，也即它所规定的只能是一个大致的范围，而不是具体规定人们应该做什么或不做什么。这正如柏拉图所指出的：“法律在任何时候都不能完全准确地给社会的每个成员作出何谓善德、何谓正确的规定。人类个性的差异、人们行为的多样性、所有人类事务无休止的变化，使得无论是什么艺术在任何时候都不可能制定出可以绝对适用于所有问题的规则。”③

法作为一种普遍性规范，与它所要调整的社会关系，自然具有以下矛盾：

① See Hayek, *Law Legislation and Liberty*, the University of Chicago Press, vol. 2, 1976, p. 29.

② See Hayek, *Law Legislation and Liberty*, the University of Chicago Press, vol. 1, p. 30.

③ ［美］博登海默：《法理学—法哲学及其方法》，8页，北京，华夏出版社，1987。

第一，法是普遍的而法所要调整的社会关系是具体的。即法是普遍性的规定，不能完全考虑所有个别的具体的情况，以免挂一漏万。但法所要调整的社会关系总是具体的，因此，普遍性规定的法与具体的社会关系之间，存在着相当的距离，不可能一一对应、完全吻合。所以在现实生活中必然会有很多具体的社会关系处于“无法可依”的状态。在司法实践中，法官、律师之所以遇到具体的案例时常常吞吞吐吐、含糊其辞，甚至无言以对，不知所措，原因之一往往就在这里。

第二，法是相对稳定的而法所要调整的社会关系是不断变化的。法之所以只是普遍性规范，一个重要原因就是保持法的相对稳定性，普遍性是一种宏观上的总体上的把握，它不受个别具体因素变化的影响。法没有普遍性就没有稳定性，纠缠于具体个别事情的法（如果是法的话）必然是因人而异、因事而异、因地而异，因而必然是变动不居的。法作为人们行为的准则要起到指导作用必须是相对稳定的，“法无信不立”，“轻易地改变法律的习惯乃是一种罪恶”。但社会关系是不断变化的，社会常常是或多或少地走在法律的后面或前面，即法律的超前或滞后，而完全的因应总是少见的，有时甚至是不可能的。因此，有人认为，法律自制定公布之日始，就逐渐与时代脱离。

第三，立法与司法的矛盾。立法是从特殊性到普遍性，即立法者是从纷繁复杂的社会关系中归纳出普遍性规则，而司法是从普遍性到特殊性，即法官从普遍性规则中演绎出能够适用于某案的具体法律规定。立法与司法的这种矛盾决定了立法所归纳出来的普遍性规则不可能完全穷尽司法中法官所遇到的所有个别具体情况，不能为法官提供完全明确的答案，法官也不可能完全从法典中演绎出适用于某案的具体法律规定。法官有时会处于“无法司法”的困境。

上述法的普遍性及其所具有的矛盾，其实也是法的局限性，即成文法具有抽象性、模糊性、超前性（或滞后性），法存在漏洞和盲区。因而，怎样克服成文法的这些局限性就是与法俱来的同等重要的使命。

成文法具有如上局限性。从法的本质特征来看，实行严格规则主义是行不通的，因为不可能一一立法、一一依法办事，因而，有必要实行有限的自由裁量主义，即让法官享有一定的自由裁量权。但这种自由裁量权不是“法官无法司法，法官立法”，不是法官“自由发现”法律，因为这样难免导致法官徇私枉法，破坏法制（治）。因此，要使法官享有一定的自由裁量权但又不至于滥用这种自由裁量权，在克服成文法的局限性时把成文法的优越性也给抛弃，就必须为法官行使自由裁量权提供一定的限制，但这种限制又不能陷入严格规则主义所要求拘守的具体成文法的条文中，这种限制应该能够高于具体法律条文但又能够总括一切法律条文的精神，能够限制法官的自由裁量权但同时又不拘束法官的手脚、剥夺法官的自由裁量权，这种限制只能是法的基本原则。

从法制（治）原则和司法实践来看，法官享有的自由裁量权是这样决定和行使的：

（1）如果法律有明文规定，法官依法司法，不享有自由裁量权；

（2）如果法律没有明文规定，但可以类推适用，法官应类推适用，不享有自由裁量权；

（3）如果法律没有明文规定，也不能类推适用，但有国家政策，法官应依国家政策司法，不享有自由裁量权；

（4）如果法律没有明文规定，不能类推适用，也没有相关的国家政策，但有习惯（例），法官依习惯（例）司法，不享有自由裁量权；

（5）如果法律没有明文规定，也不能类推适用，也没有相关的国家政策，也没有习惯（例），法官依照法的基本原则享有自由裁量权。法官行使自由裁量权可能违反具体的法律条文，但不能违反体现法的精神的法的基本原则。

从上面的论述可以看到，法的基本原则是由法自身所固有的矛盾（局限性）决定的，或者说是克服成文法的局限性和限制法官为了克服成文法的局限性而享有的一定自由裁量权所决定的。

只要是法，就必须有法的基本原则，没有法的基本原则，就没有健全完善的法，法的基本原则是任何只要是法的东西不可或缺的重要组成部分。经济法更是如此，这是由经济法的特殊性质所决定的：

第一，经济法所调整的社会关系是特定的经济关系。与其他社会关系相比，经济关系具有自身的特点：经济关系是最主要的社会关系，它的广泛性、普遍性、复杂性是任何其他社会关系所无法比的。对于这种社会关系，经济法不采用普遍性规定就调整不了。经济关系也是最活跃的社会关系，它总是处于不断变化发展的过程中。对于这种新新不已的社会关系，经济法不采用普遍性规定也调整不了。

第二，经济法所调整的社会关系是市场经济关系。市场经济从认识论的角度来看就是一种“无知经济”，即任何人、任何机关都不可能对市场经济的所有具体情况全面认识、统一规划、详尽立法，而只能对市场经济有一个宏观的整体上的认识和把握，因此，市场经济的这种本质要求经济法不可能也没有必要对市场经济的所有具体情况详尽立法，而只能也应当把市场经济的一般规律和普遍要求上升为经济法。

第三，经济法所调整的社会关系是市场竞争关系和宏观调控关系。由于市场竞争对于市场主体来说是成败得失之争甚至是生死存亡之争，人们为了避免在激烈残酷的市场竞争中被淘汰出局，肯定会殚精竭虑、想方设法、采取一切可能采取的措施进行竞争，这样一来，市场竞争就会多种多样、无奇不有、纷繁复杂，如不正当竞争就是这样，它们绝不是反不正当竞争法所列举的那么几种行为所能完全包括的，至于其他竞争行为正当与否，应怎样评判和认定，都应诉诸反不正当竞争法的基本原则。再如垄断也是这样，它深受各种因素的影响，有时垄断是必要的、合理的，有时又必须加以反对，所以在执行反垄断法时要综合考量、全面权衡，具有极大的灵活性，这只有反垄断法的基本原则才能做到。就宏观调控关系来说，宏观调控涉及国计民生，影响国泰民安，关系重大；宏观调控关系方方面面，错综复杂；国民经济忽冷忽热，变动不居；宏观调控既要总览全局，又要把握时机，如税种的增减和税率的高低、货币发行量的大小，都是十分微妙灵敏而又影响宏观整体和国民经济全局的经济杠杆，所以宏观调控是一项高度艺术性的工作，没有宏观调控的基本原则就不可能对国民经济进行艺术而高超的宏观调控。

那么，如何确立经济法的基本原则呢?

确立经济法的基本原则不是任意的，必须具有一定的标准，这些标准从总体上说应包括：

（1）经济法的基本原则要反映经济法所调整的社会关系的特质。不同的社会关系具有不同的法的基本原则，不同社会关系的特质决定了调整该社会关系的法的基本原则的独特性，这也是与其他法的基本原则的区别所在。

（2）经济法的基本原则要体现经济法的基本内容。经济法的基本原则应当是经济法基本内容的集中表现，也是构建经济法体系的基础。因此，经济法包括哪些基本内容，体系如何构建，应从经济法的基本原则上体现出来，否则，不能称为经济法的基本原则。

（3）统率经济法的具体制度。经济法基本原则是最主要的经济法制度，是经济法制度的统摄，也是其他具体经济法制度的渊源，而其他具体经济法制度只不过是经济法基本原则的具体展开。经济法基本原则与经济法具体制度的关系是纲与目、源与流的关系。

在上述标准中，最主要的是第一条。现在法学界关于经济法基本原则之所以众说不一，之所以不能真正认识经济法的基本原则，根本原因就在于人们对经济法所调整的社会关系即经济法的调整对象认识不清。因此，科学认识经济法的调整对象是确立经济法基本原则的关键所在。

由上所述，由于经济法的调整对象是市场竞争关系和宏观调控关系，这种社会关系决定了经济法的基本原则主要有两个：一个是市场竞争原则；另一个是宏观调控原则。

第二节　市场竞争原则

一、市场竞争原则确立的根据

1. 从根本上说，法律的基本原则是由法律所调整的社会关系的本质属性决定的，社会关系的本质属性如何决定了法律的基本原则如何。既然经济法所调整的社会关系是市场经济关系，那么经济法就应抓住市场经济的本质属性，并把它奉为自己的基本原则，只有这样，经济法才能切合、因应市场经济的本质属性并对之加以有效的调整。如前所述，市场经济的本质属性是自由竞争，那么很显然，经济法的基本原则之一就应是市场竞争原则。

2. 法律的基本原则表明法律的根本宗旨，法律有什么样的根本宗旨，相应地法律就有什么样的基本原则。经济法的根本宗旨就是通过调整特定市场经济关系最终促进市场经济发展。但历史反复证明，“竞争是提高生产率的最理想的手段”①，“竞争是获致繁荣和保证繁荣最有效的手段”②，要促进市场经济发展，最理想、最有效的手段就是促进市场竞争，因此，经济法的根本宗旨要求把市场竞争确立为经济法的基本原则。

3. 法律的基本原则应体现人类的价值理念，任何法律都不过是实现人类价值理念的一种特殊的方法，经济法亦然。自由是人类的重大价值，人人自由是人类的基本理念。但自由并不是天赋的，自由不会自动地从天而降赋予人们，自由是人赋的、自赋的，是人们自己主动争取、

① ［德］艾哈德：《来自竞争的繁荣》，154 页，北京，商务印书馆，1983。

② ［德］艾哈德：《来自竞争的繁荣》，11 页，北京，商务印书馆，1983。

积极努力、不懈奋斗得来的。实现自由的根本途径之一在于自由竞争，只有通过自由竞争，战胜各种必然束缚，从必然王国走向自由王国，人们才有自由。自由具体表现为自由竞争，是“万类霜天竞自由”。经过长期的探索，人们又发现，实现自由竞争必须通过市场竞争，因为市场孕育激发维持着自由竞争，没有市场竞争就没有自由竞争。在市场自由竞争的基础之上，才会有经济自由和政治自由，自由竞争才会成为经济发展、社会进步和人类文明的基本动力。基于市场竞争对于人类价值理念的重大意义，有必要把市场竞争确立为经济法的基本原则。

4. 法律的基本原则应是具体法律规则的概括和统帅，具体法律规则是法律基本原则的具体化，受法律基本原则的指导。市场竞争是对经济法具体法律规则的概括，也能统率和指导具体的经济法法律规则。如后面所要论述的反限制竞争法的具体原则和反不正当竞争法的具体原则即是如此。就拿反限制竞争法的本身违法原则和合理原则来说，是否合乎本身违法原则，就看是否违反了市场竞争，只要完全违反了市场竞争就构成了本身违法；如果某种行为既有限制市场竞争的情况，又有促进市场竞争的情况，两相比较，后一种情况大于前一种情况，也就是说总体上还是没有违反市场竞争，有其合理性，因而适用合理原则。所以，本身违法原则和合理原则由市场竞争去统率和指导。再拿反不正当竞争法的诚实信用和公序良俗原则来说，何谓诚实信用和公序良俗，应由市场竞争去具体界定和详加阐释，有无市场竞争的本意和善意是认定是否诚实信用的基准；在市场社会，市场竞争就是公序良俗，公序良俗应以市场竞争为基础并通过市场竞争而形成。这些都说明，应该把市场竞争确立为经济法的基本原则。

二、市场竞争原则的内涵

1. 市场竞争是市场的竞争。市场是一种几乎能使任何东西都成为可替代的机制，市场是一种竞争机制。市场是竞争的发源地，在没有市场之前，只有偶然的、零星的、不正规的竞争，没有真正的竞争；只有市场形成以后，才有了普遍的、大量的、正规的竞争，才有了真正的竞争。市场内涵竞争基因，生发竞争机理，营造竞争环境。从这个角度看，市场是竞争之母，竞争是市场的派生物。市场是竞争的存续地，竞争伴随市场而出现，依赖市场而存续，随着市场进化而进化，市场激发竞争、振兴竞争、维持竞争，市场是竞争的守护神和助长灵。从这里可以看出，有市场就有竞争，市场与竞争同义，市场是孕育、激发、振兴、维护竞争最有效的东西，没有市场就没有竞争，竞争不可能存在于市场之外，脱离市场、否弃市场就是从根本上阻碍竞争、排除竞争，企图绕过市场在市场之外实行竞争或竞赛，被实践证明是行不通的。市场竞争作为经济法的基本原则就是要始终从市场去看待竞争，立足市场去促进竞争，通过市场去发展竞争，本着市场去规制竞争。

2. 市场竞争是自由竞争。市场经济是最尊重人的自由的经济形式①，市场竞争必然是自由竞争。市场竞争意味着社会资源按照市场优胜劣汰的客观法则配置，而不是依从权力命令的人为指定分配，是“天高任鸟飞，海阔凭鱼跃”，是一种自由竞争。也只有在自由的情况下，人们才能主动地、积极地、创造性地进行竞争，才能真正进行竞争，才会有真正的市场竞争。市场竞争从来不可能在专制情况下，依照命令，言听计从地进行。没有自由就没有竞争，所以艾哈德认为：“自由的原则与竞争的原则是同生共死的”②，既没有无自由的竞争，也没有无竞争的自由。市场竞争作为经济法的基本原则就是要把自由竞争奉为圭臬，反对一切限制自由竞争的行为，尤其是行政垄断和经济垄断，反垄断以恢复自由为神圣使命，这正如艾哈德在论及德国卡特尔局时所指出的：“自由是每个公民的权利，任何人都不能侵犯……卡特尔局并不想束缚自由，而完全相反，它唯一的宗旨就是保障自由。”③

3. 市场竞争是公平竞争。市场竞争是让市场规律去比较人们的优劣，优胜劣汰，这种规律是“看不见的手”，正因为它是看不见的，也摸不着，因而它不能为任何人所控制，不受任何人主观意志的左右；加上，市场竞争是由享有最后“主权”的消费者去评判的，消费者的钞票是权威的选票，广大的消费者作出的评判是客观公正的，这些决定了市场竞争是公平竞争。所谓公平竞争，一是平等竞争。竞争只能存在于平等主体之间，为此必须打破隶属，维护平等；抑制强权，扶助弱者；反对歧视，一视同仁，缔造和维持市场主体的平等并在这个基础上促进和维护市场竞争是经济法的根本宗旨。二是公正竞争。市场竞争不是弱肉强食，自相残杀；不是提升优胜者，淘汰劣弱者；不是导致两极分化，

① 参见［德］艾哈德著，于新安译：《社会市场经济之路》，271 页，武汉，武汉大学出版社，1998。

② ［德］艾哈德：《社会市场经济之路》，88 页，武汉，武汉大学出版社，1998。

③ ［德］艾哈德：《社会市场经济之路》，102 页，武汉，武汉大学出版社，1998。

社会不公，而是为了以强扶弱，相互促进；优胜劣存，共同发展；各得其所，共同富裕。公平竞争要求文明竞争、人道竞争、正义竞争，这正是经济法的奋斗目标。

4. 市场竞争是有序竞争。竞争只能在有秩序的地方存在和进行，如果没有秩序，在混乱中是不会有竞争的。市场作为一种制度安排，具有秩序，市场竞争是一种有序竞争。所谓有序竞争，一是有范围的竞争。竞争不是漫无边际的，竞争只能存在于一定范围之内，主要是经济领域，有的领域不允许市场竞争，如人权就不允许市场竞争，人权不能按照优胜劣汰的法则来分配或享有。二是有调控的竞争。竞争不是盲目的、无序的，它要受必要的调控，使竞争在预定的正确方向上，在期望的高水平层次上进行，避免不必要的、无谓的、低水平层次的竞争。三是有节制的竞争。竞争不是越激烈越好，竞争过于激烈，导致物事频仍，昙花一现，快速折旧，不能人尽其才、物尽其用、事尽其功，造成很大的浪费，凡事皆有度，要有理有节地进行，竞争亦然。四是稳定竞争。竞争不能导致严重的社会冲突，引发危险的社会动荡，没有稳定的社会环境，就不会有真正的竞争，为此，必须为竞争提供和保障稳定的社会环境。经济法的根本任务在于实现有序竞争。

三、市场竞争原则的贯彻

1. 市场竞争原则贯彻经济法的始终。真正现代意义上的经济法肇始于 1890 年美国的《谢尔曼法》，该法的全名即是“保护贸易与商业不受非法限制与垄断的危害”。该法的倡议者美国俄亥俄州参议员谢尔曼为此而指出，如果我们不能容忍政治上的专制国王，我们也同样不能容忍控制生产、运输、销售生活必需品的专制国王。① 不难看出，该法的宗旨就是反对垄断限制以促进市场竞争，市场竞争是该法的基本原则。这一基本原则不断得到继承和光大，已成为人们的基本理念之一，这就是：社会经济的进步繁荣来自竞争，“凡没有竞争的地方，就没有进步，久而久之就会陷入呆滞状态”②。这一基本理念已贯彻到立法和司法之中，美国最高法院布莱克法官认为：“无限制的竞争力的相互作用将产

① See A. D. Neale & D. G. Goyder, *The Antitrust Laws of the U. S. A*, Cambridge University Press, 1980, p. 16.

② ［德］艾哈德：《来自竞争的繁荣》，153 页，北京，商务印书馆，1983。

生最佳的经济资源配置、最低的价格、最高的质量和最大的物质进步。由此所提供的环境将有助于保持我们民主的政治和社会制度。”① 时至今日，世界上绝大部分国家都把市场竞争奉为基本原则，并依此制定了和实施着反限制竞争法和反不正当竞争法。

2. 市场竞争原则贯彻经济法的所有规则。如前所述，经济法的调整对象之一就是市场竞争关系，经济法的构成要素之一就是市场竞争法，主要包括反限制竞争法和反不正当竞争法，它们是市场竞争原则的具体化和系统化，市场竞争原则贯彻其中自不待言。不仅如此，市场竞争是市场经济的本质属性，是发展市场经济的根本举措，因此，其他一切发展市场经济的举措都必须与之相应并服务于它。如宏观调控，它要以市场竞争为依归，宏观调控的目的是为更好地促进和维护市场竞争服务，经济法调整宏观调控关系，宏观调控法作为经济法的另一核心构成要素，同样必须贯彻市场竞争原则，如果宏观调控与市场竞争相冲突，限制市场竞争，那么就有违市场经济的本质属性，会阻碍市场经济发展，这正如艾哈德所指出的：“一旦竞争受到排斥，市场经济便丧失了维持经济秩序和保障自由的力量。”②

3. 市场竞争是市场经济的本质属性，是发展市场经济的根本举措，因此，许多立足市场经济并调整特定市场经济关系的法律都必然同样要把市场竞争奉为自己的基本原则。但这并不影响经济法把市场竞争奉为自己的基本原则，因为经济法贯彻市场竞争原则有自己的特点。如民法的平等原则、契约自由原则等，本质上也是为了市场竞争，也可以概称为市场竞争原则。但民法的市场竞争，更多的是顺其自然、意思自治、放任自如，是内在调整、正面规制；而经济法的市场竞争，主要是因势利导、国家干预、限制修正，是外在调整、反面规制。市场竞争本来就有内外正反两面，要双管齐下，要两手抓，“两手都要硬”，而民法和经济法所贯彻的市场竞争正好是各就各位、各有侧重，相互配合，共同促进市场竞争和市场经济发展。

4. 在不同的历史时期，各法律的地位有所不同。当市场经济发展到垄断阶段以后，垄断先是由极少数人支配市场、控制国计民生，继而把持政治、操纵上层建筑，从经济到政治破坏了人的平等、限制人的自

① ［美］霍华德著，孙南申译：《美国反托拉斯法与贸易法规》，1 页，北京，中国社会科学出版社，1991。

② ［德］艾哈德：《社会市场经济之路》，232 页，武汉，武汉大学出版社，1998。

由。这时人们不再是平等的，也不再是自由的，自由竞争已不复存在。由于垄断造成最大的不平等，垄断者与非垄断者之间有天壤之别，根本无法平起平坐，没有一点平等可言；垄断导致严重的不自由，垄断者主宰非垄断者。要平等、要自由就必须反垄断，有无平等、自由系于是否反垄断以及反垄断是否成功。反对垄断，具体说来，就是区分作为强者的垄断者和作为弱者的非垄断者，给予区别对待：一方面依法反对垄断者，限制其自由，规制其竞争，削弱其势力；另一方面依法扶助非垄断者，保障其权利，提升其能力，扩大其机会，从而真正奠定人的平等，保障人的自由，促进自由竞争。可见，依法反垄断成为奠定人的平等、保障人的自由、促进自由竞争的根本前提和首当其冲的任务，反垄断法成为平等奠定法、自由保障法、人权维护法，成为自由竞争的根本法。正是在这个意义上，反垄断法被称为“自由企业的大宪章”、“经济宪法”、“市场经济的基本法”。反垄断法如此重要，必然要求把市场竞争确立为经济法的基本原则。

第三节　宏观调控原则

一、宏观调控原则确立的根据

1. 由于法律的基本原则是由法律所调整的社会关系的本质要求所决定的，经济法在确立自己的基本原则时即应准确把握其所调整的社会关系的本质要求是什么。如前所述，经济法的调整对象是一种对市场经济的宏观调控关系，市场经济是一种社会化的大经济，是一种宏观经济，它内在地要求宏观调控，这就像汽车需要方向盘、轮船需要舵手一样。经济法要有效地调整宏观调控关系，必然要把这种宏观调控的本质要求奉为自己的基本原则。

2. 由于法律的基本原则由其根本宗旨所决定，所以经济法在确立自己的基本原则时应深刻地认识自己的根本宗旨是什么。经济法调整的是特定的市场经济关系，根本目的是促进市场经济的健康协调有序和可持续发展。实践证明，要促进市场经济健康协调有序和可持续发展必须方向正确，大局稳定，规划科学，结构合理，比例协调，总之就是要求宏观调控。布坎南指出：“假想的自由市场情形并非真能在没有政府的情况下实现。事实上，没有理由相信市场能够以‘无政府经济’中的假设的方式运行：也许可以用‘混乱’这个词来概括对这样一种社会秩序的描述，而且，这很可能是一种非常真实的描述。”① 没有宏观调控，将迷失方向，缺乏规划，混乱无序，结构失衡，不可能促进市场经济健康协调有序和可持续发展。经济法的根本宗旨就是要构筑一套宏观调控法律制度，对市场经济进行宏观调控，进而促进市场经济健康协调有序和可持续发展，经济法的这一根本宗旨要求把宏观调控确立为经济法的基本原则。

3. 由于法律的基本原则应体现人类的价值理念，所以经济法在确立自己的基本原则时也应真切地把握人类的价值理念。经过人类的长期实践和理论总结，人们终于认识到，“自由放任并不能使我们自动地得到完全竞争。为了减少竞争的不完全性，国家必须保持警惕”②；“当人们虔诚地笃信自由放任可以解决一切问题时，又必须强调社会控制在什么情况下仍然是必要的”③。国家必须对市场竞争进行宏观调控，构建市场竞争的环境，划出市场竞争的范围，引导市场竞争的方向，维护市场竞争的秩序，保障市场竞争的性质，使市场竞争走向公平自由，合乎社会正义，带来共同富裕，实现全面发展，促进社会进步。这是人类的价值理念，实现它离不开宏观调控，为此，经济法应把宏观调控确立为自己的基本原则。

4. 经济法调整宏观调控关系形成宏观调控法，宏观调控法是经济法体系的核心构成要素之一，具体包括计划法、财政法、金融法、产业政策法等，它们都贯彻宏观调控，并围绕宏观调控而展开，是宏观调控的具体化，并服务于宏观调控。如计划法，是通过对未来的预测和规划，确立国民经济和社会发展的基本目标、指导方针、战略步骤、主要措施，以实现宏观调控；财政法，是通过控制预算收支，调节税收杠杆，保障国民收支平衡，以实现宏观调控；金融法，通过控制货币政策，调节货币流量，稳定币值，抑制通货膨胀，加强金融监管，以实现宏观调控；产业政策法，是通过合理配置产业，优化产业结构，提升产业水平，调节生产结构，进而保障供求结构平衡，以实现宏观调控。可见，宏观调控是它们的概括和统帅，是它们的基本原则，因而可以把它

① ［美］斯蒂格里茨著，蔡江南等译：《公共经济学》，10页，上海，上海三联书店，1994。
② ［美］萨缪尔森著，高鸿业译：《经济学》，中册，213页，北京，商务印书馆，1990。
③ ［英］米德：《混合经济》，4～5页，上海，上海三联书店，1989。

确立为经济法的基本原则。

二、宏观调控原则的内涵

1. 宏观调控是对市场的宏观调控。只有在市场经济体制下，才能提出宏观调控的客观要求，因为市场经济是社会化的大经济，社会化的大经济才会要求真正的宏观调控。市场机制与宏观调控是相互依存、相得益彰的。市场经济内在地要求宏观调控，宏观调控是立足于市场的宏观调控，没有市场，宏观调控就没有了对象和基础，宏观调控就无以立足；市场失灵的地方往往就是宏观调控的领域，没有市场，就谈不上市场失灵，因而也就不知道宏观调控的范围、在哪里进行宏观调控，没有市场的宏观调控缺乏针对性，无法因势利导，因而大都是瞎指挥；宏观调控只有结合市场、通过市场、利用市场才能有所成就，没有市场，宏观调控就失去了运作的机制和生效的中介，没有市场的宏观调控往往不能因应客观经济规律的要求而成为主观任性；市场是宏观调控的目标，没有市场，宏观调控就失去了服务的目标，成为一种为宏观调控而宏观调控的无谓之举，不服务于市场的宏观调控往往蜕变为粗暴拙劣的行政干预。总之，宏观调控必须也只能立足市场、利用市场、服务市场，没有市场的宏观调控最终没有市场。从根本上说，所谓的宏观调控实质上就是对市场的宏观调控。

2. 宏观调控是宏观领域的调控。这里所谓的宏观领域尽管无法明确厘定，但尚可以概其要者如下：(1) 宏观领域不是私人领域。凡是私人自治的地方无须也不应进行宏观调控。依法划定私人自治领域，尊重私人自治领域，宏观调控不能僭越侵吞私人领域，这是进行宏观调控所应坚守的界限。(2) 宏观领域是私人力量所不及的领域。之所以如此，是因为：一是私人在私域尚能应付自如，但对宏观调控无能为力，这就需要国家出面担当此任，李斯特指出："关于国民个人知道得更清楚、更加擅长的那些事，国家并没有越俎代庖；相反地，它所做的是，即使个人有所了解，单靠他自己力量也无法进行的那些事。"① 二是私人是经济人，计较投入产出，追求私人利润极大化，一般不愿从事无利可图

① ［德］李斯特著，陈万煦译：《政治经济学的国民体系》，169～170页，北京，商务印书馆，1961。

或本大利薄的事业，尤其是公益事业，在这方面只能由国家负起责来，这一点，即使是对那只“看不见的手”顶礼膜拜的亚当·斯密也承认，“建设并维持某些公共事业及某些公共设施”，是国家的重要职能。① 主张折中主义国家干预的约翰·穆勒更是明确指出：“在某一时期或某一国家的特殊情况下，那些真正关系到全体利益的事情，只要私人不愿意做（而并非不能高效地做），就应该而且也必须由政府来做。”②（3）宏观领域是市场失灵的领域。市场机制是资源配置极为有效的机制，创造了许多经济奇迹，但市场机制并非完美无缺、总是和谐协调、全知全能，“看不见的手”有时会引导经济走上错误的道路，市场机制有时会出现种种失灵的情况，在这些情况下，市场失灵会导致生产或消费的无效率，从而可以存在国家治疗这些失灵的职能。国家的职能之一就是通过宏观调控防止和纠正市场失灵。（4）宏观领域是关系国计民生、影响国泰民安的领域。“宏观经济运行的表现对国家兴衰极为重要”，“我们不能影响天气，但是公共经济政策的明智与否却可以对我们未来的生活水平产生重大的影响”③。因此，任何一个负责的国家或政府都义不容辞地要对关系国计民生、影响国泰民安的领域进行宏观调控。宏观领域作为关系国计民生、影响国泰民安的领域，具体说来主要是国民生产总值、就业、通货膨胀和国际收支平衡，这些被认为是宏观经济分析与政策制定的中心目标或目的。

3. 宏观调控是有限调控。广泛无限的宏观调控必然管得太多太死，会蜕变成高度集权的行政管理，从而窒息经济民主和经济自由，这不是宏观调控而是全面管制。宏观调控到底应是全面调控还是有限调控，从根本上取决于国家或政府对国民经济所具有的信息。宏观调控关涉国民经济方方面面，国家或政府要全面地对国民经济进行宏观调控必须具有全面详尽的信息，但要做到这一点，是不可能的，这已经远远超过了人类的能力。面对国民经济的方方面面，人类只能具有有限的信息，在这种情况下，宏观调控就只能是有限调控，把宏观调控限制在国家或政府

① 参见［英］亚当·斯密：《国民财富的性质和原因的研究》，下卷，253页，北京，商务印书馆，1974。

② ［英］约翰·穆勒著，胡企林等译：《政治经济学原理》，下卷，570页，北京，商务印书馆，1991。

③ ［美］萨缪尔森、诺德豪斯：《经济学》，12版，上册，130页，北京，中国发展出版社，1992。

拥有较为全面详尽信息的国民经济方面，而把其余并不关系国计民生和影响国泰民安的绝大多数微观方面赋予私人，因为私人涉及方面小，处在当地的位置，关切私人利益，所需信息更少，决策更快，因而由私人自治更为适当。真正的宏观调控是有限调控，把宏观调控限制到不可克减的程度，这正如马尔萨斯所指出的："管制过多的倾向肯定是无知的鲁莽的标志，最能干的医师最能节约药物的使用，最相信自然的治疗力量。同样，最了解自己的工作的政治家最不愿意干涉企业与资本的自然趋向。"①

4. 宏观调控是民主调控。宏观调控涉及国民经济全局，关系国计民生，影响国泰民安，是一项十分庞杂、极为繁复、相当艰难的事情，必须走群众路线，发动群众、大众参与、群策群力、集思广益、全民力行。宏观调控是大众的事业，必须贯彻民主、保障民主。宏观调控的目标在于促进经济民主，宏观调控的实现也必须贯彻经济民主，其中最重要的一条就是激发尊重和维持私人的主动性、积极性和创造性，只有建立在这一基础上的宏观调控才能有所作为。实践证明，能否贯彻经济民主、保障经济民主关系到宏观调控的成败与否。经济民主是社会经济发展的根本前提，只有贯彻经济民主、保障经济民主的宏观调控才能取得成功，促进经济发展。否则，宏观调控必然失败，并抑制经济发展。是否贯彻经济民主、保障经济民主，也是检验是否为真正宏观调控的重要标准。只有贯彻经济民主、保障经济民主的宏观调控才是真正的宏观调控，否则，只能是残暴的独裁专制。

5. 宏观调控主要是法律调控。宏观调控措施多种多样，主要包括经济、行政和法律三种措施，其中应以法律措施为主。因为：只有建立在法律基础上的宏观调控才能像法律制定一样大众参与，集思广益，富有理性，从而宏观调控更能认识、反映和适应客观经济规律的要求，更好地对国民经济进行宏观调控，仅靠个人智慧、个人专断从来不可能较好地进行宏观调控；只有依据法律的宏观调控才能依据严格的法定权限和法定程序进行宏观调控，从根本上杜绝盲目调控、任意调控，不依法定权限和法定程序的宏观调控只能是滥加调控、瞎指挥；只有法律化的宏观调控才是制度化的宏观调控，持续稳定，不因领导人的改变而改变，不因领导人的看法和注意力的改变而改变，不会因人而异、朝令夕

① ［英］马尔萨斯著，厦门大学经济学系译：《政治经济学原理》，20页，北京，商务印书馆，1962。

改，避免引起社会经济的动荡和混乱；只有通过法律，才能规范国家的宏观调控，如界定宏观调控的权力范围，规范宏观调控权力的行使，明确宏观调控的法律责任，非如此，就不能调控好调控者。“正人先正己”，调控者要调控好别人首先要调控好自己，这种自身都没有调控好的调控者是不大可能进行宏观调控的。从不依法宏观调控到依法宏观调控，这是宏观调控的根本变革和重大进步，至此，才谈得上是真正的宏观调控，才会有真正的法治经济。现代宏观调控大都是依法宏观调控、法律调控，即使是经济措施和行政措施也要法律化，要采取法律形式。

三、宏观调控原则的贯彻

1. 宏观调控原则贯彻经济法的始终。任何事物都有根有源，事物的根源决定着事物的本质，进而决定着调整该事物的法律的基本原则。

在资本主义自由放任时期，市场受一只“看不见的手”的指引，奇妙而有效地运行着。以亚当·斯密为代表的古典自由主义经济学家据此指出：“在可自由而安全地向前努力时，各个人改善自己境遇的自然努力，是一个那么强大的力量，以至于没有任何帮助，亦能单独地使社会富裕繁荣。”[①] 并且认为：“个人的利害关系与情欲，自然会引导人们把社会的资本，尽可能按照最适合于全社会利害关系的比例，分配到国内一切不同用途。”[②] 如果国家“禁止人民大众制造他们所能制造的全部物品，不能按照自己的判断，把自己的资财与劳动，投在自己认为最有利的用途上，这显然是侵犯了最神圣的人权”[③]。基于此，他断言：“法律应该让人民自己照应各自的利益。人民是当家人，定然比立法者更能了解自己的利益。”[④] 在这种情况下，宏观调控无从谈起，最起码宏观调控不是很受重视。但随着资本主义社会频频发生经济危机，暴露出市

① ［英］亚当·斯密：《国民财富的性质和原因的研究》，下卷，112页，北京，商务印书馆，1974。

② ［英］亚当·斯密：《国民财富的性质和原因的研究》，下卷，199页，北京，商务印书馆，1974。

③ ［英］亚当·斯密：《国民财富的性质和原因的研究》，下卷，153页，北京，商务印书馆，1974。

④ ［英］亚当·斯密：《国民财富的性质和原因的研究》，下卷，102页，北京，商务印书馆，1974。

场自发调节的局限性，也就提出了国家干预的必要性，从而引发了“凯恩斯革命”。凯恩斯1926年发表了《自由放任主义的终结》一文，1936年出版了《就业、利息和货币通论》一书，提出了一套以国家干预为中心的完整的宏观经济理论和政策体系。他从经济体系中找出了几个关键因素，认为“可以由中央当局来加以统制或管理”，为此，“政府机能不能不扩大”①。哈耶克认为：“从长远观点看，凯恩斯《通论》的主要意义是它比任何其他单独的著作都更加决定性地促进宏观经济学的优势增长和使微观经济理论的暂时衰退。”② 在凯恩斯理论的催动下，德国、美国等资本主义国家开始推行“新政”，加强国家干预。在这种情况下，宏观调控才渐次出现，并登堂入室。在这个基础上，各国制定了许多新的法律法规，如财政税收法、中央银行法、产业政策法、社会保障法等，这才有了宏观调控法。这些宏观调控法从一开始就以宏观调控为基本原则并贯彻于最终。

2. 宏观调控原则体现了经济法的主要特征。如前所述，一切立足市场经济、调整市场经济关系的法律都应顺应市场经济的市场竞争的本质属性，因而都要把市场竞争奉为自己的原则并加以贯彻。市场竞争作为经济法的基本原则只是更为基本、更为显著，但毕竟不为自己所独有。而宏观调控原则则不然，它的确立，大大拓宽了国家干预的范围，国家干预从过去仅限于维护市场竞争秩序拓宽到对国民经济进行宏观调控，由此所形成的宏观调控法，针对国民经济整体，以社会公共利益为本位，从宏观全局着眼，凭借国家权力，运用经济杠杆，对国民经济进行调控，保证国民经济稳定协调有序高效地发展。宏观调控法不同于私法，也不同于行政法，作为一组新兴的法律，其主要特点就是国家干预，这正如施瓦茨所指出的，立法随经济潮汐的涨落起伏而变化，过去的立法是把亚当·斯密、赫伯特·斯宾塞的学说当作主导思想，而现在“新政”是把凯恩斯的学说当作主导思想，“新政计划否定了不干预主义”③。宏观调控法的形成，为经济法注入了新的内容，加强了经济法的基础，突现了经济法的主要特征，宏观调控原则几乎为经济法所独有，最能体现经济法的基本精神。

① ［英］凯恩斯著，徐毓枬译：《就业、利息和货币通论》，323页，北京，商务印书馆，1981。

② See Hayek, *New Studies in Philosophy, Politics, Economics and the History of Ideas*, Routledge & Kegan Paul Plc., 1978, p. 284.

③ ［美］伯纳德·施瓦茨：《美国法律史》，178页，北京，中国政法大学出版社，1997。

3. 宏观调控原则实现着经济法的基本精神。经济法的基本精神具体表现在以下方面：一是宏观为本。宏观调控要宏观着眼、全局着想、战略考虑、整体思维，不要深陷细小、具体而微、无微不至，宏观调控要本着抓大放小，大的方面管住管好，小的方面放开放活的精神而进行。二是秩序为重。宏观调控的重点在于为市场经济稳定协调有序高效地发展创造和维护良好的秩序，即保障市场经济要素齐全，自由竞争，比例协调，结构合理，金融稳定，分配公平，社会和谐。当然，这种秩序不能仅由市场调节而自发形成，还需倚重国家干预。三是国家干预。宏观经济虽由微观经济所构成，但宏观经济异质于微观经济，正如水分子是由氢原子和氧原子构成的，但水分子不同于氢原子和氧原子一样。如果说，对于微观经济，涉及每个人，每个人都是当事人，自知利害、自会判断、自能控制的话，那么对于宏观经济，超出私人，任何私人都不可能知悉全情、通盘规划、整体把握，私人力所不及，市场也无能为力，必须由国家出面，实行国家干预。国家干预是宏观调控所必需的。四是有效调控。上述国家干预有其特点，那就是要通过宏观调控而进行。所谓调控，一是调，指调节、协调，具有相当的灵活性和应变力；二是控，指控制、监控，具有一定的原则性和拘束力。调控是有调有控、可调可控，是灵活性和原则性、应变力和拘束力的内在统一，具体就是主观意志与客观规律、私人权利与国家权力，自由与强制、自律与他律的密切结合，它不同于直接针对、硬性强制、命令服从，而是利用经济杠杆，通过市场中介，作用宏观经济，达到欲求目标。综观上述四点，可以看出，宏观调控原则充分实现了经济法的基本精神。

第四节　两者的关系

作为经济法基本原则的市场竞争原则与宏观调控原则，它们是有所分工、各有侧重的。市场竞争主要存在于、作用于私人的微观自治领域，如企业的市场竞争行为等等，而宏观调控主要立足于、作用于政府的宏观调控活动，如政府制订计划、财政收支等等。但两者又是密切相关、内在统一的，因为世界上并没有纯粹的市场经济或绝对的自由经济，也没有完全的集权经济或统制经济，有的只是市场与政府如何结合的经济或自由与秩序如何协调的经济。亚当·斯密在倡导市场这只“看不见的手”的时候，并没有完全忽视政府这只“看得见的手”，而认为它有“三个应尽的义务”：“第一，保护社会，使不受其他独立社会的侵犯。第二，尽可能保护社会上各个人，使不受社会上任何其他人的侵犯或压迫，这就是说，要设立严正的司法机关。第三，建设并维护某些公共事务及某些公共设施。”① 约翰·穆勒虽然鼓吹“社会事务最好是由私人自愿去做”②，但同时又指出：“其行政首脑，无论是永久性的还是暂时性的，都应对其管辖范围内的各种利害关系具有总的、全局性的调节控制权。”③ 弗里德曼坚决捍卫自由市场经济，但并不排斥政府作用的必要性，他对政府的职责和观点与亚当·斯密的惊人相似，他认为：“政府的主要职能是防御外来敌人的侵略，确保我们的每一个同胞不受其他人的强迫，调解我们内部的纠纷，以及使我们能一致同意我们应遵循的准则。”④

正是市场调节与政府干预的内在统一决定并说明了市场竞争原则与宏观调控原则是密切相关、内在统一的。这种密切相关、内在统一，具体表现为：

一、宏观调控是市场竞争的条件

市场竞争不是无条件的，它必须有一定的条件，这些条件还相当苛刻，并且不是市场竞争自身能够具备的，而需要宏观调控来造就。只有宏观调控造就了这些条件以后，才会有市场竞争。

第一，宏观调控是对国家大政方针的调控。它是对国家任务的调控，而“国家的特别与首要的任务是确定国民可以在其中自由活动的秩序框架”⑤。宏观调控所确定的这一自由秩序框架，赋予了公民神圣不可侵犯的自由权利，划定了国家权力运作的界限，使个人自由与社会秩序、私人权利与国家权力分立制衡，在这个基础上，才会有个人自由和社会自由，才有市场竞争。市场竞争不可能在专制体制下，在混乱无序中进行，宏观调控所确定的自由秩序框架是市场竞争的基础。

① ［英］亚当·斯密：《国民财富的性质和原因的研究》，下卷，252～253页，北京，商务印书馆，1974。

② ［英］约翰·穆勒：《政治经济学原理》，下卷，570页，北京，商务印书馆，1991。

③ ［英］约翰·穆勒：《政治经济学原理》，下卷，535页，北京，商务印书馆，1991。

④ ［美］弗里德曼著，胡骑等译：《自由选择》，13页，北京，商务印书馆，1999。

⑤ ［德］艾哈德：《社会市场经济之路》，257页，武汉，武汉大学出版社，1998。

第二，宏观调控是对市场运行的调控。它通过运用财政政策、货币政策、产业政策，克服市场波动，防止经济大起大落，保证社会稳定，从而使市场中的人们能够合理预期、有计划地安排和部署自己的经济活动，有目的地进行市场竞争。宏观经济稳定是市场竞争的重要环境，只有在稳定的经济社会环境中才能进行有意义的市场竞争。

第三，宏观调控是对市场竞争范围的调控。它划定了市场竞争的范围，在哪些范围内应当实行市场竞争，在哪些范围内不允许市场竞争。市场竞争不是漫无边际的，不是支配一切的，否则，市场竞争就会蜕变成洪水猛兽，导致弱肉强食、社会不正义。宏观调控为市场竞争划定范围，如人权不允许市场竞争，保障社会弱者，提升他们的竞争能力，从而为市场竞争奠定基础，在这个基础之上才有更充分更全面的竞争。

第四，宏观调控是对市场竞争目标的调控。由于市场主体信息有限、个人本位、各自为政，因而市场竞争难免具有盲目性，这种盲目的竞争是无谓的、无益的，必须减少或根除，就需要宏观调控。宏观调控的核心目标之一就是对市场竞争目标的调控，为市场竞争指明方向，把市场竞争引向真正需要的地方，在高水平的层次上进行，把市场竞争的目标确定在促使各市场主体相互激励、相互赶超、相互促进、共同发展、全面进步上，使市场竞争的目标崇高伟大，合理合法。

第五，宏观调控是对市场竞争规则的调控。市场竞争不是放任的，它必须遵循游戏规则。如果要在统一的大市场中进行竞争，就必须统一市场竞争规则，而要统一市场竞争规则就要宏观调控，使竞争规则合乎宏观调控的目标和要求。弗里德曼指出："自由市场的存在当然并不排除对政府的需要。相反地，政府的必要性在于：它是'竞争规则'的制定者，又是解释和强制执行这些已被决定的规则的裁判者。"① 如果没有宏观调控，不是政府统一制定、解释和执行市场竞争规则，那么就会诸侯林立、行业壁垒、规则不一、界限森严，因而就不会有市场竞争。

第六，宏观调控是对市场竞争的保障。市场竞争，优胜劣汰，会导致两极分化、社会不正义。要解决这些问题必须进行宏观调控，就此而言，宏观调控是收拾市场竞争的残局，收拾好了市场竞争的残局，市场竞争才能重新开始和不断进行。艾哈德指出："单靠竞争的秩序力在绝对的意义上肯定还不能保证有合适的并且满足不同利益而进行平衡的社

① ［美］弗里德曼：《资本主义与自由》，16页，北京，商务印书馆，1986。

会与经济秩序。社会公正的要求和确保政治局势稳定都要求并且还验证了市场经济需要的国家干预。”①

二、市场竞争是宏观调控的依归

第一，宏观调控受市场竞争的制约。这是市场调节与政府干预的关系所决定的。在市场体制下，市场调节是第一次的、基础性的调节，而政府干预是第二次的、辅助性的调节，这就决定了宏观调控与市场竞争的关系。凡是市场竞争能很好地进行的，就没有必要宏观调控，宏观调控的目的在于促进市场竞争，宏观调控应以组织促进市场竞争为指导，宏观调控应服务服从于市场竞争，宏观调控的目的是为市场竞争创造条件，条件一旦成就，宏观调控就大功告成，就应急流勇退，而不应陷入其中，乱加干预，否则，就会像布阿吉尔贝尔所认为的：“局外人的插手干预，不管来自何方，没有不坏事的。”②

第二，宏观调控要顺应事物的自然趋势，合乎市场的竞争规律。市场竞争作为一种客观存在，有其固有的自然属性和发展的自然趋势，对市场竞争进行宏观调控要适应市场竞争的自然属性，顺应市场竞争的自然趋势。布阿吉尔贝尔强调，人们的经济活动“只有大自然而绝不是政府能够恰如其分地加以必要的整顿”，“整顿经济秩序的权力只属于大自然”③，宏观调控是政府权力的运作，具有主观性，要合理地对市场竞争进行宏观调控必须合乎市场竞争规律。否则，“破坏经济秩序规律一定要受到惩罚”④，“文明国家要想将自命不凡的明智来取代自然规律，会招来野蛮民族还未尝过的那种痛苦”⑤。面对市场竞争，宏观调控者不要自认为有知，自以为是，滥加干涉，而要相信自己无知，谨慎节制，有所不为。萨伊指出：“如果政府当局出来干涉，阻碍事态的自然趋势，告诉生产者说，你正要生产的那种生利最厚，因而是人们最需要的东西，却不十分适合你的环境，你们须生产别的东西。政府的这种行为显然将把国家的一部分生产力引到次要东西的生产，使人们所更迫切

① ［德］艾哈德：《社会市场经济之路》，232页，武汉，武汉大学出版社，1998。

② ［法］布阿吉尔贝尔著，伍纯武、梁守锵译：《布阿吉尔贝尔选集》，166页，北京，商务印书馆，1984。

③ ［法］《布阿吉尔贝尔选集》，269页，北京，商务印书馆，1984。

④ ［法］《布阿吉尔贝尔选集》，87页，北京，商务印书馆，1984。

⑤ ［法］《布阿吉尔贝尔选集》，263页，北京，商务印书馆，1984。

需要的东西的生产大吃其亏。”① 宏观调控因应市场竞争的客观规律，才能“天人合一”，共同促进经济社会的发展。

第三，宏观调控的目标要通过市场竞争来实现。市场竞争是经济发展、社会进步和人类文明的基本动力，也是促进社会经济发展、促使国民财富增长的基本途径，因此，宏观调控要辅助服务于市场竞争。宏观调控的目标，从根本上说就是组织促进市场竞争并经由此来完成。自由竞争最适合市场事物的自然性质。魁奈指出：“我们对于各种事物，必须采取自然的过程，一切我们的原则，都必须根据事物本来的秩序来使它实现。在这个场合，容易发现这些原理实现的道路，把路上的石块除去，以使竞争者们都能够没有顾虑地自由行动，因为使国民财富得到保证的正是这些竞争者们。”② 宏观调控是由站在整个社会之上作为整个社会总代表的国家或政府来进行的，宏观调控是一种上层调控、局外调控，所以与直面市场、参与市场竞争的人们相比，它难免主观臆断，脱离实际。在这种情况下，就要求宏观调控以市场竞争为本为师，通过市场竞争有所作为。“如果处在静寂的办公室，单凭幻想，来管理事物运行，取缔人民的经济行动，那就会以错误代替真理，结果必然会使整个秩序崩溃，因而很快地走上破灭的道路。从那时起，错误的规章完全代替了事物的自然过程。”③

总之，市场竞争原则与宏观调控原则作为经济法的基本原则，是经济法的“大纲”，它们构成了经济法的基本框架，是经济法的指导思想和实践纲领。

① ［法］萨伊：《政治经济学概论》，155页，北京，商务印书馆，1982。
② ［法］魁奈著，吴斐丹、张草纫译：《魁奈经济著作选集》，287页，北京，商务印书馆，1993。
③ 《魁奈经济著作选集》，288页，北京，商务印书馆，1983。

第五章

经济法的基本范畴

人类对事物的认识贵在形成范畴，范畴是对事物本质的概括和反映，也是认识的结晶和升华，还是进一步认识事物的基石和支点。在某种意义上可以说，整个人类认识史就是范畴的发现史和发展史。一般说来，没有范畴就没有认识，没有形成新的范畴就没有新的认识。

任何一门学科的建立，关键在于寻求、提炼和厘定自己的基本范畴，基本范畴是学科得以发展、完善的内在基石。所谓的学科建设，核心的一点就是寻求、提炼和厘定该学科的基本范畴，用这些基本范畴去构建该学科的基本原理，并用它们去阐析、说明和解决该学科的各种问题。

各门学科都应有自己的一些基本范畴，有无自己的基本范畴、对其基本范畴的认识水平如何是考量一门学科能否独立存在以及达到何种成熟程度的重要尺度。

经济法作为一门独立的学科，也应有自己的基本范畴。由于经济法的调整对象是市场竞争关系和宏观调控关系，经济法的本质和旨意在于促进市场经济自由竞争与健全国民经济秩序调控，这就决定了经济法的基本范畴应当是自由、竞争、秩序和调控。经济法的发展、完善要求加强和深化对这些基本范畴的认识，从而赋予它们以经济法的特性和内涵。

第一节　自　　由

自由是人的本性要求，是人类奋斗的目标之一，也是法治国家和理想社会的内在品质。自由的性质决定了自由几乎是所有人文社会科学或者说与人有关之学科的共同范畴。当然，自由也是经济法的基本范畴，问题只是自由在经济法中有其特定内涵和具体表现。

一、经营自由

真正现实而充分的自由不是政治自由而是经济自由，因为经济自由对人的生存和发展起着更为根本的决定作用，也不像政治自由那样受各种政治因素如竞争职位、任期等限制。经济自由是最充分、最普遍、最现实的自由，具体表现之一就是经营自由。

经营自由的本义是市场主体（包括个人、企业等经营者）有权按照自己的自由意志去管理其人财物、决定其产供销，具体可以分解为人事任免权、物资采购权、资金支配权、生产决定权、产品劳务定价权、产品销售权、酬金分配权、机构设置权、联营投资权、对外贸易权、拒绝摊派权，等等。经营自由赋予经营者以独立、自由的市场主体人格，表明经营者不是国家机关的附属物，这些权利是其自由的表征和保障。

之所以要赋予经营者以经营自由，乃是因为只有经营自由才能充分激发每个经营者的主动性、积极性和创造性，做到人尽其才、财尽其力、物尽其用，实现合理生产、有效供给、顺畅销售，使所有资源得到最有效的配置。人类千百年的经营实践雄辩地证明，市场主体的经营业绩优越于国家的经营业绩。因此，经营自由意味着经营者本位而非国家本位，凡是经营者能够自治的，就应让其享有经营自由，国家不应干预。国家干预的根本目的之一，就在于为经营者享有经营自由创造条件，当经营者不能经营自由时国家进行干预，为其排除困难，使其经营自由。经营者是否享有经营自由是评判国家干预正当与否的重要尺度。应该说，大多数限制经营自由的国家干预都是不正当的。

在现实中，侵害经营自由的最大危险来自国家干预，如果国家广泛干预、滥加干预，那么就无经营自由可言。因此，要保障经营者的经营自由，关键是依法限制和规范国家干预。这正是经济法的根本宗旨之一，经济法就是通过限制和规范国家干预，使经营者摆脱不正当的国家干预，从而享有经营自由。如经济法中的反限制竞争法，其宗旨就是反对垄断等限制竞争行为，以保障企业的经营自由；经济法中的宏观调控法，规定了国家宏观调控的范围、宏观调控权力行使的程序，明确了宏观调控的职责，宗旨是实现宏观调控的法治化，限制和防止国家滥加干预和违法宏观调控，保障经营者的经营自由。

二、竞争自由

长期以来，自由总是处于理念层面而难以落到实处，只是在有了市场经济，与竞争结合以后，自由才真正变成了现实。竞争使自由具体化了，自由落实到了竞争中并在竞争中得到实现，竞争已成为自由最普遍、最具体而较有效的体现和实施方式。可以说，没有竞争就没有自由，在历史与现实中，没有见过不实行不维护竞争而有自由的社会和国度。自由与竞争密切相关，不可分割，以至于谈自由也就是谈竞争；反之亦然，自由与竞争总是相提并论。

竞争自由，就是竞赛的自由、“八仙过海，各显神通”的自由，就是每个人力争发挥自己的主动性、积极性和创造性的自由；自由就是要让一切社会机会向所有人开放，让所有社会目标由大家去自由争取，让全部资源通过自由竞争去配置；自由就是由竞争者自己去决定优胜劣汰，把宝贵的机会给予那些能最充分利用它们的人；自由就是让社会目标通过竞争授予那些与之最相匹配的人，使有限的资源得到最佳配置。实践证明，竞争自由，是经济发展、社会进步和人类文明的动力所在和必由之路。

竞争自由，就意味着每个人有权、也应该按照自己的意志采用自己所认为有效的方法去实现自己最大化的利益，让每个人有机会通过竞争自由去最佳地实现自我，至于每个人怎么样，由竞争自由去决定。因此，竞争自由是每个人自己决定自己的命运，这正是自由之本义。竞争自由，把评判标准和分配机制归一为竞争表现而不及其余，这有力地打破了身份特权的束缚；在竞争自由中，“……不承认任何别的权威，只承认竞争的权威……”[①] 这有力地摆脱了权力的压迫；竞争自由，就是“天高任鸟飞，海阔凭鱼跃”的自由，这是向极限挑战并超越极限的自由。凡此种种，正是自由之表现和自由之实现。

但在现实生活中，总是存在种种限制竞争自由的因素和现象，其中之一就是垄断，包括行政垄断和经济垄断。垄断是竞争的对立物，垄断已成为限制竞争进而剥夺自由的主要方式之一。为了实行和维护竞争自由，必须依法反对垄断，并宣布除特殊情形以外，凡是限制竞争自由的行为都是非法的，一切不是通过竞争自由而获得的东西都不是合理的。

三、消费自由

消费是“萝卜青菜，各有所爱”，是高度个人化、个性化的，同时又是无碍无害他人的，因此，消费应是自由的，如果连纯属个人私事的消费自由都没有，那就无自由可言了。消费直接关系个人身心的满足，没有消费自由，也就没有人的身心自由。摆脱消费束缚是最首要的自由之一。人人都是消费者，消费自由，也就是人人自由，这是最广泛、最

① 《马克思恩格斯全集》，中文1版，第23卷，394页，北京，人民出版社，1972。

普及的自由。

由于生产经营的最终目的是服务、满足消费者，一切经济自由都可以、也应该归结为消费自由，消费自由是反映经济自由、经营自由和竞争自由的一面镜子，并且是考量它们的终极标准，还是促进它们的根本力量。

消费自由是消费者各自选购自己所喜爱的商品或服务的自由。要满足不同的消费偏好，只有通过经营自由，提供丰富的商品、多样的服务，以便“百样货迎百家客”，才能做到。经营自由是为了消费自由。如果没有消费自由，消费者不能自由选购，往往源于体制上的统一生产、销售和分配，如计划经济体制时期的“统收统支、统购统销、统分统配”，使得经营者没有经营自由权，不能主动地、积极地根据消费者的偏好和市场行情进行生产经营，结果产品短缺、服务单调，消费者无从选购。消费自由就是消费者在购买商品或服务时能够“货比三家”，讨价还价，以最低的价格买到最优的商品和最佳的服务。这只有通过竞争自由才能保证。如果没有消费自由，“除此一家，别无他店”，强买强卖，没有讨价还价的余地，这正是没有竞争自由的结果和表现。可见，竞争自由与消费自由是互为表里、互为因果的。消费自由就是让消费者拥有最终选购商品或服务的自由决定权，消费自由才能保证消费者主权，没有消费自由，形成的不是买方市场而是卖方市场，不是消费者选择经营者、消费者选购商品或服务，而是经营者支配消费者、商品或服务决定消费者，那就没有竞争自由，因为根本无须竞争自由。为了消费自由才要竞争自由，两者是目的与手段的关系。

四、实质自由

自由是人类的共同追求，是人人之自由、全体之自由。但人与人之间存在着千差万别，使得自由因人而异，即使是同一自由也会在不同人之间产生分化，使极少数人越来越自由，实质上是滥用或放任自由，而绝大多数人却日益丧失自由，无往不在枷锁之中。

对此，不同的法律有不同的自由观。如私法的自由观就十分典型。私法的自由是形式自由，它把千差万别的人抽象假定为平等的人，进而赋予他们以自由。但人是被抽象假定为平等的，这并不能改变人们在现实中的不平等，这种平等是不真实的，没有真正的平等就没有真正的自由，建立在假想基础上的自由难免是虚假的。私法自由是自治的自由，它对人们宣称：你们都是自由的，你们自己为自己做主、自己给自己谋利、自己对自己负责，至于你们能否真正享有自由，那是你们自己的私事，与我无关。自由，在这里几乎意味着国家或政府放任不管。私法的自由是强者的自由，每个人都依据各自的自由去同他人相竞争，但由于各自的竞争能力不同，有强有弱，弱肉强食，最终只是强者的自由，而弱者无自由可言。在这里，自由成为强者的特权。

私法的自由观不足以真正保障和实现人人自由、全体自由，需要一种与之不同的经济法的自由观予以补充甚至替代。经济法的自由是实质自由。它面对人的千差万别，不是把它们抽象假定为平等，而是加以正视，认真对待并现实地加以改变，针对不同的人给予相应的区别对待，有升有降，取长补短，使他们真正平等起来。经济法的自由是有保障的自由。在经济法看来，自由不仅仅是每个人自己的私事，当一个人竭尽全力争取自由而仍然未果时，国家有义务去创造条件以便实现他们的自由，并有责任保障他们享有自由，这也是国家存在的重要理由。经济法的自由是人人自由、全体自由，经济法通过财政转移支付救助社会弱者，使其过上有人格尊严的生活，即是如此。经济法不允许自由蜕变成弱肉强食的自由，面对这种不自由的情形，它要求国家依法进行干预，如反对垄断，反对滥用市场支配地位，打击强暴，扶助弱者。自由是否实现，不在于强者有多少自由，而取决于弱者有无自由，弱者有无自由是检验人们是否享有自由的根本尺度。当弱者享有自由时，那么强者当然也享有自由，因而也就人人享自由、全体自由了。这正是经济法所奉行的自由观。

第二节 竞　争

竞争是市场经济的基本构成要素，是市场社会的主要运行机制，是日益深入人心的重要观念。由来自 8 个发达资本主义国家共 19 位作者所组成的里斯本小组指出："竞争成为工业家、银行家、政府商业贸易与产业行政机构最重要的目标。工业家、政治家、经济学家、金融经理、技术人员、工会都把竞争作为他们的信条。竞争的无上命令是他们辩论与建议的焦点。在政治讲话、报纸、书籍、管理讲座与研讨会上，

‘竞争’这个词汇的使用频率超过了所有词汇。”① 竞争的重要性由此可见一斑。

一、竞争的含义

1. 竞争不是独一的而是相互的

竞争的本义是多个主体（至少两个主体）旨在争取同一目标而竞相努力，竞争的动力来自外在的压力，竞争的目的在于超越别人而独占目标。因此，当市场中只有一个市场主体，一个市场主体可以独占市场时就不会有竞争，或者尽管存在多个市场主体，但它们相互合谋，串通一气，合为一体，也不会有竞争。竞争存在于对手之间，没有了对手就不会有竞争，一般说来，自己是不会同自己过意不去的，自己是不会同自己竞争的，自己也是难以同自己竞争的。竞争存在于分立的市场主体之间，哪里不分你我，哪里就没有你争我夺，哪里就没有竞争。

所谓竞争是相互的，是指竞争只能存在于多个独立的市场主体之间。多个市场主体的存在，是竞争存在的前提条件，存在至少两个以上的市场主体时才可能有竞争，这些市场主体要成为竞争主体必须地位平等、产权清晰、意志自主、行为独立、利益分化、责任自负。其实，所谓的竞争，就是各市场主体依凭自己的财产资源自主决策、独立行动、追求己利、自担风险。

竞争的这一内涵说明，要促进并维护市场竞争必须培植市场主体的独立性，造成市场主体的分化。亚当·斯密早就指出过：“进行同一种贸易活动的人们甚至为了娱乐或消遣也很少聚集在一起，但他们聚集的结果，往往不是阴谋对付公众便是筹划抬高价格。”②

竞争的上述性质必然要求反对限制竞争，尤其是作为限制竞争表现形式之一的企业合并和垄断。企业合并与竞争的性质是相对立的，因为企业合并的目的之一就是通过减少或消灭市场主体、竞争对手来独占市场，摄取高额利润。而垄断，正如蒲鲁东所尖锐指出的，是“力求不断

① 欧洲委员会里斯本小组著，张世鹏译：《竞争的极限》，136 页，北京，中央编译出版社，1999。

② ［英］亚当·斯密：《国民财富的性质和原因的研究》，上卷，122 页，北京，商务印书馆，1972。

地摄取最大限度的净产值，为了这个目的，即使灭绝人类也在所不惜”①，垄断“是在屠杀俘虏”②。经济法作为促进和维护市场竞争之法，就是要通过反限制竞争，具体说来就是要通过反对垄断或抑制企业合并来培植市场主体的多元性和独立性以促进和维护市场竞争。

2. 竞争不是无序的而是有序的

竞争是社会资源的配置，会导致利益的得丧变更；竞争是优胜劣汰、生死存亡的关键问题，这就决定了竞争不能是自发无拘、放任自流的，不是无序的而是有序的。竞争只能存在于有秩序的地方，并在秩序中进行。秩序意味着一种可预期性，而竞争是对预期目标的可欲。没有秩序，就没法预期，竞争就会变成盲目冒险、无谓冲动，不会有真正的竞争。秩序意味着一种稳定性，而竞争是一种稳中求进，稳步发展。没有秩序，就意味着动荡和混乱，在混乱中不会有真正的竞争，竞争会蜕变成浑水摸鱼、乱中取胜。在混乱中竞争，极具破坏性，会加剧混乱，乱上添乱。秩序意味着关系的合理性、行为的正当性，而竞争应当是正大光明的、合理合法的。没有秩序，竞争会是乱来、胡作非为，不会有公开、公平、公正的竞争。秩序意味着规则性，而竞争必须要有规则，要依据规则，依法竞争。竞争是优胜劣汰的生存竞争，是利益得失的利害竞争，特别容易引发、激化矛盾，如果没有规则，竞争就会不择手段，就会蜕变成杀人越货、巧取豪夺，把人最丑恶的方面暴露无遗。哪里有利害冲突，哪里就要有规则；哪里利害冲突越尖锐，哪里就越要有规则。所谓市场经济是法治经济，核心之一就是市场竞争要依法律规则而进行。没有规矩不成方圆，没有规则，就没有合法、有序的竞争。法律规则是市场竞争的行为准则和行为模式。为市场竞争提供一套行之有效的竞争规则，是组织市场竞争进而发展市场经济的基本策略。秩序意味着某种管制，而竞争也不是无政府状态的，竞争内在地要求管制，“竞争与管制如同一枚硬币的两面。在理论上，都是旨在同一目标：资源的有效利用和保护消费者免受剥削”③。没有恰当的管制，竞争就会泛滥扭曲，成为无序竞争。那种促进、维持竞争而又节制替补竞争的管制，是竞争存在和发展的前提条件。只有在恰当的管制之下，才会有有

① ［法］蒲鲁东著，余叔通等译：《贫困的哲学》，第1卷，258页，北京，商务印书馆，1998。

② ［法］蒲鲁东：《贫困的哲学》，第1卷，248页，北京，商务印书馆，1998。

③ Block，Elzinga，*Antitrust*，*the Market and State*，M. E. Shrpe Inc.，1991，p. 85.

序竞争。就此而言，竞争与秩序关联起来了。

3. 竞争不是无限制的而是有限制的

在市场社会，竞争是一种支配性的力量，几乎一切都听任于竞争、取决于竞争，似乎竞争越无限越好，越激烈越好。竞争无时不在，无地不有，无事不涉，无人能外。这种无孔不入的普遍竞争成为了最终目标，成为了一种无所不包的信条、一种意识形态、一种无上命令[①]，竞争成了统治世界的最高法则。但这种极度的竞争，“把人类全部状况简化为人的经济主义立场与行为方式……对于它来说，知识、信仰、行为方式只要不隶属于竞争能力，没有被竞争能力合理认同，就会变得毫无价值，对于经济界来说，就是无关紧要的”，要求一切回到生意中去。[②] 一个极度竞争的社会是一个铜臭味十足的社会，是一个没有人情味的社会，是一个片面化、极端化的社会，是一个不可欲的社会。更有甚的是，它“仅仅关注人文社会历史的一个范畴——竞争精神，否定和贬低同样是人类历史范畴的协调合作、团结互助精神”[③]。结果它使社会关系紧张，人情淡漠，人与人之间的关系犹如“狼与狼”之间的关系，这种竞争残酷血腥，它使人的世界恶化起来，不受限制的竞争导致优胜劣汰、弱肉强食、两极分化，竞争成为强者掠夺弱者、强者排挤弱者的主要的、公开的、合法的武器。极度的竞争，“这是每个人都在反对所有人的竞争”，“大家都要除去那些无法抵制强大竞争的对手”，因而“它加强了社会排挤过程：没有竞争能力的个人、公司企业、城市、民族就会被抛在后面。它们不再长期地充任历史活动主体”，结果必然使人的主体性消失，使人类社会萎缩，因为“人类的继续生存要依靠多种多样的活动主体”[④]。极度竞争的社会是一个自我毁灭的社会，没有未来的社会。通过科技进步革新、提高竞争能力并不是轻而易举的，因而，“最近十年以来，国际经济竞争变成了围绕减少劳动岗位、降低生活标准而进行的竞争”[⑤]，结果，失业人数激增，社会福利锐减，保障努力降低，贫困问题加剧。竞争日益背道而驰，它侵蚀了许多人的生存基础，危及许多人的生存，“它经常

① 参见欧洲委员会里斯本小组：《竞争的极限》，3、136页，北京，中央编译出版社，1999。
② 参见欧洲委员会里斯本小组：《竞争的极限》，147页，北京，中央编译出版社，1999。
③ 欧洲委员会里斯本小组：《竞争的极限》，146页，北京，中央编译出版社，1999。
④ 欧洲委员会里斯本小组：《竞争的极限》，145～146页，北京，中央编译出版社，1999。
⑤ 欧洲委员会里斯本小组：《竞争的极限》，144～145页，北京，中央编译出版社，1999。

夺取了整个劳动阶层的面包”，“竞争具有杀人的本能”[①]，它使人不成其为人。无限竞争使社会不人道、不正义。此外，无限竞争、过度竞争导致事物昙花一现，稍纵即逝，难尽其用，大量浪费，因而未必总是有效地配置资源。

在现代，这种无限竞争已为人们所批判、所扬弃，为实现社会正义和资源的真正有效配置，人们开始追求一种有限竞争。所谓的有限竞争：一是指竞争领域有所限制，并不是一切领域都开放竞争，有些领域比如与人的生存和发展密切相关的领域就不能开放、不允许竞争。比如人权，人权是人之成为人必不可少的权利，只要是人就应无条件地享有人权，人权是完全平等的、不可克减的，人权不允许进行竞争，不能优胜劣汰，优者不论怎么优而胜都不能胜到可以把别人的人权竞争过来，劣者不论怎么劣而汰都不能汰到可以把自己的人权竞争掉。“不能把世界看作是霸权兼并的竞争场所。”[②] 把竞争拒之于人权之外，确保了人们享有人权，保障了人们的主体资格，这既是竞争的前提和基础，又是竞争的底线和边界，还是竞争的目标和宗旨。竞争，从根本上说，在于使人们相互激励，相互促进，鞭策落后，催人上进，使人更成之为人，实现人类共同发展，因为“竞争本来的意思是‘一起赛跑’（拉丁文concurrere）。在这里，最佳选择并不限于唯一的一个”，而是多多益善。[③] 二是指竞争的程度有所节制，并不是一概竞争越激烈越好，应该认识到，竞争的目的之一是有效地利用资源，使得人尽其才、物尽其用。“传统的自由主义经济理论声称，在所有经济主体同时攫取紧缺资源的情况下，竞争是为了更好地保证资源的优化利用。可惜现实从来没有证明这个理论是完全正确的。”[④] 过度的竞争加速新陈代谢，使得事物加速折旧，“未老先衰”，未尽其用，并未有效地利用资源，未做到人尽其才、物尽其用。有的竞争能力（优势）甚至建立在拼资源上，这就更谈不上有效利用资源了。为了有效地利用资源，做到人尽其才、物尽其用，必须使竞争保持有理、有利、有节。三是指竞争的观念必须有所限制（正）。竞争是手段而不是目的，是人类价值的一部分而不是全部，是依存于其他因素而不是高于其他因素。“竞争并不是能够造福于世界

① ［法］蒲鲁东：《贫困的哲学》，第1卷，204页，北京，商务印书馆，1998。

② 欧洲委员会里斯本小组：《竞争的极限》，15页，北京，中央编译出版社，1999。

③ 参见欧洲委员会里斯本小组：《竞争的极限》，135页，北京，中央编译出版社，1999。

④ 欧洲委员会里斯本小组：《竞争的极限》，134～135页，北京，中央编译出版社，1999。

共同体所有国家的唯一价值，竞争市场并不是一切。不能把它的逻辑强加到人与社会的所有范畴，特别是在运用竞争逻辑的时候，不能对人与社会的具体状况置之不理。并不是任何价值都是从竞争市场上得到的”，因此，要“反对过分膨胀的竞争意识形态，这种意识形态把所有其他形式的经济、政治、社会的生活组织全部排除在外”①。极度的竞争是“一个危险的迷念”②。可见，竞争既有积极的一面，也有消极的一面，必须加以调整，以发扬光大其积极面，抑制消除其消极面。而要做到这一点，就必须使竞争不是无限制的而是有限制的。

4. 竞争不是强制的而是自由的

竞争就其语义来说，一是“竞”，要竭力；二是“争”，要争取。从竞争的本义就可以看出，竞争要求一种主动性、积极性和创造性的精神和态度。竞争不可能是强制的，不可能强制人们进行竞争，如果人们不想竞争强制也不能奏效。竞争从根本上说是利益之争，只有当人们拥有自己的利益、人们可以追求自己的利益时，才会有主动性、积极性和创造性的竞争。从这个角度看，否认人们拥有自己的利益，禁止人们追求自己的利益，就是彻底阻止人们竞争。长期以来，有不少人不习惯竞争，也不能容忍人们为了自己的利益（个人福利）而竞争，但又不能不采用竞争特有的功能，因而别出心裁地发明一个新词——竞赛，并认为竞赛不同于竞争，竞赛是为了公众利益，或者为了奖励，并富有友情与博爱。对此，蒲鲁东早就批评过：“既然公众福利只能产生自个人福利，没有后者前者也就等于乌有，那么，又怎么可以拿这种非常遥远的、近乎虚无缥缈的所谓公众福利来取代工业竞争的直接目标的个人福利呢?”③ 他认为，劳动的吸引力是道德和智慧高度发展的产物，酷爱劳动还只是一种目标和愿望，如果一个人为别人劳动，为劳动而劳动，他很快就会停止劳动，游戏起来。“我们怎么能把它当成一个原则和杠杆呢?”④ 他同时指出：“任何高出产品本身价值以外的劳动奖励和工业奖赏，都是无偿的赠与，都是从消费者身上征收的小费，然后以消费者的名义赏给当局的受宠者，换回的却是零或无。因此，奖励工业就是奖励

① 欧洲委员会里斯本小组：《竞争的极限》，8～9页，北京，中央编译出版社，1999。

② 欧洲委员会里斯本小组：《竞争的极限》，149页，北京，中央编译出版社，1999。

③ ［法］蒲鲁东：《贫困的哲学》，第1卷，191页，北京，商务印书馆，1998。

④ ［法］蒲鲁东：《贫困的哲学》，第1卷，193页，北京，商务印书馆，1998。

懒惰的同义语，它是一种欺骗手段。”[①] 我们应当充分认识到争利就是争理，要光明正大地鼓励人们为个人利益而竞争，让人们在竞争中实现个人利益的极大化。只有这样才会有真正的竞争。

竞争既然要求一种主动性、积极性和创造性的精神和态度，那就必然要求自由，真正的竞争是一种自由竞争。只有自由，人们才能殚精竭虑，穷尽其才；只有自由，人们才能竞技较能，大显身手；只有自由，人们才能大胆冒险，不断进取；只有自由，人们才能优胜劣汰，成败在己。竞争实质上就是“八仙过海，各显神通”，就此而言，竞争与自由并无二致。自由必然要求竞争，竞争是自由的表现和实现。自由使竞争建立在人们的主动性、积极性和创造性的基础之上，使竞争在高效益、高层次上展开和进行；自由提升竞争的质量和水平，是否具有自由构成评判竞争质量和水平的重要标准。哈耶克指出：“毫无疑问，在缺乏‘自由’的状况下，不但各种东西不可能由那些最懂得如何生产因而能以最低成本生产这些东西的人来生产，而且所有消费者最喜欢的东西（如果他们有选择余地的话）也根本不可能都生产出来。”[②] 自由使竞争不断迈向优化境界。

上述竞争的内涵也说明，要促进维护竞争，人们必须拥有自由，国家必须维护自由，没有自由就没有竞争。

二、竞争的意义

如上所述的竞争具有十分重要的意义。

竞争有深厚的人性基础。蒲鲁东曾指出：“劳动中的竞争能够废除吗？这就等于问个性、自由和个人责任能否取消。”[③] 这当然是不可能的事情。竞争源于人性，人的争强好胜的本性，人的出人头地的本性。人的生存环境是一个资源稀缺的世界，“僧多粥少”，在这种环境中人们对稀缺资源的竞争是难免的，哪里资源稀缺，哪里就有竞争，竞争也是解决资源稀缺的合理而有效的途径之一。可以说，在一个资源稀缺的世界里，一切权益都是经由竞争得来的。在市场社会，竞争已成为人们的

① ［法］蒲鲁东：《贫困的哲学》，第1卷，200页，北京，商务印书馆，1998。
② ［英］哈耶克著，贾湛等译：《个人主义与经济秩序》，94页，北京，北京经济学院出版社，1989。
③ ［法］蒲鲁东：《贫困的哲学》，第1卷，219页，北京，商务印书馆，1998。

一种人生态度、一种生存和发展方式，处在市场社会中的人们必须面对竞争、敢于竞争、参与竞争、善于竞争。在很大程度上可以说，竞争能力是人的生存能力、发展能力，逃避竞争往往就是放弃机会和权利。借用福音书的一句话："天国是努力进入的，努力的人就得着了。"竞争亦然。在一个竞争的社会，"地位、财富和荣誉都任凭人们竞争，它们是强者应得的报酬，所以竞争的定义可以说是强者的统治"①。

竞争的意义可以具体分述如下：

第一，竞争是一种效益机制。任何真正的竞争都是高度主动性、积极性和创造性的竞争，这种竞争能最大限度地激发人的聪明才智，促使人奋发图强，大胆冒险，不断进取。特别是竞争也是一种压力，不进则退，不优则汰，这种压力会转化为一种持久的动力，一种不懈努力的动力。正因为如此，马克思认为，自由竞争是"……资产阶级经济的重要推动力……"② 列宁认为，竞争"在稍微广阔的范围内培植进取心、毅力和大胆首创精神……"③ 也正因为如此，竞争使人尽其才。同时，竞争是一种"力图获得别人也在力图获得的东西的行为"。为了赢得竞争，竞争者必须以最低的成本生产提供最好的商品或服务，这有利于减少浪费、节约资源，使物尽其用。竞争促使人们把事情做到极致，讲究效益。实践证明，竞争是效益之源，哪里没有竞争，哪里就没有效益。所以，艾哈德认为："竞争是提高生产率的最理想的手段。"④ 哈耶克也认为："在整体上，建立在竞争基础上的社会比其他社会能更有效地达到它们的目标。这是文明史已经明显证实了的一个结论。"⑤

第二，竞争是一种创新机制。竞争的一项内容、一种方式就是创新，人无我有，人有我新，人新我优，这本是一种竞争优势，是赢得竞争的重要法宝。为了进行竞争，竞争者必须不断创新，只有创新，才能超越自己，胜过对手，才能与时俱进，新新不已，合乎人们喜新厌旧的本性和倾向，赢得消费者的偏好，最终赢得竞争。只有创新才是真正的有意义的竞争。这正如马克思所指出的："价值由劳动时间决定的规律，

① ［法］蒲鲁东：《贫困的哲学》，第1卷，202页，北京，商务印书馆，1998。

② 《马克思恩格斯全集》，中文1版，第46卷（下），47页，北京，人民出版社，1980。

③ 《列宁选集》，3版，第3卷，375页，北京，人民出版社，1995。

④ ［德］艾哈德：《来自竞争的繁荣》，154页，北京，商务印书馆，1983。

⑤ Hayek, *New Studies in Philosophy, Politics, Economics and the History of Ideas*, Routledge & Kegan Paul Plc., 1978, p.180.

既会使采用新方法的资本家感觉到，他必须低于商品的社会价值来出售自己的商品，又会作为竞争的强制规律，迫使他的竞争者也采取新的生产方式。”① 竞争迫使人们不断创新，熊彼特甚至认为：“竞争经常是一种连续的‘创造性的破坏过程’，它来自新商品、新技术、新供给来源、新组织类型，它占有成本上或质量上的决定性的优势，它所打击的不是现存企业的边际利润和产量，而是它们的基础和生命。”② 在熊彼特看来，创新竞争与其他竞争的差别，犹如炮击与徒手攻门的差别。竞争通过促使创新促进社会进步，所以艾哈德指出：“凡没有竞争的地方，就没有进步，久而久之就会陷入呆滞状态。”③

第三，竞争是一种发现过程。人不是全知全能的，人的理性是有限的，特别是面对纷繁复杂的市场情况，人们甚至常常处于无知状态。在这种情况下，“我们必须考虑的一切是在一个竞争体制中发现供给比消费者已经获得的更好、更便宜的商品的方法是多么困难”④。解决这种困难必须依靠竞争，“消费者的愿望和需求，包括他们所需要的货物和服务的种类以及他们所愿意支付的价格。实质上，这些情况不能完全看作是已知的事实，而应看作是通过竞争才能解决的问题”⑤。因为，“竞争主要是一个形成意见的过程：通过传播信息，它带来了经济体系的统一和连贯，而这使我们把它作为一个市场的先决条件，它创造出人们对于什么是最好的和最便宜的看法，而正是由于它，人们所了解的可能性和机会至少像现在了解的那样多”⑥。具体说来，一是竞争导致优胜劣汰，从而择出优胜者，而优胜者之所以成为优胜者，就在于它最好地满足了消费者的需求，这样，竞争通过发现谁是优胜者，进而发现人们的需求所在。二是竞争优胜者会被树立为成功的典范，能起一种榜样作用，为其他人所仿效和追赶，其他人会主动及时地调整自己的方向和目标，进而把人们的努力和有效的资源吸引、运用到人们最为需要的地方去，这样，竞争就起着一种发现、传递市场信息的作用，并加以协调。

① 《马克思恩格斯全集》，中文1版，第23卷，354～355页，北京，人民出版社，1982。

② See Dominick T. Amentano, *Antitrust and Monopoly*, John Wiley & Sons, 1982, p. 31.

③ ［德］艾哈德：《来自竞争的繁荣》，153页，北京，商务印书馆，1983。

④ Hayek, *New Studies in Philosophy, Politics, Economics and the History of Ideas*, Routledge & Kegan Paul Plc., 1978, p. 185.

⑤ ［英］哈耶克：《个人主义与经济秩序》，90页，北京，北京经济学院出版社，1989。

⑥ ［英］哈耶克：《个人主义与经济秩序》，98～99页，北京，北京经济学院出版社，1989。

阿门坦诺强调指出："企业行为是竞争的，只有通过这种竞争发现过程企业才能决定怎样有效地配置资源。"① 竞争使供给到位于需求，竞争有助于市场供求平衡。三是竞争作为一种发现过程，是"天高任鸟飞，海阔凭鱼跃"，是一种不断地探索、开拓进取过程，因此竞争能发现（掘）人们最大的努力，能发现最多的机会，能发现最广泛的尝试，能发现最大的可能性，能发现最广阔的天地，"竞争是一种发现获利机会的过程，进而调整市场条件促使这些机会加以利用"②。竞争发现了一个又一个意料不到的奇迹。

第四，竞争是一种分配机制。蒲鲁东曾指出：竞争"是分配原则本身所必需的，因而也是实现平等所不可或缺的"③。竞争是一种资源配置手段，它通过优胜劣汰，把奖赏颁发给优胜者，起着一种重要的分配功能。竞争分配是按能分配、按劳分配、按优分配，只有那些比别人更具能力的人，只有那些付出了比别人更多辛劳的人，只有那些比别人做得更好的人，才能在竞争中获胜，获取竞争背后的权益。竞争分配，是对人们能力、辛劳和优势的认可和回报，得之无愧。竞争分配把人们的分配所得同消费者因而也是人们的需求结合起来，只有那些较好地满足了消费者、人们需求的人才能参与分配，得到分配，"竞争在很大程度上是信誉和善意的竞争……竞争的作用正好是告诉我们谁为我们服务得更好"④，服务的好坏是决定分配的根本因素。竞争分配，是人心所向，众望所归。竞争分配不以个人的主观意志为转移，由客观的竞争力量所决定。它受一只"看不见的手"调节，正因为是"看不见的手"，所以没有人能人为控制、有意操纵，竞争是客观的优胜劣汰。此外，市场中的人们，"……他们不承认任何别的权威，只承认竞争的权威……"⑤"只承认竞争的权威"，其实就是只承认先进、优秀的权威，这种权威是由确确实实受益的广大消费者心悦诚服地评判出来的，而不是自封的或指定的，具有客观性，相对说来，竞争分配是公平分配。

上述竞争的内涵和意义在经济法尤其是市场竞争法中有充分的体现和彻底的贯彻。

① Dominick T. Armentano, *Antitrust and Monopoly*, John Wiley & Sons, 1982, p. 27.

② Dominick T. Armentano, *Antitrust and Monopoly*, John Wiley & Sons, 1982, p. 26.

③ [法] 蒲鲁东：《贫困的哲学》，第1卷，192页，北京，商务印书馆，1998。

④ [英] 哈耶克：《个人主义与经济秩序》，91页，北京，北京经济学院出版社，1989。

⑤ 《马克思恩格斯全集》，中文1版，第23卷，394页，北京，人民出版社，1982。

第三节 秩　　序

如果我们放眼宇宙，我们便会惊叹，宇宙万物，各就各位，互联互动，协调和谐，融为一体，有序运行，表现出显著的秩序性。宇宙是高度秩序化的，宇宙万物都是有秩序的。

所谓秩序，最起码应有以下构成要素和内在要求：一是协调和谐，如果事物参差不齐，缺乏一致性，相互之间矛盾重重、冲突不断、不可调和，那就无秩序可言；二是安全稳定，如果人人恐惧不安，惶惶不可终日，事物变动不居，昙花一现，混乱不堪，那就无秩序可言；三是有规律可循，如果事物反复无常，变幻莫测，不可预期，无所适从，无规律即无秩序；四是有道同在，道同才能相融共存并秩序化，道不同则不合，离心背道，分崩离析，无秩序可言；五是有法可依，行为规则化，在规则的基础上才能形成秩序，没有规矩不成方圆，没有法律规则就没有秩序。

秩序是法律的基本价值，各种法律都在建立和维护与其相关的各类秩序，经济法亦然。但作为经济法基本范畴的秩序，有其特定的内容和独特的实现方式。

一、竞争秩序

经济法秩序不同于其他法律秩序的一点，就是它是一种竞争秩序。这种秩序在竞争中形成，竞争是这种秩序的内在构成要素之一，这种秩序要有利于竞争、服务于竞争，为竞争创造条件，并以促进和维护竞争为圭臬。

那么，什么样的秩序才是竞争秩序呢？实践证明，一种内含、促进和维护竞争的秩序应具备以下构成要件：一是主体的多元性。众多主体，竞相角逐，你争我夺，才会有竞争。主体单一或合众为一，就没有竞争。所以经济法秩序反对独占和联合垄断以及经营者集中。二是意思的自治性。主体多元，核心是意志多元、意思自治，每个人按照自己的意思去追逐稀缺的资源，实现自我利益的极大化，这即是竞争。那些沆瀣一气、相互勾结、串通一气的人不会进行竞争，相反，这样做恰恰是为了限制竞争或回避竞争。另外，竞争是高度自由自愿的，只有在意思自治的情况下，人们才能积极竞争，那些思想压抑、精神懈怠、不能自主的人不会进行有效的竞争。所以，经济法秩序禁止相互串通、意思联络、恶意共谋以限制竞争的现象。三是行为的独立性。人们的意思是否自治，有其客观的表现，那就是看人们的行为是否独立，行为独立才有竞争可言，而那些里应外合、串通一气、协同合作作为显然不是独立行为。所以，经济法秩序限制诸如串通招投标、共同提价或降价等影响市场竞争的行为。四是地位的平等性。只有当人们处于同一起跑线上，地位平等，互不隶属，势均力敌，才会有竞争。地位不平等者之间不可能有竞争，有的只是以大欺小，甚至弱肉强食，所以，经济法秩序反对经济垄断和行政垄断，反对滥用市场优势地位。五是市场的开放性。市场开放，进出自由，优胜劣汰，才会有竞争。地区封锁，市场封闭，易于形成“除此一家，别无他店”的市场格局，在这种格局下没有竞争可言。因此，经济法秩序反对地区封锁、市场壁垒和行业垄断。

经济法秩序就是要为培植和促进上述竞争而努力，并由之而形成。

二、自由秩序

秩序总是意味着某种协调性、一致性和稳定性，这就是说，一个社会如果秩序化，确实需要对社会进行一定的控制、限制和禁止。秩序与自由存在着内在的紧张。在相当长的历史时期，秩序与自由是对立的，秩序压制、否弃自由，秩序实际上主要就是专制秩序。这种专制秩序历史悠久，根深蒂固，以至于到现在还有人一提到秩序就会油然地与之联系起来。哈耶克指出：“自由之敌历来将其论辩立基于这样一种观点，即人类事务中的秩序乃是以一些人应当颁发命令、另一些人应当服从命令为必要条件。”① 随着社会的进步、文化的演进，专制秩序日益穷途末路、分崩离析，为自由秩序所代替，自由与秩序内在统一起来，“只有糟糕的社会秩序才是和自由对立的。自由只有通过社会秩序或在社会秩序中才能存在，而且只有当社会秩序得到健康的发展，自由才可能增长”②。社会秩序具有相对独立性，不是谁能命令组织的，它是由社会

① ［英］哈耶克著，邓正来译：《自由秩序原理》，上册，199页，北京，三联书店，1997。

② ［美］查尔斯·库利著，包凡一等译：《人类本性与社会秩序》，278页，北京，华夏出版社，1989。

秩序内部各要素自发互动、相互协调的结果，在社会秩序形成的过程中，自由是必要的，自由是社会秩序的构成要素。艾哈德指出："无论我们走到哪里，都可以看到自由是秩序的要素，它比不论用什么组织手腕的强制更为无限地优越与有效。"① 实践证明，正是因为秩序内涵着自由，所以秩序才是可欲的。

社会秩序之所以是自由的，这是由社会秩序的形成方式所决定的。一般说来，社会秩序主要是自发形成的，是社会秩序各构成要素自发互动，因而也是自由互动的结果，这种方式形成的社会秩序当然是自由的。相反，如果社会秩序是经由人的心智设计形成的，那么，由于人们在按照自己的心智设计社会秩序时，会把个人意志甚至人的难以避免和克服的个人任性、个人偏见和个人局限注入社会秩序中，社会秩序的制度化其实是把个人意志甚至个人任性、个人偏见和个人局限凌驾于其他芸芸众生之上，自然会限制他们的自由，所以哈耶克说："大凡认为一切有效用的制度都产生于深思熟虑的设计的人，大凡认为任何不是出自于有意识设计的东西都无助于人的目的人，几乎必然是自由之敌。在这些人看来，自由意味着混乱或无序。"② 其实不然。岂不见，没有人参与其中的原始自然界"万类霜天竞自由"，秩序井然，令人神往；相反，人们绞尽脑汁设计出来的某些社会秩序如计划秩序，没有自由，高压之下民怨鼎沸，混乱不堪，没有秩序。

社会秩序之所以是自由的，也是由社会秩序的构成要素的状态所决定的。社会秩序的构成要素是种类繁多、无限丰富、层出不穷的，对于它们的数量无人能完全知晓，对于它们的具体位置无人能确切安排，对于它们的运作无人能有意控制。正因为如此，社会秩序各构成要素享有充分的自由，有什么样的构成要素就有什么样的社会秩序，由自由构成要素所构成的社会秩序必然是自由的。具体说来，社会秩序各构成要素的情形如同物理秩序各构成要素的情形一样，社会秩序的要素如个人就像物理秩序中的核子或原子一样，他们是能动的、活跃的，自己会寻找自己的位置，并同其他人相协调而形成社会秩序。人是自由的，不能任意支使，任意支使也不能形成秩序，就像人为地安排核子或原子不能形成有机体一样。"我们必须依赖于这样一个事实，即在某些条件下，这些核子或原子会将自己排列进一个具有某种特征的结构之中，让这些自

① ［德］艾哈德：《社会市场经济之路》，72页，武汉，武汉大学出版社，1998。

② ［英］哈耶克：《自由秩序原理》，上册，70页，北京，三联书店，1997。

生自发的力量发生作用，在这些情形中可以说是我们所欲求结果的唯一手段。”① 人们对待社会秩序应该像自然科学家对待物理秩序一样，抱一种客观主义、尊重事实、无为而治的态度，认识到在社会秩序形成的过程中，有诸多方面实乃我们控制力所不及者，因此，应该让各种力量发生作用，自由地发生作用，社会秩序也只能由社会秩序各构成要素自生自发、自动调适、互动互应而形成，这样形成的社会秩序必然是自由的。自由的人只能形成自由的秩序。具体说来，社会秩序应主要由市场要素在市场机制的自发作用下形成。

社会秩序是自由的，也是由社会秩序的本质所决定的。在一个大社会中，社会分工高度发达，社会知识高度分立，每个人只知道与自己相关的那部分知识，难免囿于知识的限制，而这种知识的限制从根本上说正是对人的自由的限制。但由于存在社会秩序，社会秩序意味着社会生活中存在着一种一致性、一贯性和可预测性，个人能够执行一项一以贯之的行动计划，并且几乎在执行此一计划的每一个阶段上都能预期其他的社会成员会作出一定的贡献。社会秩序本质上是知识的整合、知识的合作、知识的扩大、知识的增量，而这一切都必然导致自由的增长，因为“知识使人解放”，知识使人理解世界，而“理解世界就是获得自由”②。

三、自发秩序

社会秩序之所以不是人设计的产物，是因为人性的复杂性。人是高度个体化、个异化的灵类，人的特性千奇百怪，人的个性丰富多彩，人的偏好无穷无尽，人的差异千变万化，因此，人不可能是一模一样的。人的上述本性决定了人有无穷多的个别要求，有无穷多的生活方式，有无穷多的发展方向，有无穷多的价值观念，有无穷多的差序格局，由人们所集成的社会秩序要真正合乎人的本性必须能够融汇无限多样性，发展无限可能性，具备无限灵活性，整合无限差异性。不可否认，这种秩序是人所难以设计出来的，任何人为设计的秩序都不可能满足上述要求，设计出来后也不可能真正合乎人的本性。哈耶克更是直截了当地指

① ［英］哈耶克：《自由秩序原理》，上册，201页，北京，三联书店，1997。
② ［英］柏林：《自由四论》，256页，台北，联经出版事业公司，1986。

出：社会秩序是“许多人行动的结果而不是人们设计的产物”①。

社会秩序之所以不是人为设计的结果，还在于人类知识的局限性。要人为地设计社会秩序，前提条件是设计者要拥有关于整个社会的知识，否则只能是凭空设计，主观臆造。长期以来，人们受“唯理主义”的鼓噪和蛊惑，自信人类的理性是无限的、人的知识是无穷的，人能够认识一切，因而能够设计一切，认为人的理性有限、人的认识不足、人难免无知，无异于是贬低人类不中听的胡言乱语。但实际上，这种“唯理主义”并不是真正的理性而恰恰是反理性，因为理性虽然是“人类所拥有的最为珍贵的禀赋”，但“理性并非万能，而且那种认为理性能够成为其自身的主宰并能控制其自身的发展的信念，却有可能摧毁理性”②。真正的理性主义者承认，人的理性确实是有限的，人的认识确实是不足的，人确实难免无知。每个人只能拥有与自己相关的特定时空、特定情事的知识，因而个人知识是分立的，即在一个分工的社会中，每个人只知道某些方面的知识，只拥有某些片面的知识，这就是一个社会知识的基本状况。既然人们无法把所有个人的知识整合起来形成所谓整个社会的知识，那么就不可能对整个社会秩序进行设计。

社会秩序之所以是自发的，是因为社会秩序受一定的规律所支配。这种规律是内在的、客观的、独立的。所谓这种规律是内在的，一是指这种规律是由社会秩序内部各构成要素化合而成的，是内生的，不是人为地从外面硬性钳入的，这样就杜绝了把人为设计的因素，有时是把专制因素挤入社会秩序的可能性；二是指这种规律是无形地潜藏于社会秩序的深处，既看不见，也摸不着，因而难以为人所控制，这样就使得人为地支配这种规律不大可能；三是指这种规律是固有的，有人就有社会，有社会就有社会秩序，有社会秩序就有社会秩序规律，这种规律不能为人所否弃，也不能为人为设计的规律所取代。所谓这种规律是客观的，是指人的主观意志可以认识它、利用它，并在这个基础上对它进行适当的调适，但从根本上说不可能构建它、控制它，在这里，是人的主观意志服从、服务于社会秩序规律的客观性，人的主观意志的发挥、发扬应是表现在正确地认识、利用社会秩序规律上。所谓这种规律是独立的，是指这种规律独立地发挥作用，有独立的发展态势、发展方向，人

① Hayek, *Law Legislation and Liberty*, the University of Chicago Press, vol. 1, 1973, p. 37.

② ［英］哈耶克：《自由秩序原理》，上册，80页，北京，三联书店，1997。

们可以因势利导，但不能背道而驰；有独自的发展动力，这种发展动力来自社会秩序内部各构成要素的冲突整合，是一种内驱力，不是外在力；有自己的发展进程，由低到高，循序渐进，人们可以适当地推波助澜，但不能人为地逾越。所以，“秩序并非一种以外部强加给社会的压力，而是一种从内部建立起来的平衡”①。

社会秩序之所以是自发的，是因为社会秩序是进化的。就像是生物进化一样，社会秩序实际上也是社会秩序各构成要素经由“物竞天择、适者生存”而形成的，社会秩序就是由在这种“天择”过程中“生存”下来的因素整合而成的。社会秩序通过进化，不断试错，祛除错误，积累经验，学习模仿，传播延续，结成习惯，凝为文化。在这个过程中，社会秩序逐渐形成。社会秩序的进化，是累积发展的，只能点滴建设，小修小补，日益完善，而不能全盘革新，一蹴而就；社会秩序的形成是代代努力、辈辈相传的结果。

人一出生，就生活在一定的社会秩序里，社会秩序是既定的前提，我们所面对的世界乃是一个通过各种力量而持续运行的具有自续力的整体，它相沿成习、根深蒂固、积重难返、无法解构、不能归零，因此，“在我们力图改善文明这个整体的种种努力中，我们还必须始终在这个给定的整体中进行工作，旨在点滴的建设，而不是全盘的构建，并且在发展的每一个阶段都运用既有的历史材料，一步一步地改进细节，而不是力图重新设计这个整体”②。实践证明，所谓的“彻底砸烂旧世界”、“敢教日月换新天”只能是豪情万丈的诗文，进行社会秩序的设计是要不得的，也是不可能的。

实践也证明，人为地设计社会秩序也是不成功的。计划经济的不成功就为人为设计社会秩序的不成功作了最有说服力的注解。在任何社会化大生产条件下，经济情形非常复杂，瞬息万变，谁也不可能完全搜集、集中处理分散于社会中的无穷无尽的经济信息，在这种情况下，要集中计划，实行计划经济显然是不成功的。哈耶克提出：“如果计划的意思是以权威指示的手段对生产活动进行实际控制，不仅要控制生产数量和所使用的生产方式，也要控制价格的固定，那么我们就能很容易地看出，这不仅是不可能的，而且上述做法中任何一种方法都将引起背弃

① ［英］哈耶克：《自由秩序原理》，上册，183页，北京，三联书店，1997。
② ［英］哈耶克：《自由秩序原理》，上册，82页，北京，三联书店，1997。

它自身目的的反应。”[①] 正因为如此，许多社会主义国家在实行了几十年的计划经济以后不得不放弃它，转向市场经济。市场经济的根本意义之一就在于它使每个人只需收集和处理与自己活动相关的那部分知识，大大减少了对知识量的要求，从而能够比较容易、迅捷地收集和处理这大大减少了的知识，有利于灵活、准确地决策。市场经济是切合社会知识分立和决策分散要求的一种经济形式，显示出计划经济无可比拟的优越性，哈耶克说：“可以毫不夸张地说，如果我们曾经必须凭借有意识的集中计划以发展我们的工业体系的话，我们就绝不会达到它现在所达到的这样高度的多样性、复杂性和灵活性。和分权加上自动调节这种解决经济问题的方法相比，集中管理这种方法便更显得是令人难以置信地笨拙、原始和范围狭小的方法。”[②]

四、自为秩序

自发自由的秩序并不是完全放任自流的秩序，这种秩序对于人类来说，并不称心如意。人是自为的，总是在追求一种理想的秩序，并为此而有所作为。人的自为性决定了由人所组成的社会秩序的自为性。

人类之所以在这方面能有所作为，是因为人类富有理性、拥有知识。尽管人的理性是有限的，人的知识是片面的，但这不是对人的理性和人的知识的否定。哈耶克指出：“我们并不是要废弃理性，而是要对理性得到确当控制的领域进行理性的考察。”[③] 捍卫理性，“以防理性被那些并不知道理性得以有效发挥作用且得以持续发展的条件的人滥用。这就要求我们真正地做到明智地运用理性，而且为了做到这一点，我们必须维护那个不受控制的、理性不及的领域，这是一个不可或缺的领域，因为正是这个领域，才是理性据以发展和据以有效发挥作用的唯一环境”[④]。

人的高贵之处就在于人具有那点理性，并以之去实事求是地认识和利用客观规律；拥有那些知识，并以之去合理地规划和科学地引导社会秩序，使自发秩序进化为自为秩序。事实上，只要是有人的地方，人就

① ［英］哈耶克：《自由秩序原理》，上册，123 页，北京，三联书店，1989。
② ［奥］哈耶克著，滕维藻等译：《通向奴役的道路》，51 页，北京，商务印书馆，1962。
③ ［英］哈耶克：《自由秩序原理》，上册，201 页，北京，三联书店，1997。
④ ［英］哈耶克：《自由秩序原理》，上册，200 页，北京，三联书店，1997。

会介入其中的社会秩序，社会秩序无处不打上自为的人的印记，人的理性和知识在社会秩序的形成中起着重要的规划和引导作用，使得社会秩序不可能是完全自发的。

在现实中，完全自发的社会秩序也难以存在。如非常重要的市场秩序，尽管亚当·斯密对自由放任主义大加赞誉，认为国家“在某种程度上指导私人应如何运用他们的资本，这种管制几乎毫无例外地必然是无用的或有害的”①，因而主张贸易自由，“不需报告任何官厅，不需受任何盘问检查，换言之，得享受毫无限制的自由”②。但市场那只“看不见的手”并不是万能之手，并不能总是那么神机妙算、运用自如，恰恰相反，它经常导致周期性的经济危机，把社会引向灾难深重的邪路；它也不是“上帝之手”，它不能普度众生，不会把市场弱者和失败者解救出来。1926年凯恩斯发表了《自由放任主义的终结》一文，“来彻底清理一下那些时常被作为自由放任主义依据的抽象或一般原则”，并指出“这是没有根据的，上天并非是如此来统治世界的……这也是不真实的，在现实生活中并非是照此来管理社会的”③。尽管凯恩斯在《就业、利息和货币通论》中开出的药方未必完全对症，几十年国家干预社会经济的不太成功的实践也使新自由主义认为，市场机制有缺陷，但国家干预也有缺陷，并且国家干预的缺陷远远大于市场机制的缺陷，市场机制已经把事情做到了极致，人们很难指望国家干预能把事情做得更好，因此，市场机制的缺陷不是国家干预的充分理由，用国家干预去弥补市场机制的缺陷，不但弥补不了，而且会造成更大的缺陷。④ 即使如此，人们还是达成这样的共识：“我们始终如一地认为：……当人们虔诚地笃信自由放任可以解决一切问题时，又必须强调社会控制在什么情况下仍然是必要的。”⑤ 当今的市场秩序不再是完全自由放任的自发秩序，而是内涵着国家干预的市场秩序，是市场机制与国家干预合理结合和内在协调的自为秩序。

① [英] 亚当·斯密：《国民财富的性质和原因的研究》，下卷，28页，北京，商务印书馆，1974。

② [英] 亚当·斯密：《国民财富的性质和原因的研究》，下卷，252页，北京，商务印书馆，1974。

③ [英] 凯恩斯：《预言与劝说》，313～314页，南京，江苏人民出版社，1999。

④ 参见 [法] 亨利·勒帕日：《美国新自由主义经济学》，121～123页，北京，北京大学出版社，1985。

⑤ [英] 詹姆斯·米德：《混合经济》，4～5页，上海，上海三联书店，1989。

从根本上说，经济法秩序就是一种自为秩序。其具体表现如下：一是经济法是国家干预社会经济的法律表现，它依法确立了国家干预社会经济的合理地位和重要作用。在市场中起作用的不仅有市场机制那只“看不见的手”，还有国家干预这只“看得见的手”，市场是这两只手合力作用的结果，这两只手协调统一，缺一不可，否则就孤掌难鸣，无市场经济可言。尽管国家干预要尊重、顺应市场机制，但当市场机制出现问题而自身又无力化解时，国家干预就会大显身手，为市场机制有效运行创造条件，并使之回到预定的正常轨道上来。国家干预为市场机制的运行提供了制度框架，划定了方向范围，创造了环境条件。所以，经济法上的秩序是国家干预下的市场秩序。

二是经济法是调整市场竞争关系和宏观调控关系的法律规范的总称，其根本宗旨之一是通过反对限制竞争以促进市场自由竞争秩序的形成。由于市场主体千差万别，竞争能力各不相同，如果任由它们去相互竞争，就会优胜劣汰，市场日益集中，最终形成垄断；由于市场主体都是经济人，为了避免在竞争中俱败俱伤，它们会相互串通联合以限制竞争。这两种后果都会限制市场自由竞争，进而阻碍市场经济健康、高效地发展。这就说明市场自由竞争本身会异化，如果没有国家通过反对垄断和反对不正当竞争去予以校正的话，市场自由竞争、市场秩序乃至市场经济本身都将不复存在。所以萨缪尔森指出：“自由放任并不能使我们自动地得到完全竞争。为了减少竞争的不完全性，国家必须保持警惕。”[①] 反垄断和反不正当竞争等国家干预措施是促进和维护市场自由竞争所必不可少的，市场自由竞争秩序是通过反垄断和反不正当竞争等国家干预措施才得以形成的秩序，而不是完全自发的秩序，如果是完全自发的，就不会有市场自由竞争秩序。经济法的根本宗旨之二是健全宏观调控。由于市场主体多种多样，它们各有利益，目标多元；各自为政，决策分散；行为独立，向度各异。如果自由放任它们，那么必然会导致市场经济的盲目无序，进而使市场经济动荡不定、忽冷忽热，危机频发。为了克服市场经济的盲目无序性，必然要求处于社会中央、总揽整体全局的国家进行宏观调控。现代的市场秩序都是有国家宏观调控的市场秩序，如在德国创造奇迹并为许多国家效仿的“社会市场经济”。艾哈德在谈到“社会市场经济”时明确地指出：“如果我给这种自由市

① ［美］萨缪尔森：《经济学》，中册，213页，北京，商务印书馆，1990。

场经济体制加上定语‘社会的’，那么这并不是美化沉寂地继续进行的资本主义方式，而是坚决地脱离老的自由主义，这种主义众所周知地给国家在经济活动中仅仅定为守夜人的角色”，而“‘社会市场经济’则是表示国家不仅有职责，而且甚至有义务为经济确定某些政治上需要的最大极限，并且采取广泛的经济政策措施，使各种类型的经济人的自由决策取得意料的效果”①。可见，社会市场经济秩序就是有国家调控的市场经济秩序。

三是经济法是国家干预社会经济的法治化。经济法不仅是国家干预社会经济之法，同时也是规范国家干预社会经济之法，是国家干预与干预国家的内在统一，其核心宗旨就是要为国家干预社会经济提供一套科学、合理、有效的法律规则。具体说来，经济法既要树立国家干预的权威，又要制约国家干预的权威；既要授予国家干预社会经济的权力，又要防止国家滥用这种权力，使国家干预社会经济的行为规范化，并对违规行为追究法律责任。这一切都有助于使国家干预法治化，进而有助于使国家充分发挥人的理性并合乎理性，有效地利用各种知识和信息以集思广益，正确地认识和运用客观规律合理地进行干预，使国家干预摆脱主观任性、偏见臆断和盲动瞎干等非理性和无知状态，而成为一种自为的干预，这种自为的国家干预使市场秩序优化为一种自为秩序。

五、公正秩序

市场社会，竞争激烈，优胜劣汰，市场机会和社会财富日益集中到优胜者手中，而劣败者无法问津，以至于“成功者喂养猫狗的食物甚至胜过了失败者哺育他们后代的食物”②。这是极大的社会不公正。很早以前，凯恩斯就形象地指出，通过无情的生存竞争，生活的目标成为不断啮取树叶，直到可能够得着的最高树叶，而实现这一目标的最可能的方式，是让脖子最长的长颈鹿活下来而饿死脖子较短的。③ 面对这种“丛林法则”，凯恩斯痛切地认为，“我们生存其中的经济社会，其显著缺点，乃在于不能提供充分就业，以及财富与所得之分配有欠公平合

① ［德］艾哈德：《社会市场经济之路》，143页，武汉，武汉大学出版社，1998。
② ［美］阿瑟·奥肯著，厉以平等译：《平等与效率》，1页，北京，华夏出版社，1987。
③ 参见［美］凯恩斯：《预言与劝说》，308页，南京，江苏人民出版社，1999。

理”①。时至今日，人们已经共同认识到：“市场是没有心脏和大脑的，因而不能指望市场自身能够自觉地意识到它所带来的严重的社会不平等，更不能指望市场自身来纠正这种不平等。”② 为了纠正市场社会的不公正，国家必须进行合理而必要的干预。具体说来，一是划定市场机制的作用范围。虽然市场机制在资源配置中占基础地位，但它并不是唯一的和支配一切的配置机制，有些领域如人权就不能贯彻市场机制，不能实行市场竞争、优胜劣汰，不能是优胜者享有人权而劣败者不享有人权，人权是人之作为人必不可少的权利，人权人人平等，人人享有人权，优胜者和劣败者享有相同的人权。人权按人分配，不按市场竞争法则分配。国家负有保障人权的神圣职责，使其不受市场竞争的侵蚀。二是关爱社会弱者。社会大众，有强有弱，强者自会发展，而弱者在市场体制下仅靠自己的能力和努力往往难以发展。所以，社会发展的重点和难点是社会弱者的发展，只有他们发展了社会才真正发展了。这就为国家干预提出了要求，也指明了方向，即国家干预应关爱社会弱者。为此国家应加强对社会弱者的文化知识的教育和职业技能的培训，提升他们的竞争能力，扩大他们的就业机会。当他们仍然难以就业时，国家有义务保障他们的基本生活来源，让他们过上不失人格尊严的生活。弱者为市场所抛弃，但为国家所怀抱。三是保障公平分配。在市场体制下，人们自由竞争，优胜劣汰，社会财富向优胜者分配，结果导致两极分化、“马太效应”。这是社会财富的第一次分配，这种分配是按力（能力、竞争力）分配、按优分配，不会对那些没有能力、没有优势的人有所分配，哪怕他们急（极）需分配，因而往往有失公正。为了纠正第一次分配的不公正，国家必须进行干预以实行第二次分配。如通过税收，调节人们的收入水平以缩小人们的收入差距；通过财政转移支付，使一定的社会财富流向市场机制不能引向的领域和人们；通过社会保障和福利措施，对那些无法从市场上获得生活来源的人们给予直接的补助，等等。其实，整个社会财富的分配归结起来，主要是两个方面：一方面是促进市场自由竞争，让市场优胜者的所得极大化，让他们通过市场竞争而获得分配；另一方面是通过国家救助，使市场劣败者在市场竞争之外有所分配，并且其分配足以保障其基本生活，维护其人格尊严。这样人们就

---

① ［美］凯恩斯：《就业、利息和货币通论》，317 页，北京，商务印书馆，1981。

② 经济学消息报社编：《诺贝尔经济学奖得主专访录》，44 页，北京，中国计划出版社，1995。

能各得其所、各安其分，社会财富得到公正分配，进而使市场秩序和社会秩序公正。

第四节　调　　控

人们已经达成了这样的共识，市场经济不是放任自流的经济，现代社会不是无政府社会，无论是市场经济还是现代社会都内在地要求国家宏观调控，国家宏观调控是经济发展和社会进步的必要条件。宏观调控已日益成为一个关键词。由于经济法是调整宏观调控关系的法律部门，因而宏观调控成为经济法的基本范畴，经济法中的许多基本关系和重大问题，都取决于对宏观调控尤其是调控的科学理解和妥善解决。

一、既调又控

调控，顾名思义，由“调”和“控”共同构成，是既“调”又“控”。所谓“调”，一是调适，要求调整人们的主观意志和有关措施以适应客观规律和适应市场要求，它不同于主观臆断、盲目干预；二是协调，要求尊重各方意志，平衡各方利益，综合所有情况，在平等自由协商的基础上进行调整，它不同于行政命令、强制服从；三是调节，要求有协调空间、回旋余地，具有相当的灵活性，它不同于划一的原则和硬性的约束。“调”的上述内涵和要求侧重于因应市场经济所内在要求的自由度和灵活性。所谓“控”，一是控制，有原则要求，有限制条件，有具体标准，有约束力量，不得放任自流、为所欲为；二是矫正，很显然，市场经济的积极和好的方面无须加以控制，控制是针对市场经济的消极、不利方面进行控制，但又不是为控制而控制，控制是为了矫正市场经济的消极、不利方面，使其回复正常并朝着积极有利的方面发展；三是干预，由于仅凭市场机制那只“看不见的手”并不能保证市场经济自足发展，所以还必须配之以必要的国家干预，其中控制即是主要的一种，控制之于市场经济，犹如舵手之于航船，控制是为市场经济的发展保驾护航。“控”的上述内涵和要求侧重于并表现出市场经济内在要求的国家干预和外在控制方面。

“调”和“控”，两者是内在统一的。“调”是“控”的限定，也是

"控"的途径，只有通过"调"而达到的"控"，才可能是保有人们自治性和市场自由度的"控"；没有"调"的控，未经"调"而直接"控"，会"控"得过多过死，缺乏必要的自由度和灵活性，会严重地束缚市场经济的发展。"控"是"调"的后置，也是"调"的目的，只有达到"控"的目的的"调"，才是有效的"调"；只"调"不"控"，"调"而无控，无拘无束，放任自流，市场经济会失控无序，不可能长足发展。可见，有"调"无"控"，或有"控"无"调"，都是对"调控"的片面化，最终都会失"调"失"控"。此外，"调"和"控"之间也存在一定的矛盾，"调"多"控"少，"控"的力度就不够，从而难以完全达到"控"的目的；"控"多"调"少，"调"的成分就欠缺，从而难以充分运用"调"的手段。因此，"调"与"控"必须保持必要的张力和微妙的平衡。

二、宏观调控

调控应作用于宏观领域，如国民经济和社会发展计划、财政、金融、产业政策等方面，这些方面涉及大政国是，作用整体全局，关系国计民生，影响国泰民安，意义重大深远，不能任由市场调节，亦为私人所不能为，必须由国家进行调控。对宏观领域进行调控，是国家的基本经济职能，亦是国家干预的主要方面。宏观调控界定了调控的范围不应超出宏观领域而擅入微观领域。微观领域，涉及面小，所需信息较少且易于搜集、分析和处理，私人直接面对，与私人利害相关，为私人高度关注，私人自治优于国家调控。此外，微观领域，方方面面，烦琐细致，具体而微，国家也难以加以调控。再说，微观领域，无关大局，放手市场，无关宏旨，国家也不必进行调控。宏观调控是抓大放小，大的方面管住管好，小的方面放开放活。如果国家不分大小，宏观微观一起抓，结果，不但微观越权，而且宏观失职，可谓两败俱伤；不但微观做不了，而且宏观做不好，真是因小失大。实践证明，宏观领域是国家可以并且能够有效调控的范围所在，因此，从范围上说，调控是指宏观调控。

三、国家调控

从调控的主体来说，调控是指国家调控。

真正的宏观不仅要超越私人领域、企业领域，而且要超越地区，直至全国范围，而要在全国范围内进行调控，只有国家或中央政府才有可能。只有国家或中央政府进行调控，才能保证法制统一、政令畅通、全国“一盘棋”、社会大市场，打破本位主义和地方主义，真正实现宏观调控。

宏观调控，需要全社会的信息，只有国家相关机关才有可能对之加以搜集、分析和处理；宏观调控，要代表社会主体和各行各业，这只有国家才能加以代表；宏观调控，是全局着眼、整体部署、统筹调整，这只有中央政府才能堪当此任；宏观调控，要达到预期的目标，必须具备极大的权威，这只有拥有国家强制力的国家才具备这样的权威。

非国家机关所从事的行为不属于调控行为。调控行为目的不在赢利而在秩序调控；不追求个别利益而着眼社会公益；不仅是市场调节，更是国家干预；不是微观管理而是宏观调控；不是私人行为，而是公职行为。这些都说明宏观调控是国家调控。

四、间接调控

在市场体制下，要求私人自治、政企分开，国家不得直接干预私人领域和企业事务，而只能在超出私人领域和企业外部有所作为，所以，间接调控是市场体制的内在要求。

国家要真正实现宏观调控，必须立足高远、超然至上，这样国家才能站得高、看得远，掌控全局，这正是宏观调控的本意所在。如果国家直接调控，事无巨细，面面俱到，事必躬亲，那么国家往往会深陷细小而不能自拔，很可能因小失大，一叶障目，不见泰山，无法实现宏观调控。所以，间接调控是宏观调控的必然要求。

调控主体与受控主体之间不存在直接的对应关系，更不是隶属服从关系，加上调控并不直接针对并作用于特定对象，而是面向抽象的宏观市场，这种调控模式是“国家调控市场，市场引导私人或企业”，国家不能越过市场而必须通过利用市场进行调控，市场的中介阻断了国家与私人或企业的直接关系，从而使调控变成间接调控。

国家调控市场也不是全面地管制市场，而是从庞杂的经济系统中找出那些关键的经济参数去调控市场。这些经济参数堪为经济系统的神经中枢，具有广泛的渗透性和深远的影响力，发挥牵一发而动全身或“四两拨千斤”的作用，具有杠杆功能，可以成为重要的调控手段，如计划、财政、金融、产业政策，等等。国家通过掌控这些关键的经济参数去调控市场进而引导私人和企业，这不同于国家用行政手段去直接干预私人和企业，因而是一种间接调控。

五、法律调控

调控与法律在性质和宗旨上是相通的。从根本上说，法律只是规定一个人们行为的范围而不具体规定人们为什么或不为什么。规定一个行为范围，旨在宏观调控；不具体规定人们为什么或不为什么，旨在保障人们自由。调控的根本宗旨在于保障人们自由和维持社会秩序，而这正是法律之根本宗旨，法律被普遍认为是自由之保障和秩序之基础。

在一个法治社会，一切关涉和影响人们利益、社会关系和宏观秩序的行为都应纳入法治的轨道，实行法治化。调控亦然。调控实质上也是重大利益的调整，肯定会产生矛盾和冲突，影响社会关系和涉及宏观秩序，必须予以整合，因而必须诉诸作为利益准则的法律。调控是国家专门机关运用国家权力限制、纠正、促进市场主体的有关行为，这直接关涉国家权力与私人权利、国家干预与市场自由、宏观调控与微观自治等市场社会中核心而重大的问题，这些问题必须依法加以调整。

调控必须法治化。法律是集体智慧的结晶，被誉为“最高的理性”。法治化意味着调控应集思广益，运用大众智慧，这有助于使调控充分认识和利用客观规律而进行，防止主观臆断、一意孤行。实践证明，仅凭任何个人的智识和能力都不可能胜任宏观调控的重任。法治化意味着调控要有法必依，依法进行，这有助于杜绝滥用权力调控、违反程序调控、不负责任调控等违法调控现象，从根本上说，有法不依，违法干预就无调控可言。法治化意味着调控要规范化、制度化，一以贯之，不因人而异，不见异思迁，否则，只能导致混乱无序、动荡不安，根本实现不了宏观调控。

上述经济法的基本范畴是构建经济法理论大厦的基石，也是界定经济法其他具体范畴的经纬，还是经济法认识问题和解决问题的主要工具，经济法的许多问题都要由它们去厘定和阐析。

第六章

经济法的属性

事物的属性是指事物所具有的性质和特征，认识事物应分析事物的属性。经济法作为一个重要而独立的法律部门，有其自己的一些属性，深入地分析这些属性，有利于更全面、深入地认识经济法。

第一节　经济法以社会公共性为本位

一、社会公共性的凸显

人不是生活在孤岛上的鲁滨孙，而是一种社会动物，即必须组成社会并生活在社会中，社会由个人所组成但又超越个人私人性而具有社会公共性。

社会公共性是由人的社会本性所决定的，可以说，自有人类社会以来，就有社会公共性问题，只是在人类社会的不同历史时期，由于受经济、政治和文化差异等的影响而有所不同而已。社会公共性的真正凸显，主要还是随着个人本位（主义）的发展而发展起来的。

在个人本位时期，社会的基本单位是个人，个人彻底解放、高度自治、完全自由、私利至上，社会依归于个人、统属于个人、服务于个人、让位于个人。个人本位时期，是人类社会发展的一个重大变革时期。个人本位作为一种关于个人与社会的根本性的制度安排，是对过去那种把个人囿守于群体、束缚于社会的制度安排的重大革命，是对个体的确认和个人的解放，它发展了社会生产力，引起了经济增长。对此，刘易斯明确认为，个人本位（主义）在过去500年中对经济增长是有价值的，具有解放性的影响。[①] 但对单独个人有利的未必对社会整体有利，这种个人主义在逐渐异化，以至于后来表现出一种“贪婪攫取性”[②]，蜕变成一种“占有性个体主义”[③]，“个人主义在过去500年中的

① 参见［美］刘易斯著，周师铭等译：《经济增长理论》，538页，上海，上海三联书店，1994。

② ［美］丹尼尔·贝尔著，赵一凡等译：《资本主义文化矛盾》，27页，北京，三联书店，1989。

③ ［美］弗莱德·多尔迈著，万俊人等译：《主体性的黄昏》，第一章，上海，上海人民出版社，1992。

增长有其罪恶的一面"①。个人主义在引起经济增长的同时所带来的社会罪恶是全方位的，包括经济危机、政治动荡和文化亵渎。这已是人所皆知的社会罪恶现象。面对上述个人主义罪恶的一面，许多有识之士开始了对个人主义的反思并开出了诊治的药方。如马克思提出了社会主义，李普曼提出了"公共哲学"，丹尼尔·贝尔提出了"公共家庭"②，等等，这些都表明社会从个人本位转向社会本位是人类社会历史发展的必然趋势。在社会本位时期，社会应着眼于社会整体，制度安排应立足于社会整体，国家应维护社会公益。这样，社会公共性问题就凸显了，并迫切地要求人们加以解决。

二、社会公共性的内涵

何谓"社会公共性"？目前尚无定论。我认为，社会公共性应当具有以下内涵：

第一，社会性。这是就社会公共性的范围来说的。这里所谓的社会性，指的是一种普遍性而非特殊性，一种全局性而非局部性，一种大众性而非个人性，具体如：社会稳定、制度选择、基础设施、宏观调控、环境保护、资源利用、公共服务、社会保障等等。只有具有社会性的东西才是社会公共性的东西。

第二，公共性。这是就社会公共性的属性来说的。这里所谓的公共性，指的是一种公有性而非私有性，一种共享性而非排他性，一种共同性而非差异性，具体如：在社会公共性领域内活动的主体不是纯粹的私人主体，还有公共主体；运作的权力（利）不是纯粹的私人权利，还有公共权力；所作的决策不是纯粹的私人自治，还有公共决策；生产的物品不是纯粹的私人物品，还有公共物品。只有具有公共性的东西才是社会公共性的东西。

第三，公益性。这是就社会公共性的宗旨来说的。这里的公益性，指的是一种利益所属的公众性而非私人性，一种利益分配的公平性而非独享性，一种利益本位的社会性而非个人性，具体包括：公共财产、国民收支、社会分配、社会福利、社会救济、环境保护、良好秩序、公共信息，等等。只有具有公益性的东西才是社会公共性的东西。

① ［美］刘易斯：《经济增长理论》，538页，上海，上海三联书店，1994。

② ［美］丹尼尔·贝尔：《资本主义文化矛盾》，276页，北京，三联书店，1989。

第四，干预性。这是就社会公共性的实现手段来说的。社会公共性的实现必须依靠一定的干预。这里的干预性，指的不是纯粹的内在自发性，还有外在强制性；不是纯粹的市场机制的调节性，还有国家权力的干预性；不是纯粹的私人自治性，还有公共决策性，具体包括：立法干预、司法干预和行政干预，如财政政策干预、货币政策干预和产业政策干预，等等。只有借助国家干预才能保证社会公共性的实现。

社会公共性就是上述四个方面的有机统一。

三、社会公共性的要求

社会公共性的凸显，标志着社会奏响了新的基调，展示了新的转向，提出了新的要求。20 世纪以来，社会公共性已经成为时代精神的体现和社会要求的反映。

第一，社会公共性的凸显，标志着社会从个人本位转向社会本位。以前的社会以个人为本位，但个人是千差万别的，这些千差万别的个人被一同推向个人本位所支持的自由竞争中，让他们优胜劣汰，结果只有那些极少数优者才能作为胜者幸存下来，而绝大多数劣者作为败者被淘汰了。因此，这种个人本位的社会实际上是极少数人本位的社会，而绝大多数人却经济困窘、政治无权、依附社会，社会已成为绝大多数人的羁绊，社会并不是他们的社会，他们已不是社会的主人。这是对平等、自由、民主和人权的背弃，这是对社会发展、文明进步的反动。社会正义的力量必然要求国家出面纠正这种异化了的个人本位，让社会真正以每个人为本位，人人本位，恢复每个人作为人的社会主体资格，捍卫每个人作为人的平等、自由、民主和人权，让每个人都成为社会的主人。这就要求实现社会从个人本位转向社会本位。

第二，社会公共性的凸显，要求保护社会公共利益。市场是一种配置社会资源的有效机制，促使这一机制有效运转的内驱力是利己主义。亚当·斯密曾断言，一只“看不见的手”能成功地引导着自私地追求自己利益的个人去促进社会公共利益。[1] 但“斯密对此完全没有证明，自

① 参见［英］亚当·斯密：《国民财富的性质和原因的研究》，下卷，27 页，北京，商务印书馆，1974。

1776年以来，也没有任何一位经济学家给予证明”①。实践倒是证明，追求自己私利的人们有时能够促进社会公共利益，但并不能自觉地、先决地、始终如一地促进社会公共利益，反而往往破坏社会公共利益。此外，生活在市场中的人是一种“经济人”，他追求自身利益的极大化。为此，他必须节约成本，投机的方法是使成本外在化，成本外在化主要有两种途径：一是转嫁给私人，一是转嫁给公共利益。第一种途径，由于侵害人们的私利，会遭到有切肤之痛的私人的反对。而第二种途径，由于社会公共利益权属不清，与私人利益不直接相关，不大为人们所关切，结果，公有财产被私人免费盗用，公共资源被私人贪婪攫取，社会环境被私人任意破坏。这种损人利己、损公肥私的做法已经破坏了社会的共同基础，危及人类的生存。社会必须向追求自己私利的人们申明：私有财产神圣不可侵犯，公有财产同样神圣不可侵犯；公共资源只能归公众所有而不得由私人攫取；人类只有一个地球、一片天空，必须让人们共同拥有一块绿地、一片蓝天。社会公共利益必须确实加以保护。

第三，社会公共性的凸显，表明人们要求国家提供社会福利。随着社会生产力的发展，经济不断增长，与此同时，人们对生活水平提高的习惯性期待也在增长。但社会分配主要是通过市场调节进行的，市场法则是一套竞赛规则，它只会把社会财富奖赏给那些极少数的市场竞争优胜者，而不会同情和兼济那些绝大多数的市场竞争失败者。因此，“没有理由认为收入分配应该产生于自由放任，达尔文式的竞争会被认为是一个对国民收入这张饼作出公正或平等分割的方式”②。市场分配会导致严重的贫富悬殊、两极分化、社会不公，这已经危及绝大多数人的生存和发展。面对一方面社会经济不断增长，一方面却社会贫困日益加剧，人们开始强调自己的“应享”（entitlements），从而导致愈来愈高涨的“应享革命”③。人们乞灵于国家，要求国家提供社会福利，提供社会救济以维持人们与社会生产力发展程度相当的生活水平，帮助那些社会不幸者过上作为人的体面的生活。

第四，社会公共性的凸显，要求国家对市场经济进行干预。市场调

① ［美］萨缪尔森、诺德豪斯：《经济学》，12版，下册，1138页，北京，中国发展出版社，1992。

② ［美］萨缪尔森、诺德豪斯：《经济学》，12版，下册，1173～1174页，北京，中国发展出版社，1992。

③ ［美］丹尼尔·贝尔：《资本主义文化矛盾》，69页，北京，三联书店，1989。

节作为一种经济调节机制，确实能使经济有效地运转，并创造许多经济奇迹，但市场不是万能的，市场也会失灵，它无法从根本上解决宏观经济的困境，如通货膨胀、社会失业和分配不公以及垄断现象、外部效果和公共物品，等等。这些都是社会公共性问题，它们的解决要求国家干预，国家干预是市场经济健康发展的内在要求和外在保证。对于社会经济发展来说，与市场调节一样，国家干预也是必不可缺的。随着国家干预的加强，社会结构发生了变化，从此社会由自由放任状态进入了国家管理的社会（state managed societies）。[①] 国家干预是社会公共性的本质所在和根本要求，无论是实现社会从个人本位转向社会本位、维护社会公共利益，还是提供社会福利，都有赖于国家干预，没有国家干预，社会公共性的要求就不能实现。

四、社会公共性的调整

法律是社会的调整器，法律要有效地调整社会必须因应时代精神和社会要求。那么，上述社会公共性的凸显所体现的时代精神和反映的社会要求，传统法律部门如民法和行政法能否因应呢？我认为，对于上述时代精神和社会要求，民法和行政法当然也在力求因应并作出过自己的变革，但民法和行政法所固有的属性使得它们并不能完全做到。

首先，民法不能。这是因为：

第一，民法是个人本位法。民法的主体一律平等，但这种平等是抽象平等、形式平等，它们改变不了具体主体之间的千差万别，这些具有千差万别的主体被置于同一规则下去契约自由、自由竞争，在优胜劣汰法则的支配下，结果，只有极少数优胜者才能作为民法主体而存在，而绝大多数劣汰者将失去民法主体资格。从主体来看，民法是“能人法”而不是“平民法”，那些劣汰者往往不在民法的视野之内，有时甚至不配充当民法的主体。民法是少数人的法，不是多数人的法，更不是每个人的法。民法不足以维持每一个人作为人的主体资格，因而也就不可能充分反映社会本位的要求。

第二，民法是私权本位法。民事权利本质上是私权，私权神圣是民法的基本原则，保障私权是民法的根本宗旨。民法的思维方式是，先己

① 参见［美］丹尼尔·贝尔：《资本主义文化矛盾》，70页，北京，三联书店，1989。

后人，立己立人，利己利人。但就像市场调节这只“看不见的手”不能很好地引导人们在追逐私利的同时促进社会公共利益一样，作为这种市场法则的记载和表述的民法同样也不能，私人利益和社会公共利益未必相互一致，两者存在相当的差距，有时还存在严重的冲突。其实，对于民法来说，要求的只是人们消极地不侵害社会公共利益，并不要求人们积极地去促进社会公共利益。在民法那里，社会公共利益是人们追逐私利的附带结果和溢出效应，不可能得到优先考虑和突出强调，而社会公共利益对于一个社会共同体来说又是必需的，有时甚至是先决的。尤其是民法以私权界定为其运作的基础，但对于社会公共利益来说，要界定为私权，成本很高甚至不可能，“哪里资源测量成本高于收益，哪里就会存在公共产权。”① 在社会公共利益领域通常实行公共产权，因此，对于民法来说，在社会公共利益领域内几乎没有运作的基础，谈何促进社会公共利益？既然民法不能促进社会公共利益，那么就要由别的法律去促进。

第三，民法是自我救济法。民法要求人们自己为自己谋利，自己对自己负责。自力更生、自我救济，是民法所崇尚的一种人生观和法律观。但民法作为一种市场竞赛法则，也是一种“丛林法则”，实质上只能保障优胜者自力更生、自我救济，而对于劣汰者无力更生、无法救济，社会财富日益集中到优胜者那里，而与劣汰者无关，导致两极分化、社会不公，民法成为少数优胜者的特权法，而不会成为多数劣汰者的保护伞。其实，民法是“商人法”而不是“圣人法”，是“营利法”而不是“救济法”，它不能为社会劣汰者和不幸者提供足够的福利救济。

其次，行政法也不能。这是因为：

第一，行政法是政府本位法。政府天生是垄断的，一个国家只能有一个中央政府，一个地方只能有一个地方政府，一个单位只能有一个行政首长。政府是非竞争性的，而没有竞争性就难以体现社会性，当行政首长不是竞选出任的时候就更是如此。为了启动行政管理，必须赋予政府权力、树立政府权威。在行政管理关系中，政府为主为本，相对方为辅为末；政府是管理主体，相对方是管理受体，两者是一种命令与服从的关系。在行政管理过程中，政府其实是有可能常常侵吞相对方的主体人格。尤其是在极权政府面前，相对方无主体人格可言。美国大法官道

① ［美］诺思著，陈郁等译：《经济史中的结构与变迁》，26页，上海，上海三联书店，1994。

格拉斯在评论因福利国家所导致的政府权力集中时尖锐地指出：这种权力的集中在前所未有的程度上完全压倒和深深威胁着渺小的个人，在这样一个紧身毛线衫似的政体中，人们还能寻找到自由吗？① 施瓦茨也指出，那时的行政机构企图取代私人企业，取得对经济的领导地位，它像幽魂一样，使私人工业坐卧不安。② 政府本位侵吞个人本位、企业本位，限制了主体的广泛性，抑制了主体的独立性，因而也就排斥了社会公共性。

第二，行政法的宗旨是限制政府权力、规范政府行为、明确政府责任，是管理政府的法。它通过管理好政府，进而由管理好的政府去管理好行政事务，最终促进社会公共利益。从这里可以看出，行政法的直接对象和关注重心是政府本身，而社会公共利益是其间接目标和事后结果。这跟民法通过追逐私人利益进而促进社会公共利益相似，正如民法未必能有效地通过追逐私人利益进而促进社会公共利益一样，行政法也未必能有效地通过管理好政府进而促进社会公共利益。应该有一个法律部门，它以促进社会公共利益为直接目标。

第三，行政法的最终目标也是促进社会公共利益，但由于一切权力都易于滥用，行政权作为一种自由裁量权尤其如此，政府机构不断膨胀并官僚主义盛行，政府干预的失灵，往往导致事与愿违。新自由主义经济学派令人信服地证明："国家为医治贫困干涉得越多，贫困问题越严重"，"真正的穷人从福利国家社会活动的巨大发展中只得到了少得可怜的好处"③。美国前总统里根也曾指出："过去半个世纪中，人们得到的只是'新政'、伟大社会以及产生了一个拿走45%的国民财富的政府，人们已经受够了。官员们在那些使人民生活更加拮据的项目上花掉了数十亿美元。"④ 政府吞噬了大量的国民财富，成为与民争食社会福利的大军，它能否促进社会公共利益，令人怀疑。

正是民法、行政法不能完全因应社会公共性的凸显所体现的时代精神和所反映的社会要求，必然导致法律的变革；即"法律社会化"，并要求产生新的法律部门。这正如丹尼尔·贝尔所指出的："'国家与社

① 参见［美］施瓦茨：《美国法律史》，261页，北京，中国政法大学出版社，1997。

② 参见［美］施瓦茨：《美国法律史》，229页，北京，中国政法大学出版社，1997。

③ ［法］亨利·勒帕日：《美国新自由主义经济学》，177、180页，北京，北京大学出版社，1985。

④ ［美］里根著，刘巍等译：《里根自传》，167、178页，北京，东方出版社，1991。

会'的关系问题，涉及公共利益和私人要求的冲突。很明显，它将是未来政治的潜在问题。资产阶级社会的法律、经济和政治部门一直用来为个人服务并调节人际交换关系——这种倾向表现为：它在思想上把理性和法规当作是初级程序而不是为了解决本质问题。未来法学理论的一个主要任务将是运用'公共性'原则去优先考虑群体的要求，而不再以个人需要为出发点。"① 这样，因应上述社会公共性的凸显所体现的时代精神和所反映的社会要求，调整上述社会公共性社会关系的经济法就应运而生了。社会公共性是经济法的核心范畴，是经济法的本质特征所在，社会公共性决定着并表现在经济法的各个方面，经济法从本质上说就是一种社会公共性的法。

第二节　经济法以确认和规范国家干预为宗旨

一、经济法是确认国家干预社会经济之法

恩格斯曾经指出："……一切政治权力起先都是以某种经济的、社会的职能为基础的……"②，而且"……只有在它执行了它的这种社会职能时才能持续下去"③。考察人类经济活动史，可以发现一个十分普遍的现象：不论在什么历史阶段中，不论在什么社会环境里，不论在什么经济形式下，国家作为重要的政治权力自有之以来几乎就一直处于整个人类社会经济活动的中心，哪怕是在资本主义的自由放任时期也是如此，因为国家甘当"夜警"也是国家权力执行的结果，是国家权力让市场自由放任。

第一，市场经济建基于社会化大分工和社会化大生产，哪里存在社会化大分工和社会化大生产，哪里就要求存在社会公共管理机构。因为社会分工越精细，市场主体所从事的行业就越专业，所活动的领域就越狭小，所受的局限就越严重，从而市场行为的盲目性也就越大，在这种情况下，就越需要超越社会分工、通晓社会各行各业的社会公共管理机

① ［美］丹尼尔·贝尔：《资本主义文化矛盾》，70～71页，北京，三联书店，1989。

② 《马克思恩格斯选集》，2版，第3卷，526页，北京，人民出版社，1995。

③ 《马克思恩格斯选集》，2版，第3卷，523页，北京，人民出版社，1995。

构来收集、处理和发布各行各业的信息，从而对处于各社会分工领域的市场主体加以必要而适当的引导、协调和管理。社会分工越精细，市场主体的生产就越片面化，越难以自给自足而有内在的外向交易的要求，交易方能互通有无，利用专业优势方能生存发展。社会分工越精细，社会交易就越强劲，专业化生产日益紧密相连、环环相扣而成为社会化大生产，“牵一发而动全身”，一荣俱荣，一损俱损，休戚相关，社会化生产整体化，呈整体发展态势。这种整体化的社会化大生产必须有所预测、把握方向、调控态势，如果放任不羁、盲目发展、无所调控，可能会导致社会生产整体动荡、全局不安，后果不堪设想。因此，越是社会化大分工和社会化大生产就越是要求由一个公共部门进行宏观调控，这正如恩格斯所指出的：“从分工的观点来看问题最容易理解。社会产生它不能缺少的某些共同职能。被指定执行这种职能的人，形成社会内部分工的一个新部门。”①

第二，市场经济是一种逐利经济，一种人们谋求“最大化”利润的经济。在市场中，“无论是所有者还是经理、实业家，唯一的最重要的意图是必须为他们自己的企业谋求‘最大限度’的利润”②。但由于市场经济追逐的主要是私利，谋求的“最大限度”的利润首先是企业的利润，这种私利和利润关切人的根本、根及人的利害、深入人的内心，它们的得丧变更使人强烈地感到快乐与痛苦，激发出人最深层的本能欲望去谋求它们的“最大化”，但社会资源财富在特定条件下总是有限的，因而这种“最大化”的本能欲望就会成为导致人们利益冲突的最内在的根由。由于“利益冲突无法继续在私人领域内部得以解决，于是，冲突向政治层面转移，干预主义便由此产生”，“公共权力在介入私人交往过程中也把私人领域中间接产生出来的各种冲突调和了起来”③。国家的必要而恰当的干预是对人们追逐私利和企业谋求“最大限度”利润的合理节制和正当校正，使得人们能够最有效地追逐私利，企业能够最大化地谋求利润而同时把由此所导致的人们之间的利益冲突最小化甚或根除，因而成为人们追逐私利和企业谋求利润的必要条件。这正如马克

① 《马克思恩格斯选集》，2版，第4卷，700页，北京，人民出版社，1995。

② ［英］拉尔夫·密里本德著，沈汉等译：《资本主义社会的国家》，38页，北京，商务印书馆，1997。

③ ［德］哈贝马斯著，曹卫东等译：《公共领域的结构转型》，171页，上海，学林出版社，1999。

斯·韦伯所指出的："在当代，谋求利润的企业的合理资本核算变得越来越依靠可依赖的可预测的国家行政管理机构"①，"官僚主义国家的行政管理越来越成为企业有条不紊地追求利润的绝对必要条件"②。

第三，市场经济是一种信息有限经济。每一个市场主体都是微观主体，也许能掌握自己所从事的产业、所处的狭小领域的信息，但难以把握整个社会产业、宏观领域的信息，因此，每个市场主体所掌握的信息总是有限的，每个市场主体都只能根据自己有限的信息去决策，这也许对于市场主体本身的微观决策来说是有效的，但市场主体毕竟处于宏观社会中而"身不由己"，不掌握整个社会产业、宏观领域的信息，很可能一叶障目，不见泰山，会盲目无知。即使有些（常常是少数）市场主体有远见卓识，能"神机妙算"，不仅掌握了本产业本领域的信息，而且掌握了整个社会各产业宏观领域的信息，也许这些市场主体能够依据充分信息进行决策。但由于"每一个人都在为自己盘算，而且不与其他人通气"③，有时甚至把自己所掌握的信息视为重要的商业秘密，不肯泄露、不可侵犯，因而不可能让它们为所有市场主体所知悉和分享，难以彻底全面地让所有市场主体真正依据充分信息进行决策，而只能依据有限的信息进行决策，"有限的信息意味着失误是会出现的"④。为了减少失误，根本的方法之一就是获取充分信息，但这不可能诉诸各市场主体而要求有一个机构能够超越各市场主体，高瞻远瞩，把握全局；处于社会的中心，四通八达，信息灵通；成为公共机构，大公无私，公布信息。很显然，这个机构只能是国家或政府，斯蒂格利茨指出："信息是一公共物品，政府有责任提供必要的信息，降低组织（或个人）获得相关信息的费用。"⑤ 只有这样，才能克服市场经济的盲目性，使市场经济不至于成为一种无意识的制度安排，犹如历史上的资本主义一样："是一种抽象的和专为自己打算的为交换而进行生产的制度，是一种其

① ［英］约翰·基恩著，马音等译：《公共生活与晚期资本主义》，2版，43页，北京，社会科学文献出版社，1999。

② ［英］约翰·基恩：《公共生活与晚期资本主义》，2版，44页，北京，社会科学文献出版社，1999。

③ ［德］哈贝马斯：《公共领域的结构转型》，95页，北京，学林出版社，1999。

④ ［美］斯蒂格利茨著，郑秉文等译：《政府为什么干预经济》，94页，北京，中国物资出版社，1998。

⑤ ［美］斯蒂格利茨：《政府为什么干预经济》，104页，北京，中国物资出版社，1998。

满足人类众多具体需要的能力、是不稳定的和至多是无意的制度。”①

第四，市场经济是一种竞争经济。各市场主体千差万别，并不完全平等，因此，市场激烈竞争必然导致优胜劣汰、生产集中，形成垄断，结果“数量不多的大公司在我们的经济中具有压倒的不相称的重要性，特别是在它的某些关键的部门中”②。垄断导致私人经济力量集中，私人间经济力量不均衡，完全改革了过去的自由主义模式，“自由主义模式，其实也就是小商品经济模式，只拟定了个体商品所有者之间的平等交换关系。在自由竞争和独立价格的前提之下，应当没有任何人能够取得足够的权力用以控制他人。如今，事与愿违，竞争并不完全，价格也不独立，于是，社会权力集中到了私人手中”③。相对于社会权力集中到国家手中并为之垄断是社会进步来说，社会权力集中到私人手中无疑是社会倒退，少数垄断者凭借自己所集中的社会权力可以支配控制多数非垄断者，无法实行市场自由竞争。而要改变这种现状，单靠非垄断者，因其处于劣势成为弱者而无能为力，在这种情况下，国家再也不能保持权力中立，甘当“守夜人”，袖手旁观了，而应当担负起社会责任，挺身而出，“社会作为强制组织的特征表现越明显，也就越需要一个强有力的国家”④。对社会权力集中到私人手中加以抑制，使之分散，反垄断对于国家来说是责无旁贷的，因为“政府拥有其他经济组织所不具备的强制力”⑤，垄断是一种强权，只有以强权反对强权才是有力的，才是有效的。

第五，市场经济是一种按“力”分配的经济。这里的按“力”分配包括按能力分配和按财力分配。在市场体制下，要参与市场分配前提条件是要参与市场，但市场是赛场，参与市场要有准入证明，不能随便进入，要有能力资格，免得无谓牺牲，市场不是每个人的家园，“只有那些具有市场所需能力的人才能参与进去，病人、老人或者太年轻还不能提供市场服务的人，从市场上得不到收入。失业者、破产者或其他丧失手段的人也同样如此。由此必须思考，市场秩序虽然能给所有参与者带来很大好处，但它也需要一个社会网络，以便在紧急情况下救助那些没

① ［英］约翰·基恩：《公共生活与晚期资本主义》，2版，47页，北京，社会科学文献出版社，1999。

② ［美］拉尔夫·密里本德：《资本主义社会的国家》，16页，北京，商务印书馆，1997。

③ ［德］哈贝马斯：《公共领域的结构转型》，173页，北京，学林出版社，1999。

④ ［德］哈贝马斯：《公共领域的结构转型》，173页，北京，学林出版社，1999。

⑤ ［英］斯蒂格利茨：《政府为什么干预经济》，45页，北京，中国物资出版社，1998。

有能力参与市场的人，使他们也能过上符合人的尊严的生活"①。另外，在市场体制下，激烈竞争，优胜劣汰，经济集中，形成垄断，社会财富的分配严重失衡，少数人占有多数人的巨大财富，社会分配有失正义，在这种情况下，国家必须出面干预以满足大多数贫困者的合理要求，"在很大程度上，国家对私人领域的干预不得不屈从于下层的压力"，"力求从政治上补偿经济领域中受损害的机会均等"②，"凭借对私人领域的公共干预（从而抵制资本集中和寡头垄断的趋向），作为非财产所有者的大众能够实现在国民收入中所占的比例在长时段中不至于减少"③。而要实现这一点，"几乎不可避免的是……对大公司的'控制'将发展成为一种纯中立的专家政治，它平衡社会各种团体不同的要求，按公共政策而不以私人贪欲，在总收入中给每人一份"④。这实质上是要求国家进行再分配，"再分配为政府行为提供了一个主要的理论基础"，由于"再分配要求向人们施加一定的强制力以使他们让出一部分收入而给予其他人。这就是在再分配中政府的作用之所以重要的原因——政府是一个拥有强制力进行有效再分配的经济组织"⑤。

基于此，我有充分的理由认为，国家在社会经济活动中应该享有足够的权力、树立必要的权威，应当确立国家干预。"无论是资产阶级还是相信私人经营优越性的人，没有一个严肃的政治家今天希望或是能够拆除国家干涉的主要机构。"⑥ 因为，"毫无疑问，国家干预经济生活的重要措施现在已是不可避免甚至是必不可少的了"⑦。

二、经济法是规范国家干预社会经济之法

但在认识到国家干预社会经济必要性的同时，也应该认识到必须规范国家对社会经济的干预。这是因为：

① ［德］彼得·科斯洛夫斯基、陈筠泉主编：《经济秩序理论和伦理学》，52页，北京，中国社会科学出版社，1997。
② ［德］哈贝马斯：《公共领域的结构转型》，174页，上海，学林出版社，1999。
③ ［德］哈贝马斯：《公共领域的结构转型》，176页，上海，学林出版社，1999。
④ ［英］拉尔夫·密里本德：《资本主义社会的国家》，37页，北京，商务印书馆，1997。
⑤ ［英］斯蒂格利茨：《政府为什么干预经济》，81页，北京，中国物资出版社，1998。
⑥ ［美］拉尔夫·密里本德：《资本主义社会的国家》，76页，北京，商务印书馆，1997。
⑦ ［美］拉尔夫·密里本德：《资本主义社会的国家》，36页，北京，商务印书馆，1997。

第一，权力既可能是促进经济发展的根本动力，也可能是阻碍经济发展的重大因素。这正如恩格斯所指出的："国家权力对于经济发展的反作用可以有三种：它可以沿着同一方向起作用，在这种情况下就会发展得比较快；它可以沿着相反方向起作用，在这种情况下，像现在每个大民族的情况那样，它经过一定的时期都要崩溃；或者是它可以阻止经济发展沿着既定的方向走，而给它规定另外的方向——这种情况归根到底还是归结为前两种情况中的一种。但是很明显，在第二和第三种情况下，政治权力会给经济发展带来巨大的损害，并造成人力和物力的大量浪费。"① 恩格斯这一科学论断深刻地揭示了国家权力对经济发展的正反两方面的作用，我们绝不可天真地认为权力对经济发展只有正方向的促进作用而无反方向的阻碍作用，也绝不可简单地认为只有某些反动的国家权力才会对经济发展起反方向的阻碍作用。恩格斯指出的是一条普遍规律，即如何尽可能地引导国家权力从正面促进经济发展的同时尽可能地减少或杜绝国家权力从反方向阻碍经济发展是一切经济发展首先要解决的核心问题。实践证明，这个问题的解决在很大程度上归结于国家权力必须先界定后享有、先规范后行使。这其实也就提出了规范国家干预的必要性。

第二，规范国家干预是由国家权力的性质所决定的。在西方资本主义国家，由于根深蒂固的自由主义传统，人们对国家权力的性质有着清醒的认识。比如，霍布斯把国家比作"利维坦"——《圣经》中所述及的力大无穷的最凶恶的"巨兽"，这既表明了建立强大国家的必要，但也暗含着别的深义。洛克把国家看作是"必要的恶"。潘恩对社会与政府作了区分，认为"社会在各种情况下都是受人欢迎的，可是政府呢，即使在其最好的情况下，也不过是一件免不了的祸害；在其最坏的情况下，就成了不可容忍的祸害"②。马克思、恩格斯把国家称为社会的"累赘"和"肿瘤"，"国家再好也不过是在争取阶级统治的斗争中获胜的无产阶级所继承下来的一个祸害……"胜利了的无产阶级"不得不立即尽量除去这个祸害的最坏方面，直到在新的自由的社会条件下成长起来的一代有能力把这全部国家废物抛掉"③。这些认识不是对国家的辱骂，而是指出了一个深刻的共识：在任何一个社会，国家都掌握着实

① 《马克思恩格斯选集》，2版，第4卷，701页，北京，人民出版社，1995。

② ［美］潘恩著，马清槐等译：《潘恩选集》，3页，商务印书馆，1982。

③ 《马克思恩格斯选集》，2版，第3卷，13页，北京，人民出版社，1995。

权，具有任何他人所无可比拟的力量，由于“一切权力都易于滥用”，“绝对的权力会绝对导致腐败”，它是侵犯公民权利、破坏社会自由的最大根源和最大危险。如果国家权力不受法律规范、国家权力没有被规范好，那么国家往往就是“利维坦”，就是“恶”，就是“祸害”，这种国家必然会侵犯公民权利、破坏社会自由。这里有必要指出的是，这一规律同样适用于社会主义国家。尽管我们的国家是人民的国家，我们的政府有全心全意为人民服务的优良传统，但现实生活也一再告诫人们，好的动机难免走向坏的结果，善的愿望难免被不法之徒伺机歪曲利用扰乱社会，好心人干的坏事有时一点也不亚于坏人干的坏事。“文化大革命”的教训、社会上久反不绝的腐败现象是值得我们深思、也足以令我们警惕的。我们不能寄希望于好人政治，而应诉之于制度建设，没有完善的法律制度，好人是靠不住的；有了完善的法律制度，坏人想干坏事也干不了。历史和现实向我们昭示：一个人民的国家、一个民主的国家、一个法治的国家必然是、也只能是一个受法律规范的国家、一个依法干预的国家。

第三，规范国家干预也是建立和发展市场经济体制的内在要求。市场经济从认识论的角度看是一种“无知经济”，也就是说，在市场经济条件下，社会关系极其纷繁复杂，任何人、任何机构都不可能对它们全面认识、详尽规划，每个市场主体只能认识、规划与自己活动领域相关的局部的有限的社会关系，因此，作为社会总代表的国家对某些问题的认识往往不如各个微观市场主体的认识正确。这正如亚当·斯密所指出的：“关于可以把资本用在什么种类的国内产业上，其生产物能有最大价值这一问题，每个人处在当地的地位，显然能判断得比政治家或立法家好得多。”① “君主们”要履行“监督私人产业、指导私人产业、使之最适合于社会利益这种义务，极易陷于错误；要行之得当，恐不是人间智慧或知识所能做到的”②。信息的不充分决定了决策失误的难免，和分散化决策相比，国家的集权决策所需要的信息量更大，收集、处理信息更难，因而失误会更多更大，“和分散化决策所造成的错误相比，集权所导致的错误更为严重”③。正因为如此，人们才打破了对国家全知

① ［英］亚当·斯密：《国民财富的性质和原因的研究》，下卷，27页，北京，商务印书馆，1974。

② ［英］亚当·斯密：《国民财富的性质和原因的研究》，下卷，252页，北京，商务印书馆，1974。

③ ［美］斯蒂格利茨：《政府为什么干预经济》，94页，北京，中国物资出版社，1998。

全能的迷信，认识到国家也会处于“无知”状态，国家的干预也未必总是正确的。这样，人们对国家干预就不再盲目信从，而是谨慎警惕甚至怀疑批评了。这种观念精神的物质化、规则化，就是要求对国家干预进行法律规范。

市场经济是一种法治经济。这一人们的共识不仅指的是基本的社会经济关系都有法可依，以及法律成为调治社会经济关系的主要手段，而且主要是指国家干预有法可依、有法必依，国家干预必须守法，这正如哈耶克所指出的：“法治意味着政府的全部活动应受预先确定并加以宣布的规则的制约——这些规则能够使人们明确地预见到在特定情况下当局将如何行使强制力，以便根据这种认知规划个人的事务。”① 国家守法是法治的核心和关键。市场经济作为一种法治经济，必须对国家的全部行动用预先确定并加以宣布的规则加以制约，也即依法规范国家干预，这样才能杜绝国家干预的突发性、随意性和无制约性，彻底改变经济活动中的长官意志、行政命令、乱加干预的人治现象。法治的市场经济与人治的计划经济的区别就在于于前者国家依法干预，于后者国家干预无法律约束。没有法治化的国家干预就没有法治化的市场经济，法治化的国家是建立法治化的市场经济的根本前提，国家在社会经济生活中的地位具体地表征着经济制度的性质以及国家的性质，“生产活动根据于个人的决定，与通过中央当局管理经济活动之间的区别，实际上是法治与专制政府之间的更具普遍性的区别的一种具体现象。”② 依法规范国家干预是市场经济作为法治经济的根本要求和实质内容。

第四，国家是一个庞杂的官僚机构，它滋生、助长官僚主义，也需要官僚主义。这种官僚主义，一是表现为循规蹈矩，奉命行事。“官僚主义是一种客观的权力矩阵，各级官员（和受他们保护的人）都被纳入这个矩阵，他们的活动由这个矩阵安排，而且按照这个矩阵，他们将被当作‘需要命令和只需要命令’的人那样无名无姓地受到非政治化和管理。在官僚主义体制的一切领域里，下属被要求依靠他们的上级的首创精神和解决问题的能力。因此，官僚主义体制作为一种有组织的不平等制度，是靠下属停止一切个人批评、被动地服从、信任权威和注意命令而兴旺发达起来的。个人如果脱离他们的组织就会感到忐忑不安和无依

① ［奥］哈耶克：《通向奴役的道路》，71页，北京，商务印书馆，1962。
② ［奥］哈耶克：《通向奴役的道路》，72页，北京，商务印书馆，1962。

无靠，他们变成了组织的人，他们一生中的理想就是服从。”① 国家是一种典型的官僚机构，难免被官僚主义化，被官僚主义化的国家把干预社会经济的权力集中到官僚尤其是最高一级的官僚手中，权力高度集中，把下属机械化成“机器人”，接受命令的支配，没有相应的自主权，这样，社会经济发展就只有一个发展中心，这与市场经济发展所要求的权力多元、中心多元、动力多元是不相吻合的。官僚主义国家的运行机制是命令—服从，下级官僚对上负责而不对下负责，这与市场经济的民主要求、消费者主权相去较远。这会严重地制约市场经济的发展，必须改革和完善国家干预，实行合理的分权。世界银行发展报告指出，国家实现有效的分权对于该地区的持续经济成功是至关重要的。② 二是表现为教条主义，机械刻板，“各种形式的官僚主义机构都表现出某种明确的非人格性。‘不考虑特定的人和情况’是官僚主义的格言。官僚主义的各种权力关系都是刻板的非个性化、合理化的体系，受抽象的一般规则的指导，这些规则百分之百地和始终如一地适用于每一种情况。一切官僚主义的管理（无论是对内部的工作人员还是对外部的受保护者）都属于受规则约束的照章办事，原则上拒绝根据不同的情况作出不同的处理”③。官僚主义的国家难以做到具体问题具体分析，不能区别对待不同的特殊性事情，缺乏必要的灵活性，这与市场经济瞬息万变、高度灵敏的本性几乎格格不入，“官僚主义的统治是特殊性和急躁情绪的敌人”④，不能及时地反映市场信息以便及时决策，从而国家干预社会经济也就难以真正到位有效。这就要求必须改革和完善国家干预，增强其灵活性、应变力，这对于市场经济的发展来说是至关重要的。这又如世界银行发展报告所指出的：“政府对新的重大挑战作出反应的应变能力对于该地区的持续经济成功是至关重要的。”⑤ 为此，必须规制、抑制、

① ［英］约翰·基恩：《公共生活与晚期资本主义》，2版，29页，北京，社会科学文献出版社，1999。

② 参见世界银行：《1997年世界发展报告：变革世界中的政府》，163页，北京，中国财政经济出版社，1997。

③ ［英］约翰·基恩：《公共生活与晚期资本主义》，2版，30页，北京，社会科学文献出版社，1999。

④ ［英］约翰·基恩：《公共生活与晚期资本主义》，2版，31页，北京，社会科学文献出版社，1999。

⑤ 世界银行：《1997年世界发展报告：变革世界中的政府》，163页，北京，中国财政经济出版社，1997。

消除国家的官僚主义的习气，增加、扩大社会和国家机构的自由裁量权，“自由就在于把国家由一个高居社会之上的机关变成完全服从这个社会的机关……”①。要实现这一“变成”，特别是随着国家机构自由裁量权的扩大，又必须加强对国家干预的规范。

第五，国家是一种排他性组织，一个地区、一个社会只能有一个国家，“一地不能有二国”，国家的这种绝对排他性表明国家天生是一种垄断组织。这正如斯蒂格利茨所指出的：“政府是唯一的对其成员拥有强制力且有权征收义务税的组织。在此意义上，政府是名副其实的自然性垄断。”② 而且，“由于某种原因，政府在从事经济活动时，它似乎对成为一垄断者怀有强烈的偏好，即使这种垄断并无必要”③。竞争的缺乏，是“政府经济活动的一个普遍的但并不是必然的特征”④，也是国家干预失灵的主要原因。因为缺乏竞争，从而没有了比较优劣的基础，没有了激励约束的机制，没有了提高效益的压力，没有了关注服务对象的动力，没有了创新的精神，这与市场经济所要求和依凭的市场竞争是严重对峙的。因此，发展市场经济不仅要反经济垄断，而且要反国家垄断（或行政垄断），如果只反经济垄断而不同等地反国家垄断，就不是真正彻底地反垄断，这种反垄断是只打“苍蝇”不打“老虎”，是“欺软怕硬”，也是自相矛盾的，这正如有人所指出的：“我们如此猛烈地抨击私人垄断，而如此热情地接受公共垄断，这正是美国意识形态中持久不衰的自相矛盾之一。”⑤ 要真正改革和完善国家干预必须反国家垄断，引入竞争。为此，斯蒂格利茨认为：“如果有可能的话，政府应鼓励在公共部门中开展竞争。”⑥ 奥斯本和盖布勒主张：“不管我们的政府做什么，竞争要继续保持下去。”⑦ 把竞争机制引入国家内部，建立竞争性国家机构，已经成为促进市场竞争从而发展市场经济的基本共识和重要举措。而要做到这一点，就必须依法反对国家垄断，依法规制国家的垄断行为。

① 《马克思恩格斯选集》，第3卷，313页，北京，人民出版社，1995。

② ［美］斯蒂格利茨：《政府为什么干预经济》，88页，北京，中国物资出版社，1998。

③ ［美］斯蒂格利茨：《政府为什么干预经济》，80页，北京，中国物资出版社，1998。

④ ［美］斯蒂格利茨：《政府为什么干预经济》，80页，北京，中国物资出版社，1998。

⑤ ［美］奥斯本、盖布勒著，周敦仁等译：《改革政府》，57页，上海，上海译文出版社，1996。

⑥ ［美］斯蒂格利茨：《政府为什么干预经济》，99页，北京，中国物资出版社，1998。

⑦ ［美］奥斯本、盖布勒：《改革政府》，86页，上海，上海译文出版社，1996。

第六，国家作为一个社会的总代表，在某种意义上，应是所有人的“衣食父母”，让社会上所有人过上作为人的人道生活、享受保障人的尊严的社会福利，尤其是“对受到歧视或处于不利地位的劳动者的特别需求作出反应”[①] 应是国家的道义和责任，这样，福利国家要求确实是社会民众的强烈呼声。而要实现这一点，必然要加强和扩大国家职能和国家干预。结果，“福利国家计划已经加快了官僚主义农奴制时代的到来。从家庭到工作和闲暇，日常生活的几乎任何一方面都不能避免国家行政官员和计划制订者试图实行的‘有意识控制’。福利国家‘已经产生了一个宏大的官僚机构，这个机构表现出通过扶植它的福利国家逐步成长和把它的影响从我们生活的一个领域扩大到另一个领域的倾向’”[②]。在自由主义者看来，“官僚主义的福利国家肯定在妨碍和限制着自由的私人企业。尽管出于好意，福利主义者还是被说成在个人周围建立了一个国家高压统治制度——一种官僚主义制度，在这种制度下，‘一个人的行为必须为另一个人的意识服务，不是为了他自己的目的，而是为了别人的目的’”[③]。新自由主义者甚至径称“滥施福利”为自由的敌人，“骗取福利者”为对公共秩序构成威胁的人。[④] 由于“社会福利国家从根本上讲还是税收国家”[⑤]，它“可以通过高税收来干预收入和财产”，“对有些财产加以没收，从而引起补偿要求”[⑥]。征税能够成为控制、挪用私人财产的合法工具，直接限制了宪法所保护的私有财产权，这是在牺牲他人，拿别人的钱行善，减少了纳税人的自由，在花别人的钱时没有了在花自己的钱时的那种谨慎费心、斤斤计较和力求节约，导致许多浪费、种种腐败和无谓强制。正因为如此，道格拉斯·诺思认为，“国家更像是一台重新分配财富和收入的机器”，“更像黑手党组织”[⑦]。

① 世界银行：《1995年世界发展报告：一体化世界中的劳动者》，14页，北京，中国财政经济出版社，1995。

② ［英］约翰·基恩：《公共生活与晚期资本主义》，2版，16页，北京，社会科学文献出版社，1999。

③ ［英］约翰·基恩：《公共生活与晚期资本主义》，2版，15页，北京，社会科学文献出版社，1999。

④ 参见［英］约翰·基恩：《公共生活与晚期资本主义》，2版，17页，北京，社会科学文献出版社，1999。

⑤ ［德］哈贝马斯：《公共领域的结构转型》，262页，上海，学林出版社，1999。

⑥ ［德］哈贝马斯：《公共领域的结构转型》，262页，上海，学林出版社，1999。

⑦ ［美］斯蒂格利茨：《政府为什么干预经济》，166页，北京，中国物资出版社，1998。

在当代，福利国家有危机倾向，频遭批判，有的甚至瓦解了。在美国，早在任加州州长时的里根就开始了福利体制的改革。里根认为，国家有必要照顾不是因为自己的过失而无法供养自己的人们。但是无限制的福利制度促成一代又一代有潜在生产能力的人们靠施舍救济过活，诱使有工作能力的人不去工作，要求那些进行工作的人养活其他那些体力和脑力都能胜任工作的人，同时又助长了无止境的依赖意识，这也就意味着剥夺了这些男女们的自尊。因而决心“把这种人从富兰克林·D·罗斯福所称的那种‘麻醉的’福利中解脱出来”①。世界银行比较了当代世界发展中国家劳动力市场上政府与市场抉择的三种格局后总结道：“过去政府通过国家行为来改善人民福利都失败了”，并就如何提高劳动者福利的政策问题指出：“政策问题并不是自由放任与政府干预的问题；政策问题是指如何采取有效的公共行动来支持市场的有效运转，鼓励生产性投资，对受到歧视或处于不利地位的劳动者的特别需求作出反应。”② 这些都说明规范国家福利行为的必要性和紧迫性。

正是基于上述种种理由，我认为必须约束国家权力，限制国家权威，规制国家行为，明确国家责任，也即要依法规范国家干预。

结合上述两个大的方面，可以看出，一方面，经济法要确认国家干预，另一方面，经济法要规范国家干预，这就决定了经济法的宗旨之所在，即确认和规范国家干预是经济法的宗旨。

第三节　经济法具有社会法的属性

在传统的法律分类中，有公法和私法的划分，那么经济法属于哪个法域呢？

公、私法的划分是法律最基本的分类，划分标准主要有三种学说。

一是利益说。具有法律效力的权威定义是：“公法涉及罗马帝国的政体，私法则涉及个人利益。”③ 这是人们广泛引用的一种划分公、私

① 《里根自传》，164页，北京，东方出版社，1991。

② 世界银行：《1995年世界发展报告：一体化世界中劳动者》，13～14页，北京，中国财政经济出版社，1995。

③ ［古罗马］查士丁尼：《法学总论》，5～6页，北京，商务印书馆，1993。

法的标准。但人们不曾注意的是，为什么罗马先贤们违背基本的常规逻辑，在认为“私法涉及个人利益”的同时，不对应地认为公法涉及公共利益，而是认为“公法涉及罗马帝国的政体”？难道“罗马帝国的政体”与公共利益是一回事，还是两者有区别？历史表明，当时的罗马皇帝实行专制政治，“君主不受法律管辖”，因此，涉及罗马帝国政体的公法主要是皇帝的敕令，首要目的是“巩固皇帝的威严光荣”，“将国家治理得很好”，“排除违法分子的非法行径”，“征服敌人”①。如果说罗马私法是留传后世的宝贵遗产，“以至于一切后来的法律都不能对它作任何实质性的修改”② 的话，那么罗马公法仅仅是与罗马私法相对应的一个观念，是一种先见之明，只是后人未解其意；只是一颗金种子，但并未开花结果成材，勒内·达维德就说：“在公法方面，罗马法从未提供过范例”，“在罗马既不曾有公法，也不曾有行政法”③。理由何在？艾伦·沃森指出：“缺乏任何真正公法学的真实理由，只能到专制主义时代的政体结构里去寻找；警察国家的行政不可能为一种系统的公法理论孕育材料；公法理论需要法治国家的诞生。”④ 所以，罗马公法与真正意义上的现代公法大相径庭，未必就是以公共利益为本，后人把“公法涉及罗马帝国的政体”擅自修改为“公法涉及公共利益”虽然是一种改进，但也是一种篡改，有悖于罗马公法的初衷，也模糊了现代公法的本质，还抽掉了促进公共利益的方法，因为罗马公法的初衷是涉及国家政体，现代公法的本质是限制国家权力，现代公法的基本宗旨是首先限制国家权力，进而促进社会公共利益。

从上述利益说的原初本义，不难看出，经济法不是私法自不待言，但也不是公法，因为经济法不是直接针对国家政体，充其量只是涉及国家经济体制，也不仅仅是限制国家权力，它还要授予和确认国家权力。

二是主体说，认为公法至少有一方主体是公主体如国家或国家授权者，私法主体为私主体如公民、法人等私人。但由于并没有孤立存在的法律主体，法律主体总是存在于法律关系之中，所以要具体考察法律主

① ［古罗马］查士丁尼：《法学总论》，序言，北京，商务印书馆，1993。

② 《马克思恩格斯全集》，中文1版，第21卷，454页，北京，人民出版社，1974。

③ ［法］勒内·达维德著，漆竹生译：《当代主要法律体系》，45、74页，上海，上海译文出版社，1984。

④ ［美］艾伦·沃森著，李静冰等译：《民法法系的演变及形成》，198页，北京，中国政法大学出版社，1992。

体之间的相互关系，仅仅从主体的角度是揭示、说明不了问题的。如果主体都是公主体，那么它们之间是一种什么样的社会关系，应由哪个法律部门来调整？如果主体有一方是公主体，其他一方或各方是私主体，那么它们之间又是一种什么样的社会关系，应由哪个法律部门来调整呢？这里面存在多种可能性：前一种社会关系未必就只能由公法调整，后一种社会关系也未必就只能由私法调整。这两种社会关系归结起来，如果是平等协作关系，那么规定它的就是私法；如果是隶属服从关系，那么规定它的就是公法。所以主体说最终要归结为关系说。

三是关系说。如上所述，公法是规定隶属服从关系的法，私法是规定平等协作关系的法。但社会关系是非常复杂多变的，并非就此两种、非此即彼。如在经济法关系中，反垄断机构与垄断者之间的社会关系、宏观调控机构与经营者之间的社会关系，垄断者与反垄断机构、经营者与宏观调控机构，它们既不是隶属服从的关系又不是平等协作的关系，这类社会关系就既不是隶属服从关系，也不是平等协作关系，因而规定它们的经济法就既不是公法，也不是私法。

正是因为按照公、私法划分的各种标准，都难以把经济法划归为公法或私法，在这种情况下，人们对经济法的法域提出了种种观点。有人认为经济法是跨于公法、私法两个领域，是公、私法相互交错、渗透的领域；有人认为经济法是区别于公法、私法的“第三法域”；有人认为经济法是社会法。[①] 我认为，“公私法相互交错渗透的法域”毕竟不同于“公法领域”和“私法领域”，就像水（H_2O）不同于交错渗透前的氢原子和氧原子一样；区别于公法、私法的第三法域到底是什么法域，怎样区别于公法、私法领域？社会法具有何种内涵？如何体现？这些问题尚需详细而深切的说明。这里我从社会公共性的角度进一步论述经济法是具有社会法属性的一个法律部门。

一、从经济法的起源看

从词源上考察，如前所述，“经济法”一词最早是1755年法国空想共产主义者摩莱里在其名著《自然法典》中提出的。该书第四篇第二部分为“分配法或经济法”。摩莱里把“分配法或经济法”视为作者所拟

① 参见［日］金泽良雄：《经济法概论》，30～33页，兰州，甘肃人民出版社，1985。

制的“合乎自然意图的法制蓝本”的一个重要组成部分。从其所包括的12个条文的内容来看，他所谓的“分配法或经济法”，是指在作者所构想的未来理想的公有制社会中，“用以调整自然产品或人工产品的分配”的法律。嗣后，1842年法国空想共产主义者德萨米出版其名著《公有法典》，该书第三章亦为“分配法和经济法”，德萨米把“分配法和经济法”视为《公有法典》的一个重要组成部分，其含义与摩莱里的大致相同。当然，在他们那里，经济法还不是一个完全科学的概念，如同他们的整个思想体系一样具有空想性。但令人深思的是：为什么经济法会由空想共产主义者首先提出？为什么经济法会与分配法相提并论？为什么经济法会被视为空想共产主义者所构想的理想社会的重要法律？为什么经济法会被视为合乎自然的法律与公有的法律？只要认真分析一下摩莱里、德萨米他们的思想理论，就能发现，这绝非偶然。摩莱里根据自己的空想共产主义理论，拟就了“三条可以从根本上消除社会的恶习和不幸的基本的神圣的法律”：“第一条，社会上的任何东西都不得单独地或作为私有财产属于任何一个人，但每个人用来满足生活需要、用来享乐或用来进行日常劳动的物品除外；第二条，每个公民都将是有工作和依靠社会供养的公务人员；第三条，每个公民都要根据自己的力量、才能和年龄促进公益的增长。”[①] 这三条“神圣的法律”，实质上，第一条是废除生产资料私有制；第二条是保证公民的“劳动权和生存权”；第三条是促进公益的增长。而摩莱里所谓的“分配法或经济法”是渊源于上述三条“神圣的法律”，并据其管理社会生产和调节产品分配的法律。从这里，我们不难看出，摩莱里对经济法实在是先知先觉、冥会暗通，在很大程度上可以说是准确地把握了经济法的本质，经济法从源头上就与社会公共性紧密相关，就是实现社会公共性的一种法律手段。

众所周知，真正意义上的经济法，产生于垄断资本主义阶段，根源于国家对社会经济生活的干预。因为，当资本主义进入垄断阶段以后，一方面，垄断企业先入而主宰了一个又一个领域以至于全部经济社会领域，并已经形成一些巨大的、不受控制的和不负责任的“国中之国”。社会走向了经济寡头制，极少数人所掌握的极少数的公司控制着国民经济生产，占据着社会主要财富，支配着国民经济生活。另一方面，在垄断阶段，市场固有的自发性、盲目性和局限性变本加厉，社会经济秩序

① ［法］摩莱里：《自然法典》，123页，北京，商务印书馆，1959。

混乱、失衡、动荡，偏离社会发展目标，经济危机频频发生，而自由放任的市场机制又无法解决社会经济运行中产生的上述矛盾和困难。这些都充分表明市场的限制竞争性和盲目无序性妨碍经济自由，破坏经济民主，扰乱经济秩序，损害社会公益，已经成为社会公共性的大敌。在这种情况下，代表经济自由、经济民主、经济秩序和社会公益的社会公共性要求就形成了，为了满足社会公共性的要求，国家干预出现了，作为国家干预的法律根据的市场竞争法和宏观调控法就诞生了，从而经济法也就产生了。可见，社会公共性要求是经济法产生的终极原因，没有社会公共性的要求就没有经济法的产生。

二、从经济法的价值看

社会公共性决定着并表现在经济法的价值上。社会公共性所内含的经济自由、经济民主和经济秩序以及社会公益自经济法产生以来就一直是经济法的价值所在。这里，我们不妨以罗斯福“新政”时期的经济法为例来加以具体说明。

经济自由作为经济法的价值，集中表现在作为经济法核心之一的反垄断法上。垄断是一种经济奴役，它的存在，阻碍了经济自由，“少数人的手里已经几乎全面掌握着别人的财产，别人的金钱，别人的劳动……别人的生命。对我们许多人来说，生活已不再是自由的；自由已不再是现实的”[①]。反垄断法就是要反对这种经济奴役，恢复经济自由并保持之。关于这一点，1938 年罗斯福“在就限制垄断和经济力量的集中向国会提出的建议”中指出：“我们奉行的生活方式要求政治民主和以营利为目的的私人自由经营应该互相服务、互相保护……以保证全体而不是少数人的最大限度的自由。”[②] 作为经济法价值的经济自由包括企业自由、投资自由、贸易自由、就业自由、竞争自由、消费自由等内容和要求。

经济民主作为经济法的价值，一是表现在反垄断法上。“垄断形式是不民主的，因为它们在冲击着较小的竞争者，冲击着它们所服务的人民。”[③] 为此，必须反垄断以恢复经济民主。二是表现在宏观调控法上。

① ［美］罗斯福著，关在汉编译：《罗斯福选集》，126 页，北京，商务印书馆，1989。
② 《罗斯福选集》，188～189 页，北京，商务印书馆，1989。
③ 《罗斯福选集》，121 页，北京，商务印书馆，1989。

罗斯福指出："在我们国家的公共生活和私人生活中，自由政体的本质要求商人、工厂主、农场主有一条自己的防线。我指的不是那些巨头们，而是一些小人物，一般的商人、工厂主和农场主——他们拥有企业的所有权和责任心，从而保持生活稳定。任何经济方面或政治方面的基本政策，如果倾向于消灭这些民主制度的可靠保卫者，把控制权集中在少数强大的小集团手里，那么，这样的政策就是同政治上的稳定和民主政体本身背道而驰的。"① 作为经济法价值的经济民主包括个人民主、企业民主、职工民主、决策民主、管理民主等内容和要求。

经济秩序作为经济法的价值，集中体现在经济法的宏观调控法上。处于市场中的各个主体，都只能从自己的角度而不能从整个社会的立场开展经济活动，纯粹的市场秩序是自发的、脆弱的、分割的和动荡的。罗斯福在"新政"期间，就痛感今不如昔。他说："一个世纪以前，我国在经济上是被当成一个统一体的，可是，随着时间的推移，情况起了变化。我们这个国家已逐渐被分割得支离破碎。我们越来越多地听到关于某些特殊地区的问题、某些特殊集团的问题。越来越多的人一叶障目，他们所看到的只是他们自己的利益，或者只看到他们的企业碰巧所在的那一个别的居民点。"② 他要求人们从全国出发看待经济问题，并认为"全国性的思考、全国性的计划和全国性的行动是防止未来几代人再经历全国性危机的三大要素"③。作为经济法价值的经济秩序是一种自由秩序、竞争秩序、民主秩序、公平秩序、公共秩序和调控秩序。

社会公共利益作为经济法所追求的价值，是经济法的终极目的所在。追逐私人利益是人的本性，这种本性不应根除但必须有所约束，否则，就会蜕变为洪水猛兽，破坏社会公共利益。罗斯福在探究"到底是什么东西使我们在 1929 年遭受挫折"时，明确指出，是"十年的放荡不羁，十年的集团的利己主义——所追求的唯一目标表现在这种思想上——'人不为己，天诛地灭'。其结果是，百分之九十八的美国人口都遭受到'天诛地灭'"④。对于罗斯福实施的新政，他指出："任何这种制度都必须提供有效的方法去分配国家资源和为在这种制度下生活的

① 《罗斯福选集》，114～115 页，北京，商务印书馆，1989。
② 《罗斯福选集》，117 页，北京，商务印书馆，1989。
③ 《罗斯福选集》，115～116 页，北京，商务印书馆，1989。
④ 《罗斯福选集》，219 页，北京，商务印书馆，1989。

一切人的幸福康乐去服务。”[1] 尤其是，“我们千万不要忘记，我们的目标是改善而不是降低现在吃不好、穿不好、住不好的人的生活水准”[2]。作为经济法价值的社会公共利益，是一种整体利益、公众利益、普遍利益、公平利益和社会福利。

三、从经济法的主体看

社会公共性决定着并表现在经济法的主体上。经济法的主体既有经营主体又有国家机构，但无论是经营主体还是国家机构都必须符合社会公共性的要求。不难理解，经济法之所以反垄断，就是因为经营主体蜕变成垄断者以后违反了社会公共性这一经济法的本质要求，一个主体只要违反了社会公共性的要求，经济法就要加以规制，该主体就会被纳入经济法的调整对象，从而构成经济法的主体。反垄断法就是关于防止经营主体蜕变成为垄断者所作的法律规定。需要特别说明的是作为经济法主体的国家机构的性质。我认为作为经济法主体的国家机构只能是公共机构而不可能是私人或私人机构，必须具有公共性质而不应具有私人性质。因为私人或私人机构没有像国家机构那样的权力和权威，没有足够的力量去反垄断和进行宏观调控，而且私人或私人机构易于被违法者所拉拢、腐蚀，难以做到公平、公正，其实反垄断法和宏观调控法执行机构的设立与司法机关的设立是一样的道理。社会公共性是作为经济法主体的国家机构的本质特征。为此，作为经济法主体的国家机构必须满足以下要求：

第一，主体设立的合法性。法律是社会公意的表示，作为反映社会公共性要求的国家机构必须在设立上具有合法性。这里的合法性，一是指设立要符合相关法律的规定，二是指设立要符合法定程序。这里的法不是私人成为某些法律主体所依据的法律，如某些登记条例，而是国家组织法；设立经济法主体必须实行“审批主义”，而不能像设立私人法律主体那样奉行“准则主义”。

第二，主体构成的代表性。作为经济法主体的国家机构是一种具有公共性质的公共机构，为了保证这一点，国家机构在成员构成上就应具有广泛的代表性，应该尽可能吸纳一切可以吸纳的人，在这里应该有来

① 《罗斯福选集》，14～15页，北京，商务印书馆，1989。
② 《罗斯福选集》，144～145页，北京，商务印书馆，1989。

自各方的代表，能听到不同的声音，只有广泛的代表性才有社会公共性可言。尤其是像宏观调控机构这样重要的经济法主体更应如此，缪尔达尔之所以把计划称为“民主计划”，就是因为在他看来，“寻求大众的参与是‘民主计划’的中心原则”①。

第三，主体成员的公务性。任何机构作为主体从终极意义上来说都是由人构成的，人的工作性质最终决定了机构的性质。国家机构作为一种公共机构，必须要求构成它的成员应是公务员，他们按照国家有关公务员的法律规定加以考核、录用和选拔、任免，他们应当克己奉公、恪尽职守，他们只能依法从事公务，而不能像私人那样从事私人业务或营利活动。

第四，主体地位的非本位性。前已提及，经济法主体主要有两类：一类是从事经营活动的经营主体，一类是从事管理活动的国家机构。在市场体制下，这两类主体都不可或缺，但并非等量齐观。尽管国家机构在社会经济生活中的作用与日俱增，甚至达到了没有国家机构的积极支持，便没有成功的经济增长的地步，但市场经济发展的根本动力来自经营主体而不是国家机构，因此，两者相比较，是经营主体本位而不是国家机构本位。作为经济法主体的国家机构尽管在社会经济生活中居于管理地位但并不能处于本位地位。管理学大师德鲁克指出，英文“manage”的前缀是“man”，它说明的是管理要以人为本，在现代法治社会，管理即服务已经成为共识。国家机构地位的非本位性，要求国家机构在管理社会经济时不得侵犯各经营主体的主体人格，不得侵犯各经营主体的合法权益，只有全心全意为经营主体服务的国家机构才是真正的社会公共性机构，那种以本位地位自居的国家机构必然是官僚机构，官僚机构难以体现社会公共性。

第五，主体宗旨的公益性。社会公共性的根本要求之一就是提供和维护社会公共利益，但社会公共利益不可能仅由任何私人来提供和维护，因而必须设立各种公共机构，其中作为经济法主体的国家机构即是其中的一种，如国家宏观调控机构、国家反垄断委员会等等。作为经济法主体的国家机构的宗旨应合乎林肯所界定的政府宗旨：“为人民群众去做他们需要做、但做不到，或者依靠他们分散的个别的力量所无法自

① ［瑞典］缪尔达尔著，方福前译：《亚洲的戏剧》，120页，北京，北京经济学院出版社，1992。

已做好的事，这就是政府的合理的宗旨。”① 经济法主体的宗旨在于提供和维护社会公共利益，只有这种经济法主体才是社会公共性机构，否则只能是一个私人机构。经济法主体的终极目的在于使社会上每人都成为主体。

四、从经济法的权力（利）看

社会公共性决定着并表现在经济法的权力（利）上。经济法权力（利）包括经营主体的经济法权利和国家机构的经济法权力。经营主体的经济法权利尽管在本质上依然是私权，但这种权利的行使不得违反社会公共性的要求，要受到社会公共性的限制，必要时，还得服务于社会公共性的要求。国家机构的经济法权力在本质上是一种社会公共性权力，应符合社会公共性的要求，具体如下：

第一，权力本质的公共性。经济法权力是一种公权力而不是私权利，它体现的是社会公意而不是私人意志，它由公共机构拥有而不能由私人享有，它必须依法行使而不能像私权那样可以自由地放弃或转让，它具有直接的国家强制力。

第二，权力行使的程序性。经济法权力作为一种公权力，像任何国家公权力一样，对社会经济生活有正负两方面的作用，这正如道格拉斯·诺斯所指出的：“国家的存在是经济增长的关键，然而国家又是人为经济衰退的根源。”② 为了保证国家机构的经济法权力尽可能从正面促进经济增长而不从反面导致经济衰退，经济法权力的行使就必须具有程序性，“公共部门从事的任何经济活动以及对私营经济活动的管理方法只有在下列条件下才能实行，即在政策内容及其手段清晰的前提下，存在一套论证政策可行性的详细程序与准则”③。程序是经济法权力正当行使的标准和制约，没有程序，经济法权力就会滥用，就会蜕变成一种暴力，就是对经济强权的公开认可。

第三，权力范围的合理性。经济法权力是国家干预社会经济生活时所享有和行使的权力，因此，国家干预的范围直接决定着经济法权力的

① 《罗斯福选集》，75 页，北京，商务印书馆，1989。

② ［美］诺斯：《经济史中的结构与变迁》，20 页，上海，上海三联书店，1991。

③ ［美］克鲁格：《发展过程中的“政府失效”》，载《经济社会体制比较》，39 页，1991（3）。

范围。但国家干预的“最佳范围在哪里的问题永远也不会解决”[①]，国家干预的范围不能确定，从而经济法权力的范围也就不能确定。在这种情况下，经济法权力的范围，一方面要实行法定原则，即“凡是法律未允许的都是禁止的”，防止经济法权力滥用；另一方面又必须根据社会经济的具体情况而有一定的灵活性。罗斯福在“新政”期间就曾要求扩大其权力，他说：“我们的宪法是简明扼要的，总是可以根据特殊的需要而在重点和安排上有所改变，而无须动摇其基本形式。”[②]“史无前例的要求和迅即行动的需要也可能使我们有必要暂时背离正常分权的公开程序”[③]，“我准备根据宪法赋予我的职责提出灾难深重的世界中所需要采取的措施”[④]。他据此从宪法中获得了实施“新政”所要求的权力。确定经济法权力的范围应把法定性和灵活性两者结合起来，寻求其最合理的经济法权力界限。

第四，权力地位的非本位性。这是由经济法主体的国家机构的地位的非本位性所决定的。经济法权力地位的非本位性表明，在配置经济法公权力与经营主体的私权利时应坚持私权利本位而不是公权力本位，公权力应服务私权利、保障私权利，在既可以授予公权力又可以授予私权利的情况下，授予私权利；在既可以授予公权力又可以不授予公权力的情况下，不授予公权力；在既可以授予私权利又可以不授予私权利的情况下，授予私权利。公权力本身并没有独立存在的价值，它之所以存在，就是为了保护每个人的私权利。那种以本位自居、藐视私权利的公权力本质上是反社会公共性的暴力。

第五，权力宗旨的公益性。人们享有私权利，追求的是自己的私人利益。亚当·斯密认为，人们在追求私人利益的时候受一只“看不见的手”引导去促进社会公共利益。但这需要人们受互利的自愿性的限制。布坎南认为：“要想象在许多人环境里对行为施加此种自愿性的限制在科学上可能是天真的，因为人们认为，把自己的行为纳入这样预计的自愿性限制，将带来个人灾难性的后果。”[⑤] 因此，“在人数众多的复杂的

① ［美］萨缪尔森、诺德豪斯：《经济学》，12版，上册，82页，北京，中国发展出版社，1992。

② 《罗斯福选集》，17～18页，北京，商务印书馆，1989。

③ 《罗斯福选集》，17～18页，北京，商务印书馆，1989。

④ 《罗斯福选集》，17～18页，北京，商务印书馆，1989。

⑤ ［美］布坎南著，吴良健等译：《自由、市场和国家》，36页，北京，北京经济学院出版社，1989。

社会里，有必要把成员看作好像他们都不自愿将其行为限制在互利的限度内"[①]。他指出："赋予统治者权力的规模与范围绝对决定于对相互作用模式的结构的分析结果。"[②] 这也就是说，只有使追求私利的人们受到互利的强制性限制，他们才有可能促进社会公共利益。作为国家公权力的经济法权力的存在和介入就是这种强制性限制之一，它的宗旨就是强制追求私人利益的人们同时去促进社会公共利益。经济法权力不是用来谋求私人利益的强权和特权。经济法权利（力）的终极目的在于使社会上每一个人都享有权利。

五、从经济法的义务看

社会公共性决定着并表现在经济法的义务上，经济法义务是一种社会公共性义务。

第一，经济法义务具有社会性。生活在市场体制下的人们是一种"经济人"，在通常情况下，他们自己为自己服务或者为了为自己服务才为他人服务，而往往不能或不愿提供社会服务，但许多社会服务如维护秩序、举办学校、基础建设、公共卫生、保护环境等等又是一个社会正常生存和发展所必需的。在这种情况下，为了满足社会服务要求经济法义务就产生了。经济法义务关涉社会的每一个人，它不是某个人的义务而是每个人的义务，不是对某个人的义务而是对每个人的义务。经济法义务从根本上说不是由某个人承担而是由每个人即由社会来承担的。

第二，经济法义务具有公共性。经济法义务尽管最终要由每个人即社会承担，但也必须借助公共机构行使公共权力、通过公共决策、生产公共物品、提供公共服务来完成。

第三，经济法义务具有无偿性。国家机构履行经济法义务是无偿的，如国家机构在履行调控经济生产、抑制通货膨胀、控制经济波动、保障社会就业等经济法义务时即是如此。在这里，不允许讨价还价，待价而沽，投桃报李。经营主体履行经济法义务大都也是无偿的，如经营主体履行纳税的经济法义务等。

第四，经济法义务具有公益性。履行经济法义务从根本上说是为了社会公共利益，是为了给全社会的每一个人提供他们作为人所必需的各

① ［美］布坎南：《自由、市场和国家》，36页，北京，北京经济学院出版社，1989。
② ［美］布坎南：《自由、市场和国家》，36页，北京，北京经济学院出版社，1989。

种社会条件。但社会中的人是各不相同的，既有地位有利的，也有地位不利的。那么，在进行制度安排时，如何选择呢？是地位有利的优先还是地位不利的优先呢？罗斯福指出："我们进步的检验标准，不是看我们是否锦上添花，而是看我们是否雪里送炭。"① 因为对于那些地位有利者来说，他们自会照顾自己，能自谋生路，立足社会，而对于那些地位不利者来说，他们举步维艰，无力更生，难以自立，而他们又是社会中的绝大多数。因此，在任何一个文明进步、人道正义的社会，都应该优先考虑地位不利者，尽社会的力量同情、救济、帮助他们。从根本上说社会公共性问题就是指那些绝大多数地位不利者的生存和发展的问题，社会公共性要求就是指那些绝大多数地位不利者的生存和发展的要求。这也正是罗尔斯所提出的正义原则的主旨所在。如上所述，在罗尔斯看来，正义原则有"两个原则"：第一个是"平等原则"，即人们在基本自由权利方面一律平等，"不允许在基本自由权利与经济和社会利益之间进行交换"②，禁止金钱对基本自由权利的侵蚀；第二个是"差别原则"，即人们在经济和社会利益方面允许存在差别，但这种差别应"符合地位最不利的人的最大利益"③，即地位最不利的人优先。但无论是"平等原则"，还是"差别原则"，都是为了"最大限度地提高地位最不利的人的期望"。经济法作为调整社会公共性问题、因应社会公共性要求的法律，与罗尔斯的正义原则实是如出一辙。其中，经济法义务是"最大限度地提高地位最不利的人期望"最根本的方法。经济法义务关系社会上每个人尤其是地位不利者的生存和发展，经济法义务是保证社会上每一个人成为人所必需的，经济法义务是对每个人的终极关怀，经济法义务是崇高的、博爱的、人道的和正义的。

六、从经济法的属性看

社会公共性决定着并表现在经济法的属性上。总括以上论述，不难看出，经济法既不是私法，也不是公法，而是一种社会法，最起码具有社会法的属性。

第一，经济法的主体既不是纯粹的私人，也不是纯粹的国家机构，

① 《罗斯福选集》，139 页，北京，商务印书馆，1989。

② ［美］罗尔斯：《正义论》，68～69 页，上海，上海译文出版社，1991。

③ ［美］罗尔斯：《正义论》，92 页，上海，上海译文出版社，1991。

而是国家机构与私人。前两者不难理解，后者需要说明。经济法的主体既有国家机构，又有私人，但不能根据通常所依据的公、私法划分标准，即主体有一方是国家机构的，就认为是公法。经济法主体不能这样简单化，它所具有的自身的特殊性，决定了经济法不是公法。比如在反垄断法中，主体有垄断者和非垄断者，为了规制这两者的关系，介入其中的国家机构如反垄断机构也成为经济法主体，但垄断者、非垄断者和国家机构三者的主体地位是不同的。很显然，垄断者和非垄断者是经营主体，是本位性的主体，国家机构是为了规制它们两者而介入其中的，它只是一个服务于上述两者的一个辅助性主体，它所规制的内容主要是垄断者与非垄断者之间的权利义务关系，而不是或主要不是国家机构与垄断者或与非垄断者之间的权利义务关系，垄断者和非垄断者所具有的权利、义务才是本位性的权利、义务，而国家机构所具有的权力、义务是因规制它们两者的权利、义务而产生的辅助性权力、义务，这犹如体育竞赛一样，真正的主体是运动员而不是裁判员。

第二，经济法体现的不是私人与私人间的平等、自由意志，因为在经济法中如在反垄断法中，私人不再是平等的，意志不再是自由的；体现的也不是国家的意志，规律的也不是权力者与服从者的关系，因为在经济法中如宏观调控法中，国家进行宏观调控，但国家并不直接控制企业、对企业指手画脚，企业也不隶属，服从于国家机构。经济法体现的是客观社会经济规律，是反映它们的社会公共意志。

第三，经济法保护的不是私法意义上的私人利益，因为那种私人利益是一种特殊性的、利己性的私人利益，归根到底是极少数人的利益；保护的也不是国家利益，因为国家利益是一种抽象性的、中介性的、再分配的、政治性的、未必公共性的利益，国家利益本质上是统治集团的利益；经济法保护的是社会公共利益，这种利益是普遍性的、终极性的、个人性的、经常性的、公共性的利益，社会公共利益本质上就是普遍的每个人的利益、所有人的利益。

第四，经济法规范不是私法规范，私法规范比较概括，从而有利于私权推定和私权保护，私法规范的任意性有利于保障私人意思自治；经济法规范也不是公法规范，公法规范比较具体，从而有利于权力制约，公法规范的强制性有利于保障国家意志的贯彻和对国家权力的制约。经济法规范介于两者之间，它寻求基本原理与具体法规的最佳结合，经济法规范比较适中，从而有利于社会私权利与国家公权力的合理行使，经济法规范是一种弹性规范，尤其有利于国家公权力根据具体情况审时度势，灵活地自由裁量。比如反垄断法即是如此，萨缪尔森在评论美国反垄断法时就曾指出："反托拉斯法像一个大森林那样，是由几粒种子发展起来的。法律所依据的法规是如此简单，以至于用表 24—2 就可以表示（具体指《谢尔曼法》第 1 条、第 2 条，《克莱顿法》第 2 条、第 3 条、第 7 条，《联邦贸易委员会法》第 5 条）：从如此之少的字句能发展出如此之多的法律条文是令人惊讶的。"① 反垄断法大都条文稀少，规定抽象，但普适性广、应对力强。这是反垄断法的一个基本特征。

第五，私法的调整机制是意思自治，私法本质上是一种自主调整的法律，这是市场调节在私法中的反映；公法的调整机制是命令服从，公法本质上是一种他律调整的法律，这是由权力支配的本性所决定的。经济法的调整机制是调控平衡，经济法本质上是一种社会整体调整机制的法律，这是市场调节与国家干预相结合的产物。具体而言，一是经济法调整机制必须着眼于社会整体，体现社会公意，维护社会公益。经济法的根本目的之一就在于促使和保证市场调节机制沿着社会整体要求的方向进行，使市场调节优化成有国家干预的市场调节，那种着眼于个人局部的调节必然是微观的、盲目的、失控的。二是经济法调整机制必须立足于市场。在市场体制下，真正的社会整体只能是市场社会整体，经济法的根本目的之一就在于督促和保证国家干预通过市场调节而进行，使国家干预完善为以市场调节为基础的国家干预，那种僭越市场调节的国家干预必然是具体的、直接的、强制的。比如，宏观调控法的一个核心内容是保证产业结构优化，但国家并不能直接指令某个企业从事什么产业或不从事什么产业，也不能完全放任企业自由从事各种产业，而只能通过计划、税收、利率等宏观调控政策法去加以引导。总之，经济法的社会整体调整机制是宏观的、间接的调整机制。

① ［美］萨缪尔森、诺德豪斯：《经济学》，12 版，下册，902 页，北京，中国发展出版社，1992。

第七章

经济法的体系

经济法的体系是指由经济法的法律法规所构成的一个有机系统。研究经济法的体系，对于深化对经济法自身的认识，概览经济法的外在全貌，明了经济法的内在构成要素，理清经济法与相关法律部门的关系，确立经济法的独立法律部门地位，完善整个法律体系，都具有十分重要的意义。

第一节　传统经济法体系的缺陷

长期以来，人们十分重视对经济法体系的研究，并构建过各种经济法体系，但在如今看来，它们都存在这样或那样的缺陷。

1. 指导思想不正确。传统的经济法体系大都建立在计划经济的基础之上，认为计划法在经济法中占据重要地位，是经济法的“龙头法”，其他经济法都以计划法为轴心而展开，并认为这是社会主义经济法体系的本质特征，也是与资本主义经济法体系的区别所在。这是传统高度集权的计划经济体制在经济法体系中的反映，自然，高度集权的计划经济体制的弊端也为传统经济法体系所分享。随着计划经济体制向市场经济体制的转变，传统经济法体系赖以建立的基础已逐渐丧失，内在构成要素也在不断重组，有的正日益丧失其存在的合理性。尤其要指出的是，传统经济法体系尽管把计划奉为至上至尊，把计划法视为“龙头法”，但对计划本身缺乏科学的理解，视计划为指令、集权、数字，把计划当作是可以不受市场规律制约的包揽一切的东西。这种经济法体系是注定难以建立的。而实质上，我国尽管实行了几十年的计划经济体制，但从来也没有制定过真正意义上的计划法，所谓的计划法只不过是各种政策措施或行政命令，因此，以计划法为“龙头”建立经济法体系在事实上只能是主观空想罢了。

2. 按“身份”立法。如按所有制进行企业立法，有全民所有制工业企业法、集体企业法、私营企业法，等等。不同所有制的企业，身份地位不同，权利、义务有别，税负程度不一，保护力度各异，加以区别对待。这样必然导致经济法体系具有强烈而鲜明的身份特征，并导致经济法体系的内在不和谐、不统一。从计划经济体制到市场经济体制就是从“身份”到“契约”，从不平等到平等，在市场经济体制下，经济法立法不应根据“身份”而应根据“行为”统一进行，因此，按“身份”

立法所构建的经济法体系是与市场经济的本质要求背道而驰的。

3. 缺乏科学的标准。到底哪些法律法规属于经济法体系的内在构成要素，缺乏科学的标准，构建经济法体系具有极大的任意性。有的不属于经济法体系的被纳入其中，如合同法、公司法等；有的属于经济法体系的却被拒之于外，如产业政策法等；有的法律并不专属于哪个特定的法律部门，许多法律都可以从自己的角度对其加以研究，但未必要将其纳入特定法律的体系，如产品质量法、消费者权益保护法等，不仅经济法可以研究，民法、行政法也可以研究，将其纳入经济法体系就未必适当。上述情况，必然导致经济法体系与相邻法律部门如民法、行政法体系的瓜葛难解，引发法律部门之争，甚至扰乱现有的整个法律体系，进而也影响到经济法作为一个独立的法律部门存在的根据。这从根本上违背了建立经济法体系的初衷。

4. 具有严重的封闭性。传统的经济法体系刻意强调姓“社”姓“资”，但并不真正清楚什么是“社”、什么是“资”，过分注重“中国特色”，但有时是误解它、滥用它，着力区分国内法与涉外法、国内法与国际法，借鉴国外先进经济法经验制度文化技术不够，缺乏国际通约性，难以与国际接轨，甚至有时我们所建立的经济法体系与国际上公认的经济法体系相去甚远。现代社会是开放的国际性的大社会，立足于这种社会的经济法体系必须是开放的、面向世界的，那种封闭的经济法体系必然会与世隔绝、窒息生机。

第二节　建立经济法体系的条件

经济法体系的建立不是主观设想的，它需要种种现实的条件：

1. 一国或该国的执政党奉行一种比较成熟、比较稳定的政治经济法律制度。经济法体系是国家政治经济法律制度的切实反映，如果国家政治经济法律制度尚不成熟、难以稳定，那么经济法体系也就不可能真正建立起来。比如在我国，早在1985年就提出“力争在‘七五’期间建立起比较完备的经济法规体系”，但至今还未完全建立，为什么呢？一个根本的原因就在于，我国正处于经济体制、政治体制、法律体制不断改革的过程中，这一改革过程，是一个多种目标模式不断提出、变换，不断选择、筛选的过程。一个改革的社会，是一个日日不同、新新不已的社会，是一个“批判”的社会、“破坏的”社会，是一种经济法体系“颠覆”另一种经济法体系的社会。经济法体系尽管不是一成不变的，但没有相对的稳定性就没有经济法体系。成熟的、稳定的国家经济政治法律制度是构建经济法体系的大前提。

2. 本学科的研究要达到相当的程度。经济法体系是经济法认识的精深化和系统化。经济法体系的建立本身就表明该学科的研究达到了相当精深、系统、科学的程度，经济法学科的研究程度直接影响到经济法体系的建立，没有相当精深、系统、科学的经济法学研究，就不可能建立经济法体系。而我国经济法体系之所以至今尚未完全建立，一个根本原因就在于我国经济法研究还有待精深化、系统化和科学化。

3. 国家经济法立法具备一定的数量和质量。国家的经济法立法直接影响着经济法体系的建立，一般地说，经济法体系是国家的经济法立法结果，即所制定出来的经济法的法律法规逻辑化、体系化的产物，因此，只有国家的经济法立法具备一定的数量和质量，才能建立经济法的体系。其中的数量，是建立经济法体系的必要条件，国家的经济法立法没有具备一定的数量，许多经济法的法律法规没有制定出来，尤其是那些重要的经济法的法律法规没有制定出来，经济法体系的建立就没有必要；其中的质量，是建立经济法体系的可能条件，国家的经济法立法必须具备一定的质量，包括经济法立法要有正确的指导思想，有整体、系统的立法规划，制定出来的经济法的法律法规比较科学、相互之间比较协调，否则，经济法体系的建立就没有可能性。长期以来我国的经济法立法严重滞后，许多重要的经济法的法律法规，如计划法至今还没有制定出来，反垄断法才颁布不久，同时也缺乏正确的指导思想，没有整体、系统的经济法立法规划。这是我国经济法体系还没有完全建立的重要原因之一。

第三节　建立经济法体系的标准

建立经济法的体系不是任意的，它必须遵循一定的标准：

1. 多样性与统一性。经济法的体系是多样性的统一体。建立经济法的体系，前提条件是存在多种多样的经济法的法律法规，并达到一定的数量，形成一定的规模。没有多样性就没有经济法的体系，多样性是建立经济法体系的必要性，也是经济法体系统一性的基础。所谓的统一性，是指经济法的法律法规尽管是多种多样的，但经济法的体系并不是它们的随意堆积，不是杂乱无章的，而是内在统一的，这种统一表现在：经济法的法律法规是由统一的立法机关根据统一的立法权限制定的，杜绝了法出多门；经济法的基本观点和思想制度是统一的；各经济法的法律法规内部是统一的；各经济法的法律法规相互协调、衔接，不互相冲突；一国只有一个经济法体系。没有统一性，建立经济法的体系就没有可能性。

2. 稳定性与变通性。经济法的体系是稳定性与变通性的统一。所谓的稳定性，是指经济法的体系应有自己肯定的范畴、确定的原理、明确的宗旨、固定的对象、稳定的法规。一种变动不居的东西，是不成形、不成体的东西，根本构不成什么体系。经济法的体系必须是一种稳定的东西，否则，就没有权威性。所谓的变通性，是指经济法的体系不是铁板一块、封闭僵死的，而是开放发展、吐故纳新的，它能因应社会发展变化而与时俱进、不断完善。经济法的体系应当具有一定的变通性，否则，就没有灵活性和适应性。

3. 现行性与超前性。经济法的体系一般是由现行的有效的经济法的法律法规所构成，经济法的体系具有现行性。但经济法所调整的社会关系是市场竞争关系和宏观调控关系，是一种最活跃、最善变的社会关系，因此，经济法的体系没有一定的超前性，就会导致经济法的法律法规不停地废、改、立，以及经济法体系的不断解构和重组，这不利于建立稳定的经济法体系。基于此，经济法的体系不仅要面对现实，而且要预知未来，建立经济法的体系必须把现行性与超前性结合起来。

4. 国内性与国际性。经济法的体系一般是由一国范围内的经济法的法律法规构成的，经济法的体系应体现本国特色，具有国内性。但由于当今社会，商品、资本、技术和人员不断国际化，一国经济与世界经济、国内市场与国际市场日益接轨，这就要求立足于这种社会的经济法体系必须与国际惯例、国际规范及国际标准相衔接，借鉴国际先进的经济法经验制度文化和技术，为我所用，经济法的体系应具有国际性。现代法律与现代法律体系应是本土化和国际化的内在融合。一国要跻身于世界，立足于世界民族之林，重要的一条就是其法律（包括经济法）要面向世界，同国际接轨。法律是否开放是衡量国家社会是否开放的重要标准，没有同国际接轨的法律体系，国家社会就丧失了走向世界的桥梁和通途。

第四节　经济法体系的建立根据和构成

经济法的体系到底包括哪些构成要素？这指的就是建立经济法体系的根据和构成问题。

一、建立的根据

法律体系的构建根据只能是法律的调整对象，即法律所调整的社会关系。一个法律部门的体系实质上就是其所调整的社会关系的具体展开及其规则化、逻辑化、系统化。经济法体系的构建根据也只能是经济法的调整对象，即如前所述的市场竞争关系和宏观调控关系，经济法的体系就是调整市场竞争关系和宏观调控关系的具体法律法规的逻辑化、系统化。总括地说，经济法体系由调整市场竞争关系的市场竞争法和调整宏观调控关系的宏观调控法所共同构成。

二、市场竞争法①

第一，市场竞争，相当激烈，结果优胜劣汰、经济集中，最终形

① 也有许多人把它叫作“市场规制法”或“市场监管法”。就“市场规制法”与“市场监管法”两者而言，由于“规制”这个术语比较生僻费解，而且在大多数人看来，其基本的含义就是“管理”或“监管”（“监督管理”的简称），而且在我国的目前立法或已有的法律名称中，叫的是“监管”而不是“规制”，如“银行业监督管理委员会”、“保险监督管理委员会”、“证券监督管理委员会”及相关的法律法规。所以，叫作“市场规制法”不如叫作“市场监管法”更好。但由于“市场监管法”的内容非常广泛，不仅包括经济法意义上的市场监管，而且包括行政法意义上的市场监管，如果叫“市场监管法”的话，就会把一些行政法的内容纳入经济法的体系，导致本来就错综复杂、聚讼已久的经济法与行政法的关系更加“剪不断、理还乱”。就是经济法意义上的市场监管，也包括宏观调控法方面的市场监管，如包括银行业、保险业和证券业监管在内的金融监管，但我们在理论上和习惯上都把金融监管视为宏观调控法特别是金融法的基本内容，如果把金融监管纳入过来，势必破坏宏观调控法尤其是金融法的内在协调、统一，也会扰乱经济法体系内部两大构成要素之间的关系。再说，这里所说的市场监管，核心和重点依然是对市场竞争的监管，所以，不如直接就叫作“市场竞争法”。

成垄断，这是市场经济的一个重要特征。垄断反过来限制市场竞争，阻碍经济自由，破坏经济民主，扰乱经济秩序，妨碍社会正义，桎梏社会进步，必须加以反对。反垄断是恢复和保证市场竞争的根本措施，反垄断关系是市场竞争关系的基本内容之一，调整反垄断关系的法律即反垄断法是保证市场竞争所必需的，这正如艾哈德所指出的："在一个以自由社会制度为基础的国家里，最重要的一件工作是保证自由竞争……一项反垄断的法案是非常重要的，应当把它看作是一条不可缺的'经济原则'。"① 反垄断法是关于反垄断方面的法律规范的总称，它要具体规定反垄断法的立法目的和基本原则，反垄断法的对象或垄断的表现形式，反垄断法的执行机构及其权限、程序，反垄断法的法律责任及适用除外等内容。反垄断法是市场竞争法的基本要素之一。

第二，市场竞争，利害相关，残酷激烈，有时甚至你死我活，加之市场中的人们大都是经济人，并非尽为尧舜，有些人为了保护自己的私利，牟取不当利益，难免进行不正当竞争。不正当竞争侵害其他经营者的正当权益，损害消费者的合法权益，破坏市场竞争秩序，因而必须加以反对。反不正当竞争是维护市场竞争的根本措施之一，反不正当竞争关系是市场竞争关系的基本内容之一，调整这种关系的反不正当竞争法是关于反不正当竞争方面的主要法律，它要具体规定反不正当竞争法的立法目的和基本原则，不正当竞争行为的种类，反不正当竞争法的执行机构和权限、程序以及法律责任，等等。反不正当竞争法是市场竞争法的基本要素之一。

反垄断法或反限制竞争法和反不正当竞争法共同构成市场竞争法。

三、宏观调控法

第一，市场经济作为一种社会化的宏观经济，应当保持比例协调、结构优化、目标明确、供求平衡、秩序稳定，保证持续、高效地发展。这就要求对市场经济进行宏观计划调控，具体就是要作出科学的发展计划。计划作为对未来的预测和未来的行动方案、一种资源配置措施，作为对市场经济的国家总体调节，关系国计民生，影响国泰民安，意义十

① ［德］艾哈德：《来自竞争的繁荣》，11～12页，北京，商务印书馆，1983。

分重大；计划是宏观调控的重要措施，计划关系是宏观调控关系的基本内容，必须依法调整，形成计划法，计划法要规定计划目标、计划性质、计划原则、计划体制、计划主体及其权限、计划程序和计划责任等内容。计划法是宏观调控法的基本要素之一。

第二，有国家存在就有财政，财政关系到社会财富的分配和再分配，关系到个人、集体和国家之间的利益协调，关系到社会的公平与效益，影响着国民经济和社会发展。财政政策是宏观调控的重要措施，财政关系是宏观调控关系的基本内容，必须依法调整，形成财政法。财政法要规定预算收支、税收征管和国债管理等方面的具体内容。财政法是宏观调控法的基本要素之一。

第三，货币是市场经济的“血液”，它在整个国民经济中流通，渗透到社会的各个领域，无所不至；货币是市场经济的“神经中枢”，至关重要。要发展市场经济，必须抓住货币、管好货币。货币政策是宏观调控的重要措施，金融监管是宏观调控的重要内容，货币关系是宏观调控关系的基本内容，必须依法调整，形成金融法。金融法要规定中央银行的地位和权限、货币政策、金融监管等方面的内容。金融法是宏观调控法的基本要素之一。

第四，市场经济健康发展的根本条件之一就是要产业规划科学、产业组织有效、产业结构优化、产业布局合理、产业技术先进，但这些条件并不能完全通过市场调节而自发形成，需要依靠产业政策的科学干预。产业政策是宏观调控的重要措施，产业关系是宏观调控关系的基本内容，必须依法调整，形成产业政策法。产业政策法要规定产业政策的目标、基本政策、制定实施等方面的内容。产业政策法是宏观调控法的基本要素之一。

计划法、财政法、金融法和产业政策法共同构成宏观调控法。

第五节　市场竞争法与宏观调控法的关系

市场竞争法和宏观调控法作为经济法体系的两个构成要素，两者具有密切的关系。

一、市场竞争法必须以宏观调控法为条件

1. 宏观调控法作为一种国家干预市场经济的法律形式，它创造和维护市场主体的独立、平等、自由、民主和秩序，这就为市场竞争法所追求和维持的自由竞争提供了基础和环境。

2. 宏观调控法作为一种对宏观经济进行调控的法律，保证着社会总供求的平衡，消除了外部不经济，稳定着货币，控制着通货膨胀，保持社会经济的稳定，这些条件是市场竞争法所维持的自由竞争所必需的。

3. 宏观调控法所包括的产业政策法，它规划着国家产业结构的总体布局和发展战略，保证着产业结构的优化，规定了产业组织的规模和形式，这为反限制竞争法提供了指导和条件，因为反限制竞争法在本质上也是一种产业政策法。

4. 宏观调控法规定着国民经济和社会发展的目标，这为市场竞争法所维持的自由竞争指明了方向，避免了盲目的、无谓的竞争，使自由竞争在指明的方向上、在预期的领域、在高水平的层次上进行。

5. 宏观调控法所包括的外贸管理内容，对于保持国内外贸易均衡、协调国内外竞争、提高国内企业的国际竞争力、扶持民族经济，都具有重大意义，反限制竞争法要真正维持自由竞争必须透彻领悟并准确把握上述重大意义。

6. 宏观调控法是国民经济和社会发展的法律文献，是国计民生的行动纲领，它为市场主体提供着最权威的国家政策，市场竞争法的制定和执行都应以此为指南。

7. 宏观调控法所包括的社会保障内容，它收拾市场竞争的残局，为市场竞争失败者提供社会保障，维持着社会稳定，没有稳定的社会环境，市场竞争法所维持的自由竞争不可能真正实现；使市场竞争失败者有机会重整旗鼓，东山再起，重新参与市场竞争，不如此，就不会有持续不断的市场竞争。

二、宏观调控法必须以市场竞争法为依归

1. 宏观调控法所确立的国民经济和社会发展目标，必须依靠市场竞争法所维持的自由竞争来实现，自由竞争是促进国民经济和社会发展

的主要内驱力，没有自由竞争，就没有发展进步，一切再好的国民经济和社会发展目标都只能是纸上谈兵。

2. 宏观调控法作为一种对宏观经济加以调控的法律，要真正实现、创造和维护市场主体的独立、平等，要真正维护市场的自由、民主和秩序，离不开市场竞争法，因为市场竞争法通过反垄断尤其是反行政垄断为宏观调控法的宏观调控提供了缓冲制约机制，使宏观调控不至于蜕变成经济集权和经济专制。在经济集权和经济专制的情况下，无市场主体的独立、平等可言，也无市场的自由、民主和秩序可言。

3. 宏观调控法作为国民经济和社会发展的总体纲领，一个核心内容就是组织、指导、维护和促进市场自由竞争，这一核心内容需要市场竞争法将其具体化和现实化。

4. 宏观调控法作为国民经济和社会发展的政策纲领，它的制定需要根据市场竞争法所维持的自由竞争所反馈回来的信息来进行，自由竞争是市场的裁判，是市场信息的客观传导者，脱离市场自由竞争反馈回来的客观信息所制定的任何政策往往都是主观臆断的。

5. 宏观调控法要实现产业结构优化，离不开市场竞争法，尤其是反垄断法。因为反垄断法所反对的垄断就是一种不合理的非法的产业结构或产业组织，反垄断法所维持的自由竞争是实现产业结构优化的根本措施。

6. 宏观调控法的外贸管理规定必须同反垄断法结合起来，对外贸易管理不是封锁国内市场、不参与国际竞争，否则，就是关税壁垒，而“关税是垄断之母”，从而构成反垄断法所要反对的对象。对外贸易管理必须根据是否有利于国内外市场自由竞争的考量而进行。

第六节　经济法的地位

所谓经济法的地位，主要是讲经济法的独立性，与之密切相关的问题是经济法与民法、行政法的关系。

经济法所调整的市场竞争关系和宏观调控关系与民法所调整的平等主体之间的财产关系，以及行政法所调整的经济行政管理关系有密切的关系，可以说，经济法是在民法和行政法的“夹缝”中挤出来的，因而也就一直备受民法和行政法的排斥与非议。在建立经济法的体系这方面，一直就存在着一个重要的问题，即：在经济法律体系中经济法到底是不是一个独立的法律部门？经济法与民法和行政法的关系如何？

一、经济法与民法的关系

经济法与民法都是调整社会经济关系的基本法律部门，它们两者的关系可以概括为：

1. 经济法独立于民法

这是由经济法和民法的区别所决定的：

（1）两者的调整对象不同

民法调整的是平等主体之间的财产关系和人身关系，这种社会关系的特点，一是它的平等性，二是它的私人性，三是它的自治性，四是它的微观性；而经济法调整的是市场竞争关系和宏观调控关系，这种社会关系的特点，一是它的监管性，二是它的公共性，三是它的宏观性，四是它的干预性。

（2）两者的主体不同

民法的主体主要是公民和法人，这两者都是私人；而经济法的主体是与市场竞争和宏观调控有关的当事人，主要是市场竞争维护机构和宏观调控机构，这两者都是社会公共性机构或国家职能机构。

（3）两者的权利（力）不同

民法的权利是一种私权利，可以约定，自由行使，也可以放弃或转让；而经济法的权力是一种社会公共性权力，依法规定，有序行使，不可放弃或转让。

（4）两者的构成要素不同

民法包括物权法、债权法、知识产权法等要素；而经济法主要由市场竞争法和宏观调控法构成。

（5）两者的法律属性不同

民法是一种典型的私法，它以私人为主体，以私权为本位，以意思自治为圭臬，以保护私权为目的，本质上是一种自主性调整机制的法；而经济法具有社会法的属性，它以公职机构为主体，以全局为本位，以社会协调为宗旨，以促进社会公共利益为目的，本质上是一种社会整体调整机制的法。

尽管民法与经济法是两个独立的法律部门，但这并不意味着两者就互不相关。民法与经济法共同扎根于市场经济，现代市场经济既不是纯粹的市场调节经济，也不是片面的国家干预经济，而是市场调节与国家干预密切结合的混合经济。民法与经济法分别是这种混合经济的两个方面的必然产物和法律表现，混合经济的内在统一性要求民法与经济法必须相互配合。

2. 经济法以民法为依归

这是由民法的性质所决定的：

（1）民法是一种生活中的法

在所有的法律部门当中，民法最关乎人们的日用常行，民法来源于生活，民法本身即是生活，民法是"生活的百科全书"。它告诉人们为人处世之方，待人接物之法，安身立命之术。民法是生活的范式，是人间指南、人生向导。在现实生活中，民法几乎是无人不涉、无事不涉、无时不涉、无地不涉的法律规则。民法是生活的必需品，没有民法人们就不便生活，甚至无法生活。民法是生活中的活法，在现实生活中，人们主要是依民法而生活。相比较而言，经济法似乎是一种"官法"，只涉及"官家"、国计而不关切"民生"。实际上，这是一种错觉。经济法既涉及"国计"又关切"民生"，只不过，它是通过涉及"国计"而关切"民生"。为了真正体现、贯彻现代民主社会的"官末民本"的要求，也为了保证经济法通过涉及"国计"而能真正关切"民生"，经济法应该向民法学习，立足民法，并通过民法，祛除因涉及"国计"而沾染上的"官气"，像民法一样走向生活化、平民化。

（2）民法是市场经济的基础法

民法是对市场经济要求的记载和表述，是将市场经济关系翻译为法律准则，民法与市场经济共衰荣、同命运。民法涵摄着市场经济的基本制度和基本原则，如主体制度、物权制度、债权制度、责任制度，以及平等原则、自由原则和权利原则，这是人们从事市场经济活动最基本的法律准则。市场经济的生存和发展必然要求民法的生存和发展，没有民法就没有市场经济。在市场体制下，必须把市场调节和国家干预结合起来，但这种结合必须以市场调节为基础，国家干预应依存于、服务于市场调节。这就决定了根源于市场调节的民法和根源于国家干预的经济法的关系，即经济法应依存于、服务于民法。从根本上说，经济法就是要为民法发挥作用奠定基础和创造条件。

（3）民法是一种进步的法

民法蕴涵着、体现着人类社会发展进步的一些永恒的基本理念，这就是独立、平等、自由、权利、责任。民法只能存在于具备上述基本理念的社会，民法是上述基本理念的法律化。上述民法的基本理念也是经济法的基本理念，经济法与民法两者的理念是相同的。民法视意思自治为圭臬，所谓意思自治，就是人们在法定范围内，自己的事，自己给自己做主，自己为自己谋利，自己对自己负责，这是一种进步的法律观和人生观。经济法的根本任务之一就是为民法的意思自治创造条件、提供保障。

民法蕴涵着自由竞争机制，这是人类社会发展进步须臾不可脱离的动力，民法把自由竞争贯彻到现实生活的各个领域，使人类社会充满生机和活力，焕发出人们的主动性、积极性和创造性，促使人类社会步入繁荣之途。而经济法之所以要维护市场竞争和进行宏观调控，核心目的也在于维护和促进民法上的自由竞争。

在历史上，民法是促进社会进步的有力杠杆，它于促进社会历史从自然经济到商品经济、从家族本位到个人本位、从身份到契约、从人治到法治的演进都是重要的法律武器，民法是对时代精神尤其是对独立、平等、自由、权利和责任这些时代精神的不懈追求。让民法始终体现时代精神、促进社会进步，是经济法的职志。

民法作为一种生活中的法，具有强大的实践力，它把独立、平等、自由、权利、责任等人类永恒的基本理念规则化、大众化、通俗化，赋予它们以生活气息、现实内容，从而使它们走进生活，深入人心，变为行动。在这方面，经济法的基本理念和主要制度也必须以民法为中介才能走向生活化、现实化。

（4）民法在整个法律体系中处于基础地位

民法是生活中的宪法，在现实生活中，人们主要与民法打交道，人们通过民法而认识法、践行法，其他法律通过民法而为人们所认识、所践行，因此，没有民法，就阻塞了其他法律走向现实生活的通道，丧失了为人们所践行的途径。人们对民法的认识关系到人们对整个法的认识，没有民法，其他法律就会成为与人们的生活不相关的东西、可有可无的东西，甚至是强加的东西，一句话，没有民法就没有法律。就此而言，可以说，民法是经济法之渊源和经济法之基础。

3. 民法以经济法为条件

这是由经济法的性质所决定的：

（1）民法的基础需要经济法去奠定

民法是建立在平等、自由基础之上的，没有平等、自由就没有民法。但在现实生活中，连两片相同的树叶都没有，作为万物之灵长的人，更是千差万别，因此，作为民法基础的平等、自由并不是现实、天然存在的，民法只能存在于千差万别的人们之间。如果说起初人们之间的千差万别由于没有充分拉大从而没有动摇民法平等、自由的基础的话，那么，在社会发展过程中，随着人们之间千差万别的不断拉大，作为民法基础的平等、自由几乎化为乌有。而且，民法即使是建立在平等、自由的基础之上，但由于民法是一种竞争法则，优胜劣汰，最终也会导致人们之间的不平等、不自由，同样会破坏民法自身存在的基础。正是由于民法存在的基础并不天然存在，民法又会破坏自身存在的基础，因而必须依靠经济法，经济法通过市场竞争法和宏观调控法创立、维护人们之间的平等、自由，从而为民法奠定存在的基础。

（2）民法的进步性需要经济法去维持

民法信奉独立、平等、自由、权利和责任，体现着社会进步的要求，在历史上也对社会发展进步起过巨大的促进作用。

但民法的独立、平等、自由、权利和责任是建立在个人主义基础之上的，这种个人主义实质上是一种社会达尔文主义，任凭优胜劣汰、适者生存，这样，民法本质上就成了一种“丛林法则”，它只能保护市场优胜者，而市场失败者不在民法的视野之内，它不能考虑市场失败者所遭受的苦难，民法最终会蜕变成极少数人的特权法，而不能同情、兼济绝大多数市场失败者、社会弱者。为了扶持市场失败者、救济社会弱者，必须实行一套与民法有所不同的法律，这种法律之一就是经济法。经济法通过扶持市场失败者、培植他们的竞争力，救济社会弱者、维护他们的基本人权，让他们重新获得均等的机会和平等的地位，参与自由竞争。经济法是一种社会本位法，经济法要确立每个人作为人的主体地位，保护每个人作为人的应有权利，从而真正解放人、解放社会。在这个基础上，民法才能维持它的进步性，并继续促进社会发展进步。

（3）民法的意思自治需要经济法去创造条件

民法视意思自治为圭臬，但真正的意思自治只能建立在完全平等、自由的主体之间，而在现实生活中，人们的社会地位、经济实力、个人能力、市场机会均不相同，因此，意思自治只能存在于意思自治能力不同的主体之间，这种意思自治并不是真正平等、自由的，因而，这种意思自治含有局部地放弃平等、自由的因素，特别是到了垄断阶段，意思自治的性质发生了根本性的转变，意思自治已蜕变成了经济强者支配经济弱者的单方面的恣意自由。为了抑制这种现象，真正实现人人意思自治，一个重要的措施就是依靠经济法进行国家干预，以创造和维护人们之间的平等、自由，进行反垄断以抑制经济强者的市场支配地位，通过规定标准合同以保护社会弱者的合法权益。在经济法所创造的平等、自由的基础上，才有民法的意思自治，所以在很大程度上可以说，没有经济法就没有民法的意思自治。

由于每个民法主体都只能从自己的利益、自己的知识和自己的境遇出发进行意思自治，因而民法的意思自治是一种微观自治，民法是一种微观自治法。就每个民法主体自身来说，也许是有计划、有秩序的，但就整个宏观社会来说，难免处于无计划、无秩序状态，在这种宏观失控的混乱社会中，民法的意思自治犹如在巨浪翻腾的大海中驾驶的无舵小船，凶多吉少，这是没有多大意义的。要真正实现民法的意思自治，必须依靠经济法，经济法是一种宏观调控法，它由作为整个社会总代表的国家站在全社会的高度进行总体规划、宏观调控，为在无知世界中的市场主体提供各种科学的权威的信息供其参考，只有在这种情况下，民法的意思自治才有意义。

（4）民法的自由竞争要以经济法为基础

民法也是一种竞争法则，必然导致优胜劣汰、经济集中，最后形成垄断，垄断反过来抑制市场竞争。垄断是民法异化的产物，是一个依从民法规则经过一个合法过程所导致的非法后果，而民法自身又无法克服。要重新恢复市场竞争，必须依靠反垄断法。资本主义国家之所以把反垄断法看作是“自由企业大宪章”、“市场经济的基本法”和“经济宪法”，原因就在于反垄断法通过反垄断所创造和维持的自由竞争的基础，之于民法的自由竞争具有根本性的先决性的意义。在反垄断完成以后，民法的自由竞争才能在其基础上顺利进行。

总括上述两点，民法与经济法的关系可以打个比方：如果说民法是红花的话，那么经济法就是绿叶；如果说民法是发动机的活，那么经济法就是方向盘。经济法就是要为民法机制发挥作用奠定基础和创造条件。

二、经济法与行政法的关系

经济法与行政法的关系如何？取决于人们对行政法的正确理解。如果还像过去那样照搬照抄苏联的“管理论”行政法观点，错误地认为，“行政法作为一种概念范畴就是管理法，更确切一点说，就是国家管理法……苏维埃行政法是苏维埃社会主义法的一个部门，行政法规范调整苏维埃国家管理范围内的社会关系，即社会主义和共产主义建设中为完成国家任务行使国家职能而进行组织工作的过程中产生的关系”①，或者，“总的说来，苏维埃行政法可以认为是调整国家管理范围内的社会关系——苏维埃国家机关在组织与实施执行和指挥活动过程中发生的社会关系的一个法律部门”②，以及，“行政法调整的是组织国民经济、社会文化、行政政治活动管理的广泛的社会关系，所以它的规范即是国家用以进行管理的必要的和非常重要的法律工具”③。总之，这些行政法的观点都是笼统地认为行政法是调整行政管理关系的法律规范的总称。如果持这种观点，也许永远都不可能正确地理解经济法与行政法的关系。在此，在前面已有论述的基础上，再试图从下述角度去理解经济法与行政法的关系。

1. 经济法分离于行政法

经济社会的演进以及由此所导致的法律变迁大体上呈以下发展趋势：在自然经济阶段，行政权力管理一切。在这种情况下，“诸法合体，以‘行’为主”，法律主要是行政法，行政法包罗一切，几乎不存在其他真正独立的法律部门，这是法制不发达、不完善阶段。在商品经济（市场自由竞争）阶段，由于私权利与公权力的划分，市民社会与政治国家的分离，特别是资本主义国家三权分立的确立，立法权、司法权从行政权中分立出来，行政权的范围日益缩小，行政权的行使不断受到制约。在这种情况下，行政法由于行政权的缩小而缩小，许多法律部门从行政法中分离出来，如宪法、民法、商法等等。这在法律进化史上就是公、私法的划分，主要是私法从行政法中分离出来。在市场经济的垄断阶段，由于在市场经济自由竞争基础上形成了市场竞争关系和宏观调控关系，提出了维护市场竞争和进行宏观调控的普遍要求，要满足这种普遍要求，仅靠过去那种临时性的、个别性的、行政性的管理是远远不够的，也是不尽适当的，必须进行经常性的、普遍性的、法律的调整，在这种情况下，一个新的法律部门从行政法中分离出来了，这个法律部门就是经济法。

① ［苏］马诺辛等著，黄道秀译：《苏维埃行政法》，29页，北京，群众出版社，1983。

② ［苏］瓦西林科夫主编，姜明安等译：《苏维埃行政法总论》，1页，北京，北京大学出版社，1985。

③ ［苏］瓦西林科夫主编：《苏维埃行政法总论》，17页，北京，北京大学出版社，1985。

2. 经济法独立于行政法

经济法从行政法中分离出来以后就独立于行政法，这是由经济法和行政法的区别所决定的：

（1）两者的调整对象不同

行政法调整的是行政机关和行政人员在管理各种特殊性的社会关系的过程中所形成的行政关系，主要是一种行政程序关系。而经济法的调整对象是市场经济在自由竞争基础上形成的市场竞争关系和宏观调控关系，这种社会关系不是行政管理特殊性社会关系的产物，而是普遍存在的市场自由竞争的结果，它具有普遍性，是一种普遍存在的社会关系。

（2）两者的主体不同

行政法的主体是行政机关和行政人员。而经济法的主体主要是与维护市场竞争和进行宏观调控有关的当事人，介入其中的国家机关也不尽是行政机关、行政人员，甚至主要不是行政机关和行政人员，在理想状态下，他们与行政机关应是相互独立的，具有较大的独立性，一般说来，他们只按相关法律规则行事，不受行政命令的束缚。

（3）两者的权力不同

行政法的权力是一种行政权，这种权力所管理的社会关系具有特殊性，法律要么无从规定，要么只能原则规定，因而它的行使不能恪守严格规则，只好自由裁量，行政权本质上是一种自由裁量权。在行政法关系中，行政权是一种主导性权力，它决定、支配其他行政相对人的权利。而经济法的权力不尽是行政权，这种权力作用的社会关系具有普遍性，法律可以作出较为详尽的规定，经济法权力必须依法行使，自由裁量权不大。在经济法关系中，经济法权力不是本位性的权力，这种权力依存于、服务于其他经济法主体的权利。

（4）两者的构成要素不同

为了防止行政权力的自由裁量侵犯人们的合法权益，必须对其加以规范和约束，规定行政主体的资格，规范行政权力行使的程序，维护行政受害人的诉权，保障行政受害人获得赔偿，这样，行政组织法、行政程序法和行政诉讼法、国家赔偿法就成了行政法的基本构成要素。而经济法调整的是市场竞争关系和宏观调控关系，其构成要素主要是市场竞争法和宏观调控法。

（5）两者的法律属性不同

众所周知，行政法是公法。而经济法，由于其主体主要不是国家行政机关，而是与维护市场竞争和进行宏观调控有关的当事人，如国家反垄断委员会、国家宏观调控机构，等等，它们是社会公共职能部门；其体现的意志不是行政机关的意志，而是社会公共意志；其追求和保护的利益不是行政机关的利益，或者行政机关把自己的利益所宣称的国家利益，而是社会公共利益；其法规不是公法的强制性规范，不完全实行“凡是法律未允许的都是禁止的”公法原则，经济法规范具有一定的灵活性，是一种弹性规范；其干预的方式和程度不是直接的、微观的而是间接的、宏观的；其调整机制不是行政管理的强制命令，也不是公法的他律调整，而是法律化的经济手段、一种社会整体调整机制，因而经济法具有社会法的属性。

（6）两者的本位和宗旨不同

行政法是政府本位法。为了启动行政管理，必须赋予政府权力，树立政府权威。在行政管理关系中，政府是管理主体，相对方是管理受体，两者是一种命令与服从的关系。在行政管理过程中，政府可能侵吞相对方的主体人格。为了避免这种现象，作为行政法主要构成部分的行政组织法、行政程序法和行政诉讼法从许多方面界定了政府权力，规范了政府行为，明确了政府责任。

行政法关注的核心和重心是政府本身，其宗旨是限制政府权力、管理行政机关。这正如《美国百科全书》所指出的：“行政法是指以限制政府官员和机构在与私人和私人组织关系中的权力为目的的法。”① 著名行政法学家威廉·韦德更是明确地指出：“行政法定义的第一个含义就是它是关于控制政府权力的法。无论如何，这是此学科的核心。”②

而经济法通过依法设立竞争维护机构和宏观调控机构并赋予它们相应的竞争维护权和宏观调控权，来反对垄断和不正当竞争，克服盲目性和无序性，其关注的核心和重心是市场秩序，其宗旨是维护市场竞争和进行宏观调控。

（7）两者追求的利益不同

行政法是国家利益法。在市场体制下，利益格局多元化，既有私人利益，也有国家利益，还有社会公共利益，这三者密切相关但也有所区别：私人利益是由私人所享有的利益；国家利益虽然要兼顾全社会的利益，但从根本上说主要是统治阶级的利益；至于社会公共利益，李普曼的定义是：“当人们能看得清楚，想得合理，行不偏私且乐善好施时，

① 《美国百科全书》，第1卷，172页，1980。

② ［英］威廉·韦德著，楚建译：《行政法》，6页，北京，中国大百科全书出版社，1997。

他们所选择的就是公共利益。”① 这是一种与全社会成员密切相关且为他们共同而公平享有的利益。很显然，国家利益与社会公共利益并不完全一致，这种不一致只有到遥远的共产主义社会才会消灭，因为在共产主义社会，人和人的利益才不是彼此对立的而是高度一致的，“利益的共同”才会成为基本原则。而在其他社会，所谓国家利益与社会公共利益的一致，只不过是统治阶级“……为了达到自己的目的不得不把自己的利益说成是社会全体成员的共同利益”② 而已。行政法通过行政管理实现国家利益，但由于行政管理针对特殊性的社会关系自由裁量，会受到私人利益压力集团的影响，难免成为追求统治阶级的集团利益甚至私人利益的政治行动，行政法不一定能真正实现社会公共利益。行政法的首要目标是限制行政权力，其次才可能是社会公共利益。要真正实现社会公共利益应当依靠一种反映市场规律同时又克服市场缺陷的法律制度。

市场经济是社会化大经济，能把所有社会成员卷入其中，市场秩序与每一个社会成员息息相关，是他们的共同利益；市场规律是“看不见的手”，正因为它看不见，因而不为任何人所控制，具有客观性和公平性；通过反对垄断和不正当竞争，克服市场的盲目性和无序性，保证市场公平、自由竞争，维护社会整体秩序，有利于促进社会共同利益。体现上述内容和要求的法律制度就是经济法。

3. 经济法与行政法是相互配合的

尽管经济法分离于、独立于行政法，但这并不等于说经济法与行政法就不再相关，实际上两者的分离、独立都是相对的，它们之间仍然是关系紧密的，并且要相互配合。这是由社会经济关系的性质所决定的。社会经济关系大致可以分为两类：一类是具有普遍性的，一类是具有特殊性的，前者中的市场竞争关系和宏观调控关系由经济法调整，后者主要由行政管理并对行政管理进行行政法调整。社会经济关系的上述双重性质以及法律和行政的属性决定，社会经济关系的法治化，必须经济法和行政法并立同行，和衷共济，取长补短，相互配合，相得益彰，为共同促进社会经济的发展而努力。此外，经济法是一种国家或政府干预社会经济之法，经济法与政府干预紧紧相连，与行政权力密切相关，而政府干预、行政权力是行政法规制的核心，这就决定了经济法与行政法必

① Lippmann，*The Public Philosophy*，Boston，Little Brown，1955，p. 42.

② 《马克思恩格斯选集》，2版，第1卷，100页，北京，人民出版社，1995。

然有千丝万缕的联系，经济法与行政法内容交叉，具有共识，互相交融。

这里还要指出的是，在谈论经济法的体系乃至整个法律体系时，我们要充分地认识到，社会关系包括其中的市场经济关系是十分丰富、复杂的，任何一个法律部门都不可能一统天下，甚至不可能独领风骚，而必须由各法律部门密切配合共同调整，其中，民法、行政法和经济法是拉动市场经济发展前进的“三驾马车”。

第八章

经济法的主体

任何法律都是调整社会关系的，其结果都要具结为相应的法律关系，在法律关系中，法律主体是核心内容之一，应认真对待，不了解法律主体就不能全面了解法律关系以及调整它的法律。经济法亦然。经济法的主体是经济法基础理论尤其是经济法关系的重要内容，但人们对经济法主体的认识依然存在争论，众说不一。本章按以下思路对经济法的主体加以论述，力求科学地认识经济法的主体。

第一节　市场经济是一种主体经济

主体是人，是具有自主性、能动性和自为性的人。成为主体，是人的本性的内在要求，是人的价值的根本实现。

人类社会发展的历史就是人类不断成为主体的历史，人类的最终解放就是人类主体地位的全面确立。

主体确立，社会才能发展。

建立和发展市场经济是任何社会发展的必由之路。市场经济本质上是一种主体经济，因此，要建立和发展市场经济必须首先确立人的主体地位。这是因为：

第一，只有具有主体地位的人，才是市场经济发展的根本动力。著名社会市场经济的代表人物艾哈德认为："根据我的宇宙观，根据我对经济政策的看法，人，才是一切事情的中心。"[①] 一切经济发展问题归根结底是人的问题，也即如何摆正人的地位问题。计划经济与市场经济在本质上是人的两种不同的生存和生产方式。"指令性经济的理想模式是：在这种经济中，参与活动的人并不是作为其本人，而是作为别人的代理人来行事的。他们是在执行命令，奉命行事。而市场经济的理想模式是：在这种经济中，个人是作为追求其自身利益的本人而行事的。如果有谁是作为别人的代理人而行事，那么，他是在自愿的、双方同意的基础上这样做的。"[②] 也就是说，在计划经济体制下，人不是作为主体而生存、生产的，企业、个人成为政府机关的附属物，丧失了自主权，

① ［德］艾哈德：《来自竞争的繁荣》，113页，北京，商务印书馆，1983。

② ［美］弗里德曼著，胡雪峰等译：《弗里德曼文萃》，19页，北京，北京经济学院出版社，2001。

一切听从指挥；而在市场经济体制下，人是作为主体而生存、生产的，企业、个人成为独立的市场主体，享有自主权，自为自利自责。不言而喻，主体性的人比非主体性的人更有主动性、积极性和创造性，这正是市场经济优越于计划经济的根本原因之所在。

第二，只有具有主体地位的人，才会有独立的自由意志。费尔巴哈指出："究竟什么是人跟动物的本质区别呢？对这个问题的最简单、最一般、最通俗的回答是：意识。"① 意识是人的本能，人作为主体具有意志力，并且这种意志力能够转化为实践力，具有能动性，所以马克思称，人是一种"能动的自然存在物"②。人的独立、自由意志是人的主观能动性得以发挥的根源，是人的本质力量之所在。一种经济形式是否能够促进社会发展，就在于它能否确立人作为主体所应有的独立的自由意志。高度集权的计划经济，"这样的经济只能由没有独立意志的、没有独立利益的人所组成"③。这种经济形式不可能有效地发挥人的聪明才智以促进社会经济发展。市场经济之所以能促进社会经济发展，就是因为市场经济作为一种主体经济，最大限度地赋予人们以独立的自由意志。

第三，只有具有主体地位的人，才会以主人翁的姿态进行生产，才会主动地、积极地、创造性地进行生产，才会精打细算、节约成本，才能从事有效益的生产。没有主体地位的奴隶，他们的生产是不会有什么效益的，这正如亚当·斯密所说的："我相信，一切时代、一切国民的经验，都证明了一件大事，即：奴隶劳动虽表面上看来只需维持他们的费用，但彻底通盘计算起来，其代价是任何劳动中最高的。"④ "我相信，由自由人作成的作品，归根到底比由奴隶作成的作品低廉。"⑤

第四，只有具有主体地位的人，才会有进取、冒险精神。艾哈德指出："如果社会政策的目的对于一个人从一出生就给他全部安全，保护他绝对不冒任何人生的危险，那就不可能希望他的才能、智力、企业雄

① ［德］费尔巴哈著，荣震华译：《费尔巴哈哲学著作选集》，下卷，26页，北京，商务印书馆，1984。

② 《马克思恩格斯全集》，中文1版，第42卷，167页，北京，人民出版社，1979。

③ 《弗里德曼文萃》，19页，北京，北京经济学院出版社，2001。

④ ［英］亚当·斯密：《国民财富的性质和原因的研究》，上卷，354页，北京，商务印书馆，1972。

⑤ ［英］亚当·斯密：《国民财富的性质和原因的研究》，上卷，74页，北京，商务印书馆，1972。

心以及其他人类品德得到充分发展；这些品德对国家的生存和发展都是非常重要的；对于以创业精神作基础的市场经济是必不可少的。”① 一个主体性的人，是一个不愿苟且偷安而甘冒风险并敢于和善于应付生活中一切风险的人。只有这种人才能铸就经济奇迹，这正如供应学派的代表人物吉尔德所强调的，市场经济体制取得成功的一个重要秘密是，“它有把追求安全（体现在储蓄上）转变为愿意冒险（体现在企业精神上）的能力”②。相比之下，计划经济体制实施社会福利计划，统揽人们的“吃喝拉撒睡”，实质上是为人们购买了一份“保险单”，个人的社会安全受到国家的保护，结果个人也就愈来愈依赖于国家或集体，这样必然导致经济的萎缩和瘫痪。

第五，只有具有主体地位的人，才是一个负责的人。艾哈德认为，“社会市场经济基础的精神态度，那就是，愿意为自己的命运负责，从事于真正的自由竞争的态度”③。如果谁都不愿为他自己负责，都想方设法地逃避责任，这样发展下去，“我们势必滑向一种社会制度，那就是每个人把一只手放在别人的口袋里。那时，生活的原则将成为：我供养别人，别人供养我。”④ 人没有主体地位，也就没有了责任感，结果只能导致偷懒，养成“搭便车”的恶习，传统体制下的那种“吃大锅饭”、“搞平均主义”，把这一弊端体现得淋漓尽致。只有有责任感的人，才配当主体，才配享有自由，弗里德曼指出：“只有对负责的个人而言，自由才是可以维护的目标。我们不主张对疯子和儿童的自由。”⑤

第六，培植和造就具有主体地位的人，是市场经济的根本价值之所在。人们常说，市场经济是平等经济、自由经济、竞争经济、权利经济，等等，而之所以如此，乃是因为市场经济是主体经济。只有具有主体地位的人之间的平等、自由、竞争、权利等等才有意义。因此，培植造就具有主体地位的人、确立和维护人们的市场主体地位，是建立和发展市场经济、促进社会发展的先决条件。

认识和确立经济法的主体，应该立足于上述认识，以此为指导，并在经济法主体中加以具体贯彻。

① ［德］艾哈德：《来自竞争的繁荣》，178～179页，北京，商务印书馆，1983。
② ［美］吉尔德著，隼玉坤译：《财富与贫困》，160页，上海，上海译文出版社，1985。
③ ［德］艾哈德：《来自竞争的繁荣》，178页，北京，商务印书馆，1983。
④ ［德］艾哈德：《来自竞争的繁荣》，180页，北京，商务印书馆，1983。
⑤ ［美］弗里德曼：《资本主义与自由》，34页，北京，商务印书馆，1986。

第二节　政府本位还是企业本位

市场经济是一种主体经济，但这里的主体既包括政府，也包括企业（由于个人为企业所包容并为企业所体现，企业是区别于政府最主要的市场主体，所以在这里把个人一并为企业），因此，这里就存在一个重要的问题，即：在市场主体中，是政府本位还是企业本位呢？

政府本位还是企业本位，体现着经济体制选择的不同指导思想。政府本位意味着：政府处于整个社会经济的中心，政府是社会经济发展的根本动力，政府是整个社会经济的决策中心、指挥中心，政府是社会资源的最主要配置者，政府是企业的司令官；而企业处于次要地位甚至是被支配地位，企业少有或没有自主权，企业只不过是政府意图的忠实履行者、政府政策的严格执行者。以政府本位为指导思想所选择的经济体制就是政府主治的经济体制，如计划经济体制等。

在历史上，政府主治的经济体制确实也发挥过巨大的历史作用，比如在资本原始积累时期，如果不是政府本位，没有政府主治，那么就不可能那么迅捷、顺利地积累原始资本，并促进封建主义生产方式向资本主义生产方式的转变，以及真正建立资本主义生产方式。再如第三世界国家的经济发展，政府本位、政府主治对于使国家尽快摆脱贫穷落后，促使经济迅速起飞也起了十分重要的作用，这正如著名的发展经济学专家托达罗所指出的："不管你喜欢不喜欢，第三世界政府不可避免地应比比较发达国家的政府为他们国家的美好将来承担更主动的责任。"[①]并且，"不管一个人对合适的政府作用的观念形态的预想是什么，过去20年发展中国家政府不断要求担负起对他们的经济管理和指导的责任。据说，在许多国家，特别是在非洲，如果政府不诱导发展，那儿也许从来就不会发展。怎样部署这些有限的人力资源是关系到发展成功与失败的一个关键的问题。简言之，政府怎样构造、怎样管理发展已经十分重要，将来会变得更重要"[②]。著名经济学家、诺贝尔奖金获得者刘易斯

① ［美］托达罗著，印金强等译：《经济发展与第三世界》，513页，北京，中国经济出版社，1992。

② ［美］托达罗：《经济发展与第三世界》，514页，北京，中国经济出版社，1992。

也明确提出："国家越落后，一个开拓性政府的作用范围就越大"，"软弱的政府不能维持自己境内的秩序"①。

但我们在看到政府对社会经济发展所起的重要作用的同时，还必须注意到并非一切政府都能如此，政府要促进社会经济发展首先要求提高政府质量，即政府应该富有理性、具有效益、能够自律，没有这种高质量的政府就不会有社会经济的发展。东亚一些国家或地区的政府之所以能发动经济增长，它们的政府本位、政府主治也是有其特殊性的：一是它们实行政府本位、政府主治是因为国内企业不够强大，国内市场不太完善，一旦企业强大、市场完善了，就不再实行政府本位、政府主治，政府自动让贤于企业和市场；二是它们的政府是高质量的政府，这表现在政府官员素质高、有理性，政府依法行政、高度自律、富有效益；三是它们以政府为本位实行政府主治的短期目的是以政府替代市场发动经济增长，但长远目的却是通过政府推行制度创新和制度供给来发育、完善市场，最终以市场替代政府保持经济增长。所以我们不能脱离具体情况去推行政府本位和政府主治。在我国传统计划经济体制下，实行政府本位、政府主治既不是因为企业不强大、市场不完善，而恰恰是政府管理企业，使企业成为政府机关的附属物；计划排斥市场，使市场规律不起作用。我们的政府官员，实事求是地说，有相当一部分是素质不高、理性不足、缺乏自律、效益不高、法治观念淡漠的，因此，这种现状的政府要促进社会经济发展是相当困难的。在这种体制下，社会经济发展的动力只能诉诸少数政府机关和少数领导人，而不是求助于作为社会动力的自由企业。它根据的只是依少数人智慧制定的计划而不是本着"八仙过海、各显神通"的市场。它依靠的是政府的经济集权、经济统制而不是企业的主动性、积极性和创造性。对于这种经济体制所具有的严重弊端，艾哈德早就指出："如果一个人把自己的一切希望都交给一个组织，我相信他也绝不会感到快活。我也不相信最后的真理永远在最强大的组织那一边。"② 并明确指出："只从集体的角度看问题和提出问题，这是我们这个时代所盛行的一种坏风尚。"③ 实践证明，这种体制严重地阻碍了社会经济发展，从长期来看，是行不通的。

① ［美］刘易斯：《经济增长理论》，520、516页，上海，上海三联书店、上海人民出版社，1994。

② ［德］艾哈德：《来自竞争的繁荣》，138页，北京，商务印书馆，1983。

③ ［德］艾哈德：《来自竞争的繁荣》，138页，北京，商务印书馆，1983。

企业本位意味着：企业处于社会经济的中心，企业是社会经济发展的根本动力，企业是社会经济的各分散决策主体，市场是社会资源的主要配置者，不是企业隶属于政府而是企业独立于政府，不是政府集权而是企业分权，不是企业听命于政府而是政府服务于企业，企业成为市场经济最主要、最适当的主体。当然，以企业为本位并不是不要政府，但要求政府干预减少到最适当的限度，并且这最适当限度的政府干预也必须恰当地依法进行，就像一个照顾植物的园丁，为植物生长创造最适宜的条件一样，为企业的发展创造有利的外部环境。政府管理企业是使企业成为市场主体还是使企业成为自己的附属物，是衡量政府管理成功与失败的根本而具体的标准。排斥企业本位，政府就是越俎代庖。以企业本位为指导思想所选择的经济体制就是市场主治的经济体制，也即市场经济体制。

实践证明，只有以企业为本位，才能最大限度地利用分散在社会中的各种知识，才能最广泛地调动最大多数人的主动性、积极性和创造性，才能最充分地利用市场，才能最有效地进行自由竞争和配置资源，才能最有力地抑制政府的非法干预，才能最根本地确立企业的市场主体地位。只有以企业为本位，一切为了企业，一切依靠企业，社会经济才能发展。强大的企业就是强大的经济和强大的国家，正是在这个意义上，美国前总统柯立芝明确提出："美国的事业是企业。"① 对此，我们完全可以接着说，中国的事业也是企业，甚或说，一切发展社会经济的事业都是企业，都要立足于企业、依靠企业。

所以，市场经济是一种主体经济，准确地说，是一种以企业为主体的经济，或者说，是一种以企业为本位的经济。这对于认识和确立经济法的主体具有指导意义。

第三节　企业本位与权利本位

任何主体要想真正成为主体，就不能没有法律的确认和保护，没有法律的确认和保护，就不会有真正的主体。正义的法律，以提升、确

① ［美］萨缪尔森著，高鸿业译：《经济学》，上册，139页，北京，商务印书馆，1990。

立、保护人的主体地位为其根本理念，或如黑格尔所说的："成为一个人，并尊敬他人为人，是法的命令。"①

法律确认和保护人的主体地位主要是通过赋予人们以权利来实现的，因此，人的主体性要求就是权利本位的要求。在市场经济体制下，以企业为本位，这就要求依法确立企业的权利。要依法确立企业的权利，就要正确处理政府权力与企业权利也即公权（力）与私权（利）的关系。这里，我们首先应树立对公权与私权的正确认识。公权与私权这对概念很容易引起人们的误解，人们从感性认识上往往喜好公权而厌恶私权，这导致了私权长期得不到有效的尊重和保护。在市场经济体制下，我们必须为其正名并认识到，从本原上讲是私权派生公权、私权决定公权，公权服务私权、公权保障私权，即私权本位而不是公权本位。只有真正服务、保障私权的公权才是真正合法、合理的公权，也才配称为公权。具体到政企关系来说，就是企业权利本位而不是政府权力本位，企业权利本位意味着在政府与企业间进行权力（利）配置时以企业为本位，在既可以授予政府权力又可以授予企业权利的情况下，授予企业权利；在既可以授予政府权力又可以不授予政府权力的情况下，不授予政府权力；在既可以授予企业权利又可以不授予企业权利的情况下授予企业权利。企业权利派生、决定政府权力，政府权力服务、保障企业权利。

只有企业权利本位才能真正使企业成为市场经济主体。

确立企业主体地位，在法律上有种种途径，其中重要的如民法、商法的规定。如民法关于权利主体尤其是法人制度的规定，企业作为法人被赋予主体的人格，享有自主的权利、具有自治的意思、承担独立的责任，民法对于确立企业的主体地位起着十分重要的作用。商法关于商事主体，尤其是公司法关于公司的规定对于确立企业主体地位也起着十分重要的作用，这正如美国前哥伦比亚大学校长巴特勒在 1911 年所说的："有限责任公司是当代最伟大的发明，其产生的意义甚至超过了蒸汽机和电的发明。"美国著名法学家伯纳德·施瓦茨也指出："正是公司制度使人们能够聚集起来对这个大陆进行经济征服所需要的财富和智慧。"

在认识和确立经济法的主体时，应坚持和贯彻企业权利本位，经济法的主体，其使命之一就是维护和保障企业的权利本位和企业的主体地位。

① ［德］黑格尔：《法哲学原理》，46 页，北京，商务印书馆，1961。

第四节　企业本位与国家干预及经济法

但仅凭民法、商法是否就足以确立企业的主体地位呢？在市场中，主体情形具有以下复杂性：一是市场主体既有政府又有企业，而两者无论是性质、职能还是权利（力）、地位都是不同和不等的。政府作为一个社会的总代表，它作为市场主体，主要是一种市场监管主体，它享有、具有支配性的公权力，这种权力的本性使得权力如果没有有效的法律制约会不可避免地走向滥用，必然会侵吞企业权利，使企业丧失主体地位而成为其附属物。这一点已为我国的实践所证明。我国的改革一直以企业改革为中心环节，企业改革基本上是沿着“两权分离”、扩大企业自主权、改革企业经营方式、以市场为导向、建立现代企业制度的思路向前推进的。但现在人们已普遍认识到了，无论是理顺政企产权关系、改革企业经营方式，还是建立现代企业制度，都必须首先从改革政府地位、转变政府职能开始。也就是说，地位不适当的政府是阻碍企业自主权落实的最大障碍。所以要确立企业的主体地位，必须首先确立政府的地位，即政府在市场中处于何种地位才是适当的。政府在市场中处于什么地位直接影响到企业主体地位的确立，如果政府的地位不适当，那么企业的地位也就不可能适当。这也就是说，要确立企业的主体地位，不仅要依靠民法、商法就企业本身规定企业享有什么权利，而且更为重要的是依靠其他法律规定政府享有什么权力。凡是法律未规定的也就是法律未授予的，就是依法禁止的，政府不得享有，这样就界定了政府权力并禁止其滥用，从而为企业权利的真正享有和行使创造了有利的外部环境，如果没有这种外部环境，企业不能有力地制约、对抗政府的非法干预，企业就不可能真正成为主体。民法、商法是企业权利的内部规定，经济法是企业权利的外部保障。二是就企业与企业这种同类主体来说，企业间在资本、技术、设备、人才、规模、商品、服务等方面都存在着千差万别，因此，在市场价值规律的作用下，经过激烈的竞争，必然导致优胜劣汰生产集中，形成垄断，胜者为王，败者称臣；或者某些企业为了获取高额利润而结成垄断性联盟，排斥其他市场主体的存在，这些都说明，由于垄断的存在将有许多企业会丧失主体地位。由于民法、商法是市场调节规律的体现，就其本质而言是市场竞赛规则，它们能够确立强者的主体地位，但无法保护弱者的主体地位（保护弱者的主体地位在本质上是与民法、商法的宗旨相悖的），这也就是说，要确立企业的主体地位必须依靠其他法律来反垄断，只有反垄断成功了，才能从根本上确保企业的主体地位。三是就单个企业本身来说，由于企业以追求自身利益为目的，为了争取自身利益的极大化，都有为实现该目的而任意行为的渴望，这样不可避免地导致企业行为不规范，企业主体盲动，经济秩序混乱，这表明，给企业以自由，但并不是每个企业都能适当地享有自由、都能恰当地行使自由，如果不依法加以规范、约束，企业难以成为一个自为的主体，而不是自为的主体实质上就不是真正的市场主体。但民法、商法使企业能够知晓自身的内部情况，却难以了解整个社会乃至整个世界的信息；它们使企业私人自治、各自为政、决策分散，企业能够意思自治、管好自己的事务，却难以进行社会经济的宏观调控；它们使企业能够追求自身利益却难以协调整个社会利益，因此单靠民法、商法来确立企业的市场主体地位是远远不够的。

以上论述说明，要确立企业的市场主体地位不仅要依靠民法、商法，还要依靠其他法律部门，其中经济法就是重要的一种。这是由经济法的宗旨所决定的。经济法的宗旨之一是界定国家（政府）权力、规范国家（政府）行为和明确国家（政府）责任，它规定什么样的国家（政府）机关才能作为经济管理机关介入市场成为经济法的主体，经济法是通过规制政府主体来确立企业的市场主体地位的；经济法的宗旨之二是反垄断，反垄断法是经济法的核心内容之一，它通过反对垄断来根除垄断企业对其他企业的支配，这样一方面是使垄断企业成为自我约束的自觉的市场主体，另一方面是使其他企业成为自我发展的自立主体，从而全面确立企业的市场主体地位；经济法的宗旨之三是宏观调控以克服盲目无序性，单个的企业谁也无法了解整个社会的信息，不能完全认知客观规律，就必然处于一种无知和盲目状态，为客观规律所左右和束缚，难以成为真正的市场主体，经济法就是通过宏观调控向社会各企业提供整个社会的信息，使它们尽可能了解整个社会的信息，认知客观规律并利用客观规律，为它们决策提供参考，从而使企业成为自为的主体也即真正的市场主体。

第五节 经济法主体的确立根据及构成

确立经济法的主体应根据经济法所调整的社会关系。如前所述，经济法调整的社会关系是市场竞争关系和宏观调控关系，经济法调整这种社会关系的根本宗旨是维护市场竞争和进行宏观调控，为此，必须设立竞争维护者和宏观调控者，很显然，经济法的主体主要就是竞争维护者和宏观调控者。

一、竞争维护者

竞争维护者是市场经济公平、自由竞争的忠实卫士。市场竞争法的实施，垄断的根除，限制竞争和不正当竞争的反对，弱者的扶持，消费者合法权益的保护，市场公平、自由竞争秩序的维护，都离不开竞争维护者。竞争维护者是市场经济的内在构成要素。要促进市场经济公平、自由竞争地发展，必须建立和健全竞争维护者。

1. 竞争维护者主要是国家机构

垄断（限制竞争）和不正当竞争损害消费者的合法权益，由于每个人都是作为消费者才能满足自己的需要，从而垄断和不正当竞争几乎会遭到每个人的反对，每个人都可能成为反垄断和反不正当竞争者。但垄断是一个强有力的组织，不正当竞争扰乱市场竞争秩序，因此，要真正反垄断和反不正当竞争主要不是靠个人，而是靠以国家公权力为后盾的专门机构，以强权对强权才能奏效。我们这里所说的竞争维护者主要是竞争维护机构，具体包括反垄断机构和反不正当竞争机构，由它们共同构成，其中以反垄断机构为重，反不正当竞争机构亦可一同并入反垄断机构。如美国的反托拉斯局、联邦贸易委员会，德国的卡特尔局、垄断委员会，日本的公正交易委员会，英国的公平贸易总局、垄断和合并委员会，法国的竞争委员会，我国的反垄断委员会，等等。

2. 竞争维护机构是一个专业机构

竞争、垄断（限制竞争）是一种十分复杂的社会现象，反垄断法是一种专业性、技术性、政策性都很强的法律，这就决定了反垄断机构应是一个由各种专家所组成的专业性很强的机构。关于这一点，许多国家的反垄断法都作出了明确的规定。如美国联邦贸易委员会下设竞争处和经济处，其中，竞争处由法学家组成，经济处由经济学家组成。德国的垄断委员会是一个专家鉴定机构，它由 5 名成员组成，他们必须具有专门的国民经济学的、企业经济学的、社会政治学的、技术的或经济法方面的知识及经验。日本的公正交易委员会由委员长和委员 4 人组成，委员长和委员从有关于法律或经济的学识、经验的人中予以任命。法国的竞争委员会由 16 名委员组成，其中 7 名委员必须从行政法院、审计总署或法官中选任，4 名委员必须是在经济、竞争法或消费者保护问题方面有专门知识和经验的专家，其余 5 名委员必须从事过相关职业。综观许多国家的反垄断机构，专家执法的特点格外明显。

3. 竞争维护机构是一个独立机构

竞争维护机构是市场公平、自由竞争的化身，为了保障竞争维护机构能够切实执行市场竞争法，维护市场公平、自由竞争，必须依法规定竞争维护机构是专门机关，赋予它以独立的地位，割断它与社会上其他人和事的利害关系。如美国的联邦贸易委员会委员不得从事其他实业、休假或其他职业。德国的垄断委员会成员既不得就职于政府机构、联邦立法机构或州立法机构，亦不得是联邦、州或其他公法人的公职人员，他们也不得作为经济协会或雇主组织或职工组织的代表人，也不得与常设机构或商业事务方面有什么关系；在当选为垄断委员会成员的前一年，他们也不得担任过同类职务。日本公正交易委员会的职员，在任职期间，不得充任国会或地方公共团体的议员，或积极地从事政治运动；除有内阁总理大臣的许可外，不得从事其他有报酬的职务；不得经营营业以及从事其他以金钱上的利益为目的的业务。

4. 竞争维护机构不尽是行政机关

目前，我国的《反不正当竞争法》规定由工商行政管理部门作为执法机构；我国的《反垄断法》第 9 条、第 10 条规定，该法的执行机构为隶属于国务院的反垄断委员会和授权省、自治区和直辖市人民政府的反垄断法执行机构，具体可能包括国家发改委、商务部和工商局等部门。这样的话，竞争维护机构就成了一个行政机构。这是不适当的。世界上绝大多数国家的反垄断机构不尽是行政机关，至少不是纯粹的行政机关。如美国的反托拉斯局虽然在组织关系上隶属于司法部，但美国的司法部不像我国的司法部，它不是纯粹的行政机关，它还负责在普通法院提起民事诉讼或刑事诉讼，因此它又是一个检察机关，是一个准司法机关。而美国的联邦贸易委员会则是一个独立于政府的机关，它的工作直接受国会的领导和监督。德国的联邦卡特尔局有权独立地对具体案件作出裁决，它具有准司法机关的性质；德国的垄断委员会的活动是独立的，它只受《反限制竞争法》的约束。即使是日本的公正交易委员会，尽管它是一个行政委员会，但法律规定它的委员长和委员必须在取得两议院的同意后任命，而且公正交易委员会独立行使职权。英国的公平贸易总局尽管是一个行政机关，但公平贸易总局及其局长的业务活动不受政府指示的约束。这些都是成功的经验，值得我们参考借鉴。我们应该在行政机构之外设立专门的竞争维护机构，统一而独立地执行反垄断法和反不正当竞争法。如果竞争维护机构是一个行政机构，那么它就无法也无力反对行政垄断。

二、宏观调控者

1. 宏观调控者主要是国家机构

任何法律的主体从根本上说都是人，因为主体是人，并且事在人为。经济法的主体亦然。但法律与法律不同，法律主体与法律主体亦有不同。经济法调整的社会关系之一是宏观调控关系，这种社会关系涉及宏观全局，关系国计民生，影响国民经济整体，非私人所能为，非私力所能及，它要求公权力介入、公权力干预，这就决定了作为经济法主体的人不是私人而主要是有关国家机构，具体是履行宏观调控职能的相关国家机构，如计划委员会、财税机构、中央银行、产业调节部门等，它们构成宏观调控机构。

2. 宏观调控机构应具统一性

宏观调控的根本宗旨在于宏观着手，控制全局；统一市场，调配资源；通盘考虑，通力合作；调剂余缺，取长补短；协调发展，共同进步。如果地方封锁，条块分割；各自为政，一盘散沙；单打独斗，互相掣肘，就没有宏观调控可言。统一性是宏观调控的基本要求，这一基本要求决定了宏观调控机构应具统一性。宏观调控机构应上下左右、纵横统一，令行禁止，政令畅通。具体说来，中央宏观调控机构履行全国宏观调控职能，地方宏观调控机构履行地方宏观调控职能，中央与地方宏观调控机构之间在统一的基础上隶属、服从；地方与地方宏观调控机构之间在统一的基础上分工合作。其中，要以中央宏观调控机构为主、为重，要地方服从中央、局部服从整体。

3. 宏观调控机构应具有权威性

宏观调控是在全国社会范围内调集资源、统一部署，促进国民经济整体、协调发展，这犹如调兵遣将、指挥千军万马，必须要有权威，做到军令如山、令行禁止。宏观调控要求顾全大局、服从大局，有时甚至要牺牲局部利益保全大局。宏观调控也是一种利益调整，会导致利益的得丧变更，会发生重大利益冲突，这就要有权威机构去协调、平衡。这些都说明宏观调控是一种权威行为，这一性质决定了宏观调控机构应具权威性。具体说来，宏观调控机构的设立要有法律根据，有法律授权，具有相当的权威性，有权有威，令人信服信从，能做到令行禁止。当然，这种权威不是仅仅建立在强制命令的基础上，而是更多地建立在科学有效上。如计划机构的权威，就不是建立在它所作计划的指令性上，而是建立在他所作计划的科学有效的预测上。从根本上说，人们只服膺真理，真理性的东西才具有权威性，为此，宏观调控机构应不断向真理靠拢，最好是真理的化身，所作出的政策和法律是客观、真实和有效的，才能真正具有权威性。

4. 宏观调控机构应具有专业性

现代社会经济问题错综复杂，“高精尖专”，专业性强，宏观调控更是如此。在现代知识经济时代，大大地突出了知识尤其是专业知识在经济发展中的决定性意义，这也许回应了“学而优则仕”、“国王应是哲学王”这两句著名的中西哲言，信奉“能人主义”和“专家治国”是必要的。要有效地进行宏观调控，必须依靠科学理性，依靠专业知识，要求术业有专攻，要有精湛的专业水平。因此，应该通过公开考试，公平竞争，择优录用，把优秀的专业人才选拔到宏观调控机构，以便发挥其专业特长，真正把专业特长与领导权力结合起来。此外，如上所述，宏观调控机构应具有权威性，而权威性应建立在专业性的基础之上，无知外行只能是瞎指挥和乱干预，不可能有效地进行宏观调控，也无权威可言。宏观调控机构是国民经济的总设计师和领头人，应当由专家和精英组成。如作为宏观调控重要机构的中央银行，我国有关法律法规明确规定，高级管理人员必须熟悉有关经济、金融法律法规，有金融专业经营和管理的丰富专业知识，有很强的管理工作和业务工作能力。

5. 宏观调控机构应具有民主性

宏观调控是一项庞杂的社会工程，涉及社会经济的方方面面，需要非常全面而充分的知识和信息；这是大众共同的事业，关系国计民生，影响国泰民安，需要大众参与、群策群力，必须充分发扬民主，依靠民主，集思广益才可能完成；只有发扬民主，反对长官意志，克服片面和盲点，杜绝偏见和无知，宏观调控才能有效。如作为宏观调控重要措施的计划，缪尔达尔称之为“民主计划”，因为“寻求大众的参与是‘民主计划’的中心原则”，它旨在表明，第一个意义是，“民主计划要求人民的参与和主动精神，不是在遥远的将来，而是尽可能早地在为自治和合作而创造新制度的过程中，从根本上说，计划问题就是如何诱导人民在补救所有使国家处于不发达的不太令人满意的条件过程中参与和合作。第二个意义是，整个计划和发展过程应该发生在民主政治结构之中”①。刘易斯也认为：“人民的热情既是计划的润滑油又是经济发展的燃料——一种几乎能使一切事情成为可能的动力。”② 民主是计划获得成功的重要保证，“如果发展计划不能被其他部门心悦诚服地接受，即使它很合理，也只能以失败而告终。保证计划的可接受性的最好办法是让那些将要实施计划的人们选派代表参与计划的制订”③。计划的民主要求决定了计划机构的民主性，“计划机构领导者的才能不仅必须包括计划技术的经验、管理一个复杂过程的能力，而且也包括与许多地位、性格、情趣迥然不同的人融洽相处的能力”④。

6. 宏观调控机构不尽是行政机构

前已论及，宏观调控机构应具有民主性，应尽可能吸纳一切可以吸纳的人，宏观调控机构的人员构成应具有广泛的代表性，不应全部来自行政机构。如计划，刘易斯指出：“计划是为了一个民族而不是为了一个政府而制定的，这个命题也解释了计划委员会的结构，它要求公众参与计划设计的每一个阶段。”⑤ 宏观调控是一种国家职能，不限于行政职能，也不能仅靠行政机构去完成。“计划的实施不仅仅依赖于政府；相反，它是以公众将从事许多发展所必需的活动为前提条件的。”⑥ 虽然有些行政机构充当宏观调控机构，但这并不是说该宏观调控机构就是行政机构，因为该行政机构进行宏观调控要接受权力机构的审批和监督，本质上是代表权力机构进行宏观调控，执行的是权力机构的意志和法律，所以许多国家的计划都必须由国会审批并接受国会的监督。实践

① ［瑞典］缪尔达尔：《亚洲的戏剧》，128页，北京，北京经济学院出版社，1992。
② ［美］刘易斯著，黄进发译：《经济计划原理》，117页，北京，商务印书馆，1965。
③ ［美］刘易斯著，何宝玉译：《发展计划》，251页，北京，北京经济学院出版社，1988。
④ ［美］刘易斯：《发展计划》，256页，北京，北京经济学院出版社，1988。
⑤ ［美］刘易斯：《发展计划》，255页，北京，北京经济学院出版社，1988。
⑥ ［美］刘易斯：《发展计划》，255页，北京，北京经济学院出版社，1988。

也证明，为了避免行政干预，宏观调控机构应具有独立性，要独立于行政机构，如许多国家的中央银行的高度独立即是如此。

第六节　确立经济法主体的意义

把经济法的主体确立为竞争维护者和宏观调控者具有重要的意义：

第一，它表明经济法的主体不尽是行政机关，不能笼统地认为经济法的主体就是行政机关。即使是行政机关也不是一切行政机关都管理着国民经济，事实上，有的行政机构还是相当疏远的，如行政机关的某些部委厅局。因此，在认识经济法的主体时就是要正确地界定什么样的行政机关才能作为经济法的主体。

第二，它表明不能简单地把民法、商法的主体移植为经济法的主体。经济法关系与民商事法律关系是不同的两类法律关系，自然它们分别要求不同的法律主体，经济法的主体与民商法的主体无论在法律人格、主体特征、法定权利（力）、法律责任等方面都有很大的差别，两者应当厘清而不应混同。

第三，有利于正确地把经济法的主体与行政法的主体和民商法的主体区别开来。我认为，一切法律主体从根本上说都只能是单个的公民和由单个公民所构成的组织，这在本质上并没有什么区别。公民和组织到底是哪个法律部门的主体，取决于他们实施了什么样的行为和缔结了怎样的社会关系，从而形成了何种法律关系。正像一个人一样，每个人的角色都是多重的，在家里可能是丈夫或父亲，在单位可能是处长或局长，在市场中可能是买主或卖主，很难说公民或组织就只能是某个或几个法律部门的主体。比如一个成年公民，如果他杀人，那么他就成为了刑法的主体；如果他结婚，那么他就成为了民法的主体；如果他开公司，那么他就成为了商法的主体；如果他是公务员，那么他就成为了行政法的主体；如果他从事维护市场竞争行为和宏观调控行为，那么他就成为了经济法的主体。

第四，明确经济法的主体就是竞争维护者和宏观调控者有利于从根本上真正抑制政府的广泛干预。由于不明确什么样的政府机关和政府官员可以作为经济法的主体，从而笼统地认为，似乎一切政府机关和政府官员都可以作为经济法的主体，大量的政府机关和政府官员作为管理者存在，这是导致政府广泛干预的根本原因之一。经济法主体的界定就是要把政府以一种总体的身份、所有的组成机关、笼统的权力和全体职员从事经济管理活动转变为，政府以特定的身份、具体的代表机关、明确的权限和指定的职员从事经济管理活动。把经济法的主体确立为竞争维护者和宏观调控者，意味着其他政府机关和政府官员不应再作为经济法的主体，这就大大地减少了管理者的存在，从而才能真正改变过去的政府机关和政府官员无处不在、政府干预无时不有的现象，使企业摆脱政府的广泛干预而成为真正的市场主体。

第九章

经济法的权力（利）

经济法的权力（利）是经济法的核心所在，科学地认识经济法的权力（利）对于正确认识国家的经济职能，恰当地界定政府的权力，有效地保障企业、个人的权利都具有至关重要的意义。

第一节　传统经济法权力（利）的述评

经济法的权力（利）问题历来为经济法理论所重视，对此，传统经济法理论提出过种种观点。

一、关于经济法权力（利）的性质也即经济法权力（利）质的方面

1. 有人认为，经济法的权力（利）是一种行政权

他们认为，“在研究经济行政法律关系的权利义务时，必须着重这种权利义务所具有的‘行政性’特征。这是经济行政法律关系是由国家经济行政机关运用行政权力对经济生活实行管理、监督、调节、干预的结果。其权利义务，实质上是行政权力活动。经济行政法律关系的权利义务，是行政权利和行政义务。”① 我认为这种认识是不妥当的，它缺乏对权力、权力史和行政权的必要分析。权力就其原初存在来说，主要就是行政权，如在自然经济时期、在专制社会，一切权力都统归于行政权并通过行政权表现出来，行政权是包罗万象的、是至上的，其他权力（更不用说权利）没有独立存在的意义。但社会是发展的，随着社会发展并作为社会发展的表征之一就是行政权的不断缩小，逐渐丧失至上性，其他权力（包括权利）不断从行政权力中分立出来，并作为对行政权的制约，其中最有历史性决定意义的就是立法、行政、司法的“三权分立”（立法、行政、司法三权分立，准确地说是立法权、司法权从行政权中分立出来）和关于公民基本权利义务的规定。权力发展的历史向我们表明，社会越发展，行政权越缩小，作为现代自由、民主和法治社会的一个重大标志就是出现了许多从行政权中分离出来的依法加以确认和保障的独立权力（利），从下文的论述，我们可以看到，经济法的权

① 梁慧星、王利明：《经济法的理论问题》，238 页，北京，中国政法大学出版社，1986。

力（利）就是其中最重要的一种。

2. 有人认为，经济法的权力（利）是一种权力而不是权利

他们认为，之所以如此，是由经济法所调整的特定社会关系所决定的。在这种社会关系中，当事人地位不平等，权力（利）义务不对等，相互之间是一种隶属服从关系，因此，经济法的权力（利）具有权力的属性，是一种权力。我认为，这种观点是过去计划经济体制的产物，它使行政管理、经济管理广泛化、普及化了。行政管理、经济管理无处不在、无时不有，这是一种命令经济的产物和表现。这种观点也缺乏对行政管理、经济管理的正确认识。在一个自由、民主和法治的社会，行政管理、经济管理乃至其他主要的管理都应是依法管理，管理者管理的依据是法律，管理者之所以能够管理被管理者仅以法律规定为限；同样，被管理者之所以必须接受管理者的管理也是因为这种管理建立在法律的基础之上，被管理者服从管理者的范围也仅以法律规定的为限。在这里，管理者必须依法管理，被管理者只是接受法律的管理，就两者都必须守法而言，他们地位是平等的，权力（利）义务是对等的，并不具有什么隶属服从性。管理不一定要以隶属服从为前提，管理也不等于隶属服从。管理者管理被管理者并不等于被管理者隶属服从于管理者，把经济管理关系看作是一种隶属服从关系的错误根源在于把经济管理看作是似乎独立于法律、不依法律而进行的管理，把被管理者对法律的隶属服从当作是对管理者的隶属服从，把管理者与被管理者之间的关系简单划一为隶属服从关系。尽管经济法的权力（利）以经济法的权力为主，但经济法的权力（利）不仅包括经济法的权力，也包括经济法的权利，如下文所要论述的市场竞争权和宏观调控权即是如此。

3. 有人认为，经济法的权力（利）是一种经济权利

他们认为，经济法是调整经济关系的，经济法的权利具有显著的“经济性”，因此经济法的权力（利）就是经济权利。我认为，这种认识是不正确的，因为调整经济关系的法律部门很多，不仅仅是经济法，同样，权利具有显著的“经济性”的也不仅仅是经济法的权力（利），其他法律部门的权利也有显著的“经济性”，如民事权利。经济利益是权利的本质内容，在这个意义上可以说，一切法律权利都具有“经济性”，因此，“经济性”不足以把经济法和其他法律部门区分开来，也不足以把经济法的权力（利）和其他法的权利区分开来。另外，作为经济法权力（利）的也并不都具有经济性，也并不都是经济权利，它还包括很多非经济性的权利和权力。

4. 有人认为，经济法的权力（利）是一种“经济权限”

他们认为，“经济权限”是专属的，它只能为国家机关尤其是行政机关所享有；它与一定的职位相对应，又称职权，有职有权，无职无权；它是权力（利）与义务的统一，既表明一定主体所享有的权力（利），同时也包含对该主体权力（利）的限制；它既不能转让，也不能放弃。对于这些认识，我认为应区别对待。那种认为经济权限是一种行政权的观点是不适当的。尽管权限的概念在历史上形成于行政法学，经济权限是在这个基础上演变而来的，但实际上，并非只有行政机关才可享有经济权限，在现代社会中，有权管理社会经济活动的机关绝非只是行政机关，还有许多其他的机关，任何管理社会经济活动的机关所享有的权力都是一种公权力，在一个法治社会，这种公权力是必须依法加以制约的，也就是说任何经济管理机关的权力都是一种经济权限。对于“经济权限”，我们应坚持它的本义，“权限”，拉丁文为“Competenta”，其本义即权力（利）的“法律归属”，权力（利）必须、也只能由法律规定和依法律确认，在依法赋予某一主体以权力（利）的同时也强加义务限制，权限就是授权与限权的内在统一。在经济法领域，我们也只是在这个意义上使用经济权限的。

二、关于经济法权力（利）的范围也即经济法权力（利）量的方面

人们对经济法权力（利）的质的不同认识，直接决定着人们对经济法权力（利）的量的规定。总体说来，人们对于经济法权力（利）的范围有多大、边界何在、具体包括哪些权力（利）的认识是不明确的，有争议的，有的甚至是错误的。

1. 把许多行政权纳入经济法的权力（利）

有许多学者认为，经济法是政府干预社会经济的产物，政府干预是经济法的本质所在，因此，把许多行政权纳入经济法权力（利）就是不可避免的了。我认为，行政权根据其所作用的对象的不同性质，具体可分为两个部分：一部分是，如果行政权作用的对象——某种社会关系具有普遍性并已有相关法律规定，那么行政权只不过是执行有关法律规定而已，即依法行政。它在本质上与司法权并无二致，也正是在这个意义上，宪法才规定国家行政机关的性质是国家执法机关。应当说在一个法治社会，这是行政权的主要部分。这种行政权作为一种执法权，只能为行政机关所独有而不能为任何经济法主体所分享。另一部分是，如果行

政权作用的对象——某种社会关系不具有普遍性，法律未作规定或无从规定，那么行政权可以根据法律精神和具体政策指示自由裁量，在一个法治社会这是行政权的一小部分，但即使是这一小部分行政权的行使也必须依据严格的行政程序进行，不可轻易地引入没有行政程序规定的其他部门法中。

2. 把一些司法权纳入经济法的权力（利）

有人认为，经济法所调整的社会关系是一种极其重要的经济关系，因此主张有关机关尤其是经济管理机关有权对违反经济法规定的行为进行制裁，有关机关所享有和行使的这种制裁权是经济法的一种重要权利。[①] 我认为，制裁权是一种典型的司法权，只能由司法机关所享有和行使，有关受害人只能基于受害事实和有关法律规定请求司法机关行使制裁权来恢复其被侵害的权利，而不能径直自己行使。把制裁权作为一种司法权统归司法机关享有和行使，避免了冤冤相报、私人复仇，这是社会文明、进步的重要标志。值得指出的是，在现实中，由于种种原因，这种制裁权从司法机关大量流失到行政机关，蜕变成行政制裁，如乱罚款、乱没收、任意勒令停产、随意吊销营业执照等等，就是一种严重的表现，这已经到了非整治不可的地步了。我们不能因为司法机关任务繁重、精力不够、业务不熟而把一些本应由司法机关享有和行使的权力让与他人。由于任何其他机关都没有法院那样健全、严格的程序作保障，所以由它们来行使制裁权难以做到公正、合法，这对人们合法权益的保护是极其不利的。即使其他机关能够很好地行使所让与的制裁权，但司法机关才是最后的决断机关，当事人对其他机关的制裁不服，还是要向法院起诉并要求法院裁决，因此，其他机关的制裁只不过是增加了一个多余的环节，是没有效益的。实际上，有人之所以把制裁权这种司法权纳入经济法的权力（利），根本原因在于没有把法律责任和法律制裁区分开来，法律包括经济法规定的只是法律责任，而对法律责任的追究是归司法机关所享有和行使的制裁权，两者不容混淆。

3. 把其他部门法的权力（利）纳入经济法的权力（利）

人们对经济法的调整对象认识不清，从而导致经济法同其他法律部门特别是相邻法律部门的边界划分不清，因而必然导致把其他部门法的

① 参见国立莫斯科大学、斯维尔德洛夫法学院合编：《经济法》，342～358 页，北京，中国人民大学出版社，1980。

权力（利）纳入经济法的权力（利）。

（1）把许多行政法的权力纳入经济法的权力（利）

只要认为经济法本质上只是经济行政法，就必然把经济法的权力（利）看作是行政法的权力，从而模糊了经济法的权力（利）与行政法的权力的边界，把许多行政法的权力纳入经济法的权力（利）就是理所当然的了。前面详细分析了经济行政法的错误，自然在经济法的权力（利）方面也不能认同经济法的权力（利）与行政法的权力相混淆，以及把行政法的权力纳入经济法的权力（利）的做法。

a. 把审批权、登记权纳入经济法的权力（利）是不当的。

把审批权、登记权当作是一种经济法的权力（利），是计划经济作为一种审批经济在经济法中的充分体现，什么都要经过审批，多部门多环节地审批，公章成了权力的现实而具体的象征，办一件事要盖满密密麻麻许多公章，有的高达几百个公章。现在人们已充分认识到了，这种审批权、登记权的滥用是导致拖拉推诿、官僚主义、贪污腐化、不正义、无效益的重要根源，因此，在作为法治经济的市场经济条件下，必须用“准则主义”取代“审批主义”，在法律上对各种事情作出明确规定，只要合乎法律规定，就应获得批准和给予登记，能否通过审批和获得登记取决于该事项是否与法律规定相符而不听命于审批者或登记员的意志，这里，不允许他们发号施令，不得故意刁难。这正如艾哈德在论述社会市场经济与管制经济有什么区别时所指出的：“我们经济政策有什么新的东西。新的东西就是：国家现在不再干涉个人的事情，其中有这么一条，就是经济部长不再对商人发号施令；商人们不再到他那里去请求盖章‘批准’签发许可证与执照。我们实施了下面这条原则：商人，还有工人和每个公民必须能自由处理自己的事情。”①

b. 把许可权纳入经济法的权力（利）。

许可权是国家机关由于特定原因而对特定人或特定事给予的一种作为或不作为的权利，可见，许可权不具有普遍性而具有特殊性，这是一种典型的行政法权力。我认为经济法的权力（利）也是一种法权而不是一种特权，它并不是由于特定原因对特定人或特定事给予的一种权利，它是一种普遍权利，为有关主体或一切主体所享有。人们所享有的经济法权力（利）也不是来自任何人（包括政府机关）的许可而是来自经济

① ［德］艾哈德：《来自竞争的繁荣》，103页，北京，商务印书馆，1983。

法的规定，经济法没有规定的，一般地说，任何机关也无权加以许可，特定人也不得享有这种许可。只有把经济法的权力（利）看作是一种普遍权利而不是特殊权利，才能实现经济民主、经济自由和经济正义。长期以来，社会上之所以会有特权存在，出现“寻租现象”，导致竞争不公平，在很大程度上与这种许可权的滥用有密切关系，在经济法领域应尽量减少乃至杜绝许可权是实现经济法治的核心内容之一。

（2）把民法的一些权利纳入经济法权力（利）

如把民法中的财产权当作是经济法的权力（利）。[①] 我认为，对于财产所有权能否作为经济法的权力（利）应加以分析。我们实行的是社会主义公有制，政府作为一个社会的总代表，当然对国有资产享有财产所有权，但政府享有的财产权分两种情况：一种情况是为了实现国家经济职能如完成国民经济计划，加强宏观调控，生产“公共物品”等所享有和实施的国家所有权；一种情况是政府作为国有财产的所有者对国有资产进行的经营管理和与其他财产所有者进行的经济活动。这两种财产权的性质是不同的，前者可作为经济法的权力（利），而后者则不能，因为后者与民法中的财产所有权并无二致。再如把民法中的债权也当作是经济法的权力（利），如拉普捷夫就曾创立了一个新名词——“经济债”[②]，并认为这是经济法的权力（利），但仔细分析，这种“经济债”与民法中的债权在本质上并没有什么区别。

（3）把商法的一些权利纳入经济法的权力（利）

这是由我国经济体制改革的进程所决定的。我国经济体制改革的核心之一就是搞活国有大中型企业，使它们从政府机关的附属物转变为自主经营、自负盈亏、自我发展、自我约束的市场主体。为此，国家颁布了《全民所有制工业企业法》，《全民所有制工业企业转换经营机制条例》等重要法律和法规，这些法律和法规规定了企业的重要权利。在这种特定历史条件下，把有关企业方面的权利纳入经济法的权力（利）是无可厚非的。但是，这毕竟是一种过渡性的改革措施和法律法规，随着社会主义市场经济体制的确立和发展以及建立现代企业制度的客观要求，它们必然会被更普遍、更规范、更有效的企业法和公司法所代替，因此，把企业、公司的权利这种典型的主要是商法上的权利再纳入经济

① 参见杨紫烜、徐杰主编：《经济法学》，58～59页，北京，北京大学出版社，1994。

② ［苏］B. B. 拉普捷夫主编：《经济法理论问题》，155～201页，北京，中国人民大学出版社，1981。

法的权力（利）就不适当了。

(4) 把诉讼法的一些权利纳入经济法的权力（利）

如有人把请求调解权、申请仲裁权、经济诉讼权等诉讼法的权利纳入经济法的权力（利）。[1] 我认为这些权利都是程序法中的权利，不宜纳入作为实体法的经济法的权力（利）中来。任何实体法的实施都离不开程序法的保障，但这不等于说，与实体法有关的程序法的权力（利）也要纳入该实体法，如民法就没有把请求调解权、申请仲裁权、经济诉讼权纳入民事权利。

第二节　经济法权力（利）的根据及内容

从上述传统经济法理论关于经济法权力（利）的述评中我们可以看出，人们之所以对经济法的权力（利）存在这样那样的不同认识，究其根源在于对经济法的调整对象有不同的认识。

如果不能科学地认识经济法所调整的特定社会关系，就不可能科学地确立经济法的权力（利）。因此，确立经济法权力（利）的根据是经济法的调整对象，要确立经济法的权力（利）必须从认识经济法的调整对象开始。据前文所述，经济法的调整对象是市场竞争关系和宏观调控关系，这两种关系的核心是市场竞争权和宏观调控权，由此可以确立经济法的权力（利）主要就是市场竞争权和宏观调控权。

一、市场竞争权

市场竞争是市场经济的本质属性，要发展市场经济必须维护市场竞争，而要实现这一点，最主要的就是依法赋予和维护市场竞争权。一方面，市场竞争权是经营主体为从事市场竞争所应享有的基本权利，各经营主体通过享有市场竞争权利进行市场竞争，从而促进市场经济的发展；另一方面，市场竞争权是有关国家机关为了维护市场竞争秩序所必须享有的重要权力，有关国家机关通过享有和行使市场竞争权力维护市

① 参见杨紫烜、徐杰主编：《经济法学》，60 页，北京，北京大学出版社，1994。

场竞争秩序，从而促进市场经济的发展。前者是正面的，为私法上的权利；后者是反面的，为经济法上的权力。在市场经济发展的前期即自由竞争时期，前者是主要的；在市场经济发展的后期即垄断时期，后者是主要的。因为在市场经济发展的后期，市场竞争日趋激烈残酷，也不断被限制扭曲，不正当竞争大量存在，垄断开始形成，市场竞争受到严重限制。在这种情况下，要恢复市场竞争，首要的是反对不正当竞争和反对垄断等限制竞争，为此，必须赋予竞争维护者以维护市场竞争的权力，作为经济法权力的市场竞争权显得十分重要。

（一）市场竞争权的性质

1. 市场竞争权是一种自由竞争权

市场竞争权的宗旨就是维护竞争这一自由在市场的化身，让自由竞争成为市场的基本法则。市场竞争权赋予人们自由竞争的权利，权益来自竞争，每一个市场主体有权也只能通过自由竞争去追求自己的合法权益，禁止任何人采用不正当的、非竞争手段去谋求自己的非法权益。自由竞争是人们从事经济活动必须遵循的行为准则。市场竞争权就是要把自由竞争树立为评价人们经济活动的最权威的裁判，在自由竞争法则下，优胜劣汰，胜者光荣体面，败者心服口服，让自由竞争成为化解人们利益冲突的最公开、最公平、最公正的方法。

市场竞争权就是要反对垄断者凭借垄断地位固守所得、坐享其成、贪图安逸这种怕冒风险、不思进取的寄生性，因为这样的话，人类社会进步所需要的才能、智慧和企业雄心以及其他美德就不能充分激发出来。如果说垄断企业过去的成就是通过自由竞争取得的，是市场社会颁给成功的革新者的奖金，那么垄断企业的这种成就也只能通过自由竞争去维持。市场竞争权就是为了摆脱垄断这只“看得见的手”的支配，而让人们受市场自由竞争这只“看不见的手”的支配，正是由于它是看不见的，所以它不能为任何人所控制，不会成为任何人的囊中之物，只有这样，每个人的命运才不会由别人来决定而由自己去主宰，从而人们才会有自由。市场竞争权就是为了保障人们享有自由竞争这一基本权利以及由此所带来的人类发展进步权和追求幸福权，因为自由竞争“是达到这个目标的唯一可能的途径”①。

① ［德］艾哈德：《来自竞争的繁荣》，15页，北京，商务印书馆，1983。

2. 市场竞争权是一项消费者主权

人类一切经济活动的最终目的都是满足人类自身的需要。在现代市场经济体制下，由于分工的高度社会化、精细化，任何人都不能自给自足，任何人都只能以消费者的身份通过市场机制来获得满足。每个人都是消费者，保护消费者合法权益也是从根本上保护所有人的合法权益，为消费者服务才是真正为人民服务。消费者是上帝、一切为了消费者是市场经济的基本道德和法律准则，它使市场经济不至于“钻到钱眼里去”而具有人类情怀和人文精神。保护消费者的合法权益必须采取种种有力措施，其中通过市场竞争权反垄断和反不正当竞争就是最根本的一种。因为，垄断是一种市场霸权，它可以通过这种市场霸权而无须自由竞争去控制市场，因而讲求效率，节约成本和降低价格的动力就大大减少了，结果导致成本提高、服务下降，最终必然损害消费者的合法权益。实践证明，垄断利润的攫取总是以直接或间接减少消费者“篮子里的东西”为代价的，因此，艾哈德指出：“每种垄断的形式都隐藏着欺骗消费者的危险性，使经济停滞不前。”① 市场竞争权要反对垄断，是一种反垄断权、反限制竞争权。而不正当竞争，使一些经营者用不正当竞争手段如假冒仿冒、商业贿赂、商业诽谤、侵犯商业秘密等损害、排挤其他经营者，会恶化竞争环境，扰乱竞争秩序，导致优汰劣胜，打击、挤垮优秀经营者。没有了优秀的经营者，就没有了优质的商品和服务，最终要损害消费者的合法权益。市场竞争权要反对不正当竞争行为，是一种反不正当竞争权，目的是捍卫正当竞争，因为“只有正当竞争才能使作为消费者的人们从经济发展中受到实惠”②。

3. 市场竞争权是一项公平竞争权

长期以来的市场竞争，是形式平等的竞争，即它把千差万别的市场主体抽象为一律平等，并把它们置于同一的规则下去竞争，至于结果，概不过问。实践证明，这是不公平竞争，是垄断的根源和起点，最终会限制市场竞争。总结历史经验教训，市场竞争应是公平竞争，应该正视市场主体之间存在的差别，并且针对市场主体之间的差别给予适当的区别对待，这才是公平的，在这个基础上才会有公平的市场竞争。市场竞争权就是赋予每一个市场主体以公平竞争的权利，要求竞争维护者维护这种权利，创造一种公平竞争的环境，不至于让“羔羊”与“狮子”在

① ［德］艾哈德：《来自竞争的繁荣》，121页，北京，商务印书馆，1983。

② ［德］艾哈德：《来自竞争的繁荣》，11页，北京，商务印书馆，1983。

一起竞争，弱肉强食。没有公平也就没有竞争，如果市场主体之间力量对比悬殊，那么力量强大者战胜力量弱小者毫不费力，根本不用竞争；力量弱小者根本无法战胜力量强大者，它们之间根本没有竞争。只有在公平的基础上，市场主体势均力敌，为了战胜竞争对手，必须充分发挥各自的主动性、积极性和创造性，努力去节约成本、降低价格、改进质量，超越对手，这才是真正的竞争。竞争维护者享有和行使市场竞争权就是要消除市场主体之间的不平等，扩大市场主体之间的平等，夯实市场主体平等的基础，组织平等主体之间开展竞争，避免不平等主体之间的竞争。具体说来就是，要反对垄断，抑制强权，扶助弱小，创造平等；反对不正当竞争，维护正当竞争。

4. 市场竞争权针对垄断来说还是一项经济民主权

垄断作为一种独占现象，是一种经济专制，因此，反垄断权就是要求经济民主权。由于经济集中是导致经济垄断的重要原因，所以反垄断就是要反对经济集中以及由此所导致的大企业。在现实生活中，享有经济集中权、具有巨大规模、处于市场支配地位的大企业不从事垄断是少见的。反垄断权要求解散、分割滥用市场支配地位的大企业，使之成为分散的、规模适度的竞争性企业，实现经济民主。这正如著名经济学家舒马赫所告诫人们的，不要过分崇拜大规模，“今天我们尝到了普遍盲目崇拜巨大规模的苦头，所以必须强调在可能采用小规模的情况下小规模的优越性”，“尽可能从小规模的灵便、人性化与易于管理等特点中得益”①。他明确主张“小的是美好的”。不过，需要指出的是，反垄断权作为一种经济民主权并不是一概反对经济集中和大企业，就像在政治上既要民主又要集中一样，适当的经济集中也是必要的，因为大企业之所以能够成为大企业，往往有其自身的优势，是经济竞争的必然产物，而且大企业人才荟萃、资金雄厚、技术先进，所以大企业易于引起技术革新，采用新生产方法和生产出新商品，这对于避免重复生产、节约资源、优化产业结构以及提高和改善人们的生活水平都具有重要意义。此外，为了提高本国企业的国际竞争力，也要求适度的经济集中和大企业。正是在这个意义上，熊彼特认为“大企业已经成为经济进步的最有力的发动机，尤其是已成为总产量长期扩张的最有力的发动机”②。我

① ［英］舒马赫著，虞鸿钧等译：《小的是美好的》，39～40页，北京，商务印书馆，1984。

② ［美］熊彼特著，吴良健译：《资本主义、社会主义和民主主义》，134页，北京，商务印书馆，1979。

国之所以鼓励企业联合和企业兼并，原因也在这里。因此与经济民主权相对立的是那种滥用市场支配地位的大企业，禁止它们可能带来的市场霸权和阻碍自由竞争。另外，反垄断权又要求国家通过恰当而有效的法律或政策大力扶持中小企业，培植它们的竞争力，只有当大多数中小企业享有自由竞争权时才真正实现了经济民主权。但是，扶持中小型企业也不是盲目的而是有选择的，也就是说只是扶持那些值得扶持的企业而不是那些类似阿斗的企业，因为阿斗是扶不起来的。总之，反垄断权作为一种经济民主权，要求妥善处理经济民主与经济集中、大企业与中小企业的关系，这正如萨缪尔森所指出的："创新与市场力量之间的关系是复杂的。许多大厂商对研究与创新作出了重大贡献，这使得那些想彻底摧毁大厂商的人或宣称大就是绝对坏的人举棋不定。同时，小企业或个人也作出某些最富有革命性的突破。为了促进迅速的创新，一个国家应该允许各种不同的方法与组织并存，要实行百家争鸣。"①

5. 市场竞争权主要是一项经济职权

市场竞争权是针对并作用于垄断、限制竞争和不正当竞争的，而垄断本身就表明市场主体地位不平等、力量不均衡，存在"弱肉强食"。反垄断确实是弱者对强者的抗争，弱者要求享有市场竞争权。但由于它们势单力薄，仅凭它们自身的力量去反垄断犹如"蚍蜉撼大树"、"鸡蛋碰石头"，不仅无济于事，而且是自取灭亡。因此，它们要真正反垄断以保护自己的合法权益就必须向国家寻求帮助、保护，借助国家公权力的干预，"以强权对强权"才能奏效。所以，反垄断权主要是一项经济职权，在世界各国的实践中，它主要是由国家机构所享有，如美国的反托拉斯局、德国的卡特尔局、日本的公正交易委员会等。再如不正当竞争，它不仅损害特定经营者和消费者的合法权益，而且恶化市场竞争环境，扭曲市场竞争机制，扰乱市场竞争秩序，事关全局，非私人所能为，非私力所能及，必须由国家公权介入以公力干预。事实上，从国家经济职能来说，市场竞争权的行使也是国家干预社会经济生活的原因和本义之一。

（二）市场竞争权的内容

具体包括反垄断（限制竞争）权和反不正当竞争权。

① ［美］萨缪尔森、诺德豪斯：《经济学》，12版，下册，900页，北京，中国发展出版社，1992。

1. 反垄断（限制竞争）权

垄断包括经济垄断和行政垄断，其中经济垄断主要有企业垄断协议、企业滥用市场优势和企业垄断合并等情形；行政垄断主要有行业垄断、地区垄断和其他行政限制竞争行为。不论是经济垄断还是行政垄断，都会限制市场公平、自由竞争，阻碍市场经济有效发展，给国家和社会带来严重损害，必须依法加以反对，为此要确立反垄断权，反垄断权就是竞争维护者为反对上述种种垄断情形或行为所必须享有和行使的权力。

2. 反不正当竞争权

不正当竞争是以不正当的方式进行竞争，如假冒仿冒他人的商业标志（如注册商标，商品的名称、包装、装潢，企业的名称或姓名，认证标志、名优标志、产地标志）；商业贿赂；引人误解的虚假宣传；侵犯商业秘密；不当倾销；非法有奖销售；商业诽谤；串通招投标，等等。这些行为侵害其他经营者的正当权益，破坏市场公平竞争秩序，损害消费者合法权益，对人们和社会危害甚大，必须依法加以反对。为此，必须确立反不正当竞争权，反不正当竞争权是竞争维护者为反对上述种种不正当竞争行为所必须享有和行使的权力。

二、宏观调控权

市场经济不是放任自流的无政府主义经济，它内在地要求宏观调控。宏观调控校正市场经济的发展方向，协调市场经济的总体平衡，调节市场经济的发展态势，维系市场经济的宏观秩序。因此，要发展市场经济必须进行宏观调控，而要进行宏观调控就必须确立宏观调控权。

（一）宏观调控权的性质

1. 宏观调控权是一种宏观性权力

这是就其作用的领域来说的。宏观调控权不作用于私人领域，凡是私人能够自治的领域应当信任、尊重私人自治权，无须宏观调控权；宏观调控权不作用于局部领域，局部领域，方方面面，如欲对其进行调控，势必面面俱到，从而导致全面经济统制；宏观调控权不作用于微观领域，微观领域，细枝末节，无关宏旨，可以放手市场，无须小题大做、动用宏观调控权。宏观调控权不是私人自治权、局部调整权、微观自主权。宏观调控权宏观着眼、大处着手，作用于宏观领域，这种领域往往是私力所不及、市场失灵的领域，而又是关系国计民生、影响国泰民安的领域，如国民经济和社会发展计划、财政税收、货币政策、产业结构等，宏观调控权就是对上述宏观领域的调控权。宏观调控权是一种宏观计划权、财政调节权、货币控制权、产业政策权。

2. 宏观调控权是一种间接性权力

这是就其作用的方式来说的。宏观调控权因为是对宏观领域的调控权，从而不直面针对微观领域的某个对象，对某个具体对象没有直接的贯穿力、强制力。宏观调控运用市场规律、利用经济参数发挥对市场经济的宏观调控作用，这样就为宏观调控权的运行设置了一个中介环节，提供了一个缓冲机制，使宏观调控权“市场化”、“软化”，不会直接构成对市场的粗暴、强力干预。所以，宏观调控权是一种被市场软化了的硬权力，是一种被市场中介化了的公权力，是一种被市场中和化了的强制力，是一种间接性的权力。

3. 宏观调控权是一种调控性的权力

这是就其作用的程度来说的。宏观调控权以市场为中介，是对市场的宏观调控权力，而市场一方面是丰富生动的、瞬息万变的、活灵活现的，这就要求宏观调控因应市场的这种本性，要具有可调性。所谓的调控性，不同于强力的控制，不同于强硬的控制，而是通过“调”（调整、调适）而达到“控”（控制、约束）的目的，“调”是“控”的限定词，是“控”的必经途径，只有通过“调”的“控”才能因应市场本性，才是真正的宏观调控。这也就是说，宏观调控权应具有可调性、灵活性、弹力性。另一方面，市场又必须是可预期的、相对稳定的、富有秩序的，这就要求宏观调控因应市场的这种要求，具有可控性。“控”是“调”的目的，只有达到“控”的目的的“调”才是预期的“调”、有原则的“调”，这也就是说，宏观调控权应具有可控性、原则性、约束性。宏观调控权是一种可调可控的权力，是一种灵活性和原则性相统一的权力，是一种弹力性和约束性相结合的权力。

4. 宏观调控权是一种公权性权力

这是就其作用的性质来说的。宏观调控权只能由公共机构享有和行使，因为只有它们才能代表社会、统领市场、着眼宏观，才能进行宏观调控。宏观调控权是一种由公共机构而不是由私人享有和行使的权力。宏观调控权代表着国家的经济意志，旨在维系宏观市场秩序，具有干预力、强制力、管理力。宏观调控权是一种权力而不是权利。宏观调控权作用于国民经济全局，关系国计民生，影响国泰民安，一般依照公法原则行使，准用“凡是法律未允许的，都是禁止的”。宏观调控权是一种主要依公法或具有社会法属性的经济法而行使的权力，而不是依私法而行使的权力。

（二）宏观调控权的内容

1. 计划权

计划，在不久的过去曾是那个时代的主词，占尽了风流。可是，随着我国经济体制改革的不断深化，我国经济体制已从计划体制走向了市场体制，计划已失去了往日的荣光并招致种种非议。因此，这里就提出了一个重要的问题，即在社会主义市场经济体制下到底还要不要计划，如果要的话，要的又是什么样的计划。不可否认，的确有不少人对在社会主义市场经济体制下要不要计划持否定和排斥态度。我认为两极往往有相通之处，否认和排斥社会主义市场经济体制下的计划与过去在社会主义计划经济体制下计划至上、唯计划是从一样是不可取的。这一点，即使是西方市场经济发达国家的学者也不否认。著名经济学家詹姆斯·米德认为："在现代世界里，政府完全可以很好地从事广泛的经济活动，包括调整收入和财产的分配，处理外部经济和外部不经济，对付结构上的不可分性，维持经济的普遍稳定。要达到所有这些目标，政府就应该，其实也必须预先作好计划。同样地，私人经济活动者，不管是巨大的现代产业公司，还是一个普通的家庭主妇，也必须恰当地计划他们的未来活动。"① 著名社会发展专家弗朗索瓦·佩鲁也认为："很少看到真正有作为的经济学家或观察家至今还坚持无控制的市场力量自身能产生出一种具有完备功能的经济。"② "在整个西方，市场经济的逻辑受到了计划经济逻辑的修正。"③ 刘易斯更是明确地宣布："听任市场自由放任发展，这在不发达国家毫无疑问是一个错误的答案。"④ 即使是一贯反对计划（准确地说是反对某种计划方法）的哈耶克也承认："在普通语言中，我们把关于分配现有资源的相互关联的决策的综合称作'计划'。在此意义上，所有的经济活动都是计划。"⑤ 因此，"存有争议的并不是要不要计划，而是应该怎样制订计划：是由一个权威机构为整个经济体

① ［英］詹姆斯·米德著，施仁译：《效率、公平与产权》，301页，北京，北京经济学院出版社，1992。

② ［法］弗朗索瓦·佩鲁著，张宁等译：《新发展观》，112页，北京，华夏出版社，1987。

③ ［法］弗朗索瓦·佩鲁：《新发展现》，112页，北京，华夏出版社，1987。

④ ［美］刘易斯：《发展计划》，6页，北京，北京经济学院出版社，1988。

⑤ ［英］哈耶克：《个人主义与经济秩序》，75页，北京，北京经济学院出版社，1989。

系集中地制定？还是由许多个人分散地制定？”[①]

可见，计划，“这种按一定比例分配社会劳动的必要性，绝不可能被社会生产的一定形式所取消，而可能改变的只是它的表现形式”[②]。确立计划权是应当的和必要的。

2. 财政权

有国家就有财政，任何国家都存在财政问题，这正如列宁所指出的：“任何一种社会制度，只有在一定阶级的财政支持下才会产生。”[③] 萨缪尔森明确指出：“由于现代政府的巨大规模，没有财政政策就等于宣布死亡。”[④] 熊彼特也指出：“一个民族的精神，它的文化水平、它的社会结构、它的政策所部署的行动，所有这些以及更多的东西都被写进它的财政史之中……谁懂得如何倾听它的信使的声音，谁就能在这里比其他任何地方更加明了地识别世界历史的雷鸣。”[⑤] 财政权之所以是宏观调控权的核心内容是由财政政策的性质所决定的。财政直接关系到国家资源的配置、国民财富的分配、社会的公平效益，影响广泛而深远，是重要的公共选择，财政政策有助于实现和保障国民经济的宏观调控。财政和财政政策如此重要，必须依法调控，依法确立财政权。财政权具体包括预算权和征税权、金融权和产业调控权。

（1）预算权

任何国家都不能没有预算，就像一个人不能没有指挥自己行动的神经中枢一样，就像一个人不能不划算自己的收支一样。国家预算规定了国家在一定时期内的财政收支计划，反映着国家介入社会经济生活的范围和程度，是国家在一定时期内的总体蓝图和基本纲领。正因为如此，著名经济学家葛德雪（Goldscheid）认为，“只有预算才是国家的骨骼”[⑥]。预算的宗旨在于力求预算平衡，早在1776年，亚当·斯密就指出“唯一的好预算是一个平衡的预算”。尔后长期以来，“平衡预算——事实上是略有盈余可以用于还债的预算——依然是财政上的基本信

① ［英］哈耶克：《个人主义与经济秩序》，76页，北京，北京经济学院出版社，1991。
② 《马克思恩格斯（资本论）书信集》，282页，北京，人民出版社，1976。
③ 《列宁选集》，3版，第4卷，769页，北京，人民出版社，1995。
④ ［美］萨缪尔森：《经济学》，上册，215页，北京，商务印书馆，1990。
⑤ ［美］萨缪尔森等：《经济学》，2版，下册，1214页，北京，中国发展出版社，1992。
⑥ 葛德雪：《国家、公共家计与社会》，载姜维壮主编：《当代财政学主要论点》，465页，北京，中国财政经济出版社，1987。

条”[1]，“大体说来，赤字预算仍然被鄙薄为儿戏，是受人尊敬的政府所不屑为之的”[2]。“一切听任自然，预算肯定不会平衡。”[3] 而要保证平衡，就必须依法控制预算。预算权是财政权的核心内容之一。在我国，全国人民代表大会审议上一年度预算执行情况和本年度预算草案是全国人民代表大会法定的重要议事日程。

（2）税收征管权

税收征管权是财政权的核心。有国家存在就有税收问题，这正如马克思所指出的：“赋税是政府机器的经济基础，而不是其他任何东西。”[4]“捐税体现着表现在经济上的国家存在。”[5] 税收性质的一个重要方面就是“……国家向居民无偿地索取”[6]。因此，人们一般都认为税收征管权具有强制性、无偿性和固定性。但我们还应进一步认识到，税收征管权也具有宏观调控性，因为税收是国家主要的财政收入，它直接决定财政支出和财政收支平衡，它对于减少财政赤字、抑制通货膨胀、调整产业结构、解决社会就业、平衡社会财富分配和社会保障等都具有特别重要的意义。税收征管权应当具有宏观调控性，税种、税率都必须由国家预先规定。只有税收征管权具有宏观调控性才能保证财政收支平衡，保证国民经济和社会协调发展。税收征管权的宏观调控性是其强制性、无偿性和固定性的前提，税收征管权的强制性、无偿性和固定性是其宏观调控性的保障，也都服务于税收征管权的宏观调控性，只有这样，税收征管权才“不仅仅是破坏性权力，也是培育性权力”。没有税收征管权的宏观调控性，税收征管权的强制性、无偿性和固定性就失去了本来意义。税收征管权是宏观调控权的核心内容之一，也是实现宏观调控权的根本手段之一。

3．金融（调控）权

现代经济是一种以货币为媒介的经济，货币是商品的神经，是现代市场经济的血液。正是货币之于经济的这种重要性决定了发行、经营管理货币的中央银行在经济生活中的重要性。“银行已经被证明是推动贸

① ［美］熊彼特著，杨敬年译：《经济分析史》，27 页，北京，商务印书馆，1994。
② ［美］熊彼特：《经济分析史》，28 页，北京，商务印书馆，1994。
③ ［美］萨缪尔森：《经济学》，上册，215 页，北京，商务印书馆，1990。
④ 《马克思恩格斯全集》，中文 1 版，第 19 卷，32 页，北京，人民出版社，1958。
⑤ 《马克思恩格斯全集》，中文 1 版，第 4 卷，342 页，北京，人民出版社，1958。
⑥ 《列宁全集》，2 版，第 41 卷，140 页，北京，人民出版社，1986。

易而问世的最巧妙的运转工具。”① 银行尤其是中央银行作为重要的金融机构在国民经济中处于核心地位，它在制定货币政策、管好基础货币、保持货币币值稳定、控制信贷规模、加强对专业银行的监管、保持国际收支平衡等方面都起着不可替代的作用，因此，宏观调控权不包括金融调控权，或者说金融调控权不具有宏观调控性、不纳入宏观调控权是不可想象的，因为“银行的生命是谨慎”②。事实上，无论是货币发行、法定存款准备金比例的确定，还是基准利率、再贴现率的确定，公开市场业务、汇率调节都是服务于宏观调控的。而货币发行权、法定存款准备金比例确定权、基准利率确定权、再贴现率确定权、公开市场业务操作权、汇率调节权、金融监管权，正是宏观调控权的主要内容。

4. 产业调控权

产业是国民经济的基础，产业从根本上决定着国民经济，有什么样的产业就有什么样的国民经济，对产业的影响直接影响着国民经济，对产业的调控实质上是对国民经济的调控，因而是宏观调控，调整产业的产业政策法很显然是一种宏观调控法。由于产业政策本质上是国家干预经济的重要手段，它体现、贯彻的是国家作为一个社会总代表所集中起来的关于产业方面的国家意志，旨在对构成国民经济基础的众多产业进行宏观调控，使众产业沿着正确的方向、保持科学的比例、成为适当的组织、拥有先进的技术、形成合理的布局向前发展，进而促进国民经济持续、稳定、协调、快速、健康地发展，所以，产业政策是一种宏观调控的重要措施，这也就决定了以产业政策为内容的产业政策法是一种宏观调控法。在市场体制下，产业政策必须立足市场、通过市场、利用市场，产业政策不同于指令性计划，它不是以高度集权、排斥市场机制、具体而微、具有强制力的指令性计划去命令安排国家众产业，而是以适当分权、注重市场机制、立足宏观、具有指导力的产业政策纲领去引导、指导国家众产业，是大的方面管住管好、小的方面放开放活。产业政策只是对产业的宏观方面进行调控，至于产业的中观方面，尤其是微观方面由产业和企业自主决策。这进一步说明以产业政策为内容的产业政策法是一种宏观调控法。产业政策法的核心是产业政策权，产业政策权是一种产业调控权，是一种宏观调控权，具体包括产业规划、产业组织、产业结构、产业技术和产业布局等方面的调节权。

① ［英］桑普森著，钱曾慰译：《金融巨子》，47页，北京，世界知识出版社，1989。
② ［英］桑普森：《金融巨子》，121页，北京，世界知识出版社，1989。

第十章

经济法的责任

“责任”是使用频率颇高的一个词，在现实生活中，人们经常说，也经常听到：“……有责任……”，“……应对……承担责任”。

法律责任是最重要的一种责任，从根本上说，没有法律责任就没有真正的责任，一切责任只有成为法律责任以后才能得到切实、公正而有效的追究和承担。

法律责任是法律的基本构成要素，也是法律的主要制度之一。无论是权力的正当行使、权利的充分实现，还是义务的切实履行、纠纷的公正解决，几乎都要归结为法律责任。因此，在很大程度上可以说，没有法律责任就没有惩罚，没有惩罚就没有法律，法律是法律责任的认定、归结、强行和实现，法学的核心之一是法律责任之学。

经济法作为一个重要的法律部门，同样也不能没有法律责任的规定，经济法总论必须科学地阐明经济法的责任。

第一节　经济法责任释义

经济法的责任具有丰富的含义。

1. 经济法的责任是一种责任

责任，要而言之，是指行为人对其自治行为后果的承担。在这一基本定义中，人的行为是基础，只有人的行为才能作用于社会，才能影响他人，因而才能导致责任。责任主要归之于行为，即行为责任，严格说来，法律中不存在什么思想责任；意志自由是根据，并非一切人的行为都要承担责任，只有在意志自由状态下作出的行为即自治行为才承担责任，没有意志自由就没有责任；承担后果是必然，对自己的意志自由行为承担后果，这是一条社会公理。责任的这些性质表明，责任，从行为上看，具有可责性；从意志上看，具有可咎性；从后果上看，具有不利性；从价值上看，具有否定性；从法律上看，具有当罚性。

2. 经济法的责任是一种法律责任

责任种类繁多，其中包括道义责任、纪律责任、法律责任，等等，法律责任只是责任的一种，不过是最重要的一种。法律责任是对道义责任、纪律责任的扬弃，法律责任与道义责任、纪律责任有着重大的区别：法律责任从产生上看，具有法定性；从确定上看，具有程序性；从实行上看，具有强制性；从结果上看，具有公正性。法律责任的上述性质必然使法律责任优越于其他一切责任，从而成为责任的最主要的形式。在法治社会，责任主要是法律责任，法律责任是责任实现最根本的方式。衡量一个社会是否是法治社会，一个重要的标准就是看该社会的责任是否法律化，如果社会的责任主要不是法律责任，那么这个社会肯定不是法治社会。

3. 经济法的责任是经济法的责任

法律责任是一个类概念，它可以具体分为几类，如民事责任、刑事责任、行政责任和经济法的责任。经济法的责任是法律责任中重要的一种，也是一种法律责任。不过，一提到经济法的责任也是一种法律责任，立即就会遭到不少人的反对。之所以如此，一是他们认为经济法的责任是一种综合责任，没有自己独特的承担责任的方式；二是他们认为经济法的责任是一种经济责任；三是他们认为并非每一个独立的法律部门都有相应的部门法律责任，如劳动法是公认的独立的法律部门，但并没有什么劳动法律责任。上述这些认识，我认为是不正确的。

第一，如何正确看待经济法责任的综合性？我认为，法律作为一种调整社会关系的手段，实质上是一种以人的有限理性把握无限世界的方法，这突出表现在：法律即使是鸿篇巨制，但也不能（作为法律实质上也不应该）穷尽一切，法律总是存在空白和漏洞，以全人类的智慧与几千年的努力发展和完善法律方法，但人们能用来调整社会关系的法律方法还是那么有限的几种，或民事方法，或行政方法，或刑事方法。而另一方面社会关系日益纷繁复杂。在这种情况下，法律要充分发挥对社会关系的调整功能，就必须、也只能综合运用人们已有的调整方法，追求某种或某些独特的法律调整方法必将使法律调整社会关系的功能丧失。如果说在古代诸法合体时期，仅凭刑法方法就可以调整社会关系的话，那么在现代，仅靠“单打一”的任何一种法律方法都难以胜任。实质上，现代法律之所以优越于古代法律，一个重要的原因和方面就在于法律调整方法的优越性，而这种优越性的表现之一就是法律调整方法的综合，这种综合不仅是整个法律部门之间的综合，而且是单独一个法律部门内部的综合。在现代，任何一个法律部门要想切实履行自己的使命，都必须尽可能地综合运用各种法律的调整方法。法律的调整方法直接决定着法律责任，法律责任是法律调整方法的表现方式，也是它的最终贯彻和落实。因此，法律调整方法的综合性必然决定法律责任的综合性。在现代法律部门中，不仅经济法，就是民法、行政法、刑法，它们的调整方法和法律责任也日趋综合性。此外，就法律责任的承担方式来说

(法律责任最终要归结为法律责任的承担方式），任何法律责任的承担方式都可以归结为，一是财产利益的减损，二是自由生命的限制，三是资格权利（力）的剥夺，只是人们简单而错误地把它们分别等同于民事责任、刑事责任和行政责任。从现实法律部门的具体规定来看，许多法律责任都是综合运用以上的两种或三种，很少是“从一而终”的，因此，从法律责任的承担方式来说，法律责任都是综合的，而不仅仅是经济法。刑事责任目的在于惩罚犯罪分子，主要是人身责任，如限制人身自由乃至剥夺生命，但有的犯罪分子死有余辜，即使判处死刑也不能罚当其罪，不足以弥补其所造成的损失，为此，还要附加罚金和没收财产，而罚金和没收财产是什么呢？不是别的，正是财产责任的别称。行政责任，侧重于处罚行政人员，但对于那些祸国殃民之徒，无论怎样行政处罚都不足以挽回其所造成的重大损失，因此，还必须追究其经济责任和刑事责任。从这个角度看，甚至可以说把法律责任划分为民事责任、行政责任、刑事责任只有相对的意义，民事责任、行政责任、刑事责任三者之间本身也有交叉重叠之处，如三大责任都包含财产责任或经济责任，这一承担责任的方式，只是叫法不同而已，在民事责任中叫作返还财产、赔偿损失，在行政责任中叫作罚款，在刑事责任中叫作罚金、没收财产，但本质都是一样的，都是财产利益或经济利益的减损。此外，三大责任也不是纯粹的、单一的，如看似最为纯粹的民事责任，也包括行政责任，《民法通则》第 134 条规定：“承担民事责任的方式主要有：（一）停止侵害；（二）排除妨碍；（三）消除危险；（四）返还财产；（五）恢复原状；（六）修理、重作、更换；（七）赔偿损失；（八）支付违约金；（九）消除影响、恢复名誉；（十）赔礼道歉……人民法院审理民事案件，除适用上述规定外，还可以予以训诫、责令具结悔过、收缴进行非法活动的财物和非法所得，并可以依照法律规定处以罚款、拘留。”因此，如果硬要把民事责任、行政责任、刑事责任三者绝对化，那么把法律责任划分为民事责任、行政责任、刑事责任就是不科学的了。其实，这三种责任只是由于最为典型、各有特点，分别为民法、行政法和刑法最先使用，并为它们的悠久历史、成熟完备、深远影响所强化而已，但这并不是说这三种责任就只能为它们所各自垄断，其他法律部门不能染指借用。也许法律责任按法律部门划分本身即有问题，固守法律责任的三分法，拒绝经济法的责任也是一种法律责任是不应该的。

第二，把经济法的责任当作经济责任，确实也是某些经济法学者自己的认识，但这种认识是不成熟的，是错误的。从理论上讲，经济法所调整的社会关系是一种市场竞争关系和宏观调控关系，这两种社会关系是经济关系，但又不是纯粹的经济关系，夹杂着大量的行政关系和犯罪与刑罚关系。经济法所调整的社会关系的这种性质决定了经济法的责任绝不仅仅是经济责任，尤其不仅仅是民事责任意义上的经济责任（财产责任）。从法制实践上看，以公认的作为经济法核心的反垄断法为例，世界上没有任何一个国家的反垄断法所规定的法律责任只是经济责任，它还包括行政责任、刑事责任。如美国的《谢尔曼法》，这也是公认的世界上最早的反垄断法，开篇即规定垄断或限制竞争行为是“严重犯罪”，要判处“罚款”或“监禁”；德国《反限制竞争法》也规定了“罚金程序”和“徒刑”；我国《反垄断法》第52条、第54条同样规定了罚款和刑事责任。因此，以经济法的责任为经济责任这种本身不正确的认识来否定经济法的责任是不足为据的。

第三，认为并非每一个独立的法律部门都有相应的法律责任，似有一定的道理。前已论及，社会关系纷繁复杂，法律部门日益繁多，而法律的调整方法和法律责任还是那么有限的几种，因而确实并非每一个独立的法律部门都应有相应的部门法律责任。但这并不等于说，每一个独立的法律部门的法律责任都是相同的，也不能以此证明经济法即使是一个独立的法律部门也未必就要有经济法的责任。经济法的责任确实是对民事责任、刑事责任、行政责任的综合，但这种综合并没有抹杀经济法责任的独特性质：首先，经济法的责任是由经济法所规定的，其中主要是由市场竞争法和宏观调控法所规定的法律责任；其次，经济法的责任是由实施了违反市场竞争法和宏观调控法的行为而导致的法律责任；再次，经济法的责任是由国家专门机关如反垄断法执行机构等依法追究的法律责任；最后，经济法责任的独特性就是表现在它作为一个后起的法律部门，比其他法律部门更加自觉地、全面地、充分地综合运用已有的法律调整方法和各种法律责任形式。此外，经济法的责任还具有以下特征。

第二节　经济法责任的特征

经济法的责任具有以下特征：

1. 经济法的责任是一种社会责任

经济法调整的是一种市场竞争关系和宏观调控关系，这种社会关系不是一种私人间的社会关系而是一种宏观性的社会关系。无论是市场竞争还是宏观调控，它们都是规制国民经济和社会发展，调整整个社会经济的运行，维护社会的宏观经济秩序，追求社会公共利益。对反不正当竞争法和反垄断法的破坏、对宏观调控法的违反所造成的损害不是私人的、不是局部的而是整个社会的、影响全局的。可见，经济法所调整的社会关系的性质决定了经济法的责任是一种社会责任。

2. 经济法的责任是一种综合责任

经济法是调整市场竞争关系和宏观调控关系的法律部门。如就计划法来说，制订计划的计划者是享有一定计划职权的个人和机关，如果他们破坏计划法，自然应该剥夺他们的资格权力（利）；如果造成损害，必须赔偿经济损失；如果构成犯罪，还应限制他们的自由或剥夺他们的生命。对其他人来说，破坏计划，如果造成损失，应当赔偿经济损失；如果构成犯罪，应当追究刑事责任。就反垄断法来说，反垄断者如国务院反垄断委员会也是享有一定职权的个人和机关，如果他们违反反垄断法，自然也应剥夺他们的资格权力（利）；如果造成损害，应当赔偿经济损失；如果构成犯罪，应当追究刑事责任。所以，无论是破坏计划法的责任还是违反反垄断法的责任，都具有综合性。在这里有必要进一步指出的是，只有综合性的经济法责任才能有效地制裁违反经济法的行为。比如，对于违反经济法的行为，如果仅剥夺其资格权力（利），而不同时要求其赔偿经济损失，限制其自由或剥夺其生命，那么就无法弥补其造成的损害、惩罚其犯罪行为，结果只能导致“以权代责”、“以官抵罪”。再如，对于违反经济法的行为，如果仅仅要求其赔偿经济损失而不同时要求剥夺其资格权力（利）、限制其自由或剥夺生命，那么，由于有责主体所造成的经济损害是社会性的，数额往往十分巨大，有时甚至无法估量，仅以有责主体的财产根本就不能充分赔偿；此外，如果不同时剥夺其资格权力（利），那么有责主体就仍有可能利用资格权力（利）实施违反经济法的行为；另外，如果违反经济法的行为构成犯罪，而不追究其刑事责任，这样就会放纵犯罪。因此，为了责权利相一致，经济法的责任必须是综合的。

3. 经济法的责任是一种法定责任

严格说来，在一个法治社会，任何法律责任都是一种法定责任。但经济法的责任作为一种法定责任，它具有特定的意义：一是与民事责任相比，民事责任往往是私人对私人的责任，因此，当事人可以相互约定，并可以“私了”；但经济法的责任则不同，经济法的责任是一种社会责任，任何有责主体都不能相互约定，也不允许“私了”。二是经济法的责任中包含刑事责任，刑事责任作为一种最严厉的惩罚措施，直接涉及人们的自由、生命和人权，因此，必须贯彻罪刑法定原则，遵循“法无明文规定不为罪”的刑法原则。

4. 经济法的责任是一种角色责任

这主要是对于竞争维护者和宏观调控者来说的。竞争维护者和宏观调控者都在社会经济生活中扮演着重要的角色，都享有一定的经济职权，如竞争维护者享有市场竞争维护权，宏观调控者享有宏观调控权。在法律上权责是一致的，享有一定的权利（力）自然也就要求承担一定的责任。经济法的根本宗旨就是通过依法干预政府，让政府更好地干预社会经济生活，经济法干预政府在经济法所调整的社会关系中主要就是依法干预竞争维护者和宏观调控者。这种依法干预，一是依法界定竞争维护者和宏观调控者的权力，二是依法规范竞争维护者和宏观调控者的行为，三是依法明确竞争维护者和宏观调控者的责任。经济法责任作为一种角色责任，一是特指享有竞争维护权和宏观调控权的竞争维护者和宏观调控者的责任，竞争维护者和宏观调控者扮演了这样一种角色，就应承担由此而来的这样一种责任，比如，剥夺某些人的资格权力（利），给予行政处罚等，而其他非竞争维护者和非宏观调控者则因不享有这样的职权而不承担这种责任；二是指竞争维护者和宏观调控者的责任是一种“岗位责任”，要求有权有责、权责相当，有职有责、尽职尽责。

5. 经济法的责任是一种差别责任

所谓的差别责任，是说经济法的责任因有责主体的不同而具有差异性。经济法调整的是一种市场竞争关系和宏观调控关系，在这种社会关系中，涉及的主体至少有四方：竞争维护者与非竞争维护者、宏观调控者与非宏观调控者。这四方主体他们在权利（力）义务方面存在着重大差别，这就决定了这四方主体的经济法责任在构成要件、性质范围、承担方式等方面都有所差异。比如竞争维护者如果不正当行使市场竞争维护权，宏观调控者如果不正当地行使宏观调控权，都可能要被剥夺行使市场竞争维护权和宏观调控权的资格权力；而非竞争维护者并不享有市场竞争维护权、非宏观调控者并不享有宏观调控权，因此，对于非竞争维护者、非宏观调控者来说，并不存在被剥夺行使市场竞争维护权和宏观调控权的资格权力问题。

第三节　经济法责任的构成

经济法由调整市场竞争关系方面的法律和调整宏观调控关系方面的法律所构成，因此，经济法的责任也就由违反市场竞争法的经济法责任和违反宏观调控法的经济法责任综合构成。

一、违反市场竞争法的经济法责任构成

具体包括市场竞争维护者（如反垄断者、反不正当竞争者）和经营者（垄断者、限制竞争行为实施者、其他经营者）违反反垄断法和反不正当竞争法的经济法责任构成。

1. 反垄断者违反反垄断法的经济法责任构成

（1）违法主体为反垄断者。反垄断者是反垄断法的执法官，法律赋予它反垄断的法律权力，并要求它依法行使这种权力。正人者必先正己，反垄断者应该是遵守反垄断法的表率，反垄断者违反反垄断法当然构成违法主体。

（2）主观上有过错。反垄断者作为市场公平、自由竞争秩序的忠实卫士，应该知晓自己的权力，合法、合理地行使自己的权力，明了自己的责任，因此，反垄断者违反反垄断法一般说来在主观上是有过错的。但是，垄断问题是一个十分复杂的专业性、技术性、政策性问题，许多因素影响着反垄断者恰当地行使反垄断权，因此，这里应免除反垄断者无过错的法律责任。

（3）实施了违反反垄断法的行为，其中包括：滥用职权、玩忽职守、徇私舞弊、泄露商业机密、渎职，等等。

（4）反垄断者不正当行使反垄断权，常常有两种后果：一是该反的垄断没有反，垄断继续存在，破坏市场自由竞争，这会给社会造成巨大的损失，在这种情况下，损害结果是重大的，并且往往是不可计算的；二是不是垄断却当作垄断去反，这严重地损害了该假想的“垄断者”的合法权益，在这种情况下，损害结果是局部的，也是可以计算的。

（5）反垄断者违反反垄断法应通过以下方式承担相应的经济法责任：

第一，滥用职权、玩忽职守、徇私舞弊、泄露商业机密，违反反垄断法，尚不构成犯罪的，依法给予行政处分，剥夺其资格权力，使其不再享有和行使反垄断权，参照有关法律，行政处分可包括警告、记过、记大过、降级、降职、撤职、留用察看、开除等。

第二，滥用职权、玩忽职守、徇私舞弊、泄露商业机密，严重违反反垄断法，后果严重，构成犯罪的，依法追究刑事责任。

第三，造成经济损失的，首先以国家财产对受害方加以赔偿，其次对有责主体课以有相当力度的罚款或罚金。①

2. 垄断者（限制竞争行为实施者）违反反垄断法的经济法责任构成

（1）违法主体是垄断者（限制竞争行为实施者）。这里的垄断者是指行政垄断者和经济垄断者：前者包括实施行政垄断行为的各级行政机关，后者包括实施经济垄断行为的各种经济组织，如卡特尔、辛迪加、托拉斯、康采恩以及其他实施限制竞争行为的企业、公司和个人。

（2）违法主体实施了违反反垄断法的行为，这些违法行为包括：地区封锁；行业垄断；行政公司；运用行政权力限制市场竞争以及垄断协议；滥用市场优势地位；垄断合并，等等。

（3）违法主体主观上有过错。一般地说，垄断者实施垄断或限制竞争行为，都是为了牟取非法的高额垄断利润，损害他人的合法权益，因此，主观上一般都是有过错的。

（4）关于损害结果问题。只有自由竞争才能激发和维持人们的主动性、积极性和创造性，才能发展社会生产力，有效利用资源，讲求效益，节约成本，降低价格，提高质量，最终造福于社会和每一个消费者。而垄断恰恰是对自由竞争的阻碍和限制，因此，垄断对社会造成的损害后果是巨大的。垄断不仅损害社会整体利益，而且损害每个消费者的利益。

（5）责任的承担。参考世界各国反垄断法的规定，垄断者有过错地实施垄断行为都要通过一定的方式承担相应的法律责任：第一，赔偿经济损失。各国反垄断法关于垄断者对他人造成经济损失给予赔偿的具体做法不一：有的国家规定为加倍赔偿，有的国家规定为实际赔偿。第二，取缔违法行为，如责令停止、罚款、责令停业整顿、取消经营资

① 具体参见我国《反垄断法》第54条的有关规定。

格、强制解散，等等。第三，罚金和监禁。我国《反垄断法》第 46 条至第 50 条规定了垄断者或限制竞争行为实施者承担法律责任的方式，其中实施垄断协议承担法律责任的方式主要有：责令停止违法行为，没收违法所得，罚款，依法撤销登记；滥用市场支配地位承担法律责任的方式主要有：责令停止违法行为，没收违法所得，罚款；违法实施集中承担法律责任的方式主要有：责令停止实施集中，限期处分股份或者资产、限期转让营业以及其他必要措施恢复到集中前的状态，罚款。同时，实施垄断行为，给他人造成损失的，都要依法承担民事责任。① 此外，第 52 条还规定："对反垄断执法机构依法实施的审查和调查，拒绝提供有关材料、信息，或者提供虚假材料、信息，或者隐匿、销毁、转移证据，或者有其他拒绝、阻碍调查行为的，由反垄断执法机构责令改正，对个人可以处二万元以下的罚款，对单位可以处二十万元以下的罚款；情节严重的，对个人处二万元以上十万元以下的罚款，对单位处二十万元以上一百万元以下的罚款；构成犯罪的，依法追究刑事责任。"

3. 反不正当竞争者违反反不正当竞争法的经济法责任构成

（1）违法主体是反不当竞争法的执法者及其工作人员。

（2）实施了违反反不正当竞争法的行为，如：滥用职权、玩忽职守、徇私舞弊、故意包庇，等等。

（3）主观上有过错。行为人实施上述行为，主观上一般都是有过错的。

（4）造成相应的后果：纵容、姑息、包庇不正当竞争行为，破坏市场公平竞争秩序，损害经营者和消费者的合法权益；助长官商勾结、权钱交易，滋生腐败和不正之风；不惩恶扬善，不拨乱反正，妨碍社会公正，毒害社会风气。

（5）承担法律责任的主要方式有：构成犯罪的，依法追究刑事责任；不构成犯罪的，给予行政处分。②

4. 经营者违反反不正当竞争法的经济法责任构成

（1）违法主体是经营者，即"从事商品经营或者营利性服务的法人、其他经济组织和个人"。

（2）实施了不正当竞争行为，即：违反反不正当竞争法的规定，损害其他经营者的合法权益，扰乱社会经济秩序的行为。具体包括：假冒

① 具体参见我国《反垄断法》第 46～51 条的有关规定。

② 具体参见我国《反不正当竞争法》第 31 条、第 32 条的有关规定。

仿冒商业标志行为、商业贿赂行为、虚假宣传行为、侵犯商业秘密行为、倾销行为、附不合理条件交易行为、非法有奖销售行为、商业诽谤行为、非法招投标行为，等等。

（3）行为人主观上有过错，往往是为了获取非法利益，故意损害其他经营者的合法权益。

（4）造成相应的后果：损害了其他经营者的合法权益，扰乱了市场公平竞争秩序，损害了消费者的合法权益；官商勾结，权钱交易，滋生政治腐败，助长社会不正之风，危害相当严重。

（5）承担责任的主要方式有：赔偿损失，罚款，吊销营业执照，没收违法所得；构成犯罪的，依法追究刑事责任。①

二、违反宏观调控法的经济法责任构成

具体包括违反计划法的经济法责任，违反税法的经济法责任，违反金融法的经济法责任，等等。前已论及，经济法责任因其主体不同而具有差异性，因此经济法的责任根据其主体的不同而分别构成。

1. 违反计划法的经济法责任构成

（1）计划者违反计划法的经济法责任构成

a. 违法主体是计划者，即享有计划职权、从事计划职务的机关和个人。

b. 计划者主观上有过错。计划者作为一国国民经济的“总设计者”，应当是高度理性的主体，其预见和防止违法行为的能力应比较高，因此，计划者实施违反计划法的行为，一般来说主观上都有过错。但是，也应考虑到社会关系是纷繁复杂的，对于这种纷繁复杂的社会关系，任何人、任何机关都不可能完全认知，都难免会处于某种无知状态，难以计划，在这种情况下，计划失误有时是不可避免的。对于这种计划失误，计划者主观上确实并无过错。这就说明在追究计划者的经济法责任时，必须慎重查明计划者主观上有无过错，追究其过错责任，免除其无过错责任。

c. 计划者实施了违反计划法的行为。这些行为包括：不按法定权限和程序制订计划、下达计划；在编制和执行计划的过程中弄虚作假；

① 具体参见我国《反不正当竞争法》第20～28条、第30条的有关规定。

泄露国家计划机密；擅自修改计划；截留或挪用国家计划统配物资；玩忽职守，渎职，致使国家计划不能完成，等等。

d. 关于损害结果问题。这一点很能体现经济法责任与其他法律责任的区别。一般说来，像民事责任、刑事责任，它们的损害结果无论是直接的还是间接的，大体上是可以估计的，但违反计划法所导致的损害结果由于涉及面广（有时是整个社会），简直无法估量。此外，正是违反计划法所导致的损害结果是全局的、社会的，而不是局部的、个人的，巨大的损害结果落实到具体的组织和个人身上不过是九牛之一毛，无关痛痒，因此，人们往往对这种损害结果要么视而不见，要么无知无觉。这是缺乏责任感的表现。因此，我认为，损害结果不是追究违反计划法的计划者法律责任的构成要件，也就是说，计划者的法律责任构成不以损害结果为必要条件，没有损害结果也要承担法律责任，但损害结果的有无、大小可以作为确定计划者法律责任的一个重要情节。

e. 责任的承担方式。计划者违反计划法应通过以下几种方式承担相应的法律责任：第一，限制或剥夺权力资格，使其不再享有和行使计划权力，参照有关法律规定，可包括警告、记过、记大过、降级、降职、撤职、留用察看、开除。第二，对于玩忽职守、渎职，严重违反计划法，造成重大损失的，可参照有关法律规定，限制其自由，如判处监禁和徒刑。第三，造成经济损失的，首先是以国家财产赔偿受害方的经济损失，其次是对有责主体课以有相当力度的罚款或罚金。

（2）非计划者违反计划法的经济法责任构成

a. 违法主体是非计划者，包括不享有计划职权、不从事计划工作的任何个人和组织。计划法是一个国家的国民经济和社会发展的总体规划，是重要的宏观经济政策，是基本的经济法法律法规。计划法关系国计民生，影响国泰民安，因此，任何人都必须遵守计划法，违反计划法就构成了违法主体。

b. 违法主体实施了违反计划法的行为，这些行为包括：拒不执行国家指令性计划；没有正当理由，不完成计划；抢购、套购国家计划统配物资；妨碍国家计划的执行和实施，等等。

c. 违法主体主观上有过错。计划法是国家颁布的有关国民经济和社会发展规划的明文法律规定、政策文件，国家有关部门还专门在特定或指定的传媒上公布宣传说明国民经济和社会发展规划，如党和政府每五年要确立说明国民经济和社会发展五年长期规划，国家发展计划委员会在全国人民代表大会期间向全国人民代表大会通报上一年度计划执行情况和本年度计划草案，因此，应该说，计划法的内容是广为从事经济活动的人们所应知晓的，知晓计划法也应是每个公民和组织的义务。违法主体违反计划法可以推定为主观上是明知故犯，是有过错的，一般都是为了牟取非法利益。

d. 关于损害结果问题。有的违法主体违反计划法可能造成损害结果，并有大小之分；有的违法主体违反计划法由于及时发现和制止得力，可能没有造成损害结果，因此，我认为，非计划者违反计划法的经济法责任构成不以损害结果为必要条件，但可以其为决定经济法责任时的一个重要情节。

e. 责任的承担方式：第一，造成经济损失的，可以依法课以罚款、罚金，并要求赔偿损失；第二，破坏国家计划，情节严重，构成犯罪的，依法追究其刑事责任。

2. 违反税法的经济法责任构成

（1）税务人员违反税法的经济法责任构成

a. 违法主体是税务人员，即享有税收征管权力、从事税务工作的税务机关及其工作人员。

b. 违法主体执法犯法，主观上有过错。

c. 违法主体实施了违法行为，这些行为包括：税务人员与纳税人、扣缴义务人勾结，唆使或者协助纳税人、扣缴义务人偷税、漏税、骗税、抗税；税务人员利用职务上的便利，收受或者索取纳税人、扣缴义务人财物；税务人员玩忽职守，不征或者少征应征税款，致使国家税收遭受重大损失；税务人员滥用职权，故意刁难纳税人、扣缴义务人；违反法律、行政法规的规定，擅自决定税收的开征、停征或者减税、免税、退税、补税，等等。

d. 承担法律责任的方式。

参照《中华人民共和国税收征收管理法》的有关规定，承担法律责任的方式主要有：构成犯罪的，依照刑法有关规定追究刑事责任；未构成犯罪的，给予行政处分。①

（2）纳税人和扣缴义务人违反税法的经济法责任构成

参照《中华人民共和国税收征收管理法》，纳税人和扣缴义务人违反税法的经济法责任构成如下：

a. 违法主体是纳税人和扣缴义务人，即负有纳税义务和扣缴义务

① 具体参见《中华人民共和国税收征收管理法》第76～85条、第87条的规定。

的一切组织和个人。

b. 违法主体主观上一般都有过错，即都是为了漏税、偷税、抗税，为了牟取非法利益。

c. 违法主体实施了违法行为，主要包括：未按照规定的期限申报税务登记、变更或者注销登记；未按照规定设置、保管账簿或者保管记账凭证和有关资料；未按照规定将财务、会计制度或者财务、会计处理办法报送税务机关备查；扣缴义务人未按照规定设置、保管代扣代缴、代收代缴税款账簿，或者保管代扣代缴、代收代缴税款记账凭证及有关资料；纳税人未按照规定的期限办理纳税申报，或者扣缴义务人未按照规定的期限向税务机关报送代扣代缴、代收代缴税款报告表；纳税人采取伪造、变造、隐匿、擅自销毁账簿、记账凭证，在账簿上多列支出或者不列、少列收入，或者进行虚假的纳税申报的手段，不缴或者少缴应纳税款；扣缴义务人采取前面所列手段，不缴或者少缴已扣、已收税款；纳税人欠缴应纳税款，采取转移或者隐匿财产的手段，致使税务机关无法追缴欠缴的税款；企业、事业单位犯有偷税、逃税等违法行为；纳税人向税务人员行贿，不缴或者少缴应纳税款；企业、事业单位采取对所生产或者经营的商品假报出口等欺骗手段，骗取国家出口退税款；以暴力、威胁方法拒不缴纳税款；从事生产、经营的纳税人、扣缴义务人在规定期限内不缴或者少缴应纳或者应解缴的税款，经税务机关责令限期缴纳，逾期仍未缴纳，等等。

d. 承担法律责任的方式主要有：罚款；情节严重，构成犯罪的，依法追究刑事责任，等等。①

3. 违反金融法的经济法责任构成

（1）银行机构及有关工作人员违反金融法的经济法责任构成

参照《中华人民共和国中国人民银行法》、《中华人民共和国银行业监管管理法》和《中华人民共和国商业银行法》的有关规定，银行机构及有关工作人员违反金融法的经济法责任构成如下：

a. 违法主体是银行机构及其工作人员。

b. 违法主体主观上有过错。

c. 违法主体实施了违法行为，这些行为主要有：违反法律有关规定提供贷款；对单位和个人提供担保；擅自动用发行基金；地方政府、各级政府部门、社会团体和个人强令中国人民银行及其工作人员违反法律

① 具体参见《中华人民共和国税收征收管理法》第60～74条的规定。

有关规定提供贷款或者担保；中国人民银行的工作人员泄露国家秘密；中国人民银行的工作人员贪污受贿，徇私舞弊，滥用职权，玩忽职守；无故拖延、拒绝支付存款本金和利息；违反票据承兑等结算业务规定，不予兑现，不予收付入账，压单、压票或者违反规定退票；非法查询、冻结、扣划个人储蓄存款或者单位存款；未经批准发行金融债券或者到境外借款；未经批准买卖政府债券或者买卖、代理买卖外汇；在境内从事信托投资和股票业务或者投资于非自用不动产；向境内非银行金融机构和企业投资；向关系人发放信用贷款或者发放担保贷款的条件优于其他借款人同类贷款的条件；提供虚假的或者隐瞒重要事实的财务会计报表；拒绝中国人民银行稽核、检查监督；出租、出借经营许可证；未按照中国人民银行规定的比例交存存款准备金；未遵守资本充足率、存贷比例、资产流动性比例、同一借款人贷款比例和中国人民银行有关资产负债比例管理的其他规定；未经批准设立分支机构；未经批准分立、合并；同业拆借超过规定的期限或者利用拆入资金发放固定资产贷款；违反规定提高或者降低利率以及采用其他不正当手段，吸收存款，发放贷款；商业银行的工作人员对单位或者个人强令其发放贷款或者提供担保未予拒绝，造成损失；不按照规定向中国人民银行报送有关文件、资料或者违反法律有关规定对变更事项不报批；未经中国人民银行批准，擅自设立商业银行，或者非法吸收公众存款、变相吸收公众存款；伪造、变造、转让商业银行经营许可证；商业银行工作人员利用职务上的便利，索取、收受贿赂或者违反国家规定收受各种名义的回扣、手续费；商业银行工作人员利用职务上的便利，贪污、挪用、侵占本行或者客户资金，构成犯罪；商业银行工作人员违反法律的有关规定，玩忽职守，造成损失；违反规定徇私向亲属、朋友发放贷款或者提供担保，造成损失；商业银行工作人员泄露在任职期间知悉的国家秘密、商业秘密，等等。

d. 承担法律责任的主要方式有：造成损失的，承担民事赔偿责任；情节轻微，不构成犯罪的，依法给予行政处分；情节严重，构成犯罪的，依法追究刑事责任。①

（2）其他人员违反金融法的经济法责任构成

参照《中华人民共和国中国人民银行法》、《中华人民共和国银行业

① 具体参见《中华人民共和国中国人民银行法》第 48 条、第 50 条、第 51 条的规定，《中华人民共和国银行业监督管理法》第 43～49 条的规定，以及《中华人民共和国商业银行法》第 73～81 条、第 84～87 条、第 89～90 条的规定。

监督管理法》和《中华人民共和国商业银行法》的有关规定，其他人员违反金融法的经济法责任构成如下：

a. 违法主体是其他人员。即不享有银行职权或金融监管权，不从事银行业务或金融监管业务的组织和个人。

b. 违法主体主观上有过错，一般都是为了牟取非法利益。

c. 违法主体实施了违法行为，这些行为主要有：伪造人民币，出售伪造的人民币或者明知是伪造的人民币而运输；变造人民币，出售变造的人民币或者明知是变造的人民币而运输；购买伪造、变造的人民币或者明知是伪造、变造的人民币而持有、使用；在宣传品、出版物或者其他商品上非法使用人民币图样；印制、发售代币票券，以代替人民币在市场上流通；违反法律、行政法规有关金融监督管理规定；单位或者个人强令商业银行发放贷款或者提供担保；采取欺骗手段骗取贷款；未经批准在名称中使用“银行”字样；非法吸收公众存款，变相吸收公众存款；未经批准购买商业银行股份总额10%以上；将单位的资金以个人名义开立账户存储，等等。

d. 承担法律责任的方式主要有：造成损失的，承担赔偿责任；情节轻微，不构成犯罪的，依法给予行政处分；构成犯罪的，依法追究刑事责任。[①]

① 具体参见《中华人民共和国中国人民银行法》第42～45条、第49条的规定，《中华人民共和国银行业监督管理法》第44条、第49条，以及《中华人民共和国商业银行法》第79条、第81条、第82条、第88条的规定。

第十一章

经济法的立法

第一节　经济法立法的概念和意义

一、经济法立法的概念

经济法立法是有关主体依据法定权限，经过法定程序，运用一定的立法技术制定、修改和废止经济法法律法规的活动。

从上述经济法立法的概念中不难看出，经济法立法概念的核心是经济法，有什么样的经济法概念就有什么样的经济法立法概念，认识经济法立法的概念关键是认识经济法的概念。

如前所述，经济法是调整市场竞争关系和宏观调控关系的法律规范的总称。很显然，经济法调整的社会关系只是市场经济关系的一部分而非全部，所谓的经济法立法也只是对市场竞争关系和宏观调控关系进行立法，因此，经济法立法不同于经济立法，经济立法是对所有经济关系进行立法，经济立法的概念和内涵要大于经济法立法的概念和内涵，经济立法除了经济法立法以外，还包括民事立法和商事立法等一切有关经济方面的立法。

经济法所调整的这种市场竞争关系和宏观调控关系是一种具有显著特征的社会关系，其显著特征决定了“记载和表述”这种社会关系的经济法的特征，经济法的特征进而又决定了经济法立法在立法意义、立法主体、立法权限、立法程序、立法技术等许多方面都具有自身的特点。

二、经济法立法的意义

立法是一项具有重要意义的活动。

立法是对国家的构建和缔造，立法对国家具有基建和先导意义。洪仁玕说：“国家以法制为先”，“有法制而后有国家，此千秋不易之大经”[①]。在某种意义上可以说，立法才能立国，国家依靠法律、根据法律并通过法律而建立起来，没有立法，就没有法律，进而也就没有国家。那种没有通过立法对国家进行构建和缔造，没有奠定一套优良的法

①　洪仁玕：《立法制喧谕》。

律制度的国家是不可能真正建立起来的，这正如洛克所说的："一个没有法律的政府，我认为是一种政治上的不可思议的事情。"① 立法乃立国之本。立法是最首要的治国为政之道。沈家本认为："为政之道，首在立法典民。"② 从立法的高度，通过立法，为国家奠定一套优良的根本制度，为人民创立一套先进的基本准则，国家才能长治，人民才能久安。立法乃"大本大原"，立法是最根本的治国，是最重要的为政。立法才是真正的治国为政。无立法无治国，无立法非为政。

立法是关系国家之盛衰强弱的大业。梁启超指出："立法之业，益为政治上第一关键，觇国家之盛衰强弱者，皆于此焉。"③ 立法决定立国，有什么样的立法就有什么样的国家。优良的立法为国家奠定了优良的制度安排，国家借此才能兴盛强大；劣等的立法给国家作出了劣等的制度安排，国家因此衰败弱小。历史一再昭示，立法是决定国家盛衰强弱的根本原因。可见，探究国家盛衰强弱不能不把立法作为关键来研究，要谋求国家强盛关键是立好法。

上述立法意义在经济法立法中表现得更为明确和具体。

第一，经济法立法是为市场经济立章建制。众所周知，国家以经济为基础，在强大的经济基础之上国家才能真正立起来、立得住。国家以经济建设为中心，经济建设是国家的根本大业。在现代，人们已日益认识到，巩固经济基础，加强经济建设，具体说来就是巩固市场经济基础，加强市场经济建设，这才是真正的立国建国。而要巩固市场经济基础，加强市场经济建设，必须加强法制（治）。法律尤其是经济法律是人类在长期的经济活动中所积累起来的最普遍、最规范、最权威、最有效的经济法则，没有建立一套卓越优良、行之有效的经济法律制度和经济法律规则，就无法巩固市场经济基础，加强市场经济建设，进而也就无法立国建国。经济与法制（治）的这种内在关联，在市场经济条件下尤为密切。在市场经济条件下，市场与法制（治）统一起来了，加强市场经济建设也是在加强法制（治）建设，加强法制（治）建设也就是在加强市场经济建设。市场经济本质上就是法制（治）经济，市场经济只有在法律所作的制度安排下和营造的环境中才能生存、发展。法律是发展市场经济的首选策略和常规方式。而要依法发展市场经济，前提条件

① ［英］洛克：《政府论》，下篇，32页，北京，商务印书馆，1964。

② 沈家本：《寄簃文存六·新译法规大全序》。

③ 梁启超：《论立法权》。

是要有法可依，即必须加强经济立法包括经济法立法。经济法立法是大众参与、集思广益，它把人们对市场经济的分散的、片面的、有限的知识、认识、才智有效地集中起来，凝结成相对统一的、比较全面的、超越有限的经济法规范，经济法立法是为发展市场经济出谋划策，这是最充分、最有效地利用各种知识和才智来发展经济；经济法立法是对客观经济规律的认识和探究，并把所认识和探究到的客观经济规律具体化为经济法规范，经济法立法使内在的客观经济规律外化为人们的行为准则并使之得到遵循，这是最客观、最科学地遵循客观经济规律，按客观经济规律去发展经济；经济法立法是国家经济意志的法定化、国家经济政策的法律化，经济法立法使市场经济从人治走向法治，是一个从主观到客观的过程，有利于防止、杜绝经济管理中的主观臆断和瞎指挥；经济法立法是为市场经济立章建制，为市场经济活动奠定统一的行为准则，界定各自的权利义务，确立合理的预期信用，有利于减少交易成本，使人有所避就，能够定分止争，经济法立法使市场规则法律化；经济法立法决定着国家的经济制度和经济结构，是在寻求国家资源的各种有效配置的最佳方案。可见，经济法立法能够加强经济建设，巩固经济基础，从而使国家立起来、立得住，因此，经济法立法是立国之举，是立国之策。

第二，经济法立法用立法的方式明确、宣扬、推行市场经济的自由竞争精神。自由竞争精神是真正的市场精神，是发展市场经济最基本的精神品质和精神动力，没有自由竞争精神就没有市场经济。经济法立法的根本宗旨之一就是要把自由竞争精神写入经济法规范，成为经济法的指导思想。经济法立法不但是自由竞争精神的宣示，而且是自由竞争精神的具体化、条文化，把抽象的自由竞争精神具体化、条文化为各种经济法规范，成为具体明确的、可资遵循的行为准则。经济法立法的一个重要目的就是为市场自由竞争确立规矩，规定什么行为妨碍、限制市场自由竞争，要予以反对，包括反对限制竞争和反对不正当竞争，使自由竞争有效、有序、合法、合理地进行。没有规矩不成方圆，没有经济法立法，就没有规范的市场自由竞争秩序，进而也就没有市场经济。经济法立法就是为市场经济发展装备发动机。

第三，发展市场经济不仅要诉诸市场机制，也要求助于宏观调控。没有宏观调控，市场经济难以保证协调、有序地发展。随着法制的日益健全，市场经济已经成为一种法治经济，对市场经济的宏观调控，已从主要依靠行政手段走向了主要根据法律规定。现代宏观调控实质上主要是法律调控，法律已经成为宏观调控的基本依据和首选方式。为了进行宏观调控，内在地要求有宏观调控方面的法律可依。为此就需要进行宏观调控方面的立法。经济法立法的一个重要内容就是制定宏观调控方面的法律，这些法律具体包括计划法、财政法、金融法、产业政策法等法律，这些法律应全面而周详地规定宏观调控的主体、权限、程序、手段和责任等内容，为宏观调控奠定法律规则，实现宏观调控法治化。经济法立法是为发展市场经济保驾护航。

当前，由我国的具体国情所决定，在我国加强经济法立法更为必要，也更有意义。一是我国经济法立法尚有空白急需填补。如我国至今尚未制定计划法、国民经济稳定增长法，而计划法、国民经济稳定增长法是经济法的主干和基础，没有制定出计划法、国民经济稳定增长法，经济法立法就谈不上大功告成，甚至可以说最主要的工作还未开始。二是许多经济法的法律、法规急需完善。如许多经济法的法律、法规还只是“试行”，有人把“试行”看作“可行可不行”，这严重影响经济法法律法规的认真贯彻实施，国家法律法规是国家强制实行的，不宜“试行”。解决这种问题，急需加强经济法立法。再如许多经济法的法律、法规还是“暂行”，有的暂行了十几年了还在“暂行”，如 1993 年颁布的《中华人民共和国企业所得税暂行条例》，一直适用到 2007 年。这对于一个法治国家来说是不体面的。解决这种问题，也急需加强加快经济法立法，及时制定正式的经济法法律法规。三是我们的经济法立法没有及时反映经济社会的发展变化，也没有及时地体现经济法研究的最新成果，处于滞后状态。如 1991 年颁布的《中华人民共和国外商投资企业和外国企业所得税法》和 1993 年颁布的《中华人民共和国企业所得税暂行条例》，就是如此，大家都认为两法没有及时反映经济社会的发展变化，也没有及时地体现经济法研究的最新成果，处于滞后状态，导致内外企业税负不统一，地位不平等，竞争不公平，早在 20 世纪末学者就呼吁要尽快统一内外资企业所得税法，但直到 2007 年颁布《中华人民共和国企业所得税法》才实现。四是经济法所调整的市场竞争关系和宏观调控关系是一种非常活跃、变动不居的社会关系，立法的基本原理和基本原则要求立法应紧随经济关系的变化而频繁地立、改、废，这就使得经济法立法始终处于进行状态。如 2005 年年底，基于当时居民收入水平和消费支出水平，全国人大常委会通过决议，把个人所得税工薪减除费用标准从 800 元/月调整到 1 600 元/月。仅仅两年后，即 2007 年 12 月 23 日全国人大常委会开始审议个人所得税法修正案草案，鉴于近两年来居民的基本生活消费支出水平又有所提高，需要对减除费用标准作适当调整，将个人所得税工薪费用的减除标准从现在的 1 600 元/月调整到2 000元/月。可以预言，过不了多久，个人所得税工薪费用的减除标准还将提高，到时该法还要修改。

第二节　经济法立法的特点

经济法立法具有以下特点：

第一，职权立法与授权立法相结合。

国家权力机关是专职的立法机关，其立法为职权立法。为了保证经济法的权威性、统一性和完善性，经济法立法应主要是职权立法，即由国家权力机关主要是中央国家权力机关来制定基本的和主要的经济法法律，如反不正当竞争法、反垄断法、计划法、财政法、金融法、产业政策法等等。但由于现代社会经济关系充满知识性、专业性、技术性的特点和要求，而且纷繁复杂、变动不居，而国家权力机关相对来说既缺乏专门的知识、技术和经验，又欠缺足够的条件和时间去有效、及时地进行经济法立法。在这种情况下，采用授权立法，即授权相应的其他机关主要是中央国家行政机关进行经济法立法便实属必要了，也是切实可行的。在实践中，授权中央国家行政机关进行经济法立法的现象极为普遍，以税法为例，由国务院制定的税法就有《中华人民共和国税收管理法实施规则》、《中华人民共和国个人所得税法实施条例》等等。经济法立法应当职权立法与授权立法相结合，职权立法制定基本经济法，这是授权立法的基础和原则，没有职权立法，授权立法就难免失控失范，经济法也难以具有权威性、统一性和完善性；授权立法制定经济法规范，这是职权立法的深化、细化和强化，没有授权立法，职权立法就难免粗疏空洞。

第二，经济法法典与单行经济法相并存。

经济法是一个独立的法律部门，它有共同的调整对象、相同的法律原则、内在的统一逻辑、和谐的法律体系，因此一俟时机成熟，制定经济法法典不仅是可能的而且是必要的。捷克斯洛伐克就曾制定过一部统一的经济法法典。但由于经济法所调整的社会关系内容庞杂，包罗万象，各具特色，相对独立，因应现实，灵活多变，在这种情况下，为了使经济法立法细致周详、因地制宜、及时便捷、灵活有效，可以制定单行经济法。在我国目前尚未制定经济法法典，但已经制定了大量的单行经济法，如《中华人民共和国反不正当竞争法》、《中华人民共和国反垄断法》、《中华人民共和国税收征收管理法》、《中华人民共和国中国人民银行法》、《中华人民共和国银行业监督管理法》等等。经济法立法应当制定经济法法典与制定单行经济法相并存，经济法法典对单行经济法统筹总领、协调整合，没有经济法法典，单行经济法就会难免精神涣散，难以协调统一，不易互相配合。制定经济法法典只是时机成熟与否的问题而不是能否的问题，现在没有制定经济法法典不等于将来不制定或不可能制定。单行经济法是经济法法典的具体化、系统化，也是对经济法法典的补充和补救，没有单行经济法，经济法立法就不能具体细致、及时应急、灵活有效。

第三，中央经济法立法与地方经济法立法相并举。

经济法所调整的社会关系是市场经济关系，市场经济是一种开放经济、统一经济，与地方保护、市场分割格格不入。缔造和维护市场开放和市场统一的前提条件是统一经济法立法，即进行中央经济法立法，没有统一的中央经济法立法就会法出多门，就没有统一的经济法法律制度和法制基础，进而就没有开放统一的市场，就没有真正的市场经济。中央经济法立法要求由中央国家权力机关和中央国家权力机关授权有关机关制定全国普遍适用的基本经济法的法律、法规。但由于我国幅员辽阔、民族众多、地区各异、参差不齐，加上市场情况纷繁复杂、变化多端，经济法立法不能一刀切，不能强求统一而必须因地制宜，由地方权力机关和地方权力机关授权有关机关享有经济法立法权，结合本地区的具体情况有针对性地制定有关经济法规范。经济法立法应当中央经济法立法与地方经济法立法相并举。中央经济法立法制定的基本经济法有利于缔结和维护市场的开放与市场的统一，也有利于保证经济法体系的内在统一性，还有利于派生地方经济法立法并保证地方经济法立法的统一协调；地方经济法立法是对中央经济法立法的补充，使中央经济法立法更具针对性、灵活性和可行性，也有利于为中央经济法立法积累经验。

第四，政策性与规律性相统一。

经济法是政策性很强的一门法律，国家经济政策对经济法立法具有重大的指导意义，在某种意义上可以说，经济法立法是把国家经济政策上升为经济法。当国家经济政策发生变更时往往导致经济法的立、改、废。从事经济法立法必须时常关注、认真领会、切实贯彻国家经济政策。经济法立法应当合政策性。但经济法立法是为一定的经济关系立法，这就要求经济法立法必须合乎并遵循客观经济规律，“……在任何时候都不得不服从经济条件，并且从来不能向经济条件发号施令”①，经济法立法“……都只是表明和记载经济关系的要求而已”②，因此，经济法的“立法者应该把自己看做一个自然科学家。他不是在制造法律，不是在发明法律，而仅仅是在表述法律”③。经济法立法也是一种探究、认识和把握客观经济规律的活动，是把客观经济规律法律化的科学活动。经济法立法必须有合规律性，是否符合客观规律是检验经济法立法质量的一个根本标准，“如果一个立法者用自己的臆想来代替事情的本质，那么我们就应该责备他极端任性”④。总之，经济法立法应把合政策性与合规律性统一起来，规律性是经济法立法统一的基础，因为无论是国家经济法律还是国家经济政策都必须合乎客观经济规律，政策性以规律性为统率、为依归，并服从服务于规律性。孟德斯鸠指出：“要特别注意法律应如何构想，以免法律和事物的性质相违背。”⑤ 不以规律性为基础的政策性是主观性、任意性，把不反映、不合乎客观经济规律的国家政策上升为经济法是极其危险和极为有害的。政策性是经济法立法的灵活性，国家经济政策较之于经济法来说更具有灵活性，这种灵活性表现在对客观经济规律反映和体现的主动、灵敏和及时上，这对于经济法立法来说是一种补充和补救，经济法立法没有政策性，就难免僵化刻板、漏洞迭出。

第三节 经济法的立法主体

经济法的立法主体，指的是经济法的立法者。通常人们把经济法的立法者视为经济法的立法机关，这不无道理，但不够全面。我认为，经济法的立法机关是由人构成的，立法人的素质直接决定着经济法立法机

① 《马克思恩格斯全集》，中文1版，第4卷，121页，北京，人民出版社，1958。
② 《马克思恩格斯全集》，中文1版，第4卷，122页，北京，人民出版社，1958。
③ 《马克思恩格斯全集》，中文1版，第1卷，183页，北京，人民出版社，1956。
④ 《马克思恩格斯全集》，中文1版，第1卷，183页，北京，人民出版社，1956。
⑤ ［法］孟德斯鸠：《论法的精神》，下册，300页，北京，商务印书馆，1961。

关的素质。事在人为，“得其人自能立法矣”①。要保证经济法立法的质量必须选用优秀的立法人才。这是研究经济法的立法主体问题的核心和关键所在。

实际上，这一问题早已引起了中外有识之士的关注。在西方，卢梭曾指出：“立法者在一切方面都是国家中的一个非凡人物。如果说由于他的天才而应该如此的话，那么由于他的职务他也同样应该如此。”②在中国，洪仁玕认为：“纲常大典，教养大法必先得贤人”，“立法之人必先经磨炼，洞悉天人性情，熟谙各国风教，大小上下，源委重轻，无不了然于胸中者，然后推而出之，乃能稳惬人情也”③。孙中山深感：“查编纂法典，事体重大，非聚中外硕学，积多年之调查研究，不易告成。”④ 章太炎更是直言：“凡制法律，不自政府定之，不自豪右定之，令明习法律者，与通达历史、周知民间利病之士，参伍定之。”⑤ 上述认识对于厘定经济法的立法主体具有重要的指导意义。由经济法调整的社会关系所决定，相比较而言，经济法的立法主体更应贯彻上述认识。

经济法调整的社会关系是一种现代市场经济关系，现代市场经济本质上是一种知识经济，即知识是经济发展的主要资本，知识是商品生产的主要技术，知识是产品构成的主要含量，知识是经济增长的主要动力，知识是经济管理的主要手段。在知识经济时代，有知识的人才能成为市场的主体、社会的主角、统治的力量，进而才能成为立法的主体。对知识经济进行立法的人自身必须具备知识，这是知识经济对经济法的立法主体提出的客观要求。知识经济呼唤按知识立法、由专家立法，它导致了从过去依权力立法到现在按知识立法、从由官僚立法到让专家立法的立法主体的变革和进化。

经济法所调整的社会关系是市场经济关系中的市场竞争关系和宏观调控关系，这两类社会关系在市场经济关系中最具知识性，要为这两类社会关系立法，立法者必须具备相当完备、精湛的知识，如经济学知识、政治学知识、科技知识、社会学知识和法学知识等等。如在法国，负责制定宏观调控法中的计划（计划法）的计划委员会，制定第六个计

① 魏源：《默觚·治篇四》。
② [法] 卢梭：《社会契约论》，2版，55页，北京，商务印书馆，1980。
③ 洪仁玕：《资政新篇》。
④ 孙中山：《南京临时政府公报第四十七号》。
⑤ 章太炎：《代议然否论》。

划（1971—1975 年）时，由包括总经济与资金筹措委员会、就业委员会、社会福利委员会、研究委员会、经济情报委员会、国家地区发展委员会、海外领土委员会共 7 个“横向”委员会，和包括农业委员会、农业与食品工业委员会、工业委员会、运输委员会、交通委员会、商业委员会、职业与工艺委员会、旅游委员会共 8 个“纵向”生产委员会，以及包括农村地区委员会、城市委员会、社会活动委员会、体育与社会教育委员会、文化事务委员会、给水委员会、教育委员会、房屋委员会和卫生委员会共九个“预算”委员会构成。① 在日本，作为计划（计划法）最大主管机构的通产省，1970 年时就有 27 个由政府以外的成员组成的委员会和调查委员会，它们对大臣的咨询提供关于某些问题的意见。其中有 15 个委员会将就工业政策问题提出报告：如关于工业结构的委员会，关于一般工业政策的委员会，关于机械工业、石油、采矿、采煤、改进电子数据处理、轻工业技术、工业地点和工业供水等等，以及关于它们的各方面的政策的委员会。② 从这里不难看出，该两国都强调“技术专家体制”的日益增长的作用。③ 再如在德国，负责市场竞争法中的反垄断法工作的反垄断委员会，《反限制竞争法》第 24 条第 2 项就规定其是一个专家鉴定机构，“它由五名成员组成，他们必须具有专门的国民经济学的、企业经济学的、社会政治学的、技术的或经济法方面的知识及经验”。在法国，竞争委员会由 16 名委员组成，其中 7 名委员必须从行政法院、审计总署或法官中选任，4 名委员必须是在经济、竞争法或消费者保护问题方面有专门知识和经验的专家，其余 5 名委员必须从事过工业、商业、手工业、服务业或自由职业。作为执法机关的德国反垄断委员会和法国竞争委员会负有向立法机构提出立法建议的职责。作为反垄断法执行机构尚且如此要求具备专业知识，作为反垄断法的立法主体来说就更应是群贤毕至、专家荟萃了。

经济法调整的特定社会关系所要求的按知识立法、由专家立法，对于反思我国经济法立法主体的现状和改进我国的经济法的立法主体都有指导意义。我国现在的经济法的立法主体已逐渐知识化、专家化，但客

① 参见［法］克劳德·赛贝尔：《法国的计划工作》，载［美］莫里斯·博恩斯坦编，朱泱等译：《东西方的经济计划》，205 页，北京，商务印书馆，1987。

② 参见［日］小宫隆太郎：《日本的计划工作》，载［美］莫里斯·博恩斯坦编：《东西方的经济计划》，255 页，北京，商务印书馆，1987。

③ 参见维托德·切恰科夫斯基：《对克劳德·赛贝尔和小宫隆大郎这两篇文章的评论》，载［美］莫里斯·博恩斯坦编：《东西方的经济计划》，281 页，北京，商务印书馆，1987。

观地说，知识化、专家化的程度并不高，远不能满足现实要求，这一方面严重地影响了经济法立法的质量，另一方面又极大地浪费了经济法立法的资源。在经济法立法中不能充分调动、利用立法知识和立法专家就不可能很好地进行经济法立法，不可能为社会经济发展奠定优良的经济法制度和经济法规则，最终就会阻碍社会经济发展。这种现状必须尽快改变。我们应当高度认识到，立法知识、立法专家比什么知识、什么专家都重要，必须倍加珍惜、充分利用。对知识和专家来说，为一个社会奠定一套优良的制度和规则是知识和专家最大的贡献，也是他们最大的心愿，利用知识进行立法是最大地尊重知识，让专家进行立法是最高地尊重人才。

第四节　经济法的立法权限

经济法的立法权限是指经济法的立法主体制定、修改和废止经济法规范的权力。我国经济法的立法主体既有中央国家权力机关，又有中央国家行政机关，还有地方国家权力机关和地方国家行政机关，因此，这里就有一个问题，即经济法的立法权限在这些经济法的立法主体之间应按什么原则进行划分和协调，这是经济法的立法权限的核心问题。我认为，要解决这个问题应贯彻集权与分权相统一的原则，这是由立法权和经济法所调整的社会经济关系所决定的。

洛克认为，“立法权是最高的权力”，“因为它有权为社会的一切部分和每一个成员制定法律，制定他们行为的准则”，“社会的任何成员或社会的任何部分所有的其他一切权力，都是从它获得和隶属于它的”①。立法权具有至上性，它决定一切、派生一切，立法权必然是集权的。黑格尔认为，“立法权是一个整体”②，立法权的整体性是高度的统一性，它杜绝法出多门，立法权应当是集权的。卢梭认为：“国家的生存绝不是依靠法律，而是依靠立法权”，法律是立法权的产物，立法权高于法律、决定法律，一个国家只能在统一的法律基础上生存，而要维护法律的统一性，就要保证立法权的集权性。卢梭曾形象地把立法权比喻为

① ［英］洛克：《政府论》，下篇，92页，北京，商务印书馆，1964。
② ［德］黑格尔：《法哲学原理》，318页，北京，商务印书馆，1961。

“国家的心脏”①，正如一个人不能有几个心脏一样，一个国家也不能有几个立法权。卢梭把立法权比喻为“国家的心脏”，形象地说明了立法权的一元性和集权性。

那么，什么是立法权的集权性呢？我认为，立法权的集权性指的是立法精神的同一性，即“法案之草创及修正，其精神系统不可紊也”②，以及法律规范的统一性，即不得与宪法和上级法律相抵触，同级法律或法规之间是协调统一的。经济法立法权作为立法权的一种，也应是集权性的，其立法精神必须是同一的。对于经济法立法权来说，其立法精神的同一性指的是所有的经济法立法权都是围绕、倾注、贯彻于市场自由竞争和宏观秩序调控。经济法规范必须是协调统一的，即不得与宪法和上级经济法规范相抵触，同级法律或法规之间也是协调统一的。

在此前提下，经济法立法权必须划分、分别行使，这也是由经济法所调整的社会经济关系的性质所决定的。前已论及，现代市场经济是一种知识经济，因此，它要求按知识立法，但这里所说的知识往往指的是一般性的规律性的知识，但除这些一般性的规律性的知识以外，还有许多具体时间、具体地点、具体情况的知识，与那些一般性的规律性的知识相比，这些知识不但不次要而且在很大程度上甚至更重要，因为社会经济问题主要是适应具体时间、具体地点、具体情况的变化问题，实践证明，要发展社会经济必须充分利用这些具体时间、具体地点、具体情况的知识。立法不仅要关注普遍性，而且要注意特殊性。但遗憾的是，我们所必须利用的这些知识“从未以集中的或完整的形式存在，而只是以不全面而且时常矛盾的形式为各自独立的个人所掌握”③。正是因为这些知识分散在所有有关的人手里，没有一个人、一个机关能够掌握全部的知识，因此集权立法就不大可能。在这种情况下，就应让那些处在当时当地、熟悉具体情况的人享有立法权，分权立法更能充分利用分散的知识，使制定出来的经济法规范更具适应性和可行性。这种分权立法在计划（计划法）的制定中体现得特别明显。由于中央计划的制订需要全部的知识（统计数字），但许多具体情况的知识是无法进入统计数字的，也就无法以统计数字的形式传递给任何中央权威机构，“由此我们可以知道，根据统计资料制订的中央计划，由其本质决定，是无法直接

① ［法］卢梭：《社会契约论》，2版，109页，北京，商务印书馆，1980。

② 梁启超：《代议制政府》，76～77页，北京，商务印书馆，1982。

③ ［英］哈耶克：《个人主义与经济秩序》，74页，北京，北京经济学院出版社，1989。

考虑这些具体时间和地点的情况的，因而中央计划者必须找出一种方法，让‘在现场者’来作这种基于具体情况的决策”①。每个人都掌握着可以利用的独一无二的知识，因而对所有其他人来说具有某种优势，基于这种知识的决策只能由每个人自己作出。制订计划所依据的知识的分散化导致制订计划权力的分散化，每个人所拥有的知识的独立性决定了每个人计划的重要性。在市场体制下，必须让“在现场者”、“当事者”享有制订计划权。然后，在他们计划的基础上再制订地区计划、行业计划和国家计划。

那么，如何实现经济法的分权立法呢？我认为，一是在经济法的立法体制上依法明确界定各经济法立法主体的立法权限，为此，有必要将《宪法》第 62 条第 3 项的规定——全国人民代表大会有权“制定和修改刑事、民事、国家机构的和其他的基本法律”修改为——全国人民代表大会有权“制定和修改刑事、民事、国家机构的、经济法和其他的基本法律”，经济法不应再隐匿在“其他法律”中而应单独凸显出来，与刑事、民事、国家机构方面的法律相并列。从上述对《宪法》的修改中不难看出，所作的修改是单列凸显了经济法，之所以要作这样的修改，是因为：第一，我国现行《宪法》是 1982 年公布实施的，当时“经济法”还是一个新名词，“经济法”能否成为一个独立的法律部门尚有争论，所以当时不把“经济法”单独写进宪法而隐匿在“其他法律”中是合理的。后来，尽管《宪法》多次修改，但人们并没有对它引起注意，更没有想到要修改它。可时至今日，“经济法”作为一个独立的法律部门已是不争之事实，在这种情况下，把“经济法”单独出来写进宪法就是必要的了。第二，如果不在宪法和法律中单列凸显经济法，那么“经济法”就名不正、言不顺、理不通、行不了了，既不利于清晰地界定经济法与其他法的边界，也不利于有效地发挥经济法的作用。第三，在所谓的行政法法规中绝大部分是经济法法规，这种把经济法法规归入、消失在行政法法规中的做法是不妥当的。经济法法规未必都是行政法法规，比如由权力机关授权行政机关制定的法规，就不是行政法法规，即使是国务院根据法定权限制定的法规也不能都叫作行政法法规，因为其中有相当部分关乎国家经济体制、涉及公民与法人基本权利义务和国家根本经济利益，其内容和效力都高于行政法规，如税法。这里我们有必要转

① ［英］哈耶克：《个人主义与经济秩序》，79 页，北京，北京经济学院出版社，1989。

变和更新某些错误的立法观念，认识到把许多经济法法规归并到行政法法规中去，是计划经济体制的做法，具有强烈的行政干预色彩，与市场体制的要求不相适应。事实上由行政机关制定的法规的性质并不是完全由其立法主体所决定的，法规的性质从根本上来说是由该法规所规制的社会关系的内容和性质所决定的，因此，完全可以把经济法法规从行政法法规中单列出来而同时并置于行政机关的名义下。

二是要建立和完善授权立法制度。既然经济法立法依赖于知识，那么，一般来说，谁拥有知识谁就应该享有经济法的立法权。由于这些知识分散在所有有关的人手里，处在当时当地的“在现场者”比处于中央者更能了解和掌握这些知识，把经济法立法权授予“在现场者”就是合理而必要的了。对于经济法授权立法来说，谁拥有知识就可以把经济法的立法权授予谁，而不问其身份高低、权力大小，是否拥有经济法立法所需要的知识是授予经济法立法权的唯一标准。在这方面，我国已有较成功的先例。早在1981年，全国人民代表大会就授权广东省、福建省人民代表大会及其常务委员会，可以根据有关的法律、法令、政策规定的原则，按照各省经济特区的具体情况和实际需要，制定经济特区的各项单行经济法法规，并报全国人民代表大会常务委员会和国务院备案。时至今日，授权立法已经成为经济法立法的重要方式了。

不过，授权立法不是权力分割、法出多门。为了杜绝权力分割、法出多门，必须在授权立法中明确规定授权立法的事项、宗旨、原则和标准。如果在授权立法中没有规定任何标准以制约委任立法的权力，那么被授权立法者就等于拿到了一张“空白支票”，它可以在授权的领域里任意制定法律。在实践中，借授权立法而分割权力、偏袒自己、作有利于自己的规定的，不乏其例。如关于“第二套房”政策即是如此。2007年9月27日，中央银行、中国银监会共同发布通知，对于已利用贷款购买住房、又申请购买第二套（含）以上住房的，贷款首付款比例不得低于40%，贷款利率不得低于中国人民银行公布的同期同档次基准利率的1.1倍。但是，关于“第二套房”究竟如何界定，却标准不一。由于“高利润、低风险”的个人房贷一直是各家商业银行争抢的业务，各商业银行出于业务竞争，也相继出台了房贷细则，但它们对于第二套房的界定不完全统一。[①] 2007年10月16日中国银监会召集五大国有银行房贷部门负责人就相关问题进行探讨后，监管部门决定暂时不下发实施

① 参见焦点房地产网：house.focus.cn，2007-10-15。

细则，只是要求各银行将自己认定的标准到银监会报备，银行可自行把握实施细节。[1] 看来目前有的以家庭为单位认定第二套房，有的以个人为单位认定第二套房；有的对已还清贷款的住房不予考虑，有的则正好相反的做法仍将持续。不难看出，各家银行都在按照自己的理解和利益在解读和执行"第二套房"政策。任何一项政策，只有当它得到严格统一的解读和执行时才能发挥其应有的效力。像目前这样，关于同一政策解读和执行不一，有的银行严格，而有的银行宽松，这样怎么可能完成对房地产市场的宏观调控呢?！这也从反面说明，在贯彻授权立法的同时必须加强集权立法，有效防止并坚决废止在授权立法中篡改法律或使所立之法与宪法和上级法相冲突的情形，保证法制和政令的统一。真正的经济法立法存在于集权立法与授权立法的统一中。

第五节　经济法的立法技术

经济法立法是一项技术性很强的工作，要把利用知识所认识到的规律法律化为经济法规范必须讲究技术。经济法的立法技术具有重要意义，这正如著名立法专家罗成典所深切体会到的："立法之良窳，与立法技术运用之巧拙，关系密不可分，正确之政策指导与妥适之立法原则，固为良法美制之先决条件。然而，由政策与立法原则转化为具体法律条文之过程中，如缺乏优良周妥的立法技术之夹辅作用，则所立之法，往往与政策目标相左，甚或扭曲立法旨意。"[2]

经济法的立法技术，内容极为丰富，难以一一细说，有的甚至只可意会，不可言传。这里主要研究经济法立法的规范构建技术和语言表达技术。

一、规范构建技术

这里首先要认识法律规范的性质。黑格尔认为："立法权，即规定

① 参见《上海证券报》，2007-10-17。

② 罗成典：《立法技术论》，自序，台北，文笙书局，1983。

和确立普遍事物的权力。”[1] 在此基础上，马克思进一步认为：“立法权是组织普遍事物的权力……”[2]。他们的认识说明立法权所规制的社会关系必须具有普遍性，立法所制定的法律规范应具有普遍性（一般性、抽象性），这正是所谓的：“法律始终是一种一般的陈述”，“立法者并不关注那些只发生过一两次的情形”[3]，或如卢梭所说的：“法律只考虑臣民的共同体以及抽象的行为，而绝不考虑个别的人以及个别的行为。”[4] 法律规范就是这样一种普遍性（一般性、抽象性）规范。经济法规范亦然。把经济法规范构建成具有普遍性（一般性、抽象性）的规范就要讲究立法技术，怎样的立法技术才能制定出具有普遍性（一般性、抽象性）的经济法规范来呢？具体要求如下：

1. 要规定原则

经济法的基本原则是经济法规范的基本原理、指导思想、精神实质和价值追求以及实践纲领，具有普遍性（一般性、抽象性）。经济法立法必须首先对其加以规定，这正如沈家本所言：“法之修也不可不审、不可不明。而欲法之审、法之明，不可不穷其理。”[5] 立法规定法律的基本原则才能“欲法之审、法之明”，“穷其理”。立法应最重视确立法律的基本原则，法律的基本原则是纲，具体法规是目，纲举目张，纲能生目，纲能率目，纲能补目，法律不规定基本原则，即使该法律的其他方面规定得再详细、再完备，这种法律也没有普遍性（一般性、抽象性），难以普遍、有效地适用，这正如荀子所云：“不知法之义而正法之数者，虽博，临事必乱。”[6]

2. 法规要抽象

法规的抽象性是由人们对具体情况的无知性决定的。哈耶克指出：抽象性作为“一种处理我们头脑不能完全把握的具体情况复杂性的工具，不仅是所有（意识或无意识）精神过程或多或少所拥有的一种特征，而且是人类在一个对它不完全认知的世界中成功地活动的能力的基

① ［德］黑格尔：《法哲学原理》，285 页，北京，商务印书馆，1961。

② 《马克思恩格斯全集》，中文 1 版，第 1 卷，312 页，北京，人民出版社，1956。

③ ［美］博登海默：《法理学—法哲学及其方法》，225～226 页，北京，华夏出版社，1987。

④ ［法］卢梭：《社会契约论》，2 版，50 页，北京，商务印书馆，1980。

⑤ 沈家本：《寄簃文存六・法学通论讲义序》。

⑥ 《荀子・君道》。

础——一种对他周围绝大多数个别事实无知的适应性"[①]。法规具有抽象性才能超越对具体情况的无知性，进而才具有对包括具体情况在内的各种情况的普适性。法规必须"不苛细小"，扬弃特殊性达到抽象性，因为"法深无善治"，规定得过于详尽反而违背法规的性质。黑格尔曾举例说明这一问题："依照法律规定，传唤病人到法庭作证，只供他'jumentum（驮兽）使用'。"这里的"jumentum（驮兽）"就是抽象性的规定，可能是马，也可能是二轮车或四轮车等交通工具。但如果法律规定得这样详尽："不仅区别了马和车，而且还区别了这种车和那种车，即有篷的并装饰起来的车和不很舒适的车。"那么该规定就不能普遍适用，所以黑格尔认为："这种事情甚或对这种事情所作博学的说明是琐屑的，这将是对这种或那种博学的一种最大的触犯。"[②]

上述认识对经济法规范的制定具有重要的指导意义。经济法所调整的社会关系是最复杂的市场经济关系之一，任何人、任何机关都不能对其复杂的具体情况全面认识，从这个角度看，市场经济是一种无知经济，因此，经济法规范应更具抽象性。比如计划（法），中央计划（法）的制定需要所有细节的知识，但这些知识的收集、分析和处理已经超过了人类的能力，因此，要作出全面而详尽的中央计划是不可能的，在这种情况下，中央计划（法）必须制定得比较抽象，这样，一是抽象的计划增加了计划的普适性，使计划不至于因实际情况的不停变化而不断修订，不至于计划没有变化快；二是抽象的计划不纠缠于微观细节，从而能专心于宏观大局，关注于制度安排，不至于因小失大，这既有利于授权和保护"在现场者"根据其所拥有的更为详细、更为确切的具体知识进行及时而自由地决策，又有利于真正发挥计划（法）的宏观调控作用。从实践来看，真正成功的中央计划都是宏观计划，"不能为大部分资源的生产和使用订立严格的具体指标"，而是"为全面的经济发展创造条件，这是绝大多数国家计划活动的焦点所在"[③]；都是政策计划，"发展计划中至关重要的不是数字，而是政策"[④]；都是指导计划，"指导计划与控制性计划之间的区别是至关重要的"，控制（指令）性计划

① Hayek, *Law Legislation and Liberty*, vol. 1, the University of Chicago Press, 1973, pp. 30, 55.

② ［德］黑格尔：《法哲学原理》，8～9页，北京，商务印书馆，1961。

③ ［美］埃利克·胡克：《长期与中期计划和当前的经济管理》，载［美］莫里斯·博恩斯坦编：《东西方的经济计划》，94页，北京，商务印书馆，1987。

④ ［美］刘易斯：《发展计划》，11页，北京，北京经济学院出版社，1988。

为了真正达到目标，必须规定得具体而微，明确告诉人们必须生产什么、生产多少、投资多少，且必须严格服从，而指导计划“只表示预期、愿望和意图，而不是有约束力的指令”①；都是战略计划，“不直接制订解决问题的计划，而是制订培养解决问题的能力的计划，使能针对问题出现时可能采取的特殊形式提出解决办法”②。

3. 否定性规定

法律规定应以理性为基础，而真正的“理性仅仅是一种戒律，一种对成功行为可能性限制的认识，它通常只告诉我们不能做什么。这种戒律是必要的，主要是因为我们的智力不能掌握事实的所有复杂性”③。因此，按照真正的理性所制定的法律规范不可能详尽地规定人们应该做什么，但却可能规定人们不做什么。法律规范通常作否定性规定而不作肯定性规定，它通过规定否定什么来达到它所要肯定的东西，这样规定是立法技术的变更和更新。

规范作否定性规定是法律规范抽象性的要求。黑格尔认为，因为法律是抽象的，“所以局限于否定的方面”，“在抽象法中只存在着禁令，至于命令的积极形式，从其终极内容看来，也是以禁止为基础的”④。抽象性法规主要是一种禁止性法规、否定性法规。否定性法规也有利于增强法规的抽象性、普适性。

法律规范作否定性规定也是自由的要求。就人的行为来说，绝大多数是自然的、合理的、可控的、无害的，因而是可以肯定的，只有极小数是反常的、非理性的、失控的、有害的，因而才要加以否定。作为调整人的行为的法律规范，作为一种以有限的规则普适于无限的人的行为的法律规范，应有自知之明，能扬长避短、避重就轻、删繁就简，把侧重点放在对极少数需要否定的行为作否定性规定上。否定性规定只否定极小部分行为而肯定了极大部分行为。只有否定性法规才能容纳无限可能性，而无限可能性正是自由的根本内容。否定性法规禁止而不责成个别类型的行为，凡是法规未否定的（禁止的）都是允许的、自由的，从而赋予人们尽可能多的自由。

① ［美］刘易斯：《发展计划》，8 页，北京，北京经济学院出版社，1988。

② ［美］林德布洛姆：《计划的社会学：思想和社会相互作用》，载［美］莫里斯·博恩斯坦编：《东西方的经济计划》，56 页，北京，商务印书馆，1987。

③ Hayek, *Law Legislation and Liberty*, vol 1, the University of Chicago Press, 1973, p. 32.

④ ［德］黑格尔：《法哲学原理》，47 页，北京，商务印书馆，1961。

经济法是一种国家干预法、一种政府管理法，这种国家干预、政府管理极容易超出自身的知识而滥用国家政府权力、滥加干预管理，侵害市场自由。为了防止这种情况，必须对国家干预、政府管理划定范围。这种国家干预、政府管理，一是应该以知识为基础，国家干预、政府管理的范围应以知识认识为界限，反对盲目干预瞎管理；二是国家干预、政府管理不得侵犯市场自由，而应促进保护市场自由，为此，国家干预、政府管理应限定在危害市场自由竞争和破坏宏观调控秩序方面。这样，国家干预、政府管理就严格限定在明确认识到的危害市场经济自由竞争的不正当竞争和限制竞争的禁止，以及破坏市场宏观调控秩序的盲目性、无序性的克服上，即我对经济法的调整对象——市场竞争关系和宏观调控关系的界定上。经济法调整这种社会关系是为了反对市场的限制竞争性和克服市场的盲目无序性，经济法法规同样（甚至更）应是否定性的，这一点，很多经济法法规从名称上就能体现出来，如《反不正当竞争法》、《反垄断法》即是如此，而《计划法》实质上也可以叫作《反盲目性法》。

4．要慎下定义

定义是用简明的语言揭示概念内涵的初级方法。[①] “过于简短的定义虽然方便（因为它概括了主要之点），但是要从中分别推导出应当下定义的现象的那些最重要的特点，这样的定义毕竟是不够的”，并且“……所有定义都只有有条件的、相对的意义，永远也不能包括充分发展的现象一切方面的联系”[②]，因此，“在科学上，一切定义都只有微小的价值”[③]。特别是对于立法来说，更是如此。立法是为社会制定必须遵行的有约束力的行为规则，在立法中下定义，意味着一言九鼎、定于一尊、“专横霸道”，使法规具有严重的武断性、封闭性和僵化性，导致“定义暴政”，也限制了法规的普遍适用。正因为如此，理查德·罗宾逊（Richard Robinson）在《定义论》（Definition）一书中指出，规定定义的最高原则便是尽可能少地作出规定，对定义应采取谨小慎微的态度，因为“毫无疑问，一个法规可能包括的定义，其常常附带产生的问题比所解决的问题更多”[④]。桑顿（Thornton）更是明确指出：“定义总是一

---

① 参见张文显：《法学基本范畴研究》，22页，北京，中国政法大学出版社，1993。

② 《列宁全集》，2版，第27卷，401页，北京，人民出版社，1990。

③ 《马克思恩格斯全集》，中文1版，第20卷，90页，北京，人民出版社，1971。

④ 曹叠云：《立法技术》，194页，北京，中国民主法制出版社，1993。

桩充满风险的买卖。”[①] 这些都是说，在立法中应当防止“定义偏好”，要慎下定义，尽量少下或不下定义。

上述认识对于经济法立法来说有重要的指导意义。经济法所调整的社会关系是纷繁复杂、变幻不定的，不是简单的定义所能规定的。比如“不正当竞争”，就是一个内容十分广泛、外延模糊不定、性质难以确定的概念，至今，也没有一个公认的被普遍接受的定义，以至于有人把不正当竞争比喻为外形千变万化的“海神”或“模糊而变幻不定之云彩”[②]。在这种情况下，硬要给不正当竞争下一个明确、具体的立法定义就是极其不妥和十分危险的，也正是基于此，我国《反不正当竞争法》对“不正当竞争”只是作了一个十分抽象的规定，并未下明确而具体的定义。[③] 再如，垄断，其构成的判断标准之一是企业规模，但同样规模的大企业，在不同的经济环境下，根据不同的经济政策，有时认为影响市场自由竞争和妨碍人们生活质量的改善而构成垄断，应予以解散，主张“小的是美好的”；有时又认为许多大企业对研究与创新作出了重大贡献，对于提高规模经济效益与增强国际竞争力是必要的，大的未必就是坏的。因此，到底什么是垄断？这个问题经常处于激烈的争论不休之中，让人举棋不定，许多反垄断案件的诉讼过程旷日持久。在这种情况下，为垄断下一个明确而具体的定义无疑是用死的条条框框去套活的东西，这犹如刻舟求剑。

二、语言表达技术

法律规范总是用语言来表达的，怎样用恰当的语言把所认识到的客观规律结合国家经济意志、切合法律规范的要求把法律规范表达出来，不能不讲究语言表达技术。

法律规范是一种普适性规范，所谓的普适性规范，一个重要的内容就是法律规范能够“地不分东西南北、人不分男女老少”，普遍知晓、普遍适用。为此制定法律规范应当做到：

1. 通俗易懂

孟德斯鸠指出：“法律的体裁要质朴平易，直接的说法总是比深沉

① Thornton, *Legislative Drafting*, 3rd ed., Butterworth and Co., Publishes Ltd., 1987, p. 59.

② 谢次昌主编：《消费者保护法通论》，483 页，北京，中国法制出版社，1996。

③ 参见《中华人民共和国反不正当竞争法》第 2 条。

迂远的词句容易懂些”，法律“不要精微玄奥，它是为具有一般理解力的人制定的。它不是一种逻辑学的艺术，而是像一个家庭父亲的简单平易的推理”①。这对于经济法来说，更应如此。经济法所调整的社会关系具有宏观性，关注国家大事，远离微观和个人私事，技术性、专业性、政策性较强，外行难以知晓、掌握。在这种情况下，经济法立法就不应只是直接地“记载和表达”这种社会关系，那样的话，经济法规范就会玄奥难懂，无法普遍知晓、适用。而应深入浅出，把它所调整的深奥的社会关系转译成通俗易懂的经济法规范，使经济法规范通俗化。经济法规范的通俗化是经济法立法的重要内容和基本要求，经济法规范只有通俗化，才能大众化、现实化，为社会大众所普遍知晓和适用。如在反不正当竞争法的立法中，人们也许不很清楚什么是不正当竞争行为，因为它过于抽象，但为了使人们能够知晓什么是不正当竞争行为，在反不正当竞争法的立法中，除了抽象规定什么是不正当竞争行为以外，稍后即规定了各种不正当竞争行为的具体类型，如假冒仿冒、商业贿赂、虚假广告、侵犯商业秘密，等等，对于这些具体的不正当竞争行为的类型，人们大都是知晓的。

2. 精洁简约

孟德斯鸠认为：“法律的体裁要精洁简约。”② 因为法律“烦细难以检用”，有人甚至把法律的繁密同国家的衰亡联系起来，如恒宽就认为秦朝的衰亡在于“秦法繁于秋荼，而网密于凝脂”③。这些都说明法律精洁简约的重要性。立法用语必须以少胜多、以简驭繁，甚至以无胜有。经济法是一种管理法，如果规定得烦琐细致，一方面会束缚管理者的手脚，使其不能审时度势，灵活及时、主动积极创造性地进行管理；另一方面也会限制被管理者的自由，妨碍市场自由竞争，所以经济法规范更应精洁简约。对经济法来说，宁简勿繁，多一条法规往往就会多一项管理、多一种束缚、少一份民主、少一份自由。纵观世界上主要国家的反垄断法都比较简要，如美国的反垄断法，无论是《谢尔曼法》、《克莱顿法》还是《联邦贸易委员会法》都是如此，以至于萨缪尔森等人认为：“反托拉斯法像一个大森林那样，是由几粒种子发展起来的。法律所依据的法规是如此简单，以至于用表就可以表示出来：从如此之少的

① ［法］孟德斯鸠：《论法的精神》，下册，298 页，北京，商务印书馆，1961。

② ［法］孟德斯鸠：《论法的精神》，下册，296 页，北京，商务印书馆，1961。

③ 恒宽：《盐铁论》。

字句能发展出如此之多的法律条文是令人惊讶的。”[①] 我国的《反不正当竞争法》只有 33 条，我国的《反垄断法》只有 57 条。

3. 文辞得法

梁启超认为：“法律之文辞有三要件：一曰明，二曰确，三曰弹力性。明确就法文之用语言之；弹力性就法文所含之意义言之。”[②] 所谓“明确就法文之用语言之”，一是指“法之质在乎大纲一定不易”[③]，法的精神实质是明确肯定不变的；二是法律规定“存最小之余地”，“其为确可见”[④]；三是“法律用语对每一个人都能唤起同样的观念”[⑤]，不会引起误解和歧义。所谓“弹力性就法文所含之意义言之”，一是指法律要“形纲简要，疏而不失”，“文简理周”、“言约意丰”，语言要有涵盖性、广泛性、普适性、周延性；二是指“法之文在乎小纪每多变迁”[⑥]，语言要具有灵活性、变动性、适应性；三是指“能供判官伸缩之用”[⑦]，不致束缚法官的手脚，让法官享有一定的自由裁量权。对于经济法，就其精神实质来说，是明确无疑的，那就是促进市场自由竞争和维护市场调控秩序，但就其具体内部来说，什么是限制市场自由竞争，什么是破坏市场调控秩序，则变幻不定，一言难尽。对于既具有高度明确性又具有相当灵活性的经济法来说，其法规的文辞更应遵从上述认识。如垄断这一用语就同时合乎“明”、“确”和“弹力性”的要求。一方面，垄断是“明”“确”的，如美国的《谢尔曼法》规定“任何限制竞争”、“任何垄断或企图垄断”的行为都是“非法的”、是“严重犯罪”[⑧]，其用语断然决然，明确无误。日本《禁止私人垄断及确保公正交易法》还为“垄断状态”下了一个十分详细的定义，明确到用数字所表示的销售金额、市场占有率、价格变化等来加以确认。[⑨] 另一方面，垄断也是富有“弹力性”的，如美国司法部和联邦贸易委员会颁布的《横向兼并准

① ［美］萨缪尔森、诺德豪斯：《经济学》，12 版，下册，902 页，北京，中国发展出版社，1992。

② 梁启超语。参见《中国成文法编制之沿革》，59～60 页，北京，中华书局，1985。

③ 洪仁玕：《资政新篇》。

④ 梁启超语。参见《中国成文法编制之沿革》，59～60 页，北京，中华书局，1985。

⑤ ［法］孟德斯鸠：《论法的精神》，下册，297 页，北京，商务印书馆，1961。

⑥ 洪仁玕：《资政新篇》。

⑦ 梁启超语。参见《中国成文法编制之沿革》，59～60 页，北京，中华书局，1985。

⑧ 美国《谢尔曼法》第 1～3 条的规定。

⑨ 参见日本《禁止私人垄断及确保公正交易法》第 2 条的规定。

则》，在计量市场集中度时，使用的工具是赫芬达尔—赫希曼指数（Herfindahl—Hirschman Index，即 HHI），应该说数字是最明确的，但在实际计量市场集中度时，对具体的数据要进行加权，并区分具体情况，所有这些都使得垄断的确认富有“弹力性”①。

第六节　经济法的立法程序

经济法立法是一项极其严肃的活动，必须遵循法定的程序。经济法的立法程序是经济法立法所必须遵循的法定步骤或次序，经济法立法必须逐一经过，不得省略超脱，不能偷工减料，省略工序、偷工减料的产品必定是伪劣产品，不经过经济法的立法程序难以保证所立出来的经济法法规是优良的；经济法的立法程序是对经济法立法进行审议、讨论的程序，不经过经济法的立法程序所立出来的经济法规范难以集思广益、富有理性；经济法的立法程序是对经济法立法进行监督、检查的程序，不经过经济法的立法程序所立出来的经济法规范难免违宪违法；经济法的立法程序是经济法批准、通过和生效的程序，不经过经济法的立法程序所立出来的经济法规范难以获得合法性和权威性。程序是法的生命，经济法的立法程序是对经济法立法的道道把关、层层过滤和步步改进，有利于制定出优良的经济法，因此，可以说，没有经济法的立法程序就没有经济法。

经济法立法除了遵循《中华人民共和国全国人民代表大会组织法》、《中华人民共和国国务院组织法》、《中华人民共和国立法法》、《中华人民共和国全国人民代表大会议事规则》、《中华人民共和国全国人民代表大会常务委员会议事规则》，以及《行政法规制定程序条例》中所规定的一般立法程序，即法律草案的起草和提出、法律草案的审议和讨论、法律草案的批准和通过，以及法律草案的发布和公告以外，结合经济法立法的特点，还应特别强调以下经济法的立法程序。

① 参见美国司法部和联邦贸易委员会颁布的《横向兼并准则》的有关内容。

一、经济法草案的起草和提出

这是经济法立法的起始阶段。按照法律规定，属于中央国家权力机关制定的经济法，其草案的起草一般由全国人民代表大会常务委员会下属的专门委员会或者国务院的有关主管部门负责；属于国务院制定的经济法法规，由国务院法制办或有关主管部门负责。

但经济法所调整的市场经济关系，是一种高度专业化、技术化、知识化的经济关系，因此，经济法立法最需要的是专业技术知识，以及专业技术知识所掌握的市场经济的客观真理，谁拥有专业技术知识，谁掌握了真理，谁就应享有经济法草案的起草和提出的权力（利），即使只有一个人拥有专业技术知识，真理只掌握在一个人的手里，这个人也应享有经济法草案的起草和提出的权力（利）。世界上最早的经济法——美国的反垄断法就是由一个人提出的，即俄亥俄州参议员谢尔曼提出的，他的立法理由是：我们不能容忍专制政治的国王，也不能容忍控制生产、运输、销售生活必需品的国王。正因为如此，美国的反垄断法又叫作《谢尔曼法》。

基于此，我认为，经济法草案的起草和提出不应局限于上述法律规定，可以扩大到任何集体或个人。

二、经济法的备案审查监督

经济法立法数量庞大、内容繁多，授权立法极为普遍，如何保证经济法的内在协调、统一，不与宪法和法律相抵触，就成了经济法立法的一个重要问题。据国务院法制局（现为法制办）1988 年 6 月的统计，经对报送国务院备案的 1 357 件地方性法规和规章（包括各部委和省级人民政府的规章）的审查结果，发现有 145 件存在问题，约占总数的 10.7%，其中与法律、行政法规相抵触的有 27 件。[①] 现在这种情形依然存在。为了解决这个问题，必须把备案审查监督作为不可逾越的经济法的立法程序。

① 参见郭道晖：《立法——原则、制度、技术》，203 页，北京，北京大学出版社，1994。

第一，备案。

我国《宪法》第100条规定，省、直辖市的人民代表大会和它们的常务委员会制定的地方性法规报全国人民代表大会常务委员会备案。《宪法》第116条规定：自治州、自治县的自治条例和单行条例，报全国人民代表大会常务委员会备案。《中华人民共和国地方各级人民代表大会和地方各级人民政府组织法》第7条规定：省、自治区、直辖市的人民代表大会根据本行政区域的具体情况和实际需要，可以制定和颁布地方性法规，报全国人民代表大会常务委员会和国务院备案。省、自治区的人民政府所在地的市和经国务院批准的较大的市的人民代表大会根据本市的具体情况和实际需要制定的地方性法规，报全国人民代表大会常务委员会和国务院备案。国务院颁布了《法规规章备案规定》。全国人民代表大会常务委员会办公厅和国务院办公厅联合发布了《关于地方性法规备案工作的通知》。《立法法》第89条也规定了备案制度。上述宪法和法律虽然对备案程序作了规定，但落实不够，还存在不少问题，尚需健全、完善。

一是我国《立法法》第89条第1款只规定行政法规报全国人民代表大会常务委员会备案，而没有明确规定国务院制定的经济法法规，须报全国人民代表大会常务委员会备案，国务院依“授权决定”制定的暂行规定与条例一般都未报送备案。针对这种情况，有关法律应明确规定国务院制定的经济法法规须报全国人民代表大会常务委员会备案。

二是《立法法》第89条第2款只规定省、自治区、直辖市以及较大的市的人民代表大会及其常务委员会制定的地方性法规，须报全国人民代表大会常务委员会和国务院备案。第89条第4款只规定地方政府规章须报国务院备案，但没有规定地方政府规章须同时报全国人民代表大会常务委员会和国务院备案。针对这种情况，有关法律应明确规定，省、自治区、直辖市以及省、自治区的人民政府和较大的市的人民政府制定的地方规章，须报全国人民代表大会常务委员会和国务院备案。

三是《立法法》第89条第4款只规定国务院各部委制定的部门规章报国务院备案，而没有明确规定还需报全国人大常务委员会备案。针对这种情况，有关法律应明确规定，国务院各部委制定的部门规章必须同时报国务院和全国人民代表大会常务委员会备案。

四是备案程序尚未制度化、严肃化，备案程序可有可无，甚至虚置，不少须向有关部门备案的尚未送备案。据统计，截至1988年6月，地方性法规与规章向国务院报送备案的只占应报的57.3%，国务院部委规章报送备案的只占应报的 66.6%。[①] 时至今日，这种情况有所改观，最近几年来废止的法规与规章就多达几百件，其中就有因应该报送备案而未报送备案而出现的与上位法相抵触的法规与规章。但要彻底改变这种情况，还应严格规定备案的手续、期限、责任，使备案程序制度化、严肃化。

第二，审查监督。

备案是为了审查监督，变更或撤销违宪违法的经济法。但现在的情况：一是没有一个机构对全国人民代表大会常务委员会制定的经济法的合宪性、合法性进行具体审查；二是对于国务院依“授权决定”制定的暂行规定与条例，全国人民代表大会常务委员会一般从不过问，没有审查监督；三是全国人民代表大会常务委员会对报送备案的法规，只由办公厅联络局的联系处登记入档了事，无人审查监督；四是即使已经发现有的法规有违法失当的地方，有关机构也从未行使撤销权，譬如全国人民代表大会就从未依《宪法》第 62 条第 11 项的职权，对全国人民代表大会常务委员会的“不适当的决定”（包括经济法）行使过变更权、撤销权；全国人民代表大会常务委员会也从未依《宪法》第 67 条第 7、8 两项的职权，对同宪法和法律相抵触的行政法规、决定和命令以及地方性法规和决议，行使撤销权。针对这种情况，一是应建立健全法律审查监督委员会，负责法律的审查监督；二是责令有关机构认真行使权力；三是加快制定立法程序法，对立法监督程序、授权立法的要件等作出明确规定；四是建立法的可诉制度，任何人、任何集体都有权对违反宪法和法律的法律法规包括经济法的法律法规，提出诉讼以便加以纠正。

① 参见郭道晖：《立法：原则、制度、技术》，203 页，北京，北京大学出版社，1994。

第十二章

经济法的实施

第一节　经济法实施的概念和意义

一、经济法实施的概念

经济法的实施是一定主体依照有关程序，将经济法规范贯彻落实到社会现实中，启动经济法规范的社会调整功能，实现经济法的预期调整目标。

这一概念包含以下内涵：

第一，经济法的实施依靠一定主体。“徒法不足以自行”，经济法的实施依靠一定的外在主体去推动，这些主体的地位独立与否、素质高低与否、构成合理与否、分工科学与否，都直接影响着经济法的实施，只有地位独立、素质较高、构成合理、分工科学的主体，才能有效地进行经济法的实施。不过，这里的主体主要不是个人而是有关国家机关，或者说，经济法的实施主要不是个人的经济法守法，而是有关国家机关的经济法执法和经济法司法。从这个角度看，经济法的实施是一种国家活动、政府行为，是一种强制活动。

第二，经济法的实施必须依照有关程序进行，是一种程序性很强的活动，必须按照预定的规程、严格的步骤、必经的议程进行。这是经济法的实施作为法律实施与其他活动的根本区别，这也说明了经济法实施的严肃性。

第三，经济法的实施是实施经济法，即经济法是经济法实施的对象。这一点决定了经济法的实施与其他法的实施的不同。只有对经济法具有科学的认识，才能科学认识经济法实施的特征、意义，也才能科学认识经济法实施存在的障碍以及解决的对策。反过来，科学认识了经济法实施的特征、意义，科学认识了经济法实施存在的障碍以及解决的对策，又可以进一步科学认识经济法。“实践出真知”，在实践中、在实施中有利于真正认识经济法。从这个角度看，经济法的实施也是认识经济法的活动。

第四，经济法的实施是将经济法规范贯彻落实到社会现实中，将静态的经济法规范转化为动态的经济法规范，启动经济法规范的社会调整功能，规范人们的行为，调整特定的社会经济关系，以期实现预定的经济法调整目标，即反对市场经济的限制竞争性和不正当竞争性，促进市场经济的自由、公平竞争，克服市场经济的盲目性、无序性，促使市场经济健康、协调、有序地发展。从这个角度看，经济法的实施是一种有目的、有意识的自觉活动，是一种对市场经济的市场监管和宏观调控的活动。

为了加深对经济法实施的理解，有必要将经济法的实施与相关概念进行比较。

1. 经济法的实施与经济法的效力

经济法的效力，是经济法作为一种法律所固有的强制力，它源于国家对经济法的制定或认可。它对于受经济法调整的行为具有约束力，它要求有关主体按照经济法所设定的权力（利）义务、所指引的行为模式从事经济活动。可见，经济法的效力内在地要求将经济法贯彻落实于社会现实中，即要求经济法的实施。经济法的效力是经济法实施的必要前提，经济法的效力丧失了，就谈不上经济法的实施。丧失效力的经济法，不用实施，也实施不了。经济法的实施是经济法的效力得以发挥的基本途径，没有经济法的实施，经济法的效力就形同虚设。经济法的效力与经济法的实施，两者关系是这样的：经济法的效力要求、决定经济法的实施，经济法的实施发挥、实现经济法的效力。

2. 经济法的实施与经济法的实效

经济法的实效，它是经济法在现实中被人们所遵行，使经济法由观念形态转化为实际状态的效力；经济法的实施是经济法由静态效力向动态效力的转变，使经济法获得实效。因此，经济法的实施是经济法的实效得以实现的方式，经济法的实效反映出经济法实施的状况，因而是评价经济法实施的重要标准。

3. 经济法的实施与经济法的实现

经济法的实现，是经济法预期目的的达到。只有当经济法调整社会关系的效果呈现正值状态时，才有经济法的实现可言，如经济法促进了市场自由、公平的竞争，维护了宏观调控秩序，使国民经济健康、协调、有序、持续地发展。经济法的实现需要各种手段，其中经济法的实施是达到经济法实现的一个重要手段。

二、经济法实施的意义

经济法的实施以下具有重要的意义：

第一，经济法的实施，有利于实现经济法治。长期以来，我们的经济是计划经济、行政经济，社会经济按照行政命令运行，具有严重的人治性质，经济法治无从谈起，在经济活动中，常常是“白头的不如黑头的，黑头的不如红头的，红头的不如口头”，“法，说起来重要，做起来次要，忙起来不要”。法律没有权威，法律得不到实施。实践证明，这严重地阻碍了社会经济的发展。要彻底改革这种现象，必须实行经济法治，而要实行经济法治，一个根本要求就是加强经济法的实施。经济法不仅是政府干预社会经济之法，也是干预政府之法，是政府干预社会经济必须遵循的法律规则，因此，加强经济法的实施，就是要求政府依法而不是依行政手段干预社会经济，树立法律对政府的权威，要求政府守法，法律对政府的权威是法治的实质，法律对政府没有权威，就没有法治；政府守法是法治的核心，政府不守法，就没有法治。可见，经济法的实施能有力地遏制政府对社会经济的滥加干预、任意干预、非法干预，从而有利于实现经济法治。

第二，经济法的实施，是经济法的根本目的。法在本质上是一种调整人们行为的行为规则，是一种实践规则，具有强烈的实践要求，法的根本目的在于法的实施，这正如庞德所说的：“法的生命在于实行。”同样，经济法的根本目的也在于经济法的实施，无论是经济法研究，还是经济法立法，根本目的都在于经济法的实施，通过经济法的实施，实现人们尤其是立法者在经济法中所寄托的目的。如果没有经济法的实施，那么，一切经济法努力，都毫无意义。

第三，经济法的实施，是社会经济发展的重要举措。这是因为：一是经济法的实施，表明国家（政府）对法律的态度，“言必信，行必果”，法律具有威信，这会影响人们对法律的态度，人们信任、服从法律，这有利于维护社会信用，形成合理预期，保证投资安全，激发竞争信心，减少交易成本，从而促进社会经济发展。是否真正实施既定的法律，是关系到国家（政府）形象的大事。如果没有经济法的实施，那就意味着国家（政府）视法律为摆设、儿戏，可任意践踏，国家（政府）不信从法律，那么人们也不会信从法律，结果就会出现社会信用危机，社会秩序动荡，猜疑敌意盛行，纠纷摩擦频仍，交易成本激增，这会严重地阻碍社会经济发展。二是经济法的实施，使经济法现实化并确实成为人们的行为准则，使凝结在经济法中的历史经验、大众智慧、崇高理性在社会经济发展中发挥作用，经济法的实施，促进社会经济发展。如果没有经济法的实施，那无疑是经验、知识、理性的重大浪费，不能用于社会经济的发展，这样就会严重地阻碍社会经济发展。三是经济法的实施，是在进行反限制竞争和反不正当竞争的斗争，因而是在贯彻自由竞争的市场法则，是在伸张自由竞争的市场精神，是在检修自由竞争的市场机制，经济法的实施维系着自由竞争这一市场经济发展的发动机的正常运转；经济法的实施，是在贯彻宏观调控法则，使社会经济发展在法律的框架结构内、在预定轨道上运行，把社会资源调集配置到法律所支持、鼓励的方向，避免社会经济运行大起大落、动荡不定，经济法的实施调控着宏观经济秩序这一市场经济发展的方向盘的正确行使。经济法的实施不仅是法律活动，也是经济活动，它促进社会经济的发展。

第四，经济法的实施，有利于经济法的完善。法是一种行为规则，因而也是一种实践规则，实践出真知，只有通过实施才能检验法律规范是否切合实际、实效如何，并根据这些信息反馈，便于立法者及时对法律规范进行立、改、废，从而进一步完善法律规范，使法律规范更加适应社会现实，更好地发挥调整作用。由于经济法调整的社会关系是一种最活跃、最复杂的经济关系，人们对它的认识和规定不可能一蹴而就，经济法规定与它所调整的社会关系的本质要求难免不相适应。在哪些方面不相适应？为什么不相适应？怎样才能相适应？这些问题只有通过经济法的实施才能发现，并反馈给立法者，立法者根据反馈回来的信息，及时地对经济法进行立、改、废，进一步完善经济法，使经济法规范更加适应社会现实，更好地发挥调整作用。可见，经济法的实施是经济法完善的基础。

第五，经济法的实施有利于经济法权力（利）义务的实体化或实定化。权力（利）义务是法律的核心，法律的实施说到底是权力（利）义务的实施。就经济法的实施来说，一方面在于赋予和保护经济法的权力（利），另一方面在于落实和履行经济法的义务。实践证明，只有通过经济法的实施才能使经济法的权力（利）义务实体化或实定化，这是由于经济法的实施是通过程序和判决进行的，程序和判决是经济法的权力（利）义务实体化或实定化必不可少的制度力量。“实体法上所规定的权利义务如果不经过具体的判决就只不过是一种主张或权利义务的假象”，只有在一定程序过程中产生出来的确定性判决中，权利义务才得以实现真正意义上的实体化或实定化。[①] 人们能否真实拥有和行使经济法的权力（利），是否切实承担和履行经济法的义务，是评判经济法实施的重

① 参见［日］谷口平安著，刘荣军译：《程序的正义与诉讼》，7页，北京，中国政法大学出版社，1996。

要标准。

第二节 经济法实施的特征

经济法的实施具有以下特征：

第一，经济法的实施具有明显的综合性。

经济法调整的社会关系涉及方方面面，关系国计民生，影响国泰民安，因此经济法的实施就要多方策应，多管齐下，综合治理。具体说来，经济法的实施主要依靠经济法守法、经济法执法和经济法司法三条途径来完成。经济法守法，是经济法实施的最终目的，如果人们都能切实遵守经济法，那么就不必经济法执法、经济法司法了，但这一最高境界的实现还遥遥无期，因为总有人不遵守经济法，为了强制那些不遵守经济法的人守法，经济法执法、经济法司法就成为了必要。经济法执法，是国家行政机关的重要职能，一方面是国家行政机关在依法管理社会经济时即在进行经济法的实施，另一方面是通过对违反经济法的行为予以制止和纠正，保证经济法的实施。经济法司法是国家司法机关通过对违反经济法的行为进行检举、起诉、审判、追究法律责任，进行经济法的实施。经济法守法、经济法执法和经济法司法并非彼此孤立，而是相互配合、相互作用的。经济法守法是经济法执法、经济法司法的基础条件，只有绝大多数人遵守经济法，经济法执法、经济法司法才有现实基础，如果没有人遵守经济法，那么经济法执法、经济法司法就会压力巨大、困难重重，甚至不可能。而经济法执法、经济法司法是经济法守法的保证，如果没有经济法执法、经济法司法，就没有了经济法实施的强制力量，最终就不会有经济法守法。经济法执法与经济法司法互有分工、互相制约，经济法执法搞好了，就可以减少经济法司法的压力；经济法司法是经济法执法的制约，没有经济法司法，难以保证有较好的经济法执法。总之，经济法的实施是经济法守法、经济法执法和经济法司法的总和，具有明显的综合性。

第二，经济法的实施具有独特的行政性。前已述及，由于经济法是国家干预或政府管理社会经济之法，国家行政机关是管理国民经济的重要部门，因此，国家行政机关的经济法执法在经济法实施中就具有十分重要的地位，经济法实施具有行政性特征。不过，国家行政机关的经济法执法不是一般的行政干预，而是具有独特性。这种独特性表现在经济法执法机关相对于行政机关来说具有很大的独立性，只有这样，才不至于把经济法执法蜕变为行政干预；也只有这样，才能同时监督、制约经济法执法。如反垄断法的实施机构，在美国实施反垄断法的机构有两个，一个是司法部的反托拉斯局，一个是联邦贸易委员会：前者类似于检察机关，负责调查违反反托拉斯法规定的事件，确定适当的诉讼目标，并提起诉讼；后者是一个独立于政府的行政机关，它的工作直接受国会监督，它有权独立处理违反反托拉斯法的案件。在德国，负责实施反限制竞争法的联邦卡特尔局，尽管从属于联邦经济部，是一个行政机关，但其设置与结构不同于一般的行政机关，具有完全的独立性，德国联邦卡特尔局局长 D. 沃尔夫指出，它“如同一个法院，可以独立地且不受外界影响对卡特尔案件作出裁决。这些裁决是在决议处作出的，决议处类似法院的法庭，不管是经济部长还是我本人都不得对具体案件发布指令。联邦卡特尔局裁决的独立性基本上可以不受政策且由此可以不受利益集团间争执的影响”①。“瓦尔特·欧肯曾经说过这样一句话，反垄断机构的独立性至少和最高法院的独立性同样重要。”② 在中国，反垄断法的实施机构的独立性尤要强调，因为在中国，行政垄断根深蒂固，只有独立于行政机关的反垄断法执行机构机构才有可能有效地反行政垄断。

第三，经济法的实施具有高度的专业性。经济法是一种高度专业性、技术性、知识性、政策性的法律部门，因此，经济法的实施就具有高度的专业性，只有具有专业技术专业知识的人员和机构才能从事经济法的实施。如反垄断法的实施机构，美国联邦贸易委员会法规定，联邦贸易委员会下设竞争处和经济处，竞争处由法学家组成，经济处由经济学家组成；德国《反限制竞争法》第 24 条第 2 款规定，德国的垄断委员会是一个专家鉴定机构，“它由五名成员组成，他们必须具有专门的国民经济学的、企业经济学的、社会政治学的、技术的或经济法方面的知识及经验”；日本《禁止私人垄断及确保公正交易法》第 19 条规定，日本的公正交易委员会由委员长和委员 4 人组成，“委员长和委员……

① 原德国联邦卡特尔局局长 D. 沃尔夫：《德国竞争法的经验》，载王晓晔编：《反垄断法与市场经济》，258 页，北京，法律出版社，1998。

② 原德国联邦卡特尔局局长 D. 沃尔夫：《德国竞争法的经验》，载王晓晔编：《反垄断法与市场经济》，258 页，北京，法律出版社，1998。

从年龄在三十五岁以上并有关于法律或经济的学识经验的人中，予以任命”；法国的竞争委员会由 16 名委员组成，其中 7 名委员必须从行政法院、审计总署或法官中选任，4 名委员必须是在经济、竞争法或消费者保护问题方面有专门知识和经验的专家，其余 5 名委员必须从事过工业、商业、手工业、服务业或自由职业。综观许多国家的反垄断法执行机构，专家执法的特点格外明显。

第四，经济法的实施具有严格的程序性。

法律是一种具有国家强制力的行为规则，法律的实施涉及人们的权利义务，影响人们的自由安全，关系到社会的公平正义，如果实施不当，就会侵犯人们的权利，限制人们的自由，破坏社会的公平正义，因此，法律必须正当实施。为了保证法律的正当实施，必须依据程序，程序是法律正当实施的制度保证。由于经济法是国家（政府）干预社会经济之法，无论是市场竞争法的实施还是宏观调控法的实施，都是国家（政府）权力的运用，为了使国家（政府）权力正当行使，必须依据严格的程序进行。如反垄断法的实施，在美国既有刑事诉讼程序，也有民事诉讼程序；在德国，既有罚金程序，也有民事诉讼程序，还有行政程序；在日本，对反垄断法的实施程序作了极为详尽的规定，从《禁止私人垄断及确保公正交易法》的第 45 条一直到第 88 条，程序的规定是该法的主要内容。这些都说明经济法的实施具有严格的程序性。

第三节　经济法实施的障碍

改革开放以来，我国制定并颁布了大量的经济法，基本上结束了我国社会经济生活长期无法可依的局面。但经济法的实施并未与经济法的立法同步，“有法不依”、“执法不严”的现象仍很突出，经济法实施得还不是很好。之所以如此，主要是因为经济法的实施存在下列障碍：

1. 经济法的实施机构不独立

严格说来，我国目前尚未建立真正的经济法实施机构，还谈不上经济法实施机构的独立与否的问题。就目前现行的经济法实施机构来说，主要是行政机关，如实施计划（法）的国家发展与改革委员会，实施反不正当竞争法的国家工商行政管理局，它们都隶属于国务院，在国务院直接领导下实施经济法。由于众所周知的原因，它们显然不能像国外经济法执法机构那样具有很大的独立性，在经济法执法过程中不可能摆脱行政机关的干预，在反行政垄断时尤其如此。特别是由于经济法是规范和制约政府干预行为的，所以经济法的实施往往是追究政府机关及其工作人员的法律责任，这就使得作为经济法实施机构的法院，其独立性也不稳固，也不能真正独立地进行经济法司法，这正是所谓的："得罪了行政机关，难得过选举关，宁可得罪条条（法律），也不能得罪块块（地方政府）。"实践证明，没有独立的经济法实施机构，就不可能有较好的经济法实施。

2. 经济法的实施机构之间分工不科学

一是在过去的法院体制下，虽然设有经济庭，但这种经济庭，是审理除婚姻家庭、亲属继承关系以外的经济纠纷的法庭，实质上主要还是民事庭或民事二庭、三庭，严格说来还不是真正的经济法法庭——审理经济法案件如计划、垄断方面案件的审判庭。这种不科学的分工（准确地说是还没有给经济法法庭分工），说明经济法的实施在过去法院体制下还缺乏相应的组织机构，没有相应的组织机构怎么可能有真正的经济法实施呢？而在现行法院体制下，连经济庭都取消了，经济法实施的效果如何，是不堪设想的。到现在为止，我国还没有审判过有关计划、预算、货币政策、垄断等方面的案件，可以说，经济法还没有真正实施过。二是把反不正当竞争法交由国家工商行政管理部门来实施，也是不科学的，这是因为：一方面，国家工商行政管理部门是各级行政机关的直属机构，受各级行政机关的直接领导，独立性远远不够，在中国现行体制下难以独立地执行反不正当竞争法，特别是执行有关规制政府滥用权力不正当竞争行为的规定。另一方面，当前，在我国理论界有很多人把我国的反垄断法的执行机关设计为行政机关，而且在实践中，已将我国工商行政管理部门作为反不正当竞争法的执行机构，将国务院反垄断委员会作为反垄断法的执行机关。这种设计是不妥的，因为在我国虽然转变了政府的经济职能，减少了政府对社会经济生活的干预，但种种事实表明，在计划体制下形成的那种政府主治的现象并没有完全改变，而且也确实难以改变，因为在任何社会环境里、在任何经济形式下政府必然处于社会经济的核心地位，政府干预以及由政府干预所导致的行政垄断是不可避免的。在我国现阶段存在的垄断主要就是行政垄断，这种行政垄断比任何其他形式的垄断都更能阻碍市场的公平自由竞争。这也说明，反垄断首先是反行政垄断。如果说反私人垄断，行政机关还堪当此任的话，那么，反行政垄断就不能靠行政机关或隶属于行政机关的其他机关了，因为自己反对自己是不易和不力的，自身对自身进行制约就等于没有制约。反行政垄断必须依靠独立于行政机关的其他非行政机关，反行政垄断本质上也是权力分立和权力制衡在经济法治方面的一个具体而重要的表现。因此，在我国不应把国家工商行政管理部门和其他行政机构作为反不正当竞争法和反垄断法的执行机构，而有必要建立一个专门的反不正当竞争法、反垄断法的执行机构，这样，一方面有助于反行政垄断，另一方面又可以防止行政机关借反垄断之名而行行政干预之实。这也是有先例的。尽管在西方发达资本主义国家，反垄断法的执行机构有的隶属于行政机关，但由于资本主义基本经济制度是私有制，政府（行政机关）并不直接经营管理企业、介入干预企业经营管理，政府（行政机关）与企业是相对隔离的，没有直接利害关系，在这种情况下，让反垄断法的执行机构隶属于（但实际上是高度独立于）政府（行政机关）依然能够有效地执行反垄断法，监督企业进行自由竞争。而中国是发展中的社会主义国家，基本经济制度是公有制，公有制的代表就是政府（行政机关），政府（行政机关）代表公有制必然要监管企业，这就决定了政府（行政机关）与企业（尤其是国有企业）有着千丝万缕、永结难解的关系，在这种情况下，让反垄断法的执行机构隶属于政府（行政机关）就难以公正地执行反垄断法，监督企业进行自由竞争。国情不同，决定了反垄断法执行机构的设计，不能完全照搬外国模式，不能认为人家的反垄断法执行机构可设计在行政机关，所以我们的反垄断法执行机构也应设计在行政机关。更何况我们还不是如此完全照搬呢？另外，行政机关执行反垄断法尚没有严格的程序作保证，程序是执法的关键，没有严格的程序不可能执行好反垄断法。而且，行政机关执行反垄断法也缺乏应有的条件。垄断是一种超级违法犯罪，对它进行立案、侦查、起诉和审判，绝非易事，没有相当的条件是不可能的，对有的垄断案件的立案、侦查、起诉和审判旷日持久，行政机关不可能专心于此，如果专心于此，势必无力于其他业务。再说，行政机关对垄断案件的查处，不是终局的，若当事人不服，还可以向法院起诉，由法院审判。这样，在有的时候，就难免分工重复，导致人力、物力、财力的浪费，不甚经济。上述理由也同样适用于即使是由国家工商行政管理总局、国家发改委和商务部及相关机构所组成的联合执法机构。正是由于上述理由，我认为不宜由国家工商行政管理总局、国家发改委和商务部作为反垄断法的执行机构。这一点连国家工商行政管理总局的同志亦认为，目前由国家工商行政管理总局执行反不正当竞争法，并未排除待条件成熟时设立专门的反垄断法执行机构。实质上，过去上述三个机构争夺反垄断法的执法权严重地阻碍了反垄断法的出台，将来也会影响反垄断法的实施。

3. 经济法的实施缺乏完善的程序

经济法的实施是国家权力的贯彻和运用，应当严格依据程序进行，但目前我国的经济法实施还缺乏完善的程序，没有完善的程序就没有真正的经济法实施。就像生产产品由于缺少必要的生产工艺流程，生产的产品必然会变形走样、会有瑕疵一样，经济法的实施缺乏完善的程序也必然会受到阻碍。由于缺乏完善的程序，在经济法的实施中，国家权力的贯彻和运用就不能按部就班地进行，国家权力缺乏节制、缓冲、控制，权力滥用、强行现象较为普遍，经济法的实施没有达到它所追求的使国家权力的贯彻运用沿经济法规定进行的目的；由于缺乏完善的程序，经济法的实施就没能经过一道道精致严密的过滤、一道道不断祛除错误把握真理的过程，这就会严重地妨碍人们对所实施的经济法的正确认识和对经济法所实施对象的客观把握，从而就会影响经济法的正确实施；由于缺乏完善的程序，经济法的实施就会出现大量的不规范的现象，如“越俎代庖”、“先斩后奏”、“鲁莽草率”等等，经济法的实施无法达到它所追求的经济法治的目标。缺乏完善的程序是经济法实施的重大障碍之一。

4. 经济法实施人员的素质有待提高

经济法是一种专业性、技术性、知识性、政策性都很强的法律，只有高素质的专业人员才能较好地进行经济法的实施。但相比之下，我们的经济法实施人员素质还有待提高。法院曾是各行业中外行人较为容易进入的一个机构。许多人没有法律专业文凭，有的甚至连基本的法律常识都没有，也有许多法院的院长、副院长没有受过任何法律训练。1983年5月，时任最高人民法院院长的江华在四川考察法院工作时，对四川法院在法官晋升方面的做法大为不满，他质问道：“人民法院目前在重视和使用知识分子方面有没有错误思想？……调些文盲、半文盲来能不能做好司法工作？有没有知识分子干部够了条件该提拔的不提拔？四川省高级人民法院有二百多人，大学生五十六人，正在学习法律专业的函授生二十人，可是刑庭正副庭长中没有一个大学生。刑庭是我们法院的一个重要庭，庭长没有一个是学法律专业的。你们现在新选的三个院长、副院长中也没有一个大学生。你们搞改革是怎么搞的？……重视知识分子和重视法制是一致的，法律本身就是一门专门知识。不重视知识，不去发现、提拔、使用学过法律的知识分子，怎么能说是重视知识分子呢?"① 当然，以后这种现象在逐渐改变，如通过法官培训、法律函授等途径提高法官素质，但这些途径有其固有的局限性，这正如一位区法院副院长在谈法律夜大时所指出的："法律夜大这种教育方法不可能达到正规的、全日制式的学校那样的水平，它的学时、学习条件、教师的力量等方方面面，包括对学生的要求，达到什么程度才算合格，都不一样。"② 时至今日，由于这些人依然在各级法院工作，有的甚至成为了法院工作的中坚力量，所以这种现象并没有完全改变，"法院队伍的整体素质还不适应法制建设发展的需要。"③ 2008 年两会上，全国政协委员、民盟中央副主席、四川省政协副主席吴正德也指出，目前我国审判人员的构成不合理，一些法官的素质不高。从学历来看，法官的整体素质比律师业、金融业、注册会计师业、资产评估业的从业人员偏低。④ 特别是对于一些新的法律知识，如反垄断法、金融法等等，许多法官都是陌生的，大有学习提高的必要。

5. 对经济法的实施监督不力

经济法的实施是国家权力的运用和贯彻，任何权力如果没有制约和监督，就必然会滥用、误用，其中经济法执法是国家行政机关进行经济法的实施，是国家行政权力的运用和贯彻，行政权力具有广泛的自由裁量幅度，如果没有制约监督，很容易运作不当，与此同时，经济法执法受行政机关的牵制，如果没有制约和监督，就难以保证经济法执法的独立性、合法性，就会蜕变为行政干预。经济法司法是国家司法权的运用，司法权也是一种纵向权力，也潜藏着消极的一面，"司法独立"的要求客观上又助长了这种消极面，如果没有制约监督，经济法司法也未必就公正。因此，必须加强对经济法实施的监督。但目前我国对经济法的实施监督不力，具体表现在：一是缺乏专门的监督机构；一是缺乏有效的监督措施；一是缺乏相应的监督程序。

① 江华：《同四川省高级人民法院部分干部及几位中级法院院长的讲话》，参见《江华司法文集》，290 页，北京，人民法院出版社，1989。

② 贺卫方：《通过司法实现社会正义》，载夏勇主编：《走向权利的时代》，24 页，北京，中国政法大学出版社，1995。

③ 任建新：《在九届人大一次会议上所作最高人民法院工作报告》（1998 年 3 月 10 日）。

④ 参见http：//www.sina.com.cn，2008-03-12。

第四节　经济法实施的对策

保障经济法的实施，应采取以下措施：

一、保证经济法实施机构的独立性

这是经济法实施的关键条件，也是实现法治的根本要求，“法治诞生于法律机构取得足够独立的权威以对政府权力的行使进行规范约束的时候”①。为此：

1. 保证经济法实施机构的预算独立，直接从国库划拨一定的资金作为经济法实施机构的物质保障。经济法的实施机构在物质上独立了，经济法的实施也就可能独立。

2. 保证经济法的实施机构是一个专职机关，专司经济法的实施，严禁染指其他事务。如国外有关反垄断机关即是如此。反垄断机关是一个专职机关。反垄断机关是市场公平、自由竞争的化身，为了保障反垄断机关能够切实执行反垄断法，维护市场公平、自由竞争，必须依法规定反垄断机关是专职机关，赋予它以独立的地位，割断它和社会上其他人与事的利害关系。美国《联邦贸易委员会法》第 1 条规定，“联邦贸易委员会委员不得从事其他实业、休假或其他职业”；德国《反限制竞争法》第 24 条规定：“垄断委员会成员既不得就职于政府机构，联邦立法机构或州立法机构，亦不得是联邦、州或其他公法人的公职人员……他们也不得作为经济协会或雇主组织或职工组织的代表人，也不得与常设机构或商业事务方面有什么关系。在当选为垄断委员会成员的前一年，他们也不得担任过同类职务。”日本《禁止私人垄断及确保公正交易法》第 37 条规定：“委员长、委员和以命令规定的公正交易委员会的职员，在任职期间，不得从事符合下列各项之一的行为：一、充任国会或地方公共团体的议会的议员，或积极地从事政治运动；二、除有内阁总理大臣的许可外，从事其他有报酬的职务；三、经营商业以及从事其

① ［美］诺内特、塞尔兹尼克著，张志铭译：《转变中的法律与社会》，59 页，北京，中国政法大学出版社，1994。

他以金钱上的利益为目的的业务”。

3. 保证隶属于行政机关的经济法实施机关的独立性，强调它们与一般行政机关的不同，不尽是行政机关。如国外反垄断机关就不尽是行政机关。确实，世界上有些国家的反垄断机关是行政机关，如日本的公正交易委员会就是一个行政委员会，它为内阁总理大臣所管辖；英国的公平交易总局也是一个行政机关，但总体来说，绝大多数国家的反垄断机关不尽是行政机关，至少不是纯粹的行政机关。如美国的反托拉斯局虽然在行政上隶属于司法部，但它不是纯粹的行政机关，它负责在普通法院提起民事诉讼或刑事诉讼，因此它又是一个检察机关，是一个准司法机关。而美国的联邦贸易委员会则是一个独立于政府的机关，它的工作直接受国会的领导和监督。德国的联邦卡特尔局有权独立地对具体案件作出裁决，它具有准司法机关的性质，德国的垄断委员会的活动是独立的，它只受《反对限制竞争法》的约束。即使是日本的公正交易委员会，尽管它是一个行政委员会，但法律规定它的委员长和委员必须在取得两议院的同意后任命，而且公正交易委员会独立行使职权。英国的公平贸易总局尽管是一个行政机关，但公平贸易总局及其局长的业务活动不受政府指示的约束。我国的反垄断法的执行机构也应具有高度的独立性。在许多国家，作为执行货币政策的中央银行，其地位也是高度独立的。

二、建立科学的分工制度

我国经济法的实施机构包括行政机关和司法机关，它们之间以及它们内部必须科学分工。就它们之间的分工来说，可分工如下：行政机关通过依法管理国民经济实施经济法；而司法机关则主要通过对违反经济法的案件进行立案、侦查、起诉和审判实施经济法，具体说来，由各级人民检察院负责对违反经济法的案件进行立案、侦查和起诉，由各级人民法院负责对违反经济法的案件进行审判。就经济法实施的分工来说，经济法司法应负主要责任，因为司法机关在中国现行体制下无疑是最具独立性的，具有严密的组织和严格的程序，本来就是专职的执法机关，拥有专业较扎实、经验较丰富的司法队伍。就它们内部分工来说，行政机关内部各职能机构各负其责地实施经济法，如国家发展计划委员会负责计划法的实施，财政部门和税务部门负责财税法的实施，中国人民银行负责银行法、金融法的实施，等等。司法机关内部分工，一是根据《人民检察院组织法》第 20 条之规定，在各级人民检察院设立“经济法检察厅、处、科”，负责对违反经济法的案件立案、侦查、起诉；二是修改《人民法院组织法》第 27 条第 2 款之规定，即将“经济审判庭”修改为“经济法庭”，因为在修改该法时（即 1983 年）人们对经济法的认识不清不深，受大经济法学派观点的影响，把经济法误认为是调整一切经济关系的法律，结果设立了经济审判庭。但前已述及，这种经济审判庭，审判的是除婚姻家庭、财产继承以外的经济纠纷案件，实质上主要是民事审判庭或民事审判二庭、三庭，而不是真正的审判经济法案件的经济法法庭。基于此，在人民法院应设立经济法审判庭，专门负责审判经济法案件，如计划、财税、金融、垄断等方面的案件，实施经济法。

三、完善经济法实施程序

经济法是国家（政府）干预社会经济之法，经济法的实施是国家权力的贯彻和运用。哪里有国家权力的贯彻和运用，哪里就应该有相应的程序，程序的实质是要求国家权力的贯彻和运用依程序进行，按步骤、分阶段进行，按预定的可控制的方式进行，因此，程序能够节制权力、缓冲权力；程序是一种流水作业的过滤装置，是一种制度性的监控机制，程序使国家（政府）的管理和决定非人情化、非人治化，是对任性恣意的限制，是对法治的实现。威廉姆·道格拉斯指出：“权利法案的大多规定都是程序性条款，这一事实绝不是无意义的，正是程序决定了法治与恣意的人治之间的基本区别。”① 没有程序就没有真正的法律实施，经济法的实施只有依程序进行，才能有效地防止国家（政府）权力的滥用和误用，实现经济法治。

经济法是一门比较抽象的法律部门，它的规定比较空灵，经济法的实施具有比较大的自由裁量空间。为了使经济法的实施客观、准确、合法，必须在赋予经济法的实施者自由裁量权的同时加以必要和适当的限制，这种限制主要就是程序，程序规定了自由裁量权的范围、方式、步骤、条件。程序是法的生命，经过严格的程序对法律能有更深刻的认识，从而能更好地实施法律，准确的法律判决总是在严格的程序中形成的。没有程序，对经济法的认识就会不清，自由裁量权就会行使不当，

① 季卫东：《法律程序的意义》，载《中国社会科学》，1993（1），83 页。

经济法的实施就会不好。

经济法实施的对象是纷繁复杂、千变万化的社会关系，正确的经济法实施依赖于对这种社会关系的正确认识，而要正确认识这种社会关系，必须依赖程序，程序创造了大众参与，根据证据材料进行自由对话、平等诘问、公开辩论的条件和氛围，在这种条件和氛围下，能够杜绝个人片面、主观任性、轻率妄为，同时能够集思广益、明辨是非、发现真理。程序是理性选择的保证，是正确认识客观事物真相的环节，只有正确认识了经济法所调整的社会关系，才能正确地实施经济法。

1. 完善经济法的立法程序

立法是法律实施的前提，立法质量直接影响到法律实施的水平。为了保证立法优良，必须严肃立法程序。只有严格依照程序立法，使所立之法层层过滤、步步筛选，不断改进，以求尽善尽美，能够具有理性，合乎现实，可资适用，这样的法才能得到较好的实施。

长期以来，人们习惯于把法律分立为实体法和程序法，但这种分立法日益为现代许多法律部门所整合，特别是那些涉及大政国是、关系国计民生、影响国泰民安的法律尤其如此，这些法律的一个共同特点就是实体法与程序法高度融合并且一体化。对于这些法律来说，由于它们影响重大而深远，不但实体内容必须尽可能详加规定，而且相关程序也要一一具载为法。程序不仅是它们的实现形式，而且是它们的内在部分，可以说，没有程序就没有实体。私法的具体内容可以由当事人意思自治，通过合同等去补充、完善，其程序也是当事人意思自治的进一步延伸，是为他们意思自治服务。与私法等法律不同，对有些法律而言，程序是对实体的严格把关和制度监控，如果不从立法程序上也即从源头上严格把关、有效监控，保证立法优良，那么由于事后无补，再完善的执法和司法程序也无济于事。

经济法即是如此，许多经济法规范在规定实体法的同时就规定了该实体法实施的程序。如计划的编制、审批、执行、调整程序，《预算法》中规定了预算的编制、审批、执行、调整、决算程序，税收的减免程序、出口退税程序，货币的发行程序等等。这些法定程序是相关经济法实施的制度保障，要促进经济法的实施必须完善这些法定程序。

2. 完善经济法的执法程序

如，就反垄断法的执法程序来说可参照有关国家的成功经验，作如下规定：(1) 经济法的执法机关依职权或人们的报告受理违反反垄断法的案件；（2）通知有关当事人要求其陈述意见；（3）对案件进行必要的调查，包括命令案件关系人出席进行审讯或者征求他们的意见，命令鉴定人出面进行鉴定，命令有关当事人提出账簿文件，进入案件关系人的营业所或其他必要的场所以检查业务和财产状况以及账簿文件和其他物件（进行调查时应向案件当事人出示证件，必须将调查主旨记入调查记录）；（4）执法机关在调查后制作报告书，通过会议作出决定，决定不予过问，对违法行为人进行劝告并采取适当的措施；（5）如果劝告无效，进入审判程序，如果有违法事实，案件付诸审判符合公共利益，亦可不进行劝告而直接进入审判程序；（6）审判程序开始后，被审问人应立即向执法机关提出答辩书，如果认为执法机关采取的措施不当，可以陈述理由，提出证明其行为不当的资料，要求公正审判；（7）进行审决，审决应列举违法事实，指出该事实在哪里违反了法律，并作出排除措施；（8）当事人不服审决的，可以向有关法院提起取消审决的诉讼。

3. 完善经济法司法程序

有许多人认为，经济法规范特别是其中的宏观调控法规范缺乏可诉性，无法通过司法机关解决所出现的法律问题，甚至把这上升为否定经济法是一个独立法律部门的一个论据。

对此，我不敢苟同。

某种法规，具体说来是某种法规所调整的行为是否具有可诉性，取决于它是否具备以下条件：

首先，是否存在利益冲突、权利争执、损害赔偿、违法犯罪等法律事实。这是决定有无法律诉讼的前提条件。如果不存在，那就无法律诉讼可言；如果存在，那么必然会要求法律诉讼，问题只是怎样诉讼的问题而不是能否诉讼的问题。

经济法中的宏观调控行为涉及大政国是，关系国计民生，影响国泰民安，于国于民都有重大而深远的利益关系；宏观调控行为包括计划规划、财政税收、货币政策、产业政策等等，它们都直接或间接地关涉人们的切身利益，宏观调控也是利益调整，必然会产生利益冲突和权利争执；宏观调控是国家专门机构运用国家权力对市场进行干预，难免滥用职权，违法违规，调控不当，给国家、集体和人民造成损害，有的甚至构成犯罪，等等。对这些现象必须依法加以调整，依法解决问题和依法追究责任，而诉讼无疑是重要的途径之一。

其次，有无适格的原告和被告以及当事人有无诉讼的意愿。

适格的原告是指其权利受到侵害的本案当事人；适格的被告要求有

具体、明确的实施侵害行为的当事人。当事人要主动提起诉讼，否则，按照司法权被动性的要求，“不告不理”，无诉讼可言。

对照上述要求，就适格的原告而言，随着“当事人适格理论”的扩张，适格的原告不仅包括个人，而且包括团体、社会公众，乃至一切人都可以对侵害公共利益的行为提起诉讼。因此，宏观调控行为已具备适格的原告。就适格的被告而言，宏观调控行为同样具备，包括一切破坏宏观调控的行为对人们造成损害的人，这自不待言。至于有人说：“由于在起诉的资格中，损害须具有特定性。因为能够起诉的损害必须是特定的损害，只是一个人或一部分人受到的损害。如果损害的范围很广，包括全体公民在内，没有一个人比其他人受到更多的损害，大家在损害面前平等，这是一种不可分化的抽象的损害，抽象的损害不对任何人产生起诉资格。”① 这显然与法理相悖。难道说，污染一口水塘可以起诉，污染一条大河就不能起诉？杀死一个人可以起诉，发动战争就不能起诉？特定的犯罪可以起诉，“四人帮”犯下的滔天罪行就不能起诉了？显然不是。实际上，不但实际上有环境污染损害赔偿诉讼，而且在历史上对二战战犯和“四人帮”都进行过严肃而公开的审判，不久前，还有对松花江污染损害赔偿的处理。

就诉讼意愿来说，我想，一个人、一群人或社会公众的权利受到侵害后，一般都愿意起诉以补偿、回复自己的权利，除非他们缺乏正常人的心智。在现实中，确实有人权利受到侵害后但仍不起诉，这往往是迫于无奈，而非真的不愿意起诉。人非圣贤，不可能要求公众爱人如己、爱公如私，大部分人都会认为公共利益是公众的，与我何关？即使有关，又是何其间接、何其微小，因而不愿意为保护公共利益而起诉。这种事不关己，高高挂起，在大会堂里和和气气，而在大街上斤斤计较，是一种不良现象。“大河无水小河干”，公共利益受到侵害，私人利益迟早也保不住。这跟我们的诉讼制度有关，是不可诉导致的结果，这不但不是不可诉的理由，相反，应是健全诉讼的根据。这一点应像国外学习，应利用奖励手段鼓励公众提起诉讼。此外，即使公众不起诉，但作为国家公诉机关的有关机构也有权利和义务代表公众提起诉讼。所以，不存在无诉讼意愿的问题。

再次，法院是否适合以及能否解决诸如利益冲突、权利纠纷、损害

① 王名扬：《美国行政法》，631页，北京，中国法制出版社，1995。

赔偿、违法犯罪等问题。

尽管法院不是万能的，但法院的基本职责和专门任务就是解决这类问题的；在一个法治社会，法院作为司法机关，其所“司”之法是解决这类问题最主要的标准；法院所处地位独立，有专业人员，有严格程序，解决问题更公正。所以，我认为，如果法院都不适合或不能解决这类问题，那么也许就不能指望其他机构适合或能解决这类问题了，也许这类问题或案件就无法解决了。

另外，法院是否适合以及能否解决这类问题，也是相对的。事在人为，“彼人也，吾人也，彼能是，吾乃不能是?”其他机构能解决的，为什么法院就不能解决呢?对于那些专业性、技术性强的问题，法院完全可以通过把相关专门技术人员吸纳进来组成合议庭一同审理解决，陪审员制度不正是如此吗?并且任何人都有司法协助的义务。法庭过去不适合、不能解决这类问题并不等于法院现在或将来依然不适合或不能解决这类问题。人都是在学习办事中提高成长的，随着不断学习，解决这类问题多了，久而久之就适合和能够解决这类问题了。托马斯·杰弗逊曾经说过：“我并不提倡经常修改法律和宪法，但是，法律必须和人类的心智一道携手并进。随着时移境迁，只要人的心智变得更为发达，更为开明，只要有了新的发现揭示了新的真理，行为方式和舆论发生了变化，制度就必须保持与时代同步向前发展。”① 再说，如果当事人对其他机构的解决不服，还是要诉讼到法院，与其如此曲折，不如直接诉至法院解决。

在现实中，正是借口问题的专业性、技术性强，很多本应由法院解决的问题，认为法院不适合或不能解决而流失到其他也许专业但并非专门的机构去解决了；另外，法院也借口不适合或没有能力，实际上是怕麻烦，怕承担责任，把问题推卸了事。这造成了许多不合法、不公正的现象，如税法这么重大的问题，法院从来就没有解决过一个真正的税法案件。这是我们应该高度重视的。也许在法院法中也应写上一条：“法院不得因法无明文规定、专业技术问题而拒绝受理案件。”

至于完善经济法的司法程序，要不要建立与经济法相匹配的经济法的诉讼程序，或者如不少人提出的建立公益诉讼，可以进行探讨或尝

① ［美］阿兰·S·罗森鲍姆编，郑戈等译：《宪政的哲学之维》，103页，北京，三联书店，2001。

试，并逐步完善。但在目前尚付阙如的情况下，参照有关国家的成功经验，可作如下规定：（1）对垄断案件进行调查，可以要求当事人、证人提供有关资料、证据；（2）确定诉讼是提起刑事诉讼、行政诉讼还是民事诉讼；（3）刑事诉讼适用刑事诉讼程序，民事诉讼适用民事诉讼程序，行政诉讼适用行政诉讼法。因为从根本上说，适用什么诉讼程序决定于追究何种法律责任，法律责任最主要、最典型的是民事责任、行政责任和刑事责任三种，决定了与之相应的是民事诉讼、行政诉讼和刑事诉讼三种诉讼程序，况且这三种诉讼程序之间也有许多相通之处，可以参照借鉴适用。如1982年的《中华人民共和国民事诉讼法（试行）》就规定，人民法院受理行政案件适用民事诉讼法的规定。这种情况一直持续到行政诉讼法出台之后。同样，在经济法的诉讼程序建立之前，同样可以适用相关的诉讼程序，或民事诉讼程序，或行政诉讼程序，或刑事诉讼程序。

4. 完善其他程序

并非一切经济法问题都要通过诉讼程序解决，当诉讼不便或不利时，特别是有的经济法问题无法通过诉讼程序解决时，可以通过其他非诉讼程序解决。一是健全法律法规的审查监督程序。《宪法》和《立法法》规定“全国人民代表大会有权改变或者撤销全国人民代表大会常务委员会制定的不适当的法律”，“全国人民代表大会常务委员会有权撤销国务院制定的同宪法、法律相抵触的行政法规、决定和命令”，国务院有权“改变或者撤销各部、各委员会发布的不适当的命令、指示和规章”。二是建立宏观调控复议制度。受控主体以为宏观调控机关（国务院、中国人民银行、财政部、国家发展计划委员会、国家税务总局等）的宏观调控决策违法或不当时，可以请求复议，宏观调控复议机关可以根据情势，对于具有明显重大瑕疵或具备法定无效情形的宏观调控行为宣布无效；对于欠缺合法要件的宏观调控行为进行事后补救；对于违法的宏观调控行为予以撤销，使其不发生效力，或消灭已发生的法律效力；对于合法的宏观调控行为，根据事后形势的变迁，进行相应的调整或改变；对于宏观调控复议不服的，可以向人民法院起诉。

（1）召开听证大会。宏观调控涉及大政国是，关系国计民生，影响国泰民安，应当问计于民，自由讨论，平等协商，民主决策。因此，可以就宏观调控的有关问题召开听证大会，听取各方意见，在综合考虑的基础上再行决策。人们自己作出的决策易于实施。

（2）可以成立专门调查委员会。我国《宪法》第71条规定：“全国人民代表大会和全国人民代表大会常务委员会认为必要的时候，可以组织关于特定问题的调查委员会，并且根据调查委员会的报告，作出相应的决议。”调查委员会有权就宏观调控中存在的有关问题进行调查、询问和质询，并根据调查结果，对不当的规定予以撤销，对相关责任人员予以处理。

四、提高经济法实施人员的素质

1. 提高经济法实施人员的素质。荀子说：“法不能独立，类不能自行，得其人则存，失其人则亡。”① 沈家本指出：“有其法犹贵有其人”，“法之善者仍在有用法之人，苟非其人，徒法而已”②。他们都一致强调人对于法的重要性，人之于法的实施的重要性。实践证明，施法人员素质的高低直接决定法实施的好坏，只有高素质的施法人员才会有好的法律实施。同样，要完善经济法的实施必须提高经济法实施人员的素质。

2. 提高经济法实施人员的专业水平。“法律为专门之学，非俗吏之所能通晓。”③ 应尽可能地吸纳正规大专院校法律专业或相关专业的毕业生充实到经济法的实施机构，只有受过正规法律专业或相关专业的训练才能对经济法契其纲要、析其条目、抉其精微、辨其疑似，正确、有效地实施经济法。

3. 提高经济法实施人员的文化水平。法官作为社会是非的评判者，作为社会冲突的协调者，作为会说话的法律，应当是社会的精英、真理的化身、权威的象征，对其文化水平自应高标准、严要求。具体说来，应严格按照《法官法》的要求，被选拔录用的经济法实施人员至少应当有三年制大专学历，坚决杜绝无知无识、不学无术、文化修养差劣之徒混入司法队伍。

4. 提高经济法实施人员的认识水平，认识到“律者，民命之所系也，其用甚重而其义至精也。根极于天理民彝，称量于人情事故，非穷理无以察情伪之端，非清心无以袪意见之妄。设使手操三尺，不知深切究明，而但取办于临时之检按，一案之误，动累数人，一例之差，贻害

① 《荀子·君道》。

② 沈家本：《刑法学·刑志总考·唐》。

③ 沈家本：《寄簃文存二编　卷上·设立博士议》。

数世，岂不大可惧哉”[①]。如果人们没有深刻的认识、高度的责任感、端正的态度，不可能实施好经济法。

5. 提高经济法实施人员的施法艺术。经济法规定比较抽象空灵，在抽象的经济法规范与具体的经济法案件之间必然存在一定的差距，这个差距即“法所不能至者”，它们的填充、弥合只能寄托于施法人员的施法艺术，这就是所谓的：“法者存其大纲，而其出入变化固将付之于人。”[②] 经济法的实施人员只有对经济法的精神有一个科学、准确的把握，同时对经济法所适用的具体案件以及此类具体案件所处的特定环境有一个全面、客观的认识，两相结合，才能实施好经济法。生搬硬套、机械刻板是不可能实施好经济法的。

五、加强经济法实施的监督

1. 要确立必要的监督制度。一切问题只有从制度上着手才有可能从根本上解决，要加强经济法实施的监督，也应从制度上着手，确立必要的监督制度，制度确立了，对经济法实施的监督才能按制度办事，常抓不懈、习惯成自然，杜绝官僚主义、一阵风。

2. 要设立必要的监督体系，包括工商、税务、银行、海关、审计、监察等部门的行政监督和公安、检察、法院等的司法监督，以及行会、协会和会计、审计、律师事务所、大众传媒等的社会监督。经济法调整的社会关系涉及方方面面，只有把行政监督、司法监督和社会监督综合起来，才能对经济法的实施加以全面监督。

3. 要通过立法具体规定监督措施，使监督措施具有合法性、权威性。

4. 要完善监督程序，使监督工作有序、合法地进行。

① 沈家本：《重刻唐律疏议序》。

② 丘濬：《大学衍义补·谨号令之颁》。

附录一

重思民法与经济法的关系

——写在中国民法典制定之际

中国民法典的制定是我国立法史上的一件大事，它不仅为民法学科所专注，也为其他学科所关注，因为它涉及民法与其他学科的相互关系。其中，民法与经济法的关系历来密切、纷争不断，如何正确处理民法与经济法的关系是民法典制定时必须认真解决的一个重大问题。这个问题解决得好，对于正确认识民法典和科学制定民法典都意义重大。

可是，近些年来法学界盛行一种“民法学帝国主义”，特别是有些民法学者把民法奉得至高无上，对其他法律不屑一顾，甚至目无他法，还要对经济法讽刺、挖苦和嘲弄一番。本文无意于重启或重复由来已久的民法与经济法之争，但面对上述情形，我认为实在有必要在中国民法典制定之际，从新、从深、从真地去重思民法与经济法的关系。

一、平等与民法和经济法

平等是民法的基本原则，它包括并体现在民法的主体地位平等、权利义务平等和法律保护平等等各个方面。

平等是人们最本能的要求之一，没有人不要求平等，也没有人愿意低人一等；平等是对长期以来所实行的身份等级制度的反抗和反弹，哪里有不平，哪里就会要求平等，越是深受不平等压迫的人们越是向往平等。在法德等国民法典制定之际，当时的人们初为主体，大同小异，相差无几，大致平等，这为民法典实行平等原则提供了现实基础。这种平等原则使人们在民事生活中进而在现实生活中打破身份等级制度，使人平等起来起过巨大的历史作用。

但世界上连两片相同的树叶都没有，作为万物之灵长的人类更是千差万别。人们在家庭出身、天赋能力、文化水平、经济条件和社会地位等许多方面都存在着千差万别。虽然有些差别无关紧要，但有些差别足以导致人的不平等。人具有不平等的基因。作为民法基本原则的平等并不是先天存在的，因为没有什么人是天生一样的。虽然刚开始千差万别的人们还能大致平等，但往后人们就逐渐拉开差距并出现不平等了，这就像赛跑一样，刚开始不同的人们处于同一起跑线上，但一赛跑，人们就开始拉开差距。人是在向不平等方向发展的。如果说刚开始由于人们之间的千差万别没有充分拉大，从而没有动摇民法平等的基础的话，那么，在社会发展的过程中，随着人们之间差别的不断拉大，甚至有时达到了天壤之别，作为民法基础的平等不够坚固、牢靠了，有时甚至化为乌有了。即使民法原先具有平等的基础，但由于民法是市场关系的记载和表述，本质上是一种市场法则，优胜劣汰，最终也会导致人们之间的不平等。所以，民法只能存在于不平等的人们之间，并在不平等的人们之间寻求平等。

那么，民法是如何在不平等的人们之间寻求平等的呢？大致如下：一是抽象平等。民法把人的千差万别都抽象掉了，从而把千差万别的人们抽象为平等主体，如公民或法人等。在民法眼里，一般说来，只见公民或法人等抽象的人，不见其他具体的人。虽然有些差别具体而微，不影响人与人的平等，把它们抽象掉不仅是可能的而且是必要的，但有些差别关系重大，足以决定并导致人与人的不平等，这些差别是不应、也不能被抽象掉的。如果硬要把它们抽象掉，实质上只是无视或掩盖这些差别，而不是真正消除这些差别。这些未被消除的差别会导致人与人的不平等。二是起点平等。民法把千差万别的人们置于同一起跑线上，人人平等参与，人人机会均等，在起跑线上是人人平等的，至于过程和结果是否平等则在所不问，而实质上人们在过程和结果上往往是不平等的，这就像人们赛跑一样，必然会拉开差距，如果人们赛跑时一路平等并结果平等，那不仅不可能而且毫无意义。民法并不追求过程和结果的平等，也无法保证过程和结果的平等。三是形式平等。民法规定人人具有权利能力并且权利能力一律平等。但这只是主体资格要求，是人们平等地享有权利的形式要件，至于人们是否能够真正享有权利以及权利的具体内容如何，则取决于各人的行为能力，而人的行为能力是各不相同的。完全、限制和无民事行为能力只是大致的划分，其中还有无数的差别。权利能力平等与行为能力不平等是民法中一对形式与内容的矛盾，在当代社会，权利能力平等已意义不大，关键是看人的行为能力，而人的行为能力各不相同。这就决定了民法是形式平等而实质不平等，它决定并导致人的不平等。

当然，民法也根据人的年龄、智力和精神状况对人的行为能力加以区分，并分别设立不同的法律规则和制度，如监护制度等，其目的是保护弱者，以保证人与人的实质平等。但这只是例外和局部情形，并非常态和主流，因为民法的主要主体还是具有完全民事行为能力的人，即使是监护制度的实现也要依赖有完全民事行为能力的监护人。对具有完全民事行为能力的人来说，民法只是在形式上把他们视为具有完全民事行为能力的平等主体而不问其行为能力在实质上有何不同。尽管都是具有完全民事行为能力的人，但他们的行为能力在实质上是不同的，这是决定并导致人与人不平等的重要因素。

人是生而不平等的，却无往不在追求平等，这是人类社会的一大难题，也是其他人类社会问题的一大根源。面对不平等而又追求平等的人们，民法的抽象平等、起点平等和形式平等是远远不够的，它们并不能真正实现人与人的平等，并不能为民法奠定长久的平等基础。要真正实现人的平等，特别是在当今变动不居的社会经济态势下要真正实现人的平等，离不开其他法律如经济法的支持和配合。

在近代民法典制定之际，当时还只是处于简单商品经济时期，市场经济并不发达，从事民事经济活动的主体大都是农民、手工业者、小作坊主和小业主，他们大同小异、相差无几，大致平等，这为近代民法典奠定了平等的基础和作用的条件。但现代社会，市场经济高度发达，经过激烈的市场竞争，优胜劣汰，形成了各种不同的市场主体，既有强大的大公司，也有弱小的小企业，还有单个的公民，它们实力悬殊，差异甚大，不再是平等主体，也不可能平等协商。在这种情况下，民法的平等基础就岌岌可危了。为了重构并维持市场主体的平等，不能完全指望民法的抽象平等、起点平等和形式平等，而必须依靠经济法进行国家干预，如反对垄断，分割大企业，抑制市场支配地位，扶持中小企业，提升弱小者的竞争能力，以达到具体平等、过程平等和实质平等。

特别是自 20 世纪初以来，人类社会经济生活发生了巨大而深刻的变化，出现了人们之间的分化和对立。一是企业主与劳动者之间的分化和对立。与企业主相比，劳动者以出卖劳动力为生，他（她）们用自己的人身和生命去劳动和冒险，处于弱势地位，仅凭他（她）们自身的力量无法与企业主就劳动条件、劳动安全和劳动福利等进行平等协议。二是经营者与消费者之间的分化和对立。与经营者相比，消费者缺乏相关信息，难以与经营者讨价还价，在使用商品时还面临各种风险，因而是弱者。三是生产者与社会公众之间的分化和对立。生产者在生产过程中，会污染环境、破坏生态，对社会公众产生严重的影响，而社会公众的弱势地位又使得他（她）们难以获得相应的赔偿。上述种种情况，充分表明在现实社会经济生活中，人们之间存在许多不平等，这大大突破了民法单一人格的假定并对民事主体普遍平等的原则构成了挑战，有些方面也使民法的作用微乎其微。面对这些情况，必须区分多重人格，如企业主与劳动者、经营者与消费者、生产者与社会公众，区分的目的是找出强弱，以扶助弱者，提升他们的平等地位和平等能力，保障其合法权益。针对上述三种情况而制定的《劳动法》、《消费者权益保护法》和《环境保护法》，其立法宗旨、规则设计和目标使命都与民法大不相同，而与经济法比较接近。

与此同时，人们对于平等的认识也发生了巨大的变化。因为人已从抽象的人分化为各种具体的不同的人，起点平等不能保证过程平等和结果平等，形式平等不等于而且低于实质平等，所以人们对平等的要求从抽象平等、起点平等和形式平等上升到具体平等、过程平等和实质平等。过去人们认为无差别即平等，有差别即不平等，而现在认为，“一刀切”、整齐划一也未必是平等，有差别并不等于不平等，为了真正实现平等，还必须允许差别、区分差别，并区别对待。过去人们认为把同一规则无差别地适用于所有情况叫作平等；但现在人们认为，不同规则有差别地适用于不同情况，即同样的情况同样对待、不同的情况不同对待，这才叫平等。过去人们认为，平等尤其是私人在私事方面的平等是每个人自己的私事，应由每个人自己去力争，与他（她）人无关，也与国家无关；而现在人们认为，平等不仅是每个人的私事，而且是国家的大事，为了实现平等国家有义务对不平等进行必要的干预。过去人们认为平等尤其是私人在私事方面的平等仅有民法的平等就能一步到位；而现在人们则认为，民法的平等虽然是重要的，但仅有民法的平等是不够的，民法的平等是实现平等的第一次努力，民法的平等因其是抽象平等、起点平等和形式平等而在实现平等的同时会导致不平等，要解决剩存的和新出现的不平等还要诉诸经济法的平等，所以平等是多部法律通力合作、分阶段逐步实现的。民法的平等与经济法的平等是相互依存、相互合作和相互递进的。

二、自由与民法和经济法

自由是人类奋斗所追求的崇高目标，没有人不热爱和不向往自由，一切为人类服务的法律都应把自由奉为圭臬并努力加以实现。民法亦然。自由也是民法的基本理念，它在民法中具体体现为民法的契约自由和意思自治。

民法的契约自由让人们按照自己的意愿平等协商地决定他（她）们之间权利义务的得丧变更，从而打破了过去根据身份设定人们之间权利义务的做法，这对于在历史上推动人类社会“从身份到契约”的进步运动起了巨大的作用。民法的意思自治使得人们能够自己给自己做主、自己为自己谋利、自己对自己负责。这是自由的精义，它为人们提供了反对形形色色的专制压迫和似是而非的外来干涉的有力武器，它让人们在现实生活中、在日用常行中运用自由、享有自由，这是通往“自由王国”的现实途径和必由之路，意义十分重大。

但民法的契约自由，要有平等的基础，在平等的基础上才有契约自由可言，没有平等就没有契约自由。前已论及，民法的平等并不足以保障和实现人们之间的真正平等。在现实生活中，人们的家庭出身、天赋条件、社会地位、经济实力和市场机会等均不平等，契约自由只能存在于缔约能力不平等的人们之间，这种契约自由并不是真正的契约自由，相反，它含有局部地放弃契约自由的因素，特别是当市场经济发展到了垄断阶段以后，契约自由的性质发生了根本性的转变，契约自由已蜕变成了经济强者支配经济弱者的单方面的恣意妄为。面对上述情况，吉尔默惊呼“契约死亡了”。

为了使“契约再生”，并重获自由，民法也作出了相当的努力，如“契约自由之限制”即是其中之一。这种限制在民法中表现为：应当遵循自由公平、诚实信用原则（如我国《合同法》第3、4、5、6条之规定），应当遵守法律、行政法规，尊重社会公德，不得扰乱社会经济秩序、损害社会公共利益（如我国《合同法》第7条之规定）。不难看出，这些规定都是原则性的规定，即使是像法、德、日民法典多达几千条也没有作出具体的规定。但不可否认，至于什么是自由公平、诚实信用原则，什么是社会公德、社会经济秩序和社会公共利益，肯定不能仅由或任由民法去规定，还有待于其他法律部门去具体化，并且这种具体化对民法也具有重要的参考价值。如经济法中的反垄断法。反垄断法所针对的正是垄断情况，在垄断存在的情况下已无契约自由可言。反垄断法为了恢复契约自由，双管齐下，一方面惩罚、抑制和分解垄断者，另一方面支持、扶助和提升非垄断者，以反对垄断者支配非垄断者的不自由状况。只有反垄断成功了，才能维护人们之间的契约自由，所以，反垄断成为维护契约自由的先决条件和前提措施。正是在这个意义上，反垄断法被奉为“自由企业的大宪章”和“经济宪法”。从这里也可以看出，经济法对于促进、维护民法的契约自由起着决定性的作用，没有经济法的反垄断并获得成功，就没有民法的契约自由。

此外，契约自由的范围和程度也受到相当的限制。在不少领域，如与人权密切相关的领域就不能听任契约自由，人权不能根据契约自由去享有，不能说参与契约自由的人、有契约自由能力的人才享有人权，不参与契约自由的人、无契约自由能力的人就不享有人权，人们所享有的人权多少不是根据每个人是否参与契约自由以及契约自由能力的大小来决定的。人权按人享有，只要是人，就应享有人权，人人平等、人人同等地享有人权，人权不受契约自由的支配，在这里契约自由无从谈起。随着人权意识的加强，不受契约自由支配的领域日益扩大，如劳工问题、消费者问题、环境问题、社会保障问题，等等，为了保障社会弱者的人权，强调的不是契约自由而是人权保障，社会上出现了“从契约到人权”的运动。人们不断认识到，不能让契约自由支配一切，人们的权利义务不能完全由契约自由去决定，契约自由要受人权的统率和制约，契约自由要服务、服从于人权。

民法的意思自治，其实是每个民事主体都只能从自己的知识、信息和判断就自己的私事进行意思自治，很显然，这是一种微观自治，民法在本质上就是一种微观自治法。这种微观自治，就每个民事主体自身来说，也许是有规划、有秩序的，但就整个宏观社会来说，难免处于无规划、无秩序状态。在这种宏观失控、无序的混乱社会中，民法的意思自治犹如在巨浪翻腾的大海中驾驶的无舵小船，沉浮不定，凶多吉少，这是没有多大意义的。要真正实现民法的意思自治，必须依靠经济法。经济法是一种宏观调控法，它由作为整个社会总代表的国家站在全社会的高度进行总体规划、宏观调控，为在无知世界中的市场主体也包括民事主体提供各种科学的权威的信息供其参考，从而有利于他们作出合理、有效的判断和决策，只有在这种情况下，民法的意思自治才有意义。

就是从微观角度来看，社会上的人千差万别，民事主体各不相同，有强弱之分。当弱者面对强者时，如患者面对医院、购房者面对开发商、打工者面对企业主、消费者面对大商场，等等，他们之间对比悬殊，相差甚远，前者仅凭自身的力量难以意思自治。特别是在公共产品供给不足，存在卖方市场的情况下，前者根本就无法意思自治，意思自治在这里只能意味着“要么接受，要么走开”。要真正实现人人意思自治，也离不开经济法，要依经济法进行国家干预。如没有国家对医药价格和房价的控制，如果国家不增加对公共卫生和住房建设的供应，那么就会有许多人看不起病，有许多人住不上房；如没有国家帮助农民工催讨工资，那么农民工的工资就会一拖再拖；如没有国家支持消费者，那么消费者的合法权益就得不到保障。正是因为有经济法，有依经济法所进行的国家干预，意思自治不单是民法意义上的意思自治，而同时也是经济法意义上的意思自治，经济法意义上的意思自治，一方面要抑制强者的意思自治，另一方面要扶持弱者的意思自治，做到抑强扶弱、平衡势力，只有这样，才能使得人人可以做到意思自治。

民法的契约自由或意思自治与经济法的国家干预的相互关系，是由民法与经济法所共同立足并服务于市场经济所决定的。市场经济是一种市场调节与国家干预内在统一的经济，其法律要求和表现就是民法的契约自由或意思自治与经济法的国家干预的内在统一和相互依存。要维护民法的契约自由或意思自治必须依靠经济法的国家干预，没有经济法的国家干预，放任契约自由或意思自治，就会导致要么只是微观意思自治，而宏观失控无序；要么是强者放任意思自治，而弱者就无法意思自治，导致最终都没有真正的、完全的、人人的契约自由或意思自治。

三、所有权与民法和经济法

民法是调整财产关系的法律，在传统的西方民法典中，如法、德民法典中，这里的财产主要是私有财产，对私有财产所有权的保护是其民法典的根本使命，以至于把“私有财产所有权神圣不可侵犯”上升为其民法典的基本原则。如《法国民法典》第 544 条规定：“所有权是对于物有绝对无限制地使用、收益及处分的权利。”狄骥认为“《拿破仑法典》是所有权的法典。”① 《德国民法典》第 903 条规定：“在不违反法律和第三人利益的范围内，物的所有权人可以随意处分其物，并排除他人的任何干涉。”从中可以看出，其民法典所规定的所有权是一种绝对所有权。它意味着：一是私有财产所有权在整个财产权体系中占有绝对主导的地位，其他财产所有权特别是公有财产所有权只占次要地位，大有“任私而不任公”的味道；二是私有财产权的范围非常广泛，几乎是“上达九天，下达地心”，如《德国民法典》第 905 条就规定：“土地所有人的权利扩及于地面上的空间和地面下的地层。”三是对私有财产权的保护非常严格而周全，号称是“神圣不可侵犯”；四是对私有财产所有权虽然有所限制，但这些限制大都抽象、笼统，如《法国民法典》第 544 条规定的是“法令所禁止的使用不在此限”，《德国民法典》第 903 条规定的是“在不违反法律和第三人利益的范围内”，也就是说，只要不违反法律和第三人利益，私有财产所有权的享有和行使就没有限制。

这种绝对所有权观念一直支配着西方国家的民法典，虽然它们也发

① ［法］狄骥著，徐砥平译，徐菲勘校：《〈拿破仑法典〉以来私法的普通变迁》，31 页，北京，中国政法大学出版社，2003。

生过所谓的“所有权社会化”运动，似乎所有权由绝对变成了相对，但其实并没有发生什么真正的变革，这只要看一下前引《法国民法典》第544条和《德国民法典》第903条之规定即可一目了然，因为这些规定从制定之初直到现在都是这样写的，法、德民法典虽几经修改，但也没有修改这些规定。这种绝对所有权观念也深深地影响着我国的民法学者，以至于他们也以西方国家民法典为蓝本来制定中国民法典，在现有学者提出的物权法草案或民法典草案中，就可以看出这种影响。

之所以如此，主要是因为人们对私有制与公有制存在不同的认识和评价。私有制切合人的私性，一般说来，人大都是私人，人们为自己谋利比为他（她）人或公众谋利更千方百计、更竭尽全力、更一以贯之，私有制鼓励人们去追逐私利并保护其所追逐到的私利。毋庸讳言，这是经济发展、社会进步和人类文明的巨大动力，私有制在历史上特别是在资本主义社会起过巨大的促进作用。但历史也表明，私有制使人唯利是图、自私自利，无视他人利益和公共利益，并使社会贫富悬殊、两极分化，具有严重的弊端。应该说，克服私有制的弊端（不是消灭私有制本身）是人类持久的伟大理想和奋斗目标，并在社会主义国家得以付诸实践。尽管公有制在社会主义国家也有过不良表现，如平均主义、效率低下，等等，但这主要是由于政治决策失误而不是公有制本身，况且公有制本身的一些缺陷是可以通过不断改革而加以完善的。公有制在社会主义国家中的作用十分巨大，不容抹杀。如在当代中国，公有制依然占主导地位，公有财产是人民安身立命的根本，是社会长治久安的基础，是政府宏观调控的杠杆，是国富民强的保障。公有制有其存在的正当基础和重要价值。即使是西方资本主义国家也有大量的公有制经济，倒是俄罗斯与东欧一些国家的私有化进程令人警醒。其实，私有制与公有制各自都有利有弊，并且其利弊相克。因此，最好的财产制度选择不是维持纯粹、单一的私有制或公有制，实际上也没有哪个国家能这样做，而是实行以私有制或公有制为主、多种经济成分并存的财产制度。

在上述对私有制与公有制的认识和评价的基础上，我们能更好地理解物权法中的民法与经济法的关系。

人都有私心杂念，会自私自利，可能损人利己、损公肥私，如长期存在的私挖乱采、乱砍滥伐等现象即是其具体表现。所以，在人们行使私有财产权时国家必须进行监管，并且这种监管是紧跟其后、如影随形的。如果没有国家监管，人们就会滥用私人财产权，并且这种滥用会达到非常危险的境地。国家对私人财产权的监管首先表现为对其的限制，如前引《法国民法典》第544条的“但书”和《德国民法典》第903条的“前缀”。前已指出，民法的限制是抽象笼统的，需具体细化，但这项工作不能也不宜由民法去做，而主要应由经济法去完成。因为：一是在民法固有的观念意识和框架结构中，有一种固定的偏好民法的思维倾向，在他法认为应限制的，民法却可能认为不应限制；即使民法自己认为应限制时，这种限制也远低于他法的限制，有时自己限制自己就等于没有限制；二是许多限制性规定极具经济法的国家干预性质，与民法意思自治的理念和性质相去甚远，硬把它们拼凑在民法典中有违民法体系强制性的要求，不如在经济法中加以规定，以供民法参照准用。三是通观法、德等国的民法典虽历经一二百年，经过无数次的修改，但也没有作出多少具体细化的规定，还是一仍其旧，这一事实也很能说明问题。

此外，私有财产权并不是静止不动的而是变动不居的，处在由市场竞争所导致的不停的得丧变更中，变来变去，总会有一些人变得极其富有，一些人变得一文不名，导致贫富悬殊、两极分化，引发严重的社会问题。人是依赖物（权）而生存发展的，当物（权）不存在时，人的生存发展就不再可能，人们在无法生存发展时就会揭竿而起，这是世界上历次起义革命的一般规律。为了避免这种后果，以史为鉴，人们在物权法中作出了规定，对物权的流转进行了限制。如在我国，土地所有权不允许转让，土地使用权的流转有严格的条件和程序限制，要受到国家或集体组织的监督。非如此，就会导致土地兼并乃至巧取豪夺，如果广大农民连“口粮田”、“活命田”都保不住了，变成了流离失所的饥民和难民，谁能保证他们中间不会再出现陈胜吴广呢？

尤要指出的是，在当今中国，公有财产权居主导地位，国有企业财产权是主要财产权，它关系国计民生，影响国泰民安，要进行宏观调控，承担着保值增值、扩大就业、平抑市场、稳定物价、履行公共职能、提供社会保障等重要使命。如果没有公有财产权，没有国有企业财产权，那么在目前公共产品供给不足，存在卖方市场的情况下，就会有许多人上不了班、上不起学、住不起房、看不起病，无法安身立命。这些都决定了公有财产权的极端重要性，正是这种重要性要求从法律上保护公有财产（权）神圣不可侵犯。但是有人一听到公有财产（权）神圣不可侵犯立即就担心这会导致不同财产权之间的不平等。其实，这种担心不仅是多余的，而且没有正确看到公有财产（权）与其他财产权特别是私有财产权相比所存在的弱势。公有财产（权）虽然归全民所有，但不见得人人都关心公有财产权，即使有人关心公有财产权，这种关心也远远不如人们对自己私有财产（权）的关心，公有财产（权）是一种为人人所享有但又不为人人所关心的财产（权），公有财产（权）得不到人们的真切关心就得不到人们的有效保护，在公有财产（权）同私有财产（权）打交道时，吃亏的大都是公有财产（权）。国有企业归国家所有，但国家并不直接经营国有企业，存在着国有企业所有权与经营权相分离的情况，代表国家行使国有企业经营权的只是有关部门和某些个人，人性的不完善性决定了，这些部门和个人未必就真正代表了国家的利益，会像经营自己的私有企业那样去经营国有企业，有时他们为了一己之私或部门利益，还可能单独或勾结他人侵吞国有资产，如把国有资产低价贱卖、半卖半送、自卖自买，等等，导致国有资产的大量流失。如前所述，国有企业承担了比非国有企业多得多、重得多的使命，从权利义务对等的基本法理来看，国有企业也理应得到特别的保护，否则不但有失公平，而且会使国有企业不堪重负、缺乏竞争力。正是上述公有财产权或国有企业的弱势地位决定了对公有财产权或国有企业仅仅一视同仁、平等保护是不够的，况且不分强弱，把强者、弱者置于同一规则予以平等保护也不是什么真正的平等保护。真正的平等保护是区分强弱，对弱者给予特别的保护，所谓的公有财产（权）神圣不可侵犯就是这个意思。这并不意味着公有财产（权）高于其他财产（权），更不意味着其他财产权不受平等保护，恰恰相反，它意味着只有给予公有财产（权）以特别保护，才能使公有财产权与其他财产（权）地位平等并获得真正平等的保护。

为了贯彻“公有财产神圣不可侵犯”这一宪法和《民法通则》已经确立的原则，在2006年8月的《物权法（草案）》第五次审议稿中，大大加强了对国家所有权和集体所有权的规定和保护，特别是作了如下补充：“违反国有资产管理规定，通过企业改制、关联交易等，低价转让、集体私分、擅自担保或者以其他方式造成国有资产损失的，应当依法承担法律责任”，“履行国有资产管理、监督职责的机构，应当依法加强对国有资产的管理、监督，防止国有资产损失；滥用职权，玩忽职守，造成国有资产损失的，应当依法承担法律责任”。这一修改和补充后来成为了正式通过的《物权法》的第57条，即“履行国有财产管理、监督职责的机构及其工作人员，应当依法加强对国有财产的管理、监督，促进国有财产保值增值，防止国有财产损失；滥用职权，玩忽职守，造成国有财产损失的，应当依法承担法律责任。违反国有财产管理规定，在企业改制、合并分立、关联交易等过程中，低价转让、合谋私分、擅自担保或者以其他方式造成国有财产损失的，应当依法承担法律责任”。尽管这条规定比原有草案是一大进步，但依然不够完善，如其中“国有财产管理规定”，“其他方式造成国有财产损失的”，“依法承担法律责任”等等，都需要进一步具体规定，尤其是急需制定“国有财产法”或“国有资产管理监督法”。只有有了“国有财产法”或“国有资产管理监督法”以后，这条规定才能落到实处，也才能真正有效地保护国有财产。但这已超出了民法的界限，而应纳入经济法的范围。

四、法律责任与民法和经济法

法律责任是法律的重要构成因素，任何一个法律部门都有其相应的法律责任，其法律责任的性质和特点决定于并表现着该法律的性质和特点。民事责任也是这样。

民事责任是一种个人责任或者说是自己责任，它要求自己对自己负责，这是民事责任的一大特点，也是民法的一大理念。它对于培植人的独立自主的人格和自我负责的态度都是必不可少和大有价值的。但这同时也意味着人们要自我负责，一人做事一人当，与他人无关，不得归责于人，这大有“各人只扫门前雪，莫管他人瓦上霜”的味道，容易使人遇难不帮、见死不救。如果人人都能自己对自己负责，那当然是再好不过的事情了。但问题是，社会上芸芸众生，千差万别，总有不少人仅凭自己的能力和努力不能对自己负责，不但不能对其民事责任负责，而且对其生存和发展也不能负责。那么这些人怎么办？按照民事责任自我负责的精神，这些人就只能是自力更生或自取灭亡了，别人可以不闻不问，视而不见，对其没有责任。这样的人是一个只顾自己不顾他人的人，这样的社会是一个冷漠无情的社会。人不应是这样的，社会也不应是这样的。人是一种“类存在物”，个人与他人以及人类之间存在着内在统一而不可分割的联系，人不是单独存在的而是共同存在的；人是社会性的，人人都共同存在于社会中，人与人的存在是相互关联并相互影响的。当社会上存在不少人不能自负其责时，那些目前能自负其责的人迟早也会有一天不能自负其责或者说不能很好地自负其责，最起码自负其责的成本要大大提高。如在一个贫富悬殊、两极分化的社会，富人不对穷人负责，不顾穷人的死活，为富不仁，“朱门酒肉臭，路有冻死骨”，那么富人也富不了，因为当穷人山穷水尽，走投无路时，会揭竿而起，劫富济贫。这是人类历史所反复证明的一条普遍规律。当一个阶级特别是统治阶级只顾自己、不对其他阶级负责时，其他阶级就会取而代之。马克思主义正是对这一规律有深刻的总结认识，才提出无产阶级的历史使命——无产阶级只有解放全人类才能最终解放自己。其实，不仅无产阶级如此，受历史教育聪明起来的各个阶级乃至人人都应充分认识到，人不仅要对自己负责，也要对他人和社会责任，只有人人为我、我为人人，这样的人才是一个负责的人，这样的社会才是一个和谐的社会。很显然，这是民事责任所不能包括和所不能做到的。

民事责任以过错为主要归责原则，过错责任原则指的是，当事人有过错才承担民事责任，无过错即不承担民事责任。它把民事责任与人的主观自由意志联结起来，为当事人可以认知和控制，是当事人主观自由意志的结果，这对于限定当事人的民事责任，避免当事人承担无限责任，鼓励人们冒险进取和奋发有为都有重大意义。但问题是，过错责任原则并不能解决一切问题。社会成员，大致可以分为两类：一类是社会强者和市场优胜者，一类是社会弱者和市场劣汰者。社会强者和市场优胜者仅凭其自身的优和胜就能较好地生存和发展，不存在什么问题，存在问题的是社会弱者和市场劣汰者因其弱和劣，仅凭自己的能力和努力不能有人格尊严地生存和发展。因此，社会发展问题、难点是社会弱者和市场劣汰者的生存和发展问题，这也是国家关注的重点。面对社会弱者和市场劣汰者，社会强者和市场优胜者并没有什么过错，甚至社会弱者和市场劣汰者本身也没有什么过错，他们之所以沦为社会弱者和市场劣汰者，可能是由于种种不可抗力，并且他们尽了自己的最大努力也无法改变沦为社会弱者和市场劣汰者的命运。难道社会强者和市场优胜者就可以根据自己没有过错而推卸对社会弱者和市场劣汰者的责任吗？也许可以推卸民事责任，但不能推卸做人的责任。无论是社会强者、市场优胜者还是社会弱者、市场劣汰者都是人、同是人，“人”的本义就是相互支撑，人与人、人对人相互之间有不可推卸的责任。当社会弱者、市场劣汰者仅凭自己的能力和努力不能有人格尊严地生存和发展时，社会强者、市场优胜者就有责任去帮助他们有人格尊严地生存和发展。虽然这通常是经由国家而实现的，但国家只是一个中介组织，它本身并不能生产、提供帮助社会弱者和市场劣汰者有人格尊严地生存和发展所必需的物质财富，这些物质财富最终来自社会强者和市场优胜者。那么，国家凭什么要求社会强者和市场优胜者给予社会弱者和市场劣汰者以帮助呢？凭的不是社会强者和市场优胜者对社会弱者和市场劣汰者有什么过错，而是前者对后者有一种人道责任，国家有责任保障每一个人的人权。人权是人之为人所必不可少的权利，人人都应享有人权，并且人人享有人权是无条件的、无偿的。在社会成员中，社会强者和市场优胜者仅凭其强而优自能很好地享有人权，存在人权问题的是社会弱者和市场劣汰者，虽然说国家有责任保障每个人的人权，但国家并不生产、提供保障人权所必需的物质条件，这些物质条件最终还是要归结到社会强者和市场优胜者身上，因此，所谓的人权，其实是当社会弱者和市场劣汰者仅凭自己的能力和努力不能生存和发展时，经由国家要求社会强者和市场优胜者无条件地给予帮助，以解决其生存和发展的最简单而又最充分的理由。人权高于过错，人权不问过错，不论有无过错，人人都应享有人权，人人都负有保障人权的神圣责任。而所有这些具体是通过经济法中的财税法来实现的。

民事责任主要是财产责任，其基本功能是赔偿损失，并且责或债不及人身。但对于有些违法行为来说，如对他人财产、人身和生命以及对国家社会造成无可挽回的巨大损失的违法行为，仅仅追究违法者的财产责任是远远不够的，有时违法者根本就赔不起，连赔偿作用都达不到，在这种情况下还必须同时追究违法者的其他法律责任。谈到这里，我们有必要对法律责任的性质、目的和承担方式进行反思。法律责任是法律规范的重要构成因素，也是法律规范与其他规范的根本区别所在，可以说，无责就无罚，无罚就无法。法律责任的目的是惩罚违法者，救济受害者，规范人的行为，调整社会关系，维护法律秩序，实现社会和谐。要达到这一目的，重要的是法律要尽可能地综合运用各种法律责任而不是对法律责任的承担方式进行各种分类。其实，就法律责任的承担方式来说，主要有以下三种：一种是财产利益的减损，一种是权力（利）资格的剥夺，一种是自由、生命的限制。可是我们把这三种法律责任承担方式简化、曲解、等同于民事责任、行政责任和刑事责任，把它们认定是民法、行政法和刑法所特有的法律责任形式，大有他法不可染指的味道，并形成一种固执的逻辑认识，如果一个法律部门没有自己独特的法律责任形式，那就没有独立存在的价值，也不是一个独立的法律部门。

经济法就遭遇过这种命运。有人硬是要求经济法要有自己的独特的法律责任形式，如果没有，那么经济法就不是一个独立的法律部门。经济法学者可谓知难而进，挖空心思、殚精竭虑去设想经济法自己的独特的法律责任形式，如“经济责任”等，但这种设想不仅不能自圆其说，而且是弄巧成拙，还让人抓住把柄：你看，找不到吧，经济法就是没有自己的独立的法律责任承担方式，既然如此，那么经济法就不是一个独立的法律部门。但这本身就是一个假命题，因为经济法的独立的法律责任承担方式是子虚乌有、根本就不存在的东西，人类几千年的集体智慧所能设想出来的法律责任承担方式无非就是财产利益的减损、权力（利）资格的剥夺和自由生命的限制，至今乃至将来也无法出其左右，经济法学者怎么可能标新立异、找出来呢？其实，真正的问题是，人们把财产利益的减损、权力资格的剥夺和自由生命的限制简化、曲解和等同于民事责任、行政责任和刑事责任，是自设圈套让人去钻，是出不来的。只有跳出这个圈套，深刻地认识到财产利益的减损、权力（利）资格的剥夺和自由生命的限制不能简化、曲解和等同于民事责任、行政责任和刑事责任，也不能分别为民法、行政法和刑法所垄断独有，更不能以有无自己的独特的法律责任来评判一个法律部门是否是一个独立的法律部门。相反，我们应充分地认识到后来或新兴的法律部门没有必要去寻求、也不可能寻求到本来就不存在的新的法律责任形式，只有综合运用现有的财产利益的减损、权力（利）资格的剥夺和自由生命的限制这三种法律责任的承担方式才能有效地发挥法律的作用并达到法律调整的目的。“单打一”，仅靠其中的任何一种，都无济于事。同样，要发挥民法的作用并达到民法的调整目的，仅有民事责任也是不够的，还需要其他法律责任的补充，其中就包括经济法责任。

五、个人主义（本位）与民法和经济法

民法的思想基础是个人主义，在历史上，民法是个人主义的产物，是天赋人权思想和个人解放运动的结果，所以，马克思说：“……法国拿破仑法典并不起源于旧约全书，而是起源于伏尔泰、卢梭、孔多塞、米拉波、孟德斯鸠的思想，起源于法国革命。”① 随着独立、平等、自由的个人相继大量出现，他（她）们之间开始了平等协商、自由竞争、

① 《马克思恩格斯全集》，中文1版，第1卷，128～129页，北京，人民出版社，1956。

等价交换，然后就有了民法，对此，梅因指出："所有进步社会的运动……个人……成为民事法律所考虑的单位。"① 民法也是个人主义的表现。统观各国民法典，都是个人主义的记载和表述，它要求并确认个人独立化、地位平等化、意思自治化和利益私有化，它所孕育的民法观念是"崇尚自由平等，把单独个人置于国家之上"②，甚至"在民法慈母般的眼睛里，每个个人就是整个国家"③。这种民法个人主义对于打破家族依附和人身束缚，使个人独立、平等、自由起来，推动社会"从身份到契约"运动以及人的解放和社会发展都具有的巨大历史作用。

但我们在高度评价民法的历史作用时，还必须充分认识到民法的现实不足。由于民法把千差万别的人们抽象假定为平等主体，并把他（她）们置于同一规则下去自由竞争，对于刚刚获得独立、平等、自由而又尚未拉大差距还是大同小异的人们来说，民法尚能有利于人人并解放人人和以人人为本。但一旦拉大了人与人之间的差异，人所固有的千差万别会使人与人之间的独立、平等、自由相去甚远以至于不可能平起平坐，相反，结果只能是优胜劣汰。民法本身是市场法则的记载和表述，本质上也是"丛林法则"，它导致优胜劣汰、弱肉强食，它所设定的许多权利只是少数优胜者的特权而广大劣汰者无法问津。如民法规定年满 18 周岁或二十几岁的人都有完全民事行为能力，都可以担当董事长、总经理，但现实中只有极少数人有此权利，如果不是实行严格的"一夫一妻制"而是可以像追逐货利一样自由竞争，很多人恐怕连婚姻家庭权这一最基本的民事权利都可能不能享有。民法只要还是市场法则的记载和表述，它就必然要让人们去优胜劣汰，它最终解放的就只是少数优胜者而不可能包括广大劣汰者，不可能解放每个人、解放全人类。并且，在民法这里也没有什么不妥，因为在民法看来，每个人都是平等的，我为每个人制订提供了平等、自由、同一的规则，任由大家相互竞争，保佑大家好自为之，至于结果，我就不管了，也管不了，只能听任市场去优胜劣汰。这怎么可能解放劣汰者呢？殊不知，现实中的那些社会弱者、下岗职工是谁造成的？谁能否认不是市场竞争造成的？不是民法规则造成的？又是由民法合法化的？可是民法能解放他（她）们吗？显然不能。所以，有些民法学者许诺民法"体现了对人从摇篮到墓地的

① ［英］梅因：《古代法》，96～97 页，北京，商务印书馆，1981。
② 《外国民法资料选编》，58 页，北京，法律出版社，1983。
③ ［法］孟德斯鸠：《论法的精神》，上册，190 页，北京，商务印书馆，1961。

终极关怀”，“在众多法律部门中，是民法使人成为了人”，这是对民法历史作用的夸大其词，又是不顾现实的主观臆想。我们要充分地认识到民法的个人主义实质上是少数人主义，而不是多数人主义，民法的个人本位实质上是优胜者本位而不是劣汰者本位，不是每个人本位、不是人人本位。

民法的个人本位，会使人从个人出发，以自我为中心，眼睛只盯着自己，心中只想着自己，使人目光短浅、心胸狭隘，使人类迷失自我，难以自拔，会影响人的健康发展。个人本位，会使人一叶障目，不见泰山，只见树木，不见森林，看到的只是各个片面和局部，缺乏整体观念和全局意识，会使社会上处于分裂和无序状态。个人本位，使人自私自利、自力更生、自生自灭，个人与他人无关、与社会无关，割裂了人与人之间的类联系，使人成为孤立的个人，这违反了人的社会本性，是人的异化。人是一种社会存在物，个人只能存在于社会中，社会是个人生存发展的平台，有什么样的社会就有什么样的个人，如果人人拆社会的台，那么人们就难以好好地生存发展，人们要想好好地生存发展，必须好好地维护社会这个平台，其中之一就是要求有一种法律以社会为本位，处处并且始终从社会整体的立场去看问题，维护社会整体秩序，使社会成为人与人联结的纽带、人人共同生存发展的平台。众所周知，这些法律之一就是以社会为本位的经济法。

民法是私法，其主体是私人、权利是私权、宗旨是私利，私人、私权和私利无论在历史上还是在现实中都有不可否认的巨大作用，因为人类社会不得不依赖私人、私权和私利所激发和维系的主动性、积极性和创造性而发展进步。尤其是在市场经济体制下，市场中的人们受一只“看不见的手”的指引，在追逐私人利益的时候会促进社会公共利益。但民法是一种典型的私法，它的思维方式是先己后人、利己利人、立己立人，它的内在逻辑是先私后公，由私到公，私即是公。但历史和现实并没有证明，人们在追逐私人利益的时候总是能促进社会公共利益，恰恰相反，有时是损人利己、私而忘公、损公肥私，后果相当严重。如果总是把社会公共利益放在次于、后于私人利益的地位去考虑，认为社会公共利益是人们追逐私人利益自然而然和水到渠成的结果，那就大错特错了。私人利益与社会公共利益相辅相成，当社会公共利益被损害时，私人利益也不能幸免于难，个人命运与国家、社会命运息息相关，“大河无水小河干”。因此，在许多情况下，社会公共利益必须与私人利益同时考虑、同等看待、同步促进。特别是，社会公共利益如环境，人人都离不开它，但平时人们既感觉不到它，也不关心它，只有当环境被污染以后人们才感觉到它的重要性，并想到要保护它，但这时往往悔之晚矣。许多社会公共利益还要先行促进和保护，但这些都不合乎民法的思维和逻辑，民法也做不到，必须依靠经济法，经济法在本质上就是一种以促进和维护社会公共利益为本位的法律部门。

上述分析表明，社会关系是纷繁复杂的，无论哪个法律部门都不可能包办一切、包打天下，而只能由各法律部门相互协力、共同调整。其中民法与经济法的关系即是密切相关、密切配合的，民法离不开经济法为它创造条件、保驾护航和拾遗补阙，经济法需要民法去贯彻落实其宗旨目标。民法与经济法是相辅相成，相得益彰的，民法应由衷地肯认经济法的存在和发展，经济法的存在和发展不会有碍于民法而只会有利于民法。这是我们在制定中国民法典时民法对经济法的应有认识和基本态度。

附录二

论经济法与社会法的关系*

* 本篇内容参考了王广彬撰写的有关论文。

社会法的思潮由来已久，近来，人们对社会法的探讨愈来愈多，许多人认为，经济法与社会法密切相关，经济法属于社会法。在评论这种认识之前，我先要对社会法的一些基本问题进行研究。

一、个人主义的弊端

在漫长的奴隶制和封建制社会，万物皆有定分，人分三六九等，身份决定权利、义务，只有极少数奴隶主和封建主才具有主体资格，才享有权利，才被当作人看，而绝大多数的奴隶和农奴只是“会说话的工具”，不享有权利，不被视为人。在这两种体制下，“率土之滨，莫非王土”，“普天之下，莫非王臣”，最高统治者如国王或皇帝成为国家的化身，“朕即国家”，国家的一切都集合到并掌控在国王或皇帝手里。高度集权的结果是绝对的国家主义，个人统统隶属于国王或皇帝所代表的国家或者就是直接隶属于国王或皇帝本身，个人没有独立存在的可能，也没有个人自由可言，个人主义犹如天方夜谭。

这种高度集权的专制体制必然要遭到革命，并且物极必反。发端于15世纪的文艺复兴运动宣扬人的崇高、人的尊严、人的神圣、人的理性和人的自由，这是“人的发现”①。文艺复兴运动对人的思想起到了深远的启蒙作用。加上弥尔顿、哈林顿、洛克、伏尔泰、孟德斯鸠、卢梭、富兰克林、潘恩、杰斐逊等资产阶级思想家对自由主义思想的传播和普及，为资产阶级的革命做好了充分的舆论准备。17、18世纪的资产阶级革命推翻了高度集权的封建统治体制，英国在1688年“光荣革命”后，议会于1689年通过了《权利法案》、《叛乱法案》、《三年法案》和《嗣位法案》，这些法案对王权作出了具体限制，确立了议会高于王权、司法独立于王权的原则，为立宪君主制奠定了基础。美国在1776年“独立战争”后通过了《独立宣言》，《独立宣言》写道：“我们认为下面这些真理是不言而喻的：人人生而平等，他们都从造物主那边被赋予了某些不可转让的权利，其中包括生命权、自由权和追求幸福权。为了保障这些权利，所以才在人们中间成立政府。而政府的正当权力，则系得自统治者的同意。如果遇有任何一种形式的政府变成损害这些目的的，那么，人民就有权利来改变它或废除它，以建立新的政府。”法国

① ［瑞士］布克哈特著，何新译：《意大利文艺复兴时期的文化》，280～302页，北京，商务印书馆，1979。

在1789年“大革命”之后颁布了《废除封建制的法令》和《人权和公民权利宣言》，其中《人权和公民权利宣言》指出：“在权利方面，人生来是而且始终是自由和平等的”，“任何政治结合的目的都在于保障人的自然的不可动摇的权利。这些权利就是自由、财产、安全和反抗压迫”，“整个主权在根本上存在于国民之中。任何团体或个人不得行使主权所未明确授予的权力”。贯穿这些法律文件的指导思想是个人主义，它宣扬并确认个人的独立、平等和自由，这是对国家主义的颠覆，自此，个人主义开始成为占统治地位的意识形态。

考察人类社会发展的历史，不难发现，人们的认识和行动都显著地体现出肯定——否定——否定之否定这样一种普遍规律。从封建体制到资产阶级革命时期，人们的认识和行动只是处于对封建体制的否定阶段，两极思维，非此即彼，走向了另一个极端。体现在诸如那时的宪法和私法等法律和法典中的个人主义就是这样，人们走向了与过去那种国家主义相对立的另一面，成为一种个人主义。人们从过去的丝毫不独立、不平等、不自由本能地向往和要求极端的独立、平等和自由。当时的人们才开始摆脱形形色色的封建束缚，初步获得了独立的资格，但还无力左右他人；当时的人们差别不大或者没有什么实质性的差别，站在同一起点上，处于平等的地位，还无法高于他人；当时的人们刚刚从封建体制下解放出来，始得自由，还不能对他人构成影响或威胁。在那种人人大同小异、相差无几的情况下，这种个人主义可以大行其道，并且大获成功。这反过来进一步加深了人们对这种个人主义的信仰和膜拜。

但随着人的进化、科技进步、分工精细和社会发展，人所固有的差别开始显现出来并且不断扩大，人们在自然天赋、家庭出身、教育程度、经济实力、社会地位、市场机会、竞争能力等等方面都有千差万别，有的、有时甚至是天壤之别。就拿经济实力来讲，既有占市场支配地位的大企业，也有处于劣势的中小企业，还有仅靠出卖劳动力为生的劳动者，他们之间的独立有差异、地位不平等、自由有大小。在这种情况下，奉行个人主义，势必放任千差万别的人们去自发竞争，优胜劣汰，结果只有极少数的优胜者才能剩存下来，而绝大多数人会作为劣汰者惨遭淘汰，所以这种个人主义实质上是极少数人主义，这极少数人不但不能代表社会的绝大多数人，而且是以淘汰和牺牲社会上的绝大多数人为代价来攫升自己的。这样一来，社会就成了极少数人的社会，而与绝大多数人无关，绝大多数人成为社会的弃儿，这样的社会已不具有社会性，已不是真正的社会。

这种个人主义认定，个人先于社会，个人决定社会，个人重要于社会，有个人才有社会，从个人到社会，社会由个人所组成。这种个人主义所培养和指导的个人，是一种个人主义者，在他们的思想和行动中往往有己无人，只有个人而没有社会。由这样一些没有社会的个人所组成的社会还会是真正的社会吗？很显然，这样的个人是组成不了社会的。个人主义还有认识和行动上的误区，他们对自己本身的利益看得很重很高，但对自己之于社会的妨碍和影响却看得很轻很低，每个人都自以为自己个人的所作所为对社会的妨碍和影响是微不足道的，但没有认识到，所有个人微不足道的妨碍和影响会成倍地加总起来，产生“蝴蝶效应”，以至于足以毁坏社会。如每个人都以为自己只是砍了一棵树，但没有认识到，如果每个人砍一棵树，其结果加总起来，就会把所有的树都砍光了；再如每个人都以为自己只是排了一点污，似乎并不破坏环境，但没有注意到，如果每个人排一点污，其结果加总起来，就破坏了环境。个人主义把个人当作唯一的目的，而把社会当作是工具，并且是人人可以充分利用而又人人不加爱护甚至不把它当回事的工具，这样的工具是不可持续利用的，这样的社会是不可持续发展的，这样的社会工具总有一天会被利用殆尽，一旦这样的社会工具被利用殆尽以后，个人就没有了可供利用来生存发展的工具了，个人的目的也就无法达到。个人主义把社会置于个人之后和个人之末，本来就暗含着对社会的轻视，加上自大的个人无视社会，自私的个人损害社会，从个人到社会，并不是势所必然，其间还有非常复杂曲折的过程，以至于直到今天也许在遥远的未来人们都难以对之完全认知和把握，社会并不能从个人当中水到渠成般地自发形成，相反，有时是只有个人而没有社会。人是一种社会存在物，没有了社会就没有了个人的安身立命之地，个人根本无法生存和发展，没有了社会就没有个人，畸形的社会使人异化。

人类所生存其中的环境，一方面，自然界没有赋予人类取之不竭的丰裕的自然资源；另一方面，人类自身的生产力也远没有达到能够完全满足人类自身需要的程度，这就决定了人类所生存其中的环境是一个“僧多粥少”的困境。在这种困境中，人们肯定会先己后人、先个人后社会地去追逐各种利益。在追逐各种利益的过程中，有时个人利益和社会利益是一致的，有时是冲突的。但个人主义认定个人利益先于、高于社会利益，社会利益基于、源于个人利益。作为个人主义逼真写照的亚当·斯密“看不见的手”的理论就认为，市场中的人们在追逐自己的私人利益时，受一只“看不见的手”的指引，会不知不觉地促进社会利益，并且不知不觉比明知、有意识更能促进社会利益。但历史和现实反复证明，人们在追逐私人利益时只是有时会促进社会利益，并不会一定促进社会利益，而且有时还会损人利己、损公肥私，如果人们极端地追逐私人利益往往还会损害社会公共利益。这也是几乎与亚当·斯密“看不见的手”的理论齐名的阿罗的“不可能定理”的基本思想。人们自发地追逐个人利益，会导致利益的得丧变更以及利益的分化和集中，结果，社会上的个人被分化为有产者和无产者两大阶级，社会财富在这两大阶级之间分化，两极分化、贫富悬殊的后果导致日益激烈的阶级斗争和社会革命，这些斗争和革命严重破坏社会，甚至使社会不成之为社会。

这种个人主义认定，个人是目的，国家是手段，个人组成国家的根本目的就是保障个人的天赋权利，个人能做到的事情就应让个人自由去做，而绝大多数事情都是个人自己能做到或应该做到的，国家无须、也不应滥加干预，国家只是被要求去做那些仅凭个人能力无法做到或做好的事情。这种国家观对国家的职责持消极态度，它相信、也认为每个人都是自己利益的最为关切者、最佳判断者和最好实现者，用不着国家“自寻烦恼地”去关心私人利益，国家也没有促进私人利益的积极义务，国家只是充当“守夜人”，执行既定的法律，维护社会的外部秩序，而不必介入社会内部和深处，也没有社会财富再分配的功能。这样的国家被束缚了手脚，只能对许多社会问题袖手旁观、放任自如，它无意、也无力去解决各种社会问题，结果只能使社会问题越来越严重。

二、社会主义的兴起

面对个人主义所导致的各种社会问题，人们开始了对个人主义的反思和批判，并在反思和批判中促成了社会主义思潮的兴起。这种社会主义思潮是对个人主义的扬弃和超越，如果说个人主义以个人为本位、以个人利益为圭臬的话，那么与个人主义相对的社会主义就是以社会为本位、以社会利益为宗旨，它具有以下一些内容和特点。

社会主义认为人的不独立、不平等和不自由正是由于个人主义抽象地看人、盲目地假定人都是独立、平等和自由的所导致的结果。因此，它认为要改变这种结果并解决相应的社会问题，就不能抽象地看人，抽象地看人也解决不了人的问题，无视或抹杀人与人之间的千差万别所寻求的平等是形式平等、虚假平等而不是真正的平等，只有针对人的差别，对不同的人适用相应不同的规则才有平等、才是平等；不能笼统地看人，看每个人似乎都一样，都一样是独立、自由的，而要具体地看人，看到每一个具体的人，看到每个人都有所不同，尤其是看到那些处于社会弱势地位的人，如与大企业相对的中小企业，与经营者相对的消费者，与正常人、成年人相对的老弱病残者，要看到并正视他们的不独立、不自由，尤其要看到他们是社会问题的所在，也是社会问题的重点和难点，所谓的社会问题主要就是他们的问题，要是他们的问题解决了，那么社会的问题就解决了，要是他们没有问题了。那么社会就没有问题了。因此，怎样对人关键是择出那些最能代表社会、最具社会性的社会弱势群体并加以人道相待，使他们能够有人格尊严地生存和发展。只有当社会弱势群体都能有人格尊严地生存和发展时，社会才是每个人的社会、所有人的社会，这样的社会才是真正的名副其实的社会。因此，什么叫社会主义？马克思主义早就指出，社会主义就是要解放全人类，把马克思主义的话转换成今天的语言，那就是，社会主义只有解放社会上那些最不独立、最不平等、最不自由的人，解放那些最需要解放的社会弱势群体，才能解放全社会成员。社会主义以全社会成员为本，以人人为本，一个都不能少，只有解放了全社会成员才真正实现了社会主义。

对于个人主义所认定的“个人先于社会，个人决定社会，个人重要于社会，有个人才有社会，从个人到社会，社会由个人所组成”的观念，社会主义认为，一是这种认定只具有发生学的意义，也就是说，在原始人刚刚组成社会时才有意义，在那个时期和那个阶段确实是如此，是个人先于社会，没有个人就没有社会。二是对所有或全体个人来说是如此，如果没有所有或全体个人首先存在，就没有社会，因而是所有个人决定社会，但并不是某个人决定社会，某个人是否存在并不能决定社会是否存在。三是在分析社会构成要素时是如此，社会由个人所构成，个人是社会的基本构成要素，就像物质是由分子构成的，没有分子就没有物质一样，个人是社会构成的一分子，没有个人就没有社会。四是在强调社会应尊重和保护个人时要如此，是个人重要于社会，不能无视否定具体的个人而强调社会，但不能推而广之，认为在往后的所有时期、所有阶段和所有情况下，都是如此。比如，一旦社会形成以后，对于后来人来说，对于某个人来说，是社会先于个人，他（她）还没有出生之前，社会就存在了，并且存在很长时期了。这肯定是社会先于个人。又如个人决定社会也是这样。个人一出生就置身于社会，他（她）对于他

（她）所出生其中的社会只能无条件地接受而无法拒绝，个人成长的过程就是受社会影响和决定的过程，是社会化的过程，这深深地决定了人的本质属性，即人在本质上是一种社会动物。任何个人都无法决定社会，相反，倒是社会在深深地影响和决定个人，可以说有什么样的社会就有什么样的个人。虽然个人有时能够改造社会，但更多的时候是个人受制于社会，这就是所谓的“人在社会，身不由己”，是社会决定个人，即使是个人要改造社会，个人也必须首先适应社会。再如从个人到社会，社会虽然由个人所组成，但社会并不是个人的简单相加，由个人所组成的社会异质于组成它的个人，正像由氧分子和氢分子构成的水不同于原来的氧分子和氢分子一样。所以不能简单地从个人去推导社会，从个人中也推导不出社会，还必须从社会整体出发去对待社会，要立足社会、对待社会。当人被社会化了以后，当社会成为个人生存和发展的决定性要素和前提性条件时，当个人只能在社会中才能生存和发展时，就不能仅从个人论个人，还必须从社会论个人，有什么样的社会就有什么样的个人，只有健康、完善的社会才有利于个人的生存和发展。因此，什么叫社会主义？社会主义就是以社会为本，把人理解为社会的人，从社会去看待人，努力把社会改造和建设成为有利于个人生存和发展的社会，只有当每个人都能在社会中生存和发展时才有了完善的社会，才实现了社会主义。

社会主义认为利益是分化的，有个人利益，也有社会利益，个人利益与社会利益有一致性，但又并不完全一致。当人人只顾自己的个人利益而不顾社会利益时，就没有社会利益，没有了社会利益也就没有了个人利益，极端自私的个人不但不能利人而且不能利己，要利己必须同时利人，要实现个人利益必须同时促进社会利益。社会利益就是那种被大多数个人所无偿享有但又容易被个人所忽视的利益，可是，人们越是无偿享有社会利益就越是无视社会利益。既然不能从个人利益的追逐中促进社会利益，那么社会利益就应寻求它自己的实现途径，社会利益要有自己的代理人和维护者，他们不仅仅是从个人利益中促进社会利益，还要从社会利益本身去维护社会利益。社会利益是一切社会成员的共同利益，应为人人享有、所有人享有，只有当社会利益得到所有社会成员的有效促进并在他们之间公平分配时，个人利益才有保障。任何个人或少数人企图垄断或私分社会利益，结果都只能损害社会利益，当他们损害了社会利益以后，连自己的个人利益也会损失殆尽。许多社会利益是几代人共同创造累积的，是个人生来就享有的，比如优美的自然环境和优良的社会秩序，就是一种重要的社会利益，这是任何个人利益都无法与之匹敌的，因为个人利益只是社会利益的派生物，只有在这种社会利益下，个人利益才能存在或者增值。在利益一体化的情况下，不是个人利益派生社会利益，而是社会利益派生个人利益，没有社会利益就没有个人利益，即所谓的“大河无水小河干”，“没有大家哪有小家”，个人命运与社会命运息息相关，当社会不幸时，个人就会命运多舛；当社会利益损害殆尽时，个人利益也不能幸免。时至今日，人们已充分地认识到，社会利益有助于促进和增加个人利益，要实现和保障个人利益不能仅从追逐个人利益出发，还必须从促进和保护社会利益开始。因此，什么叫社会主义？社会主义就是社会利益归全体社会成员所有，社会利益要公平分配，以期消灭贫富差别、实现共同富裕。

社会主义认为，许多社会问题是个人解决不了的，也不能期望它们自行了结，如果国家政府放任不管，只能使社会问题演变成社会危机。20 世纪 30 年代席卷资本主义的经济危机和社会危机就是资本主义国家自由放任所助长的。惨重而深刻的教训引发了凯恩斯对自由放任主义的革命，凯恩斯革命的实质是自由放任主义的终结。自此，人们不再迷信“夜警国家”，而是深深地认识到，不加干预的政府未必是好政府，干预越少的政府也未必是越好的政府。事实上，任何一种政府都比无政府要好，政府有义务和职责去适当干预各种社会问题并加以解决，国家政府存在的目的本来就是去做个人不愿做、做不了或做不好的事情。国家政府作为社会的总代表，它位于众人之上，处于社会中央，能够集中社会智慧，自应站得高、看得远、想得深，能胸怀全局、宏观着眼、大处着手，这大大地改变了人们的思维方式，人们的思维方式有了从微观到宏观的发展，开始从社会整体和全局的角度来思考和解决社会问题。因此，什么叫社会主义？社会主义认为国家和政府是其他任何个人和组织都无法替代的社会的代表，它承认国家干预，主张政府有所作为，特别是认为国家政府有义务和职责去做那些个人不愿做、做不了或做不好的事情，去关心和扶助那些仅凭自己的能力和努力不能过上有人格尊严生活的社会弱势群体，只有这样的国家政府才是人民的国家政府，才是社会主义的国家政府。

三、社会法的产生

任何主义要想行之有效，都要记载和表述为具体的法律，反之，任何法律的背后都有相应的主义在起指导作用。社会主义和社会法也是这样，社会主义所记载和表述的具体法律就是社会法，社会法以社会主义为指导思想。

社会主义要以每个人为本，要以人人为本，社会主义实质上是人人主义、全民主义。但已有的私法和公法已不能充分地反映和实现社会主义的这一要求。如私法。许多国家的私法特别是民法都有类似规定，如《法国民法典》第 8 条规定："所有法国人都享有民事权利。"《德国民法典》第 1 条规定："人的权利能力自出生完成之时开始。"《日本民法典》第 1 条之 3 规定："私权的享有，始于出生。"从上述主要国家的民法典的规定可以看出，民法对其主体资格的确认是附条件最少的，在许多情况下甚至是无条件的，因此可以说，在所有的法律部门中，民法几乎是对人的主体资格最充分的确认和保障了。但由于私法所规定的人是抽象的人，它"不知晓农民、手工业者、制造业者、企业家、劳动者等之间的区别，而只知道完完全全的法律主体，只是'人'"①。它不但看不到具有千差万别的具体个人，而且把所有的个人都想象假定为"强有力的智者"②，这种假定看似是对劣弱者的拔高，但实质上是对劣弱者的贬低，因为它没有给劣弱者以真正的关怀和照顾，为往后把劣弱者贬到优强者之下埋下了伏笔，并成为把劣弱者淘汰出局、使之丧失主体资格的重要原因。私法的主体平等是形式平等、起点平等，是把千差万别的人们置于同一规则下的平等，这种流于形式的平等、不管过程和结果的平等，不是真正的平等，而往往是不平等，这种不平等使人分三六九等，会导致许多人不成之为人。私法是市场竞争关系的记载和表述，本质上是一套市场竞争规则，私法的主体是处于竞争关系中的主体，市场竞争的客观规律总是要优胜劣汰的，私法把弱者与强者置于同一规则下竞争，犹如把羔羊和狮子放在一起，必然是弱肉强食。私法是优者法、强者法，是优胜者法，它可以把少数优胜者擢升为主体，却把多数劣弱者淘汰出局，否定他们的主体资格，结果只有极少数人才能真正成为私法主体、成为人。所以私法是少数人的法，是少数人主义，不足以保障和实现人人本位。再如公法。公法是调整公务关系的法律部门，典型的公

① ［德］拉德布鲁赫著，米健译：《法学导论》，66 页，北京，中国大百科全书出版社，1997。

② ［日］星野英一著，王闯译：《私法中的人》，载梁慧星主编：《民商法论丛》，第 8 卷，166 页，北京，法律出版社，1998。

法如行政法。行政法是调整行政关系的，仅涉及行政主体，行政主体只是社会成员的极少数人，而不可能是所有人；行政关系具有隶属、服从性质，对于那些处于行政关系中的人，行政法强调的是一致、隶属和服从而不是人的独立、平等和自由；行政法的宗旨是限制行政权力，规范行政行为，明确行政责任，本质上是控权法或限权法，它的这套规则与直接赋予人以权利、保障人的自由、实现人的解放的规则大有不同；行政法是针对和管理行政主体的，它并不直接涉及社会弱势群体，不能用管理行政主体的方法来管理社会弱势群体。公法是“官本位”而不是“民本位”，它并不直接追逐人人本位。

社会主义以社会为本，认为有社会才有个人，要求从社会着眼、从社会出发去思考和解决社会问题。但私法以个人为本，私法的个人散居社会各隅，难免缺乏整体观念；仅有局部信息，难以知晓全局；仅有私权，控制不了社会。私法的个人是私人，难免自私自利，自私自利的个人往往只有个人而没有社会。私法的个人以自我为中心，往往自视甚大，自大的个人往往藐视社会。私法是个人主义的记载和表述，它的思维方式是先个人后社会，认为社会在个人中形成，它从个人出发去思考和解决社会问题，如前所述，这种思维方式只能导致社会问题而难以加以解决。私法的个人主张自己对自己负责，但缺乏社会责任感，或者认为对自己负责就是对社会负责。如果人们缺乏社会责任感，不能对社会负责，那么就没有社会。如果人人都不关心社会，那么社会就不可能有利于人人发展。私法所调整的是一种私人领域，是一种私人社会，私人社会不同于社会主义社会。公法调整的是公共领域，主要是国家公权力作用的领域，这一领域只是广阔的社会领域的一部分。公法与政治国家有关，但政治国家是社会发展到一定阶段以后，由于陷入了各种矛盾和冲突无法自行解决，因而需要产生国家来加以解决。但国家一旦从社会中产生以后就日益同社会相异化并凌驾于社会之上。[①] 结果国家有时借社会之名侵吞社会，只有国家而没有社会，社会被国家化了，几乎没有了社会的空间。但这是极权国家，是不正常的。在人类社会的历史上，有过漫长的无国家的原始社会，也存在过国家支配、吞噬社会的极权国家，但从国家的发展趋势来看，暂不说马克思、恩格斯所预言的在共产主义社会国家最终要消亡，最起码国家的范围和作用应是越来越小。一

① 参见《马克思恩格斯选集》，2版，第4卷，170页，北京，人民出版社，1995。

个自由、民主、法治的社会，不应是国家与社会相等同或者两者合二为一的社会，国家主义不等于社会主义，国家只是社会的一部分，国家不应代替社会，也代替不了社会。

社会主义以社会利益为本位，认为有社会利益才有个人利益，要有效地实现和保障个人利益，必须促进社会利益，有时还要先行促进社会利益。但私法之所以叫私法，就是因为它的主体是私人，是有私心和私人利益的人，它以实现和保障私人利益为圭臬。私法是亚当·斯密“看不见的手”的记载和表述，它奉行先己后人、利己利人、立己立人的准则，并不积极提倡人们先人后己、先公后私，更不提倡人们公而忘私、大公无私和毫不利己、专门利人，它只是要求人们在追逐私人利益时不要“损害他人利益和社会利益”即可。但私人在追逐私人利益时未必能促进社会利益，相反，会经常出现有公无私、损人利己、损公肥私的现象。并且，在许多情况下，不能按部就班地从私人利益的追逐中去促进社会利益，还是得采取特定措施先行促进社会利益，这当然不能寄希望于私人和私法。私法虽然鼓励和保障人们去追逐私利，但人们是在竞争中追逐私利，利益按竞争法则配置，利益在千差万别的人们中间配置，利益按能分配、按优分配，而不会对弱者、劣者有所分配，结果必然是贫富悬殊、两极分化，私法最终是富人法、特权法，而不可能成为救助穷人的穷人法、社会法。公法追求和维护的是国家利益，国家利益与个人利益和社会利益都密切相关，国家利益是一些非终极性的利益，而且是待分化的利益，它既可能归个人所有变成个人利益，也可能归社会全体所有变成社会利益，因此，不可笼统地把国家利益与社会利益直接等同起来，认为国家利益就是社会利益。公法在对国家利益进行分配时，深受政治力量的影响，利益分配的方向和多少最终是由政治力量的大小和博弈所决定的。在许多情况下，国家利益大都是统治集团的利益，只是统治集团往往把自己的利益说成是国家利益，进而把国家利益说成是社会利益而已。

社会主义承认国家干预的必要性，要求国家有所作为。但私法主张意思自治，它要求每个人自己为自己做主、自己给自己谋利、自己对自己负责，它在本质上是排斥国家干预的。它认为所有人都是一样的，所有人遵守的是同一的规则，各人应好自为之、自我负责，至于结果它就不管了，也管不了啦。每个人的生存和发展是每个人自己的事情，对此，国家没有义务和责任去包揽。它希望人们独善其身，并不要求人们兼济天下，甚至还要追究无因管理的法律责任。所以，于那些不能意思自治、不能自我负责的社会弱势群体，私法是放任不管的。公法作为一种控权法或限权法，它也是深受个人主义和自由主义的影响，在本质上也是要求减少或限制国家干预的。并且公法的国家干预方式具有依照程序严格动用国家公权力、贯彻命令服从等特点，这种干预方式适合规制和管理权力机关和公共事务，但并不适合管理社会事务。国家不是全智全能的，其资源也是有限的，没有能力去干预并解决所有的社会问题。社会问题要社会办。

正是因为已有的私法和公法不能完全满足社会主义的要求，因而要求产生一系列新的法律部门，如劳动法、社会保障法等等法律部门，这些新的法律部门构成了一个新的法域，大家名之为社会法。

四、社会法的调整对象

法的调整对象，即法律所调整的社会关系，是一个法律部门得以成立的基本依据，也是对法律进行分类的主要标准。任何法律部门都应有其调整对象，社会法亦然。

社会法所调整的社会关系，具有以下要求：

第一，这类社会关系应具有社会性。一般说来，任何社会关系都具有社会性。但这不等于说，一切社会关系都应由社会法来调整，因为不同社会关系所具有的社会性的程度有所不同。我们这里所谓的社会性，是指这类社会关系关系社会整体，影响社会全局。如劳动问题，劳动是人性的基本需要，也是人们获取生存和发展所必需的各种物质资料的根本途径，人人都是劳动者，劳动与人人密切相关，劳动问题具有社会性；劳动关切并决定人们的生存和发展，具有极端重要性。再如环境问题，就具有社会性，是社会问题，它影响的不是某个人或某些人，而是社会上所有人，甚至是全人类；环境问题也不是个人所能解决的，而必须由全社会通力合作才能解决。社会法之所以叫社会法，从根本上说就是调整那些具有重大社会性社会关系的法律，那些不具社会性或不具重大社会性的社会关系可以由别的法律部门去调整，而无须社会法来调整。

第二，这类社会关系内涵着社会的主要矛盾和问题。众所周知，社会关系内涵着矛盾和问题，之所以需要法律去调整社会关系，就是因为需要法律去解决社会关系中的各种矛盾和问题。但不同的社会关系所内涵的矛盾和问题是有所不同的，有的社会关系内涵着社会的主要矛盾和问题，或者说这种社会关系所内涵的矛盾和问题具有重大的社会影响，如社会弱势群体的保障问题即是如此。其实，所谓的社会问题，主要就是社会上那些弱势群体的生存和发展问题，这是社会问题的重点和难点之所在，所以他们的问题构成社会问题，如果他们的问题得不到有效的解决，那么社会将不成之为社会。社会法就是要调整那些内涵着社会主要矛盾和问题的社会关系，那些不具有社会主要矛盾和问题的社会关系可以由别的法律去调整，无须社会法来调整。

第三，这类社会关系要用社会方法去调整。所谓社会方法，不是市场方法，市场方法，自发调节，自由竞争，优胜劣汰，不顾后果，实践证明，它往往产生社会问题，如产生社会弱势群体，并使其生存和发展成为社会的主要问题，但不能予以解决；也不是行政方法，行政方法，行政主导，隶属服从，强制命令，作用有限，实践证明，仅凭行政方法也解决不了社会问题。解决社会问题不能依靠某个人或某些人的力量，也不能仅依靠行政方法，而必须依靠社会方法，如社会本位，国家组织，社会参与，群策群力，统筹兼顾，社会保障，才能成功。社会法就是要用社会方法去调整社会关系、解决社会问题，那些不需运用社会方法去调整的社会关系可以由别的法律部门去调整，而无须社会法来调整。

第四，这类社会关系法律调整的目的是实现社会公平与社会和谐。任何法律部门调整社会关系都有其目的，虽然法律部门调整社会关系的目的有重叠之处，但不同的法律部门目的还是有所侧重，有其不同的目的。社会法调整社会关系，一是为了实现社会公平，如重构社会成员的平等地位、促进机会人人均等、矫正贫富差别、消除两极分化、保障社会弱者、实现共同发展，等等；二是促进社会和谐，如以人为本、全面协调、持续发展、和睦共处、人人进步，等等。社会法调整社会关系就是要达到上述目的，如果无须达到上述目的，那么可以由别的法律部门去调整，而无须社会法来调整。

依据上述要求，社会法所调整的社会关系包括以下几种社会关系。

一是劳动关系。人具有能动性，而人最有意义的能动是劳动，所以劳动是人性的要求，人人都要求劳动，人人都在劳动，劳动具有广泛的社会性，劳动关系是一种具有社会性的社会关系。在劳动关系中，劳动者除了自身的劳动力以外往往一无所有，无法同作为有产者的雇佣方平等协商、讨价还价，处于弱势地位。基于劳动关系中劳动者和雇佣方实力不均衡，地位不平等，情形相异殊，劳动关系不可能通过市场调节和契约自由的途径去调整，而必须借助国家干预和社会协调的方法去调整。劳动者在出卖劳动力的过程中，特别是体力劳动者，大都要身体力行，甚至“以身相许”，具有相当的风险性。劳动者的地位和劳动的性质，决定了劳动者是社会的弱者，怎样对待劳动者已构成一个社会有无伦理道德的试金石，保障劳动者的合法权益已成为社会公平的基本要求和促进社会和谐的主要措施。所以劳动关系合乎上述要求。

二是社会保障关系。人是千差万别的，在任何一个社会都有社会强者和社会弱者，所谓的社会问题主要就是社会弱者的生存和发展的问题，这一问题极具社会性。而要解决社会弱者的生存和发展问题，不能仅凭社会弱者自己的能力和努力，而必须由国家去组织、动员全社会的力量才有可能。具体说来，就是依靠一部分社会成员去帮助另一部分社会成员，尤其是依靠、有时要强制社会强者去帮助社会弱者。社会问题要社会办，所谓的社会保障，就是要动用全社会的力量去保障社会上那些仅凭自己的能力和努力无法生存和发展的社会弱者，使其能够有人格尊严地生存和发展。

三是环境关系。人是在环境中生活的，环境对人有决定性的影响。人与环境的关系是重要的社会关系，事实上，并没有纯粹的社会关系，任何社会关系都或多或少与环境有关，从根本上说，并没有脱离环境的社会关系，所谓的社会关系是在特定环境中形成的人与人的关系，环境渗透到了社会关系的方方面面，环境关系具有社会性。人人参与环境，人人影响环境，环境影响人人，环境影响具有社会性，如环境污染已成为社会公害；环境问题的解决要动员社会力量，人人参与其中，只有全社会爱护环境，人人保护环境，才可能真正解决环境问题。环境问题的解决充分体现了社会法的要求。

当然，这份清单并不是封闭的，而是处于开放状态，凡是合乎前述要求的社会关系都可以纳入其中。可以预言，随着社会的发展以及社会关系社会性的加强，会有越来越多的社会关系需要社会法来调整。

五、社会法的基本原则

法律基本原则是法律的重要构成要素，法律的性质决定了有法律就应有法律的基本原则。社会法亦然。社会法主要有以下基本原则：

1. 社会本位原则

社会法之所以得以产生，并且之所以叫社会法，从根本上说，就是基于社会本位的要求。所谓的社会本位，一是要求社会法要以社会为本位，要有社会整体观念和社会全局意识，要排除个体观念和局部意识，一切从社会本身着眼，一切从社会整体出发，一切服从社会全局。社会法就是要把整个社会调整成为一个内在统一、协调一致的整体，社会法要有“天下大同”的理念，社会法就是社会之法。二是要求社会法要立足、着手于那些关系社会整体和全局的社会关系，不必拘泥于那些仅涉及个人和局部、无关大局和宏旨的社会关系，那些社会关系可以由别的法律部门去调整。社会法，笼统地说，就是以整个社会为调整对象的法，就是调整社会之法。三是要求社会法要以人为本。人是社会的主要因素，社会是由人所构成的，社会是人的社会，以社会为本位自然就要求以人为本位。这里所说的人指的是每一个人、全社会成员、所有的人，所以社会本位是每个人本位、人人本位、所有人本位。社会本位要求一个人都不能少，仅仅以少数人或多数人为本位不能叫社会本位。保障社会上所有的人都能有人格尊严地生存和发展，是社会本位的最高宗旨。四是要求社会法促进和保障社会利益。人并不是不食人间烟火的抽象存在物，人的生存和发展一刻也离不开物质利益的支持，人的根本在人的利益，因此，以人为本就必须为人的生存和发展提供必需的各种物质利益。既然社会本位要求以每个人为本、以人人为本、以所有人为本，那么自然就要求以每个人的利益为本、以人人的利益为本、以所有人的利益为本。所谓的社会本位，核心的一点就是要促进和保障社会利益，使社会利益与每个人息息相关，人人共享社会利益，人人有其生存和发展所必需的利益，社会利益在所有人之间得到公平分配，所有人都能凭借其所享有的利益有人格尊严地生存和发展。

2. 保障弱者原则

社会成员，芸芸众生，千差万别，既有社会强者，也有社会弱者。一般说来，社会强者，因其自己的强势，凭借自己的能力和努力能够较好地生存和发展，因而不存在多大社会问题，甚至不存在社会问题，尤其不存在生存和发展方面的问题。而社会弱者，因其自己的弱势，仅凭自己的能力和努力难以生存和发展，从而成为社会问题。社会弱者的生存和发展问题是社会问题的重点和难点之所在。所谓的社会问题，主要就是社会弱者的生存和发展的问题，如果他们的问题解决了，他们没有问题了，那么社会就没有问题了。社会法，要而言之，就是解决社会问题之法，而社会法要解决社会问题，就必须抓住社会问题的重点和难点，即必须抓住社会弱者的生存和发展问题，社会法就是解决社会弱者的生存和发展问题之法。那么，社会法怎样才能解决社会弱者的生存和发展问题呢？实践证明，不能仅仅依靠平等保护，因为社会强者和社会弱者，他们的天赋条件、所处环境、社会地位、经济实力、市场机会、竞争能力等等，都存在较大差别，他们之间是不平等的，也无平等可言。在他们之间适用平等原则，对他们进行平等保护，貌似平等，实则不平等，并且，在不平等的社会强者和社会弱者之间适用抽象的平等原则会进一步导致社会强者和社会弱者之间的不平等，会使社会弱者处于更加不平等的地位，甚至会导致弱肉强食的悲惨境况。所以，要保障社会弱者的生存和发展，必须优待社会弱者、扶持社会弱者，在制定和实施法律和政策时，要对社会弱者加以倾斜、给予特别保护。对不同的人们有针对性地适用不同的原则才是平等，对社会弱者加以倾斜保障，扶弱抑强，以强扶弱，使社会强者和社会弱者真正平等起来，共同发展，这是当代的平等观，也才有真正的平等可言。

3. 社会保障原则

时至今日，保障社会弱者已经成为全社会的共识和社会法的基本原则，问题只是如何保障社会弱者的问题。社会弱者是在社会中生存和发展的，要保障社会弱者要依靠全社会的力量，只有调动和运用全社会的力量，群策群力，同舟共济，才能真正保障社会弱者。社会问题社会办，只靠某人或某些人的力量根本不可能解决社会保障问题。所谓的社会保障，其实就是一部分社会成员保障另一部分社会成员，就是社会成员之间的互相协助、互相接济、互相保障。组成同一个社会的社会成员自有互相保障的义务，人人为我，我为人人，社会保障才能保障社会，这是社会保障的根本保障。也正因为如此，社会保障是保障社会弱者的根本依据和唯一途径，社会保障法是社会法的核心和重点之所在。由于国家是社会的最高代表，国家要对全社会成员负责，国家有职责为全社会成员提供保障，所以社会保障的应有之义就包含国家保障，国家保障在社会保障中占有极其重要的地位，有时社会保障可以与国家保障等同起来。此外，之所以需要国家保障，还有以下原因：一是因为国家存在的根本目的就在于实现社会保障，国家负有社会保障的神圣职责，国家的社会保障职责，改变了过去尤其是阶级斗争时期国家的性质，国家不再是、最起码不仅仅是阶级斗争的工具，更不是充当以强凌弱的工具。相反，国家要站在社会弱者的一边，为了保障社会弱者，国家要抑强扶弱，强制社会强者保障社会弱者，正是因为国家的存在和国家的社会保障，才使社会避免了弱肉强食，才不至于使社会成员同归于尽。如果国家未尽到社会保障的职责，那么国家就丧失了存在的正当性和合理性。二是只有国家才能组织动员全社会的力量进行社会保障。无政府状态，社会一盘散沙，社会成员相互隔绝，“各人只扫门前雪，不管他人瓦上霜”；相互冲突，“朱门酒肉臭，路有冻死骨”，在这种情况下，社会已不成之为社会，社会保障无从谈起。三是只有国家才能通过运用公权力从一部分社会成员那里征收社会财富，并转移给另一部分社会成员。国家在对社会财富的再分配的过程中，抑制贫富悬殊，消除两极分化，使社会财富能够公平分配，以至于能够用全社会的财富去保障所有社会成员的生存和发展。四是人非圣贤，并非所有的人都能自觉自愿地尽到社会保障的责任。为了实现社会保障，国家必须动用强制力强制那些对社会保障负有义务和责任但尚未对社会保障尽到义务和责任的人尽到其应尽的义务和责任。没有国家的介入和组织，没有国家的动员和强制，就不能真正实现社会保障。只有国家才能代表社会、保障社会，保障了社会，才有社会保障的基础。

4. 人权保障原则

对于社会保障来说，一个核心的问题就是保障什么，给社会成员提供何种程度的社会保障。我认为所谓的社会保障，其实保障的就是社会成员的人权，即保障社会成员有人格尊严地生存和发展，社会保障实质上是人权保障。之所以如此，是因为：一是人权是人之作为人所必不可少的权利，人权关系到人的生存和发展，当人们的人权出现问题时，就会危及人们的生存和发展。社会和国家负有保障人权的神圣职责，有职责为那些人权出现问题的社会成员提供社会保障。人权问题是社会保障的起因，如果没有人权问题，也许就无须社会保障；人权是社会保障的根基，人们正是依据人权才能向社会和国家主张与享有社会保障权利，如果没有人权，人们就没有向社会和国家主张与享有社会保障权利的依据，进而就没有社会保障权利；人权是人之成为人最低限度的权利，也是社会保障的底线，是否保障人权是检验有无社会保障的试金石，如果人权都得不到保障，那么社会保障就是一句空话。二是社会保障和国家保障只限于人权保障。在一般情况下，社会保障只是对人的生存和发展提供最基本的保障或说是最低限度的保障，只是保障人之成之为人，使其有人格尊严地生存和发展。社会和国家无须给社会成员提供高于人权的社会保障。如果社会保障给社会成员提供高于人权的社会保障，使社会保障为社会成员提供全面、周到的服务，成为安乐窝，那么人们就会滋生懒惰安逸、贪图享乐、不思进取的思想心理，这有违社会保障的初衷，因为社会保障的初衷就是通过社会的力量帮助有困难的社会成员克服困难、重整旗鼓、东山再起，最终成为无须社会保障的人。如果人人都懒惰安逸、贪图享乐、不思进取，那么这种社会就会难以为继，这种社会是无法保障的。三是社会保障只应保障人权。所谓的社会保障，其实是一部分社会成员保障另一部分的社会成员，要动用、牺牲一部分社会成员的利益去转移支付给另一部分的社会成员，这就涉及社会成员之间的利益分配和再分配。如果社会国家给社会成员提供高于人权的社会保障，必然要求一部分社会成员作出更多更大的牺牲，这不仅有失公平，而且由于作出牺牲的那部分社会成员往往是社会生产力的载体和代表，是社会财富的主要创造者，是社会的衣食父母，是社会保障的根基和源泉，牺牲他们的利益，必然会损害他们生产的主动性、积极性和创造性，这是杀鸡取卵，会牺牲效益。四是许多社会和国家只能提供人权保障。特别是许多发展中国家，由于其国情特殊，经济水平不高，社会财富有限，没有能力为全社会成员提供高于人权的社会保障。在有些国家，连保障人权都勉为其难，更不用奢谈提供高于人权的社会保障了。所以，人权保障是社会保障的核心，在很大程度上可以说，保障了人权就实现了社会保障。

六、社会法的体系

法的体系是由调整同类社会关系的各有关法律部分有机构成的，法的调整对象是构建法的体系的主要依据。依据前述社会法的调整对象，社会法的体系包括如下构成要素。

1. 劳动法

人是一种能动的动物，其中最有意义的能动就是劳动，劳动在人的发展过程中起了决定性的作用，人是在劳动中成之为人的；劳动是财富之源，人们在劳动中创造财富资源，没有劳动，社会就会贫穷枯竭，难以为继；劳动是人们获取生存和发展所需的各种物质和精神资料的主要途径，没有什么东西是可以不劳而获的，劳动是人的最根本的保障。如果人人都能劳动，如果人人都有劳动，如果人人都能通过劳动获得应有的劳动报酬，那么就没有多少社会保障问题了，所以劳动总是与社会保障相提并论。任何人都需要劳动，人人都是劳动者，劳动具有普遍性和社会性。对于许多劳动者来说，劳动力是其唯一的资本和安身立命的根本，他们是用自己的体力、血汗甚至冒着生命危险在劳动，劳动者的弱势地位是不言而喻的。劳动者是财富资源的创造者，是社会的衣食父母，要维护社会的生存和发展，必须保护劳动者。劳动者的弱势地位和劳动者的重要地位这两方面都决定了必须给予劳动者以特别的法律保护。

人生活在社会关系中，但往往要首先生活在劳动关系中，人们在劳动中形成各种社会关系，诸如同事关系、朋友关系、劳保关系以及其他社会关系，这些社会关系为人们织就了牢固的社会关系网，这些社会关系网不仅有利于人的成长，而且有利于人的保障，人们在社会关系网中才获得了有力的保障。所谓的社会保障，内涵之一就是社会关系网给人们提供的保障，如果人们失业，就会脱离劳动关系，处于社会关系网之外，没有了社会关系网，就没有了社会保障。可以说，有时失业就是失去一切。所以解决失业问题始终是社会的头等问题，不仅为社会成员所关心，也为国家政府所关注，促进社会就业是国家政府的重要职责，也是法制建设的重要内容。

正是劳动和劳动关系的极端重要性决定了劳动法的极端重要性。从历史上看，劳动法是社会法的起源，劳动法是最早的社会法。在资本主义的资本原始积累时期和工业革命时期，劳动者处于“血汗劳动”和“饥饿工资”的悲惨境地，劳资冲突不断产生，劳资矛盾日益恶化，既危及资产阶级的统治安全，又导致劳动力资源的萎缩枯竭，如何解决劳资冲突和矛盾已成为当时严重的社会问题。但由于劳资双方处于不平等的地位，作为平等之法的私法已力不从心、无从调整，如果继续实行私法自治，那只能是任劳方为资方所奴役，后果会变本加厉。在这种情况下，就要求立法突破私法平等保护、意思自治的原则，确认国家干预，对劳动者给予特殊的保护。这样劳工立法就应运而生了，如 1802 年英国的《学徒健康和道德法》，1806 年法国的《工厂法》和 1841 年的《童工、未成年工保护法》，1839 年普鲁士的《工厂矿山条例》和 1845 年的《工商管理法》，等等。这些立法开启了劳动立法的先河，它内含社会法发展、完善的基因。劳动法是保护劳动者的法律，也是保护社会弱者的法律，还是保护人权的法律。劳动法与社会法的精神和宗旨是一脉相承的。时至今日，劳动法已成为社会法的核心，是最典型的社会法之一。

2. 社会保障法

尽管对于人们来说，劳动是最基本的社会保障，如果人人能劳动，人人有劳动，并且劳动所得足以使人们有人格尊严地生存和发展，那么就人人有保障了，并且这是最好的保障，在很大程度上就实现了社会保障。但由于各种原因，社会上总有一些人不能劳动，总有一些人失业，他们无法通过就业获得生存和发展所必需的各种资料，他们的生存和发展面临危机，进而成为严重的社会问题。此外，天有不测风云，人有旦夕祸福，生老病残死，人人在所难免，人生是充满风险的。一旦风险来临，往往使人不堪一击，甚至使人一蹶不振。并且这种风险是不确定的，降临到谁的身上是不可知的，也可以说是风险面前机会均等、人人有份，人人面临风险具有普遍性，风险来临后给人们和社会造成的损害和影响也具有社会性。为了解决这些问题，人们经过不断的探索和试验，最终找到了社会保障的方法。所谓的社会保障方法，就是建立在这样的一些基础之上：在全社会成员中，总是只有一部分社会成员失业，而其他社会成员能够就业；一部分社会成员遭遇风险，而其他社会成员没有风险，社会保障方法就是要求就业的社会成员去保障失业的社会成员，没有风险的社会成员去保障遭遇风险的社会成员。社会保障方法的制度化和法律化就形成了社会保障法。从历史上看，最早的社会保障法起源于1883年德国的《劳工疾病保险法》、1884年的《劳工伤害保险法》和1889年的《老年及疾病保险法》，后来，这三部法律于1911年合并，另加《孤儿寡妇保险法》，形成著名的《社会保险法典》。现代社会保障法就是在此基础之上发展起来的。社会保障法的基本宗旨就是凝聚全社会的力量保障有困难的社会成员，使他们也能有人格尊严地生存和发展。社会保障法就是调整在运用社会力量保障社会成员的过程中所形成的各种社会关系的法律规范的总称，其核心是规定社会保障资金的筹集、社会保障的范围和标准，以及社会保障金的支付和领受等内容。社会保障法是社会法的核心，也是社会法的归属，其他社会法或多或少都具有社会保障法的性质和使命，社会法的根本宗旨就是实现社会保障，使全社会成员都能有人格尊严地生存和发展。

3. 环境资源法

人本身是环境的产物，人是在环境中生存和发展的，环境是人类的家园和栖身之所。人类共有一个地球，同在天空下，山水相连，万里同风，环境从来就是大环境，环境超越了地区界限和国家界限，已成为人类环境、国际环境、全球环境，可以说是“环球同此凉热”。环境问题极具社会性和全球性，解决环境问题不能个别努力、各国努力，而必须全球合作、共同努力，全球性是最广泛的社会性。任何劳动都不能无中生有，“巧妇难为无米之炊”，一切劳动都必须同自然资源密切结合，劳动只有同自然资源相交换才能创造物质财富。如果说劳动是财富之父的话，那么自然资源就是财富之母。自然资源是人类生存和发展的物质前提，是社会的基础，没有自然资源，人类就无法生存和发展，就没有社会可言。有的资源是不可再生的，迟早总有一天会枯竭；虽然有些资源是可再生的，但有时再生的速度赶不上人类需要和利用的速度，并且，如果人类不善待可再生资源，有些可再生资源也会转变为不可再生资源。自然资源不属于哪代人，有的甚至不属于哪国人，它们是人类的共同财富，人们在利用自然资源时不能“空前绝后”，不为子孙后代着想，而要“瞻前顾后”，要保持“代际公平”，让子孙后代拥有可持续发展的自然资源，只有这样，才是最持久的社会性。

环境资源之于人类生存和发展的重要性决定了要保护人类社会就必须保护环境资源。但自工业化和市场化以来，人们不惜以牺牲环境资源为代价去片面追求经济增长，导致环境破坏和资源枯竭的情形日益加剧，人类面临严重的环境资源危机。为了遏制和改变这种情形，自 20 世纪 70 年代以来，许多国家加强了环境资源方面的立法，世界上掀起了环境资源立法的高潮。如 1967 年日本的《公害对策基本法》、保加利亚的《自然保护法》，1969 年美国的《国家环境政策法》和瑞典的《环境保护法》，1973 年罗马尼亚的《环境保护法》。环境资源极具社会性，决定了调整因利用环境资源而形成的社会关系的环境资源法属于社会法。环境资源法保护环境资源，为人类保护了安身立命的家园，为人类保护了赖以生存和发展的物质前提，使人类能够代代相传、生生不息、持续发展，体现了社会法的基本精神，实现着社会法的根本目标，环境资源法是社会法的核心构成要素。

通过以上对社会法一些基本问题的研究，可以看出，经济法与社会法有许多类似之处，如它们有类似的起源、类似的调整方法、类似的特征、类似的原则、类似的使命，只是在某些方面存在着不可避免的差异。基于此，我认为，如果说经济法属于社会法太绝对的话，那么，最起码可以说经济法具有社会法的属性，这是比较适当的。

附录三

论和谐社会与经济法

和谐社会是人类为之奋斗的目标，要实现这一目标离不开法制建设，其中经济法有其重要功能和重大使命。

一、社会和谐与经济法

在历史上，经济法的产生有其特定的历史背景：一是战争时期，一是经济危机时期。不论是前者还是后者，它们都有一个共同的属性和特征，拿今天的话来说，就是社会不和谐，并且是严重的社会不和谐，战争所导致的社会不和谐、经济危机所引发的社会不和谐都不言而喻。历史上第一批经济法即战时经济法和危机对策法，就是为了应对战时需要和经济危机而产生的法律部门。据此，我们可以认为，社会不和谐是经济法产生的社会根由，经济法自产生始就担当起解决社会不和谐、促进社会和谐的重大使命。

尽管在今天的社会，战争已不普遍，经济危机也属偶然，但依然存在各种各样社会不和谐的因素和现象。要而言之：

一是私人与社会。任何社会都是由人构成的，这里的人既包括单个的人，也包括复合的人如企业、公司、团体等组织。大体说来，这些人绝大部分都有私人意志、私人权益和私有领域，因此，可以说这些人本质上大都是私人。但由私人所构成的社会不同于原来的私人，正如氢原子和氧原子化合成的水不同于原先的氢原子和氧原子一样。一般而言，社会是私人的集合和扩大，也是对私人的扬弃和超越，社会具有社会公意、社会公益和社会公域。其中，社会公意集合了私人意志中的共同意志，同时舍弃了私人意志中的个别意志；社会公益源自私人权益，并与之息息相关，但又独立于并制约着私人权益；社会公域与私有领域相互依存但又相互冲突。从此不难看出，私人与社会并非完全一致而是存在着上述矛盾，这些矛盾会进一步引发其他矛盾，如私人自由与社会秩序，私人权益的极大化与社会整体利益的平衡，私有领域与社会公域的此消彼长，等等。这些矛盾是任何社会都存在的，一切社会国度都在努力解决它们。如果这些矛盾得不到有效的解决，就会导致社会的不和谐。

二是市场与政府。人类的经济思想和社会制度经历了从亚当·斯密的自由放任主义到凯恩斯革命再到凯恩斯革命的再革命的演变过程，这一演变过程是市场调节与政府干预日益融合和有机统一的过程。实践证明，基本的市场调节和必要的政府干预，两者有机统一、有效配合才能推动经济社会长足发展。但这不等于说，市场与政府之间就没有矛盾，恰恰相反，市场与政府是两种存在许多差异的资源配置机制。市场调节是私人自治，各自为政，分散决策，微观调节，难免具有局限性、盲目性和无序性；而政府干预是公力强制，总体规划，集中决策，宏观调控，往往具有强制性、计划性和有序性。市场调节的核心是自由竞争，优胜劣汰，效益优先；而政府干预是统筹兼顾，共同发展，公平至上。由上不难看出，市场与政府既是“分工之手”，也是“合作之手”，但有时还是“打架之手”。如果市场与政府这两只手总是在打架，那么社会就无和谐可言，为了促进社会和谐，必须想方设法化解市场与政府之间的矛盾。

三是效益与公平。效益要求产出尽可能大于投入，如果最少的投入能够获得最大的产出，那是最高的效益。效益源于人们对自身利益的计较和由此所产生的主动性、积极性和创造性，以及自由竞争、优胜劣汰的外在压力，目的是对稀缺资源最大化地利用。效益的要求与市场的性质密切相关并息息相通，与其他资源配置机制相比，市场更富有效益，为了提高效益，必须突出市场在资源配置中的基础地位，在很大程度上可以说，没有市场就没有效益。但市场配置是按优配置，自由竞争，优胜劣汰，它会把资源偏向优者配置，实现人尽其才、物尽其用，但不会对劣者有所分配。市场配置过程是一个两极分化、贫富悬殊的过程。尤要指出的是，市场是无心的、没有头脑的，不能对自己的配置结果有所反省和校正，不会对一无所得者和一贫如洗者有所同情和有所救济，从而导致严重的社会不公平。哪里有不公平的社会现象，哪里就有公平的社会要求。面对诸如优胜者喂养猫狗的食物都胜过劣败者哺育他们后代的食物等社会不公平现象，众多有识之士提出各种社会公平的主张，如凯恩斯早就指出，市场生活的目标犹如长颈鹿啮取树叶，其实现方式是留下脖子最长的而饿死脖子最短的，其显著缺点是财富与所得的分配有欠公平、合理；罗尔斯提出了著名的正义论，其差别原则要求关注、救助社会境况最差者。这些主张归结起来就是认为两极分化、贫富悬殊的社会是一个不和谐的社会，要促进社会的和谐就不能仅讲效益，还必须同时缩小贫富差异，实现社会公平，其根本方法是保障社会弱者或市场劣汰者在市场之外能够获得相应的救助并得以有人格尊严地生存和发展。

要有效地化解上述矛盾，促进社会和谐，必须群策群力，多管齐下，综合治理，其中经济法具有举足轻重和不可替代的作用。经济法是一种社会整体调节机制之法，它立足于社会本位，维护社会秩序，追求社会公益，进而寻求私人自由与社会秩序、私人利益与社会公益、私人领域与公共领域之间的平衡与协调；经济法是一种确立和规范政府干预之法，一方面，它反对自由放任的无政府主义，要求确立政府干预的权威，另一方面，要求对政府干预的性质、范围和程度以及权限、方式和责任加以规范，目的在于使政府干预优化为立足市场、服务市场、配合市场、校正市场、完善市场的恰当干预；经济法是“自由企业大宪章”，它反对垄断和不正当竞争等限制市场竞争行为，促进市场有效竞争，维护市场竞争秩序，因而提高效益，同时，经济法也是“经济宪法”，它保障经济自由、经济平等和大众福利，它关注社会弱者，扶助市场劣汰者，保障人权，并通过计划、财政、金融等手段去创造一个公平的社会环境，实现社会全体成员的共同发展。由上可见，经济法是化解前述社会矛盾、促进社会和谐的重要法律部门，从这个角度看，经济法是寻求和促进社会和谐之法。

二、经济法通过公平分配促进社会和谐

人类所生存的环境是一个“僧多粥少”的困境。一方面，大自然没有赋予人类取之不竭的自然资源；另一方面，人类自身的生产力远没有达到能够生产出丰裕的物质产品以完全满足人类需要的程度。生存于这种困境中的人们必然会为了稀缺的资源而展开各种各样的争斗。这是社会不和谐的主要根源。在人类历史上，解决这种争斗的方式大致有以下几种：第一种是诸如奴隶主、地主等统治阶级利用手中的统治权力掠夺、霸占绝大部分资源，而给其他被统治阶级只留下极少部分资源；第二种是像自由放任的资本主义那样，让市场自发调节资源在人们中间的分配，市场竞争，优胜劣汰，优胜者赢得资源，劣汰者丧失资源；第三种是传统社会主义国家的做法，由政府集中掌管社会资源，然后根据有关原则如按劳分配原则向全体人民进行分配，以期实现各尽所能、各得其所、公平分配。

实践证明，这几种资源分配方式都存在严重的不足。就第一种分配方式来说，奴隶主几乎掠夺、霸占了所有资源，甚至奴隶本身都成为一种资源，即“会说话的工具”，而成为奴隶主掠夺、霸占的对象；本来作为那时最主要资源的土地是历史形成的，可是地主阶级利用手中的统治权力据为己有，其他人只能向他们租地并且按照他们的要求交纳地

租。尤为严重的是，为卑鄙的贪欲所驱使的奴隶主、地主还每每对奴隶、佃农敲诈入髓，逼得他们走投无路，奴隶、佃农只好揭竿而起，推翻这种不合理的分配制度。就第二种分配方式来说，市场分配是一种竞争机制，优胜劣汰，资源日益向极少数优胜者手中集中并为他们所垄断，而绝大多数劣汰者无法问津。因此，市场分配是一种资源两极分化、财富贫富悬殊的分配机制，具有严重的不公平性。但资本主义长期奉行自由放任主义，认为每个人都是独立、平等、自由的，人们在同一规则下，通过自由契约，市场竞争，各尽所能、各得其所，资源分配是市场的事情，安身立命是每个人自己的私事，用不着政府干预，如果政府干预还会破坏市场机制，妨碍私人自治。这种理念和制度进一步加剧了市场分配的不公平。时至今日，许多资本主义国家都调整了这种分配方式。就第三种分配方式来说，由政府掌管社会资源，实行公有制，吃“大锅饭”。人们不是直接追求自己的利益而是为间接得多的社会公共利益而努力，这大大阻碍了人们的主动性、积极性和创造性的发挥，使大锅里的“饭”量少而质差。而集中分配，由有权机关和人员集中对各行各业人们的劳动进行评价，这是十分困难的事情，根本无法确切地知道谁贡献了多少，因而也就难以使分配做到客观公平，结果导致不劳而获、“鞭打快牛”以及“干与不干一个样，干好干坏一个样”等现象普遍存在。实践证明，这种分配方式既没有效益，也缺乏公平。当今时代，许多社会主义国家都改革甚至放弃了这种分配方式。

那么，怎样的分配方式才是最佳的呢？经过不断的实践、比较、筛选和取长补短、集其大成，最终才发现是公平、自由的市场竞争分配方式。这种分配方式包括以下内容：首先是市场竞争。每个人作为市场主体，都应参与市场相互竞争，优胜劣汰，各得其所。市场竞争分配受一只“看不见的手”的支配，或者说受任何人也无法操纵的市场大众的支配，人们的所得往往直接决定于自身的优劣而与其他因素无关，可谓“成也萧何，败也萧何”，相对于那些主观臆断、看人分配的分配方式而言，市场竞争分配更具客观性和公正性。并且，对于这种分配结果，优胜者得其所应得，光明正大，理所当然，而劣汰者失其所该失，也心服口服，毫无怨言。相对于那些以暴力、强权分配资源导致冲突斗争、怨声载道的分配方式而言，市场竞争分配是一种和平、友善的分配方式。还有，这种分配方式使资源向优胜者分配，而优胜者之所以能够优胜，从根本上说是因为他们技高一筹，价廉物美，适销对路，以少胜多，因此，使资源向优胜者分配有利于资源利用效益的极大化。同时，优胜者对劣汰者起着重要的示范效应，激励劣汰者要想成为优胜者也必须如此，市场中没有永远的优胜者，也没有永远的劣汰者，而是胜败系于自身，为了使自己在激烈的市场竞争中优而胜，人们必然会竭尽全力，你追我赶，力争优胜，而这又进一步促进效益。相对于那种平均主义及其所导致的懒惰怠工的分配方式来说，市场竞争分配方式更富有效益和激励作用。其次是自由竞争。竞争的本义就是竭力争取，只有自由的人才会有真正地竞争，竞争无法强制进行，从根本上说，没有自由就没有竞争。只有自由竞争才能充分发挥人们的主动性、积极性和创造性，才能使竞争在高层次的水平上进行高效益的竞争。有竞争，就会优胜劣汰，资源集中，形成垄断，而垄断限制自由竞争，因此，要维护、促进自由竞争就必须反对垄断，使竞争始终处于自由状态。只有竞争过程始终处于自由状态，才能使竞争结局处于角逐未定状态，使胜出的机会向所有人同等地开放，这样才能激发人们不断竞争。如果竞争不是自由的，竞争结局是预定的，竞争不过是走形式，那么就没有人去竞争。再次是公平竞争。人与人之间的竞争不遵循“丛林法则”，不是弱肉强食，它追求的是公平竞争，为此，要限制集中，反对霸权，扶助弱者，提升他们的竞争能力，创造公平竞争的环境。竞争本身只是手段而不是目的，真正的目的在于通过竞争最大限度地生产出可供分配的财富以保证人人的分配所得极大化；在于通过竞争促进社会发展，但社会发展不是优胜者掠夺、甩开、抛弃劣汰者独自前行，而是优胜者激励、扶助、携带劣汰者共同发展，是人人参与发展，人人共享发展成果。

那么，怎样实现上述目标呢？首先要开展、维护市场自由竞争，促使优胜劣汰，让市场优胜者通过市场自由竞争去分得其所应得的资源，实现自行发展。然后对市场劣汰者进行扶助，劣汰者可以被淘汰出市场，但不能被驱逐出社会，市场无情，人间有爱，他们不能通过市场竞争分得资源，但有必要通过市场竞争之外的途径获得帮助。具体说来，就是通过政府协助和社会救济获得必要的资源，如通过税收、财政转移支付、社会保障、社会救济等让劣汰者获得维持其不失人格尊严的生活所必需的资源，并使他们拥有重整旗鼓和东山再起的信心和机会。一个社会只有做到优胜者自行发展、劣汰者获得救助，实现优胜劣存，以优携劣，同舟共济，相得益彰，共同发展，才是一个和谐的社会。

从上面的论述不难看出，这种分配方式的法律表现主要就是经济法：一方面，通过经济法中的反垄断法促进市场自由竞争，鼓励优胜者自行发展；另一方面，通过经济法中的财政法、税法等收拾市场竞争的残局，维护市场竞争的秩序，救助劣汰者保障其生存，实现社会公平。可见，经济法通过维护公平、自由竞争地分配资源可以促进社会和谐。

三、经济法通过宏观调控促进社会和谐

市场能通过价格、利润等信号引导人们的生产和消费，从而把人们引向效益之路和繁荣之途，但市场毕竟是一只“看不见的手”，不仅其如何调节看不见，而且受其支配的人们的前途和命运往往也看不见，真可谓是身在市场、身不由己，而且还常常惶恐不安。如果人们把自己的前途和命运完全交给市场，任由它去支配，那么生活在市场中的人们就像乘坐在没有方向盘或轮舵手的车船上一样，十分危险，在这种情况下，一旦发生危险，人们往往夺路而逃，相互倾轧，哪有什么和谐可言。

人具有自我意识、自由意志，要做自己的主人，是不会、也不可能任由市场这只“看不见的手”支配的，相反，他们要用自己看得见的双手去操纵和安排自己的前途和命运。比如，人们做事情往往先思后行，甚至三思而后行，大都是有计划的。计划作为一种未来的行动方案，是一个社会发展所不可或缺的。它着眼全局、统筹规划、宏观调控，统一发展思想，协调发展目标，整合发展战略，以促进社会全面、稳定、持续、协调发展，不言而喻，这种发展也是和谐发展，这样的社会才是和谐社会。

市场主体，独立自主，权利多元，各自为政，分散决策，追逐利益，相互矛盾，难免混乱无序。虽然市场有时能够协调行动，整合社会，和谐有序，但要经过反复试错，不断调整，这是渐进式的，过程漫长，代价高昂，而且往往是偶然性的，况且市场还不能完全如此。既然如此，人们为什么不未雨绸缪，对那些被实践反复证明、具有普遍规律性、可以预先规划的事情进行积极调控呢？比如产业结构问题。产业结构是一国国民经济各产业之间的构成关系，对经济社会发展具有根本性的决定作用，可以说，产业结构优化了，经济才能协调，社会才能和谐。那么，怎样才能实现产业结构优化呢？尽管通过市场配置和市场调节也会逐步地实现产业结构优化，但这种被动的渐进方式，过程漫长，道路曲折，代价巨大，难为后起国家所仿效。后起国家，要想加速实现产业结构优化，不可能、也不必完全依赖市场机制，而必须在经济起步阶段就借鉴先进国家已走过的道路、已形成的产业结构，根据市场普遍

规律和本国经济社会发展特点，通过制定和实施产业政策，进行科学引导和合理的干预，自觉地规划自己的产业结构发展方略，以快速、高效地实现产业结构优化。

大千社会，芸芸众生，他们在先天禀赋、后天所得、社会环境、经济条件、市场机会、竞争实力等许多方面都存在千差万别，有优有劣。人虽然在形式上被认为是平等的，但在现实中是不平等的。号称是“天生平等派”的市场，其实是把人们抽象为假定为平等的，并把他们不加区别地置于统一规则之下去自由竞争，任其优胜劣汰。在相当长的时期内这被认为是经世济民的妙方良策。但要提请注意的是：优胜劣汰就能解决问题吗？难道劣者就必须被淘汰吗？就能被淘汰吗？市场竞争不像竞技比赛，竞技比赛，优胜劣汰，被淘汰者失去的仅仅是荣誉和奖励，而市场竞争，优胜劣汰，被淘汰者失去的是生存和发展的机会和条件，关系到人们安身立命的问题。不能用优胜劣汰的方法决定人们生死存亡的问题。一方面，人具有强烈的生存本能和愿望，当人们被逼上绝路的时候，会铤而走险，揭竿而起，反抗现有体制，引发社会动乱和革命。这是社会革命的一般规律，这一规律反复证明，无情地淘汰劣者，优者也胜利不了，不让别人生存发展的人，自己也不可能生存发展。更何况，对于许多劣者来说，他们为了同优者竞争生存和发展的机会，往往付出了比优者多得多的努力，但由于固有的劣而无济于事，他们对自身的劣以及由此所导致的被淘汰的不幸结果本身并没有过错，因此把他们一概无情地加以淘汰有失公平，也不人道。随着人权观念日益深入人心，保障人权已成为社会和国家（社会）义不容辞的重大责任。

虽然社会上总有一些富有爱心、乐善好施的成员，也有一些热心公益、兼济天下的富人，他们通过社会捐助、举办慈善事业和公益事业等方式救助社会不幸者和市场劣汰者。这种方式对于培植人们的爱心和善举，增进人们之间的友情和互助，减少政府的负担和干预，都具有十分重要的意义。但由于个人和组织毕竟力量有限，加上人们有时还不愿直接接受具体个人和组织的救助，在这种情况下，政府就责无旁贷了。

那么，政府怎样去履行这一重大责任呢？主要是通过财税法律制度进行。一方面，政府通过税收，以富济贫，改变收入分配，缩小贫富差距，有助于缓和贫富悬殊所导致的利益冲突和社会不和谐。另一方面，政府通过财政转移支付为社会不幸者和市场劣汰者提供社会保障。市场与政府代表提出了两种不同的分配方式，虽然市场无情但政府有爱，市场激励优胜者但政府救助劣汰者，不能参与市场竞争分配的社会不幸者和市场劣汰者应享有政府通过财政转移支付提供的社会保障，以便有人格尊严地生存和发展。社会不幸者和市场劣汰者的存在是社会不和谐的集中表现，他们有人格尊严地生存和发展又是建立和谐社会的重点和难点之所在，而这一切都离不开政府的财政支撑。财政法是贫富调节法，是利益平衡法，是弱者保障法，因而也是和谐促进法。

人是一种生物性存在，只有首先所有并消费一定的物质资料以后才能生存，在分工精细、交易发达的现代市场社会，许多物质资料的所有和消费都必须通过货币购买去实现，因此，货币对人们来说具有重大意义，货币抓住了人的根本，人没有货币是万万不能的。和谐社会的最低要求是人人有衣穿、人人有饭吃，居者有其屋、行者便其行，而人的衣食住行都离不开货币。人人持有相当的货币，以满足自己的衣食住行，才会有和谐社会可言。如果有人一文不名，不能解决自己的衣食住行问题，就会影响社会和谐。一切社会问题，利益也好，冲突也罢，几乎都与货币有关，货币是问题产生的根源所在，也是问题解决的根本所在，人的问题、社会问题，在很大程度上都可以说是货币问题。社会和谐问题本质上还是人与人的关系问题，归根结底与货币密切相关，构建和谐社会关键在于人们之间的货币分配要和谐，货币分配不均，利益分配就不均，社会就无和谐可言。货币是交易的产物，也是交易的媒介，货币是市场交易的润滑剂，如果货币出现了问题，那么就会制约市场交易，影响市场运行；货币是财富的象征，是社会的抵押品，如果货币不稳定，那么社会就不稳定；货币是经济的血液，如同血液出了问题那么身体就会出问题一样，货币出现了问题那么经济肯定要出问题，如果发生通货膨胀，人们争相挤兑，银行倒闭，金融危机，那么必然会引发社会危机，等等。在上述情况下，都无法构建和谐社会。货币主义者早就提出了“唯货币重要”的著名论断，要构建和谐社会必须依法管住管好货币，金融法中的中央银行制度、商业银行制度、货币政策制度和金融监管制度等等目的就在于此。离开这些金融法律制度，管不住、管不好货币，社会就会出现危机，社会就无和谐可言。

由上可见，在和谐社会的建设中，必须加强经济法制，经济法大有作为。

图书在版编目（CIP）数据

经济法研究（上、中、下卷）/邱本著
北京：中国人民大学出版社，2008
（21世纪法学研究生参考书系列）
ISBN 978-7-300-09600-1

Ⅰ. 经…
Ⅱ. 邱…
Ⅲ. 经济法-研究
Ⅳ. D912.290.4

中国版本图书馆CIP数据核字（2008）第126416号

21世纪法学研究生参考书系列
经济法研究
（上卷：经济法原理研究　中卷：市场竞争法研究　下卷：宏观调控法研究）
邱　本　著

出版发行	中国人民大学出版社		
社　　址	北京中关村大街31号	**邮政编码**	100080
电　　话	010－62511242（总编室）		010－62511398（质管部）
	010－82501766（邮购部）		010－62514148（门市部）
	010－62515195（发行公司）		010－62515275（盗版举报）
网　　址	http://www.crup.com.cn		
	http://www.ttrnet.com(人大教研网)		
经　　销	新华书店		
印　　刷	河北三河市新世纪印务有限公司		
规　　格	155 mm×235 mm　16开本	**版　　次**	2008年8月第1版
印　　张	64.5 插页6	**印　　次**	2008年8月第1次印刷
字　　数	1 048 000	**定　　价**	118.00元

版权所有　侵权必究　印装差错　负责调换

21世纪法学研究生参考书系列

邱 本◎著

经济法研究

(中卷：市场竞争法研究)

中国人民大学出版社
·北京·

目 录

导　言

来自竞争的繁荣

一

当今时代是市场的时代，而市场最本质的东西是竞争，因此，市场的时代是竞争的时代。市场越发达，竞争越激烈；市场越深化，竞争越普遍；市场越完善，竞争越规范，竞争已成为当今时代的主题，引起了人们普遍的关注，以至于“竞争成为工业家、银行家、政府商业贸易与产业行政机构最重要的目标。工业家、政治家、经济学家、金融经理、技术人员、工会都把竞争作为他们的信条。竞争的无上命令是他们辩论与建议的焦点。在政治讲话、报纸、书籍、管理讲座与研讨会上，‘竞争’这个词汇的使用频率超过了所有词汇”①。

二

一切事业都是人的事业，或者说都是人干出来的事业，因此，一切促进事业发展的制度构建都应以人为出发点，从人的本性出发，在确切把握、尊重和顺应人的本性的基础上因势利导地进行。

促进经济又好又快地增长、发展社会的民主自由是人类最伟大的事业。艾哈德指出：“在一个自由社会制度中，达到这个目的的最好办法

① 欧洲委员会里斯本小组著，张世鹏译：《竞争的极限》，136页，北京，中央编译出版社，1999。

是竞争，它是这种制度的主要支柱。”① 这就是说，促进自由竞争是人类实现上述事业的必由之路，这进而决定了，促进自由竞争是人类最伟大的事业之一。

人的本性是自由的，因此，制度构建“首先必须考虑到每一个公民有按照自己的经济条件、个人愿望和个人价值而生活的自由”②。自由竞争因应人的客观情况和自由本性，迎合人的争强好胜和出人头地的心理，满足人的事业心和成就感。它深谙只有如此，才能最大限度地激发人的主动性、积极性和创造性。一种事业只有合乎人们的意愿，人们感兴趣，并对它怀有内在的不可抑制的动力时，才可能把它做到极致，意志自由与内在兴趣是人类最基本的动力之一。自由竞争让人们按照自己的意愿和兴趣去自由发展，满怀激情，全力以赴，不懈奋斗地追求自己至爱有趣的事业。由这样的人们所组成的社会就会千帆竞发，百舸争流，长足发展。人世间的许多奇迹就是在自由竞争中创造的。

但是人也有劣根性，如趋乐避苦，好逸恶劳，贪图安乐，怕冒风险。人的发展、社会进步在很大程度上就取决于如何进行制度设计以克服人的劣根性，克服了人的劣根性，人就发展了，社会就进步了。自由竞争就是这样的制度设计，它同人的劣根性作不可妥协的斗争。艾哈德指出：“如果社会政策的目的对于每个人从一出生就给他全部安全，保护他绝对不冒任何人生的风险，那就不可能希望他的才能、智力、企业雄心以及其他人类品德得到充分发展；这些品德对国家的生存和发展都是非常重要的，对于以创业精神作基础的市场经济是必不可少的。”③人们要时刻提醒自己关注自己的生存环境是这样的一种困境：一方面，自然界没有赋予人类丰裕的自然资源；另一方面，人类自身的生产力远没有达到能够完全满足人类自身需要的程度，这是一种“僧多粥少”的困境。在这种困境中，资源是有限的甚至是稀缺的，不能按需分配，只能竞争分配，竞争使人类摆脱物质束缚。因为物竞天择，优胜劣汰，这一残酷的竞争法则，给人们以压力，人没有压力就没有动力，也不会努力，就不会竭尽全力去奋争，去征服改造自然，去挑战超越自我，去克

① ［德］路德维希·艾哈德著，祝世康等译：《来自竞争的繁荣》，115页，北京，商务印书馆，1983。

② ［德］艾哈德：《来自竞争的繁荣》，16页，北京，商务印书馆，1983。

③ ［德］艾哈德：《来自竞争的繁荣》，178～179页，北京，商务印书馆，1983。

服摆脱困境，去不断完善发展。人世间的许多奇迹就是被逼出来的，从“山穷水尽”到“柳暗花明”。自由竞争让警钟长鸣，使人居安思危，催人奋进，让人时刻感到危机，必须自强不息，竞争不已。其实，许多国家的国歌都旨在唤起民族的危机意识和奋争精神，如我国的国歌，响彻云霄的就是：“起来！……中华民族到了最危险的时候……冒着敌人的炮火前进！前进！前进！进！”从这一点来看，自由竞争的意义与国歌如出一辙，同样是一个国家一个民族不可或缺的东西，同样是催人奋进的号角。

三

人类是一种高等动物，但依然属于动物的范畴，是生物的一个物种。人类既然是生物的一个物种，那么生物物种的法则就同样适用于人类，从生物物种的法则可以推知人类的法则，“生物学是解开人类本性之谜的一个关键，如果忽视了它所提供的那些快捷有效的原则，其损失之大就不是社会科学家负担得起的了”①。其实，许多人类的法则正是从生物物种的法则中推知和推演而来的，如达尔文从生物物种的观察总结中，发现了“物竞天择，适者生存”这一生物物种的法则，这一法则同样适用于人类、人类社会，已被叫作“社会达尔文主义”。

还有霍布斯以“狼与狼的关系”来说明人与人的关系。从“狼与狼的关系”中，我们能明白什么道理呢？那就是我们会惊奇地发现狼群中既存在着竞争，又存在着秩序。同类狼是竞争的，并且血统地位高的可以向血统地位低的竞争；但又存在着秩序，血统地位低的不能向血统地位高的竞争。尽管其中的原因尚不清楚，但我们知道，正是竞争与秩序才使狼这种凶残的动物也能成为合群的动物。其实，何止狼，万物都是因为竞争与秩序才生生不息，才生态平衡的。

人类尽管是动物，但毕竟是高等动物。这里的“高等”，一语双关。一方面人类作为高等动物，人类的竞争不同于其他动物的竞争，其他动物的竞争仅是身体和体能的竞争，是“肉搏”，而人类的竞争就不仅如此，人类具有理性，会制造和使用工具，所以，人类的竞争

① ［美］爱德华·威尔逊著，甘华鸣译：《人类的本性》，3～4页，福州，福建人民出版社，1988。

还是智力的竞争、工具的竞争、武器的竞争，甚至是战争，足以把同类彻底消灭。所以人类的竞争比任何其他物种的竞争都更为激烈残酷，如果没有规制，没有秩序，人类就会自相残杀、自我毁灭。幸运的是，人类还有另一面，他具有高等理性，能用理性去规制竞争、控制竞争，使竞争有理有节有序地进行，使人类竞争不至于沦为弱肉强食，而是文明竞争，有人道秩序。与其他物种相比，人与人之间的竞争更文明，秩序更完善。不过，这一切都有赖于竞争法则的建立，没有规矩不成方圆，没有竞争法则就没有人类的文明竞争和人道秩序，竞争法则对于文明竞争和人道秩序是必不可少的。艾哈德指出：“在一个以自由社会制度为基础的国家里，最重要的一件工作是保证自由竞争。我曾公开声明，一项反垄断的法案是非常重要的，应当把它看作一条不可或缺的‘经济原则’……如果国家办不到这一点，‘社会市场经济’就会中途夭折。这条原则的意思是，任何个人不应当有足以压倒别人自由那么大的权力，或者以假自由为借口来限制真自由。‘全民繁荣’和‘来自竞争的繁荣’两者是不可分割的。前者所指的是目标，后者所指的是达到目标的途径。”①

四

在当今这个时代，竞争已经成为最普遍的一种现象，可谓竞争无处不有、无时不在、无人能外，生活在当今这个时代的人们比过去任何时代的人们都面临着更为激烈的竞争。生活在竞争时代的人们应该养成竞争心态，培植竞争意识，具备竞争能力。所谓的竞争心态，是一种面对竞争时的健康心理状态，看见万物更替、得丧变更、上下沉浮，能不以物喜、不以已悲，能宽容大度、心态平和。没有这种心态，就会嫉妒狭隘、患得患失。所谓的竞争意识，就是时时刻刻意识到竞争，主动自觉地去竞争，不服输，有一种舍我其谁的自我自强意识，遵守游戏规则，有公平自由竞争的精神，深刻地意识到只有竞争才有机会，不能等靠要，自觉地认识到竞争有两种结果，优胜劣汰，但即使汰，也竞争过，尽了自己的努力，问心无愧，不后悔，输给了优者，没什么不光彩的；

① ［德］艾哈德：《来自竞争的繁荣》，12页，北京，商务印书馆，1983。

而不竞争，只有一种结果，那就是失败，自暴自弃，自己打倒自己，令人不齿。所谓的竞争能力，是一种从事竞争的能力，敢于向自己挑战、向强者挑战、向极限挑战，敢于竞争，善于竞争，在竞争中大显身手，在竞争中战胜自己、超越对手，把自己的优势充分展示出来，把人的能力充分实现出来，在竞争中提升人的能力，在竞争中把事情做到极致。竞争能力是人的生存和发展能力，也是国家的生存和发展能力。个人没有竞争能力，就会被淘汰出局；国家没有竞争能力，就会落后挨打。

相比之下，上述三者我们都还比较缺乏。在现实中随处可见的是，能赢不能输，能得不能失，能上不能下，苟安拒变，怕冒风险，不习惯竞争，也不善于竞争，缺乏竞争意识。竞争能力不强，甚至厌恶竞争、躲避竞争、妨碍竞争，习惯于等靠要，不能积极竞争主动争取，在利益的追逐中，总想不通过竞争而径直获得，甚至想通过不公平竞争而达到目的。

我们急需一场全民竞争教化的运动，通过这场运动让全民树立这样一种人生态度：国家不要担心我的事情，只管制订好自由竞争的规则，给我足够的自由，让我去公平竞争，去赢得属于我的那一份，我就能安排好自己和我家庭的生活，我就能对自己的命运负责。这种人生态度是任何社会尤其是市场社会所必需的，艾哈德指出：“社会市场经济基础的精神态度——那就是愿意对自己的命运负责，从事于真正的自由竞争的态度——如果在其他领域内受到了有关社会措施的损害，那么社会市场经济就不可能欣欣向荣地前进。”①

五

社会发展是任何一个社会的永恒主题，但如何发展是经天纬地的宏伟大业。尽管每个社会各有自己的发展道路，但统观社会发展的历史，仍然可以发现它们之间有共同的规律，这种共同的规律集中地说，就是自由竞争与秩序调控，任何一个社会要想发展，都必须两者并举，齐抓共管。

首先是要促进自由竞争。马克思认为，自由竞争是“……资产阶

① ［德］艾哈德：《来自竞争的繁荣》，178页，北京，商务印书馆，1983。

级经济的重要推动力……”[1] 恩格斯认为,“任何一个民族都不会容忍由托拉斯领导的生产……”[2] 列宁认为,竞争“……在稍微广阔的范围内培植进取心、毅力和大胆首创精神……”[3] 艾哈德说得更是直截了当:“一种竞争的经济制度是所有经济制度中最经济的,同时又是最民主的制度。”[4] 并且德国的社会市场经济政策已向全世界证实:“生产者的自由竞争,消费者的自由选购,以及个性的自由发展等原则,比任何形式的国家指导或国家管制,更能保证经济与社会的进步。”[5] 只要创造并维护一种自由竞争的制度和环境,任何社会都可以步入繁荣之途。

实践证明,不能促进自由竞争就没有社会发展,我们搞了几十年的计划经济之所以要回过头来搞我们一直反对的市场经济,原因就在于计划经济否定排斥自由竞争,自由竞争是对计划经济的根本否定,“谁不赞成竞争与自由市场价格,谁就找不到理由来反对计划经济”[6]。而市场经济孕育、促进自由竞争,“市场经济不能和自由竞争制度分割开来”[7],自由竞争是市场经济的根本优越之处。计划经济社会与市场经济社会的差距就在于是否促进自由竞争以及怎样促进自由竞争。

社会发展的关键是人的发展。而人是在竞争中发展的,亚当·斯密指出:“竞争和比赛往往引起最大的努力”[8],艾哈德认为,“只有自由竞争才能把人的力量解放出来。”[9] 在自由竞争中,人们向自己挑战、向优者挑战、向极限挑战,使不可能成为可能,取得了许多意想不到的成就,创造了许多令人惊叹的奇迹。正是在自由竞争中,人更加出类拔萃,更加超凡出众,把人的发展达到极致,使人更加成其为人。这犹如康德所说的小树的竞争:“一片茂密的小树林,为了争夺宝贵的阳光,每一棵小树苗都拼命向上生长,其结果是它们都变得笔

① 《马克思恩格斯全集》,中文1版,第46卷(下),47页,北京,人民出版社,1980。
② 《马克思恩格斯全集》,中文1版,第19卷,239页,北京,人民出版社,1963。
③ 《列宁选集》,3版,第3卷,375页,北京,人民出版社,1995。
④ [德]艾哈德:《来自竞争的繁荣》,55页,北京,商务印书馆,1983。
⑤ [德]艾哈德:《来自竞争的繁荣》,12页,北京,商务印书馆,1983。
⑥ [德]艾哈德:《来自竞争的繁荣》,123页,北京,商务印书馆,1983。
⑦ [德]艾哈德:《来自竞争的繁荣》,122页,北京,商务印书馆,1983。
⑧ [英]亚当·斯密著,郭大力、王亚南译:《国民财富的性质和原因的研究》,下卷,320页,北京,商务印书馆,1983。
⑨ [德]艾哈德:《来自竞争的繁荣》,121页,北京,商务印书馆,1983。

直挺拔秀美端庄。”①人亦如此，人是在竞争中发展的，离开了竞争，就像“温室里长不出万年松，院子里遛不出千里马”，人就会退化。只有作为社会成员的人发展了，社会才能发展。

社会发展必须有效配置资源，有效配置资源才能促进社会发展。那么资源如何才能有效配置呢？实践证明，资源不能平均分配，平均分配、“大锅饭”，会鞭打快牛、保护落后，被实践证明是没有效益的；资源也不能按需分配，不能一开始就对个人给予广泛的保障，分配给他（她）相当的物质资源，完全满足其需要。这两种分配方式，归根结底，都是让社会上的一部分人养活另一部分人。如果这样发展下去，“我们势必滑向一种社会制度，那就是每个人把一只手放在别人的口袋里。那时，生活的原则将成为：我供养别人，别人供养我”②。这样的后果不堪设想，其代价是十分巨大的，“在国家或集体担负了更大责任以后，个人的安全并不是什么提高，而是降低了”③。一个依附于人，靠施舍救济，而不能自己奋斗、自己负责的人是永远得不到真正安全的。因此，资源只能通过竞争分配，每一个社会成员都必须参与竞争，通过竞争去赢得属于自己的那一份，对于不竞争者，尽管不能说不竞争者不得食，但不竞争者肯定比竞争者尤其是优胜者要食得少和差。竞争分配是按劳分配等分配形式的共同要求和具体体现，它要求人们自强不息、自力更生。优者多得，劣者少得，这一方面是对优者的奖励，另一方面也是对劣者的激励。为了多得，必然会促使优者更优，劣者向优者看齐，从而整个社会就会人心思齐，人人向善，社会优化，进步向上。这样的财富分配机制才是最有效的，所以艾哈德明确指出：“我把开展竞争看作是不断提高效率以及合理分配国民经济的最好保证。”④此外，必须加强宏观调控（这里仅一般地谈谈国家干预），保护社会劣者。自由竞争有积极的一面，但也有消极的一面，其中重要的一点就是会通过优胜劣汰导致两极分化。我们常常拿体育比赛来类比市场竞争，不可否认两者有许多可类比之处，但也有重大的区别。如在体育比赛中，劣汰者失去的只是奖牌、奖金和荣誉，并没有其他损失，尤其不会危及他（她）本

① ［德］何梦笔主编，庞健、冯兴元译：《德国秩序政策理论与实践》，汪丁丁序，上海，上海人民出版社，2000。

② ［德］艾哈德：《来自竞争的繁荣》，180页，北京，商务印书馆，1983。

③ ［德］艾哈德：《来自竞争的繁荣》，182页，北京，商务印书馆，1983。

④ ［德］艾哈德：《来自竞争的繁荣》，116页，北京，商务印书馆，1983。

身的生存和生活。而在市场竞争中，劣汰者失去的就不止这些了，连必要的生存资料都可能成为优胜者的战利品。只要放任自由竞争，那么这种不正义的现象就必然存在。

这种社会不正义现象，不能不引发人们对自由竞争的反思。作为一种机制，自由竞争是人类社会发展进步的基本驱动力，作用巨大。但我们在看到这方面的同时，我们还应认真地分析自由竞争起作用的基础、过程和结果。就其基础来说，人与人之间存在差别并且这些差别是固有的不可抹平的，有些差别足以决定并导致人与人之间的不平等。因此，自由竞争是建立在不平等基础之上的，不但不能实现平等，放任的自由竞争反而强化这种不平等，使往后的自由竞争在更加不平等的基础上进行，变本加厉、恶性循环。就其过程来说，由于基础不平等，自然过程也就不平等，这种过程并非全是平等自由竞争的过程，它实质上是优者战胜和掠夺劣者的过程，是走向社会进一步分化、更不平等的过程；就其结果而言，自由竞争最终总是要分出优劣，并且优胜劣汰，这是冷酷无情的“丛林法则”。过去人们通常都认为这是合理的，这是有进步意义的。但是，我们应该认识到，优者胜无可厚非，但对于劣者来说，难道他们就必须汰、只能汰吗？有什么理由？实际上，劣者往往先天不足、存有缺陷，即使他们后天加倍努力，也无力回天，他们本是不幸者，在优胜劣汰的法则下更是不幸，他们也是无辜的，对于竞争失败的结果，他们除了客观上的“劣”以外往往并没有其他的过错，因此对于他们来说，劣而汰，是不公平的。

其实，优胜劣汰的真正意义在于人有区别，这种区别不能由哪个人来评判，只能通过自由竞争来区分，自由竞争是一种重要的区分或发现机制。它区分出谁是优者并给予优者以更多的奖励，不至于搞平均主义，“鞭打快牛”，从而使他们更加努力地拉动社会这辆大车向前发展，同时把坐在社会这辆大车上的劣者也一同拉向发展。优胜劣汰本身并不是目的，如果优胜劣汰本身就是目的，那么自由竞争的目的就是淘汰劣者，置劣汰者于死地，弱肉强食，“一将功成万骨枯”，这跟法西斯优化人种有什么区别？这还是社会发展吗？显然不是，社会发展不是优者淘汰劣者的单独发展的过程，而是优者携助劣者共同发展的过程。

人与人的自由竞争由人的本性决定着。人的本性是人权的基础，决定着人与人之间的自由竞争受人权的制约。

正是人权对自由竞争的制约，要求人们进行价值观念的变革，具体说来，就是从“优胜劣汰”到“优胜劣存”，也即过去是“优胜劣汰、适者生存”，而现在是“优者胜利、劣者生存”，“优者发展、劣者生存”，“适者生存、不适者也生存”。从“优胜劣汰”到“优胜劣存”是基于人权要求而带来的价值观念的变革。在过去的自由竞争面前，只有优者而没有劣者，而在人权看来，不管优者和劣者，都同等地被当作人来看待。只有人权才能同时兼爱优者和劣者。作为人权要求的“优胜劣存”，对于优者和劣者来说，实际上，他们一个要求的是发展权，一个要求的是生存权。优者的发展权与劣者的生存权同是人权的基本内容，不可偏废。优者的发展权不能以牺牲劣者的生存权为代价，否则优者的发展权就是不人道的，人权的享有不以优劣为根据，优者再优而胜，其发展权也不能达到剥夺劣者作为生存权的人权；劣者再劣而汰，其生存权也不属于“汰”的范围，人的生存权是不受“优胜劣汰”法则支配的。根据人权的要求，优者的发展权应该提携劣者的生存权，劣者的生存权是优者发展权合理性的证成，优者的发展权是劣者的生存权的基础，劣者的生存权不应妨碍优者的发展权。发展权对于优者来说，是鼓励，是“锦上添花”；生存权对于劣者来说，是关怀，是“雪中送炭”。

在历史上，自由竞争曾是促进社会发展进步的主要工具，起过巨大的历史作用。但人类本身固有的差异性，使得自由竞争最终必然导致社会上的优者与劣者，在这种情况下，自由竞争必然蜕变成优者支配劣者的变相自由，导致社会不正义。要改变这种社会不正义，单凭劣者自身的力量是远远不够的，他们根本不足以与优者相抗衡，必须借助外力的干预，这种外力主要就是国家的力量。只有借助国家力量的干预去收拾竞争的残局，扶助劣者，提升他们的竞争能力，平衡他们与优者的社会地位。国家干预平衡着优者与劣者的社会地位，从而为自由竞争奠定了基础，使他们在高层次上重新竞争，真正地自由竞争，因此，从这个角度可以说，没有国家干预就没有自由竞争。有国家干预的自由竞争才能保障人权，劣者尽管劣，但不能因为其劣而丧失其人权，优者尽管优，但不能因为其优而剥夺劣者的人权。从根本上说，人权就是起源于优者与劣者之间权利的严重失衡，人权是劣者抗拒优者的终极权利，也是优者兼顾劣者的不辞义务。人权是优者与劣者同样不失为人的根本保证。当然，在优者与劣者之间真正保障人权尤其是保障劣者的人权必然要求国家干预，而保障人权尤其是劣者的人权正是国家干预的根本原由之一。国家存在的一个根本目的就是使优者不至于因为其优而侵吞剥夺劣者的人权，国家应是人权的保护神。国家为了切实保障人权而对社会进行必要的干预，这些干预表现为：在经济上，反对经济垄断，抑制经济过分集中，分散市场力量，促进自由竞争，采取必要的福利政策，增强社会救济，减少或消灭社会贫困；在政治上，反对财阀政治，政治权利一切平等，等等。总之，国家干预的目的应是竭力保护其管辖下的每个人的人权。每个人仅仅作为人，作为社会成员，就应享有生存和发展的人权，当他仅靠自己的能力和努力不能生存和发展时，有权利请求国家保护，国家对此也义不容辞。这样才能使人与人的自由竞争充满人文关怀和人道精神。

六

在不同的历史时期，各法律的地位有所不同。

在初始时期，人的差别没有拉开，不很显著，看上去似乎平等，人们获得了平等的感觉，“不知道自己是谁”，忘记了实质差别。加之为了反对奴役、反对专制，也亟须提倡人人平等，相对于奴役专制来说，哪怕形式平等也是重大进步。当时人们所关注和反对的只是奴役者与被奴役者、专制者与被专制者之间的不平等，以为反掉了这种不平等，似乎就人人平等了，万事大吉了。

与之相适的法律，抛开宪法不说，具体的法律主要就是私法了。私法适应这种形式平等的要求。私法是一种形式主义的法，它从形式上看人，睁只眼闭只眼，只看是不是人，而不看是什么人，无视人的差别。它告诉人们，你们都是平等的，我给你们制订了同一的规则，让你们按照它们去自由竞争，各得其所，上帝保佑，希望各位自己走好，至于竞争结果，我就不管了，也管不了啦。这就是私法！

但真正的自由竞争只能存在于原子式的个人之间——个人完全相同，没有任何差别。很显然，这样的个人是不存在的，世界上连两片相同的树叶都没有，作为万物之灵长的人更是千差万别了，人们在家庭出身、个人体质、文化程度、社会地位、经济实力、市场机会等等方面都不尽相同。不要以为提倡人人平等、形式平等就真的人人平等、实质平等了，人的差别永远存在，人与人不可能平等。作为调整平等主体之间社会关系的私法，无论在调整前、调整中还是在调整后都不是平等的，平等只是它的理想追求，并且是它先天不足和无力回天的理想追求。当然，这不能怪私法，要怪只能怪人本身为什么存在那么多的差别?!

随着人的进化发展，人的差别不断扩大，日益显著；随着竞争的深入激烈，优胜劣汰，生产集中，形成垄断或准垄断。垄断先是由极少数人支配市场控制国民经济，继而把持政治操纵上层建筑，从经济到政治破坏了人的平等，限制了人的自由。这时人们不再是平等的，也不再是自由的，自由竞争已不复存在。这是长期以来无视人的差别，对不同的人适用同一的规则，只关注形式平等而无视实质平等的结果。要改变这种结果，必须进行改革，正视人的差别，对不同的人适用不同的规则，不仅关注形式平等而且实现实质平等。这就像体育比赛中的举重、拳击一样，要根据运动员的客观情况把他们分为不同级别，让同一级别的人在一起比赛，不能让不同级别的人在一起比赛。垄断造成最大的不平等，垄断者与非垄断者之间有天壤之别，根本无法平起平坐，没有一点平等可言；垄断导致严重的不自由，垄断者主宰非垄断者，犹如主人与奴仆。要平等、要自由就必须反垄断，有无平等自由系于是否反垄断以及反垄断是否成功。反对垄断，具体说来就是要区分作为强者的垄断者和作为弱者的非垄断者，给予他们差别对待：一方面，依法反对垄断者，限制其过度自由，规制其竞争方式，削弱其竞争实力；另一方面，依法扶助非垄断者，保障其权利，提升其能力，扩大其机会，使其与垄断者平等起来，并与之展开公平竞争。这样才能真正奠定人的平等，保障人的自由，促进自由竞争。可见，依法反垄断成为奠定人的平等，保障人的自由，促进自由竞争的根本前提和首当其冲的任务，反垄断法成为平等奠定法，成为自由保障法，成为人权维护法，成为自由竞争的根本法，正是从这个意义上，反垄断法在西方市场经济发达国家被称为“自由企业的大宪章”和“经济宪法”。

七

第二次世界大战以后的德国，遍地瓦砾，满目疮痍，战争留下的创伤是深重的。当时有人曾作过如下估计：“每个德国人每五年才能有一只盘子；每十二年有一双鞋子；每五十年有一套衣服；每五个孩子中间只有一个能用上自己的尿布；每三个德国人只有一个能有机会躺在棺材里埋葬。”[①] 在许多人看来，德国的前景十分黯淡，似乎了无希望。

在这样的背景下如何重建西德？朝野上下，国内国外，献计献策，众说纷纭，论战激烈。其中德国社会民主党代表人物勒赖西斯“要求实行政府管制”，他“坚决相信，只有通过有系统的经济计划与有系统的经

① ［德］艾哈德：《来自竞争的繁荣》，19页，北京，商务印书馆，1983。

济指导才能恢复健全的经济状态”，“坚决主张唯有通过仔细拟订的计划，德国才能重新站起来。”[①] 德国社会民主党的另一代表人物、时任联邦议院预算委员会主席的舍特勒支持勒赖西斯的意见，“认为经济情况不可能依赖个人企业而得到改善。他希望得到一套来自上面的政治决议，从而制订出鼓励这个或那个经济计划的具体计划和指导原则”[②]。对此，德国基督教民主联盟代表人物、时任经济部长的艾哈德表示明确而强烈的反对。他警告说：“大家对政府的管制制度已经得到了足够的教训。这种管制制度的秩序（不如说是表面上的秩序）不仅已经崩溃，而且整个政府管制的概念也随之而毁灭”，“各阶层人民都渴望从这种束缚中解放出来。我们的道路必须通向更自由的市场经济体制，使能取消那些天天给予每个人每个消费者以及每个生产者带来祸害的管制”。“我完全反对计划与管制的政策，这种政策无时无刻不给消费者与生产者带来祸害。”[③]

双方意见针锋相对，何去何从？国家面临着重大抉择。日耳曼民族不愧为一个伟大的民族，产生过一代又一代里程碑式的思想家，充满着理性和智慧，慎思明辨，他们最终选择了艾哈德，选择了市场体制，选择了自由竞争。

但日耳曼人不是机械论者而是辩证论者，他们深谙辩证法，专擅辩证思维。艾哈德坚持市场体制，但他是在坚持中发展，在发展中坚持。他说：“我们想继续发挥市场的作用。但我们感觉到有些自由行动和放任自流的情况，必须为正确制订的合理条例所代替。”[④] 艾哈德的创造性贡献就在于：“在事实上实践了发展西方各国的现代经济学原理，把漫无限制的自由与残酷无情的政府管制两者之间长期存在着的矛盾予以解决，从而在绝对自由与极权之间寻找一条健全的中间道路。”[⑤] 这条中间道路是什么呢？就是社会市场经济，那么社会市场经济的核心又何在呢？核心就在于自由竞争。艾哈德多次反复强调：“竞争是获致繁荣和保证繁荣最有效的手段。只有竞争才能使作为消费者的人们从经济发展中受到实惠。它保证随着生产力的提高而俱来的种种利益，终于归人们享受。”[⑥]

① ［德］艾哈德：《来自竞争的繁荣》，83～84 页，北京，商务印书馆，1983。
② ［德］艾哈德：《来自竞争的繁荣》，84 页，北京，商务印书馆，1983。
③ ［德］艾哈德：《来自竞争的繁荣》，84～85 页，北京，商务印书馆，1983。
④ ［德］艾哈德：《来自竞争的繁荣》，95 页，北京，商务印书馆，1983。
⑤ ［德］艾哈德：《来自竞争的繁荣》，8 页，北京，商务印书馆，1983。
⑥ ［德］艾哈德：《来自竞争的繁荣》，11 页，北京，商务印书馆，1983。

上述核心思想、基本主张构成了艾哈德《来自竞争的繁荣》一书的主题。该书读来义正词严、铿锵有力、语重心长、教诲谆谆，是一本经世济用、治国安邦的“福音书”（该书的德文版原名就叫《大众的福利》)。正因为西德实行社会市场经济，推行自由竞争，所以西德取得了举世公认的“德国奇迹”。即使这样，艾哈德也没有忘乎所以，而是诚恳而坦率地指出：“我认为‘德国奇迹’这种说法是不成立的。西德在过去九年中发生的一切，绝不是奇迹，而是全体人民辛勤劳动的成果。他们在自由的原则下，有机会来发挥个人创业的精神和能力。如果德国这个例子对别国有些价值的话，其价值只能是向全世界证实个人自由与经济自由所带来的幸福。”① 这其实指出了“德国奇迹”发生的真正原因，就在于自由竞争，也指出了一切国家要（想）发生奇迹的基本秘诀，也就在于自由竞争，同时还指出一些国家未发生奇迹的原因，就在于没有自由竞争。历史早已证实，如果没有艾哈德的《来自竞争的繁荣》，也许就没有“德国奇迹”。殊不知东德与西德在同一历史时期起点相同，可是几十年以后，渐行渐远，差距甚大。在这里，我们再一次真正领略了“半部《论语》治天下”、“一书兴邦”的道理。

以史为鉴，可知兴替。德国人给那些希望发生国家奇迹，实现民族振兴的人们开出的灵丹妙药，就是来自竞争的繁荣！

① ［德］艾哈德：《来自竞争的繁荣》，114 页，北京，商务印书馆，1983。

第一章

市场竞争法的基础

市场竞争法是调整市场竞争关系的法律规范的总称，是市场竞争秩序的法律维护机制，是经济法的核心内容之一。市场竞争法具有深广的基础。

第一节 市场竞争法的根源

竞争，按其语义，一是“竞”，要竭力；一是“争”，要争取，合二为一，竞争就是竭力争取，具体来说，就是多个主体竭力争取某个或某些共同目标。

竞争根源于人的本性。

“物竞天择，适者生存”是一切物种的法则，自然也是作为物种之一的人类的法则。整个人类的竞争，即人类同大自然的竞争，人类改造自然、征服自然，实现人与自然的和谐共处；人类同其他物种的竞争，使人类脱颖而出，成为万物之灵长。单个人的竞争，尤其是人与人之间的竞争，使某些人卓越超群，成为人类之精英。竞争是物种进化的基因，也是人类起源的基因。恩格斯曾高度评价达尔文的物种进化论，并进一步指出，“劳动创造了人本身”①。可想而知，当时的原始劳动就是征服自然、改造自然、利用自然，是同自然界相竞争，是达尔文所说的“生存斗争”，从这个角度，也可以说是，人类是从竞争中走来的，是竞争创造了人本身。在从猿变成人的进化过程中，竞争与人类相伴随，竞争基因就注入人的本性之中并成为人的一种本性，使人成为一种竞争的动物。

人的竞争本性根源于人的自我意识。费尔巴哈指出，“究竟什么是人跟动物的本质区别呢？对这个问题的最简单、最一般、最通俗的回答是：意识”②。马克思也指出，“……人是有意识的类存在物……”③ 人的自我意识是意识自我、关注自我、肯认自我、突出自我、提升自我、发展自我，使人同其他动物区别开来，“……动物的生产是片面的，而人的生产是全面的；动物只是在直接的肉体需要的支配下生产，而人甚

① 《马克思恩格斯选集》，2版，第4卷，374页，北京，人民出版社，1995。

② ［德］费尔巴哈著，荣振华等译：《费尔巴哈哲学著作选集》，下卷，26页，北京，三联书店，1959。

③ 《马克思恩格斯全集》，中文1版，第42卷，96页，北京，人民出版社，1979。

至不受肉体需要的支配也进行生产，并且只有不受这种需要的支配时才进行真正的生产……动物的产品直接同它的肉体相联系，而人则自由地对待自己的产品。动物只是按照它所属的那个种的尺度和需要来建造，而人却懂得按照任何一个种的尺度来进行生产，并且懂得怎样处处都把内在的尺度运用到对象上去；因此，人也按照美的规律来建造"[①]。把马克思这段话说得更直白、更通俗些，那就是，人的自我意识，使人反思，使人不满足于肉体需要、不局限于某种尺度、不甘心安于现状，他（她）还有更高远的理想和美的追求。而要实现这些，人就必须不断地发挥自己的自我意识的能动性去竞争、去奋斗、去创造。人的自我意识是自立意识、自强意识、超越意识和竞争意识，自我意识催人奋进，人有自我意识，人就有竞争心理。这正是《周易》所说的："天行健，君子以自强不息。"一个有自我意识的人必然是一个竞争的人、一个真正的人、一个合乎人的本性的人、一个竞争性的人才是一个自强不息的人。"争强好胜"是人的本性，"出人头地"是人的愿望，"彼人也，吾亦人也，彼能是，吾乃不能是?"这正是人的竞争心理的真实写照。上进心、成就感是一种积极的竞争心理，而嫉妒心、虚荣心是一种消极的竞争心理，但都说明人具有竞争心。

人是一种生物性的存在，必须首先解决衣食住行然后才谈得上其他的一切，这就决定了人与物质以及生产物质的经济活动有着内在的必然联系，或者说人具有经济性，人是一种经济人，亚当·斯密把经济人刻画得栩栩如生："我们每天所需的食料和饮料，不是出自屠户、酿酒家或烙面师的恩惠，而是出于他们自利的打算。我们不说唤起他们利他心的语，而说唤起他们利己心的语。我们不说自己有需要，而说对他们有利"[②]。不难看出，经济人"以牟取利润为唯一目的"[③]。这一目的"支配指导着资本使用者的规划和设计，以及劳动者的一切最重要动作"[④]。在一个由"唯利是图"的经济人所组成的社会里，利益的得丧变更是头等大事，趋利避害在每个人看来都事关宏旨。但利益作为资源总是有限

① 《马克思恩格斯全集》，中文1版，第42卷，96～97页，北京，人民出版社，1979。

② ［英］亚当·斯密：《国民财富的性质和原因的研究》，上卷，14页，北京，商务印书馆，1979。

③ ［英］亚当·斯密：《国民财富的性质和原因的研究》，下卷，27页，北京，商务印书馆，1979。

④ ［英］亚当·斯密：《国民财富的性质和原因的研究》，上卷，242页，北京，商务印书馆，1979。

的，总是众多的人在追逐有限的利益，因此，哪里有利益，哪里就有竞争，利益是竞争的根由，也是竞争的目的；竞争是利益的竞争，竞争是实现利益的方式，利益之于人的根本性、至上性决定了竞争之于人的普遍性、重要性。人的经济人的本性决定了人的竞争的本性，一个经济人是一个竞争者。

自由是人的本性，“不自由，勿宁死”，“人的类特性恰恰就是自由的自觉的活动”[①]。但自由不是天赋的，自由不会自动地从天而降赋予人们，自由是竞争得来的，是人们同奴役专制长期斗争得来的，没有竞争斗争就没有自由。一个自由的人是一个充分发挥和运用自己能力的人，这正如约翰·密尔所指出的：“要由自己选定生活方案的人就要使用他的一切能力了。他必须使用观察力去看，使用推论力和判断力去预测，使用活动力去搜集为作决定之用的各项材料，然后使用思辨力去作决定，而在作出决定后还必须使用毅力和自制力去坚持自己考虑周详的决定。”[②] 可见，一个自由的人是一个自食其力的人，一个竭力全力、不懈奋斗、积极进取的人，因而也是一个竞争的人，只有竞争的人才是自由的人。此外，“自由虽是一个内在的观念，它所用的手段却是外在的和现象的”[③]。也就是说，自由的实现必须借助一定的手段，其中竞争就是重要的一种。竞争激发和维系人们的主动性、积极性和创造性，提高和增强人们的认知能力和实践能力，经过艰苦卓绝的斗争，更有效地克服种种障碍，摆脱无数束缚，突破诸多必然，实现自由。不竞争，无自由，竞争的过程正是自由的实现过程。自由与竞争密切相关，自由与竞争同义，自由意味着竞争，竞争要求自由，也正因为如此，人们常常把自由与竞争合二为一，总称为自由竞争。要自由，须竞争，从这里也可以看出，人的自由本性决定了人的竞争本性。

人的竞争本性体现在许多方面。如经济方面，广泛存在竞争，亚当·斯密早就指出：“独占乃是良好经营的大敌。良好经营，只靠自由和普遍的竞争，才能得到普遍的确立。自由和普遍的竞争，势必驱使每个人，为了自卫而采用良好经营方法。”[④] 在今天，竞争已经成为基本

① 《马克思恩格斯全集》，中文1版，第42卷，96页，北京，人民出版社，1979。

② ［英］约翰·密尔著，程崇华译：《论自由》，62～63页，北京，商务印书馆，1996。

③ ［德］黑格尔著，王造时译：《历史哲学》，58页，北京，商务印书馆，1963。

④ ［英］亚当·斯密：《国民财富的性质和原因的研究》，上卷，140页，北京，商务印书馆，1979。

的经济制度和重要的经济法则。世界各国之所以普遍实行市场经济，乃是因为市场经济在本质上是一种竞争经济。再如政治方面，广泛实行竞选，竞选已成为实现民主政治的根本途径，是一切合法政治权威确立的基础。现代社会的人们，“……不承认任何别的权威，只承认竞争的权威……”① 世界上先进文明各国之所以实行民主政治乃是因为民主政治是竞选政治，竞选政治才是民主政治，才具有法定权威。还有体育比赛，这是纯粹的竞争。体育比赛之所以有那么多人支持拥护，奥林匹克运动会之所以成为全球最大的盛会，一个根本原因就是体育比赛切合人的竞争本性，人们在竞争中超越自我、战胜对手、挑战极限、赢得胜利。人生如赛场，生活中的人们犹如比赛中的运动员一样，不想拿冠军的运动员不是好运动员，不想竞争的人是生活的逃兵。体育比赛的重大意义在于它培植人们的竞争精神，形成社会的竞争规则，造就世界的竞争氛围，树立人们的竞争态度，成就人类的竞争能力，这是人类社会发展进步的基本动力。因此，“一种事业若对社会有益，就应当任其自由，广其竞争。竞争愈自由，愈普遍，那事业亦就愈有利于社会”②。只有合乎人的本性的东西才能得到人们的广泛拥护、持久认同和竭力捍卫，竞争就是这样。竞争合乎人的本质，弘扬人的本性，使人更成之为人。

人的竞争本性是由人类的生存环境所决定的。人类的生存环境，由于一方面自然界并没有赋予人类取之不竭的丰裕的物质资源，另一方面人类自身的生产力也远没有达到能够完全满足人类需要的程度，因而必然是一个资源稀缺的环境、一个“僧多粥少”的环境。生活在这种环境中的人们必然对有限的资源展开激烈的竞争，你争我夺，有时甚至你死我活。这正如霍布斯所说的，由于人们为了争利而相互竞争，结果，“人们便处在所谓的战争状态之下”，“这种战争是每一个人对每个人的战争”③。这种战争与生俱来，达尔文把它概括为“生存斗争”。恩格斯认为：“达尔文的全部生存斗争学说，不过是把霍布斯关于一切人反对一切人的战争的学说和资产阶级经济学的竞争学说以及马尔萨斯的人口论从社会搬到生物界而已。”④ 这种斗争后来发展成为阶级斗争，并贯彻于迄今为止的人类历史，所以马克思恩格斯在《共产党宣言》中明确指出：

① 《马克思恩格斯全集》，中文 1 版，第 23 卷，394 页，北京，人民出版社，1972。
② ［英］亚当·斯密：《国民财富的性质和原因的研究》，上卷，303 页，北京，商务印书馆，1979。
③ ［英］霍布斯著，黎思复、黎廷弼译：《利维坦》，94 页，北京，商务印书馆，1996。
④ 《马克思恩格斯选集》，2 版，第 4 卷，372 页，北京，人民出版社，1995。

“至今一切社会的历史都是阶级斗争的历史。”① 阶级社会的阶级斗争，乃至战争，同样是竞争的表现，只是表现形式不同而异，阶级斗争和战争是最激烈的竞争，但这些都说明人类处于竞争状态中。但另一方面，竞争充分激发和维系人的主动性、积极性和创造性，因而发展生产力，提高效益，增加财富，缓解稀缺，所以艾哈德认为：“竞争是提高生产率的最理想的手段。”② 繁荣来自竞争，进步来自竞争，“凡没有竞争的地方，就没有进步，久而久之就会陷入呆滞状态”③。从此可以看出，竞争又是使人类走出稀缺困境进入丰裕社会的必由之路。要摆脱物资稀缺减轻生存竞争的压力，根本的出路不是放弃竞争而是必须竞争。这就是人类的矛盾。如果说阶级斗争是阶级社会发展的基本动力的话，那么竞争就是非阶级（斗争）社会进步的主要动力。实践证明，作为竞争具体表现的经济竞争、政治竞选和文化多元目前已经成为各国促进社会发展进步的普遍策略。

在当今时代，人类的生存环境具体来说，主要就是市场环境。在市场环境中，竞争已成为市场的内在要素和基本原则，并贯彻于市场的各个方面。如产权，产权明晰，分清你我，相互尊重，择优交易，这是竞争的前提条件之一；而竞争是对产权的竞争，竞争的结果是产权的让渡，产权通过竞争让渡；是自由合法让渡，克服了对产权的巧取豪夺，这是对产权的保障；是按照最大化原则让渡，这是产权的最好实现；是通过价值比较让渡，这是对产权的监督。再如契约自由，契约自由是形成竞争的前提，竞争只能在契约自由中存在，没有契约自由就没有竞争，而竞争是契约自由的核心和宗旨，有无竞争是检验是否契约自由的基本尺度。契约自由“属于竞争秩序，它服务于竞争秩序的确立，同时在竞争秩序的框架中它才具有意义”④。还有风险责任，有风险才有竞争，这是趋利避害使然。“风险责任有助于竞争秩序的确立和防止与之不协调的市场形式的产生”，同样，有竞争就有风险，“没有个人责任，一如没有相应的市场形式或货币秩序，竞争秩序是无法工作的”，“风险责任属于完全竞争的控制机制，它是竞争秩序的必不可少的秩序政策制度”⑤，等等。从这里可以看到，市场与竞争密切相关，

① 《马克思恩格斯选集》，2 版，第 1 卷，272 页，北京，人民出版社，1995。

② ［德］艾哈德：《来自竞争的繁荣》，154 页，北京，商务印书馆，1983。

③ ［德］艾哈德：《来自竞争的繁荣》，153 页，北京，商务印书馆，1983。

④ 何梦笔主编：《德国秩序政策理论与实践》，116 页，上海，上海人民出版社，2000。

⑤ 何梦笔主编：《德国秩序政策理论与实践》，117～118 页，上海，上海人民出版社，2000。

并无二致，说市场即是说竞争，说竞争即是说市场，竞争是当今时代也即市场环境的主词和主题。

上述市场竞争的根源同时也是市场竞争法的根源。

第二节 市场竞争法的特征

与其他法律部门相比，市场竞争法具有以下特征。

一、市场竞争法具有特定的调整对象

这种特定的调整对象就是市场竞争关系，市场竞争法是调整市场竞争关系的法律规范的总称。

市场竞争是市场经济的优异之处，也是市场经济的价值所在，为什么市场经济会成为世界各国普遍实行的经济模式？为什么我国在搞了几十年的计划经济以后还必须承认市场经济的不可逾越并回过头来搞市场经济？根本原因之一就在于市场经济是一种竞争经济，市场竞争使得市场经济成为配置资源的最佳经济形式，市场竞争使资源得到有效配置。这是市场经济以及其所内在的市场竞争得以客观存在的根本原因。

“市场基本上是一个可以无止境地追求便宜买卖的场所”①，市场体制是“一套买者如何物色便宜货”的制度。② 可见，市场的核心是竞争，市场上的人们都在竭力以最少的成本、最低的价格、最高的质量、最优的服务争取买者或争夺消费者，这是市场经济的本义和宗旨。没有市场竞争就没有市场经济。

市场竞争是市场经济的基本因素，内涵在市场生产、分配、交换和消费之中，无处不在，无时不有；市场竞争是市场经济的运行方式，市场经济在竞争中运行，应始终处于竞争状态，竞争的经济才是市场经济；市场竞争是市场经济的基本原则，是评判市场经济的基本尺度和营运市场经济的基本遵循，应贯彻统率市场经济的整个领域和各个环节；市场竞争是市场经济目标实现的首要条件，如效益与公平，竞争是效益

① ［英］舒马赫著，虞鸿钧等译：《小的是美好的》，29页，北京，商务印书馆，1984。

② 参见［英］舒马赫：《小的是美好的》，29页，北京，商务印书馆，1984。

之源，没有竞争就没有效益，竞争是公平竞争，没有公平就没有竞争，同样，没有竞争也就没有公平；市场竞争是市场经济监管的重点，市场经济监管的重点在于组织、监督和管理市场竞争，而其余的监管大都服务于它、依归于它，监管好了市场竞争在很大程度上就可以说就监管好了市场经济。

从这里可以看出，市场竞争在市场经济中具有根本地位，从而市场竞争关系是市场经济的基本关系，市场经济的各种关系几乎都可以内涵在、归结为市场竞争关系。大体说来，市场经济关系，特别是与国家干预有关的那部分市场经济关系，主要是市场监管关系和宏观调控关系，如前所述，市场竞争关系是市场监管关系的重点，其他关系大都围绕市场竞争关系进行和展开；而宏观调控关系，也与市场竞争关系密切相关，宏观调控的重要起因之一就是源于国民经济不能市场竞争，而宏观调控的根本目的又在于促进国民经济更好地市场竞争。可见，市场竞争是宏观调控的出发点和落脚点。正因为如此，调整市场竞争关系的市场竞争法也就具有市场经济基本法的地位，如它在美国被称为“自由企业大宪章”，在德国被称为“市场基本法”，在日本被称为“经济宪法”。这些都充分说明了市场竞争法的极端重要性。

市场竞争的建立和维护主要是通过反不正当竞争和反限制竞争来实现的，因此，市场竞争关系具体可分为反不正当竞争关系和反限制竞争关系。从后面的论述可以看出，反不正当竞争关系和反限制竞争关系具有非常丰富的内容和表现。

二、市场竞争法具有一定的时代性

这里指的是，市场竞争法只能产生于市场经济高度发达的阶段，也即所谓的垄断阶段。

一般说来，市场经济的发展经历了资本原始积累、自由竞争和垄断三个阶段。

在资本原始积累时期，由于资本原始积累，“……只不过是生产者和生产资料分离的历史过程”①，在这一历史过程中具有划时代意义的首要事情是，“大量的人突然被强制地同自己的生存资料分离，被当作不受法

① 马克思：《资本论》，2版，第1卷，822页，北京，人民出版社，2004。

律保护的无产者抛向劳动市场”[①]。而其中“对农业生产者即农民的土地的剥夺，形成全部过程的基础”[②]。这些被暴力剥夺了土地、被驱逐出来而变成无产者的农民，无所事事，出于习性，也为环境所迫，他们大批地变成了乞丐、盗贼、流浪者，“……15 世纪末和整个 16 世纪，整个西欧都颁布了惩治流浪者的血腥法律”[③] 这些古怪恐怖的法律，“……通过鞭打、烙印、酷刑……”来迫使他们“……习惯于雇佣劳动制度所必需的纪律”[④]。此外，资本原始积累的其他方法，如殖民制度、国债制度、现代税收制度和保护关税制度，“……所有这些方法都利用国家权力，也就是利用集中的、有组织的社会暴力……”[⑤] 从本质上看，资本原始积累“……只是意味着直接生产者的被剥夺……”[⑥] 但这种剥夺“……是用最残酷无情的野蛮手段，在最下流、最龌龊、最卑鄙和最可恶的贪欲的驱使下完成的”[⑦]。所以，马克思说，“……资本来到世间，从头到脚，每个毛孔都滴着血和肮脏的东西”[⑧]。对于资本原始积累，“大家知道，在真正的历史上，征服、奴役、劫掠、杀戮，总之，暴力起着巨大的作用”[⑨]，“……这种剥夺的历史是用血和火的文字载入人类编年史的”[⑩]。与此相应，当时颁布的许多法律都是在确认暴力的合法性，并配合暴力的广泛运用，甚至本身就是暴力，成为“……惩治流浪者的血腥法律”[⑪]，充当着“掠夺人民土地的工具”[⑫]。这些法律大多是或主要是刑法或变相刑法，而不是经济法，更不是市场竞争法。因为在资本原始积累阶段，只是在为市场的形成创造条件和做好准备，还没有真正的市场，市场还在形成的过程之中，并且是用国家暴力强制的方法而不是用和平自愿的方法去促成市场，因此，在那个时期，还没有完全认识市场竞争的重要价值，也没有从事市场竞争的实践经验，更没有产生市场

① 马克思：《资本论》，2 版，第 1 卷，823 页，北京，人民出版社，2004。
② 马克思：《资本论》，2 版，第 1 卷，823 页，北京，人民出版社，2004。
③ 马克思：《资本论》，2 版，第 1 卷，843 页，北京，人民出版社，2004。
④ 马克思：《资本论》，2 版，第 1 卷，846 页，北京，人民出版社，2004。
⑤ 马克思：《资本论》，2 版，第 1 卷，861 页，北京，人民出版社，2004。
⑥ 马克思：《资本论》，2 版，第 1 卷，872 页，北京，人民出版社，2004。
⑦ 马克思：《资本论》，2 版，第 1 卷，873 页，北京，人民出版社，2004。
⑧ 马克思：《资本论》，2 版，第 1 卷，871 页，北京，人民出版社，2004。
⑨ 马克思：《资本论》，2 版，第 1 卷，821 页，北京，人民出版社，2004。
⑩ 马克思：《资本论》，2 版，第 1 卷，822 页，北京，人民出版社，2004。
⑪ 马克思：《资本论》，2 版，第 1 卷，843 页，北京，人民出版社，2004。
⑫ 马克思：《资本论》，2 版，第 1 卷，832 页，北京，人民出版社，2004。

竞争法。

经过资本原始积累，为市场经济的发展奠定了基础，创造了条件，市场经济进入了一个新的阶段，即自由竞争阶段。在这个阶段，由于人们刚刚获得“解放”，无论是一无所有的无产者，还是拥有资本的资本家，都才起步，在同一阶层中虽然有所差别，但差别不大，大都只能“独善自身”，不能支配他人，于是他们各自之间展开了自由竞争。与其相应，衍生出一套自由竞争思潮，如在生物学方面有达尔文的物种进化学说，经济学方面有亚当·斯密的自由放任思想，在社会学方面有斯宾塞的社会进化理论，它们构成了那个时代的主旋律，声势浩大，几乎掩盖了别的声音，这种思潮进一步强化了自由竞争，并形成了一种根深蒂固的观念，即人们都相信自己，“对于自己的才能甚至幸运，一切人或多或少地都有天生的自信心”①，对于私人资本的运用，“每个人处在他当地的地位，显然能判断得比政治家或立法家好得多”②，与此同时，怀疑别人，认为“把这种权力交给一个大言不惭地、荒唐地自认为有资格行使的人，是再危险也没有了”③。因而人们要求自由自治，认为“不让他以他认为正当的方式，在不侵害他邻人的条件下，使用他们的体力与技术，那明显地是侵犯这最神圣的财产”④。而国家的职责在于“确保每个人运用其各项机能的最充分的自由，只要它与所有人的同样自由相一致”⑤，如果国家超出这一职责，那“不仅是自寻烦恼地去注意最不需注意的问题，而且是僭越了一种不能放心地委托给任何人、也不能放心地委之于任何委员会或参议院的权力”⑥，这样做，“除掉执行其职责的能力要受到直接损失外，还要危及它原来职能的履行”⑦。

① [英] 亚当·斯密:《国民财富的性质和原因的研究》，上卷，98页，北京，商务印书馆，1979。

② [英] 亚当·斯密:《国民财富的性质和原因的研究》，下卷，27页，北京，商务印书馆，1979。

③ [英] 亚当·斯密:《国民财富的性质和原因的研究》，下卷，28页，北京，商务印书馆，1979。

④ [英] 亚当·斯密:《国民财富的性质和原因的研究》，上卷，115页，北京，商务印书馆，1979。

⑤ [英] 斯宾塞著，张雄武译:《社会静力学》，132页，北京，商务印书馆，1996。

⑥ [英] 亚当·斯密:《国民财富的性质和原因的研究》，下卷，27页，北京，商务印书馆，1979。

⑦ [英] 斯宾塞:《社会静力学》，131页，北京，商务印书馆，1979。

这些思潮经由达尔文、亚当·斯密和斯宾塞进而统治着整个法律领域，以至于人们认为，“法律在各个方面和它的发展过程中表现出那么多的同生物界的相似之处”[①]，从而便把“物竞天择，适者生存”这一自由竞争的自然规律上升为法律的指导准则，并加以具体化和系统化。很显然，这样的法律主要就是私法或民法，如1804年的《法国民法典》和1896年的《德国民法典》即是适时的产物，而别的法律如经济法和作为经济法构成要素的市场竞争法还不合时宜，其产生也为时尚早。在这里需要指出的是，私法也是市场竞争的产物，因而也是一种市场竞争法，但它是市场竞争的“直译”，是市场竞争的正面记载和表述，主要内容是市场是怎样竞争的，与真正的市场竞争法大相径庭，因为真正的市场竞争法是对市场竞争的反面记载和表述，主要内容是怎样才能保障市场竞争。

经过激烈的市场自由竞争，导致优胜劣汰、生产集中，最终演化为垄断，这样市场经济就发展到了垄断阶段。这正如列宁所指出的：“资本主义最典型的特点之一，就是工业蓬勃发展，生产集中于愈来愈大的企业的过程进行得非常迅速”[②]，当“……集中发展到一定阶段，可以说就自然而然地走到垄断”[③]，“这种从竞争到垄断的转变，不说是最新资本主义经济中最重要的现象，也是最重要的现象之一……”[④] 垄断是独占专制，是寡头统治，“……在产生垄断以后自由竞争就不可能了”[⑤]。由于垄断限制自由竞争，导致了许多弊端。“……同任何垄断一样，必然产生停滞和腐朽的趋向……技术进步因而也是其他一切进步的动因，前进的动因，就在一定程度上消失了……在经济上也就有可能人为地阻碍技术进步”[⑥]。此外，“……从自由竞争中生长起来的垄断并不消除自由竞争，而是凌驾于这种竞争之上，与之并存，因而产生许多特别尖锐特别剧烈的矛盾、摩擦和冲突”[⑦]。正因为如此，所以恩格斯说：“任何一个民族都不会容忍由托拉斯领导的生产……”[⑧] 因此，许多市

① ［美］施瓦茨著，王军等译：《美国法律史》，127页，北京，中国政法大学出版社，1997。
② 《列宁选集》，3版，第2卷，584页，北京，人民出版社，1995。
③ 《列宁选集》，3版，第2卷，585页，北京，人民出版社，1995。
④ 《列宁选集》，3版，第2卷，585页，北京，人民出版社，1995。
⑤ 《列宁选集》，3版，第2卷，674页，北京，人民出版社，1995。
⑥ 《列宁选集》，3版，第2卷，660页，北京，人民出版社，1995。
⑦ 《列宁选集》，3版，第2卷，650页，北京，人民出版社，1995。
⑧ 《马克思恩格斯全集》，中文1版，第19卷，239页，北京，人民出版社，1965。

场经济发达国家必然要反垄断，而要反垄断就必须要有反垄断法。至此，反垄断法才得以广泛制定和普遍实施。如1890年美国的《谢尔曼法》、1957年德国的《反限制竞争法》。迄今为止，几乎所有的市场经济国家都制定和实施了反垄断法。

可见，作为市场竞争法核心的反垄断法是市场经济发展到垄断阶段以后的产物。

三、市场竞争法具有国家干预的性质

自从市场万能的神话破灭以后，人们日益注意到国家（政府）在社会经济发展中的重要作用，认识到国家干预的必要性，其中重要的一点就是国家负有组织、维护和监管市场竞争的职责。这正如艾哈德所指出的，为了“没有垄断和势力妨碍的自由竞争等功能秩序框架”，“我给自由市场经济体制加上定语‘社会的’”，“这并不是美化沉寂地继续进行的资本主义方式，而是坚决地脱离老的自由主义，这种主义众所周知地给国家在经济活动中的作用仅仅定为守夜人的角色”[①]。他暗示国家的职能要扩大，其中就包括“国家的职责必定是维护竞争自由”[②]。

没有规矩不成方圆，没有市场竞争规则就没有市场竞争；如同竞赛需要规则和裁判一样，市场竞争也需要规则和裁判，并且是具备至上性、合法性、权威性的规则和裁判，这些要求决定了国家存在并介入干预社会经济生活的必要性。弗里德曼认为：“自由市场的存在并不排除对政府的需要。相反地，政府的必要性在于：它是‘竞赛规则’的制定者，又是解释和强制执行这些已被决定的规则的裁判者。”[③]

市场竞争是切身利害之争，有时甚至是生死存亡之争，竞争激烈残酷，会导致弱肉强食、贫富悬殊、快速折旧、关系紧张等严重弊端，事体重大，必须有理有节地进行，也就是说竞争必须要有秩序，要有序竞争，只有在有秩序的条件下才会有正当的竞争。这种秩序要由国家来缔造和维护，瓦尔特·欧根指出：“为实现某些确定的秩序任务，既要看到极权主义国家的危险性，又要看到一个拥有足够权力的稳定的国家机

① ［德］艾哈德著，丁安新译：《社会市场经济之路》，143页，武汉，武汉大学出版社，1998。
② ［德］艾哈德：《社会市场经济之路》，111页，武汉，武汉大学出版社，1998。
③ ［美］弗里德曼著，张瑞玉译：《资本主义与自由》，16页，北京，商务印书馆，1999。

器的必要性。”[①] 并认为，“在工业、现代技术、大城市和大众时代，国家不过问经济秩序的建立，是令人难以忍受的”[②]。实践证明，国家是建立市场竞争秩序的根本力量，“没有活动能力的国家，不会有竞争秩序”[③]。

市场中的人们大都是经济人，经济人的本性使得他们致力于追求利益的极大化，并因此而难免唯利是图、见利忘义、趋利避害，经济人是机会主义者。这一点也充分表现在他们对市场竞争的态度上，这种态度是自相矛盾的，当市场竞争对自己有利时，他们会举双手赞成；但当市场竞争对自己不利时，他们就会设法规避。这种矛盾态度的背后却有一贯的立场，那就是人们都只是盘算自己的私利，是否对自己有利决定着他们是否进行市场竞争，如果能够通过不正当竞争而投机取巧，就不会通过正当竞争去谋求利益。此外，人有进取心，总想出人天地、卓尔不群，而垄断是达到这些目的的根本途径，这其实正是垄断的人性根源，人有垄断的本能和垄断的欲望，没有几个人不想成为垄断者，反垄断只是反对别人垄断，而不会反对自己垄断。这些都说明私人具有固有的私性，存在垄断的可能性，会破坏或影响市场竞争，不会自觉地始终地进行和维护市场竞争。市场竞争要出以公心，以大局为重，一视同仁，任重道远，要持之以恒，因而应由国家来承担，要求国家干预，所以世界上凡是制定和实施反垄断法的国家，都无一例外地建立了专职的反垄断国家机构，如美国的反托拉斯局和联邦贸易委员会，德国的卡特尔局和垄断委员会，我国的反垄断委员会，等等，它们是各国反垄断的中坚力量。

市场竞争，优胜劣汰，生产集中，形成垄断，垄断者是市场竞争的优胜者，是市场强者，拥有市场霸权，能够控制和支配市场弱者。市场弱者当然会反垄断，但由于它们与垄断者地位迥异、力量悬殊，它们反垄断就犹如蚍蜉撼大树、鸡蛋碰石头，是不力的和无效的。要真正反垄断，必须以强权对强权，以国家的超然力量去反垄断势力。反垄断是国家才能承担的神圣职责。没有国家的有力干预就不可能有效地反垄断。

为了维护和监管市场竞争，必须设立专门的国家机构，授予其独立的执法权，使其充当市场竞争的保护神。如反垄断机构，“只有这样一

① ［德］瓦尔特·欧根著，李道斌译：《经济政策的原则》，355 页，上海，上海人民出版社，2001。

② ［德］瓦尔特·欧根：《经济政策的原则》，359 页，上海，上海人民出版社，2001。

③ ［德］瓦尔特·欧根：《经济政策的原则》，361 页，上海，上海人民出版社，2001。

个反垄断机构才对监控垄断的一切有关问题负责”，而且“在现代工业国家中，这样一个反垄断机构应该是一个庞大的中央组织。没有这种反垄断机构，竞争秩序和现代法治国家将受到威胁。反垄断机构像最高法院一样不可缺少”①。反垄断机构的设立和独立执法是市场竞争法国家干预性质的集中表现。

以上这些都说明，市场竞争不是空穴来风，不是天然存在的，它需要国家去为它奠定基础、制订规则，维护秩序，专职负责，常抓不懈。市场竞争离不开国家干预，没有国家干预就不会有市场竞争，市场竞争内在地要求国家干预，这也就决定了市场竞争法具有国家干预的性质。市场竞争法的国家干预性质也是市场竞争法与其他法律部门如私法作为市场竞争法的主要区别所在。私法作为市场竞争法主要是自治竞争，即人们通过自治或在自治中进行市场竞争，这是人们依据自身的力量进行竞争，但由于各人的力量千差万别，他们之间的竞争受到限制以至于变得不可能；而作为经济法的市场竞争法是通过国家干预去促进市场竞争，是通过国家的外力干预去恢复、维持和保障市场竞争的基础和过程，在这个基础之上和过程之中人们才能依据自身的力量进行竞争。

四、市场竞争法具有社会公共性

市场竞争是经济发展、社会进步和人类文明的根本动力，艾哈德义正词严地宣布：“我一贯的主张成了一种信念，这个信念是经过几年努力得来的，即为了促进普遍的繁荣，经济竞争是达到这个目标的唯一可能的途径。”② 市场竞争是社会发展的关键，它关系国计民生、影响社会全局、涉及人类整体，这就决定了以市场竞争为对象的市场竞争法具有至关重要的地位，它被奉为“经济宪法”或称为“小宪法”，这正是市场竞争法社会公共性的重要表现。

竞争最切合市场经济的本性，市场经济本质上就是竞争经济，市场在资源配置中处于基础地位，也就意味着竞争在资源配置中处于基础地位，市场竞争是市场社会、市场时代最本质、最普遍的东西，竞争可谓无处不在、无时不在、无事不在、无人能外，竞争被广泛化了，竞争被社会化了。这就决定了以市场竞争为核心的市场竞争法也必然会社会

① ［德］瓦尔特·欧根：《经济政策的原则》，317页，上海，上海人民出版社，2001。

② ［德］艾哈德：《来自竞争的繁荣》，15页，北京，商务印书馆，1983。

化，成为一种社会法。

对市场竞争的破坏，损害的不是某个人或某些人的利益，不是局部的微观的利益，因为它损害了市场机制，扰乱了市场结构，破坏了社会秩序，因而损害的是社会公共利益，“凡没有竞争的地方，就没有进步，久而久之就会陷于呆滞状态”①。由于缺乏竞争，人们没有了竞争精神，碌碌无为，不思进取，贪图安逸，精神的慵懒懈怠是对国民性格的极大腐蚀，是对民族进步的严重束缚，可谓是祸国殃民。因为没有竞争，效率低下，物资匮乏，普遍贫穷，人们没有选购自由，必须用高昂的价格去购买低劣的商品和差质的服务，生活不尽如人意，不能保障消费者的合法权益，人人都是消费者，损害消费者的合法权益就是损害每个人的利益，就是损害社会的利益，这种损害极具社会公共性。

市场中的人们利害攸关、相互制约，在利害总量特定的情况下，有人得就有人失，利己可能损人，不能保证人们在追逐自己私利的同时必然会促进社会公共利益，而情况往往是，自己私利的扩大同时伴随着社会公共利益的缩小。像某些垄断者之所以能够成为垄断者，是因为它们是市场强者，是市场竞争的优胜者，就其个体来说是有效益的，甚至是效益极大化的。实际上，垄断者才是或就是自己私利的极大化者，但这种效益极大化是建立在恃强凌弱、以大欺小、损公肥私的基础之上，是代价高昂的，有失公平。社会发展不是优胜劣汰，不能弱肉强食，而是优胜劣存，全面发展，共同进步。这就要兼济弱者、扶助弱小。弱小者是社会多数，社会发展的关键是弱小者的发展，他们发展了，社会也就发展了，只有他们发展了，社会才发展了。反垄断法是反对垄断者以扶助弱小者的法，这决定了反垄断法必须面向作为社会多数的弱小者，致力于扶助弱小者，提高其地位，增强其能力，加强其竞争，促进其发展。这样反垄断法就抓住了社会和社会发展的核心问题，关注着社会的弱势群体，维护着社会大多数人的公共利益，因而具有社会公共性。

市场中的人们大都是私人，他们追求私人利益，只是在这个基础上顺便促进社会公共利益，但他们不会先决地、主动地去促进社会公共利益。人们常常把社会公共利益看作是私人追逐私人利益的结果，好像是水到渠成的，而没有注意到私人追求私人利益是有条件的，并且这种条

① ［德］艾哈德：《来自竞争的繁荣》，153页，北京，商务印书馆，1983。

件往往就是仅被视为其结果的社会公共利益。社会公共利益包括许多方面，但最根本的起决定性的应当是社会制度利益，是自由公平的市场竞争秩序。有了自由公平的市场竞争秩序这个制度前提条件以后，人们才能真正追逐和实现私人利益。从这个角度看，只有促进了社会公共利益，人们才能追求私人利益。如果没有自由公平的市场竞争秩序，广泛存在垄断，不正当竞争层出不穷，除了极少数市场强者和垄断者以外，绝大多数的私人不可能实现自己的私人利益。这就说明，要实现私人利益需要自由公平的市场竞争秩序，而这不是私人义务，也不是私人所能做到的，而是一种社会义务，必须由国家去缔造和维护，所以艾哈德指出："维持一种有竞争的经济，在任何意义上都是一种社会义务。"① 在市场失衡的情况下，如面对强大的垄断者，私人不要说促进社会公共利益，就是连私人利益也实现不了，仅靠私力自助无济于事，还必须要有公力救济，要寻求专门国家机关的支持。在这里，私人利益与社会公共利益是融为一体的，实现社会公共利益也是在促进私人利益，或者说，为了促进私人利益才去实现社会公共利益，如我国《反垄断法》第50条规定："经营者实施垄断行为，给他人造成损失的，依法承担民事责任。"它弥补了受害人的私人损失，可以说是实现了私人利益，但这只是一个次要的目标，甚至只是一个手段，比之更重要的是"杀一儆百"，以儆效尤，从而树立了良好的市场竞争的规则，维护了市场竞争的秩序，形成了公平竞争的市场风气，保护了其他广大经营者的合法权益，这些公益目标才是它所应追求的真正的首要的社会公共利益。市场竞争法以缔造和维护自由公平的市场竞争秩序为职志，促进社会公共利益，进而为私人实现私人利益创造制度条件。每个私人都能追求、实现私人利益才是从根本上全面地促进了社会公共利益。

第三节　市场竞争法的调整方法

从实质上说，法律就是调整社会关系的一种方法。由于有不同的法律调整不同的社会关系，不同的社会关系要求对其进行调整的法律要有不

① ［德］艾哈德：《来自竞争的繁荣》，154页，北京，商务印书馆，1983。

同的方法，也就是说，不同的法律会有不同的调整方法。市场竞争法亦然。

一、市场竞争法的调整方法是一种中和的方法

法律在传统上被划分为私法和公法，这种划分意义重大。梅迪库斯指出，私法与公法之间的实质差异是："在私法中，占据主导地位的通常是那些自由的、不需要说明理由的决定；而在公法中，占据主导地位的则是那些受约束的决定。"① 这种观点可谓高明之见。与之相应，法律的调整方法被划分为私法方法和公法方法，私法方法本质上是意思自治，私人自己行使权利，自己履行义务，自己承担责任，凡是法律未禁止的，都是允许的，赋予私人以最广泛的自治权利和范围；公法方法本质上是约束他律，公共机关依法设立权力，依法行使权力，依法承担责任，凡是法律未允许的，都是禁止的，尽可能制约权力的运用。

这两种方法各有所长，各有所用，但都不能包揽一切。比如市场竞争法所调整的市场竞争关系，就不能完全照搬照用私法方法和公法方法。因为市场竞争，是切身利害之争，有时甚至是生死存亡之争，市场主体并非尽为尧舜，他们经常会进行不正当竞争，这是自由任性，滥用权利，不是真正的意思自治，真正而恰当的意思自治需要经过无穷的修炼，并非每个人都能自觉做到；市场竞争，优胜劣汰，日益集中，形成垄断，在这种市场中，没有自由竞争，市场主体不能意思自治，意思自治也会导致垄断，广泛的意思自治并非每个人都能享有，除非得到国家权力的干预和保障。因此，仅靠私法方法的意思自治是无法有效调整市场竞争关系的。那么公法方法呢？公法方法主要作用于权力政治领域，为了禁止权力滥用，保障自由民主，要求约束他律公权力，它贯穿隶属命令服从的方法。尽管要解决市场主体不能真正意思自治、不能恰当意思自治的问题，要求公权力介入干预，扶助、矫正、促进、实现市场主体意思自治，但这种介入干预是有限度的，它只是重新创造市场竞争的基础、环境和秩序，让市场主体恢复市场竞争，并不是公权力机关自己参与市场竞争，它只是提供赛场，并不亲自上场比赛，只是裁判，不是运动员。加上市场竞争关系是经济领域，市场规律，不可命令，市场主体，独立自主，市场机会，瞬息万变，市场情形，纷繁复杂，如果径直

① ［德］梅迪库斯著，邵建东译：《德国民法总论》，7页，北京，法律出版社，2000。

套用公法方法，“凡事都得说明理由”，就会导致官僚作风；强制命令，就可能对市场规律发号施令；隶属服从，就可能把市场主体变成附庸傀儡；按部就班，就可能坐失良机；束手束脚，就可能难以灵活因应，这些都说明仅靠公法方法也是难以调整市场竞争关系的。

实践证明，要调整市场竞争关系必须要有一种中和的方法，这种方法具体说来就是，私法方法硬化（如果说私法的意思自治方法是软方法的话），即在意思自治中注入必要的强制约束，为意思自治提供必要的范式，划定大致的范围，这样才能防止市场主体不滥用意思自治，尤其是强制约束垄断者的恣意妄为，使其他市场主体能从垄断者的支配下解放出来，独立自主，自由自治，扶植他们意思自治，只有当市场主体都能意思自治时才会有市场竞争；公法方法软化（如果说公法的约束他律是硬方法的话），即在约束他律中引入自治因素，消解约束他律的僵硬性和刻板化，这样就能使市场主体审时度势、抓住机会、决策及时、灵活因应，只有这样才会有真正有效的市场竞争。如反垄断法就具有很大的灵活性，各国的反垄断法都规定有适用除外，如同是垄断，时过境迁，要灵活执法，有时反对，有时维护，有时决定不需要说明理由，有时决定需要说明理由，区别对待。总之，市场竞争法的调整方法是私法方法和公法方法的中介，是意思自治与约束他律的统一和综合，因而是一种中和的方法。

二、市场竞争法的调整方法是一种否定的方法

法律的调整方法以知识为基础，只有对所调整的对象具有充分的知识才能有效地加以调整，如果对欲调整的对象缺乏必要的知识就不应染指。这才是真正理性和有效的调整方法。哈耶克认为，科学并没有确定所有个别事实的能力，科学不应仅限于研究是什么，真正有益的社会科学必须更多地研究不是什么。① 对于过分地夸大理性，主张理性无所不知、全知全能的理性主义，哈耶克深刻地指出这恰恰是反理性的，因为真正的“理性仅仅是一种戒律，一种对成功行为可能性限制的认识，它通常只告诉我们不能做什么。这种戒律是必要的，主要是因为我们的智力不能掌握事实的所有复杂性”②。这就是我们对世界对象的认识，这就

① See Hayek, *Law Legislation and Liberty*, vol. 2, the University of Chicago Press, 1973, p. 17.

② Hayek, *Law Legislation and Liberty*, vol. 2, the University of Chicago Press, 1973, p. 32.

是我们的认识状况，这种认识和认识状况决定了法律的调整方法从本质上说，不可能详尽地规定人们能够做什么，只能规定人们不能做什么，也就是说法律的调整方法乃至法律规则本身在本质上是否定性的，所以哈耶克认为："所有正义行为规则都是否定性的"[①]，"正义行为规则通常是对不正义行为的禁止"[②]。市场竞争法的调整方法也应是，甚至更应是否定的方法，这是由市场及市场竞争的性质所决定的。

市场情形非常纷繁复杂，任何人都不可能详尽悉知，至于具体的市场细节，人们更是常常处于无知状态，所以从认识论的角度看，市场经济是一种无知经济。人们对市场的无知决定了法律的调整方法更应谨慎节制，要尽量少为或不为，把法律的调整方法限制在人们有所认知的方面，而不涉及人们一无所知的领域。就市场情形而言，对在市场上人们一般不准做什么是有确切充分的认识的，而对在市场上人们具体可以做什么却没有把握。这样，法律的调整方法就应集中于人们在市场不准做什么方面，规定人们不准做什么，从而成为一种否定的方法。

市场是新新不已的，有活力、有效益的市场是不断创新、不断突破、不断否定的，市场极具革命性，市场本质上是否定的，它几乎不能固守什么、肯定什么；市场是开放无疆的，它突破一切藩篱和限制，能开拓出广阔的空间，展现出无穷的机会，寻求着一切的可能；市场要求让人们不断地试错，不要把空间、机会、可能扼杀在未有之前或萌芽之中；市场是自由领域，是人们自由挥洒的天地，激发人们的聪明才智和自由创造，市场主体是自由自治的，不接受命令，不能指令人们应该做什么，只能禁止人们不应该做什么；市场竞争是"八仙过海，各显神通"，需要出乎意料、出奇制胜，市场规则还是"游戏规则"——不能一本正经、循规蹈矩，让人们"游戏"以后再说可不可以？市场的这些特性使得法律的调整方法难以从正面加以规定，规定人们可以做什么，而只能从反面加以规定，规定人们不可以做什么。当然，市场竞争并不是无政府状态，但市场竞争法只能为市场竞争划出大致的边界，确立基本的准则，规定必要的限制，并不能详尽具体地规定各种市场竞争行为，告诉人们怎样去市场竞争，而只能告诉人们不能怎样去市场竞争。市场竞争法的调整方法把市场竞争一分为二，一个是反对的，一个是允许的，凡是未反对的，就是允许的，并通过规定反对的，默认所有其他

① Hayek, *Law Legislation and Liberty*, vol. 2, the University of Chicago Press, 1973, p. 36

② Hayek, *Law Legislation and Liberty*, vol. 2, the University of Chicago Press, 1973, p. 35.

未反对的。

其实，市场竞争法的这种否定的调整方法在其法律名称上就能体现出来，如《反不正当竞争法》、《反垄断法》即是，它们的名称中都有一个“反”字。

三、市场竞争法的调整方法是一种综合的方法

法律是调整社会关系的一种方法。法律采用什么样的调整方法取决于它所调整的社会关系和它的发展状况。

当今社会关系纷繁复杂，并且越来越纷繁复杂，但能用来调整社会关系的方法，无数的人们长期以来绞尽脑汁所发明（现）的还是那么有限的几种，要么是民事性质的，要么是行政性质的，要么是刑事性质的。这就决定了，要充分发挥法律对纷繁复杂的社会关系的调整功能，必须综合现在已有的各种调整方法，多管齐下，综合调整，追求某种或某些独特的法律调整方法必将使法律的调整功能受损甚至丧失殆尽，这根本不是法律的调整方法所应追求的目标，也不是法律的调整方法的发展趋势。

法律的调整方法就像是不可再生的有限资源，先前的法律占用了，后来的法律就没份了。但法律的调整方法并不是专利，先前的法律占用了，后来的法律就不能借用。恰恰相反，为了最有效地调整社会关系，后来的法律必须借用，这也是后来法律的后发优势所在。后来的法律必须向先前的法律学习，其中包括学习先前法律的调整方法，并把它们综合起来，为己所用。

社会关系是综合的，是一个综合体，犹如人的身体一样，牵一发而动全身。用某种或某些调整方法调整社会关系，就像头痛医头，脚痛医脚，不能综合治疗，而是“此伏彼起”，无济于事。对于综合体的社会关系，有效的调整方法只能是综合的方法。市场竞争关系也是一种综合体，其中既有损害赔偿关系，也有行政处罚关系，还有违法犯罪关系，这就决定了市场竞争法要调整上述各方面的关系必须采用综合的方法。

市场竞争关系是市场经济最核心的关系之一，发展市场经济最关键的是促进市场竞争，市场竞争受各种因素的影响，在评判如何促进市场竞争以及是否促进市场竞争时，要综合考量方方面面的因素。如在评判企业合并或经营者集中时就既要考量企业合并或经营者集中对市场结构和市场绩效的影响，也要考量规模经济和产业政策的要求，还要考量国

际形势和国内现状等因素。再如在认定经营者是否具有市场支配地位时，我国《反垄断法》第18条规定应当依据下列因素：“（一）该经营者在相关市场的市场份额，以及相关市场的竞争状况；（二）该经营者控制销售市场或者原材料采购市场的能力；（三）该经营者的财力和技术条件；（四）其他经营者对该经营者在交易上的依赖程度；（五）其他经营者进入相关市场的难易程度；（六）与认定该经营者市场支配地位有关的其他因素。”这些因素决定了市场竞争关系较之许多其他社会关系更为纷繁复杂多变，且更具综合性，作为后来法律的市场竞争法要调整市场竞争关系就更应采用综合的方法。

市场竞争是利益之争，市场竞争法要求人们通过正当竞争去获取合法利益。只有正当竞争，才能实现平等互利，各得其所，双赢共赢；不正当竞争是损人利己、损公肥私，给他人造成损害。有损害就要赔偿，损害赔偿是法律调整利益关系的根本方法。我国《反不正当竞争法》第20条规定：“经营者违反本法规定，给被侵害的经营者造成损害的，应当承担损害赔偿责任，被侵害的经营者的损失难以计算的，赔偿额为侵权人在侵权期间因侵权所获得的利润；并应当承担被侵害的经营者因调查该经营者侵害其合法权益的不正当竞争行为所支付的合理费用。”我国的《反垄断法》第50条规定：“经营者实施垄断行为，给他人造成损失的，依法承担民事责任。”

垄断对市场竞争的破坏，不仅损害其他竞争者的合法权益，而且损害广大消费者的合法权益，还损害社会公共利益。这样，为了惩罚违反市场竞争法的行为，有效保护其他竞争者的合法权益和广大消费者的合法权益，维护社会公共利益，就不只是赔偿损害了，而是要么加倍赔偿，如美国《克莱顿法》第4条规定：“任何因反托拉斯法所禁止的事项而遭受财产或营业损害的人，可在被告居住的、被发现的或有代理机构的区向美国区法院提起诉讼，不论损害大小，一律给予其损害额的三倍赔偿、诉讼费和合理的律师费。”要么是严格责任，无过失也要承担损害赔偿责任，如日本《禁止私人垄断及确保公正交易法》第25条规定：“实施私人垄断或者不正当交易限制或者使用不公正的交易方法的事业者，对受害人承担损害赔偿责任。事业者证明其无故意或过失的，亦不能免除前款规定的责任。”

市场竞争是市场经济的根本所在，关系重大，因而一般都有相应的专门的国家机关进行管理、监督和维护，如美国的反托拉斯局和联邦贸易委员会、德国的卡特尔局和垄断委员会、日本的公正交易委员会，等等。这些专门的国家机关高度独立，但不像纯粹的司法机关那样恪守“不告不理”原则，被动出击，而是像某些行政机关那样主动进行管理、监督和维护，行使着许多类似行政权的权力，这样，市场竞争法的调整方法也就运用着许多行政方法。如美国《联邦贸易委员会法》第6条规定委员会具有收集信息权、调查关系权、公开报告权、质询答复权、发出禁令权、传唤证人权，等等。德国《反对限制竞争法》第32～34条规定卡特尔局享有制止权、处分权、没收权，等等。日本《禁止私人垄断及确保公正交易法》第7条规定，公正交易委员会对违法行为可根据规定的程序，“命令事业者提交书面报告，或停止该行为，或转让部分营业，以及为排除违反这些规定的其他行业而采取必要的措施”。“命令事业者向国库缴纳课征金”；第18条规定，对违法进行的公司合并，公正交易委员会有权提起设立、合并无效之诉，等等。我国《反不正当竞争法》规定，对违反该法的行为，监督检查部门应当责令停止违法行为，没收违法所得，可以根据情节处以违法所得1倍以上3倍以下的罚款；情节严重的，可以吊销营业执照，等等。

严重的违反市场竞争法的行为不仅对他人造成经济损害，而且造成人身损害，还破坏社会秩序、侵害公共利益，构成犯罪。这样，市场竞争法要调整这种（些）行为就必须采用刑罚的方法才能罚当其罪，有效规制。如美国《谢尔曼法》第1条规定：“任何契约，以托拉斯形式或其他形式的联合、共谋，用来限制州际间或与外国之间的贸易或商业，是非法的，任何人签订上述契约或从事上述联合或共谋，是严重犯罪。如果参与人是公司，将处以不超过100万美元的罚款。如果参与人是个人，将处以10万美元以下罚款，或三年以下监禁。或由法院酌情并用两种处罚。”第2条规定：“任何人垄断或企图垄断，或与他人联合、共谋垄断州际间或与外国间的商业和贸易，是严重犯罪。如果参与人是公司，将处以不超过100万美元以下罚款；如果参与人是个人，将处以10万美元以下的罚款，或三年以下监禁。也可由法院酌情并用两种处罚。”第3条规定：“任何契约、以托拉斯形式或其他形式的联合、共谋、用来限制美国准州内、哥伦比亚区内，准州之间、准州与各州之间、准州与哥伦比亚区之间，哥伦比亚区同各州间，准州、州、哥伦比亚区与外国间的贸易或商业是非法的。任何人签订上述契约或从事上述联合或共谋，是严重犯罪。如果参与人是公司，将处以不超过100万美元的罚款；如果参与人是个人，将处以10万美元以下的罚款，或三年以下监禁，或由法院酌情并用两种处罚。”此外德国、日本的市场竞争法都规定罚金和监禁（有期徒刑）的刑罚方法。我国《反不正当竞争法》第 21 条规定："经营者擅自使用知名商品特有的名称、包装、装潢，或者使用与知名商品近似的名称、包装、装潢，造成和他人的知名商品相混淆，使购买者误认为是该知名商品的……销售伪劣商品，构成犯罪的，依法追究刑事责任。"第 22 条规定："经营者采用财物或者其他手段进行贿赂以销售或者购买商品，构成犯罪的，依法追究刑事责任。"我国的《反垄断法》第 52 条规定："对反垄断执法机构依法实施的审查和调查，拒绝提供有关材料、信息，或者提供虚假材料、信息，或者隐匿、销毁、转移证据，或者有其他拒绝、阻碍调查行为的，由反垄断执法机构责令改正，对个人可以处二万元以下的罚款，对单位可以处二十万元以下的罚款；情节严重的，对个人处二万元以上十万元以下的罚款，对单位处二十万元以上一百万元以下的罚款；构成犯罪的，依法追究刑事责任。"

可见，市场竞争法就是采用民事方法、行政方法和刑事方法来调整市场竞争关系的，因而是一种综合的方法。

第四节　市场竞争法的功能

市场竞争法的功能，概括地说，就是通过反不正当竞争和反限制竞争去缔造、维护和监管自由公平的市场竞争机制和秩序，从而促进经济发展、政治民主和人类文明，实现社会全面进步。

一、促进经济发展

人会比较，有上进心，有竞争性，人们希望在竞争中超越自我，战胜对手，实现理想；市场竞争，优胜劣汰，人们都渴望成为优胜者，不愿成为劣汰者，竞争把人的主动性、积极性和创造性充分而持久地激发出来并维持下去，使人想方设法、竭尽所能、全力以赴，把事情做到极致。竞争催人奋进，促人去劣，使人向优，这就是竞争神奇而伟大之处，也是经济发展的不竭动力，经济的繁荣来自竞争。

市场竞争关键是科技竞争，人们只有通过不断改进科技，才能改善管理、更新产品、减少能耗、节约成本、降低价格，才有竞争优势，才能竞争获胜，才能赢得市场、立足市场。激烈的市场竞争给科技进步以压力和动力，没有市场竞争就没有科技进步，科技是第一生产力，竞争是第一推动力。竞争推动科技进步进而促进经济发展。

市场竞争是一种淘汰优化机制，去劣存优，去粗存精，去伪存真；以少胜多，以最少的投入实现最大的产出；以高效取代低效，促使资源最有效地配置。市场竞争是一种效率机制，“竞争是提高生产率的最理想的手段”①。效率提高了经济才能发展。

不正当竞争、垄断之所以存在，就是为了牟取超额利润，但这是建立在牺牲广大消费者合法权益的基础上的，不正当竞争、垄断必然损害消费者的合法权益，艾哈德明确指出：“每种垄断的形式都隐藏着欺骗消费者的危险性”，并公开宣称“卡特尔是消费者的敌人”②。市场竞争法通过反不正当竞争、反垄断维护消费者主权，让消费者成为市场竞争的裁判员，孰优孰劣、孰胜孰汰，由消费者去评判，很显然，消费者只会选择那些以最低价格提供最高质量和最优服务的生产者。大力造福消费者，切实让消费者得到实惠，是评判经济发展的根本标准。艾哈德认为：“每一部机器，每一个发电站，每一所新工厂，以及任何一种能提高生产率的手段，其最后目的都是要使那些在社会市场经济领域内生活和工作的人们，能够更加丰富地生活。”③ 只有当广大消费者大大受益了，得到实惠了，人们的生活水平大大提高了，经济才是真正发展了。

二、实现政治民主

经济基础决定上层建筑，“经济问题日益具有中心的政治意义”，“政治和经济当今处于不可分割的、相辅相成的关系”④。在市场垄断阶段，自由民主日益受到垄断的威胁和侵蚀，经济专制导致政治专制，“一旦竞争受到排斥，市场经济便丧失了维持经济秩序和保障自由的力量”。实践反复证明，“任何国家统制经济和对经济的任何社团控制最终意味着限制西方民主国家宪法保证的人的基本自由和破坏自由发展个性

① ［德］艾哈德：《来自竞争的繁荣》，154 页，北京，商务印书馆，1983。

② ［德］艾哈德：《来自竞争的繁荣》，121、115 页，北京，商务印书馆，1983。

③ ［德］艾哈德：《来自竞争的繁荣》，162 页，北京，商务印书馆，1983。

④ ［德］艾哈德：《来自竞争的繁荣》，230 页，北京，商务印书馆，1983。

的权利”[①]。因此，要实现政治民主，必须反垄断促进市场自由竞争，实现经济民主，“自由秩序的经济适合于自由民主的法制国家”，并且，“只有在市场经济成为真正的竞争秩序的情况下，它才在政治上、社会上、道德上和经济上受到欢迎”[②]。

人们在自由竞争的市场经济中，受到自由竞争的教化，接受自由竞争的洗礼，养成自由竞争的习性，培植自由竞争的信念，社会才能形成自由民主的氛围和环境，这样才能实现政治民主，这正如美国联邦最高法院的反垄断法判例所指出的：“谢尔曼法的基础是，不受限制的竞争将产生最佳的资源配置，最低的价格，最高的质量和最大的物质进步，同时创造一个有助于维护民主的政治和社会制度的环境。”[③] 如果权力是公共的不是私人的，应由大众享有而不能为私人所垄断，竞争的权力才是民主的权力，制约权力才会有社会自由。没有自由竞争就没有权力竞争和权力制约，从而也就没有政治民主，因为“竞争是历史上最伟大、最出色的剥夺权力的手段”[④]。

三、弘扬人类文明

在市场社会，“……不承认任何别的权威，只承认竞争的权威……”[⑤]竞争无时不涉、无地不涉、无事不涉、无人不涉，每个人都必须直面竞争，只有适应竞争、学会竞争、敢于竞争、善于竞争，才能生存和发展，人们光明正大，诚实信用，各尽所能，公平竞争，胜者光荣，败者体面，竞争是一种文明人解决冲突纠纷的文明方式。那些妨碍竞争、限制竞争的人，往往采用阴谋诡计、欺行霸市、坑蒙拐骗、损人利己等不正当手段牟取非法利益，实为文明所不齿。那些逃避竞争、懈于竞争的人，不合时宜，会引起身心痛苦、愤世嫉俗、无谓伤感，是没有出路的，会日益堕入落后的深渊。

市场竞争激发人的主动性、积极性和创造性，人们在竞争中既有压力也有动力，会不遗余力，殚精竭虑把事情做到极致，向各种极限挑

① ［德］艾哈德：《来自竞争的繁荣》，232 页，北京，商务印书馆，1983。
② ［德］艾哈德：《来自竞争的繁荣》，232 页，北京，商务印书馆，1983。
③ M. C. Howard，*Antitrust and Trade Regulation*，New Jersey，1983，p. 1.
④ ［德］梅斯特梅克：《经济法》，载《比较法研究》，1994（6），89 页。
⑤ 《马克思恩格斯全集》，中文 1 版，第 23 卷，394 页，北京，人民出版社，1972。

战。市场竞争优胜劣汰，奖勤罚懒，除旧布新，不断刷新纪录，不断创造奇迹，不断提升境界，人们在自由竞争中不断超越自我、完善自我。竞争使人身更有力量，使人性更为光辉，使人类更有尊严，一句话，使人更成其为人，人类是在自由竞争中进化文明的。哈耶克指出："在整体上，建立在竞争基础上的社会比其他社会能更有效地达到它们的目标，这是文明史已经明显证实的一个结论。"①

人是一种生物性的存在，人的独立性建基于人对物的依赖性，"一般说来，物质方面的顾虑不断把人们束缚着，因而在物质意义上，人们就被禁锢起来了"②。"仓廪实而知礼节"，物质文明了才能精神文明，"人们有了一个巩固的物质基础以后，才能自由自在，从而准备从事于更高尚的事情"③。市场竞争是资源的有效配置者，是效益之源、财富之本，市场竞争使财源滚滚、物质丰裕、经济繁荣、社会安全，"由于经济繁荣与社会安全，人们就会感到自己的身份，自己的人格，以及人类的尊严"④。因此，竞争是人类文明之母。

从世界各国反垄断法的规定可以看出，它们都无一例外地把公平、自由、民主、效率和维护消费者利益和社会公共利益作为自己的立法目的，而这些立法目的恰恰是人类奋斗的崇高目标，人类在为上述崇高目标奋斗的过程中弘扬着人类文明。

上述市场竞争法的目标大都分别写入了各国的市场竞争法中。美国市场竞争法的目标已如上述，日本的《禁止私人垄断及确保公正交易法》第1条规定："本法的目的，是通过禁止私人垄断、不正当的交易限制以及不公平的交易方法，防止事业支配力的过度集中，排除因联合、协议等方法形成的生产、销售、价格、技术等的不正当限制以及其他的对事业活动的不正当约束，促进公平的、自由的竞争，发挥事业者的创造性，繁荣经济，提高工资及国民实际收入水平，以确保一般消费者的利益并促进国民经济民主、健康地发展。"再如韩国的《限制垄断和公平交易法》第1条规定："本法律的目的是，防止厂商滥用其市场支配地位，防止经济力量的过度集中，管制不正当的共同行动和不公平

① Hayek, *New studies in Philosophy*, *Politics*, *Economics and the History of Ideas*, Routledge & Kegan Paul Plc., 1978, p. 180.

② [德] 艾哈德：《来自竞争的繁荣》，166页，北京，商务印书馆，1983。

③ [德] 艾哈德：《来自竞争的繁荣》，166页，北京，商务印书馆，1983。

④ [德] 艾哈德：《来自竞争的繁荣》，163页，北京，商务印书馆，1983。

的交易行为，促进公正自由的竞争，由此扶持创造性的企业活动，保护消费者，实现国民经济的均衡发展。”还有经济合作组织（OECD）《竞争法的基本框架》规定：“竞争法的基本目的是改善经济效能，使消费者享受较低的价格、更多的选择和更好的产品质量。持久的竞争能够促进公司具有高效能并给消费者带来益处。”我国的《反垄断法》第1条规定：“为了预防和制止垄断行为，保护市场公平竞争，提高经济运行效率，维护消费者利益和社会公共利益，促进社会主义市场经济健康发展，制定本法。”

第五节 市场竞争法的构成

市场竞争法的构成具体是指市场竞争法包括哪些内容。一般都认为市场竞争法包括反不正当竞争法和反限制竞争法，其中对反限制竞争法属于经济法没有歧义，但对反不正当竞争法的地位和归属却存在着广泛而持久的争议。

其中，一种意见认为，反不正当竞争法调整的是经营者与经营者之间的竞争关系，经营者是一种特殊的民事主体，市场竞争是一种普遍的民事活动，经营者之间的竞争关系是一种平等主体之间的社会关系，应适用民法的基本规定；反不正当竞争法涉及的主要是私人利益，其宗旨是保护私人权利，是私权本位法；反不正当竞争行为本质上是一种特殊的侵权行为，反不正当竞争法是一种特别侵权法；反不正当竞争法的任务基本上由竞争者自己去处理，由受害者提起私人诉讼，是私力自助，公权力主体一般不介入；反不正当竞争法所规定的法律责任主要是民事责任，如停止侵害和赔偿损失；反不正当竞争法与民法是特别法与一般法的关系，当两者的规范发生竞合时，先适用反不正当竞争法，无法适用时，可适用民法的一般规范。因此之故，反不正当竞争法属于私法。德国学者普遍持这种观点。①

但自20世纪30年代开始，人们日益认识到：反不正当竞争法调整的不仅是经营者与经营者之间的竞争关系，还有经营者与消费者之间的服务关系，这种社会关系也不尽是平等主体之间的社会关系，如经营者

① 参见邵建东：《德国反不正当竞争法研究》，21～24页，北京，中国人民大学出版社，2001。

与消费者之间的关系就不是完全的平等社会关系；不正当竞争行为不尽是民事行为，从事不正当竞争行为的经营者不都是民事主体；反不正当竞争法涉及的不仅是私人利益，还有广大消费者的权益，以及社会公共利益，反不正当竞争法保护的利益是多元化的；不正当竞争行为大大区别于民事侵权行为，民法有关侵权行为的规定，其基本思想在于从正面保护受害者的某些特定权益，而反不正当竞争法，其基本思想是从反面禁止某些特定的不正当竞争行为，保护不特定多数人的权益，两者的基本出发点和目的是不同的；由于不正当竞争行为不仅侵害直接受害人的权益，而且侵害广大消费者的合法权益以及社会公共利益，不仅直接受害人有权提起私人诉讼，某些社会团体（如我国的消费者协会）和有关国家机关（如我国的工商行政管理部门）也有权提起公益诉讼，维护市场竞争机制和市场竞争秩序，不仅要私人自助，还要公力救济；反不正当竞争法所规定的法律责任，不仅有民事责任，还有行政责任和刑事责任，并且民事责任不占主导地位，即使它规定民事责任，也与一般民事责任大有不同，民事责任的本质是利益衡平，补偿受害人的损失，而反不正当竞争法所规定的民事赔偿不仅具有补偿性，更具有惩罚性，如我国《反不正当竞争法》第 20 条规定："……被侵害的经营者的损失难以计算的，赔偿额为侵权人在侵权期间因侵权所获得的利润；并应当承担被侵害的经营者因调查该经营者侵害其合法权益的不正当竞争行为所支付的合理费用。"因此之故，反不正当竞争法不属于私法，最起码不完全属于私法。时至今日，越来越多的人持有这种观点。

相对来说，反不正当竞争法与反限制竞争法关系更为密切，两者有许多共同点和关联处：一是两者都以市场竞争关系为调整对象，都旨在缔造和维护自由公平的市场竞争机制和市场竞争秩序。二是两者相依相存，相辅相成。反不正当竞争法维护的是正当竞争，反限制竞争法捍卫的是自由竞争。一方面，自由竞争是正当竞争，是正当竞争的主要表现形式之一，在自由竞争中才会有正当竞争，在很大程度上可以说，没有自由竞争就无所谓是否正当竞争；只有自由竞争才能反不正当竞争，许多不正当竞争都可以在自由竞争中或通过自由竞争予以反对；不存在自由竞争往往导致不正当竞争，许多不正当竞争就是由于缺乏自由竞争而滋生的，限制自由竞争、不自由竞争本身就是不正当竞争。就此而言，反不正当竞争法要以反限制竞争法为基础。另一方面，自由竞争也未必总是正当竞争，自由竞争还可能是不正当竞争的条件，许多不正当竞争就是在自由竞争中产生的，有时不正当竞争也是自由竞争，滥用自由竞争本身就是不正当竞争，但真正的合法的自由竞争只能是正当竞争，不违反反不正当竞争法的自由竞争，不得借口自由竞争实施不正当竞争，就此而言，反限制竞争法要以反不正当竞争法为参照和作补充。三是两者存在竞合之处，反不正当竞争法所反对的不正当竞争行为包括反限制竞争法所反对的限制竞争行为，限制竞争行为是不正当竞争行为之一，而且有些行为既可以是反限制竞争法所反对的行为，也可能是反不正当竞争法所反对的行为，如低价倾销、联合抵制、价格歧视等即是，这说明两者在许多方面存在融合一致之处。

由上可见，反不正当竞争法与反限制竞争法，两者共性远远大于个性，其实它们是缔造和维护市场竞争的左膀与右臂：反限制竞争法仅反对垄断等限制竞争行为，虽能促进自由竞争，但未必能实现正当竞争，因为自由竞争有时还是不正当竞争产生的根源，滥用自由竞争就会滋生不正当竞争，而且限制竞争行为只是不正当竞争的一种，反限制竞争法不能反对所有的不正当竞争行为。反不正当竞争法仅反对不正当竞争，但未必能反对垄断等限制竞争行为以实现自由竞争，因为有些限制竞争行为如垄断并不是不正当竞争造成的，而是市场竞争、优胜劣汰的结果，有市场竞争就有垄断，这是市场规律使然。因此，就垄断的形成来说，是正当的，并不违反反不正当竞争法。正是反不正当竞争法与反限制竞争法的上述相互关系决定了，要缔造和维护市场竞争必须两法一起“抓”，两法都要“硬”，把两法协调统一起来，它们共同构成市场竞争法，一道维护正当竞争和自由竞争的市场机制和市场秩序。

考虑到反不正当竞争法与反限制竞争法的这么多共性以及反限制竞争法之于反不正当竞争法的基础地位，反限制竞争法是“经济宪法”、“自由企业大宪章”、“市场竞争法的核心”；也考虑到反限制竞争法是公认的经济法的核心，不妨把反不正当竞争法连同反限制竞争法一起划归经济法，构成经济法的重要一编，即市场竞争法。

这里要说明的是，对于该法目前有几种不同的叫法，有的叫作“反垄断法”，有的叫作“反限制竞争法”，有的叫作“竞争法”。但我认为，叫作“反垄断法”并不准确，因为相对于垄断行为和现象来说，限制竞争的行为和现象更普遍，要限制竞争也未必要实行垄断或达到垄断程度，垄断只是限制竞争行为和现象之一种，并且是最严重和最极端的一种，也正因为如此，垄断行为和现象微乎其微，一般情况下是不可能存在的，所以与其叫作“反垄断法”不如叫作“反限制竞争法”更准确。

但叫作“反限制竞争法”也不妥，因为大家约定俗成地认为，“反限制竞争法”主要包括反对垄断、限制竞争协议、企业合并和滥用市场支配地位，并不完全包括反对不正当竞争，因此，叫作“反限制竞争法”也不全面。叫作“竞争法”尽管较全面，能够包括“反限制竞争法”和“反不正当竞争法”两个方面，但失之宽泛，因为竞争无处不在，除了经济竞争以外，还有政治竞争、社会竞争等等，但本书所说的竞争主要是经济领域的竞争，具体来说就是市场竞争，从市场的角度才能更好地说明竞争，在许多情况下不宜简称为“竞争法”，所以，我认为，相对来说，还是叫作“市场竞争法”更恰当。因此，本书采用“市场竞争法”的叫法。在没有特别指明的情况下，在本书中，“反垄断法”、“反限制竞争法”与“竞争法”等同于“市场竞争法”，并在“市场竞争法”的意义上使用。

第 二 章

反不正当竞争法

反不正当竞争法是经济法体系的内在构成要素，是市场竞争法的重要组成部分。

第一节 反不正当竞争法的缘起

人类生活在一个“僧多粥少”资源稀缺的环境里，加上其他各种因素的决定，人们之间必然会为了争取有限的资源而展开普遍的竞争，竞争是人类生活的重要内容，竞争关系是人类重要的社会关系。在市场社会尤其如此，市场社会本质上是一个竞争的社会。但竞争中的人们并非人人尽为尧舜，在决定利益得丧变更的激烈竞争中，不能指望人人都能正当竞争，毋庸讳言，有相当多的人会不正当竞争，并在不正当竞争。这就是说，既然有竞争就有不正当竞争，竞争越激烈，不正当竞争的可能性就越大。既有正当竞争，也有不正当竞争，有正当竞争才有不正当竞争，有不正当竞争才要求反不正当竞争以实现正当竞争。可见，不正当竞争与正当竞争是相依而存、相互交织，同样久远的。

但是，通过法律反不正当竞争只是一百多年前的事情。

1850 年，法国法院在依据《法国民法典》第 1382 条所作的判决中，首次使用了“不正当竞争”这一法律概念。

1896 年 5 月 27 日，德国《反不正当竞争法》的颁布，标志着世界上第一部反不正当竞争单行法的正式诞生。时至今日，德国《反不正当竞争法》已经进行了 29 次修订，其中较大的几次分别是 1909 年、1969 年和 2004 年的修订。

采用德国模式，1934 年日本颁布了《不正当竞争防止法》，1943 年瑞士颁布了《反不正当竞争法》，1986 年韩国颁布了《不正当竞争防止法》，等等。

但也有采用其他模式的，将反不正当竞争的内容规定在其他相关法律中，如法国规定在《法国民法典》的“侵权行为法”中，葡萄牙规定在《工业产权法》中，土耳其规定在商法中，西班牙规定在《商标法》中，《保护工业产权巴黎公约》中也有相关规定，等等。

还有将反不正当竞争法与反垄断法合并规定的，如南斯拉夫的《防止不正当竞争和垄断协议法》，匈牙利的《禁止不正当竞争法》，我国台湾地区的“公平交易法”，等等。

由上可见，各国（地区）反不正当竞争法的立法体例虽然有所不同，但有一个明显的共同趋势，那就是绝大多数国家（地区）的反不正当竞争法日益从民法的侵权行为法中分离（立）出来，成为一个独立的法律部门。

此外，在各国（地区）反不正当竞争立法的基础上，国际社会已签订了一些反不正当竞争的国际公约，如上述的《保护工业产权巴黎公约》中即有关反不正当竞争的内容，欧盟为协调各成员国的反不正当竞争法而发布的各项指令，等等。

我国在改革开放前，实行的是计划经济，高度集权，政府本位，企业隶属于政府，政府主治，企业没有自主权，行政权力按照各种莫名的标准配置资源、排斥市场，企业之间没有竞争，充其量只有一些竞赛。在今天看来，这无疑是不正当竞争，但当时根本就没有竞争的概念，因而也就无所谓不正当竞争。自改革开放以来，企业成了独立的市场主体，人们有了自己的独立利益，市场开始逐渐发挥作用，竞争不断展开，并出现了一些不正当竞争，人们要求合理有序地进行竞争。在这种情况下，1980 年国务院颁布了《关于开展和保护社会主义竞争的暂行规定》，这是我国关于市场竞争方面最早的行政法规。它指出："社会主义的竞争……对于调动生产经营单位和劳动者的主动性、积极性，扬长避短，发挥优势，推动联合，进一步把经济搞活，不断满足人民群众的需要，加快四化建设的步伐有重大的作用。我们应当逐步改革现行的经济管理体制，积极地开展竞争，保护竞争的顺利进行。"为此，"允许和提倡各种经济成分之间、各个企业之间，发挥所长，开展竞争"，"广开商品流通渠道，为竞争开辟场所"，并规定"竞争要严格遵守国家的政策法令，采取合法的手段进行"。1992 年中共十四大报告指出："我们要建立的社会主义市场经济体制，就是要使市场在社会主义国家宏观调控下对资源配置起基础性作用，使经济活动遵循价值规律的要求，适应供求关系的变化；通过价格杠杆和竞争机制的功能，把资源配置到效益较好的环节上去，并给企业以压力和动力，实现优胜劣汰。"这就充分肯定了竞争在市场经济体制中的基础作用和重要意义。报告还指出，鉴于市场的消极方面，必须加强法制建设，引导市场健康发展。基于此，1993 年 9 月 2 日我国第八届全国人民代表大会常务委员会第三次会议通过了《反不正当竞争法》。之后，为了更好地操作和实施《反不正当竞争法》，有关部门又不断对其加以补充和完善，如国家工商行政管理局1993年12月24日发布了《关于禁止有奖销售活动中不正当竞争行为的若干规定》，于1993年12月24日发布了《关于禁止公用企业限制竞争行为的若干规定》，1995年7月6日发布了《关于禁止仿冒知名商品特有的名称、包装、装潢的不正当竞争行为的若干规定》，1995年11月23日发布了《关于禁止侵犯商业秘密行为的若干规定》（1998年修订），1996年11月15日发布了《关于禁止商业贿赂行为的暂行规定》，1998年1月6日发布了《关于禁止串通招标投标行为的暂行规定》，等等。另外，我国的《民法通则》第4条、第118条，2001年修订后《商标法》第52条，《专利法》第84条、第85条，《著作权法》第41条，《广告法》第4条，《产品质量法》第5条，《价格法》第14条，《招标投标法》第6条、第22条、第32条、第33条，《消费者权益保护法》第8条、第19条、第49条，《药品管理法》第59条、第61条，《食品卫生法》第22条，《刑法》第三章的第七、八节都有关于禁止不正当竞争行为的规定。此外，还有大量的行政法规，如国务院发布的《产品质量认证管理条例》，国家发改委发布的《禁止价格欺诈行为的规定》，国家技术监督局发布的《产品标识标注规定》，卫生部发布的《保健食品管理办法》，国务院和国家旅游局发布的《旅行社管理条例》。与此同时，许多地方政府也出台了适用于当地的反不正当竞争条例，如《四川省反不正当竞争条例》、《湖北省反不正当竞争条例》、《上海市反不正当竞争条例》。这些反不正当竞争方面的法律、法规和规章共同构成了我国统一的反不正当竞争法。这也说明，反不正当竞争要多法并用，综合调整，才能共达目的。

第二节　不正当竞争行为的界定

反不正当竞争法的宗旨是禁止和反对不正当竞争行为，这样，不正当竞争行为的界定就成了反不正当竞争法首要、关键而核心的内容。

由于市场充满着竞争，在市场竞争中，人们会千方百计、竭尽全力以求出奇制胜，竞争行为可谓丰富多样、变幻莫测、无奇不有，因而要判断一种竞争行为正当与否绝非易事，并且随着时代、环境、习俗和制度的变迁而越来越难以把握，人们对不正当竞争行为的界定肯定会众说纷纭、莫衷一是，以至于一些外国学者把它形象地比喻为外形千变万化的“海神”或“模糊而变幻不定的云彩”①。可见不正当竞争行为的内涵十分广泛，性质极其复杂，难以界定。

从本质上说，不正当竞争行为是一种不确定性行为，要规制这种不确定性行为必须运用不确定性概念，只有这样，才能使概念因应现实。这里应正确认识法律概念乃至法律的不确定性。长期以来，许多人都认为法律的不确定性是法的局限性所在，因为它模棱两可、似是而非，难以操作，与作为规矩准绳的法律在性质上不相吻合。其实，这是对法律确定性的极端化所造成的一种误解和偏见。法律作为一套行为规则是有限的，但它所要规范的行为是无限的，这就决定了法律是用有限的规则把握无限世界的一种方法，有限的规则要把握无限的世界就必须是普适的、抽象的，因而也可以说是模糊的、不确定的。哈特指出：法律术语“既有明确的标准情况，也有引起争议的边际情况。实际上，几乎每个用来对人类生活和周围世界的各种特征进行分类的普通词语，也都必然地产生这种区别”②。法律存在不确定性和由此引发的争议是难免的，尤其是在具体细节上更是如此。因此，法律规定应该“抓大放小”，这正如丘睿所说的：“法者，存其大纲，而其出入变化固将付之于人。”③法律不能也不应规定一切细节，毫无遗漏，必须有一定的弹性，这又如梁启超所指出的：“弹力性就法文所含之意义言之”，“法之文在乎小纪每多变迁”，“能供法官伸缩之用”④。一些所谓确定性的法律概念、一些明确具体的法律规则却刻板僵硬，无所适从。相反，不确定性的法律概念才能消解法律的僵硬性和刻板化，增加其灵活性和广普性，并具体因应无限的情形。勒内·达维德认为：“在很多领域，我们有恢复往日的明智，赞同‘人治’甚于法治的趋势，后者只能为我们的行为提供典范，无法在一切场合给予我们明确的解决办法，于是通过概括性词句的形式，公平再度行使，这些概括性词句告诫缔约人善意行为，告诫个人勿犯错误，要求政府部门不滥用权力，而经常授权法官对所受理的案件给予他认为最公平的处理。”⑤ 法律的不确定性虽然是法的局限性，但

① 曾陈明汝：《专利商标法选论》，161页，台北，台大法学丛书，第13辑。

② ［英］哈特著，张文显等译：《法律的概念》，4页，北京，中国大百科全书出版社，1996。

③ 丘睿：《大学衍义补·谨号令之颁》。

④ 《中国成文法编制之沿革》，60页，北京，中华书局，1982。

⑤ ［法］勒内·达维德著，漆竹生译：《当代主要法律体系》，2页，上海，上海译文出版社，1984。

它同时为法官“人治”留下了广泛的空间，以弥补自己的局限性，因而又成为法律的优越性。因此，因应规制对象性质的法律概念就是最恰当的法律概念；如果对象是确定的，那么规制它的法律概念就应是确定的；如果对象是模糊不定的，那么规制它的法律就应是不确定性的。如果用不确定性的法律概念去规制确定性的对象，或者用确定性的法律概念去规制不确定性的对象，都是不恰当的。

正因为不正当竞争行为是不确定性的，所以各国反不正当竞争法都用不确定性的法律概念——“一般条款”来规定不正当竞争行为。至于用哪种不确定性概念来规定不正当竞争行为却存在着差异。

1909 年德国第一次修订《反不正当竞争法》时增加了第 1 条总则性的条款，该条款规定“行为人在商业交易中以竞争为目的而违背善良风俗的行为”为不正当竞争行为；1974 年南斯拉夫《防止不正当竞争和垄断协议法》第 2 条规定：“按照本法，联合劳动组织为了从事商品交换和服务或其他经济活动，而作出的违反良好的经营风尚并给其他联合劳动组织、消费者或社会共同体带来或者能够带来损害的行为，即是不正当竞争。”这类规定把违反善良风俗的竞争行为规定为不正当竞争行为。这样规定自有其合理性。因为心存恶意、不顾礼仪、伤风败俗、不讲道德、无序竞争、损人利己，确实应该规定为不正当竞争行为。但这样规定也有其不足，核心的一点就是善良风俗不一定能够包揽无余，只有包揽无余的概念才具有最大的普适性，才能包括所有的不正当竞争行为。而善良风俗不一定包括公共秩序，最起码不很明确地包括公共秩序。特别是在一个高度“私化”的社会，私人为主、私权至上、私利神圣，维护私权、私利肯定是善良风俗，这是当然的、不言而喻的；但未必当然、也未必一致地把维护公共秩序看作是善良风俗。过去人们虔诚地笃信私人追求私人利益会受一只“看不见的手”的引导去促进公共利益形成公共秩序，这被实践证明是想当然的没有被证实的想法。现在的人们早已清醒地认识到越是私化，越可能无视、侵害公共利益和公共秩序，因而越是要强调公共利益和公共秩序。本来维护私权、私利和维护公共利益、公共秩序都是善良风俗，但由于在一个“私化”的社会，人们不会忽视私权、私利，却会有意无意地忽视公共利益和公共秩序，因而有突出强调后者的必要，所以连私法也是把善良风俗和公共秩序区别开来作一并规定的，如《法国民法典》第 6 条规定：“个人不得以特别约定违反有关公共秩序和善良风俗的法律。”《德国民法典》的制定者曾经将“善良风俗”和“公共秩序”一并规定在民法典第一草案的第 138

条中，规定违反善良风俗和公共秩序的行为无效。后来由于人们认为“公共秩序”这一概念过于不确定，因而最终通过并实施的《德国民法典》第138条删除了这一概念。[①] 这种做法实在难以令人信服，因为“善良风俗”这一概念又何尝不是“过于不确定”呢？人所共知，“善良风俗”较之“公共秩序”更加“过于不确定”。其实这种做法的理由并不仅仅是“公共秩序”这一概念过于不确定，而是“私化”的人们担忧公共秩序或者有人借公共秩序之名侵犯私权私利，公共秩序不确定就像是没被关押住的狮子一样，十分可怕，随时都有危害人的危险。人们担忧惧怕公共秩序，这在当时是可以理解的，但现在却大可不必，人们已日益认识到没有必要的公共秩序，私权私利也难以真正实现，而公共秩序不会自动形成，有特意强调的必要。所以《德国民法典》尽管删除了“公共秩序”这一概念，但并没有完全置之不顾，而是通过对“善良风俗”进行扩大解释，以涵盖公共秩序的应有之义。但这样做，似有牵强附会、含而不露、强调不够之嫌。《日本民法典》没有明确规定善良风俗，只规定了信义诚实、权利滥用禁止原则，因为这些就是善良风俗的核心内容，没有特别强调的必要。但该法在第1条规定：“私权应遵循公共福利”，意在特别强调公共秩序。我国《民法通则》在规定平等、自愿、公平、等价有偿、诚实信用原则的同时，还在第7条规定：“民事活动应当尊重社会公德，不得损害社会公共利益，破坏国家经济计划，扰乱社会经济秩序。”这些都说明，公共秩序与善良风俗有所不同，善良风俗不能完全包括公共秩序，最起码没有突出强调公共秩序。

1883年《保护工业产权巴黎公约》1925年海牙修订本第10条第2款规定：“凡在工商业活动中违反诚实经营的竞争行为即构成不正当竞争行为。”1940年葡萄牙《工业产权法》第212条规定：“凡竞争行为违反任一部门内之经济法规或诚实习惯者，均构成不正当竞争。”1986年瑞士《反不正当竞争法》规定：“不正当竞争是指任何欺骗性商业行为，或以其他手段，违反诚实信用原则的任何商业行为。”1988年西班牙《商标法》第87条规定：“任何违反工业或商业诚实交易惯例的竞争均构成不正当竞争行为。”这类规定把违反诚实信用的竞争行为规定为不正当竞争行为。这样规定也有其合理性，因为诚实信用是为人处世之本、社会交往之基、经济活动之道、工商交易之理，诚实信用原则在法

① 参见邵建东：《德国反不正当竞争法研究》，48～49页，北京，中国人民大学出版社，2001。

律原则中特别是在民法原则中被奉为“帝王条款”，是人们从事工商业活动的基本遵循，违反它就触犯了“天条”，当然是不正当竞争。但这样规定也有不合理之处，准确地说是不够全面，因为不诚实信用构成不正当竞争，但诚实信用也可能构成不正当竞争，如倾销、折扣，明码实价，货真价实，说到做到，并没有欺骗或欺诈，但这类行为构成了不正当竞争。只不过，构成的原因不是行为人不诚实信用，而是行为人心存排挤竞争对手的恶意，从而违反了善意原则。在许多人的心目中，最起码从字面上理解，从约定俗成来看，诚实信用的本义指的是实事求是、实话实说、言行一致、说到做到、不加欺骗，指的是诚意而不是善意，诚实信用与善意之间存在较大差距。诚实信用的对应词是欺骗不实，而善意的对应词是恶意，诚实信用更重实事求是，而善意更重道德评价，只要诚实无欺即可，诚实信用并不涉及其他道德评价。当然硬要说诚实信用在西文或西方本来就是善意（good faith），因而违反了善意原则同样就违反了诚实信用也可以，但这样做就扩大解释了诚实信用，超出其本义，牵强附会了。不把“good faith”翻译成“善意”而别出心裁地把它转换成“诚实信用”，西方人说的“good faith”是否就是我们所说的“诚实信用”? 还值得深思。我认为法律是大众的行为规则，法律应合乎常识，常理即法理，因此，法律及其概念术语应通俗易懂，要因循守俗，要与大众话语保持一致。

1957 年土耳其《商法》第 56 条规定：“凡以任何方式实现欺骗或违反善意原则且构成滥用经济竞争之行为者，均视为不正当竞争。”作为美国反不正当竞争法重要渊源的《兰哈姆法》（Lanham Act）第 43 条（a）规定，任何关于商品或者服务来源的虚假陈述以及任何关于商品或者服务基本性能的虚假陈述都是违法的。美国《联邦贸易委员会法》第 5 条关于不正当竞争是这样规定的，在商业中或影响商业的不公平的竞争方法是非法的；在商业中或影响商业的不公平或欺诈性行为及惯例是非法的。美国各州也颁布了《反不正当竞争和欺诈行为法》，它们大都把不正当竞争行为与欺诈行为相提并论，把欺诈行为视为不正当竞争的核心。我国《反不正当竞争法》第 2 条规定：“经营者在市场交易中，应当遵循自愿、平等、公平、诚实信用的原则，遵守公认的商业道德。本法所称的不正当竞争，是指经营者违反本法规定，损害其他经营者的合法权益，扰乱社会经济秩序的行为。”这类规定归纳起来是把违反诚实信用（尤其是欺骗）和善意原则（尤其是不公平）以及滥用权利扰乱公共秩序的行为规定为不正当竞争。这类规定十分全面，概括无余。但问题是，诚实信用、善意原则、滥用权利、公共秩序等概念都是十分宽泛的，而且它们之间相互交叉重叠，并可相互替代，因此，与其用几个十分宽泛、相互交叉重叠、可相互替代的概念来共同规定不正当竞争行为，不如用其中一个或两个关键而有代表性的概念去规定它，这样可以避免叠床架屋，累赘冗长。

那么，究竟应当用什么样的不确定性法律概念来规定不确定性的不正当竞争行为呢？笔者认为可参照《法国民法典》第 6 条——“个人不得以特别约定违反有关公共秩序和善良风俗的法律”，《日本民法典》第 90 条——“以违反公共秩序或善良风俗事项为目的的法律行为无效”，我国台湾地区“民法”第 72 条——“法律行为，有背于公共秩序或善良风俗者，无效”，作如下规定：违反公序良俗的竞争行为是不正当竞争行为。这里的“公序良俗”是公共秩序和善良风俗的总称与简称，其中公共秩序是一个社会稳定协调、和睦发展所必需的各种条件，包括国家法制、社会公德、社会公益、社会秩序，违反这些内容的竞争行为是不正当竞争行为；善良风俗是在一个社会相沿传承、众所公认并普遍恪守的友善良好的风俗习惯，在市场社会，善良风俗包括诚实信用、商业道德、与人为善、平等互利、自由交易、公平竞争等，违反这些内容的竞争行为是不正当竞争行为。并且，公序良俗的内涵能与时俱进，不断变化，日益完善。公序良俗具有深广的解释力和普适的实践力，足以涵盖各种不正当竞争行为。

为了更好地理解“违反公序良俗的竞争行为是不正当竞争行为”这一规定，避免有些人或某些行为“向一般条款逃避”，还应当从不正当竞争行为的构成要件对其加以具体把握。

1. 不正当竞争行为的主体是经营者

与经营者相对的是消费者，消费者不构成不正当竞争行为的主体。因为消费者是为生活消费的需要而购买、使用商品或者接受服务的人，消费者是上帝，是经营者的服务对象，也是其最终目的，并且与经营者相比消费者是弱者。竞争主要是经营者之间的竞争，而不是经营者与消费者之间的竞争，或者消费者与消费者之间的竞争。消费者用什么方式满足自己的需要是他（她）的权利，不碍他人，也无须干涉，不构成不正当竞争。即使消费者用不正当竞争方式满足自己的需要也无妨，因为这样不会损害经营者，反而只会激励经营者，不会损害其他消费者，反而只会引来效仿者，最终都有利于经营者改善经营，消费者能更好地得到满足。况且，消费者的消费方式正当与否应由消费者说了算，哪怕是用不正当竞争方式消费也应是消费者的权利，否则，消费者的任何挑剔、苛刻的要求都会被经营者认为是不正当的而予以否定、拒绝。再说消费者是理性经济人，之所以用不正当竞争方式满足自己的需要，其实正是因为这样才能最有效地满足自己的需要，这不仅是他（她）的权利，而且是他（她）的精明。精明的消费者培育优秀的经营者，优秀的经营者才能更好地满足消费者的需要，这正是一切经营活动的根本宗旨之所在。经营者商品或服务的改进完善，乃至人类的文明进步在很大程度上正是得力于消费者的挑剔、算计等被经营者认为是“不正当竞争”的行为。当然，极个别消费者用不正当竞争方式消费，如不按规定使用商品或接受服务，无理取闹，等等，这是滥用权利，是非理性的，后果自负，这应另当别论。

不正当竞争行为的主体之所以是经营者，是因为经营者不是自给自足者而是外施于人者，向别人提供商品或服务，不只是他自己的私事，还与他（她）人有关，影响他（她）人，关系社会。一切关涉他人的行为都不是无关紧要的，都应负有一定的义务，法律只关心也必须规范那些与他（她）人有关的行为。经营者是经济人，追求利润极大化，一般来说通过正当竞争是追求利润极大化的正道，但也是畏途，这需要付出艰苦的劳动和不懈的努力，人非圣贤，难免投机取巧，进行不正当竞争。如果能够（可以）不正当竞争就不会（想）正当竞争，这也是一条基本的行为准则。经营者出于追求利润极大化，总想“除己一家，别无他店”，“卧枕之侧，岂容他人酣睡”，视同行为冤家和对手，经营者之间难免互相排挤、恶性竞争。经营者是服务消费者的，并通过服务消费者而获得相应的回报，但经营者不是活雷锋，不会总是全心全意为人民服务，如果能够半心半意为人民服务就不会全心全意为人民服务。不正当竞争总是意味着投机取巧、偷工减料、坑蒙拐骗、缺斤少两、损人利己，低投入高回报，如果不正当竞争能达到目的，就不会有人去正当竞争，这也是经营者的“理性”，只不过是“狡黠的理性”而已。

关于这里的“经营者”，我国《反不正当竞争法》第 2 条第 3 款规定：经营者，是指从事商品经营或者营利性服务的法人、其他经济组织和个人。由该规定可见，对“经营者”的内涵不是从主体资格的角度去理解，如是否具有法定资格，有无营业执照，等等，而是从行为的角度去理解，只要实施了不正当竞争行为，不论是否具有法定资格、有无营业执照，也不论人的具体类别，包括单位的法定代表人、具体经办人、企业职工、无照经营者，等等，都是“经营者”。如 1995 年国家工商行政管理局发布的《关于禁止侵犯商业秘密行为的若干规定》的第 3 条第

4 款，将“权利人的职工违反合同约定或者违反权利人保守商业秘密的要求，披露、使用或者允许他人使用其所掌握的权利人商业秘密”，规定为侵犯商业秘密的一种形式，将内部职工直接纳入经营者的范围。

总之，从事商品经营或者营利性服务的任何“人”都可能成为不正当竞争行为的主体。

2. 不正当竞争行为是一种竞争行为

这有别于垄断和其他限制竞争行为，垄断和其他限制竞争行为本质上是一种反对竞争行为、限制竞争行为，而不正当竞争行为不是这样，它本质上依然是一种竞争行为。不正当竞争行为之所以是竞争行为，这是因为：一是不正当竞争行为是在竞争中产生的。在市场竞争中，竞争者利害攸关、生死存亡、残酷激烈，在竞争中极易产生不正当竞争，不正当竞争是竞争催化逼迫出来的。从这个角度看，没有竞争就无所谓不正当竞争，甚至就没有不正当竞争。没有竞争的压力，谁还多此一举，自讨苦吃？二是不正当竞争行为具有竞争的意图和目的。从主观因素看，是为了竞争，为了提高自己的竞争优势，而排除竞争对手，损害竞争对手，以便在竞争中胜出，获取竞争利益。这也说明不正当竞争的行为人主观上一般是有过错的，因而应受谴责。从客观形式来看，不正当竞争行为采用的是竞争的形式，最起码是冒充竞争、假借竞争而表现出来。有无竞争意图和目的，是区别不正当竞争行为与垄断和限制竞争行为以及其他侵权行为的标准之一。没有竞争意图和目的的行为不是不正当竞争行为，也许是别的什么行为，如垄断和限制竞争行为以及其他侵权行为。三是不正当竞争行为存在于竞争关系之中。如存在众多独立的经营者，具有可替代的商品或服务，消费者拥有自由选购的权利。所谓的竞争关系，无非是众多的卖者争夺特定的买者，众多的商品或服务争取特定的消费者，简言之，竞争关系就是经营者之间争夺消费者的关系。竞争关系可分为直接竞争关系和间接竞争关系，前者如同一行业、同一层次、同类商品或服务在同一区域的竞争关系；后者如不同行业、不同层次、不同的商品或服务，由于具有广泛意义上的可替代性和争夺相同的顾客而产生的各种关系。我国《反不正当竞争法》所理解和认定的是广义的竞争关系，包括以上两种。如为了扩展竞争关系，淡化竞争因素，《WIPO 1996 年关于反不正当竞争保护的示范规定》第 2 条至第 6 条将《巴黎公约》第 10 条之 2 中的“竞争者”（competitor）改为企业（enterprises），一些国家和地区还把不正当竞争行为改称为不公平交易行为。我国国家工商行政管理局在其《关于在非相同、非类似商品上擅自将他人知名商品特有的名称、包装、装潢作相同或者近似使用的定性处理问题的答复》中指出:"仿冒知名商品特有的名称、包装、装潢的不正当竞争行为一般发生在相同或类似商品上,但经营者在非相同、非类似商品上,擅自将他人知名商品特有的名称、包装、装潢作相同或者近似使用,造成或者足以造成混淆或者误认的,亦违反《反不正当竞争法》第二条规定的市场竞争原则,可以按照《反不正当竞争法》第五条第2项规定认定为不正当竞争行为,并按《反不正当竞争法》及国家工商行政管理局《关于禁止仿冒知名商品特有的名称、包装、装潢的不正当竞争行为的若干规定》的有关规定查处。"可见,法律对竞争关系的理解和认定有不断扩大的趋势。

3. 不正当竞争行为是一种不正当行为

不正当性是确认不正当竞争行为的关键而实质性的要件。据前所述,这里的"不正当性"被界定为"违反公序良俗",它的内涵是不确定的,不会有唯一的固定的确切的答案,应综合法律、政策、道德、习俗、学理、文化、情形、宗旨等各个方面,去因时制宜、因地制宜、因事制宜地具体考量,在综合分析的基础上统一评判。当然也有下列辅助的具体评判标准可供参考。比如,市场竞争的关键和核心是商品服务竞争,因此,正当竞争应是在商品服务上下工夫,像开发科技、节约成本、提高质量、改进服务、价廉物美,等等,这些都是内挖潜力,与自己过不去。反过来,不正当竞争恰恰游离于商品或服务之外大做文章,如假冒仿冒、虚假宣传、诋毁对手、侵犯商业秘密、商业贿赂,等等,这些都是外损于人,与别人过不去。因此,经营者在竞争中不是用更好的商品或服务去击败其竞争对手,而是用歪门邪道来打击竞争对手、抬高自己,往往就违反了公序良俗,构成了不正当竞争。

4. 不正当竞争行为损害多种利益

人的行为是有目的的,一切行为背后都有某种利益目标,不正当竞争行为亦然,行为人之所以实施不正当竞争行为,是因为想要达到通过正当竞争达不到的利益目标,或者不愿通过正当竞争而达到所欲的利益目标。但这些利益目标的达到总是建立在损害他人合法利益的基础之上。不正当竞争在整体上并没有增进社会利益,只不过是对现有利益的侵占挪用,甚至是减损现有利益。从本质上说,不正当竞争行为是一种损人利己、损公肥私的行为,要是没有损害他人利益和公共利益,就谈不上是不正当竞争行为。首先,不正当竞争行为损害经营者的合法利益。因为不正当竞争行为是针对经营者的,通过假冒仿冒、侵犯商业秘密、商业贿赂等不正当竞争行为提高自己的竞争优势，贬损别人的竞争优势，企图排挤竞争对手，攫取本应属于优势经营者的合法权益而归为己有，这是一种“不当得利”。其次，不正当竞争行为损害消费者的合法权益，其实损害了经营者的利益，也就同时损害了消费者的利益，因为没有了竞争的经营者，没有了优秀的经营者，就不能有效地满足消费者的需求。不正当竞争行为排挤了竞争对手，减少了经营者的数量，也就减少了商品或服务的种类，导致不是商品或服务竞相追逐消费者，而是消费者竞相追逐商品或服务，消费者缩减了甚至没有了自由选购商品或服务的权利和自由，其利益必然要受到损害。如果说这是间接损害消费者利益的话，那么像假冒仿冒、以次充好、以假当真、虚假广告、引人误解、名不副实、质次价高，就是直接损害消费者利益了。最后，不正当竞争行为还会损害社会公共利益。市场竞争是一种优胜劣汰、奖勤罚懒、惩恶扬善的优良激励机制，这是社会发展进步的促进机制。而不正当竞争行为，造成优劣不清、勤懒不明、善恶不分，造成优者不胜、劣者不汰，甚至反过来优者汰劣者胜，造成多劳不多得、少劳不少得，甚至反过来多劳多失、不劳而获，造成善无善报、恶无恶报，甚至反过来善有恶报、恶有善报。如假冒仿冒，假冒仿冒者因为假冒仿冒掩盖了自己技不如人、质次价高、经营不善等劣势，不但没有被淘汰出局，反而获得利润；而被假冒仿冒者却因此名誉扫地、经济受损，甚至被挤出市场。再如商业贿赂，一方面，行贿者通过行贿而不是基于自身的优势而获得了交易机会；另一方面，本来具有优势的经营者却因为没有行贿而被不公平地剥夺了本应属于它的交易机会，市场交易成了以贿赂的方式去推销假冒伪劣商品或服务，而不是商品或服务本身的自行销售，市场竞争成了有无贿赂或贿赂多少的竞争而不是商品或服务本身的公平竞争。此外，不正当竞争行为的背后往往存在着官商勾结、权钱交易，导致政治腐败，毒化社会风气。总之，不正当竞争行为扭曲了正当竞争机制，破坏了公平竞争秩序，损害了正当竞争这一社会发展进步机制，必然要损害社会公共利益。

第三节 不正当竞争行为的类型

不正当竞争行为的类型众多，现根据我国《反不正当竞争法》的相关规定，逐一详加论析如下。

一、假冒仿冒商业标志的行为

商业标志，是用来区别经营者、商品或服务的记号，主要包括企业名称或者姓名，商标，商品的名称、包装、装潢，质量标志，产地标志，等等。

商业标志具有一系列重要的功能。一是识别功能，商业标志各有不同、独具特点、出众显眼、有所区别、不相混淆，通过商业标志，经营者及其商品或服务得以相互区别开来。二是广告功能，商业标志往往标新立异，引人注目，使人知晓，具有广告的功能，特别是驰名标志，更是广而告之，众所周知；凭借商业标志，使经营者、商品或服务为人所知，记忆深刻，难以忘怀，这是经营者及其商品或服务所梦寐以求的。三是品牌功能，商业标志是商业的化身，是品质的象征，是信誉的保证，商业标志树立品牌，进而使经营者、商品或服务树立起来，使其在广阔的市场上立于不倒之地。四是升值功能。商业标志是经营者之名，商业的一个基本原则是，先有名后有利，有名才（就）有利，利从名中来，利因名而生；商业标志是无形资产，是战略资源，也是财富之母，能够生生不息、保值增值，利用商业标志可以获得巨大财富。这也是为什么许多经营者要竭力创立自主品牌、知名品牌。

正是因为商业标志具有上述一系列的重要功能，才有屡禁不止的假冒仿冒商业标志的行为。这类行为分别包括假冒商业标志的行为和仿冒商业标志的行为。所谓假冒商业标志，是指假冒者直接把他人的商业标志用在自己身上或自己的商品或服务上面；所谓仿冒商业标志，是指仿冒者仿制或者仿用他人的商业标志。这两种行为都会引起经营者、商品或服务之间的混淆，导致真假难分、真伪难辨，结果，把假冒仿冒者当作是真正的经营者，把假冒仿冒的商品或服务当作是原本的商品或服务。假冒仿冒者之所以要假冒仿冒，就是因为“己不如人”、“货不如人”，并且假冒仿冒者往往是假冒伪劣商品或服务的生产者或提供者。当消费者购买假冒仿冒的商品或服务时，就直接减少了原本商品或服务的销售，当消费者购买假冒仿冒商品或服务后，由于名不副实，会受到损害。而受害的消费者却把账算到真正的经营者身上，反感、痛恨假冒仿冒的商品或服务，进而不加区分地反感、痛恨真正的经营者，进一步损害真正经营者的利益。这样就破坏了相关的商业关系，扰乱了正常的市场秩序，损害了多方的合法利益，因而是一种不正当竞争行为，必须予以反对或禁止。我国《反不正当竞争法》第5条规定：“经营者不得采用下列不正当手段从事市场交易，损害竞争对手：（一）假冒他人的注册商标；（二）擅自使用知名商品特有的名称、包装、装潢，或者使用与知名商品近似的名称、包装、装潢，造成和他人的知名商品相混淆，使购买者误认为是该知名商品；（三）擅自使用他人的企业名称或者姓名，引人误认为是他人的商品；（四）在商品上伪造或者冒用认证标志、名优标志等质量标志，伪造产地，对商品质量作引人误解的虚假表示。”

根据上述法律规定，假冒仿冒商业标志的行为具体分为以下四种。

（一）假冒他人的注册商标

商标是经营者为使其商品或服务与他人的商品或者服务相区别而使用的一种标志。这种标志根据我国《商标法》第8条的规定，可以是任何能够将自然人、法人或者其他组织的商品或服务与他人的商品或服务区别开的可视性标志，包括文字、图形、字母、数字、三维标志和颜色组合，以及上述诸要素的组合。商标由当事人申请，经主管机关核准注册后成为注册商标。注册商标所有人依法享有注册商标专用权，并受到法律保护，任何他人不得侵犯。我国《商标法》第52条规定：有下列行为之一的，均属侵犯注册商标专用权：一是未经商标注册人的许可，在同一种商品或者类似商品上使用与其注册商标相同或者近似的商标的，具体又有四种情形，即在同一种商品上使用相同的商标，在同一种商品上使用近似的商标，在类似商品上使用相同的商标，在类似商品上使用近似的商标；二是销售侵犯注册商标专用权的商品的；三是伪造、擅自制造他人注册商标标识或者销售伪造、擅自制造的注册商标标识的；四是未经商标注册人同意，更换其注册商标并将该更换商标的商品又投入市场的；五是给他人的注册商标专用权造成其他损害的。对于上述最后一种情况，我国《商标法实施条例》第50条例解为：第一是在同一种或者类似商品上，将与他人注册商标相同或者近似的标志作为商品名称或者商品装潢使用，误导公众的；第二是故意为侵犯他人注册商标专用权行为提供仓储、运输、邮寄、隐匿等便利条件的。此外，2002年10月我国最高人民法院发布的《关于审理商标民事纠纷案件适用法律若干问题的解释》第1条也规定了三种侵犯商标专用权的行为：第一种是将与他人注册商标相同或者近似的文字，作为企业字号在相同或者类似商品上突出使用，容易使相关公众产生误解的；第二种是复制、摹仿、翻译他人注册的驰名商标或者其主要部分，在不相同或者不相类似的商品上作为商标使用，误导公众，致使该驰名商标注册人利益可能受到损害的；第三种是将与他人注册商标相同或者近似的文字注册为域名，并且通过该域名进行相关商品交易的电子商务，容易使相关公众产生误认的。

从《商标法》的上述规定可知，《商标法》通常只保护注册商标，并且除了注册的驰名商标以外，将注册商标的保护范围限定于“在同一种商品或者类似商品上使用与注册商标相同或者近似的商标”上。很显然，其保护范围过窄，因为在现实中，尚有“在不同或不类似商品上使用与注册商标相同或者近似的商标”的情况。我国《反不正当竞争法》正是以此为立足点，规定对注册商标的保护范围不以“同一种商品或者类似商品”为限，还扩展到非近似商品上。如1996年8月14日国家工商行政管理局公布的《驰名商标认定和管理暂行规定》[①] 第9条规定：“将与他人驰名商标相同或者近似的商标使用在非类似商品上，且会暗示该商品与驰名商标注册人存在某种联系，从而可能使驰名商标注册人的权益受到损害的，驰名商标注册人可以自知道或者应当知道之日起两年内，请求工商行政管理机关予以制止。”

此外，《反不正当竞争法》不仅保护注册商标，还要保护未注册商标，这是由反不正当竞争法的性质和宗旨所决定的。因为一切有利可图的东西都可能被人不正当地利用来不正当竞争，商标亦然。作为一种商业标志，注册商标与未注册商标的作用是一样的，因此问题不在于商标是否注册，而在于商标是否有利可图，尽管有利可图的商标大都已被注册，但由于种种原因如注册费用过高、注册手续烦琐、注册时间太长，等等，使得总有一些有利可图的商标尚未注册。加之，未注册商标受到的法律保护远不如注册商标，有的甚至不受法律保护，一般人还慑于法律惩罚而不敢假冒仿冒注册商标，而对于未注册商标就有恃无恐了，在实践中，未注册商标更易于并且常常被人们不正当地利用来进行不正当竞争。假冒仿冒未注册商标也会引起不正当竞争的后果，损害竞争对手，损害消费者的合法利益，反不正当竞争法理应予以反对。

应该指出的是，反不正当竞争法保护的不仅是商标，尤其不限于注册商标，而是对所有商业标志的保护，商业标志不仅包括商标、注册商标，还包括其他一切可被用来进行不正当竞争的商业标志。即使是对商

① 此暂行规定已被2003年4月17日颁布的《驰名商标认定和保护规定》废止，有关内容请参见该新规定。

标的保护，反不正当竞争法不仅是商标法的必要补充，而且是对商标包括注册商标、未注册商标更严格、更全面的保护。

（二）擅自使用知名商品特有的名称、包装、装潢

知名商品特有的名称、包装、装潢，是知名商品的标志，反映经营者的良好信誉，体现商品的卓越品质，是经营者的无形资产和巨大财源，必须依法加以保护，未经权利人许可，任何人不得擅自使用。

在判断某种行为是否构成擅自使用知名商品特有的名称、包装、装潢时，核心是要正确理解“知名商品”、“特有”和“混淆”等关键词。

1.“知名商品”

某种行为要构成擅自使用知名商品特有的名称、包装、装潢，前提是该商品必须是知名的。因为，只有知名商品才有竞争优势，才有使用价值，才能引起人们的注意，才会有人争相选购，才会有知名效应，名在利前，有名才有利，最后名利双收。而不知名商品的名称、包装、装潢没有价值，不值得使用，一个理性的经营者是不会去使用，更不用说擅自使用不知名商品的名称、包装、装潢的。

那么，如何界定“知名商品”呢？国家工商行政管理局《关于禁止仿冒知名商品特有的名称、包装、装潢的不正当竞争行为的若干规定》第3条第1款对此解释道：“本规定所称知名商品，是指在市场上具有一定知名度，为相关公众所知悉的商品。”第4条第1款规定了一个商品知名与否的认定标准：“商品的名称、包装、装潢被他人擅自作相同或者近似使用，足以造成购买者误认的，该商品即可认定为知名商品。”这实质上是一种“反推标准”——只有知名商品的名称、包装、装潢才会被人擅自使用，不知名商品的名称、包装、装潢不会被人擅自使用，因此被他人擅自使用名称、包装、装潢的商品肯定是知名商品。这一认定标准自有道理，也易于操作，但不能排除被他人擅自使用名称、包装、装潢的商品并不是知名商品，或者暂时还不是知名商品但将来可能成为知名商品的少数特殊情况。在这方面，《上海市反不正当竞争条例》第8条第2款规定的认定标准更为具体。它规定：“知名商品是指：（1）使用经认定的驰名商标或者著名商标的商品；（2）经国家有关行政机关、行业总会认可的在国际评奖活动中获奖的商品；（3）为相关消费者所共知、具有一定市场占有率和较高知名度的商品。”

此外，知名商品的认定还可以参考以下因素：一是使用时间，知名商品应经得起时间的考验，是时间筛选出来的，是历史形成的，经久不

衰的“百年老字号”大多是知名商品，那种昙花一现的匆匆过客不可能是知名商品。二是地域范围，知名商品应该冲破地域，到处落户，驰骋四海，走遍天下，越是地域广阔的商品越是知名商品，就像丰田车一样，“有路必有丰田车”。那种闭门不出，行销不畅，囿于一域，地域狭小的商品不可能是知名商品。三是广告数量，“瓜甜还得吆喝着卖”，“瓜甜还要吆喝得好”，知名商品也离不开广告，特别是商品在知名前和知名中更是如此，有些知名商品是因为广告而知名的，广告数量越大越多的商品越是知名商品，那种自认为“酒香不怕巷子深”、小打小闹的商品不可能是知名商品。四是销售数额，生产商品是为了出卖，从而收回成本赚取利润，因此销售数额越大的商品购买的人就越多，越是知名商品，销售数额很小甚至根本卖不出去的商品不可能是知名商品。五是消费者口碑，商品是为消费者消费的，所谓的知名商品最终是指为消费者所知，为消费者并且是为一般消费者所知，家喻户晓，妇孺皆知，才是真正的知名。在某种意义上可以说，消费者的口碑是认定知名商品最重要的标准，即所谓的“金杯银杯不如消费者的口碑”，消费者一传十、十传百，无穷无尽，以至于“天下谁人不识君”，这样的商品才是真正的知名商品。

从这里也可以看出反不正当竞争法与商标法的不同。前者使用的是“知名商品”，而后者使用的是“驰名商标”。按照这两个词的本义，“知名”是知道名字，“驰名”是名声远播，“知名”在知名度上不如“驰名”有名，“驰名”是非常“知名”，“知名商品”比使用“驰名商标”的商品要多得多。因此，反不正当竞争法保护的不仅是使用“驰名商标”的商品，还包括不“驰名”但“知名”的商品，它的保护范围要比商标法大的多。

2. “特有性”

我国《反不正当竞争法》第 5 条第 2 项所保护的知名商品的名称、包装、装潢必须具有“特有性”。

所谓“特有性”，国家工商行政管理局《关于禁止仿冒知名商品特有的名称、包装、装潢的不正当竞争行为的若干规定》第 3 条第 2 款规定，“是指商品名称、包装、装潢非为相关商品所通用，并具有显著的区别性特征”。简言之，“特有性”指的是非通用性、显著性和区别性的统一。非通用性，要求独一无二、新奇独特，与众不同；显著性，要求显要卓著、超凡出众、一目了然；区别性，要求区分开来、清晰别出、便于识别。三者密切相关，不可或缺。

在司法实践中，认定“特有性”，应参考以下几个方面：

(1) 使用在先原则

商业标志作为一种资源也是有限的，谁使用在先，就由谁独占，归谁特有，其他人不能使用，否则就会引起混淆，故商业标志具有排他性和唯一性；商业标志要具有标识作用，要与众不同，就应具有相当的创新性，一般说来，先行使用，易于发明创造，开拓创新，较有特有性，而后来者难以创新出奇。因此，使用在先，抢占先机，是形成和具有特有性的重要因素，大致说来，使用在先者往往具有特有性。国家工商行政管理局《关于禁止仿冒知名商品特有的名称、包装、装潢的不正当竞争行为的若干规定》第 4 条第 2 款规定："特有的商品名称、包装、装潢应当依照使用在先的原则予以认定。"值得注意的是，这只是原则，不能排除例外，有许多使用在先者并不具有特有性，也有许多使用在后者却具有特有性。使用在先并不是特有性的内在要素，而只是认定特有性的外在标准之一，只是可能性，并非必然性。

(2) 特定化含义

有的商业标志在开始使用时，并不具有特有性，但经过长期使用、大量广告，有口皆碑，有目共睹，约定俗成，在人们的心目中逐渐具有特定的含义，使世人一见到该商业标志就会油然地与特定商家、特定商品联系等同起来。如"非常可乐"，无论是"非常"还是"可乐"都只是一个普通的形容词，"非常可乐"充其量只是一种夸张的描述，但在人们的心目中它已经特定化为一种知名的饮料。还有"茅台"，原本只是一个小地名，但由于这里生产一种特别有名的酒——"茅台酒"，因而人们说到"茅台"更多的不是指"茅台"这个地名，而是指"茅台酒"这个商品。再如"999"，只是一组普通得不能再普通的阿拉伯数字，不具有任何特定含义，也难以同什么商家商品联系等同起来，但人们一说到"999"不是在说一组阿拉伯数字，而是在说一种药品，即"三九胃泰"。再如"555"牌香烟、"1537"国窖也是这样。

(3) 进行市场调查

某种商业标志是否具有特有性，从根本上看，取决于人们是否会将某种商业标志与特定商家、特定商品联系等同起来，为此，可以进行民意测验或市场调查。如果会，那么就具有特有性；如果不会，那么就不具有特有性。应该说，这是认定某种商业标志是否具有特有性的最后但也是最权威的方法。

3. "混淆"

《反不正当竞争法》第 5 条第 2 款所规定的"造成和他人知名商品

相混淆，使购买者误认为是该知名商品”，实质上说的就是“混淆”。判定是否发生混淆，对于认定擅自使用他人商业标志这种不正当竞争行为具有重要意义。

所谓的混淆，大致有三种情况：一是商业来源的混淆，即人们将该仿冒的商品或服务误认为是另一商业标志所有人的商品或服务，两者来源于同一商家。如将甲商品误认为是乙商品，而甲乙两种商品都来源于A商家。二是关联关系的混淆，即人们误认为相同或相近的商业标志的使用者之间存在着密切关系。如误认为甲、乙两企业之间是母子公司关系，或者AB两种商品或服务之间存在关联关系。三是其他混淆，如人们误认为一件商业标志是另一件商业标志的变化形态，或者两件商业标志属于同一个系列；再如人们对仿冒的商业标志与其他商业标志产生联想而导致混淆，等等。

从《反不正当竞争法》第5条第2项的规定来看，它指的是现实混淆，但从《反不正当竞争法》的立法宗旨来看，如果要防患于未然，就应当还包括可能混淆。国家工商行政管理局《关于禁止仿冒知名商品特有的名称、包装、装潢的不正当竞争行为的若干规定》第2条第2款规定：“前款所称购买者误认为是该知名商品，包括足以使购买者误认为是该知名商品。”这里所说的“足以”，指的就是可能混淆这个意思。对于这种不正当竞争行为，可能混淆或者说存在混淆危险即可。

造成混淆有各种原因，其中主要是商业标志相同或相近。商业标志相同必然引起混淆，商业标志相近也可能引起混淆，并且商业标志越是相近，引起混淆的可能性就越大，反之亦然。一般来说，人们更多注意的是商业标志的主要部分和整体印象，而不太注意其细枝末节和微妙差别，因此，只要商业标志的主要部分和整体印象相近，就可能引起混淆。国家工商行政管理局《关于禁止仿冒知名商品特有的名称、包装、装潢的不正当竞争行为的若干规定》第5条规定：“对使用与知名商品近似的名称、包装、装潢，可以根据主要部分和整体印象相近”认定，而不要求完全一样和全部相同。如1998年，山东的一些扒鸡厂家在市场上出售一种塑料软包装的扒鸡，在其包装上使用了“仝聚德”三字。后来，山东和北京的工商行政管理部门对有关的扒鸡厂家进行了查处。根据就是“仝聚德”与知名品牌“全聚德”相混淆，使人误认为那些扒鸡是“全聚德”生产的，而这里的混淆指的就是“商业标志的主要部分和整体印象相近”。

至于认定混淆，不是根据行为人或当事人，而是根据一般人特别是普通消费者的识别能力进行。人们的识别能力大不相同，识别能力强的人，火眼金睛、明察秋毫、洞察幽微，对什么事情都识别得清清楚楚，难以引起混淆，但这种人总是极少数，往往只限于某些专业人员，如一些鉴赏家；识别能力差的人，目光如豆、盲人摸象、似是而非、囫囵吞枣，对什么都不加区分，可能发生混淆，但这种人也是极少数，而且往往是某些生理或智力有障碍的人。以上两种人都是少数特例，可以忽略不计，也未足为凭。识别能力居中的人，生理健全、智力中常，有鉴别能力，能分清彼此，有所区别，但也不是什么东西都能区分得一清二楚、秋毫不差。应该说，这种人是绝大部分人，具有代表性，如果他们发生混淆了那就确实发生混淆了。如 1997 年广东省中山市工商局认为 SONYO 侵犯了 SONY 的商标专用权。2003 年日本 SONY 公司指控中国某公司使用的商标 SQNY 侵犯其商标专用权，但中国公司辩称，它们的商品是在香港销售的，SQNY 与 SONY 是否会发生混淆，应由香港人去判断。它们还举例说，在香港既有 JVC 字样的电子产品，也有 JNC 字样的电子产品，但香港人不认为一家企业侵犯了另一家企业的商标专用权。对上述案例就要依据一般消费者的识别能力去判断。国家工商行政管理局《关于禁止仿冒知名商品特有的名称、包装、装潢的不正当竞争行为的若干规定》第 5 条规定，是否发生混淆，根据“一般购买者施以普通注意力会发生误认等综合分析认定。一般购买者已经发生误认或者混淆的，可以认定为近似”。

（三）擅自使用他人的企业名称或者姓名，引人误认为是他人的商品

名称或者姓名是人们用来区别事物的重要标志。企业的名称或者姓名是企业相互区别的商业标志，企业对自己的名称或者姓名享有专用权，依法受到法律保护，任何他人不得侵犯。我国《民法通则》第 99 条规定：“公民享有姓名权，有权决定、使用和依照规定改变自己的姓名，禁止他人干涉、盗用、假冒。法人、个体工商户、个人合伙享有名称权。企业法人、个体工商户、个人合伙有权使用、依法转让自己的名称。”企业的名称或者姓名，不仅是企业区别的标志，也是企业行为的载体，还是企业商品的别名，更是企业商誉的表征，因此就不仅具有民事性质，而且具有商事性质和竞争意义，不仅要受到民法、商法的保护，还要受到竞争法的保护。

知名企业的名称或者姓名，大名鼎鼎、如雷贯耳、家喻户晓、魅力无穷、应者云集，这既是市场竞争的结果，也是市场竞争的优势，还是

市场竞争的依凭。正因为如此，才有擅自使用他人的企业名称或者姓名引起商品混淆的行为。这种行为具体说来主要有以下几种形式：一是行为人擅自使用他人的企业名称或者姓名来径称自己，使人把行为人误认为他本人；二是行为人擅自使用他人的企业名称或者姓名来径称第三人，使人把第三人误认为他本人；三是行为人擅自使用他人的企业名称或者姓名来径称某种商品，使人将该商品与他本人混淆起来。但这三种形式，都是知名度小（低）的企业擅自使用知名度大（高）的企业名称或者姓名。由于市场竞争的一切都可以归结为商品的竞争，在商品上见高低、看分晓，所以，各种擅自使用企业名称或者姓名的终极目的都是为了导致商品混淆，使不知名商品混淆为知名商品。

擅自使用他人的企业名称或者姓名，导致商品混淆，不仅侵犯了企业的名称权或者姓名权，而且误导社会公众，损害消费者的合法权益。可以说，擅自使用他人的企业名称或者姓名，可能会混淆一切，导致市场大乱，贻害无穷，必须依法禁止和反对。我国《企业名称登记管理规定》第 27 条规定："擅自使用他人已经登记注册的企业名称或者有其他侵犯他人企业名称专用权行为的，被侵权人可以向侵权人所在地登记主管机关要求处理。登记主管机关有权责令侵权人停止侵权行为，赔偿被侵权人因该侵权行为所遭受的损失，没收非法所得并处以五千元以上、五万元以下的罚款。对侵犯他人企业名称权的，被侵权人也可以直接向人民法院起诉。"

（四）在商品上伪造或者冒用认证标志、名优标志等质量标志，伪造产地，对商品质量作引人误解的虚假表示

认证标志是产品质量认证机构准许经其认证为产品质量合格的企业在其商品上使用的一种质量标志。由于产品质量认证机构"必须具备相应的检测条件和能力，经省级以上人民政府产品质量监督管理部门或者其授权的部门考核合格后，方可承担产品质量检验工作"，所以，产品质量认证机构是专业的权威机构，它们有组织地监督抽查产品质量，并公布结果，值得人们信赖，其颁发的认证标志具有重要的指导作用和参考价值。

世界各国普遍实行产品质量认证制度。我国《产品质量法》第 14 条规定："国家根据国际通用的质量管理标准，推行企业质量体系认证制度。企业根据自愿原则可以向国务院产品质量监督管理部门认可的或者国务院产品质量监督管理部门授权的部门认可的认证机构申请企业质

量体系认证。经认证合格的，由认证机构颁发企业质量体系认证证书。国家参照国际先进的产品标准和技术要求，推行产品质量认证制度。企业根据自愿原则可以向国务院产品质量监督管理部门认可的或者国务院产品质量监督管理部门授权的部门认可的认证机构申请产品质量认证。经认证合格的，由认证机构颁发产品质量认证证书，准许企业在产品或者其包装上使用产品质量认证标志。”目前，我国的认证标志主要有作为电子产品专用标志的长城标志，作为电子元器件专用认证标志的PRC标志，作为合格认证标志和安全认证标志的方圆标志、绿色食品标志、纯羊毛标志，等等。

名优标志也是产品的质量标志，一般说来，经过权威专业机构或者消费者大众评选出来的名优产品大都是名副其实的，名优产品适配名优标志。

准许使用认证标志和名优标志的商品是产品质量合格、社会知名度高、公众口碑好、受消费者青睐、市场占有率大的名优产品。人们往往把认证标志、名优标志与名优产品联系等同起来，“以貌取人”、“以证购物”、“按图索骥”，根据认证标志、名优标志去认购商品，足见认证标志、名优标志的巨大影响力。

也正因为如此，才滋生在商品上伪造或冒用认证标志、名优标志等质量标志的行为。如在未被认证的产品上使用认证标志，在产品上使用其原本无权使用的认证标志，伪造并不存在的商业标志，等等。这种行为把质量不合格的产品贴上认证标志，把伪劣产品贴上名优标志，弄虚作假，名不副实，“挂羊头卖狗肉”，误导社会公众，欺骗消费者，同时也会损害被认证企业和商品的声誉和利益，妨碍其正常经营，而且动荡社会信用，毒化社会风气，危害甚大，因而是一种不正当竞争行为，必须依法予以反对。

任何商品都是一定地域空间的产物，没有飞来之物，也就是说商品都有产地，并且商品的产地往往要标注在商品上，如一些商品上标注有“Made in China”。所谓产地，国家技术监督局1997年11月7日发布的《产品标识标注规定》中规定：“本规定所称产地，是指产品的最终制作地、加工地或者组装地。”1998年9月25日通过的《湖北省反不正当竞争条例》第9条第2款进一步具体规定：“本条例所称产地是指商品最终形成的行政区划名称或者地名，包括工业产品的制作地、加工地或者组装地，农副产品、中药材、矿产品等商品的生产地、养殖地或者自然形成地。”

俗话说,“一方水土养一方人”,其实商品亦然,特定的地理环境生产特定的商品,“一方水土产一种商品”,“橘生淮南则为橘,橘生淮北则为枯”,离开特定的地理环境就不能生产出相应的商品,所以产地是决定商品品质的重要因素,与商品品质有着密切关系,有些名优产品之所以是名优产品,就是因为它来源于特定的产地。产地标志是商品品质的重要标志。著名产地是名优产品的标志,如法国香槟(Champagne,为法国北部的一个省)、苏格兰威士忌、慕尼黑啤酒、中国茅台、西湖龙井、景德镇瓷器,等等,都是特定产地的知名商品,也都具有显著的市场竞争优势。

也正因为如此,才有伪造产地这种不正当竞争行为,这种行为大致有以下几种表现形式:一是将特定的产地标志用于并非来源于该产地的商品上,如中国生产的葡萄酒却使用“Champagne”或“香槟”字样;中国生产的香水却标注“来自巴黎”(de paris);温州生产的服装产地却标注为上海,等等。二是将具有特殊品质要求的产地标志用于并未达到该要求的商品上,如在酒瓶上标注“苏格兰威士忌”这一产地标志,而该标志不仅要求该酒产于苏格兰,而且要求达到规定的窖藏年限。未达到此要求的不得使用,否则就是伪造产地。三是将具有特别声誉的产地标志用于其他来源的商品上,如德国一家经销法国进口矿泉水的企业,在其经营的矿泉水瓶标签上附加“矿泉水中的香槟酒”[①],即是如此。

这种伪造产地行为,会误导社会公众,欺骗消费者,损害真正有权使用该产地标志的经营者的声誉和利益,必须依法予以反对。《湖北省反不正当竞争条例》第9条第1款规定:“经营者不得销售伪造产地或者对产地作虚假表示的商品;不得有下列伪造产地或者对产地作虚假表示的行为:(一)不按照行政区划标注产地;(二)联营产品不标注生产企业产地,而标注联营成员企业产地;(三)不以中文标注产地。”这些都是要求在产品上必须如实具体地标注产品的实际生产地。

市场竞争是商品竞争,商品竞争是质量竞争,质量是商品的生命、竞争的关键,质量优的产品明显具有竞争优势,这就使得不少经营者为了提高自己商品的竞争优势,对商品质量作引人误解的虚假表示,如对商品的原料成分、制作过程、技术工艺、品质性能、生产日期、有效期

① 参见邵建东:《德国反不正当竞争法研究》,275~276页,北京,中国人民大学出版社,2001。

限、适用范围等作夸大失实的标注，使消费者难以准确了解商品的真实情况，进而误导欺骗消费者，损害消费者合法权益，必须依法予以反对。我国《产品质量法》第27条规定：“产品或者其包装上的标识必须真实，并符合下列要求：（一）有产品质量检验合格证明；（二）有中文标明的产品名称、生产厂厂名和厂址；（三）根据产品的特点和使用要求，需要标明产品规格、等级、所含主要成分的名称和含量的，用中文相应予以标明；需要事先让消费者知晓的，应当在外包装上标明，或者预先向消费者提供有关资料；（四）限期使用的产品，应当在显著位置清晰地标明生产日期和安全使用期或者失效日期；（五）使用不当，容易造成产品本身损坏或者可能危及人身、财产安全的产品，应当有警示标志或者中文警示说明。裸装的食品和其他根据产品的特点难以附加标识的裸装产品，可以不附加产品标识。”以上凡是能够标识的内容必须如实标明，否则要承担相应的法律责任，我国《产品质量法》第54条规定：“产品标识不符合本法第二十七条规定的，责令改正；有包装的产品标识不符合本法第二十七条第（四）项、第（五）项规定，情节严重的，责令停止生产、销售，并处违法生产、销售产品货值金额百分之三十以下的罚款；有违法所得的，并处没收违法所得。”

假冒仿冒商业标志行为是一种严重的不正当竞争行为。对于假冒仿冒商业标志的行为，要追究相应的法律责任，我国《反不正当竞争法》第21条规定：“经营者假冒他人的注册商标，擅自使用他人的企业名称或者姓名，伪造或者冒用认证标志、名优标志等质量标志，伪造产地，对商品质量作引人误解的虚假表示的，依照《中华人民共和国商标法》、《中华人民共和国产品质量法》的规定处罚。经营者擅自使用知名商品特有的名称、包装、装潢，或者使用与知名商品近似的名称、包装、装潢，造成和他人的知名商品相混淆，使购买者误认为是该知名商品的，监督检查部门应当责令停止违法行为，没收违法所得，可以根据情节处以违法所得一倍以上三倍以下的罚款；情节严重的，可以吊销营业执照；销售伪劣商品，构成犯罪的，依法追究刑事责任。”

二、商业贿赂行为

商业贿赂是贿赂的一种，是指经营者为了销售或购买商品而采用财物或者其他手段买通对方单位或者个人的行为。

商业贿赂行为具有许多弊端和严重危害：其一，公平的市场竞争是实力竞争，优胜劣汰，交易机会只会光顾那些优势者和优胜者。而商业贿赂的盛行，使得原本具有优势但不进行商业贿赂的经营者失去交易机会，而原本不具有优势但进行商业贿赂的经营者获得了交易机会，导致机会不公。这是打击先进而鼓励落后，不是优胜劣汰而是优汰劣胜，严重地扭曲了市场竞争机制，破坏了公平竞争秩序。其二，市场竞争是商品竞争，谁优谁劣、谁胜谁败，最终应由商品说了算。但在商业贿赂盛行的情况下，交易相对人不是根据对经营者商品质量、价格、服务等的客观比较而是看有无贿赂和贿赂多少来决定是否与之交易，结果，不是与商品质量高、价格低、服务好的经营者发生交易，而是谁给的贿赂多就与谁发生交易。市场竞争已不是商品竞争而是贿赂比赛，这样就使经营者的注意力不是集中于商品努力上而是转移到了如何贿赂上，这已经违背了经营者的本质和使命。其三，“羊毛出在羊身上”，商业贿赂中所采用的财物或者其他手段最终都要转嫁到消费者身上，由消费者承担，如商品价格提高，价格水平上涨，消费者花了高价却购买质次商品。此外，由于商业贿赂，剥夺了价廉物美商品的交易机会和销售可能，而假冒伪劣商品充斥于市，限制了消费者的选购自由，使得消费者不能优中选优，只能退而求其次，不能完全有效地满足消费者的需求，这些都严重地损害着消费者的利益。其四，商业贿赂是受贿单位的职员背着单位擅自收受贿赂，是以牺牲单位的利益换取个人的好处，职员缺乏对自己单位应有的忠诚和敬业精神，如果贿赂盛行，势必鼓励职员背叛自己的单位，损公肥私，损人利己，这违背了基本的商业道德。贿赂的结果是受贿单位花了高价钱却购买了质次量少的商品，甚至是假冒伪劣商品，当假冒伪劣商品给消费者造成损害以后，受贿单位还得赔偿消费者的损失。所有这些都会损害受贿单位的利益。其五，商业贿赂的对象大多是公职人员和企业管理人员，拉他们下水，引发社会腐败，毒化社会风气。可见，商业贿赂是一种严重的不正当竞争行为，必须依法予以反对。我国《反不正当竞争法》第8条规定：“经营者不得采用财物或者其他手段进行贿赂以销售或者购买商品。在账外暗中给予对方单位或者个人回扣的，以行贿论处；对方单位或者个人在账外暗中收受回扣的，以受贿论处。”

根据以上规定，商业贿赂包括商业行贿和商业受贿两种行为，它们有不同的构成要件。

（一）商业行贿

商业行贿的构成要件如下：

1. 商业行贿的主体是经营者

所谓经营者是指从事经营活动、市场交易的人，如果主体不是经营者，那么就不是商业行贿，而可能是其他行贿，如政治行贿。经营者是“经济人”，信奉私利至上，追求效益极大化，为了获取或扩大交易机会，可能不择手段，包括行贿。在发达的市场经济中，任何经营活动都不可能是独家经营而是多家经营，经营者处于激烈的竞争之中，为了在竞争中制胜，都可能利用行贿手段寻求获取交易机会，那些处于不利地位、机会难得的经营者，尤其如此。因此，几乎所有的经营者，都可能成为商业行贿的主体，并且这里的经营者既包括自然人，也包括法人，还包括非法人组织。这里的“经营者”不一定是经营者本人，如企业主、厂长、法定代表人或其他代理人，也可以是经营者所指派的人或是经营者的职工，因为他们受雇于经营者，行贿也是为了经营者，所以《关于禁止商业贿赂行为的暂行规定》第3条规定，经营者的职工采用商业贿赂手段为经营者销售或者购买商品的行为，应当认定为经营者的行为。

2. 主观上是故意

行为人知道自己是在行贿，并与对方暗中达成“非法协议”，一方给予好处是为了另一方的对等给付，即获取优于其他竞争对手的交易机会或好处。而且，行为人意识到，这样做会不正当地剥夺了本应属于其他优秀竞争者的交易机会，破坏了市场公平竞争，是明知故犯，是有意为之。

3. 客观方面表现为经营者采用财物或其他手段进行贿赂

具体说来：一是这种行为发生在商业交易中，包括一切追求经济目的的商业行为，这区别于其他贿赂行为。二是这种行为的手段是采用财物或其他手段，这些手段都属于“利益”的范畴，包括物质利益，如促销费、宣传费、手续费、赞助费、劳务费、咨询费、佣金、酬金、回扣、优惠、送股，也包括非物质利益，如提供各种服务、颁发勋章或授予荣誉称号，等等，这些利益能够给受贿人带来好处，只要这些好处足以影响受贿人改变交易决定，使行贿人获得原本不可能获得的交易机会即可。三是这种行为的对象是企业的职员或受托人，他们根据合同或公司章程具体负责或从事商业交易。但企业主本人不能成为受贿主体，因为企业主按什么方式同谁交易，这属于他私人自治的权利。四是这种行为的性质是行贿，为了谋取不正当利益，用财物等手段买通他人。如果公平竞争，行贿人不可能获得该交易机会，根据法律，受贿人也无权获得该利益。只是因为行贿人行贿，才获得受贿人给予的优待，行贿与优待之间存在因果关系，行贿在先，优待在后。当然，也有优待在前、行贿在后的情况。五是这种行为的目的是销售或购买商品。在买方市场情况下，是为了销售商品；在卖方市场情况下，是为了购买商品。这也是商业行贿与其他行贿的根本区别之所在。不过，对这里的“销售或购买商品”应作扩大解析，可解析为有利于行贿者的各种好处，只要达到了行贿者的行贿目的即可。如体育比赛中的“黑哨”行为，参赛者向裁判行贿，虽然表面上并不是为了销售或购买商品，而是为了获胜。但在体育比赛已经高度商业化、市场化的情况下，获胜就获得了交易机会（如参赛资格、签约机会），获得了这些交易机会就获得了与销售或购买商品一样的好处。

（二）商业受贿

商业受贿的构成要件如下：

1. 主体是企业的职员或受托人

根据法律或有关约定，他们负责交易活动，享有交易决定权，给谁交易机会，同谁交易，由他们决定，因而只有他们才可能成为受贿主体。不负责交易活动、没有交易决定权的人，不可能成为受贿主体，因为向他们行贿达不到目的，不能获得相对等的交易机会。如前所述，企业主本人不构成受贿主体，因为同谁交易是企业主的私人自治权，况且受贿的结果是损害企业的利益，而企业是企业主的，损害企业的利益就是损害企业主的利益，一般说来，这是企业主所不愿为之的，不仅如此，企业主还会竭力防止其职员受贿。因此，商业贿赂发生在公有或国有企业中的概率要远远大于发生在私有民营企业间的概率。企业的职员或受托人，应依照法律或有关约定，本着“善良家父”的职责管理企业或委托人所委托的事项，出于谋求企业或委托人利益最大化的宗旨，去寻找选择对企业或委托人最有利的交易人进行交易。但他们为了一己私利，接受贿赂，不惜牺牲企业或委托人的利益，剥夺其他竞争者的交易机会，不正当地与并非对企业或委托人最有利的人进行交易。受贿的后果是严重失职，滥用职权，损人利己，损公肥私。

2. 客观方面表现为受贿人索取、收受特定利益

索取是一种单方面的主动的意思表示，表明自己需要某种利益，并将这种利益作为向行贿人提供不正当优待的对等给付。这种表示既可以是明示的，也可以是默示的；既可以是直接表示，也可以是间接表示，

只要行贿人心领神会即可。收受，是受贿人实际收取受领特定利益，归其所有。收受方式既可以由本人收受，也可以由本人的近亲属收受，还可以由本人委托或指定的人收受，甚至可以把特定利益置于本人所能控制的领域内，如办公室、家中，只要本人知道即可。

3. 主观上是故意

行为人知道自己索取收受特定利益，是为了在竞争中不正当地优待行贿人。知道这样做会破坏公平竞争，会损害其他竞争者的权益，但依然决意为之。

值得指出的是，我国《反不正当竞争法》第 8 条第 1 款后段规定账外暗中给予或收受回扣是商业贿赂的一种形式。从这一规定可知，回扣是指在市场交易过程中，经营者一方从交易所得中提取一定比例的现金或其他利益，在“账外暗中”给予对方单位或个人的不正当竞争行为。回扣不同于折扣，折扣可以明码标价，公开进行；而回扣是发生在所谓“账外暗中”，是指未在有关财务会计账簿中如实公开记载收支情况。但由于回扣的给予或收受一般都是心照不宣、互为默契、私下秘密，也即“账外暗中”进行的，就像所有的贿赂都是非公开进行的一样。因此特别强调“账外暗中”意义不大。即使不是“账外暗中”给予或收受回扣，但只要是为了销售或者购买商品而进行的，同样构成商业贿赂，如果是“账内公开”给予或收受回扣，应该说，与“账外暗中”给予或收受回扣相比，性质更为嚣张恶劣，更是构成商业贿赂，可见，“账外暗中”不是商业贿赂的构成要件。此外，如此规定，在实践中，还增加了理解一般商业贿赂行为与回扣关系的困难，不易认定，也不便操作。因此，关于回扣的规定实属没有必要，完全可以删去。

商业贿赂是一种严重的不正当竞争行为，对于商业贿赂行为，要追究相应的法律责任。我国《反不正当竞争法》第 22 条规定：“经营者采用财物或者其他手段进行贿赂以销售或者购买商品，构成犯罪的，依法追究刑事责任；不构成犯罪的，监督检查部门可以根据情节处以一万元以上二十万元以下的罚款，有违法所得的，予以没收。”

三、引人误解的虚假宣传

现代市场，商品丰富，竞争激烈，“瓜好还得吆喝着卖”，经营者必须宣传自己，广而告之，引起社会公众的关注，激发消费者的消费欲望。现代社会是信息社会，信息是经济活动的基础，尤其是决策的依据，“信息乃商机”，要抓住商机必须掌握信息，而宣传是信息传播的媒介，通过宣传为社会公众提供信息，影响消费者的消费决策。宣传是经营者与消费者之间的“牵线人”，是经营者吸引抓住消费者的“魔术师”。宣传是经营者推销商品、促进流通、扩大生产、提升优势、增长发展的有效手段。经营者应该同时是宣传者、宣传队。

一切有利可图的东西都难免被人滥用，宣传亦然。上述宣传被不法之徒加以滥用，作引人误解的虚假宣传。这类宣传向消费者提供虚假信息，弄假成真，诱使消费者上当受骗，直接损害其合法权益；这类宣传说无为有，说劣为优，说少为多，说低为高，弄虚作假，欺诈不实，违背了诚实信用这一基本的市场准则，是一种不正当竞争行为；该宣传者骗取了本不应属于他（她）的交易机会，也就剥夺了本应属于其他经营者应得的交易机会，妨碍了优胜劣汰的竞争法则，并且这类宣传往往是抬高自己、贬低对手，破坏了市场公平竞争秩序。因此，必须依法反对这类行为。我国《反不正当竞争法》第 9 条规定：“经营者不得利用广告或者其他方法，对商品的质量、制作成分、性能、用途、生产者、有效期限、产地等作引人误解的虚假宣传。”

由于广告是商业宣传的主要形式，引人误解的虚假宣传主要就是引人误解的虚假广告，所以同条特别规定：“广告的经营者不得在明知或者应知的情况下，代理、设计、制作、发布虚假广告。”我国《广告法》第 3 条规定：“广告应当真实、合法。”第 4 条规定：“广告不得含有虚假的内容，不得欺骗和误导消费者。”第 12 条规定：“广告不得贬低其他生产经营者的商品或者服务。”第 21 条规定：“广告主、广告经营者、广告发布者不得在广告活动中进行任何形式的不正当竞争。”

引人误解的虚假宣传构成要件如下：

1. 主体是经营者

一方面，只有经营商品或提供服务的人才有商品或服务需要推销，才需要进行宣传，才可能进行引人误解的虚假宣传；另一方面，任何经营商品或提供服务的人为了推销其商品或服务都可能进行宣传，都可能进行引人误解的虚假宣传，因此引人误解的虚假宣传的行为主体是经营者。不是经营者不必也不会进行宣传，更不会进行引人误解的虚假宣传，不是经营者所进行的引人误解的虚假宣传是别的什么宣传，如政治宣传，不是这里所说的经济上或商业上的为了推销商品或服务的引人误解的虚假宣传。这里的经营者是任何从事经营商品或服务的人，包括自然人、法人和非法人组织。

2. 引人误解

引人误解有种种情形，大致说来，主要有以下几种情形：

一是对经营者的误解，如误认 A 企业为 B 企业，其中主要是把历史短的企业误认为历史长的企业，把小企业误认为大企业，把信誉差的企业误解为信誉好的企业，把无名企业误解为知名企业；对经营者的法律形态发生误解，如把自然人误解为法人，把合伙企业误解为股份公司；对经营者的经营范围发生误解，如把分支公司误解为总公司，把地方企业误解为中央企业，把一国企业误解为跨国公司；对经营者的专业资格发生误解，如把非专家误解为专家，把一个领域的专家误解为另一个领域的专家，等等。

二是对商品或服务发生误解。对商品或服务的制作成分发生误解，如将纤维制品误解为纯棉织品，把塑料制品误解为真皮制品，把人工产品误解为天然产品；对商品或服务的质量发生误解，如把一般质量产品误解为特制优良产品，把非质量认证产品误解为质量认证产品，把非专利产品误解为专利产品，把非品牌产品误解为品牌产品；对商品或服务的产地发生误解，如把国内产品误解为国外产品，把产于别地的酒误解为茅台酒，把产于别地的瓷器误解为景德镇瓷器；对商品或服务的性能用处发生误解，如把只有特定用途的产品误解为多用途产品，把某一用途的产品误解为另一用途的产品；对商品或服务的期限发生误解，如把有效期限届满的产品误解为未过有效期限的产品，等等。

三是对商品或服务的价格发生误解。如将批发价误解为零售价，将加税价误解为净价，将单价误解为总价，将优惠价误解为原价，对价格的数字、小数点和计价单位发生误解，等等。

产生上述引人误解的原因是多方面的，归纳起来主要有：

一是不客观、不确实的陈述，无中生有，夸大失实，指鹿为马。如把无货说成有货，把高价说成低价，把积压产品说成紧俏产品，等等。

二是含糊其辞，模棱两可。如某公司号称服用其产品绝对有效，但怎样才算有效，并无确切标准可言，使人争论不休。再如“意大利聚酯漆家具”广告，不知是“意大利进口家具”还是“用意大利进口漆涂的家具”，让人匪夷所思，不知所指。

三是故弄玄虚，含沙射影。如某饮料公司在广告中自称其矿泉水是深层地下泉水，绝非江水河水。其实，所有的矿泉水都不应是江水河水，而它别出心裁地如此一说，言下之意好像有的矿泉水，当然是别人的矿泉水是江水河水。再如在广告中声称自己的面包不含任何化学添加剂，本来任何面包都不应含有任何化学添加剂，但经此广告一宣传，好像别人的面包含有化学添加剂，令人食之不安。

四是无视变化，滥用其词。有些词语是不断变化的，由特有名称演变为通用名称，易于使人误解。如“艺术玻璃”，原指具有艺术形态或艺术化的玻璃，后来泛指透明的人工合成玻璃；再如“面包师制面条”，原指面包师在作坊中亲手制作的面条，而不是指用机器生产的面条，如果以此为名宣传其机器生产的面条，则会引人误解。

五是割裂联系，断章取义。如一类产品经过检测，有的良好，有的不良好，而在广告宣传中仅称“本产品检测结果为良好”，而对不良好的产品只字不提，甚至讳莫如深，或者援用早已过时的检测结果继续进行广告宣传；再如药品广告只说正作用，不说副作用，也不指出禁忌。

六是隐瞒重大事实，不如实告知。如法律规定消毒剂生产者必须在消毒剂包装上标明“有毒”，如果生产者不在商品包装上标明“有毒”字样，就会使消费者误解为该消费剂无毒。

七是不当夸张，过分吹嘘。如经营者声称自己的产品是“举世无双”、“世界之最”，等等。①

那么引人误解由谁来评判呢？广告等宣传不是针对特定人而是广大公众，因此，引起特定人如合同相对方误解不是这里所说的引人误解，这里所说的引“人”误解是指引起公众误解。不过，这里的“公众”，包罗万象，既有精明挑剔的消费者，也有粗心随便的消费者，还有介于两者之间的一般消费者。现在各国的趋势是，以一般消费者为标准加以评判。评判一则宣传是否引人误解，可以分以下步骤进行：第一步是考察宣传所针对的对象；第二步是调查这些对象对宣传内容的理解；第三步是确定他们中相当一部分人的理解是否发生误解。

值得指出的是，引人误解仅是一种可能性，并不要求真正发生引人误解的现实。因为只要存在这种可能性，就会刺激社会公众，诱导消费者，总有人会发生误解，这种误解往往、迟早、或多或少会变成现实。有的引人误解如果真正变成现实，后果还不堪设想，如将有毒误解为无毒。此外，也是为了保护作为弱者的消费者，消费者无须证明自己的选购决定与引人误解的虚假宣传之间是否存在现实的因果关系。

3. 虚假宣传

虚假宣传是指对商品的质量、制作成分、性能、用途、生产者、有

① 参见邵建东：《德国反不正当竞争法研究》，162～167页，北京，中国人民大学出版社，2001。

效期限、产地等商业内容作不真实的陈述、讲解或说明。如将子虚乌有的东西宣传得煞有介事；将A种原料制作的商品宣传是B种原料制作的商品；将质次价高的商品宣传为价廉物美的商品；将只有某种用途的商品宣传成用途广泛的商品；将无名生产者宣传成知名生产者；将过期商品宣传是时兴商品；将A产地商品宣传为B产地商品，等等。一般说来，虚假宣传都采用捏造事实、无中生有、弄虚作假、捕风捉影、夸大失真、偷梁换柱、指鹿为马、攀龙附凤、阳奉阴违、言行不一、言行混浊、抑“恶”扬“善”、避劣就优，等等，可谓无奇不有，竭尽虚假宣传之能事。

需要的指出是，所谓的虚假宣传，不是指事实本身一定虚假，而是指所宣传的事实与真实的事实不一致，使人产生虚假认识。

4.“引人误解”与“虚假宣传”的关系

对两者的关系，人们存在着不同的理解。有人认为，在“引人误解的虚假宣传”中，“引人误解的宣传”即是“虚假宣传”；也有人认为，“引人误解的虚假宣传”由“引人误解”和“虚假宣传”两个要件共同构成，缺一不可。看来，对“引人误解的虚假宣传”应如何理解，还值得探讨。

如果作第一种理解，凡是引人误解的宣传都是虚假宣传，这样就扩大了适用范围，只要引人误解，都应依法予以禁止。但存在的问题是，在现实中存在“引人误解的真实宣传”——宣传是真实的，却引人误解，如某食品公司声称自己的面包不含任何化学添加剂，其宣传“自己的面包不含任何化学添加剂”是真实的，但引人误解，使人误以为有的人的面包含有化学添加剂；也有“不引人误解的虚假宣传”——宣传是虚假的，但并不引人误解，如某花店吹嘘自己出售的鲜花是世界上最美丽的鲜花。还有将未确定、无定论的事情作确定的、有定论的事情加以宣传，很难说是否虚假宣传，因为真假未定，既不能说是真实的，也不能说是虚假的，但会引人误解，使人把未确定、无定论的事情误解为确定的、有定论的事情。如在广告中声称本产品获国际大奖，但其实是本产品正在参评过程中，虽已经“过五关斩六将”了，但依然没有“金榜题名”。这些都未加区分，不区别对待，容易引人误解。

如果作第二种理解，那么就大大缩小了适用范围，像“引人误解的真实宣传”、“不引人误解的虚假宣传”，以及“引人误解的真假未定的宣传”都被排除在外了，不利于反对引人误解的不正当竞争行为。

可见，这两种理解都各有优劣，难定一尊。为了真正有效地贯彻

《反不正当竞争法》的立法宗旨,应不拘泥于法条文字,而要参酌情形,权衡利弊,正确理解,相机而行。但一般说来,“引人误解”与“虚假宣传”并不是等量齐观的,两者是目的与手段的关系,“引人误解”较之于“虚假宣传”来说,是目的,更为重要,如果产生了“引人误解”的后果,误导了消费者,则是否“虚假宣传”,一般可以不必多问。

引人误解的虚假宣传行为是严重的不正当竞争行为。对于引人误解的虚假宣传行为,要追究相应的法律责任。我国《反不正当竞争法》第24条规定:“经营者利用广告或者其他方法,对商品作引人误解的虚假宣传的,监督检查部门应当责令停止违法行为,消除影响,可以根据情节处以一万元以上二十万元以下的罚款。广告的经营者,在明知或者应知的情况下,代理、设计、制作、发布虚假广告的,监督检查部门应当责令停止违法行为,没收违法所得,并依法处以罚款。”

四、侵犯商业秘密

商场如战场,战场制胜需要秘密武器,商场制胜需要商业秘密,人无我有、人有我新、人新我奇,才是商场制胜的法宝。商业秘密是经营者特有的祖传秘方、专有技术、经营诀窍、商业信息,正因为它是商业秘密,秘不示人,威不可测,与非商业秘密相比,更加令人不战而胜,从而构成经营者的市场竞争优势,对于经营者的生存和发展,关系重大。在某种意义上可以说,保护商业秘密就是保护经营者。

正是由于商业秘密如此重要,某些不法之徒对它垂涎三尺,以至于不择手段侵犯商业秘密,在激烈的市场竞争中,窃取、泄露、利用商业秘密已经成为一种战胜竞争对手的捷径。加之,商业秘密不同于专利等知识产权,专利等知识产权受到国家和法律的保护,而商业秘密的保护主要是自行保护,保护力弱,极易遭受他人侵犯,因而侵犯商业秘密的现象“以令人心悸的方式不断攀升”。在这种情况下,不保护商业秘密,就难以保护经营者,这正如美国参议院报告所指出的:“在今天,商业秘密的价值犹如工厂之于企业的价值一样,盗窃商业秘密所造成的损害甚至要比纵火者将工厂付之一炬的损害还要大。”[①]

鉴于此,必须对商业秘密加以法律保护,我国《反不正当竞争法》

① 孔祥俊:《反不正当竞争法新论》,693页,北京,人民法院出版社,2001。

第10条规定："经营者不得采用下列手段侵犯商业秘密：（一）以盗窃、利诱、胁迫或者其他不正当手段获取权利人的商业秘密；（二）披露、使用或者允许他人使用以前项手段获取的权利人的商业秘密；（三）违反约定或者违反权利人有关保守商业秘密的要求，披露、使用或者允许他人使用其所掌握的商业秘密。第三人明知或者应知前款所列违法行为，获取、使用或者披露他人的商业秘密，视为侵犯商业秘密。"

（一）商业秘密的概念及构成要件

参照国外及国际相关规定及惯例，我国《反不正当竞争法》第10条规定："本条所称的商业秘密，是指不为公众所知悉、能为权利人带来经济利益、具有实用性并经权利人采取保密措施的技术信息和经营信息。"

根据这一法定概念，商业秘密具有以下构成要件。

1. 不为公众所知悉

即商业秘密应具有秘密性。众所周知的信息无秘密可言，不属于商业秘密。不过，这里所说的"不为公众所知悉"，不是说该秘密不为任何人所知悉，而是指该秘密仅为特定范围内的人所知悉，如权利人及其所告知并负有保密义务的雇员、合伙人、交易商等等，知悉的人越少，秘密性就越高，知悉的人越多，秘密性就越低，知悉的人达到一定数量也就无秘密可言了。这个数量是多少要具体分析，不能一概而论。此外，商业秘密的秘密性不同于专利的新颖性，专利的新颖性要求是全新的发明，是空前的，不能是现有技术的组合，而对于商业秘密来说，即使它的各个组成部分为公众所知，但经过组合获得了新的独特的意义，仍然可以构成商业秘密。可见，商业秘密的秘密性不是绝对的而是相对的。

判断该秘密是否为公众所知悉，还可以参考以下因素：一是该信息为局外人所知悉的程度；二是权利人的保密程度；三是他人获取该信息的难易程度。只有那些权利人有效保密、局外人不知而他人很难获取的信息才是商业秘密。

2. 权利人采取了保密措施

商业秘密主要是靠权利人自行保护，因此，权利人要有高度的保密意识，采取有效的保密措施，如建立保密制度，订立保密协议，警告知悉者保密，限制进入使用商业秘密的区域，划分工作职责，加密码，使用保险箱，等等。要多管齐下，综合进行，严加保管，才能有效地保护商业秘密。

保护商业秘密与保护有形财产不同。例如，有形财产，即使门未上锁，也不能入室进行盗窃，但商业秘密，如果不采取得力有效的特别保密措施，就难以保护，甚至采取了得力有效的特别保密措施，也未必就能保护好。保护商业秘密难于保护有利财产。一般说来，权利人未采取合理保密措施的信息，很难被视为商业秘密。因此，权利人是否采取了保密措施，保密措施合理与否、得力与否是认定某信息是否为商业秘密以及此项商业秘密价值高低的重要参考标准。判断保密措施是否合理、是否有效，可参考以下标准：其一，是否明确了保密主体，明确告知谁负有保密义务，或者在协议中约定由谁负保密义务；其二，是否明确了保密客体，即对哪些内容保密；其三，是否采取了软硬保密措施，建立健全了保密措施，并有效实施；其四，保密措施与秘密的价值是否相当，保密措施的代价与商业秘密的价值是否成正比。总之，保密措施只有达到相应的程度才能合乎法律的要求。

3. 具有实用价值

商业秘密必须具有实用性，能够落到实处，可以感知，便于应用、具体实施，如果只是单纯的构思、抽象的观念和模糊的原理，法律就难以保护。因其无法确定、宽泛无边，硬要法律保护，无异于钳制人的思想、束缚人的手脚，这不利于思想自由和社会发展。

商业秘密还必须具有价值性，即能够实际利用，并为权利人带来经济利益，能够为权利人带来现实的或者潜在的经济利益或者竞争优势。既包括现实价值，如已经研发成功、处于生产经营中，正在获利，也包括潜在价值，如正在研究、开发试制中商业秘密也具有价值；既包括积极价值，如成功的试验报告、设计图案、商业秘密，也包括消极价值，如失败的试验报告、设计图案等商业秘密所具有的价值；既包括长期价值，如祖传秘方，也包括短暂价值，如招投标中的标底及标书内容作为商业秘密所具有的价值。

(二) 侵犯商业秘密的行为类型

根据我国《反不正当竞争法》以及《关于禁止侵犯商业秘密行为的若干规定》，侵犯商业秘密的行为主要有以下几种：

1. 以盗窃、利诱、胁迫或者其他不正当手段获取权利人的商业秘密。行为人可以是任何人；主观上是故意；客观方面是利用盗窃、利诱、胁迫或者其他不正当手段，非法获取商业秘密，合法获取不在此列。商业秘密是权利人的无形财产、知识产权，由权利人垄断所有，他人非法获取了，对于权利人来说，就无商业秘密可言了，因而就侵犯了商业秘密。

2. 披露、使用或者允许他人使用以前项手段获得的权利人的商业秘密。行为人可以是任何人；主观上是故意，知道权利人的商业秘密；在客观方面是披露、使用或者允许他人使用以不正当手段获取的商业秘密。商业秘密的价值在于其秘密性，没有了秘密性就无商业秘密和商业价值可言，披露、使用或者允许他人使用商业秘密，就侵犯了商业秘密。

3. 与权利人有业务关系的单位和个人违反合同约定或者违反权利人保守商业秘密的要求，披露、使用或者允许他人使用其所掌握的权利人的商业秘密。行为人是与权利人有业务关系的单位和个人，如权利人的合作对象或交易伙伴；主观上是故意；客观方面是违反合同约定或者保密义务，披露、使用或者允许他人使用商业秘密。

4. 权利人的职工违反合同约定或者违反权利人保守商业秘密的要求，披露、使用或者允许他人使用其所掌握的权利人的商业秘密。行为人是权利人的内部职工；主观上是故意；客观方面是违反合同约定或者违反权利人保守商业秘密的要求，披露、使用或者允许他人使用商业秘密。

5. 第三人明知或者应知前款所列违法行为，获取、使用或者披露他人的商业秘密，视为侵犯商业秘密。国家工商行政管理局《关于禁止侵犯商业秘密行为的若干规定》第 5 条规定，如果权利人能证明被申请人所使用的信息与自己的商业秘密具有一致性或者相同性，同时能证明被申请人有获取其商业秘密的条件，而被申请人不能提供或者拒不提供其所使用的信息是合法获得或者使用的证据的，工商行政管理机关可以根据有关证据，认定被申请人有侵权行为。

在实践中，侵犯商业秘密很多是与职工“跳槽”有关的。随着工作的变动，职工在原单位工作期间知悉的商业秘密就可能随着其工作的变动而带到新的工作单位，从而侵犯商业秘密。职工跳槽与商业秘密的保护存在着尖锐的冲突，冲突的本质是职业自由与知识创新的关系，职业自由是劳动者的基本权利，任何人不得非法干预；但企业的生命力在于知识创新，而要鼓励知识创新就必须保护商业秘密。职工要有效工作不可能不知悉企业的商业秘密，起码知悉商业秘密的机会比其他人多，有时职工还是企业商业秘密的创造者。此外，职工带走企业的商业秘密，不像带走企业的有形财产那样易于察觉，易于禁止。商业秘密内在于职工的大脑中，如影随形，甚至合二为一，人走商业秘密就跟着走，难以察觉，不易禁止，更加难以保护。

解决这一冲突，一是要正确区分“跳槽”职工的一般知识、经验和技能与商业秘密，职工在原单位工作期间所掌握的一般知识、经验和技能，构成其一般工作能力，是其人格的一部分，不属于原单位的商业秘密，不能以此为由阻碍职工自由流动。但是职工在“跳槽”后不应侵犯原单位的商业秘密。为此应解决下列问题：原单位与职工如何订立竞业禁止协议？职工在离职后多少年内不得从事与原单位有竞争关系的业务，同时原单位应给予该职工多少补偿？原单位与职工如何订立保密协议，职工负有怎样的保密义务？为了获取竞争对手的商业秘密，引诱竞争对手的职工离职的行为，是否为不正当竞争行为？对此，我国《劳动合同法》第 23 条规定：“用人单位与劳动者可以在劳动合同中约定保守用人单位的商业秘密和与知识产权相关的保密事项。对负有保密义务的劳动者，用人单位可以在劳动合同或者保密协议中与劳动者约定竞业限制条款，并约定在解除或者终止劳动合同后，在竞业限制期限内按月给予劳动者经济补偿。劳动者违反竞业限制约定的，应当按照约定向用人单位支付违约金。”第 24 条规定：“竞业限制的人员限于用人单位的高级管理人员、高级技术人员和其他负有保密义务的人员。竞业限制的范围、地域、期限由用人单位与劳动者约定，竞业限制的约定不得违反法律、法规的规定。在解除或者终止劳动合同后，前款规定的人员到与本单位生产或者经营同类产品、从事同类业务的有竞争关系的其他用人单位，或者自己开业生产或者经营同类产品、从事同类业务的竞业限制期限，不得超过二年。”

侵犯商业秘密行为是一种严重的不正当竞争行为。对于侵犯商业秘密行为，要追究相应的法律责任。我国《反不正当竞争法》第 25 条规定：“违反本法第十条规定侵犯商业秘密的，监督检查部门应当责令停止违法行为，可以根据情节处以一万元以上二十万元以下的罚款。”同时《刑法》第 219 条也规定侵犯商业秘密行为，给商业秘密的权利人造成重大损失的，处 3 年以下有期徒刑或者拘役，并处或者单处罚金；造成特别严重后果的，处 3 年以上 7 年以下有期徒刑，并处罚金。

五、不当倾销

市场竞争是商品或服务竞争，商品或服务竞争往往又归结为价格竞争，价格是重要的市场信号和消费指南，降价低价是吸引消费者、促进产品销售、赢得市场竞争的主要营销策略。所以，处于激烈市场竞争中的经营者为了在竞争中处于有利地位大都要在价格上面大做文章。

一般来说，商品或服务的价格由成本和利润构成。从经营的目的来看，商品或服务应以高于成本的价格销售，赔本的买卖是没人做的。只有在特殊情况下，如为了减少损失，经营者才迫不得已以成本价或低于成本价销售商品或服务。在正常情况下，经营者以低于成本的价格销售商品或服务，往往有不法目的，如为了排挤其他竞争对手，这时就构成了不当倾销。

不当倾销违反了生产经营的根本宗旨，生产经营的根本宗旨是追逐并获取利润收益，“天下熙熙，皆为利来；天下攘攘，皆为利往”，生产经营不是无私奉献，不能“只问耕耘，不问收获”，不图回报。这也不符合劳动价值规律，大体说来，付出了劳动就应（会）有所收益，不允许不劳而获，但也不应该徒劳无益。劳动之所以能够作为劳动者和人们的生存和发展之道，原因就在于劳有所获。不当倾销违背了这一规律，如果普遍如此，长此以往，那就意味着劳动毫无意义。

不当倾销，扭曲破坏了价格机制。商品或服务的价值是由社会必要劳动时间决定的，价格围绕价值上下波动，不是可以任意提高或降低的，并且商品或服务的成本是商品或服务价格的底线，不能降到成本以下。价格机制使那些个别劳动时间高于社会必要劳动时间，因而其商品或服务的价格高于同种或同类商品服务的平均价格的经营者淘汰出局，实现优胜劣汰。如果人为地不当倾销，就会把本来是价格适中、利润合理、处于优势的经营者反而让人觉得其价格偏高、利润过大、失去优势，并把它拉下来，使其不能获利，难以发展，这不是优胜劣汰，而是优劣俱汰，同归于尽，会严重阻碍经营者尤其是处于起步阶段但前景乐观的经营者的生存、发展和壮大。

不当倾销，只有财大气粗者所能为，因为只有它们才能赔得起、扛得住，而那些小本经营者低于成本销售，即刻就会难以为继、倾家荡产。正是由于这一点，财大气粗者发现这是排挤小本经营者的一种绝妙的经营方法。但这种方法恃强凌弱、以大欺小，有失公平正义，不是正当竞争。市场竞争的最终也是最佳评判者，不是经营者而是消费者，只要有消费者，受消费者欢迎就不应（会）被淘汰出局，而不管经营者是强是弱，是大是小。强大者有强大者的市场，弱小者有弱小者的市场，谁也不能包揽独占市场，他们应和谐相处，共存并进，不能人为地通过不当倾销去淘汰市场弱小者。

不当倾销，一时也许能让消费者“沾点小便宜”，但好景不长，因为不当倾销会排挤其他经营者，一旦“除此一家，别无分店”时，没有了讨价还价的自由，出现强买强卖，某些经营者马上就会以远远高于成本的价格销售商品或服务，牟取超额利润，损人利己，侵害消费者的合法权益。可见，倾销只是诱饵，是手段而不是目的，倾销是为了以后牟取更多的利润，倾销在前，高价在后；倾销是假，高价是真；倾销一时，高价长期。倾销是一种隐蔽的欺诈消费者的方法。此外，好东西不怕没人要，用不着倾销，只有那些粗制滥造、质次价高、卖不出去的东西才需要倾销，某些经营者正是打着倾销的名义推销质劣价高的商品或服务，倾销又是一种不正当的营销方法。

正因为不当倾销具有上述种种弊端，所以我国《反不正当竞争法》第 11 条规定：“经营者不得以排挤竞争对手为目的，以低于成本的价格销售商品。”

（一）不当倾销的构成要件

具体如下：

1. 主体是经营者

经营者处于激烈的市场竞争之中，面临着销售商品或服务的价格竞争的压力，都要（会）想方设法销售商品或服务。但这里的经营者主要是商品的生产者、销售者，他们有商品或服务销售才有可能进行不当倾销，对于无商品或服务的销售者来说，不当倾销无从谈起。至于购买者一般不构成不当倾销的主体，因为购买者以低于成本的价格购买商品或服务是其讨价还价的结果，是其精明能干的表现，应受鼓励，不应责备。不过，这里所说的经营者，主要是指那些资金雄厚、规模庞大、商品繁多、市场广阔的优势企业，只有它们才能达到不当倾销的目的，排挤其他竞争对手，并持久地影响市场结构和市场竞争。

2. 主观上是故意，以排挤竞争对手为目的

在市场体制下，大多数商品和服务的价格，实行市场调节，自由定价，由经营者自主制定其商品或服务的价格。也就是说，经营者享有定价权，可以根据自己的自由意志去制定商品或服务的价格。但这种定价自由受价值规律的制约，一般都会把价格制定在成本以上，没有哪个经营者会无缘无故地把价格制定在成本以下，这不符合价值规律的要求，也不是经营者作为经济人的理性行为。因此，把价格制定在成本以下，必定是另有所图，必然是故意，甚至是恶意。其中，排挤竞争对手即是

其根本目的。在这里要指出的是，能否达到排挤竞争对手的目的，是认定是否构成不当倾销的重要标准，也就是说，只有达到了排挤竞争对手的目的才能认定为构成不当倾销；如果没有达到排挤竞争对手的目的，就不能认定为构成不当倾销，因为那样受损害的只是该经营者自己，是自己不自量力，“偷鸡不成反蚀一把米”，“赔了夫人又折兵”，而对于其竞争对手并无大的妨害。

考量经营者是否具有不当倾销的故意，通常可综合考虑经营者是否具有相当的实力，是否具有不当倾销的正当理由，实施不当倾销的持续时间等等因素。

3. 在客观上，实施了以低于成本价格销售商品的行为

一般的销售行为都是高于成本价格的销售行为，低于成本价格的销售行为是一种反常行为。这里的成本是指经营者在商品或服务的生产、销售等过程中发生的各种费用支出的总和，包括生产成本和经营成本，生产成本包括制造成本和由管理费用、财务费用、销售费用等构成的期间费用；经营成本包括购进商品或服务的进货成本和由经营费用、管理费用、财务费用等构成的流通费用。由于各经营者的经营条件不同，加上市场供求状况的不同，成本有所不同。如个别经营者的商品或服务的成本过高，进而价格太高，在市场上竞争不过同种或同类商品或服务，如果不降价就难以销售出去。但有些时候，即使降到成本以下的价格，也可能还是高出其他经营者的成本价格。这算不算不当倾销呢？当然不算，因为这样做，它的价格还是高于平均成本，达不到排挤竞争对手的目的。只有以低于平均成本的价格销售商品或服务才能达到排挤竞争对手的目的，才构成不当倾销。

需要指出的是，有的经营者为了掩盖低于成本价格销售商品或服务的事实，故意把成本定得很低，这样一来，在表面上看他还是以高于成本的价格销售商品或服务。为了避免这种情况，必须严格计算商品或服务的成本，我国《价格法》第 7 条规定：“经营者定价，应当遵循公平、合法和诚实信用的原则。”第 8 条规定：“经营者定价的基本依据是生产经营成本和市场供求状况。”第 9 条规定：“经营者应当努力改进生产经营管理，降低生产经营成本，为消费者提供价格合理的商品和服务，并在市场竞争中获取合法利润。”第 10 条规定：“经营者应当根据其经营条件建立、健全内部价格管理制度，准确记录与核定商品和服务的生产经营成本，不得弄虚作假。”为了保证经营者能够切实遵循上述法律规定，《价格法》第 33 条规定：“县级以上各级人民政府价格主管部门，

依法对价格活动进行监督检查，并依照本法的规定对价格违法行为实施行政处罚。”处罚措施包括责令改正，没收违法所得，并处罚款，责令停业整顿，等等。

根据1999年8月3日国家发展计划委员会发布的《关于制止低价倾销行为的规定》，不当倾销行为具体包括以下几种：

(1) 生产企业销售商品的出厂价格低于其生产成本的，或经销企业的销售价格低于其进货成本的；

(2) 采用高规格、高等级充抵低规格、低等级等手段，变相降低价格，使生产企业实际出厂价格低于其生产成本，经销企业实际销售价格低于其进货成本的；

(3) 通过采取折扣、补贴等价格优惠手段，使生产企业实际出厂价格低于其生产成本，经销企业实际销售价格低于其进货成本的；

(4) 进行非对等物资串换，使生产企业实际出厂价格低于其生产成本，经销企业实际销售价格低于其进货成本的；

(5) 通过以物抵债，使生产企业实际出厂价格低于其生产成本，经销企业实际销售价格低于其进货成本的；

(6) 采取多发货少开票或不开票方法，使生产企业实际出厂价格低于其生产成本，经销企业实际销售价格低于其进货成本的；

(7) 通过多给数量、批量优惠等方式，变相降低价格，使生产企业实际出厂价格低于其生产成本，经销企业实际销售价格低于其进货成本的；

(8) 在招标投标中，采用压低标价等方式使生产企业实际出厂价格低于其生产成本，经销企业实际销售价格低于其进货成本的；

(9) 采用其他方式，使生产企业实际出厂价格低于其生产成本，经销企业实际销售价格低于其进货成本的。

(二) 不当倾销之除外

上述构成要件是认定不当倾销的标准，只有具备上述构成要件的行为才是不当倾销。在有些情况下，虽然经营者实施了以低于成本的价格销售商品的行为，但这样做，是由于商品的性质或经营的原因而迫不得已，主观上并不是为了排挤竞争对手，客观上也达不到排挤竞争对手的目的，而是为了减少物耗、降低损失、摆脱困难、恢复生产，这是一种正常的正当的销售行为，不是不当倾销。

我国《反不正当竞争法》第11条第2款规定：“有下列情形之一

的，不属于不正当竞争行为：（一）销售鲜活商品；（二）处理有效期限即将到期的商品或者其他积压的商品；（三）季节性降价；（四）因清偿债务、转产、歇业降价销售商品。”

1. 销售鲜活商品

鲜活商品保鲜期短，存活困难，不易保存，而其价值又恰恰在于鲜活，一旦不鲜不活，就价值大减；如果腐烂变质，那就无价值可言。因此，经营者应根据商品的鲜活程度、环境变化、市场行情定价销售或降价销售，允许正当倾销，否则无论是对经营者还是对消费者都是有害无利的。

2. 处理有效期限即将到期的商品或者其他积压的商品

一切商品都有时间限制，差别只在于或长或短。特别是像食品、药品、化妆品等许多商品，期限性更强、有效期限更短。有效期限是决定商品性质和功用的重要因素，在期商品与逾期商品往往判若两然，商品只有在有效期限内才有价值，超过有效期限，商品的价值就会丧失殆尽，甚至还会有副作用，原则上应禁止销售。有效期限是对商品销售的时间限制，也是商品价格变化的临界点，对有效期限即将到期的商品，如果按原价销售，难以销售，必然会错过时机，逾期商品就会成为废品，造成损失。为了加紧扩大有效期限即将到期商品的销售，必须降价销售，甚至以低于成本的价格销售。

商品销售利润随着商品有效期限的日益临近而递减，有效期限即将到期的商品，销售利润自应下降，因而销售价格理应下调，如果先期销售不能获利，要想在后期获利往往更加困难。临期而未逾期的商品，降价而未降质，消费者能够接受，也有利于消费者。降价销售的是有效期限即将到期的商品，这类商品只是部分商品，市场份额不大，不会影响、波及整个市场销售，因而不会损害其他经营者的利益。况且，其他经营者也会遇到类似的情况，可类似处理，不失公平。

积压商品，之所以积压，是因为不适合消费者需要，凡是不适合消费者需要的商品自应降价销售，这是市场规律。如果不降价销售，就会堆积在库，既占库房又要管理，还积压资金，影响资金周转，损失更大。对这类商品降价乃至以低于成本的价格销售是正当销售，不构成不当倾销。

3. 季节性降价

季节有自然季节，如一年四季的春夏秋冬，也有商业季节，如有的商品就具有明显的季节性，像衣服，分夏装和冬装，对于这类季节性商品，只在特定季节热销，季节一过少有人问津，可谓时过境迁，也可以说是“时过价迁”或“时过价跌”，应因时定价，降价销售。由于人们的消费观念、流行风尚变幻莫测，只有迎合消费观念、合乎流行风尚的商品才能销售旺盛，反之则冷淡，导致商品销售有旺季和淡季之分，形成商业季节，商品销售应旺季热卖、淡季低卖、方能随行就市。降价销售季节性商品有利于加快销售速度，及时清理库存，加速资金回笼，改善企业经营。同时，由于降价销售，商品价格大大低于正常售价，有时还价廉物美，消费者也可以从中得到实惠。此外，季节性降价受季节影响，一般是夏冬两季，有时间限制；降价销售的商品仅限于那些季节性商品，有所限制，不是大量的；所有季节性商品的经营者可在同等条件下降价销售，人人有份，机会均等，也不会损害其他经营者的利益，因而不构成不当倾销。

4. 因清偿债务、转产、歇业降价销售商品

对于到期债务，企业有义务依法或依约清偿，否则要承担相应的法律责任，经债权人请求，法院还可以强制执行，与其被迫履行还不如主动清偿。企业在没有其他清偿办法的情况下，为了迅速有效地筹资还债，不得不降价销售自己的商品。这是迫不得已的手段，更是对债权人负责的态度，不会损害其他经营者的利益。

企业的生产经营随着市场变化而调整，停止生产经营销路不畅的商品，转而生产经营适销对路的商品，这就是企业的转产。转产是企业的经营自主权，是企业进退市场的自由，附属于此的降价销售商品是必须的。转产是从一个领域转到另一个领域，并非易事，有一个过程，为了加速转产过程，尽快回收资金，开发新的商品，必须迅速退出旧的市场，卖出旧的商品，这就要求降价销售商品。此外，被转产的商品大都处于其生命的衰退期，需求减少，销量下降，自应降价销售，这是市场规律。被降价销售的商品是被转产的商品，是现存的、不再生产的、有限的、转产所必须处理的商品，数量有限，不会影响市场供求，既不会损害其他经营者的利益，也不会损害消费者的利益。

歇业，是企业停止生产经营活动，这是企业退出市场的自由。但企业要退出市场，必须首先了清其权利义务关系，其中就包括清理出售现存商品。降价销售商品，有利于盘活资产，变现为资金入账，以清理相关的债权债务关系。这不但不会侵害其他经营者的利益，反而会有利于其他经营者。歇业企业的商品并非假冒伪劣商品，而且大大降低价格，对消费者也是有利的。

为了防止有些经营者借正当倾销之名行不当倾销之实，应规定必要的制度，有关主管部门应负责查处。如明确的标价制度、必要的申报制度、相应的审查制度、具体的时间限制，等等。《关于制止低价倾销行为的规定》第13条规定："为认定低价倾销行为，必要时，政府价格主管部门可以会同行业主管部门或者委托有资质的中介事务机构对个别成本予以认定。"

不当倾销行为是一种严重的不正当竞争行为。对于不当倾销行为，要追究相应的法律责任。1999年8月3日国家发展计划委员会发布的《关于制止低价倾销行为的规定》第18条规定："省级以上人民政府价格主管部门依法对低价倾销行为实施行政处罚。"1998年11月16日国家发展计划委员会《关于制止低价倾销工业品的不正当价格行为的规定》第12条规定："经调查认定，被举报的生产企业或经销企业确有本规定第五条所列不正当价格行为之一的，政府价格主管部门可以责令其改正，并视具体情况依据《价格法》进行下列处罚：（1）予以警告；（2）处以罚款；（3）责令其停止整顿；（4）提请工商行政管理机构吊销其营业执照。"

六、附条件交易行为

附条件交易行为，是指经营者在销售商品时，违背购买者的意愿搭售商品或者附加其他不合理的条件。这种行为具有严重的弊端：

一是它违背了市场经济平等自愿的基本原则。市场主体地位平等、权利义务对等，市场交易是等价有偿、买卖公平，不允许一方凌驾于另一方之上，反对不平等交易；市场经济是自由经济，市场交易是自愿交易，禁止滥用优势，强买强卖，迫人就范。而附条件交易行为因为所附条件是偏袒经营者的条件，对于购买者来说是不利条件、是不平等条件，违反了平等原则；因为所附条件是经营者强加于购买者的条件，违背了购买者的意愿，是购买者不愿接受的条件，违反了自愿原则。

二是它妨碍了市场自由竞争。在自由竞争的市场中，交易条件由交易人自由协商，自由竞争在某种意义上就是交易条件的自由竞争，交易条件是否自由竞争是考量市场是否自由竞争的根本标准。市场交易可以附加条件，但这种条件必须合理并且由交易相对方自愿接受。而附条件交易行为所附条件往往是单方面强加条件、限定条件，这样就没有了协商自由，没有了选购自由，没有了消费自由，因而也就没有了竞争自由。

附条件交易行为所谓的附条件往往是限制条件，如价格限制、地域限制、顾客限制、技术限制、产品限制，等等，这种种限制的存在，结果必然是限制市场自由竞争。此外，由于能够附加条件、限定条件的经营者往往是占有市场支配地位的企业，而附条件交易行为恰恰是其滥用市场支配地位的表现，这种行为如果放任不管，就会滥用市场自由、误导竞争方向、扭曲竞争机制，为垄断埋下隐患。自由竞争的本质和目的在于引导鼓励占有市场支配地位的企业把市场优势用得其所——以最低的价格、最好的商品去服务消费者，而不是适得其反——以势压人，强人所难。

三是它养痈遗患，自我毁灭。如附条件交易行为中的搭售即是如此。一般说来，优质畅销商品能够自售畅销而无须搭售，某些商品之所以需要搭售是因为自售不出去，而自售不出去又大多因为是假冒伪劣商品。正因为可以搭售，所以假冒伪劣商品才不断生产，屡禁不止，可以说，搭售已成为促使假冒伪劣商品畅行无阻、盛销不衰的重要原因。而假冒伪劣商品的盛销畅行，侵害其他经营者的利益，破坏经济环境、浪费社会资源、降低生活质量、损害消费者权益，危害甚大。同时，搭售往往是优质畅销商品与劣质滞销商品捆绑销售，以优搭劣，以好带坏，长此以往，结果必然会良莠不齐、好坏不分，甚至以劣毁优，因坏失好。搭售本来就是一种强买强卖，令人反感厌恶，人们会因为反感厌恶这种销售方式以及假冒伪劣商品而连优质畅销商品也不愿接受，这必然会影响优质商品的生产销售，这无异于自我毁灭，实为有远见的经营者所不愿为。

四是它损害其他经营者和消费者的利益。附条件交易行为所附条件是一种限制条件，限制了购买者的选购自由，限制了经营者的经营自由；所附条件是一种不利条件，变相增加了购买商品的成本；所搭售的商品是购买者所不需要的商品，徒增处理搭售商品的困难，干扰了购买者的正常生产经营活动，损害其权益。前已述及，附条件交易行为所附条件是强加条件，是消费者不愿接受的、违背消费者意愿、损害消费者权益；所搭售的商品大都是假冒伪劣商品，是硬塞给消费者的，违背买卖公平、等价有偿的商业道德；能搭售其他商品的商品大都是生活必需品，是消费者的必购品，它扼制了消费者的咽喉，因而才可以要挟消费者，消费者不接受搭售，就得放弃生活必需品，要得到想要的，就得接受不想要的，这从根本上损害了消费者的利益。

正是由于附条件交易行为具有上述种种弊端，所以构成一种不正当竞争行为，必须予以反对。我国《反不正当竞争法》第 12 条规定："经营者销售商品，不得违背购买者的意愿搭售商品或者附加其他不合理的条件。”

由此可见，附条件交易行为分为搭售和附加不合理条件行为两类。

（一）搭售

搭售，是指经营者在销售某种商品或服务时，要求购买者连同购买另一种他（她）并不需要的商品或服务的行为。具体说来，搭售作为一种不正当竞争行为具有以下构成要件：

1. 行为的主体是经营者

主要是商品销售者，包括生产者、批发商、零售商，有商品可销售者才可能搭售，购买者不可能搭售。值得指出的是，这里所说的经营者主要是那些占有市场支配地位的经营者，如其商品独特超群、性能非凡、无可替代、非买不可；或其实力雄厚，能够支配市场，影响供求，左右买方，不会也不怕因为搭售而丢掉生意，失去市场，这种经营者才有搭售的能力，才可能实施搭售行为。从根本上说，搭售行为是一种滥用市场支配地位的行为。

2. 搭售商品与正售商品没有内在的必然关系

搭售商品独立、外在于正售商品，并非正售商品的内在要件，甚至连配套辅助器件都不是，没有搭售商品，不影响正售商品的功用，有了搭售商品反而成为累赘。在现实中常见的搭售情形有：(1) 搭售商品与正售商品有某种关联，但并不紧密，也非必要，如销售冰箱搭售冰箱保护器，销售眼镜搭售眼镜盒，销售机票搭售保险，等等；(2) 搭售商品与正售商品同类但不同级，如好烟搭售次烟、好酒搭售劣酒；(3) 搭售商品与正售商品风马牛不相及，“八竿子打不着”，如销售衣服搭售食品，销售电器搭售化妆品；(4) 以上各种搭售也许都可归结为畅销品搭售滞销品、想要的商品搭售不想要的商品、必购品搭售非购品。如果某种商品与正售商品存在内在的密切关系，两者是不可分物，如遥控器与电视机、防盗门与钥匙，那就不是搭售。或者某种商品与正售商品虽然没有内在的密切关系，但连同销售对于购买者并无不利，如销售打印机连同销售打印纸，销售电脑连同销售鼠标，也不构成搭售。认定搭售必须注意这一点。

3. 违背购买者的意愿

这是认定某种行为是否构成搭售的根本要件。搭售的根本弊端在于违背了人们的自愿，违背了购买者的意愿，在自由市场上，一切强求都是罪过。只有购买者不愿接受某种附加商品或服务的情况下才构成搭售，如果购买者自愿接受某种附加的商品或服务，那么就不构成搭售。在有些情况下，附加某种商品或服务还是购买者自己要求的，如有些紧俏商品的配件、有些商品的售后服务、高新技术产品的售后培训等。因此，是否构成搭售就看是否违背购买者的意愿。当然，是否违背购买者的意愿是一个内在意志问题，不易察看，但通过考量附加商品与正售商品之间的性质、两者的关联程度，市场供求情况，交易价格，购买者的真实意思表示等具体方面还是可以认定的。

4. 给其他经营者和消费者造成损害

搭售是强买强卖，限制了购买者的选购自由，购买者被迫购买不需要的商品，物非所值，有失公平，浪费了金钱，转卖不出去造成积压，另加保管还扩大成本，这样就增加了购买者的经营困难，削减了购买者的市场竞争力，进而妨碍了公平竞争。搭售的商品大都是假冒伪劣商品，不是消费者所需要的，转嫁给消费者必然损害消费者的权益。从本质上说，搭售是一种损失的转嫁，并且这种转嫁是从强者向弱者转嫁，恃强凌弱，加重了弱者的损失，使他们处于更加不利的竞争地位。

(二) 附加不合理交易条件行为

附加不合理交易条件行为，是指经营者违反自愿公平原则以不合理条件强行与购买者发生交易的行为。其构成要件如下：

1. 与搭售一样，主体是经营者，是那些能够附加不合理交易条件的经营者。

2. 违反了自愿公平原则。

市场交易是自愿的，与谁交易？交易什么？怎样交易？由交易方自由选定，不得强制，强制无效。而这里所谓的附条件实质上是强加条件，如乘人之危，以势压人，要挟胁迫，违背交易相对方的自愿，理应禁止取缔。交易双方，地位平等，意思自治，互有需求，等价有偿，权义对等，这就决定了交易条件必然是公平的，不得显失公平，显失公平的可撤销。而这里所谓的不合理条件正是违背了交易条件的公平原则，如质次价高、物非所值、以优搭劣，等等，违反公平原则的行为应予禁止取缔。违反自愿公平原则是认定附加不合理交易条件行为的根本要件。如果某种行为不违背自愿公平原则，或者只要交易方认为不违背自愿公平原则，就不构成附加不合理交易条件行为。

3. 实施了附加不合理交易条件的行为。这类行为有以下几种表现形式：

（1）限定价格。包括纵向限定价格：一是生产者与销售者协定商品批发价格；二是批发商与零售商协定商品零售价格；三是零售商单方面对购买者限定商品零售价格。横向价格限定：一是生产者之间协定商品出厂价格；二是批发商之间协定商品批发价格；三是零售商之间协定商品零售价格。要求有关交易方严格遵守，不得擅自提高或降低价格，否则将以惩罚相要挟。无论是纵向价格限定还是横向价格限定都会间接或直接地限定控制商品的购买条件，不仅不利于购买者，而且不利于经营者，因为无论是购买者还是经营者都失去了讨价还价的余地，都只能用同一的价格购买不同的商品，在大多数的情况下，是用同一的价格购买不同质量的商品。限定价格，价格不能围绕价值上下波动，市场机制的价格杠杆作用无从发挥，市场竞争也就没有了发挥作用的基础，不能把那些违背价值规律的经营者淘汰出市场。市场竞争是价格竞争，由于交易各方具体条件不同，因而价格就有所不同，价格不同竞争力就不同，就同一种商品的竞争者来说，价格高的竞争者会被价格低的竞争者淘汰出局，但如果价格限定一致，不存在价格竞争，价格竞争的上述功能就发挥不出来。不同的价格满足不同购买者的需求，而要求不同的交易方维持同一价格显然会限制其经营自由，也无法满足不同消费者的需要。在竞争性的市场中，价格是灵活的，有弹性的，由供求去决定，由市场去均衡，随行就市，而不能人为地限定。

（2）划分市场。经营者就商品的销售范围进行协定，分割市场，要求各经营者在各自的市场内销售商品，不得超出该范围经销商品。如生产者对批发商、批发商对零售商提供商品时，即可作如此安排和要求。划分市场可以避免各经营者争夺市场，避免同一商品在同一地区内相互竞争。这是“画地为牢”，“封建割据”，独占市场。但真正的市场应是开放的，可进出自由，市场范围有多大，由商品本身去定夺，优质商品市场无疆，劣质商品无立锥之地，市场竞争就在于市场的得丧变更，市场不是协定的，不是分割的，市场是无主物，是自由域，百花齐放、百家争鸣，才是市场，才有市场。

（3）划分顾客。经营者就顾客进行划分，要求交易相对方只对特定顾客销售商品，不得对其他顾客销售商品。如“139”手机号码只销售给有当地户口的顾客，某项职业只招聘本地居民，等等。但在市场上一切商品都应面向所有顾客，所有顾客都一律平等，都有权在同等条件下购买自己所需的商品，所有顾客都是上帝，任何人不得拒绝同他（她）

交易，划分顾客也是歧视顾客，违反了平等这一市场经济的基本要求。此外，划分顾客也是划分市场，因为市场是由顾客构成的，没有顾客哪有市场；划分顾客也是限定经营对象，因为顾客就是经营者的交易对象，没有顾客哪有经营对象，这些都会限制经营自由。划分顾客的结果就是特定的经营者只对特定顾客销售商品，特定顾客只向特定经营者购买商品，限制、剥夺了经营者的经营自由和顾客的选购自由，妨碍、禁止了经营者之间的自由竞争，以及经营者之间争夺顾客的自由竞争。在自由竞争的市场中，经营者与顾客之间的关系是不特定的、不固定的，经营者与顾客之间不断地双向选择，优化选择，不会“从一而终”，划分顾客迫使人们无可选择，只好“在一棵树上吊死”。

(4) 独家经销。生产者限定经销商只准经销自己一家的商品，不得经销其竞争对手的商品，否则拒绝供应商品。但经销商作为市场主体，享有经营自主权，可以自由进货，可以多渠道向各厂家进货，谁的商品好就购买谁的商品，这是经济人的理性，也是经营者的自由。而独家经销，一是把经销商由“百货店”变成了“专卖店”，剥夺了经销商的经营自由；二是造成“除此一家，别无他店”的独占现象，限制了其竞争对手的竞争自由，具有双重危害。

(5) 附限制条件转让技术。如经营者在转让某种技术的同时强行搭售受让方不需要的技术、服务、产品、设备、材料等；通过合同限制受让方在该转让技术的基础上进行新的开发，或者阻碍受让方按合理方式使用该转让技术，或者限制受让方从其他渠道吸收技术；限定受让方利用该转让技术生产的商品数量及其价格，等等，如果不接受所附限制条件就不转让该技术。这是一种胁迫行为，违背了自愿公平原则，也不利于被转让技术的不断改进和大量地投入商品生产以造福消费者。

4. 给购买者和其他经营者造成损害。

附不合理条件强迫购买者接受，如限定价格，购买者无法讨价还价，结果往往价高而物不美；划分市场，造成特定市场，“除此一家，别无他店”，购买者没有选购自由，不能货比三家，买不到满意的商品；划分顾客，特定顾客只能向特定经营者购买商品，即使不满意也得买，对其他经营者的商品，即使满意也不让买，这当然给购买者造成损害。所附不合理条件强迫经营者接受，不得拒绝，如限定价格限制了经营者的定价自由；划分市场妨碍了经营者进出市场、驰骋市场的自由；划分顾客剥夺了经营者争夺顾客的自由；独家经销制约了经营者的经营自由；限制转让，阻碍了经营者的发展自由。这都会给经营者造成损害。

准确说来，附不合理条件是市场强者附加给市场弱者以不合理条件，只对少数市场强者有利，而对广大市场弱小经营者不利，并可能使他们永远处于不利地位，限制了他们的经营自由、竞争自由，给他们造成损害。

附条件交易行为是一种严重的不正当竞争行为。对于附条件交易行为，要追究相应的法律责任。我国《反不正当竞争法》虽然未设专条加以规定，但可以比照该法第 20 条的规定进行。该法第 20 条规定："经营者违反本法规定，给被侵害的经营者造成损害的，应当承担损害赔偿责任，被侵害的经营者的损失难以计算的，赔偿额为侵权人在侵权期间因侵权所获得的利润；并应当承担被侵害的经营者因调查该经营者侵害其合法权益的不正当竞争行为所支付的合理费用。被侵害的经营者的合法权益受到不正当竞争行为损害的，可以向人民法院提起诉讼。"

七、不当有奖销售行为

市场的核心是商品，市场竞争的核心是商品竞争，具体说来就是销售商品的竞争。商品的顺利销售是"惊人的一跳"，也是关键的一步，如果商品能够销售出去，就能收回本利，企业就能存续发展壮大；如果商品销售不出去，就会本利无归，企业就可能要破产倒闭。由此可见，企业的竞争核心之一是营销竞争，为了促销商品，企业必须（都会）想方设法在营销手段上展开竞争，其中有奖销售即是一种普遍的行之有效的做法。

有奖销售作为一种促销方法，能够引起消费者的关注，扩大企业的知名度；能够激起购买者的购买欲望，促销商品；能够使企业进入市场，促进市场竞争；如果商品本身的质量合格，价格合理，有奖销售与降价销售无异，有利于消费者①；如果奖品价值较小，有奖销售期间特定（如庆典日和节假日），不左右购买者的购买选择，也不影响其他经营者的商品销售，不会产生什么危害。因此，有奖销售具有相当的合理性和合法性，已成为一种销售商品的普遍做法，并非所有的有奖销售都是非法的，都要一概禁止。

根据国家工商行政管理局 1993 年 12 月 24 日发布的《关于禁止有

① 由于许多德国学者和议员都认为，附赠和折扣对消费者有利，所以 2001 年 8 月 25 日，德国《废除折扣法和附赠法的法律》生效。

奖销售活动中不正当竞争行为的若干规定》，所要禁止的有奖销售，是指经营者销售商品或者提供服务，附带性地向购买者提供物品、金钱或者其他经济上的利益的行为。具体包括奖励所有购买者的附赠式有奖销售和奖励部分购买者的抽奖式有奖销售。

（一）附赠式有奖销售

所谓附赠式有奖销售，在德国叫作附赠行为，德国《附赠法》明令加以禁止。德国《附赠法》第1条规定："在商业交易中，禁止在一种商品或者服务之外，提供、预告或者给付某种附赠品。"

所谓附赠行为，是指经营者在销售主要商品时，附带地向购买者免费提供某种次要商品的行为。认定附赠行为，要注意把握以下几点：

其一，附赠行为涉及主要商品和次要商品，这是两种不同的商品，它们是独立的、可区分的，如西服与领带、加油与洗车，等等。

其二，根据一般交易观点，主要商品和次要商品之间存在从属关系，具体可考察两个方面：是否购买者只有购买主要商品，经营者才向其附赠次要商品；是否经营者附赠次要商品足以影响购买者购买主要商品的决策。

其三，购买者免费获得附赠次要商品。如果购买者另行支付了附赠次要商品的价款，那就不是附赠行为，因为这有违"赠"或"赠送"的本义。但有时经营者会对免费附赠加以规避，如对附赠品收取的价格微不足道，或者把附赠商品的价格与其他商品的价格捆绑在一起，而实际上附赠商品的价格是零。为此，德国《附赠法》第1条规定禁止以下行为：经营者虽然要求顾客另行支付有关商品或者服务的价格，但这个价格是微不足道的，从而是虚假的索要；为了掩盖附赠商品的做法，经营者将某种商品或者服务与其他的商品或者服务捆绑在一起以一揽子价格进行销售。①

结合上述三点，以下四种行为不属于附赠行为：

一是，如果附赠商品与主要商品，两者存在内在的联系，甚至两者同为一体，不可区分，购买主要商品就必须购买附赠商品，那么附赠这种商品就不是附赠行为。如顾客购买某企业的商品，该企业向顾客附赠其介绍或说明。

二是，如果附赠商品价值微小，如附赠一块巧克力、一杯饮料等等，

① 参见王晓晔：《竞争法学》，143页，北京，社会科学文献出版社，2007。

纯属“小恩小惠”，不足以影响购买者的选择，那么附赠这种商品就不是附赠行为。我国国家工商行政管理局1996年发布的《关于禁止商业贿赂行为的暂行规定》也指出：“经营者在商品交易中不得向对方单位或者个人附赠现金或者物品。但按照商业惯例赠送小额广告礼品的除外。”

三是，如果是根据合同产生或规定的附随义务不属于附赠行为。至于是否属于合同附随义务应根据一般交易观点去认定。如购买空调负责免费安装，这里就不存在主要商品（服务）和次要商品（服务）之分，履行附随义务（免费安装）属于履行主要义务（购买空调）的范畴，两者构成一个不可分割的整体。而顾客到加油站经营者那里加油，可免费洗车，“顾客购买本店珠宝，四周内可任意退换”，德国法院就认为不是附随义务，而构成了附赠行为。

四是，在合同范围内，在不提高原定价格的情况下，经营者主动改善所售商品质量的行为，这种行为有利于购买者，应予提倡，也不属于附赠行为。具体说来，顾客根据有关合同有理由期待获得的某种商品，不属于附赠商品的范畴，如果经营者提供的商品超出购买者的期待，则这种商品便是附赠商品。[①]

（二）抽奖式有奖销售

所谓抽奖式有奖销售，是指凡以偶然性的方式决定参与人是否中奖的，均属于抽奖式有奖销售，而偶然性的方式是指一种具有不确定性的方式，即是否中奖只是一种可能性，既可能中奖，也可能不中奖，是否中奖不能由参与人完全控制。

其中，“凡以抽签、摇号等带有偶然性的方法决定购买者是否中奖的，均属于抽奖方式”。应该说，抽签、摇号是典型的抽奖式有奖销售方式，但抽奖式有奖销售方式并不限于这两种，因此，凡是符合上述条件的，均属于抽奖式有奖销售。例如证券经营者实施的以投资收益率或者利润率等高低确定部门投资者是否中奖的各种奖励、比赛等活动，也属于抽奖式有奖销售，因为在这些活动中，各个投资者获取的投资收益率或者利润率等以及由此决定的能否中奖，取决于许多主客观因素，均不能由证券经营者和投资者完全控制，因而具有偶然性或不确定性。

如上所述，许多有奖销售具有合理性和合法性，法律并不一概禁止，只是禁止不当有奖销售。根据我国《反不正当竞争法》和上述规

① 参见邵建东：《德国反不正当竞争法研究》，327页，北京，中国人民大学出版社，2001。

定，允许有奖销售是原则，禁止有奖销售是例外，易言之，法律只是禁止构成不正当竞争的不当有奖销售。之所以如此，是因为不当有奖销售具有以下严重弊端：

一是，不当有奖销售激发购买者的投机赌博心理，促使其去碰碰运气，对购买者形成一种有效的利益诱惑，促使其跃跃欲试。在这种“利令智晕”的情况下，购买者难免作出非理性的购买决策，购买者不是着眼于商品的质量和价格，而是关注奖励的有无和多少，颠倒了“有奖”与“销售”的手段与目的关系，不是因为购买而获奖，而是为了获奖而购买，以至于去购买一些本不急需甚至根本不需要的商品，把获奖当作了购买的决定性因素，视为决策的根据。这违背了购买的常规，即按需购买，量力而行，按质论价，把购买者的注意力引向了歧路，从商品本身引向了商品之外的奖励。没有购买者对商品的关注，“货比三家”，就不会有价廉物美的商品，没有生产的改进和提高，没有经济的发展进步。购买者的购买决策准确地传递出消费需求信息，是稀缺资源得以有效配置的向导和指南，不当有奖销售干扰扭曲了它们，导致错误配置资源以及社会资源浪费。

二是，不当有奖销售的奖励是免费额外提供的，会使购买者极易产生自己获得了免费额外收益的感觉。但这是一种错觉，“世上没有免费的午餐”，“羊毛出在羊身上”，奖励的成本代价早已转加到销售商品的价格中了，有奖销售的背后一般都伴有价格操纵和代价转移，真实的价格关系被销售者模糊了，购买者不能识别判断，无法做到按质论价，保证质优价高、质次价低，这样价格竞争机制就难以发挥作用。价格是市场的中枢神经，最为敏感，阻碍了价格竞争机制这一市场中枢神经的作用，就等于瘫痪了市场。此外，模糊了真实的商品价格关系，商品的价格不是商品价格的真实反映，质次价高，具有严重的欺骗性质。

三是，不当有奖销售是附加有利条件销售商品，是销售者为自己的商品“贴金”，增加了商品的竞争力，这样就改变了单独商品之间的纯粹竞争，破坏了公平竞争秩序。由于购买者乐于选购有免费附赠、伴有奖励、一举多得的销售者的商品，因而能够吸引购买者，促销其商品，使其他无奖的销售者门庭冷落，其商品无人问津，最终达到排挤其竞争对手的目的，严重侵害了其他经营者的合法权益。在实践中，有奖销售是大企业尤其是大型商业零售企业竞相采用的排挤中小商业零售企业的有效手段。在这点上，不当有奖销售作为一种不正当竞争手段是昭然若揭的。不当有奖销售也是一种恃强凌弱、以大欺小的不正义行为。值得一提的是，1932 年德国《附赠法》的颁布正是源于中小企业的督促，是中小企业反对大企业附赠行为的产物。

四是，不当有奖销售，促使人们妄想投机取巧，不愿公平交易；喜欢赌博冒险，不计后果；导致盲目购物，造成浪费；使人“利令智晕”，误导消费；想占小便宜，结果却因小失大。在有奖成为了商品销售的重要手段的情况下，没有奖励商品就销售不出去，要促销商品就必须进行奖励，要扩大商品销售就不得不加大奖励力度，谁的奖励力度越大，谁的商品就销售得越好，这样就助长了攀比之风，把商业竞争蜕化为奖励竞争，经营者的注意力不再集中在商品上而是转移到了奖励上，误导了人们努力的方向。人常道，“酒香不怕巷子深”，“皇帝的女儿不愁嫁”，好商品自能销售出去，没有哪个销售者会去有奖销售其畅销商品，这不仅是多此一举，而且是不明智之极。这反过来就是说，要有奖销售的商品大多是一般商品，有的甚至是劣质商品，这些商品正常途径销售不畅，因而要有奖销售，如果放任不当有奖销售，势必造成劣质商品泛滥成灾，甚至可能会排挤优质商品，后果不堪设想。不当有奖销售的奖品大多是附赠品、搭售品，人们通常约定俗成，认为凡是附赠搭售的商品往往都是劣质次品，这样经销者把别人的商品作为奖品会无意中或无形中损害该商品和商家的声誉，引发纠纷。不当有奖销售，特别是抽奖式有奖销售，总是有人中奖，有人不中奖，但“羊毛出在羊身上”，所中之奖来源于不中奖者之所失，这样就不知不觉地改变了社会财富的分配和归属，导致有人欢喜有人愁，有失公平。

正是因为不当有奖销售的上述弊端，我国《反不正当竞争法》第 13 条规定：“经营者不得从事下列有奖销售：（一）采用谎称有奖或者故意让内定人员中奖的欺骗方式进行有奖销售；（二）利用有奖销售的手段推销质次价高的商品；（三）抽奖式的有奖销售，最高奖的金额超过五千元。”

根据以上规定，我国《反不正当竞争法》规定的不当有奖销售行为大致可分为以下几种：

1. 欺骗性有奖销售行为

所谓欺骗性有奖销售行为，是指经营者捏造有奖销售事实或者隐瞒有关事实真相，欺骗购买者购买商品，但所设之奖不能如期为其所得。根据《关于禁止有奖销售活动中不正当竞争行为的若干规定》，欺骗性有奖销售行为具体包括以下几种：

（1）谎称有奖销售或者对所设奖的种类、中奖概率、最高奖金额、总金额，奖品的种类、数量、质量、提供方法等作虚假不实的表示。

(2) 采取不正当的手段故意让内定人员中奖。

(3) 故意将设有中奖标志的商品、奖券不投放市场或者不与商品、奖券同时投放市场；故意将带有不同奖金金额或者奖品标志的商品、奖券按不同时间投放市场。

(4) 其他由有关机关认定的欺骗性有奖销售行为。

这方面的案例众多。如从 2003 年 6 月开始，内蒙古自治区奈曼旗天骄蒙古酿酒厂在销售其生产的 42 度天骄蒙古酒过程中，采取刮卡式有奖销售进行促销。该厂在呼和浩特市赛罕区新建西街的“西北人家风味楼”酒店散发广告印刷品，广告中笼统地标有：主要奖品有报喜鸟西服、高档鳄鱼皮带、康奈皮鞋、高档男女手表、新大洲摩托车 (50) 型、24K 金耳钉 1 副、29 寸彩电、手机 1 部、再来一瓶等等。

呼和浩特市工商局赛罕区分局根据群众举报对其进行了查处。工商执法人员指出，该广告存在欺诈行为。一是，广告中所有的奖品都没有标明规格、型号、价值等内容，如 24K 金耳钉是多少克，29 寸彩电和手机分别是什么品牌、什么性能，高档皮带、高档手表到底其档次高到什么程度等等。消费者在这些看似丰厚的奖品驱使下购买该商品，即使获奖，得到的奖品可能与消费者理解中的奖品大有区别，到时主动权完全掌握在商家的手中，消费者则处于被动地位。二是，中奖率、中奖等级和名额，商家没有明示，广告中一大堆没有等级、顺序的奖品很容易使消费者产生这样的感觉：每一瓶酒都有奖品，最次的奖品也是“再来一瓶”。而真实的情况呢？酒厂销售经理说：“奖品的投放完全由我们人员掌握和控制，哪个刮奖卡里有没有奖、有什么样的奖，我们都知道。我们是根据市场销售情况投放奖品的。当酒卖得慢时，我们就多投放奖品；当酒卖得快时，我们就少投放奖品，甚至不投放。”三是，兑奖时间和兑奖地点商家也没有进行明示，消费者一旦中奖，在什么时间、什么地点领奖就成了问题，为双方的纠纷埋下了祸根。有些不法经销商往往利用这一点拖延兑奖时间，逃避兑奖义务，有的甚至一走了之，严重损害了消费者的利益。根据国家工商总局《关于禁止有奖销售活动中不正当竞争行为的若干规定》，呼和浩特市工商局赛罕区分局认为这是一起具有欺骗性质的有奖销售活动，对活动主办者奈曼旗天骄蒙古酿酒厂处以 1 万元罚款。[①]

① 参见http://bao.liangmeng.com，2006-08-15。

2. 利用有奖销售的手段推销质次价高的商品

所谓“质次”，是指商品质量次等，质次商品既可能是合格商品中低档次的商品，也可能是不合格商品，有时还可能是伪劣商品；所谓“价高”，是指商品的价格与商品的价值不相符，高出许多，变相涨价。所售商品是否属于“质次价高”，由工商行政管理机关根据同期市场同类商品的价格、质量和购买者的投诉进行认定，必要时可会同有关部门加以认定。

本来，质优价高，质次价低，才是合理的。而质次价高，价不副实，违背了诚实信用和公平交易的原则。经营者高价销售其质次商品，使购买者支付的价格与商品质量不相符，欺骗了购买者，并损害了购买者的利益。

一般说来，质次价高商品由于其不仅质次而且价高的双重原因，通过正常途径难以销售出去，所以只好搞歪门邪道，其中有奖销售就是其中一种。有奖销售能够借助经济利诱，利用投机心理，引人盲目购物，因而成为促销质次价高商品的灵验方法。但如果放任利用有奖销售推销质次价高的商品，无异于为伪劣商品的泛滥推波助澜，公然奖励欺骗，袒护变相涨价，变本加厉地损害购买者的利益。因此，必须予以反对。

3. 巨奖销售行为

所谓巨奖销售，是指最高奖的金额超过5 000元的抽奖式有奖销售。根据1999年4月5日国家工商行政管理局《关于有奖促销中不正当竞争行为认定问题的答复》的规定，具体包括以下几种：

(1) 经营者以价格超过5 000元的物品的使用权作为奖励的，不论使用该物品的时间长短。

(2) 经营者以提供就业机会、聘为各种顾问等名义，并以解决待遇、给付工薪等方式设置奖励，不论奖励现金、物品（包括物品的使用权）或者其他经济利益，也不论是否要求中奖者承担一定义务，最高奖的金额（包括物品的价格、经济利益的折算）超过5 000元的。

(3) 经营者单独或与有关单位联合利用社会福利彩票、体育彩票设置奖励推销商品，最高奖的金额超过5 000元的。

这方面的案例也很多。如2007年4月，某超市在店堂内进行周年店庆系列促销活动，其中搞了一项名为“周年庆大回馈”的抽奖活动。此项活动规定：凡在活动期间，会员无须消费，只要凭会员卡领取“抽奖券”即可参加抽奖活动。该抽奖活动设置的一等奖项为价值5 900元的高清晰液晶电视机一台，奖金额超过了5 000元。尽管有意见认为，对照抽奖式有奖销售的定义，要认定为有奖销售活动，就必须有销售行为发生，而超市搞的该项活动仅针对会员，会员办卡免费，且无须消费即可参加抽奖活动，商家没有必然的销售行为发生，因此不能认定为有奖销售活动，不应按《反不正当竞争法》对之进行处罚。但工商部门认为，尽管本案中超市的会员凭会员卡参与抽奖，会员无须为了中奖而盲目购物，超市也没有必然的销售行为发生，抽奖活动与销售行为无关，但针对会员所搞的抽奖活动绝不是无意的，超市的本意显然是据此扩大宣传效果，扩大商品销路，打压、排挤其他竞争对手，存在着凭借这一抽奖行为所带来的预期效益。因此不论其如何将有奖销售美其名曰为“周年庆大回馈”，只要是以促销商品为目的，仅凭会员卡便能获赠商品甚至是巨额奖品的活动就完全符合有奖销售的典型特征，本质上应该归结为抽奖式有奖销售，此项抽奖活动违反了《中华人民共和国反不正当竞争法》第 13 条第 3 项“抽奖式有奖销售最高不得超过五千元”的规定，构成了不正当竞争行为。而且国家工商行政管理局工商公字[1998] 第 55 号《关于有线电视台在提供电视节目服务中进行有奖竞猜是否构成不正当竞争行为的答复》也进一步明确指出，有奖销售是指经营者以附带性地提供金钱、物品或者其他利益的引诱方式，促销其商品或服务的行为，不论向商品的购买者还是向其他有关当事人提供商品，只要经营者以促销商品为目的，均可构成有奖销售。有线电视台为招揽广告客户和消费者，在提供电视节目服务中进行有奖竞猜活动的构成有奖销售，应遵守《反不正当竞争法》第 13 条的规定。工商部门遂决定对该超市按《中华人民共和国反不正当竞争法》第 26 条的有关规定进行处罚，对该超市处以了 1.5 万元罚款，上缴国库。①

巨奖销售的危害是多方面的：一是影响和干扰消费者正常选购商品，“重奖之下，必有勇夫”，但也有愚夫，它鼓励人们盲目冒险；二是导致各经营者在奖励上相互攀比，妨碍经营者在质量、价格和服务等方面开展公平竞争；三是经营者滥用经济实力进行不正当竞争，会排挤其他竞争对手；四是助长赌博投机心理，恶化市场环境，不利于市场竞争机制的建立，毒化社会风气，妨碍精神文明建设，也会引发社会问题。因此，必须予以禁止。

不当有奖销售行为是一种严重的不正当竞争行为。对于不当有奖销

① 参见http：// www.ddgs.gov.cn/Html/zfal/235534930.html 18K，2007－09－19。

售行为，要追究相应的法律责任。我国《反不当竞争法》第 26 条规定："经营者违反本法第十三条规定进行有奖销售的，监督检查部门应当责令停止违法行为，可以根据情节处以一万元以上十万元以下的罚款。"

八、诋毁商誉行为

市场经济是一种信誉经济，经营者"无信不立"，"无誉不行"，信誉是经营者的安身立命之本、发展壮大之基。经营者的信誉集中表现为商誉，商誉包括商业信誉和商品声誉。商誉是人们对经营者资信情况、经营绩效、商业道德、产品质量、服务态度、企业形象等的社会综合评价。良好的商誉是经营者长期努力开拓、妥善经营、精心管理、产品优良、服务完善、诚实信用、公平竞争的结果。

良好的商誉是一种重要信息，是沟通经营者与顾客之间的桥梁和纽带，使顾客作出对经营者有利的决策参考和行动指南；良好的商誉是一种赞扬嘉奖，有口皆碑，有目共睹，由此所形成的氛围是对经营者有益的重大舆论支持；良好的商誉是一种市场竞争优势，有无商誉决定人心向背，有商誉者得人心，得人心者得市场，无商誉者失人心，失人心者失市场，失市场者会被淘汰出局；良好的商誉是一种巨大的无形资产，取信于人，人而信之，交易主体扩大，交易机会增多，经济效益提高。从此不难看出，商誉是经营者的"命根子"，经营者会像爱护自己的眼睛一样爱护自己的商誉。其实，市场竞争的核心之一就是商誉竞争。

正因为商誉如此重要，商誉竞争如此激烈，经营者为了赢得竞争，必然要在商誉上面大做文章。正当途径应该是经营者开拓创新，努力拼搏，苦心经营，优质产品，真诚服务，价廉物美，造福于人。但也有不正当途径，其中就包括有些人诋毁竞争对手的商誉。一旦经营者的商誉受到诋毁，经营者就会蒙受巨大损失：第一，商誉是经营者长期艰苦拼搏奋斗的结果，得来不易，但商誉十分脆弱，毁损容易，一旦毁损，就会前功尽弃，血本无归；第二，商誉是人们对经营者的社会评价，难以控制，"好事不出门，坏事传千里"，商誉毁损容易恢复难，有时是不可恢复的，犹如覆水难收，它的影响是广泛持久的，要消除它无异于让黄河水变清；第三，商誉关系到经营者的人格尊严，甚至是经营者人格尊严的核心要素，商誉扫地，往往就是人格名声扫地，所以诋毁商誉是最要命的，没有了商誉，经营者只能蒙羞含辱，"苟延残喘"；第四，商誉是经营者驰骋市场的"通行证"，赢得市场的"敲门砖"，毁损商誉就会使经营者深陷恶名而不能自拔，这是束其手脚、断其生路、碍其发展，必然会给经营者带来巨大的损失。

所以，诋毁商誉行为是一种严重损害竞争对手的不正当竞争行为，历来为各国法律所禁止，如美国《联邦贸易委员会法》第 5 条以及《兰哈姆法》第 43 条 a 款、德国《反不正当竞争法》第 4 条均有禁止性规定。我国《反不正当竞争法》第 14 条规定:“经营者不得捏造、散布虚伪事实，损害竞争对手的商业信誉、商品声誉。”

据此可知，所谓诋毁商誉行为，是指经营者捏造、散布虚伪事实，损害其竞争对手的商业信誉和商品声誉，从而达到排挤竞争对手、占领市场目的的行为。它具有以下构成要件:

1. 行为主体是经营者

笼统地说可以是任何人，包括任何个人和组织。但原则上只限于以竞争为目的处于同一经营领域的经营者，行为人与受害人之间存在竞争关系。其他主体由于不具有竞争目的，不处于同一经营领域，不存在竞争关系，因而他们所实施的诋毁商誉行为，构成民法上的民事侵权行为或者刑法上的商业诽谤行为，而不构成不正当竞争行为。

2. 主观上是故意

行为人明知商誉之于经营者以及市场竞争的重要性，却故意地、有预谋地诋毁其竞争对手的商誉，目的是贬损其商誉从而排挤其竞争，占领市场。如果诋毁商誉出于其他目的，如为了发泄私愤或为了打击报复，那就只能构成民法上的名誉侵权或刑法上的诽谤犯罪，而不构成不正当竞争行为。

3. 实施了诋毁行为

具体包括捏造、散布虚伪事实损害竞争对手商誉的各种行为。(1) 所谓捏造，是无中生有、捕风捉影、弄假成真、歪曲事实，既可以是全部捏造，也可以是部分捏造。(2) 所谓散布，是扩散布告，从自己散布开去，一传十，十传百，“广而告之”，不断蔓延，不胫而走。散布的方式可以是书面的，也可以是口头的；散布的途径可以是大众传媒，也可以是私人信件，还可以是口耳相传，只要散布的内容能够到达任何一个第三人即可；散布的内容可以是文字、图像、声音或者其组合，只要能够诋毁竞争对手的商誉即可。(3) 所捏造、散布的必须是“事实”，即客观现实存在而非主观价值判断，有统一的内容，不会因人而异，可以证实或证伪。事实的认定应以相关交易群体对行为人言行的一般理解及其获得的综合印象为准。(4) 所捏造、散布的事实必须是虚伪的，如果事实是真实的，那么就谈不上捏造，散布真实的事实是言论自由，受法律保护。认定事实是否虚伪由行为人证明，只有行为人能够证明其真实性的事实才是真实的，虽然某种事实是真实的，但只要行为人无法证明其真实性，那么此种事实仍然是虚伪的。（5）事实有特定的针对对象，或者说诋毁的对象是具体的、确定的竞争对手。诋毁的对象包括竞争对手的商品、服务、活动、人际或商业关系，企业主、企业领导人或企业领导中的成员的声望、信誉，等等，凡是能够达到诋毁目的的事情或方面都包括在内。（6）诋毁的方式众多，有的是指名道姓；有的是含沙射影、指桑骂槐；有的虽然没有直接针对特定的竞争对手，但是一般同业人员和消费者可以推知是针对某竞争对手的，这种情况也应认定为有特定的针对对象。

根据实践，诋毁商誉行为具体有以下表现形式：

（1）利用散发公开信、召开新闻发布会、刊登比较广告、播发声明广告等形式，诋毁竞争对手。（2）利用商品的说明书，抬高自己，贬低别人。（3）对业务客户和消费者诋毁竞争对手。（4）唆使他人诋毁竞争对手。（5）组织有关人员以顾客或消费者的名义向相关经济管理监督部门作虚伪投诉，促使相关部门查处竞争对手。

4. 侵害了他人商誉

这是诋毁商誉行为的目的，该行为应可以达到该目的，只要该行为在社会公众中引起了任何不利于竞争对手的后果，就可以认定侵害了他人商誉。具体认定标准既不能以行为人的主观意图为准，也不能以受害人的客观理解为准，而应当根据中立的相关交易者特别是消费者对该行为的判断为准。只要该行为在相当一部分相关交易者中引起了使他人商誉受到侵害的印象，即可认为该行为侵害了他人商誉。

诋毁商誉行为是一种严重的不正当竞争行为。对于诋毁商誉行为，要追究相应的法律责任。我国《民法通则》第 120 条规定："公民的姓名权、肖像权、名誉权、荣誉权受到侵害的，有权要求停止侵害，恢复名誉，消除影响，赔礼道歉，并可以要求赔偿损失。法人的名称权、名誉权、荣誉权受到侵害的，适用前款规定。"我国《刑法》第 221 条规定："捏造并散布虚伪事实，损害他人的商业信誉、商品声誉，给他人造成重大损失或者有其他严重情节的，处二年以下有期徒刑或者拘役，并处或者单处罚金。"除此之外，还可以根据我国《反不正当竞争法》第 20 条的规定追究行为人的法律责任。

九、串通招投标行为

市场经济是一种竞争经济，也是一种交易经济，或者说是一种通过竞争进行交易的经济，各交易者在众多的交易对象中选择条件最优者与之交易，简言之，竞争交易就是与条件最优者交易，这既是交易者的竞争权，也是交易者的自主权，还是市场竞争最具体、最生动、最集中的表现。如果交易者不能自主选择与条件最优者交易，就没有竞争交易可言，也没有市场竞争可言，最终也就没有市场经济可言。竞争交易对于市场竞争具有本质性的意义，实现这种竞争交易的规范方式之一就是依法招投标。

依法招投标之所以有利于实现市场竞争，是由招投标的性质所决定的。所谓招投标，是指以公开招标的形式，使投标者分别提出各自的最佳条件，由招标者根据公开、公正、公平的原则选择其中条件最优者作为交易对象，并与之订立合同的一种法律形式。由此可见：第一，招投标是用广告或通知的方式使人前来投标、竞标，这其实是公开信息，招揽对象，在组织竞争，让众人争夺一个目标，可谓是“引无数英雄竞折标”。如果秘不示众，暗中操作，独自行动，一手遮天，就是限制竞争，无竞争可言。第二，招投标能够从各投标者分别提出的各自最佳条件中，经过比较分析综合，可以较为准确地知悉该标的的市场情形和相关信息，进而有利于正确决策，在这个基础上，知彼知己，才可能有有效的市场竞争。如果没有众多的投标者分别提出的各自最佳条件，就没有了比较，没有比较就没有认识，信息不明，盲目竞争，没有意义。第三，招投标的实质在于招优，招徕（收）最优的投标者。这是一种招徕、发现、胜出最优者的程序或形式，并且是优中选优，这恰好与市场竞争的本质是一致的，市场竞争的本质就在于优胜劣汰，逐优选优，优中选最，发现最佳者。第四，招投标形式规范、程序严格、有法可依、集思广益、民主评定、名至实归，能把真正的最优者确定为中标者。只有这样，才能真正达到竞争的目的。没有规范的形式、严格的程序，主观臆断、个人智慧、独断专行，难免选错人，这有违市场竞争的目的。这也是招投标如此重要的根本原因之所在。

2005 年 3 月 16 日，国家发展和改革委员会主任马凯在纪念我国《招标投标法》实施五周年座谈会上的发言指出，《中华人民共和国招标投标法》实施五周年来，总的情况是好的，招投标行为开始规范，招投标领域不断扩大。这对于创造公平竞争的市场环境，提高公共采购效益和质量，维护国家利益和社会公共利益，发挥着越来越重要的作用。从我们了解的情况看，依法必须招标的政府投资项目和重大建设项目，绝大部分都执行了招投标制，特别是公开招标比例大幅度提高，通过公开招标签订合同份数和合同金额逐年提升。其中，施工招标和设备、材料招标情况相对较好，实行公开招标的合同金额比例达到90%以上；通过招投标节约的工程建设投资，一般在10%～15%，有的地方和行业的平均节资率达到20%左右。

可见，招投标是市场竞争的重要内容和形式。不过，这主要取决于不串通招投标，尤其是各投标者要分别提出各自的条件，也即独立投标报价。如果各投标者相互串通投标报价，尤其是以排挤其他投标者为目的，那么就会使招投标丧失意义，流于形式，危害严重：第一，没有了各投标者的独立投标报价，即使投标者再多，也没有意义，因为合众为一，众而不争，没有了竞争主体，也就没有了竞争，竞争存在于众多独立主体之间；第二，投标者共同抬高标价或者压低标价，没有了各投标者的独立投标报价，投标报价大同小异或者几乎一致，没有了差别，也就没有了竞争，竞争存在于差别之中；第三，各投标者串通一气，难分优劣，选不出最优的投标者，使竞争的目的落空，竞争要优胜劣汰，竞争是竞选，是选优；第四，各投标者串通一气，背后往往有行贿受贿、弄虚作假、相互勾结，侵犯商业秘密等违法乱纪现象，放任各投标人相互串通，势必滋生腐败，恶化风气；第五，因为没有依法招投标或者存在串通招投标等非法情形，无法、没能招到最优的交易对象，使得许多重要或重大的工程项目不是由报价最低的投标者去从事，导致资源的巨大浪费，由一些次优甚至连相应的资质条件都不具备的投标者去从事，难以保证工程项目的质量，在现实中发生的许多“豆腐渣工程”、不合格项目都与没有依法招投标有关。正因为这些严重的危害，所以，我国《反正不正当竞争法》第15条规定：“投标者不得串通投标，抬高标价或者压低标价。投标者和招标者不得相互勾结，以排挤竞争对手的公平竞争。”

由上可知，串通招投标行为主要有两种表现形式：

（一）投标者串通投标

投标者串通投标，是指各投标者之间采取不正当手段，对招投标事项进行串通，以排挤竞争对手或者损害招标者利益的行为。具体构成要件如下：

1. 主体是投标者

投标者串通投标，顾名思义，行为主体只能是参与投标的投标者。能否中标与他们有密切的利害关系，他们为了避免两败俱伤，或者共同分肥，才有串通投标的动机。其他不参与投标的人，不可能是串通投标的主体。尤其要指出的是，会充当串通投标的主体主要是那些资质条件、技术水平、商业信誉、竞争能力都相对平平的经营者，他们惧怕仅凭自己个人的实力难以中标，因而才会实施串通投标行为，而那些各方面条件都十分优越、占有明显市场竞争优势的经营者，自信仅凭自己的实力就能中标，它们根本不必与他人进行串通投标。

2. 投标者之间主观上存在故意

投标者之间的串通是恶意串通，这样做是为了排挤竞争对手，或者明知这样做会损害招标者的利益而故意为之。如果各投标者之间的某些行为，如投标报价相近或相似，纯属偶然或巧合，主观上并无故意，更无串通，则不构成此行为。

3. 投标者实施了串通行为

这类行为主要表现为：(1) 投标者之间相互约定，一致抬高或者压低投标报价；(2) 投标者之间相互约定，在招标项目中轮流以高价位或者低价位中标；(3) 投标者之间先进行内部竞价，内定中标人，然后再参加投标；(4) 投标者之间的其他串通投标行为。

（二）投标者与招标者相互勾结，以排挤竞争对手的公平竞争

这种行为是指投标者与招标者之间采用不正当手段，对招投标事项进行串通，以排挤其他竞争对手的行为。具体构成要件如下：

1. 投标者与招标者主观上存在故意

本来，在招投标活动中，招标者与投标者是独立的主体，交易双方是竞争对手，利益分立，相互博弈，一般来说是不存在意思串通的，如招标者独自发布招标通知或者投标邀请，公布特定的标准和条件，制作标底，除对招标文件作必要的解释外，不得与投标者有其他实质性的沟通和联系，更不能泄露标底。投标者根据招标者的要求独立制作投标文件，确定标价，不能向招标者刺探与招投标有关的内容。只有这样，才是严格规范、合法有效的招投标，也才能达到招投标的目的。通过投标者之间的公开报价，相互竞争，比较优劣，招标者选出自己最为中意的投标者。如果招标者与投标者违反有关规定，在招投标过程中相互勾

结，恶意串通，使特定的投标者中标，这样就排挤了其他投标者。而事实上，投标者之所以要与招标者相互勾结、串通，正是为了排挤其竞争对手，使特定但未必最优者中标，这样做，对招标者来说，是为了通过与投标者的勾结串通来取得额外补偿，对投标者来说，获得了本不属于他的中标机会。正是各得其所，各获其利，使得它们主观上恶意串通。

2. 投标者与招标者实施了相互勾结行为

具体表现为：(1) 招标者在公开开标前，开启标书，并将投标情况告知其他投标者，或者协助投标者撤换标书，更改报价；(2) 招标者向投标者泄露标底；(3) 投标者与招标者商定，在招标投标时压低或者抬高标价，中标后再给投标者或者招标者额外补偿；(4) 招标者预先内定中标者，在确定中标者时以此决定取舍；(5) 投标者与招标者之间的其他串通招标投标行为。

串通招投标行为是一种严重的不正当竞争行为。对于串通招投标行为，要追究相应的法律责任。我国《反不正当竞争法》第 27 条规定："投标者串通投标，抬高标价或者压低标价；投标者和招标者相互勾结，以排挤竞争对手的公平竞争的，其中标无效。监督检查部门可以根据情节处以一万元以上二十万元以下的罚款。"

目前，已发生了不少串通招投标的案例。如 2006 年 9 月，北京理工大学珠海学院为解决该院新建教工公寓建设资金不足的问题，通过珠海建安建筑工程公司装饰分公司的负责人李某找到湖南省第四工程公司（下称湖南四建）珠海分公司项目经理谭某，提出由湖南四建带资建设，该院支付工程结算价 10%的利息并在两年内付清工程款。为使湖南四建中标，李某找到惠州建筑工程总公司（下称惠州建总）珠海分公司经理温某共同参加串标，并分两次给温某共 1 万元人民币的好处费。为确保湖南四建以商定的预算价中标，李某为惠州建总、珠海建安建筑公司分别制作投标报价书并提供各 60 万元的投标保证金。后湖南四建以 6 443万元中标。2007 年 3 月，珠海市监察局会同市公安经侦部门联合对该案予以查处，由建设部门对该项目作出中标无效决定，对湖南四建处以 50 万元罚款，取消 1 年内在珠海市参加依法必须进行招标项目的投标资格并予以公告；对惠州建总和珠海建安建筑公司分别处以 50 万元罚款；对北京理工大学珠海学院给予警告并处以 10 万元罚款。李某、温某涉嫌行贿罪和受贿罪，移送司法机关处理。

第四节 反不正当竞争法的适用

一、执行机关

不正当竞争行为类型多种多样，涉及方方面面，关系重重叠叠，规制要多管齐下，使得反不正当竞争法的执行机关必然多元化。如假冒商业标志就涉及专利部门和工商部门，不当倾销行为就涉及物价部门和工商部门，而招投标主要由发改委负责。

当然，反不正当竞争法的主要执行机关还是监督检查机关。我国《反不正当竞争法》第三章规定了监督检查，并且第16条规定："县级以上监督检查部门对不正当竞争行为，可以进行监督检查。"这里所谓的监督检查机关，具体说来主要就是各级工商行政管理机关。这是由工商行政管理机关的性质所决定的。我国《工商行政管理暂行规定》第2条规定："各级工商行政管理机关是各级人民政府的职能机构，主管市场监督管理和行政执法。工商行政管理机关的基本任务是：确认市场主体资格，规范市场主体行为，维护市场经济秩序，保护商品生产经营者和消费者的合法权益；参与市场体系的规划、培育；负责商标的统一注册和管理；实施对广告业的宏观指导；监督管理个体、私营经济，指导其健康发展。"第15条规定，"工商行政管理机关是经营者市场交易活动的监督管理机关，负责查处不正当竞争行为"。由此可见，工商行政管理机关的任务和职责决定了工商行政管理机关在目前是适合充当反不正当竞争法的主要执行机关。

二、执行职权

执行机关要有效地执行反不正当竞争法，必须依法赋予和行使相应的职权，我国《反不正当竞争法》规定监督检查部门享有和行使以下职权：

1. 询问权

监督检查部门有权按照规定程序询问被检查的经营者、利害关系人、证明人，并要求他们提供证明材料或者与不正当竞争行为有关的其他资料。

2. 查询复制权

监督检查部门有权查询、复制与不正当竞争行为有关的协议、账册、单据、文件、记录、业务函电和其他资料。

3. 检查权

监督检查部门有权检查与《反不正当竞争法》第5条规定的不正当竞争行为有关的财物，必要时可以责令被检查的经营者说明该商品的来源和数量，暂停销售，听候检查，不得转移、隐匿、销售该财物。

4. 处罚权

监督检查部门对查证属实，确认为实施不正当竞争行为的行为人，有权依据本法的有关规定进行处罚。处罚的具体形式包括：责令停止违法行为，没收违法所得，消除违法后果或者影响，并可以根据情节给予罚款、责令停止整顿或者吊销营业执照等行政处罚。

监督检查部门在行使上述职权时，不受非法干预，《反不正当竞争法》第19条规定："监督检查部门在监督检查不正当竞争行为时，被检查的经营者、利害关系人和证明人应当如实提供有关资料或者情况。"

当然，监督检查部门在行使上述职权时，应依法行使，如出示检查证件等。

三、执法程序

监督检查部门行使职权，必须依照合法程序进行。这方面的程序可参照《行政程序法》、《行政处罚法》进行。至于工商行政管理机关的执法程序，具体可参照1996年12月17日国家工商行政管理局发布的《工商行政管理暂行规定》和1996年10月17日国家工商行政管理局发布的《工商行政管理机关行政处罚程序暂行规定》。

四、司法诉讼

不正当竞争行为是违法行为，有的还是犯罪行为，损害国家、集体和第三人的合法权益，必然要求司法机关依法追究行为人相应的法律责任。这样，仅有监督检查就不够了，还必须要有司法机关的诉讼机制。《反不正当竞争法》第20条明确规定："被侵害的经营者的合法权益受到不正当竞争行为损害时，可以向人民法院提起诉讼。"第29条也规定："当事人对监督检查部门作出的处罚决定不服的，可以自收到处罚决定之日起十五日内向上一级主管机关申请复议；对复议决定不服的，可以自收到复议决定书之日起十五日内向人民法院提起诉讼；也可以直接向人民法院提起诉讼。”应该说，在一个法治社会，司法诉讼是一切法律最主要和最重要的适用途径，当然也是反不正当竞争法最主要和最重要的适用途径。具体适用，可参照适用《民事诉讼法》、《刑事诉讼法》和《行政诉讼法》。

五、责任形式

不正当竞争行为危害面广，受害者众，影响甚大，因此，要有效地规制不正当竞争行为，必须采取各种有力措施，规定多种法律责任形式，如经济责任、行政责任和刑事责任。

1. 经济责任

不正当竞争行为的动机和目的是牟取非法经济利益，它首先损害的是人们的经济利益，最终后果也是损害人们的经济利益。哪里有损害哪里就要赔偿，经济责任集中表现在损害赔偿上。我国《反不正当竞争法》第 20 条规定：“经营者违反本法规定，给被侵害的经营者造成损害的，应当承担赔偿责任，被侵害的经营者的损失难以计算的，赔偿额为侵权人在侵权期间因侵权所获得的利润；并应当承担被侵害的经营者因调查该经营者侵害其合法权益的不正当竞争行为所支付的合理费用。”经济责任适用范围甚广，可适用于一切不正当竞争行为。

2. 行政责任

监督检查部门作为《反不正当竞争法》的行政执法机关，在执行《反不正当竞争法》、查处不正当竞争行为时，有权对不正当竞争行为追究行政责任。这方面的行政责任包括责令停止违法行为，没收违法所得，消除影响，罚款，责令停止整顿，吊销营业执照，等等。行政责任的适用范围也甚广，主要适用于假冒仿冒商业标志行为、商业贿赂行为、引人误解的虚假宣传行为、侵犯商业秘密行为、不当有奖销售行为、串通招投标行为。对这些不正当竞争行为，可根据情节单独或并列适用上述行政责任，具体责任可参见有关规定。此外，《反不正当竞争法》第 28 条规定：“经营者有违反被责令暂停销售，不得转移、隐匿、销售与不正当竞争行为有关的财物的行为的，监督检查部门可以根据情节处以被销售、转移、隐匿、销毁财物的价款的一倍以上三倍以下的罚款。”第 30 条规定：“政府及其所属部门违反本法第七条规定，限定他人购买其指定的经营者的商品、限制其他经营者正当的经营活动，或者限制商品在地区之间正常流通的，由上级机关责令其改正；情节严重的，由同级或者上级机关对直接责任人员给予行政处分。被指定的经营者借此销售质次价高商品或者滥收费用的，监督检查部门应当没收违法所得，可以根据情节处以违法所得一倍以上三倍以下的罚款。”再有，《反不正当竞争法》为了防止、制约监督检查部门工作人员滥用职权、玩忽职守、徇私舞弊，也规定了相应的行政责任，如第31条规定：“监督检查不正当竞争行为的国家机关工作人员滥用职权、玩忽职守……不构成犯罪的，给予行政处分。”

3. 刑事责任。

有些不正当竞争行为严重侵害国家、集体和个人的合法权益，构成犯罪的，应依法追究行为人的刑事责任，罚当其罪。由刑事责任的性质所决定，我国《反不正当竞争法》规定，它主要适用于：（1）假冒仿冒商业标志行为中的销售伪劣商品构成犯罪的，具体可参见《刑法》第三章第一节“生产、销售伪劣商品罪”和第七节“侵犯知识产权罪”所规定的责任；（2）经营者采用财物或者其他手段进行贿赂以销售或者购买商品构成犯罪的，具体可参见《刑法》第三章第三节“妨害对公司、企业的管理秩序罪”和第八章“贪污贿赂罪”的有关规定，如《刑法》第164条规定：“为谋取不正当利益，给予公司、企业的工作人员以财物，数额较大的，处三年以下有期徒刑或者拘役；数额巨大的，处三年以上十年以下有期徒刑，并处罚金。”第163条规定：“公司、企业的工作人员利用职务上的便利，索取他人财物或者非法收受他人财物，为他人谋取利益，数额较大的，处五年以下有期徒刑或者拘役；数额巨大的，处五年以上有期徒刑，可以并处没收财产。公司、企业的工作人员在经济往来中，违反国家规定，收受各种名义的回扣、手续费，归个人所有的，依照前款的规定处罚。国有公司、企业中从事公务的人员和国有公司、企业委派到非国有公司、企业从事公务的人员有前两款行为的，依照本法第三百八十五条、第三百八十六条的规定定罪处罚。”

此外，《反不正当竞争法》为了防止、制约监督检查部门工作人员滥用职权、玩忽职守、徇私舞弊，也规定了相应的刑事责任，如第31条规定：“监督检查不正当竞争行为的国家机关工作人员滥用职权、玩忽职守，构成犯罪的，依法追究刑事责任。”第32条规定：“监督检查不正当竞争行为的国家机关工作人员徇私舞弊，对明知有违反本法规定构成犯罪的经营者故意包庇不使他受追诉的，依法追究刑事责任。”

第三章

反限制竞争法

反限制竞争法是经济法体系的内在构成要素，是市场竞争法的重要组成部分。

世界上最早的反限制竞争法源自加拿大，但一般把美国1890年的《谢尔曼法》公认为是世界各国反限制竞争法的“母法”。此后，美国先后于1914年、1948年和1992年颁布了《克莱顿法》、《联邦贸易委员会法》和《美国司法部和联邦贸易委员会横向兼并准则》等反限制竞争的法律；日本于1947年颁布了《禁止私人垄断及确保公正交易法》，以后多次修订；英国于1948年颁布了《垄断及限制行为调查管制法》；德国于1957年颁布了《反限制竞争法》，以后多次修订；韩国于1980年颁布了《限制垄断和公平交易法》，以后多次修订；加拿大于1985年颁布了《竞争法》；法国于1986年颁布了《公平交易法》；波兰于1990年颁布了《反垄断法》；俄罗斯于1995年颁布了《关于竞争和在商品市场中限制垄断活动的法律》；我国于2007年颁布了《反垄断法》。与此同时，也签订了一些反限制竞争的国际公约，如1984年联合国《消除或控制限制性商业惯例法律范本》，1957年制定的《欧盟条约》中的第85～90条，经济合作组织《竞争法基本框架》。时至今日，在当代各国的法律体系中几乎都存在有关禁止和排除限制竞争行为的法律规定。

但各国对这些法律规定的名称尚不统一，有的把它们称为“禁止垄断法”，如日本；有的把它们称为“反限制竞争法”，如德国；有的把它们称为“反垄断法”，如波兰和我国；有的把它们称为“竞争法”，如加拿大；有的干脆就以个人的名字来称呼它们，如美国的《谢尔曼法》、《克莱顿法》，等等。总之，对这些法律规定的名称多种多样。本书不把它们称为“反垄断法”，而把它们称为“反限制竞争法”，这是因为，“垄断”仅是限制竞争行为之一种，并且是非常少见的一种，在一般情况下，要想在市场中达到“垄断”特别是本来意义上的真正“垄断”即“独占”几乎是不可能的。在现实中，也未必要“垄断”才能限制竞争，像企业合并、滥用市场优势、限制竞争协议等等并不是严格意义上的“垄断”，充其量是“企图垄断”或者“准垄断”，但限制竞争，并且已成为限制竞争的普遍而常见的形式。可见，“反垄断法”仅仅是狭义上的“反限制竞争法”，它反对的仅仅是“垄断”，包括不了其他“反限制竞争”的内容。为了使“反垄断法”能够包括其他“反限制竞争”的内容，人们只好对“反垄断法”进行扩大解析。实际上，人们也是在“反限制竞争法”的意义上使用“反垄断法”的。在本书中，在没有特指的情况下，“垄断”是广义上的，等同于“限制竞争”，“反垄断法”也是广义上的，等同于“反限制竞争法”。但与其如此曲折复杂，不如径称“反限制竞争法”更好。而“反限制竞争法”不仅能包括“反垄断”的内容，还能包括其他“反限制竞争”的内容。也正因为如此，有的国家把这方面的法律规范称为“反限制竞争法”，如德国。称“反限制竞争法”，这样更能名副其实，也更加名正言顺。

第一节　竞争模式

反限制竞争法的根本宗旨在于维护和促进市场竞争。但竞争有不同模式，竞争模式直接决定着反限制竞争法的性质和内容，可以说，有什么样的竞争模式就有什么样的反限制竞争法。因此，反限制竞争法立足和追求什么样的竞争模式，需要首先加以研究。

目前，关于竞争模式主要有以下几种：

一、完全竞争模式

所谓完全竞争，著名经济学家萨缪尔森是这样定义的，他认为：“当没有一个生产者能影响市场价格时，就存在着完全竞争。每一个生产者都是一个‘价格的接受者’，即他必须按现行市场价格来出售产品。”并指出：“当存在着大量的小厂商，每家厂商都生产相同的产品，而且每家厂商对市场价格的影响都很小时，完全竞争就产生了。”[①] 从以上论述可以归纳出完全竞争必须满足以下四个基本条件：

1. 市场上存在着大量的买者和卖者，并且他们都只占极小的市场份额，以至于没有谁能独自影响市场价格，而只能是一个市场价格的接受者。

2. 市场上的商品是同质的，即在同一市场上所有的生产者都提供完全一样的商品。因而，消费者对购买哪一个生产者的商品不存在偏好，影响消费者选购的唯一因素只是商品的价格。

3. 所有的生产要素都可以自由流动，每个厂商都可以自由地进入

① ［美］萨缪尔森、诺德豪斯著，高鸿业等译：《经济学》，12 版，下册，786 页，北京，中国发展出版社，1992。

或退出某个行业或市场，不存在市场进出的障碍。

4. 信息是公开的，买卖双方都能较轻易地得到全部的市场信息，除了供求因素以外，其他因素不影响商品价格和市场竞争。

不难看出，上述条件是非常苛刻的，以至于往往难以满足。如市场上存在着大量极小的买者和卖者，过于零散，不成规模，而且重复生产，也未必有效。这样的市场不仅类似“小人国”，而且常常处于无政府状态。要求所有的商品都是同质的，不存在任何差别，除了极少数农产品如大米、小麦以外（就是这些商品也存在一些差别，如大米、小麦也有优质与普通之分），其他的商品是不可能满足这一条件的。由于生产商品的原料、技术，生产者所处的位置、环境，生产者的信誉、服务，等等，都会导致商品存在这样那样、或多或少的差别，世界上连两片相同的树叶都没有，哪有两家厂商生产的两种完全一样的商品。正像人有个性并且追求个性一样，人们所生产的商品也有个性并且追求个性，有个性的商品也是人性的要求，不同个性的商品满足不同个性人的偏好和要求，这正是市场的要求和功能。要求生产厂商自由进出市场，也实属不易，因为生产厂商总是处于特定条件之下并受其制约，通向市场的道路绝不平坦。市场也有门槛，市场并非完全自由，能够说进就进、说退就退。即使是劳动力的流动，也不是“赤条条往来无牵挂”，总有各种“剪不断，理还乱”的关系。生产要素的流动并不能像空气一样自由流动。要求全面而充分的信息，远远超出了人类有限的理性能力，更不要说单个的买者或卖者，信息不充分、不对称恰恰是普遍情况。而且除了供求因素影响商品价格和市场竞争以外，还有许多其他因素也影响商品价格和市场竞争，这已为人所共知。连南半球的一只“小蝴蝶”都能引起北半球的金融风暴，这就说明经济全球化了，万事万物处于普遍联系之中，并且互相影响。

所以，完全竞争是一种理想模式，也是一种理论幻想，并不是一个现实世界，“现实世界并不听命于完全竞争的假设”①，“现实世界的绝大部分属于‘不完全竞争’的领域：它既非完全竞争，也非完全垄断”②。而且，“我们并没有证明，具有完全竞争的自由放任制度能够使最多的人得到最大的好处。我们并没有证明，它能使社会的效用达到最

① ［美］罗伯特·特里芬著，于慕英译：《垄断竞争与一般均衡理论》，32页，北京，商务印书馆，1995。

② ［美］萨缪尔森、诺德豪斯：《经济学》，12版，下册，830页，北京，中国发展出版社，1992。

大。我们并没有证明，它所造成的后果代表可能达到的最优的社会福利水平”①。所言极是。

既然如此，反限制竞争法就不应立足和追求完全竞争模式，否则就会根基不稳，就如同与风车搏斗。

但完全竞争模式还是有其价值的，就像理想对于人们来说有其价值一样。理想并非现实，但人们依然追求理想，因为可以用理想去对照现实、改变现实，使现实不断接近理想或使理想变成现实。同样，完全竞争模式的价值也在于为非竞争模式、不完全竞争模式提供参照，找到非竞争模式、不完全竞争模式与完全竞争模式之间存在的差距，以及缩小它们之间差距的有效办法，使非竞争模式、不完全竞争模式尽可能地接近竞争模式或完全竞争模式，从而有效地促进市场竞争。

二、不完全竞争模式

现实世界中的竞争大都是不完全竞争。“当只有少数几家厂商就能按现行价格供给某种产品时，就产生了不完全竞争。”② 之所以如此，是因为：

1. 随着生产技术的日益提高，生产规模的不断扩大，逐渐形成规模经济，导致成本递减，从而大厂商就可以比小厂商更便宜地进行生产，并以低于小厂商的价格出售商品，这样小厂商就无法生存下去，结果只剩下少数几家大厂商，它们就能够控制某行业的产量和价格，这时就产生了不完全竞争。

2. 有许多行业如自来水、电力、铁路、电话等具有自然垄断性质，不宜完全竞争，政府要施加进入限制；而且它们关系国计民生，影响国泰民安，需要政府加以管制。这样，由于自然垄断和政府管制而产生不完全竞争。

3. 为了鼓励发明创造，法律赋予发明者以专利权，他们可以在一定程度上以特定方式合法“垄断”地行使其专利权，这样就会限制某些领域的竞争，从而产生不完全竞争。

4. 所有的政府都要对外国生产者实行高关税或对进出口数额加以限制，“关税是垄断之母”，或多或少都会把许多外国供给者和购买者排

① ［美］萨缪尔森、诺德豪斯：《经济学》，12版，下册，808页，北京，中国发展出版社，1992。

② ［美］萨缪尔森、诺德豪斯：《经济学》，12版，下册，833页，北京，中国发展出版社，1992。

挤出本国市场，从而分割封闭市场，尤其是分割国内与国外市场，并引起垄断的局面。这样也会产生不完全竞争。

5. 由于产品存在差别，几乎每种产品都不可能为其竞争品所完全替代，在价格相同的情况下，购买者会对某一厂商的产品表现出特殊的偏好或厌恶，顾此失彼，不可得兼，有所取舍。这样也会产生不完全竞争。

大体说来，不完全竞争包括以下类型：

1. 完全垄断

当单一的厂商具有完全控制市场的力量时就会出现完全垄断。完全垄断必须具备两个条件：一是该行业只有唯一一家厂商，被称为垄断者，其英文 monopolist 一词，由源于希腊语中的“单个”（mono）和“卖者”（polist）两个词合成，意思就是“单个的卖者”，“除此一家，别无他店”；二是不许任何新的厂商加入该行业，没有任何别的厂商能生产同垄断者产品相近的替代品，没有潜在的竞争。由于这两个条件使得产品价格和产量不受任何别的厂商的影响，所以完全排除了竞争。

完全垄断与完全竞争一样都是一种极端现象，除了某些公用事业如邮政、铁路等由政府垄断和某些特定行业如自来水、煤气等由政府许可厂商独家经营的自然垄断行业以外，在现实生活中，完全垄断是很少见的。从长期来看，没有一家厂商能确保不受到其竞争对手的冲击而垄断下去。即使是政府垄断的公用事业或政府管制的自然垄断行业，也要求日益打破垄断或放松管制，不断地引入竞争，完全垄断的现象越来越少，并且这是世界大同趋势。

2. 寡头垄断

寡头，本义是少数几家大头的意思，当少数几家大厂商能够控制市场时就会出现寡头垄断。具体说来，少数几家大厂商提供某一行业的大部分产品，它们的产量在该行业的总产量中各占较大份额，它们对市场的价格都具有举足轻重的影响。寡头垄断分两种：一种是生产石油、钢铁等相同产品的纯粹寡头垄断；另一种是生产汽车、电器等有差别产品的差别寡头垄断。

寡头垄断与完全垄断的主要区别在于厂商的数量，完全垄断由唯一一个厂商构成，而寡头垄断由少数几家厂商构成，至少由两家厂商构成，称为“双头垄断”或“双边垄断”，由两家以上厂商构成的垄断，称为“多头垄断”或“寡头垄断”。这一区别进而衍生出寡头垄断与完全垄断的其他区别，如在寡头垄断条件下，每家厂商在产量和价格方面的变动虽然对整个市场和其他竞争对手都有重大影响，但并不能独自操控市场价格，每家厂商在作出产量和价格的决策时，不仅要考虑自身的情况，还要顾及对市场的影响和其他竞争对手的反应，厂商之间存在着竞争与合作的双重关系，充满了不确定性。在许多情况下，厂商之间往往采取联合行动如达成限制竞争协议以垄断市场。而在完全垄断条件下，由一家厂商控制生产，独自决定产量和价格，大局已定，对寡头垄断条件下的那些复杂情况则不必多虑。

可见，寡头垄断是介于完全竞争与完全垄断之间的一种市场结构，但却是一种常见的市场结构。世间的万事万物大都是“中介存在”的，市场竞争亦然。

3. 垄断竞争

所谓垄断竞争，也就是既有垄断又有竞争，介于完全垄断和完全竞争之间。垄断竞争的条件是：第一，厂商数量较多，每家厂商对自己产品的价格有一定的控制能力，但因为存在竞争不能相互勾结以控制市场价格。第二，市场上出售的同类产品既有差别又相近似，因为有差别，不能完全替代，所以形成某种程度的垄断，并且差别越大，垄断程度就越高；但又是同类产品，彼此相似，可相互替代，因而存在一定的竞争，并且替代程度越高，竞争程度就越高。第三，厂商由于资本不多，规模不大，因而在市场上进出较易。最典型的垄断竞争行业是手工业、修理业、食品业、印刷业、钟表业、服装业等轻工业。

在垄断竞争条件下，每个厂商既是垄断者又是竞争者，时而处于垄断地位，时而又面临着竞争，垄断与竞争交叉并存。这正如列宁所指出的：“……从自由竞争中生长起来的垄断并不消除自由竞争，而是凌驾于这种竞争之上，与之并存……”① 马歇尔也认为：“虽然在理论上，垄断和自由竞争是完全区别开的，但在现实上它们以不易觉察的程度，相互贯穿渗透。在几乎一切竞争的行业里，存在着垄断的因素；而一切现代有实际意义的垄断都是在不稳定的情况下保持它们的权力；如果它们忽略了直接和间接的可能性，它们很快就会失去这种权力。”② 在这个基础上，张伯伦提出了“垄断竞争理论”，反对那种“所有的现象被解释为或者是竞争的，或者是垄断的”纯粹而极端的竞争理论或垄断理论，在“现实生活中错综复杂的事实又巧妙地反对在竞争与垄断之间作

① 《列宁选集》，3版，第2卷，650页，北京，人民出版社，1995。

② ［英］马歇尔：《产业与贸易》，英文版，397页，1927。

截然的划分”，垄断与竞争是同存共处的，相互结合渗透。① 垄断竞争理论准确地抓住了市场的现实，在现实市场中，“大部分行业是垄断与竞争的混合”②，垄断竞争是最普遍和最常见的市场结构。

现实的才是坚实的，在坚实的基础上才能构建法律大厦；普遍的才是有规律的，规律性的东西才能上升为法律。反限制竞争法应该立足于不完全竞争尤其是寡头垄断和垄断竞争这一现实而普遍的竞争模式，有的放矢，有所作为，在这个基础上再去追求更完善的竞争模式，并以此有效地促进市场竞争。

三、有效竞争模式

但现实的并非理想的，普遍的并非普适的。无论是完全垄断、寡头垄断还是垄断竞争都是不完全竞争，也是不完善竞争，因为都存在垄断，而垄断具有严重的危害。

（1）垄断者是价格的决定者，可以单独或勾结起来联合把其喜欢的价格直接填在价格标签上，并长期固定不变，让产品在“拍卖市场”上按拍卖价格出售，其价格远远大于或高于边际成本，给消费者造成损失。众所周知，垄断者是消费者的敌人。

（2）“物以稀为贵”，垄断者深明此理。垄断者是产量的控制者，为了获取极大化的垄断利润，往往有意限制产量，使生产不足，导致资源得不到充分利用，不能事尽其功、物尽其用，引起浪费；使市场处于饥饿或半饥饿状态，供不应求、待价而沽、谋取暴利。

（3）垄断者是市场的支配者，他（们）按照垄断利润极大化的目标而生产，而不是根据消费者的需求去生产，资源没有配置到消费者最需要的地方去，生产的目的就是为了获得高额垄断利润。如果不能获得高额垄断利润，垄断者就不去生产或销售，就像历史上发生的一样，他们宁愿把牛奶倒进大海里去，也不愿低价卖给或无偿送给饥渴难忍的人们。这样的生产导致资源误置、配置不当、分配无效，具有明显的不正当性。

（4）垄断者处于不受挑战的市场霸主地位，没有完全竞争的压力，易于滋生惰性、安于现状，技术创新动力不够，追求成本极小化的努力

① 参见［美］罗伯特·特里芬：《垄断竞争与一般均衡理论》，31～32页，北京，商务印书馆，1995。
② ［美］萨缪尔森、诺德豪斯：《经济学》，12版，下册，843页，北京，中国发展出版社，1992。

不高，社会进步受阻，社会损失严重。所以列宁说，垄断“……必然产生停滞和腐朽的趋向。在规定了（即使是暂时地）垄断价格的范围内，技术进步因而也是其他一切进步的动因，前进的动因，就在一定程度上消失了……”① 所以，垄断是开历史的倒车。

总之，不完全竞争由于存在垄断，与完全竞争相比，是缺乏效益的甚至是无效的。反限制竞争法虽然立足于不完全竞争，但并非驻足于、固守和维护不完全竞争，而是从此出发针对现实，变革现实，改善不完全竞争，进而促进和实现有效竞争，追求有效竞争模式。

所谓有效竞争，简言之，就是既有利于维护竞争，又有利于发挥规模经济作用的市场结构。有效竞争的具体标准如下：

1. 市场结构标准：（1）市场集中度不太高；（2）市场进入容易；（3）没有极端的产品差别。

2. 市场行为标准：（1）对于价格没有协定；（2）对于产品没有共谋；（3）对竞争者没有压制政策。

3. 市场绩效标准：（1）存在不断改进生产和产品的压力；（2）随成本大幅下降价格下调；（3）企业规模适度；（4）销售费用占总费用的比重不过高；（5）生产能力不存在长期过剩。

上述有效竞争的具体标准，不仅提供了判断有效竞争的具体尺度，而且指明了促进有效竞争的基本思路，还为法律的制定奠定了坚实的基础，不仅是合理的，而且是可行的，可以作为反限制竞争法的目标模式。从后面的论述可以看出，反限制竞争法正是立足于有效竞争，是有效竞争标准的具体化、法律化，并以促进有效竞争为圭臬。

第二节 相关市场

市场竞争，顾名思义，总是在相关市场进行的竞争，市场的性质和范围的大小直接影响市场竞争的程度。这就决定了相关市场在竞争理论

① 参见《列宁选集》，3版，第2卷，660页，北京，人民出版社，1995。

和竞争法中的重要地位。

除了某些反限制竞争法案件，如本身违法的价格卡特尔和其他无须从产品和地域进行相关市场界定的案件以外，大部分反限制竞争法案件都需要首先对相关市场进行界定。因为只有界定了相关市场以后，才能弄清市场上企业的数量和产品的类别，计量各企业所占的市场份额，确认各企业在市场中的地位，进而认定某企业是否限制了竞争以及市场是否有效竞争，等等。在科学界定相关市场以后，反限制竞争法执法机构才能正确适用反限制竞争法，判断企业的行为是否构成限制竞争行为。可见，界定相关市场是认定市场是否有效竞争的基本前提和根本标准，这正如经合组织（OECD）所指出的："任何类型的竞争分析的出发点都是'相关市场'的界定。"①

所谓相关市场（the relevant market），布莱克法律辞典表述为："在特定的地域内，由那些从用途上看可合理地相互替代的商品所构成的市场。"② 经合组织（OECD）描述为："市场界定有两个基本方面：(1）产品市场，即成为一类的产品；以及（2）地理市场，即成为一类产品的地理区域。"③ 1992年美国司法部与联邦贸易委员会在《横向兼并准则》中指出："一个市场可以定义为一种产品或一组产品和一个地域"，"一个相关市场可以用一种产品或一组产品和一个地域来描述"。为了使相关市场的界定规范化、科学化和客观化，欧共体委员会1997年12月发布了《欧共体竞争法中界定相关市场的通告》，其中提出了一系列界定相关市场的方法，特别提出要使用经济学和计量经济学的方法界定产品市场和地理市场。④ 我国《反垄断法》第12条规定："本法所称相关市场，是指经营者在一定时期内就特定商品或者服务（以下统称商品）进行竞争的商品范围和地域范围。"归纳上述经典而权威的论述和规定，可见，相关市场就是展开竞争的产品和区域，具体可分为相关产品市场和相关地域（理）市场。

① OECD, *Glossary of Industrial Organization Economics and Competition Law*, p. 54.
② *Black's Law Dictionary*, West Publishing Co., 1979, p. 1160.
③ OECD, *Glossary of Industrial Organization Economics and Competition Law*, p. 54.
④ 参见王晓晔：《竞争法学》，212～213页，北京，社会科学文献出版社，2007。

一、相关产品市场

相关产品市场（the relevant product market），是指具有相互替代关系的产品的范围，所有具有相互替代关系的产品构成同一市场。《欧共体竞争法中界定相关市场的通告》第 7 条作了以下更为具体的规定：相关产品市场是指根据产品的性能、用途及其价格，从消费者的角度可以相互交换或相互替代的所有产品和/或服务。[①] 从这里可以看出，确定哪些产品构成相关产品市场，关键是看这些产品之间是否存在相互替代关系，能否相互替代。这条规则在反限制竞争法上被叫作“合理的可替代规则”（rule of reasonable interchangeablity）。

市场不是固定的，而是随时变化的，因此不能一成不变地界定相关市场，而应动态灵活地综合影响市场的各种因素去界定相关市场。根据各国反限制竞争法制的理论和实践，确定产品间是否存在相互替代关系以及能否相互替代，主要参考以下因素：

1. 产品的特性

产品具有特性，各产品的特性直接决定着各产品之间能否相互替代。如果产品具有类似的特性，就可能相互替代；如果产品特性差别甚大，就可能难以相互替代。所以产品特性是考察相关产品市场的一个重要因素。如 1978 年欧洲法院关于联合商标（United Brands）一案的判决即是这方面的典型判例。在本案中，欧洲法院认为，从香蕉的特性出发，一年四季可以得到，表皮易于剥落，里面肉质柔软和无核的特性，能够长期满足幼儿、老人和病人的特殊需要，而且即使是在水果上市的高峰季节，也仅在有限的程度上会受到其他新鲜水果的影响，等等，这些都说明香蕉的特性决定了香蕉和其他水果不能相互替代，香蕉本身构成一个独立市场。[②]

2. 产品的用途

产品具有特定用途，各产品的用途直接决定着各产品之间能否相互替代。如果产品用途相似，就可能相互替代；如果产品用途不同，就可能难以相互替代。所以产品用途也是界定相关产品市场的一个重要因素。如 1956 年美国联邦政府诉杜邦公司生产的玻璃纸（U. S. v. Du Pont Co.）一案中，杜邦公司独家生产玻璃纸，因而被指控独占美国玻璃纸市场。

① 参见王晓晔：《竞争法学》，214 页，北京，社会科学文献出版社，2007。

② 参见王晓晔：《竞争法学》，215 页，北京，社会科学文献出版社，2007。

但法院认为，玻璃纸是所有软包装材料中的一种，而在所有软包装材料市场上，杜邦公司所生产的玻璃纸仅占 18%的市场份额，并不构成垄断。虽然生产玻璃纸技术为杜邦公司所掌握，但杜邦公司并没有力量阻止来自其他厂家生产的软包装材料的竞争。事实上，大量的软包装材料像薄膜、蜡纸、透明纸等与玻璃纸在使用上是可以相互替代的。因此，法院认为，相关产品市场包括所有的软包装材料，玻璃纸只是其中的一种，玻璃纸本身并不构成一个独立的相关产品市场。①

3. 产品的价格

产品的价格是产品的特性和用途的综合反映，也是产品的价值和品质的具体显现，产品的价位拉开产品的差距，产品的价位越大，产品的差距越大，产品的可相互替代性就越小；产品的价位越小，产品的差距越小，产品的可相互替代性就越大。此外，消费者对产品价格的反映十分敏感，产品价格的变化会迅速导致消费者对产品的取舍。因此，产品的价格是界定相关产品市场的一个重要因素。如普通汽车与高级汽车、低档香水与高档香水，虽然功能有些相同，但由于价格过于悬殊，不会被视为相互之间具有可替代性，能构成同一市场。当然，按产品的价格界定相关产品市场并不是绝对的，因为价格的变化会影响需求，需求的变化又会导致产品的相互替代。如有高价产品 A 和低价产品 B，如果产品 A 的价格上涨，上涨到消费者认为物超所值，或难以承受，消费者就可能会转向购买产品 B；同样，如果产品 B 的价格上涨，上涨到消费者认为物非所值，或不愿接受，消费者就可能会转向购买产品 A。这正说明存在一定价格差距的产品还是能够相互替代的。因此，在界定相关产品市场时，决定性的不是价格差距，而是一种产品的价格变化是否对另一种产品的需求会产生竞争性影响，这就是所谓的需求交叉弹性规则（rule of cross-elasticity of demand）。如果会产生竞争性影响，就说明两种产品具有可相互替代性，属于同一市场；如果不会产生竞争性影响，就说明两种产品不具有可相互替代性，不属于同一市场。

4. 消费者的意见

市场上的一切产品，最终都是为了能被消费者所购买，一切竞争说到底都是经营者争夺消费者的竞争，消费者是上帝，是市场的主人。所谓产品相互替代归根结底是消费者对产品的取舍，消费者对产品可否取

① 参见［美］马歇尔·霍华德著，孙南申译：《美国反托拉斯法与贸易法规》，19 页，北京，中国社会科学出版社，1991。

舍最终决定了产品能否替代。因此，在界定相关产品市场时，消费者的意见是决定性的。如果消费者认为产品是可相互替代的，那它们就是可相互替代的，因而构成同一市场；如果消费者认为产品是不可替代的，那它们就是不可相互替代的，不构成同一市场。《欧共体竞争法中界定相关市场的通告》明确强调界定相关市场要“从消费者的角度”进行，委员会要与主要的消费者接触，收集他们关于界定相关产品市场的观点以及划分市场范围所必要的信息。委员会曾经在 1988 年 Tetra Pak/Alfa-Laral 一案中对消费者进行过书面调查，询问他们在价格上涨多大幅度的情况下会转向购买其他产品。①

消费者的偏好也是一种消费者意见，甚至是一种强烈的意见，乃至偏见。在消费者偏好某种产品的情况下，即使该产品涨价幅度较大，消费者也不会转向购买其他产品。而且，消费者偏好所导致的该产品的价格上涨利润过高也不能刺激其他替代产品的生产，因为消费者“情有独钟”，无意“移情别恋”。很显然，该产品不可相互替代，它自己构成一个独立市场。

5. 供应因素

产品是由厂商供应的，产品的可相互替代性取决于产品的供应情况，供应情况又取决于供应厂商的数量。如果一种产品只有一个供应厂商，那么该产品就不可替代；如果一种产品有多个供应厂商，那么该产品就可相互替代。而供应厂商的数量取决于在有利可图的情况下，其他潜在的供应厂商进入该市场的难易程度，如果潜在的供应厂商无须太大投入、通过简单调整就能进入该市场并供应相关产品，那么该产品就是可相互替代的；如果潜在的供应厂商没有太大投入、不通过重大调整就不可能进入该市场供应相关产品，那么该产品就是不可相互替代的。可见，供应替代决定产品替代。因此，在界定相关产品市场时应考虑供应替代因素。在 1985 年 Michelin 一案中，欧洲法院认为重型车辆的轮胎与小汽车和卡车的轮胎，不仅在使用上、在需求上两组产品缺乏可替代性，而且在供应上也缺乏可替代性，没有供应弹性，因此，两组产品不可相互替代，它们分属两个不同的市场。

至于其他因素，在界定相关产品市场时要不要考量，要具体问题具体分析。如 1962 年布朗鞋业公司诉美国（Brown Shoe Co. v. United States）一案。当时 Brown 为全美第四大鞋子生产商，生产各类鞋子，

① 参见王晓晔：《欧共体竞争法》，79 页，北京，中国法制出版社，2001。

同时也是第三大鞋子销售商，Kinney 为全美第八大鞋子经销商，同时也是鞋子生产商。1956 年 Brown 收购 Kinney，两者合并生效。美国政府认为两者的合并违反了 1950 年《克莱顿法》第 7 条修正案，即“从事商业的企业不得直接或间接收购同一行业同一地区内的另一家企业全部或部分的股票或其他股权资产，如果此收购可能实质性限制竞争或形成垄断”。据此，禁止两者合并。Brown 不服，向美国联邦最高法院提起上诉。在该案中，双方争论的焦点之一就是到底应该如何界定相关产品市场。Brown 认为如果正确界定相关产品市场，该合并就不会危及竞争。但地区法院把相关产品市场界定为“鞋子行业”，包括“男鞋、女鞋和童鞋”，没有正确界定相关产品市场。对此，Brown 提出如下抗辩：在界定相关产品市场时，不但要考量消费者的年龄和性别，还要考量原料的档次、制作工艺及质量、价格和顾客购买鞋子的用处上的各种差异。它还举例说：“一个小男孩不会穿小女孩的黑皮鞋”，“成年男子也穿不了男孩的鞋子”，所以鞋子应该细分为“婴儿鞋”和“童鞋”、“小女孩鞋”和“女士鞋”、“男士鞋”和“男孩鞋”。上述抗辩遭到最高法院的反对。最高法院的判决和法官认为，在界定相关产品市场时，地区法院没有必要非得采用更细致的“价格/质量”或“年龄/性别”的区分法，如此细分既“不切实际”，也“毫无道理”，采用“男鞋、女鞋和童鞋”这种更为人们普遍接受的分类法就可以了。而且如此细分也无助于考量该合并的后果，无论是整体考量还是分开考量，该合并的影响都是一样的。因为，Brown 的历史资料表明，鞋厂可以连续几年或同一时期生产多种类型的鞋子，而且能够轻易地转产其他类型的鞋子（如从生产童鞋转为生产女鞋或男鞋），转产的灵活性，使得 Brown 和 Kinney 的合并可能涵盖整个鞋业，包括男鞋、女鞋和童鞋，而没有必要对它们进一步细分。①

二、相关地域市场

市场是一定场所，总要占据一定的空间，竞争总是在一定的地域进行的。市场是否有效竞争只有在界定相关地域市场以后才能正确认定，所以要认定市场是否有效竞争必须界定相关地域市场。

所谓相关地域市场（the relevant geographic market），是相关产品

① 参见黄勇、董灵：《反垄断法经典判例解析》，18～69 页，北京，人民法院出版社，2002。

或服务的竞争场所，《欧共体竞争法中界定相关市场的通告》第 8 条对此进一步规定为，是指相关企业供给或者购买产品或者服务的地域，而且它们在这个地域的竞争条件基本上是一致的。① 可见，界定相关地域市场的核心是在同等条件下产品或服务能在多大地域展开竞争，竞争地域多大，相关地域市场就多大。

根据各国反限制竞争法的理论和实践，界定相关地域市场，一般要考虑下列因素：

1. 产品的特性

产品具有特性，各产品的特性影响产品的竞争地域，所以产品的特性是界定相关地域市场应考虑的一个重要因素。如有些食品，易于腐烂变质，不能长久保存和长远运输，所以它的竞争地域就大大缩小了，一般只能就近展开竞争。如黑龙江省的面包不大可能与海南省的面包相竞争。再如沙子、碎石、水泥，各地都有，而且笨重难运，人们一般都是就地取材，不会舍近求远，因此，它们的竞争地域是地区性的。比如在北京就难以买到广东的水泥。还有一些高精尖的仪器，因需要向远处外地派遣技术人员、维持备用件而使提供技术服务的成本过高，所以无法向外地销售，市场范围也会受到限制。

2. 产品的价格

由于种种原因，产品的价格往往存在地区差异。如果这种差异不大，一个地区的产品价格发生变化能够影响另一个地区特别是相邻地区产品的供求，如 A 地产品的价格上涨会导致消费者离开 A 地产品转而购买 B 地产品，那么这两个地区就属于同一相关地域市场。反之，就不属于同一相关地域市场。如 1999 年，美国联邦贸易委员会诉 Tenet 医院一案。在该医院合并案中，地区法院把参与合并医院所在的服务地域视为一个独立的相关地域市场。但第八巡回法院却认为，随着 Tenet 医院的合并和医疗价格的上涨，消费者其实能够转向其他地域的医疗服务，Tenet 可能会面临潜在竞争者的竞争，所以，本案的相关地域市场除了 Tenet 所在的地域以外，还应包括消费者可能转向的其他医疗机构所在地的地域。因而认为地区法院没有正确界定相关地域市场。②

① 参见王晓晔：《欧共体竞争法》，80 页，北京，中国法制出版社，2001。

② Federal Trade Commission v. Tenet Health Care Co. ，186 F. 3d 1045，1052（8th Cir. 1999）.

3. 运输成本

产品总是要外卖的，而外卖靠运输：运输便捷，货畅其流，市场就会扩大；如果运输不便，货行不畅，市场就会缩小。运输是地区之间的桥梁，也是市场之间的纽带，运输状况直接影响地区之间、市场之间能否相关起来、是否构成同一市场。可见，市场地域的大小与运输有着密切关系，受运输条件如运输路况、运输工具、运输距离、运输时间、运输费用等的制约。运输成本越低，市场地域就越大；运输成本越高，市场地域就越小。因此，运输成本是界定相关地域市场的一个重要因素。如平板玻璃、石膏板等产品，“既重又价值不高”，还易碎而难于装运，运输成本较之产品价值甚高，不宜长远运输，因而其市场地域常常较小。但应当指出的是，随着运输条件的日益改善，世界在逐渐缩小，市场在不断扩大，运输成本不应是界定相关地域市场的决定性因素。只要存在产品价格的地区差异，并且这种差异大于运输成本，有利可图，那么企业依然愿意将产品运输到其他地区销售。例如小麦是一种运输成本相对较高的产品，但仍然有许多国家从加拿大进口小麦。只要有利可图，哪怕山高水长，全球都已构成同一个市场了。

4. 消费者的偏好

市场是消费者的市场，有消费者才有市场，市场是由消费者构建的，真正的市场存在于消费者的心中，市场地域的大小受消费者的偏好影响。如果消费者“敝帚自珍”，那么即使近在眼前也远在天边，分属不同市场；如果消费者“崇洋媚外”，那么就会“天涯若比邻”，天南地北也同属一个市场；如果消费者“情有独钟”，那么他就会在所不惜，地域市场是固定而狭小的；如果消费者“风情万种”，那么他就会见异思迁，地域市场是变化而宽广的。因此，消费者的偏好是决定相关地域市场的一个重要因素。如德国人偏好德国啤酒，即使德国啤酒比其他国家的啤酒价格更高，德国人仍然偏好德国啤酒，那么其他国家的啤酒与德国啤酒就不属同一个相关市场，德国啤酒本身单独构成一个地域市场。再如1995年的Mercedes-Benz/Kaessbohrer合并案中，欧共体委员会认为，虽然德国的城市公共汽车市场是开放的，但由于外国进口车的质量较差，且德国政府在采购的时候倾向购买本国的汽车，所以城市公共汽车的地域市场只限于德国。①

① 参见王晓晔：《欧共体竞争法》，81页，北京，中国法制出版社，2001。

5. 制度因素

地域不仅是经济领域，也是政治领域和文化领域。地域由国家主权管辖，其中市场地域受国家制度影响，有什么样的国家制度往往就有什么样的市场地域，国家制度的自由程度决定着市场地域的大小。国家制度包括关税制度、外贸制度、管制制度、文化传统、价值观念等等，这些制度常常使同一种产品或者服务处于不同的竞争条件下，从而使它们分属不同的地域市场。因此，制度因素是界定相关地域市场的一个重要因素。如关税壁垒，增加进口产品的成本，阻碍产品进口，使得国内市场与国外市场分属不同地域市场；再如管制制度，为了健康和安全的需要，只特许某牛奶店在一定地区销售牛奶而不能在另一个地区销售牛奶，这样牛奶的地域市场就被分割了；还有文化传统，某些产品只有与当地文化传统相适应才能在该地域销售，如果与当地文化传统相悖逆，那就不能在该地域销售，像猪肉就不能在伊斯兰国家或地区销售，牛肉就不能在印度销售，两者在两地都没有市场，等等。

要正确地界定相关地域市场实非易事，有时法官之间也会存在差异和争论。如美国诉格林耐尔公司（United States v. Grinnell Co.）一案。Grinnell 是生产管道装置设备和灭火喷淋系统的公司，美国地区电报公司（ADT）提供防盗和防火服务，霍尔姆斯电力保护公司（Holmes）仅提供盗警服务，达拉维尔自动火警公司（AFA）仅提供火警服务。它们均提供一项中心站服务，其危险探测设备安装在所保护的建筑物上，能够自动向中心发出电子讯号。中心配有工作人员每天 24 小时监控，一旦收到信号，中心就会派遣工作人员去保护检查被保护的建筑物，并直接通知警察或消防部门。Grinnell 拥有 ADT 股票的 76%、AFA 股票的 86%以及 Holmes 股票的全部。到 1961 年，Grinnell 及其控制的这三家公司在该行业中的份额超过了 87%。法院认为在判断 Grinnell 是否违反了《谢尔曼法》的第 2 条——“任何人对州际贸易或商业的任何部分进行垄断，均为违法”时，首先要正确界定相关市场包括相关地域市场。但法官们对如何界定相关地域市场却存在争论。有的法官认为，尽管一个中心站的服务具有地区性，一般在方圆 25 公里的区域之内，但它是在全国范围内提供这一服务的，因而其相关地域市场是全国性的。但也有法官认为，本案所涉及的相关市场都只能是地区性的，因为它们仅在本地提供服务，仅在某一地域范围内进行竞争，这就像全国范围内的连锁店一样，尽管其配送和商业计划是全国性的，但任何一个连锁店都只在某一地域内进行竞争而非在全国范围内直接竞争。[1]

第三节　基本原则

法律是一种用有限的规则把握无限世界的方式，有限的规则要真正有效地把握无限的世界就必须具有一般性、普适性，“法律始终是一般的陈述”。从实质上看，法律大都是原则性的规定，那些体现核心理念、处于统率地位、具有指导意义的规则更是如此，它们堪称法律的基本原则。有法律就必须有其基本原则。

反限制竞争法尤其如此。通观世界各国的反限制竞争法，它们起初大多条文较少，规定抽象，如美国的《谢尔曼法》仅有8条，都是一些抽象性的规定。即使后来反限制竞争法发展完善了，“反托拉斯法像一个大森林那样，也是由几粒种子发展起来的。法律所依据的法规是如此简单，以至于用简单的表格就可以表示出来：从如此之少的字句能发展出如此之多的法律条文是令人惊讶的”[2]。但是，反限制竞争问题深受经济政治、国际关系、文化传统、价值观念等的影响，反限制竞争案件大多涉及地域广阔，关系国计民生，牵扯方方面面，为时旷日持久，非常复杂，十分棘手。反限制竞争法要处理这样的案件不可能通过制定一个明确具体、固定刻板、包罗万象的规则进行，而必须与时俱进、因地制宜、具体分析、灵活应对。法律有原则性才有灵活性。这就要求反限制竞争法必须具有原则性，要有其基本原则。

反限制竞争法的目标就是反对限制竞争、促进有效竞争，因此很显然，反限制竞争法的基本原则就是区分限制竞争和有效竞争，并在此基础上宣布限制竞争的行为为违法而有效竞争的行为为合理。据此，引申出反限制竞争法的两个基本原则就是，本身违法原则和合理原则。

① 参见黄勇、董灵：《反垄断法经典判例解析》，72～98页，北京，人民法院出版社，2002。

② ［美］萨缪尔森、诺德豪斯：《经济学》，12版，下册，902页，北京，中国发展出版社，1992。

一、本身违法原则

所谓本身违法原则（perse violation），是指某些限制竞争行为，不论其动机如何，也不管其后果怎样，均被宣布为违法。

本身违法原则源于美国《谢尔曼法》，该法第 1 条规定：“任何契约，以托拉斯形式或其他形式的联合、共谋，用来限制州际间或与外国之间的贸易或商业，是违法的，任何人签订上述契约或从事上述联合或共谋，是严重犯罪。”该条规定即确立和体现了本身违法原则。像共谋串通固定价格的协议，维持最低转售价格的协议，在竞争对手之间划分市场范围、顾客或销售商的行为，以限制竞争为目的的联合抵制行为，都被美国法律和司法判例确定为本身违法行为。

本身违法原则有其优点：

第一，本身违法原则确立了一个简洁明了的标准，“凡是违法的都是法律所禁止的”，它告诫人们不要铤而走险；“罪刑法定”，人们不要以身试法。“任何”违反限制竞争法的行为都是，没有空子可钻；毅然决然，无妥协余地。它给人们以确切的预期，便于人们实践遵循，依法行为。

第二，对于本身违法行为，司法机关只要依法认定合乎本身违法原则即可，不必费尽心机去推测、探知行为人的心理动机，也不必旷日持久地去调查收集证明该行为后果的大量证据，更不必周密细致地去分析考虑该行为的具体细节，可以说适用本身违法原则是快刀斩乱麻，可节时省力降耗，大大地节约了有限的司法资源。

但本身违法原则也有缺点，甚至其优点本身正是缺点：

第一，本身违法原则虽然简洁明了，但也简单粗暴，往往不分青红皂白，不问原委细故，“一刀切”，一棒子打死，打击面过大，对赤裸裸的限制竞争行为与合理的限制竞争行为，不能有所区分、扬弃得当。这犹如泼洗澡水连小孩也一同泼掉，既有失公平，也有损效益。

第二，司法机关不去推测探知行为人的心理动机，不去调查收集证明该行为后果的证据，不去考虑分析该行为的具体细节，就径直审判，难免妄下判决，制造冤假错案，也许节约了司法资源，但也背离了“以事实为根据、以法律为准绳”的基本司法原则，而且辜负了“查明真相、公正裁判”的司法使命。司法机关更加注重的不是效率而是正义，不能只图省事。

正是本身违法原则的上述缺点，导致了合理原则的出现和必要。

二、合理原则

所谓合理原则（rule of reason），是指一种行为虽然限制竞争，但因为有其合理性，因而不被视为违法，不予禁止。依据该原则，一种限制竞争行为并不当然被视为违法，是否违法得具体分析，标准是看其是否合理。而所谓的是否合理是指该行为是否“实质性地限制竞争或趋于垄断”，具体又看该限制竞争行为是否减少了不必要的竞争从而实质上推动了竞争，是否合乎交易习惯，是否促进了整体效益，是否有利于社会公共利益，为了正当目的有无比限制竞争更好的措施，等等。

合理原则有其优点：

第一，合理原则对具体问题具体分析。区分合理的限制竞争行为与不合理的限制竞争行为，区别对待，对合理的限制竞争行为予以豁免，对不合理的限制竞争行为视为违法行为而予以反对。针对性强，扬弃得当，合理合法，既公正又有效益。

第二，合理原则重在合理。要做到合理，就必须理由充分，而要理由充分就必须深入调查，充分取证，推测探知行为人的心理动机，考虑分析行为的具体细节，证实确认该行为的后果，收集占有相关市场上过去、现在和未来有关竞争情况的大量证据。在这个基础上，作出的司法判决有根有据、合情合理、客观公正，既能以理服人，也能以力服人。

合理原则在司法实践中被普遍运用。如 1918 年，美国司法部曾对芝加哥贸易局提出诉讼。当时，在芝加哥谷物交易所这个最大的谷物交易所中，即期和远期谷物买卖都是在营业日里以公开拍卖的方式进行，除了成员以每日的收盘价买卖谷物以外，禁止其成员以其他方式进行交易。但买主以书信或电报向乡下的经销商或农民发出要约并在第二天交易所进行的拍卖之前成交，因而许多正在运往或准备运往芝加哥的谷物买卖都是在每日的拍卖之后进行的。政府认为这是一种明显的固定价格行为，因为按照交易所的规定，从下午 2 点到第二天上午 9 点 30 分，交易所的成员在交易中将丧失讨价还价的自由。但在本案的审理中，美国联邦最高法院认为，交易所的这项规定只是为了交易方便，而无意阻止竞争或控制价格。布兰代斯（Brandeis）法官在其判决中指出：不能仅根据一项协议或规定是否约束竞争来确定其合法性。每一项商业协议、规则都具有约束性，约束、限制是它们的本质属性。确认其合法性的正确依据是看其所施加的限制是否为了规范竞争以至于由此促进竞争。因此判决政府败诉。[①]

德国《反限制竞争法》第2～7条以列举的方式，规定标准和型号卡特尔、条件卡特尔、专门化卡特尔、中小企业卡特尔、合理化卡特尔和结构危机卡特尔和其他有益的卡特尔，经经济部长特许，可以豁免适用该法第1条的禁令。

我国《反垄断法》第15条也规定了七种情形[②]，可以不适用该法第13条、第14条的规定。

归纳起来，合理原则的“合理”具体包括：有助于企业改善生产经营、改进技术或创新、提高效率、推动竞争、必要且合理、应对和克服危机、环保环境资源、有利于消费者、促进社会公益、限制但不排除竞争，等等，其内容十分丰富，并且新新不已。

但合理原则也有其缺点，并且其缺点正根源于其优点：

第一，合理原则是一般条款，抽象模糊，富有弹性，伸缩余地大，不能给人们以确切的预期，行为合理还是不合理，捉摸不定，“走着瞧”。这样，一方面助长了不正当行为的侥幸冒险，另一方面又妨碍正当行为的大胆实施，人们不知所措，行为混乱无序。给人们以确切的预期从而便于人们依法行为是法律的重要功能，缺乏确切的预期是法律的严重缺点。

第二，合理原则要求司法机关探求行为合理与否，为此，司法机关需要推测探知行为人的心理动机，考察分析行为的具体细节，证实确认行为的后果，收集占有有关相关市场上过去、现在和未来有关竞争情况的大量证据。可谓费尽心机、旷日持久、成本高昂，消耗大量的司法资源。有的还不了了之，纯属浪费。

第三，合理原则是授权条款，授予法官以广泛的自由裁量权，行为

① See A. D. Neale & D. G. Goyder, *The Antitrust Laws of United States of America*, Combridge University Press, 1980, pp. 24-25.

② 我国《反垄断法》第15条规定：“经营者能够证明所达成的协议属于下列情形之一的，不适用本法第十三条、第十四条的规定：（一）为改进技术、研究开发新产品的；（二）为提高产品质量、降低成本、增进效率，统一产品规格、标准或者实行专业化分工的；（三）为提高中小经营者经营效率，增强中小经营者竞争力的；（四）为实现节约能源、保护环境、救灾救助等社会公共利益的；（五）因经济不景气，为缓解销售量严重下降或者生产明显过剩的；（六）为保障对外贸易和对外经济合作中的正当利益的；（七）法律和国务院规定的其他情形。属于前款第一项至第五项情形，不适用本法第十三条、第十四条规定的，经营者还应当证明所达成的协议不会严重限制相关市场的竞争，并且能够使消费者分享由此产生的利益。”

合理还是不合理，由法官自由裁量，由法官说了算。但同一时期的不同法官、同一法官在不同时期、同一法官对类似案件都可能作出不同的判决，这样就扩大了争论范围，延长了争论时间，增加了不可预见性，加大了司法滥权的危险。合理原则能否正当实施取决于法官素质的高低，没有高素质的法官，合理原则未必合理，也难以正当实施。

三、两者的关系

从上可知，本身违法原则的缺点正是合理原则的优点，而合理原则的缺点正是本身违法原则的优点，两者相互修正、相互制约、相互补充。其中，本身违法原则要严格适用，只适用于那些法律已确认属于本身违法的行为，对这类行为不必再考虑合理原则的适用，这是对合理原则的制约；合理原则要普遍适用，在通常情况下，在判决一种反限制竞争行为时均应考察这种行为是否合理，不能动不动就直接适用本身违法原则，这是对本身违法原则的制约。总之，本身违法原则和合理原则之间要保持必要的张力并寻求微妙的平衡，相互补充、相互修正、相互制约、相互协力、扬长避短、取长补短，才能在反限制竞争中共同发挥各自应有的作用。

不过，在实际案件中，到底应该适用本身违法原则还是合理原则并非易事，常常存在争论。如 1999 年美国加州牙医协会诉联邦贸易委员会（California Dental Association v. Federal Trade Commission）一案。在该案中，加州牙医协会是一个由当地牙医自愿组成的非营利性社团，它拥有包括该州 3/4 的执业牙医在内的19 000左右的成员。该协会制定有“道德法典”，要求所属会员共同遵守，其中第 10 条规定：“尽管任何牙医都可以发布广告，但是不得以任何通讯形式，对任何重要方面进行错误宣传或以误导的方式刊登广告或恳请病人。为了正确服务社会，牙医应当以尊重公共利益的方式宣传自己。牙医不应当以任何可能产生错误或误导的方式对其受训的背景和能力进行不当陈述。”该协会还发布了许多建议对上述条款进行阐析和指引，如限制对有关价格（特别是费用折扣）和服务质量进行广告。如其会员拒绝撤销或修改被限制的广告，将会受到批评、暂停会员资格或从协会除名的处罚。美国联邦贸易委员会经过“简略的分析”和“快速审查”（quick look）后认为，牙医协会限制广告的行为，与通常对价格和服务质量的限制行为是相同的，具有明显的反竞争效果，因而适用本身违法原则，认定牙医协会的行为违反了《联邦贸易委员会法》的第 5 条——“商业中或影响商业的不公平的竞争方法是非法的；商业中或影响商业的不公平或欺诈性行为及惯例，是非法的”。但牙医协会不服，上诉到美国联邦最高法院。最高法院法官对本案到底应适用本身违法原则还是合理原则发生了争论。其中有的法官认同联邦贸易委员会的意见，但也有的法官持反对意见，其理由如下：第一，只有当具有初步知识的观察者就能够得出牙医协会的行为对消费者和市场具有反竞争的影响时，“简略的”、“快速审查”的分析才是适当的，但本案较为复杂，不属于这种情况；第二，由于这个市场是以医生和病人之间显著的信息不对称为特征的，如果允许会员刊登价格及其折扣和服务质量的广告，那么在市场上就可能出现错误的或欺诈性的广告，这对病人是否就医提出了挑战，而协会限制会员刊登此类广告，有利于保护病人免受误导和欺诈性广告的影响；第三，那些在直观上就能得出具有明显反竞争效果的限制措施和那些要求进行详细调查才能得出结论的限制竞争措施之间没有绝对的界限，所要求的只是对案件本身进行调查，分析限制竞争的环境、细节和逻辑，本案的性质决定了不能对本案进行“简略的”、“快速审查”的分析，而应进行全面的调查；第四，这类广告具有专业性，其影响是否属于可以“简略的”、“快速审查”的范围以及能否被证实也值得讨论，起码应该看到它们与通常对价格和质量的限制行为是不同的。①

第四节 主要方法

要实现反限制竞争法的目标，促进有效竞争，必须要有有效的方法。法律应该是一套方法，也应想方设法。综观世界各国反限制竞争法的方法，主要有结构方法和行为方法。

一、结构方法（the structure approach）

竞争是从市场中孕育的，是在市场上进行的，市场之于竞争是源与流、因与果的关系，有什么样的市场就有什么样的竞争，完善的市场才

① 参见黄勇、董灵：《反垄断法经典判例解析》，294～324页，北京，人民法院出版社，2002。

会有有效的竞争，所以要促进有效竞争必须完善市场，而完善市场关键在于完善市场结构，这是从基础上、根本上促进有效竞争。完善市场结构的方法就是结构方法，结构方法对于反限制竞争来说是治本的方法。

所谓市场结构，是“买方和卖方生产运作的经济环境”①，是指“在哪一市场上的行业是如何组织起来的”②。市场结构是市场的内在决定因素，要完善市场结构关键是要合理组织和配置市场的构成要素。具体如下：

1. 厂商的数量和规模

厂商是市场的主体，厂商是市场结构的核心要素之一。有厂商才有市场、才有竞争，所谓的竞争，核心就是市场上各厂商之间的竞争。如果市场上只有少数几家厂商，并且每家厂商的交易额都很大，那么它们就能够支配市场和影响价格，进而限制竞争。如果市场上有很多厂商，并且每家厂商的交易额都不大，那么它们就不能支配市场和影响价格，而只能是价格的接受者，不能限制竞争。可见，厂商的数量和规模直接影响到市场的结构以及市场是否有效竞争。为了促进有效竞争，必须适当增加厂商的数量，限制厂商的规模。美国白宫反托拉斯政策特别工作组（尼尔报告）在 1968 年所提议的集中行业法（Concentrated Industries Act）要求解散寡头垄断行业，规定在一个行业中没有哪一个企业的市场份额能够超过 12%，如果一个行业中有四家或更少的企业集中占有了 70%的市场份额，那么这个行业即为垄断性行业。根据 20 世纪 70 年代美国国会通过的行业调整法规，任何垄断性的市场，当四家或更少的大型企业占有 50%或更多的市场销售额时，该市场就必须重新调整结构。③

2. 产品的可替代性

市场是产品的市场，竞争具体表现为产品的竞争，产品是否竞争直接决定并表明市场是否竞争。而产品是否竞争又归结为产品是否具有可相互替代性。如果产品种类繁多，且都同质，那么产品的可相互替代性就大，从而竞争性也就越高；如果产品种类稀少，且不同质，那么产品

① ［美］麦克尔·卡茨、哈维·罗森著，谢新华等译：《微观经济学》，366 页，北京，机械工业出版社，1999。

② ［美］斯蒂格利茨著，梁小民等译：《经济学》（上册），337 页，北京，中国人民大学出版社，1997。

③ 参见［美］马歇尔·霍华德：《美国反托拉斯法与贸易法规》，19 页，北京，中国社会科学出版社，1991。

的可相互替代性就小，从而竞争性也就低。可见，产品的可相互替代性直接影响着市场是否有效竞争。为了促进有效竞争，必须尽可能地扩大产品的种类，增强产品的同质性。其中最有效的办法是分割已有的大垄断企业，因为同一大垄断企业生产的产品同质性最高，从同一大垄断企业分割出来的各企业所生产的产品最具有可相互替代性，从而也更具竞争性。如1911年美孚石油公司（Standard Oil New Jersery）被分解为今天的Amocco、Chevron、Mobile和其他一些公司，1984年美国贝尔通讯公司分解为AT&T和其他7个地区通讯公司，它们的产品就具有很大的同质性和可相互替代性。

3. 信息的灵通程度

信息是市场行为的指南，也是市场决策的依据，还是市场竞争的向导。信息是市场结构的重要因素，只有信息灵通，知彼知己，百战不殆，才有有效竞争；只有信息灵通，才有公开、公平、公正的竞争。如果信息闭塞，就会闭目塞听、盲目冒险、迷失方向、误置资源，不可能有效竞争。在很大程度上可以说，市场竞争就是信息竞争，谁掌握了更多、更准的信息，谁就更能在市场竞争中胜出。封闭了信息就限制了竞争，限制竞争的表现之一就是限制或封闭信息。如限制刊登价格广告的行为就限制了信息的发布。价格是市场最重要的信息之一，价格广告是价格竞争的基础，对提供价格广告能力的限制不仅限制了市场竞争，而且通常增加了消费者寻求一个更加低廉的价格的难度，增加了交易成本，损害了消费者的利益，因此，一般应该加以反对。为了促进有效竞争，必须尽可能扩大信息的灵通程度，公开信息，让信息为人们共知共享。

4. 市场进出条件

所谓市场进出条件是指厂商进出市场的自由度，具体表现为进出市场有无及多少技术或法律方面的障碍。一个自由的市场应该是厂商进出自由的市场。如果厂商进出自由，犹如流水不腐、户枢不蠹，市场就会生机盎然，充满活力，就会有效竞争；如果厂商进出自由，就会打破已有格局，动摇固定地位，注入新生力量，新新不已，竞争不断，进而促进有效竞争；如果厂商进出自由，这本身就是一种动力和压力，有利于新陈代谢、吐故纳新、优胜劣汰，也使目前暂时具有市场优势的厂商不敢懈怠，必须时时面对竞争，否则就会被潜在的竞争者进入市场取而代之，这样才能实现有效竞争。反之，如果厂商不能自由进出市场，如存在划分市场、产品、顾客的限制竞争协议，或者实行市场封锁，或者闭关锁国，那么市场就会处于封闭呆滞状态，缺乏活力，就会墨守成规，固定不变，不思进取，就没有动力和压力，丧失了激励机制，因而不可能有效竞争。可见，市场进出条件是市场结构的一个重要因素，它直接影响着市场是否有效竞争。为了促进有效竞争，必须尽可能地清除厂商进出市场的各种障碍，保障厂商进出市场的自由。

结构方法具有以下优点：

（1）市场结构是影响市场有效竞争的内在决定因素，有什么样的市场结构就有什么样的市场竞争。结构方法从结构入手，修正结构，完善结构，这是从基础上、根本上创造竞争条件，促进有效竞争，因而是一种治本的方法。可以说，只有改善了市场结构，市场结构合理了，才会有真正的、长久的、彻底的、有效的竞争。游离于结构方法之外的其他方法往往只是治标不治本，难以奏效，对于反限制竞争来说，如果说结构方法是釜底抽薪的话，那么其他方法不过是扬汤止沸。

（2）结构方法根据有效竞争的要求而预先设定某些结构标准，如最低限度的卖主数量和这些卖主集中的比例。如果没有超过这些标准，就不需要进一步的监督。只有超过了这些标准，认为在结构上不利于有效竞争，才需要政府予以干预，以完成必要的结构调整。结构方法具有可预见性、明确性和简便性的优点。

（3）针对垄断企业，结构方法（具体说来就是解割企业的方法）也许是反垄断唯一有效的方法，事实上，结构方法主要就是为反对垄断企业而设计的。为了防止企业合并后形成垄断，结构方法在企业合并之前就能有效地加以阻止，做到未雨绸缪，先下手为强。

但结构方法也有其缺点：

（1）采用结构方法分割现有企业不易操作，实施起来十分复杂和困难，如企业产权如何划分，雇员如何安置，债权债务如何清理，谁来继续完成未竟的开发项目，谁负责退休雇员的退休金，凡此种种，都难以解决，并且解决起来还旷日持久。如从 1969 年开始，美国司法部反托拉斯局花了 15 年时间讨论 IBM 是否应该分割，后来因里根总统上台放松反托拉斯执法又不了了之。类似的案例还有很多，足见结构方法行之不易，结构方法虽然有效但也难行。

（2）结构方法预先设定某些结构标准，但市场是瞬息万变的，既定的市场结构标准往往不能与之相应，采用既定的市场结构标准去套变化了的市场，犹如刻舟求剑。而且，一般说来，市场是不断发展的，会大于或高于既定的市场结构标准，因此采用既定的市场结构标准去控制企业的市场份额，会限制企业的规模，“会使规模经济及其经济效益受到损害，或者使其发展受到限制”①。此外，有些市场，其本身的性质决定了它们不能容纳大量企业，像自然垄断行业，对于这类市场来说，适当的集中是必要的，在这些情况下就不宜适用结构方法。如果硬要适用结构方法，那么“一大批缩小某些企业规模的解散法令会对经济生活和经济发展带来破坏性的冲击”②。

(3) 由于技术或法律原因如专利制度、政府管制等导致的市场壁垒，企业不能自由进出市场；或者由于产品存在的差异太大，不能相互替代，这些都会限制市场竞争。要解决这些问题采用结构方法未必是对症下药，有时不仅是不够的，而且是无效的，应主要通过修改或协调法律制度，进行经济和政治体制改革；有时又是杀鸡而用宰牛刀，这正如有人所指出的：“在某些行业中，要创建竞争市场结构是极端浪费，甚至是不可能的，因而反垄断机关宁愿依靠行为修正而不使用结构修正。”③

正因为如此，在反限制竞争法的方法中，目前占主导地位的已不是结构方法而是行为方法了。

二、行为方法（the conduct approach）

限制竞争本质上是一种行为，也总要表现在各种行为上，该行为是限制竞争具体而直观的表现。而法律是一种行为规则，主要是规范人的行为的。这就决定了反限制竞争法要反对限制竞争行为就必须和主要采用行为方法。

所谓行为方法，“就是针对竞争者的行为建立一些行为规则。只要企业的行为对其他企业的市场行为自由产生有害的影响，无论这种影响是实际的还是潜在的，或者当其他企业和消费者受到虚假或欺骗性做法的有害影响时，政府就会出面干预以制止这类行为”④。简单说来就是通过政府规制、反对和取缔限制竞争的行为达到促进市场有效竞争的目

① [美] 马歇尔·霍华德：《美国反托拉斯法与贸易法规》，19页，北京，中国社会科学出版社，1991。

② [美] 马歇尔·霍华德：《美国反托拉斯法与贸易法规》，19页，北京，中国社会科学出版社，1991。

③ [美] 麦克尔·卡茨、哈维·罗森：《微观经济学》，454页，北京，机械工业出版社，1999。

④ [美] 马歇尔·霍华德：《美国反托拉斯法与贸易法规》，19页，北京，中国社会科学出版社，1991。

的。美国《谢尔曼法》第1条、第2条，《克莱顿法》第2条、第7条所规定和使用的都是行为方法。

适用行为方法要考虑以下因素：

1. 行为动机

人的行为深受人的主观意识支配，人的主观意识有过错和无过错之分，“不知者不为罪”，法律主要是追究那些主观上有过错的行为人的法律责任。为了避免“罪及无辜”，适用行为方法就必须考虑行为人的主观动机，区分他们在主观上有无限制竞争的过错，对有过错的限制竞争行为适用行为方法予以反对、取缔，如美国《谢尔曼法》第2条就特别指出以“企图垄断”、“共谋垄断”等来表明行为人在主观动机上有过错。如果行为人主观上没有过错，则未必适用行为方法，如在某些情况下，出现协调定价并非来自于行业成员间的串通或共谋，而是各成员个别的及独立的意识，是“英雄所见略同”，纯属巧合和偶然。

2. 行为后果

有无行为后果和行为后果怎样是适用法律时所要考虑的一个重要因素。同样，在适用行为方法时也要考虑行为后果，即该行为是否限制了市场有效竞争。一般来说，出现了相应的行为后果，也即限制了市场有效竞争，方可适用行为方法。如美国《克莱顿法》第7条所规制的行为必须是“会显著削弱竞争或倾向于产生垄断的行为”，如果某种行为没有实质性地限制市场有效竞争，就可能被豁免。

行为方法有以下优点：

（1）行为方法具有针对性，直接针对限制竞争行为加以规制，对症下药；具有灵活性，根据行为是否限制竞争而灵活启动，运用自如；具有特定性，只针对限制竞争行为本身而不大触及企业规模，不会限制规模经济和大企业的发展。所以，有时即使涉及市场结构的问题，也不启用结构方法，如滥用市场支配地位就是如此。按理说，滥用市场支配地位是典型的市场结构问题，因为只有处于市场支配地位的企业才可能有滥用行为，尽管有的市场支配地位是优胜劣汰的结果，是合理合法形成的，但这并不能排除有的市场支配地位是违法或非法形成的，不过，各国的反限制竞争法一般只反对滥用行为而不反对支配地位本身。

（2）行为方法较易实施，只是规制限制竞争行为本身而不大触及市场结构，更多的是治标而不是治本，治标比治本要容易得多。统观各国反限制竞争法中行为方法的适用，主要是通过三倍赔偿、罚款、罚金和监禁，来达到反对、取缔限制竞争行为的目的，远没有结构方法那么复杂，适用结构方法要进行结构调整和体制改革，旷日持久，难以一蹴而就。此外，对于欺骗性的行为，行为方法是唯一切实可行的方法。[①] 因为实施欺骗性行为无关企业的大小，大企业即使被分割成各小企业以后，它们也同样可以实施欺骗性行为。法律的适用要消耗有限的司法资源，本应厉行节约，吃药打针能治好的病又何必伤筋动骨呢？适用行为方法能够解决问题就不必动用结构方法。

但行为方法也具有以下缺点：

（1）适用行为方法的前提是反限制竞争法要为厂商提供明确而详尽的行为规则。但由于市场情况的难测、厂商行为的复杂、政策要求的变异，法律对于厂商不能做的事情也许会有明文规定，但对于厂商能做的事情则比较模糊，不能给厂商以确切的预期以使其较好地规划自己的行为，厂商不得不去揣度当局的意图，试探行事。加上适用行为方法具有灵活性，具体情况具体分析，尽管过去确立了一些规则和判例，但厂商自认为规则和判例中所确认的情况与自己的情况有所不同，抱着侥幸心理，不惜铤而走险。行为方法如果不能为厂商提供确切的预期，不能明确地区分合法竞争与非法竞争，那就不利于促进市场有效竞争。

（2）适用行为方法必须正确认定厂商行为，但厂商行为不易观察，特别是违法行为常常躲在暗处，更是难以调查取证。为了确认厂商行为，执法机关不得不持续监视厂商行为以确认他们的行为是否违法，代价十分巨大。有时还不能“逮个正着”，执法机关指控某厂商的行为违法，但诉讼结果却证实并非违法，在这种情况下，诉讼只是一种资源的无谓浪费。

（3）适用行为方法有时不及根本，只能治标不能治本。厂商的行为是由厂商的市场地位决定的，厂商有什么样的市场地位往往就有什么样的厂商行为，这是势所必然。因此，如果只关注厂商行为本身而不触及厂商的市场地位进而影响市场结构，行为方法只能是隔靴搔痒，而没有触到痛处，也许治得了一时，但治不了一世，过不了多久，又会旧病复发，死灰复燃，不能斩草除根、长治久安。

三、两者的关系

世上没有十全十美的方法，任何一种方法都不能包办一切，因此，

① 参见［美］马歇尔·霍华德：《美国反托拉斯法与贸易法规》，21页，北京，中国社会科学出版社，1991。

方法之间必须取长补短、兼收并蓄、配合协力，才能达标治本。结构方法与行为方法亦然。

1. 两者各有侧重。结构方法主要适用于合并、独占及滥用市场支配地位等影响市场结构的情形。而行为方法主要适用于限制竞争协议、滥用市场支配地位以及其他限制竞争行为。

2. 两者相互配合协力。如结构方法要应对滥用市场支配地位，就要把占市场支配地位的厂商置于执法机关的监视之下，监视他们有无滥用市场支配地位的行为；再如行为方法通过禁止旨在减少厂商数量的排斥行为，有利于改善市场结构。其实，结构与行为本来就不是泾渭分明的，就像垄断状态，既是结构，又是行为，并且其结构的形成往往又源于其行为；又如合并，既是行为，又表现为结构，因为限制市场竞争的市场结构往往是通过合并行为达到的；再如滥用市场支配地位，既是行为，又是结构，没有市场支配地位的市场结构，就没有滥用市场支配行为的基础。所以，结构中有行为，行为中有结构，两者是融合的。美国《谢尔曼法》的第 2 条就既指向结构，也指向行为。

3. 两者的标准和目标是一致的。无论是结构方法还是行为方法，适用的前提都是针对限制竞争行为，适用的目标都是反对限制竞争行为，进而促进市场有效竞争。因此，这两种方法都有一个共同的考量标准，那就是"绩效"（performance）。总的来说，就是要考量该结构或行为是否"明显地或实质性地影响或限制了市场竞争"。具体来说，包括该结构或行为是否阻碍了有效生产，价格是否灵活地反映了供求条件及其变化，成本是否具有下降的可能性，利润是否趋于合理，技术是否能够不断改进，潜在的竞争者有无进出市场的自由，消费者的福利是否受损，等等。这两种方法都服务于一个共同的目标，即促进市场有效竞争这一最终的"绩效"目标。其实，"结构"、"行为"和"绩效"是任何反限制竞争方法都要关注的三大要素。

第五节　反垄断规制

垄断是限制竞争之一种，由于它集中体现了限制竞争的本质属性，并且往往是限制竞争的最大企图，几乎所有厂商实施限制竞争行为都是想达到垄断，因而垄断在反限制竞争中占有极其重要的地位，成为反限制竞争法首要的反对对象，以至于常常用垄断来概括、统称限制竞争行为，用反垄断法来概称反限制竞争法。

一、垄断的定义

《辞海》对垄断的解释是：“陇断”或“龙断”，意指高出其余而不相连属的土墩子，如《列子·汤问》：“自此冀之南，汉之阴，天陇断焉。”①

《现代汉语词典》对垄断的解释是，原指站在集市的高地上操纵贸易，如《孟子·公孙丑》：“必求垄断而登之，以左右望而罔市利。”后泛指把持和独占（市场以牟取利益）。②

《辞海·经济分册》对垄断的解释是，指大企业独占生产和市场，以攫取高额垄断利润。③

《布莱克法律辞典》对垄断的解释是：一指赋予某（些）人或公司的特权或特别优势，这种特权或特别优势表现为从事某种特定商业或贸易、生产某种特定的物品或控制某种特定商品全部供应的排他性的权利；一指一种市场结构的形式，在此种市场结构形式中，一家或少数几家企业左右着某项产品或服务的全部销售。前一种垄断是基于某种法定权利而产生的、为法律所允许的垄断；后一种垄断是经济学中的一般意义上的、为反垄断法所反对的垄断。④

以上是对垄断本义所作的各种比较权威的解释，在此基础上加以适当调整就形成了垄断的法律定义。如日本《禁止私人垄断及确保公正交易法》第 2 条第 5 款规定：“本法所称‘私人垄断’，是指事业者无论是单独地还是采取与其他事业者相结合或合谋等其他任何方式，排除或者支配其他事业者的事业活动，从而违反公共利益，实质性地限制一定交易领域内竞争的行为。”我国台湾地区的“公平交易法”第 5 条对独占的规定也是如此：“本法所称独占，谓事业在特定市场处于无竞争状态，或具有压倒性地位，可排除竞争之能力者。而以上事业，实际上不为价格之竞争，而其全体之对外关系，具有前项规定之情形者，视为独占。”在著名的美国联邦政府诉杜邦公司一案中，美国联邦最高法院法官里德

① 《辞海》，1660 页，北京，上海辞书出版社，1979。

② 参见《现代汉语大词典》，818 页，北京，商务印书馆，2000。

③ 参见《辞海·经济分册》，47 页，北京，上海辞书出版社，1980。

④ See *Black's Law Dictionary*，West Publishing Co.，1979，p. 908.

(Reed) 认为垄断力量是控制价格或排除竞争的力量。[①] 随着制定法和判例法的长期发展，垄断通常被认为是某（些）企业对某项商品的生产或销售实行控制的能力或力量。我国《反垄断法》第 3 条所规定的垄断包括垄断协议、滥用市场支配地位、经营者集中。但这些垄断的定义是广义上的垄断，而不是狭义的、“独占”意义上的垄断。

综上所述，垄断与其他限制竞争行为或方式相比，具有以下特点：

1. 从企业数量上看，要么只有一个企业，该企业占有某市场 100％的市场份额，这被称为独占，是真正意义上的垄断（monopoly)；要么只有两个或两个以上的少数企业，它们集合成一，集体占有某市场 100％的市场份额，这被称为寡占，是寡头垄断（oligopoly)。而其他限制竞争方式，企业数量不可能只有一个，也远远多于或大于两个以上，并且两个以上的企业也不能像寡头垄断那样存在“充分而强有力的联系”(sufficiently strong links)，能集合成一，这是企业少而又少的情况下才有可能的事情，而企业众多就不大可能集合成一，企业越多就越不大可能集合成一。

2. 从本质上看，垄断的本质是独占或准独占，“独此一家，别无分店”，独家生产、独自销售、独占市场，独赚利润。可见，垄断的本质在于一个“独”字。而其他限制竞争方式都不可能如此之“独”，它们只能是诸家生产，各自销售，瓜分市场，分享利润。

3. 从目的上看，垄断是其他限制竞争行为的最大企图、终极目标，如果没有法律反对，其他限制竞争行为无不竭尽全力以达到垄断的目标，即使有法律反对，其他限制竞争行为也无法抑制对垄断梦寐以求的冲动。从这个角度看，垄断是其他限制竞争行为的“偶像”。只是难以达到才退而求其次。垄断集中体现了其他限制竞争行为的共同属性，其他限制竞争行为都或多或少地带有垄断的性质，是垄断的低级形式和局部表现。

4. 从危害性质来看，垄断是完全竞争（perfect competition）的对立状态，几乎没有任何竞争，垄断企业可以独立地决定市场价格，降低产量，攫取超额垄断利润，是最严重的限制竞争行为，是反限制竞争法的首要反对对象。而其他限制竞争行为对竞争的限制都不可能如此易行，如此彻底，如此严重，不可能达到完全垄断状态，而只能是垄断与

① United States v. Du Pont Co., U. S. Supreme Court.

竞争并存，既有垄断也有竞争，时而垄断时而竞争，不能彻底排除竞争。

二、垄断状态（monopolistic situation）

日本《禁止私人垄断及确保公正交易法》第 2 条第 7 项对垄断状态下了一个很长的定义。[①] 据此定义，垄断状态指的既可能是市场规模，没有达到相当的市场规模不可能构成垄断状态；也可能是市场结构，垄断状态是一种独特的市场结构；还可能是市场弊害，如完全或几乎完全排除竞争的状态。其具体的构成要件如下：

1. 市场规模

即企业所占的市场份额或企业的市场占有率，于具体指数各国法律的规定有所不同。日本法律规定为同种商品或劳务的国内价额在最近一年内总金额超过 100 亿日元；或者在一年内，一个事业者的市场占有率超过 1/2，或者两个事业者各自的市场占有率的总和超过 3/4。在美国的大部分案件中，只要企业的市场份额超过 70%，该企业就会被法院判定具有垄断性的市场支配力；如果企业的市场份额小于 50%，就不具有这种支配力；在企业的市场份额居于 50%～70%的情况下，除了

① 本法所称“垄断状态”，是指由政令所规定的同种商品（含无须对与该同种商品有关的通常事业活动设施或者形态加以重要变更而能够提供的商品）（本款下称“一定的商品”）以及与该类商品的性能和效用显著类似的其他商品的国内供应（出口商品除外）价额（扣除相当于该商品直接课税额的金额）或者国内提供同种劳务的价额（扣除相当于由接受该劳务者就该劳务缴纳税款额的金额）在最近一年内总金额超过 100 亿日元的，在有关该一定的商品或者劳务的事业领域内，有下列在市场结构和市场中的弊害状态。

一、在一年内，一个事业者的市场占有率［是指该一定的商品以及性能和效用与之明显类似的其他商品的国内供应数量（不含出口商品），或者在国内提供该劳务的数量（不适于以数量计算时，以劳务的价额计算。本项下同）中，该事业者提供的该一定的商品以及性能和效用与之明显类似的其他商品或者劳务数量所占有的比例。本项下同］超过二分之一，或者两个事业者各自的市场占有率的总和超过四分之三的。

二、存在给其他事业者新经营属于该事业领域的事业带来显著困难的情况的。

三、该事业者提供的一定的商品或者劳务，在较长的时间内，根据供求关系变动以及供给所需费用的变动，价格明显上涨或者居高不下，且该事业者在此期间内，有下列行为之一的。

A. 该事业者在政令规定的事业种类范围内，取得显著超过政令规定的该事业标准利润率的利益的；

B. 该事业者所支付的销售费和一般管理费，被认定为显著超过其所属事业领域的标准销售费和一般管理费的。

市场份额外还需提供其他的更多证据，才能确认垄断状态。① 美国联邦贸易委员会 1972 年对谷类熟食行业的四家最大的企业提起诉讼，指控它们违反了《联邦贸易委员会法》第 5 条的规定，通过采用不正当的竞争方法对该行业形成垄断。这四家企业中的克洛格公司占有 45%的市场份额，通用面粉公司占有 21%的市场份额，食品公司占有 16%的市场份额，魁克燕麦公司占有 9%的市场份额。应该指出的是，要准确地测定市场占有率是十分困难的。如在美国诉美洲铝业公司（United States v. Aluminum Co. of America）一案中就是如此。美洲铝业公司在加拿大生产铝铁并输入美国，又产生其他“二手”的铝铁，如铝板（边角料）和废铝（用过的铝或铝制品）。在测定美洲铝业公司的市场占有率时就充满了争论，争论的焦点是在测定美洲铝业公司的市场占有率时，铝铁的范围包括哪些，包不包括进口产品、“二手”产品和待售产品等等。法官认为，从 1929 年到 1938 年，如果包括“二手”但不包括它生产而没有当作纯铁（废铝经过净化、再熔化和测度成分等过程，最后制成纯铁）来出售的产品，那么它的市场占有率仅为 33%；如果把它制造和销售的全部产品都包括在内，扣除进口的原铝和“二手”铝，那么它的市场占有率在 64%左右；如果包括它所有生产出的产品但不包括“二手”产品，那么它的市场占有率在 90%以上。美洲铝业公司辩称，它的产品一直受到进口的铝铁和“二手”竞争，因而不存在市场垄断，但法官认为即使不包括“二手”产品，它的市场占有率也是 90%以上，因而认定构成垄断。

2. 市场结构

主要是看是否给其他事业者进入该相关市场造成明显的困难，也即是否形成市场壁垒，有无市场进入的自由。美国司法部 1974 年根据《谢尔曼法》第 2 条对美国电话电报公司（AT&T）提起诉讼，指控该公司垄断了电信通信业务的经营。司法部的主要目的是要求 AT&T 放弃它的子公司——西方电力公司，因为西方电力公司是专门向 AT&T 供应电话设备的附属企业，由自己的直属企业西方电力公司专门向 AT&T 供应电话设备，这样就排斥了其他供应商向市场提供这些设备

① 参见［美］马歇尔·霍华德：《美国反托拉斯法与贸易法规》，170～171 页，北京，中国社会科学出版社，1991。

的可能，形成了市场壁垒，其他企业不能自由进入该市场。[①]

3. 市场弊害

具体表现为：一是对市场价格、利润和费用所造成的不利影响。日本法律规定如下：(1) 该事业者提供的一定的商品或劳务，在较长的期间内，根据供求关系变动以及供给所需费用的变动，价格明显上涨或者居高不下；(2) 该事业者在政令规定的事业种类范围内，取得显著超过政令规定的该事业标准利率的利益；(3) 该事业者所支付的销售费和一般管理费，被认定为显著超过其所属事业领域的标准销售费和一般管理费。二是对市场有效竞争的限制和对市场效率的损害。如上述美国联邦贸易委员会对谷类熟食行业的四家最大企业提起的诉讼，主要就是指控它们在早餐谷物的市场交易中保持了一个高度集中、寡头垄断和缺乏竞争的市场结构，并利用寡头垄断的市场支配力排斥新的竞争者。[②] 此外，由于缺乏竞争压力，企业往往疏于内部管理，从而导致长期平均成本提高，效率下降，即所谓的 X 非效率（X-inefficiency）。

界定垄断状态的意义在于说明，某企业仅有垄断状态并不当然违法。这是因为：

(1) 某种垄断状态的形成可能是市场自由竞争、优胜劣汰、生产集中的结果，相关企业并无应受谴责的动机和行为，这是市场规律使然而非人为结果。人们可能会无意地发觉自己已处于垄断状态，也可以说是自然而然地形成了垄断。这种垄断状态并不违法，除非该企业还有其他违法情况因而不属于此种情形。这方面的案例如 1945 年美国政府诉美洲铝业公司案，在该案中，美国政府指控美洲铝业公司垄断了初级铝的制造和某些铝产品的销售。审理此案的汉德法官认为，不能因为美洲铝业公司占据了垄断地位就认定它垄断了市场。在既没有存心消除已有的竞争，也没有蓄意阻止尚未出现的竞争的情况下，人们可能因为偶然的力量而成为垄断者。在一群竞争者中，也许仅剩一位幸存者，而其之所以幸存仅仅是凭借其卓越的技艺、远见和勤奋。美洲铝业公司也是这样辩解的。但汉德法官认为，美洲铝业公司并不属于这种情况。[③] 在该案

---

① 参见［美］马歇尔·霍华德：《美国反托拉斯法与贸易法规》，176、181 页，北京，中国社会科学出版社，1991。

② 参见［美］马歇尔·霍华德：《美国反托拉斯法与贸易法规》，176 页，北京，中国社会科学出版社，1991。

③ See Phillip Areeda & Louis Kaplow, *Antitrust Analysis*, Little, Brown and Company, 1988, pp. 476-483.

的判决中还指出:“成功的竞争者总是受到促使而进行竞争,他的成功不应受到指责。”①

(2)具体说来,某种垄断状态是由于专利技术、优质产品、有效管理和市场机会促成的,这种垄断状态并不是违法的。在1964年美国诉格林纳尔公司案(United States v. Grinnell Co.)中,地区法院指出:被告并没有竭力表明,它们的市场份额的取得主要归因它们的技术、效率和预测,或者归因于类似的社会利用的因素。这就暗示了:如果被告这样做了,就会产生不同的诉讼结果。上诉法院在该案中也指出:如果拥有了垄断实力,要解决的问题是将“存心取得或保持这种实力”与“由于优质产品、商业技巧或历史事件的结果而得到的增长或发展”加以区别。② 1980年美国联邦贸易委员会撤销了对杜邦公司的指控。在原先的指控中,联邦贸易委员会指控杜邦公司在二氧化钛市场压制了其他小型竞争企业,因为从1972年至1977年,该公司的市场份额从30%上升到42%。但联邦贸易委员会支持了一位行政法官的主张,后者认为,杜邦公司的成功是它明智的计划和商业预测的结果,并强调杜邦公司的行为是与它的技术能力和市场机会相一致的。

(3)某种垄断状态的存在是规模经济的要求,如通信、交通、电气等要求规模效益,会形成自然垄断。如果存在许多规模较小的企业,任其竞争,就难以发挥规模效益。即使不是自然垄断,某些行业也要求规模效益,存在一定程度的垄断状态,对此,美国法院早已指出:“法律不会因为企业的规模或具有尚未发挥的支配力而宣布该企业违法。”③ 1921年美国政府对美国钢铁公司提起诉讼,指控该公司从事非法的贸易限制和垄断活动,要求解散该公司。最高法院在判决中明确指出:企业具有大型规模本身并不违反《谢尔曼法》,据此,“企业具有大型规模并非违法”的原则得以确立。1979年美国一个上诉法院否定了一项有利于贝克摄影公司而对东方柯达公司罚款8 700万美元的反托拉斯的裁决,其理由是,一个大型企业如果“仅因为它的有效规模而获得竞争性

① [美]马歇尔·霍华德:《美国反托拉斯法与贸易法规》,173页,北京,中国社会科学出版社,1991。

② 参见[美]马歇尔·霍华德:《美国反托拉斯法与贸易法规》,173页,北京,中国社会科学出版社,1991。

③ [美]马歇尔·霍华德:《美国反托拉斯法与贸易法规》,169页,北京,中国社会科学出版社,1991。

的收益"，就不算违反《谢尔曼法》。[①] 可见，"规模不能决定罪行"，大的未必就是垄断的。这已经成为了共识。

界定垄断状态还有助于区分垄断状态和垄断行为。仅有垄断状态本身并不违法，但垄断状态往往是垄断行为的基础和端倪，毕竟会妨害市场竞争，具有市场弊害，不能放任自流，而必须对之予以密切监视和特别控制，如政府对其所提供的产品和服务的价格加以必要的限定或有效的管制，等等。

当然，明确区分垄断状态和垄断行为是不可能的，因为两者存在着密切联系。垄断状态往往是垄断行为的前提条件和静态表现，没有垄断状态难有垄断行为，"在任何情况下，占有主要的市场份额是违反《谢尔曼法》第 2 条规定的必要条件。因为一个企业如果要进行任何故意的违法行为，它在市场上就必须具有某种影响，而为了取得这种影响，它必定会具有某种优势，这种优势正是由它的相对规模带来的"[②]。而垄断行为大都是垄断状态的必然结果和动态表现，处于垄断状态而没有垄断行为是罕见的。"如果一个企业控制了这么大的市场份额，它必定凭借自己的特殊地位以一个垄断者的身份进行活动"，最起码为了取得和维持垄断状态必须实施或继续实施违法行为。1979 年美国反托拉斯委员会（Antitrust Commission）坚信："除了极个别例外，任何持久的垄断实力只能产生于违法的行为"，根据此种观点，"只要持久性的垄断实力存在，取得这种垄断的违法行为就必然会发生"[③]。

正是因为垄断状态和垄断行为具有密切联系，界定垄断状态有利于进一步说明和认定垄断行为，使确定垄断的标准得到公认，这个标准就是"证实一个企业除了具有垄断实力外，还要具有取得或保持这种实力的故意行为"[④]。这样就明确了反限制竞争法所要反对的垄断其实是在垄断状态的基础上所实施的垄断行为，或者简言之，主要就是垄断行为。

① 参见［美］马歇尔·霍华德：《美国反托拉斯法与贸易法规》，174 页，北京，中国社会科学出版社，1991。

② ［美］马歇尔·霍华德：《美国反托拉斯法与贸易法规》，172 页，北京，中国社会科学出版社，1991。

③ ［美］马歇尔·霍华德：《美国反托拉斯法与贸易法规》，170、172 页，北京，中国社会科学出版社，1991。

④ ［美］马歇尔·霍华德：《美国反托拉斯法与贸易法规》，171～172 页，北京，中国社会科学出版社，1991。

三、垄断行为

垄断行为是各国反限制竞争法所要反对的主要的限制竞争行为。如美国《谢尔曼法》第2条在规定垄断时用的是动词“垄断”(monopolize)而不是名词“垄断”(monopoly),这样措辞就是为了表明该法不是要一般地反对垄断状态,而是要反对垄断行为,即谋求取得垄断地位和谋求保持垄断地位的行为。垄断行为不同于垄断状态,它意味着在积极的正当竞争手段之外谋求垄断市场的非法行为。日本《禁止私人垄断及确保公正交易法》虽然规定了垄断状态,但这种垄断状态不仅要求商品或劳务的总价额要超过一定的数额,还要求在一定领域内对市场造成相应的弊害。以此观之,这种垄断状态也不是纯粹的垄断状态,还应包括垄断行为。

反限制竞争法要反对垄断行为,关键是确认垄断行为。1964年美国诉格林尼尔公司(United v. Grinnell Co.)一案中,该公司是一家经营火灾等防护系统的公司,占有该市场87%以上的份额,因而被指控为“有意识地取得和使用其垄断力量”。1966年美国联邦最高法院作出终审判决,要求解散该公司。正是在该案中,最高法院认为:“作为《谢尔曼法》第2条所禁止的‘垄断’应具备两大要素:在相关市场拥有市场支配力和故意取得与维持该市场支配力。”① 据此可以得出,确认垄断行为有三个构成要件:垄断状态、垄断行为和垄断意图。垄断状态已如前述,以下着重论述垄断行为和垄断意图。

1. 垄断行为

也称作垄断化,是取得和维持垄断力量的行为。尽管在美国反托拉斯委员会中某些成员主张对《谢尔曼法》第2条有关的案件运用一种“无行为”(No-Conduct)的标准。根据这种标准,只要存在持久性的垄断实力,就无须再证明违法行为的存在。这种主张是以假设垄断实力产生于违法行为为基础的。这种假设的最大优点是它能迅速处理因认定行为是否违法问题而进行旷日持久的诉讼。对此持反对意见的观点则认为,持久的垄断实力更可能产生于企业的效率和更好的经营,而不完全是掠夺性的行为。因此,罗伯特·博克认为,“无行为”标准是不符合

① 《美国最高法院判例汇编》,第384卷,570～571页。转引自曹士兵:《反垄断法研究》,123页,北京,法律出版社。1996。

公共利益的，打击这种实力势必打击经济效益。① 所以，大多数人还是认为，垄断行为是确认垄断的重要构成要件之一。

总括形形色色的垄断行为，主要有以下几种类型：

（1）价格垄断行为

垄断者利用其垄断地位决定产品价格，如暴利价格、歧视价格、掠夺定价，进而实施垄断行为。1969 年美国司法部反托拉斯局对国际商业机器公司（IBM）提起诉讼，就指控该公司采用将硬件、软件和有关的辅助服务结合起来的联合定价的做法，使仅向计算机市场提供零部件的厂商无法进入该市场；指控 IBM 对新型的计算机产品采用压价的方法，将价格定在非正常利润的低价水平上，以挤垮生产这种产品的竞争对手；指控 IBM 给教育机构以特别优惠的折扣价格，对商业市场的购买力产生了重要影响。②

（2）瓶颈垄断（Bottleneck Monopoly）行为

当一个企业先行占有垄断地位并加以滥用，从而扼制其他企业进入市场的"咽喉"时，就构成了"瓶颈垄断"。这方面最著名的判例是圣路易铁路终点设施案。1912 年圣路易铁路控股公司在一狭窄的山谷之中建有一铁路终点设施，成为所有从西部通往圣路易的铁路的必经之路。由于每个铁路公司建造一个自己的终点设施是极不经济的，如果圣路易铁路控股公司拒绝新铁路公司使用其终点设施，就等于卡住了其他新铁路公司的脖子。如果新铁路公司不接受圣路易铁路控股公司的歧视性条件，就会被逐出市场。圣路易铁路控股公司被指控凭借其独占的铁路终点设施歧视后进入该市场的新铁路公司。③

（3）抵制行为

分为单独抵制行为和联合抵制行为。垄断企业单独或联合其他企业一致抵制实施某种行为，如不满足他提出的条件就拒绝生产或拒绝供货，结果就会限制市场竞争。如 1937 年美国联邦贸易委员会对全国最大的八家石油公司提起诉讼，指控它们在东部和墨西哥湾沿岸的各州以及内地的部分地区联合起来一致对石油提炼实行垄断或保持垄断势力，

① 参见［美］马歇尔·霍华德：《美国反托拉斯法与贸易法规》，173 页，北京，中国社会科学出版社，1991。

② 参见［美］马歇尔·霍华德：《美国反托拉斯法与贸易法规》，175～176 页，北京，中国社会科学出版社，1991。

③ See Neale & Goyder, *The Antitrust Law of U.S.A*, Cambridge University Press, pp. 128-130.

指控它们在这个产业的几个不同阶段采取联合行动来维护和加强非竞争性的市场结构，指控它们采取联合行动的方式避免石油工业中销售阶段的价格竞争。①

（4）其他垄断行为

如合并、划分市场、虚假竞争、欺骗宣传，等等。1972 年美国联邦贸易委员会对谷类熟食行业的寡头垄断提起的诉讼，就指控四家最大的公司通过对竞争者的合并消除了强有力的私人标签公司；指控它们通过控制销售地盘来干扰小型的和地区性的生产商获得它们的市场份额；指控它们通过多种牌号（150 种）、产品多样化和商标推销掩盖了基本产品的同质性，从而在三十多年的时间形成和划分了垄断势力；指控它们广告宣传和产品推销带有欺骗性。②

2. 垄断意图

人是一种有意识的动物，会思维，有思想，思成于行、行制于思，人的行为受人的主观意图的支配，有什么样的意图往往就有什么样的行为，人的意图是人的行为的内在动机和策源地。法律是人的行为规则，法律要规范人的行为必须深及人的内心，法律要责罚人的行为必须谴责人的内心意图。只有当人们从内心深处自责、内疚、悔过时才能行为向善，而且法律责罚人的行为的最有效的办法是教化人的心灵。另外，只有正视人的主观意图，区分有无主观过错，才能既不殃及无辜，又不姑息纵容，只有撞击心灵，才能击中要害。人的意图是责罚人的行为的根本依据之一。同样，法律要责罚垄断行为必须探寻行为人的垄断意图，如美国《谢尔曼法》第 1 条、第 2 条、第 3 条的规定，所用的“契约”、“联合”、“共谋”、“企图垄断”、“共谋垄断”等等字眼都显明地表明，垄断意图是法律责罚垄断行为的根本依据之一。

不过，要探寻人的意图不（可）能钻到人的内心深处，这正如蒙田所指出的：“……探测内心深处，检查是哪些弹簧引起的反弹；但这是一件高深莫测的工作，我希望尝试的人愈少愈好。”③ 否则会误入歧途，甚至后果不堪设想，如导致主观臆断、思想定罪。但由于人的行为与人

① 参见［美］马歇尔·霍华德：《美国反托拉斯法与贸易法规》，178～179 页，北京，中国社会科学出版社，1991。

② 参见［美］马歇尔·霍华德：《美国反托拉斯法与贸易法规》，176～177 页，北京，中国社会科学出版社，1991。

③ 余华：《内心之死》，174 页，北京，华艺出版社，2000。

的意图密切相关，互为表里，一脉相承，一般说来，有什么样的行为往往就有什么样的意图，因此，可以从人的外在行为去探寻人的内在意图。行为是外在的，易于被观察；行为是客观的，易于被证实。行为是有限的，可以被测度，不良行为的背后往往有应受谴责的意图，正如美国诉美洲铝业公司案所指出的："没有一个垄断者不知道它自己所进行的行为是垄断行为。"① 基于"每个理性的人都必须对自己的行为负责"这一原则，垄断者应对自己在垄断意图支配下所作出的垄断行为负责。

四、自然垄断

之所以区分垄断状态和垄断行为，就是因为还存在一种"处于垄断状态而无垄断行为"的情况，这种情况被称为自然垄断。自然垄断不是通过某种非法的蓄意的手段人为促成的，而是由于其他正当原因自然生成的。具体原因大致如下：

1. 技术原因

如专利，为了鼓励发明创造，法律赋予专利权人独自享有专利方法和专利产品的特权，专利就是垄断，专利权就是合法的垄断。如上述美洲铝业公司一案，就是因为有一个叫"Hall"的人发现了一种从其他矿物质中分离出铝的方法，授予专利后他转让给了美洲铝业公司，美洲铝业公司据此在案发前占有铝铁市场 90%以上的份额。拥有专利权的厂商具有市场优势，可能最终成为市场上某一行业唯一的厂商，成为垄断者。对于专利权人成为垄断者，专利权人本身并无过错。发明创造需要鼓励，人们对自己的发明创造应当享有独占排他的权利，就像人们对其财产享有独占排他的权利一样。他人亦无怨言，只能慨叹技不如人；社会不能鞭打快牛、惩罚先进，法律也不能否定专利，阻碍技术创新。但专利期满以后就应另当别论了。如上述美洲铝业公司一案，其专利权到 1909 年就终止了，因而继续借口专利权垄断市场就不为法院所支持了。

2. 资源原因

资源总是稀缺的，有些独特而珍贵的资源还只集中于一地，只能由一个厂商经营，如泰山、黄山等自然风景区以及某些矿产资源，天造地设，举世无双，本身不可竞争。形成垄断并非人为，而是天意，是造化

① ［美］马歇尔·霍华德：《美国反托拉斯法与贸易法规》，170 页，北京，中国社会科学出版社，1991。

使然，怨不得人。

3. 社会原因

如交通、通信、电气、供水等公用事业，投资大，期限长，范围广，见效慢，大都不可重复建设。如不能为了竞争而修两条同样的铁路、铺两条同样的电缆、安两条同样的管道，这些产品或服务本身要求独一无二，或“二不如一”，不存在可替代性。这些事业关系国计民生，影响国泰民安，关切社会公益，必须厉行节约、降低成本、提高效益，这就要求达到相应的规模，形成规模经济，进行规模经营，不能为了竞争而星罗棋布，分散经营。这些事业还关系到大政国是，涉及经济社会秩序的稳定，实行激烈的竞争，可能会导致经济波动、社会动荡，于民于国都不利。

4. 其他原因

如社会弱者，他们在市场中处于劣势，仅凭其个人的单打独斗，无济于事，为了在市场中生存和发展，应允许他们团结起来，结成垄断，如组织工会，方能与强者抗衡和竞争。这种垄断的形成是关爱、扶助和救济社会弱者的要求，是人权的要求，是正义的要求，与违法无关。

由于上述原因，自然垄断具有合理性，反而使得竞争在这些领域中成为不必要、不合理和不可行。因此，自然垄断一般不属于反垄断法所反对之列，可豁免适用反垄断法。如日本《禁止私人垄断及确保公正交易法》第 21 条规定：“本法规定，不适用于铁路事业、电力事业、煤气事业及其他性质上为当然垄断事业的经营者所实施的其事业所固有的生产、销售或者供应行为。”属于自然垄断的厂商也可以进行“强加的垄断之辩”(the thrust upon defence)，抗辩有关的垄断指控。

尽管自然垄断具有合理性，可以豁免适用反垄断法，但自然垄断毕竟是一种垄断，是一种市场优势，会或多或少地限制市场有效竞争，总有这样或那样的不利影响。为了减少或避免这些不利影响，政府必须对自然垄断进行必要的管制，如限定其产品或服务的价格，要求其不得滥用市场优势，不得借自然垄断之名实施其他非法垄断，不得不合理地限制竞争，不得侵害消费者的合法权益，在条件允许或自然垄断原因消失的情况下，要及时地充分地引入竞争，等等。如果它们违反了上述要求，就难逃反限制竞争法和其他法律的追究。

必须指出的是，由于各种原因，自然垄断的领域在日益缩小，过去被视为自然垄断的领域在现在或将来也许被认为应当引入和促进有效竞争，不再豁免适用反限制竞争法了，如 1998 年修订后的《德国反限制竞争法》第130条第1款规定："本法也适用于全部或一部属于公共部门所有或由公共部门管理或经营的企业。"我国在制定《反垄断法》的过程中曾借鉴国际经验，努力与国际接轨，在新草案作为附则的第八章中，取消了对邮政、铁路、电力、煤气、自来水等公用事业企业的豁免规定，最后通过的我国《反垄断法》第2条规定："中华人民共和国境内经济活动中的垄断行为，适用本法。"在第八章中，也没有规定对上述领域的适用除外。

五、行政垄断

行政实行"一长制"，一个地方、一个部门只能有一位行政长官，奉行行政首长负责制，要求上下隶属、命令服从，不难看出，行政的本质即是"独裁"，也是一种垄断。当政府及其所属部门滥用权力限制市场竞争时，就形成了行政垄断。

行政垄断的形成有其深厚的根源。一是不适当的公有制。在这种公有制下，公有财产不仅是全民的利益所在，也是人民政权的基础，应归全民所有，而政府是全民利益和人民政权的代表，当然要对公有财产进行经营管理。在过去，人们也信以为，只有人民的政府才能为自己经营管理好财产。但政府经营管理公有财产通常所运用的是行政手段，结果，政府对公有财产的经营管理往往蜕变为行政干预，如果"一大二公"、"越公越好"，公有财产包罗万象，那么行政干预的范围就会广泛无边，就会限制市场竞争。所以，不适当的公有制是政府干预的重要基础，也是滋生行政垄断的温床。这就是在社会主义国家、在公有制国家，行政垄断十分普遍的根本原因。二是集权性的计划体制。由于缺乏对计划的科学认识，也不能制订科学的计划，把计划和市场对立起来，排斥市场，竞争机制无法发挥作用，导致行政垄断。三是不必要的政府管制。其集中表现是指令经济、审批经济、特许经济，授予某些经营者以特权，垄断经营某些行业。如果政府管制无处不在，那么被授予特权的经营者就会比比皆是，它们借助政府授予的特权而成为某些行业的垄断者，其性质也是行政垄断。四是无制约的权力滥用。一切权力都易于滥用，这是万古不易的一条真理。无约束的行政权力更易于滥用，如行政公司、地方封锁和其他运用行政权力限制竞争等等。

行政垄断是"行政"加"垄断"，可以说是双重垄断，行政权力进一步强化了垄断，使之成为真正的垄断，可以完全限制竞争，是限制竞争的极端形式，也是危害最大的垄断形式。弗里德曼指出：私人垄断、国家垄断或政府调节的垄断都是不好的，“假设可以容忍的话，那么，私人垄断可能是害处最少的”垄断，而且，“国家垄断可能比私人垄断较难于被排除掉”①。

行政垄断五花八门，归结起来有以下几类表现形式。

1. 行业垄断

行业垄断，又称行业壁垒，是指政府对进入某些行业设置障碍，不许人们自由进入参与竞争，从而限制该行业内的竞争。若想进入该行业，必须通过政府特许或审批。实践证明，一定的行业垄断是必要的，对于那些关系国计民生和影响国泰民安的行业实行市场准入限制更是如此，如银行业，因为这样可以避免该行业的无序竞争。但如果政府滥用权力，妄加行业垄断，禁止合格的人们进入本可进入的行业参与竞争，那么就会限制该行业内必要的竞争。如某些城市的出租车行业即是如此。许多研究报告早已表明，出租车行业完全适合个体经营，在许多国家根本就没有什么出租车公司，可是目前在我国的许多城市对出租车行业实行特许经营，只把经营权特许给几家出租车公司，不允许个体运营，个体运营的出租车被称为“黑车”，会遭到围追堵截。这种特许就阻碍了出租车行业的充分竞争，这几家被特许的出租车公司往往联合一致造成了出租车行业的垄断，其后果被国务院参事、北京市人大代表沈梦培描述为：富了公司，亏了国家，苦了司机，坑了百姓。② 这种特许“含有排除、限制竞争内容的规定”，应该加以反对，我国《反垄断法》第 37 条规定：“行政机关不得滥用行政权力，制定含有排除、限制竞争内容的规定。”

2. 行政公司

行政公司是“行政”与“公司”的奇怪组合，它政企合一、官商结合，是集行政管理和生产经营于一体的“翻牌公司”，作为嫡系，一般挂靠在行政部门，被授予特权，享有优待，占有市场优势，妨碍公平竞争；权力经商，可以强买强卖、垄断经营，人为地限制市场自由竞争。如中石油和中石化就是两个比较典型的行政公司。虽然改组后，中石油和中石化多次公开表示，要将中石油和中石化改组成两个追求利润的企

---

① ［美］弗里德曼著，张瑞玉译：《资本主义与自由》，30 页，北京，商务印书馆，1986。

② 参见《华夏日报》，2003－02－12，8 版。

业，但由于它们还保留了很多部级机构的职能，如协调行业发展、制订环境保护和其他管理政策等等。特别是由于石油与一国的能源安全紧密相关，中石油和中石化作为中国国内开采和冶炼石油的主体，它们担负着国家能源安全的重要责任，它们的地位和职能决定了中石油和中石化的性质不可能是纯商业的，而是“半官半商”、“官商合一”的角色。1999 年国务院办公厅转发经贸委等八部委的第 38 号文件，规定除中石化和中石油以外，不允许存在其他独立的成品油批发企业；2001 年国务院办公厅又转发经贸委等五部委的第 72 号文件，授予中石化和中石油石油产品零售专营权。这两个文件使中石油和中石化成为我国石油行业的双寡头垄断企业。它们两者的垄断经营是导致油价上涨的重要原因之一。最近一轮油价上调（即 2007 年 10 月 31 日，国家发展和改革委员会发出通知，决定自 11 月 1 日零时起调整成品油价格。本次汽油、柴油和航空燃油价格每吨各提高 500 元。），对于本轮油价上调的主要原因，一位不愿具名的能源专家在 11 月 1 日凌晨向记者表示：“我个人判断，一些石油巨头的逼宫行为是问题之关键。”另一位权威人士也透露，本次宣布提价前，中石化和中石油曾联手再次向发改委提交涨价申请。也许是油荒现象的出现最终使发改委改变了态度，但巧合的是，这一现象发生在两大巨头屡次申请调价被拒之后。[①] 这种做法与反垄断法的精神是相悖的。我国《反垄断法》第 32 条规定：“行政机关和法律、法规授权的具有管理公共事务职能的组织不得滥用行政权力，限定或者变相限定单位或者个人经营、购买、使用其指定的经营者提供的商品。”

3. 地区垄断

地区垄断，是指地方政府及其所属部门滥用行政权力进行地区封锁，市场割据，实行地方保护，如一些地方政府“为了发展本地经济”，专门发布地方性红头文件或地方性规章，规定在本行政辖区内不得销售外地商品，或对外地商品的销售范围或数量加以限定；在辖区边界或交通要道建关设卡，阻碍外地商品进入；以审批手续、检验标准、税费征收等手段阻碍外地商品的进入；限制、阻碍某些原材料或重要农产品输往外地；限制、阻止甚至禁止某种技术输往外地[②]，等等。结果阻碍了全国统一市场的形成，限制了市场竞争的全面展开。如有的地方政府为了抵制外地酒水进入本地市场，强制本地居民喝“爱乡酒”。不仅地方

① 参见《搜狐新闻》，2007－11－04。

② 参见曹天玷主编：《现代竞争法的理论与实践》，251 页，北京，法律出版社，1993。

政府如此，就是中央政府也曾如此。如中国网通和中国电信的现有格局是由 2001 年 12 月的电信体制改革方案形成的。该方案规定，原中国电信南北分拆，华北地区（北京、天津、河北、山西、内蒙古）、东北地区（辽宁、吉林、黑龙江）和河南、山东共 10 个省（自治区、直辖市）的电信公司归属中国电信北方部分；其余归属中国电信南方部分。北方部分和中国网络通信有限公司、吉通通信有限责任公司重组为中国网络通信集团公司；南方部分保留“中国电信集团公司”名称。此举本意是鼓励两家公司互相竞争，即允许两大集团公司各自在对方区域内建设本地电话网和经营本地固定电话等业务，双方相互提供平等接入等互惠服务。但 2007 年双方签订“合作协议”，协议约定，中国电信和中国网通双方不在对方的主导地区进行大规模拓展，即中国网通不再在中国电信主导的南方 21 省市大规模投资和拓展用户，中国电信也不在中国网通主导的北方 10 省市大规模投资和拓展用户。协议的有效期为 2007 年 3 月 1 日～2007 年 12 月 31 日。其精神则在于约定双方“互不进入”对方的主导区域，维持南北割据的格局，避免相互竞争，难怪被人们称为“停火协议”。地区垄断封锁市场，限制市场竞争，弊害严重，所以我国《反垄断法》第 33 条规定：“行政机关和法律、法规授权的具有管理公共事务职能的组织不得滥用行政权力，实施下列行为，妨碍商品在地区之间的自由流通：（一）对外地商品设定歧视性收费项目、实行歧视性收费标准，或者规定歧视性价格；（二）对外地商品规定与本地同类商品不同的技术要求、检验标准，或者对外地商品采取重复检验、重复认证等歧视性技术措施，限制外地商品进入本地市场；（三）采取专门针对外地商品的行政许可，限制外地商品进入本地市场；（四）设置关卡或者采取其他手段，阻碍外地商品进入或者本地商品运出；（五）妨碍商品在地区之间自由流通的其他行为。”

4. 行政强制

政府滥用行政权力强制相对人为或不为一定行为，以限制市场正常或有效竞争。如强制交易，政府强迫企业合并，指使一些效益好的企业兼并一些效益不好的企业。这种“拉郎配”，不仅违背了自愿原则，也侵害了企业的经营自主权，还削弱了好企业的竞争力。一些公用企业的限制竞争行为，实质上也是政府行为，如强迫交易、滥收费用、拒绝交易、歧视行为等等，实质上也是政府行为，因为这些行为之所以得以行之有效，根本原因是因为有政府作后盾，与政府默许、放纵和不作为有关。还有我国《反垄断法》第 34 条规定的，行政机关和法律、法规授权的具有管理公共事务职能的组织滥用行政权力，以设定歧视性资质要求、评审标准或者不依法发布信息等方式，排斥或者限制外地经营者参加本地（其实可以不限于本地）的招标投标活动；第 35 条规定的，行政机关和法律、法规授权的具有管理公共事务职能的组织滥用行政权力，采取与本地经营者不平等待遇等方式，排斥或者限制外地经营者在本地（其实可以不限于本地）投资或者设立分支机构；第 36 条规定的，行政机关和法律、法规授权的具有管理公共事务职能的组织滥用行政权力，强制经营者从事本法规定的垄断行为。这些行为都是我国《反垄断法》所反对的。

行政垄断具有严重的弊害，必须依法反对。早在 1980 年 10 月国务院发布的《关于开展和保护社会主义竞争的暂行规定》就指出："在经济生活中，除国家指定由有关部门和单位专门经营的产品外，其余的不得进行垄断，搞独家经营"，"开展竞争必须打破地区封锁"，"不得禁止外地商品在本地区、本部门销售"。并要求工业、交通、财贸等有关部门修订现行的规章制度，剔除其中妨碍竞争的规定。1984 年 12 月 3 日《中共中央、国务院关于严禁党政机关和党政干部经商、办企业的决定》指出："各级党政领导机关特别是经济部门及其领导干部更要正确发挥领导和组织经济建设的职能，坚持政企职责分开、官商分离的原则……决不允许运用手中的权力，违反党和国家的规定去经营商业、兴办企业，谋取私利，与民相争。"1990 年 11 月《关于打破地区间市场封锁进一步搞活商品流通的通知》指出："各地区、各部门应自觉制止和纠正地区封锁的错误做法，集中力量抓好经济结构调整。要根据平等互利的原则，积极促进地区之间的经济、技术协作，加强横向联系，进一步搞活商品流通。物资、商业和供销部门要相互协作，积极开拓农村市场，保证商品在城乡之间畅通无阻。各地区、各部门制定的凡与本通知精神不符的有关规定要一律废止，立即撤销所有限制外购商品的审批机构和封锁外地商品流通的关卡。同时，要坚决反对流通领域的不正之风，严禁用不正当的手段推销商品。在本通知发布后仍继续搞地区封锁的，要追究有关领导者的责任。"在这些政策法规的基础上，1993 年颁布的《反不正当竞争法》第 7 条规定："政府及其所属部门不得滥用行政权力，限制他人购买其指定的经营者的商品，限制其他经营者正当的经营活动。政府及其所属部门不得滥用行政权力，限制外地商品进入本地市场，或者本地商品流向外地市场。"2007 年通过的《反垄断法》，不仅在第 8 条原则规定："行政机关和法律、法规授权的具有管理公共事务职能的组织不得滥用行政权力，排除、限制竞争。”而且把“滥用行政权力排除、限制竞争”专设为第五章，规定行政机关和法律、法规授权的具有管理公共事务职能的组织不得滥用行政权力实施上述行政垄断行为。

至于反对方法尚需根据反垄断法的基本精神以及具体情况而采取。

（1）并不是所有的行政垄断都要一律反对，行政垄断有合理与不合理之分，应根据具体情况正确区分和认定合理的行政垄断和不合理的行政垄断。一般来说，适度的行业垄断是合理的，应予维持，而行政公司、地区垄断和滥用行政权力限制竞争行为则是不合理的，应完全彻底地加以反对。

（2）适度的行业垄断之所以是合理的，是因为有些行业具有特殊性，对准入者有特定的资质要求，不允许不合资质要求者进入；可以防止这些行业不必要的过度竞争，减少浪费；实现规模经济，降低成本；便于集中管制，维护国家和消费者的合法权益，因而应豁免适用反垄断法，这已成为通例。如日本《禁止私人垄断及确保公正交易法》第六章第22条规定：“本法规定，不适用于就特定事业者有特别法律而事业者或者事业者团体依据该法律或根据该法律发布的命令所实施的正当行为。”根据美国的《韦伯—波默斯法案》的规定，出口贸易免受《谢尔曼法》和《克莱顿法》第7条的制约，此外其他法律还规定公共事业、保险业、银行业等行业也不适用反垄断法。① 德国《反对限制竞争法》第五编第130条规定：“本法第一编至第三编的规定不适用于德意志联邦银行和复兴信贷机构。”我国的《反垄断法》也应将合理的行业垄断排除在适用范围之外，如第7条规定：“国有经济占控制地位的关系国民经济命脉和国家安全的行业以及依法实行专营专卖的行业，国家对其经营者的合法经营活动予以保护。”

尽管适度的行业垄断是合理的，不适用反垄断法，但并不等于说它们就没有弊害，实质上，由于该行业排除了竞争，没有了竞争的压力和动力，垄断的各种弊害同样存在，不能对它们放任不管。为了防止它们滥用垄断优势，政府必须给予特别的管制，所以，我国《反垄断法》第7条在作出上述规定的同时，又规定国家“并对经营者的经营行为及其

① 参见［美］肯尼斯·克拉克森、罗杰·米勒著，胡汝银等译：《产业组织：理论、证据和公共政策》，635～636页，上海，上海三联书店，1989。

商品和服务的价格依法实施监管和调控，维护消费者利益，促进技术进步。前款规定行业的经营者应当依法经营，诚实守信，严格自律，接受社会公众的监督，不得利用其控制地位或者专营专卖地位损害消费者利益”。

为了使政府管制进一步具体化，国家还要制定特别行业管制法，如日本的《中小企业等合作社法》、《国民健康保险法》、《证券交易法》、《信用金库法》，等等，这些行业不适用反垄断法，而直接由这些法律调整。像我国的《烟草专卖法》、《邮政法》也是如此。特别行业管制法与反垄断法有所不同，它们不是以反对垄断为前提和宗旨，而是在维持适当或适度垄断的前提下，防范和戒除垄断弊害的出现，并责令有关机构依法对该行业的经营范围、经营方式、收费标准、利率水平、商品质量等加以规定和监管，如对专营的范围、公用企事业的收费标准、银行的存贷款利率、运输企业的服务质量和价格加以限定，等等。

(3) 对于行政公司和地方垄断应适用反垄断法予以反对。与此同时，还应健全行政法制，依法限制和约束行政权力，防止和制裁行政权力滥用。我国《反不正当竞争法》第 30 条规定：政府及其所属部门滥用权力限制竞争的法律后果是，由上级机关责令改正；情节严重的，由同级或者上级机关对直接责任人员给予行政处分。但由于上级行政机关与下级行政机关是一种上下级关系，而这种上下级关系往往是一种一体关系、熟人关系，由上级行政机关责令下级行政机关改正或对其查处，连必要的回避都没有了，难免官官相护，偏袒下级行政机关，而无视受害者的合法权益。上级行政机关也是行政机关，由上级行政机关责令下级行政机关改正或对其查处，是行政机关内部反对行政垄断，实质上是自己约束自己、自己反对自己，实践证明，这是不力的和无效的。查处行政垄断不是行政机关的任务，而是司法机关的使命，由上级行政机关责令下级行政机关改正或对其查处，混淆了行政权与司法权的分工，甚至是行政权侵犯了司法权。上级行政机关并不是一个专门的司法机关，不可能对反限制竞争法有专深的理解，会妨碍反限制竞争法的适用。行政垄断危害甚大，仅仅责令其改正或对直接责任人员给予行政处分是远远不够的，该条甚至都没有赋予受害者依照行政诉讼法提起行政诉讼的权利。所有这些都应急切地予以修订，加以弥补。我国《反垄断法》第 51 条规定：“行政机关和法律、法规授权的具有管理公共事务职能的组织滥用行政权力，实施排除、限制竞争行为的，由上级机关责令改正；对直接负责的主管人员和其他直接责任人员依法给予处分。反垄断执法机构可以向有关上级机关提出依法处理的建议。”这条规定虽然对《反不正当竞争法》第30条的规定有所修订和弥补，如增加了“反垄断执法机构可以向有关上级机关提出依法处理的建议”，但依然不足，如依然保留了“由上级机关责令改正”，只是把“由同级或者上级机关对直接负责的主管人员和其他直接责任人员依法给予处分”修订为“对直接负责的主管人员和其他直接责任人员依法给予处分”，删除了“由同级或者上级机关”，但谁有权给予处分，依然不很明确。

此外，在如何认定和反对行政垄断方面，美国的“州行为原则”值得借鉴。①

所谓的“州行为原则”（state action doctrine），亦称“州行为反托拉斯豁免（antitrust immunity for state action、State Action Antitrust Immunity）”原则。在帕克诉布朗一案②中，美国联邦最高法院创设了“州行为原则”的最初形式，即在管制州内经济活动的过程中，“州本身通过其立法机关所实施的行为或州所指示的官方行为”，免受反托拉斯审查。后经美国联邦最高法院在哥德法伯夫妇诉弗吉尼亚州律师协会、坎托诉底特律爱迪生公司、拉菲额特市诉路易斯安那能源与照明公司、加利福尼亚酒类产品零售商协会诉米德科铝业公司、南方汽车运输商费率联合会案、哈里镇诉奥克莱尔市等一系列案件中不断予以发展、完

① 有关内容参见胡旭东：《美国反托拉斯法中的“州行为原则”研究》，中国社会科学院研究生院2006年硕士学位论文。

② 加利福尼亚州盛产葡萄干，所产葡萄干的90%至95%皆用于州际或国外贸易销售。1940年，加州针对葡萄干生产过剩问题，以“维持农业财富”和“防止农作物销售过程中的经济浪费”为目的，制定并由州农业部长帕克颁布了《农业分配法》，授权州政府官员确立农产品销售计划，以便限制生产者之间的竞争和维持产品分销价格。同时，该法创设了一个由九名成员组成的农业咨询委员会，其中州农业部长作为当然委员，其他八名委员任期四年，由州长任命和州参议院确认，并须立誓任职。咨询委员会应生产者的请愿划定了一个生产区后，责成农业部长挑选生产者组建一个计划委员会以拟定葡萄干按比例销售计划。若拟定计划被咨询委员会批准，并经该生产区内占生产面积51%的生产者中65%的人同意，即可生效并由计划委员会进行管理。同时，《农业分配法》规定了刑事和民事责任以保证计划顺利实施。管制计划于1940年9月7日生效后，计划委员会将所有生产者的葡萄干集中进行分等、处理和销售。通过实施这一计划，计划委员会使生产者的收益有了较大幅度的增长。布朗作为管制区内的一个葡萄干种植者和包装食品生产商，在管制计划启用之前即签订有葡萄干销售合同，他认为执行管制计划将使其不能履行合同而遭受不可补救的经济损失。为阻止管制计划实施，布朗向联邦地区法院起诉加州农业部长帕克等人，以该计划违反商业条款和《谢尔曼法》为由质疑管制计划的合法性。地区法院认为该计划构成了对州际贸易的非法干预和不当限制，遂颁发了禁止令。其后，帕克向联邦最高法院要求推翻初审判决。

善，其内容主要包括以下方面：

（1）行为主体

美国法院在适用“州行为原则”时，首先要对行为人进行定性，区分行为人是公共主体还是私人，进而依据行为人的不同身份来适用不同的豁免标准。如，当州立法机关、州最高法院直接作出行为时，由于它们作为公共主体不会产生未经授权而限制竞争的危险，因而也就不必像私人那样要就“清晰表述”和“主动监督”要件进行调查。具体如下：

1）州立法机关、州最高法院享有“本身豁免”，其以立法者身份作出的限制竞争行为直接免受反托拉斯法的审查。如胡佛诉容文一案①就涉及了州最高法院的直接行为。联邦最高法院在该案中认为，该委员会仅仅是考核规则的建议者，无论案中的争讼行为是否具有反竞争效果，但是都很明显，它是由亚利桑那州最高法院作出的，当州最高法院以立法者身份直接作出行为时，同立法机关一样具有主权者地位，可以直接免受反托拉斯法的审查。

2）地方政府及州的其他下属政治单位，如果想就其反竞争行为主张豁免，则必须证明其行为是为执行一项被“清晰表述”的限制竞争的州政策而作出的。如 1975 年，在哥德法伯夫妇诉弗吉尼亚州律师协会一案②中，联邦最高法院的判决明确了两点：其一，州附属机构的行为并非皆是州作为主权者的行为，它们的行为是否为主权者的行为须进一步分析；其二，反竞争行为必须应州的“强制要求”而作出，方可构成

① 亚利桑那州宪法授予了其最高法院充分的权力以决定律师行业准入问题。此后，州最高法院制定相关规则并任命了一个委员会来协助组织律师执业资格考试对申请者进行考核。根据规则，州最高法院对允许或拒绝律师执业的问题具有最终控制权。在考核失败后，容文诉称胡佛等（考核委员会成员）采用的考核方式属于共谋限制亚利桑那州执业律师人数的反竞争行为，违反了《谢尔曼法》第 1 条。联邦最高法院最终判定，拒绝原告进入律师行业的行为乃由亚利桑那州自身作出，本身豁免于反托拉斯法。Hoover v. Ronwin，466 U. S. 558（1984）.

② 1971 年，弗吉尼亚州费尔伐克斯（Fairfax）县，哥德法伯夫妇欲聘请律师进行房屋所有权状况审查，但他们未能找到一名收费低于县律师协会公布的最低收费标准的律师，不得不同意其找到的第一位律师提出的收费标准，以进行对房屋所有权审查。事后，他们认为费尔伐克斯县律师协会公布、弗吉尼亚州律师协会执行的最低收费标准构成了价格固定行为，触犯了《谢尔曼法》第 1 条，遂向法院提起了诉讼向法院寻求禁止令和损害赔偿救济。州、县律师协会都主张州行为豁免权。Goldfarb v. Virginia State Bar，421 U. S. 773，774～790（1975）.

“州行为”。1976年，在坎托诉底特律爱迪生公司一案①中，联邦最高法院在继续适用“强制要求”标准之外，还主张州行为的豁免仅适用于州的官员而不适用于私人。

3）地方政府和州附属机构。地方政府和州附属机构如州的城市等能否以其作为州下属实体的地位自动获得“州行为原则”的豁免？联邦最高法院在1978年拉菲额特市诉路易斯安那能源与照明公司一案②中对这一问题作出了否定性回答。联邦最高法院首先明确提出，反托拉斯法中所称的“人”显然包括城市在内，“州行为原则”仅豁免州作为“主权者”的“政府行为”，而城市本身不具有主权者的地位，也就不能像州那样受到联邦的尊重。各种政府实体，无论是州代理机构或下属实体皆不能以其身份而自动获得反托拉斯法的豁免权。“州行为原则”仅豁免州作为主权者或其下属实体遵照州政策以管制取代竞争或垄断公共服务的反竞争行为。对此，应进一步询查州下属实体的反竞争行为是否受到了州的指示或授权，若州本身未进行此种指示或授权，州下属实体就必须遵守联邦反托拉斯法，州附属机构和地方政府属于反托拉斯法中“人”的范畴，不能自动获得“州行为原则”的豁免。这一明确论断既体现了联邦最高法院对国家统一大市场和自由竞争的关切，也表明了它对地方保护主义的警惕。

① 底特律爱迪生公司是一家私营公用企业，作为密歇根州东南部的唯一电力供应企业，它推出一项计划，在居民消费者电灯泡烧毁时免费更换灯泡。该项计划得到公共服务委员会批准，此外，爱迪生公司不得在未经委员会许可时改变计划。坎托为药材商，同时也销售电灯泡，认为爱迪生公司运用其在电力分销方面的垄断力限制电灯泡销售市场的竞争，遂以底特律爱迪生公司给居民消费者免费更换电灯泡的计划属于违反《谢尔曼法》和《克莱顿法》的垄断力滥用行为为由向联邦地区法院起诉。被告以该计划已得到密歇根州公共服务委员会批准、未经该委员会许可不得变更价格为由主张州行为豁免。Cantor v. Detroit Edison Co.，428 U.S. 579，581～583.

② 经路易斯安那州法律授权，拉菲额特市（Lafayette）和弗拉奎米那市（Flaquemine）在各自城区内拥有和经营电业系统，路易斯安那能源与照明公司（Louisiana Power & Light Co.，以下简称LP&L公司）为一家民营公用企业。当事人双方在当地市场互为竞争者。拉菲额特市等在地区法院提起反托拉斯诉讼，诉称其电业系统的营业因LP&L公司若干违反联邦反托拉斯法的行为而遭受损失。LP&L公司反诉声称：拉菲额特市等参与了非法搭配销售协议，在与LP&L公司的用电客户缔结供用水煤气合同时附加了不合理条件——要求这些客户从其所营电业系统而非LP&L公司处购电；此外，拉菲额特市等还共谋提起和维持虚假诉讼以延迟LP&L公司核电站的审批和建设，并采用在债券中加入限制性约款、缔结长期供应协议等手段来消除竞争。拉菲额特市等在动议中抗辩道，它们作为州的下属机构，应同州一样依“州行为原则”不适用联邦反垄断法。Lafayette v. Louisiana Power & Light Co.，435 U.S. 389，395～405（1978）.

（2）“强制要求”标准

虽然美国联邦最高法院明确声称“州行为原则”不适用于私人被告，但事实上，州的管制大都要通过企业联合组织等私人来执行。因此，私人在诉讼中会经常以“州行为原则”来为其反竞争行为进行抗辩。在米德科公司一案①中，联邦最高法院确立了在这种情况下的两项分析标准：一是对竞争的限制必须“作为州政策被清晰陈述和肯定表达”，二是该政策必须由州本身加以“主动监督”。

1）“清晰表述”要件

地方政府及州的其他下属政治单位如果要想获得“州行为原则”的豁免权，就必须满足“清晰表述”要件，即州政策要清晰地表述出州限制竞争的意图以免被联邦反托拉斯法所阻止而无法进行管制，仅仅是宽泛的法令授权不足以构成一项“清晰表述的以管制取代竞争的州政策”。为此，地方政府及州的其他下属政治单位，如果企图就其反竞争行为主张豁免，则必须证明其行为是为执行一项“清晰表述”的限制竞争的州政策而作出的。但联邦最高法院考虑到立法机关的运作机制和成文法的表达方式，人们不能指望立法机关罗列出一项成文法可能产生的所有结果，因此，就满足“清晰表述”要件而言，立法机关不必在一项制定法或其立法过程中明确表示其授权目的在于产生反竞争效果，但可以通过“管制计划”标准、“可预见性”标准表明满足了“清晰表述”要件。

a. “管制计划”标准。

在南方汽车运输商费率联合会一案②中，美国联邦最高法院认为，只

① 据加利福尼亚州商业与职业法典（California Business and Professions Code），酒类产品生产者应向州呈报其公平交易合同或定价标准。若生产者未通过公平交易合同确定价格，批发商必须就该生产者的产品公布一个转售价格标准并只可按照定价标准或公平交易合同所确立的价格向零售商出售酒类产品。在同一交易区内，某一品种酒类的交易条件由一个公平交易合同或定价标准设定之后，即适用于交易区内所有同种产品的交易，某一批发商公布的酒类产品价格对同一交易区内所有批发商均有约束力。批发商若低于前述定价出售酒类产品，则将面临罚款、中止或吊销许可证的处罚。California Retail Liquor Dealers Ass'n v. Midcal Aluminum, Inc.，445 U. S. 97，100（1980）.

② 南方汽车运输商费率联合会（Southern Motor Carriers Rate Conference，Inc. 简称 SMCRC）与北卡罗莱纳汽车运输商协会（North Carolina Motor Carriers Association，Inc. 简称 NCMCA）是东南四州（North Carolina，Georgia，Mississippi，and Tennessee）汽车承运商组成的两个定价机构，根据各州的许可但并非强制要求，它代表其成员向各州公共服务委员会呈报普通货物州内运输的联合价格建议。委员会有权接受、拒绝或修改建议，从而对价格予以最终控制。1976 年 11 月，合众国政府诉称这两个定价机构与其成员共谋固定普通货物州内运输费率而触犯了《谢尔曼法》第 1 条。地区法院以即决判决支持了合众国政府的主张；上诉法院维持原判；该案最终移送至联邦最高法院。Southern Motor Carriers Rate Conference，Inc. v. United States，471 U. S. 48，48～50.

要从一项法令可以看出州作为主权者明显有意在某特定领域以"管制计划"取代竞争，则"清晰表述"要件就得以满足。如果在限制竞争的意图清晰可见的情况下，还要求立法机关就各种具体的反竞争行为进行授权，那么州将难以通过其管制机构实施限制竞争政策。而这些管制机构之所以被创设，就是因为它们能够处理立法机关未能预见或不能胜任的问题。如果要求管制机构执行州政策的所有行为都必须具有明确的授权，那么，各种管制机构的有效性即使不会丧失也会大大降低。因此，美国联邦最高法院判定，如果州确立一项反竞争管制计划的意图是清楚的，即使州未能描述执行该政策的具体细节，该管制计划亦不受联邦反托拉斯法的限制。

b. "可预见性"标准

在哈里镇一案①中，美国联邦最高法院确立了"可预见性"这一新的分析工具，即如果对州成文法的解释表明州"明显考虑到"反竞争行为，或反竞争行为是授予管制权"可预见的"或"合乎逻辑的"结果，那么"清晰表述"要件就得到了满足。

2）"主动监督"要件

如果私人企图就其限制竞争行为进行"州行为原则"的抗辩，除了必须证明自己已得到"清晰表述"的州政策的授权以外，还要证明自己受到了州的"主动监督"，即必须同时满足"清晰表述"和"主动监督"两项要件，也就是说，所争讼的限制竞争行为不仅要由州进行授权，而且应处于州的监督之下。私人得到州的授权而从事限制竞争行为时，极有可能以与州政策不一致的方式来增进其自身利益而不是州的利益，这是授权私人当事人参与管制所必然会存在的问题。所以，联邦最高法院在米德科一案中正式确立了"主动监督"要件。"主动监督"要件的基本目的在于确保"州行为原则"仅保护"私人根据州的判断、实际上是为推

① Hallie、Seymour、Union 和 Washington 是威斯康星州的四个不具法人资格的镇，其中，Hallie 镇位于 Chippewa 县内，其他三镇位于 Eau Claire 县，皆与 Eau Claire 市邻接。Eau Claire 市依《联邦水污染控制法》所得联邦资金建造的污水处理设施是四镇在当地市场上可以找到的唯一设施，同时，四镇是 Eau Claire 市在当地污水收集与运输领域的潜在竞争者。Eau Claire 市拒绝向四镇提供污水处理服务，但却以土地合并、同时接受污水收集与运输服务为条件向四镇区域内的零散土地所有者提供污水处理服务。四镇遂在联邦地区法院提起诉讼寻求禁止令救济，声称 Eau Claire 市运用其在污水处理方面的垄断力获取污水收集和运输市场的非法垄断地位、非法拒绝交易，同时构成非法搭售，触犯了《谢尔曼法》。地区法院驳回了原告诉讼请求，它认为，威斯康星州管理市政自治体污水处理服务的法令清楚表达了一项以管制取代竞争的州政策，争讼行为属于应豁免于反托拉斯法的"州行为"。上诉法院维持了原判。此案最终移送至美国联邦最高法院。Town of Hallie et al. v. city of Eau Claire，471 U. S. 34，35～38（1985）.

进州政策而作出的特定反竞争行为"[①]。联邦法院在就"主动监督"要件进行分析时的主要任务就是审查"州是否进行了充分独立的判断和控制，以致对竞争的限制是州有意干预的产物，而不仅仅是私人协议的结果"[②]。

a. "主动监督"要件的适用对象

"主动监督"的目的是确保行为者遵照州政策而从事反竞争行为，防止私人在从事反竞争行为中增进自身利益。因此，联邦最高法院认为，是否适用"主动监督"要件要视有关主体的性质为公抑或为私而定，如市政自治体等公共主体不必就"主动监督"要件进行证明，而当私人就其单独作出的反竞争行为主张"州行为原则"豁免时则必须符合"主动监督"要件；在作出实施反竞争行为的有效决策时，如果市政自治体或其机构为"有效决策者"，则私人有权获得"州行为原则"豁免，不必适用"主动监督"要件；如果在决策权授予或决策程序中存在腐败行为，私人成为了"有效决策者"，则该私人不能得到"州行为原则"的豁免，除非它能证明自己受到了州的主动监督。对于目前美国各州实施诸多管制政策的各种机构，比如各种管制委员会、特别职能管理机构（像医院管理机构、航空管理机构），它们既具有政府机构的特点，又涉及私人的积极参与。当此类实体作为诉讼当事人主张"州行为原则"豁免时，法院在个案中就需要首先根据诸如公开记录、税收豁免、发挥政府作用、不存在私人利益的可能、该实体决策机制的构成等等因素去判断其性质为公抑或为私，进而确定是否对其适用"主动监督"要件。

b. "主动监督"要件的证明标准

在帕特里克诉博格特一案[③]中，美国联邦最高法院认为，"主动监

① Patrick v. Burget，486 U.S. 94，100～101（1988）.

② FTC v. Ticor Title Ins. Co.，504 U.S. 621，634（1992）.

③ 埃斯托利亚市（Astoria）位于俄勒冈州西北角，哥伦比亚纪念医院（Columbia Memorial Hospital）为该市唯一医院。此外，埃斯托利亚诊所（Astoria Clinic）是该市的一家私营诊所，哥伦比亚纪念医院的多数医生同时也是埃斯托利亚诊所的雇员或合伙人。蒂莫西·帕特里克（Timothy Patrick）是该医院的一个外科医生，1973年，他拒绝了成为诊所合伙人的邀请，并决定独立开展业务，在外科手术业务方面与诊所进行竞争。帕特里克独自开业后，埃斯托利亚诊所的医生们以各种方式对其予以排挤。1981年，应诊所一个外科医生请求，医院管理委员会对帕特里克进行了同行评鉴，然后以帕特里克的医疗水平低于医院标准为由向州医生考核委员会（State Board of Medical Examiners）建议终止其执业资格。值得注意的是，医院管理委员会成员博格特等人是诊所合伙人，诊所合伙人富兰克林·罗素（Franklin Russell）同时也是州医生考核委员会主席。帕特里克在委员会决议之前从医院辞职，并向联邦地区法院提起诉讼。该案最终上诉至美国联邦最高法院。Patrick v. Burget，486 U.S. 94，95～97（1988）.

督”必须具有“特定性”，即州不仅要监督一般的管制计划，还必须监督特定的反竞争行为。如果州的监督没有涉及争讼行为，即使州主动监督了私人行为的其他方面，这种监督也不能满足“主动监督”要件。联邦最高法院认为，在本案中，俄勒冈州虽有鼓励同行评鉴的政策，但州卫生局、州医生考核委员会和州法院均未对同行评鉴决议的实体内容进行审查，州的监督不能满足“主动监督”要件。但如果一项州管制计划已配置了管理人员、划拨了资金、得到了法律授权，则满足了“主动监督”要件。联邦最高法院还认为，“主动监督”要件要求州的实际参与，而不仅仅是监督权力的存在，换言之，“主动监督”必须具有“实在性”而不仅仅是“可能性”。州必须进行了“充分独立的判断和控制以致具体的竞争限制是州审慎干预的产物，而非私人当事人协议的结果”①，并且“州监督的可能性并不能替代州的决策”②，“消极选择权”形式的监督不足以构成“主动监督”，除非州采取了适当措施去了解私人行为的细节。联邦最高法院没有完全排除消极选择权形式的监督，但它拒绝了这样一种主张，即州在消极选择规则下的不作为意味着州对反竞争行为的实质性许可。

尽管“州行为原则”与行政垄断特别是我国的行政垄断并不完全相同，但也不能说完全相异，而是相关又相异。从上述美国的“州行为原则”，我们至少可以借鉴以下方面来为认定和反对行政垄断所用。

第一，虽然竞争具有重要的价值，但并不是说，一切都要诉诸竞争，也不是说竞争就能解决一切问题，相反，一些盲目无节制的竞争，不但无益反而有害。因此，这里就存在一个重要问题，即到底依什么原则决定要不要竞争、怎样去竞争。很显然，这里的原则众多，但其中，社会公共利益原则无疑是重要的原则之一，要不要竞争以及要怎样的竞争最终应由社会公共利益原则来决定，也就是说，促进竞争是为了社会公共利益，限制竞争也是为了社会公共利益，是否促进社会公共利益是决定要否以及怎样竞争的根本性因素。一项行为虽然限制了竞争，但这是为了社会公共利益或有利于社会公共利益，那么该行为就应该得到豁免。其实，“州行为原则”也是社会公共利益原则 在反限制竞争法中的具体化。美国法院之所以要适用“州行为原则”，就是因为联邦最高法院在高度认识到联邦反托拉斯法对于促进市场自由竞争、实现资源优化

① FTC v. Ticor Title Ins Co.，504 U.S. 621，634～635（1992）.

② FTC v. Ticor Title Ins. Co.，504 U.S. 621，638（1992）.

配置和增进消费者福利等方面重要性的同时，也充分注意到了州的管制在应对市场失灵或实现地方自治、公共安全、健康、环境、公平分配收入等方面的必要性，并通过“州行为原则”赋予州管理州内经济社会事务的自由，尊重州为了社会公共利益而进行的必要管制。在认定和反对行政垄断时，一个基本的原则就是看该行政垄断是否为社会公共利益所必需，是否真正体现了社会公共利益的要求，只有那些为社会公共利益所必需、真正体现和促进了社会公共利益的行政垄断才能得到豁免。

第二，人们已清醒地认识到，在“市场失灵”之外还存在“政府失灵”的问题，公共选择理论、供应学派、货币主义等理论的一个共同的核心的内容就是对政府干预持怀疑批判的态度而重新重视自由市场的作用并要求放松政府管制。受这些理论思潮的影响，美国联邦最高法院开始重新审视“州行为原则”，并通过一系列的判例对以前确立的“州行为原则”进行了发展、重构和完善。其中重要的一点就是通过“清晰表述”和“主动监督”要件加强对“州行为原则”的限制，进而加强对州管制行为的约束。这对于认定和反对行政垄断尤其是行政公司具有借鉴意义，即在认定和反对行政公司时要着重分析行政公司是否得到了权力机关的明确授权，在得到权力机关明确授权以后是否受到有关机关的主动监督，只有那些得到权力机关的明确授权和主动监督的行政公司才能得到豁免。“清晰表述”和“主动监督”要件是对行政公司的双重控制和防范，有利于防止行政公司假公济私，限制竞争。

第三，在认定和反对行政垄断时，要区分行政垄断的真伪，并区别对待。行政垄断姓“公”而不姓“私”，只有那些名副其实的合乎公共利益要求的行政垄断才可能得到豁免，而那些打着行政垄断的幌子实为私人谋求私利的私人垄断，如一些行政公司，就要严加以防范，不得豁免。

第四，“清晰表述”和“主动监督”要件的共同目的均在于仅使那些可视为州本身作出的行为得到联邦反托拉斯法的豁免。其中，“清晰表述”要件较为宽松，这说明联邦最高法院放松了对州和地方政府管制活动的限制，而“主动监督”要件则较为严格。很明显，美国联邦反托拉斯法与州管制政策之间可能发生冲突。为了解决它们之间的冲突，美国法院要求州在以管制政策取代自由竞争的同时，还必须对私人的行为进行审查，以确保私人的行为符合州的管制政策，确保是州而不是私人在实际掌握限制竞争的权力。这对于认定和反对行政垄断尤其是行业垄断具有借鉴意义。因为在很大程度上可以说，行政垄断是一种只有相对意义的社会现象，既没有绝对要反对的行政垄断，也没有绝对不反对的行政垄断，是否构成行政垄断以及要否反对行政垄断要综合考量方方面面的具体情况，不能走极端，也不能一刀切，而必须宽严相济，要在宽严之间寻求微妙的平衡。这不仅是中庸之道，而且是法律包括反限制竞争法的基本指导思想。

第五，“州行为原则”是对州和联邦利益的权衡，以确定州管制政策所产生的利益是否超过了它对整个国家社会经济造成的反竞争损害，它既体现了美国联邦最高法院对国家统一大市场和自由竞争的关切，也表明了它对地方保护主义的警惕，既保证了州通过市政自治体落实管制政策的自由，同时又不会容许狭隘的地方利益破坏国家的自由市场竞争目标。这对于我们认定和反对行政垄断尤其是地区垄断或地方保护主义具有借鉴意义。只有那些具有地区特色、合乎地区利益但又融入并在全国统一大市场开展竞争的地区垄断才可能得到反限制竞争法的豁免，地区垄断不是地方保护主义的代名称，地区垄断不是地方“封建割据”，不能破坏全国统一大市场的形成和竞争，否则，不应豁免。

第六，“州行为原则”要求在满足“主动监督”时，要进行“特定监督”和“实质监督”，这对于监督行政垄断具有借鉴意义。对于一些具有合理性的行政垄断，应允许其存在，但同时应加强对它们的监督，这种监督不仅要监督它们的一般性的管制计划，而且要监督它们的特定的反竞争行为，这种监督不仅是可能的而且是实质性的。总之，对行政垄断的监督要落到实处，要动真格的，要真正有效，只有这样的监督才能有效禁止行政垄断的滥用，而一些行政垄断之所以得以滥用，一个根本的原因就是监督不力，没有严格监督纪律，一些监督措施形同虚设。

第六节　反限制竞争协议规制

一、法定概念

协议，也称契约或合同，是两个或两个以上当事人就某种权利义务所达成的一致意思表示。它是人们从事经济活动所必需的，也是人们经济活动基本的形式。为了对其加以规范，各国制定有《契约法》或《合同法》。

协议有各种各样，目的不一而足。当人们用协议来限制市场竞争时就会出现限制竞争协议。这种协议与其他协议的本质区别在于，其他协议本质上是契约（合同）自由，存在自由竞争，有的还旨在促进自由竞争，而这种协议迫于两败俱伤，回避竞争，甚至旨在限制竞争。这种协议使相互竞争的厂商联合行动，对商品或服务的供应数量、销售区域和市场价格达到协议，限制竞争，使得自由竞争的各种益处可能丧失殆尽，因而具有十分严重的弊害。

正因为如此，所以世界各国都制定了反限制竞争法予以反对，如美国《谢尔曼法》第 1 条、第 3 条规定，任何契约，以托拉斯形式或其他形式的联合、共谋，用来限制贸易或商业，是非法的；任何人签订上述契约或从事上述联合或共谋，是严重犯罪。德国《反对限制竞争法》第 1 条即是“卡特尔禁止”，即“处于竞争关系之中的企业之间达成的协议、企业联合组织作出的决议以及联合一致的行为，如以阻碍、限制或扭曲竞争为目的或使竞争受到阻碍、限制或扭曲，则是禁止的”。日本《禁止私人垄断及确保公正交易法》第 2 条第 6 项规定：“本法所称‘不正当交易限制’，是指事业者以契约、协议或其他名义，与其他事业者共同决定、维持、或者提高交易价格，对数量、技术、产品、设备或者交易对象等加以限制，相互间约束或完成其事业活动，从而违反公共利益，对一定交易领域内的竞争构成实质性的限制。”我国台湾地区“公平交易法”第 7 条规定：“本法所称联合行为，谓事业以契约、协议或其他方式之合意，与有竞争关系之他事业共同决定商品或服务之价格，或限制数量、技术、产品、设备、交易对象、交易地区等，相互约束事业活动之行为而言。”

我国存在众多的限制竞争协议，如 1996 年 8 月 9 日《北京日报》报道的“八九事件”，1998 年出现的“行业自律”以及各种“价格协调会”、“经理恳谈会”，等等。但长期以来，对这些限制竞争行为不但缺乏有效的法律约束，反而当作正面事件去报道。虽然我国《民法通则》第 58 条第 4 款规定：恶意串通，损害国家、集体或第三人利益的民事行为无效。但这种规定过于笼统，对限制竞争协议难以直接适用。此后，国务院于 1987 年发布的《关于整顿市场秩序加强物价管理的通知》第 3 项规定：“国营和集体工商业……不准借口‘协作’和串换紧俏物资，变相涨价”；第 5 项规定：“所有企业，都不准串通商定垄断价格”。但这些规定过于零散，不太明确，且层次不高，不好适用。1993 年的

《反不正当竞争法》由于是以不正当竞争行为而不是以限制竞争行为为主要规制对象，因而几乎未对限制竞争协议作出规定。直到2007年颁布的《反垄断法》才有了反对这些行为的法律依据，如第13条规定："禁止具有竞争关系的经营者达成下列垄断协议：（一）固定或者变更商品价格；（二）限制商品的生产数量或者销售数量；（三）分割销售市场或者原材料采购市场；（四）限制购买新技术、新设备或者限制开发新技术、新产品；（五）联合抵制交易；（六）国务院反垄断执法机构认定的其他垄断协议。本法所称垄断协议，是指排除、限制竞争的协议、决定或者其他协同行为。"第14条规定："禁止经营者与交易相对人达成下列垄断协议：（一）固定向第三人转售商品的价格；（二）限定向第三人转售商品的最低价格；（三）国务院反垄断执法机构认定的其他垄断协议。"并且规定了相应的法律责任，即第46条规定："经营者违反本法规定，达成并实施垄断协议的，由反垄断执法机构责令停止违法行为，没收违法所得，并处上一年度销售额百分之一以上百分之十以下的罚款；尚未实施所达成的垄断协议的，可以处五十万元以下的罚款。"

二、法律认定

是否构成限制竞争协议，应依法认定，具体标准如下：

1. 主体

当事人必须有两个或两个以上，并且他们相互独立、自主经营，在业务上具有竞争关系，是竞争对手。这实质上是限制竞争协议的根本前提。正是因为他们相互独立、实力相当，各显其要，成为寡头；他们自主经营、独立决策，谁也不能控制对方，谁也无明显优势可言；他们存在竞争关系，是竞争对手，都想避免竞争风险、防止两败俱伤。在这个前提下，他们才有可能达成限制竞争协议。而那些依附于人、小打小闹、受人控制的人，不足与谋；那些不在同一市场，产品差异甚大，没有可相互替代性的人，"八竿子打不着"，相去甚远，没什么可协议的；那些成本结构差异较大，成本较低与成本较高的人不可能坐到同一张谈判桌上去协议统一价格；那些经营理念迥异的人，不可能成为"一丘之貉"；那些在业务上没有竞争关系，不是竞争对手的人，去达成协议，纯属多此一举。可见，这些人都不可能成为限制竞争协议的当事人。

2. 方式是协议、决议或其他

不管采用什么方式，都有"共谋"（collusion）、"协定"（agreement）和“联合”（combination）的要素，即都是通过共谋达成某种协定以便联合行动。那些无意的偶然的巧合不在此列。当事人之间是否存在协议，实质上是考察当事人的动机和意图。由于协议各方深知其协议的目的是限制竞争，具有违法性，所以他们的协议总是在密谋中进行的，不为外人所知，因而在许多情况下，要直接证明协议的存在十分困难，往往查无实据。

美国联邦贸易委员会在 1948 年审理了一个案件，委员会认为几家被告在价格方面的默契构成同谋，当几家企业知道并期待他方作出同样的举动而对应地行动时，它们实际上已达到了一项协议，并且这种协议与通过公开串通而达成的协议相比，在效果上是完全相同的。据此形成了一项“自觉对应原则”（conscious parallelism doctrine）。依据该原则，当指控方无法提供直接证据证明某协议存在时，可这样推断：被指控人之间在行为上的紧密对应可证明这种行为是先前的某种协议的结果。①

欧共体《罗马条约》不仅禁止限制竞争的明示协议，而且禁止具有限制竞争后果的协调行为（concerted practices）。如欧共体曾根据《罗马条约》第 85 条的规定对欧共体内 10 大染料企业的三次协调提价（按相同比率提高价格）予以罚款。这一立场不仅与美国的“自觉对应原则”极为相似，而且有所发展。因为在美国，法院认为，如果没有其他证据的证明，协调行为本身通常不足以证明被告之间存在某种限制竞争协议。而在欧共体，只要存在协调行为和限制竞争的后果，即可认为被告之间存在限制竞争的协议，并对其行为予以禁止，而不必探寻它们之间是否存在限制竞争协议。因为世界上没有那么多无意的巧合的协调行为，在绝大多数情况下，协调行为是行为人先前协议合意或合谋的结果。

不过，有的协议明显具有不合理限制竞争的性质和后果，如横向定价协议、市场划分协议和联合抵制协议，可适用“本身违法原则”，认定它们参加协议的行为本身即已构成违法，不必考虑其协议是否存在和是否合理。

3. 目的是限制竞争

限制竞争协议，顾名思义，其目的就是限制竞争，对于那些促进竞

① Tringle Conduit & Cable Co. v. Federal Trade Commission，168F，2nd 175（7 Cir. 1943）.

争的协议不以此论处。美国联邦贸易委员会和司法部《关于竞争者之间联合行为的反托拉斯指南》在分析竞争者之间的协议所具有的后果时，使用了“反竞争的损害”（anticompetitive harm）、“促进竞争的好处”（procompetitive benefit）以及“总体竞争后果”（overall competitive effect）三类情形。其中，“反竞争的损害”是指协议所具有的限制竞争的后果，而未考虑与之相抵的促进竞争的好处；“促进竞争的好处”是指协议所具有的促进竞争的效果，而未考虑与之相抵的限制竞争的后果；“总体竞争后果”是指将限制竞争的损害与促进竞争的好处加以比较后得出的总体结果。评判一项协议是限制竞争还是促进竞争应从总体考虑，具体分析如下：一是协议是否具有限制竞争的动机和意图；二是协议是否具有限制竞争的可能性；三是协议所规定的具体内容如何；四是协议是否为实现声称的促进竞争的目标所必需；五是协议的总体竞争后果怎样。

三、主要类型

限制竞争协议种类繁多，主要可分为纵向限制竞争协议和横向限制竞争协议。

1. 纵向限制竞争协议

纵向限制竞争协议是指处于不同市场层次的当事人，如制造商与销售商、批发商与零售商等上游企业与下游企业之间所达成的限制竞争的协议。具体又可分为：

（1）纵向价格限制

纵向价格限制，在美国反托拉斯法中被称为“纵向价格固定”（vertical price fixing）或“维持转售价格”（resale price maintenance），在德国《反限制竞争法》中被称为“纵向价格约束”（vertikale preisbindungen），在日本《禁止私人垄断及确保公正交易法》中被称为“维持再销售价格”，都是指上游企业通过协议给下游企业固定价格以限制价格竞争。

本来市场主体是相互独立的，自主经营、自负盈亏，各有不同的利益打算，享有定价权，存在价格竞争，并且市场竞争的核心就是价格竞争。处于不同市场层次的企业更应如此。但纵向价格限制由上游企业通过协议固定下游企业转售商品的价格，如固定最低转售价格、固定最高转售价格等，剥夺了下游企业的定价权，价格不能随行就市、上下浮动，自由竞争，具有严重的弊害，必须予以禁止。因此，美国联邦最高法院在 1911 年 Dr. Miles Medical Co. v. John D. Park & Sons Co. 一案中，认为，商品的所有权一旦从生产商手里转移到经销商手里，经销商应该享有按照它们认为合适的方式处置其所有的产品的自由，在所有权转移后，生产商限制经销商经销其商品的自由是违法的，因而认为纵向维持转售价格适用本身违法原则，自此美国反托拉斯法一直反对维持转售价格。德国《反限制竞争法》第 14 条规定："企业之间就与本法适用范围内的市场相关的商品或服务所订立的协议，如对一方当事人在其与第三人就所供商品、其他商品或服务达成协议时的定价自由或形成交易条件的自由予以限制，则该协议是禁止的。"我国《反垄断法》第 14 条规定：禁止经营者与交易相对人达成固定向第三人转售商品的价格和限定向第三人转售商品的最低价格的垄断协议。

国外这方面的案例甚多。如 1984 年美国 Monsato Co. v. Spray-Rite Service Co. 一案。在该案中，Monsato 是一家生产化学品的公司，包括农用除草剂，其产品在市场上占有相当的份额。Spray-Rite 公司从事农用化学产品的批发销售，在 1957 年至 1968 年是 Monsato 公司除草剂的授权分销商。1968 年 10 月，Monsato 公司拒绝继续授予 Spray-Rite 公司分销商资格。之所以如此，是因为 Spray-Rite 公司没有遵守制造商 Monsato 公司与其他分销商之间达成的价格维持协议，擅自降价，招致其他分销商的抱怨和 Monsato 公司的不满，于是 Monsato 公司与其他分销商共谋终止了 Spray-Rite 公司的分销商资格。上诉法院根据《谢尔曼法》第 1 条对 Monsato 公司作出了三倍赔偿金的处罚。[①]

（2）纵向非价格限制

纵向非价格限制，是指在纵向限制竞争协议中，不是通过协议限制价格竞争，而是通过协议限制其他竞争因素或条件来限制竞争，如限制买方只向某些企业或者某个地区转售商品或服务，或者限制买方购买由其指定的商品或服务。这样都限制了买方的经营自由，使它们不能根据市场行情自由选购、自由竞争，尤其是剥夺了那些不能得到供货的企业或者由于限制不能进入市场的企业的竞争机会，有相当的弊害，必须依法禁止。但由于这种限制有时又是有利的，如限制购买配套产品或者限定使用自己的服务，对提高产品或服务的性能有利；限制向某些地区或

① 参见黄勇、董灵：《反垄断法经典判例解析》，328～342 页，北京，人民法院出版社，2002。

某些消费者销售商品或服务，可能是出于降低交易成本、改善售后服务的考虑，有其合理性。因此，各国对于纵向非价格限制一般都适用合理原则。美国司法部1985年颁布的《纵向限制行为准则》，主要规定了数量标准，如果实施纵向限制的企业的市场份额不足10%，该限制竞争行为不受政府干预。德国《反限制竞争法》第16条规定:“企业之间就商品或服务订立的协议，如对一方当事人，1. 限制其使用所供商品、其他商品或服务的自由，或2. 限制其从第三人处采购其他商品或服务，或向第三人提供其他商品或服务，或3. 限制其向第三人提供所供商品，或4. 责成其购买在实质上或商业习惯上都与所供商品或服务不相符合的商品或服务，并且因此类限制行为的规模，此类商品或服务或其他商品或服务市场上的竞争受到实质性限制，则卡特尔当局可宣布此类协议无效，并禁止实施新的、同类性质的约束行为。”

在这方面有两个具有里程碑式的经典案例。一个是美国1967年United States v. Arnold, Schwinn & Co. 一案，另一个是美国1977年Continental T. V. , Inc. v. GTE Sylvania Inc. 一案。这两个案例构成鲜明的对比。在Schwinn一案中，Schwinn是国内首屈一指的自行车生产商，市场占有率为22.5%，它有一个三层的分销系统，即除Schwinn本身外，还有22个中间分销商和一个特许零售商网络；每个分销商有一个指定的区域，在该区域内分销商有向特许零售商排他性的供货权利，这些零售商被授权只能在特定区域销售Schwinn的自行车，Schwinn禁止分销商和零售商向非特许经销商出售Schwinn的自行车，使得每个分销商在其指定的区域内都成为该区域Schwinn产品的唯一经销商，这样就既限制了分销商之间的竞争，也限制了品牌内的竞争；而且由于Schwinn“是自行车行业的卡迪拉克”，其产品价位高，还限制了品牌间的竞争。基于此，法院对Schwinn一案适用了本身违法原则。而在Sylvania一案中，Sylvania在全国电视机的销售份额中下降到了微不足道的1%到2%，这促使Sylvania认真地重新评估并调整其市场营销策略。Sylvania逐步停止了对批发商的销售，转而直接向较小的和经严格挑选的特许零售商供货，减少了在特定区域内Sylvania零售商的数量，并且要求每个特许的零售商都只能在被特许的地点出售Sylvania产品。Continental公司是Sylvania最成功的特许经销商。1965年春，Continental公司表示想在加州萨克拉门托开一家零售店，销售Sylvania产品，但Sylvania认为，该地市场已经被现有Sylvania零售商充分占有，便拒绝了Continental公司的要求，但Continental不听劝阻。后来，双方关系恶化并发生了财务纠纷，Sylvania 终止了 Continental 公司的特许经营权。于是 Continental 向法院起诉 Sylvania。在该案中，由于 Sylvania 在全国电视机的销售份额中仅占微不足道的 1%到 2%，市场份额很小很小。法院在适用反托拉斯法时，被告的市场地位是重要的考量要素，只对那些占有市场支配地位的企业的行为限制竞争时才适用本身违法原则，但对弱小的“幼稚工业”不适用本身违法原则，Sylvania 的市场份额如此之小，是一个“落魄”的生产商，以至于当它采用区域性限制做法的时候甚至面临着从电视机市场上被排挤出去的危险。与 Schwinn 一案不同的是，虽然 Sylvania 的区域限制条款要求零售商从一个特定的营业地出售其产品，在一定程度上限制了零售商处理它们购得的产品的自由，但并没有限制它的零售商向谁或向哪里销售其产品，没有限制品牌内的竞争，顾客对其产品也没有喜好到足以允许它的零售商以比其他品牌更高的价格出售其产品的程度，因而也没有限制品牌间的竞争，虽在一定程度上减少了品牌内的竞争，但激发了品牌间的竞争，品牌间的竞争对利用品牌内的市场力量有很大的牵制作用。纵向限制造成的市场影响是复杂的。经济学强调，当生产商采取限制做法是为了进入一个新市场或扩大它那微不足道的市场份额时，纵向限制对促进品牌间的竞争就有非常大的潜在好处。实践也证明，Sylvania 转变市场营销策略以后，它在全国电视机销售份额中已经增加到了 5%左右，并已成为全国第八大彩色电视机生产商。这充分说明，Sylvania 转变后的市场营销策略是富有效率的。基于此，美国联邦最高法院对本案适用了合理原则。[①]

（3）独家交易协议

又称排他性交易协议（exclusive dealing agreement），是指供应商和销售商之间达成的一种交易协议，该协议或者约定供应商独家向销售商销售商品，或者约定销售商只从供应商购买商品，或者上述两者并存，协议的目的是排斥协议当事人同各自的竞争对手从事交易。包括独家销售协议和独家购买协议。这两种协议都限制供应商向其他销售商销售商品和销售商向其他供应商购买产品，最终结果都是在某区域内只有独家供应商或独家销售商，形成“独此一家，别无分店”的格局，具有明显的反竞争后果。如果供应商和销售商占有较大的市场份额（如

① 参见黄勇、董灵：《反垄断法经典判例解析》，346～377 页，北京，人民法院出版社，2002。

30%以上），或者协议的交易额过大，那么这种协议就会垄断市场，限制竞争的后果就会更加显著，应予禁止。但独家交易协议也有明显的效益：一是使供应商直接把产品销售给选定的经销商，避免了同其他众多经销商进行广泛接触、多方谈判以及由此引起的各种困难、麻烦，节约了交易成本；二是由于限制经销商从其他供应商购买产品，使供应商的产品有了长期而稳定的销售渠道，供应商不必为产品的销售分心，可以集中精力从事产品的生产，有利于提高产品的质量和竞争力；三是使经销商获得了稳定的供货，尤其是自己需要、销路良好的产品，加上一个区域只有一个销售商，避免了内部竞争，这有利于使销售商集中精力进行销售活动；四是由于一个销售商只销售一家产品或一种产品，有利于培养产品专家，加强营销，改善服务，提高效率；五是在独家交易协议中，供应商与经销商长期合作，已结成利益共同体，休戚相关，供应商为促销自己的产品往往会在供货条件等方面优惠经销商，同样，经销商得到优惠后，会努力为供应商扩大销售，改善销售方式和售后服务，并把产品销售和售后的有关情况及时反馈给供应商，有利于供应商改进产品的生产；六是独家交易协议使商品来源单一，流通渠道清晰，有利于杜绝假冒伪劣商品，保证商品的正宗和质量，即使出现产品质量的问题，也易于查明真相，快速处理；七是虽然减少了品牌内的竞争，但促进了品牌间的竞争，而品牌间的竞争一般来说优于品牌内的竞争；八是归根结底，以上各方面都有利于消费者，消费者之所以愿意到专卖店购买商品也正是这个原因。所以独家交易协议具有相当的合理性。因此，各国对独家交易协议大都持宽容态度。只有当该协议限制竞争显著或涉及的市场范围过大、覆盖相关市场的重要部分时才可能被认定为违法。美国《克莱顿法》第3条规定：销售协议以承租人、买者不使用其竞争者的商品作为条件，予以固定价格，给予回扣、折扣，如果该行为实质上减少竞争或旨在形成商业垄断，是非法的。再如1949年美国Standard Oil一案也认为，只有证明竞争活动减少或者可能减少的情况下，此类协议才是违法的。1984年Jefferson Parish一案同样认为，只有在购买者或者销售者的重要部分被逐出市场时，独家交易协议才是不合理的。

（4）特许协议

特许协议是一方要求另一方以特许的方式使用其出让的商品、服务或知识产权。其中转让的一方被称为特许方，受让的一方被称为受让方。特许协议是商品、服务或知识产权转让的流行方式，有利于特许商品、服务或知识产权的保护。但如果加以不合理的限制，如对商品的使用方式加以限制；要求买主不得以所特许的产品为设备生产出可与特许方竞争的产品；超出知识产权的保护范围和保护期限加以限制，等等，都会限制自由竞争，应予禁止。如德国《反限制竞争法》第17条规定："有关让与或许可已经授予的或已经申请的专利或实用新型、半导体拓扑图形或植物品种保护权的合同，如规定取得人或被许可人在商业交易中必须遵循超出工业产权的内容的限制，则该合同是禁止的。有关行使该项保护权的形式、范围、技术适用领域、数量、地域或时间等方面的限制，不超出该项保护权的内容。"我国《反垄断法》第55条规定："经营者依照有关知识产权的法律、行政法规规定行使知识产权的行为，不适用本法；但是，经营者滥用知识产权，排除、限制竞争的行为，适用本法。"

对于纵向限制竞争协议中的纵向价格限制竞争协议，各国的反限制竞争法一般都宣布为本身违法而无效，并加以禁止。如美国《克莱顿法》规定，任何因反托拉斯法所禁止的事项而遭受财产或营业损害的人，可在被告居住的、被发现的或有代理机构的区向美国区法院提起诉讼，不论损害大小，一律给予其损害额的三倍赔偿、诉讼费和合理的律师费；美国也可以提起诉讼，不论损害数额大小，一律赔偿其遭受的实际损失和诉讼费。德国《反限制竞争法》第六章规定的"制裁措施"有："行为人负有停止违法行为的义务；行为人有故意或过失的，还有赔偿因该违法行为所造成的损害的义务"，"卡特尔当局有权收缴违法企业相当于额外收入的金额"。此外，有的国家还规定有相当数额的罚金。但于其中的纵向非价格限制竞争协议，却要具体分析，全面考量，再决定是适用本身违法原则还是合理原则。

2. 横向限制竞争协议

横向限制竞争协议，是指处于同一市场层次的当事人，如制造商与制造商、销售商与销售商之间所达成的限制竞争的协议。具体又可分为以下几种：

（1）横向定价协议

横向定价协议，是指处于同一市场层次的当事人就确定其生产或经营的商品或服务的价格所达成的协议。其形式多种多样，既可以是共同确定某商品或服务的价格，也可以是规定一个最低或最高限价，还可以是规定一种计算商品或服务价格的公式。

横向定价协议，限制了价格竞争，价格竞争是市场竞争的基础和核心，没有了价格竞争就没有了市场竞争，没有了市场竞争，生产者或经营者的主动性、积极性和创造性就大大减少了。价格是传递市场信息的媒介，也是市场主体行为的指南，还是调节市场供求的要素：当价格上涨时，会促进生产和供应，直到价格回落到正常水平；当价格下跌时，会引导人们减少生产和供应，直到价格回升到正常水平。但这一切只在价格能够随行就市的前提下才有可能，如果价格被人为地固定了，不能反映市场的供求，就不能有效地引导生产和资源的有效配置。横向定价协议可在一定时期内维持一个较低的价格，把其他的竞争者驱逐淘汰出局，使潜在的竞争者无法进入市场，排斥了市场竞争；横向定价协议人为地阻止价格下降，使消费者面对统一不变的价格，无法从价格下降中获益。可见，横向定价协议具有严重的弊害，必须予以禁止。

在美国，横向定价协议很早就被视为违反《谢尔曼法》的行为。在1897年泛密苏里运输协会案中，法院指出：《谢尔曼法》规定对贸易的“任何”限制均属非法，并且“任何”这个词是从字面上来解释的，据此认为铁路公司固定和强制的铁路运输价格为非法；在1927年United States v. Trenton Potteries Co. 一案中，被告涉及美国82%的陶器生产和销售，并对多种陶器的价格作了规定。被告辩称：它们所固定的价格是合理的，并且只是要防止“毁灭性的”竞争，并没有损害公共利益。如果它们所固定的价格只会产生正常的利润，那么难道不应认为这些价格是合理的吗？然而法院认为：价格是否合理必须通过考察其对竞争的影响，如果竞争完全受到限制，那么这就足以断定该价格是不合理的，只有维护竞争才能最有力地保护公共利益不受垄断和价格控制之害，而且，由于经济和商业的变化，在今天看来是合理的固定价格，到明天就会变为不合理的价格。① 1956年首席法官沃伦在联邦最高法院的判决中指出：“违反《谢尔曼法》的固定价格是与竞争政策背道而驰的，说它违法的根据并非是它的不合理性，因为在结论上早已被推定为不合理的。这是早已清楚而毋庸讳言的。至于参与者的动机是善意还是恶意，固定价格是通过公开的契约还是较为隐晦的方式达成、参与者是否具有市场控制力、州际商业所受影响的大小，或者协议的结果是提高还是降

① 参见［美］马歇尔·霍华德：《美国反托拉斯法与贸易法规》，78页，北京，中国社会科学出版社，1991。

低了价格，都是无关紧要的。”① 该判例已经成为这方面的里程碑式的判例。以后的一些判例进一步强化了这样的观念：价格应随行就市，其本质应是灵活波动的，不能固定。固定价格是本身违反《谢尔曼法》的行为，“根据《谢尔曼法》，在州际或对外商业中，凡以提高、亏售、固定、限制或动摇商品价格为目的或后果而形成的联合均为本身违法”②。

日本《禁止私人垄断及确保公正交易法》第 18 条第 2 款专门规定了“价格的统一上调”问题：“在国内供应同种商品的价额或者在国内提供同种劳务的价额，在政令规定的一年间，其合计金额超过 600 亿日元时，在有关该同种商品或劳务的一定事业领域，供应量居前三位事业者的合计供应量对国内提供该同种商品或劳务的总数量的比例超过十分之七时，含供应量最多事业者在内的两个以上的主要事业者就该同种商品或劳务交易的基准价格，在 3 个月内以同一或近似的价格或比率上调时，公正交易委员会有权要求这些主要事业者就价格上调的理由提交报告。如果他们不能对价格上调提出正当理由，那么这种价格上调就可能被认定为该法第 2 条之六所规定的不正当限制交易，从而为法律所禁止。”

我国自改革开放以来，国家逐渐放松了对价格的管制，企业享有了越来越大的自由定价权，相应地，企业达成横向定价协议的情况也渐次出现。为此，《中华人民共和国价格法》第 14 条规定：“经营者不得有下列不正当价格行为：（一）相互串通，操纵市场价格，损害其他经营者或消费者的合法权益。”第 40 条规定：对于违反该规定者，（价格主管部门可）责令改正，没收违法所得，可以并处违法所得 5 倍以下的罚款；没有违法所得的，予以警告，可以并处罚款；情节严重的，责令停止整顿，或者由工商行政管理机关吊销营业执照。我国《反垄断法》第 13 条第 1 款规定，禁止具有竞争关系的经营者达成固定或变更商品价格的垄断协议。

（2）限制数量协议

即竞争者之间就限制商品的生产数量或者销售数量所达成的限制竞争协议。在通常情况下，竞争者不会公开地签订固定价格的协议，但往

① ［美］马歇尔·霍华德：《美国反托拉斯法与贸易法规》，79～80 页，北京，中国社会科学出版社，1991。

② ［美］马歇尔·霍华德：《美国反托拉斯法与贸易法规》，79 页，北京，中国社会科学出版社，1991。

往会通过限制商品的生产数量或销售数量来达到固定价格的目的，所以，限制数量协议与固定价格协议是相互结合并同时发生作用的。由于商品的价格与商品的生产数量和销售数量存在着一种反比例的关系，一般说来，“物以稀为贵”，商品的生产数量和销售数量越多，其价格就越低；反之，商品的生产数量和销售数量越少，其价格就越高。因此，减少商品的生产数量或销售数量是提高商品价格并从中获得更多利润的基本方法。竞争者是经济人，深明此理，总想以最少的商品生产数量或销售数量获得最多的收益。如果生产或销售最少的商品数量就能够获得最多的收益，或者生产或销售相同数量的商品就能够获得更多的收益，那么竞争者就不会多生产或销售商品。为了实现上述目的，竞争者之间就会达成限制商品生产数量或销售数量的协议，把商品生产或销售的数量限制在少生产或销售就能多收益的数量上。限制数量协议，一是人为地造成供不应求，使消费者不能满足自己的需求；二是人为地抬高了商品的价格，损害了消费者的权益；三是竞争者只能按照协定的数量生产或销售商品，不能多生产或销售，限制了竞争者之间的竞争，因而具有严重的弊害，必须予以反对。我国《反垄断法》第 13 条第 2 款规定，禁止具有竞争关系的经营者达成限制商品的生产数量或者销售数量的垄断协议。

（3）市场划分协议

市场划分协议，是指竞争者之间分割地理、客户或者产品市场范围的协议。其基本形式主要有以下几种：

一是地理市场的划分。

即参加该协议的企业各得一块区域份额，在这一特定区域内独享生产或经营权，参加该协议的其他企业不得染指。这样，每一个参加协议的企业都有机会在其所属的区域范围内排除竞争。1989 年美国第六联邦巡回法院审理了一起市场划分协议的案件（United States v. Addyston Pipe & Steel Co.）。在该案中，6 家生产钢管的企业将它们所在的市场分为三类。其中最大的一类称为“支付地区”，在这一地区，各家企业都须按照一个委员会的定价来出售其产品；第二类区域称作“自由地区”，在该地区没有任何限制；第三类区域称作“保留城市”，协议将特定的城市分割给特定的成员企业。成员企业就第三类区域所作的约定即为市场划分协议。法院判定该市场划分协议违反了《谢尔曼法》而予以禁止。1990 年在 Jay Palmer et al v. BRG of Georgia Inc. et al 一案中，BRG 是一家提供律考辅导课程的公司，HBJ 是美国最大的律考辅导课程提供商，BRG 与 HBJ 在佐治亚州就提供律考辅导课程展开过直接而激烈的竞争。1980 年 BRG 与 HBJ 之间签订协议，各方同意 HBJ 不再在佐治亚州与 BRG 竞争，BRG 也不再在佐治亚州以外的其他州与 HBJ 竞争，并订立了收入分享协议。结果，在 1980 年协议之后，BRG 在佐治亚州的学费立刻从 150 美元上涨到了 400 美元。于是遭到法学院学生的起诉。地区法院和上诉法院认为，竞争者之间划分市场或细分市场的安排不是违法的，除非它们是对以期双方发生竞争的市场进行划分，因而认为 BRG 与 HBJ 之间的协议不违法。但美国联邦最高法院法官克拉克认为，地区法院和上诉法院的观点是错误的，因为 BRG 与 HBJ 曾经是竞争对手，在佐治亚州也曾进行过竞争并且是激烈的竞争，之后又进行联合，因而能够达成一个本身违法的横向限制竞争的协议。他同时指出了地区法院的分析是有缺陷的，因为地区法院没有认识到，即使协议没有明确的价格指标，该协议也可能是一个固定价格的协议，即使不存在细分市场，划分市场也可以构成违反反托拉斯法的本身违法行为，甚至从表面上看，BRG 与 HBJ 之间的协议就是不合法的。在判决意见中，他再次重申了 1940 年 Socony 案和 1970 年 Topco 案中法官的意见："根据《谢尔曼法》，旨在和为了达到抬升、降低、固定、限制或稳定州际或国际贸易中商品价格的效果而进行的联合是本身违法的"，竞争者之间分配地域以减少竞争的协议是本身违法的。《谢尔曼法》第 1 条的典型例子就是在同一水平市场上存在竞争的竞争者之间为了减少竞争达成划分市场的协议，横向地域限制是以限制竞争为唯一目的的限制贸易行为，这种限制本身违反了《谢尔曼法》。[①]

二是客户划分协议。

即竞争者之间关于客户划分所达成的协议，通过该协议竞争者各自分割到相应的客户。如把大型客户分配给甲方，而把其他客户留给乙方；或者一方仅将其产品出售给批发商，而另一方仅将其产品出售给零售商。再如在招投标中，约定只安排一家企业投标，其他企业或者虚假投标，或者根本不投标，从而使所安排的企业在无竞争的情况下中标；当出现新的投标机会时，再约定安排另外一家企业中标，轮流中标，机会均等，这种约定也是一种客户划分协议。

三是产品划分协议。

① 参见黄勇、董灵：《反垄断法经典判例解析》，285～291 页，北京，人民法院出版社，2002。

即竞争者之间就产品生产或销售所达成的协议。根据该协议,竞争者各自生产或销售某种产品,这些产品可以在同一地域生产或销售,也可以是同类的,但不能相互替代。如在美国20世纪60年代,吉利公司是双面刀片制造商,希克保安刀片公司和美国保安刀片公司是单面刀片制造商,双方都不想通过生产另一种类型的刀片去占据对方的市场,因此法院认为,它们之间不存在有效竞争。①

市场划分协议的实质是竞争者"封建割据"、"分赃分肥",通过达成协议,在某一地域内、在某类客户中、在某种产品上排除竞争者,从而只剩下唯一的经营者,人为地排除了竞争,具有明显的反竞争性质和后果,必须予以禁止。市场划分协议在美国一般被视为本身违法行为,如前述判例;也明显属于德国《反限制竞争法》第1条和日本《禁止私人垄断及确保公正交易法》第2条所反对和禁止的情形。欧共体《罗马条约》第85条第1款则明确将限制共同市场内部竞争的瓜分市场协议归入特别禁止之列。我国《反垄断法》第13条第3款规定,禁止具有竞争关系的经营者达成分割销售市场或者原材料采购市场的垄断协议。

(4)联合抵制协议

联合抵制协议,也称集体拒绝交易,是指一部分经营者所达成的共同拒绝同另一或另一部分经营者进行交易的协议。如一部分供应商共同拒绝向某一或某些销售商供货;或者一部分销售商共同拒绝从某一或某些供应商进货;以及在招投标过程中,投标者共同拒绝投标,等等。

一般说来,经营者选择同谁交易,拒绝同谁交易,这是他的自由和权利,也无碍别人,并不限制自由竞争,甚至这本身恰恰是自由竞争的表现,因为"东边不亮西边亮",被拒绝者可以轻易地转向别人并同他们进行交易,有的是交易机会,因而并不违反反限制竞争法。但联合抵制就不一样了,一部分经营者共同拒绝同某一或某些经营者交易,被拒绝者就会四处碰壁,无人可与之交易,孤立无援,无法获得必要的交易机会,经营陷入困境,最终可能被逐出市场,因而具有明显的反竞争的性质和后果,必须予以禁止。

在20世纪60年代,美国诉通用汽车公司(United States v. General Motors Co.)一案中,为了惩罚那些汽车打折商店,通用汽车公司联合一些经销商和经销商协会签订协议,保证不再将汽车卖给打

① 参见[美]马歇尔·霍华德:《美国反托拉斯法与贸易法规》,75页,北京,中国社会科学出版社,1991。

折商店，并对违背协议者实行制裁。联邦政府对通用汽车公司等人提起诉讼，要求阻止它们实施该协议。但初审法院认为该协议仅仅是特许专营合同中条款的一项合法补充，并不违反《谢尔曼法》。联邦政府不服，上诉至联邦最高法院。联邦最高法院认为，通用汽车公司等人通过协议，保证不再把汽车卖给打折商店，并制裁违背协议者，剥夺了少数经销商同汽车打折商店的交易自由，也使汽车打折商店不能得到通用汽车公司的汽车。因而认为这是一起典型的联合抵制行为。法官进一步指出，经销商及经销商协会的行为都不是分别的、毫不相干的，它们与通用汽车公司密切联合，强使那些经销商履行其与打折商店断绝交易的承诺，结果形成了一张多种联合行为所结成的大网，共同拒绝同汽车打折商店交易，排除了汽车打折商店加入市场，并限制了经销商的交易自由，将一批竞争者逐出市场。因此，通用汽车公司等人的行为违反了《谢尔曼法》。①

1968 年美国一联邦地区法院曾审理一案。在该案中，费城四家百货公司曾同时雇用一家公司递送货物。当这家公司倒闭以后，这四家公司各找一家递送公司，其中两家找了甲公司，另外两家找了乙公司。经过一段时间之后，这四家公司觉得还是同时雇用一家公司更经济，于是，经过协商，它们选择了甲公司作为共同的递送公司。即将失去业务的乙公司遂向这四家公司提起诉讼，指控它们是联合拒绝交易。但法院认为，它们的决定是一项合理的决定，因为选择甲公司作为共同的递送公司更经济，之所以选择甲公司而不选择乙公司，是因为甲公司服务更好，因而这四家公司作出的协议不是联合抵制协议。

从上述判例可以看出，美国对联合抵制协议有时适用本身违法原则，有时又适用合理原则，做法并不统一。在实践中，对于一项联合抵制协议到底是适用本身违法原则还是合理原则要具体考虑以下因素：

第一，看该协议的目的是促进竞争还是限制竞争。像美国诉通用汽车公司一案，协议限制竞争的目的昭然若揭；而四家百货公司共同拒绝与乙公司交易，并不一定基于限制竞争的目的，而且作出这种选择恰恰是由于竞争的结果，是甲公司比乙公司更具竞争力，如果乙公司此后比甲公司更具竞争力，也许这四家公司就会转而选择乙公司。这四家公司的选择不但没有限制竞争，反而促进了竞争。

① United States v. General Motors Crop., 384 U.S. 172 (1966).

第二，协议参与者在市场上所占份额。由于大公司占有市场支配地位，能够控制支配市场，如果一些占有市场很大份额的大公司实行联合抵制，那么就会从根本上限制市场竞争。而一些小公司市场份额很小，微不足道，无足轻重，如果一些小公司实行联合抵制，并不能达到联合抵制的后果，相反，可以提升它们的竞争力，从而更好地与大企业进行有效竞争。即使会产生消极后果，也可能小于大公司所实行的单独抵制，既然大公司的单独抵制不被视为非法，那么比它小的小企业的联合抵制也不应该被视为非法。

第三，被拒绝者所处不利地位的程度。如果被拒绝者处于严重不利地位，难以转向他人，没有交易机会，无法参与竞争，就说明达到了限制竞争的目的；如果被拒绝者并未处于明显不利地位，可以轻易地转向他人，能够获得相同的交易机会，可以参与竞争，就说明没有达到限制竞争的目的。如前面的乙公司，尽管被这四家百货公司拒绝了，但这不等于它被所有公司都拒绝了，只要它有竞争力，它还是有交易机会，能够参与竞争的。

第四，实施联合抵制是否为实现合理利益所必需。如果不是，就是滥用联合抵制；如果是，就有正当理由。如小企业不联合抵制，单打独斗，无法同大企业竞争，就难以生存和发展，为了生存和发展，它们除了联合抵制，往往无计可施。再如四家百货公司选择甲公司作为共同的递送公司，是因为这样做为实践所证明更经济，更合理，不这样做就可能造成浪费，不合理。

德国《反限制竞争法》第21条规定了“禁止联合抵制”：“（1）企业或企业联合组织不得以不公平地损害某些企业为目的，要求另一个企业或企业联合组织封锁供货或封锁采购。（2）企业或企业联合组织不得以非利益来胁迫或加害其他企业，不得向其他企业允诺或提供好处，以促使该其他企业从事依本法或依卡特尔当局根据本法所作出的处分不得作为合同拘束内容的行为。（3）企业和企业联合组织不得强迫其他企业加入第2条至第8条、第28条第1款或第29条意义上的协议或决议，或与其他企业进行第37条意义上的合并，或以限制为目的，在市场上采取同一形式的行为。（4）禁止因他人向卡特尔当局申请干预，或建议卡特尔当局进行干预，而在经济上加害于该他人。”我国《反垄断法》第13条第5款规定，禁止具有竞争关系的经营者达成联合抵制交易的垄断协议。

不过，需要指出的是，并不是所有的横向限制竞争协议都是非法的，都要加以反对。比如以下一些限制竞争协议就可以豁免适用反垄断法。

(1) 科技产品开发创新协议

经济社会发展的历史和实践充分地证明，科技是第一生产力，是经济社会发展的基本推动力。在当代市场经济社会，市场竞争的核心和关键是科技竞争，谁拥有高科技谁就能在市场竞争中胜出，只有不断地创新科技、研究开发出新产品才能始终占有市场竞争优势。但科技产品的开发创新往往投资巨大，期间较长，回报较慢，风险较大，因而并非易事。为了鼓励科技产品的开发创新，经常需要联合攻关、合作研究、共同开发、共享成果，而分散竞争、盲目竞争、过度竞争反而不利于科技产品的开发创新。这方面的典型例子就是知识产权，所以各国都对知识产权给予特别的保护，如我国《反垄断法》第 55 条规定："经营者依照有关知识产权的法律、行政法规规定行使知识产权的行为，不适用本法；但是，经营者滥用知识产权，排除、限制竞争的行为，适用本法。"可以推而广之，对科技产品的开发创新也应如此。所以德国《反限制竞争法》第 2 条第 1 款规定："企业间达成的协议、企业联合组织作出的决议以及联合一致的行为，如其能够有利于促进技术和经济的进步，可以豁免。"我国《反垄断法》第 15 条第 1 款规定，经营者能够证明所达成的协议属于为改进技术、研究开发新产品的情形的，不适用本法第 13 条、第 14 条的规定。

(2) 统一产品规格标准协议

产品的规格标准一般是指对各种产品的型号、性能、质量、等级、用处等的技术要求，在现代分工协作的专业化、社会化大生产条件下，往往要求统一同类产品的规格和标准。虽然如此一来，会束缚企业的生产自由，会减少产品的多样化，限制消费者的选购自由，进而限制市场竞争。但统一同类产品的规格和标准，也有明显的好处：一是提高了同类产品的兼容性和可替代性，促进了同类产品及其生产者之间的竞争。二是有利于促进社会分工和协作，而社会分工与协作又有利于提高产品的质量、降低成本和增进效率；三是使产品之间可相互比较和替代，这样就扩大了消费者选择产品的自由度，对消费者也是有利的。正因为如此，德国《反限制竞争法》第 2 条曾规定标准和型号卡特尔不属于卡特尔禁止之列，可以豁免适用。但由于迄今为止，在德国联邦卡特尔局登记了的标准和型号卡特尔只有 8 个，在现实中意义不大，因而在 2005 年修订时删除了该规定。我国《反垄断法》第 15 条规定，经营者能够证明所达成的协议属于为提高产品质量、降低成本、增进效率，统一产品规格、标准或者实行专业化分工的情形的，不适用本法第 13 条、第 14 条的规定。

（3）中小企业合作协议

市场竞争的前提和基础是企业地位平等，势均力敌。但在现实中，企业有大中小之分，它们的地位不平等，势力不相当，这大大地影响了市场有效竞争，甚至使得市场没有真正的竞争。如果中小企业在融资、研究、开发、生产、管理、营销等方面达成合作协议，有利于提高它们的经营效率，增强它们的竞争力，改变市场上以大欺小、弱肉强食的竞争状况，从而使它们能够在更高水平上同大企业进行更有效的竞争。所以，德国《反限制竞争法》第 3 条规定了中小企业卡特尔，以通过企业间的合作来实施符合经济原则的行为为主旨，竞争企业间达成的协议、企业联合组织作出的决议，如果市场上的竞争未因此遭受严重损害，并且协议或者决议有利于加强中小企业的竞争力，企业或者企业联合组织经申请，并说明其决议具有显著的法律上或者经济上的利益，则不属于卡特尔禁止之列，可以豁免适用。我国《反垄断法》第 15 条规定，经营者能够证明所达成的协议属于为提高中小经营者经营效率，增强中小经营者竞争力的情形的，不适用本法第 13 条、第 14 条的规定。

（4）社会公共利益协议

人是生活在社会中的，社会是社会成员的共同体，有其公共利益，促进社会公共利益有利于社会成员。一切社会政策都是为了促进社会公共利益，包括竞争政策，最终也是为了促进社会公共利益，是否促进社会公共利益是考量要否竞争的根本原则之一：只有当竞争有助于促进社会公共利益时才要求竞争，如果竞争反而损害社会公共利益，那么就应限制竞争。如为了节约能源，就不能竞争开发，如煤炭生产，就不能私挖滥采，“遍地开花”，必须统一规划、集中开发；为了保护环境，有时就要限制竞争，因为有的竞争会破坏环境，有的竞争以牺牲环境为代价；为了救灾救助，需要同心协力、相互合作、共同努力，竞争反而适得其反。再如为了保障对外贸易和对外经济合作中的正当利益，也必须要求企业之间达成某种协议统一对外，以避免“窝里斗”，以免鹬蚌相争，渔翁得利。所以，德国《反限制竞争法》第 8 条曾规定，联邦经济部长在例外情况下，出于对整体经济和公共利益方面的重大事由，可以批准必须对竞争进行限制的协议。我国《反垄断法》第 15 条第 4 款和第 6 款规定，经营者能够证明所达成的协议属于为实现节约能源、保护环境、救灾救助等社会公共利益、为保障对外贸易和对外经济合作中的正当利益的情形的，不适用本法第 13 条、第 14 条的规定。但这种不适用应严格控制，以杜绝某些企业之间的协议打着社会公共利益的旗号实施限制竞争行为。在德国近五十年来，经济部长只批准过 4 个公共利益卡特尔，德国学者本尼奇（Benitsch）对此评论说："德国经济部长也许认为，批准第 8 条所指的卡特尔有污市场经济的圣洁。"实际上，公共利益卡特尔在德国已没有多大意义。[①] 所以，2005 年修订时删除了这条规定。

（5）结构危机协议

市场是变幻多端的，具有时而过热、时而萧条的周期性。当生产过剩、产品滞销、市场萧条、经济不景气时，就会出现生产过剩与需求过小之间的结构性矛盾。市场竞争的自发性、盲目性和时间性决定了市场竞争难以自行解决这一结构性矛盾，如果继续放任市场竞争，则会导致灾难性的价格战，会对经营者造成巨大损害甚至会把许多经营者淘汰出局，使企业倒闭、社会失业增多，也会因为产品大大贬值而浪费有效的资源。在这种情况下，就允许甚至要求相关企业或行业进行协调，达成某种限制竞争的协议，以限制产品的生产数量、销售价格和销售地域等等。其实，市场所要求的竞争是一种良性的竞争，而不是那种恶性竞争。所以德国《反限制竞争法》第 6 条规定了结构危机卡特尔。我国《反垄断法》第 15 条第 5 款规定，经营者能够证明所达成的协议属于因经济不景气，为缓解销售量严重下降或者生产明显过剩的情形的，不适用本法第 13 条、第 14 条的规定。但这种不适用的前提条件是市场的结构性矛盾长期存在而得不到解决，特别是存在经济危机的可能性，但这种情况毕竟少见，如果仅仅是季节性变化或短暂的经济周期波动所引起的非结构性矛盾，通过市场自行调节就可以解决，用不着通过达成企业协议或行业协调去解决。所以，对结构危机协议要严格对待。德国《反限制竞争法》自 1958 年实施以来，至今德国联邦卡特尔局一共只接到过 9 项申请，仅批准过 2 项，一个是 1983 年涉及混凝钢板的结构卡特尔，另一个是 1987 年涉及轻质建筑构件板的卡特尔。[②] 这说明德国政府对该种卡特尔是从严控制的，以至于在 2005 年修订《反限制竞争法》

① 参见王晓晔：《竞争法学》，253 页，北京，社会科学文献出版社，2007。
② 参见王晓晔：《竞争法学》，252 页，北京，社会科学文献出版社，2007。

时把第6条规定给删除了。

(6)其他协议

实践已经证明，经济社会的发展必须诉诸市场竞争，但不可走极端，以为市场竞争应主宰一切、市场竞争能解决一切问题，其实不然，竞争不是万能的，反限制竞争法所要求的竞争是合理的竞争、有条件的竞争、可促进生产的竞争、能造福消费者的竞争，所以只要限制竞争是合理的、条件许可的、能促进生产的、有利于消费者的，那么就应豁免。所以德国《反限制竞争法》曾列举规定了各种可以豁免的卡特尔，如合理化卡特尔、条件卡特尔、专门化卡特尔，等等。尽管在2005年修订后，把一些现实中很少发生、意义不大的卡特尔给删除了，但依然规定，企业间达成的协议、企业联合组织作出的决议以及联合一致的行为，如其能够使消费者分享由此产生的收益、有利于产品的生产或销售或者有利于促进技术和经济的进步的协议，可以豁免。我国《反垄断法》除了列举上述可以豁免的协议以外，还规定了一个兜底条款，即法律和国务院规定的其他情形，也可以豁免。

第七节 经营者集中(企业合并)控制

市场竞争的前提和基础是市场上存在众多地位独立、分别经营、自负盈亏、相互竞争的企业或经营者，如果经营者集中，合而为一，使得相互竞争的企业不再竞争，那么就会限制市场竞争，甚至没有竞争。所以，经营者集中(企业合并)控制是各国反限制竞争法的一个基本内容。如在美国1992年发布了《司法部与联邦贸易委员会横向兼并准则》；德国《反限制竞争法》第七章规定了“集中控制”；日本1980年发布了《关于审查公司合并等的事务处理基准》，1981年发布了《关于审查公司拥有股份的事务处理基准》等；我国《反垄断法》第四章对“经营者集中”作出了专章规制，所规定的情形主要包括：“(一)经营者合并；(二)经营者通过取得股权或者资产的方式取得对其他经营者的控制权；(三)经营者通过合同等方式取得对其他经营者的控制权或者能够对其他经营者施加决定性影响。”

一、企业合并的概念

企业合并有狭义和广义之分。狭义的企业合并，即民商法上的企业合并，是指两个以上的企业合并为一个企业。其中，如果两个以上的企业合并为一个新的企业，原来的企业一同消灭，则为新设合并；如果一个企业并入另一现存的企业中，并入的企业消灭，现存的企业存续，则为吸收合并。

广义的企业合并，即反限制竞争法上的企业合并，不仅包括民商法上的企业合并，而且包括其他合并。如不管是采用取得资产、收购股份，还是通过人事安排、订立协议以及其他方式，只要形成了企业之间的控制与被控制关系，使它们成为事实上的同一主体或关联主体，就构成了企业合并。

自此可以看出，民商法上的企业合并与反限制竞争法上的企业合并有不同的宗旨：民商法对企业合并的规定，旨在明确合并企业之间的资格变化，理顺合并企业之间的法律关系，保护相关当事人的合法权益，维持交易安全秩序。在此基础上，民商法对企业合并的其他问题一般在所不问，由企业实行意思自治。而反限制竞争法对企业合并的规定，旨在控制合并，因为企业合并是导致主体合一、市场集中、限制竞争的根本原因之一。所以准确说来，应叫企业合并集中控制或经营者集中控制。只要企业合并形成了企业之间的控制与被控制关系，就会导致市场集中、限制竞争，因而就要予以反限制竞争法的规（控）制。

反限制竞争法所使用的这种广义上的企业合并概念，表现在各国有关反限制竞争立法中。如美国《谢尔曼法》第 1 条、第 3 条的规定是："任何契约、以托拉斯形式或其他形式的联合、共谋，用来限制贸易或商业"；《克莱顿法》第 7 条的规定是："从事商业或从事影响商业活动的任何人，不能直接间接占有其他从事商业或影响商业活动的人的全部或部分股票或其他资本份额。""如果股票、资产的占有，或通过投票或代理权的准许而占有股票使用权，实质上减少竞争或旨在形成垄断，则任何人不得直接或间接地占有其他从事商业或影响商业活动的人的股票或资本份额。"德国《反限制竞争法》第 37 条对"集中"作出了如下规定："1. 下列情形，构成集中：（1）取得另一个企业的全部或主要资产；（2）一个或若干个企业取得对另外一个或若干企业的全部或部分的直接控制或间接控制；（3）取得另一个企业的股份，以致所购股份本身或与其他业已属于企业所有的股份相加，达到另一个企业资本或表决权的：a）百分之五十，或 b）百分之二十五；（4）其他任何形式的企业联合，因该联合，一个或若干企业可以直接或间接地对另一个企业施加竞争上的重大影响。2. 相关企业先前已经进行合并的，也应认定为集中，但该集中不会在实质上增强业已存在的企业联合体的实力的除外。”我国台湾地区“公平交易法”第 6 条的规定是：“本法所称结合，谓事业有下列情形之一者而言：一、与他事业合并者。二、持有或取得他事业之股份或出资额，达到他事业有表决权股份或资本总额三分之一以上者。三、受让或承租他事业全部或主要部分之营业或财产者。四、与他事业经济共同经营或受他事业委托经营者。五、直接或间接控制他事业之业务经营或人事任免者。”从上述法律规定所使用的“任何”、“实质上减少竞争或旨在形成垄断”、“直接控制或间接控制”、“施加竞争上的重大影响”等措辞，可以看出把反限制竞争法上的企业合并概念界定为企业之间因存在控制与被控制关系而事实上成为同一主体这一广义上是恰当的。我国《反垄断法》第 20 条所规定的三种经营者集中情形，也是广义上的企业合并。

二、企业合并的分类

企业合并，可以按照不同的标准进行分类。

1. 按照合并企业所处的市场层次，可以将企业合并分类为：水平合并、垂直合并和混合合并。

（1）水平合并（horizontal merger）

水平合并，又称横向合并，是指处于相同市场层次的企业之间进行的合并。合并企业处于同一市场层次，如同处生产或销售环节，生产同类商品或提供同类服务，产品或服务具有可相互替代性，合并企业之间存在着实际的或潜在的竞争关系。像同一区域内的两个汽车制造商、多个电器批发商之间的合并就是水平合并。

（2）垂直合并（vertical merger）

垂直合并，又称纵向合并，是指处于不同市场层次的企业之间进行的合并。合并的企业处于不同的市场层次，如有的企业处于生产环节，有的企业处于销售环节，但它们往往处于同一产业中，是一种前后或上下游的关系，存在着交易关系，相互关联。像一个汽车制造商与一个汽车销售商的合并就是垂直合并。

(3) 混合合并(conglomerate merger)

混合合并，是指处于不同市场的企业之间进行的合并。合并企业既不处于同一市场层次，也不处于同一市场或同一产业的不同市场层次，而是处于不同市场、不同层次，互不相关。像一家电器公司同一家食品公司的合并就是混合合并。

具体说来，混合合并又可细分为三种形式：一是产品扩张型合并，即一家企业经常需要另一家企业的产品，该产品他自己不能生产但又与其生产或销售的产品有关，因而两者进行的合并；二是市场扩张型合并，即一家企业为扩张市场而与尚未进入地区生产或销售同类产品的企业进行的合并；三是纯粹的合并，即将那些生产或销售彼此毫不相干的产品或服务的若干企业合并起来。①

2. 按照企业合并的方式，可以将企业合并分为组织合并、控制合并和合同合并等。

(1) 组织合并

是指两个或两个以上原本相互独立的企业合并为一个企业，它们在组织上成为一个企业，有共同的股东大会、董事会和监事会等公司法人治理结构。上述各种合并几乎都是或都可以是组织合并。

(2) 控制合并

是指一个或几个企业通过取得其他企业的股权或者资产的方式取得对该企业的实际控制权。由于在现代公司企业制度中，企业的决策、生产和经营由企业的股权尤其是大股东的股权所决定，所以，谁能够取得企业的大部分股权或资产谁就能实际上控制企业，把被控制的企业视为己有或己出，使被控制企业与控制企业合为一体。如上述德国《反限制竞争法》第 37 条规定的第一、二、三种情况，以及我国《反垄断法》第 20 条规定的第二种和第三种情形，都属于这种合并。

(3) 协议合并

是指某企业通过合同等方式取得对其他企业的控制权或者能够对其他经营者施加决定性的影响。如通过合同约定进行人事安排或交叉董事、相互参股、联合或合营，等等，使原本各自独立、相互竞争的企业成为一个不再竞争的共同体。如上述我国《反垄断法》第 20 条规定的第三种情形即属于这种合并。

① 参见孔祥俊：《反垄断法原理》，607 页，北京，中国法制出版社，2001。

三、合并的效应

企业合并会产生相关的效应，这种效应既有正面的，也有负面的。

1. 正面效应

第一，与通过市场竞争，优胜劣汰，按部就班，自然增长相比，合并是企业增长速度最快、成本最低的方式。合并有助于增加企业资本，提高企业实力；有助于扩大企业规模，形成规模经济；有助于扩大企业经营范围，提升企业的市场竞争力。

第二，把以前各自独立的企业合并为一个企业，避免了讨价还价，减少了交易成本；由以前的分头管理企业合并为统一管理企业，改善了企业内部结构，降低了企业管理成本；合并是企业人财物和产供销的重组和互济，有助于取长补短，扬长避短，发挥企业整体效益，使“1＋1＞2”。

第三，“如果一个企业要获得一些紧张的资源，诸如专利权或一些主要的工程专有技术，合并也许就是最好的或者唯一的途径。甚至一家企业的现金，有时也会成为合并的目标”①。合并有助于使企业达到不合并所达不到的目标，有时合并是必需的。

第四，中小企业的合并，有助于增加企业资本，扩大企业规模，提升企业的市场竞争能力，更好地同大企业竞争，这会大大改善市场结构，促进市场有效竞争。

第五，市场竞争的趋势和结果是大企业吞并中小企业，尤其在市场竞争中由大企业无情地淘汰中小企业，不如让大企业友好地兼并中小企业。大企业合并中小企业，这更有助于挽救、提携中小企业，也可以更好地安置被兼并的中小企业的员工，并避免许多社会问题。

第六，相关企业的合并，如生产轿车的企业与生产卡车的企业合并、炼油企业与化工企业的合并，可以进行亲缘产品的生产，扩大产品的品种，使企业易于从一种产品向另一种亲缘产品转产，有利于形成组合生产优势和组合产品优势，做到“百样货迎百家客”，能够更好地适应市场，减少企业可能面临的风险。

① ［美］马歇尔·霍华德：《美国反托拉斯法与贸易法规》，146页，北京，中国社会科学出版社，1991。

2. 负面效应

第一，企业合并使原本各自独立的企业组成统一或同一的企业，从而直接导致市场上竞争者数量的减少，甚至导致独占或寡占现象，出现市场集中，没有竞争者就没有竞争，减少竞争者对于消除竞争来说犹如釜底抽薪。而且企业合并也使分立的利益关联结合起来，当企业合并后市场上只有少数几个企业时，它们为了共同的利益就很容易相互勾结起来，就产品或服务的数量、销售范围和销售价格达成一致，进而限制竞争。在现实中，这正是许多企业合并的主要目的所在。

第二，企业合并人为地创设巨型大企业，使它占有很大的市场份额，具有市场优势地位，并很可能加以滥用，以大欺小、恃强凌弱，能够排挤现有的竞争对手。而且企业合并使企业结成铜墙铁壁，封锁市场，使新企业进入市场困难重重，有时甚至根本无法进入该市场。企业合并有时就是企业联合起来排挤潜在的竞争对手。如企业合并使企业的生产、销售和服务一条龙，环环相扣，水泄不通，新企业根本无法进入。排挤了新企业和潜在的竞争对手进入市场，就有效地限制了市场竞争。

第三，企业合并减少了各企业产品或服务的多样化，限制了消费者的选择自由。企业合并也减少了各企业产品或服务的可相互替代性，使得企业因产品或服务的可相互替代性所导致的客户流失的风险没有了。企业合并前，客户可以在 A 和 B 两企业的产品或服务之间自由选择。如果 A 不行了，客户就可以流向 B；如果 B 不行了，客户就可以流向 A。A 和 B 都有客户流失的风险，为了避免客户流失，A 和 B 都会竭尽全力去把产品或服务做得最好。但现在 A 和 B 合并了，无论客户流向 A 还是流向 B，都是“肥水不流外人田”，这样 A 和 B 竭尽全力去产品或服务做得最好的动力和压力就没有了。企业合并没有了产品或服务的可相互替代性，就没有了产品或服务的竞争，进而也就没有了市场竞争。

第四，企业合并既是联合统一，也是区别分化，是把企业一分为二，即合并企业与非合并企业，对两者不会平等相待、一视同仁，而是偏袒合并企业，歧视非合并企业，置非合并企业于不利的竞争地位。如一个供应商供货给与自己合并的企业，同供货给不与自己合并的企业，前者的价格肯定低于后者的价格。企业合并导致差别安排，破坏了公平平等，也就限制了市场竞争。企业合并既是统一市场，也是分割市场，甚至“画地为牢”。如一家制造商与一家销售商合并，合并的结果使得制造商与销售商都只能向对方供应产品或销售对方产品，而不得向各自的竞争对手供应产品或者销售产品，这一方面放弃了应有的市场，另一方面也限制了各自的经营自由，两者都是对市场竞争的限制。

正确区分和合理评价企业合并的正负效应，是企业合并控制的前提。1992年美国司法部与联邦贸易委员会联合发布的《横向兼并准则》的核心是："承认实施合理的兼并是我们自由企业制度的重要组成部分，自由企业制度有利于美国厂商的竞争和消费者的福利。实施合理的兼并必须防止反竞争的兼并，并且要避免大多数有利于竞争的兼并或竞争中性的兼并。"并再次申明："在两机构向损害竞争的兼并进行挑战的同时，也尽量避免对那些有利于竞争的兼并或者竞争中性的兼并造成不必要的干扰。"这些都说明，正是因为企业合并既有正面效应又有负面效应，所以要加以区别，合理评价，对有正面效应即促进竞争的企业合并不必干扰，对有负面效应即损害竞争的企业合并要加以控制，所谓的企业合并控制，实质上是对损害竞争的企业合并加以控制。

四、控制程序

经过分析评价，当企业合并可能产生、强化或便于行使市场力量，限制市场竞争时，就要对企业合并进行控制。综观各国反限制竞争法的有关规定，企业合并主要有如下控制程序：

1. 合并的申报

合并的申报是指企业合并应向主管机构进行申报。这一方面有利于政府掌握市场集中的情况，另一方面使政府有机会审查需要控制的合并，防患于未然。合并申报是各国反限制竞争法所规定的合并控制的必经程序。如美国《克莱顿法》第7A条规定以及1976年《哈特—司各特—罗迪诺反托拉斯修订法》（Hart-Scott-Rodino Antitrust Improvement Act，简称为HSR Act）规定：凡是达到一定规模的公司之间的合并必须事先向执法机关汇报。所谓"达到一定规模"，具体是指合并企业和被合并企业的净销售额或总资产额分别达到1亿美元和1千万美元。德国《反限制竞争法》第39条了规定了企业合并的"申报义务"，"在实施集中前，应根据第2款和第3款规定，向联邦卡特尔局申报集中"。其中"负有申报义务者"包括参与集中的诸企业以及有关当事人。日本《禁止私人垄断及确保公正交易法》第15条规定："国内公司合并时，应根据公正交易委员会规则的规定，事先向公正交易委员会申报。"我国《反垄断法》第 21 条规定："经营者集中达到国务院规定的申报标准的，经营者应当事先向国务院反垄断执法机构申报，未申报的不得实施集中。"

当然，也不是一切企业合并都要申报。如前所述，企业合并有正负两面的效应，当企业合并明显地呈正面效应时，企业合并就不要申报。还有，对于那些企业规模很小，交易额不大，对市场竞争没有重大影响的企业合并，也无须申报。此外，对于那些事实上已经与合并无异、或者是内部合并的企业之间的合并也不用申报。如我国《反垄断法》第 22 条规定："经营者集中有下列情形之一的，可以不向国务院反垄断执法机构申报：（一）参与集中的一个经营者拥有其他每个经营者百分之五十以上有表决权的股份或者资产的；（二）参与集中的每个经营者百分之五十以上有表决权的股份或者资产被同一个未参与集中的经营者拥有的。"上述两种情况都不必申报。

这里就有一个问题，即在什么情况下，企业合并要申报？也即申报的标准问题。美国联邦贸易委员会 2001 年根据《哈特—司各特—罗迪诺反托拉斯修订法》制定了一个申报规则（HSR Rules），该规则规定，一个企业并购是否需要申报，取决于以下条件：一是并购双方是否在美国从事能够影响美国的商业活动，简称为商业标准（the commerce test）；二是被并购的资产或者有表决权的股票是否达到一定数量标准（该标准每年随美国 GNP 的变化而被调整），简称为交易规模标准（the size-of-the-transaction test）；三是在交易金额达到 20 268 亿美元或者不足但超过 5 670 万美元的情况下，并购双方在全球范围内的销售金额或者资产（该标准每年随美国 GNP 的变化而被调整），简称为当事人标准（the size-of-the-parties test）；四是豁免申报的其他可能性。德国《反限制竞争法》第 35 条规定了"集中控制的适用范围"：如果在集中之前的最后一届营业年度，所有相关企业在全球的总销售额合计超过 5 亿欧元，并且至少一个参与企业在国内的销售额超过2 500万欧元，则有关集中控制的规定适用。但在下列情形，则不适用有关集中控制的规定："1. 一个不属于第 36 条第 2 款所规定的企业，且在上一届营业年度的全球销售额低于1 000万欧元，与另外一个企业合并，或者 2. 在相关市场上，至少 5 年以来有商品或服务供应，且上一年度的销售额低于 1 500万欧元。"欧共体 1989 年的《企业合并控制条例》规定，该条例只适用于对欧共体有影响的合并。2004 年修订的新条例规定，还要求参与合并的企业在世界范围的销售额超过 50 亿欧元，在共同体市场上的销售额有 2/3 以上不是来自一个成员国，至少有两个企业在共同体市场的销售额超过了 205 亿欧元。① 这些标准值得我们参考借鉴。

2. 申报的内容

申报的内容十分广泛。如德国《反限制竞争法》第 39 条规定：申报时应说明集中的形式，以及关于每一个参与集中的企业的下列情况，包括商号或其他标志以及营业场所所在地或注册地；经营种类；在本国、欧洲联盟以及全世界范围内的销售额或总收益额或保险费收入；市场份额；所取得的股份数额以及总共持有的股份数额；参与集中的一个企业是联合企业的，则要求说明的事项还包括联合企业的情况，包括每一个参与集中的企业的情况、与该企业相联合的企业的总的情况以及联合企业之间的内部集团关系、支配关系和参股关系等情况。申报时不得作出不正确的或不完整的陈述，或使用不正确的或不完整的材料。联邦卡特尔局可以要求任何一个相关企业提供有关该企业的市场份额的情况，包括对市场份额进行计算或估算的依据，可以要求其提供有关某种商品或服务在集中前上一届营业年度中的销售额的情况。参与集中的企业，必须在实施集中后即时向联邦卡特尔局作报告。我国《反垄断法》第 23 条规定："经营者向国务院反垄断执法机构申报集中，应当提交下列文件、资料：（一）申报书；（二）集中对相关市场竞争状况影响的说明；（三）集中协议；（四）参与集中的经营者经会计师事务所审计的上一会计年度财务会计报告；（五）国务院反垄断执法机构规定的其他文件、资料。申报书应当载明参与集中的经营者的名称、住所、经营范围、预定实施集中的日期和国务院反垄断执法机构规定的其他事项。"第 24 条规定：" 经营者提交的文件、资料不完备的，应当在国务院反垄断执法机构规定的期限内补交文件、资料。经营者逾期未补交文件、资料的，视为未申报。"

3. 合并的审查

有申报义务的合并企业在向主管机构申报了它们的合并计划，提交了有关文件、资料以后，主管机构必须在一定期限内加以审查，并决定是否批准合并。

（1）审查的期限

美国《克莱顿法》及《哈特—司各特—罗迪诺反托拉斯修订法》规

① 参见王晓晔：《关于中国反垄断法中"经营者集中"的评析》，载《法学杂志》，2008 (1)。

定：联邦贸易委员会与司法部一般应在听取汇报后 30 天内给予答复，最长不得超过 50 天。德国《反限制竞争法》第 40 条规定了审查期限：(1) 已向联邦卡特尔局提出集中申报的，联邦卡特尔局只有在完整的申报材料送达后一个月内通知提出申报的企业，称自己已开始对集中事件进行审查的情况下，才可禁止该集中。有必要对集中作进一步审查的，应开始进行主要审查程序。(2) 在主要审查程序中，联邦卡特尔局以决定的方式作出禁止集中或准许集中的决定。在收到完整的申报材料后 4 个月内决定，未送达申报企业的，集中视为准许。决定送达的日期必须即时通知与程序有关的当事人。但申报企业同意延长期限和有其他情况例外。日本《禁止私人垄断及确保公正交易法》第 15 条规定："国内公司自申报受理之日起不足 30 日时，不得合并。但是，公正交易委员会认为必要时，可缩短该期间或取得该公司的同意将该期间延长至 60 日内。"我国《反垄断法》第 25 条规定："国务院反垄断执法机构应当自收到经营者提交的符合本法第二十三条规定的文件、资料之日起三十日内，对申报的经营者集中进行初步审查，作出是否实施进一步审查的决定，并书面通知经营者。国务院反垄断执法机构作出决定前，经营者不得实施集中。国务院反垄断执法机构作出不实施进一步审查的决定或者逾期未作出决定的，经营者可以实施集中。"第 26 条规定："国务院反垄断执法机构决定实施进一步审查的，应当自决定之日起九十日内审查完毕，作出是否禁止经营者集中的决定，并书面通知经营者。作出禁止经营者集中的决定，应当说明理由。审查期间，经营者不得实施集中。有下列情形之一的，国务院反垄断执法机构经书面通知经营者，可以延长前款规定的审查期限，但最长不得超过六十日：（一）经营者同意延长审查期限的；（二）经营者提交的文件、资料不准确，需要进一步核实的；（三）经营者申报后有关情况发生重大变化的。国务院反垄断执法机构逾期未作出决定的，经营者可以实施集中。"审查期限要合理，太短会草率从事，太长会贻误时机。

(2) 审查的原则

主管机构在审查并决定是否批准合并时，必须依照一定的原则。这些原则具体规定在各国的相关立法中。

美国的审查原则主要集中在合并是否产生、强化或便于行使市场力量方面。如美国《横向兼并准则》的一贯主题是："兼并不得产生或强化市场力量，或者便于行使市场力量。"所谓的市场力量，是指卖者在一定时期内有利可图地将其价格保持在竞争水平之上的能力，或者买者在一定时期内有利可图地将其价格保持在竞争水平之下的能力。但是在任何情况下，行使市场力量的结果都是福利在买者和卖者之间的一种转移，或者是资源的不当配置。因此，认定和评价企业合并是否损害竞争可归结为认定和评价企业合并所产生或强化的市场力量。德国《反限制竞争法》第 36 条规定了“集中评估的原则”：如可预见，集中将产生或加强市场支配地位，联邦卡特尔局应禁止集中，除非企业证明集中也能改善竞争条件，且改善竞争环境所带来的好处超过形成市场支配地位所具有的弊端。日本《禁止私人垄断及确保公正交易法》第 15 条规定：“国内公司在符合下列各项之一的情形下，不得合并。一、因该合并将实质性限制一定交易领域竞争的；二、该合并是以不公正的交易方法进行的。”我国《反垄断法》第 28 条规定：“ 经营者集中具有或者可能具有排除、限制竞争效果的，国务院反垄断执法机构应当作出禁止经营者集中的决定。但是，经营者能够证明该集中对竞争产生的有利影响明显大于不利影响，或者符合社会公共利益的，国务院反垄断执法机构可以作出对经营者集中不予禁止的决定。”第 29 条规定：“对不予禁止的经营者集中，国务院反垄断执法机构可以决定附加减少集中对竞争产生不利影响的限制性条件。”

由此可见，主管机构审查和决定是否批准合并的原则就是看合并是否限制竞争，因为企业合并无论是产生、强化或便于行使市场力量，还是产生或加强市场支配地位，实质和结果都是限制竞争。

(3) 审查的内容

上述审查原则只是一种指导思想，尚需具体化。主管机构分析、评价和认定企业合并是否限制竞争，应该有一些具体内容，只有对这些具体内容进行审查后才能正确认定合并是否限制了竞争。

为此，美国《横向兼并准则》作出了具体规定。该准则阐述了两机构将用于决定是否需要向一种横向兼并发起挑战的分析过程。第一，两机构要评价兼并是否明显地增加了集中，以及在一个集中市场中的结果，并为此进行严格地定义和计量。第二，两机构要根据市场集中状况和其他反映市场特征的要素，评价其兼并是否会造成潜在的反竞争效果。第三，两机构要评价市场进入是否及时、自愿和有效，以及阻止或抵制竞争的效果。第四，两机构要评价由当事人通过其他方式取得的任何不合理的有效收益。第五，就兼并而言，两机构要评价当事人双方交易是否会造成一方破产，致使其资产退出市场。评价市场集中、潜在反竞争效果、市场进入、效率和破产的过程，是一种工具，目的是要求两机构就兼并分析作出最终的咨询答复：即兼并是否会产生市场力量或加强了市场力量，或者便于行使市场力量。德国《反限制竞争法》规定主要审查以下内容：销售额和市场份额以及企业之间的关系。德国《反对限制竞争法》第 37 条规定："1. 下列情形，构成集中：（1）取得另一个企业的全部或主要资产；（2）一个或若干个企业取得对另外一个或若干企业的全部或部分的直接控制或间接控制。这种控制因权利、合同或其他手段而发生；虑及一切事实上的或法律上的情形，这些权利、合同或其他手段，或单独或共同，可确保对另一个企业的活动施加决定性影响，特别是通过以下方式：a）对该企业的全部或部分资产享有所有权或用益权，b）享有可确保对该企业各机关的组成、投票或决议施加决定性影响的权利，或订立有此类合同；（3）取得另一个企业的股份，以致所购股份本身或与其他业已属于企业所有的股份相加，达到另一个企业资本或表决权的：a）百分之五十，或 b）百分之二十五。取得企业所拥有的股份，包括另一个为该取得企业的利益工作的企业所拥有的股份；企业所有人是独资商人的，还包括作为该企业所有人其他财产的股份。若干个企业同时或者先后以前面提及的范围取得另一个企业的股份的，则就该另一个企业所经营的市场而言，其取得行为也视为参与取得的诸企业之间的集中；（4）其他任何形式的企业联合，因该联合，一个或若干企业可以直接或间接地对另一个企业施加竞争上的重大影响。2. 相关企业先前已经进行合并的，也应认定为集中，但该集中不会在实质上增强业已存在的企业联合体的实力的除外。3. 信贷机构、金融机构或保险企业以转让为目的取得另一个企业的股份的，只要以此类企业不行使这些股份所产生的表决权，且在一年之内转让这些股份为限，则该取得行为并不是集中。"日本《禁止私人垄断及确保公正交易法》第 16 条规定了"营业受让等的限制"；第 17 条规定了"规避法律行为的禁止"；第 18 条规定了"合并无效之诉"，对于违反规定进行公司合并时，公正交易委员会有权提起设立、合并无效之诉。我国《反垄断法》第 27 条规定："审查经营者集中，应当考虑下列因素：（一）参与集中的经营者在相关市场的市场份额及其对市场的控制力；（二）相关市场的市场集中度；（三）经营者集中对市场进入、技术进步的影响；（四）经营者集中对消费者和其他有关经营者的影响；（五）经营者集中对国民经济发展的影响；（六）国务院反垄断执法机构认为应当考虑的影响市场竞争的其他因素。"

4. 对被禁止合并的辩解

当主管机构对所申报的企业合并经过分析、评价，认定为会损害竞争并加以禁止后，合并企业有权进行辩解。正确的决定往往是在论争、抗辩、对答中得出的，这既有利于进一步充分听取合并企业的申述，也有利于纠正主管机构作出的错误决定，真正做到准许合理的合并、禁止反竞争的合并。

合并企业进行辩解要有充分的理由，并且要证据确凿有力。为此，要从相关市场的界定、市场份额的计量、市场集中的程度、潜在反竞争效果的预测、市场进入的难易、效率高低的考评、破产条件的可能等方面进行辩解，要有力地证明企业合并提高了质量、节约了成本、降低了价格、改进了效益、优化了资源配置、理顺了市场供求、推动了整体经济发展、满足了消费者需求、促进了社会公共利益，等等。一句话，企业合并没有损害竞争，反而改善了竞争，最起码企业合并在总体上好处大于坏处。

在此基础上，申请合并企业要求适用除外标准，予以准许合并。这些除外标准，各国反限制竞争法都有规定。如美国《克莱顿法》第 7 条及第 7 条 A 以及《横向兼并准则》。其中《横向兼并准则》目的就是“防止反竞争的兼并，同时避免干扰有利于竞争的兼并或竞争中性的兼并”，为此，该准则声明，“司法部和委员会将根据拟议中的每项兼并的特定事实和环境，合理而灵活地运用这些标准”，对于那些没有产生、加强或便于行使市场力量的兼并予以准许。德国《反限制竞争法》第 39 条规定：“在禁止集中之前，应给参与集中的企业注册地的州最高国家机关发表意见的机会。”第 40 条规定：“相关企业提出宜解除实施集中禁令的重大理由的，即如旨在避免一个参与企业或第三人遭受重大损害的，可申请联邦卡特尔局解除禁止实施集中的命令。该解除令可随时发出，甚至可在申报集中之前发出，并可附有条件和义务。如果一项集中满足第 36 条第 1 款规定的禁止条件，则该项集中应予以解散，但联邦经济和劳动部长依第 42 条批准该集中的除外。”第 42 条规定：“在个别情况下，集中对整体经济产生的利益可弥补对竞争的限制，或集中符合重大的公共利益的，应申请，联邦经济和劳动部长可批准为联邦卡特尔局所禁止的集中。在批准时，也应考虑参与集中的企业在本法适用范围之外的各个市场上的竞争力。只有在限制竞争的规模不危及市场经济秩序的情况下，才能为此批准。”

如果申请合并企业辩解无效，主管机构维持原决定。决定应该公布。德国《反限制竞争法》第 43 条规定:"(1)联邦卡特尔局依据第 40 条第 1 款第 1 项启动的主要审查程序以及申请部长批准的情况都应毫不迟延地在联邦公报上或者其电子版上公布。(2)下列事项应公布在联邦公报上或者其电子版上:1. 联邦卡特尔局依第 40 条第 2 款作出的决定;2. 部长批准书,其拒绝和变更;3. 联邦卡特尔局的合并许可书的撤回或撤销或部长批准书的撤回或撤销;4. 集中的解散以及联邦卡特尔局依第 41 条第 3 款和第 4 款作出的其他决定。(3)第 1 款和第 2 款规定的公告的具体内容包括第 39 条第 3 款第 1 项以及第 2 款第 1 项和第 2 项所规定的内容。"我国《反垄断法》第 30 条规定:"国务院反垄断执法机构应当将禁止经营者集中的决定或者对经营者集中附加限制性条件的决定,及时向社会公布。"

申请合并企业对于主管机构作出的决定不服,可以起诉至法院,要求司法审理解决。其实,现实中的许多合并案件都是经过反复论辩才最后定夺,是准许合并还是不准合并。如 1957 年美国诉杜邦公司一案(United States v. Du Pont Co.)。杜邦公司曾经购买了通用汽车公司 23%的有表决权的普通股份,并且是向通向汽车公司提供汽车油漆和底盘的供应商。争论的焦点是杜邦公司所具有的"支配性地位"是竞争的结果还是大量持有通用汽车公司股份的结果。判决的结果在很大程度上取决于对相关产品市场的确定,即汽车的油漆和底盘市场。通用汽车公司的汽车销售量几乎占整个汽车工业销售量的一半,而该公司所需汽车油漆的 67%和汽车底盘的 45%都是从杜邦公司购买的,这实质上已经形成了对其他供应商起支配作用的市场垄断。但如果相关产品市场的定义并不仅指汽车的油漆和底盘,而是泛指工业用漆和底盘,即包括能用于一切工业的油漆和底盘,那么,通用汽车公司所购买的杜邦公司的汽车用漆和底盘的产品数量就仅占整个产品市场销售额的 3.5%和 1.6%,市场份额并不大,不构成市场集中。据此,法院认为杜邦公司所具有的"支配性地位"不是因为其市场份额而是其所持股份形成的。[①]

1962 年发生布朗鞋业公司诉美国一案(Brown Shoe Co. v. United States)。布朗公司是美国第四大制鞋商,拥有和控制一千二百多家经销商,参与合并的金耐公司,是美国最大的家用连锁经销商,同时也是一家大型制鞋商。1955 年美国政府就曾对它们的合并提出指控,认为它

① 参见[美]马歇尔·霍华德:《美国反托拉斯法与贸易法规》,156～157 页,北京,中国社会科学出版社,1991。

们的合并将会限制国内鞋业市场的竞争或潜在的竞争。原审法院支持美国政府的指控。但布朗公司不服，上诉至联邦最高法院。争论的焦点是：一是合并的目的。美国政府和原审法院都认为，布朗公司与金耐公司的合并，既是纵向合并，使许多经销商控制在布朗公司手中，不能像以前那样自由地经销其他制鞋商的产品，从而对这些制鞋商关闭了一大块市场；又是横向合并，使得原本在许多地区相互竞争的布朗公司经销商与金耐公司经销商不再竞争了。而布朗公司则认为，合并是为了取得被合并的经销商的销售渠道。二是市场份额。美国政府和原审法院认为男鞋、女鞋、童鞋各为一个市场，而布朗公司认为上述每一个市场都可再划分为若干分市场，如“婴儿鞋”和“童鞋”、“小女孩鞋”和“女士鞋”、“男士鞋”和“男孩鞋”。三是是否构成垄断。布朗公司的制鞋仅占全国产量的4%，金耐公司的销售量仅占全国的1.2%，即使法院也认为：“在鞋业中，制造商与经销商之间的任何合并都不会形成潜在的市场垄断。”但存在着一种使市场的集中率不断加强和使一个分散的行业变为垄断性行业的趋势，必须抑制在初现之际，加以国会希望保护“具有活力的地方性的小型企业”。最高法院在进一步阐述自己观点的基础上维持了原判。①

1957年普罗克特公司（以下简称普公司）与克罗克斯公司（以下简称克公司）合并，其中普公司是一家生产经营多种家用产品的大型制造商，克公司是一家生产漂白剂的公司，占有全国50%的市场份额，其产品为普公司所必需而其又不能生产。联邦贸易委员易认为这是一种产品扩张型合并（product-extension merger），限制了竞争因而是非法的。但上诉法院否定了联邦贸易委员会的主张，于是，联邦贸易委员会不服，上诉至联邦最高法院（Federal Trade Commission v. Procter & Gamble Co.）。委员会与上诉法院争论的焦点：一是普公司对于液体漂白剂市场上的经营是否为一个“实际上的潜在竞争者”，也即普公司是否“站在市场门口”，只要市场的价格和利润对它具有吸引力，它便会随时进入该市场。如果普公司被公认为是“实际的潜在竞争者”，就会对市场上已有的所有厂商的定价有制约作用，从而能促进竞争。反之，就起不到这种作用。二是普公司进入市场的方式，是直接进入市场还是合并进入市场，普公司本来早就想直接进入液体漂白剂市场，这样的话，

① 参见［美］马歇尔·霍华德：《美国反托拉斯法与贸易法规》，157页，北京，中国社会科学出版社，1991。

有助于分散该市场的集中率，会对竞争产生有利影响，可是普公司后来采用合并进入市场，加剧了该市场的集中率，因为克公司本身已占该市场的50%份额，会对竞争产生不利影响。三是肥皂、洗涤剂、清洁剂行业是一个高度集中的行业，普公司与克公司的合并占有该行业80%的市场份额，已构成寡头垄断。四是普公司投入巨资进行广告宣传（1957年的广告费是8 000万美元），并大力促销，有效地吓阻了新的市场进入者，其他小公司怕遭报复，不敢与普公司抗衡，这样普公司很可能会掌握定价权，使寡头垄断的市场结构更加强化和僵化。基于上述分析，美国联邦最高法院推翻上诉法院的判决，转而支持联邦贸易委员会的认定。[1]

五、控制方法

当一项企业合并申请被确认为限制竞争时，便要依法加以控制。控制方法主要有两种，一种是结构方法，一种是行为方法。

所谓结构方法，已如前述，是为了防止市场集中所采用的一种方法。所谓的市场集中，“是一个市场中的厂商数量与这些厂商所代表的市场份额的函数”，规定一个允许的市场集中度，低于它的允许合并，高于它的不允许合并。如美国《横向合并准则》用赫芬达尔—赫希曼指数（即Herfindahl-Hirschman Index，简称HHI）来计算市场集中度，而HHI指数是按每个市场参与者的市场份额的平方加总来计算的。例如，一个市场上的四个厂商的市场份额分别是30%、30%、20%、20%，那么HHI就是2 600，即30＋30＋20＋20＝2 600。HHI的排列顺序是从10 000（在一种完全垄断的情况下）到接近于零（在一个原子状的市场即由无数个小企业集合起来的市场情况下）。虽然这种描述在计算中包括了所有的厂商，但是仍然缺少有关小厂商的信息，不过这无关紧要，因为这些小厂商并不会影响HHI的有效性。两机构把按HHI计算的市场集中系列区分为三个区间，这三个区间的明显特征为非集中度（HHI低于1 000）、中集中度（HHI在1 000与1 800之间）和高集中度（HHI高于1 800）。就横向兼并而言，兼并后HHI低于1 000的，允许兼并。兼并后HHI介于1 000与1 800之间的，若HHI的提高不超过100点，允许兼并；若HHI的提高超过100点，兼并会引起潜在的

① 参见［美］马歇尔·霍华德：《美国反托拉斯法与贸易法规》，161～162页，北京，中国社会科学出版社，1991。

明显竞争问题，需要进行要素分析。兼并后 HHI 超过1 800的，若 HHI 的提高不超过 50 点，允许兼并；若 HHI 的提高超过 50 点，兼并就会引起潜在的明显竞争问题，需要进行要素分析；若 HHI 的提高超过 100 点，兼并就可能产生市场力量或加强了市场力量，或者便于行使其市场力量，应不准合并。

在控制合并中，结构方法应优先采用。市场结构分散而合理，是维持市场竞争的基础前提，也是长期影响市场竞争的根本因素，因此，结构方法是治本的方法。但结构方法运用不当，就会使许多有利于竞争或竞争中性的合并归入禁止之列。特别是人们已经认识到了，除了特殊情况外，由于取得规模经济不得作为对企业合并的辩解，以及要采用严厉的结构方法，所以结构方法的负面影响就会更大。这样，人们就越来越转向行为方法，行为方法是在个案审查的基础上，分析预测市场集中的危险是否被合并所产生的优势所抵消，来决定允许合并还是不准合并。

在具体合并控制中，也可以同时采用结构方法与行为方法，取长补短，互济协力。如美国反托拉斯法规定，应当事先申报的合并没有申报的要处以罚款、颁发禁令或其他惩罚措施；违法实施合并，强行全面解散或分解合并企业。德国《反限制竞争法》第 41 条规定，规定的审查期间届满之前，企业不得实施联邦卡特尔局未予准许的集中或参与实施此类集中。违反这一禁令的交易无效。联邦卡特尔局可以特别采取下列措施贯彻其指令：废止；拥有一个参与企业的股份，而该股份属于另一个参与企业或应归属于该企业的，禁止或限制拥有者行使这些股份的表决权；委派一名受托人实施集中的解散事务。日本《禁止私人垄断及确保公正交易法》第 91 条第 2 款规定，违反合并呈报规定，不呈报或者提交有虚假记载呈报书的；违反合并的禁止期间规定，进行合并的设立登记或变更登记的；违反营业受让等的限制规定，实施有关行为的，处以 200 万日元以下的罚金。我国《反垄断法》第 48 条规定：“经营者违反本法规定实施集中的，由国务院反垄断执法机构责令停止实施集中、限期处分股份或者资产、限期转让营业以及采取其他必要措施恢复到集中前的状态，可以处五十万元以下的罚款。”

1986 年美国第七巡回上诉法院审理了美国医院集团诉联邦贸易委员会（Hospital Co. of America v. FTC）一案。美国医院集团是美国最大的私营医院连锁集团，该集团分别于 1981 年和 1982 年对国际医院集团和健康医疗公司进行了兼并。加上原有医院，兼并后，美国医院集团仅在田纳西州 Chattanooga 就拥有或管理了 11 家医院中的 5 家，在当地的市场占有率从 14%上升到了 26%，成为第二大医疗服务提供者，并使这一市场上最大的四家公司所占的市场份额从兼并前的 79%上升到了 91%。于是联邦贸易委员会裁定美国医院集团的兼并违反了《克莱顿法》第 7 条修正案。美国医院集团不服，上诉到美国第七巡回上诉法院。法官波斯纳（Posner）发表了法院意见：一是兼并使得 Chattanooga 市场上互相竞争的医院数量从 11 家减少到了 7 家，几十年来的判例，建立了这样一条规则，那就是对于竞争对手的任何兼并，不论兼并是否有可能导致或支持共谋或者是掠夺性定价，均属违法。大多数法官认为，消灭一个主要竞争对手，这本身就已经损害了社会和经济价值，构成了法律条文所谓的"可能……实质性……削弱价值"。二是兼并会使实施兼并行为的公司与其他主要竞争对手合作，减少或者限制产量，由此提高市场价格，这一点，我们认为美国医院集团也是毋庸置疑的。三是根据兼并协议以及其中的管理合同，美国医院集团的经理能够决定被管理医院的价格标准，就像它们决定自己所拥有的医院价格标准一样，至少可以使人认为，一家由美国医院集团所管理的医院是不会与美国医院集团本身进行任何激烈的或者是价格的竞争的。四是兼并使得 Chattanooga 市场上互相竞争的医院数量从 11 家减少到了 7 家。市场上竞争者越少，它们就越容易以隐蔽的方式协调定价，而《谢尔曼法》第 1 条规定，操纵价格是违法的。尤其是，这四家医院加起来占到整个市场的 12%，兼并的结果使得最大的四家公司实际上控制了整个市场，因此协调定价的问题变成了在这四家中进行协调的问题。更何况该地医院之间原来就有合作的传统。五是田纳西州有依据需求颁发许可证的规定，一旦这四家大医院共谋提高市场价格，就会迫使一些病人放弃医疗，对医疗服务的需求量减少，使得人们误以为有足够的证据证明医疗服务过剩和不应再颁发新的许可证，结果，不但现有的其他医院增加服务供应量的能力受限，而且新的市场进入者企图建立新的医院的可能性也大大减少，这样就使该市场不会进入新的潜在的竞争者。六是由于时间就是生命，病人总是希望就近就诊，当 Chattanooga 地区的医疗价格高于竞争市场的价格时，病人也不可能转向其他地方的医院就诊，因此，这些医院即使提价也不会遇到什么竞争。七是由于人们对自己的安全、舒适、健康、生命极端重视，以及大部分医疗决定是由医生替病人作出的，而且大多数医疗账单是由保险公司或者联邦政府支付而不是由病人支付的，使得病人和医生对于医疗服务的需求是高度缺乏弹性的，病人不会因为医疗价格的上涨而减少需求，这使得医院之间的价格共谋更为隐蔽、更为可能，降低成本的努力受挫，其结果是社会财富和国家资源不合理地流向了这些医院。这正是反垄断法所意图打击的一种共谋形式。八是美国医院集团辩称医院提供的产品和服务本身具有复杂性和特殊性，其产品和服务的复杂性和特殊性使得医院之间难以进行共谋。但法院认为，产品和服务的复杂性和特殊性究竟达到何种程度共谋才不可能发生，这一点并无明确的界限，而且美国医院集团也没能令人信服地证明，医院所提供的产品和服务比钢铁、建材、交通这些市场中的产品和服务更为复杂和特殊，而在这些市场中，共谋是经常发生的。不同医院所提供的不同产品和服务会使其难以对相互之间有竞争的业务固定价格，这一点也使法院不能理解。九是美国医院集团辩称医院的所有制不同，有公立医院、私立医院和非营利医院，使得医院之间的共谋不大可能。但法院认为，所有制的不同性质不能改变人性（人的逐利避害的本性），没有人能够证明这样的企业性质使得企业不愿与其他企业合作减少竞争，大多数企业都不喜欢竞争，（公立企业）非营利企业也同样不喜欢竞争。非营利医院害怕来自营利医院的竞争，还有什么比害怕竞争更容易导致结成共谋的呢？公立医院迫于政治方面的压力也许会抑制医院提价，但在其他医院共谋提价而自己不提价的情况下，就会吸引更多病人，就要扩大服务能力，这只有通过政府增加拨款才能实现，但这并非易事。所以，公立医院也有向付费消费者收取更多费用的内在动力和压力，对它们来说，共谋也是相当有吸引力的。十是美国医院集团认为委员会要求其对将来的兼并计划提前通知没有合法理由。但法院认为，委员会和法院一样享有一定的自由裁量权，它可以决定必须采取什么措施才能对违法行为加以补救和避免类似情况的再度发生，医院集团没有证明委员会的决定是不合理的，也不能认为这一决定是惩罚性的。说它是一种负担，的确如此，但是“被上诉人必须记住，违法者必将受到制约”。基于上述种种理由，法院维持联邦贸易委员会所作出的兼并违法的裁定，除要求美国医院集团剥离在该地区兼并的医院外，还要求其今后在美国其他地区打算进行任何类似兼并前，须事先通知联邦贸易委员会。①

① 参见黄勇、董灵：《反垄断法经典判例解析》，218～235页，北京，人民法院出版社，2002。

第八节　反滥用市场支配地位规制

一、市场支配地位的概念

市场支配地位（market dominating position），是企业所具有的控制相关市场、不受竞争影响的地位。

市场支配地位的形成有种种原因。

一是政府授权。

政府作为一个行政机构，一个地区只能有一个政府，就此而言，政府天生就处于垄断地位；政府作为一个政权组织，掌握着无可匹敌的配置管理资源的巨大权力，处于市场优势地位；政府是一个暴力机器，拥有私人所不拥有的暴力工具，可以用来维护和强化自己的市场支配地位，凡此种种，都使政府明显地处于市场支配地位。尽管在市场体制下，实行政企分开，但政府与企业之间仍然存在着密切的关系，有许多企业通过获得政府的授权，特许经营某些产业或行业，排除其他企业进入，从而处于市场支配地位。如铁路、电力、电信、自来水、煤气管道、民航等等行业，在许多国家都是由政府授权的企业进行特许经营。这些企业就处于市场支配地位，有的甚至处于垄断地位。

二是企业自身的性质和作为。

从性质上看，市场上的企业千差万别，并不平等，它们在同一规则下展开竞争，优胜劣汰，不断集中，结果必然会进一步扩大它们之间所固有的差别和不等。对于那些有所作为的企业，它们会竭尽全力不断地加强管理，革新科技，改进产品，完善服务，节约成本，降低价格，提高效益，提升自身的竞争力，超越竞争对手，占领市场，从而处于市场支配地位。可以说，在自由市场竞争体制下，企业固有的差别和不等，是形成企业市场支配地位的前因，而企业的后天作为是促成企业市场支配地位的后因，只有前因和后因结合起来，才能使企业最终处于市场支配地位。

三是市场的本性所决定。

市场的本性是自由竞争，在存在差别、不尽平等、作为不同的企业之间进行自由竞争，结果必然会导致优胜劣汰、生产集中，最后形成垄断或准垄断，垄断者或准垄断者就必然会处于市场支配地位。所以，只要有市场，实行自由竞争，市场自由竞争的本性就必然会导致某（些）企业处于市场支配地位。

四是违法行为。

企业的市场支配地位，有的是政府合法授权授予的，有的是企业自身努力取得的，有的是市场自由竞争促成的，这些成因都具有一定的合法性和合理性，反限制竞争法并不谴责如此形成的市场支配地位。但许多企业的市场支配地位是通过实施违法行为取得的，如通过限制竞争协议、非法合并、掠夺性定价，等等，这些行为都可能使某些企业取得市场支配地位。但通过这些行为所取得的市场支配地位往往为法律所反对。

至于如何认定企业是否具有市场支配地位，人们提出过许多标准，如市场结果标准、市场行为标准和市场结构标准。在美国，市场支配地位通常被表述为“具有垄断力量”（possession of monopoly power），如《谢尔曼法》第 2 条所规定的“垄断或企图垄断”、“与他人联合、共谋垄断”；依美国判例法所确立的标准，垄断力量主要是指控制价格的力量或排除竞争的力量。①

德国《反限制竞争法》第 19 条规定了“滥用市场支配地位”，具体规定如下：“（1）禁止一个企业或多个企业滥用市场支配地位。（2）一个企业，如其作为相关产品市场和地域市场的某种商品或服务的供应者或需求者符合下列要件，即具有市场支配地位：1. 没有竞争者或不存在实质上的竞争，或者 2. 相对于其他竞争者具有突出的市场地位；在此，特别要考虑该企业的市场份额、财力、其供应渠道或进入市场的渠道、与其他企业的联系、其他企业进入市场所面临的法律上或事实上的限制、住所设在本法适用范围之内或之外的企业的事实上的或潜在的竞争、将其供应或需求转向其他商品或服务的能力以及市场相对人转向其他企业的可能性。两个或两个以上企业之间就某种商品或服务不存在实质上的竞争，并且这些企业在总体上符合本款第 1 项的要件的，则该两个或两个以上企业具有支配市场地位。本法中的相关地域市场的概念可以广于本法的适用范围。（3）一个企业至少占有三分之一市场份额的，推定其具有市场支配地位。多个企业组成的整体满足下列条件的，视为

① See Areeda & Kaplow, *Antitrust Analysis*, Little, Brown and Company, 1988, p. 564.

具有市场支配地位：1. 该整体由三个或三个以下企业组成，它们共同占有的市场份额达到百分之五十，或者 2. 该整体由五个或五个以下企业组成，它们共同占有三分之二的市场份额，除非这些企业能够证明在此竞争条件下它们之间能够开展实质上的竞争，或者这些企业在总体上相对于其他竞争者不具有突出的市场地位。(4) 一个具有市场支配地位的企业作为特定商品或服务的供应者或需求者，如有下列行为，即构成滥用（市场支配地位）：1. 无客观正当理由，以对市场上的竞争产生重大影响的方式损害其他企业的竞争力的；2. 提出与在有效竞争情况下理应存在的报酬和其他条件相悖的报酬或其他条件的；在此，特别应当考虑在存在有效竞争的可比较市场上的企业的行为方式；3. 提出的报酬或其他交易条件差于该支配市场的企业本身在类似市场上向同类购买人所要求的报酬或其他交易条件的，除非该差异存在客观正当理由；4. 拒绝另一个企业以给予适当报酬的方式进入自己的网络或其他基础设施的，除非该另一个企业出于法律上或事实上的事由，非使用他人网络或其他基础设施则无法在上游或下游市场上作为支配市场企业的竞争者从事活动；但支配市场的企业能证明这种共同使用因经营或其他事由是不可能的或不能合理期待的，不适用本款的规定。”

俄罗斯《关于竞争和在商品市场中限制垄断活动的法律》第 4 条“定义”中，把“市场支配地位”定义为：“是指一个或若干经济实体在一个无互替品或互替品商品的市场中所占有的排他性地位，或者它是指一个或若干个经济实体在一组互替商品的市场（下文将称其为特殊市场）中所占有的排他性地位，使该实体或这些实体有机会对有关市场中的一般商品流通条件施加决定性影响，或有可能阻碍其他实体进入这一市场。如果一个经济实体在一特殊市场中的份额超过了 65%，而该实体又不能证明它在该市场中不占有支配性地位时，该经济实体的这种地位将被视为是支配性的。如果一个实体在一特殊市场中的份额低于 65%，但反垄断机构根据该经济实体的市场份额的稳定性、其他竞争者的相对市场份额、新厂商进入该市场的可能性或者其他与该市场有关的标准，证明该经济实体在该市场中的支配性，则该经济实体的市场地位也将被视为是支配性的。如果一个经济实体在一特殊市场中的份额不超过 35%，则该实体的市场地位不能被视为是支配性的。”

我国《反垄断法》第 17 条对“市场支配地位”下了一个定义：“本法所称市场支配地位，是指经营者在相关市场内具有能够控制商品价格、数量或者其他交易条件，或者能够阻碍、影响其他经营者进入相关市场能力的市场地位。”并在第18条规定:“认定经营者具有市场支配地位,应当依据下列因素:(一)该经营者在相关市场的市场份额,以及相关市场的竞争状况;(二)该经营者控制销售市场或者原材料采购市场的能力;(三)该经营者的财力和技术条件;(四)其他经营者对该经营者在交易上的依赖程度;(五)其他经营者进入相关市场的难易程度;(六)与认定该经营者市场支配地位有关的其他因素。”在第19条规定:“有下列情形之一的,可以推定经营者具有市场支配地位:(一)一个经营者在相关市场的市场份额达到二分之一的;(二)两个经营者在相关市场的市场份额合计达到三分之二的;(三)三个经营者在相关市场的市场份额合计达到四分之三的。有前款第二项、第三项规定的情形,其中有的经营者市场份额不足十分之一的,不应当推定该经营者具有市场支配地位。被推定具有市场支配地位的经营者,有证据证明不具有市场支配地位的,不应当认定其具有市场支配地位。”

从上述各国对市场支配地位的法律认定可以看出,市场支配地位具有以下性质或内涵:

(1)市场支配地位的本质是没有竞争者或者没有实质上的竞争者,无人能与之匹敌,处于一种没有竞争对手的地位,超出竞争之外,不受竞争的影响;是一种市场支配力量,对市场起决定性的作用,能够控制商品的价格、数量或者其他交易条件,进而能够限制竞争;是一种市场优势,享有竞争者根本无法享有的种种市场特权,并且可以把这种优势特权转化为各种现实的利益;是一种平稳状态,不受竞争的挑战,地位不可动摇,可以长期地、稳定地、有效地存在,那种暂时的、稍纵即逝的、不能有效发挥作用的市场支配地位不是真正的市场支配地位;是一种霸权地位,能够霸占市场,可以用来影响、阻碍其他竞争者,限制市场竞争。

(2)市场支配地位是市场的支配地位,是经济方面的支配地位而不是其他方面的支配地位,尽管有的市场支配地位是通过非经济的因素尤其是政治因素形成的,也有的市场支配地位虽源于经济或市场但能够转而支配政治和社会,但市场支配地位的载体和表现依然要落实在经济上、市场上。因此,在认定企业是否具有市场支配地位时,首先要界定市场的范围,即相关市场,也即“一种产品或一组产品和一个地域”。如果不首先确定相关市场,那么就无法正确认定某(些)企业是否具有市场支配地位。

(3)市场支配地位具体说来与市场占有份额密切相关,市场支配地位由市场份额来决定和表征。在通常情况下，只有当企业占有一定的市场份额的情况下才可能支配市场，只有当企业占有较大市场份额的情况下才能从根本上持续、稳定、有效地支配市场，进而才能限制市场竞争。一般说来，企业的市场支配地位与企业所占有的市场份额成正比。正因为如此，所以德国、匈牙利、俄罗斯、我国等国家的法律都从市场占有份额去认定企业是否具有市场支配地位，至于市场份额的多少另当别论。

（4）市场占有份额是认定市场支配地位的主要标准，但不是唯一标准，因为有的企业虽然占有相当大的市场份额，但也未必具有市场支配地位，因为该市场上还有其他一些企业也占有较大的市场份额，这些企业对它的市场支配地位构成威胁、制约，使它不敢或无法滥用市场支配地位。只要一个市场还存在真正的竞争，该市场上就不存在占有市场支配地位的企业。因此，认定市场支配地位除了依据市场占有份额以外，还要考虑其他因素。如企业的规模和实力，规模巨大、实力雄厚是企业市场支配地位的基础，没有这个基础就没有能力支配市场；新的竞争者进入市场的难易程度，如果新的竞争者难以进入市场，就可能是因为某企业具有市场支配地位所致，如果新的潜在的竞争者能够轻易地进入市场，就说明该市场还是充满竞争的，也说明该企业没有滥用市场支配地位限制竞争，甚至该企业本身并不具有市场支配地位；产品的可相互替代性，如果产品没有可相互替代性，往往就说明是某企业具有市场支配地位的缘故，如果市场上的产品还具有可相互替代性、能够相互竞争，就说明该市场还是竞争性市场，没有占有市场支配地位的企业；企业之间的相互关系，有的市场支配地位就是由于企业之间的联合或共谋造成的，并且这是形成市场支配地位的主要原因，如果企业之间没有联合和共谋，往往就难以形成市场支配地位，即使形成了，这种市场支配地位也不同于通过联合或共谋所形成的市场支配地位，在适用反限制竞争法时应区别对待；市场价格是否自由，市场竞争的关键和核心是价格自由，如果市场价格不能自由波动，很可能是由于具有市场支配地位的企业在控制。总之，要综合上述因素去看是否限制竞争来认定企业是否具有市场支配地位。

二、如何看待市场支配地位

这涉及对市场支配地位的评价问题，即市场支配地位有没有过错，是禁止市场支配地位本身还是禁止市场支配地位滥用的问题。对这些问题，各国的做法有所不同。有的禁止市场支配地位的滥用，有的连市场支配地位本身亦加以禁止。

之所以会存在这种情况，是因为市场支配地位本身具有双重性质。一方面，市场竞争，优胜劣汰，生产集中，这是一种“创造性毁灭的过程”，“一将功成万骨枯”，必然会导致某（些）优胜企业具有市场支配地位。市场支配地位是市场竞争的必然结果，获得市场支配地位是对市场竞争优胜者的嘉奖。企业的本性在于追求极大化的利益，而其根本途径就是占有市场支配地位；市场的本性是在竞争中优胜劣汰，身处激烈竞争市场中的企业无不希望占有市场支配地位，因为只有这样才能免遭淘汰。正是在企图占有市场支配地位的过程中，企业才努力奋斗，大有作为的。如果连市场支配地位本身都予以反对，那无异于不让人们出人头地，阻止企业出类拔萃，这就无法充分调动人们的主动性、积极性和创造性，就会抑制企业做大做强，正如不想当元帅的士兵不是好士兵一样，不想占有市场支配地位的企业也不是好企业，一个好企业应该是占市场支配地位的企业，也只有占市场支配地位的企业才可能是真正的好企业、一个真正具有市场竞争力的企业。一个好的市场体制应该是激励企业成为占市场支配地位企业的体制。所以，市场支配地位不仅是人心所向，也是市场规律，还是激励机制，市场支配地位的形成有其合理性和合法性，法律不应简单地予以反对，也不是法律所能反对得了的。

但另一方面，市场支配地位的获得尚有合法与非法之分。有的市场支配地位是企业通过领先技术、规模经济、优异品质、勤勉经营、公平竞争等途径合法获得的；而有的市场支配地位是企业通过非法合并、限制竞争协议、联合拒绝、不正当竞争等途径非法获得的，这种获得方式本身就限制了竞争，是非法的。评价市场支配地位，应区分其获得方式合法还是非法，并区别对待。而且，不管是通过合法途径还是非法途径获得的市场支配地位，对市场竞争都会产生负面影响。市场支配地位一旦形成，就意味着市场结构发生了变化，企业存在大中小之分，它们地位不平等、实力不相当，自然竞争也就不自由了，市场支配地位限制着市场公平自由竞争；地位决定行为，企业一旦占有了市场支配地位，其行为往往会发生变化，由于竞争的动力和压力大大减小，过去那种在追求市场支配地位时的奋斗努力和积极进取精神就大大减少了，转而通过滥用市场支配地位，限制产量，提高价格，获取高额利润。所有这些都会对市场产生负面影响。

在欧共体成员国中，认为具有市场支配地位本身并不违法，尤其是通过合法方式获得的市场支配地位更是如此。但是，欧共体委员会要求具有市场支配地位的企业承担一种“特殊责任”，即保护弱小竞争者。为此，在同一市场上，于中小企业可以实施的某些行为，具有市场支配地位的企业不得为之，这是对具有市场支配地位企业的特殊监管，目的是防止其以自己的市场支配地位威胁、排挤中小企业，扭曲、限制市场竞争。

在美国，人们对垄断力量存在根深蒂固的憎恶，相信市场支配地位具有“窒息创造性，使勤俭创业者丧失信心，并压制活力”，认为它是“固有的罪恶”，并且市场支配地位具有被滥用的可能性，为了未雨绸缪，防患于未然，应当对市场支配地位加以严格监管。《谢尔曼法》第2条既适用于垄断力量的使用方式，也适用于垄断力量的获得方式。如果是以非法方式获得的市场支配地位，该市场支配地位本身就应予以禁止；如果是以合法方式获得的市场支配地位，则禁止其滥用。其目的是阻止垄断力量的获得和滥用。

三、滥用市场支配地位

对于滥用市场支配地位，许多国家或国际组织的反限制竞争法都有明文规定。如经合组织（OECD）对“滥用支配地位”（abuse of a dominant position）的解释是：“支配企业为了维持或者加强其市场地位而实施的反竞争的商业行为。”[①] 但大多数国家是通过列举的方式规定哪些行为属于反垄断法所反对的滥用市场支配地位的行为。如上述美国、德国反限制竞争法的规定。我国《反垄断法》第17条规定：“本法所称市场支配地位，是指经营者在相关市场内具有能够控制商品价格、数量或者其他交易条件，或者能够阻碍、影响其他经营者进入相关市场能力的市场地位。”根据有关国家反限制竞争法的规定，滥用市场支配地位具有以下特点：

（1）行为主体具有特定性

只有那些具有市场支配地位的企业才能实施该行为，即行为主体是占有市场支配地位的企业。其他企业势单力薄，小打小闹，无关大局，也无能为力。

① OECD, *Glossary of Industrial Organization Economics and Competition Law*, p. 11.

(2)行为目的具有针对性

行为的目的就是维持或加强其支配市场的地位，如限定产量、控制价格、封锁市场，排挤对手，等等，这也可以说是一种“自强不息”、“自高自大”。

(3)行为本质具有反竞争性

支配企业凭借其市场支配地位可以为所欲为地实施自己的行为，可以无所顾忌地以有利于自己的方式影响市场，不但不受竞争制约，反而支配市场竞争，在一个较长时期内实质性地限制或者减少相关市场中的竞争，以牟取超额垄断利润。

有的国际条约还具体列举了滥用市场支配地位的情形。如欧共体《罗马条约》第86条规定：“一个或多个在共同市场内或者其中的相当一部分地域内占有优势地位的企业滥用这种地位的任何行为，可能影响成员国之间贸易的，因与共同市场不相容而被禁止；特别是禁止包括下列内容的滥用行为：(a)直接或者间接地实行不公平的购买或者销售价格或者其他不公平的交易条件的；(b)限制生产、市场或者技术发展，损害消费者利益的；(c)在相同的交易情形下，对交易当事人实行不同的交易条件，因而置其于不利的竞争地位的；(d)要求对方当事人接受与合同主题在本质上或者商业惯例上无关联的附加义务，作为签订合同的前提条件的。”

有的国家也具体列举了滥用市场支配地位的各种情形，如德国《反限制竞争法》第19条规定：“一个具有市场支配地位的企业作为特定商品或服务的供应者或需求者，如有下列行为，即构成滥用(市场支配地位)：1. 无客观正当理由，以对市场上的竞争产生重大影响的方式损害其他企业的竞争力的；2. 提出与在有效竞争情况下理应存在的报酬和其他条件相悖的报酬或其他条件的；在此，特别应当考虑在存在有效竞争的可比较市场上的企业的行为方式；3. 提出的报酬或其他交易条件差于该支配市场的企业本身在类似市场上向同类购买人所要求的报酬或其他交易条件的，除非该差异存在客观正当理由；4. 拒绝另一个企业以给予适当报酬的方式进入自己的网络或其他基础设施的，除非该另一个企业出于法律上或事实上的事由，非使用他人网络或其他基础设施则无法在上游或下游市场上作为支配市场企业的竞争者从事活动；但支配市场的企业能证明这种共同使用因经营或其他事由是不可能的或不能合理期待的，不适用本款的规定。”我国《反垄断法》第17条规定：“禁止具有市场支配地位的经营者从事下列滥用市场支配地位的行为：(一)

以不公平的高价销售商品或者以不公平的低价购买商品；（二）没有正当理由，以低于成本的价格销售商品；（三）没有正当理由，拒绝与交易相对人进行交易；（四）没有正当理由，限定交易相对人只能与其进行交易或者只能与其指定的经营者进行交易；（五）没有正当理由搭售商品，或者在交易时附加其他不合理的交易条件；（六）没有正当理由，对条件相同的交易相对人在交易价格等交易条件上实行差别待遇；（七）国务院反垄断执法机构认定的其他滥用市场支配地位的行为。本法所称市场支配地位，是指经营者在相关市场内具有能够控制商品价格、数量或者其他交易条件，或者能够阻碍、影响其他经营者进入相关市场能力的市场地位。”

上述各国反限制竞争法所规定的各种滥用市场支配地位的行为，可以具体分为以下几类：

1. 不公平定价（unfair pricing）

如欧共体《罗马条约》第 86 条第 1 款的规定以及德国《反限制竞争法》第 19 条的有关规定即是。所谓的不公平定价，是指具有市场支配地位的企业不是根据在正常和有效竞争市场条件下的生产成本和合理利润进行公平定价，而是滥用其市场支配地位进行不公平定价，如超高定价、掠夺定价即属于不公平定价。

（1）超高定价

具有市场支配地位的企业利用其市场支配地位把产品价格定得与其生产成本和合理利润相比不公平的高价，进而获取在正常和有效竞争市场条件下不可能获取的超额利润，结果却损害消费者的合法权益，构成滥用市场支配地位。

在现实中，导致超高定价有众多原因，如供应不足、需求旺盛、成本下降、消费偏好、特许专营等正当原因，也有滥用市场支配地位的原因。如通过滥用市场支配地位，控制价格，随心所欲地把价格定在对自己有利可图的高价上，或者控制减少产品的生产数量，使市场处于饥饿或半饥饿状态，人为地造成“物以稀为贵”，间接抬高价格；或者封锁市场，使高价格高利润起不到刺激吸引新企业、潜在竞争者进入市场的作用。如此看来，有关当局要关注超高定价，但更要关注导致超高定价的原因，分清正当与否。

有关当局要正确认定是否超高定价，关键是要确定在一个正常和有效竞争的市场条件下所应有的价格水平。对此，人们提出过各种方法：

一是空间比较法。

即对同类产品在相同地域市场和不同地域市场的价格进行比较，如果具有市场支配地位企业的产品价格高于在相同地域市场和不同地域市场的同类产品的价格，就可以认定为具有市场支配地位的企业超高定价。在1989年Lucazeau诉SACEM一案中，欧共体法院在判决中指出:“一个拥有市场支配地位的企业，如果它在某国的服务价格明显高于这种服务在其他成员国的价格，并且这种价格水平的比较不是偶然的，那么这种价格差异应被视为是滥用市场支配地位的表现。在这种情况下，这个企业可以通过该成员国与其他成员国的客观差别说明该价格差异的合理性。”①

二是时间比较法。

即对同类产品过去的价格和现在的价格进行比较，评判涨价是否过高。如果具有市场支配地位企业的产品现在的价格和过去同类产品的价格相比并扣除合理涨价后仍然过高，就可以认定其超高定价。

三是生产成本与合理利润比较法。

即首先确定具有市场支配地位企业产品的生产成本与所得利润，然后确定在一个正常和有效竞争的市场条件下企业的生产成本与合理利润，最后两相比较，如果前者远远高于后者，就可以认定具有市场支配地位的企业超高定价。在1975年General Motors Continental NV一案中，欧共体法院在判决中指出，如果一个占市场支配地位的企业所定价格与其产品或服务的价值相比显得过高，基本上就可以认定该企业存在滥用市场支配地位行为。②

四是产品比较法。

即把所质疑产品的价格与其他同类可比产品的价格进行比较，如果价格差异较大，又没有合理理由，就可以认为该产品定价过高。在1975年联合商标公司一案中，欧共体委员会指出，联合商标公司在德国、丹麦、比利时、荷兰等国家销售香蕉的价格要比当地没有商标的香蕉的价格高出20%～40%，但从质量和广告费用等方面考虑，联合商标公司的香蕉与没有商标的香蕉之间的差价应当仅是10%～20%；而且，联合商标公司的品牌香蕉“Chiquita”比其他品牌香蕉的价格还要高，因而认为联合商标公司存在超高定价行为。欧共体法院认可委员会的这一裁决，并认为“拥有市场支配地位的企业直接或间接索要不公平

① 王晓晔:《竞争法学》，301页，北京，社会科学文献出版社，2007。

② 参见王晓晔:《竞争法学》，300页，北京，社会科学文献出版社，2007。

的购买或者销售价格是一种滥用行为”①。

（2）掠夺性定价

经合组织（OECD）和世界银行对于掠夺性定价作出了界定，是指支配企业以非常低的价格销售商品，以便将竞争对手排挤出市场、阻止新的进入者进入市场以及成功地垄断该市场的行为。虽然这样做代价很高，损失很大，但掠夺者期待将来获得的利润超过现在的损失，并将得到更多的利润。② 从这一界定，可以看出掠夺性定价行为的构成要件包括低于成本的定价行为、排挤竞争对手的目的、获得垄断利润的可能性以及缺乏低价销售的合理性等方面。

掠夺性定价的本义是以低于成本的价格销售产品，因此，要认定掠夺性定价，关键是确定产品的成本。但是，产品的成本有多种分析角度，既有边际成本和平均成本，也有短期成本和长期成本，还有全部成本和部分成本，那么，在确定产品成本时究竟以哪种成本为准呢？美国学者阿里达和特纳 1975 年在《哈佛法律评论》上发表了一篇论文，提出了一种确定产品成本的理论，该理论被称为阿里达—特纳规则（Areeda-Turner rule）。该规则认为，根据边际成本作出的定价被认为能产生最佳的竞争性资源配置，如果一个厂商的产品价格低于边际成本，那么就可以认定该厂商存在掠夺性定价的因素。但由于核算和确定边际成本比较困难，所以决定用其他成本来代替边际成本。其他成本主要包括固定成本和可变成本。固定成本存在于固定投资上，如厂房、机器设备等等，这些成本是固定的，一般不受企业是否开工生产以及生产多少的影响，这些成本只能在产品的长期销售中逐渐加以回收。因此，固定成本对产品价格的影响是次要的。相反，影响产品价格的主要因素是可变成本，因此可以用平均可变成本来代替边际成本。所谓的可变成本，是指随着产品的生产数量而发生变化的那些成本，主要表现为对生产要素的支出费用，如劳动工资、原料价格和半成品价格等，在各企业的可变成本之间存在着平均可变成本。如果支配企业的价格低于能够合理预见的平均可变成本，那么这个价格就可以被用来作为认定掠夺性定价的一个标准。因为，一个竞争性企业如果不能收回它在经营中的平均可变成本，它就得血本无归，就会倒闭。在不能收回平均可变成本的情况下继续经营，它所蒙受的损失就比将要倒闭和不再经营下去的损失更

① 王晓晔：《竞争法学》，300～301 页，北京，社会科学文献出版社，2007。

② See OECD, *A Framework For the Design and Implementation of Law and Policy*, p. 77.

大。因此，低于平均可变成本的定价本身就说明了这样做的意图是挤垮竞争对手而进行掠夺性定价。该规则进一步认为，如果一种价格等于或高于能够合理预见的平均可变成本，那么这种价格就应当被认为是合法的。同样，如果一种价格低于产品的平均总成本但高于可合理预见的平均可变成本，也是合法的，因为产品的平均可变成本要低于产品的平均总成本，以此价格进行生产经营的企业依然可能有利可图，符合企业生产经营的目的，而且该企业可以通过继续生产经营而将损失减少到最低限度。①

但是阿里达—特纳规则已受到挑战。如美国的席勒和威廉姆森就指出，一个占垄断地位的企业对其产品的定价只要低于产品的平均成本，包括平均可变成本和平均不变成本，即便这个价格仍然高于平均可变成本，该市场的竞争也会受到严重的损害。现在美国法院对这个问题的态度是：如果产品的价格低于平均可变成本，这个定价肯定是违法的；如果产品的价格高于平均总成本，那么这个定价肯定是合法的；如果产品的价格高于平均可变成本，而低于平均总成本，那么这个定价究竟是违法还是合法，还要综合考虑其他相关因素，如该市场是否存在重大的进入障碍，该市场上其他企业对此定价行为的反映，等等。②

掠夺性定价的初始目的是把竞争对手排挤出市场。但这里要区别两种情况：一种情况是，一些厂商由于经营不善在竞争中被淘汰出局而离开市场。这是市场规律作用的结果，根本无须进行掠夺性定价。并且这种结果是必然的和必须的，因为市场竞争的目的和意义就是优胜劣汰，只有把那些不能实现资源有效配置的劣弱者淘汰出市场，使有限的资源集中到优越者手里，才能实现资源的有效配置。因此，在反限制竞争活动中，如果将由于经营不善而在竞争中被淘汰出市场的企业错误地当作掠夺性定价的受害者看待，那么这本身就可能导致资源分配不当。③ 另一种情况是，为了消除竞争者而故意将经营效益良好的厂商排挤出市场。这不是市场规律的结果，而是人为造成的，是掠夺性定价造成的。掠夺性定价实质上是指为了将有效经营的竞争者排挤出市场而进行的定

① 参见［美］马歇尔·霍华德：《美国反托拉斯法与贸易法规》，254～255页，北京，中国社会科学出版社，1991。

② 参见王晓晔：《竞争法学》，304页，北京，社会科学文献出版社，2007。

③ 参见［美］马歇尔·霍华德：《美国反托拉斯法与贸易法规》，257～258页，北京，中国社会科学出版社，1991。

价，掠夺性定价人为地把产品的价格降到产品的价值之下，这样做本身就违背了价值规律，没有保证物有所值，就是一种资源的浪费。在正常的市场竞争情况下，一个有效经营的竞争者能够实现资源的有效配置，自有立足市场的能力，可是为掠夺性定价所排挤，不能有效地配置资源，这也是一种资源的浪费。这种掠夺性定价是反限制竞争法所要反对的。

掠夺性定价的最终目的是将竞争者排挤出市场以后，为市场进入设置障碍，使市场竞争难以恢复，甚至垄断市场，进而减少产量，提高价格，获取高额利润。可见，支配企业现在的低价是为了获得将来的高价，现在的降价损失会事后得到涨价补偿，甚至加倍补偿，只是无论现在的降价损失还是事后的涨价补偿都将一起转嫁到消费者身上，损害消费者的合法权益。上述目的是非法的，所以要禁止掠夺性定价。

需要指出的是，虽然掠夺性定价一直为反限制竞争法所禁止，但实践中真正从事掠夺性定价成功的案例很少。美国最高法院在审理 Brook Group Ltd. v. Brown & Wiliamson 一案中特别指出，掠夺性定价的官司很少被受理，而且原告很难胜诉。如果原告举证有误，代价更大。因为，一家公司进行掠夺性代价——降价，在本质上与促进竞争无异，为了拓展生意，降价往往是竞争的核心内容。但错误的推论是要付出代价的，这些推论不利于反托拉斯法所要保护的对象。具有讽刺意味的是，如果成立掠夺性定价罪名的标准太低，动辄有罪，那么反托拉斯法自身就成了高价的保护伞。[①] 这是因为：

第一，认定掠夺性定价的关键是精确计算产品的成本，要证明所指控的价格低于成本，而且定价者能够在将来收回低于成本销售所造成的损失。但这是非常困难的，在许多情况下，关于成本的计算不过是人们的一种主观估计。企业本身尚且难以计算其产品成本，局外人要计算其产品成本更是难上加难。如果不能提供证据证明支配企业低于成本的价格销售商品，不能证明该企业将来能够收回低于成本所造成的损失，那么指控就不能成立。如 1993 年美国联邦最高法院在审理 Brook Group Ltd. v. Brown & Wiliamson 一案中，就要求原告“必须证明被指控的价格低于其竞争对手的成本的适当程度”，“必须证明被告不具有收回其低于成本的价格的合理预期或者存在收回其低于成本的价格的危险性”。

① 参见黄勇、董灵：《反垄断法经典判例解析》，193 页，北京，人民法院出版社，2002。

最高法院以原告未能证明被告不能收回低于成本销售的投资为由，驳回其关于被告构成掠夺性定价的请求。①

第二，掠夺定价要想获得成功，不仅要将现有市场上的竞争对手排挤出去，而且要能设置障碍，使被排挤出去的竞争对手和新的竞争对手难以重新进入市场。但要做到这两者都不容易。就前者来说，并非一蹴而就，相反往往是旷日持久，而实施掠夺定价的时间越长，实施企业的损失就越大，甚至可能与竞争对手同归于尽。就后者来说，如果做不到这一点，虽然支配企业把竞争对手排挤出了市场，但为了弥补损失和获得高额利润，就得提高价格，而价格一旦提高，有利可图，新的竞争者立刻就会卷土重来，重新进入市场，市场就会回复到原来的样子，实施企业只能获得平均市场利润，这点平均市场利润根本无法弥补因实施掠夺性定价所遭受的经济损失，真可谓是“赔了夫人又折兵”、“偷鸡不成反蚀一把米”。在实践中，掠夺性定价一般来说很难成功，从而也被视为是非理性的。所以有人认为，掠夺性定价的后果不是消除竞争对手，而是说服竞争对手与之合作，或者胁迫竞争对手与之共谋垄断，如订立价格卡特尔，等等。② 在 Brook Group Ltd. v. Brown & Wiliamson 一案中，Brook 并没有指责 Brown 企图把它排挤出市场，而只是指责 Brown 试图与其他香烟公司达成默契协作来迫使 Brook 提高普通香烟的价格，从而确保 Brown 在品牌香烟上的垄断利润。但要想达成默契协作，各公司必须同意如何分摊眼前的损失和如何分享今后的利益，而且每家公司要抵御各种强大的诱惑保持相互间的忠诚。由于存在着激烈的竞争，各方都不愿承担眼前的损失却企图分享日后的利润，使得这种默契协作不大可能。而没有这种默契协作，掠夺性定价就不可能收回低于成本销售商品所造成的损失。不成功的掠夺性定价可能会使一小部分赔本销售的商品消失，但一般说来，这对消费者并无大碍。

第三，认定掠夺性定价要考虑其目的是否是排挤竞争对手，如果不是，就不能认定为掠夺定价。如某企业研发出一种新产品，以低于成本价格销售，目的是开拓市场、立足市场；某企业产品过时落伍，以低于成本的价格销售，是为了减少损失；在商业销售中，有些商品以较高价格销售，有些商品以较低价格，甚至以低于成本的价格销售，都是十分

① 参见孔祥俊：《反垄断法原理》，569～570 页，北京，中国法制出版社，2001。

② 参见［美］马歇尔·霍华德：《美国反托拉斯法与贸易法规》，253 页，北京，中国社会科学出版社，1991。

正常的事情，对于一个销售商来说，决定性的不是个别商品的销售价格，而是所有商品的最终销售情况，只要最终销售价格在总体上超过了成本，对于销售商来说是有利可图的，就实现了销售目的。所以，企业以低于成本的价格销售产品有许多正当理由。① Fisher 法官在 TPC v. CSBP 一案中认为："如果调整价格损害了他人，（拥有重大市场力量的公司）仅仅是根据诸如材料成本之类的变化对价格的调整本身，并不构成违法……如果证明被告为了（将竞争对手排挤出市场的意图）收取了不合理的低价格，我会认为构成了掠夺性定价。"② 所以不能笼统地认为以低于成本的价格销售商品就是掠夺性定价。还要指出的是，即使有时因为低价销售商品损害了竞争对手的利益甚至排挤了竞争对手，也不能简单地认为就是掠夺性定价。在 Brook Group Ltd. v. Brown & Wiliamson 一案中，Brook 指控 Brown 以低于成本的价格销售香烟，损害了其利益。但法院认为："如果坚持认为反托拉斯法是为了保护竞争者不因为价格竞争而遭受损失，那么任何公司的降价行为都势必违法。但反托拉斯法的宗旨不在于此。"如果赔本销售只是损害了目标竞争对手，而没有损害整个市场的竞争，那么反托拉斯法将袖手旁观。因为很明确，反垄断法的目的是保护竞争而不是保护竞争者，即使一个竞争者对它的对手实行了绝对恶意的行为，反托拉斯法也不能仅仅为此而惩罚它，反托拉斯法并不对所有的商业领域中的受害者实行救济。③

第四，在市场经济条件下，自由定价、价格竞争是市场自由竞争的基础和核心，企业根据不断变化的市场情况自由地调整自己产品的价格，是企业的自主权。以企业为本位，就必须尊重企业的自由定价权，政府和法律不得非法干预。在一般情况下，企业比别人能更好地对自己的产品进行定价。如果人们轻易地将一个本来合理的定价认定为掠夺性定价，就会剥夺企业的自由定价权，遏制企业之间的价格竞争，进而限制市场自由竞争。这是自寻烦恼、害人害己地多管闲事。因此，许多国家的反限制竞争法虽然禁止掠夺性定价，但实质上对企业的定价包括降价很少管制，甚至原则上允许企业较低定价。美国法官在 Brook Group Ltd. v. Brown & Wiliamson 一案中指出，《罗宾逊—帕特曼反价格歧视法案》只谴责那些有可能损害竞争的价格歧视，并不谴责基于成本变

① 参见王晓晔：《欧共体竞争法》，248 页，北京，中国法制出版社，2001。

② 孔祥俊：《反垄断法原理》，571 页，北京，中国法制出版社，2001。

③ 参见黄勇、董灵：《反垄断法经典判例解析》，192 页，北京，人民法院出版社，2002。

化、市场销售或竞争对手价格变化而作出的价格歧视政策。立法者承认，源于竞争或促进竞争的价格歧视是合法的。尤其是一般的降价行为，因为该行为对消费者有利。反垄断法不应该阻碍这样的降价，从而剥夺消费者在降价过程中获得的实惠，否则反托拉斯法将成为竞争的障碍。[①] 德国《反限制竞争法》第 20 条第 4 款也规定："相对于中小竞争者具有市场优势的企业，不得利用其市场优势，直接或间接地不公平地阻碍这些中小竞争者。特别是一个企业非临时性的以低于成本的价格供应商品或提供服务的，构成第 1 项规定的不公平阻碍，但具有客观正当理由的除外。"

值得指出的是，无论是超高定价还是掠夺性定价，都涉及价格这一市场经济的"中枢神经"，必须好自为之，谨善管理。由于有关当局外在于企业生产、间接于市场，就作为一个定价者来说，有关当局远不如作为当事人的企业自身。有关当局确定价格不但旷日费时，而且未必精确，管制价格没有很大成效，还可能危险重重。因此，有关当局在认定超高定价或掠夺性定价时不应妨碍市场价格机制的作用，不管在任何情况下，反限制竞争法都不应是价格管制法。

2. 拒绝交易

拒绝交易，又称抵制，是指一企业拒绝与另一（些）企业进行交易的行为，典型的拒绝交易行为就是一企业拒绝向销售商或购买者销售商品或服务。不过，在反限制竞争法中只禁止具有市场支配地位企业所实施的拒绝交易行为，因为只有具有市场支配地位企业能够支配市场，它拒绝与某（些）企业交易往往会导致整个市场拒绝与某（些）企业交易，这样，被拒绝的企业就会被排挤出市场，具有明显的限制竞争的性质。而不具有市场支配地位企业不能支配市场，它所实施的拒绝交易行为，只是它拒绝与某（些）企业交易，并不能导致其他人共同拒绝与某（些）企业交易，更不能导致整个市场拒绝与某（些）企业交易，"东边不亮西边亮"，被拒绝的企业可以轻易地转向其他交易者，获取相同的交易机会，不会被排挤出市场，因而不具有限制竞争的性质。所以，这里所谓的拒绝交易实质上是指支配企业拒绝向销售者或购买者销售其商品或服务的行为。

市场经济作为一种自由经济，必然要求交易自由，市场中的企业有

① 参见黄勇、董灵：《反垄断法经典判例解析》，189 页，北京，人民法院出版社，2002。

权选择与谁交易，拒绝与谁交易，这是其所享有的交易自由。拒绝交易有许多正当理由，如企业技术落后、资金短缺、产品不佳、销售不畅、信誉不高、绩效低下，等等，基于上述正当理由的拒绝交易，法律不应干预。当然，拒绝交易也有许多不正当理由，如没有维持转售价格、没有遵守独家交易协议、为了排挤竞争对手、莫名其妙的偏好，等等，基于上述不正当理由的拒绝交易，应认定为非法，并予以禁止。因此，认定拒绝交易应适用合理原则。

具体说来，认定拒绝交易要考虑以下要素：

(1) 企业的市场力量

企业是否具有市场支配地位，是认定拒绝交易的重要因素。只有具有市场支配地位的企业才能达到拒绝交易的目的，如把被拒绝者排挤出市场，达到限制市场竞争的目的。其他不具有市场支配地位的企业拒绝交易，无异于自绝于人、自断生路，甚至是自我毁灭。

(2) 拒绝交易的理由

认定是否拒绝交易，要考量拒绝交易的理由是否正当，不正当理由往往表明拒绝交易具有非法意图，如排挤竞争对手、限制竞争，等等。而正当理由表明拒绝交易有其合法性，如拒绝与产品质量低劣、信誉不好的企业交易，等等。

(3) 拒绝交易所造成的影响

认定拒绝交易要评价拒绝交易是否损害竞争，只有损害竞争的拒绝交易，法律才予以禁止。否则，不必多虑，也在所不问。

(4) 拒绝交易对竞争的损害不是指对单个竞争对手的损害而是指对整个市场竞争的损害

有时拒绝同某个企业交易不但不损害竞争反而促进竞争，有时可能损害某个竞争对手但促进了整个市场的竞争，如拒绝与产品质量低劣、信誉不好的企业交易就是如此。这样的拒绝交易，反限制竞争法不加干涉。因此，在认定拒绝交易时要有全局观念，不可以偏赅全。

此外，认定拒绝交易还有一个重要理论，这就是所谓的“关键设施”理论（the essential facility doctrine），也叫“必要设施”、“基础设施”理论或“瓶颈”理论（bottle neck doctrine）。

所谓的“关键设施”理论，源于1912年United States v. Terminal R. R. Ass'n（224U. S. 383）一案。在该案中，法院认为，为了向旅客提供上下车的服务，控制圣路易斯市所有车站系统的被告有义务与通过该城市的铁路公司合作，因为被告控制的圣路易斯市所有车站系统是一种“关键设施”。在此基础上形成了“关键设施”理论。该理论是指如果一个企业独家控制某些关键设施或者独特产品，如某些别无他途的交通咽喉要塞、某些独一无二不可替代的产品，那么它就有义务不去拒绝合理的交易。该理论通过 MCI Communication Co. v. American Tel. & Tel. co. 一案得到了进一步的发展，明确了在适用“关键设施”理论时，要求原告证明以下方面：一是独占者控制了关键设施；二是竞争者不能再建同样的设施；三是拒绝竞争者利用关键设施；四是提供关键设施的可行性；五是拒绝的理由。有关当局必须确信进入关键设施是真正必要的，而不是纯粹为了便利或者节省费用；必须适当地考虑独占者拒绝或者限制进入的理由。① 这方面的典型案例有：

一是 1972 年 12 月 Zoja v. CSC-ICI 一案。CSC 是美国的一家溶剂生产企业，对 Nitropan 和 Aminobutanol 两种化学产品在世界市场上取得了垄断地位，而这两种化学产品是生产一种治疗结核病的药品 Etambutol 必不可少的原料。ICI 是 CSC 在意大利的子公司，负责在欧共体市场上销售 Nitropan 和 Aminobutanol。Zoja 是欧共体市场上生产 Etambutol的重要企业。ICI 曾经打算兼并 Zoja，但遭到 Zoja 的拒绝。为此，ICI 根据母公司 CSC 的指令，开始自己生产 Etambutol，并停止向 Zoja 供应 Nitropan 和 Aminobutanol。这样，就使 Zoja 处于生存危机之中，于是 Zoja 向欧共体委员会提出控告。委员会的裁决指出，CSC 和 ICI 利用它们在原料市场上的支配地位，封锁 Zoja 取得原料的渠道，目的是排除 Etambutol 药品生产市场的竞争，这就构成了欧共体《罗马条约》第 86 条第 1 项所规定的滥用行为。委员会要求 CSC 和 ICI 停止违法行为，要求它们必须向 Zoja 提供该公司生产 Etambutol 所需要的原料 Nitropan 和 Aminobutanol，并对 CSC 和 ICI 征收了罚款。②

二是 City of Anaheim v. Southern California Edison Co. 一案。在该案中，被告是一家从事电力生产、传输和销售的公司，它与其他几家公司共用一条从太平洋东北部地区通往外界的电力传输系统向加州中部和南部的部分城市提供电力服务，但不向原告所在城市提供此项服务。原告是位于被告提供电力服务范围内的五个城市（市政府），它们都有自己的电力传输系统，在各自管辖的城区内享有垄断的电力零售权利，但没有自己的发电站，只能先向被告和其他几家公司购买电力，然后通

① 参见孔祥俊：《反垄断法原理》，578～579 页，北京，中国法制出版社，2001。

② 参见王晓晔：《欧共体竞争法》，255 页，北京，中国法制出版社，2001。

过被告的电力传输系统传输到自己的电网。由于来自太平洋东北部的电力比加州本地的电力在价格上要便宜很多，原告提出要求长期共享被告的传输系统以便能够直接从太平洋东北部购买电力，但被告只同意间接共享而不同意长期共享。于是原告向美国联邦地区法院提起诉讼，称被告实施了垄断关键设施的行为，违反了《谢尔曼法》。

对此，法院进行了如下分析：第一，认定垄断关键设施，不是从该设施本身的特性来看，而是要考虑如果垄断该设施会对竞争造成什么影响。在本案中，原告可以向包括被告在内的那些共享电力传输系统的经营者购买电力，实际上原告也就利用了被告的电力传输系统，并且被告表示，如果原告从别的经营者那里购买电力的话，同意通过自己的电力传输系统为其提供转输服务。这就说明，原告并不是得不到足够的电力，即使原告不能从被告的电力传输系统买到电也不影响它从其他地方以合理的价格买到足够的电量。因此，被告的电力传输系统不属于关键设施。第二，即使被告的电力传输系统属于关键设施，被告也有合理的商业理由拒绝与原告共享。因为被告从自己的电力传输系统传输的电力容量是有限的，它当然希望能够全部使用这些容量来为自己服务，以便使自己的投资能够得到合理的回报，而且电力的价格受政府管制，当被告从太平洋东北部地区购买廉价电力传输到它所服务的地区时，将使其用户受益。如果公众能够通过这种方式受益的话，那么被告拒绝原告共享传输系统的理由就更具正当性。第三，原被告各有自己的电力零售服务范围，两者并没有直接的竞争关系，加上电力的价格受政府管制，所以原告声称被告试图提高电力的价格来排挤自己，没有充分的理由。第四，原告企图通过被告的电力传输系统直接从太平洋东北部购买电力，虽然节约了自己的成本，但牺牲了被告及其用户的利益，这是不公平的。基于上述分析，法院判决原告败诉。[①]

拒绝交易对市场竞争的损害表现在以下方面：

（1）支配企业因为占有市场支配地位，其拒绝交易就成为一种有力的威胁武器，可以迫使交易相对人服从贯彻其意志，对其言听计从。所谓的支配企业支配市场实质上就是支配企业通过支配市场上其他人的意志进而支配市场。只要支配企业在意志上支配了交易相对人，就没有了交易相对人的自由意志。竞争源于人们的自由意志，真正的自由竞争是

① 参见沈四宝、刘彤：《美国反垄断法原理与经典案例研究》，37～42页，北京，法律出版社，2006。

市场主体按照自己的自由意志竞争，没有自由意志就没有自由竞争。竞争的价值在于充分地激发和维持人们的自由意志以及由此而来的人们的主动性、积极性和创造性。没有了人们的自由意志，竞争就没有了价值。奴隶不会是也不可能是真正的竞争主体，奴隶之间也没有真正有意义的竞争。

(2) 支配企业在意志上支配交易相对人，很容易使被支配者依附于支配者，使交易双方当事人在意志上相互勾结串通，联结一体，统一行动，形成垄断或达成限制竞争协议，损害市场竞争。实践证明，没有独立意志就没有独立行动，没有独立行动就没有市场竞争。

(3) 支配企业处于市场支配地位，往往垄断了市场资源，控制着其他企业的命运，如果它拒绝交易，被拒绝者很可能会走投无路，无法交易，就会被排挤出市场。支配企业扼制了其他企业进入市场的咽喉，并且有时是“一夫当关，万夫莫开”。拒绝交易构成市场进入的人为障碍，限制市场竞争。如一个垄断了生产某种商品所必需原料的企业，如果它拒绝向生产该种商品的企业供应该原料，那么该企业就无法生存下去。

(4) 支配企业滥用其市场支配地位，待价而沽，为了获得超额利润，总是尽可能拒绝低价销售商品，并迫使相对交易人维持较高的转售价格，避免价格竞争；或者拒绝向众多销售商销售商品，限制商品销售渠道，封锁销售网络，减少商品销售数量，使得“物以稀为贵”，商品质次价高，这样就会损害消费者的合法权益。

正因为拒绝交易具有上述种种损害，因此必须依法予以禁止。

3. 歧视行为

市场中的企业有权自由决定交易条件，包括自由定价，企业有权根据交易相对人的具体情况决定不同的交易条件。如，公交车票就既有每人次的普通票，也有较廉价的月票，还有更优惠的学生票；机票既有团体票和个人票之分，也有淡季和旺季之分，还有热线和非热线之分，票价不尽相同，有时坐同一架次航班的乘客，其票价亦有很大不同；长途电话费价格既有工作日和节假日的区分，也存在着不同时区的区分，等等。一般说来，对不同交易相对人实行差别待遇，是企业的自主权，属于意思自治、私法自由的范畴，在原则上是合法的、允许的。

在现实中，实行差别待遇也有许多正当理由，如因成本下降而对后买者降价销售；因交易时间不同所导致的价格差异；因购买数量不同而实行的不同价格；对销售不景气、企业解散时的商品、易腐商品的低价销售；迫于竞争而对产品价格有所区别对待；因其他市场条件的变化所导致的差别待遇，等等，这些并不构成歧视行为。

所谓的歧视行为，是指某企业没有正当理由而对相同的交易相对人给予不同的交易条件，使其处于不公平的竞争地位。歧视行为也称差别待遇，其中最典型、最严重的歧视行为是价格歧视，即卖方要求相同的买方支付不同的购价或者买方要求相同的卖方接受不同的售价，从而使得他们处于不公平的竞争地位。

值得指出的是，能够实行歧视行为的企业不可能是那些无足轻重的企业，它们自己不被人歧视就算不错了，而是那些占市场支配地位的企业。占市场支配地位的企业滥用市场优势歧视相对交易人，它的歧视连同它所支配的企业乃至整个相关市场都会一同歧视该相对交易人，该相对交易人难以转向他人寻求公平的交易机会，该相对交易人就会处于相当不利的竞争地位，甚至会被排挤出市场。如某企业占有市场支配地位，控制着生产某种商品的原材料或半成品，对不同的购买者给予不同的交易条件，那么以不利条件购买者较之以有利条件购买者就处于不同和不利的竞争地位，两者无法公平竞争。此外，只有占市场支配地位的企业才有实力实施歧视行为。支配企业凭借其市场优势，不怕丢失交易机会，也不会丢失交易机会，敢于给予某些交易相对人以苛刻的交易条件，而该交易相对人也难以因为所给予的交易条件苛刻而转向其他人寻求交易机会，只好被迫接受，由于接受了该苛刻的交易条件而处于不利的竞争地位；支配企业不怕赔本，也赔得起，敢于给予某些交易相对人以优惠的交易条件，该交易相对人由于接受了该优惠的交易条件而处于有利的竞争地位，可以把竞争对手排挤出市场。由于两者所给予的交易条件不同，导致两者的交易能力不同，两者无法公平竞争。

正因为只有具有市场支配地位的企业才能实行歧视行为，所以歧视行为才构成支配企业滥用市场优势地位的表现形式之一。美国《克莱顿法》第 2 条（a）和《罗宾逊—帕特曼反价格歧视法案》第 1 条（a）均规定：“从事商业的人在其商业过程中，直接或间接地对同一等级和质量商品的买者实行价格歧视，如果价格歧视的结果实质上减少竞争或旨在形成商业垄断，或妨害、破坏、阻止同那些准许或故意接受该歧视利益的人之间的竞争，或者是同它们的顾客之间的竞争，是非法的。”同时《罗宾逊—帕特曼反价格歧视法案》第 2 条规定：“商人在其商业过程中，在国内对同一品质、数量、等级的商品，通过给予买者比其竞争者更高的折扣、补贴、广告劳务费故意进行歧视，或为了破坏竞争、消灭竞争者，以低于其竞争者的价格出售或以不合理的低价出售，是非法的。”德国《反限制竞争法》第 20 条规定“禁止歧视，禁止不公平阻碍”。具体内容如下：“(1) 支配企业，第 2 条、第 3 条、第 28 条第 1 款规定的企业联合组织，以及依第 28 条第 2 款或第 30 条第 1 款设定零售价格的企业，不得在同类企业通常均可参与的商业交易中，直接地或间接地不公平地阻碍另一个企业，或在无客观正当理由的情况下直接地或间接地给予该另一个企业不同于类似企业的待遇……(3) 第 1 款意义上的支配市场的企业和企业联合组织，不得利用其市场支配地位，无客观正当理由在商业交易中要求或导致其他企业向自己提供优惠条件……(4) 相对于中小竞争者具有市场优势的企业，不得利用其市场优势，直接或间接地不公平地阻碍这些中小竞争者。特别是一个企业非临时性的以低于成本的价格供应商品或提供服务的，构成第 1 项规定的不公平阻碍，但具有客观正当理由的除外……(6) 如果拒绝某个企业加入经济联合会和企业联合会以及质量标志协会会对该企业构成无实质上合理理由的不平等待遇，并可能导致该企业在竞争中处于不公平的不利地位，则不得拒绝其加入。”欧共体《罗马条约》第 86 条 (c) 规定：“在相同的交易情形下，对交易当事人实行不同的交易条件，因而置其于不利的竞争地位的”，构成歧视行为，应予禁止。我国《反垄断法》第 17 条规定：禁止具有市场支配地位的经营者从事没有正当理由，对条件相同的交易相对人在交易价格等交易条件上实行差别待遇的行为。

在这里，必须区分合理的差别对待和非法的歧视行为，认定非法的歧视行为主要有以下标准：

(1) 行为人实施了歧视行为

歧视行为有种种表现形式，抽象的如不公平对待，不合理优惠，不公平阻碍等等，具体的如不同的价格、补贴、折扣、优惠等等，但实质上都是行为人对相同的交易相对人给予不同的交易条件，使其处于不利的竞争地位，只要合乎这一实质要求，就可以说实施了歧视行为。

(2) 损害了竞争

具体说来，一是损害了市场竞争，如行为人对某一相关市场给予优惠，影响行为人所处市场的竞争，这在美国反托拉斯法中被称为一线竞争 (the first line competition)；二是损害了交易各方之间的竞争，交易各方因被给予了不同的交易条件因而处于不同的竞争地位，他们之间的竞争受到损害，如销售者之间的竞争或购买者之间的竞争，这在美国反托拉斯法中被称为二线竞争 (the second line competition)。是否损害竞争是认定歧视行为的根本标准。

(3) 没有正当理由

根据人情世故和交易习惯，对于为什么要实行歧视行为，如果令人匪夷所思，也让人莫名其妙，实在找不出有什么正当理由，那么就可以认定该行为是歧视行为。如果有各种正当原因、合理理由，并且令人信服，那么该行为可能是正当的差别待遇。证明有无正当理由有一个具体的评判尺度，那就是考量被歧视的交易方与其他交易方之间是否具有可比性。[①] 如批发商与零售商、超级市场与小零售商，他们之间没有可比性，是不同的交易相对人，行为人对他们实行差别对待有其正当理由，如超级市场大额购买，使得生产商出于节约销售成本的考虑，往往会给予它们较之中小型零售商更优惠的价格折扣，这种价格歧视虽然对于中小型零售企业是不公平的、不利的，但在经济上是有效益的，也是合理的。并且这种差别，中小型零售企业可以在其他方面予以弥补，如超级市场，建筑面积大，房价或房租高，雇员多，管理成本高，使得超级市场尽管在进货时获得了更优惠的价格折扣，但售出货物的价格并不低廉；而小零售商，因陋就简，有时只是门脸房，不用另雇别人，也没什么管理成本，使得小零售商尽管在进货时未能获得优惠的价格折扣，但售出货物的价格并不高，超级市场与小零售商之间依然可以竞争。这里存在着公平与效益的冲突和如何选择的问题，但对不同的交易方给予不同的交易条件应该说是合理的、公平的。所以许多国家的反限制竞争法在规定反歧视行为的同时都规定了例外情况。如美国《罗宾逊—帕特曼反价格歧视法案》的有关规定，“不适用于那些因制造、销售、运输成本不同所作的合理补贴”，“不限制随着影响市场的条件的变化而产生的价格变化，也不限制容易变质腐烂的商品、司法扣押品以及停业中善意地销售商品”。德国《反限制竞争法》也规定对于“禁止歧视，禁止不公平阻碍”，“具有实质上合理理由的除外”。如果实行歧视行为有正当理由，那么行为人也可以据此对指控提出抗辩。

有关歧视行为的案例很多。如 1994 年 Caribe BMW v. AG BMW & NA BMW 一案。Caribe BMW 通过与 AG BMW 签订协议，从德国购买宝马汽车进口到波多黎各，再将其零售。后来，AG BMW 以较为低廉或更为优惠的条件将相似的宝马汽车卖给其全资北美子公司 NA BMW，再由 NA BMW 将汽车出售给那些与 Caribe BMW 进行竞争的

① 参见王晓晔编：《反垄断法与市场经济》，214 页，北京，法律出版社，1998。

零售商。1991年2月，Caribe BMW对AG BMW & NA BMW提起诉讼，指控它们实行了歧视行为。

在该案中，首先，要认定AG BMW & NA BMW是否构成同一主体。因为《罗宾逊—帕特曼反价格歧视法案》所规定的歧视行为应为同一主体所为，“歧视”的本义要求一个人在至少两次的买卖中以不同的价格将相似或相同的货物卖给相互有竞争关系的人。根据1984年最高法院在Copperweld Corp. v. Independence Tube Corp. 一案中关于“共谋”的判决，不包括母公司与全资子公司之间订立的合同，因为它们具有完全统一的意志、行为、目标和利益。母公司与其全资子公司之间的协同行为应被视为同一公司的行为。单独以所有权关系也可以进行判断：只要是完全的所有权就可以确定母公司和它的全资子公司为同一主体。基于此，法院认为，AG BMW对NA BMW的所有权使它们成为同一主体，AG BMW & NA BMW构成《罗宾逊—帕特曼反价格歧视法案》下的单一卖方。

其次，Caribe BMW与AG BMW签订的协议是一种规定最高转售价格的协议，这本是《谢尔曼法》第1条所禁止的。Caribe BMW拥有两类客户：一类是希望以尽可能低的价格购买产品和服务；另一类是希望花更高的价格获取更优的产品和更好的服务。但由于该协议，Caribe BMW不得不把价格定在一个它不希望的水平上。结果，一方面，因为NA BMW可以按照AG BMW向其提供的低价和优惠出售产品和服务，从而使Caribe BMW丧失了第一类客户；另一方面，又因为Caribe BMW不能提高价格以满足那些希望以更高的价格获得更优的产品和更好的服务的客户，又使其丧失了第二类客户。这两方面都给Caribe BMW造成损失。根据《克莱顿法》第4条，这些损失构成该条所指的反垄断损害类型，Caribe BMW可以获得三倍赔偿。①

从上述分析可以看出，歧视行为具有以下危害：

(1) 歧视行为对相同的交易相对人给予不同的交易条件，人为地在交易各方之间制造三六九等，使他们处于不同的竞争地位，具有不同的竞争能力，直接损害了他们之间的公平竞争。平等是人的本性要求，公平是人的追求目标，在某种意义上可以说，没有哪种损害比破坏公平、歧视人格更严重的了。受人歧视最让人不可忍受。歧视行为破坏了人类

① 参见沈四宝、刘彤：《美国反垄断法原理与典型案例研究》，253～262页，北京，法律出版社，2006。

的基本伦理准则。

（2）歧视行为尤其是价格歧视往往发生在大型企业和中小企业之间，即大型企业由于大额购买而获得价格优惠，而中小企业由于小额购买而难以与之共享该价格优惠，这样就损害了中小企业的利益，使本来就处于不利地位的中小企业更加不利，甚至会把它们排挤出市场。而一旦把中小企业排挤出了市场以后，市场上就只剩下大型企业了，而大型企业的形成常常是占市场支配地位企业的来源，所以歧视行为又常常加强大企业的市场支配地位，歧视行为往往是对大企业市场支配地位的形成如虎添翼。

（3）歧视行为，简言之就是行为人给予某些交易相对人以有利条件，同时给予某些交易相对人以不利条件，但歧视行为说到底还是一种经济行为，是行为人追求自身利益极大化的行为。"世上没有免费的午餐"，没有无缘无故的有利条件，给予某些交易相对人以有利条件是一种损失，但"堤内损失堤外补"，总是要通过给予某些交易相对人以不利条件来弥补的，由不利条件来弥补有利条件，就会加重不利条件，而不利条件的加重最终要落到消费者身上，由消费者去分担，这样就会损害消费者的合法权益。歧视行为是得利者巧妙地侵夺失利者，改变了社会利益的正当分配，社会财富不是通过市场公平竞争而分配，而是通过人为的歧视而分割，使社会财富的分配更不正义。

正因为歧视行为具有上述危害，所以必须依法禁止。

4. 捆绑销售

所谓捆绑销售（tying arrangement，tie-in），是指卖方在销售某种商品或服务时，强行附加其他不合理交易条件的行为。如卖方在销售某种商品或服务时强迫买方购买与该商品或服务无关的其他商品或服务，即是典型的捆绑销售行为。

捆绑销售有时也叫作搭售，如我国《反不正当竞争法》和《反垄断法》就是这样规定的。但我认为，由于搭售的本意是"顺便附加"，有"搭便车"的意思，搭售品与被搭售品或正售品之间存在着密切关系，或者起码存在某种关系，强制的意味并不突出，而且许多搭售还有相当的合理性，如销售电脑搭售杀毒软件，为了保证产品的配套而进行的搭售，这样的搭售不仅能够节约交易成本，而且能够保证产品质量，还能够提高效率，购买者也不是特别反对。但捆绑销售却不同。捆绑销售是卖方把不合理的交易条件强行附加给买方，"捆绑"一词不仅表明把两样不相关的东西人为地强行附加在一起，而且表明这种附加的程度还十分紧密，如同“捆绑”一样，更好地突出了其强制性，明显地具有不合理性。因而对待捆绑销售，不必像对待搭售一样，要区分合理的搭售和不合理的搭售以适用合理原则，而是完全可以直接认定捆绑销售是违法的，并适用本身违法原则。基于此，我认为在《反不正当竞争法》中可以使用“搭售”，但在反限制竞争法中使用“捆绑销售”则更恰当。

捆绑销售具有以下弊端：

一是在捆绑销售中，卖方把不合理的交易条件强行附加给买方，违背了买方的自由意志，损害了市场竞争和市场经济的基础，即人们的自由意志。只有在充分发扬并高度尊重人们自由意志的基础上才会有真正的市场竞争和市场经济，如果没有了人们的自由意志，就没有市场竞争，也没有市场经济。

二是在捆绑销售中，买方在购买自己所需要的某种产品的同时必须购买自己不需要的其他产品，这限制了买方的选购自由。而限制了人们的选购自由，人们就无法对各类厂商及其产品作出合理而公正的评价，在有选购自由的情况下，人们只会选购那些自己需要的产品而不会选购那些自己不需要的产品。当人们都认为某种产品自己不需要、不愿选购时，那么生产销售该产品的厂商就会被淘汰出局。这正是市场竞争的价值所在。市场竞争让人们享有广阔的选购自由，让人们在选购自由中，选拔那些价廉物美的厂商，而选掉那些质次价高的厂商。而捆绑销售是对市场竞争这一价值的根本否定。

三是在捆绑销售中，买方在购买一种自己需要的产品的同时还得购买自己不需要的其他产品，这“不需要的其他产品”不仅使买方多花钱，而且徒增负担，如额外的运输、保管等负担。有时这种负担足以削弱买方的市场竞争力，使其无法同那些无此负担的竞争对手进行公平竞争，甚至有可能把有此负担者排挤出市场，限制市场竞争。

四是由于捆绑销售多为占市场支配地位者所为，它不仅能够支配捆绑产品，在捆绑产品市场占有支配地位，而且通过捆绑销售，把对捆绑产品的支配地位延伸到被捆绑销售的产品市场，对被捆绑销售的产品市场加以支配，使得被捆绑产品市场无法自由公平竞争。一个支配地位易于滥用，两个支配地位更是如此，并且从支配捆绑产品市场延伸到支配被捆绑产品市场本身已是滥用市场支配地位，必须加以禁止。

正因为捆绑销售具有上述弊端，所以许多国家的反限制竞争法都对其加以禁止。如欧共体条约第 81 条第 1 项（e）和第 82 条（d）规定：“要求对方当事人接受与合同的主题在本质上或者商业惯例上无关联的附加义务，作为签订合同的前提条件的”将受到法律的禁止。我国《反垄断法》第17条规定：禁止具有市场支配地位的经营者从事没有正当理由搭售商品，或者在交易时附加其他不合理的交易条件。

那么怎样认定捆绑销售呢？大致有以下认定标准：

一是所附加交易条件是否具有合理性。

认定交易条件是否合理，应从以下方面进行考量：产品的特性，如电脑与杀毒软件就具有一定的合理性（这种合理性是一种关联性），但电脑与食品就不具合理性（因为两者风马牛不相及）；交易习惯，如出售西服与销售领带就合乎交易习惯，但把鞋子与鞋带分开出售反而不合乎交易习惯；交易成本，如把各种零件组合销售就比分别销售各零件更能节约交易成本，因而它就具有合理性，反之则不具有合理性；技术条件，从技术条件看，有的产品如一些不可分物、集合物根本无法分售，如果分售只能损害其功用；等等。综合上述因素可以认定交易条件是否合理。

二是是否违背购买者的意愿。

上述附加交易条件是否合理，归根结底取决于购买者的意愿及认识。如果购买者认为所附加的交易条件是合理的那就是合理的，如他认为出售西服与销售领带是合理的那就是合理的，如他认为出售西服与销售领带是不合理的那就是不合理的。既然消费者是上帝，一切市场行为都要接受消费者的评判，那么就应给予消费者以充分的自由。

三是卖方是否占有市场支配地位。

在自由的市场交易中，交易主体地位相当、平等协商、等价有偿，谁也无法把不合理的交易条件强加给对方，谁如果这样，那么市场力量自然会将其加以纠正。但当出现占市场支配地位的企业时，市场丧失了纠错能力，支配企业就可以凭借其支配地位，把不合理的交易条件强加给弱小的交易相对人，如果弱小者不接受，就会被拒绝交易，连它所需要的产品都无法获得，结果只能淘汰出局。所以严格说来，只有占市场支配地位的企业才能实行捆绑销售行为，也只有占市场支配地位的企业所实行的捆绑销售才具有反竞争的危害性。这也是反限制竞争法把该行为作为滥用市场支配地位的行为之一来加以反对的根本原因。

这方面的典型案例如1992年美国法院审理的柯达公司诉图像技术服务公司一案。在该案中，柯达公司将设备零件与设备维修服务捆绑销售，并采取一系列措施限制向图像技术服务公司提供柯达的设备零件，使得图像技术服务公司无法与柯达公司在为柯达设备维修服务方面公平竞争。于是，图像技术服务公司指控柯达公司捆绑销售。

法院在审理此案时，特别强调以下方面：一是柯达公司采取一系列措施限制向图像技术服务公司提供柯达的设备零件，是否限制了图像技术服务公司的选购自由。柯达公司认为，“主产品市场的竞争排除了在其衍生产品市场中具有控制力的可能”，也就是说，由于设备市场存在竞争，所以柯达公司没有能力控制设备零件和设备维修服务市场的竞争。但法院认为，由于要获得复杂、耐用设备的有关信息十分困难，对复杂、耐用设备的周期价格的计算成本高昂，使得主产品市场（设备市场）与衍生产品市场（设备零件与设备维修服务市场）的联系减少，主产品市场的竞争排除不了在其衍生产品市场中具有控制力。有证据显示，柯达公司几乎100%地控制了设备零件市场，在服务市场上占有80%到95%的市场份额，并且没有很容易的替代产品。这足以说明柯达公司有能力在设备零件和维修服务市场上控制价格和排除竞争，达到了《谢尔曼法》第2条规定的垄断标准。二是因为要获得复杂、耐用设备的有关信息十分困难，对复杂、耐用设备的周期价格的计算成本高昂，使得图像技术服务公司难以转向使用其他品牌的产品，限制了图像技术服务公司的选购自由。也因为转移成本高昂，已经购买了设备且因此而被套牢的消费者将会在转向购买其他公司产品之前容忍一定程度的价格上涨，这就损害了消费者（包括图像技术服务公司）的利益。三是柯达公司提出，市场上有很多精明的消费者有能力去获得有关的信息并计算出相应的价格，或者以再次光顾为由要求柯达公司提供有关的信息和价格，从而大大减少了获得信息的困难和计算价格的成本。但法院认为，有充分的理由怀疑那些精明的消费者保证会将这一合理的价格告诉其他消费者。而且，一个公司如果能够区分精明的消费者和其他消费者，往往会对他们实行价格歧视。四是法官指出，柯达公司是在销售了产品之后再对其零部件的销售政策加以改变的，而这一销售政策鲜为消费者所知。如果柯达公司在消费者购买其产品时就告知其销售政策，即柯达公司的设备与设备零件及设备维修服务是捆绑销售的，消费者在购买其产品时可以对柯达公司的产品价格与其他公司的产品周期价格进行比较，那么就不存在客户被绑定的问题。但事实不是这样。五是柯达公司辩称，通过阻止消费者接受图像技术服务公司的服务，“能够更好地为复杂设备提供高品质的服务”，并且避免“因产品故障，或者是不适当操作、维护或由图像技术服务公司维修造成的问题而受到责备”。但有证据表明，图像技术服务公司提供了质量上乘的服务，而且一些柯达设备的所有者更青睐于它们的服务。六是柯达公司声称，其销售政策是为了控制库存成本。但柯达公司的销售政策与任何控制库存成本的需要都不相符。因为大体上，修理柯达设备所需的零件库存同机器的故障出现率相配合即可，而这一比率无论是由柯达公司或由图像技术服务公司进行修理都是一样的。七是柯达公司提出，其销售政策是为了防止图像技术服务公司“利用柯达公司在产品改进、生产和设备销售方面的投入，从而剥夺了柯达公司在服务市场的收益”，而认为图像技术服务公司是设备和零件市场上的“搭便车”者，因为它没能同时进入设备和零件市场。但法院认为，如果一概反对“搭便车”，特别是对非专利技术、公共技术的合理利用，那么就会阻碍经济社会的发展进步，在本案中，图像技术服务公司修理柯达设备当然要“利用柯达公司在产品改进、生产和设备销售方面的投入”，否则就无法修理柯达设备。而且反托拉斯法所禁止的行为之一就是要求潜在的竞争者能同时进入两类市场，而又对其进入市场设置障碍的行为。[①] 基于上述分析，法院判决柯达公司败诉。

四、对滥用市场支配地位行为的规制

滥用市场支配地位行为损害了市场竞争，必须予以规制。综合美国和欧共体反限制竞争法的有关规定和司法实践，对滥用市场支配地位行为的规制主要采用以下规制方法予以禁止：一旦发生滥用市场支配地位行为的情形，有关当局就会启动调查程序（如欧共体第 17 号条例）进行调查，并在必要时向相关法院提起诉讼，法院认定后，可以发出命令，禁止支配企业滥用市场支配地位行为，或者要求分解支配企业以防止其将来继续滥用市场支配地位，对严重的滥用市场支配地位行为，可以处以大额罚款或对有关人员判处监禁。此外，也鼓励私人诉讼，如美国《克莱顿法》第 4 条规定：“任何因反托拉斯法所禁止的事项而遭受财产或营业损害的人，可在被告居住的、被发现的、或有代理机构的区向美国区法院提起诉讼，不论损害大小，一律给予其损害额的三倍赔偿、诉讼费和合理的律师费。”

① 参见沈四宝、刘彤：《美国反垄断法原理与典型案例研究》，286～298 页，北京，法律出版社，2006。

五、禁止公用企业滥用市场支配地位

如前所述，企业占有市场支配地位有多种原因和途径，其中成为公用企业就是一个重要的原因和途径，有些企业只要成为公用企业或把自己装扮成公用企业，乃至打着公用企业的旗号就可能获得政府的支持因而占有市场支配地位。当它们占有市场支配地位以后，往往也会滥用市场支配地位，这对于那些把自己装扮成公用企业或者打着公用企业旗号的企业来说，尤其如此。在现实中，公用企业滥用市场支配地位已成为企业滥用市场支配地位的一种重要表现形式，所以在讨论滥用市场支配地位时必须讨论公用企业滥用市场支配地位的情形。

1. 什么是公用企业

界定公用企业可以从分析公用企业的属性开始。大体说来，公用企业具有以下属性：

（1）公益性

公用企业的产权往往为公共所有，甚至多为国有国营，即使是私人所有，也会受到政府管制，远没有其他私有企业那样自由，它要服务于公共目的和公共利益；它提供的多为基础设施，关系国计民生，影响国泰民安，不同于一些无关大局的小企业；它投资巨大，资产专用性强，沉没成本大，回收率低，回收期长，为一般私人企业所不能为；它提供的多是公共设备、公共产品，为社会公众所共享，不具有排他性，不能防止“搭便车者”，为一般私人企业所不愿为；它向社会公众提供的商品或服务，涉及面广，关系重大，具有公共性和公益性，与纯粹的营利性企业有所不同；它要满足人们的日常生产和生活需要，其产品能为社会公众所获得和可承受，具有普遍性和必要性，不同于那些只为少数人提供产品和服务的“私用企业”。

（2）独占性

有些设施“特立独行”，如不能修几条同样的铁路，不能铺几套同样的管线，有时客观上还只能由一家企业向市场提供商品或服务，在这些领域根本无法开展竞争；某些市场，一家企业进入后，就排斥了其他企业以同样的方式进入该市场，如某些独特市场，商机只给先占者，只有第一，没有第二，并且“从一而终”，此类市场存在严重的市场壁垒；一些行业，由一家企业单独经营往往比由多家企业竞争经营更能避免重复建设，节约有限资源，也更富有效益，这种行业只适合独家经营；一些行业随着经营规模的递增而效益提高，只有达到一定规模即形成网络以后，如交通运输网络、邮政网络、电信网络、传送网络、互联网络等，才有效益，规模太小或不成规模就没有效益，规模经济的要求不允许过多企业进入市场而分散经营，这类行业要求实行规模经济。正因为如此，所以大多数国家遵从客观规律的要求，在相关领域、市场或行业依法设立公用企业，指定其经营范围或项目，并赋予其独占地位。

（3）自然垄断

如前所述，垄断的成因和表现多种多样，既有人为垄断，又有自然垄断。所谓的自然垄断是指该垄断不是人为的而是自然的，是自然而然形成的，是自然性质的垄断。自然垄断有其产生的生产技术原因，“所谓自然垄断通常是指这样一种生产技术特征：面对一定规模的市场需求，与两家或更多的企业相比，某单个企业能够以更低的成本供应市场”①。自然垄断存在于特定产业，研究公用事业的经济学家认为：“通过网络提供传统公共服务的产业，如电信、电力、煤气和供水服务等，通常就具有自然垄断的特征，习惯上称其为公用事业（public utilities）。”② 自然垄断有其存在的价值，史普博认为：“自然垄断一般出现在公用事业（电力、电信、天然气和供水）及运输业（铁路、管道）。在这些产业中，过多企业的进入可能导致传送网络和其他设施（如电缆、输油管和铁轨等）的高成本的重复投资。”③ 这些都说明，公用企业与自然垄断之间存在着密切的联系，公用企业具有自然垄断的性质。此外，有必要指出的是，自然垄断突出“自然”，它具有“自然”性质，而凡是自然的总是客观的、合理的、合法的，也就是说，自然垄断具有合理性、合法性，这既是自然垄断与其他垄断的重要区别之所在，也是具有自然垄断性质的公用企业可以合理合法存在的根本原因。

（4）管制性

公用企业为国家社会提供基础设施，这些基础设施是社会生产和生活的基本条件，关系国计民生，影响国泰民安，因而必须对公用企业如何提供基础设施进行宏观调控，加以必要的管制；公用企业要为社会公众提供产品和服务，要保障全社会成员包括社会弱者也能得到必要的产

① ［美］史普博著，余晖等译：《管制与市场》，4页，上海，上海三联书店，1999。

② ［英］卡布尔主编，于立等译：《产业经济学前沿问题》，229～230页，北京，中国税务出版社，2000。

③ ［美］史普博：《管制与市场》，4页，上海，上海三联书店，1999。

品和基本的服务，就必须对公用企业的产品和服务的质量和价格进行管制；公用企业处于独占或支配地位，具有市场优势，社会公众作为消费者对其提供的商品或服务没有选择的余地，处于不利的地位，因而在这些行业中保护消费者权益问题特别突出，需要加强管制；公用企业形成自然垄断，"自然垄断的存在常常伴随着政府对价格、服务质量和进入的管制"①，公用企业即使是"由私人股东所有，但在地方或中央政府与公用事业单位之间，一般都存在着某种形式的隐含的或明确规定的规制合同"②，自然垄断与政府管制是一种对应制衡关系，"作为对这种特许垄断的回报，这些受到特许的厂商允许政府管制其价格和业务经营"③。

至于公用企业的概念，有种种界说。其中，我国的法定概念是国家工商行政管理局 1993 年 12 月发布的《关于禁止公用企业限制竞争行为的若干规定》第 2 条的规定："……公用企业，是指涉及公用事业的经营者，包括供水、供电、供热、供气、邮政、电讯、交通运输等行业的经营者。"但这一法定概念，用公用事业来界说公用企业不甚适当，因为用事业来界说企业，尽管指出了公用企业的社会公益性，但企业不同于事业，公用企业也不是事业单位，它在本质上还是企业，还要以营利为目的，只不过它的营利方式、营利水平和营利目的与其他商业企业有所不同而已。基于此，我认为，公用企业就是提供公用产品和服务的企业，它具有公益性、独占性、自然垄断性和管制性，主要包括供水、供电、供热、供气、邮政、电讯、交通运输等行业的经营者。

2. 公用企业限制竞争的表现

公用企业限制竞争的行为，有种种表现形式。根据《关于禁止公用企业限制竞争行为的若干规定》第 4 条的规定，主要有以下情形：

(1) 限定用户、消费者只能购买和使用其附带提供的相关商品，而不得购买和使用其他经营者提供的符合技术标准要求的同类商品。

(2) 限定用户、消费者只能购买和使用其指定的经营者生产或者经销的商品，而不得购买和使用其他经营者提供的符合技术标准要求的同类商品。

这两种情形类似于搭售。诸如煤气公司限定用户只能购买它自己提供的或其指定厂家生产的煤气灶和热水器，电力部门限定用户只能购买

① [美] 萨缪尔森、诺德豪斯：《经济学》，12 版，下册，839 页，北京，中国发展出版社，1992。
② [英] 卡布尔主编：《产业经济学前沿问题》，230 页，北京，中国税务出版社，2000。
③ [美] 史普博：《管制与市场》，5 页，上海，上海三联书店，1999。

它自己提供的或其指定厂家生产的配电箱、电表等行为都属于这两类情形。

（3）强制用户、消费者购买其提供的不必要的商品及配件。

（4）强制用户、消费者购买其指定的经营者提供的不必要的商品。

这两类情形相当于强制交易或捆绑销售。如电信部门在提供电话安装服务时强制用户购买它自己提供的或它指定厂家生产的电话机，否则不给安装电话。

（5）以检验商品质量、性能为借口，阻碍用户、消费者购买、使用其他经营者提供的符合技术标准要求的其他商品。如质检部门滥用质检权力，把其他经营者提供的原本符合技术标准要求的商品“检验”为不合格，不让用户、消费者购买、使用，而要求用户、消费者使用其“检验”为合格的产品。

（6）对不接受其不合理条件的用户、消费者拒绝、中断或者削减供应相关商品。诸如用户、消费者不接受电力部门的不合理条件，电力部门就拉闸限电；用户、消费者不接受水务部门的不合理条件，水务部门就关阀停水，等等。

这两类情形相当于拒绝交易。

（7）其他限制竞争的行为。诸如滥收费用、歧视行为、内部业务交叉补贴行为[①]，等等。

3. 公用企业限制竞争的规制

公用企业，其经济社会地位处于基础设施的关键地位，其所提供的产品和服务关系国计民生、影响国泰民安，所以其限制竞争的行为，不但制约整个国民经济的发展和整体竞争力的提高，而且造成资源的浪费和分配的不公，还诱发政治腐败，最终损害消费者和社会公众的利益，其危害甚大，必须依法禁止。德国《反限制竞争法》第 130 条规定：“［公用企业，适用范围］（1）本法也适用于全部或部分属于公有或由公共部门管理或经营的企业。本法第一编至第三编的规定不适用于德意志联邦银行和复兴信贷机构。（2）本法适用于一切在本法适用范围内产生影响的限制竞争行为，限制竞争行为系本法适用范围以外的原因所致

① 这主要是指公用企业为了排挤竞争对手而降低某类产品或服务的价格，但同时提高某类产品和服务的价格予以弥补的行为。如电信部门推出的“办来电显示送电话机”活动即是如此。电信部门之所以能够免费赠送电话机，是因为可以用来电显示的收费来弥补。这就是一种内部业务交叉补贴行为。

的，亦同。(3)《能源经济法》的规定并不影响第19条（滥用市场支配地位）和第20条（禁止歧视，禁止不公平阻碍）规定的适用。”我国国家工商行政管理局《关于禁止公用企业限制竞争行为的若干规定》第3条规定：“公用企业应当遵守国家法律的规定，不得利用自身的优势地位妨碍其他经营者的公平竞争，也不得侵害消费者的合法权益。”第4条规定公用企业在市场交易中不得实施限制竞争的行为，第5条还规定了具体的禁止方法：“公用企业实施前条所列行为的，由工商行政管理机关依据《反不正当竞争法》第二十三条的规定，责令停止违法行为，并可以根据情节，处以五万元以上、二十万元以下的罚款。公用企业拒不执行处罚决定，继续实施前条所列行为的，视为新的违法行为，从重予以处罚。”

在这里要指出的是，公用企业滥用优势地位是一种限制竞争行为，仅有《反不正当竞争法》的规制是不够的，也是不当的。但后来我国的《反垄断法》对公用企业限制竞争的行为并未予以明确规制。只是在第7条规定：“国有经济占控制地位的关系国民经济命脉和国家安全的行业以及依法实行专营专卖的行业，国家对其经营者的合法经营活动予以保护，并对经营者的经营行为及其商品和服务的价格依法实施监管和调控，维护消费者利益，促进技术进步。前款规定行业的经营者应当依法经营，诚实守信，严格自律，接受社会公众的监督，不得利用其控制地位或者专营专卖地位损害消费者利益。”鉴于我国的一些公用企业同时具有公共管理职能，如中石油、中石化、中国移动、中国网通，等等，即是如此，因而可以比照我国《反垄断法》第34条的规定——“行政机关和法律、法规授权的具有管理公共事务职能的组织不得滥用行政权力，以设定歧视性资质要求、评审标准或者不依法发布信息等方式，排斥或者限制外地经营者参加本地的招标投标活动。”——，与第35条的规定——“行政机关和法律、法规授权的具有管理公共事务职能的组织不得滥用行政权力，采取与本地经营者不平等待遇等方式，排斥或者限制外地经营者在本地投资或者设立分支机构。”——，以及第36条的规定——“行政机关和法律、法规授权的具有管理公共事务职能的组织不得滥用行政权力，强制经营者从事本法规定的垄断行为。”对于其法律责任，也只能比照第48条的规定——“经营者违反本法规定实施集中的，由国务院反垄断执法机构责令停止实施集中、限期处分股份或者资产、限期转让营业以及采取其他必要措施恢复到集中前的状态，可以处五十万元以下的罚款。”——加以追究。

第九节　反限制竞争法的适用

一、执行机构

要有效地执行反限制竞争法，必须设立它的执行机构。如美国设有反托拉斯局、联邦贸易委员会，德国设有卡特尔局、垄断委员会，日本设有公正交易委员会，我国的国务院反垄断委员会等等。① 为了论述方便，在这里统称为反限制竞争法执行机构。

（一）反限制竞争法执行机构的性质

1. 反限制竞争法的执行机构应是一个专门机构

限制竞争（行为）损害消费者利益，由于每一个人都是作为消费者才能满足自己的需要，从而限制竞争几乎会遭到每一个人的反对，每一个人都可以成为反限制竞争法的执行者。如美国《克莱顿法》第 4 条就规定："任何因反托拉斯法所禁止的事项而遭受财产或营业损害的人，可在被告居住的、被发现的、或有代理机构的区向美国区法院提起诉讼，不论损害大小，一律给予其损害额的三倍赔偿、诉讼费和合理的律师费。"② 但限制竞争者尤其是垄断者是一个强有力的超级组织，占有市场霸权，要真正反限制竞争必须以强权对强权才能成功。因此，反限制竞争主要不是靠个人，而是靠以国家公权力为后盾的专门机构。美国的

① 但我认为，不宜叫做反垄断执法机构，因为执行机构执行的不是反垄断，而是反垄断法，如前所述，叫反限制竞争法比叫反垄断法更准确，所以准确说来，应叫作反限制竞争法执行机构。

② 有资料统计，从 1941 年至 20 世纪 60 年代中期，美国法院的私人反托拉斯法诉讼与政府的比率是 6∶1；20 世纪 60 年代中期至 70 年代后期，这个比率达到了 20∶1；在 20 世纪 80 年代，私人反托拉斯法诉讼达到了1 500件，曾创年度最高纪录；近年来，私人反托拉斯法诉讼平均为每年 700 件。参见王晓晔主编：《反垄断法热点问题》，247 页，北京，社会科学文献出版社，2007。之所以如此，是因为私人往往是垄断行为的直接受害者，私人散居社会各域；直面各种垄断行为，易于掌握各种垄断行为的情况并加以举报。但这并不否认反垄断法的执行要以国家专门机构为主，因为私人只是提起反托拉斯法诉讼，并不能直接单独执行反托拉斯法，私人的诉讼要求要得以实现，离不开国家专门机构的执法行为。所以严格说来，不宜叫作反垄断法的私人执行，而只应叫作私人反垄断法诉讼。只不过，有私人的积极参与和大力配合，有助于国家专门机构进行执法。

反托拉斯局、联邦贸易委员会，德国的卡特尔局、垄断委员会，日本的公正交易委员会，英国的公平贸易总局、垄断和合并委员会，法国的竞争委员会，等等，它们都是专门的国家机构，专司反限制竞争法的执行。

2. 反限制竞争法的执行机构应是一个专业机构

执法的核心和目的是最准确地分析问题和最有效地解决问题，这就离不开应有的知识和专业，在现代高度知识化、专业化的社会尤其如此，要在现代社会执法必须依靠知识丰富、专业精深的专家。对于反限制竞争法的执行来说尤其如此。限制竞争行为是一种十分复杂的社会现象，反限制竞争法是一种知识性、专业性、政策性都很强的法律，这就决定了反限制竞争法的执行机构应是一个由各种专家所组成的专业性很强的机构。这一点，许多国家的反限制竞争法都作出了相应的规定，如美国《联邦贸易委员会法》规定联邦贸易委员会下设竞争处和经济处，竞争处由法学家组成，经济处由经济学家组成，在美国甚至根据专家的执法经验来对反托拉斯局和联邦贸易委员会的管辖权进行分工，如由反托拉斯局负责处理计算机软件、金融服务、媒体、娱乐和电信市场的竞争问题，由联邦贸易委员会负责处理轿车和卡车、计算机硬件、能源、医疗、药品制造和生物技术等领域的反竞争行为。[①] 德国《反限制竞争法》第 24 条第 2 款规定德国的垄断委员会是一个专家鉴定机构，“它由五名成员组成，他们必须具有专门的国民经济学的，企业经济学的，社会政治学的，技术的或经济法方面的知识及经验”；日本《禁止私人垄断及确保公正交易法》第 19 条规定，日本的公正交易委员会由委员长和委员四人组成，“委员长和委员……从年龄在三十五岁以上并有关于法律或经济的学识经验的人中，予以任命”；法国的竞争委员会由 16 名委员组成，其中 7 名委员必须从行政法院、审计总署或法官中选任，4 名委员必须是在经济、竞争法或消费者保护问题方面有专门知识和经验的专家，其余 5 名委员必须从事过工业、商业、手工业、服务业或自由职业。将来我国的反限制竞争法执行机构也应由有关专家组成。综观许多国家的反限制竞争法的执行机构，专家执法的特点格外醒目。德国前联邦卡特尔局局长乌尔夫·伯格认为“能力”是量化反限制竞争法执行机构是否高效和最佳设计的第二个标准，他所说的“能力”，其前提是“竞争机构对法律、经济和商业管理的基本原则有充分的了解，而且要

① 参见王晓晔主编:《反垄断法热点问题》，256 页，北京，社会科学文献出版社，2007。

不断地更新和拓展这些方面的知识”[①]。

3. 反限制竞争法的执行机构应是一个专职机构

限制竞争行为尤其是垄断行为，盘根错节，关系复杂，对许多反限制竞争案件的执法旷日持久、费时费力，反限制竞争是一件十分繁复的工作，非专职机构和专职人员所不能胜任。美国《联邦贸易委员会法》第1条规定：“联邦贸易委员会委员不得从事其他实业、休假或其他职业。”德国《反限制竞争法》第24条规定：“垄断委员会成员既不得就职于政府机构，联邦立法机构或州立法机构，亦不得是联邦、州或其他公法人的公职人员……他们也不得作为经济协会或雇主组织或职工组织的代表人，也不得与常设机构或商业事务方面有什么关系。在当选为垄断委员会成员的前一年，他们也不得担任过同类职务。”日本《禁止私人垄断及确保公平交易法》第37条规定：“委员长、委员和以命令规定的公正交易委员会的职员，在任职期间，不得从事符合下列各项之一的行为：一、充任国会或地方公共团体的议会的议员，或积极地从事政治运动；二、除有内阁总理大臣的许可外，从事其他有报酬的职务；三、经营商业以及从事其他以金钱上的利益为目的业务。”

4. 反限制竞争法的执行机构应是一个独立性机构

人类漫长的执法历史早已证明，执法机构不独立难有公平公正之执法。反限制竞争法的执行机构是市场公平自由竞争的化身，为了保障反限制竞争法的执行机构能够切实执行反限制竞争法，维护市场公平自由竞争，必须依法规定反限制竞争法的执行机构是专职机构，赋予它以独立的地位，割断它与社会上其他人与事的利害关系。德国卡特尔法的创始人之一瓦尔特·欧肯曾经说过：“反垄断机构的独立性至少和最高法院的独立性同样重要。”德国的立法者从一开始就决定建立一个独立的竞争机构，德国《反限制竞争法》第51条规定“联邦卡特尔局是一个独立的联邦高级机构”。即是说，联邦卡特尔局如同一个法院，可以独立地且不受外界影响对卡特尔案件作出裁决，其裁决的依据仅是竞争政策而不顾及保护竞争之外的其他经济政策目标。德国前联邦卡特尔局局长乌尔夫·伯格也认为，独立性是量化反限制竞争法执行机构是否高效和最佳设计的“第一项而且也是最为重要的标准”[②]。德国另一位前联邦卡特尔局局长1997年来华参加中国社会科学院法学研究所德国法与

① 王晓晔主编：《反垄断法热点问题》，221页，北京，社会科学文献出版社，2007。

② 王晓晔主编：《反垄断法热点问题》，220页，北京，社会科学文献出版社，2007。

欧盟法研究中心举办的中德反限制竞争法比较研讨会，在会上，他在介绍德国竞争法的经验时特别强调卡特尔局的独立性，“不管是经济部长还是我本人都不得对具体案件发布指令。联邦卡特尔局裁决的独立性基本可以不受政策由此可以不受利益集团间争执的影响。通过法院或者通过独立的机构使卡特尔法不受政策干扰得以适用的政策，已经成为越来越多国家的样板”[①]。在德国《反限制竞争法》实施五十多年的过程中，共计有3万件企业合并的申请，其中仅有20件合并申请经过部长批准，而其中只有7件申请获得了部长批准，这7件批准书中又有5件附加了一定的条件。1989年，联邦经济部长豪斯曼附条件地批准了戴姆勒—本茨与MBB公司的合并，因合并规模过大受到法律界和经济界人士的严厉批评而下台。[②] 日本的《禁止私人垄断及确保公正交易法》第28条规定“公正交易委员会的委员长及委员独立行使职权”。世界银行在其2002年的一个报告中建议，反限制竞争法执行机构的主席最好由国家议会来任命，它有自己独立的财政预算。根据报告中对50个发达国家的调研资料，现在63%的国家有独立的反限制竞争法执行机构，该机构不属于任何部门。[③]

5. 反限制竞争法的执行机构不尽是行政机构

确实，世界上有些国家的反限制竞争法的执行机构隶属于行政机构或本身就是行政机构，如日本的公正交易委员会就是一个行政委员会，它为内阁总理大臣所管辖；英国的公平贸易总局也是一个行政机构。但总体来说，绝大多数国家的反限制竞争法的执行机构不尽是行政机构，至少不是纯粹的行政机构，它们享有比一般行政机构大得多的独立性和自治性。如美国的反托拉斯局虽然在行政关系上隶属于司法部，但它不是纯粹的行政机构，它还负责在普通法院提起民事诉讼或刑事诉讼，因此它又是一个检察机构，是一个准司法机构。而美国的联邦贸易委员会则是一个独立于政府的机构，它的工作直接受国会的领导和监督。德国的联邦卡特尔局有权独立地对具体案件作出裁决，它具有准司法机构的性质，德国的垄断委员会的活动也是独立的，它只受《反限制竞争法》的约束。即使是日本的公正交易委员会，尽管它是一个行政委员会，但法律规定它的委员长和委员必须在取得两议院的同意后任命，而且公正

① 王晓晔主编：《反垄断法与市场经济》，258页，北京，法律出版社，1998。

② 参见王晓晔主编：《反垄断法热点问题》，221、258页，北京，社会科学文献出版社，2007。

③ 参见王晓晔主编：《反垄断法热点问题》，258页，北京，社会科学文献出版社，2007。

交易委员会独立行使职权。英国的公平贸易总局尽管是一个行政机构，但公平贸易总局及其局长的业务活动不受政府指示的约束。指出反限制竞争法的执行机构不尽是行政机构，对于我国进行反限制竞争法执行机构的设计尤其有意义。

（二）对目前我国反限制竞争法执行机构设计的反思

目前，我国既颁行了《反不正当竞争法》，也颁行了《反垄断法》。《反不正当竞争法》第3条规定："县级以上人民政府工商管理部门对不正当竞争行为进行监督检查。"也就是说国家各级工商行政管理部门是反不正当竞争法的执行机构。我国的《反垄断法》第9条规定："国务院设立反垄断委员会，负责组织、协调、指导反垄断工作。"第10条规定："国务院规定的承担反垄断执法职责的机构（以下统称国务院反垄断执法机构）依照本法规定，负责反垄断执法工作。国务院反垄断执法机构根据工作需要，可以授权省、自治区、直辖市人民政府相应的机构，依照本法规定负责有关反垄断执法工作。"但至于国务院反垄断委员会具体由国务院的哪个或哪些部门组成，是由它们各自负责还是联合负责执行反限制竞争法尚未确定，因而也引起了有关部门的期待和争执。其中争当反限制竞争法执行机构的主要是国家工商管理部门、商务部门与国家发展和改革委员会。

但我认为，如果将来由工商行政管理部门、商务部门和发改委作为我国反限制竞争法的执行机构，似有以下不妥：

1. 工商行政管理部门、商务部门和发改委是各级行政机构的直属部门，受各级行政机构的直接领导，其独立性和权威性远远不够，在中国现行体制下难以独立有效地执行反限制竞争法。

2. 当前，我国理论界有很多人把我国的反限制竞争法的执行机构设计为行政机构，而且在实践中，我国的工商行政管理部门已是《反不正当竞争法》的执行机构，所以它将来也可以作为《反垄断法》的执行机构，最起码可以和商务部门与发改委一同执行反限制竞争法。① 但这种设计是不妥的，因为在我国虽然转变了政府的经济职能，减少了政府对社会经济生活的干预，但种种事实表明，在计划体制下形成的那种政府主治的现象并没有完全改变，而且也确实难以改变，因为在任何社会

① 但也有国家工商行政管理部门的同志认为，目前由国家工商行政管理部门执行反不正当竞争法，并未排除待条件成熟时设立专门的反垄断法执行机构。

环境里、在任何经济形式下，政府必然处于社会经济的核心地位，因此，政府干预以及由政府干预所导致的行政垄断是不可避免的。在我国现阶段存在的垄断主要就是行政垄断，这种行政垄断比任何其他形式的垄断或限制竞争都更能阻碍市场的公平自由竞争，并且行政垄断是“行政”加“垄断”，是垄断的行政化，是对垄断的行政保护和强化，这也就说明，在我国，反限制竞争首先是反行政垄断，难点也是反行政垄断。如果说反私人垄断，行政机构还堪当此任的话，那么，反行政垄断就不能靠行政机构或隶属于行政机构的其他机构了，因为自己反对自己是不易和不力的，自身对自身进行制约就等于没有制约。反行政垄断必须依靠独立于行政机构的其他非行政机构，反行政垄断本质上也是权力分立和权力制衡在经济法治方面的一个具体而重要的表现。因此，在我国不应把工商行政管理部门、商务部门和发改委这些行政机构作为反限制竞争法的执行机构，而有必要建立一个专门的反限制竞争法的执行机构，这样，一方面有助于反行政垄断，另一方面又可以防止行政机构借反限制竞争之名而行行政干预之实。

3. 尽管在西方发达资本主义国家，反限制竞争法的执行机构有的隶属于行政机构，或有的本身就是行政机构，但由于资本主义的基本经济制度是私有制，政府（行政机构）一般并不直接经营管理企业、介入干预企业经营管理，政府（行政机构）与企业是相对隔离的、没有直接利害关系，在这种情况下，让反限制竞争法的执行机构隶属于（但实际上依然是高度独立于）政府（行政机构），能够有效地执行反限制竞争法，监督企业进行自由竞争。而中国是发展中的社会主义国家，在基本经济制度上仍然是公有制占重要地位，而公有制的代表就是政府（行政机构），政府（行政机构）代表公有制必然要监管企业，这就决定了政府（行政机构）与企业（尤其是国有企业）之间有着千丝万缕、永结难解的关系，在这种情况下，让反限制竞争法的执行机构隶属于政府（行政机构）就难以公正地执行反限制竞争法，监督企业进行自由竞争。国情不同，决定了反限制竞争法执行机构的设计，不能完全照搬外国模式，认为人家的反限制竞争法执行机构设计在行政机构，所以我们的反限制竞争法执行机构也应设计在行政机构，具体应由工商行政管理部门、商务部门和发改委执行反限制竞争法。

4. 工商行政管理部门、商务部门和发改委执行反限制竞争法尚没有严格完善的程序作保证。程序是执法的关键，没有严格完善的程序不可能执行好反限制竞争法，即使要严格完善相关程序也要有待时日。无可否认，在目前情况下，相比较而言，还是司法机关的执法程序最为严格和完善。

5. 工商行政管理部门、商务部门和发改委并不是执行反限制竞争法的专职机构，它们还分别负有其他各种职责，执行反限制竞争法只是它们职责的一个方面，有的甚至是较次要的方面，包括这些机构本身也是这样规定和认为的。其中，如国家工商行政管理局作为国务院主管市场监督管理和行政执法的职能部门的主要职责是：(1) 研究制订工商行政管理的方针、政策和有关法律、法规，制定、发布工商行政管理的规章、制度。(2) 主管全国工商企业和从事生产经营活动的事业单位、社会团体、公民个人的登记注册工作，核发有关证照，依法确认其企业法人资格或合法经营地位。依法监督检查登记注册单位的登记注册行为。依法核定登记注册单位的名称。(3) 依法监督检查市场主体的交易活动，查处垄断和不正当竞争、侵犯消费者权益和其他市场交易违法违章案件。依法或经国务院授权，组织开展全国性的市场监督与行政执法活动。(4) 依法监督管理经济合同，指导合同仲裁机构的工作。(5) 依法对国内外商标申请实行统一注册和管理，认定驰名商标，查处商标侵权行为，保护注册商标专用权，认可商标代理机构并指导其工作。依法对商标评审案件作出终局决定或裁定。(6) 监督管理消费品市场、生产资料市场，参与监督管理金融、劳动力、房地产、技术、信息等生产要素市场和期货市场。参与市场体系的培育、发展，参与论证、规划全国市场布局，开展各类交易市场登记及统计工作。(7) 依法监督管理个体工商户、个人合伙和私营企业，规范其经营行为，引导个体、私营经济健康发展。(8) 依法监督管理广告发布与广告经营活动。指导广告业发展。(9) 完成国务院交办的其他事项。

商务部的主要职责是：(1) 拟订国内外贸易和国际经济合作的发展战略、方针、政策，起草国内外贸易、国际经济合作和外商投资的法律法规，制定实施细则、规章；研究提出我国经济贸易法规之间及其与国际多边、双边经贸条约、协定之间的衔接意见。(2) 拟订国内贸易发展规划，研究提出流通体制改革意见，培育发展城乡市场，推进流通产业结构调整和连锁经营、物流配送、电子商务等现代流通方式。(3) 研究拟订规范市场运行、流通秩序和打破市场垄断，地区封锁的政策，建立健全统一、开放、竞争、有序的市场体系；监测分析市场运行和商品供求状况，组织实施重要消费品市场调控和重要生产资料流通管理。(4) 研究制定进出口商品管理办法和进出口商品目录，组织实施进出口配额计划，确定配额、发放许可证；拟订和执行进出口商品配额招标政策。（5）负责组织协调反倾销、反补贴、保障措施及其他与进出口公平贸易相关的工作，建立进出口公平贸易预警机制，组织产业损害调查；指导协调国外对我国出口商品的反倾销、反补贴、保障措施的应诉及相关工作。（6）宏观指导全国外商投资工作。

国家发改委的主要职责是：（1）拟订并组织实施国民经济和社会发展战略、中长期规划和年度计划；提出国民经济发展和优化重大经济结构的目标和政策；提出运用各种经济手段和政策的建议；受国务院委托向全国人大作国民经济和社会发展计划的报告。（2）研究分析国内外经济形势和发展情况，进行宏观经济的预测、预警；研究涉及国家经济安全的重要问题，提出宏观调控政策建议，综合协调经济社会发展；负责日常经济运行的调节，组织解决经济运行中的有关重大问题。（3）负责汇总和分析财政、金融等方面的情况，参与制定财政政策和货币政策，拟订并组织实施产业政策和价格政策；综合分析财政、金融、产业、价格政策的执行效果，监督检查产业政策、价格政策的执行；制定和调整少数由国家管理的重要商品价格和重要收费标准；负责全口径外债的总量控制、结构优化和监测工作，保持国际收支平衡。（4）研究经济体制改革和对外开放的重大问题，组织拟订综合性经济体制改革方案，协调有关专项经济体制改革方案；提出完善社会主义市场经济体制、以改革开放促进发展的建议，指导和推进总体经济体制改革。（5）提出全社会固定资产投资总规模，规划重大项目和生产力布局；安排国家财政性建设资金，指导和监督国外贷款建设资金的使用，指导和监督政策性贷款的使用方向；引导民间资金用于固定资产投资的方向；研究提出利用外资和境外投资的战略、总量平衡和结构优化的目标和政策；安排国家拨款的建设项目和重大建设项目、重大外资项目、境外资源开发类和大额用汇投资项目；组织和管理重大项目稽察特派员工作。（6）推进产业结构战略性调整和升级；提出国民经济重要产业的发展战略和规划；研究并协调农业和农村经济社会发展的有关重大问题，衔接农村专项规划和政策；指导工业发展，推进工业化和信息化；制定工业行业规划，指导行业技术法规和行业标准的拟订；拟订石油、天然气、煤炭、电力等能源发展规划；推动高新技术产业发展，实施技术进步和产业现代化的宏观指导；指导引进的重大技术和重大成套装备的消化创新工作。（7）研究分析区域经济和城镇化发展情况，提出区域经济协调发展和实施西部大开发战略的规划，提出城镇化发展战略和重大政策措施；负责地区经济协作的统筹协调，指导地区经济协作工作。（8）研究分析国内外市场状况，负责重要商品的总量平衡和宏观调控；编制重要农产品、工业品和原材料进出口总量计划，监督计划执行情况，并根据经济运行情况对进出口总量计划进行调整；管理粮食、棉花、食糖、石油和药品等重要物资和商品的国家储备；提出现代物流业发展的战略和规划。(9) 做好人口和计划生育、科学技术、教育、文化、卫生等社会事业以及国防建设与国民经济发展的衔接平衡；提出经济与社会协调发展、相互促进的政策，协调社会事业发展的重大问题。(10) 推进可持续发展战略，研究拟订资源节约综合利用规划，参与编制生态建设规划，提出资源节约综合利用的政策，协调生态建设和资源节约综合利用的重大问题；组织协调环保产业工作。(11) 研究多种所有制经济的状况，提出优化所有制结构和企业组织结构的建议，促进各种所有制企业的公平竞争和共同发展；研究提出促进中小企业和非国有经济发展的政策措施，加强宏观指导，协调发展中的重大问题。(12) 研究提出促进就业、调整收入分配、完善社会保障与经济协调发展的政策，协调就业、收入分配和社会保障的重大问题。(13) 拟订和制定国民经济和社会发展以及经济体制改革、对外开放的有关行政法规和规章，参与有关法律、行政法规的起草和实施。(14) 承办国务院交办的其他事项。根据国务院规定，管理国家粮食局、国家烟草专卖局。而限制竞争行为是一种超级复杂的违法犯罪行为，对它们进行立案、侦查、起诉和审判，决非易事，没有一个专职的执行机构是不可想象的，对有的限制竞争案件的立案、侦查、起诉和审判还旷日持久，工商行政管理部门、商务部门和发改委不可能专心专职于此，如果专心专职于此，又势必无力于其他业务。

6. 工商行政管理部门、商务部门和发改委对限制竞争案件的查处，不是终局的，若当事人不服，可以向人民法院起诉，由法院审判。即使在美国这样有近一百年反托拉斯法执法经验的国家，如果当事人对反托拉斯局和联邦贸易委员会的裁决不服，最后也要向法院起诉，由法院作出判决，并且美国法院对有关托拉斯案件的判决深深地影响和促进着美国反托拉斯法的发展，许多典型判例依然是审理反托拉斯法案件时的基本遵循，所以美国的反托拉斯法执行机构的模式是司法模式。尽管欧共体竞争法的执行机构是欧共体委员会及其竞争总局，被认为是典型的行政执法模式。但根据欧共体理事会 2003 年第 1 号条例，各成员国的法院和欧共体法院也是欧共体竞争法的重要执行机构，它们接受自然人和法人依据欧共体条约第 81～86 条而提起的各种诉讼和申诉，对保障受害人获得损害赔偿发挥着不可替代的作用。[1] 所以，与其这样分工重复、迂回反复，效率低下，导致人力、物力、财力的浪费，不甚经济，不如直接向法院起诉。德国前联邦卡特尔局局长乌尔夫·伯格认为，效率是量化反限制竞争法执行机构是否高效和最佳设计的一个重要标准，如果执法没有效率，就会使涉嫌企业久陷在案，不能把握瞬息万变的机会，错失良机，给企业造成不良影响，这本身就有违旨在提高效率的反限制竞争法的初衷。

还要指出的是，无论工商行政管理部门、商务部门和发改委单独还是联合执行反限制竞争法都具有某些不足。首先，不能由它们单独执行反限制竞争法，像它们目前各自所主张的那样，由工商行政管理部门负责滥用市场支配地位行为，由商务部门负责企业合并垄断行为，由发改委负责价格垄断行为。这就人为地把统一的反限制竞争法肢解了，由三个不同部门执行同一部法律不可能保证执法的统一、公平。而且在现实生活中，限制竞争行为不是一清二楚的，而是错综复杂的，往往一种限制竞争行为与另一种限制竞争行为交织在一起，如支配企业滥用市场支配地位操纵价格实施限制竞争的行为，那么这种行为是由工商行政管理部门负责还是由发改委负责呢？很显然，既不能一个限制竞争行为由两个部门各负责一半，也不能由两个部门同时负责同一种限制竞争行为，否则就既不便操作，也没有效率，还会发生管辖权的重复或冲突。再如不同行业之间的企业合并，也不能完全由商务部门负责，因为合并离不开工商行政管理部门的登记注册。其次，也不能由它们联合执法，因为这种联合执法或多头执法模式，实践证明并非很好的设计。如美国的反托拉斯法就是由司法部的反托拉斯局和联邦贸易委员会两个机构联合执行，两者有所分工，如反托拉斯局依据《谢尔曼法》向法院提起刑事诉讼，联邦贸易委员会负责执行《联邦贸易委员会法》。但它们之间的职能也有重合之处，如它们都有权执行《克莱顿法》。这就难免两者产生冲突。为了减少冲突，1948 年两者达成一个备忘录，设置了联络官，要求互通信息、共同协商、相互承认，定期举会，联合发布反托拉斯指南，如《横向合并指南》等等。但这并不能完全解决合理分工与管辖权冲突、联合执法与统一执法标准、降低成本与提高效率等等问题，所以美国人自

① 参见刘宁元主编：《中外反垄断法实施体制研究》，227～229 页，北京，北京大学出版社，2005。

己都认为，这种设计不是一个好的安排。① 这是值得我们引以为戒的。

正是由于上述原因，我认为不宜由工商行政管理部门、商务部门和发改委作为将来反限制竞争法的执行机构，无论它们是单独执法还是联合执法。

但这并不等于说，要把上述三部门排除在反限制竞争法的执行之外。其实，反限制竞争法的执行是极其复杂繁重的，需要多方协力、综合执法，这也是为什么世界上许多国家反限制竞争法的执行机构都是多元，如美国有司法部反托拉斯局和联邦贸易委员会，德国有卡特尔局和垄断委员会，法国有竞争委员会和负责企业合并控制的工业部以及其他负责特定领域的监管机构，等等。较理想的设计是，把上述三部门的有关机构或人员调入将来设立的国务院反垄断委员会，但其地位和职责如同德国的垄断委员会一样，应主要是一个顾问和咨询机构，向有关方面提出有关竞争政策和鉴定意见书。而把反限制竞争法的执行职责主要交给司法部门。

（三）我国反限制竞争法执行机构的具体设计

我认为，我国反限制竞争法的具体执行机构应是各级人民检察院和各级人民法院。具体说来，由各级人民检察院负责对限制竞争案件进行立案、侦查、起诉（当然，这并不排除公安部门的协助），由各级人民法院负责对限制竞争案件进行审判。

作这种设计，有以下理由：

（1）上述两套执行机构在中国现行体制下无疑是最具独立性的。

（2）上述两套执行机构具有严格的组织和完善的程序。

（3）上述两套执行机构本来就是专职的执法机构。

（4）上述两套执行机构拥有专业较扎实、经验较丰富的执法队伍。

（5）充分利用现有机构并加以有针对性的适当改革完善去执行反限制竞争法，远比另起炉灶要经济可行。

（6）尽管有人提出了各种反对意见，如有人认为，政府机构长期从事经济管理工作，执行过许多法律，积累了很多经验，我国的法官素质还不够，还难以进行经济分析等等。② 但是，政府机构长期从事经济管理工作，既是优点，但也正是缺点。正是因为如此，政府机构与垄断企

① 参见王晓晔主编：《反垄断法热点问题》，255～256页，北京，社会科学文献出版社，2007。

② 参见王晓晔主编：《反垄断法热点问题》，249～250页，北京，社会科学文献出版社，2007。

业的关系年长日久，错综复杂，许多垄断企业是政府管理造成的，有的甚至形成行政垄断，这就为反限制竞争法的执行设置了障碍。而且市场经济的要求和我国的经济体制改革的方向恰恰是要改革政府机构管理经济的职能，尤其是要减少政府对企业的干预，要实行“政企分开”，政府机构在过去所积累的很多经验很可能没有多大参考价值，甚至还可能成为包袱。说到法官的素质，确实有待提高，但不应否认，相比较而言，在目前的中国，还是法官的法律素质最高，更能公平、公正地执法。至于对反限制竞争案件进行经济等分析，法官确实不擅其长，但法院完全可以通过借力去弥补，法院执行反限制竞争法并不是说法官要垄断反限制竞争法的执行，况且许多国家在执行反限制竞争法时都有相关领域的专家“会审”，要对限制竞争案件进行经济分析，可以邀请有关经济学家参与审理，从而克服所遇到的困难。其实这也是法院的一贯传统，法官并不是全知全能，当法官遇到棘手的疑难案件时都要邀请有关专家“陪审”。所以上述各种反对意见都是站不住脚的。

不过，在作这种设计时，还必须加强和充实上述两套执行机构。

1. 进行司法体制改革

根据《人民检察院组织法》第 20 条之规定，在各级人民检察院设立“限制竞争检察厅、处、科”，负责对限制竞争案件的立案、侦查和起诉；修改《人民法院组织法》第 27 条第 2 款之规定，即将“经济审判庭”修改为“经济法庭”，即专门审理有关经济法案件如限制竞争案件的法庭。因为在 1983 年修订该法时人们对经济法的认识还不清不深，受大经济法学派观点的影响，把经济法误认为是调整一切经济关系的法律，结果设立了“经济审判庭”。但事实上，人民法院现在所设立的经济审判庭审判的是除婚姻、家庭、财产继承以外的经济纠纷案件，实质上也是民事庭或民事二庭，而不是真正的审判限制竞争案件等的经济法庭。对此，肯定会有人反驳说，现在人民法院都把“经济庭”给取消了，岂能复建？但我认为，现在把“经济庭”取消与过去设立“经济庭”是有密切关系的，或者说，正是过去无根据的设立导致了现在有根据的取消。如果“经济庭”的设立有充分的根据，那么它就无法被取消，这个根据之一就是需要一个专门的法庭来执行反限制竞争法。反限制竞争法在西方发达市场经济国家被称为是“自由企业大宪章”、“经济宪法”，足见其十分重要的地位。反限制竞争法是市场经济的“护身符”，怎样执行反限制竞争法是检验是否真正实行市场经济的试金石，对于这么重要的一部法律，难道还不应设立一个专门的法庭去受理和审理吗？德国前联邦卡特尔局局长乌尔夫·伯格就建议，“法院最好建立专门审理卡特尔案件的法庭”[①]。德国《反限制竞争法》第94条就规定了［联邦最高法院的卡特尔庭］：“(1）联邦最高法院设卡特尔庭；它可以决定适用下列司法救济：1.在行政案件中，对不服州高等法院所作判决提出的法律抗告（第74条、第76条）以及对不准抗告的抗告（第75条）；2.在行政罚款诉讼中，对不服州高等法院所作判决提出的法律抗告（第84条）；3.依据本法第87条第1款提出的民事诉讼：a）对不服州高等法院的终局判决提起的复查；包括对不准许提出法律抗告的裁定的抗告；b）对不服州法院的终局判决提起的申诉；c）在《民事诉讼法》第574条第1款情形，对不服州高等法院的裁判提起的抗告。(2）根据《法院组织法》第132条，卡特尔庭应为处理刑事案件组成一个庭，其他情况下为处理民事案件组成一个庭。”在此还要申明的是，我们的研究不是去迎合现实，尤其是那些不合理、要改革的现实，并为它们找理由作注解，也不应用不合理、不理想的现实来检验我们的研究，相反，我们的研究是要批判、改革不合理、不理想的现实，并为之提供指导，使之日益完善合理。

2．完善司法程序

在目前过渡阶级，执行机构执行反限制竞争法应参照适用相关的行政程序、民事程序和刑事程序。其实，从市场经济发达国家的反限制竞争法实施程序来看，它们的实施程序依然主要是传统的行政程序、民事程序和刑事三大诉讼程序，之所以如此，是因为除此之外，人们还没有找到或许根本就不存在其他更有效的法律实施程序。但考虑到对限制竞争案件进行立案、侦查、起诉、审判肯定有其固有的特点，这种特点在程序上也会有所要求，因此，在条件成熟时，可以对行政程序、民事程序和刑事程序进行变通，加以完善，形成一套以它们为基础但针对限制竞争案件进行立案、侦查、起诉、审判而适用的特别程序——反限制竞争法程序。

3．充实执法队伍

反限制竞争法的执法任务是十分繁重的，随着反限制竞争法执法任务的增加，肯定会遇到执法人员的不足，因而就有必要充实执法队伍。为此，不妨把争着执法的工商行政管理部门、商务部门和发改委的有关机构和人员调入充实到司法机构，建立统一的反限制竞争法执行机构，

① 王晓晔主编：《反垄断法热点问题》，222页，北京，社会科学文献出版社，2007。

这比把反限制竞争法分解开来由工商行政管理部门、商务部门和发改委分别执行要好得多，也比建立一个新的由国务院领导的执法机构要好得多。如果还不够，还可以从其他国家机构或从社会上、大专院校和科研机构等等渠道招录合格人员。也可以参照人民陪审员的做法，把所需要的有关人员特别是一些专家聘为陪审员，以便协助执法。

4. 提高执法人员的素质

要大大提高执法人员的专业水平。限制竞争是一种非常复杂的社会现象，反限制竞争法是一种高度专业化、技术化和知识化的法律，没有坚实的专业知识、严格的专业训练、丰富的社会经验、众学科各专业的交融互补和集思广益，就不可能认识限制竞争现象并执行好反限制竞争法。在设计反限制竞争法的执行机构时应参照前述各国之规定。

二、执行反限制竞争法的职权

限制竞争行为特别是垄断行为多为强权者所为，要规制、禁止、取缔限制竞争行为必须以强权对强权，执法机构应该享有充分而有效的职权。综观各国反限制竞争法的有关规定，反限制竞争法的执行机构主要享有下列职权：

1. 调查权

执法机构对限制竞争行为享有调查权。启动调查权的事由众多，如消费者和经营者的投诉，有关经济问题的报道和评论，有关机构的举报，权力机构的责成，等等。如果经初步的调查证实了最初的怀疑，就可以开始正式的调查。美国《联邦贸易委员会法》第6条规定委员会享有下列权力：(a) 随时收集、编制和调查有关从事商业或其活动影响商业的个人、合伙人、公司的组织、经营活动及管理等方面的信息；(b) 通过一般命令或特殊命令，要求从事商业或其活动影响商业的个人、合伙人、公司、存贷机构，按照委员会规定的方式，向委员会提供有关其组织、经营活动、管理等有关信息，以及其与其他个人、合伙人、组织、公司之间的关系，并制作成书面报告；第8条规定：政府各部门和局，依照委员会的请求，经总统指示，要向委员会提供其拥有的关于本法管辖下的任何公司的所有记录、文件及信息，并随时指定有关官员、职员向委员会负责提供上述材料；第9条规定：为执行本法，委员会或其完全授权的代理人，在合理的时间内，有权复制被调查或被起诉公司的任何文件性证据，委员会有权发传票，要求证人出庭作证，和制作同调查相关的文件性证据，委员会的成员可签发传票，委员会成员和检验者可管理誓言和确认书，检查证人，收取证据。德国《反限制竞争法》第57条规定：卡特尔当局可以进行一切必要的调查，并获取一切必要的证据。第58条规定：卡特尔当局可以扣押那些作为证据对调查具有重要性的物品。第59条规定：以为履行本法赋予卡特尔当局的任务所必需为限，卡特尔当局可以（1）要求企业或企业联合组织提供有关其经济关系的情况，并要求其提交有关资料；（2）在通常的营业时间内查阅和审核企业以及企业联合组织的业务资料；（3）要求经济联合会和企业联合会提供有关章程、决议以及决议应适用的成员的数量和姓名等方面的情况。日本《禁止私人垄断及确保公正交易法》第40条规定：公正交易委员会于执行其职务有必要时，对于国家机构、依特别法令设立的法人、事业者或事业者团体及其职员，有权要求其出面接受调查或提交必要的报告、情报或资料。第41条规定，公正交易委员会于执行职务有必要时，可委托国家机构、依特别法令设立的法人、学校、事业人、事业者团体或者有学识经验者进行调查。第42条规定，公正交易委员会于执行职务有必要时，可召开听证会、广泛征求意见。我国《反垄断法》第六章规定了“对涉嫌垄断行为的调查”①，包括反限制竞争法执行机构依法有权对涉嫌垄断行为进行调查，并对调查的对象、内容、方式和所要采取的措施均作出了规定。

2. 裁决权

执法机构是一个司法机构或准司法机构，应有权对所调查的限制竞争案件作出自己的裁决。美国《联邦贸易委员会法》第5条（b）规定，经审查，委员会认为当事人的有关行为、竞争方法是本法所禁止的，委员会将提出书面报告或禁止令，要求当事人停止使用不正当竞争方法或欺骗性的行为、惯例。同条（c）规定：委员会对事实的判决，若有证

① 即：“第三十八条 反垄断执法机构依法对涉嫌垄断行为进行调查。对涉嫌垄断行为，任何单位和个人有权向反垄断执法机构举报。反垄断执法机构应当为举报人保密。举报采用书面形式并提供相关事实和证据的，反垄断执法机构应当进行必要的调查。第三十九条 反垄断执法机构调查涉嫌垄断行为，可以采取下列措施：（一）进入被调查的经营者的营业场所或者其他有关场所进行检查；（二）询问被调查的经营者、利害关系人或者其他有关单位或者个人，要求其说明有关情况；（三）查阅、复制被调查的经营者、利害关系人或者其他有关单位或者个人的有关单证、协议、会计账簿、业务函电、电子数据等文件、资料；（四）查封、扣押相关证据；（五）查询经营者的银行账户。采取前款规定的措施，应当向反垄断执法机构主要负责人书面报告，并经批准。”

据支持，是终局性的。委员会的命令被确认时，法院将发布自己的命令，要求当事人遵守委员会的命令。德国《反限制竞争法》第 60 条规定：为规范临时状态，卡特尔当局可以在就有关事项作出最终决定之前，颁布暂行命令。日本《禁止私人垄断及确保公正交易法》第 48 条规定：公正交易委员会认为发生违反本法有关规定的行为的情形，可以对实施违法行为者劝告其应采取适当的措施；第 48 条第 2 款规定：公正交易委员会认为有违反本法有关规定的事实时，应责令有关当事人向国库缴纳规定的课征金。我国《反垄断法》第 44 条规定，反垄断执法机构对涉嫌垄断行为调查核实后，认为构成垄断行为的，应当依法作出处理决定，并可以向社会公布。第 45 条规定，对反垄断执法机构调查的涉嫌垄断行为，被调查的经营者承诺在反垄断执法机构认可的期限内采取具体措施消除该行为后果的，反垄断执法机构可以决定中止调查。

3. 建议权

执法机构作为反限制竞争法的专门负责机构，有权就反限制竞争及相关问题提出建议、发布命令、制定规则。如美国《联邦贸易委员会法》第 6 条（e）规定，根据司法部长的申请，委员会有权对违反反托拉斯法的公司进行调查，并提出调整该公司经营的建议，以便使该公司按照法律维持其组织、管理和经营；（f）规定，为了公众的利益，委员会有权随时将获得的有关信息予以公开，向国会编制年度报告或特别报告，并向国会提出增加立法的建议；（g）规定，委员会有权制定执行本法的规章及原则；（h）规定，委员会有权向国会提供调查报告及具有建设性意见的建议书。第 18 条规定，委员会可以规定关于影响商业的不公平的或欺骗性行为方面的政策说明或解释性规则。1992 年美国司法部和联邦贸易委员会发布了《横向兼并准则》，1994 年联邦贸易委员会发布了《卫生领域反托拉斯规则》，1995 年联邦贸易委员会发布了《知识产权特许反托拉斯准则》。德国《反限制竞争法》第 53 条规定：联邦卡特尔局每两年发表一份有关其工作活动及其业务领域现状和发展的报告并不间断地公布其行政原则。日本《禁止私人垄断及确保公正交易法》第 44 条规定，公正交易委员会应经内阁总理大臣向国会报告每年该法的施行情况并出示有关规定所要求报告的概要；公正交易委员会可经内阁总理大臣，就实现本法之目的的必要事项，向国会提出意见。我国《反垄断法》第 9 条规定，“国务院设立反垄断委员会，负责组织、协调、指导反垄断工作，履行下列职责：（一）研究拟订有关竞争政策；（二）组织调查、评估市场总体竞争状况，发布评估报告；（三）制定、发布反垄断指南；（四）协调反垄断行政执法工作；（五）国务院规定的其他职责”。其中许多职责就属于就反垄断问题提出建议、制定规则方面的权力。第 51 条还规定“反垄断执法机构可以向有关上级机关提出依法处理的建议”。

4. 处分权

反限制竞争法执行机构有权对涉嫌的限制竞争行为及其当事人依据有关情况作出相关处分或处罚，如是否制止限制竞争的协议、是否批准企业合并、是否禁止滥用市场支配地位行为等等，都要作出有关处分或处罚。美国《联邦贸易委员会法》第 10、14 条等规定了法院的处罚权，法院有权对有关当事人的有关行为处以罚款。日本《禁止私人垄断及确保公正交易法》第 46 条规定，公正交易委员会对事件进行必要的调查，有权作出相关处分；第 48 条规定，公正交易委员会有权对有关当事人的有关行为处罚课征金。我国《反垄断法》在第七章“法律责任”中，规定了反限制竞争法执行机构的处分和处罚权。①

① 即“第四十六条 经营者违反本法规定，达成并实施垄断协议的，由反垄断执法机构责令停止违法行为，没收违法所得，并处上一年度销售额百分之一以上百分之十以下的罚款；尚未实施所达成的垄断协议的，可以处五十万元以下的罚款。经营者主动向反垄断执法机构报告达成垄断协议的有关情况并提供重要证据的，反垄断执法机构可以酌情减轻或者免除对该经营者的处罚。行业协会违反本法规定，组织本行业的经营者达成垄断协议的，反垄断执法机构可以处五十万元以下的罚款；情节严重的，社会团体登记管理机关可以依法撤销登记。第四十七条 经营者违反本法规定，滥用市场支配地位的，由反垄断执法机构责令停止违法行为，没收违法所得，并处上一年度销售额百分之一以上百分之十以下的罚款。第四十八条 经营者违反本法规定实施集中的，由国务院反垄断执法机构责令停止实施集中、限期处分股份或者资产、限期转让营业以及采取其他必要措施恢复到集中前的状态，可以处五十万元以下的罚款。第四十九条 对本法第四十六条、第四十七条、第四十八条规定的罚款，反垄断执法机构确定具体罚款数额时，应当考虑违法行为的性质、程度和持续的时间等因素。第五十条 经营者实施垄断行为，给他人造成损失的，依法承担民事责任。第五十一条 行政机关和法律、法规授权的具有管理公共事务职能的组织滥用行政权力，实施排除、限制竞争行为的，由上级机关责令改正；对直接负责的主管人员和其他直接责任人员依法给予处分。反垄断执法机构可以向有关上级机关提出依法处理的建议。法律、行政法规对行政机关和法律、法规授权的具有管理公共事务职能的组织滥用行政权力实施排除、限制竞争行为的处理另有规定的，依照其规定。第五十二条 对反垄断执法机构依法实施的审查和调查，拒绝提供有关材料、信息，或者提供虚假材料、信息，或者隐匿、销毁、转移证据，或者有其他拒绝、阻碍调查行为的，由反垄断执法机构责令改正，对个人可以处二万元以下的罚款，对单位可以处二十万元以下的罚款；情节严重的，对个人处二万元以上十万元以下的罚款，对单位处二十万元以上一百万元以下的罚款；构成犯罪的，依法追究刑事责任。”

5. 诉讼权

执法机构有权就所处理的案件向有关法院提起诉讼。美国《克莱顿法》第 4 条规定州司法长和美国司法部长可以向对被告有司法管辖权的美国法院提起诉讼，第 10 条规定联邦贸易委员会等的起诉权。《联邦贸易委员会法》第 16 条规定：委员会有权提起与本法相关的诉讼，进行辩护或干预诉讼。德国《反限制竞争法》第三编“程序”中对卡特尔局的诉讼权作出了多处规定。日本《禁止私人垄断及确保公正交易法》第八章、第九章中对公正交易委员会的诉讼权也作出了许多规定。我国《反垄断法》第 53 条规定，对反垄断执法机构依据本法第 28 条、第 29 条作出的决定不服的，可以先依法申请行政复议；对行政复议决定不服的，可以依法提起行政诉讼。至于追究有关责任人的刑事责任，按照法治原则，自然也要通过诉讼程序。

三、反限制竞争法的适用程序

执法机构执行反限制竞争法是一件非常严肃的事情，必须按照法定程序进行，综观各国反限制竞争法的有关规定，主要有以下程序：

1. 立案

这是启动程序。德国《反限制竞争法》第 54 条规定：卡特尔当局依职权或应申请开始进行程序。日本《禁止私人垄断及确保公正交易法》第 45 条规定：任何人认为有违反本法之规定的事实发生时，可向公正交易委员会报告其事实，并要求采取适当的措施；发生前款规定的报告时，应就该事件进行必要的调查。我国《反垄断法》第 38 条规定，反垄断执法机构接到有关单位和个人的举报，并提供相关事实和证据的，反垄断执法机构应当进行必要的调查。立案是程序的开始，是调查的前提。

2. 调查取证

这是必经程序。美国《联邦贸易委员会法》第 6 条、第 8 条、第 9 条作出了规定；德国《反限制竞争法》第 54 条规定了参与程序的当事人，第 56 条规定了询问和口头辩论，第 57 条规定了调查取证，第 58 条规定了扣押证据，第 59 条规定了要求有关当事人提供情况；日本《禁止私人垄断及确保公正交易法》第 40 条规定了调查的强制权限，第 41 条规定了委托调查，第 42 条规定了听证会，第 46 条规定了旨在调查的强制处分，第 47 条规定了调查笔录的制作。我国《反垄断法》对调查及其程序亦作出了较详细规定，如调查涉嫌垄断行为，执法人员不得少于 2 人，并要出示执法证件；采取有关措施要向执法机构主要负责人书面报告并经批准；执法人员应当制作笔录，并由被询问人或被调查人签字；执法人员负有保密义务，等等。调查程序在各国的反限制竞争法执法程序中都占有极其重要的地位。

3. 作出裁决

这是必然程序。美国《联邦贸易委员会法》第 5 条（b）规定：经审理，委员会认为当事人的有关行为、竞争方法是本法所禁止的，委员会将提出书面报告或禁止令，要求当事人停止使用不正当竞争方法或欺骗性的行为、惯例。德国《反限制竞争法》第 60 条规定卡特尔当局可以颁布暂行命令，第 61、62 条规定卡特尔当局有权作出相应的处分并予以公布。日本《禁止私人垄断及确保公正交易法》第 48 条之一规定公正交易委员会对违反人处理的劝告，第 48 条之二规定公正交易委员会可以对违反人发出课征金缴付命令。我国《反垄断法》第 44 条规定："反垄断执法机构对涉嫌垄断行为调查核实后，认为构成垄断行为的，应当依法作出处理决定，并可以向社会公布。"

4. 抗告程序

当事人对执法机构作出的裁决不服，可以提出抗告。美国《联邦贸易委员会法》第 5 条（c）规定：在委员会停止令中，要求其停止不正当竞争方法或不公正的或欺骗性行为及惯例的个人、合伙人、公司，在该停止令送达后的 60 天内，可以书面形式，向其居住、营业或行为实施地的美国上诉法院申请复审，以废除委员会的停止令。法院可以命令委员会增加新证据，并依据新证据，委员会可修改其对事实的判决，或作出新判决，并把修改后的判决制作成文件。委员会对事实的判决，若有证据支持，是终局性的。德国《反限制竞争法》第 63 条规定：不服卡特尔当局的处分的，可以提起抗告。并且第 66 条规定了提起抗告的期间和形式，第 67 条规定了参与抗告程序的当事人，第 68 条规定了律师强制，第 69 条规定了口头辩论，第 70 条规定了调查原则，第 71 条规定了对抗告的判决。如抗告法院认为卡特尔当局的处分是不合法的或不成立，则应撤销该处分；如抗告法院认为拒绝处分或不为处分是不合法的或不成立的，则应宣布卡特尔当局负有作出处分的义务。我国《反垄断法》第 43 条规定，被调查的经营者、利害关系人有权陈述意见。反垄断执法机构应当对被调查的经营者、利害关系人提出的事实、理由和证据进行核实；第 45 条规定，对反垄断执法机构调查的涉嫌垄断行为，被调查的经营者承诺在反垄断执法机构认可的期限内采取具体措施消除该行为后果的，反垄断执法机构可以决定中止调查。反垄断执法机构决定中止调查的，应当对经营者履行承诺的情况进行监督，经营者履行承诺的，反垄断执法机构可以决定终止调查。

5. 诉讼程序

当事人对执法机构作出的裁判不服，或者当事人与执法机构对抗告不服，可以向有关法院起诉，适用民事诉讼程序和刑事诉讼程序。在美国，当被指控的行为属于“严重的”违法行为时，如合谋串通的固定价格、为了占有地盘而在竞争者之间划分市场、为了不让竞争对手就同一买主的交易与自己竞争而划分顾客以及零售商的联合抵制，这些行为被认为是本身违法行为，一般适用刑事诉讼程序。如果指控成立，要对被指控的行为人判处罚金或监禁。其他限制竞争行为适用民事诉讼程序。民事反托拉斯判决主要采用以下措施：将一个公司分解成几个公司（解散），强迫母公司收回其在子公司的股份而使后者独立为一个新的竞争者（放弃或分离），使某些所有权（如专利权和专有技术）能为其他竞争者所使用，修改供应和劳务合同的条款，等等。[①] 德国《反限制竞争法》第三编程序第二章规定了罚金程序，第三章规定了民事法律纠纷处理程序。日本《禁止私人垄断及确保公正交易法》第九章规定了诉讼程序。我国《反垄断法》第50条规定了民事责任，第53条规定了行政诉讼，第52条规定了刑事责任，它们分别要适用民事、行政和刑事诉讼程序。

6. 公告程序

公开透明是现代法治的一个基本原则，也是一个重要程序。同样，对于反限制竞争法执行机构的处理决定和诉讼结果也必须公开公告。公开公告不仅有利于听取、吸纳各方的意见和建议，而且有利于使执法接受监督，还能扩大执法影响。所以前德国联邦卡特尔局局长乌尔夫·伯格认为，透明度是量化反限制竞争法执行机构是否高效和最佳设计的一个标准，裁决结果应该尽可能地通过出版物、新闻发布会、专业杂志和网络予以公布。[②] 美国《克莱顿法》第5条（b）、（c）、（d）规定，有关判决决议、政府评论和公众评论应在联邦注册簿上或公众能够进行有效查阅的地方公布。德国《反限制竞争法》第43条规定，诸如实施合并的报

① 参见［美］马歇尔·霍华德：《美国反托拉斯法与贸易法规》，43～44页，北京，中国社会科学出版社，1991。

② 参见王晓晔主编：《反垄断法热点问题》，222～223页，北京，社会科学文献出版社，2007。

告、联邦卡特尔局作出的处分、部长的批准书等等事项应在联邦公报上公布；第 62 条规定了［处分的公布］：卡特尔当局依据第 30 条第 3 款、第 32 条至第 32b 条和第 32d 条作出的决议应当在联邦公报上或者其电子版上公布，依据第 32c 条作出的决议可以由卡特尔当局公布。日本《禁止私人垄断及确保公正交易法》第 53 条规定“审判应公开进行”。我国《反垄断法》第 44 条规定：“反垄断执法机构对涉嫌垄断行为调查核实后，认为构成垄断行为的，应当依法作出处理决定，并可以向社会公布。”

四、反限制竞争法的适用除外

反限制竞争法是规制各种限制竞争行为的法律，在原则上它们应普遍适用于所有的限制竞争行为。“从一个竞争法专家的观点来看，禁止立法应该具有全面性、广泛适用性，特殊的或者豁免的条款越少越好。”[①] 但现实中的限制竞争问题是复杂多样的，在具体适用上不能“一刀切”，还存在某些例外，这就是反限制竞争法的适用除外制度。所谓的反限制竞争法适用除外，是指出于综合考虑，全面比较某些限制竞争行为的利弊之后，发现利大于弊，因而对该限制竞争行为不适用竞争法。反限制竞争法适用除外制度是各国反限制竞争法的一项基本制度，如美国的《克莱顿法》第 2 条（a）在规定价格歧视的同时，就规定“本规定不适用于”的各种情况；第 6 条规定，反托拉斯法不限制那些为了互助、没有资本、不营利的劳动组织、农业组织、园艺组织的存在、活动和其合法目的的实现，也是一条适用除外的规定。德国《反限制竞争法》在规定“禁止卡特尔”的同时，也规定豁免诸如标准和型号卡特尔、中小企业卡特尔等等卡特尔；第 42 条规定了联邦经济部长对所禁止合并的批准。我国《反垄断法》第 15 条也是关于适用除外的规定。[②]

① 王晓晔主编：《反垄断法热点问题》，223 页，北京，社会科学文献出版社，2007。

② 即“第十五条经营者能够证明所达成的协议属于下列情形之一的，不适用本法第十三条、第十四条的规定：（一）为改进技术、研究开发新产品的；（二）为提高产品质量、降低成本、增进效率，统一产品规格、标准或者实行专业化分工的；（三）为提高中小经营者经营效率，增强中小经营者竞争力的；（四）为实现节约能源、保护环境、救灾救助等社会公共利益的；（五）因经济不景气，为缓解销售量严重下降或者生产明显过剩的；（六）为保障对外贸易和对外经济合作中的正当利益的；（七）法律和国务院规定的其他情形。属于前款第一项至第五项情形，不适用本法第十三条、第十四条规定的，经营者还应当证明所达成的协议不会严重限制相关市场的竞争，并且能够使消费者分享由此产生的利益。”

从上述反限制竞争法适用除外的规定中，可以看出反限制竞争法适用除外有以下构成要件：一是根据竞争法的一般规定，某行为属于限制竞争行为，本应予以禁止。适用除外只是针对限制竞争行为而言，非限制竞争行为不存在是否适用反限制竞争法的问题，当然也就不存在适用除外的问题；二是该行为既有限制竞争的损害，但也有促进效益的结果，利弊对比，整体上是利大于弊。只有利大于弊的限制竞争行为才可能适用除外，弊大于利的行为，其危害性显而易见，应该禁止，不能适用除外；三是有关法律直接规定不适用反限制竞争法，或者依照法律规定的程序，经申报、批准豁免不适用反限制竞争法。适用除外是“违反原则”的，是严肃严格的，必须要有法律根据，依法进行，必须依照法律程序进行，不得非法进行，不得不按程序进行；四是该行为虽不适用反限制竞争法，但往往要接受相关法律的管制从而取得合法性。适用除外仅仅是不适用反限制竞争法，但不等于说是一切除外，也不适用其他法律，可以无法无天，而必须接受其他相关法律的管制，相关法律的管制是对适用除外的补救，接受相关法律的管制是适用除外的条件。

那么，哪些限制竞争的行为或情形可以适用除外呢？综观各国反限制竞争法适用除外制度，大致有以下限制竞争的行为或情形可以适用除外。

1. 特定领域适用除外

人们虽然已经达成共识，认为市场经济是迄今为止最先进的经济形式，市场竞争是优化资源配置的有效方式，因此原则上应在社会各个领域普遍推行和促进市场竞争。但社会并不能完全市场化，市场竞争也不能包办一切，有些领域市场要素不健全，市场机制会失灵，市场竞争无从进行，客观上就限制了竞争，甚至无法竞争，硬要市场竞争不但无益反而有害。在这些领域适用反限制竞争法就是生搬硬套，犹如无的放矢，而且不合规律。如铁路、光缆、管道、线路等，在一定区域内只能独此一条，不能有二，才能带来规模效益，这些领域不能竞争，构成自然垄断，无法适用反限制竞争法，在这些领域强行推进竞争。但这些领域关涉社会公共利益，不允许自然垄断者滥用优势，为所欲为，损害社会公共利益，因而各国都制定了相应的法律加以管制，如美国国会于1887年制定了州际商法（Interstate Commerce Act），将州际铁路运输的管制权划归联邦政府，规定铁路运输价格必须公平合理，规定了运费的最高限价，由州际商业委员会保证该法的实施，并对铁路运输业进行广泛的监管。日本《禁止私人垄断及确保公正交易法》第21条规定：

“本法规定，不适用于铁路事业、电力事业、煤气事业及其他性质上为当然垄断事业的经营人所实施的其事业所固有的生产、销售或者供应的行为。”

当然，这里只是针对自然垄断而言适用除外，不是自然垄断不能适用除外。因此，必须首先区分自然垄断与非自然垄断；其次，即使是自然垄断，也要尽可能减少适用除外，特别是随着科技进步、管理完善、制度革新，过去认为是自然垄断应适用除外的领域，而现在不再是自然垄断领域了，自然也就不应适用除外，如德国就不再认为铁路、邮政、电信等是自然垄断领域，应适用《反限制竞争法》，而不是适用除外。

2. 特定企业适用除外

反限制竞争法的适用深受经济、政治、文化等许多因素的影响，难免时过境迁，“朝令夕改”，因而必须与时俱进，灵活适用。如同是大型企业和规模经济，有时人们认为它们可能滥用市场支配地位而要加以遏制，有时人们又认为它们是创新和效益之源而加以倡导，因而在适用反限制竞争法时往往有所不同，甚至举棋不定。这正如萨缪尔森等人所指出的：“创新与市场之间的关系是复杂的。许多大厂商对研究与创新作出了重大贡献，这使得那些想彻底摧毁大厂商的人或宣称大就是绝对坏的人举棋不定。同时，小企业或个人也作出某些最富有革命性的突破。为了促进迅速的创新，一个国家应该允许各种不同的方法与组织并存，要实行百家争鸣。”① 如美国微软公司，力擎 IT 大旗，触角遍及全球，比尔·盖茨雄踞世界首富之列，霸主地位无人能撼。1998 年 5 月 18 日美利坚合众国和 20 个州起诉微软公司违反反托拉斯法，对微软公司这一巨人指控问罪。杰克逊法官指控：“微软公司通过它对 Netscape、IBM、康柏、英特尔以及其他公司的做法已经表明，它将利用其优势的市场威力和巨大的利润来伤害任何坚持强化与微软核心产品竞争的公司。”而美国众议院商业委员会主席 Tom-Bliley 则认为：“我担心杰克逊法官的裁决可能会发出这样一个信号：法庭可以制定美国高科技产业的规则。高科技产业占了美国经济增长量的 30%，这一产业不应承担政府过多的规则，否则将成为美国经济和几百万美国人的灾难。”争论真可谓是针锋相对，不相上下，时至今日，虽几经周折，但仍猜测众多。ABC News 认为美国政府可能会对微软公司采取下列两种极端措施

① ［美］萨缪尔森、诺德豪斯：《经济学》，12 版，下册，900 页，北京，中国发展出版社，1992。

之一:一种是将 Windows 作为“基础设施”向公众开放。微软将不得不向任何使用 Windows 编程接口的公众或应用软件开发商提供便利。同时,未经政府许可不得擅自调价;另一种是将微软解体。现有的操作系统集团、桌面程序(包括 Office 和 IE)集团、多媒体集团、CE 和其他操作系统开发组将成为四个独立的公司。《纽约时报》报道,政府正在考虑四项处理意见:“一、要求微软公开视窗操作系统的源代码;二、要求微软拍卖视窗源代码,以便其他公司能够销售与之相竞争的操作系统;三、将微软分解成数家公司,每一家新公司都拥有微软软件产品的全部源代码和知识产权,展开相互竞争;四、将微软分解成三家公司,一家从事操作系统开发,一家从事 Word、Excel 等应用软件开发,而另一家从事互联网及相关业务。”可见,对微软有人主张绳之以法,有人却主张网开一面,但具体结果,总是反反复复、举棋不定,要综合考量各种因素。

3. 特定行业的适用除外

有些行业如银行业渗透社会各域,关系国计民生,影响国泰民安;过度竞争,会使金融秩序进而经济秩序乃至社会秩序动荡不定;优胜劣汰,某些银行倒闭会导致“多米诺骨牌效应”,引致其他银行连锁倒闭,造成金融恐慌乃至金融危机。所以银行业一般不适用竞争法。美国 1913 年制定的联邦储备法允许银行在信贷政策及利率方面采取合作行动,但同时依法对银行业予以特别的监管。德国《反限制竞争法》第 130 条明确规定:“本法第一编至第三编的规定不适用于德意志联邦银行和复兴信贷机构。”

有些行业如出口业深受国际竞争的影响,为了加强本国的竞争优势,扶持民族经济,保护本国利益,往往要团结对外,统一行动,避免“鱼蚌相争,渔翁得利”、“窝里斗”,因而有“关税是垄断之母”一说,所以国家对出口业大都不适用反限制竞争法。如美国《韦伯—波默斯法案》(Webb-Pomerene Act)第 1 条规定:“仅仅为了出口和实际上仅从事出口的企业(联合体),或由出口企业签订的协议、从事的活动,如不限制国内贸易,也不限制其在国内竞争者的出口,将免受《谢尔曼法》的制约。”第 2 条规定:“占有、拥有出口企业的股票及其他资本,若该行为不限制贸易或实质性地减少国内竞争,将免受《克莱顿法》第七条的制约。”但同时第 1 条也规定:“该企业不得签订协议、承诺、共谋,在国内故意提高或压低其出口产品的价格,或实质性地减少国内竞争或限制国内贸易。”第 4 条规定:“无论何时,委员会确信,企业的联合、合同、活动限制了国内贸易或限制其国内竞争者的出口贸易，或司国内出口企业，或其他地域出口企业达成协议、承诺、共谋，故意地降低或提高国内产品的价格，或实质性地减少国内竞争，委员会可向企业、企业官员、代理人发出传票，要求出庭，经调查，若委员会确认为违法，则向企业发出要求企业调整其经营以遵守法律的建议书。企业如不遵照执行，委员会将其调查结果及建议书上呈司法部，以采取适当诉讼。为执行本法，委员会可运用其在联邦贸易委员会中享有的各种权力。"我国《反垄断法》第 15 条第 6 款的规定——"为保障对外贸易和对外经济合作中的正当利益的"限制竞争协议豁免适用本法，也属于这类情形。不过，这种做法正在改变，如德国原来也是豁免出口卡特尔，但随着欧洲经济一体化、欧共体市场的形成，要求与欧共体竞争法相一致，豁免出口卡特尔已不合时宜，因而在 1998 年修订《反限制竞争法》时删除了这些规定。

有些行业如农业，受到农作物生长规律的制约，要自然生长，一般只能一年一季或两季，最多三季，不能揠苗助长，不能像工商业产品那样加班加点地不断生产，这就从根本上决定了农业的利润不可能像工商业利润那么丰厚和无限；农业深受土地、气候、水文、自然灾害等客观因素的影响，几乎是靠天吃饭，十分脆弱无助，需要互助合作；农业生产大都依然是"面朝黄土背朝天"，泥水相伴，寒暑交迫，其生产方式和劳动条件是所有产业中最艰苦、最恶劣的之一；农业相对于其他产业来说，处于弱势，但"民以食为天"，"无农不稳"，这又决定了农业的基础地位，农业是基础产业，需要促进扶持。正是上述原因，决定了许多国家的反限制竞争法都规定对农业适用除外。如美国《克莱顿法》第 6 条规定："反托拉斯法不限制农业组织、园艺组织的存在和活动，也不限制或禁止其成员合法地实现该组织的合法目的。依据反托拉斯法，这些组织或成员，不是限制贸易的非法联合或共谋。"1922 年的《凯波—沃尔斯蒂得法》（Capper-Volstead Act）与 1926 年的《合作经营法》（Co-operative Marketing Act）再一次将农业合作组织作为反托拉斯法的适用除外。根据这些法律，农产品的生产者和加工者可建立某种组织，并在开发其产品市场方面采取合作措施。但农业部长有权采取措施防止其产品价格的不合理上涨，如果参加合作的当事人是以排除竞争作为直接目的，那么，他们仍会受到反托拉斯法的限制。日本《禁止私人垄断及确保公正交易法》第 24 条第 2 款规定：本法之规定，不适用于农业合作社法、水产合作社法、森林合伙法等设立的团体。我国《反垄断法》第 56 条规定:“农业生产者及农村经济组织在农产品生产、加工、销售、运输、储存等经营活动中实施的联合或者协同行为,不适用本法。”

4. 对特定组织的适用除外

人的劳动(力)不是商品,劳动者所组成的组织不是商业组织;在现代社会,劳资矛盾是社会的主要矛盾之一,但矛盾双方并非势均力敌,面对强大的资方,劳方处于劣势,单凭劳方个人力量无法与资方公平竞争,讨价还价,为了保护劳方的合法权益,劳方必须组织起来,这样就出现了工会。工会是劳动者的互助组织,本身既没有资本,也不盈利。工会组织与其他商业组织的不同,决定了不能用规制商业组织的反限制竞争法来规制工会组织,用反限制竞争法来限制工会组织乃至解散工会组织,否则,势必重新把单个的劳方置于强大的资方面前,任其支配摆布,这将严重地损害劳方的合法权益,甚至侵犯劳方的人权。限制解散工会组织,就把一个本来可以与资方平起平坐、公平竞争的对手打倒了乃至消灭了,这也是限制竞争,不适用除外反而适得其反。所以,美国《克莱顿法》第 6 条规定:“人的劳动不是商品或商业物品。反托拉斯法不限制那些为了互助、没有资本、不盈利的劳动组织的存在和活动,也不限制或禁止其成员合法地实现该组织的合法目的。依据反托拉斯法,这些组织或成员,不是限制贸易的非法联合或共谋。”日本《禁止私人垄断及确保公正交易法》第 24 条第 2 款规定,本法之规定,不适用于工会法所设立的团体。

5. 对特定权利的适用除外

有些权利如知识产权,为了鼓励人们的发明创造,知识产权法承认发明创造者在一定时期一定地域内对知识产权享有独占排他的权利,未经权利人许可或其他法定程序,任何人不得擅自使用。由于法律确认了权利人在特定条件下的垄断地位,从而在一定范围内排除了竞争的可能性,权利人的法定权利就得适用除外。日本《禁止私人垄断及确保公正交易法》第 23 条规定:“本法规定,不适用于被认为是行使著作权法、专利法、实用新型法、外观设计法或商标法规定的权利的行为。”我国《反垄断法》第 55 条规定:“经营者依照有关知识产权的法律、行政法规规定行使知识产权的行为,不适用本法;但是,经营者滥用知识产权,排除、限制竞争的行为,适用本法。”可见,权利人的权利在豁免适用反限制竞争法的同时,必须按照有关法律的规定加以行使,否则,这种权利也可能会丧失。

6. 对特定行为的适用除外

除了上述情形可以适用除外以外，还有一些特定行为也可以适用除外。

（1）基于法律的正当行为

有些特定事业，由于种种特殊原因，有其他法律直接规定，如交通业有交通法规定，从事该特定事业者或事业者团体必须依据该法律进行，它们所实施的行为有法律根据，并依法实施，因而是合法行为，该正当行为，应直接适用该法律，而不适用反限制竞争法。如日本《禁止私人垄断及确保公正交易法》第 22 条规定："本法规定，不适用于就特定事业有特别法律而事业者或者事业者团体依据该法律或根据该法律发布的命令所实施的正当行为。"

（2）一定的合伙行为

有些市场主体，弱小卑微，势单力薄，在市场竞争中处于不利地位，他们为了在市场竞争中求得生存和发展，可能会团结起来，结成合伙，协同行动。由于这种行为有利于弱小者互助协力，同舟共济，提升其地位，增强其能力，也有利于它们与强大者相抗衡，遏制其市场优势，改善市场结构，促进市场竞争，可见，这种行为与反限制竞争法不但不相矛盾，反而异曲同工，因此应适用除外。如日本《禁止私人垄断及确保公正交易法》第 24 条规定："本法规定，不适用于具备以下各项所列要件并且依法律规定设立的合伙（含合伙的联合）行为。一、以小规模事业人或者消费者的相互扶助为目的；二、任意设立，且合伙人可以任意入伙或者退伙；三、各合伙人有平等表决权；四、在对合伙人进行利益分配时，其限度为法令或者章程所规定。"但同时规定："使用不公正的交易方法时，或者因实质性限制一定交易领域的竞争从而不正当地提高价格时，不在此限。"

（3）对特定商品适用除外

有些商品是人们的日用消费品，与人们的日常生活息息相关，它们关系民用民生，关切社会大众，该类商品的价格不宜大起大落，暴涨暴跌。如果价格暴涨，人们难以承受，购买不起，会严重影响人们的日常生活；如果价格暴跌，经营者无利可图，甚至血本无归，破产倒闭，没有了经营者生产供应日用消费品，人们无从购买，最终也会严重影响人们的日常生活。因此，该类商品的价格应保持平稳，可以适当维持再销售价格，为此所订立的维持再销售价格的契约或协议应适用除外。如日本《禁止私人垄断及确保公正交易法》第 24 条第 2 款规定："①本法之规定，不适用于生产或销售公正交易委员会指定的易于识别质量相同的商品的事业者，与销售该商品的相对方事业者决定、维持该商品的再销售价格（指该相对方事业者或者购买该相对方事业者，销售该商品的价格，下同）的正当行为。但是，该行为不正当地损害一般消费者的利益或者违反生产该商品的事业人的意图时，不在此限。”同时规定：“公正交易委员会非于下列情形，不得进行前款规定的指定。一、该商品被一般消费者日常使用的；二、就该商品存在自由竞争的。”此外还要求：“③第一款规定的指定，以告示进行…… ⑥第一款规定的事业者签订旨在决定、维持同款规定的再销售价格的契约时，应按照公正交易委员会规则的规定，自契约成立之日起 30 日内，将有关情况报告公正交易委员会。但是，公正交易委员会另有规定的，不在此限。”

（4）旨在克服萧条的共同行为

由于存在经济周期，经济时常处于萧条时期。当经济处于萧条时期，往往供大于求，货销不畅，库存积压增多，为了平衡供求关系，就要限制生产能力，减少产量；当经济处于萧条时期，价格暴跌，价格低于平均生产成本，严重损害经营者的正当利益，为了避免价格恶性竞争，经营者往往会达成价格协定；当经济处于萧条时期，不仅效益差的经营者会被淘汰出局，就是效益好的经营者也难以为继，经营者纷纷破产倒闭，这不是优胜劣汰，而是优劣俱汰，不是没有竞争而是竞争过度，为了避免对国民经济造成更大的损害，保障效益好的经营者存在和发展，应适当限制竞争；为克服萧条状态，各经营者竭尽所能，千方百计，但依然无济于事、无力回天，为此各经营者也许会团结奋斗，共渡难关。以上旨在克服萧条状态的共同行为，应适用除外。如日本《禁止私人垄断及确保公正交易法》第 24 条第 3 款规定：“①因特定商品的供需显著失衡而发生下列各项事态时，生产该商品的事业者或者以该事业者为成员的事业者团体（以下称‘生产业者等’）得到下款或第三款的认可而实施的共同行为（含事业人团体令其成员所实施的共同行为，下同），不适用本法的规定。但是，使用不公正的交易方法时，或者令事业者实施不公正的交易方法的行为时，不在此限。一、可能会导致该商品价格低于其平均生产费用，且该事业者的相当部分事业难以为继的；二、通过企业的合理化难以克服前项所列事态的。②生产业者等在前款规定的情形下，为克服同款规定的事态而欲实施有关限制生产数量、销售数量或者设备的共同行为（妨碍设备更新或改良的除外）时，可根据公正交易委员会规则的规定事先取得公正交易委员会的认可。③生产业者等在第一款规定的情形下，因技术上的原因，限制有关该事业的商品生产数量存在显著困难，因而欲实施决定价格的共同行为时，可根据公正交易委员会规则的规定事先取得经公正交易委员会的认可。得到前款认可而实施共同行为后，在实施同款规定的共同行为显然难以克服第一款规定的事态的场合，欲于实施前款规定的共同行为的同时实施有关决定价格的共同行为时，亦同。”但实施上述行为，必须合乎以下条件：“一、旨在克服第一款规定的事态而没有超过必要程度；二、不会不正当地侵害一般消费者及相关事业者利益；三、没有不正当区别对待；四、没有不正当地限制参加其共同行为或者脱离其共同行为。”否则，得不到公正交易委员会的认可，从而不得适用除外。我国《反垄断法》第 15 条第 5 款的规定也属于这类行为。

（5）旨在实现企业合理化的共同行为

前已论及，合理原则是反限制竞争法的基本原则，据此原则，某些行为尽管限制竞争，但因为有其合理性，因而豁免适用反限制竞争法。如某些生产经营者采用共同行为，控制有关技术，限制生产品种，共同利用设施，统一管理产品，等等，这些行为虽然限制竞争，但有利于实现技术进步、改善质量、降低成本、提高效益，因而是一种旨在实现企业合理化的共同行为，有充分的合理性，根据合理原则，应适用除外。如日本《禁止私人垄断及确保公正交易法》第 24 条第 4 款规定：“①本法之规定，不适用于为实现技术进步、质量改善、成本降低、效率提高等的企业合理化特别有必要时，生产业者等取得下款的认可而实施的共同行为。②生产业者等在前款规定的情形下，欲实施有关技术或生产品种的限制、原材料或产品的保管或运输设施的利用、或者副产物、废品或废物的利用、购买等方面的共同行为时，可根据公正交易委员会规则的规定事先取得公正交易委员会的认可。”但实施上述行为，必须合乎以下条件：“一、不会损害需要者利益；二、不会不正当地侵害一般消费者及相关事业者（不含需要者）利益；三、没有不正当区别对待；四、没有不正当地限制参加或者退出其共同行为；五、共同行为参加者相互间的生产品种限制内容不同时，没有将特定品种的生产不正当地集中于特定的事业者。”否则，得不到公正交易委员会的认可，则不得适用除外。我国《反垄断法》第 15 条第 1、2、4 款的规定即属于这类行为。

附 录 一

来自竞争的价值

2007年通过的我国《反垄断法》，虽然只有短短的57个条文，但具有非常重要的价值，人们应该给予高度的认识。只有人们高度认识了反垄断法的价值，才能实施好反垄断法，并充分发挥反垄断法的作用。

一、竞争价值

反垄断法的根本价值在于通过反对诸如垄断、限制竞争协议、滥用市场支配地位和经营者集中以及行政垄断等各种形式的限制竞争行为，来促进竞争。所谓竞争，核心就是人们各擅其长，竞技较能，力争上游，优胜劣汰。竞争机制给人们以巨大的动力和压力，把人的主动性、积极性和创造性充分地激发出来并持久地维持下去，从而促进经济增长、社会发展和人类进步。所以马克思说“竞争，这个资产阶级经济的重要推动力……”① 恩格斯指出“任何一个民族都不会容忍由托拉斯领导的生产……”② 列宁认为竞争“……在稍微广阔的范围内培植进取心、毅力和大胆首创精神……”③ 正是竞争对于经济增长、社会发展和人类进步的极端重要性决定了反垄断法竞争价值的首要地位，反垄断法就是要把竞争价值奉为至上的权威，在市场社会，“……不承认任何别的权威，只承认竞争的权威……”④ 它要求人们要富有竞争精神，要敢于竞争、善于竞争、公平竞争、自由竞争、依法竞争。在各国的反垄断法中，竞争价值都占有首要的地位。如美国《克莱顿法》第2、3、7条规定，商业行为不得“实质上减少竞争或旨在形成垄断”；德国《反限制竞争法》第1条规定：“以阻碍、限制或扭曲竞争为目的或使竞争受到阻碍、限制或扭曲的行为是禁止的”；法国《公平交易法》第7条规定了“非法联合行为的禁止”，第8条规定了“支配地位滥用的禁止”，第9条规定了“反竞争行为无效”；日本《禁止私人垄断及确保公正交易法》第1条规定：“本法的目的是促进公平的、自由的竞争”；我国《反垄断法》第1条也明确规定，本法的制定是“为了预防和制止垄断行为，保护市场公平竞争”。竞争作为反垄断法的首要价值，也是反垄断法其他价值的基础，反垄断法的许多重要价值都来自竞争。

① 《马克思恩格斯全集》，中文1版，第46卷（下），47页，北京，人民出版社，1980。
② 《马克思恩格斯全集》，中文1版，第19卷，239页，北京，人民出版社，1965。
③ 《列宁选集》，3版，第3卷，375页，北京，人民出版社，1995。
④ 《马克思恩格斯全集》，中文1版，第23卷，394页，北京，人民出版社，1972。

二、公平价值

长期以来，资源的配置机制主要有三类：第一类是按权力分配，谁拥有权力，谁就能占有资源，谁的权力越大，谁占有的资源就越多；第二类是按身份分配，谁的身份越高，谁享有的资源就越多；第三类是按劳分配，多劳多得，少劳少得。由于权力与资源并不是对应的，权力未必产出资源，权力的大小也未必与资源产出的多少成正比，有时权力只是占有资源，按权力分配资源，往往是有权者挪用别人创造的资源作有利于自己的分配；身份具有世袭性，有时还是不劳而获的，身份并不一定创造资源，大多只是分享资源，有时身份越高，创造的资源越少，而分享的资源却越多；劳动是复杂的，难以考量，尤其是由几个当权者对各行各业的劳动进行较精确的考量更是几近不能，结果按劳分配难免蜕变为看人分配，对自己熟悉的人、偏好的人多分配，反之则少分配。可见，这三类分配机制都具有难以避免的不公平性。要改变资源分配的不公，必须实行竞争，通过竞争去分配资源。竞争分配资源，受市场竞争“那只看不见的手”支配，正是因为它看不见、也摸不着，因而不受任何人控制，竞争分配的结果不是主观的而是客观的。竞争分配是按照优胜劣汰的法则分配，只有优胜者才能有所分配，资源向优胜者分配。这正是公平之所在，尤其是相对于“劣币驱逐良币”而言，更要公平得多。竞争分配，每个人的所得，与他人无关，也与社会无关，只取决于自己，取决于自己的竞争能力和竞争努力，这比自己的所得由他人决定要公平得多。从这个角度看，公平来自竞争。公平价值在各国的反垄断法中都有充分的体现，如美国《罗宾逊—帕特曼反价格歧视法案》（1908 年）以及《克莱顿法》（1914 年）第 2 条第 1 款都规定，“限制竞争的价格歧视是非法的”。德国《反限制竞争法》第 20 条有“禁止歧视和禁止不公平阻碍”的规定，“如果拒绝某个企业加入经济联合会和企业联合会以及质量标志协会会对该企业构成无实质上合理理由的不平等待遇，并可能导致该企业在竞争中处于不公平的不利地位，则不得拒绝其加入”。之所以如此，是因为价格是市场竞争的核心要素，价格歧视会严重损害市场公平和公平竞争，以及由此所决定的资源分配不公。英国《竞争法》第 18 条（1）规定，“禁止滥用市场支配地位直接或间接地强加不公平销售或购买价格或其他不合理交易条件”。日本《禁止私人垄断及确保公正交易法》第 1 条规定，“本法的目的是禁止私人垄断、不正当的交易限制以及不公平的交易方法，促进公平的自由的竞争”。韩国《限制垄断和公平交易法》第 1 条规定，“本法律的目的是促进公正自由的竞争”。我国《反垄断法》把维护公平竞争作为其基本宗旨，不仅在第 1 条和第 5 条对公平竞争作出了原则性的规定，而且在第 17 条第 1 款规定禁止“以不公平的高价销售商品或者以不公平的低价购买商品”，足见对公平价值的倚重。还要指出的是，反垄断法的公平体现的是实质公平，目的是让市场主体在真正公平的基础上开展竞争，所以许多国家的反垄断法都鼓励中小企业的联合或合并行为，以提高它们的竞争力，能与大企业开展公平竞争。如德国《反限制反垄断法》第 3 条规定：“协议或者决议有利于加强中小企业的竞争力”，被认为是“合理化卡特尔”，可以适用除外。加拿大《反垄断法》第 1 条规定，本法的目的之一在于“保障中小企业有参加加拿大经济发展的公平机会”。我国《反垄断法》第 5 条规定：“经营者可以通过公平竞争、自愿联合，依法实施集中，扩大经营规模，提高市场竞争能力”；第 15 条第 1 款第 3 项规定经营者“为提高中小经营者经营效率，增强中小经营者竞争力”所达成的协议适用除外。

三、自由价值

长期以来，人们信仰“天赋自由”，误以为自由是天赋的或者说是当然就有的。其实，自由并不是天赋的，也不是当然就有的，而是竞争得来的。因为竞争的目标向所有人开放，人人可以自由参与，竞相争夺；竞争的过程是“八仙过海，各显神通”，这是一个人们充分发挥自由意志的过程；竞争的评判标准是优胜劣汰，而孰优孰劣最终是由每个人自己的竞争能力和竞争努力决定的，是自己决定自己的命运。所有这些都决定了竞争是自由的。只有通过竞争，才能使人竭尽全力、想方设法、竞技较能，把人的聪明才智发挥到极致，使人更有力量，能更有效地征服世界和改造世界，使人们摆脱各种各样的必然性的束缚，使人获得自由。只有通过竞争，才能提高生产率、发展经济、增长物质财富。“竞争是获致繁荣和保证繁荣最有效的手段”①，竞争使人们摆脱物质贫困的制约，使人获得自由。从这个角度看，自由来自竞争，竞争是通往自由的必由

① ［德］艾哈德：《来自竞争的繁荣》，11 页，北京，商务印书馆，1987。

之路。自由这一价值在各国的反垄断法中也有相应的体现。如1992年美国司法部与联邦贸易委员会联合发布的《横向兼并准则》的核心,“是承认实施合理的兼并是我们自由企业制度的重要组成部分,自由企业制度有利于美国厂商的竞争和消费者的福利”,为此,“实施合理的兼并必须防止反竞争的兼并”。法国《公平交易法》开篇规定的即是“价格自由”。日本《禁止私人垄断及确保公正交易法》第1条规定,“本法的目的是促进公平的自由的竞争”。韩国《限制垄断和公平交易法》第1条规定“本法律的目的是促进公正自由的竞争”。但也有一些国家,如德国的《反限制竞争法》并未直接明确地规定“自由”为其价值,我国的《反垄断法》亦然。我国之所以如此,是因为我国目前还是一个发展中国家,我国的许多产业或企业与强大的国际大企业或跨国公司相比,还处于弱势地位,无法与之公平竞争,如果放任自由,势必弱肉强食,危及我国的民族产业和经济安全。其实,反垄断法所强调的自由并不是毫无限制的自由,更不是弱肉强食的自由。但这不等于说,我国的反垄断法就排斥自由这一价值,因为我国的反垄断法在本质上依然是竞争促进维护法,竞争与自由是相通的,只要反垄断法促进、维护竞争,就必然会弘扬自由的价值,并且当条件日益具备时,自由度也会逐渐扩大。

四、效率价值

竞争是一种发现机制,发现谁是最优者的机制,进而把有限的资源配置到最优者那里,实现人尽其才、物尽其用、事尽其功,使资源发挥最大效率。竞争的结果是优胜劣汰,人们为了在激烈的市场竞争中取胜,必须不断地努力节约成本、降低价格、提高质量、改进服务,这些努力的必然结果就是效率的提高。竞争的关键是科技竞争,是否拥有高科技已成为是否拥有竞争优势、能否在竞争中胜出的决定性因素,只有不断地改进科技,牢牢地拥有高科技,才能赢得竞争。科技是第一生产力,不断地改进科技,就是不断地提高效率,所以,艾哈德认为,“竞争是提高生产率最理想的手段”[①]。从这个角度看,效率来自竞争。效率在各国的反垄断法中都是占有重要地位的价值。如,效率是美国司法部和联邦贸易委员会评判兼并是否具有危害竞争的效果的一个主要标准,“兼并在经济上的主要利益是增强了他们的潜在效率,这可以提高

① [德]艾哈德:《来自竞争的繁荣》,154页,北京,商务印书馆,1987。

厂商的竞争力，并因此而以较低的价格面向消费者。由于制定反托拉斯法以及由此而制定的《准则》标准，所针对的仅仅是那些明显危害竞争的兼并，因此它们不会对多数的兼并设置障碍。在绝大多数情况下，《准则》将允许厂商通过兼并而获得应有的效率，两机构则不会对此进行干预”。而且，两机构所考量的效率包括方方面面：“获得经济规模，生产设备的更佳组合，工厂专业化，降低运输成本，以及兼并厂商的有关特定制造、服务或分配营业方面的类似效率。两机构还要考虑一些效率上的合理要求，这些效率一般来自销售、管理和企业一般管理费用，以及另外与兼并厂商的特定制造、服务或分配营业无关的削减。”《横向兼并准则》也指出：“在任何情况下，行使市场力量的结果都是资源的不当配置”，都会损害效率。德国《反限制竞争法》，则把是否有助于提高效率作为考量是否构成垄断以及对垄断是反对还是豁免的一个重要标准；其第 24 条规定，“竞争规则，是指那些规范企业在竞争中的行为，以抵制竞争中之有悖正当竞争规则或有效的效能竞争规则的行为，并鼓励在竞争中形成符合这些原则的行为的规定”，由此不难看出，效率亦是竞争规则的核心要素之一。加拿大《反垄断法》第 1 条规定，本法的目的之一在于“提高加拿大经济的效益”。其实，世界各国的反垄断法所促进和维护的竞争大都建立在有效竞争理论的基础之上。我国的《反垄断法》第 1 条明确规定“提高经济运行效率”是其立法目的之一，第 15 条第 1 款第 2、3 项规定经营者为“增进效率”、“提高中小经营者经营效率”所达成的协议“不适用本法第十三条、第十四条的规定”，即不被认为是限制竞争协议，因而可以豁免适用该法。

五、公益价值

一切垄断最终都是为了通过垄断“吃独食”，攫取高额垄断利润，其后果和代价是消费者利益的减损，所以艾哈德明确指出：“每种垄断的形式都隐藏着欺骗消费者的危险性”，并公开宣称“卡特尔是消费者的敌人”①。要维护消费者的权益，必须反垄断以促进竞争。竞争从根本上说是经营者竞相争夺消费者的行为或活动，有竞争以后，才有多家经营，才能货比三家，才有买方市场，才能讨价还价，才是消费者选择经营者而不是相反，可以说，经营者的一切有益于消费者的行为都是竞

① ［德］艾哈德：《来自竞争的繁荣》，121、115 页，北京，商务印书馆，1987。

争的结果。竞争大概是世上维护消费者权益最有效的手段，是否有利于消费者已成为是否构成垄断和是否反垄断的基本评判标准。如美国司法部与联邦贸易委员会《横向兼并准则》指出："在任何情况下，行使市场力量的结果都是福利从买者到卖者的一种转移。"德国《反限制竞争法》第 2 条规定，"企业间达成的协议、企业联合组织作出的决议以及联合一致的行为，如其能够使消费者分享由此产生的收益、有利于产品的生产或销售或者有利于促进技术和经济的进步"，可以豁免适用本法。只有维护消费者权益的经营者才能赢得消费者，反垄断法是消费者权益保护法。由于每个人都是消费者，竞争维护消费者的权益就是维护每个人、所有人的权益，就是维护社会公共利益，社会公共利益来自竞争。维护社会公共利益是各国反垄断法的价值目标。如日本《禁止私人垄断及确保公正交易法》第 1 条规定，本法的最终目的是"繁荣经济，提高工资及国民收入水平，以确保一般消费者的利益并促进国民经济民主、健康地发展"。韩国《限制垄断和公平交易法》第 1 条规定，本法律的最终目的是"保护消费者，实现国民经济的均衡发展"。加拿大《反垄断法》第 1 条规定："本法的目的在于保护和鼓励在加拿大的竞争，以提高加拿大经济的效益和适应能力，增加加拿大对世界市场的参与机会，同时确认其他国家在加拿大参与竞争，保障中小企业有参加加拿大经济发展的公平机会，使消费者能够享受价廉物美的服务。"我国《反垄断法》第 1 条规定，反垄断法的目的是"维护消费者利益和社会公共利益，促进社会主义市场经济健康发展"。此外，为了维护社会公共利益而规定豁免一些限制竞争的行为，如我国《反垄断法》第 15 条第 1 款第 4 项规定："为实现节约能源、保护环境、救灾救助等社会公共利益的"，豁免适用本法，就是例证。

六、人文价值

竞争是一种优胜劣汰机制，人们为了不在竞争中被淘汰，"往往会引起最大的努力"[①]，使人不满现状、不甘落后、见贤思齐、挑战强者、超越优者、不断进化，竞争使人更加出类拔萃，使人的发展达到更高的高度。竞争告诫并规劝人们，任何人要实现其所追逐的目标，只有通过

① ［英］亚当·斯密：《国民财富的性质和原因的研究》，下卷，320 页，北京，商务印书馆，1979。

诚实、公平、自由、文明的竞争，不得弄虚作假、投机取巧、滥用优势，不当竞争，否则会被竞争所淘汰。竞争使人更加完善，更有尊严。竞争是竞争优势，有优势才能赢得竞争，竞争不断地使人去劣存优，不断优化，尽善尽美。康德说“一片茂密的小树林，为了争夺宝贵的阳光，每一棵小树都拼命向上生长，其结果是它们都变得笔直挺拔秀美端庄”①。竞争不仅使树成材，也使人成才，人是在竞争中发展完善的，竞争使人更加成之为人。发展来自竞争，要实现人的全面发展以及社会的发展，必须实行竞争。

七、法治价值

不同的法律在不同的历史时期对法律价值有不同的贡献。在市场经济发展到垄断阶段之前，人们刚从奴隶制度或封建体制下解放出来或解放不久，人们之间大同小异、相差无几，可以说是地位平等、势均力敌，这正好适合以主体平等、契约自由和产权私有为原则的民法发挥作用。但当市场经济发展到垄断阶段以后，情况发生了巨大变化，人们之间的差别日益扩大，有的甚至有天壤之别，根本无平等可言；劣弱者处于强大者的支配之下，无法意思自治；弱肉强食，劣弱者也没有什么私有财产可言，他们的平等、自由和权利岌岌可危。在这种情况下，要维护人们的平等、自由和权利，必须首先反垄断，反对垄断者垄断经济、操纵社会、滥用优势，只有反垄断成功了，促进了市场竞争，重新构建了人们之间的平等，恢复了人们的自由，保障了人们的权利，为民法奠定了基础，民法才能重新发挥作用。所以，反垄断法成为奠定人的平等、恢复人的自由、保障人的权利的根本前提和首当其冲的任务，反垄断法成为平等奠定法、自由维护法和权利保障法。正是在这个意义上，西方国家把反垄断法称为“自由企业大宪章”和“经济宪法”。

反垄断法的制定和实施对于我国的法制建设和法治实现具有重要意义。长期以来，我们先是重视公法建设，加强了宪法、刑法、诉讼法等的建设，后是重视私法，加强了民法、商法等的建设，但对包括反垄断法在内的经济法重视不够。特别是在目前，人们更重视私法，而对反垄

① ［德］何梦笔主编：《德国秩序政策理论与实践》，汪丁丁序，上海，上海人民出版社，2000。

断法的认识不足，如2007年通过的《反垄断法》就难以与此前不久通过的《物权法》相提并论，有人甚至认为，有了《合同法》还需要《反垄断法》干什么。这种状况必须改变，而要改变这种状况，必须在上述反垄断法价值的意义上去高度认识反垄断法。如果人们对反垄断法认识不高，反垄断法就实施不好，结果就会垄断遍布横行，主体地位不平等，私人意思不能自治，权利不能人人享有。这样一来，私法就没有存在和运行的基础，私法就不可能发挥应有的作用。

八、现实价值

上述反垄断法的竞争价值以及由此而来的公平、自由、效率、公益、人文和法治等价值，对于当今的中国尤其具有重要意义。

当今社会是一个充满竞争且竞争日趋激烈的社会，可谓竞争无处不在、无时不有、无人能外，不仅有国内竞争，而且有国际竞争。可是面对这样的竞争态势，我们的不少国民还缺乏竞争意识和竞争精神，不愿竞争、不敢竞争、不善竞争，这样的国民和国家是缺乏竞争力的，长此以往，势必被开除“球籍”。所以，我们有必要对国民进行竞争教育，让国民认识竞争、重视竞争、乐于竞争、敢于竞争、善于竞争。人的竞争能力是在竞争中得到并提高的，这就像人的游泳能力是在游泳中得到并提高的一样。只有人人认识竞争、重视竞争、乐于竞争、敢于竞争、善于竞争，人们才能在竞争中发展壮大，在竞争中变得更有力量，这样的国民才有竞争力，由有竞争力的国民所组成的国家才有竞争力，才能屹立于世界民族之林。竞争力是国力的核心，国力来自竞争力，来自国民的竞争力。

我们的不少企业和行业长期依仗非法的垄断地位生存发展，不习惯竞争，有的甚至竭力限制竞争，它们以较高的价格、较低的质量和较差的服务攫取高额垄断利润，损害消费者权益。就在2007年7月，兰州牛肉拉面价格普遍上涨；中国乳品企业以自律为名发布“南京宣言”，要求取消所有乳制品的各种变相降价活动；方便面企业在中国方便面协会的协调下结成同盟统一涨价；五大航空公司在京沪航线上结盟，减少折扣机票，等等。这充分地说明，垄断在我们的生产生活中已普遍存在并危害甚大，必须予以高度重视和有效反对。要有效地反对这种情况，必须促进和维护竞争，因为“只有竞争才能使作为消费者的人们从经济发展中得到实惠。它保证随着生产力的提高而俱来的种种利益，终于归人们享受”[①]。

还要指出的是，在我国，还存在着邮政、电信、铁路、民航、电力等公用企业和其他具有独占地位的大企业，利用其掌控的“关键设施”或其他优势地位限制竞争的现象。这些大企业在我国经济成分中占有相当大的比重，有的甚至可以说是控制了我国的经济命脉，它们如何经营，是否有效率，为国民和消费者提供怎样的服务，直接决定着我国经济的性质。实践证明，要使这些大企业良好经营、富有效率，必须尽可能打破垄断，引入竞争，因为“独占乃是良好经营的大敌。良好的经营，只靠自由和普遍的竞争，才能得到确立。自由和普遍的竞争，势必驱使每个人，为了自卫而采用良好经营方法”[②]。同样，要使这些大企业为国民和消费者提供优质的服务，充分发挥它们的社会效益，也必须尽可能打破垄断，引入竞争，因为“一种事业若对社会有益，就应当任其自由，广其竞争。竞争愈自由，愈普遍，那事业就愈有利于社会”[③]。对于我国“国有经济占控制地位的关系国民经济命脉和国家安全的行业以及依法实行专营专卖的行业”，我国《反垄断法》的本意也是要尽可能地在国有经济、国有企业中打破垄断，引入竞争，只是出于国民经济稳定和国家经济安全以及一些自然垄断行业的考虑，不宜实行竞争或者竞争未必效果更佳，所以，我国《反垄断法》第 7 条才规定，“国家对其经营者的合法经营活动予以保护”。但这种保护不是保护垄断，相反，国家要“对经营者的经营行为及其商品和服务的价格依法实施监管和调控，维护消费者利益，促进技术进步”。与此同时，“行业的经营者应当依法经营，诚实守信，严格自律，接受社会公众的监督，不得利用其控制地位或者专营专卖地位损害消费者利益”。这条规定为我国国有企业或行业的改革指明了方向，也提出了要求。对这些国有企业或行业实行合法存在、依法经营和专营专卖与依法监管、宏观调控和社会监督相结合的制度，就是为了维护消费者的利益，保障社会公共利益。如果这些规定得到了遵行和实现，那么就促进和实现了社会公共利益。

发展是我们的当务之急，要取得长足的发展，只有通过竞争。在竞

① ［德］艾哈德：《来自竞争的繁荣》，11 页，北京，商务印书馆，1987。

② ［英］亚当·斯密：《国民财富的性质和原因的研究》，上卷，303 页，北京，商务印书馆，1979。

③ ［英］亚当·斯密：《国民财富的性质和原因的研究》，上卷，140 页，北京，商务印书馆，1979。

争中，才能把一切促进发展的积极因素充分、有效地调动起来，形成一种你追我赶、相互鞭策、百舸争流、力争上游的氛围和局面，这样的社会才有发展，这样的社会就是一个发展的社会。一个竞争的社会，才是一个充满活力的社会，才是一个自由的社会，“生产者的自由生产，消费者的自由选购，以及个性的自由发展等原则，比任何形式的国家指导或政府管制，更能保证经济与社会的进步”①。相反，“凡没有竞争的地方，就没有进步，久而久之就会陷入呆滞状态”②。没有竞争的社会是无法发展的。纵观历史，横向比较，就可以发现，为什么有的社会有发展、有的社会没有发展，有的社会发展快、有的社会发展慢，一个最根本的原因就是该社会有无竞争。社会发展正反两方面的经验教训向人们昭示了社会发展的普遍规律，即竞争是社会发展的必由之路，竞争是社会发展的促进力量，社会发展来自竞争。

我们的社会还存在种种不和谐，造成不和谐的一个根本原因就在于利益的分配并不完全是公平、自由竞争的结果。要构建和谐社会，必须诉诸竞争。面对众多的利益诉求主体，他们的利益得失，应通过公平、自由竞争去决定。利益由竞争决定其实就是由每个人自己决定，“成也萧何，败也萧何”，无法怨天尤人，不能责怪社会。而且由竞争决定得失，往往得者得其所应得，正大光明；失者失其所该失，心悦诚服，比较公平。这就像体育比赛一样，参赛者都想得名次拿奖牌，至于谁能实现目标，要通过公平竞争去决定。对于竞争结果，参赛者都能正确对待，即所谓的“友谊第一，比赛第二”，参赛者之间并没有矛盾，能够和谐相处，有的还惺惺相惜。竞争是化解社会利益矛盾的有效机制，人们能够心平气和地面对经由公平竞争所导致的他们之间的利益得丧变更，这样才有社会和谐可言。所以，艾哈德“把开展竞争看作是不断提高效率以及合理分配国民经济的最好保证”③。竞争分配利益，既富有效率又保证公平，实现了效率与公平的内在统一，从而成为一种促进社会和谐的优良机制，社会和谐来自竞争。

---

① [德] 艾哈德:《来自竞争的繁荣》，12 页，北京，商务印书馆，1987。
② [德] 艾哈德:《来自竞争的繁荣》，153 页，北京，商务印书馆，1987。
③ [德] 艾哈德:《来自竞争的繁荣》，116 页，北京，商务印书馆，1987。

附录二

论竞争法的基本精神[①]

① 本章由蒋悟真教授撰写。

任何法律都具有内在的精神。“一项制度之创立，必先有创建这项制度之意识与精神。一项制度之推行，也同样需要推行该项制度之意识与精神。此项制度之意识与精神逐渐晦昧懈弛，其制度亦即趋于腐化消失。”[①] 要有效地制定和实施法律，贵在把握法律的基本精神。我国《反不正当竞争法》第1条规定，反不正当竞争法的立法目的是“保障社会主义市场经济健康发展，鼓励和保护公平竞争，制止不正当竞争行为，保护经营者和消费者的合法权益”。我国《反垄断法》第1条开宗明义地规定了本法的立法目的是“预防和制止垄断行为，保护市场公平竞争，提高经济运行效率，维护消费者利益和社会公共利益，促进社会主义市场经济健康发展。”这是我国市场竞争法基本精神的集中体现，它要求我们在一切有关竞争和竞争法的事务中都应贯彻和笃行上述市场竞争法的基本精神。

全面、深入地阐释市场竞争法的基本精神，提升对市场竞争法的理解和认识，摒弃对市场竞争法的误解与偏见，对于正确地观察与解释市场竞争现象，科学地指导市场竞争法的制定与实施，健全市场竞争法治都具有十分重要的意义。然而，我国目前的竞争法学研究大多拘泥于对法律规范的法条解释、案例分析以及对国外竞争法律制度的比较研究，没有充分拓展竞争法的理论视阈，未能全面、深入地揭示竞争法的基本精神。鉴于此，有必要运用法学原理与方法对市场竞争法的基本精神予以阐释，使竞争法学研究由简单的法条解释、案例分析与比较研究转向竞争法基本精神的阐释，并期望把竞争法学提升到应有的学理层次。

一、竞争精神

竞争是由人类的生存环境所决定的。人类生存环境的基本事实是：一方面，自然界没有赋予人类取之不竭的丰裕的自然资源；另一方面，人类自身的生产力远没有达到能够完全满足人类自身需要的程度。这两方面决定了人类的生存环境必然是一个“僧多粥少”的困境。生存在这种困境中的人类必然会为了生存和发展而争夺有限的资源。其实，所谓的竞争，归根结底就是人类对那些能够满足人的生存和发展需要的有限资源的竞争，这正如经济学家施蒂格勒对竞争所下的定义：“竞争系指

① 钱穆:《国史大纲》，415页，北京，商务印书馆，1996。

个人（或集团或国家）间的角逐；凡两方或多方力图取得并非各方均能获得的某些东西时，就会有竞争，竞争至少与人类历史同样悠久。”① 如果资源极为丰富，能够充分满足所有人的一切需要，人们无须争夺资源，无须竞争，那么人就没有竞争的本性，也就没有竞争了。但恰恰相反，资源总是稀缺的，资源的稀缺性直接决定了人的竞争本性。人的行为绝大多数都是竞争有限资源的行为，可以说，竞争性是人的行为的最基本和最主要的特征之一，如此重要的竞争行为应该有一个重要的法律部门来加以规范和调整，这个重要的法律部门主要就是市场竞争法。

调整竞争行为的竞争法自然应该富有竞争精神。竞争精神要求市场社会把竞争奉为圭臬，使竞争成为市场社会万事万物的最高主宰，无论是评价事物的优劣、考量结果的成败、分配资源的多少、决定利益的得失，等等，都要诉诸竞争，由竞争去作最高最后的评判。在市场社会，“……不承认任何别的权威，只承认竞争的权威……”② 这样一来，就把社会的评判标准统一到竞争上来了，使人们专心于竞争，致力于提高和改进自己的竞争能力和竞争努力。竞争精神首先就是把竞争奉为圭臬和至上权威的精神，一切由竞争说了算。

竞争是一种优胜劣汰机制，不优则汰，不力则汰，不进则退，强大的竞争压力“……在稍微广阔的范围内培植进取心、毅力和大胆首创精神……”③ 竞争精神就是一种进取精神、不屈精神和首创精神。竞争使人不满现状、不甘落后、力争上游，使人努力进取、奋发有为、日臻完善，竞争是使人的潜能充分激发出来的最好办法，竞争精神就是一种不断向最高最优目标迈进的精神。竞争是动态的，竞争态势千变万化，胜负成败不定。在竞争面前，人人面临竞争的风险，因此，竞争精神就是一种居安思危、敢冒风险、挑战风险的精神，这些精神有利于使人的才能、智力、雄心以及其他人类可贵的品德得到充分发展，这些品德对于人的生存和发展、对于国家的繁荣和稳定都是必不可少的。④ 时至今日，竞争精神不仅是个人精神，而且已成为民族精神和国家精神的重要组成部分。

① The New Palgrave, *A Dictionary of Economics*, vol. 1, the Macmillan Press Limited, London , 1987, pp. 531-535.

② 《马克思恩格斯全集》，中文 1 版，第 23 卷，394 页，北京，人民出版社，1972。

③ 《列宁选集》，3 版，第 3 卷，375 页，北京，人民出版社，1995。

④ 参见［德］艾哈德：《来自竞争的繁荣》，178～179 页，北京，商务印书馆，1983。

市场竞争主要是科技竞争。在以知识经济和高科技为基础的现当代社会，竞争往往表现为科技创新的竞争，只有不断创新科技、经常拥有高新科技才能占有竞争优势，才能在竞争中胜出。竞争主体为了在竞争中立于不败之地，必须进行有效的科技创新。竞争精神就是一种创新精神，一种新新不已的精神。自从资本主义与市场经济诞生以来，竞争就被视为推动科技创新和经济发展的最根本因素，创新经济学的权威熊彼特指出，“经济发展的本质在于创新”，“创新才是经济发展的内在要素，创新就是生产函数的变动”①。科技创新不仅对于产业升级、经济增长和消费者福利的改进起到了巨大的促进作用，而且营造了一个科技创新的环境，在这种环境中，企业要生存发展，要做大做强，就必须科技创新。20世纪以来，西方发达国家之所以充满活力，产生了大量的科技创新成果，主要是因为它们长期执行了一种激励科技创新的竞争法律制度。由于垄断者凭借垄断优势就能支配市场、霸占市场，攫取超额垄断利润，因而通过科技创新去赢得竞争、赢得市场的动力和压力就大大减少了，许多垄断者依仗垄断权力强行压制科技创新，甚至把科技创新成果收买起来，锁在保险柜里久久不用，垄断严重地阻碍科技创新，垄断是开历史的倒车。而竞争法通过反垄断，就是要反对垄断阻碍科技创新，为人们提供一个创新环境，并大力提倡竞争精神，使人们充分认识到，要赢得竞争，除了不断地创新科技以外，别无他途。竞争推动创新，创新促进竞争，创新本身已成为最有效的竞争方法，竞争法就是维护这种创新机制得以持续运转的法律制度。竞争精神的最终目的就是实现创新与超越，使人们在竞争中、在创新中不断超越，竞争精神是一种超越精神，一种超越自我、超越对手、超越现状和超越局限的精神。

竞争总归是一种手段，我们之所以需要竞争，是因为正如哈耶克所说，只有竞争才能保证“意见”和“知识”的不断发现和产出，竞争机制是一种发现谁是最优者的机制。② 当人们面对众多的诉求主体时，要通过竞争这一客观的评价机制，去探索、发现谁优谁劣，进而把有限的资源真正配置到能够使资源效益极大化的最优秀的人才手里，实现人尽其才、物尽其用、事尽其功，使竞争能够成为最有效的资源配置机制。所以，竞争精神是一种探索发现的精神，一种追求最优的精神。

但竞争，在把资源配置到能够使资源效益极大化的最优秀的人才手

① ［美］约瑟夫·熊彼特著，何畏等译：《创新发展理论》，290页，北京，商务印书馆，1990。
② 参见［英］哈耶克著，邓正来译：《自由秩序原理》，72页，北京，三联书店，1997。

里的同时，又会形成垄断，导致少数优胜者垄断资源，造成不竞争。这样一来，竞争法又要反对经由竞争所形成的垄断，因为“垄断力求不断地攫取最大限度的净产值，为了这个目的，即使灭绝人类也在所不惜”[①]。竞争法之所以要规制竞争，就是要避免使竞争蜕变成弱肉强食，使人们认识到竞争不是你死我活，不是有我无你，而是通过竞争，在竞争中相互比较、相互促进、相互超越，实现共赢。竞争是文明竞争、共赢竞争，竞争精神是一种文明精神、一种共赢精神。

竞争已成为决定利益得丧变更的主要手段，竞争关切人们的切身利益，影响人们的安身立命，在这种情况下，保证竞争自由、竞争公平就是极其重要的了。只有在自由、公平的竞争中，竞争才能成为公平、公正与公开的利益分配机制，竞争结果，才能实现得者得其所应得，理所应当；失者失其所该失，心悦诚服，这样的分配结果才是公平合理的，才是人人都能接受的，才是没有矛盾而可以和谐相安的，竞争精神是一种自由精神和公平精神。尽管我们要把竞争作为主要的评价和发现机制，一切都要诉诸竞争，但这不等于说，竞争就要支配一切、决定一切，一切都要实行优胜劣汰。在有些领域，特别是与人权有关的领域，就不能如此。人权不实行竞争，人权不能优胜劣汰，优者再优而胜也不能把别人的人权竞争过来，劣者再劣而汰也不能把自己的人权竞争出去，无论是优者还是劣者，他们的人权一律平等。所以，竞争法强调对人权的保障，劣者尽管处于“劣势”，但不能因其“劣势”而丧失其人权。竞争精神已发生了重大变革，过去奉行“优胜劣汰，适者生存”的法则，现今则从“优胜劣汰”转变到“优胜劣存”。竞争法突出对竞争劣者、社会弱者的保护，竞争精神应充满人道精神和人权精神。

竞争是竞争法所特有的精神，也是其基本精神。竞争是开发、传递、实现竞争法其他精神的基础和手段。这一认识已成为竞争法的立法基础。从世界范围来看，现代竞争法的基本理念普遍建立在“有效竞争理论”的基础之上。[②] 如美国《克莱顿法》第 2、3、7 条规定，商业行为不得“实质上减少竞争或旨在形成垄断”。针对《谢尔曼法》在明确性等方面的不足，判例法进一步发展并明确了反托拉斯法的精神目标为

① ［法］蒲鲁东著，余叔通、王雪华译：《贫困的哲学》，258 页，北京，商务印书馆，1998。

② See John. M. Clark，Toward a Concept of Workable Competition，*American Economic View*，vol. 30（Jan.，1940）.

“保护竞争，而不是竞争者”①。德国《反限制竞争法》第1条规定：“以阻碍、限制或扭曲竞争为目的或使竞争受到阻碍、限制或扭曲的行为是禁止的。”日本《禁止私人垄断及确保公正交易法》第1条规定：“本法的目的是促进公平的、自由的竞争。”我国《反不正当竞争法》第1条规定本法的立法目的是“鼓励和保护公平竞争”；《反垄断法》第1条也明确规定，本法的制定是“为了预防和制止垄断行为，保护市场公平竞争”。

但人们在强调竞争法的竞争精神时要有所克制。如在自然垄断领域，由于客观原因，缺乏竞争的基础或条件，无法进行竞争；出于对特定产业的扶植，要推进中小企业联合而限制竞争；为了保护民族企业，提高企业的国际竞争力而建立规模经济；在知识产权领域，出于鼓励技术创新而允许专利垄断的存在，等等。在这些情况下，竞争并不是实现效率唯一或最佳的手段，过于强调竞争反而没有效率。因此要适用除外，而所谓的适用除外，其中之一就是在这些领域不适用竞争精神而让位于竞争法的其他精神。

二、自由精神

自由是法律所追求的价值目标，法律的目的在于保障自由。自由也是法律的本体元素，离开自由，法律就失去了实质内容和存在的价值而沦为暴虐之工具。这正如洛克所指出的：“法律的目的不是废除或限制自由，而是保护和扩大自由，因为自由意味着不受他人的束缚和强暴，在哪里没有法律，哪里就不能有这种自由。”② 哈耶克则进一步认为：“所谓法治下的自由概念，亦即当我们遵守法律时，我们并不是屈从于其他人的意志，因而是自由的。”③ 从起源上看，竞争法就是源于对限制自由的反对。如作为竞争法鼻祖的美国《谢尔曼法》，关于其立法目的，参议员谢尔曼在立法建议中说得十分清楚明了：如果我们不能容忍

① 如美国最高法院在布朗鞋业诉美国一案中作出了反托斯法是为了“保护竞争，而不是（单个的）竞争者”的著名论断，从而确立了竞争法保护竞争而非竞争者的立法目的观，并为当代反垄断法所普遍接受。参见孔祥俊：《保护经营者和消费者与维护公平竞争机制的关系》，载《工商行政管理》，2000（5）。

② ［英］洛克著，瞿菊农、叶启芳译：《政府论》，下篇，36页，北京，商务印书馆，1964。

③ Friedrich A. Hayek, *The Constitution of Liberty*, the University of Chicago Press, 1978, p. 153.

政治上的专制国王，我们也同样不能容忍控制生产、运输、销售生活必需品的经济上的专制国王。[①] 现代竞争法更是体现出自由的精神，保障与促进自由，已成为竞争法的根本目标之一。

在市场体制确立以前，资源的配置机制主要有三类：一是暴力，即通过暴力攫取霸占资源，谁拥有暴力，谁就能攫取霸占资源；二是身份，资源按身份配置，谁的身份越高，谁能享有的资源就越多；三是权力，由少数掌握权力的官员，对社会成员依照按劳分配的原则分配资源，但由于种种原因当权者难以对社会成员的劳动作出客观、公正的评价，因而按劳分配最终往往蜕变为依据当权者的主观好恶向社会成员分配资源。在这三种分配体制下，个人的命运都是由别人，即由那些拥有暴力或不以人的意志为转移的身份或掌握权力的人所左右，在这种资源配置体制下，人是没有自由的。自从市场体制确立以来，市场竞争成为资源配置的主要机制，与此同时，以维护和促进市场竞争为宗旨的市场竞争法已成为市场经济的基本法律。市场竞争法把市场竞争树立为资源配置的主要机制，彻底改变了过去那种要么按暴力、要么按身份、要么按权力分配资源的做法。所谓的市场竞争，就是市场中的人们各自竭尽全力，竞技较能，争取资源，人们能否争得资源、争得多少资源完全取决于每个人自己的竞争能力和竞争努力。在市场竞争体制下，每个人的命运都完全由自己把握，可谓“成也萧何，败也萧何”，自己是自己的主人，人们获得了自由。

人有一个突出的特点，那就是人们往往只有在比较中、在比赛中、在抗争中、在竞争中才能最大限度地激发和维持人们的主动性、积极性和创造性，这正如亚当·斯密所指出的：“竞争和比赛往往引起最大的努力。”[②] 只有最大限度地激发和维护人们的主动性、积极性和创造性，才能把人的力量发挥到极致，才能使人最有力量，艾哈德认为“只有在自由竞争中才能把人的力量解放出来”[③]，才能使人最好地征服自然和改造自然，才能使人最有效地摆脱各种束缚，甚至挑战并突破各种极限，才能使人有最广阔的挥洒空间，才能使人最大限度地获得自由。所

① See A. D. Neale & D. G. Goyder, *The Antitrust Laws of the USA*, Cambridge University Press, 1980, p. 16.

② [英] 亚当·斯密：《国民财富的性质和原因的研究》，下卷，320 页，北京，商务印书馆，1979。

③ [德] 艾哈德：《来自竞争的繁荣》，121 页，北京，商务印书馆，1987。

以，从根本上说，自由不是从来就有的，自由也不是天赋的，自由是有了市场竞争以后才有的，自由是竞争赋有的，人是在竞争中获得自由的。竞争法之所以要维护和促进市场竞争，就是因为竞争法深刻地认识和把握了人的这一特点，它维护和促进市场竞争，进而维护和促进人的自由。

市场社会是人类社会发展不可逾越的社会形式，也是人类社会发展至今最为优越的社会形式，而之所以如此，就在于市场社会内涵着竞争，是维护和促进竞争的最佳社会形式，市场社会本质上是一个竞争社会。一个竞争的社会才是一个自由的社会，社会竞争是达到社会自由的最好方法，这正如艾哈德所指出的："在一个自由社会制度中，达到这个目的的最好方法是竞争，它是这种制度的主要支柱。"① 同样，市场经济是人类经济发展不可逾越的经济形式，也是人类经济发展至今最为优越的经济形式，而之所以如此，就在于市场经济内涵着竞争，是维护和促进竞争的最佳经济形式，市场经济本质上是一个竞争经济。只有竞争的经济才会使经济繁荣。艾哈德明确地指出："竞争是获致繁荣和保证繁荣最有效的手段。"② 正是因为竞争，才导致经济繁荣，使社会物质财富极大地丰富起来，使人们摆脱了物质匮乏的束缚。人是一种生物性的存在物，人们只有首先解决了物质方面的需要以后才有自由可言，竞争使社会物质财富极大丰富，使人摆脱了物质匮乏的束缚，从而使人获得了自由。

在历史上，作为对商品经济关系记载和表述的法律，应首推民法，民法的契约自由、私权神圣、过失责任三大原则是商品经济关系性质和要求的集中表现。不可否认，在相当长的时期内，民法是促进和维护人的自由的基本法律。但是，民法的主体平等是抽象平等，是抽象掉了人与人之间的千差万别之后所达到的平等，但人的千差万别是固有的、客观存在的，是抽象不掉的，民法把抽象平等的人置于同一规则之下，其实是不加区别地把千差万别的人们置于同一规则之下去"自由竞争"，其结果必然导致人的不平等，这种不平等往往是不自由的起源。民法的意思自治是私人仅就自己的私事自治，但由于私人散居社会各隅，相互隔离，信息有限，难观全局，所以市场中的私人，"……他们进行生产

① ［德］艾哈德：《来自竞争的繁荣》，115页，北京，商务印书馆，1987。
② ［德］艾哈德：《来自竞争的繁荣》，11页，北京，商务印书馆，1987。

都是为了在情况不明的市场上去销售……”[①] 必然具有盲目性，一个为盲目性所支配的私人不会是一个自由的人，私人意思自治并不能使人自由。民法中的私有财产，是通过市场竞争配置的，如果放任自流，优胜劣汰，会导致贫富悬殊、两极分化，最终只有极少数优胜者才能真正拥有财产，而许多劣汰者并没有多少财产，有的甚至一文不名，对于这些劣汰者和无产者来说，连满足最基本的生存和发展需要的财产都没有，是没有自由可言的，所以私有财产并不能保证人人自由。

正是民法固有的本性，决定了仅凭民法本身不可能完成对自由的充分保障。在这种情况下，就需要一种能够克服和补救民法局限性的法律，这一法律主要就是市场竞争法。如反垄断法通过控制企业合并，使市场主体保持地位独立、规模适度、相互竞争的状态，为市场竞争奠定了基础，在市场竞争的基础上，才有自由可言；反垄断法通过反对大企业滥用市场优势，避免了大企业的恣意妄为、滥用自由，排挤、侵吞中小企业，有利于扶持和提升中小企业，重新构建市场主体之间的真实平等，在真实平等的基础上才有真正的自由可言；反垄断法对各种限制竞争的协议，视为本身违法，采取最为严厉的制裁措施，予以坚决反对，这有利于维护和促进市场竞争，在市场竞争的基础上，才能维护和促进自由。

不同的法律在不同的历史时期对自由有不同的贡献。在市场经济发展到垄断阶段之前，人们刚从奴隶制度或封建体制下解放出来或解放不久，人们之间大同小异、相差无几，可以说是地位平等、势均力敌，正好适合以主体平等、契约自由和产权私有为原则的民法对维护和促进自由发挥作用。但当市场经济发展到垄断阶段以后，情况发生了巨大变化，人们之间的差别日益扩大，有的甚至有天壤之别，根本无平等可言，劣弱者处于强大者的支配之下，无法意思自治，也没有什么私有财产可言，他们的自由是岌岌可危的。在这种情况下，要维护和促进人们的自由，必须首先反垄断，反对垄断者垄断经济、操纵社会、滥用优势，只有反垄断成功了，重新构建了人们之间的平等，维护和促进了市场竞争，恢复了人们的自由，为民法奠定了基础，民法才能重新发挥作用。所以，依法反垄断成为奠定人的平等、保障人的自由、促进自由竞争的根本前提和首当其冲的任务，竞争法成为平等奠定法、自由保障法

① 《列宁选集》，3版，第2卷，592页，北京，人民出版社，1995。

和自由竞争法。也正是在这个意义上，西方国家把反垄断法称为“自由企业大宪章”和“经济宪法”。

自由是竞争法的一个基本精神，市场竞争法本身的性质，如上所述，就是“自由企业大宪章”。日本学者金泽良雄认为，竞争法精神判断的标准就在于对自由竞争经济秩序本身的维护和促进。① 竞争法的本性决定了竞争法与通过垄断、限制竞争协议、滥用市场优势、企业合并等方式侵犯自由的限制竞争行为是对立的。自由不仅是经济增长的源泉，而且是市场体制下企业的一项基本权利。作为“自由企业大宪章”的竞争法必须保障自由。1992 年美国司法部与联邦贸易委员会联合发布的《横向兼并准则》的核心，“是承认实施合理的兼并是我们自由企业制度的重要组成部分，自由企业制度有利于美国厂商的竞争和消费者的福利”，为此，“实施合理的兼并必须防止反竞争的兼并”。法国《公平交易法》开篇规定的即是“价格自由”。日本《禁止私人垄断及确保公正交易法》第 1 条规定，“本法的目的是促进公平的自由的竞争”。韩国《限制垄断和公平交易法》第 1 条规定，“本法律的目的是促进公正自由的竞争”。

但自由精神的体现和实现在具体国家的竞争法中有所不同。如在我国，虽然行政垄断根深蒂固、经济垄断初露端倪，在很大程度上它们也限制了自由，但在我国《反垄断法》第 1 条的规定中，各国竞争法所普遍追求的自由精神在该条款中被淡化了。一个根本的原因就是我国反垄断法价值目标的选择，不仅要与反垄断法本身的性质相符，而且必须紧密契合我国体制转型时期经济、政治和社会发展的主要任务，其中之一就是完成从中央集权的计划体制向分权的市场体制转变。这一转变必须稳定、有序、渐进地进行，过度的自由会引起混乱，在混乱中是没有自由可言的；这一转变，是在开放的全球化背景下进行的，我国面临着国际竞争的巨大压力，现在跨国企业兼并、侵吞国内企业的现象已十分普遍，有些民族企业岌岌可危，国家的经济安全遇到挑战。与此同时，在西方国家主导的经济全球化过程中，它们在国内奉行贸易保护主义，却要求其他国家市场开放，以便让跨国公司和拥有雄厚竞争力的企业集团同发展中国家的弱势企业在所谓的自由原则下进行竞争。在这种情况

① 参见［日］金泽良雄著，刘瑞复译：《当代经济法》，31 页，沈阳，辽宁人民出版社，1998。

下，对竞争自由必须有所限制，尤其要反对那些打着竞争自由的旗号危害民族产业和国家经济安全的行为。竞争自由如同其他自由一样，从来都是相对的，竞争法中的自由从来不是弱肉强食的自由，也坚决反对这种自由。其实，在各国的竞争法中，强调得更多是国内的竞争自由，但限制国际强势企业同本国弱势企业之间的竞争自由。所以，各国竞争法中都有“贸易保护主义条款”。如美国《韦伯—波默斯法案》（1948 年）第 1 条规定：“仅仅为了出口和实际上从事出口的企业（联合体），或由出口企业签订的协议、从事的活动，如不限制国内贸易，也不限制其国内竞争者的出口，将免受谢尔曼反托拉斯法的制约。”我国《反垄断法》第 15 条第 1 款第 6 项也规定：“为保障对外贸易和对外经济合作中的正当利益的”，不适用限制竞争协议的规定。这已经成为国际惯例。

三、公平精神

公平是人类所追求的价值目标，人类追求公平的方式和途径多种多样，竞争就是其中十分重要的一种。竞争，是人们自我奋斗、自己竞争，胜负成败系于自己一身，每个人的命运都是自己决定的，往往与他人无关、与社会无关，因而竞争结果是公平的。市场竞争深受市场那只“看不见的手”的影响，正因为它是看不见的，所以它也不受任何人的操纵和控制，由它所支配和决定的过程和结果比较客观公平。竞争，总是要优胜劣汰的，只有优胜劣汰才能实现资源的有效配置，才能实现市场经济的使命，才能促进社会的繁荣进步，因此，尽管优胜劣汰有不可避免的弊端，但毫无疑问，优胜劣汰总比“劣币驱逐良币”要公平。所有这些都充分说明，竞争促进并实现着公平，为了更好地促进和实现公平，必须开展竞争和依法规范竞争。

公平也是良法所应有的精神风貌。随着公平观念的日益深入人心，必然会影响到人们对竞争的认识和评价。“公平竞争”是人类为了追逐有限的目标所应遵循的基本道德准则和法律制度。在竞争法的历史上，“竞争法起源于对竞争公平（competitive fair）的关注”[①]。在 19 世纪后期，达尔文主义同美国传统的公平精神观念产生了激烈的冲突，具体说来就是，难道“物竞天择，适者生存”就一定公平吗？是否在社会领域

① Edwin J. Hughes, The Left Side of Antitrust: What Fairness Means and Why It Matters, 77 Marq. L. Rev. 265 (1994).

也只能照搬照用物种进化的法则？有无必要对这种法则予以限制？这种冲突直到1890年美国国会颁布了《谢尔曼法》才得以解决，即竞争要受到公平的制约，应保障和实现公平。后来《克莱顿法》和《联邦贸易委员会法》的颁布，则进一步彰显了竞争法的公平竞争精神。休格斯教授主张竞争公平应当成为竞争法的基本精神之一，他认为竞争公平的含义体现在：一是竞争起点公平，即所有竞争者处于同一起跑线上；二是基于企业视角的竞争本身的公平，即所有企业在合法利润的范围内，自己有权选择迎接竞争挑战的对策；三是基于市场视角的竞争程序的公平，即所有企业都有权使自己的贡献得到客观的评价并受到市场的公正裁判；四是竞争结果公平，即所有企业都有权获得与其在市场中的成功水平相当的报酬。[①] 竞争法的公平精神就是要展现这种为人们所普遍推崇和广泛接受的价值准则，它所强调的是起点平等、机会均等和结果公平。

竞争法上的公平首先是起点的公平，它不同于私法，私法只看是不是人，是人就把他（她）抽象或假想为一律平等的人，而不看是什么人，不会区别对人，这样的平等是把千差万别的人置于同一起跑线上，在起点上就难以实现公平。而竞争法就要区别对人，针对不同的人适用不同的规则，让相同的人在一起竞争，不允许“狮子和羔羊”在一起竞争，这样才能实现起点公平。竞争法关注起点公平。占市场支配地位的大企业和中小企业虽然在形式上处于平等的地位，但它们在融资、生产、销售、定价、市场影响力等各个方面都存在着巨大差别，造成它们之间的实际不公平。为了纠正此种不公平境况，竞争法就采取了一系列实现竞争起点公平的举措，如一方面，限制大企业合并，禁止占市场优势地位的大企业滥用市场优势；另一方面，对中小企业采取倾斜性保护的举措，如成立为中小企业融资提供专门担保的机构和组织，“为提高中小经营者经营效率，增强中小经营者竞争力的”所达成的协议适用除外（《反垄断法》第15条第1款第3项）等等，使得中小企业获得平等的竞争地位和公平的竞争起点，从而在垄断组织与中小企业之间实现起点公平。

其次，竞争法的公平是机会均等。机会相当于“入场券”或比赛资格，有机会以后才能进行竞争，竞争首先是机会竞争，如果连机会都没

① See Edwin J. Hughes, The Left Side of Antitrust: What Fairness Means and Why It Matters, 77 Marq. L. Rev. 265 (1994).

有、连机会都不均等，怎么可能会有公平竞争呢？其实，竞争并不决定竞争结果，竞争结果是由竞争者自身的优劣和努力决定的，所以，竞争决定的是机会，竞争主要是竞争机会，竞争主要是机会竞争，机会均等从根本上决定了竞争公平。没有机会均等就没有公平竞争，所以竞争法的公平精神关注机会均等。要保证竞争公平就必须机会均等，机会均等要求机会是开放的，机会要面向所有人，人人有机会，机会人人均等，这本身就是竞争，也只有这样才会有公平的竞争。如果机会是特定的或内定的，只有少数人才能享有，那么就不会有竞争，更不会有公平竞争。机会均等要求机会是未知的和未定的，也就是说，机会人人有，但机会到底属于谁无法确定、处于未定状态，只有通过竞争才能知晓和确定。如果机会是已知的和已定的，就没有竞争，也无须竞争，因为竞争的目的就是要通过竞争客观、公平地发现和确定机会应该属于谁才是最好的。此外，机会均等原则要求越出形式的机会均等，以保证具有相似技能、力量和动机的人享有平等的机会。[1] 总之，机会均等是全过程的，在所有竞争过程中，都要保证机会均等。机会全过程均等，才能有全过程的公平竞争。如果只在起点上机会均等，只在竞争的某个或某些阶段机会均等，就难以保证机会均等，没有全过程的机会均等，就没有真正的公平竞争。

再次，竞争法的公平还包括结果的公平。竞争，说到底还是一种手段，并不是目的。人们之所以需要竞争这一手段，是因为人们到现在为止都没有找到比竞争更客观、更公平和更有效的发现和评价人们优劣胜负以及决定和分配利益得丧变更的机制。尽管如此，竞争的目的并不仅仅是发现和评价优劣胜负，是对利益进行得丧变更的简单配置，竞争还有更高远的目的。发现和评价优劣胜负，对于真正的竞争来说仅仅是第一步，并不是真正的目的，竞争是要发现和评价优劣胜负，但发现和评价优劣胜负并不就是为了优胜劣汰，而是为了以优促劣、以优扶劣，优胜劣存。因此，竞争的真正目的是通过发现和评价优劣胜负，来促使人们见贤思齐，相互激励，相互赶超，去劣而优，共同进步，实现共赢。所以竞争并不仅仅就是优胜劣汰，竞争并不能仅仅把劣者淘汰出局了事，如果只是这样，这种竞争就没有达到它的目的，也不是公平的。竞争也不是对利益的得丧变更进行简单配置，而是要实现得者得其所应得、失者失其所应失，保证得失公平。同时，竞争有其特定的范围，与

① 参见张文显：《二十一世纪西方法哲学思潮研究》，592页，北京，法律出版社，1996。

人的生存和发展密切相关的领域和人权不实行竞争，人权不会得丧变更，人权一律平等，这是最基本的公平，也是其他公平的起点和保障。竞争也要对不公平的利益分配进行校正，实现分配公平。竞争不是弱肉强食，不是一种强者踏着弱者单独前行的过程，如果只是这样，这种竞争就不是公平的。竞争要区分强者和弱者，但不允许以强凌弱、弱肉强食，而是要求强者和弱者相互依存、相得益彰，强者和弱者一个都不能少，共同发展进步，只有这样的竞争才是公平竞争。

公平精神作为竞争法所追求的基本价值，在各国的竞争法中都有明确体现。在美国，《罗宾逊—帕特曼反价格歧视法案》(1908 年)以及《克莱顿法》(1914 年)第 2 条第 1 款规定“限制竞争的价格歧视是非法的”，德国《反限制竞争法》第 20 条也有“禁止歧视和禁止不公平阻碍”的规定，之所以如此，是因为价格歧视严重损害公平和公平竞争。日本《禁止私人垄断及确保公正交易法》第 1 条规定，“本法的目的是禁止私人垄断、不正当的交易限制以及不公平的交易方法，促进公平的自由的竞争”；韩国《限制垄断和公平交易法》第 1 条规定“本法律的目的是促进公正自由的竞争”；加拿大《竞争法》第 1 条规定，本法的目的之一在于“保障中小企业有参加加拿大经济发展的公平机会”；法国的竞争法直接名之为“公平交易法”，该法的执行机构就叫“公平交易局”，更是充分地表明了法国竞争法对公平精神的追求。

在我国，竞争法也必须面对并解决公平问题。改革开放二十多年来，我国的国民收入分配差距不断扩大，其中垄断性行业的平均工资已经高出全国平均工资水平 30 个百分点以上，垄断性行业职工平均工资是非垄断性行业职工平均工资的 3 倍，垄断性行业的高收入并非来源于效率，而是来源于其垄断地位所产生的垄断利润。有人指出，烟草业的巨额利润，95%以上同企业的经营技能无关。[①] 垄断性行业与非垄断性行业的收入分配差距及垄断性行业的“福利腐败”已经引起了媒体、学术界及广大公众的密切关注，通过立法解决垄断所引起的分配不公问题的要求日趋迫切。对此，我国的《反不正当竞争法》和《反垄断法》均规定把维护公平竞争作为其基本宗旨，如《反不正当竞争法》第 1 条规定立法目的是“鼓励和保护公平竞争”，第 2 条又规定公平为基本的“经营原则”；《反垄断法》不仅在第 1 条和第 5 条对公平竞争作出了原则性的规定，而且在第 17 条第 1 款规定，禁止“以不公平的高价销售

① 参见刘溜：《垄断行业限薪难行》，载《新闻周刊》，2004-07-12。

商品或者以不公平的低价购买商品”，足见它对公平精神的倚重。

四、公益精神[①]

“一切科学对于人性总是或多或少地有些联系，任何科学不论似乎与人性离得多远，它们总是会通过这样或那样的途径回到人性。”[②] 法律是人的行为规则，法律研究当然要关注人性，可以说，任何时代的立法都是建立在对人性研究的基础之上。对竞争法规则的分析，其根本要务就在于透过竞争法规则的表象，探究竞争法规则所蕴涵的人性，以及它所立足的人性和它所追求的人性，然后在此基础上构建与之相应的竞争法规则。

毋庸讳言，人具有利己性，这是人的本性。这正如卢梭所说的：“人性的首要法则，是要维护自身的生存，人性的首要关怀，是对于其自身应有的关怀。”[③] 正是因为人的利己性，人们出于对自己利益的关切，为了追求自身利益的极大化，人们才会去努力竞争，因此可以说，人是为了利己才竞争的，是人的利己性决定了人的竞争性，如果人不利己或人不能利己，也许就没有竞争了。在历史上，基于人的利己性，先是经济学把人描述为“经济人”，进而是法律把人拟制为“法律人”。就法律来说，这种拟制应首推私法。私法中的人被假想为是平等的、自由的、强大的、理性的、自律的人，这种人公开地自私自利，其行为的目的是追求自身利益的最大化，并自以为人们在追求自身利益极大化的同时会促进他人利益和社会公共利益。但近现代民法所预设的这种人性基础，没有充分考虑到人们在自然禀赋、社会地位、经济实力、市场机会及其他方面的各种具体差异，尤其没有注意到人的利己性会侵蚀利他性，私人对自身利益的过度追求会构成对他人利益和社会公共利益的剥

① 一般说来，“公益”的主要含义是非商事性的、非营利性的利益，如捐赠、社会福利等，是针对商事性的、营利性的利益而言的。但本文的“公益”是社会公共利益（或称为社会整体利益）的简称。社会公共利益是所有个体利益的共同欲求和整体体现，是共同的、一致的、普惠的和全民的利益，它不能归属于任何个人而为其排他性地享有，相反，任何处于其中的社会成员都可以不需支付相应对价而获得。共同的、一致的、普惠的、全民的是构成社会公共利益的基本元素。参见蒋悟真、李晟：《社会整体利益的法律维度——经济法的基石范畴解读》，载《法律科学》，2005（1）。

② ［英］休谟著，关文运译：《人性论》，6页，北京，商务印书馆，1980。

③ ［法］卢梭著，何兆武译：《社会契约论》，9页，北京，商务印书馆，1980。

夺，会造成贫富差距、两极分化等严重的经济社会弊病。法律仅仅立足于人的利己性是片面的、不够的，法律还应注意人性的另一面，即人的利他性。

人是生活在人与人之间的，人与人之间是存在竞争关系的，特别是在存在分工与交往的社会，这种社会贯彻的是等价有偿、平等互利的原则。在这种情况下，一个人只有利他才能利己，一个毫不利人而专门利己的人，会被竞争掉，会被人们所淘汰，甚至会自绝于人，会自我毁灭。一个只利己而不利他的人往往是一个不懂竞争、不会竞争的人。正是人们之间存在着竞争，使得人们不敢和不能只顾自己、不顾别人，而必须考虑他人的利益，要利他。要是不考虑他人利益，不利他，也许人们就不会或不必努力竞争了。利他已成为一种竞争优势和竞争手段。所以，从这个角度看，竞争使人利他，利他促进竞争，利他性也是竞争的人性基础。

人性中的利己性与利他性，是人性的两种基本属性，它们犹如一枚钱币的两面。在漫长的人类社会发展的历史长河中，两种不同的人性相互交织、相互冲突、相互调适，正好构成人类社会历史的发展进程。利己性和利他性是竞争法共同的人性基础，竞争法要发挥双重作用：既要立足人的利己性去激发人们追求自身利益的热情，又要立足人的利他性来扼制人们的利己行为对他人和社会公共利益的侵害。

不可否认，对于利己和利他来说，人们还是会首先利己，即首先追求自身利益的极大化，把利他置之于后，并且在对自身利益的无限追求的同时，还往往会忽略甚至漠视他人利益和社会公共利益，这正如亚里士多德所说的："凡是属于最多数人的公共事物常常是最少受人照顾的东西，人们关怀着自己的所有，而忽视公共的事物；对于公共的一切，他至多只留心到其中对他个人多少有些相关的事物。"① 结果，过分尊重人的利己性异化为对人的利他性的威胁。正是在这种人性异化的背景下，针对人的利己性的过分张扬，特别是对利他性的危害，人类需要人的利他性的觉醒、尊重与回归。竞争法的制定与实施正是这一人性呼唤的要求与反映。维护人类行为中的"善"与规制其中的"恶"是竞争法的双重功能所在。相比较而言，竞争法更以利他性的人性为根据，竞争法的目的是约束私人对自身利益最大化的极端追求，限制私人对不当私利的追求而促进最大多数人的最大幸福。竞争法把竞争主体塑造成为一

① ［古希腊］亚里士多德著，吴寿彭译：《政治学》，48页，北京，商务印书馆，1965。

种“道德人”，这种“道德人”，其人性和行为的基本特征是利己性与利他性的高度统一：人们在追求个人利益极大化的同时促进社会公共利益，或使人的行为在考虑个人利益的同时兼顾他人利益和社会公共利益，至少做到利己而不损人、肥私而不损公。在存在激烈竞争的情况下，人们不敢损人利己，不敢损公肥私，不敢自私自利，而必须兼顾他人，必须促进社会公共利益。竞争促进社会公共利益，促进社会公共利益构成竞争法的基本精神。

任何部门法都将保护一定的利益作为自己的任务，将追逐和实现一定的利益作为自己的目标。法律所保护的利益一般被称为法益，它本身是一个价值评判的概念。① 在法益的价值构造上，一般可以将法益分为公法益与私法益，或者分为国家法益、法人法益和个人法益三种。② 利益冲突是法律之源。竞争法作为一种利益调节工具，在对利益冲突双方进行调节时，无不依据其法益目标而进行。传统私法过多地强调了私人的利益，而往往忽略了社会公共利益。但违法的竞争行为所直接侵犯的往往不仅是某个公民、法人的利益，而且包括社会公共利益，它是通过侵犯社会公共利益来侵害公民、法人的个体利益。如垄断阻碍科技进步，使社会停滞不前，损害了社会公共利益，但并没有直接损害具体哪个私人的利益，为私人所不知不觉，而且一个市场主体走向垄断的每一步，往往在私法看来是既合理又合法的逐利行为。因此，将公民、法人利益作为第一保护目标的私法难以满足规制违法竞争行为的需要。竞争法源于近代自由资本主义向垄断资本主义的过渡阶段，竞争法致力于私人利益与社会公共利益的协调，并在无法协调时牺牲少数私人利益的最大化以保障社会公共利益之实现。竞争法所追求和维护的法益目标是社会公共利益，竞争法把市场主体行为置于社会公共利益之中来评价，只有符合社会公共利益的竞争行为，才能得到肯定。竞争法将社会公共利益作为第一保护目标，既能满足首先保护社会公共利益的要求，又能满足通过保护社会公共利益实现从整体上保护每个公民、法人利益的要求。竞争法维护的社会公共利益，是每个人的利益，是所有人的利益，反映的是一种利他性的价值观，竞争法深深地蕴涵着公益精神。

竞争法对社会公共利益的追求，突出表现为对竞争秩序的维护。竞

① 参见陈兴良：《刑法的人性基础》，347页，北京，中国方正出版社，1996。

② 参见［日］本村龟二著，顾肖荣等译：《刑法学词典》，100页，上海，上海翻译出版公司，1991。

争法通过化解由垄断等所引起的私人与社会的矛盾冲突，通过对竞争秩序的维护和对资源的优化配置，来促进社会公共利益。[①] 因为垄断是对社会公共利益的独占，可以说这是最大的自私自利、最严重的损人利己、最恶劣的损公肥私，竞争法反对垄断，不言而喻，就是要反对这种自私自利、损人利己和损公肥私，目的是促进社会公共利益，让社会公共利益人人均占、人人共享。在第一次世界大战之后，倡导社会公共利益本位的竞争法在西方普遍得到了确立，竞争立法日渐为西方各国高度重视，并得到了蓬勃发展。世界上第一部现代意义上的竞争法——《谢尔曼法》的诞生标志着国家干预之法的建立与施行，昭示着曾经由自治和合意所支配的自生自发秩序已不可能绕开国家权力的干预而有效地自行运行，私法必须接受作为“经济宪法”的竞争法的指导和制约。这正如波斯纳所指出的那样，这类强制外部不经济“内部化”的立法所承载的功能是自生自发的习惯所难以胜任的。因为垄断的存在，表明市场主体地位不平等、意思不能自治、契约不能自由，私法没有存在和运行的基础，无法发挥其作用。只有反垄断成功了，使市场主体能够地位平等、意思自治、契约自由，在此基础之上，私法才能运行和发挥作用。而反不正当竞争法，最初是作为特殊的侵权行为法出现的，判断某个竞争行为是否为不正当竞争，只是从竞争者的角度出发，而且，也只有受到损害的竞争者才有权要求损害赔偿。但是，从 20 世纪开始，反不正当竞争法不再单纯是保护竞争者利益的法律制度，它还要考虑消费者以及社会公共利益，考量不正当竞争行为的视角不再局限于个别受害者而是放眼整个竞争秩序，德国、美国等国家的反不正当竞争法的历次修订都反映了这一变化趋势。[②] 我国《反不正当竞争法》与《反垄断法》的第 1 条都规定了竞争的公益性精神。

时至今日，公益精神已成为竞争法的基本精神。西方资本主义国家将竞争法的公益精神与国家利益结合得相当紧密。面对国内市场秩序，大都严格地扬起竞争法的大棒，对垄断行为予以规制，尽管有时难免侵害个别垄断资产阶级集团的利益，但为了确保市场竞争秩序和兼顾各类相关竞争主体的利益，国内竞争法的实施非常严厉。而且，竞争法的公

① 例如反垄断法中的“适用除外”制度对于一些符合社会公共利益的垄断，不适用反垄断法。其基本精神就是为了维护社会公共利益。如我国台湾地区“公平交易法”第 14 条明确规定将“有益于整体经济和公共利益”的“联合行为”排除在反垄断之外。

② 参见王晓晔：《竞争法学》，11～12 页，北京，社会科学文献出版社，2006。

益精神，往往是竞争法豁免适用的前提性条件。例如，在美国，为了保护本州的利益，州政府有时制定一些限制竞争的法律文件。那么，州政府限制竞争的行为，是否应受联邦反托拉斯法的规制呢？美联邦最高法院在 Parker v . Brown 案（1943 年）中对此问题给予了否定性的回答。[①]日本《禁止私人垄断及确保公正交易法》第 1 条规定，本法的最终目的是“繁荣经济，提高工资及国民收入水平，以确保一般消费者的利益并促进国民经济民主、健康地发展”。韩国《限制垄断和公平交易法》第 1 条规定，本法律的最终目的是“保护消费者，实现国民经济的均衡发展”。加拿大《竞争法》第 1 条规定：“本法的目的在于保护和鼓励在加拿大的竞争，以提高加拿大经济的效益和适应能力，增加加拿大对世界市场的参与机会，同时确认其他国家在加拿大参与竞争，保障中小企业有参加加拿大经济发展的公平机会，使消费者能够享受价廉物美的服务。”

我国《反不正当竞争法》第 1 条规定，反不正当竞争法的立法目的是：“保障社会主义市场经济健康发展，鼓励和保护公平竞争，制止不正当竞争行为，保护经营者和消费者的合法权益。”我国《反垄断法》第 1 条规定，反垄断法的立法目的是“提高经济运行效率，维护消费者利益和社会公共利益，促进社会主义市场经济健康发展”。两法都把保护社会公共利益作为立法目的。此外，也有为维护社会公共利益而豁免限制竞争行为的规定，如我国《反垄断法》第 15 条第 1 款第 4 项规定：“为实现节约能源、保护环境、救灾救助等社会公共利益的”协议豁免适用本法，就是例证。需要指出的是，在我国，还存在着邮政、电信、铁路、民航、电力等公用企业和其他具有独占地位的大企业，利用其掌控的“关键设施”或其他优势限制竞争的现象，竞争法必须加以规制。我国《反垄断法》第 7 条规定：“国有经济占控制地位的关系国民经济命脉和国家安全的行业以及依法实行专营专卖的行业，国家对其经营者的合法经营活动予以保护，并对经营者的经营行为及其商品和服务的价格依法实施监管和调控，维护消费者利益，促进技术进步。前款规定行业的经营者应当依法经营，诚实守信，严格自律，接受社会公众的监督，不得利用其控制地位或者专营专卖地位损害消费者利益。”这条规定的目的就是保障社会公共利益。如果这些规定得到了实现，那么就促

① Parker v. Brown，317 U. S. 341，345～346（1943）.

进和实现了社会公共利益。

五、竞争法的精神体系

如上所述，竞争法内涵竞争、自由、公平和公益精神，其中，竞争精神是竞争法精神体系的逻辑起点，从这个逻辑起点出发，开发出自由精神、公平精神和公益精神三个维度，它们彼此融合，自成体系，展现了竞争法的精神面貌和价值追求。揭示竞争法精神的重要意义在于从根本上把握竞争法的精神实质，进而为在实践中理解和适用竞争法确立了一个精神原点。这不仅有利于竞争法立法体系的协调与完善，也有利于指导相应的竞争法执法和司法工作。

一部法律的精神体系及其价值取向既是一个常量，也是一个变量。说它是一个常量，是指一部法律在政治、经济和文化等特定的情况下，其精神和价值取向基本上是确定的。说它是一个变量，是指一部法律所调整的社会关系处于不断的变化之中，其精神和价值取向会不断地发展变化，这样就会使法律价值发生冲突：一是立法者或司法者在追求某一主导性法律价值目标时，必然要不同程度地抑制甚至牺牲其他法律价值目标；二是立法者或司法者在追求多元的法律价值目标时，各种法律价值目标不可能同时同等地得到实现，往往有一个先后差序格局问题。在现实中，这种价值目标的冲突、分裂和对立融合在实定法的内容之中。[①] 这样一来，就有一个法律价值目标的选择排序问题。竞争法亦然。

竞争法的各种精神及价值追求有所不同，它们在具体情形下的地位也不平等，这是由竞争法调整对象的变化和调整任务的不同所决定的。一是竞争法在国内与国外所追求的价值目标就有所不同：在国内追求的主要是自由和竞争，在国外追求的主要是公平和公益；二是各国竞争法的价值目标的侧重点有所不同，如强调经济自由的美国一般将自由与竞争作为竞争法的核心价值，而强调社会公平的欧盟国家一般视维护公平和公益为竞争法的根本宗旨；三是竞争法的执行深受价值目标变化的影响，体现出宽严相济的特点，如内容大同小异的竞争法，在美国被执行的力度就比在日、韩等国要严厉得多；四是竞争法的实施在一国的不同

① 参见［日］川岛武宜著，王志安等译：《现代化与法》，249页，北京，中国政法大学出版社，1994。

时期也有所不同，如美国在20世纪五六十年代，风行保护中小企业的意识和政策，竞争法的执行非常严格，但到了七八十年代，由于规模经济是提高竞争效率和企业国际竞争力的重要途径，因而放弃了对垄断状态的规制而转向对垄断行为的规制，在晚近，美国的反垄断执法已由“结构主义”转向“准结构主义”或“行为主义”，主要规制滥用市场优势的垄断行为。可见，竞争法的精神及价值取向因应各种不同的要求而不断地调整。

这就给竞争法的适用带来了困难。综观世界上许多国家的竞争法，都有一个突出的共同的特点，那就是条文较少、规定简单，像《谢尔曼法》只是几段宣示性的文字，我国的《反不正当竞争法》只有33条，《反垄断法》只有57条。但相对于竞争法的规定来说，竞争行为和竞争现象却是千变万化、层出不穷、无限丰富的。这里就提出了一个重要的问题，即有限的竞争法规定怎样才能有效地规制无限的竞争行为和竞争现象？荀子说：“不知法之义而正法之数者，虽博，临事必乱。”[①] 因此，我们对竞争法的适用不能仅限于“正法之数”，即简单地操作竞争法的具体规则，更何况竞争法的条文还没有“博”到足够操作的程度呢。相比较而言，重要的是“知法之义”，即把握竞争法的精神价值，只有掌握了竞争法的基本精神及价值取向，竞争法才能神通广大，应对无限，普遍适用，这样才能更好地适用竞争法。

西方的经验也表明，要正确适用竞争法，仅仅停留在竞争法的具体规则上是远远不够的，西方国家的竞争法对竞争法的竞争、自由、公平和公益精神予以特别的关注和突出的强调，它们对竞争法案件的裁判深受这些精神及价值取向的影响，如美国联邦最高法院就曾对一个反垄断案件作过如下经典性的判决：“无限制的竞争力的相互作用将产生最佳的经济资源配置、最低的价格、最高的质量和最大的物质进步。由此所提供的环境将有助于保持我们民主的政治和社会制度。”[②] 不难看出，竞争法的基本精神已经成为把现代社会引上经济自由、政治民主和法治文明的康庄大道的指导思想。

转型中的中国，在向市场经济纵深发展的进程中，确立良好的竞争规则与维护健康的竞争秩序有着时不我待的迫切性与重要性。然而，竞

① 《荀子·君道》。

② 马歇尔·［美］霍华德：《美国反托拉斯法与贸易法规》，1页，北京，中国社会科学出版社，1991。

争法由陌生而逐渐为人所接受，须经历一个嵌入我国社会结构而与我国社会经济、政治、文化特性相适应的“中国化”过程，这个过程尽管形式上是通过一些具体的竞争法律制度安排来实现的，但要加速并最终完成竞争法在中国实现“本土化”这一进程，竞争法精神的操守与竞争法治的信仰才是首要和至关重要的。因此，中国竞争法的立法与实施，就是要立足于21世纪的竞争发展态势，结合具体国情，确立竞争、自由、公平和公益的竞争法基本精神，让人们在这些精神的指导下进行竞争，形成一种健康的竞争法治秩序。这是建设法治国家的重要组成内容，必将为我国迈向真正的法治国家提供契机。

21世纪法学研究生参考书系列

Law Graduate Students

邱 本◎著

经济法研究

(下卷：宏观调控法研究)

中国人民大学出版社
·北京·

目　录

导言

一

自从凯恩斯划时代的伟大著作《就业、利息和货币通论》出版以来，它就为人类认识经济提供了一个新的范畴，为人类管理经济提供了一个新的工具，这个新的范畴就是宏观经济，这个新的工具就是宏观调控。

当代经济，分工已十分精细，并日趋发达，各行各业，应有尽有，它们相互依存、错综复杂、联成一体，已构成一个庞大复杂的宏观经济体系。人类经济活动的实践从正反两方面证明，这一庞大复杂的宏观经济体系，已不可能完全仅由或任由市场微观调节所支配，而必须同时诉诸宏观调控；虽然市场调节充满活力，但它是“一只看不见的手”，既看不见，又摸不着，还难以掌控，具有巨大的不确定性。人具有自主性，人类是不会把自己的命运完全交给不可掌控、不能确定的市场去摆布的，人类要把自己的命运掌控在自己的手中，其方式之一就是对经济进行宏观调控。当代经济，科技含量日高，影响因素日多，充满着风险，这种充满风险庞大复杂的宏观经济体系，恰似“航空母舰”，它航行在波涛汹涌的汪洋大海上。这个比喻，总会让人认识到，搞经济离不开宏观调控。

二

宏观调控需要有大局意识和宏观思维。2003 年年底中国国务院总理温家宝在美国哈佛大学讲演时曾形象而生动地指出：中国有 13 亿人口，不管多么小的问题，只要乘上13亿，那就会成为很大的问题；不管多么可观的财力、物力，只要除以13亿，那就成为很低的人均水平。这就是作为一个大国总理所具有的大局意识和宏观思维。没有这种大局意识和宏观思维就难以进行宏观调控。

检讨一下我国的宏观调控实际，我们制定颁布了许多宏观调控的政策法律，但不少政策法律贯彻落实得并不理想，其中一个重要原因就是许多人尤其是一些地方领导干部缺乏大局意识和宏观思维。他们从本地区局部利益出发考虑问题，对自己有利的宏观调控法律政策就执行，不利的就想方设法规避。如对土地法律政策就是这样，你违规批一块，我违规批一块，他违规批一块，单独地看，都只是一小块，似乎无关大局，但总合起来看，就是一大块，如果蔓延攀比下去，势必难以保护耕地。没有耕地，人们吃什么，“民以食为天”，饿的人心慌慌，社会就会失控无序，后果不堪设想。如果人们都只是自私自利，只顾自己不顾别人，那么就无法实行宏观调控。

罗斯福在探究“到底是什么东西使我们在1929年遭受挫折”时，明确指出，是“十年的放荡不羁，十年的集团的利己主义——所追求的唯一目标表现在这种思想上——‘人不为己，天诛地灭’。其结果是，百分之九十八的美国人口都遭受到‘天诛地灭’”①。

宏观调控就是要解决这类在自私自利驱使和作怪下的局部意识与微观思维。宏观调控，说到底就是利益调控，就是要求在必要的时候克服或限制私人利益，使私人利益服从社会利益，使局部利益服从整体利益。宏观调控就是要调控掉那些阻碍宏观调控的局部意识和微观思维，让人们牢固树立起全局意识和宏观思维。

三

我国曾长期实行计划经济体制，取得过辉煌的成就，但毋庸讳言，也有过深刻的失败教训，这是导致我国经济体制改革从计划经济体制向市场经济体制转轨的直接原因。

但在这一转轨过程中，不少人走向了另一个极端，谈计划色变，在骨子里拒绝和反对计划，好像市场经济与计划是格格不入的，这直接影响到对市场经济的宏观调控，因为计划是最基本的宏观调控措施。所谓的宏观调控，说到底就是要让国民经济和社会发展在人们预先设计的轨

① ［美］富兰克林·罗斯福著，关在汉编译：《罗斯福选集》，219页，北京，商务印书馆，1989。

道上运行，不管人们对宏观调控作何理解，都无法否认，国民经济和社会发展按计划运行是宏观调控的应有之义和基本内涵，从根本上说，没有计划，就没有宏观调控。计划的重要性随处可见。你看那市政建设，街道今天修好了，不几天又重来，不断地修、反复地修，到处“开肠破肚”，尘土飞扬，噪音震耳，污染环境，影响交通，重复建设，浪费资源。这说明什么？这恰恰说明我们的市政建设缺乏长远规划，没有百年大计。毋庸讳言，我们的不少事业都是如此。可以说，造成我们事业失误的一个重要原因就是没有搞好计划，尤其是对事情的后果缺乏充分的估计，“许多事情根本就没有想到”，只是出现问题以后才找对策，治理各种“后遗症”。这不是宏观调控，宏观调控是事先调控，它要尽可能地把一切情况都预计到并有应对之策，这最多是“亡羊补牢”，但因缺乏计划而造成国民经济和社会发展的损失可就不是“亡羊”那么简单了，也不是“补牢”就能解决的问题，因为许多事情是失不复得、积重难返的。

四

长期以来，不少人以为，宏观调控是国家大事，是领导人操心的事，似乎与老百姓相差甚远，与我何干焉？其实不然。写作本导言时，正是我国经济处于过热或通胀之际。[①] 所有这些，都是市场力量支配的

① 国家统计局综合司发布：2007年8月份，居民消费价格总水平同比上涨6.5%，其中城市价格上涨6.2%，农村价格上涨7.2%；食品价格上涨18.2%，非食品价格上涨0.9%；消费品价格上涨8.0%，服务项目价格上涨1.8%。从月环比看，居民消费价格总水平比上月上涨1.2%。从八大类别看，8月份，食品类价格同比上涨18.2%，其中，粮食价格上涨6.4%，油脂价格上涨34.6%，肉禽及其制品价格上涨49.0%，鲜蛋价格上涨23.6%，水产品价格上涨6.2%，鲜菜价格上涨22.5%，鲜果价格下降3.3%，调味品价格上涨4.4%。烟酒及用品类价格同比上涨1.7%，其中，烟草价格上涨0.9%，酒类价格上涨3.4%。衣着类价格同比下降0.9%，其中，服装价格下降1.0%。家庭设备用品及维修服务价格同比上涨1.7%，其中，耐用消费品价格上涨1.1%，家庭服务及加工维修服务价格上涨7.5%。医疗保健及个人用品类价格同比上涨2.3%，其中，西药价格下降0.6%，中药材及中成药价格上涨10.5%，医疗保健服务价格上涨2.3%。交通和通信类价格同比下降1.3%，其中，交通工具价格下降2.2%，车用燃料及零配件价格下降1.4%，车辆使用及维修价格上涨1.7%，城市间交通费价格上涨3.0%，市区交通费价格上涨0.5%；通信工具价格下降18.4%。娱乐教育文化用品及服务类价格下降1.1%，其中，学杂托幼费价格下降0.7%，教材及参考书价格下降1.0%，文娱费价格上涨3.1%，旅游价格上涨2.6%，文娱用品价格下降0.5%。居住类价格同比上涨4.3%，其中，水、电及燃料价格上涨2.7%，建房及窗体顶部装修材料价格上涨4.8%，租房价格上涨3.9%。2007年1月～8月份累计，居民消费价格总水平同比上涨3.9%。

结果。所谓市场力量是一种由市场上无数个人集合起来，但集合起来以后又无法为任何个人所控制的力量。要控制房价，不能仅靠市场微观调节，还得依靠政府努力采取各种有力政策措施去控制房价，才能“安得广厦千万间，大蔽天下人民俱欢颜”；要让老百姓吃上肉，也不能任由市场微观调节，还要政府采取各种政策措施，保障供给，稳定市场。凡此种种，都充分地说明，宏观调控与百姓生活是息息相关的。需要指出的是，诸如通货膨胀此类的事情和现象不是一时的、一地发生的，而是经常的、普遍存在的，因而宏观调控也不是一劳永逸的，而是要常抓不懈。只有人人关心，万众一心，家事国事天下事，事事关心，宏观调控才有民众基础，宏观调控才能有效进行。宏观调控就是要把全国人民团结起来、统一部署、协调行动、共赴使命。

五

纵观我国的法制建设，曾经走过两个极端。一是不承认有什么私法，一切法律都是公法。结果私法很不完善，私人权益没有得到必要的保护，这严重阻碍了社会的发展进步。人们总结历史经验教训，转而非常重视私人权益，也非常重视私法，私法得到了突飞猛进的发展。但与此同时，不少人走向了另一个极端，把私法之外的许多法律包括经济法贬到一边，对它们不以为然。我认为这种认识和做法是极其有害的。这种观点没有正确认识到各法律部门所固有的局限和不足，以及法律部门之间各自分工和相互配合的必要性。现代社会关系已十分复杂难解，仅凭某一或某些法律部门已难以完全调整它们，要想达到预期的法律调整目标，必须通过各法律部门之间的紧密合作，相互借力，共同努力。这种认识也对私法本身缺乏正确的认识，私法虽然重要，但再重要，哪怕它被称为法治的核心和基础，它也不是可以一统天下的。当人们因固有的千差万别而必然分化不一时，私法的基础就会不断被削弱甚至岌岌可危。特别是当人们地位不平等、权利不一样、信息不全面、意思难自治时，私法就缺乏存在的基础和作用的条件。而私法所要求的这些基础和条件又是私法不能自给自足的，需要其他法律部门来为它奠定和提供。宏观调控法就是这样的法律部门之一。

自从人们组成社会以后，人们就“身不由己”了，而深受社会的制约以及代表社会的国家和政府的影响。在当今社会，人已经高度社会化了，任何人想与世隔绝，在“桃花源”里自给自足、自由自在、自治自了都不再可能了。人们总是处于“群己”、个人与社会、国内与国外、宏观与微观等双重境遇中。在这种双重境遇中，宏观调控与微观自治是内在统一的，并且宏观调控是微观自治的基础和条件，离开宏观调控的微观自治是无法实现的。在一个宏观失控的社会，如出现供求失衡，遇到通货膨胀，发生经济危机时，私人难以微观自治，私法无法充分发挥作用。私人命运与社会命运是息息相关的，这个道理就像“大河无水小河干”一样，也像“皮之不存，毛将焉附”一样，私人所依存的社会都不在了，私人还能有什么作为呢？即使有又能有多大意义？只有当宏观调控法为私法奠定基础和提供条件时，当宏观调控法有效发挥作用后，才能调控好宏观秩序，保持供求平衡，通货稳定，经济运行平稳，信息充分、完全、准确时，私人才能微观自治，在这样的基础上和条件下，私法才能充分发挥作用。

六

对我们来说，宏观调控还是一个新事物。人类认识新事物有一个规律，即往往把该新事物类比于某一最类似的旧事物，然后把对这一旧事物的认识推及该新事物，在此基础上得出对该新事物的认识。我们要认识宏观调控也可以如此。如有人认为宏观调控与中医最相似，宏观调控是新事物，而中医是旧事物，我们从中医可以得到许多对于宏观调控的启示，进而能更好地认识宏观调控。如，中医把人体视为一个整体系统，人的健康或疾病是人体各器官各系统综合作用的整体效应，中医就是对人体的一种“宏观调控”。这对宏观调控的启示是，我们要把宏观经济视作一个整体系统，进行宏观调控，综合治理，而不能“头痛医头”、“脚痛医脚”，更糟糕的是“头痛医脚”、“脚痛医头”。中医依靠“望、闻、问、切”——“四诊”和“阴阳、表里、寒热、虚实”——“八纲”诊断病情。这对宏观调控的启示是，我们要通过一系列观察、调查、分析和研究，掌握各种统计数据和经济指标，全面地为宏观经济形势“把脉”，然后作出综合评判。中医的处方讲究“配伍”，其原理是“君、臣、佐、使”，“君”是主攻药，“臣”是辅助药，“佐”是将“君”、“臣”可能的副作用消除到最低限度，“使”是引药，将药效引到最有效之处。“君、臣、佐、使”齐全才是好的处方。中医治疗是综合协同治疗，宏观调控也是这样，宏观调控要综合运用各种措施对宏观经济进行协同调控，才能达到预期效果。中医是“一诊一药”，对症下药，

“因病制宜”。这对宏观调控的启示是，宏观调控不能“一刀切”，要具体问题具体分析，要根据宏观经济形势的不同“病症”“施药”。中医特别强调修身养性，防微杜渐。这对宏观调控的启示是，宏观调控要注重预防，上医医未病，最好的宏观调控是能够防患于未然。①

不仅是中医，一切有助于宏观调控的知识都应拿来为宏观调控所用。宏观调控，涉及方方面面，要对这方方面面进行宏观调控，当然就应具有这方方面面的知识。宏观调控的本义，不仅指对“宏观”进行“调控”，而且要求用“宏观”去“调控”，即尽可能用方方面面、全面宏观的知识对宏观经济进行调控，只有运用宏观的知识才能较好地对宏观经济进行宏观调控，没有宏观的知识就难以进行宏观调控。就此而言，宏观调控应是百科全书，是一门大学问。

七

宏观调控法，其基本内容是经济与法律。至于经济与法律的关系，经典作家早已指出，法律是经济关系的翻译、记载和表述。经济是内容，法律是形式。对法学家来说，尽管应“究天人之际，通古今之变，成一套规则”，但随着知识的不断精深细化，人们日益受到专业分工的限制，以至于隔行如隔山，时至今日，法学家已不可能是“百科全书”式的通才了，法学家越来越成为“形式主义者”，越来越关注法律的形式和程序，法学家的地位和角色更多的是各种社会关系的翻译者、记载者和表述者，至于具体的法律内容，已不是法学家所能把握的了，也主要不是法学家的事了，而是诸如经济学家等其他专家的职责。这是法律和法学发展的一个普遍趋势。对像宏观调控法这样的法律部门来说，尤其如此。因为正如前述，它涉及方方面面的知识，这方方面面的知识已大大超出了法学家的把握能力，因此，就宏观调控法来说，宏观调控法主要是一套形式、一套程序。宏观调控法就是要为宏观调控提供一套严格、完善、有效的程序，这套程序能为吸纳方方面面的领导干部、专家学者、社会精英、基层群众参与宏观调控提供一个途径，为广泛深入地讨论宏观调控提供一个平台，为集中宏观调控的意见和建议提供一个机制，为把有关宏观调控的意见和建议上升为法律提供一道关卡。这套程

① 参见刘吉：《论宏观调控》，载《文汇报》，2006-08-07，10版。

序是对宏观调控的道道过滤、层层把关、步步改进，只有经过这套程序制定和实施的宏观调控政策，法律才能保证它们的科学性和可行性，也才具有合法性。就此而言，宏观调控法，与其说是实体法，不如说是程序法，最起码宏观调控法应把程序置于更重要的地位。

八

本书是对宏观调控法的概括研究，没有放在显微镜下去钩沉发隐，力求面面俱到，具体入微，只是突出“宏观调控法”这个主题，对宏观调控法的基本原理进行概论，并围绕与宏观调控最为密切相关的计划法、财政法、金融法和产业政策法进行集中研究，说明它们之间的内在关系和共同旨义，概述各种法律实现其宏观调控功能的具体制度规定。至于其余的细节没有过多涉及，现在这方面的专题论著已有不少，有兴趣且希望作深细研究的读者可以去阅读它们。市场经济社会就是这样，分工使我们成为单向度的人，但合作又使我们全面发展。

第一章

导论

中外经济理论实践和经济政策法律的发展历程雄辩地证明，市场经济是人类社会发展至今不可逾越的经济形式，要发展市场经济，就要加强宏观调控，要加强宏观调控，就要加强宏观调控法制建设，要加强宏观调控法制建设，就要加强宏观调控法学研究。

第一节 宏观调控的规定性

宏观调控法，要而言之，就是关于宏观调控方面的法律。要认识宏观调控法，关键是要正确认识宏观调控是什么，宏观调控具有何种规定性。因此，要科学认识宏观调控法必须首先科学界定宏观调控。归结起来，我认为，宏观调控应具有以下规定性：

1. 宏观调控是对市场的宏观调控

在过去，传统的计划经济是一种按计划指令运行的经济，一切资源配置都是按照“五年早知道”的计划进行的，具有明显的预期性和先导性；它要求高度集权，统一计划，以至于“统收统支、统购统销、统分统配”；而且计划就是法令，必须严格贯彻遵守执行。应该说，这种计划经济体制不乏宏观调控。但由于这种计划包罗万象、具体而微，因而蜕变为微观管理；它事先计划，主观臆断，难免脱离实际；它高度集权，命令服从，实质上是一种行政干预；它排斥市场，缺乏市场基础，不是对市场的宏观调控。所有这些都说明，计划经济体制下的各种所谓的“宏观调控”并不是真正的宏观调控，恰恰相反，大多是变相的、冒牌的宏观调控，它给宏观调控带来了污名。只有在市场经济体制下，才能提出宏观调控的客观要求，才会有真正的宏观调控，市场机制与宏观调控是相互依存、相得益彰的。市场经济内在地要求宏观调控，宏观调控立足于市场，是对市场的宏观调控，如果没有市场，宏观调控就没有了对象和基础，也没有了立足的根基；宏观调控是对市场失灵的调控，市场失灵的地方往往就是宏观调控的领域，如果没有市场就谈不上市场失灵，因而也就不知道宏观调控的范围、在哪里进行宏观调控，没有市场的宏观调控，无法通过市场进行因势利导地调控，因而大都是瞎指挥；宏观调控只有结合市场、通过市场、利用市场才能有所成就，没有市场，宏观调控就失去了运作的机制和生效的中介，没有市场的宏观调控往往不能因应客观经济规律的要求而成为主观任性；宏观调控之于市场经济，是手段与目的的关系，宏观调控要服务于市场，是为了使市场更加健康、有序协调地发展，没有市场，宏观调控就失去了服务的目标，成为一种为宏观调控而宏观调控的无谓之举，不服务于市场的宏观调控往往蜕变为粗暴、拙劣的行政干预。总之，宏观调控必须也只能立足市场、通过市场、利用市场、服务市场，没有市场就没有真正的宏观调控，没有市场的宏观调控最终没有市场。从根本上说，所谓的宏观调控实质上就是对市场的宏观调控。

2. 宏观调控是宏观领域的调控

宏观调控，顾名思义，是对宏观领域的调控。尽管对何谓宏观领域、宏观调控的范围多大，人们还众说纷纭、认识不一，无法统一厘定，但尚可以就其共识简要地概括如下：（1）宏观领域不是私人领域。由于每个私人都是或自以为是自己私事的最为关切者、最佳判断者和最好实现者，因此，凡是私人能够自治的地方无须也不应进行宏观调控。依法划定私人自治领域、尊重私人自治领域，是进行宏观调控所应铭记的重要准则。这一点，亚当·斯密早就指出："关于可以把资本用在什么种类的国内产业上面，其生产物能有最大价值这一问题，每一个人处在他当时的地位，显然能判断得比政治家或立法家好得多。如果政治家企图指导私人应如何运用他们的资本，那不仅是自寻烦恼地去注意最不需注意的问题，而且是僭取了一种不能放心地委托给任何个人、也不能放心地委之于任何委员会或参议院的权力。把这种权力交给一个大言不惭地、荒唐地自认为有资格行使的人，是再危险也没有了。"① 宏观领域与私人领域是相依相存、相得益彰的，私人领域是宏观领域的基础，宏观领域要立足于私人领域，在私人领域的基础上才能有宏观领域，其实，宏观领域就是由众多的私人领域所构成的。如果宏观领域僭越侵吞私人领域，没有私人领域作基础，那么宏观领域就会成为无源之水和无本之木。（2）宏观领域是私人力量所不及的领域。之所以如此，是因为：一是私人在私人领域尚能自治，但私人是私主体，仅有私权，只能自治私事，无权管理他人事务和公共事务，因而对宏观调控无能为力或力不从心，这就需要政府出面担当此任。李斯特指出："关于国民个人知道得更清楚、更加擅长的那些事，国家并没有越俎代庖；相反地，它

① ［英］亚当·斯密著，郭大力、王亚南译：《国民财富的性质和原因的研究》，下卷，27～28页，北京，商务印书馆，1979。

所做的是，即使个人有所了解，单靠他自己力量也无法进行的那些事。”① 宏观调控就是一种私人不能做或做不了的事，应由政府来做，因为只有政府才具有做这件事的能力和权力，“政府的一个主要经济作用就是协调个人行为以获得更大的效益。它能把个人团结起来并用个人所不能的方法促成满意的结果”②。二是私人是经济人，考虑私人得失，计较投入产出，追求私人利润极大化，一般不愿从事无利可图的事业，尤其是公益事业，在这方面只能由政府负起责来。关于这一点，即使是对那只“看不见的手”顶礼膜拜的亚当·斯密也承认，“建设并维持某些公共事业及某些公共设施”，是政府的重要职能。③ 主张折中主义政府干预的约翰·穆勒更是明确地指出：“在某一时期或某一国家的特殊情况下，那些真正关系到全体利益的事情，只要私人不愿意做（而并非不能高效地做），就应该而且也必须由政府来做。”④ 宏观调控就是一件与全体利益有关，但不允许私人从中牟取私人利益，因而私人不愿做的事情，它需要政府进行宏观调控。（3）宏观领域是市场失灵的领域。市场机制是资源配置极为有效的机制，创造了许多经济奇迹，无论是过去、现在还是将来，人们都必须通过市场、利用市场才能获取繁荣并保持繁荣。但市场机制并非完美无缺，也不是全知全能，并不能总是和谐协调，“看不见的手”有时会引导经济走上错误而危险的道路，市场机制有时会出现种种失灵的情况，在这些情况下，市场失灵会导致许多严重的经济和社会问题，而仅靠市场自身又无法解决，从而可以存在着政府治疗这些疾病的职能。⑤ 宏观调控是对市场失灵领域的调控，政府的职能之一就是通过宏观调控防范和克服市场失灵，有人认为“宏观经济学是关于协调失灵的，政府的宏观经济作用就是避免协调失灵”⑥。（4）宏观领域是关系国计民生、影响国泰民安的领域。宏观领域是整体

---

① ［德］弗里德里希·李斯特著，陈万煦译：《政治经济学的国民体系》，169～170页，北京，商务印书馆，1961。

② Helm，*The Economic Borders of the State*，Oxford University Press，1989，p. 43.

③ 参见［英］亚当·斯密：《国民财富的性质和原因的研究》，下卷，253页，北京，商务印书馆，1979。

④ ［英］约翰·穆勒著，胡企林、朱泱译：《政治经济学原理》，下卷，570页，北京，商务印书馆，1991。

⑤ 参见［美］保罗·萨缪尔森、威廉·诺德豪斯著，高鸿业等译：《经济学》，上册，78～79页，北京，中国发展出版社，1992。

⑥ See *The Economic Borders of the State*，Edited by Helm，Oxford University Press，1989，p. 182.

全局，它关系国计民生，影响国泰民安，“宏观经济运行的表现对国家兴衰极为重要”，虽然“我们不能影响天气，但是公共经济政策的明智与否却可以对我们未来的生活水平产生重大的影响”[①]。因此，任何一个负责任的政府都要义不容辞地采取明智而得力的宏观调控政策（包括法律），对关系国计民生、影响国泰民安的宏观领域进行宏观调控。宏观领域作为关系国计民生、影响国泰民安的领域，具体说来主要是发展计（规）划、财政税收、货币金融、产业政策、国际贸易和社会保障等方面，这些被认为是宏观经济分析与政策的中心目标或目的。[②] 在很大程度上可以说，调控好了上述各个方面，就调控好了宏观领域，就实现了宏观调控。

3. 宏观调控是有限调控

广泛、无限的宏观调控必然会管得太多太死，会蜕变成高度集权的行政管理，会窒息经济民主和经济自由，这不是宏观调控而是全面管制。弗里德曼就曾尖刻地批评高度法律化的美国以法律名义出现的各种所谓的宏观调控。他根据沃尔特·盖尔霍恩的调查报告指出：到1952年，除了个体经营的业务，像旅馆和出租汽车公司外，有八十多个不同职业已经被法律规定发给执照，以至于打谷机的操作者和碎烟草的商人以及鸡蛋分等员、驯狗员、消灭害虫的人员、游艇推销员、修剪树木人员、挖井匠、砌砖匠和种植土地的人都同样要求取得执照。更有甚者，有的州对理发师取得执照的条件也作了详细的规定，要求其必须学习下列课程：理发的科学基础，卫生学、细菌学，毛发、皮肤、指甲、肌肉和神经的组织学，头、脸和颈的结构，有关消毒和防腐的基本化学，皮肤、毛发、腺体及指甲的疾病，理发、修面和整容，化妆、着色、漂白和染发。其详尽细微、苛刻刁钻令人吃惊！弗里德曼认为这种烦琐的法律规定严重侵犯了个人从事自己选择的活动的自由。[③] 其实，宏观调控到底应是全面调控还是有限调控，从根本上取决于宏观调控机构对国民经济所具有的信息。宏观调控关涉国民经济的方方面面，要全面地进行宏观调控必须具有全面而详尽的信息，但要做到这一点，往往是不可能

① ［美］萨缪尔森、诺德豪斯：《经济学》，上册，130页，北京，中国发展出版社，1992。

② 参见［美］萨缪尔森、诺德豪斯：《经济学》，上册，131页，北京，中国发展出版社，1992。

③ 参见［美］米尔顿·弗里德曼著，张瑞玉译：《资本主义与自由》，113页，北京，商务印书馆，1986。

的，因为这已经远远超过了人类的能力，人类的理性能力和认知水平是有限的，不可能全智全能，面对国民经济的方方面面，人类只能有有限的信息，即使有无限的信息人类也处理不了。在这种情况下，宏观调控就只能是有限调控，把宏观调控限制在具有较为全面、详尽、准确信息的国民经济方面，而把其余方面赋予私人，让私人意思自治是必然的选择。因为私人事务涉及面小，所需信息更少，易于收集分析处理；私人处在当时当地的境遇，直面市场，更了解具体情况，决策快捷、正确、便利，并更有针对性，能更好地抓住时机，因地制宜，灵活应对；私人关切私人利益，会更加勤勉谨慎负责地自治自己的私事，所以由私人自治比宏观调控更为适当，也更为有效。真正的宏观调控是有限调控，把宏观调控限制到不可克减的程度，对必须加以宏观调控的方面或领域进行宏观调控。如果宏观调控面面俱到、事无巨细、无所不包，那就不是宏观调控而是微观管理，而且会因小失大，因精力分散而不能把主要的事情做好。实践证明，只有宏观调控得少才能宏观调控得好，这正如马尔萨斯所指出的："管制过多的倾向肯定是无知的鲁莽的标志，最能干的医师最能节约药物的使用，最相信自然的治疗力量。同样，最了解自己的工作的政治家最不愿意干涉企业与资本的自然趋向。"①

4. 宏观调控是民主调控

宏观调控涉及国民经济全局，关系国计民生，影响国泰民安，是一项十分庞杂、极为繁复、相当艰难的事情，要很好地进行并完成宏观调控的使命，绝非仅凭某个人或某些人的聪明才智所能做到，而必须发动群众，大众参与，群策群力，集思广益，全民力行。宏观调控是大众的事业，必须贯彻民主、保障民主，它不是个人事务或私人事务，不能一意孤行和独断专行。宏观调控的目标在于促进经济民主，为人们自由自治创造有利的秩序和环境。宏观调控的实现必须贯彻经济民主，其中最重要的一条就是激发、尊重和维持私人的主动性、积极性和创造性，只有建立在这一基础之上的宏观调控才能有所作为并达到既定目标。因为"一般说来，生活中的事务最好是由那些具有直接利害关系的人自由地去做，无论是法令还是政府官员都不应对其加以控制和干预。那些这样做的人或其中的某些人，很可能要比政府更清楚采用什么手段可以达到他们的目的。即使政府能够最全面地掌握个人在某一时期内积累的有关

① ［英］托马斯·马尔萨斯著，厦门大学经济学系译：《政治经济学原理》，20页，北京，商务印书馆，1962。

某一职业的全部知识（这实际上是不可能的），个人也要比政府对结果具有更强烈得多、更直接得多的利害关系，因而如果听凭他们选择，而不加以控制的话，则手段会更有可能得到改进和完善”①。这一点，即使信奉国家干预的凯恩斯在强调投资由国家宏观调控的同时也指出：“仅仅依赖银行政策对利率的影响，似乎还不足以达到最适度的投资量。故我觉得，要达到离充分就业不远的境界，其唯一办法，乃是投资这件事情，由社会来综揽；但这也不是毫无妥协折中的余地，还有许多办法，可以让国家的权威同私人首创精神互相合作。”② 实践证明，能否贯彻经济民主、保障经济民主关系到宏观调控的成败与否。经济民主是社会经济增长的根本的前提条件，只有贯彻经济民主、保障经济民主的宏观调控才能取得成功，促进经济增长。否则，宏观调控必然失败，会抑制经济增长。是否贯彻经济民主、保障经济民主，也是检验是否为真正宏观调控的重要标准，只有贯彻经济民主、保障经济民主的宏观调控才是真正的宏观调控，否则只能是残暴的独裁专制。独裁专制不仅在政治上行不通，而且在经济上、在宏观调控中也成功不了。

5. 宏观调控主要是法律调控

宏观调控措施多种多样，主要包括经济、行政和法律三种手段，其中应以法律手段为主。这是因为：一是尽管我们经常把经济手段、行政手段和法律手段相提并论，但不可认为这三种手段是分别并列的、等量齐观的，因为经济手段和行政手段本身也要采用法律形式，要依法进行，要实现法治化。在一个法治社会，经济手段和行政手段也要法治化，并没有脱离法律和法治化的经济手段、行政手段，更没有与宪法和法律相违背的经济手段、行政手段。二是只有建立在法律基础上的宏观调控才能像法律制定一样充分发扬民主，广泛进行论证，听取各方意见，集思广益，从而使宏观调控的政策和法律更能认识和体现客观经济规律的要求，更好地进行宏观调控，仅靠个人智慧、个人能力、个人专断从来不可能较好地进行宏观调控。三是只有依据法律的宏观调控才能依据严格的法定权限和法定程序进行宏观调控，从根本上杜绝盲目调控、任意调控，不依法定权限和法定程序的宏观调控只能是滥加调控或瞎指挥，贻害无穷。四是只有法律化的宏观调控才是制度化的宏观调控，持续稳定，不因领导人的改变而改变，不因领导人的看法和注意力

① ［英］约翰·穆勒：《政治经济学原理》，下卷，535页，北京，商务印书馆，1991。

② ［英］约翰·凯恩斯著，徐毓枬译：《就业、利息和货币通论》，321页，北京，商务印书馆，1997。

的改变而改变，不会因人而异、朝令夕改，避免引起社会经济的动荡和混乱。五是只有通过法律，宏观调控的内容尤其是政府宏观调控的权力范围和宏观调控行为才能规范化、精确化，实现宏观调控的法治化。科斯认为："明确各级政府机构的权力范围是非常重要的……这是法律改革中的至关重要的一环。"① 如果不能依法界定宏观调控的权利（力）义务，规范宏观调控的行为，明确宏观调控的法律责任，实现宏观调控的法治化，就不能调控好调控者。"正人先正己"，只有调控好了调控者，调控者才能调控好国民经济，那种自身都没有被调控好的调控者是不大可能进行宏观调控并调控好国民经济的。从不依法宏观调控到依法宏观调控，是宏观调控的根本变革和重大进步，至此，才谈得上是真正的宏观调控，才会有真正的法治经济。现代宏观调控都应是依法宏观调控，应该是以法律为主的调控。宏观调控法的根本宗旨就是要实现政府宏观调控的法治化。

第二节　宏观调控的必要性

市场经济之所以需要宏观调控，是由市场经济的性质所决定的，从根本上说就是由市场失灵所决定的。

第一，市场经济不能始终自动均衡。

在自由放任主义者看来，市场经济受一只"看不见的手"的指引，会自动保持均衡，用不着外力的干预，有时外力的干预还是有害而无益的。如亚当·斯密就认为："在可自由而安全地向前努力时，各个人改善自己境遇的自然努力，是一个那么强大的力量，以至没有任何帮助，亦能单独地使社会富裕繁荣。"② 因此，在亚当·斯密看来，国家或政府"在某种程度上指导私人应如何运用他们的资本，这种管制几乎毫无例外地必然是无用的或有害的"③。同样，萨伊也提出了著名的"萨伊

① 经济学消息报社编：《诺贝尔经济学奖得主专访录——评说中国经济与经济学发展》，48～49页，北京，中国计划出版社，1995。

② ［英］亚当·斯密：《国民财富的性质和原因的研究》，下卷，112页，北京，商务印书馆，1983。

③ ［英］亚当·斯密：《国民财富的性质和原因的研究》，下卷，28页，北京，商务印书馆，1983。

定理”，即“供给自动创造需求”，供给与需求会自动保持均衡，因而用不着政府干预。但早在自由放任主义的鼎盛时期，西斯蒙第就认为有必要重新检查亚当·斯密的理论，他特意强调自己同亚当·斯密的根本区别：“亚当·斯密一直反对政府干预一切有关国民财富的事，我们却一再呼吁政府对此进行干预。”① 因为在西斯蒙第看来，“商业财富的发展不需要政府干预的说法是绝对不正确的”②。他也激烈地批判李嘉图的市场供求平衡理论，并大声疾呼：“我们千万不要相信平衡会自动恢复，这是危险的学说……一定的平衡的确可能自动恢复，但必须逐渐恢复，而且还要经过一场可怕的灾难。”③ 时至今日，人们对那只“看不见的手”有所了解和认识之后，特别是看到了它的不良表现以后，已经不会再轻信市场的神话了，更不会过分迷恋于市场机制的美妙绝伦了。加尔布雷思明确指出：“经济体系会自我改进的说法，现在也许已没有人相信。不平衡发展、不均等、无意义和无规律的技术革新、环境的侵蚀、对个性的置之不顾、对政府拥有的权力、通货膨胀、行业间的缺乏协调——这些都是体系中的一部分，也是现实中的一部分。这些都不是小毛病，不是像机器中一个畸形的齿轮那样，一经发现就可以纠正。它们在体系中已经根深蒂固。”④ 实践证明，这些问题都是事关宏旨的，如果不由政府进行宏观调控，是不大可能顺利解决的。

第二，市场调节无法克服盲目性。

市场中的人们，散居社会各隅，限于各行各业，自治自己的私事，大都只能各自按照自己的知识、所处的环境和具有的能力去追求自以为极大化的私人利益，但由于受到知识、环境和能力的固有限制，个人根本无法掌控市场，而只能听任市场的摆布，这可谓是“身在市场，身不由己”，人们都在为情况不明的市场而试错，人们的行为具有不可克服的盲目性，如果自由放任，那么盲目性就更大。而且，“市场是无心的，没有头脑的，它从不会思考，不顾忌什么”⑤，市场不知道自身的盲目性，也不能克服自身的盲目性，实践已经证明，市场经济的盲目性具有

① ［瑞士］西斯蒙第著，何钦译：《政治经济学新原理》，460页，北京，商务印书馆，1983。

② ［瑞士］西斯蒙第：《政治经济学新原理》，246页，北京，商务印书馆，1983。

③ ［瑞士］西斯蒙第：《政治经济学新原理》，396页，北京，商务印书馆，1983。

④ ［美］加尔布雷思著，蔡受百译：《经济学与公共目标》，209页，北京，商务印书馆，1980。

⑤ 经济学消息报社编：《诺贝尔经济学奖得主专访录——评说中国经济与经济学发展》，7页，北京，中国计划出版社，1995。

极大的破坏性，必须予以克服。由于优良的政府代表整个社会，能够听取各方意见，集思广益，民主决策，在大多数情况下，它所具有的认识能力、预测水准和决策水平比任何个人都远为高明，可以正确认识、科学预测和正确把握国民经济和社会发展的趋势；政府处于中央地位，成为信息中心，掌握的信息比任何个人都远为全面，可窥国民经济全貌；政府是一个权威机构，能够动员各种力量、采取一切措施，去完成它所担当的职责，包括通过宏观调控去克服市场的盲目性。政府的性质决定了由政府进行宏观调控才能克服市场的盲目性。正因为如此，所以我们所说的宏观调控主要就是政府的宏观调控，政府是宏观调控的主要主体。

第三，市场经济无法自给自足。

在市场体制下，市场机制是配置资源最主要的机制，但市场机制不能独臂支天，不能自给自足，它的存在和运行必须依靠政府宏观调控所创造的各种基础条件，而市场经济之所以需要政府的宏观调控，是因为政府宏观调控就是为市场机制的存在和运行奠定基础和创造条件。具体说来，这些基础条件包括许多方面，如市场经济需要政府作出宏观制度安排，提供必要的博弈规则并加以解析和执行。弗里德曼指出："自由市场的存在当然并不排除对政府的需要。相反地，政府的必要性在于：它是'竞赛规则'的规定者，又是解释和强制执行这些已被决定的裁判者。"① 又如市场经济需要政府对市场进行必要的宏观调控。尽管加尔布雷思充分地认识到，"如果在一个市场制度中，工资和价格是由政府规定的，那就不再有什么市场制度了。只有天真的、傻头傻脑的人，才会认为'这个自由企业制度'同实行工资和价格控制是和谐一致的"②，但他同时公开声明："我坚信，如果不对工资与物价进行任何形式的直接控制，现代资本主义就无法存在下去。想实行一种不对工资和物价进行控制的政策，可以说对现代组织的重要性不理解。"③ 虽然政府也会失灵，但这不是拒斥政府宏观调控的充足理由，正如市场失灵不是否定市场调节的充足理由一样。道格拉斯·诺思指出："国家的存在是经济增长的关键，然而国家又是人为经济衰退的根源。"④ 但"在整个历史上，当人们需要在国家——但可能具有剥削性——与无政府之间作出选

① [美] 弗里德曼：《资本主义与自由》，16页，北京，商务印书馆，1986。

② [美] 加尔布雷思：《经济学与公共目标》，308页，北京，商务印书馆，1980。

③ 转引自《评里根的经济政策》，载《世界经济译丛》，1981（2），28页。

④ [美] 道格拉斯·诺思著，陈郁等译：《经济史中的结构与变迁》，20页，上海，上海三联书店，1994。

择时，人们均选择了前者。几乎任何一套规则都好于无规则。”① 尽管国家在其诞生之后，就有了大量的由其统治者或者其代理人所实施的极不光彩的记录，但仍然需要强调国家对经济进步的必要性。② 事实上，纯粹的市场经济是根本不存在的，这正如弗里德曼所指出的：“没有任何一个国家是100%纯粹的自由经济国家。除了香港在20世纪50、60、70年代时几乎接近完全自由化。但还是没有100%的。”③

第四，市场经济无法实现社会公平。

在世间的万事万物中，公平大概是最为重要的，也是人们最为崇尚的，人们所采取的一切手段都应服务和服从于这一最高目的。但令人遗憾的是，世上并没有什么手段只追求公平，而大多是在追求公平的同时往往导致不公平，市场经济就是这样。“尽管市场在配置资源以适应消费需求方面是有效率的，或者确实是不可少的，但现有的需求方式却是不符合社会公平的。”④ 市场中的人们存在千差万别，其中许多差别足以导致他们之间的不平等，让不平等的人们在同等的市场法则下公平竞争，看似公平，实则不然。人们固有的千差万别起始也许无关紧要，但经过激烈的市场竞争，必然导致优胜劣汰、两极分化，市场劣败者沦为市场优胜者的战利品，丧失作为人的基本权利，使其不成其为人。在存在千差万别的人们中间听凭市场自由竞争必然导致社会的不公平。萨缪尔森曾形象地指出：“市场是没有心脏和大脑的，因而不能指望市场自身能够自觉地意识到它所带来的严重的社会不平等，更不能指望市场自身来纠正这种不平等。”⑤ 为了纠正市场自由竞争所导致的社会不公平，西斯蒙第主张限制自由竞争，“要求政府保护居民摆脱竞争的后果”，“立法者还必须使穷人得到某种不受普遍竞争影响的保障”⑥。德萨米也明确指出：“社会法律的设立，绝不是为了使弱者更弱、强者更强，恰恰相反，而是为了保护弱者以抵御强者，保障他们获得全部权利。”⑦

① ［美］道格拉斯·诺思：《经济史中的结构与变迁》，24页，上海，上海三联书店，1994。

② 参见［美］道格拉斯·诺思：《经济史中的结构与变迁》，24页，上海，上海三联书店，1994。

③ 经济学消息报社编：《诺贝尔经济学奖得主专访录——评说中国经济与经济学发展》，38页，北京，中国计划出版社，1995。

④ ［英］阿列克·凯恩克劳斯著，李琮译：《经济学与经济政策》，45页，北京，商务印书馆，1990。

⑤ 经济学消息报社编：《诺贝尔经济学奖得主专访录——评说中国经济与经济学发展》，44页，北京，中国计划出版社，1995。

⑥ ［瑞士］西斯蒙第：《政治经济学新原理》，61页，北京，商务印书馆，1983。

⑦ ［法］德萨米著，黄建华等译：《公有法典》，28页，北京，商务印书馆，1982。

上述认识和要求具体落实为宏观调控，要求宏观调控为人们提供实质公平的竞争法则、竞争条件和竞争环境，不是不加区别地把不平等的人们置于同一竞争规则下去“自由”竞争，而是有所区分、有所针对，同样的情况同样对待，不同的情况不同对待，让平等的人们在同一的规则下开展竞争；宏观调控要划定市场竞争的范围，节制市场竞争的程度，不允许市场竞争渗透一切、支配一切，也不是市场越竞争就越好，竞争也要有理有节，如人权就不能按市场竞争配置，人权不能优胜劣汰，不能说市场优胜者就享有人权，市场劣汰者就不享有人权，人权是人之作为人所必须享有的最低限度的权利，人权为人人所享有，同一社会的人，其人权人人平等，不允许市场竞争侵犯人权；宏观调控要通过财政转移支付、社会保障等措施扶持社会弱者、救济社会弱者，使残酷的市场竞争不至于导致弱肉强食，宏观调控不乏对人尤其是对社会弱者的人文关怀和物质救助，这有利于缩小社会弱者和社会强者之间的差别，使社会弱者和社会强者保持必要的平等和均衡，促进社会的和谐。可见，宏观调控追求着社会公平。

第五，市场经济无法主动直接地促进社会公共利益。

市场中的人们大都是私人、经济人，他们追求私人利益，谋求私人利益的极大化。亚当·斯密说：“我们每天所需的食料和饮料，不是出自屠户、酿酒家或烙面师的恩惠，而是出于他们自利的打算。我们不说唤起他们利他心的话，而说唤起他们利己心的话。我们不说自己有需要，而说对他们有利。”[①] 对于这种经济人来说，“他通常既不打算促进公共的利益，也不知道他自己在什么程度上促进那种利益……他所盘算的也只是他自己的利益”[②]。这是对经济人形象的典型描写。尽管这种经济人受一只“看不见的手”的指导，“去达到一个并非他本意想要达到的目的”，“他追求自己的利益，往往使他能比在真正出于本意的情况下更有效地促进社会的利益”[③]。但这只是偶尔如此而并非有意如此，消极如此而并非积极如此，间接如此而并非直接如此，一时如此而非长期如此。这只“看不见的手”并不是“上帝之手”，它不会惠及社会、

① ［英］亚当·斯密：《国民财富的性质和原因的研究》，上卷，14 页，北京，商务印书馆，1979。

② ［英］亚当·斯密：《国民财富的性质和原因的研究》，上卷，27 页，北京，商务印书馆，1979。

③ ［英］亚当·斯密：《国民财富的性质和原因的研究》，下卷，27 页，北京，商务印书馆，1979。

普度众生、关爱每一个人，而往往是优胜劣汰，使某些人得利而使某些人受损；它也不是“万能之手”，能同时兼顾私人利益和社会公共利益，而往往是先私后公，在不少情况下甚至是损公肥私、有私无公。所以亚当·斯密赶忙同时指出政府有三个应尽的义务，这就是：“第一，保护社会，使不受其他独立社会的侵犯。第二，尽可能保护社会上各个人，使不受社会上任何其他人的侵害或压迫，这就是说，要设立严正的司法机关。第三，建设并维持某些公共事业及某些公共设施（其建设与维持绝不是为着任何个人或任何少数人的利益）。”① 亚当·斯密指出了政府的职能和努力的方向，但并没有固定政府宏观调控的具体内容，政府宏观调控的具体内容会与时俱进，日益扩大，其中就包括促进和实现社会公共利益。西斯蒙第批评亚当·斯密利己主义的自由主义，他认为：“包括在所有其他人的利益中的个人利益确实是公共福利；但是，每个人不顾别人的利益而追求个人的利益，同样，他自己力量的发展并不包括在与他力量相等的其他人的力量之内，于是最强有力的人就会得到自己所要得到的利益，而弱者的利益将失去保障，因为人们的政治目的就在于少损失多得利……个人利益乃是一种强取的利益，个人利益常常促使它追求违反最大多数人的利益，甚至归根结底可以说是违反全人类的利益。”② 市场规则是一套“丛林法则”，无情的市场竞争，必然导致优胜劣汰、弱肉强食；市场规则是两极分化的规则，它根本不可能是人人谋求私人利益极大化的规则，而只能是极少数人（优者、强者、胜者）谋求私人利益极大化（同时即是掠夺绝大多数劣者、弱者、败者利益）的规则，这是一种极端自私的规则，“把政治经济学建立在无限制的竞争的原则上，就是为了同时实现一切个人欲望而牺牲人类的利益”③。如果单靠自由放任的市场，那么根本就无法促进社会公共利益。“国家的利益绝不是工厂主的利益，而是把生产所得的利益在一切参加生产的人中进行合理分配。国家的利益要求劳动所产生的国民收入，由各个阶级来分享。”④ 而要做到这一点，政府必须进行宏观调控。宏观调控要对市场规则进行调整，把利己与利他、为私与为公统一起来，把市场自

① ［英］亚当·斯密：《国民财富的性质和原因的研究》，下卷，252～253页，北京，商务印书馆，1979。

② ［瑞士］西斯蒙第：《政治经济学新原理》，243页，北京，商务印书馆，1983。

③ ［瑞士］西斯蒙第：《政治经济学新原理》，478页，北京，商务印书馆，1983。

④ ［瑞士］西斯蒙第：《政治经济学新原理》，226页，北京，商务印书馆，1983。

由竞争与社会共处同荣结合起来，人们可以被淘汰出市场，但不能被驱逐出社会。既要允许优者胜，也要保障劣者存；既要鼓励、增强强者，也要扶持、提携弱者；既要使好的锦上添花，也要对差的雪中送炭。宏观调控是对社会各种利益的调整，只不过这种调整不是搞平均主义而是实现各得其所、各安其分、共同发展。加尔布雷思揭示出：由于某些现代企业组织规模非常庞大，拥有巨大的权力，能够控制个人和政府的活动，所以现代经济体系的目标与过去经济体系的目标已经不同，它们追求自己的目标，追求作为企业的成员或所有人的那些人的目标，而不是公共目标。[①] 确实，那些庞大的企业、强权的企业，不仅能够借助经济优势而且能够通过左右政治力量来谋求自身私利的极大化，真可谓是“魔高一尺”。既然是“魔高一尺”，就应“道高一丈”，这个“道”就是政府、政府的宏观调控。市场经济的健康发展不仅应保障经济力量之间的平衡，也应保证经济力量与政府力量之间的制衡。正是因为对公共目标的忽视，导致不平衡发展，不均等、环境侵蚀、对个性置之不顾、通货膨胀等等[②]，所以现在比以往许多时候都更应强调和加强政府的宏观调控。加尔布雷思要求改革经济体系，追求日益遗忘的公共目标，他认为：“关于不平衡发展、不均等收入分配、国家资源分配不当、环境破坏和有名无实的规章制度，政府是问题中的一部分。但是，要求得问题的解决，还得依靠政府。”[③] 他提出了一系列以政府为主导的实现公共目标的措施，其中就包括政府干预和政府宏观调控。[④] 时至今日世已公认：政府的宏观调控是实现公共目标的根本措施，是促进社会公共利益的根本手段。

第六，市场经济的产生、存在和发展需要加强宏观调控。

市场经济作为一种制度安排不是从天而降的，也不是空穴来风的，更不是一蹴而就的，它的产生、存在和发展需要种种外在的支持条件。这些外在的支持条件之一就是稳定的社会秩序和社会环境。市场经济只能在一种稳定的社会秩序和社会环境中产生、存在和发展，没有稳定的社会秩序和社会环境就没有市场经济。卡尔·波拉尼认为：“通往自由市场的道路被打开了，并且随着有组织的中央控制型干预的大量增加而

① 参见［美］加尔布雷思：《经济学与公共目标》，1页，北京，商务印书馆，1980。
② 参见［美］加尔布雷思：《经济学与公共目标》，209页，北京，商务印书馆，1980。
③ ［美］加尔布雷思：《经济学与公共目标》，238页，北京，商务印书馆，1980。
④ 参见［美］加尔布雷思：《经济学与公共目标》，246～247页，北京，商务印书馆，1980。

不断保持着通畅……自由市场的引入，远远不能排除对控制、管制和干预及其不断增加的范围的需要。管理者不得不持续地提防着以保证制度的自由运行。这样，即使那些最热心希望免除国家的所有不必要的职能和那些全部哲学观都是要求限制国家行为的人都只能把新的权力、机关和建立自由放任所需的工具交给完全相同的国家。”① 市场经济与政府的宏观调控不是相互排斥、相互对立的，而是相互依存、相得益彰的，没有政府的宏观调控，市场经济就会变形走样，有可能会蜕变成洪水猛兽，最终就会损害市场经济，甚至就没有市场经济。极端的自由放任主义、无政府主义，是“再往前多走了一步的真理”，发展市场经济必须时刻警惕防范这种巧妙地伪装成真理而出现的致命的谬误。实践证明，在落后国家、后发展中国家发展市场经济，尤其必须加强和健全政府的宏观调控，在这些国家中的市场经济本质上是一种政府主导型的市场经济。政府对发展市场经济所怀抱的信念和决心，所作出的改革和调整，所采用的战略和策略，所动员的人力和物力，所承担的义务和责任，都对市场经济的发展影响甚巨。可以说，发展市场经济的焦点和难点不在市场经济本身而在政府，有什么样的政府就有什么样的市场经济。所以，刘易斯指出：“国家越落后，一个开拓性政府的作用范围就越大”②，“软弱的政府不能维持自己境内的秩序”③。亨廷顿也强调，后发展中国家面临着现代化所带来的社会矛盾和动荡，因此，“只有靠强大的集权政府才能克服”④。托达罗总结发展中国家的经验后写道：“不管你喜欢不喜欢，第三世界政府不可避免地应比比较发达国家的政府为他们国家的美好将来承担更主动的责任。”⑤ 因此，“不管一个人对合适的政府作用的观念形态的预想是什么，过去 20 年发展中国家政府不断要求担负起对他们的经济管理和指导的责任。据说，在许多国家，特别是在非洲，如果政府不诱导发展，那儿也许从来就不会发展。怎样部署这

① ［英］G. M. 霍奇逊著，向以斌等译：《现代制度主义经济学宣言》，181 页，北京，北京大学出版社，1993。

② ［美］阿瑟·刘易斯著，周师铭等译：《经济增长理论》，520 页，上海，上海三联书店，1990。

③ ［美］阿瑟·刘易斯：《经济增长理论》，516 页，上海，上海三联书店，1990。

④ ［美］塞缪尔·亨廷顿著，王冠华等译：《变革社会中的政治秩序》，46～47 页，北京，华夏出版社，1988。

⑤ ［美］W. P. 托达罗著，印金强等译：《经济发展与第三世界》，513 页，北京，中国经济出版社，1992。

些有限的人力资源是关系到发展成功与失败的一个关键的问题。简言之，政府怎样构造、怎样管理发展已经十分重要，将来会变得更重要。”① 上述观点在中国得到了经典性的说明。中国市场经济的发展由政府启动，由政府推进，由政府改革，由政府主导，中国市场经济的顺利发展在很大程度上归功于政府主导。同样，要继续推进中国市场经济的顺利发展也必须加强和完善政府主导，其中重要的一点就是要注重、加强和完善政府宏观调控。这正如当有人垂询布坎南关于中国经济发展的评说时他所明确告知的：“政府应该把重心放在框架结构上”，“建立一个总则”，这是寻求中国经济发展的根本策略所在。② 在某种意义上可以说，宏观调控也是市场经济之基和市场经济之母。

第三节　宏观调控法的特征

宏观调控法与其他法律相比，大体说来，具有如下特征：

1. 宏观调控法是一种政府干预法

宏观调控是对宏观领域的调控，是对社会整体的调控，因而只有作为整个社会总代表的政府才能胜任。尽管政府并不能完全代表社会和完全等同于社会，但相比较而言，与其他机构相比，政府还是更具社会性，也更能代表社会，更适合也更能够对社会进行宏观调控。所以，一般说来，政府是宏观调控的主体，宏观调控主要是政府调控，宏观调控主要是通过政府调控来进行和完成的，宏观调控实质上是一种政府干预或者说是政府干预的一种，宏观调控法实质上是一种政府干预法。不过，这只是问题的一个方面，还必须指出的是问题的另一个方面，即政府干预是一把“双刃剑”：它既可能促进经济发展，也可能阻碍经济发展。这正如恩格斯所指出的：“国家权力对于经济发展的反作用可以有三种：它可以沿着同一方向起作用，在这种情况下就会发展得比较快；它可以沿着相反方向起作用，在这种情况下，像现在每个大民族的情况那样，它经过一定的时期都要崩溃；或者是它可以阻止经济发展沿着既

① ［美］W. P. 托达罗：《经济发展与第三世界》，514页，北京，中国经济出版社，1992。

② 参见经济学消息报社编：《诺贝尔经济学奖得主专访录——评说中国经济与经济学发展》，114页，北京，中国计划出版社，1995。

定的方向走，而给它规定另外的方向——这种情况归根到底还是归结为前两种情况中的一种。但是很明显，在第二和第三种情况下，政治权力会给经济发展带来巨大的损害，并造成人力和物力的大量浪费。”① 实践证明，要保证政府干预从正面促进经济发展，同时防止政府干预从反面阻碍经济发展，政府干预就必须依法进行，既要依法树立政府干预的权威，又要依法约束政府干预的权力。具体说来，宏观调控即政府干预的一种，宏观调控法就是政府在宏观调控中必须遵循的法律，它以规定政府宏观调控的权限、范围、程序、措施及责任为核心，目的是为政府宏观调控立章建制，以便界定政府宏观调控的权限，规范政府宏观调控的行为，明确政府宏观调控的责任，实现政府宏观调控的法治化。

2. 宏观调控法是一种社会本位法

按照传统的法律分类方法，法律经常被分为两类：一类是公法，一类是私法。但宏观调控法作为经济法的核心组成部分，无论是根据划分公、私法标准的主体说、意思说还是利益说，都只能说明它具有某些公、私法的性质和特点，但难以把它完全划归于公法或私法。这是因为：(1) 在宏观调控法中，虽然政府是宏观调控的主体，有关政府机关是宏观调控的直接主体，私人和其他主体是宏观调控的间接对象，但不能根据通常所依据的主体说，即主体有一方是国家机关的，就认为是公法。宏观调控法的主体不能这样简单化，因为它具有自身的一些特殊性。如在宏观调控法律关系中，作为国家机关的政府并不像在一般公法关系中的国家机关那样，处于决定、支配地位，政府作为宏观调控的主体，它要进行宏观调控，不能采取直接的行政命令措施，而必须利用市场机制并通过市场机制来进行；同时，被调控的对象是间接的、独立的、自治的，它并不隶属于作为宏观调控主体的政府机关，而是由市场引导。所有这些都决定了在宏观调控法律关系中，大多数情况下，政府机关的地位和性质主要是引导者而非决定者，是协调者而非命令者，是服务者而非领导者，是辅助者而非主导者，是局外人而非当事人。宏观调控法所规制的主要内容是市场中各私人之间的总体性、结构性、公共性的权利、义务，政府机关所具有的权利（力）、义务立足于上述权利、义务，服务于上述权利、义务并最终落实于上述权利、义务，这是由宏观调控的基础——市场经济的性质所决定的。市场经济本质上是市场本

① 《马克思恩格斯选集》，2版，第4卷，701页，北京，人民出版社，1995。

位而非政府本位，宏观调控法只有如上安排其主体才能体现市场经济的本质要求，维系市场经济的基本属性，否则，就会喧宾夺主，导致政府本位、政府主治，甚至回归到过去的统制经济、计划经济。（2）宏观调控法体现的不是私人意志，规制的不是私人与私人之间的平等自由意志，因为宏观调控法中的宏观调控关系不是私人意志的产物，甚至不是私人意志所能左右得了的。宏观调控关系不尽是私人间的平等自由关系，还有明显的因进行宏观调控所必需的政府与私人间的管理协调关系，所以宏观调控法不是私法。宏观调控法体现的也不是政府的意志，规制的也不是权力者与服从者之间的意志服从关系，因为在宏观调控法的宏观调控关系中，基本模式是“政府调控市场，市场引导企业”，政府对被调控对象如企业进行宏观调控，但政府并不直接针对具体的企业，也不直接控制和强制企业，而是通过各种调控措施调控市场进而引导企业，企业也不隶属、服从于政府，企业不是按政府意志行事而是按自己的意志经营，所以宏观调控法也不是公法。（3）宏观调控法追求的不是私法意义上的私人利益。按照市场优胜劣汰的法则，只有市场的优胜者才能获得利益，而市场的劣汰者无利可获，因此，私法的私人利益本质上是一种预设的、需要经过竞争才能获得的私人利益，归根到底是只有极少数市场优胜者才能获得的利益，并不是普遍的私利，即人人有份的私利。宏观调控法追求的也不是政府利益，因为政府利益是一种抽象性的、中介性的、再分配的、政治性的、未必公共性的利益，政府利益本质上是统治集团的利益。宏观调控法追求的是社会公共利益，这种利益是普遍性的、终极性的、全局性的、公共性的利益，社会公共利益本质上是一种与每个人的利益有关、能为人人普遍享有的利益。由上可见，宏观调控法既不是私法，也不是公法，而是属于一类新质的法律，这类新质的法律具有公私法融合的性质和特点，人们通常把它说成是社会法。这正如著名法学家拉德布鲁赫所指出的：“如果要用法律语言来表述我们所见证的社会关系和思潮的巨大变革，那么可以说，由于对‘社会法’的追求，私法与公法、民法与行政法、契约与法律之间的僵死划分已越来越趋于动摇，这两类法律逐渐不可分地渗透融合，从而产生了一个全新的法律领域，它既不是私法，也不是公法，而是崭新的第三类：经济法与劳动法。”[①] 宏观调控法作为经济法的核心构成部分，

① ［德］拉德布鲁赫著，米健等译：《法学导论》，77 页，北京，中国大百科全书出版社，1997。

进一步具体说明了经济法的社会法性质。

3. 宏观调控法是一种中介性的法律

这是由宏观调控的性质所决定的。宏观调控是全局性的，宏观调控法要调整这种全局性的社会关系必须比一般的法律更抽象、更一般，因为只有这样的法律才能涵盖整个宏观经济全局并具有广泛的普适性。如果法律规定得太具体、太详尽，就无法涵盖整个宏观经济全局，也没有相应的普适性，而且会导致因小失大、顾此失彼，头痛医头、脚痛医脚，这是不可能进行宏观调控的。宏观调控往往是指向未来的，具有超前性，但未来的宏观经济形势是变幻莫测的。宏观调控法要调整这种变幻莫测的社会关系也必须比一般的法律更抽象、更一般，因为只有这样的法律才能有更大的伸缩和回旋的余地，才能更灵活、更机动，从而才能着眼未来，因应变化，相机调控。如果法律规定得太具体、太详尽，就会太死板、太僵硬，会导致束手束脚，不能审时度势、见机行事，这是不可能进行宏观调控的。法律规定得抽象还是具体最终是由人们对所要调整的社会关系的信息多少和认识程度所决定的，只有当人们对某种社会关系具有全面、详尽、正确的信息和认识时，才应也才能把调整这种社会关系的法律制定得十分具体，反之则应规定得比较抽象。如果人们对某种社会关系还缺乏全面、详尽、正确的认识，却把调整这种社会关系的法律规定得十分具体明确，那是极其冒险和非常有害的。宏观调控法作为一种比较抽象性的法律，它的抽象性既不同于私法的抽象性，也不同于公法的抽象性。它的抽象性比私法的抽象性更低。私法是高度意思自治的法律，必须更为抽象，尽可能少作规定甚至不作规定，多作形式规定，少作或不作实质规定，贯彻“凡是法律未禁止的都是允许的”自治原则，推行私人本位而不是国家本位，法律关系的具体内容由当事人去自由协商确定，私法的抽象性由私人意思自治去作具体的补充和完善，这样才能保障私人意思自治，并有利于私权推定。宏观调控法的抽象性要比公法的抽象性要更高。公法是国家强制法，公法规范应更为具体、明确，为公权力的享有和行使规定得尽可能严格具体详尽，贯彻“凡是法律未允许的都是禁止的”法治原则，这样才能制约权力，规范行为，明确责任，防止滥用。宏观调控法如果像私法那样高度抽象，不对宏观调控的一般条件、大致范围、有关权限、必要程序、某些措施和相应责任作出适当规定，宏观调控就无法可依，就会赋予宏观调控以广泛的权力和充分的自由，就会导致滥加调控、任意调控和瞎指挥。但如果像公法那样十分具体，对宏观调控规定一定条件、固定范围、明确权限、详细程序、具体措施，并严格“依法进行”，那么就会限制宏观调控的必要自由，就会导致束手束脚，根本不能主动积极创造性地发挥宏观调控的作用，宏观调控就不能见机行事、及时决策、灵活应对。因此，宏观调控法的抽象性介于私法和公法的抽象性之间，这正如特鲁贝克所认为的：在市场体制下国家对经济进行干预的典型形式是“管理法(regulatory law)”。这种“管理法”（他所谓的“管理法”就是包括宏观调控法在内的经济法）是“纯粹市场的普遍规则与纯粹计划的特殊指令的混合形式：与建立契约、侵权和财产权利的一般规则相比，它更为特殊；而与计划经济的特殊指令相比，它更为一般”①。这就是说，宏观调控法是介于抽象性与具体性、一般性与特殊性、原则性与灵活性、自治性与强制性之间的一种中介性的法律。

4. 宏观调控法是一种政策性法律

这也是由宏观调控的性质所决定的。宏观调控深受国家或政府的宏观调控政策的影响，是一项政策性很强的工作或行为，在很大程度上可以说，宏观调控政策是宏观调控的灵魂，不了解、无视、拒斥宏观调控政策就不可能很好地进行宏观调控。宏观调控政策是宏观调控法的指南，对宏观调控法的制定、解释和执行都具有重要的指导作用和参考价值。宏观调控政策是前或准宏观调控法，是宏观调控法的先导，可为制定宏观调控法进行有效尝试并积累经验，可弥补宏观调控法的不足和空白。宏观调控法是宏观调控政策的法律化，是成熟定型的宏观调控政策，是升华后的宏观调控政策，为贯彻落实宏观调控政策提供了一套法律程式，有利于依法贯彻落实宏观调控政策。宏观调控法是与政策结合最为密切的法律之一，在很多情况下，宏观调控法与宏观调控政策是合二为一的。如宏观调控法中的财政政策、货币政策和产业政策很难说是政策还是法律，有时政策是内容，法律是形式；有时法律是内容，政策是形式；有时两者不分你我，合二为一。

5. 宏观调控法是一种综合性的法律

宏观调控涉及国民经济全局，包罗万象，内容极为综合，如包括国民经济和社会发展计（规）划、财政税收、货币金融、产业政策等方面的内容，要对其进行宏观调控必须采用综合手段，多管齐下，协同作业，综合调整，如既要做好国民经济和社会发展计（规）化，又要运用

① See David M. Trubek, Toward a Social Theory of Law: an Essay on the Study of Law and Development, *the Yale Law Journal*, vol. 82, Number1, November, 1992, pp. 29 - 31.

财政政策、货币政策和产业政策，并且在运用这些宏观调控政策的时候，还要对这些政策加以协调，使其匹配，做到相得益彰。这就决定了宏观调控法是一种综合性的法律，宏观调控法实质上是一个由多个法律部门构成并且相互之间内在统一的法律体系。这一点，从后面关于宏观调控法体系的论述可以得到更为详细的说明。

第四节　宏观调控法的调整方法

有时一个独立的法律部门不仅有其独立的调整对象，也应有其独特的调整方法。经济法亦然。经济法的产生意味着法律调整方法的变革和发展。宏观调控法作为经济法的核心构成部分，其调整方法就有其独特性，具体表现如下：

1. 宏观调控法的调整方法是一种社会整体调节方法

法的调整方法是由其调整对象所决定的，有什么样的调整对象往往就有什么样的调整方法。宏观调控法的社会整体调节方法是由宏观调控的性质和要求所决定的。宏观调控要立足社会整体而不是个别部分，要着眼宏观经济而不是微观经济，要强调社会公共性而不是个体私人性，要寻求社会公共利益而不是其他个别利益，要追求全局的持续稳定协调发展而不必计较局部的利害得失，这些要求在宏观调控法的调整方法上的具体反映就是宏观调控法的社会整体调节方法。这一点金泽良雄在论述经济法的本质时就曾指出过："经济法不外是适应经济性即社会协调性要求的法。也就是主要为了以社会协调的方式来解决有关经济循环所产生的矛盾和困难的法律。换句话说，经济法也就是在资本主义社会，为了以'国家之手'（代替'无形之手'）来满足各种经济性的，即社会协调性要求而制定之法。"[①] 社会整体调节方法是社会本位、整体着想、统筹兼顾、通盘考虑、宏观调控、协调平衡。实质上，宏观调控法的调整方法是一种独特的调整机制，这种调整机制区别于私法和公法的调整机制。私法的目的是保障私人享有最广泛的自由去追求自己的私利，它的调整机制是私人意思自治，私法本质上是一种私人自主调整的法律。

① ［日］金泽良雄著，满达人等译：《经济法概论》，28页，兰州，甘肃人民出版社，1985。

这是由市场调节的本质所决定的，是市场调节在法律中的具体反映。公法的目的是维护权力的正当行使，它的调整机制是命令服从，公法本质上是一种他律调整的法律。这是由权力支配的本质所决定的，是权力支配在法律中的具体反映。而宏观调控法的目的是通过政府对国民经济的宏观调控，使国民经济保持稳定、协调、健康、可持续地发展，它的调整机制是自治与他律的内在统一。这是由混合经济的性质所决定的，是市场调节与政府干预相结合的产物和在法律中的具体反映。具体而言，一是宏观调控法必须着眼于社会整体，体现社会公意，维护社会公益，宏观调控法的根本目的之一就在于促使和保证市场调节机制沿着社会整体要求的方向运行，使市场调节优化成有宏观调控的市场调节，那种着眼于个人局部的调节必然是微观的、盲目的、失控的，宏观调控法的调整机制具有突出的社会整体的性质和要求。同时，为了使市场调节优化成有宏观调控的市场调节，政府就必须进行具有干预限制性质的宏观调控，这是宏观调控法调整机制的他律方面。二是宏观调控法的调节机制必须立足于市场，在市场体制下，要着眼于社会整体就必须立足于市场，立足于市场社会整体。市场荡涤一切樊篱，把所有的经济因素都卷入其中，从整体上把经济联系起来，成为经济关系最集中、最活跃、最关键的地方，真正的社会整体只能是市场社会整体。宏观调控法的根本目的之一就在于督促和保证宏观调控通过市场调节而进行，使宏观调控完善为以市场调节为基础的宏观调控，那种僭越市场调节的宏观调控必然是具体的、直接的、强制的，宏观调控法的调整机制也具有突出的社会整体的性质和要求。同时，要使宏观调控完善为以市场调节为基础的宏观调控，政府在宏观调控中就必须高度尊重市场、充分利用市场，保持市场调节的自由本性，这是宏观调控法调整机制的自治方面。比如，宏观调控法的一个核心内容是保证国家产业结构的优化，但国家并不能直接指令某个企业从事什么产业或不从事什么产业，企业对于从事什么产业仍然享有高度的自由权。不过，这种自由权并不是毫无限制的，企业并不能完全放任地从事各种产业，企业从事什么产业受到市场的制约和引导，而市场又是由政府通过税收政策、信贷政策和产业政策等宏观调控的政策和法律加以塑造和引导的。这里存在着政府调控市场，市场引导企业的连锁关系，这充分地说明宏观调控法的调整机制是自治和他律的内在统一，并且，无论是宏观调控法调整机制的他律方面还是宏观调控法调整机制的自治方面，都充分地体现了社会整体性的性质和要求。总之，宏观调控法的调整方法是一种社会整体调节机制，宏观调控法本质上是一种社会整体调整机制的法律。拉德布鲁赫指出："经济法产生于立法者不再满足于从公平调停经济参与人纠纷的角度考虑和处理经济关系，而侧重于从经济的共同利益、经济生产率，即从经济方面的观察角度调整经济关系的时候。经济法产生于国家不再任由纯粹私法保护自由竞争，而寻求通过法律规范以其社会学的运动法则控制自由竞争的时候——而这种法律规范本身就是可能在社会学运动中有效干预的社会学事实。因此，经济法是组织起来的经济之法。"① 宏观调控法是经济法的核心组成部分，经济法的性质也正是宏观调控法的性质。

2. 宏观调控法的调整方法是一种自觉调整方法

市场调节是一种自发调节、偶发调节、事后调节，它在微观调节上功效神奇，但在宏观调控上力不从心，因为自发调节无法克服宏观经济的盲目性，偶发调节无法实现人们的经常目标，事后调节无法未雨绸缪、防患于未然。作为克服市场调节缺陷的宏观调控，并不是收拾市场调节的后果和残局，有时市场调节的后果和残局还不堪设想，根本无法收拾，即使想收拾也已为时晚矣。宏观调控要为市场调节奠定基础和创造条件，对市场条件加以预先调控和先行引导，使其朝着预期的方向和确定的目标运行。宏观调控也不能消极从事，静观其变或守株待免，那样的话，会坐失良机、误国误民，而要充分发挥人的主动性、积极性和创造性，要事在人为、未雨绸缪、事先规划，即根据对经济规律的正确认识，对经济趋势的科学预测，先行确立目标，主动采取措施，自觉进行调整，自觉减少和避免市场自发调节所导致的盲目性等缺陷。宏观调控法的调整方法是一种自觉调整、常规调整、事先调整。李斯特曾形象地指出："经验告诉我们，风力会把种子从这个地方带到那个地方，因此荒芜原野会变成稠密森林；但是要培养森林因此就静等着风力作用，让它在若干世纪的过程中来完成这样的转变，世上岂有这样愚蠢的办法吗？如果一个植树者选择树秧，主动栽培，在几十年内达到了同样目的，这倒不算是一个可取的办法吗？历史告诉我们，有许多国家，就是由于采取了那个植树者的办法，胜利实现了它们的目的的。"② 宏观调控法的调整方法是一种自觉的调整方法，没有这种自觉的调整方法，宏观调控就根本无法引导市场和调控市场。

3. 宏观调控法的调整方法是一种统制方法

① ［德］拉德布鲁赫：《法学导论》，77～78页，北京，中国大百科全书出版社，1997。

② ［德］李斯特：《政治经济学的国民体系》，101页，北京，商务印书馆，1983。

大体说来，法的调整方法历来有两种：一种是私法的自治方法，一种是公法的他律方法，这正如凯尔森在其名著《法与国家的一般理论》中所指出的那样。[①] 私法的自治方法是当事人根据自己的自由意志独立自主、平等协商地设立、变更、终止自己的权利、义务，这种方法的核心是独立自主、自由自愿、平等协商、等价有偿，本质上是一种自律的调整方法，目的在于赋予私人以尽可能大的自由。这种调整方法适合于微观层次、私人领域、自由市场的调整，但不完全适合于宏观层次、公共领域、控制性质的调控。公法的他律方法是严格依照法律的规定设立、变更、终止有关当事人的权利（力）义务，这种方法的核心是隶属服从、强制命令，本质上是一种他律的调整方法。这种调整方法适合于公权力存在、介入、运作的领域，目的在于为公权力的行使划定范围和规定准则，达到制约公权力、防止其滥用、赋予私人权利、保护社会自由的目的。这种方法与宏观调控有密切的关系，因为宏观调控必须运用公权力，没有公权力的介入，不运用公权力，就不可能进行宏观调控。但这种公权力本质上并不完全适用于宏观调控，因为宏观调控所要求和运用的公权力并不是隶属服从和强制命令的，在宏观调控中运用公权力也不是严格遵循“凡是法律未允许的，都是禁止的”公权力运用原则，它要求必要的灵活性和一定的自由度。宏观调控法的调整方法既不是私法的自治方法，也不是公法的他律方法，而是一种统制的方法。这里的“统制”，具有“将经济纳入一定的方针”或“为引导经济以实现特定目的”的含义[②]，是“国家对确定了某种方向所施加的权力干预，而形成的一个独特的概念”[③]。这即是说，统制的方法是为国民经济规定方向、确立目标、制定方针、部署战略，具体说来，就是“掌舵”而不“划船”，告知目标但不指手画脚，制定方针却不苛细小，重视战略而非战术。这种方法的核心是部分与整体、自愿与强制、自由与秩序、自治与他律的统一，本质上是一种辩证的方法，目的在于掌握全局但不束缚部分，进行强制但尊重自愿，强调秩序但不失自由，允许他律但保障自治。很显然，这种统制的方法恰好适合宏观调控的领域和要求。实际上，宏观调控的各种政策法律所采用的正是这种统制的方法，正如艾哈

① 参见［奥］凯尔森著，沈宗灵译：《法与国家的一般理论》，230页，北京，中国大百科全书出版社，1996。

② 参见［日］金泽良雄：《经济法概论》，46页，兰州，甘肃人民出版社，1985。

③ ［日］金泽良雄：《经济法概论》，47页，兰州，甘肃人民出版社，1985。

德所指出的："通常所采取的经济、金融和货币政策，其目的在于影响发展的趋势，使它向着指定的方向前进。"①

4. 宏观调控法的调整方法是一种间接调整的方法

（1）这是由宏观的性质所决定的。宏观应当是恢宏广阔、蔚为壮观、高屋建瓴的，这就是说宏观应是高层次的，而微观是低层次的，中观是中层次的，宏观超越于微观和中观之上，宏观立足于微观和中观，但宏观与微观和中观是有距离、间隔的，从宏观到中观再到微观是间接的。（2）这是由宏观调控的性质所决定的。宏观调控是对市场的宏观调控，而不是直接作用于具体的市场主体和个别的市场事务，宏观调控是通过调控市场进而调控市场主体和市场经济，市场是宏观调控的中介，宏观调控必须通过市场、利用市场，而不能僭越市场、排斥市场，否则就不是宏观调控而是直接的行政干预。这种通过市场中介的宏观调控只能是一种间接调整方法。（3）这是由法律的性质所决定的。法律作为一种社会调整机制，本身就是一种调整方法，并且法律这种调整方法与经济、行政等调整方法有重大的不同，这种不同就是法律是通过设定相关的权利（力）义务并通过权利（力）的享有和义务的履行，达到对社会的调整目的，而不是直接作用于调整对象，现代法律尤其是调整市场经济关系的法律一般只规定当事人行为的范围，而不明确规定当事人具体何为，从这个角度看，法律是一种间接的调整方法。依据法律进行的宏观调控更是一种间接调整方法。（4）这是由宏观调控法的性质所决定的。法律调整是一种间接调整方法，宏观调控法更是如此。宏观调控法规定的不是微观主体的具体权利义务，而是宏观领域中关于宏观调控的权利（力）、义务，这种权利（力）、义务更为抽象，与有关主体的联系更为间接，这种权利（力）、义务要通过若干环节才能最终化解为和归属到有关主体，通过这种更为抽象更为间接的权利（力）、义务进行的宏观调控法更是一种间接的调整方法。如为了实现社会财富再分配的公平，政府不是搞平均主义，具体要求某一部分人救济另一部分人，也不能直接攫取一部分人的财富分配给另一部分人，而只能按照既定的税法规定向一部分人征税，然后把所征得的税款通过财政转移支付分配给另一部分人，以此缩小贫富差距，实现共同富裕。至于谁要纳税，谁应被救济，并不具体，而由法律一般规定，即达到了纳税标准的就要纳税，

① ［德］路德维希·艾哈德著，祝世康、穆家骥译：《来自竞争的繁荣》，175页，北京，商务印书馆，1983。

符合救济条件的就应救济，这就是一种抽象的间接的方法。其他宏观调控法的调整方法也具有类似的特征。

第五节　宏观调控法的构成及功能

宏观调控法是一种综合性的法律。但宏观调控法不是一个筐，不能什么都往里装。它到底包括哪些构成要素，应有一个具体客观的考量标准，这些标准主要包括：

一是涉及宏观方面。

宏观调控法顾名思义是宏观方面的法律。所谓宏观方面，具体说来，不是私人事务。私人事务，与他人无关，应由私人自治，凡是私人能做到的，凡是私人做得更好的，都不必宏观调控，否则就不仅多管闲事而且侵犯私权，宏观调控作为国家权力干预应超越私人事务。不是微观层次，微观层次，具体而微，面面俱到，会分散精力、因小失大，加上微不足道、无关宏旨、不碍大局，可以放开放活，不必宏观调控，宏观调控作为大政国是应抓大放小、拔冗去繁，放弃微观层次。属于市场有效调节领域，如果市场调节运行自如，极其有效，那么就应任由市场调节，不必宏观调控，否则就会动摇市场调节的基础地位。宏观调控作为对市场失灵的补救，应着力于市场失灵领域。根据以上排除，宏观方面应是关系国计民生，影响国泰民安，关乎大政方针的方面，如发展计划、财政税收、货币金融、产业政策等方面。

二是具有调控的功能。

宏观调控法是具有调控功能的法律。所谓调控，是指有调有控、可调可控，是灵活性和原则性、应变力和拘束力的有机统一，不能有调无控，或不调只控。某一因素要具有调控的功能，就应上下传导、左右关联，具有深切的贯通力和广泛的渗透性，构成经济体系的关键参数，成为重要的调节杠杆，通过启动该因素，能够纲举目张、连锁反应、牵一发而动全身，灵敏地对整个国民经济发生效应，如通过修订发展计划，调节财政分配，改变货币政策，调整产业政策就能达到对国民经济的调控功能。

三是能进行法律调整。

宏观调控法是宏观经济关系的记载和表述，但宏观经济关系内容丰富，繁杂多样，宏观调控法并不是都可以记载和表述，也不是都有必要记载和表述，这涉及宏观调控法记载和表述宏观经济关系的可能性和必要性。就可能性来说，法律的对象是普遍的，只有具有普遍性的宏观经济关系，有共性可言，有规律可循，才能进行立法；法律是一套行为模式，它以权利（力）、义务为内容，以法律责任为惩戒，以诉讼程序为保障，只有那些能够抽象为一定的行为模式，具结为系列权利（力）、义务，明确为各种法律责任，在程序上可诉的宏观经济关系才能上升为法律。就必要性来说，法律不苛细小、不理琐事，法律宏观着眼、大处着手，只有那些关系国计民生、影响国泰民安、涉及大政国是的宏观经济关系才有必要进行宏观调控立法。从宏观方面已有立法来看，主要是计划法、财政法、金融法和产业政策法。

宏观调控法具体由以下几种各具功能的法律综合构成。

（一）计划法

计划是未来的行为纲领，表明人们在一定时期内要采取一定措施去达到一定目标，它具有预见性、政策性和指导性。

经济活动作为人的一种理性活动，一个根本特征就是它的计划性，计划是人们从事经济活动的基本举措，也是政府进行宏观调控的根本措施。没有人愿意盲目地无计划地从事经济活动，说白了，没有人会毫无根据地拿自己的金钱去做盲目的和无谓的冒险。人们有时候会盲目地从事经济活动，并不是自愿如此，而是由于各种客观原因的制约不得已和不可避免如此。

计划是一种重要的宏观调控。宏观调控是必要的，还因为“需求与供给调节的结果并不一定完全为社会所接受”[①]。也许有人会认为市场经济是一种“无知经济”，没有人能对它全面认识、正确判断、详尽规划，因而反对计划，但这只是反对计划经济的理由而不是反对经济计划的根据。虽然人们对市场经济处于“无知状态”，但这种无知并不是一无所知，虽然人的理性是有限的，但人们并非毫无理性，人的有限理性可以认识和预见许多未来的事情并加以计划。这正如刘易斯所说的：“虽然我们无法预见未来，但如果我们没有根据当时所得到的信息而制定的未来计划，我们就无法合理地行事。”[②] 因此，重要的不是否定计

① ［美］刘易斯著，周师铭等译：《经济增长理论》，485页，上海，上海三联书店，1994。
② ［美］刘易斯：《经济增长理论》，497页，上海，上海三联书店，1994。

划而是如何对待计划。

计划宏观调控不仅是必要的而且是可能的，刘易斯指出："对一个经济来说，作出一个全面的计划并说明政府想把国家的资源用在何处是可能的。"① 他甚至认为："无论是不是制定整个经济的计划，即使只是为了控制公共官员，有一个公共开支计划也是必要的。实际上，世界上的每一个政府都要制定编入预算的年度支出计划。"② 在某种意义上可以说，没有计划就没有宏观调控，计划、计划法是宏观调控之纲，要真正有效地进行宏观调控必须制定一个科学的计划和计划法。

计划法具有如下功能：

第一，计划法确立经济体制的性质。

一个国家经济体制的性质在很大程度上是由计划调控的范围和性质所决定的。如果计划调控的范围包揽一切、具体而微，并且要求强制服从，那么这个国家的经济体制的性质就是计划经济体制；反之，就是市场经济体制。不过，当今世界绝大部分国家既不是纯粹的计划经济体制，也不是纯粹的市场经济体制，而是一种混合经济体制。在这种混合经济体制中，由于计划是预先规定的、有强力支持的、会自我扩张的，计划与市场并非势均力敌和并驾齐驱，在相当大的程度上是计划决定市场，计划支配市场，因此，如果不依法界定计划调控的范围和性质，那么计划势必挤占、侵吞市场，混合经济体制迟早会纯粹化为计划经济体制。实践证明，要真正确立和维持以市场为主导和本位的混合经济体制，必须依法界定计划范围、计划权限、计划程序和计划性质。这个法律就是计划法，这一功能就是计划法的重要功能。

第二，计划法保证国民经济按比例协调发展。

马克思指出："……要想得到和各种不同的需要量相适应的产品量，就要付出各种不同的和一定量的社会总劳动量。这种按一定比例分配社会劳动的必要性，决不可能被社会生产的一定形式所取消，而可能改变的只是它的表现形式，这是不言而喻的。"③ 马克思指出的是一切社会化大生产的必然要求和客观规律，在当今市场经济体制下同样适用，宏观调控就是要保证社会化大生产依照既定的计划按比例协调地发展。市场机制并不能解决社会总供给与社会总需求的矛盾、经济利益的差别和

① ［美］刘易斯：《经济增长理论》，484 页，上海，上海三联书店，1994。
② ［美］刘易斯：《经济增长理论》，495～496 页，上海，上海三联书店，1994。
③ 《马克思恩格斯选集》，2 版，第 4 卷，580 页，北京，人民出版社，1995。

收入分配的不均、社会需求结构和社会生产结构的矛盾等问题。[①] 要解决这些问题必须通过计划和计划法。刘易斯指出："宏观经济规划有助于保证计划的内在一致性；在私人消费、公共服务和投资方面预计的增长所产生的资本需求，不能超过资源可用量；各个部门产出量的预期增长必须与投入量的预期增长保持一致；供给和需要必须保持平衡，同时保证人们所需要的正是生产体系所生产的；进口不能比出口增长得更快；预期的经济增长率必须与可利用的熟练劳动力和资本相一致，等等。人们从目前已经公开发表的发展计划中就能看出宏观经济规划是多么地有用。"[②]

第三，计划法保障社会稳定。

市场经济由那只"看不见的手"指引，有时神奇美妙，有时却引向邪路。马克思曾批评道："……在资本主义社会，社会的理智总是事后才起作用，因此可能并且必然会不断发生巨大的紊乱。"[③] 历史和现实也不断表明，"资本主义自从产生以来，就不时受到通货膨胀（价格上升）和萧条（很高的失业率）的周期性困扰。有时这些事件非常剧烈，像本世纪 20 年代德国的超级通货膨胀那样，以至于紧接着就发生了社会动乱、革命和战争"[④]。资本主义国家如此，不发达国家同样如此，刘易斯断言："目前，听任市场经济自由放任地发展，这在不发达国家毫无疑问是一个错误的答案。"[⑤] 经验告诉人们，要保障社会稳定，就应事先进行预测、作出计划，防患于未然，除患于已然，对通货膨胀、社会失业、经济发展等问题通盘考虑，科学计划，事先解决。这就需要计划和计划法。

第四，计划法能够引导企业。

市场中的企业只能根据自己所拥有的知识、信息和所处的环境条件进行决策，这就难免片面性、局限性和盲目性，无法预测和把握整个宏观经济态势，这是不利于企业的生存和发展的。在这种情况下，企业要生存发展，就需要一个处于中央地位、能代表整个社会、拥有全面知识、能够高瞻远瞩的宏观调控计划，对其加以引导。科学的计划是在充

① 参见［日］百百和等著，魏杰、王浩清译：《经济计划论》，11～14 页，西安，陕西人民出版社，1986。

② ［美］刘易斯著，何宝玉译：《发展计划》，141 页，北京，北京经济学院出版社，1989。

③ 《马克思恩格斯全集》，中文 1 版，第 24 卷，350 页，北京，人民出版社，1972。

④ ［美］萨缪尔森、诺德豪斯：《经济学》，上册，85 页，北京，中国发展出版社，1992。

⑤ ［美］刘易斯：《发展计划》，6 页，北京，北京经济学院出版社，1989。

分有效信息的基础上作出的，是客观经济规律的反映，是经济发展趋势的预测，是国家经济政策的昭示。科学的计划对企业决策具有重要的引导作用。刘易斯指出："对整个经济的预测有助于所有企业都充分了解由总体发展所产生的各种可能性。预测并不总是能够为总的动向提供充分保证的，但如果它是由公共部门和私人部门的决策共同进行的，对各个决定性的阶段都进行了认真的磋商，那么，这种特殊的计划过程将会有利于得到投资者的信赖。为达到上述目的而进行的宏观经济预测，称为'指导性计划'。"① 所谓"指导性计划"，就是要为企业提供有效的指导，计划是企业行为的指南，计划法对于企业来说是具有法律效力的行为指南。企业的命运跟国家的大政方针和发展计划息息相关，企业只有自觉地同国家发展计划保持一致才能生存和发展，因此，一个驰骋市场的企业，一个畅游商海的企业，必须一只眼睛瞄准市场、另一只眼睛盯住计划，"两眼并重"，不可偏废。

第五，计划法决定经济政策。

这是由计划的性质所决定的。长期以来，我们总是把计划当作是数字计算，这是对计划的重大误解和误置。刘易斯认为："发展计划中至关重要的不是数字，而是政策。把主要精力集中在政策上——这些政策将刺激整个经济向前运动，人们完全可能编制一个很好的发展计划而无须采用任何数字；同样也有可能制订一个完全数量化的发展计划，但因为缺乏必要的政策，这类计划很可能是一无所获。"② 他直言经济政策是发展计划的本质，"发展计划的质量取决于它所提出的政策的质量，而不是它的计算工作的数量和质量"③。计划以经济政策为本质，计划本身就是经济政策，并且是国民经济和社会发展的总政策。计划法是经济政策的法律化、具体化和现实化，有什么样的计划法，就有什么样的经济政策。

（二）财政法

财政法是宏观调控法的重要构成要素，是调整财政关系的法律规范的总称。

财政法是宏观调控必不可少的法律手段，这是由财政之于市场经济的重要性所决定的。市场经济是一种具有较高微观效率的经济形式，但

① ［美］刘易斯：《发展计划》，7页，北京，北京经济学院出版社，1989。
② ［美］刘易斯：《发展计划》，11页，北京，北京经济学院出版社，1989。
③ ［美］刘易斯：《发展计划》，12页，北京，北京经济学院出版社，1989。

市场经济无法在宏观上保证社会总供给与社会总需求的平衡，萨伊定律所谓的“供给创造它自己的需求”已经成为经不起现代分析的破灭了的神话。[①] 要使社会总供给与社会总需求保持平衡，政府必须利用财政政策进行宏观调控，如对不能满足社会需求的社会生产给予减税或免税以刺激其生产，从而扩大社会供给；对不合乎社会需求的社会生产进行加税或增税以抑制其生产，从而减少社会供给。由于国家或政府的预算是巨大的收支，对社会总供给和社会总需求会产生巨大的影响，所以，政府对预算必须加以管制，萨缪尔森认为，放任不管，预算绝对不会平衡，要求放弃财政政策就像是在要求死亡。[②] 市场经济无法解决社会分配正义，“物品跟随的是货币选票，而不是最大的需要。一个富人的猫喝到的牛奶，也许正是一个穷人的孩子维护健康所必需的”。因此，萨缪尔森提请“价格机制的辩护者和批评者们应当认识到，有效率的市场制度可能产生极大的不平等”[③]，要解决市场分配不公的问题，必须依靠财政政策，如财政转移支付，通过政府财政转移支付为社会弱者提供社会保障。财政也是政府对市场经济进行干预的必要手段，任何政府干预都需要财政支持，政府即使是“巧妇”，但如果没有财政，那也是“巧妇难为无米之炊”。财政政策是政府对市场经济进行宏观调控的基本工具，没有财政政策或者不运用财政政策就不可能有效地进行宏观调控。

财政法具有如下功能：

第一，财政法能保证社会总供给与社会总需求的平衡。

财政法的这一功能是这样实现的：第一方面，财政法调控财政支出，当社会总供给不足时，政府扩张财政支出，当社会总需求膨胀时，政府收缩财政支出；第二方面，财政法调控财政收入，当社会总需求不足时，政府收缩财政收入，当社会总需求膨胀时，政府扩张财政收入；第三方面，财政法调控财政收支，当社会总需求不足时，政府可以使财政收入与财政支出形成一种前者小于后者的比例关系以刺激社会总需求，当社会总需求膨胀时，政府可以使财政收入与财政支出形成一种前

① 参见［美］萨缪尔森、诺德豪斯：《经济学》，上册，614 页，北京，中国发展出版社，1992。

② 参见［美］萨缪尔森、诺德豪斯：《经济学》，下册，1171 页，北京，中国发展出版社，1992。

③ ［美］萨缪尔森、诺德豪斯：《经济学》，上册，83 页，北京，中国发展出版社，1992。

者大于后者的比例关系以抑制社会总需求。

第二，财政法能够减轻经济波动，熨平经济周期，稳定宏观经济。

这一功能在税法中表现得特别明显。政府通过调整税种、税率能自动减轻波动。税收制度具有高度的自动伸缩性，它的收入在通货膨胀时会趋于提高，在经济萧条时会趋于下降。“这是一个稳定经济和缓和经济周期的强有力的因素”，“目前的税收制度是一个强有力的和迅速的内在的自动稳定器”，“税收稳定器既制止上升的运动也制止下降的运动”①。萨缪尔森曾风趣地说：“现行财政政策具有巨大的内在的自动稳定性质，不管白天黑夜，不管总统是睡是醒，财政体制一直在保持着我们经济的稳定。”②

第三，财政法能够促进社会的平稳运行。

这主要是通过财政转移支付的自动增减来实现的。在经济繁荣时期，社会能提供更多的就业，失业救济金的支付减少，税收增加，有利于抑制需求的继续膨胀；在经济萧条时期，失业者可从政府那里领到失业救济金，以维持一定的消费需求，从而防止社会经济的继续下滑。“我们看到现有的福利计划，像失业补助和老年退休金支付，确实起着自动稳定器的作用，当收入下降和需要提高时它们会自动增减。”③ 更为重要的是，财政在起“自动稳定器”的作用的同时，还使得财政支付具体如失业救济金等的支付能够恰到好处、合情合理，而不是滥加支付、胡乱领取，这有利于避免社会分配不公，消除社会矛盾，促进社会的平稳运行。

第四，财政法能够实现社会正义。

财政法是国家资源配置法，是国民财富分配法，它的基本职能就是通过对国家资源、国民财富进行再分配，在不牺牲效益的前提下，通过转移支付，实现从富人向穷人、从发达地区向贫困地区的再分配。通过社会财富的再分配，政府和社会对穷人和贫困地区给予必要的人道关怀和人权保障，以避免贫富悬殊，缩小地区差别，它的根本宗旨之一是达到共同富裕，促进协调发展，实现社会正义。财政政策特别能够体现一个国家的性质和特征，熊彼特指出：“一个民族的精神，它的文化水平、它的社会结构、它的政策所部署的行为，所有这些以及更多的东西都被

① ［美］萨缪尔森、诺德豪斯：《经济学》，上册，287 页，北京，中国发展出版社，1992。
② ［美］萨缪尔森、诺德豪斯：《经济学》，上册，286 页，北京，中国发展出版社，1992。
③ ［美］萨缪尔森、诺德豪斯：《经济学》，上册，290 页，北京，中国发展出版社，1992。

写进它的财政史之中……谁懂得如何倾听它的信使的声音，谁就能在这里比其他任何地方更加明了地识别世界历史的雷鸣。”① 他对财政的高度认识，充分说明财政的重要性，正是财政的重要性决定了财政法的重要性。

（三）金融法

金融法是宏观调控法的重要构成要素。

现代市场经济是一种货币经济，货币是现代市场经济的“血液”，货币之于现代市场经济的重要性，犹如血液之于人的重要性，当货币出了问题，就像人的血液出了问题，后果是不堪设想的。还有，市场经济无法克服经济周期波动，“今天，没有人坚持这种把经济周期送入历史书的幼稚的乐观观点。经济周期依然伴随着我们”②。“现代经济面临着一个根本的宏观经济困境：没有一个国家能够在自由企业，低通货膨胀率和充分就业方面长时期地同时取得成功。”③ 要真正解决经济周期问题，无论是抑制通货膨胀还是扩大就业，都必须运用货币政策，减少货币供应或增加货币供应。现代货币主义的杰出代表弗里德曼宣称：“货币的确是重要的，如果忽视货币的变化，对经济积极性暂时变化的任何估计，看来都包含着严重错误……”④ 正是因为货币如此重要，所以管理经营货币的金融机构尤其是中央银行在国民经济中的地位就显得极其重要和独特，以至于维尔·罗杰斯把“中央银行”连同“火”和“轮子”视为是自从开天辟地以来，曾经有过的三件伟大的发明。⑤

要使金融机构尤其是中央银行能够谨慎、妥善、规范、负责地管理经营货币，从而对宏观经济进行调控，金融法就必不可少。萨缪尔森认为货币不能控制它自己，“自有文字记载的历史开始以来，政府就一直拥有对货币的法定的权力”。要求放弃货币政策就像是在要求死亡。⑥ 货币的重要性决定了金融法的重要性。

金融法具有如下功能：

① ［美］萨缪尔森、诺德豪斯：《经济学》，下册，1214页，北京，中国发展出版社，1992。

② ［美］萨缪尔森、诺德豪斯：《经济学》，上册，284页，北京，中国发展出版社，1992。

③ ［美］萨缪尔森、诺德豪斯：《经济学》，上册，86页，北京，中国发展出版社，1992。

④ ［美］弗里德曼：《货币数量论—重新评价》。转引自傅殷才、颜鹏飞：《自由经营还是国家干预》，302～303页，北京，经济科学出版社，1995。

⑤ 参见［美］萨缪尔森、诺德豪斯：《经济学》，上册，481页，北京，中国发展出版社，1992。

⑥ 参见［美］萨缪尔森、诺德豪斯：《经济学》，下册，1171页，北京，中国发展出版社，1992。

第一，金融法能够稳定货币。货币稳定是经济稳定和社会稳定的关键因素之一，没有货币的稳定，就没有经济和社会的稳定。因此，要发展社会经济，货币必须保持稳定从而赢得信任，因为整个经济制度都是在这个基础上运行的。“我们持有货币，并不是基于对个人的信任，但隐含着对制度或国家的信任。”① 货币稳定是平衡经济发展和确定社会进步的基本条件。没有稳定的货币，就没有确定的价值评判尺度，就没有科学的经济计量标准，就没有有效的激励机制，就没有有力的财富保障手段，就会导致金融危机、经济危机和社会危机。法具有明确性、肯定性，法由国家强制力保证实施，法“无信不立”，法律是社会的稳定器，作为法律一部分的金融法的根本功能之一就是稳定货币。

第二，金融法能够保证社会总需求与社会总供给的平衡。

货币供应形成社会购买力进而构成社会总需求，社会总供给以商品和劳务的形式对货币发生需求，货币是社会总需求和社会总供给的共同载体，因此，货币供应量与货币需求量最终影响甚至决定着社会总需求与社会总供给的平衡，保证社会总需求与社会总供给的平衡关键是调节货币供应量和货币需求量的平衡。金融法通过依法制定和执行货币政策，调控货币供应量这一最终决定因素来达到上述目标。

第三，金融法能够抑制通货膨胀。

通货膨胀产生的最根本原因就是货币发行过度，这正如弗里德曼所指出的：“通货膨胀是发生在货币量增加的速度超过产量增加的速度”，通货膨胀“是与印刷机有联系的现象”，“如果货币增长不快于产量的增长，那就不可能发生通货膨胀”②。因此，抑制通货膨胀的根本措施在于依法制定和执行货币政策，严格控制货币发行量，使货币发行量等于货币需求量，进而能够抑制通货膨胀。

第四，金融法能够稳定价格，刺激实际增长和减少失业。

这实际上是中央银行的重要目标。如果总需求膨胀，以至于价格上升，在这种情况下，“假如你要控制物价和收入，货币供应就提供杠杆”③。即中央银行就可以采取紧缩性货币政策以减少货币供给的增长，

① ［英］G. M. 霍奇逊：《现代制度主义经济学宣言》，195 页，北京，北京大学出版社，1993。

② ［美］弗里德曼著，杨培新译：《论通货膨胀》，18 页，北京，中国社会科学出版社，1982。

③ ［美］弗里德曼：《货币最优数量和其他论文》。转引自盛愉、周学：《货币理论与法律实践》，64 页，北京，法律出版社，1989。

从而使价格回落并保持稳定。如果失业过多而且社会生产萎缩，在这种情况下，就应增加货币供给。马克思曾指出：“……资本主义的商品生产，——无论是社会地考察还是个别地考察，——要求货币形式的资本或货币资本作为每一个新开办的企业的第一推动力和持续的动力。”① 这就是说，一定数量的货币供给，是生产的首要条件，为了扩大社会生产，刺激实际增长，减少失业，中央银行就可以考虑采取扩张性货币政策以增加货币供给。

第五，金融法能够保证国际收支平衡。

有些货币具有世界货币的职能，是国家或地区之间通用的交换媒介，对于促进国际贸易及国际交往起着重要的作用，货币关系是重要的国际关系，无论是贸易往来、财政援助还是政治交易甚至战争赔款，都要用货币来计算和完成；所以很早以前，近代国际法的奠基人物格老秀斯就明确提出：“货币解决一切问题。”② 在现代，经济日益全球化，市场日益国际化，国际经贸往来必然带来各国货币的通兑，这样汇率就出现了。在现实中，允许自己的货币汇率自由浮动的国家很少，一般都实行有管制的汇率，即由中央银行依法调节汇率，目的就是保证国际收支的平衡。金融法能够实现这一目的。

（四）产业政策法

产业政策法是宏观调控法的重要构成要素。

一国要谋求经济社会的持续稳定地发展，必须促使和保证产业组织有效、产业结构优化、产业技术先进和产业布局合理。实践证明，要实现上述目标，既不能依靠集权式的行政干预（如统一计划），因为集权式的行政干预不能使产业组织自然成长，会束缚产业组织的活力，集权式的行政干预无法反映市场需求结构信号，因而无法根据市场需求结构调节生产结构进而实现供求结构平衡；也不能仅靠市场机制，因为仅靠市场机制，通过市场竞争优胜劣汰去达到规模经济要经历一个长期的、痛苦的、动荡的过程。尽管通过市场机制有可能使生产结构得到调整，从而促进供给结构与需求结构的平衡，但由于市场信号时滞、掺假、扭曲与市场信号传递失灵及市场本身的功能缺陷，因而难免出现偏差失衡，不能始终平衡、经常平衡，浪费严重。要真正促使和保证产业组织

① 《马克思恩格斯全集》，中文1版，第24卷，393页，北京，人民出版社，1972。

② ［荷］格老秀斯：《战争与和平法》。转引自盛愉、周学：《货币理论与法律实践》，81页，北京，法律出版社，1989。

有效、产业结构优化、产业技术先进和产业布局合理，应该依靠产业政策，具体包括产业组织政策、产业结构政策、产业技术政策和产业布局政策。产业政策既克服了集权式行政干预和市场机制的缺陷，同时又综合了两者的优点，美国社会学家阿密塔伊奥利指出，产业政策是计划“温和的、更加悦目的名词”① （其实不仅是名词，也是做法）。日本经济学家小宫隆太郎认为：“产业政策的中心课题，就是针对资源分配方面出现的‘市场失败’采取对策。”② 这种促使产业组织有效并保证产业结构优化的法律主要就是产业政策法，它主要包括产业组织政策法和产业结构政策法。美国学者查默斯·约翰逊认为：“作为一个政策体系，产业政策是经济政策三角形的第三条边，它是对货币政策和财政政策的补充。”③

产业政策法具有以下功能：

第一，产业组织政策法能够提高产业组织的效率。

马歇尔曾指出：“劳动和资本的增加，一般导致组织的改进，而组织的改进增大劳动和资本的使用效率。”④ 诺思和托马斯通过对历史的考察更是明确地认为：“有效率的经济组织是经济增长的关键。”⑤ 实践证明，要促进经济增长必须提高经济组织的效率，造就强大企业。企业是社会经济的细胞，有了强大的企业，才会有强大的经济，进而才会有强大的国家，从这个角度看，国家的事业是企业，国家应把搞好企业、做大企业作为主要的工作来抓。但是要提高经济组织的效率、造就强大企业，必须由产业组织政策法来规范和引导。产业政策法为企业和社会提供了一个信息交换体系，使政府和企业能够互相传递有价值的信息，从而建立起一种互相信任的机制，打消了互相之间的猜疑，降低了经济发展的信息费用和交易成本⑥，给企业以科学正确的引导和积极有效的

① 《美国经济学和社会学杂志》，1985（1）。转引自杨沐：《产业政策研究》，2页，上海，上海三联书店，1988。

② ［日］小宫隆太郎等编，黄晓勇等译：《日本的产业政策》，5页，北京，国际文化出版公司，1988。

③ 查默斯·约翰逊主编：《产业政策争论》。转引自杨沐：《产业政策研究》，3页，上海，上海三联书店，1988。

④ ［英］马歇尔著，朱志泰译：《经济学原理》，上卷，328页，北京，商务印书馆，1964。

⑤ ［美］诺思、托马斯著，厉以平等译：《西方世界的兴起》，1页，北京，华夏出版社，1994。

⑥ 参见［日］小宫隆太郎等编：《日本的产业政策》，352页，北京，国际文化出版公司，1988。

支持，避免企业"小而全"、企业规模狭小、效率低下，促使企业组织合理、形成规模经济、提高经济效益；避免"大而全"、企业规模过大、形成垄断，保证企业自由竞争；避免企业"窝里斗"，提高企业的国际竞争力。"产业政策是经济民族主义的反映"①，是民族企业自强的政策。

第二，产业结构政策法能够促进产业结构优化。

产业结构是国民经济各产业之间的比例关系和结合状况，经济社会发展必须保证产业结构优化，即各产业之间比例协调、发展平衡。"这种按一定比例分配社会劳动的必要性，决不可能被社会生产的一定形式所取消，而可能改变的只是它的表现形式……"② 实践证明，要保证产业结构优化应该由产业结构政策法来规范和引导，具体而言就是，根据本国的实际情况和经济社会发展的要求，把握生产结构的中长期演变趋势和发展方向，选择确定一定时期的主导产业、支柱产业和瓶颈产业，合理规划，确定鼓励、扶持、新增哪些产业，限制、削弱、取缔哪些产业，科学引导、按部就班、有序发展，避免蜂拥而上、遍地开花、零星分散，促使企业布局合理、产业结构优化，进而带动国民经济各产业部门按比例协调、持续地发展。

第三，产业技术政策能够促进产业技术进步。

众所周知，科技是第一生产力，要促进产业发展进步，关键是促进产业的科技进步。而要促进产业的科技进步，就必须要有正确的产业技术政策。长期以来，我们没有重视产业的技术问题，更没有从产业技术政策的高度去对待和解决产业技术问题，结果，我们的很多产业都在为跨国企业"贴牌生产"，许多国民都在为外商打工，这严重地制约着我国的产业技术进步和国际竞争力。庆幸的是，近来我们已经高度认识到了，只有当自己拥有科技尤其是高科技时，这种科技才是第一生产力，才能成为本国的第一生产力；产业要发展进步，要有国际竞争力，必须要有自己的先进技术、核心技术和关键技术，而先进技术、核心技术和关键技术是用金钱买不来的，也是用市场换不来的，只有采取一系列的产业技术政策去鼓励、引导和支持人们通过自主创新、自创品牌和拥有自主知识产权才能获得。

① ［日］詹隼鸟：《推动日本奇迹的手——通产省》，32 页，台北，经济与生活出版公司，1985。

② 《马克思恩格斯选集》，2 版，第 4 卷，580 页，北京，人民出版社，1995。

第四，产业布局政策能够促进产业布局合理。

产业不是空中楼阁，而是布局在地域中的。所谓的产业发展进步，不是指一地一域产业的发展进步，而是全国各地产业的协同发展进步，这就要求产业布局要合理。如果产业布局不合理，像我们过去那样和现在也未彻底改观的东、中、西部差异和大、中、小城市差异以及城乡差别，就是产业布局不合理的结果和表现，它已成为制约我国产业协同发展进步的一个障碍。实践证明，产业布局不能任由市场调节，也不能自然自发地进行，更不能盲目无序地进行，而必须统筹规划，全国一盘棋，合理布局，而要做到这一点，就离不开产业布局政策的规范。近年来，我国通过实施“西部大开放”、“中部崛起”和“振兴东北老工业基地”等政策措施，已有效地改进了我国的产业布局。要想不断地改善我国的产业布局，使之更加合理，还要继续采取有效的产业布局政策。

第二章

计划法

本章的标题，值得首先讨论一番。

我国的原“国家发展计划委员会”改名为“国家发展和改革委员会”，特别是2006年把“五年计划”改为了“五年规划”，并且从第“十一五”开始，就开始叫作国民经济和社会发展规划了，一字之改，许多人都认为有重要而深远的意义。如有人认为，它标志着中国进一步远离计划经济而迈向市场经济，并与国际接轨；也意味着政府职能的转变和社会发展模式的变革，等等。似乎这一字之改，就改变了一切。

必须指出的是，这只是简单的文字修改甚至只是文字游戏，可是好事者却把自己的主观臆想充分地赋予了这一字之改。其实，计划和规划，在英文中是一个词，即plan，都是指人们未来的行为方案，本无什么实质性的重大区别，本来计划就包括规划，规划是计划的一种。在国外，除了原苏东阵营的一些社会主义国家如苏联、捷克、罗马尼亚、南斯拉夫等实施过计划以外，在法国、日本等资本主义国家也叫计划，如法国从1946年到1992年先后实施了10个国家计划；日本有1956年—1960年的“经济自立5年计划”、1960年—1970年的“国民收入倍增计划”、1970年—1975年的“新经济社会发展计划”、1996年—2000年的“社会经济结构改革计划”，等等。可见，计划并不是社会主义国家或我国的专有名称，计划也不是一定与计划经济密切相连，会使人一提到计划，就油然地与计划经济相提并论。计划作为一种调节经济的手段，可以服务于不同的经济形式，既可以服务于计划经济，也可以服务于市场经济，关键是人们怎样去认识和运用计划。当然，也有人担心，如果不把计划改为规划，就无法使中国经济进一步与计划经济划清界限，就无法“入世”。我认为这种担心是多余的，邓小平同志早就说过：“计划多一点还是市场多一点，不是社会主义与资本主义的本质区别。计划经济不等于社会主义，资本主义也有计划；市场经济不等于资本主义，社会主义也有市场。计划和市场都是经济手段。”①

我们只是看到了“计划”改“规划”的一些假想意义，但没有看到“计划”改“规划”所失去的真实意义。计划，作为一种与市场不同的调节机制，它所突出的、强调的是人的主动性、预测性、先导性和调控性，这些内含是规划所不完全具备的，与市场完全对应或对称的概念不是规划而是计划。按理说，计划的层次高于规划，规划只是计划之一

① 《邓小平文选》，2版，第3卷，373页，北京，人民出版社，1993。

种，而且是较次要的一种，所以，国民经济和社会发展应叫计划，但它的下位方面可以叫规划，如城乡规划或城乡规划法。也正因为如此，所以在日本和我国的台湾地区，它们的做法与我们的做法正好相反，在我们把“计划”改为“规划”之前，人家却要把“规划”改为“计划”或者进一步明确为计划，如把过去的“都市计画”改为“都市计划”，这样做就是为了突出强调作为与市场调节有所不同的计划。还有，把“计划”改为“规划”，会造成知识上的断裂，无法或不便把过去关于计划的知识与往后关于规划的知识连接起来，造成不必要的麻烦。如我国原来的“国家发展计划委员会”就是很好的叫法，名副其实，尤其是突出了该机构最本质的职责，即制订、监督和执行“发展计划”。可是现在的“国家发展和改革委员会”，却让人莫名其妙，不知所云，“发展”什么？怎么发展？改革什么？怎么改革？都一无所知，人们只是依照它原有的职责才知道它是干嘛的，才知道它最主要的职责依然是制订、监督和执行“发展计划”。再说，发展岂能没有计划？改革岂能没有方案？事实上，无论是“发展”还是“改革”，都要具体落实到一套行动计划或行动方案中才切实可行，计划仍然是“发展”与“改革”最核心的内容。可以设想，过不了多久，它的名称还会改来改去，这改来改去的背后，恰恰说明我们对计划缺乏真切的理解和正确的认识。即使如此，我们也没有完全抛弃计划，还只是把五年或长期计划改为规划，年度计划还是叫计划。必须指出的，任何名字或叫法都只是一种符号，本身并不重要，也无多大意义，关键是人们赋予它以什么内涵并能把它约定俗成，使人一说某某就能知道是所指为何事物。我们应该更加注重文字的本义而不必做那些毫无意义的文字游戏。基于此，本章还是叫计划法。

计划法是经济法体系的内在构成要素，是宏观调控法的重要组成部分。

第一节　计划的性质

计划的由来，已相当悠久，大概有人类以来就有计划。计划，不管人们怎样反对它或如何修正它，它都盛行不衰。究其根源，乃是因为计划根源于人的本性。人具有理性思维的本性，是一种有理性会思维的动物。人作为一种理性思维的动物，总是在理性思维的指导下行为，即所谓的“先思后行”、“三思而行”，对人来说，行成于思，思施于行，思行合一。这里的“思”，如果具体化、系统化就表现为计划。用理性思维指导自己的行为是人的行为的本质特征，这正如恩格斯所指出的：“就单个人来说，他的行动的一切动力，都一定要通过他的头脑，一定要转变为他的意志的动机，才能使他行为起来……”① “……甚至吃喝也是由于通过头脑感觉到饥渴而开始，并且同样由于通过头脑感觉到饱足而停止”②。人的这种通过头脑或意志支配自己行为的本质特征有许多具体体现，其中之一就是人的行为的计划性。正是因为人是一种理性思维的动物，决定了人必然是一种计划的动物。

人是“……有意识的存在物……” “他的生命活动是有意识的”，“有意识的生命活动把人同动物的生命活动直接区别开来”③。之所以如此，乃是因为，人的有意识的生命活动是“……自由的自觉的活动”，这是“人的类特性”④。其基本体现就是人的行为的计划性，计划使人的行为具有主动性和创造性，与其他消极地、被动地适应环境的动物的行为区别开来，人只要具有自觉的能动意识，要主动地、创造性地改造世界，就必然是一个计划者。人们在从事某种行为之前就有计划，就事先知道自己的行为结果，当人们按计划进行某种行为之后，行为结果与行为计划恰相吻合。马克思在分析人的行为与动物的活动的区别时指出：“蜘蛛的活动与织工的活动相似，蜜蜂建筑蜂房的本领使人间的许多建筑师感到惭愧。但是，最蹩脚的建筑师从一开始就比最灵巧的蜜蜂高明的地方，是他在用蜂蜡建筑蜂房以前，已经在自己的头脑中把它建成了。劳动过程结束时得到的结果，在这个过程开始时就已经在劳动者的表象中存在着，即已经观念地存在着，他不仅使自然物质发生形式变化，同时他还在自然物中实现自己的目的，这个目的是他所知道的，是作为规律决定着他的活动的方式和方法的，他必须使他的意志服从这个目的。”⑤ 计划性是人的行为的本质特性之一，也是人的行为的本质力量所在。

人具有先见性、预见性，做事往往先入为主，这也决定了人的行为的计划性。可以说，只要是人，他（她）有头脑，有心灵，有意识，有

① 《马克思恩格斯选集》，2版，第4卷，251页，北京，人民出版社，1995。
② 《马克思恩格斯选集》，2版，第4卷，232页，北京，人民出版社，1995。
③ 《马克思恩格斯全集》，中文1版，第42卷，96页，北京，人民出版社，1979。
④ 《马克思恩格斯全集》，中文1版，第42卷，96页，北京，人民出版社，1979。
⑤ 《马克思恩格斯全集》，中文1版，第23卷，202页，北京，人民出版社，1975。

目的，有理性，会思维，能自由自觉地行为，那么他（她）就必然要进行计划。劳文指出："当一个人不是随着惯性而活动着，不是根据别人的命令而活着的时候，他大都是在根据一种有意识的目的或计划而活动着。"① 盲动任性不是人的行为的常态，也为人们所不齿，人们经常把这种行为斥为没有头脑、行尸走肉，与人们所拥有的高贵的头脑是不相称的。"计划是人类行为的一种正常方法"，"每一个人都要花费相当大一部分时间来计划他或她将要或应当做的事情"②。

人生短暂而漫长，分阶段有步骤，并且是一次性的，不能反复，不可重来，所以人们应当对人生作好计划，在恰当的时候做好恰当的事情，这就是所谓的"花开堪折直须折，莫待花落空折枝"，这其实说的也就是人生要有计划，或者人们常说的"生计"。成功的人生必须早作计划，这正是人们常说的："一天之计在于晨"，"一年之计在于春"。不过，在此还应当加上一句，即"一生之计在于志"，在于志向、理想和目标。人生应是有理想的，理想是人生的指南、人生的蓝图、人生的计划。人是一种高级的精神动物，人类的心灵需要理想有时甚于需要物质，理想是人生的美景，人依靠理想而生活，依照美来塑造生活。"……人却懂得按照任何一个种尺度来进行生产，并且懂得怎样处处都把内在的尺度运用到对象上去；因此，人也按照美的规律来建造。"③ 这里所谓的"理想"和"美"，其具体表现大都是各种各样的"计划"。人既然不能没有理想，人就不能没有计划。人生是有目标的，目标是人心中的明灯、心中的向导，伟大的目标构成伟大的心灵，目标是人生的支柱，人为着目标而行为，"……在社会历史领域内进行活动的，是具有意识的、经过思虑或凭激情行动的、追求某种目的的人；任何事情的发生都不是没有自觉的意图，没有预期的目的的"④。这里的"目标"最终也要具体化为各种各样的"计划"。人既然不能没有目标，人就不能没有计划。人生是有计划的，没有计划的人生是游戏人生，是没有意义的人生，这种没有意义的人生，是不值得过的。

单个的人是计划者，单个的人生需要计划，那么由单个的人所集成的社会又如何呢？一个社会人口众多，资源有限，利益多元，权利分

① ［美］劳文著，黄公度译：《计划时代》，6页，北京，商务印书馆，1960。
② ［美］劳文：《计划时代》，6页，北京，商务印书馆，1960。
③ 《马克思恩格斯全集》，中文1版，第42卷，97页，北京，人民出版社，1979。
④ 《马克思恩格斯选集》，2版，第4卷，247页，北京，人民出版社，1995。

立，目标各异，各自计划，社会具有无政府的自发趋势，如果社会没有计划，放任自流，那么社会就会滑入无政府状态的深渊。而一个无政府状态的社会是不适合人类生活的社会，社会不能是无政府状态，必须防止社会的无政府化。要防止社会沦为无政府状态，就必须保证社会要有明确的方向，有科学的预期，有统一的部署，有稳定的秩序，有合理的计划，只有这样，社会才能整合而不分裂，有目标而不盲目，能协调而不倾轧，有秩序而不混乱。这其实就提出了对社会进行必要而科学的计划的要求。

单个的人要有计划，由有计划的单个人所集成的社会更要有计划，要有协调单个人计划的社会计划。只要是理性的人所集成的理性社会必定是有某种计划的社会，在大社会中，计划方显本色，才更重要，真正的计划指的就是社会计划。只要不是无政府主义者，不是唯恐社会不乱者，就不会是反对社会要有必要计划的人。“计划之所以得人心，主要是由于每一个人当然都希望我们应当尽可能合乎理性地处理我们共同的问题，并在这样做时，应该尽量运用我们所能掌握的预见。在这意义上，每一个人只要不是一个完全的宿命论者，就是一个计划者，每一个政治行为都是（或应当是）一个有计划的行为，差别只在于是好的和坏的计划，聪明的有远见的和愚蠢的短视的计划。”①

计划作为一种对未来的预测和未来的行为方案，是人们从事社会经济活动的基本举措。越是大社会，越是需要计划，计划是社会的发展纲领。

在市场亲善论者看来，市场机制是社会最主要的调节机制，不需要社会计划，社会也无法计划。比如亚当·斯密就认为：“个人的利害关系与情欲，自然会使他们把资本投在通常最有利于社会的用途。但若由于这种自然的倾向，他们把过多资本投在此等用途，那么这些用途利润的降落，和其他用途利润的提高，立即使他们改变这错误的分配。用不着法律干涉，个人利害关系与情欲，自然会引导人们把社会的资本，尽可能按照最适合于全社会利害关系的比例，分配到国内一切不同用途。”② 但实践证明，这只是可能，未必如此，尤其是未必经常如此，

① ［英］弗里德里希·哈耶克著，滕维藻等译：《通向奴役的道路》，37页，北京，商务印书馆，1962。

② ［英］亚当·斯密：《国民财富的性质和原因的研究》，下卷，199页，北京，商务印书馆，1979。

未必始终如此。人难免利令智昏，情不自禁，利害与情欲会经常使人鬼迷心窍，误入歧途，束手无策。市场这只“看不见的手”不是神来之手，不会总是那么神奇美妙、运用自如，把个人和社会都一同调节好；市场这只“看不见的手”也不是上帝之手，不能保证人们在“追求自己利益的同时促进社会利益”，不能保证在有效地调节个人的同时也有效地调节社会；市场这只“看不见的手”不会悲天悯人、普度众生，它总是导致优胜劣汰，无法实现在优者胜的同时保障劣者也能存。历史上层出不穷的经济周期波动，触目惊心的经济危机使人逐步但日益清醒地认识到社会经济的发展不能完全乞灵于市场这只“看不见的手”，自然也就不能束缚、更不能折断政府那只“看得见的手”。早在自由放任大行其道之时，西斯蒙第就唱起了亚当·斯密自由放任主义的反调，他认为：“商业财富的发展不需要政府干预的说法是绝对不正确的；政府对商业财富发展的自由竞争完全任其自流，并不会因此就杜绝某种压迫或使更多数人免遭过多的痛苦。”[①] 他反复强调：“我再一次请求社会力量的干涉，以便使财富的进步正常化，而不使政治经济学遵循一个最简单的、在表面上好像最自由的所谓‘自由放任和自由竞争’的方针。”[②]

与此同时，人们也进一步深刻而正确地认识到，虽然个人是社会的原子，社会是个人的集成，但由个人所集成的社会已发生了量变和质变而大大地不同于组成它的个人，就像由氢原子和氧原子所构成的水不同于构成它的氢原子和氧原子一样。社会不同于个人，个人有个人之法，社会有社会之道，因此，适用于个人的方法未必完全适用于社会。自由放任主义所倡导的方法实质上是一种个人主义方法。每一种方法都有其适用的固有界限，不能替代其他方法。单个人虽然有计划，但单个人有计划不等于说整个社会有计划，“不能认为一个民主的社会像一个人或一个企业那样，总是能一致地和合理地行动”[③]。恰恰相反，经常形成单个人有计划与整个社会无政府状态之间的普遍矛盾。这正如恩格斯所指出的：“社会生产的无政府状态已经表现出来，并且越来越走向极端。但是，资本主义生产方式用来加剧社会生产中的这种无政府状态的主要工具正是无政府状态的直接对立物：每一个别生产企业中的生产作为社

① ［瑞士］西斯蒙第：《政治经济学新原理》，246页，北京，商务印书馆，1983。
② ［瑞士］西斯蒙第：《政治经济学新原理》，5页，北京，商务印书馆，1983。
③ ［美］博恩斯坦编，朱泱等译：《东西方的经济计划》，248页，北京，商务印书馆，1987。

会生产所具有的日益加强的组织性”，从而形成了“……个别工厂中生产的组织性和整个社会中生产的无政府状态之间的对立”①。凯恩斯不无讽刺地把个人主义方法视为“离开了现实世界，垦殖自己的小园地”的遁世方法。② 这种方法不仅过于自信乐观，目光狭窄，而且生搬硬套，结果橘移为枯，事与愿违。他在批判了个人主义方法之后，并认为：“有几件事情，现在操之于私人之手者，将由国家集中管理”，“在几种情形之下，不能让经济力量自由运用，须由政府来约束或指导”③。

实际上，在资本主义社会，社会生产也逐渐由过去无政府性过渡到了计划性，这一点恩格斯在1891年对德国社会民主党《爱尔福特纲领草案》提意见时就曾明确地指出过。他说，草案中“根源于资本主义私人生产的本质的无计划性”的提法是不正确的，“这一句需要大加修改。据我所知……那里不仅私人生产停止了，而且无计划性也没有了”④。后来列宁在1917年4月的俄共党代表大会上讨论《关于目前形势的决议》时又重提了这个问题，他指出，恩格斯在27年前就已经指出，关于资本主义问题的提法，不估计到托拉斯的作用，却说资本主义的特点是无计划性，那是不能令人满意的。⑤ 他说：“现在指出这一点尤其恰当，因为现在我们看到的是军事国家，是国家垄断资本主义……现在资本主义正直接向它更高的、有计划的形式转变。”⑥ 事实上，由于资本主义已把劳动社会化推进得这么远，甚至连资产阶级的著作家都大声喊叫必须有计划地组织国民经济了。西方许多经济学家普遍认为计划已经成为现代经济学尤其是宏观经济学研究的主要内容之一。

在政府推动论者看来，计划是社会最主要的调节手段，如果一个社会没有计划就会导致无政府状态，这是不可想象的。恩格斯深刻地指出了社会计划的必要性，根源于“……社会的生产和资本主义占有的不相容性……”“……个别工厂中生产的组织性和整个社会中生产的无政府状态之间的对立”⑦，并指出了实行社会计划的可能性。随着人们对生产力作用规律的认识和理解的提高，“当人们按照今天的生产力终于被

① 《马克思恩格斯选集》，2版，第3卷，746～747页，北京，人民出版社，1995。
② 参见［英］凯恩斯：《就业、利息和货币通论》，32页，北京，商务印书馆，1997。
③ ［英］凯恩斯：《就业、利息和货币通论》，325、327页，北京，商务印书馆，1997。
④ 《马克思恩格斯全集》，中文1版，第22卷，270页，北京，人民出版社，1965。
⑤ 参见《列宁全集》，2版，第29卷，436页，北京，人民出版社，1985。
⑥ 《列宁全集》，2版，第29卷，436页，北京，人民出版社，1985。
⑦ 《马克思恩格斯选集》，2版，第3卷，744、747页，北京，人民出版社，1995。

认识了的本性来对待这种生产力的时候，社会的生产无政府状态就让位于按照社会总体和每个成员的需要对生产进行的社会的有计划的调节”[①]。特别是，由于“无产阶级将取得国家政权，并且首先把生产资料变为国家财产”[②]。这样，“一旦社会占有了生产资料，商品生产就将被消除，而产品对生产者的统治也将随之消除。社会生产内部的无政府状态将为有计划的自觉的组织所代替”[③]。当然，恩格斯的上述论断是在特定历史条件下作出的，但由于人们没有审时度势地结合具体情况，反而诵念经文般地照抄照搬，并走极端，形成了传统社会主义高度集中的计划体制。

这种计划体制具有以下特征和弊端：

一是计划涉及社会生活的方方面面，全面计划，详尽计划，计划包罗万象、无处不在，社会被计划化了。实践证明，要对整个社会进行计划，计划过大过细，是不可能的，因为这需要全社会的信息，信息量十分庞杂繁难，就信息的搜集、分析和处理就远远超过了人类的能力。人类的能力不是万能的，人类的理性是有限的，人们所掌握的信息大都是不完备的、不确切的，人类根本就没有能力去解决社会全面计划所需要的信息。与社会全面计划相反，计划应该是局部计划、宏观计划，只对那些对社会有重大影响的社会关系进行计划，因此，计划要有选择，要进行优选，要突出重点，要以点带面，而不是面面俱到、全面计划。由此观之，也许选择是最重要的计划，没有选择就没有计划，不会选择就不会计划。

二是计划权力高度集中，中央计划至上，忽视、排斥和否定地方计划、企业计划、个人计划，“全国一盘棋”，个人计划服从集体计划，企业计划服从政府计划，地方计划服从中央计划。实践证明，这种计划不可能为人们所接受，因为“保证计划的可接受性的最好办法是让那些将要实施计划的人们选派代表参与计划的制订”[④]。科学的计划建基于准确的信息，而准确的信息更易于为处于基层的人们所掌握，所以，计划应立足于基层，应保证大众参与。科学的计划是民主的计划，计划具有民主的天性，具有民主化的倾向，计划权要落实到基层，要落实到地

① 《马克思恩格斯选集》，2 版，第 3 卷，754 页，北京，人民出版社，1995。
② 《马克思恩格斯选集》，2 版，第 3 卷，754 页，北京，人民出版社，1995。
③ 《马克思恩格斯选集》，2 版，第 3 卷，757 页，北京，人民出版社，1995。
④ ［美］刘易斯：《发展计划》，251 页，北京，北京经济学院出版社，1988。

方、企业和个人，中央计划不过是对地方计划、企业计划和个人计划的统筹和协调。个人计划、企业计划和地方计划与中央计划的关系是源与流、本与末的关系，高度集权的计划体制实质上是无源之流，是本末倒置。这种计划由于“忽视或违背了公众的希望，它是否成功就前途未卜了”①。

三是计划等同于命令，计划至高无上，一切为了计划、一切服从计划，唯计划是尊、唯计划是从。但计划是对未来的预测和未来的行为方案，而未来是未知的、不确定的、变幻莫测的，计划要预测未来，必须因应未来，计划要因应未来就应具有必要的灵活性和相应的弹性。而计划命令化，其实也是计划的僵化和刻板化，它使计划缺乏基本的调适度和适应性，命令化的计划不能因应未来，只会拘束未来，这已经违反了计划的本质。

传统计划体制的上述弊端决定了它必然要被改革。但传统计划体制严重地败坏了计划的名声，使人们对计划的改革易走极端，以至于不是改革计划而是革除计划，借改革之名否定计划。这种做法不但是不正确的，而且是极其有害的。前已论及，计划的存在根源于人的本性、人生的需要和社会的客观要求，有着极其深厚而充分的理由，革除计划是不可能的。其实，我们对传统计划体制的改革否定的是计划体制而不是计划方法，作为经济方法的计划是否定不了的，是将永远存在的，因为在社会主义社会，从恩格斯的预言或者从应然的角度来看，“一旦社会占有了生产资料……社会生产内部的无政府状态将为有计划的自觉的组织所代替”②，对社会经济发展实行计划调节的是完全可以设想的。从社会主义社会不发达的现实来看，“听任市场自由放任的发展，这在不发达国家毫无疑问是一个错误的答案”③。因此，对社会经济发展实行计划是人类从事社会经济活动的普遍规律和共同实践，与经济制度和意识形态没有必然的联系，在不同经济制度和意识形态下，计划所存有的差别只是程度不同、方式不同而已，而不是计划有无的问题。同时这也说明，在当今我国社会主义市场经济体制下，实行市场经济，只是否定计划经济而不是否定经济计划，问题根本不在于要不要实行计划而是如何实行计划。这里的关键是我们应该坚持以下几点：

① ［美］刘易斯：《发展计划》，256页，北京，北京经济学院出版社，1988。
② 《马克思恩格斯选集》，2版，第3卷，757页，北京，人民出版社，1995。
③ ［美］刘易斯：《发展计划》，6页，北京，北京经济学院出版社，1988。

1. 计划与其说是强制命令不如说是参考意见

这是由计划的本质所决定的。计划既然是对未来的预测，是未来的行为方案，而未来是未知的、不确定的、变化的，那么，计划就是对未知情况的计划，是对不确定情形的计划，是对变化的计划，而对这种未知的、不确定的、变化的情形作出的计划不可能是精确无误的，这就说明了计划本身并不具有绝对的正确性，不是绝对真理，因而也就没有任何理由要求人们像服从真理一样去服从计划，计划不应当是强制命令。但长期以来，我们总是把计划与强制命令相提并论，似乎只有这样才能强调和突出计划的权威性和有效性。其实不然，计划的权威性和有效性并不是来自计划的强制性而是来自计划的科学性和可预测性。一个科学的计划，一个有预测性的计划，不必指令，也无须指导，人们都会很好地去执行，其权威性和有效性不言而喻；反之，一个不科学、一个没有预测性的计划，指令也罢，指导也罢，人们都难以主动地、积极地、创造性地去执行，其权威性和有效性无从说起。因为市场中的人们，都是“经济人”、“理性人”，自有认识、自知利害、自会判断，好的计划，人们会自觉遵行；坏的计划，人们会自动放弃。如果强制执行一种未必科学、正确的计划，无疑是集体冒险，很可能给整个社会带来全局性的灾难。西方资本主义国家（如法国、日本）的计划之所以比较成功，一个根本原因就是因为它们“不把国民经济计划看作是一个严格的、有约束力的、必须遵循的计划”①，而是把国民经济计划看作是一种权威性的有重大指导价值的参考意见，如同天气预报一样。因此，我们应该这样去理解计划，计划是政府为社会各经济主体提供的供人们决策时参考的重要的经济情报信息，而不是政府为社会各经济主体下达的必须言听计从的强制命令。

2. 计划与其说是目标数字不如说是政策措施

长期以来，计划总是成为一些政治家、领导人发布的颇有吸引力的政治宣言和人们所要达到的某种理想目标，其中充斥着数字，目标大都被数字化了，似乎目标数字越多计划就越有可信度和吸引力，导致人们没有把注意力集中在实现计划所应采取的政策措施上，这是对计划的极大误解。刘易斯曾尖锐地指出：“对计划数字的偏好从而把注意力从政策转向算术是一个宏观经济计划的最危险之处。”② 他认为：“发展计划中至关重要的不是数字而是政策。把主要精力集中在政策上——这些政

① ［美］博恩施坦：《东西方的经济计划》，247页，北京，商务印书馆，1987。

② ［美］刘易斯：《发展计划》，6页，北京，北京经济学院出版社，1988。

策将刺激整个经济向前运动，人们完全可能编制一个很好的发展计划而无须采用任何数字；同样也可能制定一个完全数量化的发展计划，但因为缺少必要的政策，这类计划很可能是一无所获。”① 他同时指出：“检查发展计划的质量主要应该看一看上述每个标题下指出了什么措施。”② 在发展计划中，“真正有价值的却是政策”③，“发展计划的质量取决于它提出的政策的质量，而不是它的计算工作的数量和质量”④。好的政策有助于发展计划获得成功，好的政策是好的发展计划的重要组成部分，甚至可以说，好的政策就是好的计划。另一位美国经济学家佩尔·塞瓦尔德森也认为：“计划越是退化到只是列出一堆宏观经济性质的，我们认为能达到的和想去达到的目标，却不告诉我们怎么样达到这些目标，也不讲清今日政府的政策会产生什么后果，那么，在我看来，一年也好，五年也好，十五年也好，这种计划的意义就越小。”⑤ 日本的计划之所以比较成功，主要就是因为它表现为各种经济政策，尤其是产业政策。

3. 计划与其集权不如分权

长期以来，我们总是把计划等同于统制、等同于集权，以至于实行高度集权的中央计划体制。但实践证明，那种高度集权的中央计划体制是行不通的。这是因为：一是中央集权计划决策必须有关于整个社会经济的宏观信息，信息需求量非常巨大，搜集、分析和处理所有这些信息已远远超过了人类的能力。二是每一个中央集权计划决策所需的信息都要沿着庞大的等级组织的纵向结构，从金字塔最底层的基层组织几经周折一直传送到最顶端的决策机构，然后再由上而下地逐级反馈回来，信息渠道狭窄、漫长、曲折、刻板，在信息的传输过程中，信息失真、滞后和“噪音”干扰无法避免。因此，中央集权计划决策往往容易失误，这正是所谓的“计划没有变化快”。在高度集权计划的体制下，计划者恰如西方学者所嘲讽的那样，是“没有乐谱的即兴指挥家”⑥。三是高度集权计划决策不但容易失误，而且由于“全国一盘棋”，国民经济一荣俱荣、一损俱损，中央计划决策一旦失误，给社会造成的损失是全局

① ［美］刘易斯：《发展计划》，5页，北京，北京经济学院出版社，1988。
② ［美］刘易斯：《发展计划》，11页，北京，北京经济学院出版社，1988。
③ ［美］刘易斯：《发展计划》，10页，北京，北京经济学院出版社，1988。
④ ［美］刘易斯：《发展计划》，12页，北京，北京经济学院出版社，1988。
⑤ ［美］博恩施坦：《东西方的经济计划》，118页，北京，商务印书馆，1987。
⑥ ［奥］哈耶克：《通向奴役的道路》，序言，北京，商务印书馆，1962。

性的，甚至是无一例外和无法挽回的。相比之下，分权计划却由于分散计划，分散决策，总是有人决策正确，有人决策失误，不可能全都决策失误，全盘皆输，因而可以克服上述集权计划的弊端。四是由于实行分权计划，许多计划由各个微观经济主体去分散制定，他们只需要与自己的计划密切相关的那部分信息，所需的信息量大大减少，而且易于搜集、分析和处理。五是决策主体立足社会，直面市场，反映灵活，传输迅捷，决策及时，因而计划往往比较准确。六是即使各个微观经济主体计划失误了，但由于分散决策，因而它所造成的损失也是局部的，不会引起整个社会的震荡。尤为严重的是，高度集权的中央计划由于否定了人们自身的计划权利，丧失了人们的主动性、积极性和创造性，因而难以获得成功。西方学者指出，“在整个社会只有一个中心的计划编制权威，它把经济的、政治的和社会的管理合并成一个统一的计划过程，从而使相互作用成为不必要的东西，这在任何自由民主的社会都是不存在的”①。西方国家的计划之所以比较成功，根本原因之一就在于它们的计划是立足于以下基本前提的：消费者选择的自由、选择职业的自由、创立企业的自由以及大体上说来自由的贸易和关税政策。② 如果抛弃了这些基本前提，计划就会蜕变成限制、控制的工具，就意味着不自由，从而为人们所厌恶和唾弃。根据分权计划的原则，中央计划只应就关系国计民生、影响国泰民安的重大事项进行计划，而把其他事项的计划下放给地方、企业和个人，由它们去分权计划。

4. 计划要适应市场而不是市场迎合计划

长期以来，我们总是以主辅、好恶或善恶的观点和立场去看待计划与市场，认为计划为主、市场为辅，计划是好的、市场是恶的，以至于人为地否定和排斥市场。实践证明，这种做法是极其片面和有害的，这正如弗里德曼所指出的：“在中央经济方面，通常被问及的一个问题是：在指令性经济中引入市场因素可以在什么样的程度上进行。我认为这样的提法未免有些本末倒置。真正的问题是：在向市场经济中引入指令性因素的道路上，人们可以走得多远。”③ 弗里德曼的回答可谓是一针见血、一语中的、一语道破，把长期困扰人们尤其是那些所谓的社会主义

① ［美］博恩施坦：《东西方的经济计划》，66页，北京，商务印书馆，1987。

② 参见［美］博恩施坦：《东西方的经济计划》，93页，北京，商务印书馆，1987。

③ ［美］弗里德曼著，胡雪峰等译：《弗里德曼文萃》，23页，北京，北京经济学院出版社，1991。

经济学家的关于“计划与市场”的关系问题给解决了。他告诉人们，解决计划与市场的关系问题，科学的做法是在市场经济的基础上如何谨慎地、恰当地引入计划机制，使计划适应市场。市场经济是计划的基础、对象和主要内容，没有市场经济，计划就丧失了存在的根据和计划的对象，也不会有什么真正科学有效的计划。“计划如果不是根据需要去制定同时又依照需要去指导生产，那么这种计划能否比市场机制更好地符合人民的利益，是大有问题的。”① 实践证明，那种否定市场经济、不以市场为对象的计划，其实往往是计划者的主观臆断和极端任性。事实上，市场经济不但不排斥计划，反而使计划真正找到了立足之地并成为必要。同时这也说明，市场经济不是不需要计划，而是不需要过去那种否定、排斥市场的计划，它需要的是反映、利用、适应、服务于市场的计划。

5. 计划与其说是结果不如说是程序

一个科学的计划，它的制定需要经过必要的、严格的、合理的程序，这种必要的、严格的、合理的程序是计划科学的重要保证，没有必要的、严格的、合理的程序就没有科学的计划，可以说，程序是计划的生命。从这个角度看，制订计划的程序比制订出来的计划文件本身更重要。因为，一个科学的计划不可能由某人或某机关来制订，而只能是由全社会持有不同观念和拥有不同利益的人们相互作用的结果。要把这些持有不同观念和拥有不同利益的人们组织起来制订计划，必须要有有效的程序作保障。计划的制订过程，实质上就是利益的冲突和协调的过程，但这种利益冲突和协调不能是无规则的、无秩序的，它必须有序化，它的有序化就是要求有一套严格的计划程序，如协调、规划、决策、咨询和审议、批准、颁布、执行等。计划程序的重要意义在于让大众参与，听取各方面的不同意见，反复讨论，不断地批评改进，尽可能地杜绝人们所固有的无知和偏见，对计划逐步地修正完善，使计划能够集思广益、体现大众智慧，从而使计划制订得更加完善、科学。

6. 计划不是包揽一切而是宏观调控

长期以来，我们的计划犹如“天网恢恢，疏而不漏”，计划事无巨细、包揽一切，计划无事不有、无处不在。实践证明，这种计划是没有必要的，也是实施不了的。社会发展计划作为一种事先预测和规划，作为一种未来的行为方案，它具有战略性、总体性和宏观性，因此，计划

① [捷克] 奥塔·锡克著，王锡君等译：《一种未来的经济体制》，92～93页，北京，中国社会科学出版社，1989。

就其本质来说是宏观性计划。从根本上说，社会发展计划是一种宏观调控，它不应具体而微，而应只对关系国计民生和影响国泰民安的重大问题进行总体上的宏观规划，具体说来，这些方面主要包括以下几点：一是社会总供给与社会总需求的均衡。刘易斯指出："发展计划的首要任务就是理顺政府支出的优先次序，确定优先项目，并作出深谋远虑的预见。任何一项发展计划只要是完成了这些工作就是作出了显著的贡献。"① 二是社会产业结构优化。刘易斯指出："在规划经济增长的时候，必须首先找出两、三个产业，它们的迅速扩展为其他产业的发展提供策动力。""计划工作最富有成效的贡献之一就是它能够开发本来可能被忽视的潜力，以使主导产业或正在蓬勃兴起的产业所产生的积极影响能够尽可能广泛地扩散开来。"并认为"计划工作正是从这里开始的，随后向经济的其他部分铺开"②。三是国内外贸易平衡。刘易斯指出："发展计划的重要目标之一就是保证产出量的增长率与进口倾向、出口增长率相互保持一致。"③ 在计划工作中，必须集中力量，拨冗去繁，抓住要害，从大处着手，把大方面管住管好，至于小的方面，完全可以放开放活。可以说，如果上述三个方面的计划做得好，那么在很大程度上就把计划工作做好了。刘易斯在上述认识的基础上，还进一步概括地指出："发展计划必须在不同的产业之间保持均衡，以使产出量、进口量、出口量三者的增长率保持相互平衡……宏观经济规划的功绩之一就是把注意力集中在这些问题上，自动地考察每个产业对其他产业的影响，持续不断地进行试验调整，以求得计划的不断完善，直到整个经济的总供给等于总需求。"④

第二节　计划法的概念

一、计划法的调整对象

计划法的调整对象，简而言之，就是一种计划关系。这种社会关系

① ［美］刘易斯：《发展计划》，10页，北京，北京经济学院出版社，1988。
② ［美］刘易斯：《发展计划》，14、15页，北京，北京经济学院出版社，1988。
③ ［美］刘易斯：《发展计划》，27页，北京，北京经济学院出版社，1988。
④ ［美］刘易斯：《发展计划》，43页，北京，北京经济学院出版社，1988。

具有以下特性：

1. 计划性

一种社会关系是否应由计划法来调整，关键是看这种社会关系是否内在地具有计划性，要求进行计划调节。具体说来，一是这种社会关系是未来的，至少是现在的，只有未来的或现在的社会关系才需要计划，过去的已成为过去，无可挽回，无所作为。刘易斯指出："发展计划实质上是对未来的一系列推测"，"发展计划是预言未来的"①。计划具有超前性，计划本质上是对未来的预测和未来的行为方案，计划的未来性决定了计划是一种发展计划。二是这种社会关系内在地要求进行预测、事先规划、巧作安排、合理调整，有计划按比例地发展，这是计划的客观性。计划不是主观想象的，不是人为强加的，而是社会关系客观要求的。三是这种社会关系具有战略性、政策性，一发千钧、举足轻重，关系到大政国是、国计民生和国泰民安，如果不进行计划调节的话，会妨碍影响整个国民经济和社会稳定、协调、健康、有序、快速地发展，这是计划的必要性。至于那些细枝末节、无关宏旨的社会关系，无须进行计划调节尤其是中央计划调节。四是对所要调节的社会关系有足够的信息，这些信息能够比较准确地反映这种社会关系的历史和现状，并能从中预测其未来的发展趋势。"制订（或修订）计划的一个主要工作是在各级管理组织之间准备并交换所需要的情报。"② 信息是计划的根本条件，只有在充分确切的信息的基础上才能制订科学的计划，这是计划的可能性或可行性。"计划人员的主要贡献是在以地区为基础的发展计划中提出尽可能多的数字证据，以便使讨论具有切实可能的实际材料。"③没有充分确切的信息，即使这种社会关系相当重要，也不能进行计划。计划不是空穴来风，不能凭空设想。

2. 宏观性

一般说来，计划是人们从事经济活动的基本举措，因而几乎所有的经济活动和经济关系都具有某种程度的计划性，但计划法不可能、也没有必要对所有的经济活动和经济关系都一一加以调整。计划法只能调整那种涉及国民经济全局、处于宏观层次、关系大政国是的社会关系，那些具有宏观性、战略性、政策性的社会关系，因此，严格说来，所谓的

① ［美］刘易斯：《发展计划》，13、141页，北京，北京经济学院出版社，1988。

② ［美］博恩斯坦：《东西方的经济计划》，19页，北京，商务印书馆，1987。

③ ［美］刘易斯：《发展计划》，66页，北京，北京经济学院出版社，1988。

计划是宏观计划。所谓的宏观性，一是指非私人性。私人关系是微观性的社会关系，具体而微，细枝末节，千差万别，无关宏旨，特事特办，应由也可由私人自行计划，私人计划是私人自治。而且私人立足基层，直面微观，知悉详情，易于应变，决策准确，私人微观计划往往优于宏观计划。宏观计划应名副其实，不应涉及微观，不深陷细小，因为没有任何人能够掌握方方面面的微观领域的信息，这种计划根本制订不出来，制订出来也不准确，实施起来也不会有效。如果计划涉及微观、深陷细小，计划无事不有、无处不在，会严重地束缚私人自治，会削减窒息社会经济发展的活力。“治大国如烹小鲜”，应少干预、少作为，如果计划深细，那么就没有善治。二是指涉及国民经济全局，覆盖面广，超出了局部、部门和微观，内在关联，一体化，“牵一发而动全身”，不能分而治之，不能头痛医头、脚痛医脚，而必须统一规划、整体部署。所以这里的计划，全称都是“国民经济和社会发展计划”。三是指非私人力量所能及，必须由政府加以组织。政府是对私人的一种替代和补充，去做私人不愿做或不能做的大事。私人没有能力去制订宏观计划，即使私人能够制订宏观计划，他们所制订的宏观计划也不能充分反映社会的和政府的要求。政府处于社会的中心，是整个社会的代表，它着眼整体，把握全局，它拥有公权力，能够动用社会资源，进行宏观计划，宏观计划是政府重要的职能。宏观计划由政府尤其是中央政府去组织制订和执行，这也就决定了宏观计划主要是政府计划，尤其是中央政府计划。列举而言，具有宏观性的社会关系主要有发展战略、财税问题、货币问题、产业问题、资源问题和环境问题，等等。

3. 国家意志性

计划是人们有意识地对国民经济和社会发展进行预测、设计和规划和干预的活动，计划体现着人的意志，是人的意志的具体化和系统化。但这种意志不是某（些）人的意志而是国家意志，计划的要义是国家以整个社会代表者的身份和名义集中全社会各个方面的意见形成国家意志，并负责依此制订和执行各种国民经济和社会发展计划。国家（具体由中央政府代表）本身是计划关系最主要的主体之一，计划体现着强烈的国家意志，国家统率国民经济和社会发展的意向蓝图、目标模式和战略部署等等都集中体现在计划中。可以说，没有国家和中央政府也就没有计划。克劳德·赛贝尔认为：“法国的计划工作，是各发达国家中现行的全国经济管理工作的一种特殊形式”，“计划实质上已成为政府的中期行动方案”，“它明确或含蓄地提出国家在全面指导经济发展方面的作用的问题”①。也正是因为计划体现的是国家意志，计划才有相应的约束力。小宫隆太郎认为，尽管“国民经济计划是没有约束力的”，“是一种预报，而不是必须忠实执行的严格的计划”，但“这并不意味着日本经济是不大受政府计划干预的。日本政府广泛地干预个体的部门、工业或地区，而且对于地区的基地以及工业都是很有计划的”，“不应当据此认为战后日本的经济主要是没有政府计划或不受政府干预的自由企业的市场经济”②。《中华人民共和国国民经济和社会发展第十个五年计划纲要》明确地指出：纲要“主要阐述国家战略意图，明确政府工作重点，引导市场主体行为方向”，“政府将运用经济政策等手段加以引导，在基础设施、科技和教育、生态环境、社会保障以及公共服务等领域提出的任务，政府将运用所掌握的公共资源，切实履行职责，努力完成”。与之一脉相承，《中华人民共和国国民经济和社会发展第十一个五年规划纲要》也指出，纲要“主要阐明国家战略意图，明确政府工作重点，引导市场主体行为，是未来五年我国经济社会发展的宏伟蓝图，是全国人民共同的行动纲领，是政府履行经济调节、市场监管、社会管理和公共服务职责的重要依据”。这些都说明，计划是国家意志的体现和贯彻。

4. 综合性

国民经济和社会发展计划是由许多因素和许多方面综合构成的。一是计划关系涉及国民经济和社会发展的诸多方面，包括各种经济成分（如国有、集体、私有经济）、各种经济要素（如人口、技术、资源和环境等）、各种社会关系（如产业结构关系、地域布局关系、公平与效益关系等）、各种发展要求、各种利益主张以及政府采用的各种政策。可以说，计划是“百科全书”。国民经济和社会发展的多元性是计划的基础，没有多元性就不必协调，不必协调也就不必计划，有多元性才需要计划，因为多元性的国民经济和社会发展会相互矛盾、互相制约，从而需要分清轻重缓急、先后次序，按照一定比例加以统筹规划，做好综合平衡。刘易斯指出：“一个发展计划应该包括下列各个部分，或者至少包括其中的几个部分：（1）考察目前的经济状况；（2）列出预计的公共支出；（3）讨论私人部门可能的发展；（4）整个经济的宏观规划、政府政策的评价。”因此，“人口、国民总产值、投资、储蓄、政府支出、税

① ［美］博恩斯坦：《东西方的经济计划》，223、208、222页，北京，商务印书馆，1987。
② ［美］博恩斯坦：《东西方的经济计划》，243、231、263页，北京，商务印书馆，1987。

收等方面的变化，以及收支平衡状况和各个主要产业部门的成就，都要加以详细的考察”①。二是计划关系本身是多层次的，包括计划决策关系、计划管理关系、计划程序关系、计划实施关系等，也具有明显的综合性。可见，多元的视角、综合的思维、协调的方法、平衡的原则是计划的应有之义。也正因为如此，前述纲要特别强调要“全面贯彻落实科学发展观”，要落实“五个统筹”，即统筹城乡发展、统筹区域发展、统筹经济社会发展、统筹人与自然和谐发展、统筹国内发展和对外开放，这些都是计划综合性的客观要求和具体表现。

二、计划法的必要性

计划法的存在不是主观愿望，而是客观要求。

1. 计划作为一种对未来的预测和未来的行为方案，是人类作为智慧动物控制不确定性的未来所必需的工具，是求知的人们在无知的世界里寻求有知的重要方法，对国民经济和社会发展实行计划是人类从事社会经济活动的普遍规律和必然要求。

在当今的中国，我国建立和发展社会主义市场经济，不是否定计划、排斥计划、把计划与市场对立起来，而是更加内在地要求计划，要求科学的计划。“凡事预则立，不预则废”，预测是计划的重要功能和目标，刘易斯指出：“发展计划的作用之一就是迫使决策者停下脚步、仔细思考、确定长期目标，并采取与长期前景一致的短期行为。”② 科学的计划为市场所必需，是自发的市场自觉化、秩序化的基本途径，是发展市场经济的必要前提和关键条件。没有科学的计划，市场经济的发展就缺乏必要的宏观调控，市场经济的发展就会盲目混乱、失控无序，势必蜕变成洪水猛兽。在很大程度上可以说，无计划就无市场，这种关系恰如无市场就无计划一样。

那么，科学的计划是从哪来的呢？实践证明，只有依据计划法才可能制订出来科学的计划，计划法是制订科学的计划的法律保障。这是因为：一是计划法为计划工作提供了法律准则，有法可依，要求计划主体本着合理理由、按照计划权限、根据法定程序、依循合法方法去制订计划，没有法律遵循就不会有合法行为，没有计划法就不会有合法的计划

① ［美］刘易斯：《发展计划》，1页，北京，北京经济学院出版社，1988。

② ［美］刘易斯：《发展计划》，143页，北京，北京经济学院出版社，1988。

工作，没有合法的计划工作就不会有科学的计划。“法律是最高的理性”，在当代社会，合法性与科学性是共存并行的，合法性保证着科学性。二是计划法为计划工作提供了严格的程序。这是计划工作的流程，也是计划工作的基本步骤，还是计划工作的必要遵循。严格的计划程序，既是充分发扬民主、激发大众智慧、反复批评讨论、有效集思广益的过程，又是对计划工作的步步把关、层层过滤、道道筛选，极有利于去妄存真、去伪存真，实事求是，把握规律，把计划工作的失误减少到最低限度，使计划工作不断科学化。科学性是计划的生命所在，从这个角度看，计划程序是计划的生命保障。三是计划法是计划工作的法治化，是对计划工作的硬约束，要求计划有法可依、有法必依、执法必严、违法必究，有利于严肃计划纪律，强化计划法律责任，认真对待计划工作，避免玩忽职守、敷衍塞责、儿戏计划，在计划工作中注入理性而不混入“兽性”，只有这样才能制订出科学的计划。

计划法是科学计划的内在要求，而科学的计划有利于克服市场盲目性，计划法是促使市场经济沿着正确方向健康、顺利地发展的法律措施。

2. 市场经济是一种法治经济，制定计划法是实现市场法治的必然要求和核心内容之一。

国民经济和社会发展计划是“国民经济和社会发展的宏伟蓝图，是全国各族人民共同奋斗的行为纲领”，它“阐述国家战略意图，明确政府工作重点，引导市场主体行为方向”。从此可以看出，计划是国家的大政国是、方针政策，它经国纬民，关系国计民生，影响国泰民安，可以说它是除国家宪政以外最为重要的大事。如果没有法律，不实行法治，是不可想象的。如果计划不能实行法治，那么可以说，就谈不上依法治国，建立法治国家。

计划法赋予计划者宏观决策、统筹全局、协调规划的权限，有利于反对种种在国民经济和社会发展问题上的无政府主义倾向，克服市场万能论的迷信思想，培植必要的计划观念，树立必要的计划权威。计划法规定了制订计划的法定权限和法定程序，有利于纠正和改变国家重大事项不进行可行性研究和经济、技术、法律论证，由少数人主观臆断、瞎指挥、乱干预的现象，能够保证宏观决策的民主化、科学化和法治化。计划法明确了计划法律责任，对于违反计划法，造成严重后果的，要追究法律责任。这样有利于改正长期以来计划工作缺乏法律责任约束机制的现象，杜绝“条子项目”、“四拍工程”，惩治计划失误这一重大的社会腐败现象。

计划法是实现经济法治的基础。计划法所规范的计划是“战略性、宏观性、政策性的规划”，对整个社会经济具有决定性的影响，是方向性、路线性和战略性的大是大非问题；计划法所规定的计划权限，是国家的重要经济职权，对其他市场主体的自主权有重大的影响，深切公权力与私权利配置的权力（利）结构问题；计划法所规定的计划效力，对人们的市场行为有明显的影响，是人们重要的信息参考和行为指南；计划法所规定的计划内容对人们的经济活动是重要的指导，具有引导作用，个人命运与国家前途息息相关。因此，计划法是一切有关经济的法律中最重要的法律，它才是名副其实的“经济宪法”，是经济法的“龙头法”，是经济法治的关键，在某种意义上可以说，没有计划法就没有经济法治。

3. 传统的计划立法存在种种缺陷：

一是传统的计划立法是传统计划体制的反映，它高度中央集权、政府集权，缺乏对地方和企业应有权利（力）的肯认和尊重，这种计划实乃经济专制，是经济专制的别名；二是缺乏对计划主体权（力）、义务和责任的明确规定，制订计划的权限不清、责任不明，计划行为多为行政行为、行政管理办法，抽象笼统，缺乏可操作性，难以遵循，约束不力；三是传统计划立法偏重年度计划，具体而微，缺乏对中、长期计划的规定，缺乏宏观性、战略性，必然目光短浅、缺乏远见，年年计划，等于没有计划；四是在传统计划立法中，计划体系不够科学、合理，偏好侧重指令性计划，把计划等同于命令，与作为对未来的预测与未来的行为方案的计划这一本质是相违背的；五是传统计划立法多为行政命令，还有相当一部分是“暂行办法”、“试行草案”或“初步意见”，不具有法律品性，不具有普遍的法律效力，缺乏必要的稳定性、预见性，这种计划实质上是长官意见，“脑袋一拍，计上心来”，极具任意性；六是传统计划立法没有完善的计划程序，制订计划无法完全遵循法定程序，难以保证所制订的计划具有合法性和科学性，如长期以来，我们制订计划其实是领导人员确定指标、计划人员作出计划、有权机关通过计划，基本上处于脱法状态；七是我们的计划实施，还没有从根本上改变“领导定调子，开会发文件，行政去指挥”的窠臼，依然流于“执行无主体、实施无考核，落实无责任”的虚置状态，不少计划都难以得到有效执行，只好在实施中不了了之。实在说来，在我国搞了几十年的计划经济，制订了几十年的计划，但并未真正制定和实行过什么计划法，传统计划立法不但徒有虚名，甚至有给计划以污名的嫌疑，因此，不应以传统计划立法的种种缺陷来反对和阻止计划法的制定，而应看到制定计划法的迫切性和必要性。应该说，中国几十年来国民经济和社会发展之所以会出现许多瞎折腾和穷折腾，大起大落、忽左忽右，不能“咬定”正确方向，持之以恒，长足发展，一个根本的原因就在于没有有效的计划法和科学的计划。

第三节　计划法的内容

一、计划的指导方针、主要目标和原则

1. 计划的指导方针

计划是一种有意识的活动，是一种周密的思考，人的意识和思考总是受某种理念的指导，具有意向性、指导性，因而计划总是有其指导方针，以表明计划的原则、任务、重点以及路线和策略。计划法应对其加以确认并使之法律化。如《中华人民共和国国民经济和社会发展第十一个五年规划纲要》（以下简称《“十一五”规划纲要》）规定的指导方针是：“‘十一五’时期促进国民经济持续快速协调健康发展和社会全面进步，要以邓小平理论和‘三个代表’重要思想为指导，以科学发展观统领经济社会发展全局。坚持发展是硬道理……坚持以经济建设为中心，坚持用发展和改革的方法解决前进中的问题……坚持以人为本……落实‘五个统筹’，把经济社会发展切实转入全面协调可持续发展的轨道。”上述总的指导方针又可细化为以下具体内容：一是“必须保持经济平稳较快发展”，二是“必须加快转变经济增长方式”，三是“必须提高自主创新能力”，四是“必须促进城乡区域协调发展”，五是“必须加强和谐社会建设”，六是“必须不断深化改革开放”。计划法的指导方针是计划工作的思想指导和实践指南，是计划法要规定的首要内容。

2. 计划的主要目标

计划是一种有意识、有目标的活动，计划的功能在于立足现实，着眼未来，审时度势、科学合理地提出目标、确立目标，计划的目标是计划指导思想和原则的贯彻落实和具体细化。计划法要把经过严格计划程序、充分讨论、民主协调以后提出和确立的科学合理的计划目标法律

化，并依法加以贯彻落实。如《“十一五”规划纲要》规定的主要目标是：“宏观经济平稳运行”，“产业结构优化升级”，“资源利用效率显著提高”，“城乡区域发展趋于协调”，“基本公共服务明显加强”，“可持续发展能力增强”，“市场经济体制比较完善”，“人民生活水平继续提高”，“民主法制建设和精神文明建设取得新进展”。这些目标还要进一步具体化，成为“十一五”计划时期全国各族人民共同奋斗的目标。

3. 计划的原则

计划的原则是制订和实施计划时必须遵循、贯彻的基本要求。总结计划理论和计划实践，计划的原则应该包括以下具体原则：

一是科学原则。计划的生命在于它的科学性，科学地反映现实，预测未来，指导行为。为此必须认真分析国内外不断变化的新形势，切实摸清国情家底，准确把握目前所处的阶段和将来前进的方向，真切了解社情民意，牢牢抓住国民经济和社会发展的主要矛盾和突出问题，而这一切都必须做到科学。为此，必须加强调查研究，做到实事求是，既要看到成绩，也要看到问题；既要抓住机遇，又要面对挑战，反对弄虚作假、报喜不报忧，切忌主观臆断、盲目计划。建立在虚假臆断基础上的计划就像建立在流动沙丘上的高楼大厦一样，必然会倾倒坍塌，危害严重。这方面的教训是深刻的，应认真吸取。

二是民主原则。计划是国民经济和社会发展计划，是国家大计、社会大业，只能也必须由社会来办、由全民来办，这就要求贯彻民主原则，制订计划必须走群众路线，充分发挥民主、大众智慧，集思广益。法国在编制第一个计划时就明确指出：“由于计划的贯彻需要各方面的合作，所以全国所有重要部门都参加计划制订工作是极为必要的。这就是提出这样一种工作方法的原因，这种方法要求政府有关部门的官员、著名专家和工商业团体的代表（工人、管理人员和资方）对每个经济部门的问题共同进行讨论。”① 实践证明，“由于它能灵活地根据政治和社会辩论而进行修订，法国的由公众参与制订的国家计划才具有力量”②。我国在编制《“十一五”规划纲要》的过程中，先是对《中华人民共和国国民经济和社会发展第十个五年计划纲要》（以下简称《“十五”计划纲要》）的实施情况进行评估，发现问题，为《“十一五”规划纲要》提供参考；通过委托、招标和合作研究等方式，由国家发改委组织国内研

① ［美］博恩斯坦：《东西方的经济计划》，204～205页，北京，商务印书馆，1987。
② ［美］博恩斯坦：《东西方的经济计划》，191页，北京，商务印书馆，1987。

究机构和世界银行等国际组织，对一百六十多个重大课题进行了研究，形成了五百多万字的研究报告；先后召开了东部、西部、中部和东北地区的专题调研和地方片会，形成纲要的基本思路；组成纲要起草组起草“十一五”规划纲要；组织专家委员会对纲要进行了4次论证和咨询，并形成论证报告；纲要修改后，送中央及国务院所属78个部门征求意见，形成纲要送审稿；中共中央政治局常委会和国务院全体会议讨论审议纲要草案稿；起草组向全国人大和全国政协汇报并听取意见。[①] 所有这些过程和步骤都是为了民主地制订计划，也都贯彻了计划的民主原则。计划的实施也必须贯彻民主原则，只有让社会各界了解计划、认知计划、信从计划，才能把国家的战略意图变为广大民众的自觉行为，民主是计划的力量之源、实现之本。实践证明，那种独裁计划、专制计划，由于没有民众的智慧和支持，因而是没有力量的，也是不可能成功的。

4. 计划的地位

计划法必须明了计划的性质、摆正计划的地位，既不能像过去计划体制时期那样，把计划神圣化，迷信计划，计划至上，计划万能，以至于否定市场、排斥市场；也不能像现在有些人所主张的那样，迷信市场，市场至上，市场万能，反过来否定计划、排斥计划。这是典型的走极端、两极思维，两极之间有相似之处，都会祸国殃民。计划法要正确地明了计划的性质，摆正计划的地位，实质上是正确地处理计划与市场这一社会经济的基本关系和关键内容。实践证明，计划与市场的正确关系应当是：市场是计划的基础和内容，计划应适应和服务市场；计划是市场的条件和形式，市场应参考和配合计划；市场需要计划引导，但计划对市场的引导是一种宏观调控，只对国民经济和社会发展有重大影响的重大的根本性问题进行总体上、战略上的预计和规划，计划本质上是一种对市场的宏观调控措施，应突出计划的宏观性、战略性和政策性。与此相关，计划的性质就不应是强制性的而应是指导性的，这是人们在付出了惨重的代价后对计划所获得的深刻共识。小宫隆太郎就认为：“把国民计划看作是在各个政策领域制订有约束力的政策指标是错误的”，“国民经济计划是没有约束力的：没有人认为必须遵守计划的数字或对这些数字负有责任”[②]，因此，“日本的国民经济计划就等于是长期

① 参见贺劲松等：《“十一五”规划纲要起草记》，载《光明日报》，2006-03-17。

② ［美］博恩斯坦：《东西方的经济计划》，243页，北京，商务印书馆，1987。

预报"[①]。《"十五"计划纲要》明确规定："纲要主要阐述国家战略意图，明确政府工作重点，引导市场主体行为方向，所提出的产业发展方向和重点，是对市场主体的指导性意见。"有关负责人也重申："规划中有些发展目标和任务，需要通过一定的量化指标来反映。但在社会主义市场经济条件下，指标的性质发生了变化，不再具有指令性，主要是预期性、导向性的。"[②] 不过，必须声明的是，尽管计划的性质是指导性的，但这不等于说计划是"摆样子的"，就没有一点约束力。如果那样的话，兴师动众搞计划就是莫名其妙的无谓之举了。克劳德·赛贝尔在指出法国计划的指导性时，同时又指出："计划是政府干预经济发展所使用的各种方法的一个组成部分"[③]，"计划实质上已成为政府中期行为方案"[④]。小宫隆太郎在指出"日本的国民经济计划"没有约束力，"就等于是长期预报"时，也明确指出："这并不意味着日本经济是一个不大受政府干预的、绝对自由的市场经济。"[⑤] 这其实是计划约束力的变更，过去计划的约束力表现在依靠国家强制力去强迫人们服从，而现在依靠的是计划自身的科学性和预测力去让人们主动自觉地接受。那些具有科学性和预测准确的计划，人们会自觉服从，是有约束力的、有用的，因为"一种预报，无论是经济的还是气象的，只要能够准确地预报未来，那就必定是有用的"[⑥]。

5. 计划体系和指标体系

计划法应对计划的分类方法、不同种类计划之间的衔接，长期计划、中期计划、年度计划以及中央计划、地方计划和企业计划的有关内容和要求作出明确规定，保证计划体系的科学性、连续性和稳定性。

其中长期计划、中期计划旨在抓住重点、明确方向、规定目标、调整结构、制定政策，是一种战略性计划。也正因为如此，它需要年度计划去分解并具体化。刘易斯指出："作为发展计划的伴随物，准备一份文件详细地表明每一年每个项目的情况，可以促进上述奠基工作的顺利

① ［美］博恩斯坦：《东西方的经济计划》，249页，北京，商务印书馆，1987。

② 《中华人民共和国国民经济和社会发展第十个五年计划纲要学习辅导讲座》，5页，北京，人民出版社，2001。

③ ［美］博恩斯坦：《东西方的经济计划》，204页，北京，商务印书馆，1987。

④ ［美］博恩斯坦：《东西方的经济计划》，208页，北京，商务印书馆，1987。

⑤ ［美］博恩斯坦：《东西方的经济计划》，249页，北京，商务印书馆，1987。

⑥ ［美］博恩斯坦：《东西方的经济计划》，263页，北京，商务印书馆，1987。

进行。”① 长期计划、中期计划是高瞻远瞩、战略决策，而年度计划是精打细算、战术实施。长中期计划统率年度计划，“对它予以指导，并决定着它的方向；但年度计划是实施文件”②。

中央计划是中央政府对全国性的国民经济规划、社会发展战略、主要产业政策、地域布局结构和重大比例关系所作的统一安排；地方计划是地方政府在中央计划的统一指导下，因地制宜地对本地区的国民经济和社会发展进行的计划；企业计划是企业在中央和地方计划的共同指导下，依据企业的自主经营权所制定和实施的对本企业的人财物和产供销进行的全面的预计和规划。中央计划应该尊重地方计划、企业计划，地方计划、企业计划应该服从中央计划。如“十五”计划是包括纲要、重点专项规划和行业规划、地区规划的整体，不同规划互相关联、各有侧重，需要进行必要的衔接。《“十一五”规划纲要》包括中央规划、地方规划和专项规划，并要求“做深做实城市规划、土地利用规划、环境保护规划和粮食、能源、交通等专项规划”；“编制全国主体功能区规划，明确主体功能区的范围、功能定位、发展方向和区域政策。强化区域规划工作，编制部分主体功能区的区域规划。改革完善地方规划，深化市县规划体制改革”。为此，计划法应规定各种计划的相互衔接，应分别召开地方和部门座谈会，充分交换意见，并在全国计划会议上讨论，使各个层次的规划构成一个有机整体。为此，我国《“十一五”规划纲要》规定：“改革规划管理体制，健全科学化、民主化的编制程序，形成以国民经济和社会发展规划为统领，各类规划定位清晰、功能互补、统一衔接的规划体系。”

计划指标是计划任务的数量和质量的具体表现形式，主要有三种：一是指令性指标，这种指标以命令的形式下达，具有强制性，必须严格执行；二是指导性指标，这种指标以建议的方式下达，约束力较弱，可以参照执行；三是企业指标，这种指标由企业自行制订，不具约束力，完全由市场调节。计划法应对这三种计划指标作出规定，合理安排，原则上应减少（但不是完全取消）指令性指标，扩大指导性指标，以企业指标为主。如《“十五”计划纲要》，它明确指出：“规划中有些发展目标和任务，需要通过一定的量化指标来反映。但在社会主义市场经济条件下，指标的性质发生了变化，不再具有指令性，主要是预期性、导向

① ［美］刘易斯：《发展计划》，265页，北京，北京经济学院出版社，1988。

② ［美］刘易斯：《发展计划》，142页，北京，北京经济学院出版社，1988。

性的。指标提多少、提哪些，需要根据形势的变化和发展目标确定。”“经反复研究、征求意见，《纲要》最后提出了 38 个指标，指标数量比‘九五’《纲要》减少了 60％以上。指标结构也有较大的改进，《纲要》没有一个具体的产品产量指标。根据新的发展阶段的要求，突出体现改善人民生活质量、引导经济结构调整和加强资源和生态环境建设等方面的指标。”[①] 在《“十一五”规划纲要》中，只有 22 个主要指标，其中反映经济增长的只有 2 个，反映经济结构的有 4 个，反映人口资源环境的有 8 个，反映公共服务和人民生活的有 8 个。在这 22 个指标中，反映人口资源环境、公共服务和人民生活的指标中，有 8 个是约束性的，并且约束的不是别人而是政府，政府要通过合理配置各种资源和有效利用各种力量去确保这些指标的实现。

6. 计划的要素

计划法应规定计划的要素，即：哪些方面应该实行计划，哪些方面不应该实行计划？依据什么标准确定？实行计划的方面在什么程度上实行？这样，既有利于防止计划扩大化，妨碍市场机制发挥作用，又有利于反对计划取消论，影响宏观调控的加强和完善。

计划的要素，也即计划涉及的领域、包括的方面。计划既然是国民经济和社会发展计划，那就当然涉及国民经济整体格局，包括社会发展诸多方面。但计划并不能包揽一切、面面俱到，只有合乎以下标准的社会关系才能纳入计划的范围。

一是宏观性。计划必须去微用宏，宏观着眼，大处着手，高瞻远瞩，不苛细小，要求“大的方面管住管好，小的方面放开放活”。否则，就是宏观微观不分，使微观也计划化，这样做，不仅会使计划盲目地不必要地扩张，而且还会由于分散了精力，没有把精力放在宏观计划上而因小失大。

二是全局性。计划具有根本性、决定性、战略性的意义，计划的对象是国民经济和社会发展全局，它们是一个有机整体，不能分而治之或分别计划。计划必须立足全局、总揽大局、抓住根本，避轻就重，否则就是轻重不分，就会本末倒置。

三是主导性。国民经济和社会发展涉及方方面面，但计划不能包揽无余，相反，计划必须区分主次，明确要害，抓住重点，突出主题，区

① 《中华人民共和国国民经济和社会发展第十个五年计划纲要学习辅导讲座》，5 页，北京，人民出版社，2001。

别对待，分类指导，不能“一刀切”，否则就是主次不分，就会主次颠倒。

就合乎上述标准的计划要素来说，可分为常规性要素和酌定性要素。常规性要素是指计划通常必须具有的内容。一般来说，只要是计划就不可或缺的内容。具体说来，一是任何计划，都是发展计划，都必须把发展作为主题，计划本质上就是谋求国民经济和社会发展的一种发展政策或发展策略，发展的根本目的是追求国民经济的稳定增长和社会的全面协调发展进步。所以，有的国家就把国民经济和社会发展计划法称为“国民经济稳定增长法”，如德国 1967 年的《经济增长与稳定促进法》，美国 1978 年的《充分就业与平衡增长法》，欧盟 1997 年的《增长与稳定公约》，等等。我国的《“十一五”规划纲要》“坚持发展是硬道理，坚持抓好发展这个党执政兴国的第一要务”。二是许多计划都必须把结构调整作为主线，经济结构是国民经济和社会发展的基础，必须有计划地进行合理调整，计划在很大程度上就是产业计划或产业政策，产业政策是计划“更温和、更加悦目的名词”①。像日本、韩国的许多产业政策都相当于计划，也起着和计划相同的作用。我国的《“十五”计划纲要》“坚持把结构调整作为主线”，《“十一五”规划纲要》也把“产业结构优化升级”作为经济社会发展的主要目标。三是都必须把现代化作为计划的关键，现代化是国民经济和社会发展的动力和方向，必须努力促进现代化尤其是科技现代化，计划的核心是现代化计划。如法国的第一、第二、第三个计划（1947—1957 年），经济现代化是其主要目的。② 我国很早就把实现“四个现代化”作为国民经济和社会发展的计划目标。我国的《“十一五”规划纲要》的核心任务，就是要在“十一五”时期促进国民经济持续快速协调健康发展和社会全面进步。发展和进步的要求和内容具体落实到计划的方方面面，包括“建设社会主义新农村”、“推进工业结构优化升级”、“推进社会主义和谐社会建设”，等等。四是都必须把提高人民生活水平作为根本出发点，这是国民经济和社会发展的根本目的，计划归根到底是追求人民进步幸福的计划。我国的《“十一五”规划纲要》要求，“要坚持以人为本”，“立足以人为本推动发展，把提高人民生活水平作为根本出发点和落脚点，促进发展由偏

① 《美国经济学和社会学杂志》，1985 年 1 月号。转引自杨沐：《产业政策研究》，2 页，上海，上海三联书店，1988。

② 参见［美］博恩斯坦：《东西方经济计划》，192～193 页，北京，商务印书馆，1987。

重于增加物质财富向更加注重促进人的全部发展和经济社会的协调发展转变”。五是计划的实质是保持国民经济和社会发展的协调一致和平衡发展，在某种程度上可以说，计划就是协调平衡，做好了国民经济和社会发展各部门的协调平衡就做好了计划工作，所以计划工作在做好了各部门的计划以后还必须在它们的基础上使它们协调一致并保持平衡。刘易斯指出：“大多数发展计划都包含着一个很重要的部分考察各个主要的产业部门，分析它们的前景以及它们所面临的困难，制订出增加产出或销售的方案”，“还必须仔细地检查整个计划，以保证每个产业部门彼此之间的预计安排，以及各个产业部门与整个经济的总体规划之间都保持一致”①。

酌定性要素是指计划根据某国的某一时期的具体情况和特定目标而参酌确定的内容。由于不同国家不同时期的不同情况和不同目标，酌定性要素会有所不同，并各有特色。如《“十五”计划纲要》规定了“加强农业基础地位，促进农村经济全面发展”的内容，具体包括“稳定粮食生产能力”，“拓宽农民增收领域”，“调整农业和农村经济结构”，“加强农业和农村基础设施建设”，“深化农村改革”，“扶持贫困地区发展”。到了《“十一五”规划纲要》时，相关标题调整为“建设社会主义新农村”，具体内容修改为“发展现代农业”，“增加农民收入”，“改善农村面貌”，“培养新型农民”，“增加农业和农村投入”，“深化农村改革”。两相对比，就很容易看出两者的变化，这种变化正好反映了我国在“十五”和“十一五”不同历史时期不同的发展要求和发展目标。又如环境资源问题。我国的《“十五”计划纲要》的第四篇对“人口、资源和环境”有专门规定，要求“节约保护资源，实现永续利用”、“加强生态建设，保护和治理环境”。到了《“十一五”规划纲要》时，对环境资源的规定有了新的改进，其第六篇为“建设资源节约型、环境友好型社会”，具体内容包括“发展循环经济”，“保护修复自然生态”，“加大环境保护力度”，“强化资源管理”，“综合利用海洋和气候资源”。两者相比，亦有变化，这种变化也是由于我国在“十一五”时期比“十五”时期面临更加严峻的环境资源问题，人们对环境资源的认识日益提高，并形成了“循环经济”、“环境友好型社会”等新的概念，《“十一五”规划纲要》与时俱进，及时地把它们加以反映和记载了。再如《“十五”计划纲要》

① ［美］刘易斯：《发展计划》，2、3页，北京，北京经济学院出版社，1988。

规定了“实施西部大开发战略，促进地区协调发展”的内容，具体包括“推进西部大开发”，“加快中部地区发展”，“提高东部地区的发展水平”，“形成各具特色的区域经济”。到了《“十一五”规划纲要》时，它规定的是“促进区域协调发展”，具体包括“实施区域发展总体战略”，其中又包括“推进西部大开发”，“振兴东北地区等老工业基地”，“促进中部地区崛起”，“鼓励东部地区率先发展”，“支持革命地区、民族地区和边疆地区发展”，“健全区域协调互动机制”。这样规定是由国家发展遇到的瓶颈、国家发展战略的转移和国家协调发展的需要所决定的。刘易斯指出：“每个国家都拥有多种语言、宗教或种族，人们之间互相缺乏信任；这方面的差别以及广泛的经济差距很可能加剧政治上的敌意。所以，如果仅从政治的角度出发，大多数国家的政府都迫切希望缩小地区之间的差距。”“发展计划必须显示出设计项目在地理上的分析。”①

由上可见，酌定性要素不仅因国而异、因时而异，而且随着人们的认识和国家发展要求的变化而变化，因此，计划法要不要以及怎样规定酌定性要素要具体问题具体分析。

当然，把计划的要素划分为常规要素和酌定要素是相对的，常规要素具有普遍性，而酌定要素具有特殊性，在相同的常规要素下往往会有不同的酌定要素。

二、计划主体

事在人为，计划亦然，计划要有得力的主体。刘易斯认为：“没有一个健全的、称职的管理机构，发展计划就会失去基础。”② 计划主体对于计划来说甚为重要，它从根本上决定着计划的质量，在很大程度上可以说，有什么样的计划主体就有什么样的计划。

计划主体是制订、审批、实施、监督计划的有关主体。由此也可以看出，计划主体可分为计划制订主体、计划审批主体、计划实施主体和计划监督主体。主体无非是两类：一类是个人，一类是组织或机构。但组织和机构的核心都是由个人所结成的，有什么样的个人往往就有什么样的组织或机构，就有什么样的主体。因此，主体归根结底还是个人，要保证作为组织或机构的主体的质量关键是要把好个人进入该组织或机

① ［美］刘易斯：《发展计划》，220、219页，北京，北京经济学院出版社，1988。

② ［美］刘易斯：《发展计划》，10页，北京，北京经济学院出版社，1988。

构的大门。计划主体亦然。计划法应对各类计划主体作出明确规定，规定具有什么样条件的个人、组织或机构才能具备相应的计划主体的资格，成为相应的计划主体。

1. 计划制订主体

计划制订主体，是编制计划的人，也是开启计划的人。万事开头难，良好的开端是成功的一半。好的计划制订主体就是好的计划工作的重要保证。计划工作如何在很大程度上取决于计划的制订和计划的制订者。刘易斯指出："发展计划涉及政府的各个部门，一般都要成立一个特别的计划机构，担负起制订发展计划的正式责任，并且或多或少地负责计划的实施。"① 我国的《"十一五"规划纲要》起草组就是经国务院批准，由国家发展和改革委员会、教育部、科技部和财政部等有关部门负责同志组成的。计划制订主体在所有的计划主体中是最为重要的。

计划法应当规定，只有同时具有以下条件的人才能具有计划制订主体的资格，才能成为计划制订主体。

一是必须具有理智能力。计划是对未来的预测和未来的行动方案，是未雨绸缪，是事先诸葛亮，需要殚精竭虑、神机妙算、先见之明；计划作为"国民经济和社会发展的宏伟蓝图"和"全国各族人民共同奋斗的行动纲领"，需要仙人指点、先知领导。这些都说明计划是一种高强度的理智活动，计划崇尚理智、需要理智，它强调知识、智慧、思想、经验在指导国民经济和社会发展规划中的不可替代的积极作用。刘易斯认为：计划制订者"是计划的合理性的捍卫者：计划的一致性、它的有效性以及它的适应性。计划机构必须为这些标准而努力"②。我国的《"十一五"规划纲要》在编制过程中，就曾邀请著名经济学家、科学家、企业家和长期从事规划工作的老同志参加过四次座谈会，由 37 位经济界、科技界、企业界和其他领域知名专家组成了一个专家委员会，对纲要进行了四次论证和咨询。科学的计划必须集思广益，富有理智，只有那些知识渊博、智慧超群、思想深远、经验丰富的人才能胜任制订计划这一高智能的工作。

二是必须具有代表能力。计划是国民经济和社会发展计划，关切国计民生，影响国泰民安，是国家大计、社会大业、全民大事，应由全民参与，应有广泛的民主性。但民主又要集中，计划不可能由全民人人直

① ［美］刘易斯：《发展计划》，249 页，北京，北京经济学院出版社，1988。

② ［美］刘易斯：《发展计划》，256 页，北京，北京经济学院出版社，1988。

接参与，而只能由其选拔出来的代表代为进行，这个代表必须具有相当的代表能力，能够代表大众利益，反映社情民意，能够集思广益、上传下达、融洽相处。这种代表能力也是一种协调能力，不能协调哪能代表。刘易斯认为："计划机构领导者的才能不仅必须包括计划技术的经验、管理一个复杂过程的能力，而且也包括与许多地位、性格、情趣迥然不同的人融洽相处的能力。"① 我国在编制《"十一五"规划纲要》时，为充分反映群众的意愿，为"十一五"规划建言献策活动在全国范围展开，国家发展和改革委员会设立专门办公室统一处理社会公众意见和建议。从 2006 年 2 月 7 日至 10 日，国务院总理温家宝主持分别召开经济和社会专家、科教文卫体代表、企业家和农民代表、民主党派和无党派人士四个座谈会，听取各方面对纲要的意见和建议，许多宝贵的意见都被吸收了。比如纲要中原有 17 个专栏，很多代表认为文化非常重要，修改时就增加了一个文化专栏。

三是必须具有责任能力。计划是关系国计民生、影响国泰民安的千秋大业，对国家、社会和人民都影响深远，计划制订主体恰似大海航行的舵手，国家安危、社会前途和人民安康都系于一身，可谓千钧一发，责任重于泰山。在宪政已定的情况下，也许最大的政治就是计划的制订，相应地，也许最大的失误是计划的失误，最大的腐败是计划的腐败，最大的责任是计划的责任。如果计划失误就会祸国殃民，贻害无穷，"一失足成千古恨"。刘易斯指出："要使计划有效，让计划机构在制订年度资本预算的过程中承担一定的责任是很有必要的。"② 计划制订主体必须为国家民族的前途着眼，为社会人民的幸福着想，要鞠躬尽瘁、兢兢业业、高度负责、一丝不苟。是否尽职尽责关系到计划制订主体是民族英雄还是民族罪人的问题。我国编制《"十一五"规划纲要》，历时两年又半，先后 12 次易稿，其高度负责的精神可见一斑。

2. 计划的审批主体

计划制订出来以后，必须经过审批，只有经过审批和审批通过以后的计划才具有法律效力。计划法应规定计划审批主体，计划审批主体必须具有以下能力。

一是审查能力。审查计划必须具有很高的专业技术知识，熟悉各种情况，能够弄清计划中错综复杂的关系，只有这样，才能审查计划是否

① [美] 刘易斯：《发展计划》，256 页，北京，北京经济学院出版社，1988。
② [美] 刘易斯：《发展计划》，267 页，北京，北京经济学院出版社，1988。

反映社情民意，是否代表大众利益，是否集思广益，是否符合法定权限和程序，是否切实可行。计划审批主体的审查能力是一种检阅能力，检阅计划，防微杜渐；是一种过滤能力，过滤计划，去伪存真；是一种把关能力，不让不合格的计划出台。如果计划审批主体没有审查能力，就不能检阅计划、过滤计划、把好计划出台关。计划审批主体应该一丝不苟，能够细致入微，不容也不能被糊弄和蒙骗。它要坚决杜绝不合格的计划出台，使之投放社会，如果把不合格的计划投放社会，这远比把不合格的产品投放社会的后果要严重得多。

二是批判能力。计划是对未来的预测和未来的行动方案，而未来是未知的、变化的，因此，对未来的预测和决定未来的行动方案就更加困难，也更易失误，“智者千虑，必有一失”。但计划作为“国民经济和社会发展的宏伟蓝图”，作为“全国各族人民共同奋斗的行动纲领”，不可有失，不能有误，必须把失误减少到最低限度甚至没有失误。要做到这一点，计划审批主体必须具有批判能力。这种批判能力是一种明察秋毫、慎思明辨的能力，是火眼金睛，能把计划的纰漏看得清清楚楚、明明白白；是一种实事求是的能力，敢于讲真话、讲实话，不唯上不唯书，坚持真理；是一种质询能力，善于提问，长于论辩，去伪存真；是一种怀疑能力，对计划要挑三拣四、吹毛求疵、追根究底、大加怀疑，只有经得起怀疑的计划才是经得起实践检验的计划；是一种纠错能力，只有批判才能发现错误、改正错误，只有经过批判的计划才是信得过的计划。计划审批主体不是老好人而是批判者。我国在编制《“十一五”规划纲要》时，曾向中央和各省、自治区、直辖市共 151 个部门和单位征求意见，起草组根据各方面对征求意见稿反馈的 850 多条意见，对纲要作了 260 处修改，形成了提请全国人大审议的初审稿。

三是建议能力。计划审批主体对计划的审查批判不是为审查而审查，为批判而批判，那样的审查是纯粹的发难，那样的批判是简单的否定，而在于针对审查、批判所发现的问题纰漏提出有效的建议，是否能够提出有效的建议是审查得力、批判到位与否的试金石，没有建议能力就没有真正的审查、批判能力，因此，计划审批主体必须具有建议能力。建议能力是一种内在动力，不是袖手旁观、冷嘲热讽，而是态度积极、主动协助，共同把计划做好；是一种制订计划的能力，与计划制订主体一样也应具有理智能力、代表能力和责任能力，只有这样，才能提出切实有效的建议；是一种完善能力，有效的建议就是大力完善计划，不断改善计划，使计划精益求精，日臻完善。为了让人大代表更好地审议《“十一五”规划纲要（草案）》。纲要在正式提请全国人民代表大会审议前，就印发到各地，请各地代表进行初审。2006 年 3 月 5 日，十届全国人大四次会议在北京举行，规划纲要放在了近 3 000 名全国人大代表和列席会议的 2 000 名全国政协委员的面前接受审议。“两会”期间，根据代表和委员们的审议讨论，纲要草案作了 34 处修改。比如，在深化教育体制改革中增加了“规范教育收费，建立严格的教育收费公示制度”，在强化促进节约的政策措施中增加了“加快循环经济立法”，等等。正是代表和委员们的有效建议，才使得纲要能编制得更好。

3. 计划实施主体

计划经过制订、审批以后，必须得到实施。计划的制订就是为了实施，计划的审批就是为了更好地实施。但计划要得到有效实施，必须要有合格的实施主体。计划法应规定计划实施主体，计划实施主体必须具有以下能力。

一是认知能力。计划实施主体对计划的内容要有高度认识，能自觉接受，深感国家大计，匹夫有责，能把国家的战略意图变为自身的内在自觉行为，如果无知无识、认识不高，实施就不力。刘易斯指出：“如果发展计划不能被其他部门心悦诚服地接受，即使它很合理，也只能以失败而告终。”① 计划实施主体对计划的内容要有正确理解，能够抓住问题、把握重点、理解精神、明确目标，如果理解有误、不明重点，实施就不当。计划实施主体对计划的实施要有清晰的思路，能够针对计划目标，结合具体条件，部署相应资源，采取得力措施，按部就班地进行。如果思路不清，盲动瞎干，实施就不通。认知能力是重要的计划实施能力，因为在很大程度上，确实是知在行前，知难行易，如果人们认知不到往往就很难做到。长期以来，我国的一些计划之所以实施得不好，一个根本原因就是人们对计划的认知不高，以为“计划计划，纸上画画，墙上挂挂”，把“规划”当“鬼话”。这样认知计划或规划，计（规）划怎能得到有效实施呢?!

二是行为能力。计划不是纸上谈兵，它的实施必须最终落实在行动上，所以计划实施主体要有行为能力。其实，这也是计划的根本目的所在。刘易斯认为：“一个政府制订发表一个并不打算履行实施的发展计划，这看起来不可思议。”② 计划是郑重的承诺，应当充分发挥人们的

① ［美］刘易斯：《发展计划》，251 页，北京，北京经济学院出版社，1988。

② ［美］刘易斯：《发展计划》，145 页，北京，北京经济学院出版社，1988。

主动性、积极性和创造性，调动一切可以调动的力量去实施。刘易斯指出："发展计划的基本任务是释放人们的活力，使他们去做需要做的事情，从而提高经济增长率。"① 计划要有效实施，政府应率先垂范，政府不但是计划编制的组织者和领导者，也是计划实施的先行者和带头人，我国的《"十一五"规划纲要》反映人口资源环境、公共服务和人民生活的指标中，有8个是约束性的，占全部指标（22个）的近30%，政府要通过合理配置各种资源和有效利用各种力量去确保这些指标的实现。这些指标强化了政府在公共服务和涉及公共利益领域的职责。所以人们认为纲要是一个政府自我约束的规划。政府对计划的态度、实施计划的决心、所采取的实施措施对计划的实施都是至关重要的。如果政府不想真正实施计划，再好的计划，也是一纸空文。此外，在市场体制下，计划实施的重要主体是企业，因此，企业有无行为能力就成了计划能否有效实施的先决条件。企业必须要有行为能力，而企业要有行为能力，就必须成为独立自主的市场主体，不依门傍户，人格独立，意志自由，行为自主。只有这样的主体才能主动地、积极地、创造性地实施计划；也只有这样，计划才能得到有效地实施。如果企业隶属于政府，服从政府，不能意志自由、行为自主，那么计划的实施就不能集思广益、群策群力地进行，充其量只能由政府一意孤行地去实施。实践证明，这样是实施不好计划的。企业的行为能力是计划实施的力量之源，因为奴隶永远不可能有主人那样的主动性、积极性和创造性。

三是保障能力。计划是一种任务，一种艰难的任务，指令性计划尤其如此，是一种必须完成的艰难任务，如果没有保障能力，是不可能完成的。这种保障能力包括激励能力，激励能力是持久的保障能力。刘易斯指出：发展计划"确定了它的结果是经济迅速增长，所要强调的重点就是如果不对个人提供强有力的激励，这个结果就不可能实现"，"获得更高的个人收入的机会是经济增长的燃料"②。企业要实施计划，必须要有相应的保障能力，政府也应当为企业实施计划提供相应的保障。《"十五"计划纲要》规定："在基础设施、科技和教育、生态环境、社会保障以及公共服务等领域提出的任务，政府将运用所掌握的公共资源，切实履行职责，努力完成。"保障能力是计划实施主体的重要能力，因为"巧妇难为无米之炊"。因此，"在留给私人的创造性充分发挥用武

① ［美］刘易斯：《发展计划》，275页，北京，北京经济学院出版社，1988。
② ［美］刘易斯：《发展计划》，279页，北京，北京经济学院出版社，1988。

之地的那些方面，发展计划的基本检验标准正是：能否为作出决策并最终推动经济增长的人们有效地提出强有力的刺激”①。其中，“计划人员的工作是发现在这些生产性的决策过程中存在着什么‘路障’，并引入相应的措施使决策更顺利”②。此外，保障能力还包括组织保障。我国的《“十一五”规划纲要》以专章论述了建立和健全规划的实施机制，如建立分类指导的实施机制，对不同领域的目标和任务，要分别通过引导市场主体的自主行为、完善利益导向机制、运用公共资源、健全分类法律法规等方式实施；要采取得力的财税政策、货币政策和产业政策予以支持；要把具有法律效力的约束性指标，纳入各地区、各部门经济社会进行综合评价和绩效考核，并分解落实。要加强对规划实施效果的跟踪分析和评估，形成制度化的评估和修订机制，等等。

4. 计划监督主体

计划，实质上是一种配置资源的工作，它利害攸关，关切国计民生，影响国泰民安；它大权在握，如果计划不当，将祸国殃民，后果不堪设想。因此，必须设立专门的计划监督主体，对计划工作加以监督。计划监督主体是专门监督计划工作，尤其是对计划制订、审批和实施主体进行监督。计划法应规定计划监督主体要具备以下能力。

一是监督能力。法治社会对计划工作的监督，主要是依法进行监督，因此，监督能力主要是法律监督能力。法律监督包括两个方面：一方面是监督主体依据法定权限和方式进行监督，这是对监督者的监督。只有依法监督，才不会成为滥加监督、人为作梗、故意刁难，妨碍计划，也才能抓住监督的本质，不迷失重点。另一方面是监督主体监督计划工作是否合法，具体如计划是否合乎法定权限，是否合乎法定程序，是否合乎法律政策，这是对被监督者的监督。以上两方面都要求计划监督主体应当具有相应的法律专业知识和法律专业能力，否则就不可能做到依法监督，不可能保证计划工作依法进行。

二是监测能力。计划实施是一个动态过程，有许多不确定因素，会导致计划在实施时往往遇到与计划制订时不同的国内外环境，造成实际情况与原定计划目标相脱离，从而需要在科学分析和综合判断的基础上，加以调整。为此，就需要计划监测。监测计划实施中是否出现了新情况、新问题；如果出现了新情况、新问题，是什么样的新情况、新问

① ［美］刘易斯：《发展计划》，279页，北京，北京经济学院出版社，1988。

② ［美］刘易斯：《发展计划》，276页，北京，北京经济学院出版社，1988。

题；这种新情况、新问题是否要求计划作出相应的调整；如果要求计划作出相应的调整，计划是否作出了相应的调整；如果作出了调整，是否按照法定权限与程序作出了调整；因计划调整所造成的损失是否合理；有无借计划调整之名擅自修改计划；如有，责任何在，等等。计划监测目的是使计划内容与客观实际始终相符合。

三是监评能力。对计划的监督不是为了监督而监督，监督只是手段而不是目的，目的在于通过监督发现问题加以批评，从而予以改正。监督是批评的前提，建立在监督基础上的批评，才是有的放矢，具体有效，监督只有上升到批评才是积极主动、尽职负责的。计划监督的目的在于通过计划监督对计划工作的是非得失加以评论，总结经验，吸取教训，起到前车之鉴、后事之师的作用。监督者旁观者清，评论公道，建议客观，有助于通过监督对计划工作的具体做法加以评价，提出有效的建议和得力的措施，以便改进计划工作。这是计划监督的根本目的，否则，计划监督就是无谓之举，充其量也不过是事倍功半，全部工作都做完了，但最主要的工作还没开始。

三、计划权利（力）

法律的本位是权利，自然，计划法的本位是计划权。计划权是各计划主体所享有和行使的各种权利（力）。由于计划主体可分为计划制订主体、计划审批主体、计划实施主体和计划监督主体，计划权可分为计划制订权、计划审批权、计划实施权和计划监督权。这些计划权或多或少具有以下性质。

1. 计划权是一种国家主权

正如人是依靠头脑指挥走路一样，一个国家是按照自己的计划行动的，如我国的《“十一五”规划纲要》就明确指出：规划纲要“主要阐明国家战略意图，明确政府工作重点，引导市场主体行为，是未来五年我国经济社会发展的宏伟蓝图，是全国各族人民共同的行动纲领”。一个主权国家享有选择走自己道路的权利（力），这条道路，其中就包括一国根据本国的国情制定适合本国的国民经济和社会发展计划。在很大程度上可以说，计划权是国家主权的核心内容之一，没有计划权就没有真正的国家主权。计划权作为国家主权的核心内容之一，它也具有国内的自主性和至上性以及国际上的独立性和排他性。

2. 计划权是一种经济职权，也是一种经济自主权

计划权的合理存在模式不是集权而是分权，它既可以由一定的国家机关所享有，也可以由企业或个人所享有，比如企业或个人对自己的人、财、物和产、供、销可以享有计划权。计划权是分层次、多级别的，它们之间存在着密切的联系。哈耶克指出："如果我们可以同意社会经济问题主要是适应具体时间和地点情况的变化问题，那么我们似乎就由此推断出，最终的决策必须要由那些熟悉这些具体情况并直接了解有关变化以及立即可以弄到应付这些变化的资源的人来作出。我们不能指望通过此人首先把所有这些知识都传递给某一中央机构，然后该中央机构综合了全部知识再发出命令这样一种途径来解决这个问题，而只能以非集权化的方法来解决它。因为只有后者才能保证及时利用有关特定时间和地点之具体情况的知识。但是，'在现场者'又不能光依据他有限而又直接的对周围环境的了解来作出决策。所以，仍然存在如何向他传递他所需要的信息以使其决策符合更大范围经济体系的整个变化模式这样一个问题。"①

其实，这里提出了一个重要问题，即计划权是分散而又统一、民主而又集中的，要求正确处理作为经济职权的计划权和作为经济自主权的计划权的关系。计划权对于国家机关来说是首要的经济职权，国家机关享不享有计划权关系到国家经济制度的性质问题，国家机关享有多少计划权关系到国家经济管理的体制问题。计划权对于企业或个人来说是主要的自主权，享不享有、享有多少是衡量一个企业或个人是否自主、有无活力的重要标志。国家机关的计划权与企业或个人的计划权存在着对立统一的关系，国家机关的计划权直接决定着企业或个人的计划权，企业或个人的计划权实现着国家机关的计划权。只有尊重企业或个人计划权的国家计划权才是合理的计划权，只有实现国家机关计划权的企业或个人计划权才是合法的计划权。实践证明，这两种计划权必须进行合理划分，即关系到国计民生的重大社会关系归国家机关计划权，其余的归各企业或个人计划权。在充分尊重企业或个人计划权的基础上，还要有国家计划权，在企业或个人计划的基础上还要有国家整体计划。不过，我要声明的是，我们这里所说的计划权主要是经济职权意义上的计划权，因为企业或个人所享有的作为经济自主权的计划权本质上是一种经

① ［英］哈耶克：《个人主义与经济秩序》，79～80页，北京，北京经济学院出版社，1991。

营自主权，是一种私法上的自治权。

3. 计划权是一种创制权

科学的计划已从指标性计划走向了政策性计划。这正如计划专家刘易斯所强调的，“发展计划中至关重要的不是数字而是政策”[①]。缪尔达尔也认为，“计划就是寻找一个能够带来发展的合理协调的政策措施体系”[②]。林德布洛姆也指出：“政府和其他机构的计划既是解决某一方面或某一类的问题，也是制定某一方面或某一类的政策。”[③] 计划具有政策性，计划应表现为各种政策。因此，制订计划实质上也就是制定各种政策，如果不能制定政策就不能真正制订计划，所以计划权也是一种制定政策权。

4. 计划权是一种宏观调控权

这是由计划的性质所决定的。人类的计划实践证明，科学有效的计划不应是事无巨细、包罗万象的。这样的计划是行不通的。计划只应集中精力把握规划好若干带有全局性、根本性的重大的社会关系，因此真正的计划都应只是宏观计划，也正因为如此，在正式场合把计划称为国民经济和社会发展计划，国家计划要突出宏观性、战略性和政策性。计划是一种宏观调控政策措施，国家制订计划的根本目的就是要通过计划对国民经济和社会发展进行宏观调控。计划权是一种宏观调控权，作为宏观调控权的计划权，具体应包括对国民经济总量平衡、结构优化、内外贸易以及社会发展（包括人口、资源、环境等）目标等方面进行计划的权力。

5. 计划权是实体权利（力），也是程序权利（力）

在现实生活中，计划作为一种资源配置的重要政策措施，直接影响着人们的切身利益，计划的制订实质上也是利益的分配和调整，这正如缪尔达尔所指出的：“计划要有效果，就必须不断地协调竞争利益和决定它们之间的优先顺序。”[④] 因此，人们参与计划的制订实际上也是争取和保护自己的利益，计划权是一种实体权利（力），是人们保护和

① ［美］刘易斯：《发展计划》，5页，北京，北京经济学院出版社，1988。

② ［瑞典］缪尔达尔著，方福前译：《亚洲的戏剧》，26页，北京，北京经济学院出版社，1992。

③ ［美］博恩斯坦：《东西方的经济计划》，30页，北京，商务印书馆，1987。

④ ［瑞典］缪尔达尔：《亚洲的戏剧》，100页，北京，北京经济学院出版社，1992。

获取种种实实在在权益的重要途径。另外，计划的制订是一项庞杂的系统工程，必须分阶段、有步骤地进行，包括协商、规划、决策、咨询、审议、批准等等程序。在现代社会制度下，计划是国家干预社会经济的基本依据，计划是对各种相互冲突的利益目标的调和，也是影响国计民生的重要政策。刘易斯指出："计划的目标经常相互冲突——生产能力和现实消费水平、产出量和就业量、经济增长和收入分配、目前利益与未来利益，这些冲突也是很难调和的，必须交付一个必要的政治程序作出裁决。发展计划只有一部分属于经济技术，在更重要的意义上说，它也是一个政治调解过程。"① 因此，计划的制订必须极其严肃慎重，计划的制订必须具有严格的程序性，可以说，计划的程序是计划的生命，没有严格的程序作保障就没有科学的计划，而计划不科学，就不需要计划。程序的本质在于保障人们正确地行使权利（力）和实现权利（力），人们只有在正确地行使计划权利（力）和实现计划权利（力）的过程中或基础上才能正确地制订和实施计划。计划的程序性要求从法律上明确规定人们在计划程序中所享有的各种不同权利（力），计划权也是一种程序权利（力）。总之，计划权是实体权利（力）与程序权利（力）的内在统一，两者缺一，都是不完整的计划权。

6. 计划权不尽是行政权

长期以来，在理论上，人们都想当然地认为计划权是一种典型而重要的行政权；在实践中，计划权也是政府经常行使的权力，在政府部门中，计划是政府部门的主要工作，甚至已成为政府的一种存在方式。但实质上，计划权并不完全由行政机关所享有和行使，计划权也不完全是行政权。刘易斯指出："计划是为了一个民族而不是为了一个政府而制订的这个命题也解释了这一节里所讨论的委员会的结构，它要求公众参与计划设计的每一个阶段……更重要的是希望制订一个能够体现出很好的实施机会的发展计划。计划的实施不仅仅依赖政府；相反，它是以公众将从事许多发展所必需的活动为前提条件的。"② 国民经济和社会发展计划涉及方方面面，关系国计民生，影响国泰民安，是一种全局性、根本性、长期性的问题，是"国民经济和社会发展的宏伟蓝图，全国各族人民共同的行动纲领"，国民经济和社会发展计划也是法律并且是很

① ［美］刘易斯：《发展计划》，13～14页，北京，北京经济学院出版社，1988。

② ［美］刘易斯：《发展计划》，255页，北京，北京经济学院出版社，1988。

重要的法律。因此，制订计划也是制定法律，甚至是制定非常重要的法律。计划权也是一种立法权，它应该由全国人民代表大会及其常务委员会所享有和行使。在实践中，只是为了方便和更好地制订计划才授权或委托国务院及其下属的国家发展计划委员会进行。但是，国务院以及国家发展计划委员会必须充分发扬民主，凝聚各方意见，共商大政国是，并且要求有关部门在每年召开的全国人民代表大会上报告工作，接受监督，听取代表意见，集思广益进行修改，最后由全国人民代表大会批准通过，计划权的最终享有者、决定者和行使者还是全国人民代表大会而不是国务院及其下属的国家发展计划委员会。可见，这些都说明计划权不尽是行政权。

四、计划程序

（一）计划的制订

计划的制订程序是计划制订必须遵循的法定步骤，也是计划制订必受的监控环节。计划的制订程序是保证计划制订得科学、可行和有效的法律保障，计划的制订程序是计划的生命所在，至关重要，可以说，一切计划的制订程序都是为了保证计划制订得科学、可行和有效。计划法必须规定计划的制订程序，早在制订《“十五”计划纲要》时，就有人指出：“按照党的十五大提出的依法治国的要求，政府行政工作最终要走向法制化。规划工作既然是政府工作的重要组成部分，也要有法可依，逐步走向法制化。”为此，“在总结过去规划工作的经验，参考其他国家的做法，广泛征求各地区、各部门以及有关经济、法律专家意见的基础上”，并为此而颁发了《关于“十五”规划编制方法和程序的若干意见》，规范了计划编制程序。这些程序具体包括以下方面：

1. 正确掌握计划信息

计划信息是计划编制的基础，是计划工作的出发点。计划信息的质量直接决定着计划编制的质量，只有正确掌握计划信息才能编制科学的计划。计划信息十分广泛，它涉及政治、经济、社会、环境、科技、文教、卫生、国际等各个方面，必须通过各种渠道广泛了解，认真调查，多方搜集，如进行实地调研，听取基层意见；广泛动员社会各界参与计划的研究制订；邀请专家学者提出建议；组织科研院校进行专题研究形成研究报告；组织成立具有民间性质的计划咨询审议会；在新闻媒体开展为计划献计献策的活动；及时听取有关国家机关和委员会的意见，等等。这是计划编制的普遍做法。克劳德·赛贝尔指出："社会团体发言人参与编制计划，从一开始就是法国制订计划的哲学思想的一个组成部分。"① 计划编制要群策群力、集思广益、大众智慧，在这个基础上进行全面深入地整理、分析和综合，以便正确掌握计划期内国内外政治和经济形势、国民经济和社会发展动态、市场供求状况，进而准确地把握国家目前所处的阶段和将来前进的方向，抓住国民经济和社会发展的主要矛盾和根本问题，并据此形成基本思路，然后再具体编制计划。

2. 认真进行计划预测

计划预测是在正确理论的指导下，借助科学的知识和手段，结合所掌握的计划信息，对未来国民经济和社会发展的趋势和状况进行分析，并作出科学的预算和估计，勾画出未来一定时期国民经济和社会发展的纲要和蓝图。如"法国国家计划经常是在进行大量规划研究和经济预测的同时制定的"②。再如我国在制定"十五"计划时，当时的国家计委曾邀请国家统计局等单位的专家，专门研究了指标设置问题，并运用预测模型对增长速度、产业结构、固定资产投资、居民收入等重要宏观经济指标进行多方案的预测和模拟，并作多方案比选，为科学地确定目标打下了较好的基础。经反复研究、征求意见，纲要最后提出了 38 个指标，其中，根据新的发展阶段的要求，突出体现改善人民生活质量、引导经济结构调整和加强资源和生态环境建设等方面的指标。

3. 作好计划综合平衡

"制订中央经济计划必须面对的基本方法论问题，是整个经济（作为一个整体）与其各部分（单位、个人、各领域）之间的关系。"③ 解决这个问题的具体做法就是综合平衡。综合平衡是计划编制的基本方法，是对国民经济各部门、社会发展众目标、市场总供求、人财物总部署、产供销总安排进行综合平衡，使国民经济和社会发展大体上有计划按比例地协调发展。"计划工作必须把整个系统当作由各相互关联的部

① ［美］博恩斯坦：《东西方的经济计划》，204 页，北京，商务印书馆，1987。
② ［美］博恩斯坦：《东西方的经济计划》，197 页，北京，商务印书馆，1987。
③ ［美］博恩斯坦：《东西方的经济计划》，159 页，北京，商务印书馆，1987。

分所组成的整体来掌握。”[①] 如我国的“十五”计划是包括纲要、重点专项规划和行业规划、地区规划的整体，不同规划互相关联、各有侧重，需要进行必要的衔接和平衡。为此，有关部门在“十五”计划的基本思路形成阶段，分别召开了地方和部门座谈会，就基本思路与地方和部门交换了意见，并在全国计划会上进行了讨论；在纲要框架形成阶段，分别召开了全国地方计委主任座谈会和各行业规划座谈会，就纲要框架、10个重点规划的主要内容，与地方规划和行业规划进行了衔接；在十个重点专项规划的形成过程中，采取了多种方式，多次与地方和有关部门进行衔接，通过以上工作，纲要广泛吸收了各地区、各部门的意见，同时纲要的主要内容也在重点专项规划和行业规划中得到了充分体现和深化，使各个层次的规划构成一个有机整体。这一好的作法和传统，我国在编制《“十一五”规划纲要》得以继续使用。正因为如此，所以有人认为，“对许多学者和实践者来说，计划工作就是协调工作”[②]。

（二）计划的审批

计划的审批，实质上就是科学地进行计划决策。计划决策是计划工作的重要一环，也是关键的一环。所谓计划决策就是在计划预测和综合平衡的基础上，运用科学的理论和方法，发扬充分的民主做法，本着高度的负责精神，经过科学的决策程序，对国民经济和社会发展的目标、实现途径和所采取的措施进行最优选择，从多种计划方案中，选择发展目标合理、比例关系协调、发展速度适当、经济效益良好、实现途径可行和措施得力有效的计划方案。

国民经济和社会发展计划由全国人民代表大会审议批准。计划审批程序应包括：

1. 调查研究，掌握情况，提出计划决策方案

如我国“十五”计划的决策方案是，把经济结构战略性调整作为主线，着力推进产业结构、需求结构、城乡结构、地区结构、收入分配结构、所有制结构六个方面的调整；实施经济结构调整、西部大开发、城市化、科教兴国、可持续发展五大战略；突出体现改善人民生活质量、引导经济结构调整和加强资源和生态环境建设等方面的指标。掌握了计

① ［美］博恩斯坦：《东西方的经济计划》，161页，北京，商务印书馆，1987。
② ［美］博恩斯坦：《东西方的经济计划》，78页，北京，商务印书馆，1987。

划决策的方案，才能心中有数，把好审批关。审批就是审议计划是否符合、能否细化并贯彻计划决策方案，以及批准那些符合、贯彻、细化决策方案的计划。

2. 由计划方案提出者向计划审批机关进行报告，并听取意见

我国在编制《“十一五”规划纲要》的过程中，曾将专家委员会的论证报告随同纲要一起报送全国人大，作为审议规划纲要的参考，并于2006年1月25日和26日，起草小组分别向全国人大财经委员会和全国政协作了汇报，听取意见。

3. 由审批机关组织专家评审组，对计划方案作出鉴定和评估

我国在编制《“十一五”规划纲要》的过程中，起草小组曾邀请著名经济学家、科学家、企业家和其他领域的专家举行过四次座谈会，进行过四次专家委员会的论证和咨询，在纲要草案正式提请全国人民代表大会审议前，就把草案印发到各地，请各地代表进行初审，很多意见在初审后就被吸收采纳了。

4. 由审批机关作出决策或正式批准，并交有关部门组织实施，或给予否决

2006年3月5日，我国的《“十一五”规划纲要》严肃地放在近3 000名全国人大代表和列席会议的2 000多名全国政协委员的面前接受审议和批准，在作了34处修改后获得了通过。

（三）计划的修改

国民经济和社会发展计划在经过法定权限和法定程序正式制订和批准以后，便具有相应的法律效力，在正常情况下应予以实施。刘易斯指出：“实施发展计划要比制订它困难得多。制订一个计划是一次想象力的练习，而实施计划则是与现实的斗争。”① 由于实际情况不断变化，有时甚至发生重大变化，使得原定计划与实际情况不相适应，甚至格格不入，如果继续实施原定计划不仅没有可能而且没有必要，在这种情况下，就应该对原计划进行修改，使计划适应变化了的实际情况。“一个与实际缺乏相关性的发展计划很快就会失去它的权威”②，就会失败。但修改计划关系重大，不能轻举妄动，必须严肃认真，依法进行，计划法应当规定计划修改的条件和程序。

① ［美］刘易斯：《发展计划》，270页，北京，北京经济学院出版社，1988。

② ［美］刘易斯：《发展计划》，270页，北京，北京经济学院出版社，1988。

对于计划修改的条件，计划法可规定，只有在遇到下列特别重大情况之一时，才允许对计划进行修改：（1）发生特别重大的自然灾害，严重影响原定计划的完成。（2）国际社会发生重大变化，严重影响国内经济社会生活。（3）国家确定了新的政治或经济目标，足以影响原定计划的实施。（4）发生其他特别重大的情况，必须修改计划，等等。

对于计划修改的程序，计划法可规定：（1）由有关部门提出计划修改的理由，要求如实声明所发生的影响计划实施的特别重大的实际情况。（2）由相应的计划审批机关确认所发生的影响计划实施的特别重大的实际情况。（3）由计划审批机关把所确认的影响计划实施的特别重大的实际情况连同计划修改意见移交计划制订机关进行修改。（4）计划制订机关修改计划后交由计划审批机关审批。（5）计划审批机关审批后交由有关部门组织实施。

（四）计划的实施

制订计划只是计划工作的开始，最重要的还是实施计划，制订计划就是为了实施计划。计划经批准以后，便应积极组织实施。我国《“十五”计划纲要》十分注意计划实施机制，专门设立了规划实施篇，这在以往的五年计划中是不多见的，甚至是没有的。《“十一五”规划纲要》也专门以一篇来论述建立健全规划的实施机制，具体纳入、包括“建立分类指导的实施机制”，“调整和完善经济政策”，“健全规划管理体制”等等内容。计划法应规定计划实施的有关问题。

1. 规定计划实施主体

在市场经济条件下，市场对资源的配置起着基础性的作用，要充分激发市场主体的主动性、积极性和创造性，实践证明，只有这样才能真正有效地实施计划。我国《“十一五”规划纲要》规定：“本规划提出的农业、工业、服务业等的发展方向，利用外资、对外贸易等的发展重点，是对市场主体的导向，主要依靠市场主体的自主行为实施。”“本规划确定的保持经济平稳较快发展、转变经济增长方式、调整优化经济结构、增强自主创新能力、建设社会主义新农村、促进区域协调发展、促进城镇化健康发展、建设资源节约型和环境友好型社会等重点任务，主要通过完善市场机制和利益导向机制努力实现。”《“十一五”规划纲要》很好地处理了计划与市场的关系。计划的实施主体主要依靠企业、个人等市场主体，政府要为企业、个人实现计划目标创造良好的市场体制和政策环境，使国家的战略意图变为企业、个人内在的自觉行为。为此，"各级政府要维护公平竞争，严禁地方分割和部门保护，不得直接干预企业经营活动，不得干预市场机制正常运行"，"政府要通过体制机制创新和完善政策，为激发市场主体的积极性、创造性营造良好的制度和政策环境"。同时，还要积极推进企业改革，建立现代企业制度，"国有企事业单位要发挥带头和示范作用"。

2. 规定计划实施方式

过去实施计划主要依靠行政手段，通过国家下达指令性计划，并将计划指标进行层层分解落实来实施计划。这种计划实施方式在过去曾发挥过积极作用，但随着形势的发展变化，特别是市场体制的建立和完善，这种方式已不能适应市场体制的客观要求，也不利于发挥各方面的主动性、积极性和创造性，已不利于计划的实施。在市场体制下，计划实施的主要方式应采用经济方法和法律方法，要突出计划的宏观性、政策性和导向性。具体可规定：

（1）将国家计划任务和有关经济政策作为重要信息，向社会各界公布，由它们根据发布的信息制定和实施本单位的计划，使国家计划与各基层单位的计划衔接、协调、统一起来，从而保证国家计划得到部分的实施。

（2）可以通过国家订货形式，签订合同来实施。国家采用招投标方式，向各基层单位提出订货，可以附一定的优惠条件，如减免税收或提供原材料等，以吸引投标者来实施部分国家计划。

（3）通过国家下达少量必要的指令性计标来实施部分。我国《"十一五"规划纲要》规定："本规划确定的约束性指标，具有法律效力，要纳入各地区、各部门经济社会发展综合评价和绩效考核。约束性指标要分解落实到有关部门，其中耕地保有量、单位国内生产总值能源消耗降低、主要污染物排放总量减少等指标要分解落实到各省、自治区、直辖市。"不过，指令性计标的下达要注意运用市场规律，应保障计划承担单位的合理权益。

3. 规定计划实施的保障机制

计划的实施任重而道远，要求齐抓共管、全面努力、共同保障，为此必须建立一套完整的计划实施的保障机制体系。

我国的《"十五"计划纲要》将计划实施机制的重点放在宏观调控、体制建设、政策指导、整治市场秩序、完善组织体系方式等方面。

其中，良好的宏观经济环境是计划实施的基本保证；改革是发展的根本动力，通过积极推进改革，充分发挥市场配置资源的基础性作用，激发市场主体的积极性和创造性，为计划实施提供更好的环境和机制；制定经济政策，如经济结构战略性调整的政策体系、收入分配和消费政策体系、提高国际竞争力的对外经济政策体系、国家掌握的公共资源的合理有效使用的政策体系，这些政策为更好地保证计划的实施打下了基础；整治市场秩序，理顺竞争和价格机制，保证市场机制的有效运行，大力整顿和规范市场经济秩序，保证市场主体的合法权益、加强市场监管的基础建设和力量，合理有效的市场秩序为计划的实施提供了良好的条件；完善计划实施的组织体系和方式，充分发挥全体人民、中央和地方政府的积极性，充分运用政府所掌握的公共资源，用得其所，为计划实施提供强有力的组织体系保证。

我国的《"十一五"规划纲要》规定："在社会主义市场经济体制初步建立的条件下，实现本规划的目标和任务，主要依靠发挥市场配置资源的基础性作用。同时，政府要正确履行职责，调控引导社会资源，合理配置公共资源，保障规划顺利实施。"凡是归市场的目标，由市场去调节；凡是归政府的任务，"是政府的承诺，各级政府要切实履行职能，运用公共资源全力完成"；由市场和政府共同负责的目标，要市场机制与政府作用结合起来，"主要通过完善市场机制和利益导向机制努力实现"，但"政府要通过体制机制创新和完善政策，为激发市场主体的积极性、创造性营造良好的制度和政策环境"。

（五）计划的监督

为了有效地保证国家计划的实施，必须加强对计划实施情况的监督，计划法应规定计划监督的有关内容。

1. 规定各级计划执行机关要定期和不定期地检查计划的执行情况，以便及时发现问题，采取措施，加以解决，保证计划的实施。

2. 规定在计划执行中，要注重发挥财政、税务、银行、工商、统计、审计等职能部门的监督作用。

3. 加强跟踪监测调整体系建设。具体说来，一是建立计划实施的跟踪分析机制，主要通过年度计划对各项宏观调控目标完成情况的跟踪分析和监测预测，及时发现计划实施中出现的新情况、新问题，同时，也便于接受全国人民代表大会及其常务委员会的监督检查。如我国《"十一五"规划纲要》规定："国务院有关部门要加强对本规划实施情况的跟踪分析，接受全国人民代表大会及其常委会对实施情况的监督检查。”二是对计划的实施进行中期评估。我国《“十一五”规划纲要》规定：“在本规划实施的中期阶段，要对规划实施情况进行中期评估。中期评估报告提交全国人民代表大会常务委员会审议。经中期评估需要修订本规划时，报全国人民代表大会常务委员会批准。”三是建立计划目标调整机制。计划实施是一定时期的动态过程，有许多不确定因素，导致计划实施往往会遇到与计划制订时不同的国内外环境，造成实际情况与原定计划目标相脱离，需要在科学分析和判断的基础上，提出调整方案，报请全国人民代表大会常务委员会审议批准实施，并予以监督检查。

五、计划责任

为了保证计划的科学制订和有效实施，必须对计划的制订和计划的实施规定相应的法律责任。计划法对计划法律责任可作如下规定：

1. 计划法律责任适用过错责任原则

计划制订者和计划实施者有严格的资格要求，应当具有高度理性，其预见水平应比较高，防范能力应比较强，因此，在计划制订和计划实施过程中实施违法行为，一般说来主观上均有过错，包括故意和过失，计划法律责任可以适用过错责任原则。但是，也应考虑到社会关系是纷繁复杂的，任何人都不可能对其完全认知、全面把握、详尽规划，难免处于某种无知状态，在这种情况下，计划失误有时是不可避免的。对于这种计划失误，计划制订者和计划实施者主观上确实并无过错，因而不应承担法律责任。计划法律责任不适用无过错责任原则。

2. 规定违反计划法的行为，可以采用一般规定和具体列举相结合的方法加以规定

如规定凡是影响、破坏国民经济和社会发展计划的制订、实施的行为都属于违反计划法的行为，同时列举规定：（1）在计划制订和实施过程中弄虚作假；（2）泄露国家计划机密；（3）不按法定权限和程序制订计划、审批计划；（4）擅自修改计划；（5）截留或挪用国家计划统配物资；（6）借国家计划之名侵犯企业合法权益；（7）玩忽职守、渎职，致使国家计划不能完成，等等。

3. 规定相应的法律责任

包括行政责任，如警告、记过、记大过、降级、降职、撤职、留用察看、开除；对于玩忽职守、渎职，严重违反计划法，造成重大损失，构成犯罪的，依法追究刑事责任；造成经济损失的，应追究责任者的经济责任，责令赔偿经济损失。

第三章

财政法

财政法是经济法体系的内在构成要素，是宏观调控法的重要组成部分。

第一节 财 政

一、财政的概念

财政，按中文的原本意思，是“财”加“政”，其中的“财”，指的是财产，包括资金和物资，在现代经济社会，一般概称为货币资金；其中的“政”，指的是“管理众人之事”，由于在现代国度，一般只有政府才能“管理众人之事”，因而“政”，具体指的是“政府管理众人之事”。可见“财政”的含义，指的是政府运用“财产资金”去“管理众人之事”。

财政，在英文中是 finance，它源于拉丁语 finic，原指支出的期限，后指公共收入，再后演进为“公共财政”，改为“public finance”，意指“公共收入和支出的管理”。

综合中西方财政的原本意思，可以得出财政的概念：财政，是政府通过筹集和支出公共财产管理公众事务以实现公共目的的活动。

二、财政的特征

依上述财政的概念，不难看出，财政具有以下基本特征：

1. 财政以政府为主体

这从“财政”的“政”即可看出。尽管财政涉及许多主体，包括企业、社团和个人，但在现代国度，能够筹集和支出公共财产，管理公众事务，实现公共目的的主体一般说来只能是政府，具体包括中央政府和地方各级政府，但主要是中央政府。现代意义上的财政始终是以政府为中心的，在很大程度上可以说，没有政府就没有财政。早在 1928 年庇古在其名著《公共财政学研究》中就指出：“每一个发达社会都存在某种形式的政府组织。这些组织可能代表或不代表社会成员的集体利益，但肯定对个人成员具有强制性权威。政府组织由一个权力较大的中央政府和众多权力有限的地方政府组成，已是一条规则。不管是中央还是地方政府当局，都被赋予功能和职责。在不同的地方，具体的实际情况可能会有所不同。这些职责牵涉支出，从而要求为之筹集收入。”① 在西方，也有把“财政”名为“government finance”，意即“国家财政”、“政府财政”，目的就在于突出政府在财政中的主体地位，强调财政本质上是政府的政治经济活动，以区别于市场调节活动。

2. 财政以公共性为标志

在英文中，“finance”本已具有“财政”的意思，之所以要在“finance”的前面再加上“public”，变成“public finance”，并非蛇足，而是为了强调财政的公共性，所以在西方，财政指的是“公共财政”，或“公共部门经济”。这样做，一是表明现代财政是公共财政，不同于“朕即国家”时期的私人财政。那时候，“认为国家岁入是统治者的私人收益，他可以随心所欲地使用，这种说法是根深蒂固的”②。因为“当时一个封建国家的财政几乎并不大于王室财务，并且与其说是公共财政，不如说实际上是私人家务的好”③。君主财政依仗专制王权榨取和使用，服务于专制君主，不受公众约束，也未必提供公共服务。而现代财政与之完全不同，财政资金只能依法筹集，合理使用，并要提供公共服务。二是表明财政作用的基础。由于存在市场失灵，仅靠私人追逐私人利益的私人活动并不能完全解决所有的市场问题，还必须有政府的公共活动，市场经济就是由上述两者构成的混合经济。三是表明财政作用的范围，主要是市场失灵的领域。凡是市场能有效发挥调节作用的领域，财政无须干涉，只有市场失灵的领域，财政才有立足之地，市场失灵的领域往往就是公共财政作用的领域。四是表明财政作用的方式，在于提供公共物品。公共物品由于效用的不可分性、消费的非竞争性和受益的非排他性，因而私人不愿或不能提供，只好由政府提供。政府通过财政提供公共物品，包括公共服务。五是表明财政作用的条件，这个条件就是筹集和支出公共财产。公共财产是财政发挥作用的条件，“巧妇难为无米之炊”，没有公共财产，财政的作用无从谈起。六是表明对财政作用

① ［英］布朗、杰克逊著，张馨主译：《公共部门经济学》，1 页，北京，中国人民大学出版社，2000。

② ［意］卡洛·奇波拉著，徐璇译：《欧洲经济史》，第 1 卷，267 页，北京，商务印书馆，1988。

③ Bullock, *Selected Readings in Public Finance*, 2nd ed., Boston, Ginn & Co., 1920, p. 1.

的规制。财政要受公众约束和监督，由议会审批，是民主财政而不是专制财政；财政要反映公共意志而不能一意孤行。七是表明财政作用的目的，在于弥补市场的缺陷，管理公众之事，提供公共物品和公共服务，实现社会公共利益。

3. 财政以融资性为内容

在中文构词法中，“财政”是一种偏正结构，即“财之政”，“财”是“政”的限定，是“财”的“政”，而不是别的什么“政”；同时，“财政”又是主辅结构，即“为财之政”，“财”是“政”的内容，“政”是“财”的手段，“财政”是以“政”理“财”。在英文中，“finance”具有“资财”的意思，也具有“融资”的意思，“public finance”就具有“公众融资”、“融公众之资”的意思。由于只有政府才能真正“融公众之资”，因而财政也就成了“政府融资”。从财政的中英文本义都可以看出，财政的核心内容是“融资”，即政府筹集和支出公共资产，以履行政府的职责、实现公共目的，这是财政的根本目的之所在。因为，分散的小钱是办不成大事的，只有把分散的小钱筹集起来形成大钱才能办成大事，集腋成裘，钱多力量大，这正如马克思所指出的：“假如必须等待积累去使某些单个资本增长到能够修建铁路的程度，那么恐怕直到今天世界上还没有铁路。但是，集中通过股份公司转瞬之间就把这件事完成了。”① 同样，“要管理公众之事”、实现公共目的等种种大事，必须要有庞大的资产，这些资产只有通过政府才能筹集和支出。财政的必要和价值就在于解决了“融公众之资”这一十分艰难的任务。这是财政的核心问题所在。因为，财政无非就是资产的筹集和支出两个问题，财政就是要解决如何有效地筹集资产和怎样合理地支出资产这两个问题，解决了这两个问题也就解决了财政的主要问题；解决不了这两个问题财政就会出现问题，甚至会发生财政危机。这也是财政的职能所在，因为无论是财政的资源配置职能、分配调节职能还是经济稳定职能，都是通过财政资产的筹集和支出去实现的。公共收入和公共支出的数额明显地反映着政府介入社会经济生活的广度和深度，反映着财政在社会经济生活中的地位和作用。

① 《马克思恩格斯全集》，中文1版，第23卷，688页，北京，人民出版社，1972。

三、财政的职能

财政具有以下职能：

1. 资源配置职能

财政的资源配置职能主要体现在以下几个方面：一是由于存在公共物品。公共物品具有效用的不可分性、消费的非竞争性和受益的非排他性，一般不能由私人部门通过市场提供，从而出现了公共物品的短缺以及“公共物品的悲剧”。但公共物品对于社会共同体和全体社会成员来说是不可或缺的，私人部门不能通过市场来提供，那么就只好由公共部门用非市场的方法去提供。具体说来就是通过财政来提供公共物品，促使社会资源向公共部门分配，从而实现资源在私人物品和公共物品之间的有效均衡配置。如我国《“十一五”规划纲要》就要求公共财政要服从和服务于公共政策，要转到为全体人民提供均等化基本公共服务的方向上来。二是由于存在外部效应。所谓的外部效应，简而言之，就是双方或多方的交易对第三人所产生的影响，其核心是有相互影响而无相应的补偿。外部效应既有正的，如公共设施；也有负的，如环境污染。无论是正的还是负的，如果不予纠正或抵消，生产不是过少就是过多，结果都会导致资源配置不当或无效。在存在外部效应的情况下，市场往往解决不了问题，当市场解决不了问题的时候，就必须由政府部门以包括财政在内的非市场方法去加以解决。具体说来，对于公共基础设施，由于投资大、周期长、见效慢、经济效益低但社会效益大，私人不愿或无力从事，因而应通过财政去配置资源，如财政投资或给予财政补贴，以鼓励和增加生产；而环境污染等问题，具有负的外部效应，对人类生态资源、环境保护和经济社会协调发展影响深远，市场配置无效，应由财政去配置资源，如政府通过课征环境污染税，迫使污染者增加成本，调整生产决策，减少生产甚至不生产，从而减少环境污染。我国的《“十一五”规划纲要》就要求充分发挥税收的调节作用，完善和制定鼓励资源节约型和环境友好型的税收政策。三是由于存在不完全竞争状态。如人为垄断，垄断者为了攫取高额垄断利润，人为提高价格、减少产量，或者两者并举；再如自然垄断，像铁路运输、供水供电、煤气管道、电话服务等，是一种规模经济，独家或少数几家经营远胜于多家竞争。不完全竞争状态是一种市场失灵，会导致资源配置失效。为了增加产量、降低价格，必须通过政府财政去配置资源，具体如对这类企业加重税收或减免税收，取消或发放财政补贴，或者接管这类企业，由政府监管，从而促使这类企业进行有效竞争，以最低的价格向社会提供最多最好的产品或服务，从而实现资源的有效配置，满足社会的公共需要。

2. 分配调节职能

在市场体制下，社会分配主要由市场调节。但市场调节受各种因素的影响，如每个人所处环境、家庭背景、可遇机会不同，每个人所提供的生产要素或商品服务不同，每个人所先占的资源不同，还有一部分人由于种种客观原因根本就不能参与市场分配；市场分配是一种竞争分配，是一种按优分配，它不会对那些劣汰者、市场失败者、不能参与市场分配者有所分配，等等。这些因素使得市场调节分配有失公平。但社会是一个和谐的整体，有社会正义的要求；社会成员作为人、同是人都应是平等的，都有生存和发展的权利，这两者都要求对有失公平的市场调节分配加以纠正，进行社会再分配。这种社会再分配不能通过私人部门或慈善机构进行，而只能通过政府财政进行，因为“政府在寻求协调和全面的再分配政策方面处在有利的地位，并且由于它具有强制性税收来源，它在大规模进行收入再分配方面处于有利位置”①。那么，怎样通过政府财政进行社会再分配呢？具体说来：一是直接向高所得者征收所得税以补贴低收入者；二是通过财政支持来帮助穷人提高他们的教育水平和工作技能，以增加他们就业和获得高收入的机会；三是通过转移支付项目，如医疗保险、各种补贴等社会福利，把资金从高收入的地区或人们转移给那些应该增加收入的地区或人们。这样，就可以调节收入分配，避免贫富悬殊，消除两极分化，缓解社会矛盾，实现社会公正，达到共同进步。

3. 经济稳定职能

市场调节要实现社会总供给与社会总需求的平衡，将要经历一个长期而曲折的过程，并经常伴有经济波动甚至经济危机，而政府财政在维持社会总供给与社会总需求平衡方面具有十分便利的作用，政府财政可以直接作为供给者或需求者去调节社会总供求。例如，当社会总供给超过社会总需求时，政府可以通过增加财政支出和减少税收或两者并用来扩大社会总需求；而当社会总需求超过社会总供给时，政府可以通过减少财政支出和增加税收或两者并用来抑制社会总需求。与市场调节相

① ［英］布朗、杰克逊：《公共部门经济学》，38页，北京，中国人民大学出版社，2000。

比，财政调控更直接、更迅速和更明显，而且还更自动。如累进所得税，当经济繁荣时，投资增加，收入增加，累进所得税会自动随之递增，形成一种拉力，防止经济过热；当经济衰退时，投资减少，收入下降，累进所得税会自动随之递减，形成一种推力，防止经济萧条，从而保证经济稳定增长。再如规定人们领取失业救济金收入标准的失业救济金制度，当经济过热时，人们的收入普遍增加，领取失业救济金的人数自动减少，救济金支出亦随之减少，财政总支出自动压缩；当经济衰退时，人们的收入普遍下降，领取失业救济金的人数自动增加，救济金支出亦随之增加，从而财政总支出自动增加。这些财政制度安排，使财政自动发挥稳定经济的职能。此外，市场调节具有盲目性、局限性，不能完全保证实现产业结构的优化，而政府可以通过税收优惠、直接投资、财政补贴等财政杠杆，引导、鼓励、扶持某些“短线”产业的发展，同时，政府可以通过加重税收、减少投资或不投资、取消财政补贴等财政杠杆，反对、限制、削弱某些“长线”产业的发展，诱导市场主体的微观经济行为符合宏观发展目标，实现产业结构的均衡、优化和升级。

第二节　财政法概述

一、财政法的概念

财政法，要而言之，就是调整财政关系的法律规范的总称。但要深入理解财政法，还必须对财政关系加以深入分析。

1. 财政关系具有财产性

财政，是“财”在前，“政”在后，有“财”才有“政”，因“财”而设“政”，“政”由“财”而来，“政”服务于“财”，是“财”主“政辅”，因此，财政关系的核心是一种财产关系，是财产的筹集和支出关系，是财产归属的改变和移转关系，是利益的分配与再分配关系。无论中央政府在筹集和支出财产中同地方政府、企业、社团和公民发生什么样的社会关系，但核心总是财产利益关系。从根本上说，没有无“财”之“政”。

2. 财政关系具有管理性

财政，不仅有“财”，还有“政”，是有“政”之“财”，“政”就表征着财政关系的管理性，使财政不同于一般的“财”，尤其不同于无“政”之“财”。因为政府才有权力强制进行国民收入的分配和再分配，才能筹集和支出财产，并令相对方服从。从这个角度看，“政”是“财”的必要条件，“财”因“政”才可能被筹集和支出，没有“政”就没有“财”，可以说，没有必要的权力和强制，就没有财政。正是因为“政”，所以财政关系区别于一般的财产关系。筹集和支出财产不仅需要政府的权力和强制，而且需要政府的管理，如有理有节、量入为出、合理安排、协调平衡、公平有效，可以说没有政府的管理，就会“破财乱政”，无财政可言。在财政关系中，政府与其他主体相比，地位突出，政府是管理者，是权利（力）主体，而相对方是被管理者，是义务主体，它们的地位不是平等的，权利（力）不是平向的。此外，在财政关系中政府取得财政收入是无偿地征收，无须对等给付；政府支出财政收入是无偿地拨付，无须直接归还。这说明财政关系具有无偿性。财政关系的强制性、不平等性和无偿性是其管理性的具体表征。

3. 财政关系具有社会性

财政的“财”虽然来源于私人，但一旦脱离私人收归国库以后，就不再是私人财产而是公共财产了，财政是公共财产的筹集和支出，是国民收支。财政的“政”是政府，尤其是中央政府，因为只有在一个大社会的国度才有财政，也只有政府才能代表社会，以社会的名义筹集和支出财政资产，中央财政是在一国范围内在全社会中进行的，不局限于一地一域，无政府无财政，政府是财政的社会性标志。财政关系是一个社会最基本、最广泛的社会关系，涉及全社会成员，无人能外，不是某些人或少数人之间的私人关系。财政的目的是服务于社会公共利益，如提供公共物品、调节社会分配、满足社会需要、实现社会公正等，不同于提供私人物品或服务以满足私人需要的私人财务。这些都说明财政关系的社会性。

二、财政法的性质

1. 财政法是一种强行法

财政实现的基础和前提条件是“政”，即国家权力的依凭和运用，这就决定了财政的强制性。这种强制性表现在财政的许多方面，如政府对公民征税，是强行取得公民的财产，凭借的就是国家权力。由于征税是财产的移转和利益的分配，直接导致人们财产利益的得丧变更，关系甚大，必然会引起人们的怨恨、不满和反对，如果没有国家权力作后盾，根本就不可能收到税，就不会有税收。如财政支出，公民对财政支出的规模和方向的安排肯定会有不同利益和不同意见，但不能自以为是、各行其是，必须通过一定的程序由政府权威集中公民意见并作出决策，然后强制实施。在这方面，如果没有政府权威，就无法集中意见、协调利益、统一行为，也就没有财政。如在财政关系中，主体地位不是平等的，权力（利）义务不是平向的，主要体现的是国家单方面的意志，像税收开征停征、税率确定、税收减免，主要就是政府命令而公民服从，强行征税，违者处罚。如财政关系具有固定性，像预算，一旦确定，是一种硬约束，非有充分理由和非依法定权限和程序不得变更。像税收，一旦固定，“任何机关、单位和个人不得违反法律、行政法规的规定，擅自作出税收开征、停征以及减税、免税、退税、补税的决定”。财政关系的固定性是其强制性的加强和体现。如财政法律责任，像税法责任，违反税法的法律责任是行政责任和刑事责任，法律责任具有法定性和严苛性，这正是财政法强制性的显著表现。从财政的职能来看，在于纠正市场失灵、弥补市场缺陷，运用的是与自由市场机制不同的调整机制，它是一种政府干预、政府影响、政府管制和政府强制。

法律是经济关系的记载和表述，财政法是财政关系的记载和表述，有什么样的财政关系就有什么样的财政法。上述财政关系的强制性决定了财政法是一种强行法。

2. 财政法是一种确认和规范政府财政行为之法

财政的右边是“政”，即“管理众人之事”，财政的主体是政府，财政是一种政府“管理众人之事”的行为。政府要“管理众人之事”，就必须确认政府的权力和权威；而另外，政府要管理好“众人之事”，又必须规范政府的权力和行为。这就决定了财政法是一种确认和规范政府财政行为之法。

首先，财政法是确认政府财政行为之法。如确认政府财政行为的必要性。市场经济存在公共物品、外部性、垄断、分配不公、不充分信息和“滞胀”等客观问题，会导致市场失灵，必须有政府行为的存在和介入，以纠正市场失灵，克服市场缺陷，进而有效配置资源，因此，必须反对市场万能论，而要确认政府必要论，其中之一就是确认政府的财政行为。如确认政府的权力。财政与一般的经济行为的不同之处就在于它以国家权力为后盾；财政与一般的侵权行为的不同之处就在于它拥有国家权力，因而是公然的、合法的；财政与一般的分配行为的不同之处就在于它是政府依照权力进行的分配。如果没有政府权力，人们不会自愿把自己心疼的财产利益转移集中到政府手里，也不会自觉认同政府的财政支出方案，可以说，不确认政府权力就没有财政。如确认政府权威。财政是一种社会活动，在全社会贯彻实施，服务于社会公共需要。实践证明，任何社会化的联合活动都必需一定的权威，这正如恩格斯所指出的："……联合活动就是组织起来，而没有权威能够组织起来吗？"① 在社会化的大工业中，"想消灭大工业中的权威，就等于想消灭工业本身……"② 所以，"……一方面是一定的权威，不管它是怎样形成的，另一方面是一定的服从，这两者都是我们所必需的……"③ 财政亦然，如果不确认政府权威，就无法代表社会公众，集中社会公意，协调社会利益，统一社会行为，就不能全局着眼、整体筹划、令行禁止、宏观调控、有序进行，进而也就无财政可言。

其次，财政法必须规范政府财政行为。要认识到规范政府财政行为的必要性。信息不足、官僚决策、命令服从、权力滥用等原因，导致政府财政行为也会失灵，必须予以规范。由于政府较之于市场，具有强势，自发扩张，会侵蚀市场、干扰市场，有时缺位，有时越位，如果不加规范，不但不能弥补市场缺陷，反而会造成更大的缺陷。实践证明，不规范政府行为，政府行为必然会失灵。财政是政府对人们财产的强制无偿地取得和分配，直接导致人们财产利益的得丧变更，涉及人们的切身利益，影响社会根本大局，关系十分重大，必须加以规范，依法进行。财政同一般的侵占和瓜分的不同之处就在于它是严格规范、合法合理进行的。如税收，"税收的开征、停征以及减税、免税、退税、补税，依照法律的规定执行"。财政是筹集和支出公共财产，关切国计民生，影响国泰民安，财政的本义就是"公共事务公众办"，不可独断专行，而必须根据权限，依照程序，发扬民主，集思广益，公共选择。财政必须程序化，以程序加以规范。如国家预算，必须按法定权限和程序编制、审查、批准和执行。这也是法治的要求。法治的核心和关键是政府守法，这正如哈耶克所指出的："法治意味着政府的全部活动应受预先

① 《马克思恩格斯选集》，2版，第3卷，224～225页，北京，人民出版社，1995。
② 《马克思恩格斯选集》，2版，第3卷，225页，北京，人民出版社，1995。
③ 《马克思恩格斯选集》，2版，第3卷，226页，北京，人民出版社，1995。

确定并加以宣布的规则的制约——这些规则能够使人们明确地预见到在特定情况下当局将如何行使强制力，以便根据这种认识规划个人的事务。”① 财政行为是政府行为的重要组成部分，不规范政府的财政行为就不可能规范政府行为，不依法理财就不可能依法治国。

3. 财政法是一种宏观调控法

财政是政府筹集和支出公共财产的行为，财政政策是一种重要的宏观调控政策，对宏观经济具有巨大影响。如政府通过税收征管、发行国债筹集财政收入，财政收入构成政府集中掌握的财力和统一动员的资源，财政收入的多少意味着政府宏观调控能力的高低。如果财政收入提高，意味着更多的社会收入从私人部门流向政府部门，相应地，私人部门的需求将下降，产出将减少；如果财政收入降低，意味着更少的社会收入从私人部门流向政府部门，相应地，私人部门的需求将上升，产出将增加。财政收入的多少调控着宏观经济的运行状态。如政府通过购买性支出和转移性支出等财政支出，直接构成社会总需求，如果财政支出增加，那么就会扩大社会总需求；如果财政支出减少，那么就会缩减社会总需求，最终都会影响到社会总供求的平衡，进而也会调控着宏观经济的运行状态。如政府通过财政投资于公共设施、自然垄断、外部效应、关联度高、基础瓶颈等产业，其投资规模、投资比例和投资方向对经济结构的调整起着关键性的作用。此外，通过税收杠杆，对“短线”产业减税免税以鼓励其发展，对“长线”产业加税重税以限制其发展，从而在产业结构上对宏观经济进行调控。如政府通过对进出口货物征收不同关税——对出口货物减税、免税、退税以鼓励出口，对进口货物课征高额进口关税、反补贴税和反倾销税以限制进口，这样可以影响货物在国内外流通，从而影响国内外贸易的平衡，这样可以达到对宏观经济进行调控的目的。

法律作为一种抽象性、普遍性的规范，它无视特殊性，不苛细小、不理琐事，抽象规定，普遍适用，本质上是一种宏观调控措施。这与财政的宏观调控职能是因应自洽的。财政政策是一种重要的宏观调控措施，财政法是一种宏观调控法，财政法就是作为宏观调控措施的财政政策的法律化，目的是实现作为宏观调控措施的财政政策的法治化。

① ［奥］哈耶克：《通向奴役的道路》，71页，北京，商务印书馆，1962。

三、财政法的原则

1. 公平与效益相结合原则

财政的本质是社会财富的再分配，由于可供分配的社会财富总是有限的，难以满足所有人的要求，所以分配很容易出现矛盾，为了把矛盾减少到最低限度，最根本的办法之一就是保证分配公平，财政必须公平分配。而之所以需要财政对社会财富进行再分配，就是因为社会财富的市场分配、初次分配不公平，需要通过财政的再分配对市场分配、初次分配的不公平加以校正，以实现公平。财政的职能就是实现社会财富再分配的公平，如果财政不公平，那么财政就没有履行其应履行的职能。

与此同时，财政作为一种资源配置机制，也要讲究效益。任何资源配置都是为了使有限的资源得到最大化的利用和取得最大化的效益，都要讲究效益。只有讲究效益，才能创造出更多的可供分配的资源，才能使人们分得更多的资源，才能减少社会矛盾。财政的功能在于克服市场配置资源的局限，弥补其配置资源的缺陷，实现资源的优化配置。无论是决定财政收入还是安排财政支出都要讲究效益，如果财政没有效益，那么财政也没有尽到其应尽的职责。

上述两个方面要求财政要贯彻公平与效益相结合的原则。

法律自古就被视为“公平正义之术”，同时也要关注效益，财政的原则与法律的原则是统一的，财政法也应贯彻公平与效益相结合的原则。

这一原则在作为财政法核心的税法中贯彻和表现得特别显著。

首先，公平是税法的追求目标，也是检验税法好坏的标准，还是税法的根本遵循。税法公平包括两个方面：一是纳税人与政府之间的公平，这正如亚当·斯密所指出的：“一切赋税的征收，须设法使人民所付出的，尽可能等于国家所得的收入。”[①] 纳税人税负太轻，政府财政空虚，无能为力，无所作为；政府征税过重，纳税人不堪重负，竭泽而渔，伤及税本，两者都有欠公平。税法必须寻求纳税人与政府之间的公平，区别两者之间的需要，这也是财政职能的核心所在，诚如马斯格雷夫所认为的：“以资源利用的决定为转移并以私人需要与公共需要之间

① ［英］亚当·斯密：《国民财富的性质和原因的研究》，下卷，385页，北京，商务印书馆，1979。

的区别为基础。这种区别是我们所关心的，因为这是财政职能的核心。”① 二是纳税人之间的公平，包括普遍纳税和平等纳税。所谓普遍纳税，如我国《宪法》第56条所规定的：“中华人民共和国公民有依照法律纳税的义务。”具体是指一切有纳税能力的人都应一律纳税，反对税收特权，不允许某些人有能力纳税而不纳税。所谓平等纳税，具体有两方面的含义：其一，纳税能力相同的人同等纳税；其二，纳税能力不同的人不同等纳税。纳税能力一般归结为所得，因此，上述两方面的含义可以简言为：同所得者同等纳税，所得多者多纳税，所得少者少纳税，无所得者不纳税。实现社会成员之间的税负公平是税法的根本宗旨之一。

其次，效益是税法的宗旨，也是税法的基础，还是税法的价值所在。税法应是有效益的，税法的效益包括两个方面：一是指征税过程本身要有效益，如较少的征管费用、便利的征管方法等等，亚当·斯密早就指出：“各种赋税交纳的日期以及完成的方法，须予纳税人以最大的便利。”② 二是指征税对社会经济运行要有效益，如通过税收促进资源有效配置，优化经济结构，刺激经济发展，合理分配社会收入，稳定经济秩序等。

公平与效益密切相关，在总体上是统一的，如效益是公平的前提，公平是效益的条件，公平与效益必须两相结合，同时兼顾。但这种兼顾并不是半斤八两、不分轻重的，而必须根据特定的社情民意、具体的经济目标、长远的发展战略、整体的组合税制，有所侧重，来选择公平型税制、效益型税制还是兼顾型税制。

实践证明，公平与效益相结合作为税法的原则是必要的，只有贯彻这一原则，税法才能发挥其积极有效的宏观调控职能，否则，危害甚大。皮尔特罗·维里（Pietro Verri）指出：“一个国家可能由于两种课税方式而趋于破败。第一种情况是税收款额超过国民能力而且与总财富不相称。第二种情况是税收款额在总量上虽然与国民能力成正比，但其分配却不尽合理。”③ 他把税收不公平和税收无效益提高到引起国家破

① ［美］马斯格雷夫著，董勤发译：《比较财政分析》，4页，上海，上海人民出版社，1996。

② ［英］亚当·斯密：《国民财富的性质和原因的研究》，下卷，385页，北京，商务印书馆，1979。

③ ［美］哈维·罗森著，平新乔等译：《财政学》，296页，北京，中国人民大学出版社，2000。

败的原则高度，所言极是，令人警醒。

2. 财政收支基本平衡原则

财政的要义是收支活动，收入、支出是财政运行的重要内容，收入与支出是财政运行过程中相互制约的双方，收支是否平衡构成财政运行的基本矛盾，收支状况反映着政府与私人、私人与私人、中央与地方、地方与地方之间的利益关系，收支是否平衡直接影响着社会总供给与社会需求在总量和结构上的平衡，深切宏观经济的核心。如果收入长期大于支出，财政大量结余，那就意味着政府集中的资源没有得到有效的配置，导致经济萧条，束缚经济发展；如果支出长期大于收入，财政大量赤字，那就意味着政府财政失控，导致通货膨胀，动荡经济秩序，两者都会严重阻碍社会经济的发展。因此，财政收支平衡就成了制定财政政策法律的轴心问题。早在1776年，亚当·斯密就指出："唯一的好预算是一个平衡的预算"，尔后长期以来，"平衡预算——事实上是略有盈余可以用于还债的预算——依然是财政上的基本信条"，"大体说来，赤字预算仍然被鄙薄为儿戏，是受人尊敬的政府所不屑为之的"①。财政收支基本平衡，既是财政法产生和存在的一个原因，也是财政法必须贯彻的一个原则。

当然，所谓的财政收支平衡不是静态的某一时点上的平衡，而是一个时期内的动态平衡；不是就财政而言的局部的平衡，而是国民经济全局的平衡；不是绝对的平衡，而是基本平衡，略有结余或略有赤字也是平衡，并且这往往是财政平衡的常态。

财政法的基本任务在于规定财政收入和规范财政支出。一方面规定财政收入，使财政收入具有稳定性、保障性，防止流失、浪费，保证财政收入及时、足额解缴入库；一方面规范财政支出，使财政支出依法进行，有序作出，约束硬化，防止任意列支、增支，控制财政支出的规模和结构。从这里可以看出，财政法是保障财政收支平衡的重要法律机制。

3. 财政公共选择原则

财政是通过政府筹集和支出公共财产来管理公众之事，这里内涵着两个问题：一是筹集和支出公共财产来管理公众之事，很显然这直接涉及社会公众利益，关切国计民生，影响国泰民安，因此，必须公共事务

① ［美］熊彼特著，朱泱等译：《经济分析史》，26、28页，北京，商务印书馆，1994。

公众办；二是公共事务公众办，但“公众办”不可能人人亲自去办，那样不仅成本高昂，而且还可能因为相互制约而不便行事，因此，只能由作为社会公众代表的政府代为进行。这两个问题最终又可归结为这样一个问题：政府是否能够代表社会公众？怎样保证政府能够代表社会公众？公共选择理论揭示，政府也像私人一样，是经济人，追求自身利益的极大化，有自己的偏好，未必能够追求社会公众利益、满足社会公众偏好。如果没有有效的法律规范和法律约束，那就更是如此。因此，如何使个人偏好转化为社会偏好，使政府偏好依从社会偏好，就成了公共选择的关键。实践证明，要有效解决这一问题，不能依靠劝说忠告，早在 1896 年维克塞尔就提出警告：“不要设想：我们作为经济学家向仁慈的专制君主提出忠告，对这个实体提出忠告，它就真的会作出努力，最大地扩充社会福利机能。”① 而必须制定法律规则，依法加以规制。维克塞尔声言：“如果希望在经济政策里进行改革，要着眼于作出经济政策决定的规则，着眼于宪法本身。”② 布坎南也明确指出：“公共选择观点直接导致人们注意和重视规则、宪法、宪法选择和对规则的选择。”③ 政治经济学必须法制化，“法制政治经济学家的任务是帮助个人不断寻求能最好地服务于他们的目的（无论是何目的）的政治博弈规则，这些个人，作为公民，最终控制着他们自己的社会地位”④。

公共选择理论应用于财政决策领域，导致的法律规则，主要包括以下内容：一是依法确定公共项目的种类，包括公共支出项目和公共投资项目；二是依法确定公共项目成本的分摊方式，即确定税种、税率、纳税人等事项；三是依法确定国家预算规模，实现国家预算效益最大化的目标；四是依法确定财政决策程序。上述法律规则的宗旨在于确保财政民主化和法治化，真正实现财政“取之于民，用之于民”。这已成为一条世界性的共同的原则，如 1789 年的《法国人权宣言》第 14 条就规定：“所有公民都有权亲身或由其代表来确定赋税的必要性，自由地加以认可，注意其用途，决定税额、税率、客体、征收方式和时期。” 1958 年的《法兰西共和国宪法》第 47 条规定：“议会根据组织法规定

① ［美］布坎南著，吴良健译：《自由、市场和国家》，23 页，北京，北京经济学院出版社，1988。

② ［美］布坎南：《自由、市场和国家》，23 页，北京，北京经济学院出版社，1988。

③ ［美］布坎南：《自由、市场和国家》，22 页，北京，北京经济学院出版社，1988。

④ 布坎南 1986 年诺贝尔获奖演说。转引自罗汉主译：《经济学奖》（下册），709 页，上海，上海人民出版社，1999。

的条件，表决通过财政法律草案。”我国《宪法》第62条规定：“全国人民代表大会……审查和批准国家的预算和预算执行情况的报告……”这些都说明财政决策应依法实行公共选择。

四、财政法的体系

财政法的体系是指由各种财政法律规范所组成的有机联系的统一整体。财政法的体系是由财政的内容和财政法的调整对象所决定的。财政的内容主要是财政收入和财政支出，以及为了实现财政收支平衡所作的预算，自然，财政法的调整对象主要就是财政收入关系和财政支出关系以及预算关系，进而财政法的体系就是由财政收入法、财政支出法和预算法构成的有机联系的统一整体。

具体说来，财政法的体系主要包括：

（1）预算法。（2）由于财政收入主要是税收和国债，所以财政收入法具体就是税法和国债法。（3）由于财政支出主要就是购买性支出和转移性支出，所以财政支出法具体就是购买支出法和转移支出法。

下面分别对预算法、税法和国债法作总体研究。

第三节　预算法

一、预算的含义

预算是政府的基本财政收支计划。从形式上看，是按照一定标准将一个财政年度的财政收入和财政支出分门别类地列入特定的表格，形成财政收支结构一览表，成为反映政府财政活动的一面镜子，使人们能清楚地了解政府的财政活动。[1] 从内容上看，预算的编制是政府对财政收支的计划安排，预算的执行是财政收入的筹集和财政支出的使用，预算执行的总结是决算。从性质上看，预算是对政府行为的确认和规范。预算是政府行为的财政保障，一切政府行为都是以预算为前提的，只有在

① 参见邓子基主编：《财政学》，2版，272页，北京，高等教育出版社，2005。

有预算保障的前提下，政府才能有所作为，所以提供了预算就确认了政府行为，控制了预算就控制了政府行为，约束了预算就约束了政府行为；“巧妇难为无米之炊”，没有预算就没有政府行为。预算反映着政府介入社会经济生活的广度和深度，一本政府预算，就是一本政府活动的详细计划和记录，所以美国经济学家指出：“要发现联邦政府将要做些什么或已经做了什么，看一看联邦政府预算就足够了。”① 从这里也可以看出，预算反映着一个国家的财政收支状况，反映着社会财富的分配流向，反映着政府行为的性质和意图，反映着政府宏观调控的广度和深度，可以说一个国家或政府的主要方面都能在预算中充分地反映出来。正是在这个意义上，著名经济学家葛德雪认为：“只有预算才是国家的骨骼。”② 预算的上述性质决定了预算具有宏观调控的功能，是一种重要的宏观调控工具。

二、预算法的概念

预算法，概而言之，就是调整预算关系的法律规范的总称。所谓的预算关系，是指国家在预算资金的筹集、支出、管理和监督过程中所形成的各种社会关系，具体包括各级国家机关之间以及中央和地方政府之间划分预算管理职权的预算管理体制关系，编制、审查、批准、执行和监督预算的预算程序关系，筹集、支出和管理预算资金的预算实体关系。

由上可知，预算在国家和社会中占有极其重要的地位，在一个法治国家和法治社会，预算必须法治化，这是因为，“预算问题绝不仅仅是个无关紧要的数字汇总问题，而是关系到民主制度是否名副其实的大问题。没有预算的政府是‘看不见的政府（invisible government）’，而‘看不见的政府’必然是‘不负责任的政府（irresponsible government）’。‘不负责任的政府’不可能是民主的政府。而预算改革的目的就是要把‘看不见的政府’变为‘看得见的政府（visible government）’。‘看得见’，人民才有可能对它进行监督。在这个意义上，预算是一种对政府和政府官员‘非暴力的制度控制方法（institutional

① ［美］阿图·埃克斯坦著，张愚山译：《公共财政学》，31页，北京，中国财政经济出版社，1983。

② 姜维壮：《当代财政学主要论点》，465页，北京，中国财政经济出版社，1987。

method of control without violence)'"[①]。预算法治化是民主宪政的基础和核心内容。1215年英国《大宪章》明确规定："除非得到普遍赞同，否则王国中既不应征收兵役税，也不应征收协助税。"这是以法律的形式首次确立了"非赞同毋纳税"的原则[②]，开创了限制王权的先河，也成为现代财政预算制度的起始性标志。从此，"岁入的法律依据，岁出的法律依据，以及国家经费都必须受到法律的监督"[③]。正是在这个意义上有人说，"立宪政治的历史，可以说是现代预算制度的成长史"[④]。只有将预算上升为法律，实现"预算即法律"，预算法治化，成为具有法律效力的刚性指标和硬性约束，才能确认和规范政府行为，保证政府行为在财政约束、民主监督的制度下进行。只有管住了政府的"钱袋子"，才能管住、管好政府。从这个角度看，预算法是关涉和保障民主政治的法律。

由于预算资金涉及面广，规模巨大，影响深远，所以预算资金的筹集和支出，会塑造政府的干预行为，会改变社会财富的再分配，会影响社会生产结构，会调节社会的总供求。预算的这些性质和功能决定了预算具有宏观调控的功能，是一种重要的宏观调控工具。而预算法就是通过依法控制预算使预算有效地对社会经济进行宏观调控，所以预算法是一种宏观调控法。

预算法根据其所调整的预算关系，具体包括以下内容，预算法正是通过对以下内容的规定和规范来实现对社会经济的宏观调控的。

三、预算体系

一般来说，国家实行一级政府一级预算，由于政府的多级化，也就有了多级预算，从而就产生了预算体系问题。

我国《预算法》第2条规定："国家实行一级政府一级预算，设立中央，省、自治区、直辖市，设区的市、自治州，县、自治县、不设区的市、市辖区，乡、民族乡、镇五级预算。"

① 王绍光：《美国"进步时代"的启示》，载《读书》，2001（8），23页。

② 参见［英］白芝浩著，夏彦才译：《英国宪法》，133页，北京，商务印书馆，2005。

③ ［英］戴雪著，雷宾南译：《宪法精义》，344页，北京，中国法制出版社，2001。

④ ［日］井手文雄著，陈秉良译：《日本现代财政学》，97页，北京，中国财政经济出版社，1990。

其中，中央预算由中央各部门（含直属单位）的预算组成，包括地方向中央上解的收入数额和中央对地方返还或者给予补助的数额。地方预算由各省、自治区、直辖市总预算组成；地方各级总预算由本级政府预算和汇总的下一级总预算组成；下一级只有本级预算的，下一级总预算即指下一级的本级预算，没有下一级预算的，总预算即指本级预算；地方各级政府预算由本级各部门的预算组成；地方各级政府预算包括下级政府向上级政府上解的收入数额和上级政府对下级政府返还或者给予补助的数额；各部门预算由本部门下属各单位预算组成；单位预算是指列入部门预算的国家机关、社会团体和其他单位的收支预算。

四、预算的原则

预算的原则是预算的指导思想和基本方针。人们在长期的预算活动中形成了以下影响较大并为世界大多数国家所接受和遵循的原则：

1. 公开性

即公众有获取政府预算信息、参与政府预算编制和审议的权利，政府预算的执行情况要公之于众，让公众了解，并接受公众的监督。预算之所以又叫公共财政预算，就是为了突出强调其“公共性”，公共性与公开性相通，没有公开性就不可能有公共性和公共财政预算。由于政府实际上掌握着财政资金的管理使用，拥有财政信息，与之相比，社会公众在财政信息的拥有上处于劣势，如果财政信息不公开，社会公众对于政府如何筹集财政资金、使用财政资金以及使用得怎么样就无从得知，也无法对政府的财政预算进行监督。1974 年美国国会通过的《国会预算与留置扣押法案》第二章第 3 条明确规定：“国会预算办公室应该确认任何人都可以在正常工作时间内要求复制与预算相关的信息、数据、评估和统计表，并且申请人只需支付复制文件所花费的成本而不用提供其他的证明或者理由。”实践也证明，预算的公开性原则行之有效。如巴西的阿雷格里市，1989 年全市的财政总收入仅为 2 亿美元，由于该市开展地方财政预算改革，由公众讨论和决定地方政府的预算，到 1998 年全市的财政总收入迅速增加到 5 亿美元。根据世界银行组织的分析，阿雷格里市财政收入增长的重要原因是，“公开性对公民纳税动机有积极影响”[①]。我国的浙江省温岭市从2000年开始在全市各个县镇实行预算“民主恳谈”制度，其具体做法是，首先，地方镇政府在听取了包括镇人大代表、政协委员在内的各方面人员关于年度城镇建设项目的意见后，提出需要建设的项目，并对建设项目进行优先排序。然后，镇政府通过随机抽样的方式，从全镇人口中抽选出一定比例的民意代表，在会前把相关建设项目的材料和专家意见书送达各位代表，这些代表经过充分的讨论和协商后，对建设项目按照优先顺序进行投票，选出纳入预算的建设项目。最后，镇政府将预算建设项目提交镇人民代表大会进行审批。温岭市的“民主恳谈”制度在2004年第二届“中国地方政府创新奖”的评选活动中获得优胜奖。它为我国公众参与地方预算、保证预算的公开性树立了典范。

2. 完整性

要求政府的预算必须包括其全部公共收支，反映它的全部财政活动。不得在预算外另列预算，不允许有预算外的政府财政活动。国家允许的预算外收支，也应在预算中有所反映。其实，之所以需要政府预算，就是因为有预算（当然是完整的预算）以后才能监督、约束政府的财政收支情况。在13世纪至17世纪之间，封建地主阶级日趋没落，但依然控制着政府的财权，并利用手中的财权滥收、滥支，这严重地侵犯了新兴的已逐渐成为社会财富主人的资产阶级的权益。为了制止政府滥收、滥支，保护自己的财产权益，资产阶级要求限制政府财权，政府的一切财政收支必须编列预算，并且预算要经议会批准以后方能生效。经过长期的斗争，这一要求才最终得以实现。英国于17世纪编制了世界历史上第一个政府预算，并为其他国家所效仿。在2003年6月24日十届人大全国常委会第十次会议上，许多委员对财政部预决算体制提出了批评，认为预算编制不完整，大量资金脱离财政管理，游离于预算之外，正是助长各部门寻求部门利益，形成国家权力部门化、部门权力个人化局面的根本原因。[②] 要改变这种局面，必须加强预算编制的完整性。可见，预算的目的就是监督、约束政府的财政收支活动，预算的性质决定了预算必须是完整的。只有完整的政府预算才能全面地反映政府的财政收支情况，才有利于接受公众的监督。没有完整的政府预算，也

① 许峰：《巴西阿雷格里市参与式预算的基本原则》，载《国外理论动态》，2006（6），38页。

② 参见汪生科、孙雷：《财政部回应预算编制“黑箱说”》，载《21世纪经济报道》，2005-02-28。

就意味着有些政府财政收支活动处于公众的监督之外或者不受公众监督，这就无法防止和杜绝财政收支中的贪污挪用、滥收滥支、挥霍浪费等违反民主财政的现象，根本无法实现预算的目的。

3. 真实性

每一预算收支项目的数字指标都必须依据充分、方法科学、资料确实、计算准确、客观真实、不得主观臆断、假定估算、弄虚作假。真实性是预算的生命所在，预算不真实就不需要预算。真实性也是预算审计的核心所在，预算审计就是为了监督检查预算的真实性。2006 年 6 月 27 日，审计署审计长李金华在十届全国人大常委会第二十二次会议上报告了 2005 年度中央预算执行的审计报告，发现财政部组织中央预算执行存在 5 个方面的问题，48 个中央部门违法违规金额达 55.1 亿元。2007 年 6 月 27 日李金华在十届全国人大常委会第二十八次会议上报告了 2006 年度中央预算执行的审计报告，发现国家发改委、文化部等 25 个部门所属单位挪用财政资金和其他专项资金等 27.54 亿元，海关总署等 33 个部门挤占、挪用财政资金等 8.59 亿元；水利部、中科院等 13 个部门所属的 50 家单位少计国有资产和权益达 22.84 亿元；卫生部、国家信息中心等 12 个单位违规收费，未严格执行非税收收入管理规定，涉及金额 1.85 亿元；民航总局、信息产业部等 4 个部门所属 5 家单位未经批准和超标准、超概算建设办公楼、培训中心，涉及金额 17.39 亿元。这一年又一年、一批又一批触目惊心的数字充分地说明我们的预算存在一些严重的问题，而产生这些问题的根本原因之一就是预算不真实，在预算中弄虚作假。这也说明，要彻底解决预算中的问题，必须做到预算真实。

4. 统一性

尽管一级政府一级财政，预算体系由多级政府预算所组成，但预算必须设立统一的科目，依据统一的口径、按照统一的程序去计算和编制，各级政府都只有一个预算，所有地方政府预算连同中央预算一起共同组成统一的国家预算。统一性是预算的基本要求。历史上的资产阶级之所以要求封建国家编制预算，最初目的就是统一政府的财政收支，统一以后的政府财政收支才便于公众监督。预算的统一性包括预算组织的统一性、预算程序的统一性和预算方法的统一性。所谓预算组织的统一性，是指由统一的组织去编制预算，一般来说主要就是由财政部门去负责统一编制预算，其他组织不得擅自编制预算，这有利于避免预算中任意“开口子”、“批条子”而使预算编制陷入无政府状态；所谓预算程序的统一性，是指一切预算都要经过编制、审批、执行、决算、监督等统一的预算程序，程序面前，预算一律平等，这是预算统一性的程序保障，有利于杜绝把违法违规的预算“统一”到合法的预算中来；所谓预算方法的统一性，是指预算要按照统一的科目、统一的口径、统一的方法去统计，这是预算统一性的科学保障，有利于防止预算中的矛盾和冲突。预算的统一性是预算的公开性、完整性和真实性的基础。如果预算不统一，有些预算没有“统一”到国家总预算中来，这就意味着有些预算还处于“暗中收支”状态，那就无公开性可言；如果预算不统一，不能形成一个预算的“总盘子”，不清楚国家总的财政收支情况，就没有预算的完整性可言；如果预算统计的科目、口径、程序不统一，那么就没有预算的真实性可言。

5. 年度性

任何一个国家的预算，其编制、执行和决算都有时间上的限定，即所谓的预算年度，起讫的有效时限通常为 1 年（365 天）。预算年度性原则要求政府按照法定的预算年度编制预算，列出整个一年的公共收支，不允许将一个年度的公共收支列为另一个年度的公共收支。目前，世界各国普遍采用的预算年度有两种：一种是跨年制预算年度，即从每年某月某日起至次年某月某日止，中间历经 12 个月，但跨了两个年度。如美国的预算年度就是从每年的 10 月 1 日起到次年的 9 月 30 日止。另一种是历年制预算年度，即从每年 1 月 1 日起至同年 12 月 31 日止。我国《预算法》第 10 条规定：“预算年度自公历 1 月 1 日起，至 12 月 31 日止。”可见，我国的预算年度是历年制预算年度。但由于我国每年的预算要经每年召开的全国人民代表大会审批，所以严格说来，我国预算的真正执行时间应该是从每年全国人民代表大会结束以后才开始的，这与我国的预算年度是不一致的。这种不一致会导致不少问题。我国的全国人民代表大会是每年 3 月初召开的，而预算是从每年的 1 月 1 日开始的，也就是说，前 3 个月的预算或者 1/4 的年度预算是未经全国人民代表大会审批而擅自执行的，尽管这种执行是参照上一预算年度的预算执行的，但毕竟每年有每年的不同情况，为什么要实行预算年度性原则，根本原因就是要使预算能够针对每年的不同情况。我们目前这种做法不但与预算年度性原则不符，而且与公共财政、民主预算和法治政府的原则与要求也是不相符的。我国预算中存在的先执行后审批、已经执行不得不审批、“以支定收”、监督不力等等与此不无关系。要改变这种情况，建议把我国的预算年度改为跨年制预算年度，即从每年 4 月 1 日起至同年 3 月 31 日止。

五、预算管理职权

由于实行一级政府一级预算，预算呈多级化，为了统一领导、分级管理、明确职权，必须依法划分国家各级权力机关、各级政府、各级财政部门以及各部门和各单位在预算管理中的职权。

1. 全国人民代表大会及其常务委员会的预算管理职权

我国《预算法》第 12 条规定，全国人民代表大会的预算管理职权主要有：（1）审查权，审查中央和地方预算草案及中央和地方预算执行情况的报告；（2）批准权，批准中央预算和中央预算执行情况的报告；（3）变更撤销权，改变或者撤销全国人民代表大会常务委员会关于预算、决算的不适当的决议。

全国人民代表大会常务委员会的预算管理职权主要有：（1）监督权，监督中央和地方预算的执行；（2）审批权，审查和批准中央预算的调整方案，审查和批准中央决算；（3）撤销权，撤销国务院制定的同宪法、法律相抵触的关于预算、决算的行政法规、决定和命令，撤销省、自治区、直辖市人民代表大会及其常务委员会制定的，同宪法、法律和行政法规相抵触的关于预算、决算的地方性法规和决议。

2. 地方各级人民代表大会及其常务委员会的预算管理职权

我国《预算法》第 13 条规定，县级以上地方各级人民代表大会的预算管理职权主要有：（1）审查权，审查本级总预算草案及本级总预算执行情况的报告；（2）批准权，批准本级预算和本级预算执行情况的报告；（3）变更撤销权，改变或者撤销本级人民代表大会常务委员会关于预算、决算的不适当的决议，撤销本级政府关于预算、决算的不适当的决定和命令。

县级以上地方各级人民代表大会常务委员会的预算管理职权主要有：（1）监督权，监督本级总预算的执行；（2）审批权，审查和批准本级预算的调整方案，审查和批准本级政府决算；（3）撤销权，撤销本级政府和下一级人民代表大会及其常务委员会关于预算、决算的不适当的决定、命令和决议。

设立预算的乡、民族乡、镇的人民代表大会的预算管理职权主要有：（1）审批权，审查和批准本级预算和本级预算执行情况的报告；审查和批准本级预算的调整方案；审查和批准本级决算；（2）监督权，监督本级预算的执行；（3）撤销权，撤销本级政府关于预算、决算的不适当的决定和命令。

3. 国务院的预算管理职权

我国《预算法》第14条规定，国务院的预算管理职权主要有：（1）编制权，编制中央预算、决算草案；编制中央预算调整方案；（2）报告权，向全国人民代表大会作关于中央和地方预算草案的报告，将省、自治区、直辖市政府报送备案的预算汇总后报全国人民代表大会常务委员会备案；向全国人民代表大会、全国人民代表大会常务委员会报告中央和地方预算的执行情况；（3）执行权，组织中央和地方预算的执行；（4）决定权，决定中央预算预备费的动用；（5）监督权，监督中央各部门和地方政府的预算执行；（6）变更撤销权，改变或者撤销中央各部门和地方政府关于预算、决算的不适当的决定、命令。

4. 地方各级政府的预算管理职权

我国《预算法》第15条规定，县级以上地方各级政府的预算管理职权主要有：（1）编制权，编制本级预算、决算草案；编制本级预算的调整方案；（2）报告权，向本级人民代表大会作关于本级总预算草案的报告；将下一级政府报送备案的预算汇总后报本级人民代表大会常务委员会备案；向本级人民代表大会、本级人民代表大会常务委员会报告本级总预算的执行情况；（3）执行权，组织本级总预算的执行；（4）决定权，决定本级预算预备费的动用；（5）监督权，监督本级各部门和下级政府的预算执行；（6）变更撤销权，改变或者撤销本级各部门和下级政府关于预算、决算的不适当的决定、命令。

乡、民族乡、镇政府的预算管理职权主要有：（1）编制权，编制本级预算、决算草案；编制本级预算的调整方案。（2）报告权，向本级人民代表大会作关于本级预算草案的报告；向本级人民代表大会报告本级预算的执行情况；（3）执行权，组织本级预算的执行；（4）决定权，决定本级预算预备费的动用。

5. 国务院财政部门的预算管理职权

我国《预算法》第16条规定，国务院财政部门的预算管理职权主要有：（1）编制权，具体编制中央预算、决算草案；具体编制中央预算的调整方案；（2）执行权，具体组织中央和地方预算的执行；（3）提案权，提出中央预算预备费动用方案；（4）报告权，定期向国务院报告中央和地方预算的执行情况。

6. 地方各级政府财政部门的预算管理职权

我国《预算法》第 16 条规定，地方各级政府财政部门的预算管理职权主要有：(1) 编制权，具体编制本级预算、决算草案；具体编制本级预算的调整方案；(2) 执行权，具体组织本级总预算的执行；(3) 提案权，提出本级预算预备费动用方案；(4) 报告权，定期向本级政府和上一级政府财政部门报告本级总预算的执行情况。

7. 各部门、各单位的预算管理职权

我国《预算法》第 17 条规定，各部门、各单位的预算管理职权主要有：(1) 编制权，编制本部门预算、决算草案；(2) 组织和监督权，组织和监督本部门预算的执行；(3) 报告权，定期向本级政府财政部门报告预算的执行情况。

由上可见，预算管理职权既统一又分立。如果预算管理职权不统一，那么就无法统一掌握全国的总收入和总支出，总收支就是一笔糊涂账，这不是预算，也根本无法实现预算的职能和达到预算的目的。哈维·罗森就曾批评美国预算缺乏统一性，他指出："在 1970 年以前，国会程序缺乏一致性。总统向国会提交了一份预算文件。关心不同类型的支出的那些小组委员会对预算进行独立的审查。在各个委员会之间，几乎没有什么相互协调，在没有考虑到共同的预算的总和的前提下，就作出了决策。这就好比是丈夫进行食品决策，妻子负责住宅决策，互不咨询，也没有考虑家庭收入规模有多大。"① 但由于预算大到国计民生，涉及方方面面，小到衣食住行，极为琐碎具体，变化多样，情况复杂，非置身其中、身体力行、感同身受，不可能知悉把握，这就要求预算管理职权又必须分立，实行分级管理。分立的预算管理职权能够职权明确，相互制约，使庞大繁杂的预算工作化大为小、化繁为简、直接针对，能使预算更准确、更真实。此外，预算是国家的收支计划、社会的行为蓝图，对国民经济和社会发展影响深远巨大。错误的预算是盲目行动，集体冒险，祸国殃民；正确的预算是未雨绸缪，正确指引，利国利民。实践证明，只有既统一又分立的预算管理职权才能做到后一点，因为这样的预算管理职权既着眼宏观又立足微观，既上下统一又上下分立，既集中统一又民主自由，既统筹规划又因地制宜，既宏观调控又微观自治。

① ［美］哈维·罗森：《财政学》，130 页，北京，中国人民大学出版社，2000。

六、预算收支的范围

预算由预算收入和预算支出组成。预算收支的范围直接关系到各级政府预算管理权限的大小和人们权利义务的多少，是预算的核心所在，必须依法加以明确规定。

（一）预算收入

预算收入，是指在预算年度内，依法有计划筹集的由国家支配的资金。具体内容包括：

1. 预算收入项目

我国《预算法》第19条规定，预算收入项目包括：

（1）税收收入。税收收入是国家依据法律，凭借权力，强制地、无偿地、固定地取得的收入。税收收入是预算收入的主体。我国的税收收入主要包括流转税、所得税、财产税、行为税等税收收入。

（2）依照规定应当上缴的国有资产收益。主要包括国有企业上缴的税后利润，国有资产股份投资的股息和红利，国有资产租赁、有偿转让和出让的收益，等等。

（3）专项收入。是指根据特定需要，由国务院批准或者经国务院授权由财政部批准，设置、征集并纳入预算管理有专项用途的收入。目前专项收入主要包括：改烧油为烧煤专项收入、征收排污费收入、征收城市水资源费收入、下放港口以港养港收入、铁道专项收入、铁路建设基金收入、电力建设基金收入，等等。

（4）其他收入。包括规费收入、罚没收入以及国有土地有偿使用收入，等等。

2. 预算收入范围的划分

我国《预算法》第20条规定："预算收入划分为中央预算收入、地方预算收入、中央与地方预算共享收入。"目前，我国在预算收入范围的划分上，是按照税种来划分预算收入范围的，即将全部税种划分为中央税、地方税、中央和地方共享税，并依此来划分预算收入的范围。

（1）中央预算收入，包括中央本级收入和地方按规定向中央上解的收入。其中，中央固定收入包括：消费税，中央企业所得税，地方银行和外资银行及非银行金融企业所得税，铁道部门、各银行总行、各保险总公司等集中交纳的收入，中央企业上交的利润，关税，海关代征的增值税和营业税。

(2) 地方预算收入，包括地方本级收入和中央按规定返还或补助地方的收入。其中，地方固定收入包括：营业税，地方企业所得税，地方企业上交的利润，个人所得税，土地使用税，固定资产投资方向调节税，城乡维护建设税，房产税，车船税，印花税，屠宰税，耕地占用税，契税，遗产税，土地增值税，国有土地有偿使用收入，等等。

(3) 中央和地方预算共享收入，是指中央预算和地方预算对同一税种的收入，按一定划分标准或比例分享的收入，包括：增值税，资源税，证券交易税。

预算收入必须法定：一方面，如果预算收入不法定，任意征收增收，就是对社会财富的任意攫取和搜刮，这会使得人们对自己所拥有的财产缺乏保障力和安全感，“无恒产者，无恒心”，这会严重地削弱人们的创收努力和创业精神，会殃及社会经济的发展。另一方面，只有预算收入法定，不得任意减少、流失，才能保证预算收入的稳定性和经常性，使政府始终掌握相当的预算收入，集中进行经济建设，加强宏观调控，有所作为，满足社会公共需要。

(二) 预算支出

预算支出，是指在预算年度内，依照法律，根据需要，对筹集的预算收入进行有计划的再分配。具体内容包括：

1. 预算支出项目

我国《预算法》第19条规定，预算支出包括：

(1) 经济建设支出，包括基本建设投资支出，国有企业挖潜改造支出，科学技术三项费用支出，支援农业生产支出，专项建设基金支出，城市维护费支出，国家物资储备支出，抚恤和社会福利费支出，等等。

(2) 教育、科学、文化、卫生、体育等事业发展支出，包括用于教育、科学、文化、卫生、体育等事业发展支出，以及工业、商业、农业、林业、环境保护、水利、气象等方面事业的支出。

(3) 国家管理费用支出，包括用于国家权力机关、行政机关、司法机关、事业单位、驻外机构的行政管理费用支出。

(4) 国防支出，包括国防装备费用支出、国防科研事业费用支出、国防人员给养支出、对外军事援助支出，等等。

(5) 各项补贴支出，包括粮油加价款、民用煤销售价差补贴、农业生产资料价差补贴、工矿产品价格补贴等支出。

（6）其他支出，包括少数民族地区补助费用、边境建设补助费用、对外援助支出，等等。

2. 预算支出范围的划分

我国《预算法》第 20 条规定："预算支出划分为中央预算支出和地方预算支出。"目前，我国是按照事权来划分预算支出范围的。

（1）中央预算支出，包括中央本级支出和中央返还或者补助地方的支出。中央本级预算支出主要包括：中央级国家政权机关管理费用支出，国防支出，外交和援外支出，中央统管的基本建设投资，中央财政安排的支农支出，中央负担的国债还本付息支出以及中央本级负担的文教卫生科学事业费用支出，等等。

（2）地方预算支出，包括地方本级支出和地方规定上解中央的支出。地方本级支出主要包括：地方政权机关管理费用支出，地方统筹的基本建设投资支出，地方企业投资支出，城市维护和建设支出，支农支出，地方文教卫生科学事业费用支出，等等。

预算支出必须法定，"明码标价"，硬性约束，不得任意增支、列支，否则，就会无度挥霍人民的财产，不断加重人民的负担，膨胀官僚机构，助长政府腐败。一个预算支出不法定的政府可以说是一个不称职的政府。预算支出必须依法规范，保证预算资金流向那些社会必需急需的项目、那些经济效益和社会效益显著的项目，预算资金主要是生产性资金而不是消费性资金；保证预算资金配置到基础设施和重点建设领域，配置到关系国计民生的大事大业上去，配置到制约国民经济和社会发展的瓶颈产业和结构上去，以实现产业优化和结构合理；保证预算资金分配到社会上最需要关心扶助的人们身上，"雪中送炭"，调节贫富悬殊，缓和社会矛盾，达到共同发展，实现社会公平，稳定社会秩序。在这些方面预算支出具有重要的宏观调控职能，应依法充分发挥。

七、预算程序

预算是政府筹集和支出公共资金，直接涉及人们的重大利益；是国民经济和社会发展在一定年度的蓝图，直接影响到国民经济和社会发展全局；是国民收入的再分配，直接关系到社会的公平与否；是对公共资产的管理，直接意味着如何理财的问题。要使预算合乎人民的根本利益，合乎国民经济和社会发展的规划蓝图，促进国民经济和社会又好又快地发展，做到社会分配公平、依法民主理财，就必须依法规定预算程序。这正如哈维·罗森所指出的："无论是从宪法的意义上，还是从法定的意义上，对预算过程确立一个有意义的规则与约束，这在未来的年份的学术研究与政治程序中，都会成为一个重要的课程。"① 预算程序是预算工作必经的环节、必走的步骤、必受的监控。预算程序是对预算工作的道道把关、层层过滤、步步改善，有利于严肃、整顿、加强和完善预算工作。只有这样，预算才能实现宏观调控的职能。

预算程序具体包括预算的编制、预算的审批、预算的执行、预算的调整、决算和预算的监督。

（一）预算的编制

预算的编制，就是制订预算收支的年度计划，是整个预算工作的开始。预算的编制基本上可以分为两大部分：一是草案的具体编制，二是概算的核定。具体做法，各国有所不同。有的国家由政府财政部门主持编制，然后把编制好的预算草案提交给有权机关或个人进行核定，如德国和我国的做法。有的国家由专门的预算委员会负责编制预算草案，然后由总统或内阁核定预算草案，如美国的做法。我国《预算法》规定了预算编制的形式、原则、内容和时间。

1. 预算编制的形式

我国《预算法》第 26 条规定："中央预算和地方各级政府预算按照复式预算编制。"所谓复式预算，是指财政公共收支计划通过两个或两个以上的计划表格来反映，具体说来，就是将同一预算年度内的全部预算收支按性质，分门别类对应汇编成两个或两个以上的"收支平衡表"。按照《中华人民共和国预算法实施条例》的规定，各级政府预算通常分为政府公共预算、国有资产经营预算、社会保险预算和其他预算几个部分。复式预算较之把财政收支计划通过一个计划表格来反映的单式预算，更有助于对预算资金进行分析和控制，更有利于监督预算资金的使用，能更好地适应预算资金分配格局的变化并及时进行调整，能更清晰地反映预算平衡状况和出现预算赤字的原因，能更好地调节社会总供求，能更有效地对国民经济和社会发展进行宏观调控。

2. 预算编制的原则

（1）平衡原则。我国《预算法》第 27 条规定："中央政府公共预算不列赤字。"第 28 条规定："地方各级预算按照量入为出、收支平衡的

① ［美］哈维·罗森：《财政学》，133 页，北京，中国人民大学出版社，2000。

原则编制，不列赤字。”这是说政府公共预算也即经常性预算不列赤字，但国有资产经营预算等建设性预算可以列一定的赤字，其部分资金可以通过举借国内和国外债务的方式筹措，只是借债应当有一定的规模和结构。

（2）真实原则。我国《预算法》第29条规定：“各级预算收入的编制，应当与国民生产总值的增长率相适应。按照规定必须列入预算的收入，不得隐瞒、少列，也不得将上年的非正常收入作为编制预算收入的依据。”在2004年3月全国人大审议政府工作报告时，就有许多代表反映预算报告数字混乱。如对政府的支农数额，就分别有1 000亿元、500亿元、300亿元、100亿元四个数字。[①] 预算报告数字混乱说明预算是一笔糊涂账，不能真实反映预算情况。

（3）合理原则。我国《预算法》第30条规定：“各级预算支出的编制，应当贯彻厉行节约、勤俭建国的方针。各级预算支出的编制，应当统筹兼顾、确保重点，在保证政府公共支出合理需要的前提下，妥善安排其他各类预算支出。”

（4）详尽原则。预算编制要尽可能详细具体完备，这既有利于精确地反映有关部门和单位使用财政资金的情况，也便于接受社会公众的监督。为此，许多国家的预算编制都采用部门或项目预算的编制方法。如加拿大，其预算按照部门编制，联邦预算由国防、内务、卫生、能源、交通、农业、医疗、司法等24个部门预算组成。在每个部门预算中，又按照管辖的单位编制单位预算。不论是联邦总预算，还是部门预算、单位预算，统一按照运营支出、资本支出、转移和补助支出、项目支出等功能进行分类。[②] 相比之下，我国过去的预算编制都科目粗放，各级政府的预算往往并不包括其所属各部门、单位的预算，报送人大审批的预算草案也往往只列举几大类的开支，而没有详尽的分类分项计划，不能完全反映财政资金的具体用途，导致许多难以追查的“暗箱操作”。不过，这种现象已有所改变。如2002年广东省九届人大会议上，广东省人民政府向省人大代表们提供了一份长达144页的《2002年广东省省级部门预算试点单位预算表》，这份预算表详尽到政府购进的每一台电脑的型号、价格都一一列出。全国人大代表、深圳劲力集团总裁郑卓

① 参见汪生科、孙雷：《财政部回应预算编制“黑箱说”》，载《21世纪经济报道》，2005-02-28。

② 参见贾康：《部门预算编制问题研究》，175～176页。北京，经济科学出版社，2004。

辉说："这是以前从来没有的事情，这样就使人大代表在审议政府如何用纳税人的钱的时候清清楚楚，人大代表真正代表人民群众握紧了钱袋子。"①

3. 预算编制的依据

我国《预算法》第 25 条规定："中央预算和地方各级政府预算，应当参考上一年度预算执行情况和本年度收支预测进行编制。"

4. 预算编制的内容

(1) 预算收入和支出；(2)《预算法》第 31 条规定："中央预算和有关地方政府预算中安排必要的资金，用于扶助经济不发达的民族自治地方、革命老根据地、边远、贫困地区发展经济文化建设事业"；(3)《预算法》第 27 条规定："中央预算中必需的建设投资的部分资金，可以通过举借国内和国外债务等方式筹措，但是借债应当有合理的规模和结构"；(4)《预算法》第 32 条规定："各级政府预算应当按照本级政府预算支出额的百分之一至百分之三设置预备费，用于当年预算执行中的自然灾害救灾开支及其他难以预见的特殊开支"；(5)《预算法》第 33 条规定："各级政府预算应当按照国务院的规定设置预算周转金"；(6)《预算法》第 34 条规定："各级政府预算的上年结余，可以在下年用于上年结转项目的支出；有余额的，可以补充预算周转金；再有余额的，可以用于下年必需的预算支出"。

5. 预算编制的时间

我国《预算法》第 24 条规定："各级政府、各部门、各单位应当按照国务院规定的时间编制预算草案。"第 36 条规定："省、自治区、直辖市政府应当按照国务院规定的时间，将本级总预算草案报国务院审核汇总。"

具体说来，国务院财政部门应当在每年全国人民代表大会会议举行的一个月前，将中央预算草案的主要内容提交全国人民代表大会财政经济委员会进行初步审查。

省、自治区、直辖市、设区的市、自治州政府财政部门应当在本级人民代表大会会议举行的一个月前，将本级预算草案的主要内容提交本级人民代表大会有关的专门委员会，或者根据本级人民代表大会常务委员会主任会议的决定，提交本级人民代表大会常务委员会有关的工作委

① 陈大钢：《经济法学理与案例分析》，381 页，上海，上海交通大学出版社，2004。

员会进行初步审查。

县、自治县、不设区的市、市辖区政府财政部门应当在本级人民代表大会会议举行的一个月前，将本级预算草案的主要内容提交本级人民代表大会常务委员会进行初步审查。

（二）预算的审批

这既是预算上升为法律、成为法律文件的步骤，也是预算接受国家权力机关和全体人民审查监督的途径。通过“预算审批”这个程序，能够倾听社会呼声，反映社情民意，吸纳有益建议，体现人民意志，集思广益，并接受监督制约；经过审批的预算才能更好地进行宏观调控，才是真正的宏观调控。

关于预算的审批，我国《宪法》第52条规定：“审查和批准国家预算和预算执行情况的报告”是全国人大的职权之一。我国《预算法》第38～42条更是对此作出了如下具体规定：

国务院在全国人民代表大会举行会议时，向大会作关于中央和地方预算草案的报告。地方各级政府在本级人民代表大会举行会议时，向大会作关于本级总预算草案的报告。

中央预算由全国人民代表大会审查和批准。地方各级政府预算由本级人民代表大会审查和批准。

乡、民族乡、镇政府应当及时将经本级人民代表大会批准的本级预算报上一级政府备案。县级以上地方各级政府应当及时将经本级人民代表大会批准的本级预算及下一级政府报送备案的预算汇总，报上一级政府备案。县级以上地方各级政府将下一级政府依照前述规定报送备案的预算汇总后，报本级人民代表大会常务委员会备案。国务院将省、自治区、直辖市政府依照前述规定报送备案的预算汇总后，报全国人民代表大会常务委员会备案。

国务院和县级以上地方各级政府对下一级政府依照《预算法》第40条规定报送备案的预算，认为有同法律、行政法规相抵触或者有其他不适当之处，需要撤销批准预算的决议的，应当提请本级人民代表大会常务委员会审议决定。

各级政府预算经本级人民代表大会批准后，本级政府财政部门应当及时向本级各部门批复预算。各部门应当及时向所属各单位批复预算。

值得指出的是，由于各种原因，我国的人大代表来自方方面面、各行各业，他们并非都是专家，尤其不是经济专家和预算专家，加之预算编制粗疏，审议期短，常常使人大代表在短短的时间里（有时只是一个上午或一个下午）根本无法审议预算，以至于有的人大代表认为，预算报告是“外行看不懂，内行看不清”，预算审议走过场、流于形式。为了改变这种现象，有必要细化预算报告，增强预算的透明度，最好在各部门预算表后附上相应的文字说明，同时，事先将预算报告送交人大代表，延长预算审议时间，这样才能让人大代表“既看得懂、又看得清”，从而有效地审议预算报告。

（三）预算执行

法律的生命在于执行，从“纸上的法律”变成“行动的法律”，从“死的法律”变成“活的法律”，是法律的新生，也是法律的价值实现。预算要履行宏观调控的职能，必须依法执行。所谓预算的执行，是指有关机构和人员根据国家权力机关审批通过的预算，进行预算收支的一系列活动。关于预算的执行，我国《预算法》对预算执行的主体和内容作出了相应的规定。

1. 预算执行的主体

我国《预算法》第 43 条规定：“各级预算由本级政府组织执行，具体工作由本级政府财政部门负责。”这就是说，预算执行的主体是各级政府，具体主体就是各级财政部门。

2. 预算执行的内容

我国《预算法》第 44～52 条对预算执行的内容作出了如下具体规定：

预算年度开始后，各级政府预算草案在本级人民代表大会批准前，本级政府可以先按照上一年同期的预算支出数额安排支出；预算经本级人民代表大会批准后，按照批准的预算执行。

预算收入征收部门，必须依照法律、行政法规的规定，及时、足额征收应征的预算收入。不得违反法律、行政法规规定，擅自减征、免征或者缓征应征的预算收入，不得截留、占用或者挪用预算收入。

有预算收入上缴任务的部门和单位，必须依照法律、行政法规和国务院财政部门的规定，将应当上缴的预算资金及时、足额地上缴国家金库（以下简称国库），不得截留、占用、挪用或者拖欠。

各级政府财政部门必须依照法律、行政法规和国务院财政部门的规定，及时、足额地拨付预算支出资金，加强对预算支出的管理和监督。各级政府、各部门、各单位的支出必须按照预算执行。

县级以上各级预算必须设立国库；具备条件的乡、民族乡、镇也应当设立国库。中央国库业务由中国人民银行经理，地方国库业务依照国务院的有关规定办理。各级国库必须按照国家有关规定，及时、准确地办理预算收入的收纳、划分、留解和预算支出的拨付。各级国库库款的支配权属于本级政府财政部门。除法律、行政法规另有规定外，未经本级政府财政部门同意，任何部门、单位和个人都无权动用国库库款或者以其他方式支配已入国库的库款。各级政府应当加强对本级国库的管理和监督。

各级政府应当加强对预算执行的领导，支持政府财政、税务、海关等预算收入的征收部门依法组织预算收入，支持政府财政部门严格管理预算支出。财政、税务、海关等部门在预算执行中，应当加强对预算执行的分析；发现问题时应当及时建议本级政府采取措施予以解决。

各部门、各单位应当加强对预算收入和支出的管理，不得截留或者动用应当上缴的预算收入，也不得将不应当在预算内支出的款项转为预算内支出。

各级政府预算预备费的动用方案，由本级政府财政部门提出，报本级政府决定。

各级政府预算周转金由本级政府财政部门管理，用于预算执行中的资金周转，不得挪作他用。

（四）预算调整

一般说来，预算即法律，是刚性的硬约束，具有法律的权威性和强制力，任何人未经法律程序不得擅自随意变更预算，否则即构成违法，要承担相应的法律责任。但社会经济情况复杂多变，始料不及，许多突发事件常常冲击已经确定的预算，使之难以执行或失去执行意义，在这种情况下，就要调整预算，以应对变化、因势利导，并对变化了的社会经济进行宏观调控，否则就是削足适履、刻舟求剑，无法进行宏观调控，预算的细微变动，都应有相应的法律依据。但预算调整不能擅自调整，而必须有法必依，依法调整。我国《预算法》第53～58条对预算调整作出了如下具体规定：

预算调整是指经全国人民代表大会批准的中央预算和经地方各级人民代表大会批准的本级预算，在执行中因特殊情况需要增加支出或者减少收入，使原批准的收支平衡的预算的总支出超过总收入，或者使原批准的预算中举借债务的数额增加的部分变更。

各级政府对于必须进行的预算调整，应当编制预算调整方案。中央预算的调整方案必须提请全国人民代表大会常务委员会审查和批准；县级以上地方各级政府预算的调整方案必须提请本级人民代表大会常务委员会审查和批准；乡、民族乡、镇政府预算的调整方案必须提请本级人民代表大会审查和批准。未经批准，不得调整预算。

未经批准调整预算，各级政府不得作出任何使原批准的收支平衡的预算的总支出超过总收入或者使原批准的预算中举借债务的数额增加的决定。对违反前述规定作出的决定，本级人民代表大会、本级人民代表大会常务委员会或者上级政府应当责令其改变或者撤销。

在预算执行中，因上级政府返还或者给予补助而引起的预算收支变化，不属于预算调整。接受返还或者补助款项的县级以上地方各级政府应当向本级人民代表大会常务委员会报告有关情况；接受返还或者补助款项的乡、民族乡、镇政府应当向本级人民代表大会报告有关情况。

各部门、各单位的预算支出应当按照预算科目执行。不同预算科目间的预算资金需要调剂使用的，必须按照国务院财政部门的规定报经批准。

地方各级政府预算的调整方案经批准后，由本级政府报上一级政府备案。

（五）决算

决算是国家预算执行情况的总结，它反映了预算年度财政收支的最终结果，是预算工作程序的终结。预算执行完毕，应当依法准确、完整及时地编制和报送决算草案，接受权力机关的审查监督，接受询问、质询并给予答复。从决算中，可以看出政府是否实现了宏观调控的任务，如果实现了，有哪些经验，如果没有实现，有哪些教训，总结经验，吸取教训，致力于搞好下一年度的预算，完成新的宏观调控任务。我国《预算法》第59～65条对决算作出了如下法律规定：

决算草案由各级政府、各部门、各单位，在每一预算年度终了后按照国务院规定的时间编制。编制决算草案的具体事项，由国务院财政部门部署。

编制决算草案，必须符合法律、行政法规，做到收支数额准确、内容完整、报送及时。

各部门对所属各单位的决算草案，应当审核并汇总编制本部门的决算草案，在规定的期限内报本级政府财政部门审核。各级政府财政部门对本级各部门决算草案审核后发现有不符合法律、行政法规规定的，有权予以纠正。

国务院财政部门编制中央决算草案，报国务院审定后，由国务院提请全国人民代表大会常务委员会审查和批准。县级以上地方各级政府财政部门编制本级决算草案，报本级政府审定后，由本级政府提请本级人民代表大会常务委员会审查和批准。乡、民族乡、镇政府编制本级决算草案，提请本级人民代表大会审查和批准。

各级政府决算经批准后，财政部门应当向本级各部门批复决算。

地方各级政府应当将经批准的决算，报上一级政府备案。

国务院和县级以上地方各级政府对下一级政府依照《预算法》第64条规定报送备案的决算，认为有同法律、行政法规相抵触或者有其他不适当之处，需要撤销批准该项决算的决议的，应当提请本级人民代表大会常务委员会审议决定；经审议决定撤销的，该下级人民代表大会常务委员会应当责成本级政府依照《预算法》的规定重新编制决算草案，提请本级人民代表大会常务委员会审查和批准。

（六）预算的监督

预算是有关机关和人员依凭国家权力进行的，其内容是筹取和分配社会公共财产，它调控国民经济，左右社会发展，关系国计民生，影响国泰民安，与社会公共利益息息相关，所有这些都决定了必须对预算进行监督，实现“阳光预算”。如果没有监督，预算就不会精打细算，就难以做到“取之于民，用之于民”，就会滥用误用，就不可能有效地发挥预算的宏观调控职能。如前所述，2006年6月27日，审计署审计长李金华在十届全国人大常委会第二十二次会议上报告了2005年度中央预算执行的审计报告，发现财政部组织中央预算执行存在5个方面的问题，48个中央部门违法违规金额达55.1亿元。2007年6月27日李金华在十届全国人大常委会第二十八次会议上报告了2006年度中央预算执行的审计报告，发现国家发改委、文化部等25个部门所属单位挪用财政资金和其他专项资金等27.54亿元，海关总署等33个部门挤占、挪用财政资金等8.59亿元；水利部、中科院等13个部门所属的50家单位少计国有资产和权益达22.84亿元；卫生部、国家信息中心等12个单位违规收费，未严格执行非税收收入管理规定，涉及金额1.85亿元；民航总局、信息产业部等4个部门所属5家单位未经批准和超标准、超概算建设办公楼、培训中心，涉及金额17.39亿元。这一年又一年、一批又一批触目惊心的数字充分地说明我们的预算存在一些严重的问题。这些问题的存在充分地说明预算监督的必要性。通过预算审计监督，在2006年审计中发现了106起重大违法犯罪案件线索并移送司法机关和纪检监察部门查处，其中有94人被逮捕、起诉或判刑，117人受到党纪政纪处分。在2007年，对10省（市）公路经营权转让项目进行审计抽查，就发现涉嫌违法犯罪案件线索13起，已移送有关部门查处；对有关省市社保基金审计后，已偿还被挤占、挪用的社保基金15亿元。

实践证明，预算腐败是最为常见、危害最广、程度最深的腐败之一，它一方面侵蚀、滥用、浪费公共财产，另一方面破坏市场机制的正常运作，妨碍国家宏观调控功能的有效发挥，还损害国家政府的形象，导致官民冲突，所有这些都说明预算监督的必要性，预算监督是防止权力滥用的"安全阀"，只有监督好了政府的"钱袋子"，才能有效地监督政府。为了加强预算监督，我国《预算法》第66～72条对预算监督作出了以下具体规定：

全国人民代表大会及其常务委员会对中央和地方预算、决算进行监督。县级以上地方各级人民代表大会及其常务委员会对本级和下级政府预算、决算进行监督。乡、民族乡、镇人民代表大会对本级预算、决算进行监督。

各级人民代表大会和县级以上各级人民代表大会常务委员会有权就预算、决算中的重大事项或者特定问题组织调查，有关的政府、部门、单位和个人应当如实反映情况和提供必要的材料。

各级人民代表大会和县级以上各级人民代表大会常务委员会举行会议时，人民代表大会代表或者常务委员会组成人员，依照法律规定程序就预算、决算中的有关问题提出询问或者质询，受询问或者受质询的有关的政府或者财政部门必须及时给予答复。

各级政府应当在每一预算年度内至少两次向本级人民代表大会或者其常务委员会作预算执行情况的报告。

各级政府监督下级政府的预算执行；下级政府应当定期向上一级政府报告预算执行情况。

各级政府财政部门负责监督检查本级各部门及其所属各单位预算的执行；并向本级政府和上一级政府财政部门报告预算执行情况。

各级政府审计部门对本级各部门、各单位和下级政府的预算执行、决算实行审计监督。

八、法律责任

预算工作关系国计民生，影响国泰民安，对当代后世都责任重大，不可马虎草率、玩忽职守，而必须严肃认真、兢兢业业，预算法必须规定法律责任，才能使预算工作纳入法治轨道，并实现预算的宏观调控职能。我国《预算法》第73～75条对预算的法律责任作出了如下具体规定。

各级政府未经依法批准擅自变更预算，使经批准的收支平衡的预算的总支出超过总收入，或者使经批准的预算中举借债务的数额增加的，对负有直接责任的主管人员和其他直接责任人员追究行政责任。

违反法律、行政法规的规定，擅自动用国库库款或者擅自以其他方式支配已入国库的库款的，由政府财政部门责令退还或者追回国库库款，并由上级机关给予负有直接责任的主管人员和其他直接责任人员行政处分。

隐瞒预算收入或者将不应当在预算内支出的款项转为预算内支出的，由上一级政府或者本级政府财政部门责令纠正，并由上级机关给予负有直接责任的主管人员和其他直接责任人员行政处分。

第四节 税 法

一、税收

税收是国家为了实现其职能，依照有关法律，凭借其权力，强制地、无偿地、固定地向社会征集的收入。这一概念具有以下具体内涵：

（1）征税主体是国家

税收是社会生产力发展到一定程度，有了剩余产品，产生了所有制，出现了阶级，建立了国家以后的产物。税收是国家机器存在和运行的物质基础，所以马克思认为："赋税是政府机器的经济基础，而不是其他任何东西”[①]，“国家存在的经济体现就是捐税”[②]。这些都说明税收与国家有着直接的联系：税收是国家存在的物质基础，国家离不开税收；国家是税收得以征集的权力凭借，税收也离不开国家。

（2）税收是财政范畴

在历史上，税收是最古老的财政范畴，那时财政就是税收，税收就是财政。在现代社会中，税收已经成为最典型、最主要的财政范畴，它具有显著的财政属性。税收活动是筹集财政收入的基本手段，税收收入是主要的财政收入，财政的职能主要通过税收的职能去完成和实现。因此，在很大程度上依然可以说税收与财政并无二致。

（3）税收是分配范畴

征税的过程就是国家按照有关法律、依据权力把原本属于他人所有的产品或收入征集、收归自己所有并重新加以分配，这样就改变了社会财富的原初分配，而形成了一种以国家为主导的再分配关系。税收是国家参与并调节社会分配的一种重要形式，它直接影响社会财富和国民收入在社会各领域与社会各成员之间的分配。

（4）税收具有国家干预的职能

税收是一种以国家权力为后盾所进行的国家行为，它的强制性使税收具有国家干预的基础和性质。税收的实质是对社会财富进行再分配，它能够影响社会财富在社会成员之间的分配状况，而分配又反过来影响生产、消费等经济环节。国家征税的多少和和对社会财富再分配的方向和比例，能够调节经济活动、影响国民经济的运行。这些都说明，税收已成为国家对国民经济进行宏观调控的重要杠杆，日益发挥着国家干预和宏观调控的功能。

税收的内涵决定了税收具有以下特征：

（1）强制性

税收是国家依据国家权力公然地、无偿地课征社会成员的财产或收入，必然会遭到社会成员的反抗，如果不依靠国家权力排除一切偷税、漏税和抗税行为，强制征收，就不可能完成征税。税收的强制性是国家意志在税收上的集中体现，是国家权力在税收上的具体贯彻，是国家权力对私人权利、政治权力对财产权利的超越和凌驾，是课征税收的根本保证。那么，税收强制性的合理基础何在呢？这个基础归根结底就是税

① 《马克思恩格斯全集》，中文1版，第19卷，32页，北京，人民出版社，1963。

② 《马克思恩格斯全集》，中文1版，第4卷，342页，北京，人民出版社，1958。

收为国家提供和保障了物质基础，使得国家能为社会公众提供公共物品和公共服务，可见，税收的强制性根源于税收的公益性、合理性。

（2）无偿性

列宁指出："所谓税收，就是国家向居民无偿地索取。"[①] 这即是说，国家征税以后，税收归国家所有，既无须直接偿还，也无须向具体的纳税人付出任何代价，是纯收入。税收的无偿性使税收区别于国债和规费，也使税收具有纯正性和彻底性，能更好地实现财政的职能。当然，税收的无偿性是相对的，相对于某个具体的纳税人来说，他（她）纳税后并未获得任何直接的回报，在这个意义上，税收是无偿的。但若从财政活动的整体来看，税收的无偿性和财政支出的无偿性是一致的，并且税收和财政的目的与功能是提供公共物品和公共服务以满足社会公众的需要，它"取之于民，用之于民"，在这个意义上，税收又是有偿的。

（3）固定性

以法律的形式预先对税收的内容，如征税对象、税种、税率、税收减免等作出明确规定，除了法定的例外情况，一般必须按照已有规定纳税和征税。纳税人只要取得了应税收入，发生了应税行为，拥有了应税财产，就必须按照已有的规定纳税，不得违反；同样，国家也只能按照已有的规定征税，不得随意更改。税收的固定性，一是能够保障纳税的经常性，防止偷、漏税，进而保证税收收入的稳定性；二是使得税收具有可预见性，能够未雨绸缪，对税收早作规划，能够以收定支；三是国家只能按照已有的规定征税，不得滥用征税权而侵害纳税人的合法权益，给纳税人以预知和安全。不过，税收的固定性也不是绝对固定不变的，税收深受社会经济等条件的影响，它随着社会经济等条件的变化而变化，只有如此，才能保证税收的科学性和合理性，也才能使税收更好地因应社会经济等条件的变化，并对社会经济更有效地发挥宏观调控的作用。

税收的上述内涵和特征，决定了税收具有以下重要的宏观调控职能。

（1）税收对生产的影响

税收直接导致人们收入的减少，人们为了弥补因征税而减少的收入

① 《列宁全集》，2版，第41卷，140页，北京，人民出版社，1986。

可能会多工作，也可能为了少纳税而少工作，这直接影响人们工作的努力程度。由于开征或增加所得税、财产税特别是利息税，会直接减少人们所拥有的财产，对人们的储蓄影响很大：过高的税收会减少人们的储蓄，而减免利息税，人们会增加储蓄。对投资收入如何征税会影响投资，如税收优惠政策会直接影响投资方向和扩大投资规模，投资损失是否计税会影响人们是进行风险性投资还是安全性投资，税收优惠的地区或行业比税收较高的地区或行业更能吸引投资。所有这些都说明税收会对社会生产产生重要影响。

（2）税收对分配的影响

税收本质上是社会收入的再分配，会直接影响社会收入在社会成员之间的分配和社会财富在社会阶层之间的流转，以及社会资源在社会各部门之间的配置，这对于防治市场配置失灵和社会分配不公，改变贫富悬殊，消除两极分化，实现共同富裕，缓和社会矛盾，稳定社会秩序，意义重大，不可或缺。通过税收实现社会再分配是政府的重要职能之一，伏尔泰甚至认为："一般说来，政府的艺术就在于，从一个公民阶级中拿走尽可能多的钱，把它给予另一个阶级。"[①] 在一定意义上说，政府的管理艺术就是通过税收调节社会财富分配的艺术。

（3）税收对消费的影响

由于税收导致纳税人收入的减少和商品价格的变化，必然会对消费产生重要影响。如对纳税能力不同的主体征税，会影响人们的消费能力。一般说来，税收提高，人们的收入就减少，人们的消费能力就会降低；税收降低，人们的收入就增多，人们的消费能力就会提高。对需求不同的商品征税，会导致商品价格的变化进而导致商品消费量的变化，如对某些商品征税，会提高这些商品的价格，人们就会减少对这些商品的消费；如对某些商品少征或不征税，可以降低其价格，人们就会增加对这些商品的消费。商品征税范围的大小和税率的高低影响商品价格的高低和商品消费量的多少，产生"替代效应"，人们会减少对征税或重税商品的购买数量，而增加对无税、免税或轻税商品的购买数量。税收已成为影响消费的重要因素。

税收正是通过影响生产、分配和消费发挥着对国民经济和社会发展的宏观调控作用。

① ［美］哈维·罗森：《财政学》，138页，北京，中国人民大学出版社，2000。

二、税法的概念

税法，简而言之，就是调整税收关系的法律规范的总称。所谓税收关系是指在税收活动中形成的社会关系，主要包括以下两大类：

1. 税收体制关系

这是因税收权限的划分而形成的社会关系，实质上是一种税收权限分配关系。税收权限具体包括税收立法权、税收征管权和税收分配权。税收体制是经济体制的核心内容之一，税收权限是经济职权的基本方面之一，它影响经济全局，涉及社会整体，关系国计民生，影响国泰民安，必须依法调整，做到有法可依、有法必依、执法必严、违法必究，从而形成税收体制法律关系。

当今世界各国普遍实行的税收体制是分税制税收体制。我国在改革开放前，财政管理体制虽几经变动，但基本上是“统一领导，分级管理”的体制。从 1980 年到 1993 年，我国主要实行的是以“包干”为主要特征的财政管理体制。从 1994 年开始，我国实行分税制财政管理体制。其具体内容：一是中央与地方的事权和支出划分：中央财政主要承担国家安全、外交和中央国家机关运转所需经费，调整国民经济结构、协调地区发展、实施宏观调控所必需的支出，以及由中央直接管理的事业发展支出；地方财政主要承担本地区政权机关运转所需支出以及本地区经济、事业发展所需支出。二是中央与地方的收入划分：根据事权与财权相结合的原则，将税种划分为中央税、地方税和中央与地方共享税，将维护国家权益、实施宏观调控所必需的税种划为中央税；将同经济发展直接相关的主要税种划为中央与地方共享税；将适合地方征管的税种划为地方税，并充实地方税税种，增加地方财政收入。三是分设中央与地方两套税务机构，中央税务机构征收中央税和中央与地方共享税，地方税务机构征收地方税。四是中央财政对地方税收返还数额的确定。五是原体制下中央补助、地方上解及有关决算事项的处理。六是过渡期转移支付制度。科学核定地方收支数额，逐步实行比较规范的中央财政对地方的税收返还和转移支付制度；建立和健全分级预算制度，硬化各级预算约束。

分税制的核心是中央与地方收入的划分。具体划分如下：

中央固定收入包括：关税，海关代征消费税和增值税，消费税，中央企业所得税，地方银行和外资银行及非银行金融企业所得税，铁道部门、各银行总行、各保险总公司等集中交纳的收入（包括营业税、所得税、利润和城市维护建设税），中央企业上缴利润等。

地方固定收入包括：营业税（不含铁道部门、各银行总行、各保险总公司集中交纳的营业税），地方企业所得税（不含上述地方银行和外资银行及非银行金融企业所得税），地方企业上缴利润，个人所得税，城镇土地使用税，固定资产投资方向调节税，城市维护建设税（不含各银行总行、铁道部门、各保险总公司集中交纳的部分），房产税，车船使用税，印花税，屠宰税，农牧业税（已取消），农林特产税（已取消），耕地占用税，契税，遗产和赠与税，土地增值税，国有土地有偿使用收入等。

中央与地方共享收入包括：增值税、资源税、证券交易税。其中，增值税中央分享75％，地方分享25％；资源税按不同的资源品种划分，大部分资源税作为地方收入，而海洋石油资源税作为中央收入；证券交易税，地方分享逐步降为3％。

必须指出的是，把税收划分为中央税和地方税，是由国家的政治体制和经济体制决定的。我国长期实行“统一领导、分级管理”的税收体制，税收的立法权和征管权主要集中在中央，形成中央税。但为了财政管理的需要，特别是为了调动地方的积极性，中央政府划出一部分税种给地方，由其管理和使用，从而形成地方税。因此，把税收划分为中央税和地方税并不意味着中央与地方具有同等的征税权力。

分税制的指导思想是：逐步提高中央财政收入的比重，适当增加中央财力，增强中央政府的宏观调控能力；合理调节地区之间的财力分配，缩小地区差别，促进地方对财政支出的约束；坚持统一政策与分级管理相结合的原则，中央税、中央与地方共享税以及地方税的立法权都要集中在中央，以保证中央政令统一，维护全国统一市场和企业公平竞争，但同时也要兼顾地方；划分税种不仅要考虑中央与地方的收入分配，也要考虑税收对经济发展和社会分配的调节作用。可见，分税制更加自觉地把税收置于宏观调控的地位。

2. 税收征纳关系

这是在税收征纳过程中形成的社会关系，主要是税收征纳双方之间的关系。这种社会关系的实质是私人与国家、财产权利与政治权力、个人权利与国家权力、个人自由与社会秩序之间的关系，也是一种重要的社会关系，必须加强法治，依法调整，有法可依，依法进行，从而形成税收征纳法律关系。

税收征纳法律关系的核心是税收征纳双方的权（力）利义务关系，我国《税收征收管理法》规定：

征税主体的权力主要有：税收立法权，税务管理权，税收征收权，税务检查权和违法处理权。征税主体的义务主要有：不准违反法律、法规的规定开征、停征、多征或者少征税款，或擅自决定税收优惠；应当依照法定程序征税，依法确定有关税收征收管理的事项；应当严格按照法定程序实施和解除税收保全措施，如因税务机关的原因，致使纳税人的合法权益遭受损失的，应当承担赔偿责任；必须秉公执法，忠于职守，不得索贿受贿、徇私舞弊、玩忽职守、不征或者少征应征税款，不得滥用职权多征税款或者故意刁难纳税人和扣缴义务人，等等。

纳税主体的权利主要有：按税法规定请求减税免税的权利；请求征税机关退回多纳或多征税款的权利；提起税务行政复议和行政诉讼的权利；因征税机关采取税收保全措施不当等原因，致使纳税人合法权益遭受损害时，有依法请求得到赔偿的权利；有检举违反税收法律、行政法规的行为的权利，等等。纳税主体的主要义务有：依法办理税务登记，变更或注销税务登记；纳税人必须依法进行账簿、凭证管理；按期进行纳税申报，按时足额缴纳税款；主动接受和配合征税机关的税务检查；依法及时提供各种税务信息，等等。

依法调整税收征纳关系，明确征纳双方的权力（利）义务关系，有利于解决个体营利性与社会公益性、私人权利与公共权力、经济效益与社会公平、市场调节与政府干预、个人自由与社会秩序、私人自治与宏观调控的矛盾。

三、税法的基本原则

税法的基本原则是税法的指导思想和实践纲领。它反映税收规律，体现国家意志，统率税法规范，贯彻税收法制，指导税法实践。总结世界各国的税法原则，概其要者，主要有税收法定原则、税收公平原则和税收效益原则。

1. 税收公平原则

公平是人类追求的理想，也是社会财富分配的基本原则，还是宏观调控的基本目标，可以说，哪里有社会财富分配，哪里就应做到公平，公平在社会财富的分配领域要求和表现得格外强烈和显著。而税收的本质是社会财富的分配和再分配，因而要求税收公平，在税法中确立公平原则就是理所必然的了。早在18世纪，亚当·斯密在《国民财富的性质和原因的研究》一书中，就把公平原则列为税收四大原则之首①，尔后这一原则一直为后人所反复重申，诺贝尔经济学奖得主詹姆斯·米德也指出："在任何一个时点上，都应该在社会的全体人民之间比较公平地分配社会的收入和财富。"② 以至于把税收公平原则写入各国的宪法和法律当中，如法国《人权宣言》规定："税收应在全体公民间平等分摊。"卢森堡大公宪法第101条规定："在税收问题上不得规定任何特权。"我国《宪法》第56条规定："中华人民共和国公民有依照法律纳税的义务。"时至今日，税收公平原则早已成为"当今世界各国制定税收制度的首要准则"③。

税收公平原则，具体包括以下内容：

一是普遍纳税。即同处一国管辖之内的任何国民都负有纳税的义务，也就是说，所有有纳税能力的人都应毫无例外地纳税，不得享有非法的税收豁免权。以至于有人形象地指出，纳税与死亡是任何人都逃避不了的。税收公平原则的一个起因就是针对皇室、贵族等特权阶级所享有的不合理的税收豁免权，要求对所有人一视同仁地征税。后来这一原则演变为对所有人征税。只有人人纳税才能保证全体国民之间的公平，也才有公平可言。只有普遍性的东西才能联结一切、网络一切，才能成为宏观调控的杠杆，普遍纳税决定了税收的普遍性，税收的普遍性使税收成为宏观调控的杠杆，它通过普遍纳税、公平纳税能够实现社会成员之间的公平，达到宏观调控的目的。

二是平等纳税。即国家根据国民的纳税能力征税，亚当·斯密曾指出："一国国民，都须在可能的范围内，按照各自能力的比例，即按照各自在国家保护下享得的收入的比例，缴纳国赋，维持政府。"④ 具体可分为"横向平等"和"纵向平等"：前者是指纳税能力相同的人同等纳税；后者是指纳税能力不同的人不同等纳税，纳税能力大的多纳税，纳税能力小的少纳税，无纳税能力的不纳税。这里的关键因素是纳税能

① 参见［英］亚当·斯密：《国民财富的性质和原因的研究》，下卷，384页，北京，商务印书馆，1997。

② ［英］詹姆斯·米德著，施仁译：《效率、公平与产权》，12页，北京，北京经济学院出版社，1992。

③ 金鑫、许毅主编：《新税务大辞海》，39页，北京，北京九州图书出版公司，1995。

④ ［英］亚当·斯密：《国民财富的性质和原因的研究》，下卷，384页，北京，商务印书馆，1997。

力，用什么标准来考量国民的纳税能力。目前国际上主要以国民所拥有的财富数量（包括收入、财产和支出）和国民纳税以后所感觉到的牺牲程度来测定。平等纳税，是普遍纳税的深化，普遍纳税只是国民都要纳税上面的平等，还不足以真正实现和保障国民的实质平等。平等纳税，要求国民根据纳税能力纳税，这是普遍纳税的深化，进一步实现和保障了社会成员之间的公平。所谓国民的平等，说到底要依靠纳税能力大的国民通过纳税去提携纳税能力小尤其是无纳税能力的国民，这是实现和保障国民平等的必由之路。

无论是普遍纳税还是平等纳税，指的都是纳税人之间的公平，但除此之外，还有国家与纳税人之间的公平，即国家在征税时要公平对待纳税人。亚当·斯密指出："一切赋税的征收，须设法使人民所付出的，尽可能等于国家所收入的。"① 这就要求国家在征税时要依据国民的财富状况、纳税能力、国家财政支出等情况全面权衡决定征税的幅度，国家在分配纳税人财富时要适度、要公平，国家在保证国库充足的情况下，也要藏富于民。国家征税并不是国家依据国家暴力横征暴敛、滥征滥收，而是要充分注意纳税人的承受能力、税收的稳定增长。如果国家横征暴敛，滥征滥收，税种过多，税率过高，就会严重侵犯纳税人的利益，损害纳税人的纳税能力和纳税积极性，这无异于"杀鸡取卵"、"竭泽而渔"，其结果就会影响经济持续稳定地发展，也会阻碍财政收入的增长，这于国于民都不利。国家之所以要对税收进行宏观调控，目的就是保证国家征税要公平，以防止出现上述情况。

2. 税收效率原则

任何经济活动都应讲究效率，作为经济活动的税收自然也应讲究效率，效率还是税收作为宏观调控措施的目标，因此，税收效率原则应是税法的基本原则。诺贝尔经济学奖得主斯蒂格利茨指出，判断一个良好税收体系的"第一标准是公平……第二个重要标准是效率"②。税收效率原则包括税收的征管效率和税收的运行效率。

税收的征管效率，是指征管成本与征管税收之间存在一定的比值，这个比值越小就说明税收征管越有效率。征管效率要求税收征管过程本身要有效率，要以最小的征管成本、最便利的征管方法征管最大化的税

① ［英］亚当·斯密：《国民财富的性质和原因的研究》，下卷，385页，北京，商务印书馆，1997。

② ［美］斯蒂格利茨著，郭晓惠等译：《经济学》，517页，北京，中国人民大学出版社，1997。

收，为此，税收征管部门和征管人员在保证及时、足额征收税收以及有效管理税收的情况下，要尽量节约税务开支、降低税收成本，不给纳税人或社会带来除税款以外的其他额外的损失或负担。此外，征管效率也要求便利纳税人，亚当·斯密早就指出："各种赋税完纳的日期及完纳的方法，须予纳税者以最大便利。"① 为此，税务机关的设置要便民利民，征纳税方法要简便易行，纳税费用要低廉节省。税收征管效率的要求有利于节省税收的征管成本，节省了税收征管成本就等于扩大了税收收入，扩大了税收收入就使得国家有更充足的财力去履行其宏观调控的职能。如果税收大量地消耗、浪费在税收征管的过程中，结果所剩无几，这不仅使国家征税的目的落空，而且使国家无法履行其宏观调控的职能。

税收运行效率，是指税收对国民经济运行效率的影响，当税收政策能够达到促进资源有效配置、刺激经济稳定增长、保证社会公平的结果时，税收政策的运行就是有效率的。在市场体制下，市场对资源的配置起基础性作用，税收作为对社会财富的分配，自然也是对资源的配置，但税收对资源的配置应在市场配置的基础上进行。如果市场配置有效，国民经济运行良好，那么税收就应保持"中性"，即税收活动不要干扰国民经济的良好运行，如是就有效率。但市场并非十全十美、始终完善、总是有效的，市场难免会失灵，有对资源配置无效的时候。在这种情况下，税收政策就要对国民经济的不良运行进行干预，如通过税种、税率和税收优惠政策的设计，引导国民经济健康稳定、协调有序地发展，防止市场调节的大起大落；如对垄断企业或行业征收高额税收以补助受害者，阻止社会财富向垄断企业或行业集中；如用税收去投资组建足以与垄断企业或行业相竞争的企业或行业，以消除垄断，促进市场竞争；如用税收去提供公共物品，以克服市场在这方面配置的无效；如通过征税及财政转移支付，校正市场配置所导致的两极分化，实现社会公平，等等。在这些方面，税收都将对国民经济的运行发挥效率。税收的运行效率也是税收宏观调控作用的具体体现。

3. 税收法定原则

又称税收法定主义，它指的是征税和纳税都必须依法进行，易言之，凡是法律规定要纳税的，必须依法纳税，反之，则不得纳税。关于

① ［英］亚当·斯密：《国民财富的性质和原因的研究》，下卷，385页，北京，商务印书馆，1997。

税收法定原则，亚当·斯密有过详尽的论述。他说："各国民应当完纳的赋税，必须是确定的，不得随意变更。完纳的日期，完纳的方法，完纳的数额，都应当让一切纳税者及其他的人了解得十分清楚明白。如果不然，每个纳税人，就多少不免为税吏的权力所左右；税吏会借端加重赋税，或者利用加重赋税的恐吓，勒索赠物或贿赂。赋税如不确定，哪怕是不专横不腐化的税吏，也会由此变成专横与腐化；何况他们这类人本来就是不得人心的。据一切国家的经验，我相信，赋税虽再不平等，其害民尚小，赋税稍不确定，其害民实大。确定人民应纳的税额，是非常重要的事情。"① 税收法定原则已写入各国的宪法和法律之中。我国《税收征收管理法》第3条规定："税收的开征、停征以及减税、免税、退税、补税，依照法律的规定执行；法律授权国务院规定的，依照国务院制定的行政法规的规定执行。任何机关、单位和个人不得违反法律、行政法规的规定，擅自作出税收开征、停征以及减税、免税、退税、补税和其他同税收法律、行政法规相抵触的决定。"这一规定正是税收法定原则的体现。

税收法定原则具有丰富的内容。一是税法的全部要素必须由法律明确规定，如税制、税种、税率、纳税环节、纳税期限、税收优惠政策和法律责任等等，法律要规定得明确无误，不生歧义。二是征税纳税的程序要由法律规定得明确完整，如税务登记、税票管理、纳税申报、税务检查、退税补税、税务纠纷的解决等等，都必须有一套完整的法定程序，并要依据法定程序进行。三是法定是对意定的否定，任何机关、单位和个人不得违反法律、行政法规的规定，擅自作出税收开征、停征以及减税、免税、退税、补税和其他同税收法律、行政法规相抵触的决定。税法是强行法，是对意思自治的否定，不允许征纳双方私下通过所谓的意思自治去变更税法关于税收实体和程序方面的有关规定。

税收法定原则具有重要意义。国家与国民对社会财富的分配历来是民主法治的核心内容，税收法定原则，一方面保证了国家征得稳定的财政税收，使国家有财力去履行其职能，包括宏观调控职能；另一方面，保护了国民的财富不受税收以外的侵犯，使国家权力受到制约，两全其美，税收法定原则有利于实现法治。税收法定原则是税收固定性的内在要求和法律表现，也是税收强制性的保障和税收无偿性的实现。正是借

① ［英］亚当·斯密：《国民财富的性质和原因的研究》，下卷，385页，北京，商务印书馆，1997。

助税收的法定原则，才使得税收能够发挥其宏观调控的作用。也正因为如此，税收法定原则被奉为税法的最高原则。

四、税法的意义

税收是国家权力对个人权利的凌驾，是公权力对私权利的侵犯，这种凌驾和侵犯必须合法。税收与法律天然具有密切的联系，有税收就必须有税法，这也是世界各国普遍实行税收法定主义原则的根本原因。税收法定主义原则包括课税要素法定原则、课税要素明确原则和依法稽征原则，目的就是要求税法的构成要素依法规定且明确无歧义，征纳双方的权力（利）义务以法律为根据，税收征纳依法进行。

税法确定了国家税收权力的行使范围和行使方式，确认和规范了国家的税收活动；同时也确定了人们纳税的义务和纳税的限度，防止横征暴敛，保障了人们的合法权益。在此不难看出，税法调整着国家权力与个人权利、政治权力与财产权利、社会公益与个体营利、社会秩序与个人自由这些存在于税收中的最基本的矛盾。要解决这些矛盾，必须讲究征税艺术，法国政治家科尔伯特（Jean Baptiste Colbert）指出："征税的艺术就是拔最多的鹅毛又使鹅叫声最小的技术。"① 税法是对征税行为的规范、节制、改良和完善，是对征税的艺术化。实践证明，这些矛盾没有税法难以得到有效解决，而这些矛盾得不到有效解决，国民经济和社会就不能稳定健康、协调有序地发展。

税收是对社会成员财产的无偿攫取，必然会遭到社会成员的反抗，税收没有强制性和权威性就无税收可言，但税收的强制性和权威性只有建立在法律的基础上才是合法的强制和有公认的权威。没有税法，税收的强制性和权威性就会丧失或削弱，就不能保证税收的稳定增长，进而会直接危及国家的存在及职能的发挥，这正如马克思所说的："废除捐税的背后就是废除国家。"② 从这个角度看，税法是税收的法律保障。

前已论及，税收对生产、分配和消费等都具有重大影响，对资源配置、产业结构和宏观经济运行都具有调控职能（即税收效应），这些职能主要是通过税种设置、税率设计和税收减免来实现的。只有慎选税种、税率适度、减免得当才能有效地实现税收的调控职能。而要做到慎

① ［美］哈维·罗森：《财政学》，248页，北京，中国人民大学出版社，2000。

② 《马克思恩格斯全集》，中文1版，第7卷，339页，北京，人民出版社，1959。

选税种、税率适度、减免得当，就必须依据法律。因为法律是权义对等，要求利益均衡，能恰当地处理好社会公益与个体营利的矛盾，做到既征集税收，又保护税源，并以此为据慎选税种；法律是民主参与，集思广益，大众智慧，最高理性，能更全面地搜集税务信息，更好地应对市场变化，更合理地设计税率；法律程序严格，有理有节，客观公正，依法减免税收可以避免徇私舞弊、玩忽职守、滥用职权、有失公平、不够合理的现象。只有税收法治化，依法征税，才能保证“税收中性”，既尽量不给纳税人和社会带来额外负担，又避免对市场经济正常运行的干扰。

五、税法的构成要素

1. 税收主体

税收主体是指依照税法享有权力（利）和承担义务的当事人。具体包括征税主体和纳税主体。根据我国《税收征收管理法》的规定，征税主体是指代表国家行使税收国库权的各级税务机关、财政部门和海关。纳税主体是指依法负有纳税义务的纳税人和依法负有代扣代缴、代收代缴税款义务的扣缴义务人。

但在税法构成要素中，相对重要的还是纳税人，又称纳税主体、纳税义务人，他们是指依法直接负有纳税义务的公民和法人。

一般说来，任何人都负有纳税的义务，因而都是纳税人。这正如亚当·斯密所指出的：“一国国民，都须在可能范围内，按照各自能力的比例，即按照各自在国家保护下享得的收入的比例，缴纳国赋，维持政府。”① 1913 年通过的美国宪法第 16 条修正案宣布：“国会有权对任何来源的收入课征所得税。”我国《宪法》第 56 条规定：“中华人民共和国公民有依照法律纳税的义务。”纳税人具有普遍性，这种普遍性既是税负公平的表现，也是税收稳定的保证。

税收是国家实现社会公共职能所必需的，国家的社会公共职能的实现程度直接取决于人们纳税的多少。人民的国家人民建，人民的国家为人民，税收针对具体的纳税人来说似乎是无偿的，但国家通过税收实现社会公共职能，满足社会公众需求并造福社会公众，因而税收又具有偿

① ［英］亚当·斯密：《国民财富的性质和原因的研究》，下卷，384 页，北京，商务印书馆，1979。

性。这正如马克思所说的："……从一个处于私人地位的生产者身上扣除的一切，又会直接或间接地用来为处于社会成员地位的这个生产者谋福利"①，即税收是"取之于民，用之于民"，从这个角度看，税收又是有偿的。人们应当充分地认识到这一点，把纳税视为为国家进而也是为自己的光荣而神圣的义务，把是否纳税看作是衡量国民对国家社会贡献大小的重要标准，人们应具有自觉的纳税意识，采取主动的纳税行为，积极履行纳税义务，人人争当纳税人。这样的人民才是主人的人民，这样的国家才是富强的国家。反过来，把人民的纳税征入国库的国家，要善待纳税人，对税收谨慎管理，精打细算，厉行节约，高效使用，造福于民，这样的国家才是人民的国家，这样的人民才是富裕的人民。

但在现实中，人们千差万别，能力大小不同，特别是在市场竞争中，优胜劣汰，必然会导致社会分配的差异悬殊甚至不公，有高收入者，也有低收入者，还有无收入者，社会成员不可能人人都成为纳税人。如果人人都是纳税人，在某种程度上也许就不需要税收了，至少可以大大减少税收。加之，税收的本质是分配收入，尤其是调节收入分配，不言而喻，只能对有收入的人征税，不能对无收入的人征税，无收入的人已是不能自立自足的人，本应得到社会的救助，他们是税收的救助者，对其征税违反了税收（法）的本质和初衷。几年前，在我国广大的农村对农民、农业征收农业税，但农业税不是跟农业收入挂钩，而是同土地挂钩，而土地按人口分配，这样，农业税变成了田亩税，田亩税变成了人头税，结果，连乳臭未干的毛头小孩，以及长年卧病不起的七八十岁的老人都得纳税，都是纳税人，似乎只有死亡才能逃脱纳税的义务。但由于粮食等农产品的价格过低，农业收入太低，农民抚幼养老本已负担很重，还要纳税，真是雪上加霜，不堪重负。对低收入者、无收入者征税，严重地违反了税收（法）的公平性和公正性。这已经引起了党和国家的高度重视，在 2006 年年初，我国宣布取消农业税，对农民实行了几千年的"皇粮国税"从此被废止。

纳税人是税收（法）的首要问题，羊毛出在羊身上，纳税人是税收的本源，没有纳税人，税收就会成为无本之木、无源之水，迟早会枯竭耗尽。从这个角度看，纳税人是国家的根基和命脉，是社会的衣食父母，是穷人、弱者的依靠和救星。国家和社会以及穷人、弱者应对纳税

① 《马克思恩格斯全集》，中文 1 版，第 19 卷，20 页，北京，人民出版社，1963。

人致以深深的敬意和谢意，关心、尊重、便利纳税人，认真对待纳税人的权利和义务，管好、用好纳税人缴纳的税收，只有这样才能民富国强、社会发展、人人进步。那种视纳税人为摇钱树，只顾索取、不加爱护，重义务、轻权利，滥收滥用税收的做法，是杀鸡取卵，竭泽而渔，不体恤税民，会导致民穷国弱、社会衰退、普遍贫穷。如何对待纳税人，是税收（法）的重要问题，也是财政政策的重要问题，还是治国方略的重要问题。

在我国的税收（法）历史上，对纳税人的认识存在一些偏差。如在过去的所得税（法）中，内外资企业所得税法所规定的税率、税前扣除标准和税收优惠政策都不尽相同，结果导致了内外有别、差别待遇，税负不平等，竞争不公平，歧视内资企业。这种歧视纳税人的做法是不利于充分发挥税收（法）的宏观调控作用的。新的统一的企业所得税法改变了这种规定，体现了“四个统一”：外资、内资企业适用统一的企业所得税法；统一并适当降低了企业的所得税税率；统一和规范了税前扣除办法和标准；统一了税收优惠政策。这样才实现了公平地对待纳税人，公平地对待纳税人是税法的基本要求。

税收（法）的本质和职能之一就是调节社会分配，使社会分配公平、合理、有效，使人们之间的利益协调，使社会关系有序。而要达到这些目标，确定纳税人的地位和资格比其他方法比如税种、税率等方法更为直接，因为税收（法）问题归根结底还是人与人之间的关系问题。纳税人的确定，实质上是人们经济收入地位的反映，纳税人与非纳税人的区别实质上是高收入者和低收入者以及无收入者的区别，是富人与穷人的区别。纳税人的确定，是国家如何对待高收入者和低收入者以及无收入者的问题，如何对待富人和穷人的问题，如何对待社会财富分配的问题，以及如何对社会进行宏观调控的问题。

2. 税种

税种是按照征税对象划分和设置的。征税对象又称课税对象或课税客体，是指对什么东西征税。征税对象是税收制度最基本的要素，每一种税都必须明确对什么征税，并且每一种税的征税对象都不完全相同，征税对象是征税的依据，是一种税区别于另一种税的主要标志。征税对象依其性质的不同，通常划分为以下五大类：（1）流转额；（2）所得额；（3）财产；（4）资源；（5）行为。相应地，税种也划分为流转税、所得税、财产税、资源税和行为税五大类。其中，流转税是对应税流转额所征收的一种税；所得税是对应税所得额征收的一种税；财产税是对应税财产所征收的一种税；资源税是对应税资源所征收的一种税；行为税是对应税行为所征收的一种税。

上述征税对象还可具体化，被称为税目。税目规定了一个税种的征税范围，反映了征税的广度。一般说来，一个税种包括多个税目。其中，流转税具体分为：增值税（对增值额征收的一种税）、消费税（对特定消费品或者消费行为的流转额征收的一种税）、营业税（对营业收入额征收的一种税）、关税（对进出关境或国境的货物的流转额征收的一种税）、土地增值税（对土地增值额征收的一种税）；所得税具体分为：企业所得税（对企业的应税所得所征收的一种税）、个人所得税（对个人的应税所得所征收的一种税）；财产税具体分为：房产税（对房产的计税余值或房产的租金收入所征收的移转税）、资源税（以自然资源为课税对象的一种税）、城镇土地使用税（以土地使用为课税对象的一种税）、城市房地产税（对规定的城市房地产所征收的一种税）、契税（以所有权发生移转的不动产为课税对象，向受让人征收的一种税）；行为税具体分为：车辆购置税（对购置车辆所征收的一种税）、车船使用税（对使用车船的人所征收的一种税）、城市维护建设税（对增值税、消费税和营业税的实缴额所征收的一种税）、印花税（对书立、领受应税凭证行为所征收的一种税），等等。税目的划分，可以使纳税人更清晰地了解税收制度，也可以使国家更灵活地运用税收杠杆对国民经济进行宏观调控。

与征税对象有关的一个概念是税源。税源是指税收的经济来源或最终出处，每种税都有各自的税源。有的税种，其征税对象与税源是一致的，如所得税的征税对象和税源都是纳税人的所得。有的税种，其征税对象与税源有所不同，如财产税的征税对象是纳税人的财产，但税源往往是纳税人的收入。税源是否丰富直接制约着税收收入的规模，因此，为了广开税收，就必须积极培育税源。

税种是法定的，但税种应根据社会经济的变化，依法进行“立、改、废”。如随着车辆日益成为人们普遍使用的交通工具，我国于 2000 年设立、2001 年开征了车辆购置税，2004 年、2005 年又先后进行了补充完善。我国的许多税法如个人所得税法等都经过了不断的修改完善，特别是个人所得税的起征额在不断地提高，从 800 元人民币提高到 1 600元人民币，再到 2 000 元人民币。待条件成熟时还要开征社会保险税和物业税。同时也要废除与社会经济变化不相适应的税种，如我国 1994 年以后废除了集市交易税、牲畜交易税、烧油特别税、奖金和工资调节税、筵席税等；另外，合并了相近或类似的税种，如我国把盐税并入资源税，把特别消费税并入消费税，把车船使用税和车船使用牌照税合并为车船使用税，等等。统一税种，如1994年后，我国取消了分别设置的国营企业所得税、国营企业调节税、集体企业所得税和私营企业所得税，实行统一的企业所得税；2007年又统一了内外资企业所得税。取消个人收入调节税和城乡个体工商户所得税，实行统一的个人所得税。简化税制、规范税种，税种不宜繁复，否则就会名目繁多、支离破碎、叠床架屋，无所适应，难以有效地发挥税收的宏观调控职能。1994年以后，我国的税种由原来的三十多个简化为二十几个，初步实现了税制的简化与规范。

税法通过税种的设置发挥和实现其宏观调控的作用。

3. 税率

税率是征税的比率，具体是应纳税额与征税对象之比。税率是税制的核心要素之一，反映着征税的深度，体现税收政策；实质上是国家与纳税人就收入分配的比例，税率的高低表征国家干预的程度，决定着纳税人的权利义务，影响人们的社会经济行为，调控着宏观经济，因此，税率已成为一种重要的宏观调控法律机制。一般说来，税率主要有比例税率、累进税率和定额税率三种。

比例税率，是对同一征税对象，不论其数额大小，一律按同一比例征税。具体又可分为以下几种：（1）单一比例税率，即对同一征税对象都适用同一比例税率。如《对储蓄存款利息所得征收个人所得税的实施办法》第4条规定："对储蓄存款利息所得征收个人所得税，减按5%的比例税执行。"单一比例税率，由于同一征税对象的不同纳税人税负相同，具有鼓励生产、计征简便、易于征管、适用广泛（一般适用于商品税）的优点；其缺点是不能量能征税，且具有累退性质。（2）差别比例税率，即对不同产品、不同行业和不同地区按不同比例税率征税。如《增值税暂行条例》第2条规定：纳税人销售或者进口粮食、食用植物油，自来水、暖气、冷气、热水、煤气、石油液化气、天然气、沼气、居民用煤炭制品，图书、报纸、杂志，饲料、化肥、农药、农机、农膜等货物的，适用13%的比例税率；纳税人提供加工、修理修配劳务的，税率为17%；纳税人销售或者进口除上述货物以外其他货物的，税率为17%；纳税人出口货物的，税率为零。差别比例税率通过对不同产品征收不同比例税率的税收，可以刺激或限制有关产品的生产，如为了加强某产品的生产，可以规定较低的比例税率，而为了减少某产品的生产，可以规定较高的比例税率。通过对不同行业征收不同比例税率的税收，可以对该行业产生有效影响，如为了扶持某行业，可以规定较低的比例税率，为了限制某行业，可以规定较高的比例税率。通过对不同地区征收不同比例税率的税收，可以诱致资本流动和产业布局。如为了吸引投资，可以对该地区规定较低的比例税率。税率的差别，是重要的经济信息、经济刺激和经济杠杆，对产品生产、行业调整和地区平衡都具有重要的调控作用。（3）幅度比例税率，即税法只规定一个税率幅度，具体税率在该幅度内确定。如《营业税暂行条例》规定：纳税人经营歌厅、舞厅、卡拉 OK 歌舞厅、音乐茶座、台球、高尔夫球、保龄球、游艺娱乐业的，幅度比例税率为 5%～20%。该条例第 2 条第 3 款规定："纳税人经营娱乐业具体适用的税率，由省、自治区、直辖市人民政府在本条例规定的幅度内决定。"幅度比例税率具有上限和下限，在上限和下限之间自由浮动，具有较大的灵活性，有权机关可以根据具体情况斟酌决定：为了促进或扩张某产品的生产或某行业的发展，可以就下决定税率；为了限制或减少某产品的生产或某行业的发展，可以就上决定税率。幅度比例税率回旋余地较大，应对能力更强，宏观调控力度甚高。

累进税率，是随着征税对象数额的递增相应逐级递增的税率。累进税率一般适用于所得税和财产税，纳税人所得和财产差距越大，税率差别也就越大，体现税收的公平，尤其是纵向公平，有利于缓解社会分配不公的矛盾。累进税率具体又分为以下几种：（1）全额累进税率，即按照与征税对象全额相应的最高级次的税率统一征税。全额累进税率虽然计征方便，但不加分解，水涨船高，累进程度高，税负较重，多之毫厘，重以许多，恶化和扭曲了量能纳税的原则。在所得额"级距"的临界点处，全额累进会出现税额增长超过所得额增长的不合理情况。如某纳税人的应税所得为 30 000 元，税率为 20%，应纳税款为 6 000 元，而当应税所得仅增长 1 元时，税率为 30%，应纳税额就是 9 000 元，所得额仅仅增加了区区的 1 元，而税收却大幅增加了 3 000 元，显然是不合理的。这样，会促使纳税人设法减少应税所得，导致偷税漏税，阻碍生产增长，打击积极性。但全额累进税率依然具有宏观调控功能，如要抑制某种生产，可考虑适用该税率，而要鼓励生产，发挥积极性，促进增长，应少用甚或不用该税率。（2）超额累进税率，即把征税对象按其数额由小到大分解为不同等级，每个等级由低到高规定税率，并分别计征税额，其总和即为该征税对象的应纳税总额。该税率虽然计征复杂，但能避免全额累进税率的上述缺陷，它分解细致，区别征税，多得多征，但不会因此多出许多，不会多得不堪重负、多得不公平，能更好地贯彻量能纳税的原则，更好地实现社会公平，因此，在实际税制中，多适用该税率。

定额税率，又称固定税额，是对一定单位的征税对象直接规定一个固定的税额。该税率计征更为便利，且从量计征，不受价格影响，税收稳定，有利于发挥税收和财政的宏观调控职能。但没有区别征税对象和纳税人，税负不尽合理。而且，定额税率只适用于少数特殊税种，如我国的车船牌照税和资源税，其宏观调控范围自然有限。加上，定额税率不受价格影响，因而往往对商品流动和市场运行的反映不够敏锐。为了消解定额税率的固定性，增加其灵活性，一般均采用幅度定额税率，如我国《车船使用税暂行条例》规定车船使用税的税额幅度：乘人汽车每年 60 元～320 元，载货汽车每年 16 元～60 元，二轮摩托车每年 20 元～60 元，三轮摩托车每年 32 元～80 元，人力车每年 12 元～24 元，畜力车每年 4 元～32 元，自行车每年 2 元～4 元；净吨位在 150 吨以下的机动船每吨 12 元，净吨位在 10 001 吨以上的机动船每吨年税额为 5 元，吨位在 10 吨以下的非机动船每吨 0.6 元，吨位在 301 吨以上的，每吨 14 元。再如我国《资源税暂行条例》规定的税额幅度，原油为 8 元～30 元/吨；天然气为2 元～15元/千立方米；煤炭为 0.3 元～5 元/吨；其他非金属原矿为 0.5 元～20 元/吨或立方米；黑色金属原矿为 2 元～30 元/吨；有色金属原矿为 0.4 元～30 元/吨；固体盐为 10 元～60 元/吨；液体盐为 2 元～10 元/吨。这样，幅度定额税率就能像幅度比例税率一样发挥其宏观调控作用了。

税率的高低直接关系到税负的轻重，关切纳税人的切身利益和国家税收收入，往往是税收利弊得失的关键所在。就所得税和财产税等直接税而言，税率过高，会直接导致纳税人的税负较重，进而会影响其生产、消费、储蓄和投资能力，如果竭泽而渔、国富民穷，最终会导致国民经济失调。如果税率过低，会导致国家税收减少，国家财力不足，宏观调控乏力，难以实现税收的宏观调控作用，也不能有效调节社会分配，实现社会公平。因此，直接税的税率设计，应注意同纳税人的纳税能力相适应，做到量能纳税，最好采用超额累进税率，使纳税能力强者多纳税，纳税能力弱者少纳税，无纳税能力者不纳税。就商品税等间接税来说，税率同商品的价格直接相关，税率过高会哄抬物价、抑制消费，税率过低，会降低物价、促进消费，都会直接影响市场的供求状况，如果价格与价值相背离，社会资源无效率地转移，最终将影响生产发展。为此，间接税的税率设计，应注意征税商品的需求弹性，避免因征税而使生产和消费失去平衡。

税率的设计不应孤立考虑，而必须综合着想，应根据社会经济的变化和人们的心理观念诸因素参酌决定。如利息税的税率。当社会经济萧条时，为了刺激消费、鼓励生产，税率可以提高；当社会经济过热时，为了抑制消费、缩减生产，税率可以降低，但无论是提高还是降低利息税率，都应该与同期银行存款利率相适应。如果银行存款利率很低而利息税税率又很高，尽管会减少存款，鼓励投资，在一定时期也许能促进经济复苏，但这是双重掠夺，最终会伤及税本，减少税收，“拉弗曲线”说明的正是税率超过最佳点继续提高时，税率越高，税收越少的道理，这会妨碍经济增长；同样，银行存款利率很高而利息税税率又很低，那么就会吸收存款，增加储蓄，尽管在一定时期内也许能抑制经济过热，但这是双倍减税，最终会导致税收流失，国家负担过重。

在税率方面，我们存在过一些问题。如长期以来，内资企业所得税法和外资企业所得税法所规定的税率不同。根据全国企业所得税税源调查资料测算，内资企业平均实际税负为 25%，而外资企业平均实际税负为 15%，内资企业的平均实际税负高出外资企业的平均实际税负近 10 个百分点，导致企业税负不公，苦乐不均。只是到 2007 年新的企业所得税法才改变了这种不合理的规定，新企业所得税法规定的统一税率是 25%，统一适用于内外资企业。

4. 纳税环节

纳税环节是指纳税人应当交纳税款的环节。每一种税对纳税环节都应有相应的规定。如增值税对商品的生产、批发、零售以及提供加工、修理修配劳务等各个环节实行道道征税。关税中的进口关税是在进口报关的环节纳税。所得税是纳税人在取得应税所得的环节纳税，像工资薪金所得，纳税人在领取工资、薪金时就由支付工资、薪金的单位代扣代缴了。财产税是在应税财产取得和变更的环节纳税，如遗产税是在遗产继承人取得遗产的环节纳税。资源税根据应税资源的流通和使用去向确定纳税环节，纳税人直接对外销售矿产品和盐，在销售环节纳税；纳税人自产自用矿产品和盐，在移送使用的环节纳税；扣缴义务人代扣代缴的资源税，在收购未税矿产品的环节纳税。行为税是在发生应税行为的环节纳税，像车辆购置税是在购置应税车辆的环节纳税。

纳税环节具体规定纳税人在哪个或哪几个环节纳税，有重要意义。

一是税法所规定的纳税环节往往是国家征税最便利的环节，有利于保障国家税款的征收，这对于保证国家财政收入，从而发挥财政的宏观调控作用具有基础性的意义。如果纳税人不在纳税环节纳税，国家往往就错过了最好的征税时机，会导致国家税款的流失，难以保证国家的财政收入，在国家财力贫乏的情况下，国家是难以发挥其宏观调控作用的。二是纳税环节本身具有宏观调控的功能。纳税环节的多少，是决定税种性质的重要因素。纳税环节越多，说明该税种税基宽厚，税源广泛，税收丰裕，因而往往成为主要或主体税种，如增值税就是如此。增值税是对增值额征税，哪里有增值额就在哪个环节征税，所以增值税的纳税环节众多，可道道征税，因而已成为最主要的税种，对社会经济的宏观调控作用也非常巨大。纳税环节的多少表明国家对社会经济活动的介入和干预程度。如果纳税环节越多，表明国家参与社会财富的分配就越广越深，不仅国家的财政收入越多，而且国家对社会经济活动的介入和干预也就越多，也就越能发挥税收的宏观调控作用。三是纳税环节具有相互钩稽的功能。如增值税，由于对纳税人的应纳税额实行凭进货发票抵扣税额的办法，会促使商品购买方向销售方索要发票，只要该商品的最后售价相同，其总体税负就应相同，因此，上一环节少纳了税，那么下一环节就要多纳税，这样就在买卖各方之间建立起了一种相互制约的关系，税务部门和工作人员也可以通过发票对纳税人进行交叉审计，这不仅有利于防止并及时发现偷税、漏税情形，而且有助于促进企业加强经济核算。

此外，我们在纳税环节方面还有许多工作可做。如消费税，为了节省征税成本、提高征税效率、防止税源流失，许多国家都选择在商品的生产环节纳税。但消费税是一种间接税，税负最终会由生产者转嫁到消费者身上，在这种税负转嫁的过程中，模糊了谁是真正的纳税人，也抹杀了最终纳税人的贡献，这种纳税环节有不少弊端。因此，不妨进行改革，与其在生产环节纳税，不如在销售环节纳税，在消费者购买或消费商品时由消费者直接纳税，具体可以把税款计入商品的售价之中，并在销售票据当中明确打出该消费者购买或消费该商品的纳税额。这对于宣传普及税法知识、提高国民的纳税意识、表彰纳税人的贡献、激励国民纳税都有积极的意义。而这些又恰恰是税收和税法发挥其宏观调控作用的重要前提。

5. 纳税期限

纳税期限是指纳税人缴纳税款的时间限制。税法明确规定每一种税的纳税期限。如增值税和消费税的纳税期限可以是 1 日、3 日、5 日、10 日、15 日、1 个月，以 1 日、3 日、5 日、10 日、15 日为一期纳税的，应当自期满之日起 5 日之内预缴税款，于次月 1 日起 10 日内申报纳税，并结清上月应纳税款；以 1 个月为一期纳税的，应从期满之日起 10 日内申报纳税。个人所得税的纳税期限是次月 7 日内。

纳税期限具有重要意义：一是纳税期限规定纳税人必须在税法所规定的纳税期限缴纳税款，否则，将受到加收滞纳金等处罚，这有利于保证税收的稳定性和及时性，从而有利于更好地发挥税收的宏观调控作用。二是纳税期限的实质是纳税人财富向国库转移的时间限制，纳税期限的长短直接关系到税款入库的时间，并影响税负的平衡，如果纳税期限过长，税款迟迟不能入库，就会出现国库空虚的情况，在这种情况下，就难以发挥财政税收的宏观调控作用。但另外，纳税期限过长，使得纳税人占有、使用、收益和处分自己财富的时间也就更长，这无疑是对纳税人的一种优惠措施，又能使税收发挥类似优惠措施一样的调控作用。当然，如果纳税期限过短，不仅对纳税人不便，就是于征税人也不便，还可能会由于纳税期限过短，时间紧迫，造成税收征税工作出现差错，错计误算，多缴少缴，都会损害纳税人或国家的利益。因此，纳税期限的长短怎样最适宜是税收和税法值得斟酌的一个问题。

6. 税收特别措施

税收特别措施是因特殊情况的要求在一般税收措施之外所采用的非常措施，包括两类：一类是税收优惠措施，如税收减免；一类是税收加重措施，如税款加成、加倍征收。其中税收优惠措施尤为普遍，是否采用税收优惠措施能起到税收优惠或税收加重的作用，因为相对于税收优惠来说，不给予税收优惠就是税收加重。所以，税法中一般只规定税收优惠措施，即税收减免。

税收减免有以下几种：(1) 规定起征点，没有达到起征点的，免予征税。这样，提高或降低起征点，就能起到是否税收减免的作用，进而发挥税收的宏观调控作用。(2) 规定免征额，从征税对象总额中预先扣除，不予征税。这样，提高或降低免征额，就能起到是否税收减免的作用，进而发挥税收的宏观调控作用。(3) 列举减免税的税目。(4) 因为出现困难、给予补贴或为了鼓励，由纳税人申请经主管机关批准而给予税收减免。这样，能够照顾、缓解和克服纳税人的困难，使其重获机遇，东山再起，再度发展，有利于培育税源；或者补偿企业因价格等国家政策原因而减少的盈利或亏损，为其创造公平竞争的环境；或者推行某一政策以引导消费、储蓄、投资和生产。

由于经济活动在时空上变化多样，造成纳税人的情况各不相同，而国家又只能根据经济发展的一般规律和社会平均税负能力确定税种和税率，如果只依据统一的征税对象和税率征税很难因应变化多样的经济情况和体现税负公平，因而需要税收优惠来消解税种和税率的刻板性，增加税收的灵活性，更好地使税收因应特殊性，实现税负公平。但税收优惠会改动计税基数、变更税率，涉及纳税人的权利义务，影响税负公平，增减国家税收，政策性很强，应依法慎重进行。只有这样，才能使税收优惠措施因应特殊情况，有所区别、有所针对，实现公平，调节经济，促进生产，优化结构，培养税源。

我国在税收优惠方面也有深刻的教训。长期以来，我国的内外资企业所得税法所规定的税收优惠政策不同，内资企业的税收优惠政策多为照顾性的，如对遭受灾害、下岗就业、老少边远穷地区实行税收优惠等。而外资企业的税收优惠政策主要是导向型的，包括区域导向优惠，如经济特区、经济技术开发区等；产业导向优惠，如生产性、服务性和基础设施建设等产业；企业性质导向优惠，如出口企业和高技术企业等。税收优惠政策的不同直接导致内外资企业的税负不均，权利义务有别，地位不同，扭曲了企业的经营行为。比如，一些内资企业采取将资金转移到境外再投资境内的"返程投资"方式，以便享受外资企业所得税优惠政策等，不仅造成国家税款的流失，而且影响资金的使用效率。如现行税法所实行的区域优惠政策，就导致中西部地区吸引外资的成本过高。

新的企业所得税法统一和规范了税前扣除办法和标准，统一了税收优惠政策，实行"产业优惠为主，区域优惠为辅，兼顾科技进步和社会事业"的新税收优惠政策。这些规定具有以下积极作用：一是有利于实现税负公平，为内外资企业提供一个公平竞争的竞争环境和秩序。二是有利于提高内资企业尤其是国有企业和民营企业的市场竞争力和国际竞争力。安徽江淮汽车股份有限公司财务部副部长陶伟曾对记者说："新企业所得税法的出台，实现了'四个统一'，为我国汽车产业创造了一个公平竞争的税法环境，对拥有自主品牌的江淮汽车影响深远，为我们国产汽车加大自主创新增添了无穷的动力。"如，新企业所得税法取消了内资企业的计税工资限额扣除制度，统一为全额据实扣除。按照现行政策，内资企业工资扣除每人每月 1 600 元人民币，而外资企业工资支出则实行所得税前全额据实扣除。这显然不利于提高内资企业员工的工资，不利于吸引优秀人才。三是有利于促进我国经济结构优化和产业升级。现行税法优惠政策导致劳动密集型外资企业大量进入，而对于国家急需优先发展的产业，特别是高新技术产业的引导力不强。新企业所得税法通过优惠政策如免征、减征企业所得税，鼓励人们从事农、林、牧、渔业项目，从事国家重点扶持的公共基础设施项目，从事符合条件的环境保护、节能节水项目；扶持高新技术企业；鼓励企业向中西部地区和民族地区投资兴业。四是有利于促使企业改革创新和做强、做大。企业只有不断地改革创新才能做强做大。新的企业所得税法实行科技税收优惠政策，取消了对研发费用税前抵扣的限制条件，这样有利于企业增加创新投入，抵御创新风险，其目标是刺激科技投入，鼓励科技开发创新和科技产品的生产，从而提高整个国家的科技水平，使我国真正成为创新型国家。那种靠税收优惠政策生存发展的企业是没有生命力和竞争力的，税法也不应是落后企业的保护伞。

7. 法律责任

税收的本质是国家依据国家权力强制地、无偿地和固定地参与社会财富的分配，是对他人财产、私人财产的征取。在一个财富、财产稀缺的社会里，人们对各自的财富、财产会格外地珍惜和守护，以至于“神圣不可侵犯”。可以说，如果没有国家强制力作后盾，如果不纳税不违法或者不纳税不招致法律责任，也许就没有人纳税了。法律责任是税收强制性的表现，也是税收强制性的保障。正是因为有法律责任存在，人们不纳税要承担法律责任，所以人们才纳税或不敢不纳税。税收的无偿性是税收强制性的根源，正是因为税收是无偿的，所以人们不愿纳税，为了使人们纳税，才要求税收的强制性以及作为其表现和保障的法律责任。如果税收是有偿的，征税是等价交换的，那么人们就会自愿交易，就像市场交易一样，那就无须那么多的强制了。税收是国家与国民瓜分社会财富，核心是国家瓜分国民财富，国民也即纳税人为了保护自己的财富，必然要求国家依法规定征税的标准，做到征什么税、征多少税要一清二楚，不得滥征滥收，否则也要承担法律责任。如果没有固定性，就没有了征税的法定标准，就不清楚哪是滥征滥收，也就不知道哪是违法，从而没有法律责任可言。从另一方面来说，如果没有法律责任，征税人滥征滥收不被追究法律责任，那么征税人就会滥征滥收，结果就没有什么法定性和固定性可言了，因此，法律责任捍卫了税收的固定性。由上可见，法律责任是税收的本质及“三性”的内在要求。

我国《税收征收管理法》第五章对法律责任作出了规定。内容近

30条，包括纳税人和税务人员违反税法应承担的法律责任，这充分地表明法律责任在税法中的重要地位。

法律责任是对税收“三性”的保障，法律责任保障了税收的“三性”，税收才能更好地发挥其对国民经济和社会发展的宏观调控作用。

六、税法的体系

税法的体系是指由国家各种税法所构成的有机体系。由于税法的核心是各税种，所以，税法的体系是由规定各税种的法律法规所构成的体系。税法体系的主要问题是主体税种的选择和各税种之间的搭配问题。

选择税种必须首先了解各税种的优缺点。世上没有什么东西是完美无缺的，税种亦然。几乎所有的税种都不是尽善尽美的，都既有优点又有缺点。如流转税，其优点是税基宽广，税源丰裕，税收充足；简单易行，计征方便，富有效益；从价计征，与所得无关，不受盈亏影响，税收稳定；由于征税提高商品价格，因而可抑制消费，增加储蓄和投资，有利于经济发展。但由于流转税与商品价格相联系，在国内会干扰市场运行，且按比例征收，不分纳税能力强弱，同等征税，会导致分配不公；在国际上由于关税会阻碍资金、商品、技术和劳动力的自由流动，此外，还可能造成重复征税，税负也容易转嫁，会增加消费者负担，存在公平问题。只有正确全面地了解流转税的优缺点，扬长避短，才能有效地发挥流转税的宏观调控职能。再如所得税，优点是易于筹措资金，所得税是国家主要的财政收入之一；按所得征税，多得多征，少得少征，税负公平，弹性较大，一般实行累进税率，当经济过热，纳税人所得增加时，税收自然增加，抑制纳税人的投资过热和消费冲动；反之，当经济萧条，纳税人所得下降时，税收自动减少，刺激投资增加和消费扩张，都能起到稳定经济的职能。但缺点是，受所得水平的制约，税收不稳定；累进课税，多劳多得多纳，少劳少得少纳，不劳不得不纳，在一定程度上会压制人们的积极性，存在效益问题；所得税是直接税，不受欢迎，易遭抵制；所得税计征复杂，还易于偷漏。

了解了各税种的优缺点以后，就应该让各税种相互配合、取长补短，使税种整体扬长避短，达到最适课税，发挥其宏观调控的作用。具体说来：

（1）选好主体税种

一般说来，主体税种只能是那些征税范围广阔、税源充裕、税收效应好的税种。如流转税。在市场体制下，商品是市场的核心，社会财富主要表现为“庞大的商品堆积”，商品交易（流转）是市场经济的基本内容，商品的流转额同价格这一市场的神经密切相关，因此，选择流转税为主体税种便是必要的了。当然，主体税种的选择不是一劳永逸的，而是随着社会经济的发展和具体国情的不同而变化的，存在最适商品课税和最适所得课税问题。如所得税和财产税，在资本主义国家，不可避免地要向资本家直接征收，因此对于资本家来说，“……再没有什么比所得税、财产税和房屋税等直接税更不受人欢迎的了”[①]，这导致长期以来所得税和财产税的时征时停，一直未能成为主体税种。但随着社会财富越来越集中，贫富差距日益扩大，社会分配不尽公平，加上节制资本、民主政治和人权保护及社会保障等要求日益高涨，所得税和财产税最终被确立为主体税种。

（2）使税种覆盖面广

“税网恢恢，疏而不漏。”一般来说，哪里有收入，哪里就应有税收，应根据社会经济发展的要求，开征必要的新税种，如 1994 年我国税制改革后开征土地增值税、证券交易税、利息税，待条件成熟后还要开征社会保险税和物业税。有收入而无税收，国家税收流失，损失严重；应该纳税而没有纳税，税收出现盲区和空白，没有税收介入其中，税收（法）就无法发挥其对该领域的宏观调控作用。

（3）正确协调各税种的关系

一是五大税种之间的关系。流转税是对商品征税，所得税是对所得征税，财产税是对财产征税，资源税是对资源征税，行为税是对行为征税，五大税种各有所指，各司其职，各负其责，并存共处，相互协调，“同舟共济”。如其中的商品税促进效益，所得税实现公平，应合理配合，权衡应用。二是同一大税种内各税目之间的关系。如流转税中的增值税和营业税，两税虽然都是对商品征税，但各有侧重，增值税侧重于对有形动产征税，而营业税侧重于对劳务、无形资产和不动产征税，两税不相重复，形成互补。再如增值税和消费税，消费税是在增值税的基础上加征的一种税，凡是征收消费税的商品，必定征收了增值税，因此，消费税与增值税之间是一种递进关系。再如增值税、消费税和关税，一般而言，出口商品大都免征三税，或者将已征增值税、消费税予

① 《马克思恩格斯全集》，中文 1 版，第 8 卷，543 页，北京，人民出版社，1961。

以退还，以鼓励本国商品的出口，增加本国商品在国际市场上的竞争力；反之，进口商品大都征收关税，并在进口环节征收增值税和消费税，以限制外国商品的进口，可见，三税里应外合，环环相扣，关系密切。

（4）应根据宏观调控的任务和要求，相机选择相应的能够发挥这方面职能的税种

如为了调控宏观经济运行，特别是发挥价格的杠杆作用，可选择流转税；为了调节社会分配，缩小贫富差异，缓和社会矛盾，可选择所得税和财产税；为了扩充社保资金，加强社会保障，完善社保管理，保障社会弱者，可开征社会保险税；为了平衡国内外贸易，可选择流转税中的关税，或者关税、增值税、消费税并用；为了严格节约资源，合理开发资源，高效配置资源，公平享有资源，必须发挥资源税的调节作用；为了调控某种行为，如提倡某种行为，或抑制某种行为，可选择行为税。

总之，税法体系选择好主体税种和搭配好各税种，有利于发挥和实现其宏观调控的作用。

第五节　国债法

一、国债的概念

如同私人会入不敷出一样，随着政府职能的不断扩大，财政支出日益增加，政府也经常会入不敷出，不得不举债；加上社会上有充裕的闲置资金，以及金融机构的发达和信用的完善，使得政府举债能够实现。在这种情况下，就出现了国债。国债，是中央政府为筹措财政资金在国内外发行债券或向外国政府或银行借款而形成的国家债务。国债这一概念具有以下内涵和特征：

（1）从债务主体看，国债以国家（中央政府）为债务主体，由国家举借，由国家还本付息。这使得国债区别于以私人为债务主体，由私人举借，由私人还本付息的私人债务。

（2）从债权债务关系看，国债的发生、变更和消灭以及债券的面额、利息和期限等较多地由国家单方面的意志所主导和决定，特别是在国家内债中尤其如此。这说明国债具有一定的管制性和隶属性，与一般

的平等性的民事债权债务关系有所不同。民间债务，如民间借贷，借贷双方可以就借贷金额、利息、期限、还本付息的方式进行平等自由协商，并签订借贷合同。

(3) 从信用基础看，国债以国家财力作担保，尤以国家信用为基础，风险最小，号称“金边债”，因而属于信用等级最高、安全系数最大的债务。但在一个毫无信用的专制国家，国债往往与捐税并无二致。私人债务，以私人信用为基础，一般须以私人财产作额外担保，风险较大，人们只有在确信债务人具有还本付息能力的情况下才会认购，私人债务不如国债容易发行。

(4) 从性质上看，国债是一种特殊的政府收入，它虽然是政府财政税收的增加，但它有借有还，到期要还本付息，是一种预期的财政支出，国债具有有偿性。国债的发行原则上具有认购的自愿性，人们是否认购、认购多少，完全由自己决定，国债具有自愿性。国债的有偿性和自愿性，使国债不同于税收，因为税收具有无偿性和强制性。

(5) 从职能来看，国债筹措的是财政资金，构成财政收入，不仅能够平衡预算、弥补赤字，而且已成为重要的财政政策手段和宏观调控工具。而私人债务只是满足私人功用，不具有上述职能。

二、国债的职能

国债有无职能？有什么样的职能？如何加以运用？存在着激烈的争论。如 19 世纪主流经济学的观点与 20 世纪主流经济学的观点就大不相同。

19 世纪主流经济学家们对市场机制顶礼膜拜，大都主张自由经营，反对政府干预，对国债持否定态度。如亚当·斯密就曾批判了威廉·配第的国债观点，配第把国债看作是可以增补国内现有资本和促进工业、商业和农业增长的巨额资本。而斯密对此批判道：“据某著者主张，欧洲各债务国的公债，特别是英国的公债，是国内其他资本以外的另一个大资本；有这个资本，商业的扩展，制造业的发展，土地的开垦和改良，比较单靠其他资本所能成就的要大得多。可是，主张此说的著者，没有注意到以下的事实，即最初债权者贷与政府的资本，在贷与的那一瞬间，已经由资本的机能，转化为收入的机能了。换言之，已经不是用于维持生产劳动者，而是用于维持非生产性劳动者了。就一般而论，政府在借入那资本的当年，就把它消耗了、浪费了，无望其将来能再生产什么。”① 在斯密看来，国债完全不是追加的资本，而是国内现有资本之扣除，靠发行国债来弥补政府支出，等于原工商业资本为政府所吸收，且被挪用于非生产性用途，是浪费原有资本，会阻碍生产发展。据此，他对国债持否定态度，并警告说：“举债的方案，曾经使采用此方案的一切国家，都趋于衰弱。首先采用这方法的，似为意大利各共和国。热那亚及威尼斯……它们都因举债而衰弱。西班牙似是由意大利学得此举债方案，而就天然力量说，它比它们尤见衰微……由举债而衰弱而荒废的国家，所在皆是。”②

但 20 世纪 30 年代的“大衰退”，动摇了 19 世纪主流经济学家们对市场机制完美无缺的信念，认识到政府干预的必要性，反映在国债方面，就是开始对国债持肯定态度。凯恩斯在他 1936 年出版的《就业、利息和货币通论》一书中，把资本主义经济衰退归之于消费需求不足和投资需求不足。在他看来，要使资本主义经济保持在充分就业和稳定繁荣的水平上，必须由政府增加财政支出，扩大消费，为此可以实行赤字财政，增发国债。他指出：“举债支出虽然浪费，结果倒可以使社会致富。”③ 并详加解释道：举债支出，“包括一切政府举债净额，不论举债目的是为兴办资本事业，或为弥补预算不足。前者增加投资，后者增加消费倾向”④。两者都可以使经济免受衰退之灾，这样就肯定了国债对社会经济发展的职能。凯恩斯的观点为后来许多人所追随和发展，如阿尔文·汉森坚决支持发行国债。他指出：“如果我们的收入不能随着生产率的增长而按比例地增加，我们就将遭受经常增加的失业。我们不能在这种经常增加失业的条件下生存。因此，我们应当使我们的事业去促成国民收入的经常增长。并且在任何时候，我们都应当从增加国民收入的这个观点来考察我们的债务问题”，而国债“首先，可提供一定的保证来防止严重的萧条”⑤。在他看来，国债的持续增长，有利于补充私人投资的不足，能刺激消费、消除生产过剩，实为充分就业和经济繁荣

① ［英］亚当·斯密：《国民财富的性质和原因的研究》，下卷，488 页，北京，商务印书馆，1979。

② ［英］亚当·斯密：《国民财富的性质和原因的研究》，下卷，492 页，北京，商务印书馆，1979。

③ ［美］凯恩斯：《就业、利息和货币通论》，110 页，北京，商务印书馆，1983。

④ ［美］凯恩斯：《就业、利息和货币通论》，110 页注，北京，商务印书馆，1983。

⑤ 王传纶、高培勇：《当代西方财政经济理论》，下册，454 页，北京，商务印书馆，1998。

所必需的条件。美国经济学家塞穆尔·哈里斯在其《国债与新经济》一书中，把国债说成是治疗失业的一剂万应灵药："病已查明了，并且医生给开具了盘尼西林药方。同样的，政治机体的病——失业和经济资源的浪费——亦暴露出来了，经济学家可以推荐国家公债和国家支出这味药。经济学家之所以这样做，因为在他看来，任何其他的药剂都不能治好这种病症，而且还因为这种病症要比药剂昂贵得多。"① 著名经济学家劳伦斯·克莱因根据20世纪30年代以来国债的使用情况，认为国债并不是非生产性的，而是增加国民财富的重要因素，"通过公债筹措之资金乃用来使本来失业的人获得工作，建筑房屋、桥梁、道路、学校。从实质上看，这会使我们更富"，由此看来，"这种公债不可能是一种祸害"②，也不会是一种负担。"功能财政论"的创立者勒纳（A. P. Lerner），根据其所谓财政政策的制定应着眼于整个经济体系的影响，而不必拘泥于预算平衡与否的论点，指出："政府的收支与举债，应仅是管制社会资金的工具，其目的在于保持物价稳定下的就业状态……公债发行的目的只在吸收社会上的游资，降低膨胀时通货流通。偿还的目的则在于增加不景气时的通货流通。"而且，"如果公债利率确定适当，那么，公债的发行不但无损于已就业的资本，引起资源的错误就业，反而可以引导资金的有效运用与资源的正确就业"③。勒纳把国债提到直接调节社会经济的政策的高度。

由上可见，西方主流经济学家对国债的职能认识经过了一个从否定到肯定的过程，时至今日，国债的职能不断得到发挥并日益普遍运用，已成为重要的财政政策和宏观调控工具。具体说来，国债具有以下职能：

1. 弥补财政赤字

这是国债产生的主要动因，也是现代国家的普遍做法。随着公共需求的不断增强，政府公共职能日益扩大，常常导致政府财政支出大于财政收入，形成财政赤字。一般说来，有赤字就必须弥补，弥补财政赤字主要有三种途径：一是增税，但增税会遭到人们的不满和反对。亚当·斯密早就指出："不论开征任何新税，人民都会感到多少的痛苦，因而引起怨恨，引起反对。课税的种类愈繁多，已课的各税愈加重，人民对

① 王传纶、高培勇：《当代西方财政经济理论》，下册，454页，北京，商务印书馆，1998。
② ［美］克莱因著，薛蕃康译：《凯恩斯的革命》，176页，北京，商务印书馆，1962。
③ 王传纶、高培勇：《当代西方财政经济理论》，下册，455页，北京，商务印书馆，1998。

于任何新税的怨声必愈嚣然，于是另课新税或加重旧税，就益形困难。”[①] 此外，征税也难以迅速及时地筹措大量资金，亚当·斯密也指出：“赋税的课征，大抵要经过十个月乃至十二个月，才有税款收入国库”，因此，“在危险临到的瞬间，就得负担一项马上就要的大费用；这费用是不能等待新税逐渐地慢慢地纳入国库来应付的”[②]。二是增发货币，但会导致无度的通货膨胀，后果不堪设想，应该限用、慎用甚至不用这种方法。在独立、严肃的金融体制下，增发货币也难以办到。与前两种途径相比，发行国债是最理想的途径，因为用国债弥补财政赤字，只不过是社会闲置资金的使用权在一定时期内让渡给国家，人们自愿认购国债，不会加重人们的负担，也不会遭到人们的反对，亚当·斯密指出：“暂时停止偿还债务，人民是不会马上感到痛苦的，因此也不致引起怨言，也不致引起不平之鸣。所以，挪用减债基金，常为摆脱目前困难的显然容易的方策。”[③] 发行国债能迅速及时地筹措到大量资金，方能有效应急，这正如亚当·斯密所断言的：“在此万分紧急的情况下，除了借债，政府再不能有其他方法了。”[④] 此外，发行国债只是部分已有社会资金使用权的暂时转移，不是新增货币，一般不会导致通货膨胀。故各国政府把发行国债作为弥补财政赤字的一种基本途径，也是财政政策得以实施的基础条件。但一味地用国债去弥补财政赤字，会导致财政赤字过大、债台高筑，最终会形成财政收支的恶性循环；举债度日，总不是长久之计，久而久之，会助长为所欲为、不负责任之风；社会闲置资金是有限的，国家举债过多，就会降低社会投资和居民消费的水平。

2. 筹集财政资金

利用国债，可以筹集大量的财政资金，以供国家所用。如战争时期利用国债，政府可以迅速地筹集战争所需的大量军费。亚当·斯密指出：“在战争勃发的瞬间，或者说，在战争似要勃发的瞬间，军队必须增大，舰队必须装备，防军驻扎的都市必须设防，而这军队、舰队、防

① ［英］亚当·斯密：《国民财富的性质和原因的研究》，下卷，484 页，北京，商务印书馆，1979。

② ［英］亚当·斯密：《国民财富的性质和原因的研究》，下卷，472～473 页，北京，商务印书馆，1979。

③ ［英］亚当·斯密：《国民财富的性质和原因的研究》，下卷，484 页，北京，商务印书馆，1979。

④ ［英］亚当·斯密：《国民财富的性质和原因的研究》，下卷，473 页，北京，商务印书馆，1979。

军驻在的都市，还须供给武器、弹药和粮食”[①]，军费开支加倍骤升，不能通过税收慢慢地纳入国库来应付，而且，“因为战争所需费用不定，赋税增加多少才够，也没有把握。各国政府所碰到的这两层困难，如采用举债方法，就容易解决了”[②]。西方国家的国债史表明，国债的不断增长几乎总是与战争或军费的膨胀有着直接的联系，如第一次世界大战期间，参战国差不多有近 2/3 的军费来自国债，第二次世界大战期间，国债也是参战国筹措军费的主要途径。[③] 在和平时期，利用国债可以筹措建设资金。如日本在法律上明确规定一种国债为建设国债。长期以来，我国经济建设支出占财政支出的 50%左右。国家建设需要大量资产，如果不利用国债将难以进行和完成。1987 年我国发行重点建设债券和重点企业建设债券，以建设电力、钢铁、石油化工和有色金属；第八届全国人民代表大会常务委员会第三十次会议决定，财政部定向发行特别国债，发行总额为 2 700 亿元人民币，所筹集的资金用于拨补国有独资商业银行资本金，以使银行的资本充足率达到中国《商业银行法》和国际有关协定规定的 8%，提高国有独资银行的资信度和在国际金融市场上的竞争力，进一步有效防范金融风险；为了扩大内需，拉动经济增长，促进国民经济持续健康发展，财政部还增发 1 000 亿元人民币 10 年长期国债，定向用于防洪、治涝、农田灌溉、铁路公路、重点空港、邮电通信、城市基础设施、环境保护、城乡电网建设与改造、长江黄河中上游水土保持、公检法及司法行政部门设施等建设性支出。上述领域和项目，大都是我国基础设施中的薄弱环节，是制约国民经济和社会发展的“瓶颈”，它们的建设投资大、周期长、见效慢，需要大量的国债，这些国债缓解和补充了国家建设资金的不足。事实证明，这些国债大大地促进了国民经济和社会发展所急需的基础设施建设。

3. 调控宏观经济

利用国债，将社会资金筹集起来，用到国家重点建设事业上，有助于调节投资方向和产业结构。国债筹集大量的财政资金，这笔资金如果

① ［英］亚当·斯密：《国民财富的性质和原因的研究》，下卷，472 页，北京，商务印书馆，1979。

② ［英］亚当·斯密：《国民财富的性质和原因的研究》，下卷，483 页，北京，商务印书馆，1979。

③ 参见王传纶、高培勇：《当代西方财政经济理论》，下册，469 页，北京，商务印书馆，1998。

用于生产建设，将扩大社会的积累规模，改变既定的积累与消费的比例关系；如果用于消费，则扩大社会的消费规模，使积累和消费的比例偏向消费，能够产生反衰退的效应，国债在许多国家常常作为政府执行反衰退政策的工具。国债用于弥补财政赤字，或偿还到期债务，就是政府平衡社会总供给与社会总需求关系的过程。发行外债，若所得外汇用于储备，有利于稳定币值和平衡外汇；若用于增加进口，可以引进先进技术设备，使国内产业优化升级。短期国债可以调剂国库季节性资金余缺，还能作为中央银行进行公开市场操作的重要手段。国债是财政政策与金融政策的有机衔接点，综合运用财政政策与金融政策，已成为调控宏观经济的重要工具。

三、国债职能的实现

上述国债的宏观调控职能是通过以下具体操作来实现的：

1. 相机决定国债期限的种类

国债按偿还期限可以分为短期、中期和长期三大类。债券的期限不同，流动性就不同，导致货币流量也就不同。短期债券，偿还期最短，变现最快，流动性最强，有“近似货币”之称，增加货币流量最多；长期债券，偿还期最长，变现最慢，流动性最低，增加货币流量最少；中期债券在各方面都恰好居中。因此之故，通过债券期限种类的设计可以对社会经济进行宏观调控。如当经济衰退需要政府启动时，可以扩大短期债券的发行或用短期债券调换长期债券，提高短期债券在全部政府债券中的比重，以此增加社会中的流动性，增加货币流量；反之，当经济过热需要政府紧缩时，可以扩大长期债券的发行或用长期债券调换短期债券，提高长期债券在全部政府债券中的比重，降低社会中的流动性，减少货币流量。此外，期限不同的国债，能够满足对资金期限多样化的需求，如短期国债可用于平衡国库短期收支；长期国债可用于周期较长的基础设施和重点建设项目，对社会经济自有各自不同的职能。

2. 相机决定政府债券的应债主体

国债的应债主体，按经济影响的不同可分为银行系统（包括各商业银行和中央银行）和非银行系统（包括公民、企事业单位和政府机构）。在银行系统中，如果商业银行购持国债，会导致货币供应量同步增长；如果中央银行购持国债，会导致货币供应量加倍增长，总之，都会导致货币供应量的增加，对宏观经济产生扩张性影响。如果非银行系统购持国债，只是社会资金使用权的转移，有可能引起市场利率的短暂波动，但不会增加或减少货币供应量，对宏观经济既不会产生扩张性影响，也不会产生紧缩性影响，是“中性”的。因此之故，在经济衰退、通货紧缩时，可以扩大银行系统购持国债的比重，以此增加货币供应量，扩张经济；在经济过热、通货膨胀时，可以扩大非银行系统购持国债的比重，紧缩经济。

3. 相机调整国债的利率

国债利率是政府因举债所应支付的利息额与借入本金之间的比率。国债利率的高低，主要参照以下三种因素来调整：（1）金融市场利率水平。金融市场利率高，国债利率可相应提高，否则难以发行；金融市场利率低，国债利率可相应降低，否则政府会蒙受不必要的损失。（2）社会资金供应量。如果社会资金供应充足，国债利率可相应下调，否则，政府要承受额外债息支出；如果社会资金供应匮乏，国债利率可相应上调，否则会使国债发行不畅。（3）政府信用状况。如果政府信用良好，国债利率可相应调低，否则会加重政府不必要的负担；如果政府信用不佳，国债利率应相应调高，否则会阻滞国债的发行。一般认为，国债利率是金融市场上一种很能体现政府宏观调控政策意图而对市场预期有重大影响的代表性利率。它的高低通常会对金融市场利率的升降产生直接影响，这样一来，国债利率的相机调整便成为政府对市场利率施加影响，从而贯彻其宏观调控政策意图的一个途径了。[①] 例如，当社会经济衰退，需要实行扩张政策时，可相应调低国债利率，国债利率调低，人们会去国债而就银行，会诱导金融市场利率下降，扩大投资，激活经济发展。而当经济过热，需要实行紧缩政策时，可相应调高国债利率，人们会去银行而就国债，会诱导金融市场利率上升，减少投资，阻抑经济过热。

4. 相机运用国债市场

国债的表现形式是国债券，国债券是一种有价证券，可以在证券市场上交易，这样就形成了国债市场。国债交易分为两个部分：一是国债发行市场，一般是政府与债券承销机构如银行和证券经纪人之间的交易，这是国债交易的初始环节，称为国债一级市场；二是国债流通市

① 参见王传纶、高培勇：《当代西方财政经济理论》，下册，512 页，北京，商务印书馆，1998。

场，一般是国债承销机构与认购者以及国债持有者与国债认购者之间的交易，称为国债二级市场。国债市场具有重要的职能：一是通过采用固定收益出售方式和公募拍卖方式，在国债市场中完成发行和偿还国债的任务；二是通过在国债市场买卖国债，满足资金需要者和国债投资者的需要，调配社会资金的运行。具体说来：

（1）由于债券价格同债券利率成反比，债券价格调高，债券利率就降低；债券价格调低，债券利率就升高，而债券价格受债券买卖时的供求关系的影响和决定，因此，可以相机买卖政府债券，通过影响债券买卖时的供求关系，影响债券价格，继而影响债券利率，最终影响整个金融市场利率。具体而言，当经济衰退，需要实行扩张政策时，国债管理机构可以在国债二级市场上买入政府债券，使得对债券的需求增加，导致债券价格上升，债券利率下跌，从而金融市场利率下降，对经济产生扩张性影响；当经济过热，需要实行紧缩政策时，国债管理机构可以在国债二级市场上卖出政府债券，使得对债券的供应增加，导致债券价格下降，债券利率上升，从而金融市场利率上升，对经济产生阻抑作用。

（2）在国债二级市场上，买卖短期、长期债券可以实现对市场利率结构的调控。一是买入短期债券，同时卖出长期债券，那么，短期债券因需求增加而价格上升，实际利率下降，导致金融市场短期利率下降；而长期债券因供应增加而价格下跌，实际利率上升，导致金融市场长期利率上升。二是卖出短期债券，同时买入长期债券，那么，短期债券因供应增加而价格下跌，实际利率上升，导致金融市场短期利率上升；而长期债券因需求增加而价格上升，实际利率下跌，导致金融市场长期利率下降。不难看出，短期、长期国债利率和金融市场短期、长期利率的这一互动过程，实质上是政府通过对国债的管理而对金融市场利率进行的宏观调控。

（3）由于债券期限不同，流动性就不同，导致货币流量也就不同。短期债券变现快，流动性强，对商业银行的信用基础和货币流量有扩张性影响；长期债券变现慢，流动性弱，对商业银行的信用基础和货币流量的影响不大。因此之故，当经济衰退，需要实行扩张政策时，可以在国债二级市场上卖出短期债券，同时买入长期债券，这样就能扩大商业银行持有国债的比重，从而扩张信用基础，增加货币供应，激活经济发展；当经济过热，需要实行紧缩政策时，可以在国债二级市场上买进短期债券，同时卖出长期债券，这样就能紧缩商业银行持有国债的比重，从而紧缩信用基础，减少货币供应，阻抑经济过热。

（4）国债市场与货币政策密切相关，因为作为货币政策核心之一的公开市场业务，其操作对象就是政府债券，它实质上是通过在公开市场上买卖政府债券来控制金融市场的一种活动。当中央银行要增加货币供应量时，它就可以在公开市场上买进政府债券，以此向社会投放货币；当中央银行要紧缩货币供应量时，它就可以卖出政府债券，以此从社会回笼货币。中央银行通过公开市场业务买卖政府债券而调剂货币供应量，从而对社会经济实施扩张或紧缩影响。国债市场是中央银行运用货币政策调控社会经济的“传导器”。

四、国债法

国债是国家财政收入的重要形式，关系到国家财政职能的实现；是社会资金使用权向国家转移，关切到社会各界的切身利益；是以国家信用为基础，涉及国家信用问题；是政府宏观调控的重要工具，影响社会经济全局。上述国债的重要性要求对国债进行法律调整，调整国债关系的法律即是国债法。

1. 国债法的概念

国债法，是指由国家制定的调整国债关系的法律规范的总称。所谓的国债关系是指在国债发行、流通、使用、偿还和管理等过程中发生的社会关系，这种社会关系始终有一方主体是国家（中央政府），它处于主导地位，目的是取得财政收入、履行公共职能、满足社会需要，这使国债法属于财政法，而不同于民法中的债法。这种社会关系是国家作为债务人，与其他主体如国债中介机构、国债购持者之间发生的具有平等性质的债权债务关系，这使国债法与民法中的债法又有密切联系，而不同于同属于财政法的税法。据此，有人认为，国债法是具有公法属性的私法。

制定和贯彻国债法是世界各国管理国债的普遍做法。美国是国债市场较发达、国债职能较充分、国债法制较健全的国家，早在 1917 年就制定了《自由公债法》，主旨是授权财政部发行债券、限制债券面值余额的量；1942 年又颁布了《公共债法》，主旨是授权财政部制定政府债券的法律条款；1986 年制定了《政府债券法》，主旨是在以前国债法的基础上，针对国债二级市场的中间商和交易商作出规范；1993 年的《国债修订案》，主旨是对国债自营商、中间商及其客户、交易商、国债交易大户的持仓量、国债拍卖过程和国债限额作出新的规定。韩国为了保障国债的发行、运用以及国债投资各方当事人的合法权益，1949年就专门制定了《国债法》，并根据国债市场的发展和金融改革的需要，于1994年对该法进行了修订。[①]

我国自1950年起就发行了“人民胜利折实公债”，1954—1958年连续5年发行了“国家建设公债”。但国债的法制建设是改革开放以后的事情。1992年国务院公布了《国库券条例》，对国库券的发行、转让等问题作了原则性的规定，成为调整国债关系的一个基本法。目前，我国的“国债法”还处于草拟阶段。在“国债法”颁行前，我们应对以下方面作出规范：一是在宪法中对政府举债、国债的使用和还本付息等问题作出原则性的规定，作为国债法专门立法的依据。二是对国债的规模、国债报告、审定程序、国债的使用、审计监督、国债的担保以及国债的偿还等事宜一一作出具体而明确的规定。三是授予财政部在选择国债发行方式、国债债券形式与确定国债发行价格以及还本付息方式等具体管理方面的权限。四是规范国债监管体制。五是对国债的自营者、经纪人、交易商的审批、注册登记、财务审计、业务报告等方面作出明确规定，规范其国债投资、经营和交易行为。六是规定对违法违规行为的查处。[②]

2. 国债法的基本内容

国债的发行是指国债的售出和认购。虽然国债具有许多重要的积极的职能，不能像19世纪主流经济学家那样对它一概加以反对，但国债毕竟是借债活动，是“寅食卯粮”、“超前消费”，是一种负担，需要还本付息，总有这样或那样的弊端，因此，必须对国债的发行、流通、使用和监管等内容作出法律规定。具体说来：

（1）规定国债发行的方式

国债的发行方式，现行的主要有直接发行、委托发行、招标发行、包销发行几种方式。其中，直接发行是政府有关部门直接向社会公众发行国债；委托发行是政府有关部门委托金融机构或证券经纪人在银行网点或证券市场发行国债；招标发行是在金融市场上以公开招标的方式发行国债；包销发行是政府有关部门将国债包销给金融机构，再由金融机构发售给公众。

① 参见《国债立法的独立性分析》，载袁东主编：《国债、金融创新与利率市场化》，上海，学林出版社，1996。

② 参见卢炯星主编：《宏观经济法》，251～252页，厦门，厦门大学出版社，2005。

（2）规定国债发行的条件

国债的发行不能想当然，更不能无所节制，而必须量情而为、量力而行。国债发行是有条件的，应具备相应的条件才可以发行国债。国债法应规定国债发行的条件。一是发行的数量，要根据财政资金的需求、社会闲置资金的规模、市场的承受能力、政府的信誉以及债券的种类等因素决定。二是国债的期限，即从国债发行之日起到还本付息日止的这段时间，国债期限要根据政府使用资金的周转期、投资人的投资意向、市场利率的发展趋势和流通市场的发达程度来确定。三是国债的发行价格。其发行价格受证券市场供求关系、市场利率等因素的影响，可能等于、大于或小于债券面值，如果等于为平价发行，如果大于为溢价发行，如果小于为折价发行。四是国债的利率，即国债利息与本金的比率。国债的利率要考虑国债发行的需要、发行的成本与收益以及政府的财力和偿还的可能，要根据国债的期限、市场利率水平、社会闲置资金的规模以及认购者的接受程度等因素决定。

（3）规定国债发行的权限

国债发行关系到财政收支，调控着社会经济的运行，关切国计民生，影响国泰民安，是一项重要的权限。国债发行权限具体包括决定国债发行种类、国债发行方式、国债发行对象、国债发行数额、国债发行价格、国债发行利率、国债券面金额、国债付息方式、国债偿还期限、国债流动条件等方面的权限，这些权限由谁来动议、由谁来审批、由谁来执行、由谁来监管，国债法必须明确规定。

（4）规定国债的偿还

国债到期以后，就要依照发行时的规定如期还本付息。还本的方式主要有以下几种：一是分期逐步偿还方式：对某种债券规定几个偿还期，每期偿还一定比例，至债券到期时，本金全部偿清。这种偿还方式，还本越迟，利率越高，以鼓励债券持有人推迟还本期。二是抽签轮次偿还方式：在国债偿还期内，通过定期按债券号码抽签对号偿还一定比例债券，直至偿还期结束，全部债券都中签偿清为止。三是到期一次偿还方式。集中一次偿还国债本金，会造成政府支出急剧上升，给国库带来较大压力。四是市场赎回偿还方式。在债券期限内，通过定期或不定期地从证券市场上赎回一定比例的债券，赎回后不再卖出，使这种债券期满时，为政府全部持有。这种方式有利于投资者兑现，但工作量大繁杂。五是以新替旧偿还方式，即通过发行新债券兑换到期的旧债券，以达到偿还的目的。付息方式主要有：一是按期分次支付方式。一般债券附有息票，债券持有者可按期剪下息票兑付息款。这种方式适用于期限较长的国债。二是到期一次支付方式。在债券到期时连本带息一次偿清，这种方式适用于期限较短的国债。偿还的途径主要有：一是设立偿债基金；二是通过预算列支；三是举借新债。

国债的偿还，不仅关系到国家的信用和以后的举借，而且关切债券持有者的利益，还会影响国债及其他债券的行情。国家不但必须依法偿还国债，而且要依法慎重地选择偿还的方式。无论是偿还的方式还是偿还的途径都应加以法律规范。

（5）规范国债的管理

国债对宏观社会经济的调控具有重要作用，必须依法管理。

a. 规范国债的规模管理。

国债规模是指国家负债的总水平，通常可用年度国债发行额、国债累积发行额、国债余额等绝对指标以及国债依存度（在一定时期内国债发行额占国家财政支出额的比例）、国债负担率（在一定时期内国债余额与国民生产总值的比率）和国债偿债率（在一定时期内国债还本付息额与国民生产总值的比率）等相对指标来反映。

要发挥国债的宏观调控作用，国债规模自然不应过大，因为国债规模过大，超过国债限度，不仅是当前的负担，而且可能向后推移，“父债子还”，愧对子孙，甚至酿成债务危机。当然，国债规模也不应过小，因为国债管理是以较大规模的国债为前提的，这正如萨缪尔森所指出的：“大量的公债给‘联邦’（指美国的联邦储备银行）提供大面积的回旋余地来从事大规模的公开市场业务……广阔的政府债券市场的存在使得广泛的稳定性的公开市场业务成为可能，从而具有增加货币政策的效果的倾向。”① 国债规模过小，国家就没有回旋余地，就会宏观调控乏力。因此，应根据上述反映国债规模的绝对指标和相对指标来适度扩大国债规模，使国债规模与国债管理的宏观调控能力大小正相关。就我国来说，目前社会闲置资金较多，国债购买潜力较大，国债负担率不高，随着财政体制改革特别是中央财力的增加，国债依存度尚能降低，国债偿还率还能提高，因此，可以依法适度扩大国债规模，以有效发挥国债的宏观调控的作用。

b. 规范国债的期限结构管理。

① ［美］萨缪尔森著，高鸿业译：《经济学》，上册，534～535页，北京，商务印书馆，1979。

合理的国债期限结构，不仅能够促使国债年度还本付息的均衡化，避免形成偿债高峰，也有利于国债的认购，满足不同类型投资的需要。而且，不同期限的国债有不同的流动性和货币效应，因此，相机调整国债期限能实现国债的宏观调控作用。从这里可以看出，国债宏观调控职能的发挥是以不同期限的国债多样并存和合理搭配为前提的。国债品种单一，结构失衡，期限集中，尤其是没有对国债管理具有关键意义的短期债券，国债管理就没有了基础，国债的宏观调控也就无从谈起。就我国来说，应尽快改变国债期限单一化的格局，增加国债种类多样化，做到短、中、长期国债并存并重，期限分散，结构合理。这样既便于国债投资者广泛选择以满足其对资金期限多样化的需求，防止在同一时间形成还债高峰，造成债务危机，也有利于增强国债的吸引力以促销国债，还可以增加国债的调控力以对社会经济施加有效影响。从 1996 年开始，我国发行了为期 3 个月、6 个月、1 年、3 年、5 年、7 年和 10 年共 7 个不同期限的国债，增加了国债品种，改进了国债结构，也完善了国债职能。

c. 规范国债的利率结构管理。

国债利率水平及其结构是否合理，不仅直接关系到偿债成本的高低，而且影响金融市场利率的升降，从而对社会经济施加紧缩性或扩张性影响。国债的宏观调控职能是以不同利率的国债和利率市场化为基础的。如果金融市场利率由行政命令直接决定，那么其他债券的利率也不能摆脱行政干预，没有利率市场化的形成机制，不能指望通过国债利率结构的管理影响金融市场利率，进而对社会经济施加紧缩性或扩张性影响。就我国来说，应依法规范、限制乃至尽可能取缔对利率的行政命令干预，加快资金商品化、利率市场化改革，使国债的利率具有多样化和弹性化。

d. 规范国债应债主体结构管理。

应债主体的存在是国债发行的前提，应债主体的结构对国债发行具有较大的制约作用，合理的应债主体结构不仅可以使国债的发展具有不竭的源泉和持续的动力，而且国债应债主体不同，会对社会经济施加扩张性或紧缩性的不同影响。当然，这要以广泛多样的应债主体为前提，如果应债主体单一，国债的上述影响就不可能产生。就我国来说，应取消对商业银行和中央银行买卖国债的限制，让它们成为国债的应债主体。商业银行买入国债可以获得利息收入，并可以作为自己的第二线储备资产；国债尤其是短期国债流动性强，随时可以在金融市场上出售换取现金，以补充第一线储备资产（现金）的不足。不难看出，买卖国债与商业银行的性质是吻合的，应成为商业银行的一项有利的投资行为，也正因为如此，商业银行在许多国家都是国债的重要应债主体。至于中央银行，只要我们清醒地注意到它作为应债主体会导致货币的乘数效应，防止诱发通货膨胀，加快金融体制改革，也应该使它成为国债的应债主体。

e. 规范国债管理机构。

国债管理机构是国债的管理主体，在宏观经济调控中扮演着关键角色。有什么样的国债管理机构就有什么样的国债职能，国债管理机构的质量直接决定着国债职能的效应。国债法应该规范国债管理机构，具体说来：一是依法定位国债管理机构。国债管理机构不是营利机构，不能充当"经销商"，它是一个调控机构，始终以国家宏观经济政策为最终目的。二是明确国债管理机构的权限和职责，如国债种类设计、国债利率的决定和应债主体的选择以及国债市场的管理等方面的权限和职责。三是对我国国债市场的监管体制作出规定，对财政部、中国人民银行和证监会管理国债的权限进行合理分工，以保证国债市场的安全健康运行。四是规范国债管理机构的行为，不得擅设债种，囤积国债，私立主体，钻营利率，违法操作。五是依法追究违法行为的法律责任。六是要规定国债的日常监管机构及其权限，使其有权查处各种违法违规行为并给予制裁，同时为相对人规定各种救济程序。

（6）依法规范国债的使用

国债是借钱消费，必须精打细算；是借用社会资金，必须接受社会监督；要还本付息，必须讲究效益；会影响财政收支，应加强管理。这些都说明，必须依法规范国债的使用。具体说来，一是规范国债立项管理，对于每一个欲使用国债的项目都须进行严格的可行性研究和充分的论证评估，把国债投向有明显经济效益或显著社会效益的项目，严格控制投向消费性或奢侈性项目。二是规范国债资金用途。根据不同项目安排适当来源的资金，对于基础设施和重点建设项目，应主要使用长期国债和尽量使用外国政府贷款和国际金融组织贷款；对于周期短、效益明显的项目可使用短期国债和使用国际商业贷款。三是依法监督国债使用，监督审查是否符合可行性研究报告批准的投向或转贷款协议的规定，是否违反财经纪律，有无挥霍浪费等情况。四是依法健全国债的统计监管，使用国债尤其是外债必须到主管机关登记，便于统计，接受监管，不得规避登记。非法借用，逃避监管。

只有依法合理地使用国债，才能有效地发挥国债的宏观调控作用。

第四章

金融法

金融法是经济法体系的内在构成要素，是宏观调控法的重要组成部分。

第一节 货 币

金融以货币为基础，货币是经济的核心因素，是社会的重要方面，货币政策是重要的宏观调控政策，对经济社会影响巨大。因此，要研究金融法，必须首先研究货币的性质和效应。

一、货币的正面效应

货币是社会分工和市场交易以及商品经济发展的结果和产物。“社会分工使商品占有者的劳动成为单方面的，又使他的需要成为多方面的。”[①] 社会分工使得一个人只能从事某种特定的工作，其生产物只能满足自己的极小部分需要，有的甚至根本无法或不能直接用来满足自己的需要，他（她）的大部分需要须用自己的生产物或剩余的生产物同其他人的生产物或剩余的生产物相交换，互通有无，才能得到满足。但刚开始时，这种交换是物物交换，只能偶然发生。只有当甲拿来交换的物品恰巧是乙所需要的物品，而乙用来交换的物品又恰巧是甲所需要的物品时甲乙双方的交换才能成功实现。但这种双方在需要上的巧合是一种非常不寻常的巧合，恰如“一个饿着肚子的裁缝恰巧遇到一个持有食物而又想做衣服的一丝不挂的人”，实属难得的巧合。没有这种巧合，交换就不能实现，可见物物交换极不灵便。人们“为了避免这种不便，除自己劳动生产物外，随时身边带有一定数量的某种物品，这种物品，在他想来，拿去和任何人的生产物交换，都不会见拒绝”[②]。“这种一般人都不会见拒绝的物品”成了一般等价物，这种一般等价物经过不断演化最后结晶为货币。这正如马克思所说的：“……只有社会的行动才能使一个特定的商品成为一般等价物。因此，其他一切商品的社会的行动使

① ［德］马克思：《资本论》，2版，第1卷，127页，北京，人民出版社，2004。

② ［英］亚当·斯密：《国民财富的性质和原因的研究》，上卷，20～21页，北京，商务印书馆，1979。

一个特定的商品分离出来，通过这个商品来全面表现它们的价值。于是这个商品的自然形式就成为社会公认的等价形式。由于这种社会过程，充当一般等价物就成为被分离出来的商品的独特的社会职能。这个商品就成为货币。”①

货币是“一个共同的普遍接受的交换媒介”②，因此，它成为便利交换的润滑剂。自从有了货币，就克服了交换的不灵便，人们的交易方式发生了根本性的变革，从原来的用商品交易商品（W—W）变革为后来的先用商品换取货币，再用货币换取所需要的商品（W—M—W），以至于除了偶尔简单的物物交换以外，绝大部分的市场交易都是通过货币媒介而成的。货币把不同的需要巧合起来，把买和卖两种原本分离对立的行为同一协调起来，打破了商品交易的时间、空间以及商品和个人属性的限制，“……发展了人类劳动的物质变换”，形成了“……整整一系列不受当事人控制的天然的社会联系……”③ 也就是说，货币扩大了交易，扩大了市场，没有货币，商品交易就只能局限于非常狭小的时空和非常有限的人物以及非常惊人的巧合上，结果就没有广阔的真正的交易和市场。从这个角度看，货币是交易和市场的助产婆，交易和市场是货币的衍生物，货币操纵着交易和市场的生杀予夺大权。此外，由于商品天生是用来交易的，而要真正实现交易又取决于商品能否变现为货币，这样，商品对货币就有一种强烈的渴望、深深的依赖和本能的追逐，因而“商品爱货币”，但货币未必爱商品，尤其是众多供选择中的某种商品，这样，“商品价值从商品体跳到金体上……是商品的惊险的跳跃”④。因为，“……如果商品被投入流通的炼金炉，没有炼出货币，没有被商品占有者卖掉，也就是没有被货币占有者买去，商品就会变成无用的东西”⑤。从这里也可以看出，货币是交易和市场的关键，抓住了货币就抓住了交易和市场，对货币进行宏观调控就是对交易和市场进行宏观调控。

“货币，因为具有购买一切东西、占有一切对象的特性，所以是最突出的对象。货币的这种特性的普遍性是货币的本质的万能；所以它被

① ［德］马克思：《资本论》，2版，第1卷，105～106页，北京，人民出版社，2004。

② ［美］米尔顿·弗里德曼著，胡骑等译：《自由选择》，34页，北京，商务印书馆，1982。

③ ［德］马克思：《资本论》，2版，第1卷，134页，北京，人民出版社，2004。

④ ［德］马克思：《资本论》，2版，第1卷，127页，北京，人民出版社，2004。

⑤ ［德］马克思：《资本论》，2版，第1卷，135页，北京，人民出版社，2004。

当成万能之物。货币是需要和对象之间、人的生活和生活资料之间的牵线人。”[①] 在万物货币化，人人要货币，“没有钱万万不能”的境况下，货币必然会成为人们心目中的崇拜物、行为上的目的物，对货币的追逐是人们内在的动机和根本的目的，是人们尤其是经济人的本性。从这个角度看，货币本质着人，因此，抓住了货币，就抓住了人的根本，就抓住了人本身。此外，“……金和银，一从地底下出来，就是一切人类劳动的直接化身。货币的魔术就是由此而来的”[②]。货币代表着等值的商品和社会财富，人们追逐货币正是在追逐货币所能购买到的商品和财富，人们追逐到了货币也就追逐到了商品和财富，货币就是这样一种魔术。它本是人的身外之物却深切人心，能把人们最深层的欲望和最内在的动力激发出来；它满身铜臭却光彩夺目，人们正是通过对货币的追逐而持久地、强劲地发挥出人的主动性、积极性和创造性，在健全的市场体制下，人们追逐货币就是在创造商品和财富，人们追逐到了货币也就创造了商品和财富，这是人们“长于、精于某种天职的结果和表现”[③]。而且，人们正是在追逐货币中创造了文明、富裕和美好的世界，这正如凯恩斯所指出的：“我们还会有稍长一段时间要把贪婪、高利剥削、防范戒备奉为信条。只有它们才能把我们从经济必然性的地道里引领出来见到天日。”[④] 反之，一个废弃货币的社会，必然是一个人心慵懒、动力衰竭、无所进取、普遍贫穷的社会。从这里可以看出，货币是人心所向，是动力之源，是财富之本，不懂得运用货币就不懂得人心世事，就不懂得管理社会和国家。

货币是不具名的，是天生的平等派，它消灭一切差别，“正如商品的一切质的差别在货币上消灭了一样，货币作为激进的平均主义者把一切差别都消灭了”[⑤]。货币消灭了一切差别，也就消灭了一切障碍，它长驱直入，纵横驰骋，到处流通，“铜钱无脚走天下”，它渗透到社会的各个角落、货币才是真正具有社会性的东西。正像人的血液流遍人的全身一样，货币流遍整个社会，其实货币就是市场流通的血液、市场经济的血液。正如控制了人的血液，就控制了整个人身一样，控制了货币也

① 《马克思恩格斯全集》，中文1版，第42卷，150页，北京，人民出版社，1979。

② ［德］马克思：《资本论》，2版，第1卷，112～113页，北京，人民出版社，2004。

③ ［德］马克斯·韦伯著，于晓等译：《新教伦理与资本主义精神》，38页，北京，三联书店，1987。

④ ［英］舒马赫著，虞鸿钧等译：《小的是美好的》，9页，北京，商务印书馆，1984。

⑤ ［德］马克思：《资本论》，2版，第1卷，155页，北京，人民出版社，2004。

就控制了整个市场经济。只有通过这种能够触及社会各个角落、控制整个市场经济的货币才能真正对社会和市场进行宏观调控。此外，社会发展和经济调控的进程是一个从实物分配到货币选择的过程。“如果所有报酬，不是采取提供货币的形式，而采取提供公开荣誉或特权、凌驾别人之上的有权力的位置、或较好的住宅或较好的食物、旅行或受教育的机会等形式，这只不过是意味着，接受报酬的人不再能自行选择，而任何决定报酬的那个人，不仅决定报酬的大小，而且也决定了享有报酬的特定形式。”① 实践证明，货币分配比实物分配具有无可比拟的优越性，在当今市场社会，应尽可能地把实物变现为货币，使之货币化，用货币分配取代实物分配，让人们用货币去选择自己所需要的东西，这样既可以向人们开放自由选择的广阔范围，又可以杜绝实物分配所导致的种种弊端。正是在这个意义上，哈耶克认为：“钱是人们所发明的最伟大的自由工具之一。”② 随着实物货币化、分配货币化，货币选择范围的扩大，货币在经济社会中的杠杆作用不断加强。这也就说明，要对经济社会进行宏观调控，必须利用货币和货币政策。

货币是一种流通工具，它从一个人手里流到另一个人手里，从一个领域流到另一个领域，具有传导、递进和关联效应，它环环相扣、息息相关，可谓“牵一发而动全身”、牵货币而动全局；货币是商品这个“物的神经”③，控制了货币就控制了商品，由于商品是市场的载体，所以控制了商品进而也就控制了市场和社会；货币是“社会的抵押品”④，货币多多益善，一般来说，人们“贮藏货币的欲望按其本性是没有止境的”⑤，货币贮藏形成了一个潜在的货币供应源泉——货币贮藏的“蓄水池”，它“……对于流通中的货币来说，既是排水渠，又是引水渠……”⑥ 正像蓄水池可以通过蓄水排水调节余缺、保障供水一样，货币这个“蓄水池”通过调节货币供给进而调节社会经济；货币是价值尺度，是评判商品价值的尺度，是价值的价值，是“……财富的随时可用的绝对社会形式……”⑦ 因而是绝对的价值，被人们视为绝对理

① ［奥］哈耶克：《通向奴役的道路》，87 页，北京，商务印书馆，1962。
② ［奥］哈耶克：《通向奴役的道路》，87 页，北京，商务印书馆，1962。
③ ［德］马克思：《资本论》，2 版，第 1 卷，154 页，北京，人民出版社，2004。
④ ［德］马克思：《资本论》，2 版，第 1 卷，154 页，北京，人民出版社，2004。
⑤ ［德］马克思：《资本论》，2 版，第 1 卷，156 页，北京，人民出版社，2004。
⑥ ［德］马克思：《资本论》，2 版，第 1 卷，158 页，北京，人民出版社，2004。
⑦ ［德］马克思：《资本论》，2 版，第 1 卷，154 页，北京，人民出版社，2004。

念和终极关怀，以至于常言道“鸟为食亡，人为财死”，抓住了货币，就抓住了命根子；货币是一种支付手段，支付货币就能购买人们所需的东西，货币具有强大的购买力，是一切买卖的媒介，是“……人们和各民族的普遍牵线人……”[①] 牵住了货币，就牵住了牛鼻子。从这里不难看出，货币成了一切的纽带，这正如马克思所说的：“如果货币是把我同人的生活、把我同社会、把我同自然界和人们联结起来的纽带，那么货币难道不是一切纽带的纽带吗？它难道不是能够解开和系紧任何纽带吗？”[②] 货币的性质决定了货币是对经济社会进行宏观调控的重要杠杆机制，甚至可以说，“在某些方面它是宏观经济决策人所能支配的最有力和最有用的工具”[③]。

二、货币的负面效应

商品本是人类的劳动产品，却表现为富有生命的独立存在的东西，为人们所崇拜，并反过来对人起支配作用，这就是马克思所说的“商品拜物教”[④]。而货币是“商品之王”，“商品拜物教”必然会导致“货币拜物教”，“货币拜物教的谜就是商品拜物教的谜，只不过变得明显了，耀眼了”[⑤]。人们崇拜货币，从根本上说，是因为货币可以买卖一切，能满足人们的需要。“一切东西都可以买卖。流通成了巨大的社会蒸馏器，一切东西抛到里面去，再出来时都成为货币的结晶。连圣徒的遗骨也不能抗拒这种炼金术，更不用说那些人间交易范围之外的不那么粗陋的圣物了。”这样一来，货币就把一切社会关系都变成了自己交易和宰制的对象，“……它使人和人之间除了赤裸裸的利害关系，除了冷酷无情的‘现金交易’，就再也没有任何别的联系了”，它“……抹去了一切向来受人尊崇和令人敬畏的职业的神圣光环”，“……撕下了罩在家庭关系上的温情脉脉的面纱，把这种关系变了纯粹的金钱关系”，“……把人的尊严变成了交换价值，用一种没有良心的贸易自由代替了无数特许的和自力挣得的自由”[⑥]。人们崇拜货币，货币成了“有形的神明”，具有

① 《马克思恩格斯全集》，中文1版，第42卷，153页，北京，人民出版社，1979。
② 《马克思恩格斯全集》，中文1版，第42卷，153页，北京，人民出版社，1979。
③ ［美］萨缪尔森、诺德豪斯：《经济学》，上册，432页，北京，中国发展出版社，1992。
④ ［德］马克思：《资本论》，2版，第1卷，90页，北京，人民出版社，2004。
⑤ ［德］马克思：《资本论》，2版，第1卷，113页，北京，人民出版社，2004。
⑥ 《马克思恩格斯选集》，2版，第1卷，275页，北京，人民出版社，1995。

"神力"，"金子！黄黄的、发光的、宝贵的金子！……这东西，只这一点点儿，就可以使黑的变成白的，丑的变成美的；错的变成对的，卑贱变成尊贵，老人变成少年，懦夫变成勇士……可以使异教联盟，同宗分裂……可以使鸡皮黄脸的寡妇重做新娘，即使她的尊容会使那身染恶疮的人见了呕吐，有了这东西也会恢复三春的娇艳"①。货币成了一种"……颠倒黑白的力量……""它把坚贞变成背叛，把爱变成恨，把恨变成爱，把德行变成恶行，把恶行变成德行，把奴隶变成主人，把主人变成奴隶，把愚蠢变成明智，把明智变成愚蠢"，"……货币能使冰炭化为胶漆，能迫使仇敌互相亲吻"，可见货币"……把一切事物都混淆和替换了……"② 货币崇拜，人们狂热地追逐货币，以至于"唯一的比爱情更能使人发狂的事情是货币问题"③，"货币在世上称霸王"，使人见钱眼开、利令智昏、利益熏心、见利忘义，"男人为它去坐牢，女人为它走错路"，对货币的狂热造成社会的狂乱，所以列宁说，"毁灭一个社会的最有效的方法是毁灭其货币，这一格言戏剧性地表现了货币的力量"④。凯恩斯认为："列宁当然是正确的。要推翻现存社会基础，没有比损害货币声誉更巧妙更可靠的手段了。"⑤ 货币的拜物教性质，说明货币具有严重的社会危害性，必须对货币进行宏观调控，如果不对货币进行宏观调控，那么货币就可能会引起社会狂乱，甚至使社会毁灭。

由于人的欲望是不断膨胀的，总是希望货币多多益善，通货有膨胀的本能和惯性，特别是由于需求拉动和成本推动，通货膨胀更是难以避免。通货膨胀尤其是奔腾式通货膨胀和超级通货膨胀，对经济社会会造成灾难性的影响，如货币贬值，"在过去，我们把钱放在衣服口袋里到商店去，而用篮子装回食物。现在，我们把钱放到篮子里到商店去，而用衣服口袋装回食物，什么都是缺乏的，除了货币以外！价格混乱，生产趋于崩溃"⑥。如果通货膨胀的势头得不到有效遏制，进而会摧毁社会甚至引发战争，杰出的英国经济学家莱昂内尔·罗宾斯曾指出："马

① ［英］莎士比亚：《雅典的泰门》。转引自《马克思恩格斯全集》，中文1版，第42卷，151页，北京，人民出版社，1979。

② 《马克思恩格斯全集》，中文1版，第42卷，155页，北京，人民出版社，1975。

③ ［美］萨缪尔森、诺德豪斯：《经济学》，上册，432页，北京，中国发展出版社，1992。

④ ［美］弗里德曼：《资本主义与自由》，38～39页，北京，商务印书馆，1986。

⑤ ［英］凯恩斯著，赵波等译：《预言与劝说》，62页，南京，江苏人民出版社，1999。

⑥ ［美］萨缪尔森、诺德豪斯：《经济学》，上册，374页，北京，中国发展出版社，1992。

克的贬值……摧毁了德国社会中较坚实的组成部分的财富；而且它留下了精神上和经济上的不平衡，由此导致了灾难的合适的孕育场所。希特勒就是通货膨胀的养子。”① 集中地说，通货膨胀对经济社会的巨大不利影响表现在以下几个方面：一是对收入和财富分配的影响。“通货膨胀主要的再分配效果产生于它对于财富的实际价值起了未被预见到的影响。一般说来，通货膨胀倾向于将财富从持有固定名义利息率资产的人再分配到负有固定名义利息率债务人那里去。”② 凯恩斯说得更直白：“政府凭借通货膨胀的连续过程，可以暗中神不知鬼不觉地没收其国民的大量财富。它们运用这种方法不但进行没收，而且是随心所欲地没收，在这一过程使许多人陷入贫困时，它实际上使某些人富了。这种任意重置财富的现象不仅影响经济生活的安全，而且使人们对现存财富分配的公平失去了信心……一般而言，债务人与债权人之间持久稳定的关系是资本主义制度存在的主要基础；通货膨胀的不断进行使通货的实际价值波动剧烈，从而使这种信用关系完全被打乱，结果是获取财富的整个过程堕落为全凭时运的赌博行为。”③ 二是对产量和就业的影响。实践证明，“一个国家没有任何方法可以使失业率维持在自然率以下而不发生通货膨胀的螺旋上升”④，时至今日，“现代经济面临着一个根本的宏观经济困难：没有一个国家能够在自由企业、低通货膨胀率和充分就业方面长时期地同时取得成功。正如今天的市场经济不能使大炮和黄油都达到最大产量一样，宏观经济也不能同时获得充分就业和零值通货膨胀”⑤。由于通货膨胀具有巨大的不利影响，所以“各个国家在今天都不会长期容忍高的通货膨胀率。或迟或早，它们要采取步骤减轻通货膨胀——通过限制实际产量的增长以及增加失业，或者有时通过对价格和工资加以控制。结果总是一个充满痛苦的停滞时期，因为工人苦于被解雇、工作时间短和就业前景暗淡”，“为抑制通货膨胀而必须损失的产量和就业数量是很大的”⑥。三是其他不利影响，如通货膨胀由于扭曲了价格而破坏了信息，“在急剧的通货膨胀中，价格标签经常改变。消费者因此可能并不确切地知道哪一个是低价商店并因此弄错，而从一

① ［美］萨缪尔森、诺德豪斯：《经济学》，上册，375页，北京，中国发展出版社，1992。
② ［美］萨缪尔森、诺德豪斯：《经济学》，上册，379页，北京，中国发展出版社，1992。
③ ［美］凯恩斯：《预言与劝说》，61～62页，南京，江苏人民出版社，1999。
④ ［美］萨缪尔森、诺德豪斯：《经济学》，上册，415页，北京，中国发展出版社，1992。
⑤ ［美］萨缪尔森、诺德豪斯：《经济学》，上册，86页，北京，中国发展出版社，1992。
⑥ ［美］萨缪尔森、诺德豪斯：《经济学》，上册，387页，北京，中国发展出版社，1992。

个高价商店购买"[1]。价格难以正确地引导人们的市场行为。急剧的通货膨胀就像急剧的电话号码膨胀一样，快速改变，查找起来，极其麻烦！通货膨胀还增加成本，如上述因生产者和销售者必须不断向上修订所售产品或服务的销售价格而发生的"价签成本"；由于担心货币在通货膨胀中不断贬值，人们将更多地把货币放在手边而不存放于银行，于是不得不经常往来于银行提取货币以购买所需的商品和服务，这就形成了"磨鞋底成本"和"时间成本"；由于通货膨胀，扭曲了收入的衡量标准，把人们推进到较高的纳税等级，基于名义而非实际数额征税，加重了人们的实际税负。[2] 这些都是由通货膨胀所导致的巨大的不利影响。

为了克服上述通货膨胀的种种巨大的不利影响，必须对货币加以控制，"在现代经济中，控制通货膨胀是宏观经济政策的主要目标之一"[3]。只有调控好了货币，才能调控好社会经济。只有好的货币政策才能对社会经济进行有效的宏观调控，而这又离不开经营管理货币的中央银行。

第二节 中央银行

一、中央银行的设立

随着商品经济和市场经济的发展以及货币的出现，在13、14世纪，经营"天生就是货币"的金银的金匠店逐渐演化为经营不具名性质的货币的商业银行，货币兑换商和银钱业也开始发展为商业银行。如1397年成立的麦迪西银行（Medici Bank），1407年建立的热那亚圣乔治银行（Bank of St. George）。15、16世纪，伴随着欧洲商品经济的快速发展和资本主义生产方式的兴起，银行业的设立和发展出现了一个新的高潮，1587年设立了威尼斯银行（Bank of Venice），1593年设立了米兰

① ［美］萨缪尔森、诺德豪斯：《经济学》，上册，385页，北京，中国发展出版社，1992。

② 参见［英］莱昂纳尔·普赖斯等著，赵卫华等译：《现代中央银行业务》，2～3页，北京，经济科学出版社，2000。

③ ［美］萨缪尔森、诺德豪斯：《经济学》，上册，389页，北京，中国发展出版社，1992。

银行（Bank of Milan）。17、18 世纪，是欧洲资本主义制度的确立时期，银行业得到了飞速发展，1609 年设立了阿姆斯特丹银行（Bank of Amsterdam），1616 年设立了米德尔堡银行（Bank of Middelburg），1619 年设立了汉堡交换银行（Hamburg Girobank），1621 年设立了德夫特银行（Bank of Delft）和纽伦堡银行（Bank of Nuremberg），1635 年设立了鹿特丹银行（Bank of Rotterdam）。这些银行开始发行债券，为企业开立账户，办理转账，提供融资和其他服务，已经初步具备了现代银行的性质和功能。[①]

随着银行的大量设立和银行业务的不断开展，带来了一系列新的问题。

一是信用问题。由于各银行的资金实力、信用等级、经营状况和分布情况不尽相同，它们所发行的银行券被人们接受的程度也不相同，有的广为接受，有的大受限制，这种分散发行、性质不一的银行券与作为“一般等价物”的货币的本质属性是矛盾的，也使金融秩序混乱。此外，多种银行券分别发行，同时流通，相互竞争，有的银行无法及时兑现自己的银行券，会破产倒闭，并因银行与企业、银行与银行之间的紧密联系而发生连锁效应，对社会经济造成巨大影响。要解决上述问题，客观上就要求集中统一货币发行权，由资金雄厚并有信用权威的银行来发行全社会流通的货币。

二是随着银行收受的票据不断增多，各银行之间的债权债务关系日趋复杂、紧密，票据的交换和结算业务日益繁重，由单个或少数银行自行处理票据的交换结算业务，已不能满足各方面的需要，客观上要求建立一个全国统一、公正和权威的结算机构作为银行的结算中心，以便快速清算银行之间的各种票据，从而使资金顺畅流通起来。

三是银行为了自身利益的极大化，面对日益增长的贷款需求，往往都会扩大贷款的数量和期限，而一旦遇到存款人挤兑，银行的支付就会发生困难。这时，如果向其他银行拆借，由于其他银行也只是把支付准备金保持在一个尽可能低的水平上，不可能拆借到太多资金，加上由于存在竞争关系，其他银行也未必愿意拆借，于是，一些银行的倒闭在所难免。但一家银行的倒闭常常会波及数家银行，甚至导致整个银行系统发生支付危机，给银行和存款人造成巨大损失。为了避免这种情况的发

① 参见王广谦主编：《中央银行学》，2 页，北京，高等教育出版社，2001。

生，就要求建立一个共同的机构，它适当集中各银行一定比例的准备金，充当银行的“最后贷款人”，当某个银行出现支付困难时，给予必要的贷款支持。

四是随着银行数量的增多和银行业务的扩大，银行经营风险日益增加，银行之间的竞争日趋激烈，金融秩序动荡不定，仅靠各银行之间的约定和自律不足以保证金融秩序的健康、稳定和协调、有序。为了保证银行的公平竞争，减少金融运行的风险，维护金融秩序的稳定，促使金融业的健康发展，要求建立一个专门的机构对金融业进行监管。

五是随着政府职能的不断扩大，政府支出日益加大，政府融资就成了一个重要问题。虽然政府与各银行都有联系，也能向它们融资，但毕竟分散、零星，不便融资。为了方便和保证政府融资，最好是建立一个由政府直接控制的银行。

上述各种原因是中央银行建立的客观条件。当国家通过法令授权某家银行或新建一家银行行使上述职能时，中央银行就诞生了。一般认为，世界上最早的中央银行是瑞典银行和英格兰银行。瑞典银行成立于1656年，最初是一家较好的私营银行，1668年，由政府出面将其改组为国家银行，1897年，瑞典政府通过法案，将货币发行权集中于瑞典银行，其发行的货币为唯一的法定货币。英格兰银行成立于1694年，它是由英国议会批准设立的一家私人股份银行，成立之初，其最主要的业务是为政府筹款、接受政府存款和向政府提供贷款，并享有一些特权，1694年被改组为国家银行。法兰西银行成立于1800年，1848年，法国政府将各省银行并入法兰西银行，由其独享统一的货币发行权，于19世纪70年代完成了向中央银行的过渡。德国的国家银行由原来的普鲁士银行改组而成，至1912年基本上由其独享货币发行权。日本银行成立于1882年，1889年独享统一的货币发行权后发展成为中央银行。在美国最早具有中央银行职能的银行是美国第一银行（1791—1811年）和美国第二银行（1816—1836年）。在经历了19世纪银行恐慌的困扰，特别是1907年严重的银行恐慌之后，美国开始鼓动和讨论设立联邦储备制度，1913年下半年通过《联邦储备法案》（Federal Reserve Act），确立在全国建立12个地方性联邦储备银行区，加上位于华盛顿的中央协调机构，这样美国的中央银行——美联储就诞生了。时至今日，世界各国一般都设立了自己的中央银行，如英国的英格兰银行、德国的德意志银行、法国的法兰西银行、日本的日本银行、中国的中国人民银行。中央银行的诞生，意义重大，影响深远，以至于维尔·罗杰斯认为：

“自从开头辟地以来，曾经有三件伟大的发明：火、轮子以及中央银行。”① 因为火的发明，标志着人类告别了茹毛饮血的野蛮时期，进入了文明时代；轮子的发明，标志着机器的制造和使用，人类进入了工业时代；而中央银行的发明，标志着人类进入了金融时代。

中央银行是金融的主宰，也是当今时代的主宰。“今天在美国，中央银行——联邦储备制度——是制定宏观经济政策的最重要的部门。”② 美联储的绝对重要性，决定了居于该系统最高位置的美联储主席的绝对重要性，他担任理事局和联邦公开市场委员会（FOMC）的主席，充当Fed（Federal Reserve System，美国联邦储备系统）的公开发言人，极具话语权威和话语分量。如1998年7月27日《欧洲人报》称：“格林斯潘一开口，整个世界都打颤。”1998年9月8日《纽约时报》称：“格林斯潘的话一字千金。”1999年5月7日《金融时报》称：“格林斯潘一番话，下午股票大跌价。”这些都说明，他在决定货币政策的类型和性质方面都行使着极大的权力。美联储前主席保罗·沃尔克常常被人准确地称作是“美国第二个最有权力的人”③。1998年9月26日《经济学家》称：“全都盯着格林斯潘。”1999年5月4日《纽约时报》称：“有了格林斯潘，谁还需要黄金。”凡此种种，都说明中央银行的重要性，以及中央银行的负责人通过对货币政策的影响，进而影响整个宏观经济所能达到的重要程度。

中央银行对宏观经济具有巨大的影响，并且中央银行是否采取有效的货币政策以及采取什么样的货币政策，对宏观经济甚至会产生判若两然的巨大影响。中央银行不适当或无效的货币政策会把国民经济推向灾难的深渊。货币学大家弗里德曼的研究就指出，1929—1933年美国那次大萧条并不是由于私有经济的任何固有的不稳定性造成的，而是政府管理不当促成的，具体地说就是掌管货币政策的联邦储备系统没有正当地履行它的职责促成的——当社会经济开始出现萧条时，美联储本应抓住时机及时放松银根，增加货币供给（如有人反复敦促它在公开市场上大规模购进债券），可它南辕北辙，在最不适宜的时机紧缩银根，结果，把否则会是一次缓和的经济收缩却推入了一场重大灾难的深渊。④ 美联储

① ［美］萨缪尔森、诺德豪斯：《经济学》，上册，481页，北京，中国发展出版社，1992。
② ［美］萨缪尔森、诺德豪斯：《经济学》，上册，481页，北京，中国发展出版社，1992。
③ ［美］萨缪尔森、诺德豪斯：《经济学》，上册，481页，北京，中国发展出版社，1992。
④ 参见［美］弗里德曼：《资本主义与自由》，38页，北京，商务印书馆，1986。

酿成大错，责无旁贷，当时的财政部长和美联储委员会成员的奥格登·米尔斯就指出："一个拥有70%黄金储备的大中央银行系统，在这样的形势下站在一边，不采取积极步骤，这几乎是不可想、几乎是不可饶恕的。"[①] 时任美国总统胡佛也感同身受、历历在目，并触目惊心，以至于他在自己的回忆录中不无愤慨地说："我的结论是，它（联邦储备委员会）在全国发生困难的时候，的确是一根不中用的稻草。"[②]

二、中央银行的地位

中央银行自从设立以来，就在国民经济体系中占有极其重要的地位。

随着经济的货币化和信用的发展，现代经济已经成为货币经济和信用经济，金融已处于现代经济体系的核心。中央银行垄断了统一的货币发行权，成为经济体系唯一的货币供应者，经济体系对货币的需求必须通过中央银行来实现，中央银行处于整个社会资金运动的中心环节，是国民经济运行的枢纽，是货币政策的制定者和执行者，中央银行对货币的供应、对信用的保障和对金融的监管，为经济体系提供了稳定的货币环境和稳健的金融秩序，对国民经济发挥着重要的宏观调控作用。

尽管大家都高度认同中央银行在现代经济体系中的重要地位，但对这种重要地位的具体理解却一直争论不休，尤其是对于它的独立地位问题，人们依然见仁见智。

从中央银行的产生来看，它与政府密切相关，可以说它是由政府创设的，自然与政府相连，要受政府控制。但在第一次世界大战时期，受政府控制的银行在战时却沦为了为政府筹集战争经费的工具，战后充当了为政府恢复经济广发货币的机构，严重地损害了货币制度和金融秩序。面对这种情况，在1920年的布鲁塞尔和1922年的日内瓦召开的两次国际会议上，许多国家的中央银行提出了减少政府干预、实行中央银行独立的主张。如当时的英格兰银行总裁诺曼（Norman）、德国国家银行银长薛查德（Schacht）、美联储主席司特朗（Strong）都持这一主张。后来人们对这一主张进行了充分的理论说明，认为中央银行是特殊的金融机构，它负责制定和执行货币政策以及对金融秩序的监管，与政府所处的法律地位、行为目标、利益需求和制约因素都有所不同，中央

① ［美］弗里德曼：《自由选择》，89页，北京，商务印书馆，1982。
② ［美］弗里德曼：《自由选择》，87页，北京，商务印书馆，1982。

银行应保持自己的独立性，这样能与政府形成一个合作、互补和制约的机制，也有利于中央银行更好地制定和执行货币政策并对金融秩序进行监管。

但也有人反对中央银行的独立地位。如弗里德曼虽然认为："我们需要使用政府为自由经济制度提供一个稳定的货币机构——这是提供一个稳定的法律机构的一部分职能。"① 他也承认美联储"已成为能决定美国货币量和影响全世界的国际金融情况的一个有自行运用的权力的权威机关"②。但他根据自己保守主义的信念——"凡是赋予少数人如此大的权力和如此多的伸缩余地以致其错误能有如此深远影响的任何制度都是一个坏制度"③。他认为中央银行独立，意味着"它赋予少数人这样的权力而没有对它施加限制的政治机构——这是反对'独立的'中央银行制度的关键性的政治论点"④。但同时他还指出："在一个分散责任而却把大权赋予少数人从而使重要政策行为在很大的程度上取决于带有偶然性的个人性格和作风的这一制度中，错误是不能避免的。这是反对'独立的'中央银行制度的关键性的技术性的论点。"⑤ 他对美国大萧条历史进行深入研究后认为，可以证明："当少数人对一个国家的货币制度拥有巨大的权力时，他们的错误可以造成多么大的损失。"⑥ 弗里德曼反对中央银行独立的观点是直白无余的，并用克莱门梭的话表达出来："货币重要到如此的程度，以至于不能让它为中央银行所管理。"⑦

但中央银行本身是政府创设的，其"出身"就决定了它与政府是"骨肉相连"的。金融系统尽管很重要，但依然是经济体系的一个子系统，金融系统的运行要与整个经济体系的运转协调一致；中央银行是国家的金融监管当局，具有行政管理部门的性质，中央银行的负责人往往由政府任命，并成为政府内阁成员，中央银行也要与其他政府部门密切合作配合；中央银行是政府宏观调控的一个部门，其货币政策要符合国家的整体宏观调控政策，要与其他宏观调控政策相衔接、相配套。这些都说明，中央银行要接受政府的领导和制约。

① ［美］弗里德曼：《资本主义与自由》，39页，北京，商务印书馆，1986。
② ［美］弗里德曼：《资本主义与自由》，43～44页，北京，商务印书馆，1986。
③ ［美］弗里德曼：《资本主义与自由》，50页，北京，商务印书馆，1986。
④ ［美］弗里德曼：《资本主义与自由》，50页，北京，商务印书馆，1986。
⑤ ［美］弗里德曼：《资本主义与自由》，50页，北京，商务印书馆，1986。
⑥ ［美］弗里德曼：《资本主义与自由》，50页，北京，商务印书馆，1986。
⑦ ［美］弗里德曼：《资本主义与自由》，50页，北京，商务印书馆，1986。

那么，“我们怎么能建立一个既稳定、同时又不受不负责的政府的摆布，既能对自由企业经济提供必要的货币体系、而又不可能被用来作为威胁经济和政治自由的权利的货币制度呢?”[①] 弗里德曼提出的方法并且他自认为是“唯一有希望的方法”是，“通过立法而成立一个法治的政府，而不是人治的政府来执行货币政策。这种货币政策能使公众通过政治当局对货币政策进行控制，同时又可使货币政策不受政治当局的经常出现的胡思乱想的支配”[②]。简而言之，在他看来，中央银行应隶属于一个法治政府但又具有相当的独立性，不受政府的非法支配。我们不防把这种独立性名为“相对独立性”或“半独立性”，这更符合中央银行的实际地位。如 Fed 不属于美国立法、行政和司法机关中的任何一个，但整个 Fed 又是作为一个独立的政府机构来行为的；从法律上看，12 个地区银行都是企业，它也赚取利润，但一旦它赚取利润的活动与公共利益发生冲突，它又毫无疑问地要服从公共利益；它直接对国会负责，细心听取国会的意见，因为国会能通过立法改变它的组织结构，甚至取消它的独立性，但 Fed 成员最终还是要根据自己的意识形态和预测来投票的；Fed 也礼貌地听取总统的意见，但总统不能强迫 Fed 顺从他的意愿，它还是要根据它认为对于经济最有利的情况来制定货币政策和方针。[③]

实践证明，这种“相对独立性”或“半独立性”的中央银行更能通过运用货币政策和加强金融监管来发挥对宏观经济的调控职能。因为它是独立的，“不受政治当局经常出现的胡思乱想的支配”，能够根据自己的预测判断和对经济最有利的方式制定货币政策，不会像靠选举而得到职位的部门那样为了短期的当选机会而牺牲长远的经济福利，能始终把保持币值稳定和低通货膨胀率作为自己的最终目标。又因为它是受制约的，它不是完全独立的，应听取有关部门的意见和建议，集思广益，要接受权力部门的监督并对其负责，依法从事，应保持同社会与经济现实相联系，不“闭门造车”、一意孤行地制定和执行货币政策。绝对独立的中央银行与隶属依附的中央银行都难以有效地履行通过货币政策和金融监管而进行的宏观调控职能，理想的中央银行的地位，应该是独立但

① ［美］弗里德曼：《资本主义与自由》，51 页，北京，商务印书馆，1986。

② ［美］弗里德曼：《资本主义与自由》，51 页，北京，商务印书馆，1986。

③ 参见［美］萨缪尔森、诺德豪斯：《经济学》，上册，488 页，北京，中国发展出版社，1992。

不独裁，制约但不制止，自治但不任性，监督但不监禁，能在两者之间寻求必要的张力，并保持微妙的平衡。这正如美联储主席格林斯潘所指出的："为了有效支持本国货币稳定，该国央行需要自成一体，独立运作，也就是说其货币政策不应当受制于某些政治权威人士。东亚和许多其他地区的央行屈服于政治权力，只关注眼前利益。"①

不过，中央银行的独立性或半独立性到底要多大，不能一概而论，而要具体分析，每个国家的中央银行的独立地位都是由本国特定的政治经济和社会环境所决定的，因而中央银行的独立性呈现出多元模式。

其中独立性较强的中央银行如德国国家银行、美联储和瑞典银行，其特点是中央银行直接向国会负责。德国于1957年通过、1992年修订的德国联邦银行法明确规定：联邦银行的基本职责是保持货币稳定，在行使授予的权力时不受政府指令的干涉；联邦银行虽然也有义务在保证完成自身职责的前提下支持总统的经济政策，但当两者发生矛盾时，联邦银行则以完成自己的职责为主；联邦银行的行长由总统任命，任期8年，一般不得中途罢免；联邦银行严格限制用货币发行弥补财政赤字；联邦政府的成员虽有权参加联邦银行理事会的会议并可提出动议，但没有表决权。美国1913年通过的联邦储备法案规定：联邦储备委员会有权独立地制定和执行货币政策，总统未经国会批准，不得对联邦储备委员会发布指令；联邦储备体系没有向政府提供长期融资的义务，财政融资只能通过公开市场发行债券。瑞典银行法规定：瑞典银行直属国会，银行理事会只接受来自国会的指示，而不受政府的干预。

独立性居中的中央银行如英格兰银行和日本银行，其共同的特点是中央银行隶属于政府，但拥有较大的决策管理权，独立性较大。按照英国有关法律规定，英格兰银行理事会是最高决策机构，财政部在认为必要时，可在与英格兰银行总裁磋商后直接向英格兰银行发布命令，但实际上财政部从未如此做过。依照日本有关法律规定，日本银行隶属于大藏省，其基本职责是调节货币及金融、追求物价稳定以利国民经济的健康发展，日本银行独立地制定和执行货币政策，原则上不承担向政府提供长期贷款和认购长期政府债券的义务。

独立性较弱的中央银行如意大利银行和法兰西银行。这类中央银行的共同特点是中央银行隶属于政府，中央银行在制定和执行货币政策以

① ［美］戴维·西西利亚等著，谢毅斌等译：《格林斯潘效应》，314页，北京，机械工业出版社，2000。

及履行职责时都要较多地服从政府的指令。根据意大利有关法律规定，意大利银行受财政部统辖，财政部代表可以出席意大利银行的理事会，并且认为会议决议与政府意图不符时，可以要求暂停决议的执行；当意大利银行的意见与政府不一致时，一般以政府的指令为准。根据法国有关法律规定，法兰西银行的理事会成员大都由财政部提名，内阁会议通过后由总统任命。

至于我国的中国人民银行的地位，《中国人民银行法》第 2 条规定："中国人民银行是中华人民共和国的中央银行。中国人民银行在国务院领导下，制定和执行货币政策，防范和化解金融风险，维护金融稳定。"第 7 条规定："中国人民银行在国务院领导下依法独立执行货币政策，履行职责，开展业务，不受地方政府、各级政府部门、社会团体和个人的干涉。"大体上说，这些规定还是比较恰当的。

三、中央银行的性质

中央银行的性质与中央银行的地位相适应，两者相辅相成，相得益彰。前已论明，中央银行的地位，就其与权力机关和中央政府的关系来说，具有一定的隶属性，但又相对独立；就其在整个金融系统中的地位来说，它居于最核心最顶层，是各商业银行的银行。中央银行的这种地位决定了中央银行具有以下性质。

1. 中央银行是国家（政府）的银行

许多国家的中央银行都是由国家出资设立，归国家所有或由国家控股，如《中国人民银行法》第 8 条规定："中国人民银行的全部资本由国家出资，属于国家所有。"因而是国家的银行，如《中国人民银行法》第 2 条规定："中国人民银行是中华人民共和国的中央银行。"

中央银行由中央政府领导，如《中国人民银行法》第 2 条规定："中国人民银行在国务院领导下，制定和执行货币政策"；第 7 条规定："中国人民银行在国务院领导下依法独立执行货币政策，履行职责，开展业务。"中央银行在组织机构上隶属于中央政府，有的直接是中央政府的核心组成部门，中央政府依法享有对中央银行的领导权，许多国家中央银行的主要负责人由中央政府任命。

中央银行作为国家（政府）的银行，具有以下职责：参与国家政府决策，依据法律授权制定和实施货币政策；代表国家政府参与国际金融组织，签订国际金融协定，开展国际金融活动；代表政府经理国库，统一管理国库收支；经办政府财政预算，在法定限度内，直接向政府提供贷款或透支；经营国债，从事公开市场业务，为政府融通资金；持有、管理和经营国家外汇储备和黄金储备；对金融业进行监督管理，负有保持货币币值稳定和保障金融业稳健运行的责任；负责为政府提供金融信息情报和决策建议，向社会公众发布经济金融信息，等等。这些都是中央银行的主要业务，也是只有中央银行才能从事的业务。

中央银行作为国家（政府）的银行，履行着国家和政府赋予它的宏观调控职能。

2. 中央银行是银行的银行

从中央银行的设立可以看出，中央银行是为商业银行提供准备金而设立的，充当的是商业银行的“最后贷款人”，所以美国的中央银行就直接叫作联邦储备银行。这就是说，从一开始中央银行就是作为银行的银行而设立的。这一点最能体现中央银行作为特殊金融机构的性质和构成金融体系核心的基本条件。

中央银行的业务关系对象不是一般的企业和个人，而是各商业银行和其他金融机构（以下简称商业银行）及特定的政府部门，各商业银行向中央银行交存法定存款准备金，中央银行成为法定存款准备金的唯一保管者，当各商业银行资金周转困难时，中央银行充当商业银行的最后贷款人；中央银行出面组织、参与和管理全国的清算；中央银行位于各商业银行之上和之后，它是各商业银行的管理者和监督者，有权制定金融规章，监管金融业务，制定金融政策，调控金融市场；同时它又是各商业银行的支持者和保障者，负责充当个别商业银行的最后屏障和保护伞。

中央银行作为银行的银行，通过开展上述金融业务，履行着稳定金融秩序、管理金融业务、调控社会经济的职能。

3. 中央银行是发行的银行

中央银行享有国家赋有的集中垄断发行货币的特权，在许多国家，是国家唯一有权发行货币的银行，所以中央银行是“发行的银行”。这是中央银行最基本最重要的标志。《中国人民银行法》第 4 条第 1 款第 3 项规定，中国人民银行履行“发行人民币，管理人民币流通”的职责第 18 条规定：“人民币由中国人民银行统一印制、发行。”第 20 条规定：“任何单位和个人不得印制、发售代币票券，以代替人民币在市场上流通。”为了发行货币，中央银行设立货币发行库，成立发行基金。《中国人民银行法》第 22 条规定：“中国人民银行设立人民币发行库，在其分支机构设立分支库。分支库调拨人民币发行基金，应当按照上级库的调拨命令办理。任何单位和个人不得违反规定，动用发行基金。”发行货币是一切货币活动的开始，是中央银行全部职能的基础，是货币政策的首要，对社会经济关系重大。中央银行通过发行货币，创造信用货币供应，控制货币流量，保持货币币值基本稳定，实现货币政策目的，对社会经济进行宏观调控。

四、中央银行的职责

中央银行的职责是其法律地位、法律性质的动态表现。根据《中国人民银行法》第4条的规定：中国人民银行履行下列职责：

（1）发布与履行其职责有关的命令和规章；（2）依法制定和执行货币政策；（3）发行人民币，管理人民币流通；（4）监督管理银行间同业拆借市场和银行间债券市场；（5）实施外汇管理，监督管理银行间外汇市场；（6）监督管理黄金市场；（7）持有、管理、经营国家外汇储备、黄金储备；（8）经理国库；（9）维护支付、清算系统的正常运行；（10）指导、部署金融业反洗钱工作，负责反洗钱的资金监测；（11）负责金融业的统计、调查、分析和预测；（12）作为国家的中央银行，从事有关的国际金融活动；（13）国务院规定的其他职责。

上述中国人民银行的职责与中央银行的三大基本职能是大致对应的。如第1、2、5、6、7、8、10、11、12项体现的是中央银行作为“政府的银行”的职能；如第3项体现的是中央银行作为“发行的银行”的职能；第4、9项体现的是中央银行作为“银行的银行”的职能。当然，这种划分不是绝对的，有的职责是中央银行作为“政府的银行”、“发行的银行”和“银行的银行”共同的职能。

上述中国人民银行的13项职责，可以归纳集中为以下三个方面：

第一，制定和执行货币政策。

如上述规定，中央银行履行“发布与履行其职责有关的命令和规章”和“依法制定和执行货币政策”等职责。这是中央银行作为宏观调控部门的标志，也是中央银行宏观调控职能的体现。中央银行要根据社会经济发展的总体要求和经济金融的运行状况，制定和执行货币政策，按社会经济发展的客观需要发行相应的货币、创造信用流通工具，并运用各种手段调节货币供应量和社会信用总量，为社会经济的发展提供良好的金融条件和金融环境。货币政策是国家宏观调控最重要的经济政策。

第二，对金融业实施监管。

金融是现代经济体系的核心，金融业是国民经济的主导产业，国家要对国民经济进行宏观调控必须抓住金融业、对金融业进行监管才能有奏效。国家在这方面的宏观调控职能是通过中央银行的金融监管职能来实现的，其中主要是“监督管理银行间同业拆借市场和银行间债券市场”，“实施外汇管理，监督管理银行间外汇市场”，“监督管理黄金市场”。中央银行要根据国家的授权和自己在金融体系中的地位，依法对金融业进行监管，包括对金融机构的监管和对金融市场的监管，为国民经济的健康发展维护稳健的金融秩序。

第三，组织、参与和管理支付体系。

货币政策的贯彻落实、金融机构的良好经营、金融市场的健康发展、金融秩序的稳健运行，都离不开统一、高效、安全的支付清算体系。所以，《中国人民银行法》规定中央银行履行“维护支付、清算系统的正常运行”的职责。中央银行组织、参与和管理支付体系是对国民经济进行宏观调控的重要措施，有利于保证国民经济健康稳定地发展。

上述中央银行的职责是通过中央银行的业务来实现的，为了保证上述中央银行职责的实现，法律对中央银行的业务和业务准则作出了规定。通常各国的法律规定，中央银行不得从事下列业务：不得经营一般性银行业务或非银行金融业务；不得向任何个人、企业或单位提供担保，不得直接向他们发放贷款，有的甚至不得向地方政府、各级政府部门、非银行金融机构提供贷款；不得直接从事商业票据的承兑、贴现业务；不得从事不动产买卖业务；不得从事商业性证券投资业务；一般不得向财政透支，直接认购包销国债和其他政府债券。

此外，法律对中央银行的业务准则也有规定，要求中央银行遵循以下原则：

一是非营利性。中央银行以发行货币、稳定币值、金融监管、宏观调控为职责，是金融管理机构而非营业的营利性机构，由此决定了中央银行的一切业务不以营利为目的，营利与否，不是中央银行考量业务的目标。有时中央银行在某些业务中有一些营利，但这是客观经营的结果，并非中央银行主观追求的目标，并且若有营利，也要上缴国库。有时为了宏观调控的需要，即使不营利甚至亏损的业务也必须去做，只是要求尽量避免或减少损失或亏损。

二是流动性。因为中央银行在进行货币政策操作、充当商业银行和非银行金融机构的“最后贷款人”和宏观调控时，都要动用相当数量的资金，为了保证中央银行能够及时调度、灵活运用资金，中央银行的资产必须保持尽量大的流动性。中央银行从事资产业务以保持流动性为原则，一般不发放长期贷款，尽量不购买期限较长、流动性较小的证券。

三是主导性。中央银行是国家的宏观调控部门，一个调控者理应是一个主动者、主导者。中央银行从事货币发行、存款准备金、再贴现、公开市场等业务会引起一系列的货币、金融变化，而中央银行是这一系列变化的源头，中央银行能否调控这一系列的变化并利用这一系列的变化达到对国民经济的宏观调控，关键在于中央银行是否具有主导性。中央银行的地位决定了中央银行必须具有主导性。只有这样，中央银行才能发挥主动的、主导性的宏观调控作用。

四是公开性。中央银行应定期向社会公众公布自己的业务与财务状况，并向社会公众提供有关的金融统计资料，这有助于社会公众了解中央银行的政策意图，有利于增强其政策的告示效应，有利于社会公众作出与央行政策相配合的决策和行为。这样做，同时也使中央银行的业务活动置于社会公众的监督之下，有利于使自己在社会公众的监督之下规范业务活动，公平、合理执法，保持信誉和权威。这样的公开性有助于中央银行发挥其宏观调控作用。

第三节　货币政策

货币政策是中央银行为实现特定目标，运用各种工具调控货币进而影响宏观经济的方针和措施的总称。货币政策的变化会引起价格水平、社会总供求、经济结构、经济增长速度、国际收支的变化，因而成为宏观调控的重要手段，在宏观调控政策中处于重要地位。

货币政策主要包括货币政策工具和货币政策目标。

一、货币政策工具

货币政策工具是中央银行为实现其职责和货币政策目标所采用的各种宏观调控策略手段。通观世界各国中央银行的具体做法和《中国人民银行法》的有关规定，货币政策工具主要有以下几种：

1. 法定存款准备金政策

法定存款准备金，是各商业银行和其他金融机构按照中央银行的规定和要求，向中央银行交存的一定比率的存款，这个比率叫作法定存款准备金比率，是指各商业银行和其他金融机构交存中央银行的款额占其所有全部存款的比率。交存中央银行的这部分存款，各商业银行和其他金融机构不能动用。中央银行通过调整法定存款准备金比率来增加或减少商业银行的存款数量，进而收缩或扩张信用，实现中央银行的货币政策目标。

法定存款准备金，最初的目的是为各商业银行和其他金融机构提供准备金以增强其支付能力，保障存款安全、取款自由，防止挤兑，避免造成恐慌。这种做法由来已久。1842 年美国路易斯安那州银行法开始对它作出规定，而将存款准备金集中于中央银行的做法则始于英国。1913 年美国联邦储备法规定，商业银行必须向中央银行上缴存款准备金并规定了法定存款准备金比率。1935 年，美联储首次获得了调整法定存款准备金比率的权力，使得法定存款准备金政策演化成为现在的一种货币政策工具。

这一货币政策工具除了保证商业银行和其他非银行金融机构的流动性和支付能力以外，核心是中央银行依照法律规定调整各商业银行和其他金融机构向其交存的存款准备金的比率。一旦法定存款准备金比率确定以后，各商业银行和其他金融机构都得向其中央银行交存一定比率的法定存款准备金，据此，中央银行就能调控各商业银行和其他金融机构的货币数量和信用能力，对货币供应起到调控作用。如当中央银行提高法定存款准备金比率时，各商业银行和其他金融机构交存中央银行的法定存款准备金数额增加，从而自身拥有的货币数量减少，信用能力降低，达到紧缩银根、减少货币供应的目的，这有助于抑制经济过热和通货膨胀；如当中央银行降低法定存款准备金比率时，各商业银行和其他金融机构交存中央银行的法定存款准备金数额减少，从而自身拥有的货币数量增加，信用能力提高，达到放松银根、增加货币供应的目的，这有助于阻止经济衰退，扩大投资，促进经济复苏增长。

法定存款准备金比率的变动会引起货币供应的乘数效应，影响货币加倍扩张或收缩，因而是一种影响货币供应的强力手段。从 20 世纪 30 年代起，美联储就开始运用这一货币政策工具。1980 年美国《存款机构放松管制和货币控制法》为其制订法定存款准备金比率提供了简明的法案。尽管法定存款准备金比率有其优点，如对所有商业银行和其他金融机构的影响是平等的，并且力度大、速度快、效果明显，对货币供应影响强烈，但也正因为如此，这一货币政策工具也具有一些缺点：一是法定存款准备金比率稍作微调就会对货币供应引起巨大变动，而且变化太突然、太剧烈，大起大落，太不确定，难以对货币供应巧作微调。米什金曾形象地指出，用法定存款准备金比率对货币供应作微调，“如同用一个气锤来切割金刚石一样”[①]。二是各商业银行和其他金融机构一般是无偿向中央银行交存法定存款准备金，不但没有收益，而且还有损失，其损失额就是如果将这笔存款用作贷款可能收取的利息。这种损失加重了他们的经营成本，削弱了他们的竞争能力，并且这些损失和成本大部分将转嫁给存款人和贷款人。有时提高法定存款准备金比率还有可能使商业银行和金融机构陷入流动性困境。三是各商业银行和其他金融机构已向保险公司投保，支付已有保障，一般不会发生挤兑，银行恐慌已经消除，存款准备金的意义已不大，而交存中央银行的法定存款准备金“存而不用”，大笔资金没有得到充分有效的利用，也实属浪费。

由上可见，法定存款准备金比率作为一种货币政策工具是利少弊多，应少用甚至不用，即使用也要十分慎重。如美联储分别于 1990 年 12 月和 1992 年 4 月取消了定期存款的法定准备金，并将可签发支票存款的法定存款准备金比率从 12%降至 10%；加拿大从 1992 年 4 月起取消了所有 2 年以上期限存款的法定准备金；瑞士、新西兰、澳大利亚的中央银行也已完全取消了法定存款准备金。[②] 从世界范围来看，法定存款准备金比率都呈降低趋势。

2. 再贴现政策

要理解再贴现，必须先理解贴现。

所谓贴现，是票据持有人在票据到期日之前，向各商业银行和其他金融机构转让票据，后者扣除自转让日至到期日之间的利息和手续费以后，将票面余额变现给持票人。票据到期后，各商业银行和其他金融机构凭票向付款人（承兑人）按票面金额收取票款。各商业银行和其他金融机构赚取自转让日至到期日之间的票据利息和手续费，因而贴现是商业银行和其他金融机构的一项重要的经营业务和项目。

所谓再贴现，是各商业银行和其他金融机构将其所持有的未到期的票据，再向中央银行贴息转让以获取现款的行为。

① ［美］米什金著，王传纶等译：《货币金融学》，425 页，北京，中国人民大学出版社，2000。
② 参见［美］米什金：《货币金融学》，426 页，北京，中国人民大学出版社，2000。

所谓再贴现政策，是指中央银行通过调整再贴现率影响再贴现贷款的数量，进而影响货币供应，以实现对宏观经济的调控作用。再贴现率是中央银行对各商业银行和其他金融机构申请再贴现所规定的贴息或借款成本比率，再贴现率的调整是再贴现政策的核心之一。当中央银行降低再贴现率时，各商业银行和其他金融机构向中央银行再贴现的成本降低，会激励他们向中央银行再贴现贷款，增加了自身的货币数量，扩大了信贷能力，会降低市场利率，加大社会对货币的需求，促使经济扩张；当中央银行提高再贴现率时，各商业银行和其他金融机构向中央银行再贴现贷款的成本上升，会抑制他们向中央银行再贴现贷款，从而减少了自身的货币数量，缩小了信贷能力，会提高市场利率，削减社会对货币的需求，导致经济收缩。

再贴现率与市场利率可能不一致，当再贴现率低于市场利率时，各商业银行和其他金融机构就可能以低再贴现率取得中央银行的贷款，再把这笔贷款以较高的市场利率发放贷款或购买利率较高的证券。为了防止再贴现贷款被滥用并加以规制，中央银行还得运用再贴现政策的另一个核心政策，这就是管理再贴现窗口，以此影响再贴现贷款的规模和结构。如美联储把再贴现贷款分为三类：（1）调整性贷款（adjustment credit loan），目的在于帮助各商业银行和其他金融机构解决因暂时性存款流出可能带来的短期流动性需要。这类贷款最为普遍，往往一个电话就可得到，但要快速归还。(2) 季节性贷款（seasonal credit loan），用于少数商业银行和其他金融机构的季节性需要。（3）持续性贷款（extended credit loan），发放给那些因存款流出而面临严重流动性需要的银行。这类贷款不要求迅速归还，但必须提交阐明需要持续性贷款理由的申请和恢复流动性的计划。美联储根据上述三种情况制订有关规则，对各商业银行和其他金融机构的信誉进行调查，对其再贴现贷款的频率作出限制，对于过于频繁者予以拒绝，并加以劝告，因此，对于各商业银行和其他金融机构来说，应当认识到，再贴现窗口不是一种权利而是一种优惠。[①]

中央银行对各商业银行和其他金融机构办理再贴现，其实是充当它们的最后贷款人，为它们提供准备金，因而具有防范金融恐慌的重要作用。在发生金融恐慌时，中央银行通过再贴现向各商业银行和其他金融

① 参见［美］米什金：《货币金融学》，418～419页，北京，中国人民大学出版社，2000。

机构提供准备金，把一定的货币立刻送到它们手中。如发生 1930—1933 年金融恐慌时，美联储应该运用再贴现政策而没有运用，造成大批银行倒闭，驱使社会经济从衰退滑向大萧条。1974 年和 1984 年，美联储成功运用再贴现政策向富兰克林国民银行和伊利诺伊国民银行提供巨额贷款，使它们化险为夷。[①] 此外，再贴现政策还是一种表明中央银行未来货币政策意向的信号，具有告示声明的效应。当中央银行决定提高再贴现率时，传出的信号可能是经济收缩，声明将减少货币供应；当中央银行降低再贴现率时，传出的信号是经济扩张，声明将扩大货币供应。而且，通过告示货币政策的变动方向和力度，能够影响公众预期，引导经济活动，调整信贷结构，并使之与产业政策相适应。

但再贴现政策的优点也是缺点：一是正因为中央银行充当各商业银行和其他金融机构的最后贷款人，各商业银行和其他金融机构也知道中央银行会救助它们，不会见死不救，因而在发放贷款时更加肆无忌惮，更加敢冒风险。这就说明，中央银行不应频繁地无原则地充当最后贷款人。二是中央银行调整再贴现率的信号和声明是相对准确的，并不是确切无误的，有时不能准确反映中央银行货币政策的意向，也可能导致对中央银行货币政策意向的误解，并引起不必要的混乱。如当市场利率相对于再贴现率正在上升导致再贴现贷款增加时，中央银行为了控制再贴现贷款的规模、调整基础货币的结构，它也会提高再贴现率以与市场利率保持一致，公众可能会据此认为中央银行有紧缩银根的意向，但其实中央银行并无此意。三是中央银行虽然能通过调整再贴现率调控货币供应量，但并不能直接严格控制，因为愿不愿意再贴现，主动权还是在各商业银行和其他金融机构手里，这就像一句古谚所说的那样："牵马河边易，逼马饮水难。"[②] 中央银行并不能强迫它们进行再贴现贷款。四是有人认为，保险公司的存在，大大消除了金融恐慌的可能性，再贴现已意义不大。五是如果再贴现率与市场利率脱钩，一般只能影响市场利率水平，但并不能改变市场利率结构。即使这样，如前所述，也会导致滥用再贴现贷款，当市场利率与再贴现率之间的"利差"随市场利率的变化发生较大波动时，这种波动可能会导致再贴现贷款规模乃至货币供应量发生非政策意向的较大波动。这些都有相当道理，因而弗里德曼等人甚至建议取消再贴现这一政策工具，改用其他更有效的货币政策工

① 参见［美］米什金：《货币金融学》，420 页，北京，中国人民大学出版社，2000。

② ［美］萨缪尔森、诺德豪斯：《经济学》，上册，500 页，北京，中国发展出版社，1992。

具。但大多数人并不赞同，依然认为再贴现政策仍有其重要作用。

不过，这种争论本身也说明，再贴现并不是最理想的货币政策工具。

3. 公开市场业务

所谓公开市场，是指有价证券自由、公开买卖的场所，主要是证券交易所。所谓公开市场业务，是指中央银行在公开市场上买卖有价证券，从而调控货币供应量的一种活动。其中的有价证券主要是政府债券（国库券），因为政府债券规模最大且流动性最强。中央银行在公开市场上买卖政府债券，主要就是与各商业银行和其他金融机构以及大公司买卖政府债券。

中央银行运用公开市场业务有以下作用：一是当金融市场出现资金短缺时，中央银行可买进债券，向社会投放货币，增加货币供应量，扩大投资，扩张经济；当金融市场出现资金富余时，中央银行可卖出债券，从社会回笼货币，减少货币供应量，缩小投资，收缩经济。二是通过公开市场操作，买卖债券，吞吐货币，引起货币供应量的增减，进而影响市场利率，配合再贴现政策的运用。三是中央银行在收入旺季买入债券，可扩大市场资金量；在支出旺季卖出债券，可吸收社会资金，这样可以调节市场资金余缺、维护金融市场稳定，减轻政府财政收支对金融环境的影响。

与法定存款准备金、再贴现政策相比，公开市场业务具有以下优点：一是它完全由中央银行控制，其操作规模的大小和时机可由中央银行主动进行；二是可以通过斟酌买卖或多或少的债券应对市场的微妙变化，极其灵活精巧，能够准确地达到政策目标；三是当公开市场操作出现错误时易于逆转使用，买多了可用多卖来矫正，卖多了可用多买去抵消，有利于纠正错误；四是只要向证券交易商发出买卖的指令，交易就可立即进行，迅速快捷，不会延误。① 正因为如此，公开市场业务被公认为“中央银行稳定经济最重要的武器”②，是“最重要的货币政策工具”，是“决定基础货币变动的基本因素，也是货币供应波动的主要根源”③。

当然，公开市场业务要有效地发挥作用，需要有发达的证券交易市

① 参见［美］米什金：《货币金融学》，417～418页，北京，中国人民大学出版社，2000。
② ［美］萨缪尔森、诺德豪斯：《经济学》，上册，493页，北京，中国发展出版社，1992。
③ ［美］米什金：《货币金融学》，415页，北京，中国人民大学出版社，2000。

场，如果证券市场发育程度不够，交易工具太少，就会制约公开市场业务的效果。此外，还要注意的是，公开市场业务技术性较强，操作较为微妙，政策意向的告示作用较弱。

二、货币政策目标

上述货币政策工具是服务于货币政策目标的，这些货币政策目标主要是：保持币值稳定，防止通货膨胀，实现充分就业，促进经济发展。

1. 保持币值稳定

这是中央银行首要而直接的目标，也是实现中央银行其他目标的前提条件。如《中国人民银行法》第 3 条规定："货币政策目标是保持货币币值的稳定，并以此促进经济增长。"

所谓币值，具体是指货币的价值，主要是指货币的购买力，也就是说货币的价值体现在它所能购买的商品（包括劳务）的价值上。这正如凯恩斯所指出的："人们持有货币不是为了货币本身而是为了它的购买力，也就是为了它所能购买的东西。因此，他所需要的便不是若干单位的货币本身而是若干单位的购买力。"[①] 也正是因为货币具有购买力，人们才愿意持有货币，而人们愿意持有货币正是货币的价值所在。"由于一定条件下的货币购买力决定于一单位货币所能购买的货物与劳务量，所以这种购买力便可以用各种单位货物与劳务按其作为支付对象的重要性的比例构成一种综合商品来加以衡量。"[②] 这样，货币的价值与商品的价值就联系起来了，而商品的价值又表现为商品的价格，即物价，所以，币值稳定的直观表现就是物价稳定。

所谓物价稳定，并不是说物价固定不变，而是使一般物价水平在短期内不发生显著或急剧的变动，能被控制在合理的幅度之内。这样，便于人们从稳定的物价中捕捉到准确的信息，合理预期，未雨绸缪，减少损失。相反，如果物价变动不居，商品的价格所包含的信息就捉摸不定，难以理解，从而导致人们决策困难，造成社会经济的不确定性，带来不应有的损失。

影响物价稳定的因素很多，如生产力水平、经济发展状况、平均就业程度、人们的消费习惯、社会总供求以及币值稳定与否，等等。其

① ［英］凯恩斯著，何瑞英译：《货币论》，上卷，45 页，北京，商务印书馆，1986。

② ［英］凯恩斯：《货币论》，上卷，45 页，北京，商务印书馆，1986。

中，社会总供求平衡与币值稳定是保证物价稳定的根本因素，在特定条件下，尤以币值稳定为最。因为货币供应形成社会购买力，进而构成社会总需要，而社会总供给以商品的形式对货币发生需要。可见，货币是社会总供求的共同载体，没有货币供应就没有社会需要，同样，没有货币引导就没有社会供给，因此，社会总供求关系是以货币为媒介和核心的关系，社会总供求的平衡不是实物量的平衡而是货币量的平衡，货币供应量与货币需求量带动社会总供给与社会总需求，并最终决定着社会总供给与社会总需求是否平衡。要保证社会总供给与社会总需求的平衡关键是调控货币供应量与货币需要量的平衡，只有把货币供应量控制在货币需要所能容许的幅度内，保持货币供应量与货币需要量在动态上的平衡，才能保持币值稳定。币值稳定是物价稳定的根本保证，币值稳定进而才能保证物价稳定。

保持币值稳定，要采取许多措施。一是下面将要论述的防止通货膨胀。二是防止通货紧缩。通货紧缩会抑制投资需求，使企业倒闭或开工不足，失业率上升；也会抑制消费需求，使企业销售下降、存货增加、利润减少，导致经济增长停滞甚至引发经济危机。在这种情况下，是无法保持币值稳定的。三是保持国际收支的平衡。无论是国际收支顺差还是逆差都会影响本币币值的稳定。长期的巨额国际收支顺差，既使大量的外汇储备闲置，造成资源的浪费，为了购买外汇又要增发本币，可能导致或加剧国内通货膨胀；巨额的国际收支逆差，会使外汇市场对本币失去信心，资本大量外流，外汇储备减少，本币大幅贬值，会酿成金融危机。只有国际收支基本平衡的情况下，才能保持币值稳定。四是保持金融稳定。如通过法定存款准备金、再贴现、公开市场业务等货币政策保障银行和其他金融机构的支付能力，避免其出现流动性问题，尤其是防止它们破产倒闭。金融稳定是保持币值稳定的重要条件。币值稳定是整个金融稳定的一个方面，在金融不稳定的情况下，币值不可能稳定。

2. 防止通货膨胀

这是与保持币值稳定密切相关和相提并论的货币政策目标。

所谓通货膨胀，从根本上说，是由于货币供应总量超过社会所能供给的商品的价值总量，使得较多的货币追逐较少的商品，导致商品价格上升、货币价值下降，结果与正常相比，较多的货币只能购买较少的商品。

通货膨胀危害甚大。一是通货膨胀导致货币的购买力下降，减少了人们可购买的商品，人们的生活水平因此而下降，而当人们的生活水平下降时，就容易使社会矛盾激化。二是通货膨胀突然加速时，贷款人将受到额外损失；通货膨胀突然减速时，借款人会受到额外损失，正常的借贷关系会遭受破坏，使社会财富的分配不公。三是通货膨胀破坏价格机制、扭曲价格信号，不能正确地传导经济信息，增加了交易成本，会影响资源的有效配置。四是严重的通货膨胀会导致货币的严重贬值，可能会破坏货币体系，甚至会酿成社会灾难，如许多经济危机、战争都与严重的通货膨胀有关，等等。所以弗里德曼严正地指出："通货膨胀是一种疾病，一种危险的有时是致命的疾病，如不及时制止，会摧毁整个社会。"① 如第一次世界大战后德国发生恶性通货膨胀，为纳粹主义奠定了基础；1954 年巴西通货膨胀率高约 100%，由此产生了军人政府；1973 年智利阿连德政府和 1976 年阿根廷庇隆政府都因通货膨胀而倒台。② 正因为如此，"政治家和中央银行的银行家天天对通货膨胀危险作判断。民意测验投票时常发现通货膨胀是头号经济大敌……被标明为危险物"③。

造成通货膨胀的原因很多，如需求拉动和成本推动，等等。但弗里德曼明确地认为："所有这些可以使个别商品的价格上涨，但它们不会造成物价的普遍上涨。它们可以造成通货膨胀率的一时涨落，但它们不会造成持续的通货膨胀。理由很简单：这些被指控的罪犯没有哪一个拥有印刷机，能印出那些装在我们口袋里的纸片，也没有哪一个可以合法地授权会计在账册上记入与那些纸片相等的项目。"④ 在他看来，"在当今世界上，通货膨胀是印刷机带来的现象"⑤。并一针见血地指出："严重的通货膨胀无论在哪里都总是一种货币现象。"⑥ 因为，商品的增加受到可资利用的资源、技术和人力等客观因素的限制，至多只能缓慢地增加，而货币却不受这些限制，可以以任何速度增长，因此，货币增长的速度总是快于商品增长的速度，通货膨胀就是"由货币量比产量增加得更快造成的"，其中"货币量的作用为主，产量的作用为辅"⑦。

既然明确了货币增长过快是造成通货膨胀的罪魁祸首，那么医治通货膨胀的有效方法就是放慢货币增长率，这正如弗里德曼所指出的：

① ［美］弗里德曼：《自由选择》，265 页，北京，商务印书馆，1982。
② 参见［美］弗里德曼：《自由选择》，265 页，北京，商务印书馆，1982。
③ ［美］萨缪尔森、诺德豪斯：《经济学》，上册，377 页，北京，中国发展出版社，1992。
④ ［美］弗里德曼：《自由选择》，266 页，北京，商务印书馆，1982。
⑤ ［美］弗里德曼：《自由选择》，266 页，北京，商务印书馆，1982。
⑥ ［美］弗里德曼：《自由选择》，266 页，北京，商务印书馆，1982。
⑦ ［美］弗里德曼：《自由选择》，275 页，北京，商务印书馆，1982。

“货币量的过度增加是通货膨胀的唯一重要原因，因而降低货币增长率是医治通货膨胀的唯一方法。”① 而在当今各国，货币增长率主要是由中央银行掌握的，所以降服通货膨胀这个经济恶魔，医治通货膨胀这个经济顽症，就成了中央银行的根本目标。

那么中央银行怎样掌控货币增长率呢？具体来说就是：在社会总需求不足的情况下，社会经济处于萎缩或萧条状态，企业开工不足，资源闲置，失业增加，货币量减少，购买力下降。这时，中央银行就应适度提高货币增长率，适当增加货币供应量，降低市场利率，刺激社会总需求，带动社会总供给，恢复生产，促进增长，使社会总供求趋于平衡。在社会总需求过热的情况下，社会经济处于过度膨胀状态，生产发展过快，投资急剧增加，市场供给不足，物价飞涨。这时，中央银行就应适度降低货币增长率，减少货币供应量，提高市场利率，抑制社会总需求，平抑物价，减缓经济发展，促使社会总供求趋于平衡。

3. 实现充分就业

人具有能动性，这种能动性具体而集中地表现为人的劳动，因而人是一种劳动者。从现实来看，一国的公民绝大部分是劳动者，他们以劳动为生、以就业为本，就业是他们生存和发展的根本依赖。只有实现充分就业，他们的生存和发展才有保障；就业才能人尽其才、物尽其用，有效利用资源；就业才能激发人们的事业心、自尊心和成就感。可见，就业是人性的基本要求。

相反，如果社会失业率很高，那就意味着许多人无法就业，许多人就失去了生活的依靠和来源，使人无所依凭，家计艰难，身心俱伤，沮丧绝望，甚至滋生违法犯罪现象。而且在社会失业率很高的情况下，大量的人员闲置，资源浪费，产出低下。可以说，失业几乎就是失去一切。所以凯恩斯严正地指出，不能提供充分就业乃是我们生存其中的经济社会的显著缺点②，失业率也成为人们关注的焦点，以至于“失业率的变动每月都是头条新闻”③。

正因为如此，充分就业已成了一种权利甚至是人权，也成了政府的一项神圣的义务。一个负责的政府应当把实现充分就业作为其根本目标，实现充分就业也是其宏观调控的重要目标。

① ［美］弗里德曼：《自由选择》，275页，北京，商务印书馆，1982。
② 参见［英］凯恩斯：《就业、利息和货币通论》，321页，北京，商务印书馆，1983。
③ ［美］萨缪尔森、诺德豪斯：《经济学》，上册，340页，北京，中国发展出版社，1992。

就业水平受经济发展的规模、速度、周期和经济结构等众多因素的影响。失业也有很多原因，有因迁徙而失业的，有因离职而失业的，有因寻找新的工作而失业的，有自愿失业的，也有摩擦失业的，还有季节性失业和结构性失业的。这些复杂的原因使得一定水平的失业率在任何社会都是在所难免的。因此，实现充分就业不等于没有一个人失业，不是说失业率为零，而是力求做到让任何一个有工作能力并愿意工作的人都能有一份有合理报酬的工作，最起码要求保持劳动力供求平衡，使失业保持在自然失业率水平上，也即国家在不引起通货膨胀螺旋上升条件下所能平均具有的最低比率，要尽量避免因总需求不足所引起的失业。

政府要实现充分就业可以采取许多措施，如职业介绍，提供培训，创造职位，改进制度，等等。但由于劳动力总是同资本相关联，在一切投入的生产要素中，货币是先决的生产条件，“只有在充分就业情形之下……才利于资本生长”[①]。要实现充分就业就必须扩大资本，增加投资，所以凯恩斯觉得：“要达到离充分就业不远之境，其唯一办法，乃是把投资这件事情，由社会来综揽，以达到最适度的投资量。”[②] 为此，他提出：“在充分就业限度以内，鼓励投资者乃是低利率。故我们最好参照资本之边际效率表，把利率减低到一点，可以达到充分就业。”[③] 凯恩斯实现充分就业的主张也许有许多可讨论之处，但他无疑提供了一种重要的思路和方法，那就是，在实现充分就业方面，中央银行大有作为。时至今日，实现充分就业已成为中央银行的根本目标之一。

具体说来就是，为了实现充分就业，中央银行可适度增加货币供应，降低利率，刺激投资，扩大劳动力需求。但要警惕和防止通货膨胀。

4. 促进经济发展

这是人类经济活动的终极目标，也是上述保持币值稳定、防止通货膨胀和实现充分就业的目标的目标，自然也是中央银行货币政策的目标。

邓小平同志指出：“发展才是硬道理。”[④] 对于中央银行来说，经济发展才是硬道理，这既是中央银行货币政策的出发点和落脚点，也是指

① ［英］凯恩斯：《就业、利息和货币通论》，321 页，北京，商务印书馆，1983。
② ［英］凯恩斯：《就业、利息和货币通论》，326 页，北京，商务印书馆，1983。
③ ［英］凯恩斯：《就业、利息和货币通论》，323 页，北京，商务印书馆，1983。
④ 《邓小平文选》，2 版，第 3 卷，377 页，北京，人民出版社，1993。

导中央银行货币政策的指导思想，还是评价中央银行货币政策的价值尺度。

所谓经济发展，内涵丰富，定义不一，有许多考量标准，如人均产出增加、人均收入增长、生产要素扩大、生产效率提高、GDP或GNP的增长，等等。[①] 也有许多促进原因，如资源、人力、资金、技术、制度，等等。[②] 无论是经济发展的考量标准还是促进原因，都可以看出中央银行在其中具有重要地位，中央银行实行怎样的货币政策直接影响着经济能否发展、怎样发展以及发展多少。

就经济发展的考量标准来说，无论是人均产出增加、人均收入增长还是生产要素扩大、生产效率提高、GDP或GNP的增长，都必须用货币去统计和计算，货币是衡量尺度和计价单位，如果币值不稳定，“票子毛了”，就不可能客观、真实地考量经济发展，也许还会弄虚作假、弄假成真，误入歧途。所以，保持币值稳定是正确考量经济发展的重要条件。

就经济发展的促进因素来说，劳动力是一个重要因素，如果存在着大量失业，人们无所事事，既没有收入，又不能充分发挥他们的聪明才智，也不能让他们在工作中得到锻炼提高，谈何发展？可以说，没有人的发展，就谈不上其他发展。只有充分就业，人尽其才、物尽其用，不仅增加收入，人们有所作为，并且在工作中得到锻炼提高，这样才会有经济发展。而要做到这一点，就必须增加货币供应，扩大投资。这就进到了另一个因素——资金。资金短缺构成经济发展的制约瓶颈，“小钱难倒大丈夫”，没有适度增长的资金供应，经济发展是缓慢的甚至是不可能的。许多经济发展都源于投资增长的拉动。当然，实践证明，在影响经济增长的各种因素中，制度处于最核心的地位，国际经济增长中心主任尼古拉斯·阿尔迪托·巴莱塔在为该中心出版的《制度分析与发展的反思》一书写的前言中指出：“本书是对以资源、技术和人的偏好来解释经济增长的传统经济思想提出挑战。本书编者……注意到过去经济学家们之所以不能够充分理解经济增长，关键是由于第四个因素——制度——受到忽略。正如13位作者所证明，制度的影响是相当大的。”[③]

① 参见［美］诺思等：《西方世界的兴起》，6页，北京，华夏出版社，1999。

② 参见［美］刘易斯：《经济增长理论》，6～7页，北京，商务印书馆，1983。

③ ［美］奥斯特罗姆等编，王诚等译：《制度分析与发展的反思》，134页，北京，商务印书馆，1992。

在各种制度中，“一种稳定的货币”被视为“制度前提”之一种。[①] 之所以如此，是因为，我们的制度广泛地使用货币，货币流通是我们制度的血液，社会严重地依赖货币。稳定的货币是稳定的秩序和稳定的社会的重要因素和保证力量，货币不稳定，秩序就不稳定，社会就不稳定，货币出了问题，秩序和社会肯定要出问题，“社会拥有的发明物，哪一件出毛病时也没有货币造成的危害大。”[②] 在一个货币不稳定、货币出了问题的社会是不可能有什么经济发展的，“几百年来的经验告诉我们，金融市场的稳定在整个经济中所发挥的作用是多么地关键”[③]。此外，经济发展还需要一个制度保障，那就是信心，格林斯潘曾提醒过，我们生活在一种新经济当中，涉及人类心理学的知识，市场的命运掌握在人们的心理变化中。当人民对国家及国民经济怀有信心时，他们就相信未来的经济必定有很强的生产能力。仅仅是人民有了这种信心，并且依此行事，他们才能促成这种未来变成现实。[④] 人们对货币和货币制度有信心，才会有经济发展。具体说来，这种信心是建立在信用的基础之上的，而信用是由中央银行和其他银行及其他金融机构提供和保证的，它们的别名和通用名就是信用机构。格林斯潘指出：“我们应该认识到银行业就其本质而言，完全是信心问题。银行系统内爆发的危机无一例外都是由于民众对该银行丧失了信心。”[⑤] 有效的货币政策是实现经济发展的灵丹妙药：“我们必须力求建立这样一种货币条件。在此条件下，价格稳定有助于最大限度地实现可持续的长远的发展。这种有序的政策最能帮助我们鉴别时机，引导不断增长的知识、革新和资本投资用于创造财富，从而尽可能地提高生活水平。”[⑥]

需要指出的是，上述货币政策目标有相互一致的一面，如保持币值稳定与防止通货膨胀、实现充分就业与促进经济发展，但也有彼此冲突的一面，如防止通货膨胀与实现充分就业以及促进经济发展，这是“现代经济面临的一个根本的宏观经济困境”，“没有一个国家能够在自由企业、低通货膨胀率和充分就业方面长时期地同时取得成功。”[⑦] 弗里德曼

① 参见［美］奥斯特罗姆等编：《制度分析与发展的反思》，26页，北京，商务印书馆，1992。
② ［美］弗里德曼：《自由选择》，261页，北京，商务印书馆，1982。
③ ［美］西西利亚等：《格林斯潘效应》，335～336页，北京，机械工业出版社，2000。
④ 参见［美］西西利亚等：《格林斯潘效应》，59、305、306页，北京，机械工业出版社，2000。
⑤ ［美］西西利亚等：《格林斯潘效应》，321页，北京，机械工业出版社，2000。
⑥ ［美］西西利亚等：《格林斯潘效应》，260页，北京，机械工业出版社，2000。
⑦ ［美］萨缪尔森、诺德豪斯：《经济学》，上册，86页，北京，中国发展出版社，1992。

也指出："就我们所知，历史上没有这样的例子：通货膨胀不经过一段经济增长放慢和失业率增长的时期而结束。"① 这些矛盾是一个"在混合经济中到处使人心神不宁的幽灵"②，也成为宏观经济调控中最难的抉择，中央银行应该统观全局，分清主次，明确先后，因时制宜，相机抉择。

三、货币政策的法治化

由上可见，货币政策是国民经济和社会发展的宏观调控工具，对社会经济具有重大影响。为了保证货币政策的科学性、合法性和权威性，使有关机构能依法行使货币政策工具，更好地服务于货币政策目标，必然要求货币政策的法治化，要依法制定和实施货币政策。

1. 依法设立决策机构

货币政策是由决策机构作出的，决策机构对货币政策有根本性的影响，在某种程度上可以说，有什么样的决策机构就有什么样的货币政策，决策机构要作出科学、合理和有效的货币政策，必须要求其成员素质很高、机构相对独立、内部运行良好、自律监管有效。由于国情不同，各国的货币政策决策机构有别。在中央银行高度独立的国家，中央银行的最高管理层即是决策机构，如德国的联邦银行理事会、美国的美联储理事会。在中央银行相对独立的国家，中央银行是隶属于中央政府的决策机构，如英格兰银行理事会、法兰西银行理事会。在人事任免方面，《中国人民银行法》第2条规定："中国人民银行在国务院领导下，制定和执行货币政策。"第10条规定："中国人民银行设行长一人，副行长若干人。中国人民银行行长的人选，根据国务院总理的提名，由全国人民代表大会决定；全国人民代表大会闭会期间，由全国人民代表大会常务委员会决定，由中华人民共和国主席任免。中国人民银行副行长由国务院总理任免。"第11条规定："中国人民银行实行行长负责制。"在业务方面，《中国人民银行法》第5条规定："中国人民银行就年度货币供应量、利率、汇率和国务院规定的其他重要事项作出的决定，报国务院批准后执行。中国人民银行就前款规定以外的其他有关货币政策事项作出决定后，即予执行，并报国务院备案。"第6条规定："中国人民银行应当向全国人民代表大会常务委员会提出有关货币政策情况和金融

① ［美］弗里德曼：《自由选择》，288页，北京，商务印书馆，1986。

② ［美］萨缪尔森、诺德豪斯：《经济学》，上册，393页，北京，中国发展出版社，1992。

业运行情况的工作报告。”第 7 条规定：“中国人民银行在国务院领导下依法独立执行货币政策，履行职责，开展业务，不受地方政府、各级政府部门、社会团体和个人的干涉。”

2. 依法规定决策程序

货币政策决策必须遵循一定的程序，严格的决策程序是科学决策的重要保障。美国联邦公开市场委员会在公开市场操作方面要遵循严格的程序。如，它一般每年要召开 8 次会议，在 2 月和 7 月的会议上讨论决策长期货币政策，其余 6 次讨论决策短期货币政策。每次会议前，公开市场委员会将有关文件包括经济分析报告、货币分析报告和地区经济分析报告等分送与会人员，并进行研究；然后进入会议议程，共 6 项，分别为上次会议政策纪要、外汇市场操作、公开市场操作、经济形势、较长时期政策目标、短期政策目标；最后向公开市场委员会的业务机构下达指示，指示包括在每月的“FOMC 政策指令”之中，共由两部分组成：第一部分是经济情况的总评价，第二部分是货币政策的总目标。这些决策程序具有重要的借鉴意义。《中国人民银行法》第 12 条规定：“中国人民银行设立货币政策委员会。货币政策委员会的职责、组成和工作程序，由国务院规定，报全国人民代表大会常务委员会备案。”

3. 依法确立决策依据

正确的决策建立在客观的依据上，货币政策决策的依据必须依法确立、客观真实、全面综合。这些依据主要有：（1）国内经济运行状况的预测分析，包括社会总供求、经济增长率、失业率、投资和消费倾向等经济景气状况，通货膨胀和币值稳定状况，进出口变动、经常项目平衡、国际资本流动、国际储备变动、汇率变动等，国际收支情况方面的宏观经济运行状况和变动趋势，以及企业生产能力的利用程度、经济效益情况、财务状况等微观经济运行状况和变动趋势；（2）世界经济金融形势及其对国内经济金融影响的预测分析；（3）国内货币金融形势的预测分析，包括货币需求预测分析和货币供给预测分析。货币决策必须依据上述依据进行，坚决杜绝主观臆断和凭空决策。为此，《中国人民银行法》第 35 条规定：“中国人民银行根据履行职责的需要，有权要求银行业金融机构报送必要的资产负债表、利润表以及其他财务会计、统计报表和资料。中国人民银行应当和国务院银行业监督管理机构、国务院其他金融监督管理机构建立监督管理信息共享机制。”第 36 条规定：“中国人民银行负责统一编制全国金融统计数据、报表，并按照国家有关规定予以公布。”

4. 依法选择货币政策目标

前已提及，货币政策目标是多元的，它们相互之间既相互统一又存在矛盾，有时货币政策可能无法同时兼顾多元目标，这样就出现了货币政策目标的选择问题。到底应如何选择货币政策目标？何种货币政策目标优先？理由根据何在？这些问题都事体重大，不能随意选择，而必须依法进行。我国《中国人民银行法》第 3 条规定："货币政策目标是保持货币币值的稳定，并以此促进经济增长。"这一规定，就在"币值稳定"与"经济增长"之间，明确了两者的先后顺序。当然，货币政策的目标并不是唯一的，也不是一成不变的。货币政策目标的选择，要根据社会、经济、金融和国际环境来决定究竟应以何种政策目标优先；在某种货币政策目标优先的情况下，要尽量兼顾其他货币政策目标。如在经济过热的时候，保持币值稳定是货币政策的首要目标；在经济紧缩的时候，保持经济增长和充分就业就是货币政策的重要目标；在国际收支失衡、汇率急剧波动和金融动荡时，保持国际收支平衡、汇率稳定和金融稳定则成为该时期货币政策的重要目标。对货币政策目标的选择进行法律规范，根本目的在于使货币政策目标的选择建立在有理有据和合法法治的基础之上，使货币政策目标的选择能够客观地随着国内国际经济、金融环境的变化而变化。

第四节　金融监管

一、金融监管的概念

金融监管是中央银行及其他金融监管机构，依法对金融机构和金融业务实施的监督和管理，目的是防范金融风险，增强银行信用，稳定金融市场，促进金融业合法、稳健、高效地运行；保护金融业的公平竞争，提高金融业的竞争能力；维护公众对金融业的信心，保障公众利益，推动国民经济稳定持续健康地发展。

金融监管是中央银行等金融监管机构的重要职责，格林斯潘指出："美联储的首要责任是维持整个金融体制的稳定，其中包括维护国内金融市场和世界金融市场的正常往来。要避免出现系统内危机，不能仅仅通过公开市场业务和使用再贴现窗口两种途径，虽然这两种途径在其他情况下可能很有效。”① 因此，还必须加强中央银行等金融监管机构的金融监管职责。世界上大多数国家（地区）对金融监管均由法律予以明确定。如美国《联邦储备法》第1条规定，“建立美国境内更有效的银行监管制度”是美联储的重要职责；德国《银行法》第6条授权“联邦银行金融监督局监管所有的信贷机构，以保证银行资产的安全、银行业务的正常运营和国民经济运转的良好结果”；日本《普通银行法》第1条规定金融监管是“银行业务以公正性为前提，以维护信用、确保存款人的权益、谋求金融活动的顺利进行，并为银行业务的健全而妥善地运营，有助于国民经济的健全发展为目的”；韩国《银行法》第3条规定：“为了增进全国银行体系的健全运作，并发挥其应有的功能，以促进经济发展，进而对全国资源作最有效利用”是金融监督的目标；中国香港特别行政区《银行业条例》规定：“本条例旨在监管银行业务及接受存款业务，并就认可机构的监管订定条文，以及提款措施，保障存款人，并促使银行体系处于整体稳定状态及有效地运作。”《中国人民银行法》第4条规定：“中国人民银行履行下列职责：……（四）监督管理银行间同业拆借市场和银行间债券市场；（五）实施外汇管理，监督管理银行间外汇市场；（六）监督管理黄金市场”，并对中央银行的金融监管职责作出了原则规定。另外，第五章共7条（从第31～37条）专章对金融监督管理作出了规定，其中第31条规定：“中国人民银行依法监测金融市场的运行情况，对金融市场实施宏观调控，促进其协调发展。”第32条规定：“中国人民银行有权对金融机构以及其他单位和个人的下列行为进行检查监督：（一）执行有关存款准备金管理规定的行为；（二）与中国人民银行特种贷款有关的行为；（三）执行有关人民币管理规定的行为；（四）执行有关银行间同业拆借市场、银行间债券市场管理规定的行为；（五）执行有关外汇管理规定的行为；（六）执行有关黄金管理规定的行为；（七）代理中国人民银行经理国库的行为；（八）执行有关清算管理规定的行为；（九）执行有关反洗钱规定的行为。”第37条规定：“中国人民银行应当建立、健全本系统的稽核、检查制度，加强内部的监督管理。”

由此可见，金融监管已成为中央银行等金融监管机构的重要职责，这正如格林斯潘所指出的：“各国央行担负着共同的使命，即维持世界

① ［美］西西利亚等：《格林斯潘效应》，318页，北京，机械工业出版社，2000。

相互依赖的金融体制的稳定。无论这一职责是否被写进法律，它都是我们唯一的行为准则。我们的使命不仅仅是管理货币、保持非通胀增长、控制贸易差额，更重要的是维持国际金融体系的健康发展。”①

由于我国进行了金融体制的改革，1995 年《中国人民银行法》规定，金融监管由中国人民银行统一负责。但改革后，2003 年对《中国人民银行法》进行了修订，虽然在第五章规定，中国人民银行依法监测金融市场的运行情况，对金融市场实施宏观调控，促进其协调发展。但中国人民银行主要对金融机构以及其他单位和个人的下列行为进行检查监督：“（一）执行有关存款准备金管理规定的行为；（二）与中国人民银行特种贷款有关的行为；（三）执行有关人民币管理规定的行为；（四）执行有关银行间同业拆借市场、银行间债券市场管理规定的行为；（五）执行有关外汇管理规定的行为；（六）执行有关黄金管理规定的行为；（七）代理中国人民银行经理国库的行为；（八）执行有关清算管理规定的行为；（九）执行有关反洗钱规定的行为。”与此同时，2003 年通过了《中华人民共和国银行业监督管理法》，该法规定其他方面由国务院银行业监管机构负责。这样一来，中央银行的职责就有了新的分工，其职责主要集中在货币政策的制定和执行方面，兼及对上述方面的金融监管，另外设立银行业监督管理委员会（简称银监会）、保险业监督管理委员会（简称保监会）和证券监督管理委员会（简称证监会）分别行使相关领域的金融监管职能。其中，《中华人民共和国银行业监督管理法》第 2 条规定：“国务院银行业监督管理机构负责对全国银行业金融机构及其业务活动监督管理的工作。”但鉴于在我国，一是这些委员会的职能是从原中央银行的金融监管职能中分离出来的，与原本规定在《中国人民银行法》中的金融监管内容并无本质上的差别，只是内容更为细化全面而已，但它们之间依然存在着密切关系；二是我国金融业实行分业经营和分业监管，中央银行和银监会只是对银行业进行监管，如上所述，还有保监会对保险业的监管以及证监会对证券业的监管，所以，无论是中央银行的监管还是银监会的监管都不是全面的金融监管，要全面地论述金融监管，应包括中央银行和银监会对银行业的监管，以及保监会对保险业的监管和证监会对证券业的监管；三是银行业、保险业和证券业在业务上是密切相关和相互交叉的，不可能泾渭分明，也难

① ［美］西西利亚等：《格林斯潘效应》，313 页，北京，机械工业出版社，2000。

以区别开来，最起码，如果各监管机构要想对分管的行业进行有效的监管，应信息共享，共同监管。分设中央银行和银监会、保监会和证监会分别对银行业、保险业和证券业进行监管，这种做法是否有效，尚有争论，其结果，既可能导致重复监管，又可能导致无人监管，最后在实践中还是要建立金融监管的协调机制。所以《中国人民银行法》第 9 条规定："国务院建立金融监督管理协调机制。"第 33 条规定："中国人民银行根据执行货币政策和维护金融稳定的需要，可以建议国务院银行业监督管理机构对银行业金融机构进行检查监督。"第 35 条规定："中国人民银行应当和国务院银行业监督管理机构、国务院其他金融监督管理机构建立监督管理信息共享机制。"《银行业监督管理法》第 6 条亦规定："国务院银行业监督管理机构应当和中国人民银行、国务院其他金融监督管理机构建立监督管理信息共享机制。"基于此，本节对金融监管的论述，不刻意区分金融监管机构的主体是中央银行、银监会还是保监会或证监会，而统称为金融监管机构，并就它们的共同内容一并进行论述。

二、金融监管的必要性

金融监管之所以必要，一是因为金融是现代经济体系的核心，是货币的供应者、货币运行的枢纽和信用的中心，金融状况关系千家万户和芸芸众生，影响国计民生和国泰民安，具有广泛的公共性和全局性。金融的重要性决定了金融监管的必要性。二是因为金融业也是竞争激烈的行业。为了保护公平竞争，维护金融秩序，提高金融效益，也必须对金融进行监管。三是因为存在金融风险需要防范和克服。这些金融风险包括：

1. 信用风险

信用风险是指商业银行和其他金融机构（以下统称商业银行）不能收回到期贷款本金和利息的风险。贷款是商业银行的主要活动，但存在的投资经营风险，借款人信用难以判定以及其他无法预测的市场不确定性，使得商业银行的贷款充满风险，如贷款本息收不回来就会出现呆账和坏账、不良债权和不良资产，等等，这些即是信用风险。信用风险如果不加防范，严重的话，会导致商业银行的破产倒闭。

2. 流动性风险

流动性，简单地说就是指商业银行用现金偿还债务和增加资产的能力。商业银行是经营存贷款业务的企业，由于是以存放贷，特别是存在“存短贷长”的情况，决定了其资产必须保持相应的流动性，以便随时保证客户取款的需要。当商业银行流动性不足时，它就无力用现金偿还债务和增加资产，就会出现流动性风险，如不能满足客户提款的要求，不能正常履行债务，这时，商业银行往往要以较低的价格变卖自己的资产或以更高的利率在市场上融资，如果还不能应付挤兑和清偿债务，商业银行就可能被接管或破产倒闭，这时就风险将至了。

3. 利率风险

利率风险是商业银行因利率出现不利波动所面临的风险。吸收存款和发放贷款是商业银行的基本业务活动，存贷款利率之差是商业银行利润的来源与赖以生存和发展的基础。商业银行吸收存款和发放贷款后，利率会出现波动，当存贷款利率差距缩小或发生负利差时，就会使商业银行承担风险。

4. 汇率风险

一种货币用另一种货币表示的价格称作汇率，汇率影响国内商品与国外商品之间的相对价格，进而影响整个国民经济和人们的日常生活。但汇率也受生产率、国内价格水平、关税和限额、进口需求和出口需求等因素的影响，也受国际金融市场和有关货币国金融状况的影响，因而会出现波动，汇率波动带来汇率风险，汇率风险会影响金融稳定。汇率风险是主要的市场风险。

5. 操作风险

操作风险是指商业银行在日常经营中因各种人为的失误、失职以及灾害、事故引起的风险，如因为失误、失职导致银行财产损失；银行职员越权、从事违反职业道德的业务或高风险的业务；发生火灾等自然灾害；发生银行抢劫、计算机失灵等意外事故，等等。这些都是风险，都会对商业银行造成影响。如 1995 年，年仅 28 岁的尼克·利森是巴林银行新加坡期货公司的一位期货交易员，他超越自己的交易权限亏空了 14 亿美元，导致英国最老牌的商业银行巴林银行破产。2008 年 1 月 24 日，法国兴业银行紧急宣布，由于其一名名叫热罗姆·盖维耶尔的交易员在股票衍生产品交易中以“欺诈”手段大量购入欧股期指淡仓，使银行蒙受了约合 71 亿美元的损失，成为金融史上最大宗交易亏损。这些例子都说明，商业银行存在巨大的操作风险。

6. 国家风险

除贷款业务中固有的交易对象的风险外，国际信贷业务还包括国家风险。国家风险是指与借款人所在国的经济、政治和社会环境有关的风险，如发生经济危机、政治革命、严重的自然灾害等等，都会影响贷款的回收。当向外国政府或政府机构贷款时，由于这种贷款一般没有担保，国家风险会更加明显。此外，在向公共或私人部门提供贷款或进行投资时，也要考虑国家风险。

7. 法律风险

银行要承受不同形式的法律风险，具体包括因不完善、不正确的法律意见、文件而造成同预计情况相比资产价值下降或负债加大的风险；现有法律可能无法解决与银行有关的法律问题；有关某一银行的法律判例可能对整个银行业务产生广泛的影响，从而增加该行本身乃至其他或所有银行的成本；影响银行和其他商业机构的法律有可能发生变化；在开拓新业务时，或交易对象的法律权利未能界定时，银行尤其容易受法律风险的影响。

由上可见，金融业是高风险的行业，金融风险由于其性质对国民经济和社会整体构成严重的危险。金融业是一种社会公共性行业，其存款来源于广大社会公众，其贷款又面向社会公众，具有公共性和全局性，金融风险对社会公众将产生直接影响。金融业具有广泛深刻的渗透性和扩散性，与社会各阶层和国民经济各部门有着千丝万缕的联系，金融风险危及国民经济全局和社会整体。金融业是高负债行业，其资金除了部分准备金以外主要来源于存款，靠信用吸纳资金，从事各种金融活动，必然受到存款结构和规模、利率和汇率水平、借款人的偿债能力等因素变化的影响，风险极大。而金融机构为获取最大化利润，在“高风险、高利润”想法的支配或驱使下，可能会向高风险的产业扩张，结果将恶化资产负债结构，增加经营风险，危及金融安全，降低清偿能力，损害社会公众的利益。金融业以信用为基础，但信用只是人们的一种主观预期，比较脆弱，人们的心理因素和各种信息都会影响它的稳定性。金融市场存在信息不对称，存款人无法全面客观地掌握商业银行的经营情况，也就无法冷静合理地对待商业银行出现的金融风险，极易受个别信息的左右。尤其是在经济不景气时，有关商业银行的不利信息、谣言或传闻，都会动摇存款人对银行的信心。在忧患意识、心理焦虑的自我强化下，即使银行出现的是正常风险，也可能促使存款人纷纷奔赴银行提取存款。在盲目从众心理的支配下，个别的非正常提款行为又可能诱发众多存款人的“群聚效应”，人们蜂拥银行挤提存款。在这种情况下，即使银行具有足够的清偿能力，也难以应付，只好破产倒闭。

更可怕的是，由于信息不明，社会公众不可能准确地分辨信用可靠的银行和存在信用风险的银行，对一家银行的不信任可能转化扩大到对整个银行业的不信任，对一家银行的挤兑会影响到其他银行。当银行现金减少时，存款货币会发生倍数减少，在没有最后贷款人提供贷款的情况下，会形成“多米诺骨牌效应”，即一家银行倒闭会诱致其他银行连续倒闭，甚至信用良好的银行也被连累殃及，使整个金融业陷入恐慌和瘫痪。此外，银行是货币的供应机构，当银行供应的货币量超过实际的需要量时会引发通货膨胀，动荡金融秩序，导致灾难性衰退。当银行倒闭时，导致货币供应不足，投资锐减，生产、消费紧缩，失业增加，市场崩溃，经济萧条，社会混乱，危害是极其严重的。

这些都说明必须进行金融监管。尽管商业银行本身亦追求安全性、稳定性和流动性，会自加监管，自觉防范和克服金融风险，但商业银行也是企业，是“经济人”，追求利润极大化。由于存在高风险高利润的商业法则，商业银行有时甘冒高风险，甚至铤而走险去追逐高利润。这就说明仅靠商业银行自身的监管是不力和不利的。而广大社会公众虽然与金融业息息相关，关注商业银行的安全性、稳定性和流动性，但社会公众受信息不对称、专业知识缺乏以及无法制度化的制约，因而无力承担对商业银行的监管。在这种情况下，为了防范金融风险，稳定金融秩序，保护社会公众的利益，作为商业银行的银行和社会公众代表的政府的银行——中央银行等金融监管机构，对金融进行监管就是其义不容辞的神圣职责了。

三、金融监管的目标

金融监管的目标可以分为一般目标和具体目标。世界各国都认为，金融监管的一般目标是促成、建立和维护一个稳定、健全和高效的金融体系，保证金融机构稳健经营和金融市场的稳定发展，保护金融活动各方特别是存款人的利益，推动经济和金融的健康发展。但具体目标因各国国情的不同而有所别。

美国联邦储备法规定，该法的一般目标是建立美国境内更有效的银行监管制度，具体目标分别是：维持公众对一个安全、完善和稳定的银行系统的信心；为建立一个有效的和有竞争力的银行系统服务；保护消费者的合法权益；允许银行体系适应经济的变化而变化。英国银行法规定，授权英格兰银行行使职权对接受存款的机构予以管制；对这些机构的存款人进一步予以保护，禁止使用欺骗性的经济手段接受存款。德国银行法规定，联邦金融管理局监管所有的信贷机构，以保证银行资产的安全、银行业的正常运营和国民经济运转的良好结果。法兰西银行法规定，法兰西银行是国家赋予权力在国民经济及金融体制下监控货币及信用供给的工作机构，为此，其应确保银行体系的正常运作。日本银行法规定，银行业务以公正性为前提，以维护信用、确保存款人的权益、谋求金融活动的顺利进行，并为银行业务的健全而妥善地运营，有助于国民经济的健全发展为目的。加拿大银行法规定，金融监管的目标是规范信用与货币，谋求国计民生的最大利益，以及在货币政策的可能范围内，控制并保护本国货币的对外价值，并缓和对其影响的生产、贸易、物价及就业等的波动，促进加拿大经济与金融的发展。韩国银行法规定，金融监管的目标是增进全国银行体系的健全运作，并发挥其应有的功能，以促进经济发展，进而对全国资源作最有效的利用。新加坡金融管理局法规定，金融监管的目标是，在政府一般经济政策范围内促进货币稳定及信用、外汇状况以有助于经济增长，在金融管理局认为公共利益所必需时，可随时要求其所监管的金融机构提供咨询或对该金融机构提供建议，并要为确保各项要求或建议的效力发出指示。《中国人民银行法》第 31 条规定："中国人民银行依法监测金融市场的运行情况，对金融市场实施宏观调控，促进其协调发展。"《中华人民共和国银行业监督管理法》第 3 条规定："银行业监督管理的目标是促进银行业的合法、稳健运行，维护公众对银行业的信心。银行业监督管理应当保护银行业公平竞争，提高银行业竞争能力。"

四、金融监管的原则

1997 年 9 月，巴塞尔银行监管委员会公布了《有效银行监管的核心原则》，世界各国的金融监管当局基本上都将其作为金融监管的指导原则。具体说来，这些原则主要有：

1. 独立监管原则

《有效银行监管的核心原则》指出："在一个有效的银行监管体系下，参与银行监管的每个机构要有明确的责任和目标，并应享有操作上的自主权和充分的资源。"这指的就是独立监管原则。独立监管原则要求，"应保证监管人员实现目标和责任时享有工作上的独立性，以便摆脱政治方面的压力并能够实现这些目标"。近年来，一些国家或地区发生了金融危机后，这些国家或地区总结经验教训，对其金融体制进行了重大改革，其中一个重要的方面就是加强金融监管机构的独立性。金融监管机构只有地位独立，责任目标明确，能够自主行使权力，并有充分的资源保障，才能履行和完成金融监管的职责。

2003年3月，我国的金融监管体系进行了重大改革，决定将银行监管职能从中央银行中部分分离出来，单独成立直接隶属于国务院的中国银行业监督管理委员会（简称为银监会）。银监会将原中国人民银行对银行、资产管理公司、信托投资公司及其他存款类金融机构的监管职能和中央金融工委的相关职能整合在一起，对金融业实行集中统一的监管。其主要职责是：制定有关银行业监管的规章制度和办法；对银行业金融机构实施监管，维护银行业的合法、稳健运行；审批银行业金融机构及其分支机构的设立、变更、终止及业务范围；对银行业金融机构实行现场和非现场监管；依法对违法违规行为进行查处；审查银行业金融机构高级管理人员任职资格；负责编制全国银行数据、报表，并按照国家有关规定予以公布，等等。与此同时，《中华人民共和国银行业监督管理法》第5条规定："银行业监督管理机构及其从事监督管理工作的人员依法履行监督管理职责，受法律保护。地方政府、各级政府部门、社会团体和个人不得干涉。"从这里也可以看出，我国金融体制改革也是为了加强金融监管的独立性，以期实现独立监管。

2. 依法监管原则

《有效银行监管的核心原则》指出："在一个有效的银行监管体系下，适当的银行监管的法律框架是必要的，其各项条款应包括对银行组织的授权及持续监管，要求其遵守法律与法规及安全稳健性的权力和对监管者的法律保护。"这里指的就是依法监管原则。依法监管原则要求，"由立法为监管人员制定明确的、可实现的、统一的责任和目标框架"；要"制定银行必须满足的最低标准的银行法律框架"；要有"便于实施并有助于公平解决争议的一整套商业法律体系，其中包括公司法、破产法、合同法、消费者保护法和私有财产法"，这些是"完善的公共金融基础设施"的重要内容。监管法律是监管人员和被监管人员的行为规范，法律预先规定了人们可以为什么、不能为什么，这是监管的基础和依据。所谓的监管，其核心就是看人们的行为是否合法合规，是否违规违法是金融监管的主要内容之一。因此，"监管程序的一个重要部分是监管者有权制定和利用审慎法规的要求来控制风险，其中包括资本充足率、贷款损失准备金、资产集中、流动性、风险管理和内部控制等方面。这类审慎法规可以表现为定性或定量要求”。如果没有法律作依据，监管人员可能会滥加监管，被监管人员的行为是否合法合规就没有了评判的基础和依据。此外，只有依法监管才能保证监管的强制性、严肃性、一贯性和权威性。时至今日，依法监管已成为各国金融监管的共同原则。《中华人民共和国银行业监督管理法》第 1 条规定：“为了加强对银行业的监督管理，规范监督管理行为，防范和化解银行业风险，保护存款人和其他客户的合法权益，促进银行业健康发展，制定本法。”其目的就是为金融监管提供法律依据，以实现依法监管。

3. 内外监管原则

《有效银行监管的核心原则》指出：“内部控制的目的是确保一家银行的业务能根据银行董事会制定的政策以谨慎的方式经营。只有经过适当的授权方可进行交易；资产得到保护而负债受到控制；会计及其他记录能提供全面、准确和及时的信息；而且管理层能够发现和评估业务风险。”这里所说的就是内部控制或内部监管，其具体内容包括：一是制定出完善的内部政策和程序；二是建立适当的公司治理结构（职责明确的管理结构，有能力对管理层进行独立检查的董事会，独立审计和检查执行情况的部门）；三是遵守“双人原则”（不同职责的分离、交叉核对、资产双重控制和双人签字等）。内部监管是自我监管、自觉约束，是日常监管、常态监管，只有当人们做到了这些以后，金融监管才能落到实处，外部监管才有基础。但银行是“经济人”，“经济人”的缺点决定了单独的内部监管不足以有效地防范金融风险，有时内部监管还会蜕变为内部人控制，自我监管往往无异于没有监管。因此，《有效银行监管的核心原则》同时指出：“发照机关必须有权制定发照标准并拒绝一切不符合标准的申请。发照程序至少应包括审查银行的所有权结构、董事和高级管理层、经营计划和内部控制，以及包括对资本金在内的预计财务状况等”，“在确保银行管理做到这一点方面，监管者起着关键的作用”。这里所说的就是外部监管。人类的历史和实践反复证明，外部监管是保证权力正当行使、企业合法经营必不可少的制约机制，没有外部监管往往就没有内部监管，内部监管之所以有些效果，是因为还有外部监管作保障。目前，世界各国的金融监管在监管风格上，有的强调内部监管，如英法，有的强调外部监管，如美日，但都主张把内外监管结合起来，实行内外监管并举的原则。《中国人民银行法》第 37 条规定：“中国人民银行应当建立、健全本系统的稽核、检查制度，加强内部的监督管理。”《中华人民共和国商业银行法》第 59 条规定：“商业银行应当按照有关规定，制定本行的业务规则，建立、健全本行的风险管理和内部控制制度。”第60条规定：“商业银行应当建立、健全本行对存款、贷款、结算、呆账等各项情况的稽核、检查制度。商业银行对分支机构应当进行经常性的稽核和检查监督。”这些规定体现的正是内部监管原则。但商业银行还必须接受中央银行和银监会的监管，《中华人民共和国银行业监督管理法》第31条规定：“国务院银行业监督管理机构对银行业自律组织的活动进行指导和监督。银行业自律组织的章程应当报国务院银行业监督管理机构备案。”第14条规定：“国务院审计、监察等机关，应当依照法律规定对国务院银行业监督管理机构的活动进行监督。”这体现的是外部监管原则。

4. 风险预防原则

《有效银行监管的核心原则》指出：“银行业务的本质决定了它需要承担各种类型的风险。银行监管者需要了解这些风险并确保银行能妥善地计量和管理风险”，“银行监管者应确保银行建立全面的风险管理程序，以识别、计量、监测和控制各项重大的风险并在适当时为此设立资本金”，“银行监管者必须掌握完善的监管手段，以便在银行未能满足审慎要求（如最低资本充足率）或当存款人的安全受到威胁时采取纠正措施”。这些规定强调的就是风险预防原则。银行业是高风险行业，一旦出现风险，影响是连锁的，危害是整体的，后果是不堪设想的，所以，必须防风险于未然，这是金融监管所追求的最高目标，也是最好的金融监管。为此，就必须进行风险预防，把风险消灭在未然状态，乃至没有风险，银行业才能稳健经营和运行。只有在无法预防的情况下，才采取其他减少风险的措施。如银行已不具备继续生存能力，监管者才决定对问题银行进行接管、合并或关闭，以保护整个银行系统的安全稳定，但这些措施也是为了预防风险，使问题银行的风险不殃及其他健康银行。

5. 国际合作原则

随着世界经济的一体化，跨国银行日益增多，金融市场已国际化了，在这种国际化的背景下，对金融的监管就不是个别国家的事了，也不是个别国家可以单独进行监管的了，而必须在金融监管方面进行国际合作。为此，《有效银行监管的核心原则》指出：“银行监管者必须对其活跃的国际银行组织实施全球性并表监管，对这些银行组织在世界各地的所有业务进行充分的监管并要求其遵守审慎经营的各项原则，特别是其外国分行、合资机构和附属机构的业务”，“银行监管者应确保外国银行按东道国国内机构所遵循的高标准从事当地业务，而且从并表监管的目的出发，有权分享其母国监管当局所需的信息”。金融监管国际合作原则要求母国与东道国对银行进行合作，共同监管。具体说来，在东道国监管当局发照之前要征求母国监管当局的意见；东道国监管当局必须像对待国内机构一样，以同样高的标准要求外国银行，而且必须有权从并表监管的目的出发与这些银行的母国监管当局分享所需信息；为使母国监管当局有效地实施并表监管，在对等及信息保密的条件下，东道国监管当局必须与有关的外国监管机构交流外国银行在当地业务的信息；母国监管当局应当确定东道国对其国内银行当地业务的监管内容及水平，在遵守东道国法律的前提下，从进行适当监管的目的出发，母国监管当局应能获准对当地的机构或子公司进行现场检查。《中华人民共和国银行业监督管理法》第 7 条规定：“国务院银行业监督管理机构可以和其他国家或者地区的银行业监督管理机构建立监督管理合作机制，实施跨境监督管理。”第 32 条规定：“国务院银行业监督管理机构可以开展与银行业监督管理有关的国际交流、合作活动。”体现的正是金融监管的国际合作原则。

五、金融监管的内容

（一）对金融机构的监管

金融监管首先是对金融机构的监管，这样才能抓住主体，抓住根本，从本源上加以监管。具体包括：

1. 金融机构市场准入的监管

市场准入，是指依法获准设立，取得金融机构主体资格，并以此开展金融业务。这是金融监管的第一道关口，各国对金融机构的监管都是从市场准入开始的。《中华人民共和国商业银行法》第 11 条规定：“设立商业银行，应当经国务院银行业监督管理机构审查批准。未经国务院银行业监督管理机构批准，任何单位和个人不得从事吸收公众存款等商业银行业务，任何单位不得在名称中使用‘银行’字样。”第 12 条规定：“设立商业银行，应当具备下列条件：（一）有符合本法和《中华人民共和国公司法》规定的章程；（二）有符合本法规定的注册资本最低限额；（三）有具备任职专业知识和业务工作经验的董事、高级管理人员；（四）有健全的组织机构和管理制度；（五）有符合要求的营业场所、安全防范措施和与业务有关的其他设施。设立商业银行，还应当符合其他审慎性条件。”《中华人民共和国银行业监督管理法》第 16 条规定：“国务院银行业监督管理机构依照法律、行政法规规定的条件和程序，审查批准银行业金融机构的设立、变更、终止以及业务范围。”一般而言，银监会在审批金融机构的设立时主要考虑以下因素：

（1）申请设立金融机构的可行性报告。具体包括：新设金融机构的条件是否具备，有无竞争能力，是否为经济金融发展所必需，金融机构的未来盈利前景，对经济金融发展的预期贡献多大，申请者提供的运营计划是否切实可行，等等。

（2）申请者的未来管理素质。《中华人民共和国银行业监督管理法》第 20 条规定：“国务院银行业监督管理机构对银行业金融机构的董事和高级管理人员实行任职资格管理。具体办法由国务院银行业监督管理机构制定。”银监会要对管理者的资格、素质、能力和道德记录进行考核。是否具有高素质的管理人员，是申请者设立银行业金融机构的基本条件，也是监管当局审查的主要内容。《日本银行法》第 4 条规定，申请人应具有能准确、公正而有效地从事银行业务的知识和经验，并且是享有很高的社会声誉者。《德国银行法》第 33 条规定，申请开业的银行必须指定至少 2 名负责人，且负责人必须可靠，在专业上合格。《中华人民共和国商业银行法》第 12 条规定，申请者有具备任职专业知识和业务工作经验的董事、高级管理人员；第 27 条规定：有下列情形之一的，不得担任商业银行的高级管理人员：1）因犯有贪污、贿赂、侵占财产、挪用财产罪或者破坏社会经济秩序罪，被判处刑罚，或者因犯罪被剥夺政治权利的；2）担任因经营不善破产清算的公司、企业的董事或者厂长、经理，并对该公司、企业的破产负有个人责任的；3）担任因违法被吊销营业执照的公司、企业的法定代表人，并负有个人责任的；4）个人所负数额较大的债务到期未清偿的。中央银行依照该法律和《金融机构高级管理人员任职资格管理暂行规定》进行审查。

（3）资本充足性。即审查是否拥有法定最低限额资本。这也是申请者的基本条件和监管当局审查的主要内容。设立各类金融机构都必须符合规定的最低资本金的要求。对最低资本金的要求，各国法律都有明确规定。在美国，国民银行注册资本最低限额为 100 万美元；在日本，商业银行最低开业资本为 10 亿日元；在德国，办理存款业务的各类银行的最低资本金数额为 600 万德国马克。《中华人民共和国商业银行法》第 13 条规定：“设立全国性商业银行的注册资本最低限额为十亿元人民币。设立城市商业银行的注册资本最低限额为一亿元人民币，设立农村商业银行的注册资本最低限额为五千万元人民币。注册资本应当是实缴资本。国务院银行业监督管理机构根据审慎监管的要求可以调整注册资本最低限额，但不得少于前款规定的限额。”《中华人民共和国银行业监督管理法》第 17 条规定：“申请设立银行业金融机构，或者银行业金融机构变更持有资本总额或者股份总额达到规定比例以上的股东的，国务院银行业监督管理机构应当对股东的资金来源、财务状况、资本补充能力和诚信状况进行审查。”

（4）组织管理制度。审查组织机构和管理制度是否健全。商业银行本质上是以营利为目的的企业法人，而公司制特别是有限责任公司和股份有限公司是社会化大生产与市场经济体制下最主要的现代企业制度，也是较优良的治理结构，因此，世界上绝大多数国家的商业银行都采取公司制的组织形式。我国《商业银行法》第 12 条规定：“设立商业银行，应当……有健全的组织机构和管理制度。”第 17 条规定：“商业银行的组织形式、组织机构适用《中华人民共和国公司法》的规定。”按照法律规定，我国的商业银行应采取有限责任公司或股份有限公司的组织形式，城市和农村信用社应采取合作制。商业银行募股结束后，要开立专户存储资本金，并由银监会派人依法进行验资检查，或检查核实由会计师事务所提供的实缴资本的验资证明，对股东的资信和背景材料作专门调查。结束后，发起人要召开全体股东大会，拟订并通过章程。章程的内容应包括：机构名称、营业地址、经营宗旨、注册资本金、业务范围、机构组织形式、股东大会和董事会及监事会的组成、职权和议事规则、利润分配办法、机构解散事由和清算办法等事项。章程是组织管理的基本制度，是监管的重要内容。

（5）审查有无符合要求的营业场所、安全保障以及与业务有关的其他设施。如营业场地的面积、安全防范措施及有关的现代化的通讯条件和计算机设施，这些是银行开展营业必不可少的基础条件。我国《商业银行法》第 12 条规定：“设立商业银行，应当……有符合要求的营业场所、安全防范措施和与业务有关的其他设施。”第 15 条规定：“设立商业银行……申请人应当……提交……营业场所、安全防范措施和与业务有关的其他设施的资料。”第 20 条规定：“设立商业银行分支机构，申请人应当向国务院银行业监督管理机构……提交……营业场所、安全防范措施和与业务有关的其他设施的资料。”

（6）社区便利和民众需要。审查是否便利社区，能否满足民众对金融服务的需要。银行业的基本业务是存款和贷款，而存贷款业务实质上是“聚之于民、贷之于民”，这就决定了银行业务的开展要具有广泛的民众基础，与人口、社区的关系密切。此外，银行的经营方针应该在遵循有关法律规范的前提下，努力将经济效益、社会效益和社会责任结合起来，在银行网点的设立和金融产品的设计上都要便利社区和满足民众对金融的需要服务。

设立金融机构的申请经银监会审查符合要求的，申请人应提交正式申请表，申请人在提出申请时应提交下列文件和资料：申请书，申请书应当载明拟设立的商业银行的名称、所在地、注册资本、业务范围等；可行性研究报告；国务院银行业监督管理机构规定提交的其他文件、资料。设立商业银行的申请经审查符合《中华人民共和国商业银行法》第14条规定的，申请人应当填写正式申请表，并提交下列文件、资料：章程草案；拟任职的董事、高级管理人员的资格证明；法定验资机构出具的验资证明；股东名册及其出资额、股份；持有注册资本5%以上的股东的资信证明和有关资料；经营方针和计划；营业场所、安全防范措施和与业务有关的其他设施的资料；国务院银行业监督管理机构规定的其他文件、资料。其中，申请设立商业银行分支机构的，申请人应当向国务院银行业监督管理机构提交下列文件、资料：申请书，申请书应当载明拟设立的分支机构的名称、营运资金额、业务范围、总行及分支机构所在地等；申请人最近两年的财务会计报告；拟任职的高级管理人员的资格证明；经营方针和计划；营业场所、安全防范措施和与业务有关的其他设施的资料；国务院银行业监督管理机构规定的其他文件、资料。

我国金融机构的设立采用特许批准制度。经银监会批准设立的金融机构，由国务院银行业监督管理机构颁发经营许可证，并凭该许可证向工商行政管理部门办理登记，领取营业执照。经批准设立的商业银行分支机构，由国务院银行业监督管理机构颁发经营许可证，并凭该许可证向工商行政管理部门办理登记，领取营业执照。营业执照要注明金融机构的名称、编号、企业的组织形式、注册资本金或营运资金数额、法定代表人和主要负责人、业务范围、颁发日期及有效期限等内容。办完上述手续后，方可正式开业营运。

金融机构是经营货币的机构，根据货币主义“唯有货币要紧”的思想，可以进一步推论“唯有金融机构要紧”。这种“要紧”恰如列宁所说的，“……银行是现代经济生活的中心，是整个……国民经济体系的神经中枢”[1]。要是这个“中心”出了问题，整个社会经济都会出问题，要是这根“神经中枢”出现混乱，“所有其他机器的运行过程都会陷入混乱”[2]。金融机构关系到千家万户社会成员的切身利益，涉及整个社会经济秩序的内在稳定，影响着国民经济和社会整体的健康发展。金融机构的设立大大不同于其他企业公司的设立，其他企业公司的设立尚且严格，那么金融机构的设立就应更加严格，“病从口入”，“祸从根生”，必须加强市场准入监管，所有国家的金融监管都是从市场准入监管开始的。这是从入口处、从根源上保证金融安全和金融稳定。只有这样，才能将那些资本不足、素质差劣、信用低下、管理混乱者拒之门外，无以立足，进而保护存款人的利益，根除金融风险，维护金融安全稳定，只有这样，才能促使金融机构结构科学、布局合理、家数适当、竞争公平，既便民利民，又符合社会经济金融发展的需要。

2. 金融机构市场退出的监管

市场退出，是指金融机构由于各种原因存在问题获准终止，取消主体资格，不再开展业务。退出市场的金融机构，除了少数是由于出现了章程所规定的解散事由而自动解散退出以外，大多都是因为存在严重问题，如因经营管理不善、严重违法违规、突发事件，而出现流动性困难、支付困难、资不抵债、破产倒闭危险等，无法挽救，中央银行不得不依法将其关闭，取消其经营金融业务的主体资格，使其退出市场。

金融机构退出市场，不仅关系到存款人和投资者的切身利益，而且会导致连锁反应，殃及其他金融机构，引发金融风险，影响金融安全稳定。为了保护存款人和投资者的切身利益，防止个别的、局部的金融风险演化扩大成整体的全局的金融危机，必须对存在问题的金融机构的市场退出严加监管，这是金融监管机构的一项重大而艰巨的职责。

金融机构市场准入十分严格，市场退出同样十分严格，正如金融机构不能轻易进入市场一样，金融机构也不能轻易退出市场，金融机构退出市场必须首先采取存款保险、购并、接管、注资挽救等挽救和保护措施。

存款保险是指金融机构将其存款到保险机构投保，以便在出现问题时，由保险机构对金融机构支付保险金的一种措施。这种措施为金融机

① 《列宁选集》，3版，第3卷，238页，北京，人民出版社，1995。
② ［美］弗里德曼：《弗里德曼文萃》，509页，北京，北京经济学院出版社，1991。

构设置了一道安全阀，减少了风险，提高了金融机构抗风险的能力；增强了社会公众对金融机构的信心，稳定着金融市场；加强了保险机构对金融机构的监管，是对金融监管机构监管的辅助和补充。这种措施已成为世界各国普遍推行的防范金融风险和加强金融监管的有效办法。

收购一般是指由健康的金融机构用现金或股票的方式购买有问题的金融机构的全部或大部股权。兼并一般是指健康的金融机构与有问题的金融机构将他们的全部资产和负债合并在一起。收购和兼并紧密相连，统称购并。购并方式，同业救助，相互关联，扩大资本，增进信誉，拓展业务，节约成本，稳定金融，意义重大，因而备受推崇。

接管，是指金融监管当局或保险机构对有问题的金融机构进行整顿改组，目的是对被接管的商业银行采取必要措施，以保护存款人的利益，助其改进经营，改善财务，渡过危机，重整旗鼓，东山再起，恢复商业银行的正常经营能力。被接管的商业银行的债权债务关系不因接管而变化，《中华人民共和国商业银行法》第64～72条规定：商业银行已经或者可能发生信用危机，严重影响存款人的利益时，金融监管当局可以决定对其进行接管。接管组织自接管开始之日起，行使商业银行的经营管理权，接管期限最长不得超过2年。有下列情形之一的，接管终止：接管决定规定的期限届满或者国务院银行业监督管理机构决定的接管延期届满；接管期限届满前，该商业银行已恢复正常经营能力；接管期限届满前，该商业银行被合并或者被依法宣告破产。

注资挽救，是指由中央银行、保险机构或健康的金融机构向出现流动性困难但尚未陷入清算、破产境地的金融机构提供资金加以救助。

采用以上措施都无济于事后，就得对有问题的金融机构加以管制，防止挤兑，进行破产清算，金融机构的股东将失去股本，债权人将失去全部或部分债权。清算完毕，宣布关闭，报请核准，注销登记。《中华人民共和国商业银行法》第71条规定："商业银行不能支付到期债务，经国务院银行业监督管理机构同意，由人民法院依法宣告其破产。商业银行被宣告破产的，由人民法院组织国务院银行业监督管理机构等有关部门和有关人员成立清算组，进行清算。"第72条规定："商业银行因解散、被撤销和被宣告破产而终止。"

在金融机构市场退出中，金融监管机构作为金融监管者，负有重要职责。如对于出现问题的金融机构应尽力采取挽救措施，如充当"最后贷款人"，增加流动性，加强接管，进行窗口指导，协调购并，监督清算，善后处理，等等。格林斯潘指出："系统风险的管理是中央银行的本职工作，不应强求个体银行持有资金来抵御金融市场的全面崩溃。实际上，中央银行之所以存在正是为了在灾难性危机发生时，向个体银行提供灾难保险金。”[①] 这样，有助于保护存款人和投资者的利益，控制和化解金融风险，确保金融安全和稳定。

（二）对金融业务的监管

金融业务充满风险，是众所周知的高风险行业，这种风险贯穿于金融机构日常业务过程的各个环节，如果监管不力和措施不当，会积累恶化蔓延乃至引发金融危机，危及国民经济和社会整体。因此，金融业务的监管是金融监管的重要内容。为控制金融机构及其风险过高的业务，各国对金融机构的业务实行必要的监管。具体内容包括：

1. 业务范围的监管

金融机构是一种特殊企业，有特定的经营业务范围，因此，各国法律对金融机构的业务范围一般都有明确的限制，并且金融监管机构要对金融机构是否依照业务范围进行经营加以监管。《中国人民银行法》第32条规定，中国人民银行有权对金融机构以及其他单位和个人的下列行为进行检查监督：执行有关存款准备金管理规定的行为；与中国人民银行特种贷款有关的行为；执行有关人民币管理规定的行为；执行有关银行间同业拆借市场、银行间债券市场管理规定的行为；执行有关外汇管理规定的行为；执行有关黄金管理规定的行为；代理中国人民银行经理国库的行为；执行有关清算管理规定的行为；执行有关反洗钱规定的行为。《中华人民共和国商业银行法》第2条规定，本法所称的商业银行是指依照本法和《中华人民共和国公司法》设立的，吸收公众存款、发放贷款、办理结算等业务的企业法人。第3条规定，商业银行可以经营下列部分或者全部业务：吸收公众存款；发放短期、中期和长期贷款；办理国内外结算；办理票据承兑与贴现；发行金融债券；代理发行、代理兑付、承销政府债券；买卖政府债券、金融债券；从事同业拆借；买卖、代理买卖外汇；从事银行卡业务；提供信用证服务及担保；代理收付款项及代理保险业务；提供保管箱服务；经国务院银行业监督管理机构批准的其他业务。经营范围由商业银行章程规定，报国务院银行业监督管理机构批准。商业银行经中国人民银行批准，可以经营结汇、售汇业务。第43条规定：“商业银行在中华人民共和国境内不得从

① ［美］西西利亚等：《格林斯潘效应》，315页，北京，机械工业出版社，2000。

事信托投资和证券经营业务，不得向非自用不动产投资或者向非银行金融机构和企业投资，但国家另有规定的除外。”这就依法确立了商业银行的业务范围，奠定了银行业、信托业与证券业分业经营的金融格局。在商业银行并未“商业化”、金融市场尚未成熟、法制还不健全、金融监管机构监管乏力的情况下，这有利于防范因金融机构分工不明、业务交叉、盲目拓展业务、无序恶性竞争以及混业经营所可能带来的“混”和“乱”等风险，有利于维护金融安全和稳定。

2. 业务经营的监管

主要是对金融业务经营的合法性和合规性进行监管，督促金融机构在业务经营中遵纪守法，依法依规经营业务。从实践来看，金融机构违法违规经营业务主要有以下表现：擅自提高存贷款利率，采用不正当竞争手段高息揽存，变相发放高息贷款；不严格执行会计制度，擅自设立“账外账”，进行账外经营和投资活动；违反法律规定，进行房地产、期货、股票等高风险投机性交易；隐瞒真实的经营状况，提供虚假财务报表、报告；非银行金融机构非法或变相吸收公众存款，等等。这样违法违规经营业务，恶化了金融机构的竞争，扰乱了金融秩序，危及金融安全稳定，也损害金融机构自身的利益，必须加以监管并查处和纠正。监管金融业务经营合法合规是金融监管机构对金融业进行监管的主要任务。

3. 资本充足性监管

资本是金融机构赖以生存和经营业务的本钱；资本是金融机构信用的基础，是公众信心的保障；资本是金融机构日常经营亏损的补充来源，是经营中不良资产的冲销资金；资本也是日常经营的设施条件，还是债权利益的担保。资本充足才能开银行，在人们的心目中，银行等同于资本雄厚，世上没有无本经营的金融机构。

1988年巴塞尔银行监管委员会的成员国就计量银行资本充足率的方法达成协议，即“巴塞尔协议”。该协议根据银行风险资产的种类，对银行规定了4%的一级资本和8%的总资本的最低资本比率要求。其中的“一级资本”也称“核心资本”，其内容包括永久性的股东权益以及现已公开的从留存收益或其他盈余（即股票溢价、留存利润、一般准备金和法定准备金）中划拨的准备金，公开的准备金还包括满足下列标准的各类资金：（1）划拨的资金应出自税后留存收益或调整各项税收后的税前收益；（2）划入和拨出的资金必须在银行公开的账目上单独公布；（3）资金可随时用于弥补损失；（4）损失不能从上述资金中直接冲销，必须从资金损益账户中冲销。“总资本”包括上述“一级资本”和“二级资本”，“二级资本”是指协议同时还承认的其他形式的补充资本，如各种准备金和混合型资本工具，它们是银行资本的组成部分，因此应被列入资本计量体系中。这已经被世界各国普遍接受，并作为金融监管机构监管金融机构资本充足率最重要最基本的标准。

《中华人民共和国商业银行法》第39条规定，商业银行的资本充足率不得低于8%，其中，商业银行的注册资本最低限额为10亿元人民币，城市合作商业银行的注册资本最低限额为1亿元人民币，农业合作商业银行的注册资本最低为5 000万元人民币；还对商业银行、金融信托投资机构和合作金融机构实行了资产负债比例管理。

金融监管机构应根据科学的资产分类方法和会计准则以及资产评估标准监管金融机构的资本充足率，督促金融机构保持足够的资本金和准备金，科学确定资本水平，合理调整资本结构，正确安排资本与风险资产的比例关系，有效限制资产总量的扩张，减少金融风险，保证金融机构运行稳健。《有效银行监管的核心原则》指出：“监管者要制定出最低的资本充足率，鼓励银行高于最低要求持有更多的资本金。如果银行的资产质量、风险集中程度和其他财务状况存在不确定因素，监管人员应对个别银行制定高于最低要求的资本充足率。如果银行的资本充足率低于最低标准，银行监管者应确保银行有切实可行的计划来及时恢复最低资本。监管者还应考虑在这种情况下是否需要施加额外的限制。”

4. 流动性的监管

所谓的流动性，一般是指金融机构用现金支付到期债务和满足其他需求的能力。金融机构的流动性与盈利相互之间存在一定的冲突，在其他条件不变的情况下，流动性越高的资产，其盈利越少，如库存现金、同业存款和央行存款即是；而流动性越低的资产，其盈利越多，如贷款和投资。金融机构作为企业也追求利润的极大化，总是倾向于尽可能持有流动性低而盈利多的资产。但由于金融机构的资金来源于存款和借款，是负债经营，金融机构有义务在合同到期或债权人要求支付时偿还这些资金，其中包括相当份额的活期存款，银行难以预料其提取的时间和具体数额，当金融机构面对无数公众要求提款时，若流动性不足，就不能及时支付，会出现挤兑现象，甚至可能使金融机构倒闭。在现实中，流动性不足是导致金融机构出现危机最直接的原因之一，所以，它一直是金融监管机构监管的焦点所在。

金融监管机构对金融机构流动性的监管，核心内容是准确衡量流动性，其参考因素主要有：资产变现能力，举债难易程度，所需时间长短，利益损失与否，成本负担多少，等等。这就要求金融机构必须科学组合流动性高低的资产和长短期不同的资产，合理搭配资产负债比例结构，确保金融机构适当的流动性。中国人民银行 1994 年 2 月发布了《商业银行资产负债比例管理暂行监控指标》，《中华人民共和国商业银行法》第 39 条对此作出了具体规定：商业银行贷款，应当遵守下列资产负债比例管理的规定：资本充足率不得低于 8%；贷款余额与存款余额的比例不得超过 75%；流动性资产余额与流动性负债余额的比例不得低于 25%；对同一借款人的贷款余额与商业银行资本余额的比例不得超过 10%。

《有效银行监管的核心原则》指出："流动性管理的目的是确保银行有能力充分满足其合同承诺。强有力的流动性管理的关键因素包括良好的信息系统、中央流动性控制、可选方案的净融资要求分析、融资来源的多样化以及应急计划。监管者应寄希望于银行为保证充足的流动性而去管理它们的资产、负债和表外合同。银行应有一个分散的融资基础，这不仅表现在资金来源方面，而且表现在负债的到期日方面。它们也应保证充足的流动性资产。"金融监管机构通过对以上监管目标的监管可以达到对金融机构流动性的监管，督促金融机构保持适度的流动性，实现谨慎、稳健、安全经营。

5. 资产质量的监管

资产质量是金融机构资产所具有的质量。这是衡量金融机构经营状况的重要标准。一般来说，金融机构出现问题大都是始源于资产质量恶化，然后是收益或盈利减少，继而是资本充足率下降，最终会导致金融风险。格林斯潘指出："银行是金融市场的基础设施中关键的一环。银行本金不足和贷款条件不严格则会导致监控不力，从而引起国内和国际两个系统内的双重风险……"① 因此，金融监管机构把金融机构的资金质量作为金融监管的核心内容之一。巴塞尔银行监管委员会要求监管当局必须从以下方面对所监管的金融机构的资产质量进行监管：（1）银行监管者应确保银行建立评估资产质量和贷款损失储备金及贷款损失准备充足性的政策、做法和程序。（2）监管者应对银行有关单项信贷、资产分类和提取呆账准备金进行定期检查的政策进行评估。这些政策要定期审查并得到统一的执行。监管者也应保证银行拥有监测有问题信贷和回

① ［美］西西利亚等：《格林斯潘效应》，313 页，北京，机械工业出版社，2000。

收逾期贷款的程序。当有问题贷款已引起监管者的注意时，他们必须要求该银行强化贷款程序、授信标准和总的财务实力。(3) 在已提供了担保或抵押的情况下，银行应建立一套机制，以持续地评估这些担保的可靠性和抵押品价值。监管者应保证银行妥善地记录表外业务的风险，并针对这部分潜在风险持有充足的资本。

《中国人民银行法》第 32 条规定，中国人民银行有权对金融机构以及其他单位和个人的有关行为进行检查监督；第 33 条规定："中国人民银行根据执行货币政策和维护金融稳定的需要，可以建议国务院银行业监督管理机构对银行业金融机构进行检查监督。"第 34 条规定："当银行业金融机构出现支付困难，可能引发金融风险时，为了维护金融稳定，中国人民银行经国务院批准，有权对银行业金融机构进行检查监督。"第 35 条规定："中国人民银行根据履行职责的需要，有权要求银行业金融机构报送必要的资产负债表、利润表以及其他财务会计、统计报表和资料。"并据此监管贷款投放是否正确，贷款结构是否合理，贷款风险是否适度，贷款担保是否有效，信贷集中是否得当等等。

银行作为企业，也追求自身利润的极大化，它们往往把吸收来的资金尽量用作贷款和投资，集中投向盈利高的地方，形成贷款集中。但由于盈利高的贷款风险也较大，因而贷款集中风险也更集中。为了避免因贷款过于集中，如过于集中于某一或某些客户，过于集中于某一行业或部门，过于集中于某一地区，当该借款人出现问题，或该行业部门或地区出现不景气时，将直接危及贷款的收回和金融安全。贷款过分集中是实践中引发金融危机的重要原因。俗话说，"不要把所有鸡蛋放在同一个篮子里"，限制贷款集中，防止风险集中，分散信贷风险，既是商业银行的经营策略，也是金融监管机构进行金融监管的重要内容。《有效银行监管的核心原则》指出：监管者必须制定审慎限额，以限制银行对单一借款人和相关借款人群体的风险暴露或其他重大的风险暴露。这类限额通常是以占有银行资本的百分比来表示，最高限额通常是资本金的 25%。我国《商业银行资产负债管理暂行监控指标》规定，对同一借款客户的贷款余额与银行资本余额的比例不得超过 10%；对最大几家客户发放的贷款总额与各项资本总额的比例不得超过 50%。《中华人民共和国商业银行法》第 39 条规定，对同一借款人的贷款余额与商业银行资本余额的比例不得超过 10%；第 40 条规定，商业银行不得向关系人发放信用贷款；向关系人发放担保贷款的条件不得优于其他借款人同类贷款的条件。

金融监管机构监管资产质量特别是贷款集中，有助于防止风险集中，分散风险，保障信贷资金安全营运，提高资金使用效益，避免因对某人或某行业部门或地区的贷款发生危机而引发金融危机，保护存款人的利益，维护金融安全稳健；有助于防止因贷款集中而减少其他借款人的机会，保障贷款自由和贷款公平，有助于市场公平竞争。

六、金融监管的法治化

虽然各国金融监管体制和监管风格不尽相同，但大都实行依法监管，依法监管已成为金融监管的基本原则，金融监管必须法治化。

1. 依法确立金融监管主体

法律要对金融监管主体的法律地位和职责权限作出明确规定，赋予其权力，树立其权威，明确其职责，维护金融监管的独立性、强制性、普遍性和严肃性。1995 年《中国人民银行法》第 30～36 条规定，中国人民银行是我国的金融监管机关，对全国金融业进行监管。该法授权其审批金融机构的设立、变更、终止及业务范围；稽核、检查、监督金融机构的存款、贷款、结算、呆账等情况；监管金融市场和发布有关金融监管和业务的命令和规章；依法实施各种监管手段；对违法者加以制裁等等。2003 年修订的《中国人民银行法》依然在许多条文中规定了中央银行的金融监管职能。2003 年 3 月，我国的金融监管体系进行了重大改革，决定将银行监管职能从中央银行中部分分离出来，单独成立直接隶属于国务院的银监会、保监会和证监会，由它们既分工又合作地对我国的金融业进行独立监管。

2. 依法建立金融机构的自律监管

这是依法建立内部监管、自我约束、自律监管机制。《中华人民共和国商业银行法》第 59 条规定，商业银行应当按照有关规定，制定本行的业务规则，建立、健全本行的风险管理和内部控制制度。第 60 条规定，商业银行应当建立、健全本行对存款、贷款、结算、呆账等各项情况的稽核、检查制度。商业银行对分支机构应当进行经常性的稽核和检查监督。这种自律监管以会计核算资料为依据，以法律法规为准绳，以外部监管为制约，监管存款、贷款、结算、呆账等情况的真实性、合法性、安全性和效益性，有助于保证金融机构合法、稳健、安全、高效地运营。金融机构是否建立健全自律监管，是金融监管机构进行金融监管的重要内容，也是其有效监管的前提条件。《中华人民共和国银行业监督管理法》第 31 条规定："国务院银行业监督管理机构对银行业自律组织的活动进行指导和监督。银行业自律组织的章程应当报国务院银行业监督管理机构备案。"

3. 依法强化会计审计监管

会计审计监管侧重于监管金融机构的年度财务报告以及会计报表的真实性。《中华人民共和国商业银行法》第 63 条规定，商业银行应当依法接受审计机关的审计监督。《中华人民共和国审计法》规定，国有金融机构的财务收支接受审计监督。审计机关有权要求金融机构报送财务计划、会计报表及相关材料；有权检查被审计金融机构的有关账目、资产，查阅有关资料；有权对有关审计事项进行调查；有权制止被审计的金融机构正在进行的违法违规行为；有权对阻挠、破坏审计工作的金融机构采取封存有关账册、资产的临时措施。

4. 依法监督监管者

监管者必须依法进行监管，不仅依照实体法而且依照程序法进行监管，在法定范围内行使权力，恪守法定程序，约束监管权力，规范监管行为，明确监管职责。具体说来，金融监管者应在法定时间内行使市场准入审批核准权，批准与否均应作出明确答复，如果拒批，必须给予申请者书面通知，并告知拒批的理由，还应赋予申请者申述的权利，甚至赋予申请者司法救助权。《中国人民银行法》第 37 条规定："中国人民银行应当建立、健全本系统的稽核、检查制度，加强内部的监督管理。"第 50 条规定，中国人民银行的工作人员贪污受贿、徇私舞弊、滥用职权、玩忽职守，构成犯罪的，依法追究刑事责任；尚不构成犯罪的，依法给予行政处分。第 46 条规定，本法第 32 条所列行为违反有关规定，有关法律、行政法规有处罚规定的，依照其规定给予处罚。第 47 条规定："当事人对行政处罚不服的，可以依照《中华人民共和国行政诉讼法》的规定提起行政诉讼。"《中华人民共和国银行业监督管理法》第 10 条规定："银行业监督管理机构工作人员，应当忠于职守，依法办事，公正廉洁，不得利用职务便利牟取不正当的利益，不得在金融机构等企业中兼任职务。"第 12 条规定："国务院银行业监督管理机构应当公开监督管理程序，建立监督管理责任制度和内部监督制度。"第 14 条规定："国务院审计、监察等机关，应当依照法律规定对国务院银行业监督管理机构的活动进行监督。"实践证明，监管好了监管者，监管者才能监管好被监管者。

5. 依法追究法律责任

金融监管与法律责任有内在的联系。没有法律责任作后盾，金融监管就没有强制性、权威性和惩罚性，就会无人信从，形同虚设。法律责任是金融监管的重要内容，金融监管防患于未然，不至于走到承担法律责任这一步；金融监管也有助于查明、追究法律责任。金融监管对于那些被查处的违法违规的当事人，要追究其相应的法律责任。

《中华人民共和国商业银行法》第74、75、76、77、79、80、81条规定，商业银行违反该法应承担下列法律责任。

（1）商业银行有下列情形之一的，由国务院银行业监督管理机构责令改正，有违法所得的，没收违法所得，违法所得50万元以上的，并处违法所得1倍以上5倍以下罚款；没有违法所得或者违法所得不足50万元的，处50万元以上200万元以下罚款；情节特别严重或者逾期不改正的，可以责令停业整顿或者吊销其经营许可证；构成犯罪的，依法追究刑事责任：1）未经批准设立分支机构的；2）未经批准分立、合并或者违反规定对变更事项不报批的；3）违反规定提高或者降低利率以及采用其他不正当手段，吸收存款，发放贷款的；4）出租、出借经营许可证的；5）未经批准买卖、代理买卖外汇的；6）未经批准买卖政府债券或者发行、买卖金融债券的；7）违反国家规定从事信托投资和证券经营业务，向非自用不动产投资或者向非银行金融机构和企业投资的；8）向关系人发放信用贷款或者发放担保贷款的条件优于其他借款人同类贷款的条件的。

（2）商业银行有下列情形之一，由国务院银行业监督管理机构责令改正，并处20万元以上50万元以下罚款；情节特别严重或者逾期不改正的，可以责令停业整顿或者吊销其经营许可证；构成犯罪的，依法追究刑事责任：1）拒绝或者阻碍国务院银行业监督管理机构检查监督的；2）提供虚假的或者隐瞒重要事实的财务会计报告、报表和统计报表的；3）未遵守资本充足率、存贷比例、资产流动性比例、同一借款人贷款比例和国务院银行业监督管理机构有关资产负债比例管理的其他规定的。

（3）商业银行有下列情形之一的，由中国人民银行责令改正，有违法所得的，没收违法所得，违法所得50万元以上的，并处违法所得1倍以上5倍以下罚款；没有违法所得或者违法所得不足50万元的，处50万元以上200万元以下罚款；情节特别严重或者逾期不改正的，中国人民银行可以建议国务院银行业监督管理机构责令停业整顿或者吊销其经营许可证；构成犯罪的，依法追究刑事责任：1）未经批准办理结汇、售汇的；2）未经批准在银行间债券市场发行、买卖金融债券或者到境外借款的；3）违反规定同业拆借的。

（4）商业银行有下列情形之一，由中国人民银行责令改正，并处20万元以上50万元以下罚款；情节特别严重或者逾期不改正的，中国人民银行可以建议国务院银行业监督管理机构责令停业整顿或者吊销其经营许可证；构成犯罪的，依法追究刑事责任：1）拒绝或者阻碍中国人民银行检查监督的；2）提供虚假的或者隐瞒重要事实的财务会计报告、报表和统计报表的；3）未按照中国人民银行规定的比例交存存款准备金的。

商业银行不按照规定向中国人民银行报送有关文件、资料的，由中国人民银行责令改正，逾期不改正的，可以处以10万元以上30万元以下罚款。

（5）商业银行有下列情形之一的，由国务院银行业监督管理机构责令改正，有违法所得的，没收违法所得，违法所得5万元以上的，并处违法所得1倍以上5倍以下罚款；没有违法所得或者违法所得不足5万元的，处5万元以上50万元以下罚款：1）未经批准在名称中使用“银行”字样的；2）未经批准购买商业银行股份总额5%以上的；3）将单位的资金以个人名义开立账户存储的

商业银行不按照规定向国务院银行业监督管理机构报送有关文件、资料的，由国务院银行业监督管理机构责令改正，逾期不改正的，处10万元以上30万元以下罚款。

未经国务院银行业监督管理机构批准，擅自设立商业银行，或者非法吸收公众存款、变相吸收公众存款，构成犯罪的，依法追究刑事责任，并由国务院银行业监督管理机构予以取缔。

伪造、变造、转让商业银行经营许可证，构成犯罪的，依法追究刑事责任。

《中华人民共和国商业银行法》第84～88条规定，商业银行工作人员违反该法应承担下列法律责任：

第一，商业银行工作人员利用职务上的便利，索取、收受贿赂或者违反国家规定收受各种名义的回扣、手续费，构成犯罪的，依法追究刑事责任；尚不构成犯罪的，应当给予纪律处分。有以上行为，发放贷款或者提供担保造成损失的，应当承担全部或者部分赔偿责任。

第二，商业银行工作人员利用职务上的便利，贪污、挪用、侵占本

行或客户资金，构成犯罪的，依法追究刑事责任；未构成犯罪的，应当给予纪律处分。

第三，商业银行工作人员违反《中华人民共和国商业银行法》的规定，玩忽职守，造成损失的，应当给予纪律处分；构成犯罪的，依法追究刑事责任。违反规定徇私向亲属、朋友发放贷款或者提供担保造成损失的，应当承担全部或部分赔偿责任。

第四，商业银行工作人员泄露在任职期间知悉的国家秘密、商业秘密的，应当给予纪律处分；构成犯罪的，依法追究刑事责任。

第五，商业银行的工作人员对单位或者个人强令其发放贷款或提供担保未予拒绝的，应给予纪律处分，造成损失的，应承担相应的赔偿责任。

不过，商业银行及其工作人员对国务院银行业监督管理机构、中国人民银行的处罚决定不服的，可以依照《中华人民共和国行政诉讼法》的规定，向人民法院提起诉讼。

第五节　央行的公共服务职能

公共服务职能，是指中央银行作为国家金融管理机关，为国家和社会公众提供金融服务的职责。具体包括以下内容：

（一）为政府提供金融服务

1. 经理国库

《中国人民银行法》第 4 条规定，经理国库是中国人民银行的职责之一；第 24 条规定："中国人民银行依照法律、行政法规的规定经理国库。"国家的财政收入支出，一般不另设国库机构，而由中央银行经理，即由中央银行办理财政预算收入的缴纳、划分和留用，办理财政预算支出的拨付，协助财税部门收缴库款等。财政收入所形成的财政存款，以及由财政部门拨款给国家机关和事业单位后所形成的财政性存款，均存放在中央银行，但中央银行不支付利息。经理国库，需要为政府机构开立各种账户，办理政府预算收支划拨和清算业务，执行国库出纳职能。这些均需要专门的人力、物力和组织制度。经理国库本身还沟通了财政与银行的联系，便利了资金的融通。这种服务唯有由中央银行提供才显得合理和经济。

2. 为政府提供融资服务

原则上，中央银行不应为财政垫支。但是财政收入与支出在时间上具有不一致性，有时财政收入没有入库，而财政支出又必须拨付出去，否则可能造成国家机构无法运转或影响政府运作的不利后果。因此，中央银行有义务在政府资金周转不灵时，在法律允许的范围内为政府提供资金。为政府融资一般有以下四种途径：

（1）向政府提供贷款。这种贷款一般是无息或低息的短期周转贷款，数额和时间上均有严格限制，中央银行一般不对政府提供长期信贷，政府应通过其他途径解决自己的长期资金需要。但《中国人民银行法》第 30 条规定："中国人民银行不得向地方政府、各级政府部门提供贷款，不得向非银行金融机构以及其他单位和个人提供贷款，但国务院决定中国人民银行可以向特定的非银行金融机构提供贷款的除外。中国人民银行不得向任何单位和个人提供担保。"

（2）直接购买政府债券，即在一级市场（primary market）上直接买入政府债券。这实际上相当于向政府提供贷款，一般有时间和数额上的限制。但《中国人民银行法》第 29 条规定："中国人民银行……不得直接认购、包销国债和其他政府债券。"

（3）透支，即财政在中央银行开立透支账户，当财政支出大于财政收入时，直接向中央银行透支以求达到收支平衡，这实际上也相当于向中央银行贷款。但《中国人民银行法》第 29 条规定："中国人民银行不得对政府财政透支。"第 26 条规定："中国人民银行可以根据需要，为银行业金融机构开立账户，但不得对银行业金融机构的账户透支。"

（4）协助推销政府债券，或是在二级市场购买政府债券，或是对商业银行买进政府债券进行抵押贷款。这实际上也达到了间接向政府提供融资的目的。《中国人民银行法》第 25 条规定："中国人民银行可以代理国务院财政部门向各金融机构组织发行、兑付国债和其他政府债券。"

从我国现行法律规定可以看出，所述的中央银行向政府直接融资在我国法律是禁止的。中国人民银行只能为政府提供所谓的间接融资服务，即在公开市场上买卖国债和其他政府债券及外汇，向商业银行买进政府债券进行抵押贷款。

3. 担任政府的金融代理人

《中国人民银行法》第 4 条第 1 款第 7 项规定中央银行持有、管理和经营国家的外汇储备及黄金储备；第 25 条规定，中国人民银行可以代理国务院财政部门向各金融机构组织发行、兑付国债和其他政府债券。根据《中国人民银行法》第4条第1款第12项，中国人民银行代表政府参加国际金融组织，出席国际金融会议，进行国家间或国际性的金融事务谈判、协调和磋商及进行其他国际金融活动。这些都是中央银行担任政府金融代理人的表现。

4. 充当政府的金融顾问

中央银行拥有广泛的分支机构及发达的信息网络，同时，《中国人民银行法》第31条规定："中国人民银行依法监测金融市场的运行情况，对金融市场实施宏观调控，促进其协调发展。"第35条规定："中国人民银行根据履行职责的需要，有权要求银行业金融机构报送必要的资产负债表、利润表以及其他财务会计、统计报表和资料。中国人民银行应当和国务院银行业监督管理机构、国务院其他金融监督管理机构建立监督管理信息共享机制。"中央银行的性质和法律授权，使得中央银行能够及时对经济形势作出客观分析和判断，可以为政府宏观经济决策提供信息、资料、建议和方案。

（二）为金融机构提供金融服务

1. 担当全国金融业的资金清算中心

《中国人民银行法》第4条第1款第9项规定，中国人民银行履行维护支付、清算系统的正常运行的职责；第27条规定："中国人民银行应当组织或者协助组织银行业金融机构相互之间的清算系统，协调银行业金融机构相互之间的清算事项，提供清算服务。具体办法由中国人民银行制定。中国人民银行会同国务院银行业监督管理机构制定支付结算规则。"

各商业银行在开展业务过程中必然经常会发生资金往来关系，正如企业间的资金往来要通过商业银行这一中介进行结算一样，商业银行之间的资金往来也要通过中央银行这一中枢进行结算。一般而言，中央银行通过集中办理票据交换、集中结算交换的差额及办理各商业银行的异地资金转移等方式，为金融机构提供结算服务，以减少各商业银行之间运送现金的麻烦，节省结算时间，提高结算效率和质量。中央银行也可通过结算余额和结算服务，全面了解金融运行情况和银行的资金流向，增加中央银行对经济运行形势分析的可靠性。

2. 担当全国银行业的最后贷款人

《中国人民银行法》第23条第3、4项规定，中国人民银行为执行货币政策，可以为在中国人民银行开立账户的金融机构办理再贴现，可以向商业银行提供贷款；第 28 条规定，中国人民银行根据执行货币政策的需要，可以决定对商业银行贷款的数额、期限、利率和方式，但贷款的期限不得超过 1 年。

企业需要资金，由商业银行提供，而商业银行需要资金，则由中央银行提供。商业银行资金不足时，可以向其他商业银行和市场提出融资要求，当这一要求无法得到满足时，则可向中央银行申请融资。中央银行向商业银行提供融资的方式有两种：一是再贷款，即由中央银行向商业银行提供贷款；二是再贴现，即商业银行将自己贴现过的商业票据交给中央银行办理再贴现，以取得所需资金。

3. 为社会提供金融服务

《中国人民银行法》第 4 条第 1 款第 11 项规定，中国人民银行负责金融业的统计、调查、分析和预测。中央银行通过发行货币，为社会提供价值尺度、流通手段、贮藏手段和支付手段，以使市场经济得以正常运行。它通过各种业务活动，对金融业进行统计、调查、分析、研究和预测，并向社会公布，使公众及时了解金融和经济形势。

中央银行的公共服务职能与中央银行的宏观调控职能是密切相关的：中央银行的宏观调控职能是中央银行的公共服务职能的核心部分，中央银行的公共服务职能是中央银行货币政策和金融监管职能的补充与延伸。中央银行只有履行和完成上述公共服务职能，才能了解和掌握全国的经济和金融形势，正确地制定和执行货币政策，完成金融监管的职能。中央银行只有履行和完成上述公共服务职能，才能更好地配合与协助政府履行和完成政府公共职能，使政府有效地对国民经济和社会发展进行宏观调控。因此，中央银行的公共服务职能有利于促进中央银行的宏观调控职能。

第五章

产业政策法

产业政策法是经济法体系的内在构成要素，是宏观调控法的重要组成部分。

第一节　产　业

一、产业的属性

目前，人们对产业一词的使用相当普遍，但尚不规范，口径不一，至今尚无统一的定义。但大体说来，产业具有如下属性：

第一，产业是一个经济单位。

产业作为一个经济单位，既不属于宏观经济所指的国民经济，也不属于微观经济所指的企业经济活动或个人经济行为，它介于宏观经济与微观经济之间，属于中观经济。但它与宏观经济和微观经济都密切相关，它既是国民经济的组成部分，又是同类企业的集合，即从事同类物质生产或相同服务的经济群体。产业的这一属性，决定了产业是国民经济的中枢环节，在国民经济中处于中介地位，它能上下关联、上下渗透，上下传导、上下波及，因而处于关键地位，具有杠杆作用。抓住了产业就把握了国民经济的一个关键要素，对产业的调控就是对国民经济的宏观调控。

第二，产业是一个历史范畴。

它是社会生产力和社会分工发展到一定阶段的产物，是与社会生产力发展水平相适应的社会分工的表现形式。产业伴随社会生产力的发展和社会分工的深化而逐渐产生和不断扩展。在远古的原始社会，社会生产力极其低下，个人势单力薄，无力独自生产生活，人们只能过着群居生活，共同从事统一的狩猎和采集活动，这时是不存在什么严格意义上的社会分工的，不存在不同的生产部门，也就无所谓产业可言。随着石器等工具的使用，社会生产力开始逐步提高，人们狩猎到的野兽和采集到的野果逐渐增多，人们开始饲养未吃完的野兽，把未吃完的野果留作种子栽培，这样，就有了饲养业和种植业，农业开始发展起来。随着社会生产力的不断发展，社会分工日益深化，先后出现了三次社会大分工：第一次是畜牧业从农业中分离出来，它发生在原始公社的新石器时期；第二次是手工业从农业中分离出来，它发生在原始公社末期至奴隶社会初期；第三次是商业从农业、手工业中分离出来，它发生在奴隶社会初期。三次社会大分工之后，实际上就已经形成了农业、手工业和商业等产业部门。到18世纪60年代，爆发了资产阶级第一次产业革命，工业从手工生产发展为机器生产，工业逐步取代农业成为主要产业；到20世纪初，又爆发了资产阶级第二次产业革命，煤炭、钢铁、机器制造、铁路等工业加快发展，工业的主导地位进一步巩固。到了近代，社会生产力大大发展，社会分工进一步精细，工业、农业、商业、服务业等均达到了相当规模，因此，上述各业都被列入了产业的范畴，产业的内涵大大扩展了。而且，随着社会生产力的不断发展，社会分工的日益精细，原有的产业又分化出新的产业，如工业中分化出机械制造业、冶金工业、化学工业等，机械制造业又分化出农业机械制造业、采矿机械制造业、汽车制造业等。可见，产业的内涵是历史地发展和不断地丰富的。时至今日，产业不仅包括生产部门，也包括流通部门、服务部门和其他部门。产业的这一属性，决定了在考察、分析产业时必须本着历史的态度，制订和实施有关产业的政策、法律必须结合历史条件、具体国情，尤其是社会生产力的发展水平和社会分工的发达程度。

第三，产业是某些具有同类属性的企业经济活动的集合。

它本身是多层次的，是一个经济系统，并不是孤立封闭的，产业和产业之间存在着极其复杂的直接和间接的关联，如原料关联、技术关联、用途关联、方向关联、战略关联等等，产业之间形成自变与因变的运动，使全部产业成为一个有机的系统。一个产业的存在，会成为其他产业出现和发展的条件，一个产业内部结构的变化会直接或间接地引起其他产业的变化。产业的这一属性，要求用系统的观点和方法对待产业，对产业的调整应当胸怀全局，系统着想，总体调控。

第四，产业是一个核算单位。

产业作为一个核算单位，要进行投入和产出的效益分析。产业是一种有投入产出的企业和事业，凡是具有投入产出的企业、事业和部门都可以列入产业的范畴。产业的这种性质，使得人们能够利用投入产出平衡表（包括静态和动态的）进行相应的产业结构分析和产业关联分析，并进而提出具有指导实践意义的产业政策选择。

二、产业的分类

根据上述产业的属性，产业可以按照不同的标准分成不同的种类，这种标准既有国际标准，也有国家标准。国际标准产业分类法是联合国为了统一世界各国的产业分类，于1971年编制和颁布了《全部经济活动的国际标准产业分类索引》，它将全部经济活动分为大、中、小、细四个层次，并规定了相应的统计编码。其中大项10个：

1. 农业、狩猎业、林业和渔业；
2. 矿业和采石业；
3. 制造业；
4. 电力、煤气、供水业；
5. 建筑业；
6. 批发与零售业、餐馆和旅店业；
7. 运输业、仓储业和邮电业；
8. 金融业、不动产业、保险业和商业性服务业；
9. 社会团体、社会及个人的服务业；
10. 不能分类的其他活动。

每个大项又可分为几个中项。如第三大项“制造业”又分为9个中项：

3—1　食品、饮料、烟草；
3—2　纺织、服装、制革；
3—3　木材与木制品；
3—4　造纸与纸制业、印刷与出版；
3—5　化工产品和药品、石油加工、煤炭加工、橡胶制品、塑料制品；
3—6　非金属矿产品（除石油、煤炭加工产品以外）；
3—7　冶金工业；
3—8　金属制品、机械和工业设备；
3—9　其他制造业。

借鉴国际通用的国民经济账户体系（SNA），并结合我国的实际情况，中国国家标准局编制和颁布了《国民经济行业分类与代码》（GB/T 4754-2002）。它把中国全部的国民经济划分为20个门类、98个大类、更多的中类和小类。其中20个门类依次是：

A. 农业、林业、牧业、渔业（含5个大类）；
B. 采矿业（含6个大类）；
C. 制造业（含30个大类）；
D. 电力、燃气及水的生产和供应业（含3个大类）；
E. 建筑业（含4个大类）；
F. 交通运输、仓储和邮政业（含9个大类）；
G. 信息传输、计算机服务和软件业（含3个大类）；
H. 批发和零售业（含6个大类）；

I. 住宿和餐饮业（含 2 个大类）；
J. 金融业（含 4 个大类）；
K. 房地产业（含 1 个大类）；
L. 租赁和商务服务业（含 2 个大类）；
M. 科学研究、技术服务和地质勘查业（含 4 个大类）；
N. 水利、环境和公共设施管理业（含 3 个大类）；
O. 居民服务和其他服务业（含 2 个大类）；
P. 教育（含 1 个大类）。
Q. 卫生、社会保障和社会福利业（含 3 个大类）；
R. 文化、体育和娱乐业（含 5 个大类）；
S. 公共管理和社会组织（含 5 个大类）；
T. 国际组织（含 1 个大类）。

第二节 产业政策

一、产业政策的概念

产业政策一词，源于日本。它是人们在对日本 20 世纪 60 年代以来高速经济增长期间成功经验总结的基础上形成的，20 世纪 70 年代开始出现在日本的官方文件中，即 1970 年日本通产省代表在 OECD（经济合作与发展组织）大会上所作的题为“日本的产业政策”的演讲。此后，产业政策逐步为人们所接受，对产业政策的研究不断深化，产业政策概念的影响日深。现在，产业政策已经成为市场经济国家干预经济社会的一项重要手段。

从文献来看，人们对产业政策的说法并不统一。日本原通产省经济研究所所长小宫隆太郎认为，产业政策是“对以制造业为中心的产业部门之间的资源配置实行干预的各种政策，以及个别产业内部的产业组织对私人企业的活动水平施加影响的政策的总和”。他强调，产业政策的核心内容是针对资源配置方面出现的“市场失效”而进行的政策性干预。①

① 参见苏东水主编：《产业经济学》，330 页，北京，高等教育出版社，2000。

由日本一桥大学、东京大学和庆应大学教授共同主编的《经济辞典》认为："所谓产业政策，是指与产业之间结构有关的产业结构政策和与产业内部竞争组织有关的产业组织政策。前者以产业结构变化为目的，后者以实现公平竞争为目的。现实中的产业政策总是随着经济社会的发展而不断变化的。"①

由下河边淳、菅家茂编纂的《现代日本经济事典》认为："产业政策是指国家或政府为了实现某种经济和社会目的，以全产业为直接对象，通过对全产业的保护、扶植、调整和完善，积极或消极参与某个产业或企业的生产、经营、交易活动，以及直接或间接干预商品、服务、金融等的市场形成和市场机制的政策的总称。"②

从上面的论述可以看出，产业政策的内涵，基本上包括以下几点：

第一，从对象上看，产业政策是以产业为对象而实施的政策。

它源于产业，产业发展到一定程度和一定阶段以后，就自然会要求对产业进行规划、组织和协调，因而就出现了产业政策。它立足产业，以产业为直接对象，产业是其核心和重点，是产业的政策；它服务于产业，对产业发展进行规划指导，协调产业关系，优化资源在产业之间的配置，促进幼小产业，保护民族产业，等等。从这个意义上说，没有产业就没有产业政策。

第二，从特征上看，产业政策是一种特殊的政策。

这种特殊性表现在以下各个方面：产业政策具有时代性，产业是随时代进步而不断发展的，每一个时代有每一个时代的产业发展状况、问题、要求和任务，因而每个时代的产业政策都有所不同。这就决定了产业政策要符合时代特征，顺应时代要求，要因时而异，与时俱进。产业政策受具体国情的制约，要因地制宜，具有民族性，每个国家都要根据自身的条件和在国际社会分工中所拥有的优势去规划、发展自己的产业，产业政策要与具体国情相适应，不可完全照抄照搬他国的产业政策。此外，产业政策还肩负保护民族产业，维护民族利益的使命。产业政策具有供给指向，它着眼于供给能力的提高和供给结构的改善，是供给指向型政策，它不同于以需求调控为目标的财政政策和货币政策，不过也正因为如此，产业政策才能与财政政策和货币政策结合起来，共同

① 苏东水主编：《产业经济学》，330页，北京，高等教育出版社，2000。

② ［日］下河边淳、菅家茂编，中国社会科学院工业经济研究所译：《现代日本经济事典》，192页，北京，中国社会科学出版社，1982。

对国民经济和社会发展进行宏观调控。

第三，从本质上看，产业政策是一种国家干预政策。

国家或政府为了实现特定的经济、社会目的而对产业实施干预，这种干预包括对产业的规划、调整、保护、扶持、限制等。它具有明显的政策性或政治性，是一种政治性制度安排，属于政府行为的范畴，它体现国家意志，追求社会公共利益，直接目的在于充当贯彻国家经济发展战略的工具，弥补市场失灵的缺陷，履行国家的经济职能，保证产业合理、有序、高效地发展。

二、产业政策的内容

产业政策的内容非常庞杂，但可以从产业政策的目标和手段两个方面来把握。

1. 产业政策的目标

产业政策的目标是由产业政策的目的所决定的，概括地讲，产业政策的目标包括以下方面：

（1）产业的增长与发展目标

即通过政府的保护、扶植和培育等措施，促进本国产业的高速增长，从而带动本国经济的快速发展。这一目标多被用于一国的经济振兴时期或高速增长时期，具体内容包括选择和扶植战略产业、主导产业，形成最有利的产业结构形态；促进科技开发和推广应用，提升产业的科技水平，提高产业的效率；发展规模经济，避免大量小企业过度、无效竞争；协调产业矛盾，全面规划，有序发展，实现普遍繁荣等等。

（2）产业结构调整目标

即通过政府对产业结构的调整，协调产业间的相互关系，实现产业结构的合理化与高级化，使产业资源得到合理而有效的配置，从而为本国经济的进一步发展打下坚实的基础。具体内容包括加强社会基础设施建设，改善经济环境；组织产业转换升级，调整产业结构；发展外向型产业，参与国际竞争，组织出口；强化技术创新，发展新兴产业；协调产业与环境资源的关系，实现国民经济的全面可持续发展。

（3）产业组织协调目标

即通过政府对产业组织关系的协调与调整，解决产业内部各企业间的矛盾，使各企业之间保持良好的竞争与协作关系，限制产业垄断与企业垄断，以建立良好的产业活动秩序，创造有利于企业发展的产业环境。具体内容包括反对垄断，促进自由竞争；增加科技投入，促进科技竞争；发展规模经济，增强国际竞争力；加强国际交流合作，保障国家经济安全等等。

2. 产业政策的手段

产业政策的手段决定于产业政策的目标，为了实现上述产业政策的目标，政府要采用多种手段，它们构成产业政策的手段体系。具体包括以下方面：

（1）刺激性手段

政府利用财政、税收、金融、外汇等政策手段，通过对被干预对象利益关系的调控或输出利益信号来改变或影响被干预对象的经济行为，从而使其行为方式服从、导向产业政策目标。

（2）强制性手段

政府利用其特有的国家权力，如审批制、配额制、许可制、专营制等对各产业作出强制性干预，影响产业的资源配置和运行态势，纠正违规的产业行为，实现预定的产业政策目标。

（3）诱导性手段

政府通过发布有关经济信息、行政指导、政策劝诱、宣传教育、协商对话等办法，影响被干预对象的价值判断，从而使其行为有利于产业政策目标的实现。

（4）法律性手段

国家通过立法、执法、司法来严格产业政策的制定程序，明确产业政策的目标措施，保障产业政策的贯彻执行，规范企业的行为，依法调整产业之间和产业内部的关系，以保证产业的发展有良好的法制环境。

在这里要声明的是，市场经济是法治经济，上述产业政策的手段应以法律性手段为主，严格说来，无论是刺激性手段、强制性手段，还是诱导性手段都应法治化，采用法律形式，依法行使。特别是那些比较成熟和比较稳定的产业政策更应法治化，这也是大多数国家的普遍做法。如欧美各国的产业政策大都采取法律规制手段，日本的产业政策都是以法律规范的形式出台的。随着法治的完善和普及，将有越来越多的产业政策采取法律形式。

3. 产业政策的分类

以上述产业政策的目标和手段为基础，可以将产业政策分为以下几类，它们构成一个完整的产业政策体系。

（1）产业培育与扶植政策

即政府通过某种手段，对特定产业的生长和发展予以鼓励、刺激、扶植和支持，以谋求在短时期内尽快地使其成长壮大，以至于成为主导产业或支柱产业，从而带动整个国民经济的快速发展。产业培育与扶植政策的对象是一些幼稚产业，但它们大有发展前景。这类政策的作用机制在于将幼稚产业的成长与政府的宏观经济发展战略结合起来，着眼于这些产业未来发展的前景与关联效应，依靠政府的力量消除这些产业生长发育过程中所面临的困境和不利环境，最大限度地利用产业资源，使其在比较短的时间内积聚力量，进入市场，满足国内市场需求，进而进入国际市场。

（2）产业保护政策

产业保护政策的对象是进入成熟阶段的产业部门。其实质是利用关税壁垒等手段排除来自国外的竞争，保护本国产业，获取更大的比较利益。产业保护政策追求的是产业的生存与稳定。

（3）产业调整政策

又称产业结构政策。它的对象可以是某个具体的产业部门，也可以是全部产业。它所追求的直接目标是产业结构合理化和产业结构高级化。具体地讲，产业结构政策是通过产业结构的调整与转换，协助或促进衰退产业顺利地实现产业规模的缩减，促使退出衰退产业的资源向新的产业部门转移，同时通过对幼稚产业、新兴产业的培育与扶植，在国民经济中形成基础产业、新兴产业、幼稚产业、骨干产业、主导产业和衰退产业相互协调、相互替代、相互促进的产业序列，从而求得产业资源的充分利用和优化配置，促进产业结构的升级和合理化；提高本国产业在国际市场上的竞争力，获取更大的国际比较利益；摆脱国民经济增长对单一产业资源的依赖，及时消除产业发展过程中的失调与矛盾，不断地增强产业优势和综合国力。总之，产业结构政策寻求的是一种产业发展的“结构力”或称“协调力”。

（4）产业组织政策

又称产业秩序政策。如果说产业结构政策解决的是产业部门之间的相互关系，那么产业组织政策处理的是产业内部各企业间的相互关系。其核心在于组织规模经济，限制或消除垄断，维持和巩固良好的市场竞争秩序，从而形成良好的产业秩序，合理地配置产业资源于各类企业，正确地协调产业内部的相互关系。

（5）产业技术政策

技术是提高产业素质、促进产业升级的根本要素。技术进步能够开发出具有市场前景的新产品、新材料或新工艺，带动配套和关联产业进行一连串的技术革新，从而产生出一个新的技术产业，最终推动产业结构高级化和合理化，提高技术进步在国民经济发展中的含量。产业技术政策的核心在于促使产业技术进步，实现科技兴业。

（6）产业布局政策

产业布局政策的目的在于影响产业在区域间的分布和地区间的配置。其中关系国民经济发展全局的产业要由国家统一规划，合理布局，区域集中度要求较高的产业应构成产业带或组建大型生产基地，对于落后地区的产业，国家要实行倾斜政策；对于已经丧失产业优势的地区，国家要制订特殊政策，帮助尽快实现产业转换，等等。

三、产业政策的本质和功能

认识产业政策的本质和功能必须同市场经济的发展及运行机制的性质结合起来。

人们对市场机制的认识经历了不同的阶段。在初始阶段，人们更多的是看到其优点，确认、赞美其灵活、高效的运行机制，进而迷信市场万能，要求减少国家干预，认为干预最少的政府是最好的政府。其中以亚当·斯密为杰出代表，他提出了“看不见的手”这一著名的政策主张。但随着市场机制的日益发展，其内在矛盾也日益显露。特别是经过20世纪30年代大危机的洗礼，人们逐步清醒并深刻地认识到，市场并不是万能的，市场机制也有缺陷，这就是所谓的“市场失灵”。在这一大背景下，发生了“凯恩斯革命”，提出了“看得见的手”这一崭新的政策主张，即为了克服市场失灵，主张利用政府的权力，通过制订和实施经济政策，并配以其他调控措施，来加强对市场的干预，产业政策即是其中之一。这正如小宫隆太郎所指出的：“产业政策的中心课题，就是针对在资源分配方面出现的‘市场失灵’采取对策。”[①] 因此，可以将产业政策的中心部分理解为，从本质上说，产业政策是政府干预，是对市场失灵的克服和弥补。

① ［日］小宫隆太郎等编，黄晓勇等译：《日本的产业政策》，5页，北京，国际文化出版公司，1988。

产业政策是一种重要的经济政策，与经济政策有着深刻的内在联系。1983年日本通产省大臣定则山中认为："国家最重要的职能是促进经济发展和提供公共福利。产业政策是国家经济发展的基石，尽管各国赋予其不同的名称和内容，各国却都实践着各种各样的产业政策。"①产业政策作为经济政策体系的有机组成部分，与其他经济政策（如财政政策和货币政策）有着共同的基础，这就是对市场缺陷的肯定和对政府干预必要性的认同。产业政策从本质上说是国家（政府）干预经济的重要手段。之所以如此，是由市场经济的本质决定的。

市场机制是一种自发机制，具有偶然性，难以预料，捉摸不定，可能出现产业资源配置的盲目性和失衡性，会造成重大失误和严重浪费。在这种情况下，就需要政府制订和实施产业政策进行干预，对产业发展趋势进行科学预测、合理规划、正确引导，促使产业协调、有序、合理地发展，这正如有人所说的："资方在进行新的投资时，既是捉摸不定的，又是胆怯的，政府应当使资本家增强信心，帮助他们克服各种障碍。"② 从而求得产业资源的充分利用和优化配置。科学的产业政策是产业发展客观规律的反映，是人们克服市场盲目性的政策指导。

市场机制是一种渐进机制，在完全的市场机制作用下，产业结构也会逐渐地形成并发展进化到高级化阶段。欧美市场经济发达国家大多走过了这样的历程。但完全依赖市场机制的作用去实现产业结构的合理化和高级化，是渐进的，过程漫长而曲折，而且往往要付出极大的代价，这对于后起国家来说根本不足效仿，不可步其后尘。后起国家，要想以最短的时间和最小的代价完成产业结构的合理化和高级化的进程，不可能完全依赖市场机制和渐进作用，而必须在经济起步时就参照先进国家已经走过的道路、已经形成的产业结构，通过制订和实施产业政策进行有效干预，自觉地规划自己的产业结构从低级向高级、合理化的方向发展。实践证明，产业政策是后起国家实现超常规发展、缩短赶超时间的重要政策。

市场机制是一种竞争机制，过度竞争或经过激烈的市场竞争以后，会导致优胜劣汰进而形成垄断，结果都会使资源得不到优化配置。金德尔伯格等指出："市场机制的自动性在原则上是很值得推荐的……然而，现实世界与完全竞争模式所描述的情况差别如此之大，以致政府对经济

① 杨沐：《产业政策研究》，3页，上海，上海三联书店，1989。

② 杨沐：《产业政策研究》，18页，上海，上海三联书店，1989。

进行有意识的干预经常被认为是最可取的模式。”[①] 在这种情况下，政府就应通过制订和实施产业政策来进行干预：一方面组建大企业，促成规模经济，培植真正有效的市场竞争；另一方面禁止垄断和不正当竞争，确保市场自由竞争。产业政策要维护市场竞争，这是产业政策得以有效实施的重要条件。有人研究指出：“日本最大的成功产业，即汽车和家用电器产业，并没有得到政府的多少优惠。此外，日本的工业机器人尽管已处于先导产业地位，通产省对确保它的研究开发资金却并没有作过过多关照……唯国内外激烈的竞争，才是真正使其获得成功的原因。”[②] 在欧美国家，产业政策往往简化为竞争政策。产业政策寻求规模经济与市场竞争之间的制衡关系，有利于促使产业组织优化，建立合理和适度的竞争秩序，使产业竞争有理、有节、有效地进行，从而实现产业资源的优化配置。

市场机制是一种开放机制，完全的市场机制作用，会把一国企业完全推向激烈的国际市场，让它们同强大的国际竞争对手相竞争，势必惨遭淘汰，这对于后起国家的弱小民族工业来说是极其不利的。实践证明，经济的全球化极有可能给没有任何设防的后起国家造成巨大的不利影响。这就决定了任何国家的开放都是有条件的有限开放，政府应该通过制订和实施产业政策，进行必要的干预或利用关税壁垒，排除来自国外的竞争，或对外国企业“进入”本国市场加强引导和管理，让本国企业在同外国企业的合作中争取有利的竞争地位，保护本国产业，培植它们的国际竞争力，然后伺机推向国际市场。就像发展中国家加入 WTO 一样，只能以发展中国家的身份加入，必须享有作为发展中国家应该享有的各种优惠政策。所以有人认为：“产业政策是政府为了取得在全球的竞争能力而打算在国内发展或限制各种产业的有关活动的总的概括。”[③] 我国台湾地区学者更是明确指出，“产业政策是经济民族主义的反映”[④]。产业政策是保护民族产业的政策武器，它保障国家的产业安全。

无论是确立市场机制还是选择国家干预，最终都是为了促进经济发展。实践证明，单纯依靠市场机制或国家干预都不能促进经济发展，而

① ［美］金德尔伯格等著，张欣译：《经济发展》，233 页，上海，上海译文出版社，1986。

② 李泊溪、钱志深：《产业政策与各国经济》，43 页，上海，上海科学技术文献出版社，1990。

③ ［美］查默斯·约翰逊主编：《产业政策争论》。转引自杨沐：《产业政策研究》，3 页，上海，上海三联书店，1989。

④ 詹鹤：《推动日本奇迹的手——通产省》，32 页，台北，经济与生活出版公司，1985。

必须把市场机制和国家干预结合起来，而产业政策正是市场机制和国家干预结合的典范。一方面，产业政策以市场机制为基础，尤其是它立足并服务于市场自由竞争。产业政策的发源地和典范国日本，其产业政策的制定和实施者——通产省官员就曾明确地指出："日本产业政策的基本理念，是以市场自由竞争原理为基础。"① 在欧共体，"欧共体委员会将产业政策常常称为'积极的竞争政策'"②。市场自由竞争是经济发展的根本动力。与此同时，产业政策又是"针对资源分配方面出现的市场失灵而进行的政策性干预"③，它通过"鼓励向一些行业或部门投资和不鼓励向其他行业或部门投资"这一产业政策讨论的中心问题④，来促进产业结构的转换，而"目前，人们已经认识到发展就是经济结构的成功转变"⑤。日本经济学家也认为："产业结构未能实现及时转换，是历史上一些老牌的发达国家趋向衰落的基本原因之一。"⑥ 产业政策调整着产业的发展方向。产业政策兼具市场机制和国家干预的双重属性，尤其是它们的共同优势，已成为促进经济发展的重要经济政策。

第三节　产业政策法的规定性

一、产业政策法的概念

产业政策法是调整基于产业政策而发生的各种社会关系的法律规范的总称。要深入理解产业政策法，有必要进一步分析产业政策法所调整的特定的社会关系。具体说来，这种社会关系具有如下规定性：

第一，这种社会关系是基于产业政策而发生的。

① ［日］新田光重译：《技术政策与经济绩效——日本的教训》。转引自苏东水主编：《产业经济学》，339 页，北京，高等教育出版社，2000。

② Ingo Schmidt/Andre Schmidt，Europaeische wettbewerbspolitik，Verlag Vahlen，1997，S. 8. 转引自王晓晔：《欧共体竞争法》，41 页，北京，中国法制出版社，2001。

③ ［日］小宫隆太郎等编：《日本的产业政策》，6 页，北京，国际文化出版公司，1988。

④ 玛格里特·迪瓦尔编：《工业生机：采用国家产业政策》。转引自杨沐：《产业政策研究》，2 页，上海，上海三联书店，1989。

⑤ ［美］钱纳里等著，吴奇等译：《工业化和经济增长的比较研究》，56 页，上海，上海三联书店、上海人民出版社，1995。

⑥ 陈淮：《日本产业政策研究》，67 页，北京，中国人民大学出版社，1991。

产业政策是这种社会关系的本质规定，是这种社会关系与其他社会关系的本质区别。产业政策是这种社会关系发生的根源，没有产业政策就不会发生这种社会关系。产业政策是这种社会关系的中心，这种社会关系围绕产业政策而展开。

第二，这种社会关系是一种体现国家意志的社会关系。

产业政策是国家（政府）干预经济的重要手段，是国家宏观调控的基本措施，它体现、贯彻的是由国家作为社会总代表所集中起来的关于产业方面的国家意志，它作用于国家各产业，对国家的产业规划、产业结构、产业组织、产业技术、产业布局等，都具有一定的调控力和约束力。

第三，这种社会关系是关于产业政策方面一般性的社会关系。

法律是一种一般性的陈述，“法律不理琐事”。法律只能调整那种具有一般性的社会关系，即具有内在的普遍规律，能够抽象为一定的行为模式，具体化为权利义务的社会关系。法律有特定分工，并不包揽一切。对于产业政策社会关系来说，它是极其丰富和十分繁杂的，并不是所有的产业政策社会关系都应由法律调整，法律只能调整具有一般性的产业政策社会关系。就具有一般性的产业政策社会关系来说，主要有产业规划关系、产业结构关系、产业组织关系、产业技术关系、产业布局关系以及产业政策的制订和实施关系。产业政策法实质上就是对上述具有一般性的产业政策社会关系作出法律规定，它们构成产业政策法的基本内容。

二、产业政策法的特征

产业政策法作为一种调整特定社会关系的法律，具有如下特征：

1. 产业政策法是一种具有交叉性的法律

这里所谓的产业政策法的交叉性，主要是指政策与法律的交叉性。产业政策法既具有政策性又具有法律性，是政策与法律相互交叉而形成的一种法律。在产业政策法中，政策是其内容，法律是其形式，或者说产业政策获得了法律的表现形式，进而具有法律的一般性质，如规范性和约束力，或者说政策本身就具有法律性质，在这里政策和法律合二为一、融为一体。如果结合产业政策法是经济法的一个构成要素，就能更好地理解产业政策法的上述性质。有学者指出：“联邦德国的经济法，并不像民法和一般的刑法那样，把作为社会事实而存在的规范法律化，而是从立法技术上，按照理性观念把某一经济政策加以法律化。”① 产业政策法是法律化的产业政策。许多国家的产业政策大多是以法律的形式表现的，如日本的产业扶植政策有《机械工业振兴临时措施法》（1956年）、《特定电子工业及特定机械工业振兴临时措施法》（1971年）；韩国的产业扶植政策有《电子工业振兴法》（1969年）、《机械工业培育长期对策法》（1973年）；日本的产业保护政策有《特定萧条产业安定临时措施法》（1978年），《特定萧条地区中小企业对策临时措施法》（1978年）；日本的产业结构政策有《特定纤维工业结构改善临时措施法》（1967年），《临时船舶建造调整法》（1953年）等。

2. 产业政策法是一种具有综合性的法律

首先，产业政策法所规制的对象是产业，产业指的是生产同类或具有密切关系的产品或服务的企业的集合，产业本身就具有综合性，它涉及一国国民经济整体，而一国国民经济整体是由一国众产业综合构成的。在社会生产力日益发展和社会分工日趋精细的态势下，任何一国的产业都不是单一的而是多元的，各产业之间相互关联、相互作用，组成系统，合为一体，必然具有综合性。产业的综合性决定了规制产业的产业政策和产业政策法也必然具有综合性。

其次，产业政策本身是综合的，它由产业规划政策、产业扶植政策、产业组织政策、产业结构政策、产业技术政策、产业布局政策等综合构成，产业政策的综合性决定了以产业政策为内容的产业政策法也具有综合性，产业政策法就是由产业扶植政策法、产业保护政策法、产业结构政策法、产业组织政策法、产业技术政策法、产业布局政策法等综合构成的。

再次，一国产业和产业政策都是一个有机整体，必须立足整体、把握全局、综合考虑、统筹规划、兼顾协调，这就决定了服务于产业和产业政策的产业政策法必须具有一种综合立场、综合思维和综合精神。

最后，由以上因素共同决定，产业政策法的调整方法也是综合的，既包括诱导的方法，又包括强制的方法。其中诱导的方法也是综合的，包括计划、财政、金融、税收、指导、劝告等等，强制的方法也是综合的，包括命令、干预和强制等等。

3. 产业政策法是一种具有灵活性的法律

① ［德］迪特尔·格罗塞尔主编，晏小宝等译：《德意志联邦共和国经济政策及实践》，78页，上海，上海翻译出版公司，1992。

由于受各种因素的影响，一国的产业不是齐头并进的，而是因时制宜、因地制宜、因势利导，不断进行调整的。有时某个（些）产业相对幼稚，成为瓶颈产业，需要大力培育、扶植，因而就需要针对此产业制定和实施产业扶植政策法。如日本为了振兴机械工业，就制定和实施了《机械工业振兴临时措施法》（1956 年）；为了扶植特定电子工业及特定机械工业，就制定和实施了《特定电子工业及特定机械工业振兴临时措施法》（1971 年）。韩国为了振兴电子工业，就制定和实施了《电子工业振兴法》（1969 年）；为了培育机械工业，就制定和实施了《机械工业培育长期对策法》。有时某个（些）产业相对弱小，缺乏市场竞争力尤其是国际市场竞争力，需要特殊保护，因而就需要针对该产业制定和实施产业保护政策法。如日本为了保护特定萧条产业、特定萧条地区中小企业，就分别制定和实施了《特定萧条产业安定临时措施法》、《特定萧条地区中小企业对策临时措施法》（1978 年）。有时某个（些）产业正处于衰退时期，需要对其进行调整，使其改组更新或者有序退出市场，因而就需要制定和实施针对本产业的产业调整政策法。如日本为了调整纤维工业，就制定和实施了《特定纤维工业结构改善临时措施法》（1967 年）；为了调整船舶建造业，就制定和实施了《临时船舶建造调整法》（1953 年）。从上述产业政策法的制定和实施，可以充分看出产业政策法的灵活性。这种灵活性还表现在：

（1）产业政策法的针对性，可以针对什么产业就制定什么产业政策法。它可以针对某个或某些特定产业而制定和实施，这种针对性直接表现在其法律名称上，如可以针对机械工业而制定和实施“机械工业临时振兴法”，针对电子工业而制定和实施“电子工业振兴法”等等。

（2）产业政策法具有明确的目的性，可以为了什么产业就制定什么产业政策法。它要么是为了扶植某个（些）产业，要么是为了保护某个（些）产业，要么是为了调整（改善）某个（些）产业。这种明确的目的性也直接表现在其法律名称上，如日本的《机械工业振兴法》、《特定萧条产业安定临时措施法》、《临时船舶建造调整法》，等等。

（3）产业政策法具有一定的期限性，一旦该法的目的完成或达到，该法的使命就告完成，因此，它多是临时性的而不可能是长（永）久的法律，不像宪法、民法一样可以长久有效地适用。这种期限性也时常直接表现在其法律名称上，大都带有“临时”字样，如日本的《电子工业振兴临时措施法》、《甜菜生产振兴临时措施法》，等等。

（4）产业政策法具有适用的灵活性，这种灵活性是指根据经济社会发展的客观需要而定。如在产业组织政策法的适用上就充分地体现了产业政策法的灵活性，它时而追求规模经济，甚至促进必要而合理的垄断，豁免适用《反垄断法》；时而又限制和反垄断，促进市场自由竞争。

4. 产业政策法是一种宏观调控法

产业是国民经济的基础，产业从根本上决定着国民经济的性质和状况，有什么样的产业就有什么样的国民经济，对产业的影响直接影响着国民经济，对产业的调控实质上是对国民经济的调控，因而是宏观调控，作为调整产业的产业政策法很显然是一种宏观调控法。前已论及，产业政策本质上是一种国家（政府）干预经济的重要手段，它体现、贯彻的是国家作为一个社会总代表所集中起来的关于产业方面的国家意志，旨在对构成国民经济基础的众产业进行宏观调控，使众产业沿着正确的方向、保持科学的比例、成为适当的组织、拥有先进的技术、形成合理的布局向前发展，进而促进国民经济持续、稳定、快速、健康、协调地发展，所以，产业政策是一种宏观调控的重要措施，这也就决定了以产业政策为内容的产业政策法是一种宏观调控法。在市场体制下，产业政策必须立足市场、通过市场、利用市场，这是产业政策取得成功的基础。日本通产省官员曾经对日本产业政策的成功经验作过精辟的概括："日本产业政策的进步理念，是以市场自由竞争原理为基础。所以，我们最关心的，是寻找如何通过最有效地保障市场功能，来充分发挥个人和企业的创造性与活力的方法。"① 所以，产业政策不同于指令性计划，它不是以高度集权、排斥市场机制、具体而微、具有强制力的指令性计划去命令安排国家众产业，而是以适当分权、注重市场机制、立足宏观、具有指导力的产业政策纲领去引导指导国家众产业，是大的方面管住管好、小的方面放开放活，产业政策只是对产业的宏观方面进行调控，至于产业的中观方面，尤其是产业的微观方面应由产业和企业自主决策。实践也证明，产业政策对于产业的中观和微观方面绩效甚微。这进一步说明以产业政策为内容的产业政策法是一种宏观调控法。

① ［日］新田光重：《技术政策与经济绩效——日本的教训》，东京，晃洋书房，1989。

第四节　产业政策法的原则和目标

产业政策法涉及方方面面，内容极为丰富，难以详尽。这里只论及其主要内容，具体如下：

一、产业政策法的原则

所谓产业政策法的原则是指统率整个产业政策法的指导思想，也是产业政策法规范必须遵循和贯彻的基本准则。归纳起来，产业政策法的原则主要有：

第一，工业化和现代化进程的客观规律，密切结合一国国情和产业发展的特点。一般说来，一国产业的发展总是同该国的工业化和现代化进程相联系的，或者说一国产业的发展过程实质上就是一国的工业化和现代化的进程，因此，制定和实施产业政策法必须符合工业化和现代化进程的客观规律。同时，产业的发展深受一国的历史条件、具体国情，尤其是社会生产力的发展状况和社会分工的发达程度以及与之相关的一国产业发展特点的影响，因此，制定和实施产业政策法必须密切结合一国国情和其产业发展的特点。

第二，符合建立市场经济体制的要求，充分发挥市场在国家宏观调控下对资源配置的基础性作用。产业的发展从根本上决定于一国的经济体制，有什么样的经济体制就有什么样的产业政策和产业政策法。实践证明，市场是产业资源的最佳配置者，只有通过市场才可能实现产业结构的优化。在市场配置资源的基础上，还要加强国家宏观调控，不过，国家宏观调控不能面面俱到，而仅仅针对市场失灵和市场的消极方面进行必要的干预、引导和调控，要减少国家调控和干预的范围与程度，除了重点产业中的重点企业和重要产品，在发挥市场机制作用的同时予以有限的政府支持或干预以外，其他大量产业、企业和产品要由市场配置。广泛无边的政府干预不利于产业资源的优化配置。

第三，要突出重点，集中力量解决关系国民经济全局的重大问题。产业政策法作为一种宏观调控法，它所针对、着力的应该是重大产业、重点企业和重要产品，要集中力量解决关系国民经济全局的重大问题，制定和实施产业政策法必须突出重点、全局着想、大处着手，切忌面面俱到、四处出击、具体而微、因小失大。

第四，要多管齐下，综合治理。国家产业众多，千头万绪，甚为繁杂，要使制定和实施的产业政策法有效地促进产业的发展，必须多管齐下、综合治理，把产业政策（法）与财政、投资、税收、信贷、价格、外贸等各项经济政策（法）结合协调起来，综合运用经济手段、法律手段和必要的行政手段对产业进行宏观调控。

二、产业政策法的目标

产业政策法的目标从根本上说就是加强和完善国家宏观调控，优化产业结构，健全产业组织，提高产业素质，调整产业布局，促进国民经济持续、稳定、协调、快速、健康地发展。但在不同的国度、不同的时期，产业政策法的目标有所不同。如在我国“九五”至2010年产业政策法的目标主要是：

第一，不断强化农业的基础地位，全面发展农村经济。具体说来，要不断强化农业的基础地位，牢固树立大农业观念，全面发展农林牧副渔业，大力发展高产、优质、高效、生态、安全农产品，使农产品的数量、品种和质量适应全国人民小康生活水平和国际市场的要求。合理调整农村产业结构，积极发展农村第二、第三产业，逐步转移农村剩余劳动力，把农村的综合生产能力和经济效益提高到一个新水平。

第二，大力加强基础产业和基础设施。为此，要本着“统筹规划、合理布局、突出重点、尽力而为、量力而行、注重效益”的方针，大力加强基础产业和基础设施，努力缓解基础产业和基础设施严重滞后的矛盾，使之逐步与整个经济发展相适应。具体说来，一是交通运输业要以增加铁路运输能力为重点，以发展运输大通道为中心，充分发挥公路、水运、空运、管道等多种运输方式的优势，加快综合运输体系的建设。二是通信业要以高速、优质、大规模为基点，积极采用国际先进技术与装备，尽快提高国产化比例，有重点、分层次地大力推进信息高速网络建设。三是能源工业要实行开发与节约并重的方针，做到能源、经济与环境协调发展。其中，煤炭工业要加快国有重点煤矿的建设，促进地方矿、乡镇矿的改造和提高；石油工业要稳住东部、开发西部，增加探明储量，合理利用国际资源；电力工业要实行因地制宜、水火电并举、适当发展核电的方针。巩固和改善现有水利设施，有重点地对大江、大河、大湖进行综合治理，防止水土流失，保护和合理配置水资源，提高抗御水旱灾害的能力，逐步解决缺水地区和城市用水问题。根据“统一规划、合理布局、综合开发、配套建设”的方针，加快城市市政公用事业的发展。

第三，加快发展支柱产业，带动国民经济的全面振兴。主要是努力加快机械电子、石油化工、汽车制造业和建筑业的发展，使它们成为国民经济的支柱产业。具体说来，一是机械工业要以关键的基础机械、基础零部件和重大技术成套设备为重点，促进产品结构优化，提高产业技术水平和竞争力。二是电子工业要以微电子为基础，以通信、计算机等新兴信息产业为主体，加快现代化的步伐。三是石油工业要积极促进生产规模的大型化，提高技术水平和加工深度。四是汽车工业要尽快形成少厂点、大批量的生产体制和有序竞争的市场结构，提高其国内市场占有率和国际市场竞争力。五是建筑业要以城乡居民住宅、国家重点工程、城镇建设为重点，积极建立统一、开放、竞争、有序的建筑市场，提高建筑产品质量。

第四，合理调整对外经济贸易结构，积极发展对外经济贸易，增强我国产业的国际竞争力。这就要求继续扩大对外贸易，积极调整贸易结构，发挥比较优势，大力提高出口效益，以促进产业结构的调整和优化，增强国际竞争力，保持国际收支平衡。具体说来：一是国家鼓励以下产品扩大出口：具有比较优势的农副产品、轻工业产品和纺织品，国内生产技术趋于成熟的家用电器和其他机电产品，具有高附加值和国际竞争力的产品，高新技术产品。国家不鼓励国内紧缺的大综资源性产品出口，逐步减少初级产品和能源含量高的产品出口，有些将要限制和禁止出口。二是国家鼓励进口新技术和相关的关键设备、关键部件，适当扩大进口国内短缺的某些初级产品，支持幼稚产业加快引进、消化、吸收新技术以及生产新设备和关键零部件。国家不鼓励高档消费品的进口。

第五节　产业政策法的类型

产业政策法的类型是各种具体的产业政策。这些具体的产业政策主要包括：

一、产业规划政策

产业政策法作为一种宏观调控法，要对国家产业实现宏观调控，就必须对国家产业进行合理规划，确定战略产业、主导产业和支柱产业。所谓战略产业，是指对一国或某地区经济的长期发展、产业结构的升级转换和经济持续快速增长起根本性、全局性、决定性作用的产业。所谓主导产业，是指在一国或某地区经济起飞或产业结构转换时期，对产业结构的转换起主要推动作用的产业或产业群。所谓支柱产业，是指在较长时期内支撑国民经济发展的产业或产业群，是国民经济的主体和国民收入增长的主要承担者。确定战略产业、主导产业和支柱产业不是任意的，而必须参考以下原则：

第一，需求收入弹性原则。

需求收入弹性，是指国民经济或人们生活对某一产业部门的需求会随着人均收入水平的提高而增加的程度。库兹涅茨早就指出："反映人类生理特征有关的需要等级的先后次序级别，在生产结构形成的年代中具有支配作用。"[①] 恩格尔定律也指出，如随着人均收入的提高，用于食品的费用比例开始下降，收入边际增长额首先用于耐用消费品，然后是奢侈品和娱乐。如像粮食、肉类等食品，随着人均收入的增加，人们对农产品的需要开始下降，结果就会影响到第一产业的发展，而住房、汽车等工业品和消闲、娱乐等服务业，将会随着人均收入的增加而发展，这将促进这些产业的发展。可见，产业发展与需求收入弹性密切相关，需求收入弹性决定着产业发展，相比较而言，第二产业比第一产业、第三产业又比第二产业的需求收入弹性要高。所以，在进行产业规划时，应使需求收入弹性高的产业成为战略产业、主导产业和支柱产业时，因为只有需求收入弹性高的产业才是具有不断发展潜力和前景的产业。

第二，生产率上升率原则。

生产率是指产出对全部投入要素之比。高生产率上升率原则要求着重开发那些将来会因生产率的提高而占有比较优势的产业部门。只有能够不断提高生产率的产业部门才有竞争力，才能日益占据主导地位，否

① ［美］库兹涅茨著，常勋等译：《各国的经济增长》，344页，北京，商务印书馆，1985。

则，只能是“夕阳产业”，迟早会被淘汰。只有具有不断提高生产率潜力的产业部门才有广阔的发展前景，就像IT产业，可以不断地开发升级，“网络无极限”，因而它才能成为主导产业。生产率上升率取决于技术进步速度，技术进步速度越快，带来的生产成本下降的速度也就越快，而生产成本的下降是扩大生产和需求的先决条件，生产和需求影响产业，生产和需求的扩大引起产业的发展。

第三，高关联度原则。

产业关联度，是指产业之间的影响力和感应度的综合系数，即，一方面，某一产业的迅速发展能够扩大市场，扩大对其他产业部门产品的需求，因而能够带动其他产业乃至整个国民经济的增长，这表现为影响力系数；另一方面，其他产业的增长又对它产生了较高的需求，反过来促进该产业的进一步发展，表现为感应度系数。如汽车产业就是一个关联度较高的产业，它与采矿、冶金、钢铁、橡胶、制造、建筑、修配等产业都密切相关。还要指出的是，汽车的流水线生产改变了人类的生产方式，大大提高了以分工与合作为核心内容的生产效率，而且改变了人类的生活方式，汽车文化已经成为社会文化的重要组成部分，许多城市已经成为汽车上的城市。

第四，高技术扩散与带动原则。

高技术扩散与带动是指某产业具有将其技术创新向其他产业部门扩散，带动其他产业实现技术进步的能力。一般说来，技术革新首先出现在某个特定产业部门，但技术革新具有扩散性，随着技术革新的运用，技术会不断得到传播，向其他产业部门扩展，并引向建立新的产业部门。[①] 如历史上蒸汽机的技术发明，带动了纺织、冶金、制造、运输等产业的发展；再如计算机技术，已经成为现代生产必不可少的工具，被运用到社会生产的各行各业，以至于离开计算机技术几乎就无法进行现代生产。

第五，比较优势原则。

相对来说，世界各国都有自己的比较优势，比较优势原则是国际贸易自由的理论基础。在国际贸易中，一国应根据自己所具有的比较优势来生产和出口本国产品，同时进口自己不具有优势或生产成本较高的产品。在国际分工与国际贸易的全球化市场的大背景下，一国在确定战略

① 参见［美］库兹涅茨：《各国的经济增长》，347～348页，北京，商务印书馆，1985。

产业、主导产业和支柱产业时，也必须遵循比较优势原则。如日本在确定本国产业政策时，曾围绕是走国内资源开发主义还是走出口贸易立国论的讨论。鉴于日本国内资源稀缺，最后确定了出口贸易立国的产业政策，制定了出口导向政策，扶植出口先导产业。20 世纪 70 年代对产业结构进行优化，先是淘汰煤炭，增加化工，后来又以节约资源的产业和高附加值的产业取代钢铁、化纤等初加工型原材料产业成为主导型出口产业；到了 80 年代以后，以技术实力竞争的家电、计算机、相机、新材料等成长为新型出口产业。再如韩国，在 20 世纪 60 年代，由于韩国的工业品原材料严重依赖外国市场，资金短缺，进口替代难以提高技术水平，所以选择了出口主导型的产业政策，提出了“出口第一主义”的口号。值得注意的是，比较优势是变化的，要从动态的角度出发，选择目前虽然不具有比较优势，但具有潜在比较优势，或比较优势呈上升趋势的产业加以确定。如我国，地大物博，人口众多，市场广阔，但资金短缺，技术落后，所以我国在改革开放初期，注重引进外资，以市场换技术，发展“三来一补”等劳动密集型产业，但后来，人们发现市场难以换来技术，尤其是核心技术和关键技术，大多只是“贴牌生产”，要提高技术水平必须进行自主创新，要自己掌握核心和关键技术，实现从“中国制造”向“中国创造”转化升级。我国的产业政策也随之作了调整。

我国《90 年代国家产业政策纲要》规定，20 世纪 90 年代国家产业政策要解决的重要课题是：不断强化农业的基础地位，全面发展农村经济；大力加强基础产业，努力缓解基础设施和基础工业严重滞后的局面；加快发展支柱产业，带动国民经济的全面振兴；合理调整对外经济贸易结构，增强我国产业的国际竞争能力；加快高新技术产业发展的步伐，支持新兴产业的发展和新产品开发；继续大力发展第三产业。同时，要优化产业组织结构，提高产业技术水平，使产业布局更加合理。这一“产业政策纲要”还将长期是我国产业规划政策的指导纲领。

二、产业组织政策

产业组织是同一产业内部企业之间的相互关系，这种关系包括交易关系、占有关系、行为关系等。产业组织理论众多且不断发展，先后有完全竞争理论、垄断竞争理论、有效竞争理论和可竞争理论。与之相应，有不同的分析方法，如从市场结构（structure）、市场行为（conduct）和市场绩效（performance）分析产业组织的哈佛 SCP 学派，强调市场绩效的芝加哥学派以及其他各种企业理论。产业组织理论的核心是分析研究竞争与规模经济及垄断的关系。

产业组织政策，是以产业内部即企业之间资源最优配置为目标的政策。其核心问题是处理竞争与规模经济及垄断的关系。据此，从政策取向看，产业组织政策主要有两类：一类是促进竞争和限制垄断的自由竞争政策，侧重于维持市场竞争秩序；一类是鼓励专业化和规模经济的产业组织合理化政策，侧重于限制过度竞争。从政策对象看，产业组织政策可分为市场结构控制政策，如排除市场进入壁垒，市场集中度和市场行为控制政策，如反垄断和反不正当竞争等。

我国《90 年代国家产业政策纲要》规定产业组织政策的目标是：促进企业合理竞争，实现规模经济和专业化协作，形成适合产业技术经济特点和经济发展阶段的产业组织结构。对于规模经济效益显著的产业，应形成以少数大企业（集团）为竞争主体的市场结构；对于产品由大量零部件组成的产业，应形成大、中、小企业合理分工协作、规模适当的市场结构；对于规模经济效益不显著的产业，应鼓励小企业的发展，形成大、中、小企业并存，企业数目较多的竞争性市场结构。

实现上述目标，要采取以下调整措施：对于具有区域自然垄断性质的产业，要直接规制，如进入规制、数量规制、质量规制、价格规制、技术规制和退出规制，并逐步引入市场机制，鼓励合理竞争。对于规模经济效益显著的产业和产品，陆续制订最低经济规模标准。同时，要打破地区、部门分割，限制以至于禁止不符合经济规模标准的项目建设，促进规模经济的实现。鼓励企业通过平等竞争和合并、兼并、相互持股等方式，自主进行改组，或组建跨地区、跨部门、跨所有制乃至跨国经营的企业集团。加快关于市场竞争的法制建设，反对垄断，为企业公平竞争和企业组织结构的调整创造良好的外部环境。

有效益的产业组织是产业组织政策所追求的目标。很早以前，马歇尔就指出组织是继劳动、资本和土地以外的第四大生产要素，他认为：“劳动和资本的增加，一般导致组织的改进，而组织的改进增大劳动和资本的使用效率。”① 诺思等人通过对经济史的考察，明确指出“有效率的经济组织是经济增长的关键。”②

① ［英］马歇尔著，郭良璧译：《经济学原理》，上卷，328 页，北京，商务印书馆，1964。
② ［美］诺思等：《西方世界的兴起》，5 页，北京，华夏出版社，1999。

由我国的特定国情所决定，我国的产业组织政策具有如下内容。

1. 建立合理的产权制度

产业组织的关键是产权，有效益的产业组织建立在明晰和合理的产权基础之上。很早以前，萨伊就指出："安稳地享用自己的土地、资本和劳动的果实，乃是诱使人们把这些生产要素投入生产用途的最有力动机。"① 新自由主义者勒帕日也认为："一个社会的所有权体系如果明确规定每个人的专有权，为这种专有权提供有效保护，并通过缩小对革新带来额外'利益'可能性质把握的程度，促使发明者的活动得到最大的个人收益，那么，这个社会就更富于'革新精神'，并且更能使经济增长。相反，如果一个社会规定个人权利的制度不明确，如果该社会的保护结构没有效力，也就会提高'革新活动'的费用，并减少发明者努力的个人收益，那么这个社会进步就会更慢，更难使经济增长。"②

国有大型企业是我国重要的产业组织，长期以来，国有大型企业实行传统的公有制一元产权结构，这种产权制度存在诸如产权模糊、管理不力、经营不善、效益低下等不足。因此，产业组织政策要造就有效益的产业组织，就必须造就有效益的国有大型企业，而要造就有效益的国有大型企业就必须深化国有企业产权改革，调整和完善其所有制结构，其中重要的一点就是，加快把国有大型企业改制为国家控股的多元股东公司，改善国有企业的股本结构，发展混合所有制经济，实现投资主体和产权多元化。实践证明，多元产权结构、混合所有制是一种较为合理有效的产权制度，建立在如此产权制度基础上的产业组织才会是有效的。另外，国有企业的产权改革，也包括对一些在计划经济体制下多年积累下来的一批长期亏损、资不抵债、扭亏无望的劣势国有企业实施政策性关闭破产，使之退出市场。截至 2006 年年底，全国共实施政策性关闭破产的企业 4 251 户，全国国有企业户数减少为 11.9 万户，比 2003 年减少 3.1 万户，年均减少 8%。但户均资产 2.4 亿元，比 2003 年增长 84.6%，年均增长 22.7%。③ 这有效地改进整个市场的产权结构，虽然国有企业的数量减少了，但国有经济的整体素质和竞争力不断提高，国有经济的控制力、影响力和带动力大大增强了。其实，这正是

① ［法］萨伊著，陈福生等译：《政治经济学概论》，137 页，北京，商务印书馆，1963。

② ［法］勒帕日著，李燕生译：《美国新自由主义经济学》，102 页，北京，北京大学出版社，1985。

③ 参见《光明日报》，2007-08-27，3 版。

国有企业产权改革的目标。国有企业的产权改革，应完善国有资本有进有退、合理流动的机制，推动国有资本向关系国家安全和国民经济命脉的重要行业和关键领域集中，优化国有经济布局，增强国有经济控制力、影响力和带动力，发挥其主导作用。

产权制度改革，不仅要改革国有大企业的产权结构为国家控股的混合所有制，而且要改革整个产业的所有制结构，发展多种所有制的企业和产业，其中包括大力发展个体、私营、外资等非公有制企业。为此，要进一步落实鼓励、支持和引导非公有制企业发展的支持措施，允许非公有制企业进入法律法规未禁止的行业和领域，鼓励和支持非公有制企业参与国有企业改革，进入金融服务、公用事业、基础设施等领域。要进一步消除制约非公有制企业发展的体制性障碍和政策性限制，取消一切限制非公有制企业投资的不合理规定，在市场准入、土地使用、信贷、税收、上市融资、进出口等各方面，对不同所有制企业实行同等待遇。依法保护各种所有制企业的合法权益。事实上，非公有制企业已经成为各产业的重要组成部分，实践也证明，多种所有制企业并存、产权多元化，才使得产业组织和产业能够全面、健康和协调、有序地发展。

2. 完善产业组织形式

在现代，产业的组织形式是现代企业制度，因此，要完善产业的组织形式，就要建立和完善现代企业制度，形成有效的公司法人治理结构。具体说来，就是要完善公司的股东大会，改变一股独大的局面，保证股权结构均衡，保障中小股东的合法权益；完善董事会，保障董事会的独立性，赋予董事会以权力，加强对董事会的约束；完善监事会，赋予监事会以独立监管的权力，建立健全资本经营预算、企业经营业绩考核和企业重大决策失误追究等制度，落实监管责任。完善公司法人治理结构的目的在于通过合理分配公司的权力资源，完善公司决策、管理、运营与监管的权力配置，促使公司良性运转，以实现公司的经营目标。对于我国的国有企业来说，完善公司法人治理结构还要求对国有企业进行改制重组，通过精干主业、剥离辅业、压缩管理层级、缩短管理链条、引入战略投资者等多种形式，目前，已有 77 家中央企业参与了 41 次重组，中央企业户数已从 196 家减少到 157 家①，大部分中央企业将管理层级初步压缩到三级以内，实现了企业组织结构优化和内部资源的

① 参见《光明日报》，2007-08-27，3 版。

有效配置，增强了企业的活力，并提升了企业的核心竞争力。完善的公司法人治理结构才能造就优良的企业组织和企业，有优良的企业才会有优良的产业。

3. 维护市场竞争秩序

在欧美等市场经济发达国家，产业组织政策的核心就是促进竞争、反对垄断的政策，维护市场竞争秩序是其产业组织政策的根本目标。就我国来说，由于我国的市场经济发展较晚，市场体制正在建立健全之中，由市场竞争、优胜劣汰、生产集中所形成的经济垄断初露端倪，更主要的是行政垄断，它们以行政权力为后盾或借助行政权力限制竞争。因此，在我国，产业组织政策要实现维护市场竞争秩序的目标，就必须坚持政企分开，推进垄断行业管理体制改革；消除市场壁垒，放宽准入，允许非公有制经济进入；打破垄断格局，引入竞争；对于某些具有自然垄断属性的垄断产业，要依法加强监管，进行法律规制。尤其是要积极稳妥地推进铁路、民航、邮政、电信、石油、烟草、盐业和市政公用事业的改革，这些行业是中国目前最突出，也是对国计民生影响最大的垄断行业，之所以如此，主要的原因：一是它们都是国有企业，既然是国有企业，作为国有资产代表的政府当然就对国有企业的经营管理放心不下，必然就要干预甚至直接参与企业的经营管理，结果就是财产权、经营权与行政权的合一，这是行政垄断产生的主要根源。因此，要反对上述行业的垄断，必须推进国有产权改革，完成公用资产重组，消除“一大二公”的弊端，完善多元产权制度，让不同产权的企业自由进入，相互竞争，形成竞争性市场格局。二是打着为公共利益服务的旗号，使自己的垄断合法化。但人们已经深深地认识到，看一个企业是否真正为公共利益服务，并不在于它是国有还是私有，更不在于它打着什么旗号，而是看它能否以最低的成本、最低的价格、最好的质量和最好的服务为社会公众服务，只有这样的企业才能真正为公共利益服务。而要做到这些，实践证明，除了通过市场竞争，别无他途。三是借用自然垄断的理论使自身的垄断合理化。但自然垄断的概念和存在的依据是不断变化的，并不是一成不变的。随着人们观念的改变，特别是随着经济技术条件的改进，过去许多具有自然垄断属性、可合理存在的垄断将逐渐失去存在的合理性。如电力行业就是这样。电力行业并不是铁板一块，都具有自然垄断的属性，如电网就具有自然垄断的属性，但售电等服务业就是可竞争的，因此，电力体制改革，要巩固厂网分开，加快主辅分开，稳步推进输配分开和区域电力市场建设，以促进电力行业的有序竞争。对于自然垄断性行业，在允许其存在的同时，要加强政府监管，理顺价格体系，发挥价格机制的调节作用，对垄断性行业的产品和服务的价格要进行政府监管，并适度引入竞争。

4. 形成规模经济

一般来说，处于垄断地位、能够实施垄断的大都是一些大企业，但这不等于说，中小企业就必然促进竞争，反垄断就一定要反对大企业。大企业也是市场竞争的结果，许多大企业之所以能够成为大企业，往往是由于自身科技先进、经营有方，产品价廉物美、适销对路，它们在激烈的市场竞争中不断超越自我、战胜对手、赢得市场、日益壮大，这是市场选择的结果，因此，只要它们不滥用市场优势，就不属于要反对的垄断之列。相反，这种大企业具有规模效应和国际竞争力，是国民经济的骨干和支柱，也肩负着进一步改进科技、提高效益、发展生产、保障供给、稳定市场的重任，实为国计民生所必需。尽管中小企业有其灵活多样、适应性强、快捷便利等优点，但中小企业无法与大企业相媲美。所以要大力发展大企业，形成规模经济。为此，在鼓励中小企业发展，完善中小企业服务体系，促进中小企业向“专、精、特、新”的方向发展，提高其与大企业的配套能力的同时，还要通过上市、兼并、联合、重组等形式，形成一批拥有著名品牌和自主知识产权、主业突出、核心能力强、具有较强竞争力的大公司和大企业集团，提高产业的集中度，形成规模经济。理想的产业组织结构是，按照专业化分工协作和规模经济的原则，依靠优胜劣汰的市场机制和宏观调控，形成产业内适度集中、企业间充分竞争，大企业为主导、大中小企业协调发展的格局。

5. 设立必要的保护措施

由于一国的众产业发展往往不平衡，有的产业目前较为弱小，但发展势头强劲，如有必要的保护措施便会加快其发展壮大；市场竞争不能简单地等同于“大鱼吃小鱼”，大企业排挤中小企业，因为大企业有大企业的优势，但中小企业也有中小企业的优点，如规模较小、经营分散、灵活多样、竞争激烈，中小企业的存在不仅是对大企业的补充，也是对大企业的促进，甚至是对大企业的威胁，它们使大企业不敢懈怠、疏于竞争，谁也不敢保证大企业就永远是大企业，谁也不能否认现在的中小企业就不能发展出将来的大企业。所以，许多国家都有扶持中小企业、保护中小企业的产业组织政策。

现代经济是全球一体化的世界经济，产业的竞争不仅是国内的竞争，也是国际的竞争，而发展中国家与发达国家的产业，特别是同那些强大的跨国企业相竞争往往处于不利地位，如果不采取措施给予本国企业以特别保护，势必危及国家的产业安全。如日本，在20世纪50、60年代，面对世界贸易自由化的趋势，日本一方面逐步加入世界贸易体系，于1952年加入IMF，1955年加入GATT；另一方面，为了应对国际自由竞争，避免国内产业受到国外产业的负面冲击，提出了“新产业体制论”，其核心是通过促进生产集中和产业改组，对产业进行扶植和培育，使国内竞争从分散状态的过度竞争转向有效竞争，形成强有力的出口产业。

由于经济发展存在周期，当经济处于衰退不景气时期，产品供大于求，价格低于平均成本，一些产业难以为继，在这种情况下，如果不采取有效措施加以防范克服，势必损害这些产业，甚至使其一蹶不振，所以许多国家的产业组织政策都有防范和克服不景气的内容。反垄断法也不是反对一切垄断，是否反对某种垄断，要根据本身违法原则和合理原则进行多角度、全方位的考量，有的就要豁免适用反垄断法，如为了鼓励本国商品出口，团结对外，国内企业结成的出口卡特尔一般都要豁免适用反垄断法。

前述这些原因决定了产业组织政策要设立必要的保护措施，以扶植、保护某些产业的稳定、发展和壮大。

三、产业结构政策

产业结构，指的是产业间的经济技术联系。这种联系表现为产业关联和产业波及，使得产业成为一个有机整体。产业结构是经济增长的关键因素，库兹涅茨指出，产业结构的变化导致经济结构进而社会制度等的连环变化，“某些结构变化，不仅是经济上的而且是社会制度和信仰上的，都是必需的，没有这些，现代经济增长是不可能的”[①]。产业结构的变化有内在的规律，如从以农业为主导的产业结构到以工业为主导的产业结构再到以信息业为主导的产业结构，或者以第一产业为主导的产业结构到以第二产业为主导的产业结构，再到以第三产业为主导的产业结构，等等。这些规律，集中地说，就是产业纵向演进的高级化和横向演变的合理化。产业结构的变化受自然条件、资源禀赋、人口因素、

① ［美］库兹涅茨：《各国的经济增长》，371页，北京，商务印书馆，1985。

技术进步、资金供应、商品供给、综合环境等供给因素，消费要求、投资需求等需求因素以及政府政策、国际投资贸易等制度因素的影响。产业结构政策的宗旨之一就是把握这些因素去引导并促进产业结构向高级化和合理化方向发展。

产业结构政策是以产业间资源配置为对象，从而影响产业结构变化的政策。产业结构决定着一国经济发展的状况，产业结构政策集中体现着政府对社会生产过程的干预，是其他产业政策的基础和目标。产业结构政策具有本源性，始终是产业政策的核心和主导，因而被特别加以关注。

产业结构政策关注的内容，一是产业组成，即一个国家或地区拥有哪些产业，实际上是社会资源在全国或地区的配置状态；二是产业发展水平，即各产业在国民经济中所占份额（比重）；三是产业间的技术经济联系，即产业间存在的相互依存、相互制约的关系。

产业结构政策的目标是以政策诱导和政府的直接投资来平衡资源的实际需要与供给，主动协调经济部门间的发展关系，促进产业结构的高级化和合理化。

为实现上述目标，国家主要通过鼓励发展基础产业的政策和支持发展支柱产业的政策来进行。我国产业结构政策主要包括以下内容：

1. 巩固和加强农业基础地位

农业是国民经济的第一产业。农业是人类同自然相交换的产业，是人类从自然界获取自己赖以生存和发展的物质资料——农产品的产业。人是一种生物性的存在，“人总是要吃东西的”，人“吃的东西”都是从农业生产出来的农产品。人的这种本性决定了，无论科技多么发达，社会多么进步，人类多么进化，人都要以农产品为基础，都要以农业为基础。“无农不稳”，正是农业的基础地位决定了国家要始终把农业放在发展国民经济的首位，要巩固和加强农业基础地位。

具体说来，核心就是要提高农业的综合生产能力，稳定发展粮食生产，实现粮食基本自给，确保国家粮食安全。为此，一是要坚持最严格的耕地保护制度，确保基本农田总量不减少、质量不下降，因为粮食是从地里长出来的，不保护耕地，就难以实现上述目标。二是要提高农业的科技水平，改良品种，防治疫病，防洪抗旱。三是要改进传统的农业耕作方式，工业反哺农业，推进农业的科学化、机械化、标准化。四是要优化农业产业结构，发展高产、优质、高效、生态、安全农产品。五是要加强农业服务体系建设，推广农业技术、农业经济信息、农产品质量认证等服务。

2. 优化工业结构

工业与农业不同，工业不像农业那样受土地、气候等自然条件、农作物生长周期和规律等的限制，大有潜力可挖，因而成为各国大力发展的产业；“无工不富”，没有工业化，国家不可能繁荣富强；工业是产业关联度极高的产业，工业的发展能够带动其他许多产业的发展，因为其他产业也要工业化；在现代，工业已经成为国民经济的主导产业，国家现代化的过程其实就是工业化的过程。工业的性质决定了工业在国民经济中的地位。目前，工业在我国国民经济中所占的比重已超过50%。具体说来，优化工业结构包括以下方面：

（1）发展高技术产业

“科技是第一生产力”。高技术代表着人类认识世界的最高水平和改造世界的最优工具，是最先进社会生产力的代表。高技术产业具有广泛的渗透性、应用性和带动力，只有高技术产业发展了，才能渗透到其他产业、武装其他产业并带动其他产业，加速其他产业的优化升级，从而促进产业结构的优化。产业结构的优化和高级化关键是产业的高技术化。因此，必须抓住世界科技革命迅猛发展的机遇，有重点地发展一批高技术产业，如电子信息制造业、生物产业、航空航天产业、新材料产业，逐步形成我国高技术产业的群体优势。为此，要按照产业集聚、规模发展和扩大国际合作的要求，加快促进高技术产业从加工装配为主向自主研发制造延伸，推进自主创新成果产业化，引导形成一批具有核心竞争力的先导产业、一批集聚效应突出的产业基地、一批跨国高技术企业和一批具有自主知识产权的知名品牌。近年来，我国的高技术产业发展取得了重大进步。2006年，我国的高技术产业增加值达到9 649亿元，跃居世界第三位，占GDP的比重达到4.61%。[①]

（2）振兴装备制造业

现代生产是工业化的大机器生产，各产业都要依靠装备制造业来装备自己，装备制造业已经成为国民经济的支柱产业，必须加以振兴。《中华人民共和国国民经济和社会发展第十一个五年规划纲要》确定了包括大型高效清洁发电装配、超高压输变电设备、大型乙烯成套设备、大型煤化工成套设备、大型冶金设备、煤矿综合采掘设备、大型船舶装

① 参见《光明日报》，2007-08-27，3版。

备、轨道交通装备、环保及资源综合利用装备、数控机床等装备制造业振兴的重点项目。近年来，我国的装配制造业加快振兴。装配制造业总产值由 2002 年的 3.4 万亿元上升到 2005 年的 6.9 万亿元，利润由 1 519.3亿元增加到 3 199.2 亿元。[①]

（3）优化发展能源工业

能源是国民经济的基础，也是产业发展的动力，许多国家在确定产业结构政策时，一个重要的依据就是本国的能源状况。但总体说来，能源都是稀缺的，几乎没有哪个国家的能源、也没有什么能源是“取之不尽、用之不竭”的，这就从根本上决定了各国在发展能源工业时都要坚持节约优先、立足国内、煤为基础、多元发展，优化生产和消费结构，构筑稳定、经济、清洁、安全的能源供应体系。为此，要有序发展煤炭，积极发展电力，加快发展石油天然气，大力发展可再生能源。

（4）调整原材料工业结构

一切工业生产本质上都是对原材料的加工改造，没有原材料根本就无法进行工业生产，这就像“巧妇难为无米之炊”一样。原材料的状况影响产业结构，国家在确定产业结构时要着重考虑原材料的供应结构，原材料工业结构的调整会直接导致产业结构的调整。原材料如同能源一样，都是稀缺的，没有哪个国家、也没有哪种原材料是“取之不尽、用之不竭的”。因此，发展原材料工业，重点是调整原材料工业的结构。要按照控制总量、淘汰落后、加快重组、提升水平的原则，加快调整原材料工业结构，降低消耗，减少污染，提高产品档次、技术含量和产业集中度。为此，要优先发展冶金工业，调整化学工业布局，促进建筑业健康发展。

（5）提升轻纺工业水平

人的需要是按照“衣、食、住、行”的先后次序加以满足的。纺织制衣是人类最早的生产活动之一，也是最早的产业之一。在历史上，由英国所发起的资本主义工业革命就是从纺织业开始的，纺织业对于产业革命的意义是深远的。尽管在今天，人类早已解决了“衣”的问题，但人类对“衣”的质和量的需求永远是无止境的，这就决定了这一古老的产业是常新的，依然有广阔的发展前景。提升轻纺工业水平，要着力打造自主品牌，提高质量，增加品种，满足多样化需求，扩大高端市场份

① 参见《光明日报》，2007－08－27，3 版。

额，巩固和提高轻纺工业竞争力。为此，要鼓励轻工业提高制造水平，鼓励纺织工业增加附加值。

（6）加速发展信息产业

早在20世纪80年代，许多富有远见卓识的预言家就指出：在服务业中，“真正增长的是信息业。1950年，只有17%的人从事信息工作，而目前从事计算机程序编制员、教员、职员、秘书、会计、证券经纪人、经理、保险行业人员、官员、律师、银行业和技术员等信息方面工作的人，已经超过60%。另外还有许多人在制造厂商公司里从事信息工作”①，并认为“后工业社会就是信息社会”②，“未来的经济是信息经济”③。有人甚至试图把信息业从传统的服务业中划分出来，列为第四次产业。足见信息产业的重要地位，必须加速发展。加速发展信息产业要按照应用主导、面向市场、网络共建、资源共享、技术创新、竞争开放的发展思路，努力实现我国信息产业的跨越式发展，加速推进信息化，提高信息产业在国民经济中的比重。为此，要大力开发应用信息技术，建设信息基础设施，发展电子、信息产品制造业。

3. 加快发展服务业

产业发展的最终目的都是为人服务的，几乎一切产业最终都要依靠或通过服务业来落实或完成；发达良好的服务业使人生活方便舒适，服务业已经成为社会文明进步的主要标志；人的需要多种多样，决定了服务要丰富多彩，服务业要广泛发展，从业人员会不断增多，加快发展服务业，有利于促进社会就业；服务业具有不断增长的趋势，社会经济越发展，服务业的比重就越大。美国社会学家丹尼尔·贝尔在20世纪70年代中就提出了“后工业社会”的理论，认为大多数劳动力将不再从事农业或制造业，而是从事服务业，如贸易、金融、运输、保健、娱乐、研究、教育和管理，这是“后工业社会第一个、最简单的特点”④。如70年代初，世界上大多数国家的劳动力仍然在第一产业，西欧、北欧、日本和苏联的劳动力大部分在第二产业，但美国已有60%的劳动力从事服务业，到1980年已上升到70%。⑤ 因此，我国也必须加快发展服

① ［美］奈斯比特著，梅艳译：《大趋势》，13页，北京，中国社会科学出版社，1984。
② ［美］奈斯比特：《大趋势》，12页，北京，中国社会科学出版社，1984。
③ ［美］霍肯著，方韧译：《未来的经济》，13页，北京，科学技术文献出版社，1985。
④ ［美］丹尼尔·贝尔著，高铦等译：《后工业社会的来临》，20页，北京，商务印书馆，1984。
⑤ 参见［美］丹尼尔·贝尔：《后工业社会的来临》，20页，北京，商务印书馆，1984。

务业。服务业的发展要遵循市场化、产业化、社会化方向和要求，拓宽领域、扩大规模、优化结构、增强功能，提高服务业的比重和水平。为此，一是要优先发展交通运输业，包括铁路运输、公路网络、水路运输和航线网络；二是要大力发展现代物流业；三是要有序发展金融服务业；四是要积极发展信息服务业；五是要规范发展商务服务业；六是要丰富消费性服务业，包括提升商贸服务业，发展房地产业，大力发展旅游业，加强市政公用事业，加快发展社区服务业，发展体育事业和体育产业。近年来，我国的服务业呈现出稳步发展的态势。2006 年，我国的服务业增加值达到 8.27 万亿元，比 2002 年实际增长 47%，年均增长 10.1%；从业人员迅速增加，就业比重达到 32.2%，比 2002 年提高 3.6 个百分点，净增 3 500 万人。①

产业结构政策的根本任务在于寻求上述三大产业之间结构的高级化和合理化。为了不断促进产业结构的高级化和合理化，要特别注意以下产业结构政策：

（1）产业扶植政策

产业扶植政策是指，对于某些目前暂时处于幼稚状态但能够迅速有效地吸纳和运用技术创新成果，能够带动相关产业并具有巨大的市场需求的产业给予大力扶植，使之快速成长，在未来成长为主导产业或支柱产业的一种产业结构政策。产业扶植政策是产业结构政策的主导方面和关键部分，它直接服务于产业结构的高级化和合理化，通过扶植幼稚产业，使之发展壮大，成为引领其他产业的先导产业，实现产业结构的高级化。通过扶植幼稚产业，使之发展壮大，不至于成为整个产业发展的“瓶颈”，反而能够带动其他产业的发展，才能实现产业结构的合理化。没有产业扶植政策就不能实现产业结构的高级化和合理化，这是总结世界经济发展和产业结构演变规律所得出的基本结论。如，日本在不同的时期，为了扶植战略产业，采用“倾斜式生产方式”，先后颁布实施过《煤炭国家管理法》、《钢铁工业和煤炭工业的合理化实施纲要》、《机械工业振兴临时措施法》、《电子工业振兴临时措施法》、《特定机械产业振兴临时措施法》等产业结构政策法，扶植过煤炭、钢铁、机械、汽车、电子等产业，使这些产业得到了快速发展，成为世界市场上有竞争力的产业。韩国为了扶植出口产业、重化工业、电子工业和技术发展，先后

① 参见《光明日报》，2007-08-27，3 版。

颁行了《出口振兴和综合对策法》、《重化工宣言》、《电子工业振兴法》和《技术发展促进法》等产业结构政策法。这些产业结构政策法扶植发展了上述产业，也使韩国成为“亚洲四小龙”之一。美国虽然没有实施过系统化的产业结构政策法，但它运用产业结构政策法来扶植产业发展的做法与日韩并无二致，先后颁行过《全国产业复兴法》、《农业调整法》、《曼哈顿计划》、《阿波罗计划》、《国家科学基金会法》、《经济复兴计划》、《全球竞争：新的现实》、《星球大战计划》、《美国技术政策》等产业政策法，实现了特定时期的特定任务。

我国的产业政策法也规定，国家直接掌握的基本建设投资重点用于基础设施和基础产业的发展；对基础设施和基础产业的建设用地继续实行低价征用土地的办法；发展和完善政策性金融体系，国家产业政策主管部门有权对贷款方向提出具体指导意见，并定期检查执行效果；国家在融资、财税、价格及其管理、颁布经济规模标准等方面，采用政策支持发展支柱产业；允许达到国家规定的规模经济标准的固定资产投资项目，根据自身发展需要和国家控制规模，在国内优先发行股票和债券；另外，对达到规模经济标准的部分产品实行固定资产快速折旧；调整部分产业、产品和技术、设备的进口关税税率；政府和银行要支持商品国产化，等等，以扶植这些产业的发展壮大。

（2）产业调整政策

产业的发展具有周期性，一般要经历幼小期、成长期和成熟期等时期。产业的周期影响产业的结构，尤其是产业结构的高级化和合理化，产业结构政策要根据产业所处的不同时期对产业进行相应的调整。与产业扶植政策侧重于扶植幼小产业不同，产业调整政策侧重于对衰退产业进行调整，对那些技术进步率下降且创新无望、产品需求量和销售量大幅下降、处于衰退期的产业进行“关、停、并、转”。使衰退产业改革重组转产，或者有序退出，引导其资本存量向其他产业转移，并妥善安排衰退产业的职工再就业。衰退产业大量存在，本身就表明产业结构非高级化和不合理化，只有及时地有效地使衰退产业有序退出，才能实现产业结构的高级化和合理化。产业的兴衰是客观规律，有新兴产业就有衰退产业，两者是密切相关并且是相互替代的。有效地实现衰退产业的资本和人员向新兴产业转移，既是衰退产业向新兴产业让路，而且是衰退产业对新兴产业的援助，还能加速新兴产业的高级化和合理化。产业衰退与企业破产、职工失业相关联，容易引起经济社会的动荡，在一个动荡的经济社会里，是难以实现产业结构的高级化和合理化的。所以产业调整政策应与劳动和社会保障政策相配合，应包括妥善处理衰退产业或破产企业职工安置方面的内容。

衰退产业调整政策对于实现产业结构的高级化和合理化具有重要意义，许多国家都颁行过衰退产业调整政策法。如在日本，煤炭、钢铁、纺织等产业曾经先后被沦为衰退产业，为此，日本先后制定了《特定萧条产业安定临时措施法》、《促使产业结构顺利转移的临时措施法》和《特定萧条行业离职者临时措施法》，对这些产业加以调整，结果钢铁和纺织业实现了产品的更新换代和高附加值化。美国也有《通商改革法》。我国依照“进而有为、退而有序”的原则，建立产业结构调整基金，主要用于低盈利产业和公益性基础设施的贴息以及高技术产业的风险投资，扶植这些产业的发展升级，同时，对一些长期亏损、资不抵债、扭亏无望的劣势企业实行政策性关闭破产，使其退出市场。为了节能减排，关闭了一大批生产工艺落后、高能耗、高污染、低附加值的企业和产业。

四、产业技术政策

科技是第一生产力，科技兴业，科技兴国，已经成为许多国家的治国方略。现代产业、有竞争力的产业、有发展前景的产业必然是也只能是高科技产业，在知识经济时代，知识尤其是高科技知识已经成为经济发展的基础和动力，促进经济发展从根本上要依赖于科技创新。但由于科技开发创新投资大、风险高、见效慢，私人难以承担，因而需要国家去融资投资予以扶植；现代高科技依赖于连续高效和大规模有组织的开发创新，散兵游勇、单靠市场机制往往无济于事，因而需要国家去组织领导；科技成果具有公共产品性质，外部效益十分明显，私人无法保护，因而需要国家颁行知识产权的政策法律去加以保护；当今世界，科技竞争激烈，如果政府不积极采取政策措施，大力促进科技发展进步，势必被淘汰出局。这些都说明，科技开发创新必须要有政府介入，由政府投资、组织、领导、扶植和保护，要实施有效的产业技术政策。

产业技术政策是着重于引导或影响产业技术发展和产业技术进步的政策，其主要任务是明确在一定时期内主要产业部门采用和推广的重大先进技术和应用技术，并制订相应的政策措施以实现政策目标。

产业技术政策包括以下具体内容：

1. 产业技术政策的目标

从总体上说，产业技术政策的根本目标就是提高产业的技术水平，促使产业结构的高级化和合理化。但具体内容多种多样，已形成了一个完整的目标体系。如推进高技术研究，进行自主创新，建设创新型国家，发展科技，为产业升级提供技术支撑，转变经济增长方式，提高经济社会效益，增强产业的国际竞争力，保护环境资源，实现可持续发展，等等。而且，产业技术政策的目标还在不断地完善，如把可持续发展的理念和环境保护意识普遍纳入政策目标体系当中，改变了过去单纯强调技术的经济效益而忽视技术的环境影响的旧模式。

2. 产业技术标准

产业技术标准已日趋国际化，并且产业技术的国际标准也在日益完善深化。如，国际标准化组织（International Organization for Standardization，简称为 ISO）于 1987 年制定的 ISO 9000 系列国际标准，以质量管理和质量保证为核心，1996 年 ISO 将质量保证从产品本身扩展到产品全过程对环境影响的评估，进一步制定、推行了强调环境保护的 ISO14000 系列国际标准。ISO14000 作为环境管理体制标准，要求企业制订有利于环境保护与改善的经营方针和行动计划，并且每隔 3 年要对环境管理体制进行监督、修改和完善，以便保证行动计划的实施。1998 年又制定了从设计、原材料供应、制造、销售到消费或使用、回收或废弃的产品全过程对环境影响的评估体系。日本通产省工业技术研究院于 1996 年以 ISO14000 体系为依据制定了作为日本工业标准的“环境 JIS”；在欧洲，ISO14000 认证的取得已成为企业间交易和政府采购的条件；ISO14000 正在逐步渗透到各国的技术政策之中；我国也强调推进标准化、系列化的进程，提倡采用国际标准和国外先进标准。国际标准已日益成为世界各国广泛认同的技术标准。

3. 产业技术发展规划

我国十分重视产业技术的发展规划。我国《90 年代国家产业政策纲要》规划的产业政策的重点是：促进应用技术开发，鼓励科研与生产相结合，加速科技成果的推广，推动引进和消化国外的先进技术，显著提高我国产品的质量、技术性能，大幅度降低能耗、物耗及生产成本，努力提高我国产业的技术水平。1996 年，我国政府出台了《技术创新工程规划》，明确提出了“以市场为导向、以企业为主体，组织实施 500 项重大技术创新项目，开发 5 000 项产品”的目标。1997 年颁布了《“九五”国家重点技术开发指南》，进一步确定以具有一定超前性或具有世界先进水平的166项重大关键技术为开发重点，这些技术涉及电力、石油、天然气、煤炭、铁路、交通、邮电、通信、钢铁、有色金属、石化、建材、电子、机械、船舶、轻工、纺织、建筑、医药等18个行业。《“十一五”规划纲要》确定了集成电路和软件、新一代网络、先进计算机、生物医药、民用飞机、卫星应用、新材料等高技术产业工程重大专项，其宗旨在于形成一批具有自主知识产权的关键技术，提高我国产品的技术含量与附加值，推动我国产业结构的调整升级。

4. 产业技术促进政策

要采取有效政策促进产业技术的发展进步，其中包括金融支持政策，多渠道、多形式地筹集资金，增加对科学技术研究和发展的投入，逐步提高其所占国民生产总值的比重；技术发展规划政策，要分行业制定并实施对产业发展有重大作用的关键技术的研究和开发计划，加强对高新技术产业的规划，搞好国家批准的高新技术开发区的建设；技术引进政策，支持和鼓励引进国外先进技术，并对所引进的先进技术进行消化吸收和创新；技术标准政策，推进标准化、系列化的进程，提倡采用国际标准和国外先进标准以及更为严格的企业内部标准；技术自主创新政策，强调自主创新，建设创新型国家，增强企业自主开发新产品的能力，鼓励企业加强与科研机构和大专院校的联系，加快科技成果商品化的速度，创立完全知识产权和自主品牌的产品；技术发布政策，以法规形式定期发布重点发展的核心技术和必须淘汰的落后技术与落后生产工艺和设备的项目清单。

五、产业布局政策

产业布局是指产业在一国或某地区的分布组合。人类的社会生产和经济活动总是在一定的空间和地域内进行的，并深受其影响。合理的空间和优越的地理位置是产业发展的重要条件。因此，要研究产业政策就必须研究产业布局政策，包括产业布局的条件、特点、层次和机制。产业布局受地理位置、自然条件、人口因素、技术条件、社会制度、已有基础等的影响，关系到区域平衡、民族团结、全面发展、环境保护、国防建设、经济增长等重大问题，产业布局政策的宗旨就是要因地制宜地发展产业，促使产业布局合理。

产业布局政策，主要指影响产业在区域间的分布和地区间资源配置的政策。其基本目标是发挥地区优势，合理确定地区间的产业分工；核心任务是根据各地区不同的产业优势、资源优势、地缘优势、人才优势、技术优势以及其他条件，把国家产业政策的内容具体落实到有关地区。

就我国来说，《90年代国家产业政策纲要》规定产业布局政策必须贯彻以下原则：在继续发挥经济较发达地区优势并加快其发展的同时，积极扶持欠发达地区的经济发展，逐步缩小经济发达地区与欠发达地区的差距；国家支持发挥自然资源和经济优势，体现地区间专业化分工协作的产业带的发展。为此，规定国家要采取以下措施：形成沿海、沿江、沿路、沿边产业的合理分布格局，以交通干线上的大城市为中心，带动大的经济区域发展。东部沿海地区要大力发展外向型经济，重点发展附加值高、创汇高、技术含量高和能源、原材料消耗低的产业及产品，多利用一些国外资金、资源，求得经济的持续快速发展和更好的效益；中西部地区要发挥资源优势和沿边地区对外开放的地理优势，努力发展优势产业和产品。国家将逐步在投资、贷款、项目布局、利用外资等有关经济政策方面，由地区倾斜转为产业倾斜，对中西部地区开发建设中的重大项目给予必要的支持。支持中西部地区大力发展乡镇企业，鼓励经济发达地区与其联合开发、技术合作、对口支援和人才交流。因势利导地引导城市化的健康发展，形成大、中、小城市结构协调和布局合理的城镇建设体系。

《中华人民共和国国民经济和社会发展第十一个五年规划纲要》第五篇“促进区域协调发展”进一步作了具体规定，要求根据资源环境承载能力、发展基础和潜力，按照发挥比较优势、加强薄弱环节、享受均等化基本公共服务的要求，逐步形成主体功能定位清晰，东中西良性互动，公共服务和人民生活水平差距趋向缩小的区域协调发展格局。具体包括以下内容。

1. 实施区域发展总体战略

产业布局政策的根本目标在于实现产业布局的合理化，而产业布局合理化的基本表现就是区域协调发展。因此，就我国来说，产业布局政策要坚持实施西部大开发，振兴东北地区等老工业基地，促进中部崛起，鼓励东部地区率先发展总体战略，健全区域协调互动机制，形成合理的区域发展格局。

（1）推进西部大开发

我国的西部地区幅员辽阔，资源丰富，但开放开发较晚，基础建设薄弱，生态环境脆弱，产业发展相对落后。这些因素决定了西部在我国的产业布局中所应采取的政策就是：西部地区要加快改革开放步伐，通过国家支持、自身努力和区域合作，增强自我发展能力。坚持以线串点、以点带面，依托中心城市和交通干线，实行重点开发。加强基础设施建设，建设出境、跨区铁路和西煤东运新通道，建成“五纵七横”西部路段和八条省际公路，建设电源基地和西电东送工程。巩固和发展退耕还林成果，继续推进退牧还草、天然林保护等生态工程，加强植被保护，加大荒漠化和石漠化治理力度，加强重点区域水污染防治。加强青藏高原生态安全屏障保护和建设。支持资源优势转化为产业优势，大力发展特色产业，加强清洁能源、优势矿产资源开发及加工，支持发展先进制造业、高技术产业及其他有优势的产业。加强和改善公共服务，优先发展义务教育和职业教育，改善农村医疗卫生条件，推进人才开发和科技创新。建设和完善边境口岸设施，加强与毗邻国家的经济技术合作，发展边境贸易。落实和深化西部大开发政策，加大政策扶持和财政转移支付力度，推动建立长期稳定的西部开发资金渠道。

（2）振兴东北地区等老工业基地

东北地区是我国的老工业基地，工业基础雄厚，在我国的国民经济建设中发挥过重要的作用。但东北老工业基地是历史形成的，带有明显的计划体制的特点，如国有企业众多，历史包袱沉重，企业转轨困难，市场应对能力较弱；产业结构不合理，有的是单纯的重工业城市，有的是纯粹的资源性城市；过去“一边倒”，没有建立国际经济技术合作的平台和机制，等等。这些因素决定了东北地区在我国的产业布局中所应采取的政策就是：东北地区要加快产业结构调整和国有企业改革、改组和改造，在改革开放中实现振兴。发展现代农业，强化粮食基地建设，推进农业规模化、标准化、机械化和产业化经营，提高商品率和附加值。建设先进装备、精品钢材、石化、汽车、船舶和农副产品深加工基地，发展高技术产业。建立资源开发补偿机制和衰退产业援助机制，抓好阜新、大庆、伊春和辽源等资源枯竭型城市经济转型试点，搞好棚户区改造和采煤沉陷区治理。加强东北东部铁路通道和跨省区公路运输通道等基础设施建设，加快市场体系建设，促进区域经济一体化。扩大与毗邻国家的经济技术合作。加强黑土地水土流失和东北西部荒漠化综合治理。支持其他地区老工业基地的振兴。

（3）促进中部地区崛起

中部地区承东启西，地理位置十分重要；资源丰富，生态环境较好；人口集中，可谓人才济济；产业有一定的基础，发展潜力巨大；但开放开发最晚，未能得到应有的发展。中部就像是中国的脊梁，只有中部发展了，中国才能挺起自己的脊梁并发展起来。这些因素决定了中部地区在我国的产业布局中所应采取的政策就是：中部地区要依托现有基础，提升产业层次，推进工业化和城镇化，在发挥承东启西和产业发展优势中崛起。加强现代农业特别是粮食主产区建设，加大农业基础设施建设投入，增强粮食等大宗农产品生产能力，促进农产品加工转化增值。支持山西、河南、安徽加强大型煤炭基地建设，发展坑口电站和煤电联营。加快钢铁、化工、有色、建材等优势产业的结构调整，形成精品原材料基地。支持发展矿山机械、汽车、农业机械、机车车辆、输变电设备等装备制造业，以及软件、光电子、新材料、生物工程等高技术产业。构建综合交通运输体系，重点建设干线铁路和公路、内河港口、区域性机场。加强物流中心等基础设施建设，完善市场体系。

（4）鼓励东部地区率先发展

东部地区地理位置较优越，城市较集中，资金较雄厚，技术较先进，产业较发达，已形成“珠三角”、“长三角”和“环渤海”等经济技术带。这是我国开发开放最早的地区，也是我国经济技术最发达的地区，在我国的产业布局中处于“领头雁”的地位。但东部地区资源不足，能源缺乏，产业发展趋于饱和。这些因素决定了东部地区在我国的产业布局中所应采取的政策就是：东部地区要率先提高自主创新能力，率先实现经济结构优化升级和增长方式转变，率先完善社会主义市场经济体制，在率先发展和改革中带动、帮助中西部地区发展。加快形成一批自主知识产权、核心技术和知名品牌，提高产业素质和竞争力。优先发展先进制造业、高技术产业和服务业，着力发展精加工和高端产品。促进加工贸易升级，积极承接高技术产业和现代服务业转移，提高外向型经济水平，增强国际竞争力。加强耕地保护，发展现代农业。提高资源特别是土地、能源利用效率，加强生态环境保护，增强可持续发展能力。继续发挥经济特区、上海浦东新区的作用，推进天津滨海新区开发开放，支持海峡西岸和其他台商投资相对集中地区的经济发展，带动区域经济发展。

（5）支持革命老区、民族地区和边疆地区发展

革命老区在革命战争年代为新中国的建立作出过重大的贡献和牺牲，新中国就是从革命老区走出来的。虽然现在许多革命老区有所发展，但并未彻底“旧貌换新颜”，不少革命老区依然处于贫困状态，如果革命老区的产业经济不发展起来，就会愧对无数革命先烈。中国是一

个多民族的国家，少数民族分布广泛，且地域辽阔，但由于种种原因，民族地区的产业经济还处于落后状态。如果少数民族地区的产业经济不发展起来，就会有许多民族、有广大地区没有发展起来。中国国土辽阔，有许多边疆地区，这些边疆地区位置偏远、交通不便、信息闭塞、孤立无援，但这些边疆地区往往是祖国的卫士、国家的门户、开放的窗口，如果这些边疆地区的产业经济不发展起来，就不利于保家卫国，就会有损国家形象，就会边患无穷，也不能实现国家的长治久安和全面发展。这些因素决定了革命老区、民族地区和边疆地区在我国的产业布局中所应采取的政策就是：加大财政转移支付力度和财政性投资力度，支持革命老区、民族地区和边疆地区加快发展。保护自然生态，改善基础设施条件。发展学前教育，加快普及义务教育，办好中心城市的民族初中班和高中班，加强民族大学建设和民族地区高等教育。建设少数民族民间传统文化社区，扶持少数民族出版事业，建立双语教学示范区。加强少数民族人才队伍建设，稳定民族地区人才队伍。支持发展民族特色产业、民族特需商品、民族医药产业和其他有优势的产业。优先解决特困少数民族贫困问题，扶持人口较少民族的经济社会发展，推进兴边富民行动。继续实行支持西藏、新疆及新疆生产建设兵团发展的政策。

（6）健全区域协调互动机制

健全市场机制，打破行政区划的局限，“全国一盘棋”，促进生产要素在区域间自由流动，引导产业转移。健全合作机制，鼓励和支持各地区开展多种形式的区域经济协作和技术、人才合作，形成以东带西、东中西共同发展的格局。健全互助机制，发达地区要采取对口支援、社会捐助等方式帮扶欠发达地区。健全扶持机制，按照公共服务均等化原则，加大国家对欠发达地区的支持力度。国家继续在经济政策、资金投入和产业发展等方面，加大对中西部地区的支持。

2. 推进形成主体功能区

产业布局往往要落实到各个功能不同的区域上，如果各个功能区域分布得当，分工合理，相互配合，协调有序，那么就实现了产业布局的目标。因此，产业布局政策要根据资源环境承载能力、现有开发密度和发展潜力，统筹考虑未来我国人口分布、经济布局、国土利用和城镇化格局，将国土空间划分为优化开发、重点开发、限制开发和禁止开发四类主体功能区，按照主体功能定位调整完善区域政策和绩效评价，规范空间开发秩序，形成合理的空间开发结构。

（1）优化开发区域的发展方向

优化开发区域是指国土开发密度已经较高、资源环境承载能力开始减弱的区域。优化开发区域的发展方向是：要改变依靠大量占用土地、大量消耗资源和大量排放污染实现经济较快增长的模式，把提高增长质量和效益放在首位，提升参与全球分工和竞争的层次，继续成为带动全国经济社会发展的龙头和我国参与经济全球化的主体区域。

（2）重点开发区域的发展方向

重点开发区域是指资源环境承载能力较强、经济和人口集聚条件较好的区域。重点开发区域的发展方向是：要充实基础设施，改善投资创业环境，促进产业集群发展，壮大经济规模，加快工业化和城镇化，承接优化开发区域的产业转移，承接限制开发区域和禁止开发区域的人口转移，逐步成为支撑全国经济社会发展和人口集聚的重要载体。

（3）限制开发区域的发展方向

限制开发区域是指资源环境承载能力较弱、大规模集聚经济和人口条件不够好并关系到全国或较大区域范围生态安全的区域。限制开发区域的发展方向是：要坚持保护优先、适度开发、点状发展，因地制宜发展资源环境可承载的特色产业，加强生态修复和环境保护，引导超载人口逐步有序转移，逐步成为全国或区域性的重要生态功能区。

（4）禁止开发区域的发展方向

禁止开发区域是指依法设立的各类自然保护区域。禁止开发区域的发展方向是：要依据法律法规规定和相关规划实行强制性保护，控制人为因素对自然生态的干扰，严禁不符合主体功能定位的开发活动。

（5）实行分类管理的区域政策

如财政政策，要增加对限制开发区域、禁止开发区域用于公共服务和生态环境补偿的财政转移支付，逐步使当地居民享有均等化的基本公共服务。投资政策，要重点支持限制开发区域、禁止开发区域公共服务设施建设和生态环境保护，支持重点开发区域基础设施建设。产业政策，要引导优化开发区域转移占地多、消耗高的加工业和劳动密集型产业，提升产业结构层次；引导重点开发区域加强产业配套能力建设；引导限制开发区域发展特色产业，限制不符合主体功能定位的产业扩张。土地政策，要对优化开发区域实行更严格的建设用地增量控制，在保证基本农田不减少的前提下适当扩大重点开发区域建设用地供给，对限制开发区域和禁止开发区域实行严格的土地用途管制，严禁生态用地改变用途。人口管理政策，要鼓励在优化开发区域、重点开发区域有稳定就业和住所的外来人口定居落户，引导限制开发区域和禁止开发区域的人口逐步、自愿、平稳、有序转移。绩效评价和政绩考核，对优化开发区域，要强化经济结构、资源消耗、自主创新等的评价，弱化经济增长的评价；对重点开发区域，要综合评价经济增长、质量效益、工业化和城镇化水平等；对限制开发区域，要突出生态环境保护等的评价，弱化经济增长、工业化和城镇化水平的评价；对禁止开发区域，主要评价生态环境保护。

3. 促进城镇化健康发展

产业发展的规律早已表明，第一产业在国民经济中所占比重在日益缩小，而第二、第三产业所占比重在逐渐上升。产业的更替和产业结构的升级必然带来产业布局的变化，最突出的表现就是产业越来越向城镇集中，往城镇布局，从而导致城镇化的发展。因此，要实现产业布局的合理化，必须促进城镇化健康发展。为此，产业布局政策要坚持大、中、小城市和小城镇协调发展，提高城镇综合承载能力，按照循序渐进、节约土地、集约发展、合理布局的原则，积极、稳妥地推进城镇化，逐步改变城乡二元结构。

（1）分类引导人口城镇化

随着第一产业在国民经济中所占比重日益缩小，而第二、第三产业所占比重日益上升，必然带来从业人员的变化和人口的流动，最突出的表现就是随着产业越来越向城镇集中，人口也越来越向城镇集中。人口布局从来都是产业布局政策的重要内容。为此，产业布局政策要采取以下措施：对临时进城务工人员，继续实行亦工亦农、城乡双向流动的政策，在劳动报酬、劳动时间、法定假日和安全保护等方面依法保障其合法权益；对于在城市已有稳定职业和住所的进城务工人员，要创造条件使之逐步转为城市居民，依法享有当地居民应有的权利，承担应尽的义务；对于因城市建设承包地被征用、完全失去土地的农村人口，要转为城市居民，城市政府要负责提供就业援助、技能培训、失业保险和最低生活保障等。鼓励农村人口进入中小城市和小城镇定居，特大城市要从调整产业结构的源头入手，形成用经济办法等控制人口过快增长的机制。

（2）形成合理的城镇化空间格局

产业发展的过程实质上就是工业化和城镇化的过程，产业的工业化和城镇化带来的是产业布局向城镇集中，产业主要布局在城镇中，因此，产业布局要形成合理的城镇化空间格局，把城市群作为推进城镇化的主体形态，逐步形成以沿海及京广、京哈线为纵轴，长江及陇海线为横轴，若干城市群为主体，其他城市和小城镇点状分布，永久耕地和生态功能区相间隔，高效协调可持续的城镇化空间格局。已形成城市群发展格局的京津冀、长江三角洲和珠江三角洲等区域，要继续发挥带动和辐射作用，加强城市群内各城市的分工协作和优势互补，增强城市群的整体竞争力。具备城市群发展条件的区域，要加强统筹规划，以特大城市和大城市为龙头，发挥中心城市作用，形成若干用地少、就业多、要素集聚能力强、人口分布合理的新城市群。人口分散、资源条件较差、不具备城市群发展条件的区域，要重点发展现有城市、县城及有条件的建制镇，使之成为本地区集聚经济、人口和提供公共服务的中心。

（3）加强城市规划建设管理

随着产业的发展和产业结构的升级，越来越多的产业布局在城市，产业布局的问题日益演变为城市产业布局的问题，要使产业布局合理，一个重要条件就是要加强城市规划建设管理，城市规划建设管理搞好了，能够有效地促进产业布局的合理化。为此，规划城市规模与布局，要符合当地水土资源、环境容量、地质构造等自然承载力，并与当地经济发展、就业空间、基础设施和公共服务供给能力相适应。加强城市水源地保护和供水设施建设。缺水城市要适度控制城市规模，禁止发展高耗水产业和建设高耗水景观。地下水超采城市要控制地下水开采，防止地面沉降。城市道路以及供排水、能源、环保、电信、有线电视等的建设，要破除部门和地方分割，在统一规划的基础上协同建设，减少盲目填挖和拆建。加强城市综合防灾减灾和应急管理能力建设。稳步推进城市危旧住房和“城中村”改造，保障拆迁户合法权益。城市规划和建筑设计要延续历史，传承文化，突出特色，保护民族、文化遗产和风景名胜资源。强化城市规划实施的监管，推进城市综合管理，提高城市管理水平。

（4）健全城镇化发展的体制机制

发展中国家存在城乡二元结构，城乡分割、城乡差别、城乡分治严重地阻碍着产业布局的合理化，因此，对于发展中国家来说，对于我国来说，要实现产业布局的合理化，必须加快破除城乡分割的体制障碍，建立健全与城镇化健康发展相适应的财税、征地、行政管理和公共服务等制度。完善行政区划设置和管理模式。改革城乡分割的就业管理制度，深化户籍制度改革，逐步建立城乡统一的人口登记制度，实现城乡协调发展。

第六节　产业政策法的制定和实施

产业政策法不仅要规定产业政策法的内容，即各具体的产业政策，而且要规定产业政策的制定和实施。

（一）产业政策的制定主体

产业政策是国家重要的经济政策，是国家宏观调控的基本手段，是影响国民经济各产业的关键措施。因此，它的制定主体必须是一个社会的总代表，一个国家的权威机关。就我国来说，国家产业政策由国务院决定，国家发展计划委员会是具体负责研究、制定、协调国家产业政策的综合部门。各项产业政策的制定由国家计委牵头，会同有关部门进行。省级地方人民政府根据国家产业政策（纲要）的要求，结合本地区实际情况，研究制订具体实施细则，但须报国家计委备案。不过这不等于说产业政策由政府一手独揽，政府制定产业政策必须与企业界、学术界和民间团体通力合作。企业是产业的载体，直面市场，了解情况，因此，政府制定产业政策必须与民间企业界通力合作。如日本，在产业政策的制定过程中，产业结构审议会虽然处于重要地位，但组成这个审议会的主要成员是企业界领袖和大学、研究机构的学者。政府部门与企业界之间的信息和观点的交流贯穿于产业政策制定过程的始终。据说日本共有一千多个代表各自行业的团体，通产省在制定出任何一项政策之前，省内负责该行业的部门一定要与业界团体通气、协商。在政府官员与企业界发生不可调和的意见分歧时，作出让步的通常是通产省而不是企业界。从政策的制定和改动方面讲，有相当一部分最初是由企业界提出的，即使是由政府官员提出的“政策”，也必须得到企业界的认同，否则很难变成现实的政策。正是从这个意义上讲，笔者认为，日本的产业政策与其说是政府的政策，不如说是企业的政策，在政策形成中处于实际支配地位的是企业家而不是政府官员。[①] 由此看来，政府作为产业政策的制定主体实质上是在产业政策制定过程中起组织、领导、协调和总结的作用。

① 参见中国经济体制改革研究所赴日考察团考察报告：《日本模式的启示》。

（二）产业政策的制定程序

程序是法律政策的生命，只有依照严格的法定程序所制定的产业政策，才能杜绝滥用职权、主观臆断、一意孤行，才能依照职权、实事求是、集思广益地进行，才能保证产业政策的科学性。没有严格的程序就没有科学的产业政策，制定产业政策必须遵循严格的程序。就我国的产业政策的制定来说，要遵循以下程序：

1. 有关部门提出产业政策草案和对产业发展有重大影响的政策草案。

2. 须由国家发展计划委员会对上述产业政策草案进行审查和协调。

3. 由国家计委组织国务院有关部门、产业界、学术界和消费者群体进行科学论证和民主审议。

4. 由国家计委会同有关部门报国务院审核。

5. 由国务院报全国人民代表大会或其常务委员会审批。

就产业政策法来说，核心是程序法，即有关产业政策制定程序的法律规定在产业政策法中占有核心地位。无论是产业政策目标、产业政策措施以及各产业政策的具体内容，都要经过上述一系列法定程序才能最后确定。其实，在产业政策法的制定过程中，法学家更多的是充当“缮写员”的角色，把经过各方面专家学者、企业领袖、政府部门、社会人士民主、自由、充分讨论的结果用法律语言写成法律规则就是了。

（三）产业政策的实施主体

依法制定的产业政策须有效地加以实施。就我国产业政策的实施来说，以各行业主管部门为主，由国家计委进行综合协调。同时建立国家产业政策的实施保障制度，计划、财政、金融、税务、商务、关税、证券管理、工商行政管理等行政管理部门，必须认真贯彻执行国家产业政策，它们在制定涉及产业发展的重大政策措施之前，须与国家计委协调。此外，还要充分发挥企业、行业协会、民间机构和社会人士的作用。只有群策群力，调动一切可以调动的力量，才能最有效地实施产业政策法。

（四）产业政策的监督检查

为了保证产业政策的严肃性和有效性，必须对产业政策进行监督检查。就我国产业政策的监督检查来说，由国家计委会同有关部门负责对产业政策的实施进行监督、检查，定期向国务院报告实施情况和效果，并根据经济形势、产业的发展变化，提出分析意见和修改建议。同时，对违反产业政策法的有关责任人追究相应的法律责任。

附 录 一

企业所得税法与宏观调控

税法是宏观调控法的主要构成要素之一，也是宏观调控的基本工具，具有重要的宏观调控职能。但税法宏观调控职能的发挥，与税法本身的立法理念和制度规定密切相关，可以说，税法有什么样的立法理念和制度规定，税法就有什么样的宏观调控职能；税法本身的立法理念和制度规定要科学合理，才能有效地发挥税法的宏观调控职能。比较1993年施行的《中华人民共和国企业所得税暂行条例》（以下简称为《内资税法》）与1991年施行的《中华人民共和国外商投资企业和外国企业所得税法》（以下简称为《外资税法》），以及2007年通过的《中华人民共和国企业所得税法》（以下简称《新企业所得税法》），就能充分地说明这一问题。

一、《内资税法》与《外资税法》的差别妨碍和扭曲了其宏观调控职能

《内资税法》与《外资税法》两者存在许多重大的差别。具体如：

其一，《内资税法》是行政法规，《外资税法》是法律，两者立法层次不同，效力各异。这是由于改革开放之初，为了引进外资，我国采取了许多吸引外资的措施，但外商来自经济发达的法治国家或地区，法治观念很强，它们看重的是我国的投资环境，尤为关心的是我国有无保护外资的法律。外商认为，要引进我们的外资，就必须要有保护外资的法律。但它们一查，发现我国还没有这样的法律。我们就说能不能授权深圳、珠海、汕头和厦门四个“经济特区”先行制定一些保护外资的规章。外商不同意，认为这样的地方性规章效力层次太低，无法保护其投资。我们转而说授权广东省、福建省制定相关法规行不行？外商认为也不行，因为那还是地方性法规，效力层次依然不高，不足以保护它们的投资。在外商的强烈要求下，我国才抓紧制定有关保护外资的法律，这就是1979年7月1日第五届全国人民代表大会第二次会议通过的《中华人民共和国中外合资经营企业法》、《中华人民共和国外商独资经营企业法》，以及1988年4月13日第七届全国人民代表大会第一次会议通过的《中华人民共和国中外合作经营企业法》，它们特别是前两部法律成为我国改革开放之初制定的最早的一批法律。综观我国的法治建设，不难发现，外商外资的要求以及更大范围的外部力量是促进我国法治建设的重要因素，我国的许多法律都是这样制定出来的或者说是逼出来的，以至于形成了一个惯例，凡是涉外的一般都有法律，而对内的就未必了。在税法方面的表现，就是1991年制定的外资税法是法律，而后

于它 2 年的内资税法却是条例，并且是“暂行条例”，一“暂行”就“暂行”了 14 年。这种惯例不利于实行法治，我们不能再对外讲法律、对内讲政策了，我们必须打破这种惯例，结束企业所得税法内外有别、“双轨并存”的情形，把内外资税法统一起来。

其二，税率不同。虽然两者的税率名义上都是 33%，但根据全国企业所得税税源调查资料测算，2005 年内资企业的平均实际税负为 24.53%，而外资企业的为 14.89%，两者相差近 10 个百分点。

其三，税前扣除标准不同。如工资，内资企业是限额扣除（即目前的扣除额为 2 000 元人民币），而外资企业是据实扣除。

其四，税收优惠政策不同。内资企业的税收优惠政策多为照顾性的，如对遭受自然灾害、亏损破产、老少边远穷地区的企业实行优惠等。而外资企业的税收优惠政策主要是导向型的，包括区域导向优惠，如经济特区、经济技术开发区等；产业导向优惠，如生产性、服务性和基础设施建设等产业；企业性质导向优惠，如出口企业和高技术企业等。

其中，最大的不同还是税收优惠政策的不同。《内资税法》所规定的税收优惠政策却很少，仅有第 8 条规定：“对下列纳税人，实行税收优惠政策：（一）民族自治地方的企业，需要照顾和鼓励的，经省级人民政府批准，可以实行定期减税或者免税；（二）法律、行政法规和国务院有关规定给予减税或者免税的企业，依照规定执行。”以及第 11 条规定：“纳税人发生年度亏损的，可以用下一纳税年度的所得弥补；下一纳税年度的所得不足弥补的，可以逐年延续弥补，但是延续弥补期最长不得超过五年。”本来，按照税收和税法的一般原理，有所得才要纳所得税，无所得就不应纳所得税，但对于内资企业来说，即使当年发生亏损没有所得也要纳税，只是可以当年不纳，逐年延续弥补而已，但这还被认为是税收优惠。

而外资企业享有许多优惠政策。具体如《外资税法》第 7 条规定：“设在经济特区的外商投资企业，在经济特区设立机构、场所从事生产、经营的外国企业和设在经济技术开发区的生产性外商投资企业，减按百分之十五的税率征收企业所得税。设在沿海经济开放区和经济特区、经济技术开发区所在城市的老市区的生产性外商投资企业，减按百分之二十四的税率征收企业所得税。设在沿海经济开放区和经济特区、经济技术开发区所在城市的老市区或者设在国务院规定的其他地区的外商投资企业，属于能源、交通、港口、码头或者国家鼓励的其他项目的，可以减按百分之十五的税率征收企业所得税，具体办法由国务院规定。”第8条规定：“对生产性外商投资企业，经营期在十年以上的，从开始获利的年度起，第一年和第二年免征企业所得税，第三年至第五年减半征收企业所得税，但是属于石油、天然气、稀有金属、贵重金属等资源开采项目的，由国务院另行规定。外商投资企业实际经营期不满十年的，应当补缴已免征、减征的企业所得税税款。本法施行前国务院公布的规定，对能源、交通、港口、码头以及其他重要生产性项目给予比前款规定更长期限的免征、减征企业所得税的优惠待遇，或者对非生产性的重要项目给予免征、减征企业所得税的优惠待遇，在本法施行后继续执行。从事农业、林业、牧业的外商投资企业和设在经济不发达的边远地区的外商投资企业，依照前两款规定享受免税、减税待遇期满后，经企业申请，国务院税务主管部门批准，在以后的十年内可以继续按应纳税额减征百分之十五至百分之三十的企业所得税。”第10条规定：“外商投资企业的外国投资者，将从企业取得的利润直接再投资于该企业，增加注册资本，或者作为资本投资开办其他外商投资企业，经营期不少于五年的，经投资者申请，税务机关批准，退还其再投资部分已缴纳所得税的百分之四十税款，国务院另有优惠规定的，依照国务院的规定办理；再投资不满五年撤出的，应当缴回已退的税款。”第11条规定：“外商投资企业和外国企业在中国境内设立的从事生产、经营的机构、场所发生年度亏损，可以用下一纳税年度的所得弥补；下一纳税年度的所得不足弥补的，可以逐年延续弥补，但最长不得超过五年。”

《内资税法》与《外资税法》的上述差别，严重制约和扭曲了企业所得税法宏观调控职能的正确发挥。

一是税率不同。现行税法在税收优惠、税前扣除等政策上，存在对内资企业偏紧、对外资企业偏松的问题。根据全国企业所得税税源调查资料测算，内资企业平均实际税负为25%，外资企业平均实际税负为15%，内资企业的平均实际税负高出外资企业的平均实际税负近10个百分点。税率的不同导致内外资企业税负不等、苦乐不均、分配不公，使得内外企业之间无法公平竞争。

二是现行企业所得税优惠政策存在较大漏洞，扭曲了企业的经营行为，造成国家税款的流失。比如，一些内资企业采取将资金转移到境外再投资境内的“返程投资”方式，目的就是享受外资企业所得税优惠等政策。这样做，迂回曲折，不仅弄虚作假，而且浪费资源，还贻误时机，于国于民都不利，这是我国不良的税法制度设计所导致的不良后果。

三是现行《外资税法》、《内资税法》实施十多年来，我国的经济社会情况发生了很大变化。如当时，我国外汇紧缺，急需外汇和外资，而如今，到 2007 年年底我国的外汇储备已超过 1.5 万亿美元，已成为世界第一大外汇储备大国，如何有效地运用这笔庞大的外汇储备已成为当务之急；如当时考虑的主要是尽可能地吸引外资，所以给予外资企业许多优惠政策，以便通过这些优惠政策吸引外资，而如今考虑更多的是在高层次水平上引导外资往国家需要和鼓励的方向或方面发展，已由过去的“招商引资”转变为“选资”；如当时，我国几乎没有什么海外投资，而目前我国的海外投资企业也已超过 1 万多家，我国也有外资，但外国并不像我国那样给予我国的外资那么多的优惠政策，没有实现对等优惠和平等互利；如当时我国刚刚改革开放，经验不足，法制不健全，不熟悉国际规则，而如今我国已初步建立了社会主义市场经济体制，并已加入世贸组织，要求对内外资企业实行国民待遇原则，国内外市场也日益接轨，要求建立统一、公平的市场竞争环境和秩序，等等。不难看出，现行内外资企业所得税法不仅脱离实际，没有与时俱进，而且其精神和宗旨与 WTO 及我国当前宏观调控的要求和使命已相背离。

法律应合乎实际，与时俱进，应反映社情民意，追求公平，内外资税法没有体现这些法律的基本要求，必须对现行内外资税法进行统一。只有统一企业所得税法才能正确发挥其应有的宏观调控职能。

二、《新企业所得税法》的宏观调控职能

统一后的《新企业所得税法》，通过其制度设计尤其是其税收优惠政策，为企业指明了它们所应采取的应对措施和努力方向。企业知道了什么能做、什么不能做、该做什么、不该做什么。企业要想享受《新企业所得税法》所规定的税收优惠政策，就必须朝着《新企业所得税法》所要求的方向努力。这样一来，《新企业所得税法》就能有效地发挥其宏观调控职能。

一是《新企业所得税法》为内外资企业提供了一个公平的税法环境和竞争秩序，有利于提高内资企业尤其是国有企业和民营企业的市场竞争力和国际竞争力。应该说，内资企业与外资企业相比，它们在资本总量、企业规模、技术条件、管理水平、市场影响、国际经验、竞争能力等许多方面，都存在较大的差距，两者难以公平竞争，如果继续按照原

来的《内资税法》与《外资税法》给予内外资企业不同的税收优惠，就会进一步削弱内资企业的竞争力，甚至会使内资企业被淘汰出局。鉴于此，《新企业所得税法》实现了“四个统一”：内外资企业适用统一的企业所得税法；统一并适当降低了企业的所得税税率；统一和规范了税前扣除办法和标准；统一了税收优惠政策。这样一来，对于过去享受税收优惠政策的外资企业会产生一定的影响，如《外资税法》第6条规定：“国家按照产业政策，引导外商投资方向，鼓励举办采用先进技术、设备，产品全部或者大部分出口的外商投资企业。”第7条的规定：“设在经济特区的外商投资企业，在经济特区设立机构、场所从事生产、经营的外国企业和设在经济技术开发区的生产性外商投资企业，减按百分之十五的税率征收企业所得税。设在沿海经济开放区和经济特区、经济技术开发区所在城市的老市区的生产性外商投资企业，减按百分之二十四的税率征收企业所得税。设在沿海经济开放区和经济特区、经济技术开发区所在城市的老市区或者设在国务院规定的其他地区的外商投资企业，属于能源、交通、港口、码头或者国家鼓励的其他项目的，可以减按百分之十五的税率征收企业所得税。”《新企业所得税法》取消了对外资企业的这方面的税收优惠，使内外资企业享有统一的同等的税收优惠政策，这就实现了内资企业与外资企业的税负公平，为内外资企业提供了一个公平竞争的税法环境，在这种环境里，内资企业才能提高竞争力，与外资企业开展公平竞争，并在参与国际竞争过程中，提高自己的国际竞争力。安徽江淮汽车股份有限公司财务部副部长陶伟对记者说：“新企业所得税法的出台，实现了‘四个统一’，为我国汽车产业创造了一个公平竞争的税法环境，对拥有自主品牌的江淮汽车影响深远，为我们国产汽车加大自主创新增添了无穷的动力。”如《新企业所得税法》取消了内资企业的计税工资限额扣除制度，统一为全额据实扣除。而按照《内资税法》和《外资税法》，内资企业工资扣除每人每月仅限1 600元人民币，而外资企业工资支出则实行所得税前全额据实扣除。这显然不利于提高内资企业员工的工资，不利于吸引优秀人才。人才是一切竞争的基础，也是企业核心竞争力的所在，内资企业不能吸引人才，人才都被吸引到外资企业那里去了，内资企业怎么能够同外资企业竞争呢？《新企业所得税法》不仅为内外资企业提供了公平的税负环境和竞争条件，而且为大中小企业提供了公平的税负环境和竞争条件，如《新企业所得税法》第28条第1款规定：“符合条件的小型微利企业，减按20%的税率征收企业所得税。”这有利于提高小企业的竞争力，使所有企业之间能够公平竞争。

二是有利于促进我国的产业升级和经济结构优化。《外资税法》优惠政策导致劳动密集型外资企业大量进入我国，而对于我国急需优先发展的产业，特别是高新技术产业的引导力不强，制约着我国的产业升级和经济结构的优化。《新企业所得税法》把税收优惠政策与转变经济增长方式、产业升级和经济结构优化结合起来，投资者要根据国家产业政策和税收优惠政策的规定，通过对投资产业的选择，才能达到减免税负的目的。如《新企业所得税法》第 27 条规定，对企业“从事符合条件的环境保护、节能节水项目的所得”，“符合条件的技术转让所得”，可以免征、减征企业所得税。这些规定会促使企业加强环境保护，改进科技，发展高新技术产业，有利于促进产业升级。再如《新企业所得税法》第 25 条规定：“国家对重点扶持和鼓励发展的产业和项目，给予企业所得税优惠。”第 27 条规定：“企业的下列所得，可以免征、减征企业所得税：（一）从事农、林、牧、渔业项目的所得；（二）从事国家重点扶持的公共基础设施项目投资经营的所得；（三）从事符合条件的环境保护、节能节水项目的所得；（四）符合条件的技术转让所得；（五）本法第三条第三款规定的所得。”第 31 条规定：“创业投资企业从事国家需要重点扶持和鼓励的创业投资，可以按投资额的一定比例抵扣应纳税所得额。”上述规定有利于这些领域吸引投资和技术，有利于加快这些领域的发展，打破这些领域对我国经济社会发展的瓶颈制约，有利于优化我国的经济结构。

三是有利于实现区域协调发展。我国《外资税法》所实行的区域优惠政策大都集中在对东部经济特区、沿海沿江地区的企业尤其是外资企业给予税收优惠，而对广大的中西部地区的企业少有甚至没有税收优惠。本来中西部地区的投资环境就不如东部沿海地区，难以招商引资，但现行企业所得税法只顾“锦上添花”、没有“雪中送炭”，这样的制度设计又为中西部地区招商引资“雪上加霜”。如现行税法所实行的区域优惠政策，导致我国中西部地区招商引资成本过高，不利于中西部地区吸引外资，制约了中西部地区的经济发展，影响了我国经济社会的区域协调和整体平衡。《新企业所得税法》统一了税收优惠政策，实行“产业优惠为主、区域优惠为辅、兼顾科技进步和社会事业”的新税收优惠政策，配合我国经济社会发展的重心向中西部地区转移的战略部署，对区域优惠政策加以调整，区域优惠政策从目前的沿海地区转向中西部地区，将过去对外资企业的全面优惠转变为特定优惠，最终建立起产业政策导向与区域发展战略导向相协调的税收优惠政策机制。如《新企业所得税法》第29条规定："民族自治地方的自治机关对本民族自治地方的企业应缴纳的企业所得税中属于地方分享的部分，可以决定减征或者免征。自治州、自治县决定减征或者免征的，须报省、自治区、直辖市人民政府批准。"我国的民族自治地区大都集中在我国的中西部地区，这些地区是我国经济社会欠发达地区，制约着我国经济社会的协调发展。《新企业所得税法》对民族自治地区的企业实行税收优惠，有利于把资金、技术引向民族自治地区，鼓励企业向民族自治地区投资兴业，加快这些地区的经济社会发展，有利于缩小东中西部地区的差距，进而实现全国经济社会的区域协调发展。国务院副总理吴仪在2007年9月8日～11日在厦门举行的第十一届中国投资洽谈会期间举行的"国际投资论坛"上建议，国际投资者特别关注中国五个方面的发展机遇，其中之一就是积极参与中国区域开发和建设，其余四个方面分别是：扩大现代服务业合作；加强节能环保和城镇建设方面的合作；开展与中国企业的技术合作；探讨共同开展国际投资合作的新方式。

四是促进科技进步。法律应该是时代精神的写照。当今时代，科技是第一生产力，也是第一竞争力，还是解决社会经济乃至人类许多重大问题的关键力量，所以，要促进社会经济发展，就必须促进科技进步，为此就要采取一切有效措施，其中税法就是重要的一种。《新企业所得税法》对于高新技术企业给予税收优惠，如第28条第2款规定："国家需要重点扶持的高新技术企业，减按15％的税率征收企业所得税。"第32条规定："企业的固定资产由于技术进步等原因，确需加速折旧的，可以缩短折旧年限或者采取加速折旧的方法。"第11条规定："在计算应纳税所得额时，企业按照规定计算的固定资产折旧，准予扣除。"《新企业所得税法》的科技税收优惠政策，为企业改革指明了方向，迫使企业要想享受税收优惠，就必须放弃那些科技含量低、资源消耗大、环境污染重、经济效益差的产业，转向从事或开展高新技术产业。那些不思改革或者改革的方向与《新企业所得税法》的规定背道而驰的企业，将不能享受税收优惠政策，在市场竞争中会处于不利地位，迟早会被淘汰出局。再如《新企业所得税法》第30条规定：企业"开发新技术、新产品、新工艺发生的研究开发费用"，"可以在计算应纳税所得额时加计扣除"，从而取消了原来对研发费用税前抵扣的限制条件，这有利于企业增加创新投入，抵御创新风险，其目标是刺激企业的科技投入，鼓励企业进行科技开发创新和科技产品的生产，从而提高整个国家的科技水平，使我国真正成为一个创新型国家。那些不能创新的企业是没有竞争力和生命力的。《新企业所得税法》激励企业创新和科技进步。在第十一届中国国际投资洽谈会期间，高新技术领域和成长性好的产业成为国际资本追逐的“热点”。其中，IBM 中国投资基金、鼎晖投资基金等四十多家国际投资机构曾与三百多个项目单位进行了面对面的“对话”，项目单位提供了一大批高新技术成果和专利，遍及 IT、软件、农业及食品深加工、生物制药、新材料、能源、旅游、房地产等领域。在这场项目对接会上，达成的投资额高达一百多亿美元。时至今日，提高外资的质量，而不是片面追求外资的数量，优化外商投资的结构，已成为中国引进外资的重要方向。

五是有利于保护环境，实现可持续发展。现行的内外资税法分别制定于 1993 年和 1991 年，当时的首要任务是吸引外资、发展经济，环境问题并不十分突出，所以它们对环境问题没有格外关注。但目前，随着我国经济的发展，尤其是长期以来我国的经济增长方式是粗放式的，靠的是高投入、高能耗、高污染，以牺牲环境为代价，时至今日，我国的环境资源已不堪重负，难以为继。在这种情况下，我国提出了科学发展观作为治国理政的指导思想，要求把它贯彻到各个方面，包括《新企业所得税法》。《新企业所得税法》充分地体现了科学发展观的要求，把保护环境、实现可持续发展放在了突出位置。如第 33 条规定：“企业综合利用资源，生产符合国家产业政策规定的产品所取得的收入，可以在计算应纳税所得额时减计收入。”第 34 条规定：“企业购置用于环境保护、节能节水、安全生产等专用设备的投资额，可以按一定比例实行税额抵免。”如第 27 条规定：企业“从事符合条件的环境保护、节能节水项目的所得”，可以免征、减征企业所得税。这些规定促使企业为了享受税收优惠而努力从事或开展环保产业，这对于保护环境、节约资源具有重要意义。在第十一届中国国际投资洽谈会期间，在签约项目中，澳大利亚国民银行并购联华国际信托投资有限公司项目，日本富士通株式会社和福建富士通信息软件有限公司合资兴建福建软件服务外包基地等，都是技术含量高、节能环保、产业带动能力强、服务贸易领域比重较大的项目。

六是有利于促进社会就业。税法本来就具有分配社会财富的职能，税法的实质就是从纳税人身上征得税收以后转移支付给那些非纳税人的一种法律，这里的非纳税人特别包括残疾人员、失业人员等社会弱势群体，这些人是享受税收转移支付的主要对象。但如果企业安置了残疾人员、失业人员，向这些人发放工资，就代替了国家向他们的转移支付，也减轻了国家的财政负担。这样一来，与其国家向企业征税然后再转移支付给残疾人员、失业人员等社会弱势群体，不如直接减免企业的税收，把税收留在企业，由企业安置残疾人员、失业人员，给他们发放工资。这样既可以简化环节，减少征纳矛盾，又可以避免税款的流失，还可以大大提高效益，所以《新企业所得税法》有这方面的规定。如《新企业所得税法》第 30 条规定：企业“安置残疾人员及国家鼓励安置的其他就业人员所支付的工资”，可以在计算应纳税所得额时加计扣除。这一规定鼓励企业安置残疾人员和失业人员等社会弱势群体，有利于促进社会就业。此外，《新企业所得税法》第 9 条规定：“企业发生的公益性捐赠支出，在年度利润总额 12%以内的部分，准予在计算应纳税所得额时扣除。”这条规定会增强企业的社会责任感，鼓励企业从事公益捐赠，开展社会福利事业，这有利于促进社会事业的发展，实现社会和谐。

三、《新企业所得税法》对外资的宏观调控影响

《新企业所得税法》实现了“四个统一”，这“四个统一”的核心是取消了《外资税法》对外资企业的许多税收优惠，导致外资企业的税负略有上升，使外资企业成为受《新企业所得税法》影响最大的企业。这就难免使人担心《新企业所得税法》会对外资产生不良的宏观调控影响。

但笔者认为这种担心是不必要的。

第一，《新企业所得税法》规定了 5 年的过渡期间，可供外资企业好好利用。鉴于实行新税率，外资企业的税负将有所增加，因而会有抵触情绪，《新企业所得税法》第 57 条规定：“本法公布前已经批准设立的企业，依照当时的税收法律、行政法规规定，享受低税率优惠的，按照国务院规定，可以在本法施行后五年内，逐步过渡到本法规定的税率；享受定期减免税优惠的，按照国务院规定，可以在本法施行后继续享受到期满为止，但因未获利而尚未享受优惠的，优惠期限从本法施行年度起计算。法律设置的发展对外经济合作和技术交流的特定地区内，以及国务院已规定执行上述地区特殊政策的地区内新设立的国家需要重点扶持的高新技术企业，可以享受过渡性税收优惠，具体办法由国务院规定。国家已确定的其他鼓励类企业，可以按照国务院规定享受减免税

优惠。”这就是所谓的“老企业老办法，新企业新办法”。那么这一办法会不会对吸引外资造成影响呢？德勤会计师事务所上海地区税务及商务咨询主管合伙人蒋颖在接受《第一财政日报》采访时指出：“在和客户沟通时，我看不出来投资信心的下降，相反，不少企业对他们原有的投资计划进行了一些提前，而提前的因素中，来自税收优惠是一个重要因素。”

第二，这种担心源于认识上的误解。实行《新企业所得税法》，对内资企业来说，税负有所减轻，对外资企业来说，税负略有上升。但老企业享有税收优惠政策的过渡期，税负增加并不大。而且《新企业所得税法》规定的25%的税率，与国际上的税率水平相比，还是偏低的。全世界159个实行企业所得税法的国家（地区）的平均税率为28.6%，尤其是与我国周边国家（地区）相比，更是偏低的，如日本的税率是37.5%，泰国的是30%，新加坡的是27%，韩国的是34%，我国香港地区的是16.5%（但往往被认为是避税港，不足取），18个国家（地区）的平均税率为26.7%。所以我国新税法规定的25%的税率，在国际上是适中偏低的水平。加上税收优惠政策的存在，我国内外资企业的实际税负大概在20%左右。因此，这一税率还是有吸引力的，有利于吸引外商投资的。如《新企业所得税法》刚刚通过，据2007年3月25日的有关报道，韩国双龙汽车就已落户上海，与上汽合资，预计2011年前国产。

第三，《新企业所得税法》有许多税收抵免的规定。如第23条规定：“企业取得的下列所得已在境外缴纳的所得税税额，可以从其当期应纳税额中抵免，抵免限额为该项所得依照本法规定计算的应纳税额；超过抵免限额的部分，可以在以后五个年度内，用每年度抵免限额抵免当年应抵税额后的余额进行抵补：（一）居民企业来源于中国境外的应税所得；（二）非居民企业在中国境内设立机构、场所，取得发生在中国境外但与该机构、场所有实际联系的应税所得。”第24条规定：“居民企业从其直接或者间接控制的外国企业分得的来源于中国境外的股息、红利等权益性投资收益，外国企业在境外实际缴纳的所得税税额中属于该项所得负担的部分，可以作为该居民企业的可抵免境外所得税税额，在本法第二十三条规定的抵免限额内抵免。”第18条规定：“企业纳税年度发生的亏损，准予向以后年度结转，用以后年度的所得弥补，但结转年限最长不得超过五年。”这些规定不过是把过去的直接优惠形式改变为间接优惠形式，并没有完全取消对外资企业的税收优惠。还要指出的是，《新企业所得税法》第3条规定，“在中国境内未设立机构、场所”，“或者虽设立机构、场所但取得的所得与其所设机构、场所没有实际联系的，应当就其来源于中国境内的所得”，如股息、红利等权益性投资收益和利息、租金、特许权使用费和其他收入等缴纳企业所得税。这部分收入过去是免税的，而按《新企业所得税法》则要征税，但这对许多外资企业的影响并不大，如对欧美企业的影响就不大，因为即使它们在中国不缴税，回到本国后也要缴税，而在中国缴税后，回到本国就不需要缴纳这部分税了。

第四，《新企业所得税法》将内资企业所得税税率由原来的33%降到25%，使大部分上市公司的税负将明显减轻，中国股市整体投资价值将得到进一步的增强，直接增加了企业股东的利益，有利于刺激企业投资和资本市场的发展。如2007年3月19日，《新企业所得税法》刚刚通过，受税负将大幅减轻以及股指期货即将出台等利好因素的影响，中国银行、中国工商银行、中国人寿等银行股、保险股大涨5%左右，成为沪深股市涨幅最大的板块。此外，《新企业所得税法》第26条规定：“企业的下列收入为免税收入：符合条件的居民企业之间的股息、红利等权益性投资收益；在中国境内设立机构、场所的非居民企业从居民企业取得与该机构、场所有实际联系的股息、红利等权益性投资收益。”这一规定也有利于企业之间相互投资或在资本市场上募集资金，减少了企业和我国对外资的依赖。

第五，企业税负的变动会体现在价格上，内资企业所得税负下降，其产品价格会基本保持平稳或稳中有降，而外资企业因税负略有上升可能导致其价格有上升的趋势，可能会削弱外资企业的竞争力。从投资来看，内资企业税率的降低，会使内资企业的投资积极性空前高涨，对外资也会有一定的影响。但外资企业应该看到，它们与内资企业相比，在资本实力、技术水平、国际经验、管理效率、竞争能力等许多方面依然具有优势，是富有竞争力的。其实，对外资企业来说，税负不是外资进入中国所应考虑的唯一因素，稳定的政治社会环境、高速发展的经济、高素质而便宜的劳动力、庞大而增长迅速的中国市场发展空间，以及日益完善的法律制度也是重要的因素；对内外资企业实行国民待遇，是WTO的基本原则，外资企业在许多国家都只能享受国民待遇，那种超国民待遇的税收优惠迟早会被取缔，因而指望继续享受税收优惠不是长久之计；一个真正有竞争力的企业应该有能力仅凭自己的技术水平、商品性能和服务质量赢得市场，而不应依赖税收优惠生存发展，税法也不能成为落后企业的保护伞。这些因素决定了不会因《新企业所得税法》的实施而对外商投资产生较大的波动。

据商务部发布的消息称，截至 2007 年 7 月底，中国累计批准设立外商投资企业 61 万多家，实际使用外资金额 7 200 亿美元。据联合国贸发会议统计，中国吸收外资已连续十多年居发展中国家首位，2006 年居全球第四位。目前，全球 500 强企业中已有超过 480 家在中国投资设立了企业，跨国公司在中国设立的研发中心近 1 000 家，地区总部近 40 家。商务部外资司副司长潘碧灵说："外商投资企业已成为中国经济的有机组成部分，外商投资对国民经济和社会发展的促进作用不断增强。"这表明中国还是世界上最具投资吸引力的国家。而且《新企业所得税法》还能更好地引导外资，商务部日前发布的《2007 中国外商投资报告》称，中国利用外资已经进入了一个新阶段，对外资的需求开始从数量为主转向以质量为主。①

① 参见http：//www.sina.com.cn，2007－09－18。

附录二

价格法与宏观调控

——以房地产调控为核心的考察

价格反映商品价值，传递市场信息，引导人们的生产和消费，因而成为市场的中枢神经和调控市场的重要工具。为了更好地发挥价格对市场的宏观调控作用，1997 年 12 月 29 日我国第八届全国人民代表大会常务委员会第二十九次会议通过了《价格法》，自 1998 年 5 月 1 日起施行。《价格法》对价格中的一些基本问题作出了相关规定，如基本原则、经营者的价格行为、政府的定价行为、价格总水平调控、价格监督检查、法律责任，等等。价格法对那些关系国计民生和影响国泰民安的商品的价格实行政府定价，对其他商品的价格实施总水平的调控，对经营者的价格行为进行价格监督检查并追究违法者的相关法律责任，这些都对市场的宏观调控起着重要作用。

但价格本身受其他诸多因素的影响并由它们所决定，与其他因素相比，其他因素是因和本，而价格是果和末。因此，要对商品的价格进行宏观调控，不能就价格本身作文章，如不能直接通过行政命令降价或涨价，而应对影响价格的其他诸多因素进行宏观调控，如扩大生产，增加供应，平抑市场，等等。而且，在市场体制下，价格主要由市场决定，由政府定价的商品相对较少，即使是政府定价本身也要遵从市场规律。所有这些都决定了我们应科学看待和正确发挥价格在宏观调控中的作用。

为了进一步说明这个问题，这里仅以房地产价格的调控为例进行考察。

据悉，自改革开放二十多年来，我国的城市住房制度改革不断深化，住房建设规模持续扩大，房地产市场体系逐步完善，房地产业已成为我国国民经济增长新的推动力和重要的支柱产业，到 2006 年年底，城镇人均住房建筑面积已达到 27 平方米。尽管如此，房地产领域的一些问题尚未得到根本解决，部分城市的房价持续上涨，少数城市的房价上涨过快，住房供应结构不合理的矛盾日益突出，房地产市场的秩序也比较混乱，许多人依然对高房价望而却步，没有完全解决“居者有其屋”的问题。这些问题已成为社会关注的热点和焦点。面对这些问题，国家要求各有关部门要高度认识到，房地产业是我国的一个重要支柱产业，引导和促进房地产业的持续、稳定、健康发展，有利于保持整个经济平稳较快发展，有利于满足广大人民群众的基本住房消费需求，有利于实现全面建设小康社会的目标；要求省级政府对辖区内的住房保障、住房供应和房价稳定工作负总责，市县政府是责任主体；要求国务院各有关部门必须在充分考虑我国人口多、土地少的基本国情和建设资源节约型社会要求的情况下，搞好组织协调，制定各项配套措施，进一步发挥信贷、财政、税收和土地政策的调控职能，促进房地产业发展和住房建设，合理引导住房消费需求和消费模式，抑制房地产价格过度上涨，让普通民众能够享有安居权，实现住有所居。

为此，国家采取了一系列的房地产宏观调控政策措施。如2005年3月底，国务院办公厅发布了《关于切实稳定住房价格的通知》，该通知一共有8条意见，简称为“国八条”；2006年5月17日国务院常务会议关于要求深入贯彻房地产调控的精神并根据房地产市场的新情况对部分政策措施作适当调整，发布了“国六条”；2006年5月29日国务院办公厅转发建设部等九部门《关于调整住房供应结构稳定住房价格的意见》，简称“国十五条”。这些政策都是为了稳定房价，围绕政府责任、市场供需、信贷和税收杠杆、市场管理、信息透明等方面对房地产进行宏观调控，但政策的内容日益完善，逐渐细化，细化到限比重、限面积、限价格（“三限制”）等具体指标。政策的宏观调控力度明显加强，可以说是全方位地加强了国家对房地产市场的干预力度，以至于有言论将之视为反房地产市场化的一份宣言书。市场的反应也日益显现，有业界人士认为“国十五条”是动真格的，发展商意识到危机了。下面对这些宏观调控政策尤其是“国十五条”进行分析和评论，以期从中获得价格法特别是房地产政策对房地产的宏观调控作用。

一、近期经济适用房建设目标9月底前公布

毋庸讳言，长期以来，我国的房地产发展在总体上没有住房建设规划，不仅地方没有，就是中央也没有，房地产大都任由市场支配，一直处于盲目无序的发展状态；在住房供应数量上，由于种种原因，相对来说数量仍然不足，不能完全满足购房者的需要；在住房供应结构上，过分追求高价位、大户型的高档商品房，使得普通消费者购买不起，造成房地产市场供求失衡；在房地产政策上，经济适用房、廉租房等政策落实不到位，没有充分发挥其应有的作用。凡此种种，都与缺乏一套科学的住房建设规划密切相关。这也再次说明，没有计划或规划，就没有宏观调控。因此，“国十五条”要求各级城市（包括县城）人民政府要制定和实施住房建设规划，并把它纳入当地“十一五”发展规划和近期建设规划，在规划中要明确“十一五”期间，特别是今明两年普通商品住房、经济适用住房和廉租住房的建设目标，重点发展满足当地居民自住

需求的中低价位、中小套型普通商品住房，要求各级城市住房建设规划要在 2006 年 9 月底前向社会公布；直辖市、计划单列市、省会城市人民政府要将住房建设规划报建设部备案，其他城市住房建设规划报省级建设主管部门备案；各级建设（规划）主管部门要会同监察机关加强规划效能监察，督促各地予以落实。上述规定，是从规划方面对房地产市场进行宏观调控，有助于克服住房建设中的盲目无序状态，有助于调节住房的供应，保证数量充分，结构均衡，从而能够抑制房价。

二、自 2006 年 6 月 1 日起，凡新审批、新开工的商品住房项目，套型建筑面积 90 平方米以下住房（含经济适用住房）面积所占比重，必须达到开发建设总面积的 70%以上

我国人口众多、土地较少的基本国情决定了我国不能实行大户型的住房建设规划，大户型住房特别是别墅、豪宅的建设占用较多土地，而土地是有限的，如果人人都想住大房子，并且相互攀比，那么我国有限的土地就无法支撑，在土地有限的情况下，有人住大房子，有人就可能连小房子都没得住，土地是全民的，应该让人人有安家立命之地；大户型住房价格昂贵，普通购房者也买不起，而 90 平方米的住房，因其面积较小，总房价较低，可接近普通购房者的购买能力；目前我国的城镇家庭一般都是 3 口之家，90 平方米的住房面积已完全可以满足一般家庭的生活需要。所以，“国十五条”作出上述规定是合理的。这条规定对于控制大户型住房特别是别墅、豪宅的建设会起到有效的抑制作用，将会导致目前的户型格局重新洗牌。对于一手楼市而言，随着 90 平方米以下中小户型的大量供应，其售价将走低，加上对购买自住住房且套型建筑面积 90 平方米以下的仍执行首付款比例 20%的规定，使得房价向中低收入者靠拢，进而将导致整体楼价的稳定，并促使房价逐渐回归到合理价位。但政策出台伊始，相关概念的界定含糊不清，已引起了较大争议，而最终有关部门选择了以总面积而不是项目来确定 70%的比例，这样就不能保证在具体项目尤其是在每个项目中建筑面积 90 平方米以下的住房都能占到该项目的 70%，在总面积不能精确统计时，就容易弄虚作假，从而使刚性政策失去效力。此外，90 平方米以上的住房减少，就可能导致楼市上豪宅供应的减少，从而推动豪宅涨价，并被发展商利用来哄抬房价，也会使政策的效力大打折扣。这应引起有关方面的注意，否则会影响该政策的宏观调控作用。

三、完善住房转让环节的税收政策

随着住房价格的不断上涨，不少人热衷于投资或投机房产，在几经周转、轮番炒房中实现逐利甚至暴利的目的。住房每周转一回、炒作一次，价格就上涨一点，住房转让已成为哄抬房价的一个重要原因。为了抑制这种现象，“国十五条”规定，从2006年6月1日起，对购买住房不足5年转手交易的，销售时按其取得的售房收入全额征收营业税；个人购买普通住房超过5年（含5年）转手交易的，销售时免征营业税；个人购买非普通住房超过5年（含5年）转手交易的，销售时按其售房收入减去购买房屋的价款后的差额征收营业税，并要求税务部门要严格税收征管，防止漏征和随意减免。根据目前国家的政策、法律规定，城市个人房产交易（买卖、赠与、继承、调换、更名等）需要征收以下多项或全部税费：住房交易手续费、非住房转让手续费、产权登记费、印花税、契税、营业税、个人所得税、公证费、鉴证费、房产测绘费、房屋安全鉴定费、房地产评估费、白蚁防治费、房产物业维修基金等。另外，自2006年8月1日起，二手房转让征收20%的个人所得税，应纳税按收入的1%～3%核定。这条规定有助于进一步抑制投机和投资性购房的需求。①

但存在的问题是，这些税负具体由谁来承担。在目前，从整体来说，由于房地产市场依然是卖方市场，买方难以同卖方讨价还价，这直接决定着税负的转移和承担。如果营业税由卖方来交，卖方就会通过提价的方式，使得增加的成本被抵消掉，对卖方起不到抑制作用；如果采用卖方开出一口价，其他税费由房屋中介公司运作的方式，则中介公司不但不会承担税负，还要收取手续费，因而税负也要由买方来承担。所以，无论哪种方式，增加的税负最终都要转嫁到买房者的身上，这样一来，反而增加了购房者的负担和压力，与规定的初衷相背，也达不到规定所追求的抑制房地产投资或投机的目的。看来还得进一步明确规定，

① 税收是美国调控房地产市场的基本手段。在税收方面，对房地产消费和投资影响比较明显的是房地产税。目前美国50个州都已开征房地产税，州政府相关部门每年都会定期对房地产价值进行评估。针对房屋购买和出售时的差价，美国一些州政府还专门征收房地产增值税，并规定自住房住满两年以上出售时可以享受较大幅度增值税减免优惠，而出售投资性房屋则不能享受相应的优惠。出租房屋所得租金还必须按规定纳税。参见《国际金融报》，2007-05-28，02版。转引自人民网。

真正把增加的税负最终落实到卖方身上，使房地产投资或投机者无利可图，才能达到抑制卖方投机和投资性购房的需求。

四、空置3年以上的商品房不得作为贷款抵押物

据统计，在目前的商品房交易中，八成以上的个人都是通过银行按揭贷款的方式来买房的，这些人买房不是为了自住，而是买房以后，长期空置不用，囤积居奇，待价而沽，牟取暴利。由于能够轻易获得银行的按揭贷款，可以以房养房，不断循环利用，这就进一步鼓励了这种做法。为了抑制这种现象，"国十五条"规定，"空置3年以上的商品房，商业银行不得接受其作为贷款的抵押物"。这一规定要求银行不得对这部分楼盘发放按揭贷款，这意味着个人将无法从银行获得这些楼盘的按揭贷款，就削弱了买房人购买多处住房的购买力，也斩断了这些楼盘的销路，既能抑制开发商利用银行按揭贷款囤积土地和房源的行为，也能抑制私人以房炒房的投资和投机行为。但3年时间是否太长？怎样认定是否空置3年？如何才能有效地监管银行不对空置3年以上的商品房发放贷款？这些都是有待解决的问题。

五、有区别地适度调整信贷政策以引导和调节住房需求

房贷首付比例的高低直接影响着人们的住房购买力，首付比例越低，人们的住房购买力就越高，反之，就越低。目前，信贷政策不加区别地对所有住房按揭贷款都实行20%的首付比例，不利于抑制一些人的住房购买力，尤其是那些投资或投机住房者的购买力。所以，"国十五条"规定，要有区别地适度调整住房消费信贷政策，从2006年6月1日起，个人住房按揭贷款首付款比例不得低于30%。但考虑到中低收入群众的住房需求，对购买自住住房且套型建筑面积在90平方米以下的仍执行首付款比例20%的规定。①

① 美国也有类似的规定，利率是美国调控房地产市场的主要手段。政府通过调节基准利率，可以引导住房抵押贷款利率的升降，达到为住房市场降温或刺激住房市场发展的目的。美国政府规定，个人购房时必须说明购房是为了自住还是用于出租，出租房屋贷款利率要高于自住房屋贷款利率。从美国住房市场过去几年的发展情况可以看出，利率变化对于住房市场的影响非常显著。参见《国际金融报》，2007-05-28，02版。转引自人民网。

房贷首付提至三成将会抑制投机行为，有助于抑制房价过快上涨。但对于房产投资或投机者来说，房贷首付从20%提高到30%，也许提高的幅度并不算高，未必对抑制房价能有多大作用，因为对于房产投资或投机者来说，日日高涨的房价与区区10%的房贷涨幅相比，还是显得有利可图。况且，近年来，不少银行从各自的实际情况出发，为有效控制房地产贷款风险，已经执行了超过20%的房贷首付比例，有的银行甚至规定高档住房的房贷首付比例要达到50%，但仍然不足以抑制一些人对房产的投资或投机，不能有效地抑制房价上涨，就说明了这一问题。

与此相关的一个问题是关于“第二套房”究竟应如何界定。早在2007年9月27日，中国人民银行、中国银监会就共同发布通知，对已利用贷款购买住房，又申请购买第二套（含）以上住房的，贷款首付款比例不得低于40%，贷款利率不得低于中国人民银行公布的同期同档次基准利率的1.1倍。[①] 但是，关于“第二套房”究竟如何界定，却标准不一。

目前中国人民银行对第二套房的界定为：借款人利用贷款所购买的首套自住房以外的其他住房。而在监管层方面，对于“第二套房”的界定，定下的基调是：“一、公积金贷款不列入认定是否为第二套住房的参考项。二、已结清借款的购房者仍可算作第一套住房贷款者。三、夫妻双方只要有一方仍有房贷未结清的，再贷款购房需算作购第二套住房。具体的操作则由商业银行自行把握。”

由于“高利润、低风险”的个人房贷一直是各家商业银行争抢的业务，各商业银行出于业务竞争，也相继出台了房贷细则，但它们对于第二套房的界定不完全统一。其中，中国工商银行对于曾在银行贷款买房并还清了贷款再买房视为买第一套住房；中国农业银行的界定是，只要配偶一方此前已经申请过房贷，不管是否为婚前财产、以谁的名义买房，只要再购房就算是买第二套房；交通银行副行长叶迪奇在接受记者采访时表示，对于第二套房的认定交通银行将以“个人”为单位，也就是说夫妻二人如果其中一人通过银行贷款买房，另外一方通过贷款买房时仍可视作购买第一套住房。而对于曾经通过银行贷款买房的借款人，如果其还清了此前的房贷，再次通过银行贷款买房时仍然可以视作第一

① 美国也实行一些旨在限制投资性房屋数量的规定。比如，一个人在同一个小区里只能购买一套住房等等。参见《国际金融报》，2007-05-28，02版。转引自人民网。

套住房。交通银行将根据借款人个人信用报告上已有的住房贷款记录，判断客户贷款购买住房的套数。[①] 作为中国最大的房贷银行，中国建设银行董事长郭树清 2007 年 10 月 13 日在北京接受新华社采访时表示，中国建设银行已把北京地区第二套房首付款比例提高到 50%，同时，中国建设银行还决定以家庭为单位对第二套房进行认定，即夫妻双方无论谁拥有住房，另一方购买住房时都将视为购买第二套房。[②]

对于这种不统一，中国人民银行负责人表示，房地产政策不是全国性的，而是地方性的，每个城市都不一样。[③] 言下之意是默认目前的这种不统一状况。这无异于继续放任各大银行尤其是地方分行及其他中小银行实行目前这种不统一的界定办法。如江苏省中国银行的标准是，凡是在征信系统中能查到有过房贷记录的，无论是否结清贷款，只要再次贷款，都视作买第二套房。同时，以家庭为考察单位，如果其中一人已贷款买房，就被认定为买第二套以上住房。招商银行福州分行相关人士则表示，对“第二套房”的界定以单个借贷人购房套数计算，即以家庭其他成员名义买房也不算买二套房。浦发银行南京分行则认定，只要此前房贷已经还清，现在无论第几次申请房贷，都可以按照目前的购买第一套房优惠政策执行。招商银行对于“第二套房”的认定只与贷款人有关而不涉及家庭；北京银行认为父母购房后，用未成年孩子名字买房的算买第二套房，但子女已婚需要购房则算是购买第一套房；光大银行上海分行对第二套房的界定采取的是以个人为单位（包含主借款人和共同借款人），而不包括借款人的家庭成员，这也就意味着夫妻二人都可以分别贷款买房，至于借款人的第二套住房贷款，其贷款首付比例不得低于 40%，而贷款利率则按照不低于中国人民银行公布的同期同档次贷款基准利率的 1.1 倍执行。

有记者从可靠渠道获悉，2007 年 10 月 16 日中国银监会召集五大国有银行房贷部门负责人就相关问题进行探讨后，监管部门决定暂时不下发实施细则，只是要求各银行将自己认定的标准到中国银监会报备。这即是说，目前中国银监会只是说报备方案，但这并不代表各大银行要执行完全一样的标准。在这种情况下，银行可自行把握实施细节。[④] 看

① 参见http://www.sina.com.cn，2007-10-17。

② 参见焦点房地产网：house.focus.cn，2007-10-15。

③ 参见中国新闻网。

④ 参见《上海证券报》。

来目前这种有的以家庭为单位认定第二套房，有的以个人为单位认定第二套房，有的对已还清贷款的住房不予考虑，有的则正好相反的做法仍将持续。

不难看出，各家银行都在按照自己的理解和利益解读和执行“第二套房”政策，这些解读和执行基本上都有漏洞可钻。第一，如果可以用除夫妻之外的其他家庭成员的名义购房，那么一家就可能有两套以上的住房，至少可以有三套住房，这样就架空了“第二套房”政策。第二，如果可以把手头投资的房卖掉后继续贷款买房，轮番炒房，如此一来，房贷新政的效果必然大打折扣。第三，无论是房贷申请人的“婚姻状况和配偶信息”还是“所贷款项用于购买第几套住房的相关信息”，一般都是由借款人自己填写，尽管银行要求“借款人应按诚实守信原则在贷款合同中如实填写”，但要是借款人不如实填写，银行能否发现？银行是否愿意承担这种相对高昂的信息核实成本？众所周知，过去购房者向银行申请贷款，其月收入由其自己填写，银行是从不调查的，对于比月收入更复杂的婚姻状况和第几套房这样的信息，银行更不愿调查。“第二套房”的界定所留下的漏洞，使得这一刚性政策变成了弹性政策，它对炒房的抑制作用大为减弱。这些问题反映出我们的一些政策在推出时的仓促，有关部门在制定政策之初，有些问题就没有提前考虑到。如果说，这还有情可原，那么更为严重的是，该政策执行一段时间以后，已暴露出了种种问题，尤其是政策的解读和执行不一所导致的后果已明显阻碍了该政策效力的发挥，还放任不纠，就不可理解了，这样怎么可以完成对房地产市场的宏观调控呢?! 任何一项政策，只有当它得到严格统一的解读和执行时才能发挥其应有的效力。像目前这样，同一政策却解读和执行不一，有的银行严格，而有的银行宽松，房产投资或投机者在这家严格的银行贷不到款，他们就会找另一家宽松的银行贷款，结果他们总能找到贷款银行贷到房款，这样一来，这一政策就形同虚设了。因此，有关部门应认真反省并尽量堵塞这些政策漏洞，在严格的基础上加以统一，如统一按中国建设银行的标准，才能真正达到该政策的目的。

那么，“第二套房”政策的影响如何呢？应该说新政还是有一定的影响。如国内主要城市受房贷政策的影响，普遍交易清淡。除上海之外，深圳 2007 年“十一”黄金周成交量寥寥，推出 2 600 套房源，只成交了 82 套；广州成交情况平淡，7 天成交市中五区约 169 套，远低于“五一”楼市；而北京“黄金周”楼市也呈现观望气氛，10 月 1 日至 6 日日均成交 247 套，比 9 月份日均 446 套少约 50%，部分楼盘甚至出现了退房情况；另据重庆市国土房管局房地产市场网统计，2007 年“十一”黄金周头两天，重庆主城新盘仅售 109 套，不及平时 1/10；而另一中部城市——武汉，2007 年“十一”期间全市销售套数 1 357 套，较九月最后一周也减少了 1 405 套。从目前实际的市场表现也可以看出来，房贷新政加上之前的宏观调控政策，对于房产投机的抑制作用还是很大的。①

但以下因素也会限制这种影响作用的发挥。一是虽然各家商业银行已经提高了第二套房的贷款利率和首付额度，但监管层表示，用公积金贷款买房的政策暂时还没有变化。在现实中，本来就有不少人用公积金贷款买房，这会促使许多人钻这一政策的空子，用公积金贷款买第二套房。二是外资银行标准不变。一向高标准严要求的外资银行此次面对房贷政策一改往日作风，渣打、汇丰、花旗等已推出内地居民人民币房贷业务的外资银行表示，对于内地居民申请第二套住房贷款的首付和利率都暂不提高标准，而且可以给予 85%的利率优惠。② 这样一来，就吸引了许多人通过向外资银行贷款买房。基于此，不少开发商和售房人员都表示，房价的整体趋势仍是上涨，新政对于投机房产商而言，即使首付比例提高，他们依然可以将最后升高的成本转嫁出去，而对于有自主需求的家庭来说，只要资金储备充足，也不会受到明显影响。

六、居住用地供应量 7 成用于中低价位中小套型

随着整个国家和社会的城镇化，人口日益向城镇集中，这一方面导致城镇房地产价格的普遍上涨，使房地产业成为最有利可图的产业之一，对于房地产开发商来说，占地越多、价位越高、户型越大，就越有利可图，这就促使房地产开发商热衷于开发那些高价位、大户型的房产，甚至是豪华别墅。但另一方面，许多刚刚涌入城镇的人们大都是白手起家，属于低收入者，而且积蓄不多，无力购买高价位、大户型的住房，而只能望楼兴叹。这样就形成了房地产市场供求结构的不平衡。为了改变这种情况，“国十五条”要求，必须保证中低价位、中小套型普通商品住房土地供应；各级城市人民政府要编制年度用地计划，科学确定房地产开发土地供应规模；要优先保证中低价位、中小套型普通商品

① 转引自焦点房地产网：house. focus. cn，2007－10－16。

② 参见焦点房地产网：house. focus. cn ，2007－10－16。

住房（含经济适用住房）和廉租住房的土地供应，其年度供应量不得低于居住用地供应总量的70%；土地的供应应在限套型、限房价的基础上，采取竞地价、竞房价的办法，以招标方式确定开发建设单位；继续停止别墅类房地产开发项目土地供应，严格限制低密度、大套型住房土地供应。只有这样，才能保证有可供低收入者购买并购买得起的中低价位和小户型的住房。

七、土地闲置2年将被收回使用权

房地产的基础是土地，有土地才能有它上面的房产，没有土地，房地产就成了空中楼阁，所以土地是调控房地产市场及其价格的一道重要闸门。但长期以来，宏观调控部门未能充分利用土地这道闸门去有效地调控房地产市场及其价格，反而被某些房地产开发商利用来哄抬房地产价格。如有些房地产开发商囤积土地，占而不用，限量开发，故意使房地产市场处于饥饿状态，造成供不应求的假象，以便哄抬房地产价格并从中谋利。为了解决这一问题，“国十五条”要求土地、规划等有关部门要加强对房地产开发用地的监管；对超出合同约定动工开发日期满1年未动工开发的，依法从高征收土地闲置费，并责令限期开工、竣工；满2年未动工开发的，无偿收回土地使用权。对于虽按照合同约定日期动工建设，但开发建设面积不足1/3或已投资额不足1/4，且未经批准中止开发建设连续满1年的，按闲置土地处置。这有利于加强对土地使用的监管，加大对闲置土地的处置力度，有助于制止囤积土地行为。

此外，国土资源部还规定开发商拿地将不得“分期付款”。而此前的《招标拍卖挂牌出让国有土地使用权规定》第23条只规定：“受让人依照出让合同约定缴清全部出让金后，依法申请办理土地登记，领取土地使用权证书，取得土地使用权。”但在实际操作过程中，一些地方存在受让人未缴清全部出让金却分期取得建设用地使用权证书的情况。有记者在采访土地出让单位时发现，开发商在高价拿下土地之后拖欠土地出让金，甚至有开发商与政府部门私下协议付款进度等情况并不少见。开发商获得部分土地使用权之后向银行融资并开发销售，而销售回款被用于后期循环开发，如此一来，有限的资金就可以撬动多个项目。过去一年多来，全国范围内产生了越来越多的“地王”，土地出让成交价格动辄就有数十亿之巨。但实际上，对于任何一家地产公司来说，一次性付清如此巨额的土地款几乎是不可能的，且不说是否具备如此巨额的流动资金，就算有，也不太可能会一次性投入同一个项目。[①] 比如说，当年大规模圈地的顺驰集团就用不多的流动资金一口气拿下全国众多高价土地，而几乎所有的地块都被传出拖欠地款的情况。而随着 2005 年宏观调控带来的市场短暂回调，被称为“7 个盖子盖 10 个锅”的资金链完全无法支撑公司的大规模运作，最终公司不得不以低价出让全部股权。这样一来，很大一部分的风险实际上被转移到了金融机构，如果某个运作环节出现问题，就可能会造成一系列的风险爆发。针对这种情况，“国十五条”规定：“受让人依照国有建设用地使用权出让合同的约定付清全部国有建设用地使用权出让金后，应当依法申请办理土地登记，领取国有建设用地使用权证书。未按合同约定缴清全部出让金的，不得发放建设用地使用权证书，也不得按出让金缴纳比例分期发放建设用地使用权证书。”2007 年 10 月 9 日，国土资源部正式发布最新版本《招标拍卖挂牌出让国有建设用地使用权规定》（39 号令），明确规定工业用地必须通过“招拍挂”公开方式出让，此外，建设用地使用权证书必须在完全付清土地款的情况下才能获得，不得进行按比例分期发放。这即是说，开发商将不能进行土地“分期付款”，这将使动辄成交总价数十亿的“地王”会因此而大大地减少。[②]

与此同时，国土资源部开展了全国土地执法“百日行动”。国土资源部部长、国家土地总督察徐绍史 2007 年 10 月 13 日在全国土地执法“百日行动”第二阶段动员电视电话会议上说，截至 2007 年 10 月 10 日，天津、河北、山西、黑龙江、江苏、浙江、安徽、山东、河南、江西、广东、广西、海南、四川、云南、西藏等 16 个省份和青岛、厦门、深圳等 3 个计划单列市基本完成自查清理工作，初步统计“以租代征”违规违法用地 12 507 件，租用面积 208 156 亩；违反规划扩大工业用地规模圈占土地 345 件，圈占土地面积 40 850 亩；未批先用违规违法用地 17 949 件，占地面积 694 758 亩。他要求各地要认真遵照执行现行法律法规和政策，严肃查处土地违规违法问题。对于已经发生的土地违法违规案件，特别是“以租代征”、违反土地利用总体规划扩大工业用地规模和“未批先用”等典型案件，一定要依法严肃查处，该拆除的要拆除，能复耕的要复耕，绝不敷衍了事、批评了事、罚款了事、补办手续

① 参见焦点房地产网：house. focus. cn，2007－10－10。
② 参见焦点房地产网：house. focus. cn，2007－10－10。

了事；要坚决追究违法违纪者责任，不管涉及哪个单位、哪个领导，都要一查到底，绝不姑息，要加强查处的震慑力，使违法者不敢为、不想为、不能为。[①] 只有土地管理部门牢牢把住土地这道闸门，搞好土地规划，保证土地用得其所，打击违规违法用地行为，才有助于调控房地产市场价格。

八、严格房地产开发信贷条件

伴随着房价的持续上涨，各家银行都在奋力拼抢个人房贷业务，仅2007年上半年，中国建设银行个人房贷总量一举超出中国工商银行，登上“国内第一大按揭行”的宝座。2007年以来，包括中国建设银行在内的各家商业银行几乎用完了年内可用的贷款指标，银行发放的按揭贷款增加了约3 000亿元。与此同时，各家商业银行也在奋力拼抢其他房贷业务，竞相降低门槛向房地产开发商发放贷款。在房贷规模越来越大之时，可能因此引发的金融风险也就越来越大。在这种情况下，银行业有必要严格房地产的开发信贷条件以减少风险。同时，监管部门也要加强对银行信贷规模和总量的监控，如中国银监会下发了“银行业全年新增贷增幅不能超出15%”的行政指令，也是为了缩减房贷增量，以防范金融风险。在这方面，美国的“次贷危机”[②] 也许应令我们警醒，我们不仅要打破个贷优质资产的神话，而且要严格房地产开发的信贷条件。

为此，“国十五条”严格了房地产开发的信贷条件，其中第4条规定：“对项目资本金比例达不到35%等贷款条件的房地产企业，商业银行不得发放贷款；对闲置土地和空置商品房较多的开发企业，商业银行要按照审慎经营原则，从严控制展期贷款或任何形式的滚动授信；对空置3年以上的商品房，商业银行不得接受其作为贷款的抵押物。”这一规定有助于抑制房地产开发企业利用银行贷款囤积土地和房源，但同时也会对中小房地产开发商产生影响，因为它们开发的项目不少开发资金来源于银行贷款，其中有超过一半的开发商无法达到贷款条件，结果将

① 参见焦点房地产网：house. focus. cn，2007-10-14。

② 美国次贷危机，是美国向“次级人”即收入少、不稳定、工作不固定等所谓“低等人”发放的贷款，他们的还款能力有限，但利率较高，因此可谓风险大、受益大。美国房贷可以0首付，因此加大了风险。这次危机，就是由于好多人还不起贷款，导致呆账坏账的危机。

使大批中小房地产开发商淘汰出局，整个房地产行业也将重新洗牌。虽然目前的房地产市场存在房地产开发商利用银行贷款囤积土地和房源的现象，但消灭这种现象不能“一刀切”，也许还有其他更好的办法，如上述土地政策，像这条规定对于利用银行贷款囤积土地和房源的开发商可以如此严格甚至可以更严格一些。但目前的房地产市场也存在着供应不足的问题，如中低价位、小户型的住房供应不足，尤其是经济适用房供应不足，“一刀切”，要求中小房地产开发商特别是开发低价位、小户型住房和经济适用房的房地产开发商的项目资本金也要达到35%，否则不能获得银行贷款，势必把这些中小房地产开发商淘汰出局，减少经济适用房的开发商。这样一来，就会进一步造成低价位、小户型住房和经济适用房的供应不足，从而使这部分房价乃至整个房价上涨，这有违政策的初衷，应加以改变。果然，2008年2月4日中国人民银行、中国银监会联合印发《经济适用住房开发贷款管理办法》。该办法规定，此次贷款优惠对象只针对经济适用房项目，即“建设项目已列入当地经济适用住房年度建设投资计划和土地供应计划，能够进行实质性开发建设”的项目，并在具体操作过程中，明确要求对经济适用住房开发贷款项目原则上实行封闭管理；该办法扩大了贷款人范围，除国有商业银行和住房储蓄银行外，还增加了股份制商业银行等其他银行业金融机构；该办法降低了项目资本金比例和贷款利率，规定“经济适用住房贷款项目的资本金不得低于项目总投资的30%，一般商业性房地产项目不得低于35%”，“贷款利率按人民银行利率政策执行，可以适当下浮，但下浮比例不超过10%”；该办法放宽了贷款期限，明确贷款期限原则上为3年，但考虑到个别城市可能成片开发经济适用住房，所需开发时间较长的情况，贷款期限可放宽至5年。这有利于经济适用住房的开发，从而有利于增加住房的供应以缓解住房的供需矛盾，抑制房价的上涨。

九、各地城市年内建立廉租住房制度

由于住房是大额消费品，无论怎样调控房价，房价都不是一个小数字，总有一部分人特别是那些低收入者买不起房。其实，所谓的住房问题核心和关键就是那些低收入人群的住房问题，而建立健全廉租房制度是政府解决低收入人群的住房问题所采取的一个基本措施。加上现在社会的流动性较大，不少人生活工作变动频繁，时常“居无定所”，他们无意买房，只想租房。在这种情况下，建立廉租住房制度就十分必要了。

“国十五条”也要求加快城镇廉租住房制度建设，认为廉租住房是解决低收入家庭住房困难的主要渠道，要稳步扩大廉租住房制度覆盖面；责令尚未建立廉租住房制度的城市，必须在2006年年底前建立，并合理确定和公布2006年、2007年廉租住房建设规模；要落实廉租住房资金筹措渠道，城市人民政府要将土地出让净收益的一定比例用于廉租住房建设，各级财政也要加大支持力度；要求2006年年底前，各地都要安排一定规模的廉租住房开工建设。

廉租房将会长期成为住房制度建设的一个重要方面，而真正要扩大廉租住房建设的覆盖面，仅仅靠开发商的力量是不够的，还需要各地政府的大力扶持，包括各级财政的支持。为了贯彻落实《国务院关于解决城市低收入家庭住房困难的若干意见》和上述政策，财政部下发通知，要求各级财政部门充分发挥公共财政的职能作用，积极配合有关部门做好各项工作，切实支持解决低收入家庭住房困难。具体内容包括以下六个方面：一是将解决城市低收入家庭住房困难纳入公共财政覆盖范围；二是积极参与研究制定解决城市低收入家庭住房困难的各项配套措施；三是多渠道筹集城市廉租住房保障资金并确保资金落实到位；四是落实解决城市低收入家庭住房困难的各项税费支持政策；五是切实加强廉租住房租金的财政“收支两条线”管理；六是进一步加强对廉租住房保障资金管理使用情况的监督检查。[①] 其中，核心是廉租住房保障资金的来源问题。为此，财政部于2007年10月30日向有关部门印发了《廉租住房保障资金管理办法》，其中第6条规定：“廉租住房保障资金来源于下列渠道：（一）住房公积金增值收益扣除计提贷款风险准备金和管理费用后的全部余额；（二）从土地出让净收益中按照不低于10%的比例安排用于廉租住房保障的资金；（三）市县财政预算安排用于廉租住房保障的资金；（四）省级财政预算安排的廉租住房保障补助资金；（五）中央预算内投资中安排的补助资金；（六）中央财政安排的廉租住房保障专项补助资金；（七）社会捐赠的廉租住房保障资金；（八）其他资金。”有了资金保障，就能有效地扩大廉租房的面积或范围，既有利于解决低收入者的住房问题，也能抑制房价的上涨。

尽管“国十五条”要求地方政府要把“一定比例”的土地出让金用

① 据财政部网站消息。

在廉租房建设上，但是并没有规定明确具体的比例，使人们有理由担心廉租房的建设无法达到与城市发展相匹配的规模。对此，建设部副部长仇保兴 2007 年 10 月 18 日晚说，据统计，截至 2006 年年底，我们在廉租房上的投入已经达到了 71 亿元，解决了 30 万户低保人群的住房问题。今年的力度将进一步加大，预计在 2007 年、2008 年、2009 年这三年内，廉租房和经济适用房的投资将呈翻番的趋势。要保证有效供给，对低收入人群提供足够的房源和采取有效的措施。但应该看到，这离国务院所要求的“2007 年底，对低保家庭中的住房困难户，基本做到应保尽保”还有相当大的差距。在这方面，政府还有大量的工作可做，还要采取各种政策措施去促进廉租房建设，如像美国政府那样，对廉价房实行退税政策，鼓励开发商建设廉价房，为低收入者提供住房。[①]

十、严格控制被动性住房需求

当前我国城市的房价之所以连续上涨，其中一个重要的原因是没有规划地大拆大建，一些尚未完全老化需要重建的住房也被强行拆迁，使其中的住户被迫拆迁，从而产生新的住房需求。这种拆迁将会加速新建商品房的需求量以及并非完全必要的商品房流转速度，导致房价的上涨。为此，各地要按照《国务院办公厅关于控制城镇房屋拆迁规模严格拆迁管理的通知》的要求，加强拆迁计划管理，合理控制城市房屋拆迁规模和进度，减缓被动性住房需求的过快增长；2006 年各地房屋拆迁规模原则上控制在 2005 年的水平以内；要量力而行，严禁大拆大建，在没有落实拆迁安置房源和补偿政策不到位的情况下，不得实施拆迁，不得损害群众合法利益。但什么地方、多长时期、在何种条件下的住房应该拆迁，这一政策并未明确规定，而且地方政府如何落实这一政策也难以进行监督。

十一、加强房地产开发建设全过程监管

在房地产开发的过程中，常常存在“先紧后松”的现象，不仅房地产开发商如此，就是监管部门也是如此，“只监前不管后”。而问题往往

① 参见《国际金融报》，2007－05－28，02 版。

出在这“后松”和“不管后”的过程中，如获得许可后迟迟不开工，擅自改变设计、变更项目，超出规定建设住房，等等。针对这种现象，“国十五条”要求加强房地产开发建设全过程监管，对于已经规划许可仍未开工的项目，要重新进行规划审查；对于不符合规划控制性要求，尤其是套型结构超过规定的项目，不得核发规划许可证、施工许可证和商品房预售许可证；对于擅自改变设计、变更项目、超出规定建设的住房要依法予以处理直至没收。这一要求尤其强调了监管力度，这将会对开发商造成比较大的影响。其中中央多次要求监察部门加强督察，表现了中央对于整顿房地产开发业务的决心和力度。只有加强房地产开发建设全过程监管，才能杜绝房地产开发过程中尤其是中后期存在的各种问题。

十二、切实整治房地产交易环节违法违规行为

在目前的房地产交易中，存在开发商利用各种手段发布虚假信息、违法违规交易、捂盘惜售、囤积房源，恶意炒作、哄抬房价等现象，这些违法违规行为严重地扰乱了房地产市场秩序。为此，“国十五条”要求房地产、工商行政主管部门要依法查处合同欺诈等违法违规交易行为，对于不符合条件擅自预售商品房的，责令停止并依法予以处罚；对于捂盘惜售、囤积房源，恶意炒作、哄抬房价的房地产企业，要加大整治查处力度，情节恶劣、性质严重的，依法依规给予经济处罚，直至吊销营业执照，并追究有关负责人的责任。这条规定有助于整治房地产交易环节中的违法违规行为。

十三、规范发展经济适用住房

经济适用住房是政府解决低收入者住房需求的一个基本措施。但目前在经济适用房方面还存在许多问题。一是“经济适用住房”的名称就不好听。本来，一切商品包括住房都应是经济适用的，没有什么商品可以是不经济适用的。但偏偏把某类房子叫作“经济适用房”，这不仅让人匪夷所思，而且长期使人产生误解，好像经济适用房是便宜货一样，买经济适用房就像是买便宜货一样，传递的信息是购房者是低收入者，没钱才买经济适用房，有损购房者的人格尊严。二是城市的经济适用房位置大都处于市郊，如号称中国最大经济适用房开发区的天通苑和回龙

观，它们位置偏远，交通不便，环境较差，就业、上学、医疗、购物等配套设施和社区服务都跟不上，购买经济适用房就等于成了市郊居民甚至村民了，这正是长期以来经济适用房不受人们青睐的主要原因。三是虽然名为经济适用房，但其价格并不经济，与同地段的商品房的价格相差无几，购房的低收入者并没有得到多少经济实惠。四是销售管理环节把关不严，如按照北京经济适用房的政策，只有具有北京户口、没有享受福利分房、月收入较低的人才有资格购买经济适用房，但实际情况不完全这样。在国内一些地区，依然存在着高收入者购买经济适用房的现象，如所谓的“开大奔买经济适用房”。这就使得经济适用房没有完全提供给中低收入者家庭，有违经济适用房政策的目的。五是经济适用房的供应依然不足。据建设部副部长仇保兴说，我国每年大约有 1.5 亿平方米的经济适用房投入使用，到现在为止，已经解决了 1 600 多万户城市低收入群体的住房问题。[①] 但还有多少家庭在翘首期盼经济适用房，看看每当经济适用房开盘销售时那种冒雨连夜排队、一个号就炒到几万元的情形就可以知道我国的经济适用房的供应是多么地不足。因此，“国十五条”要求各地要继续抓好经济适用住房建设，进一步完善经济适用住房制度，解决建设和销售中存在的问题，真正解决低收入家庭的住房需要；严格执行经济适用住房管理的各项政策，加大监管力度，制止违规购买、谋取不正当利益的行为；严格规范集资合作建房，制止部分单位利用职权以集资合作建房名义，变相进行住房实物福利分配的违规行为。这一规定对经济适用房制度等提出了更严格的要求，防止有人再钻经济适用房政策的空子，真正把政策落到实处，惠及低收入人群。

十四、积极发展住房二级市场和房屋租赁市场

目前，由于传统住房观念的影响，在北京以及其他许多城市，住房二级市场尚未完全打开，一直处于不够完善的状况。针对这种情况，“国十五条”要求积极发展住房二级市场和房屋租赁市场，引导居民通过换购、租赁等方式，合理改善居住条件。这条政策有助于完善整体的房地产市场。但不应估计过高。因为稍有生活经验特别是租过房的人都知道，租房过日子不是定居，总有漂泊不定之感，经常连该购置的物品

① 参见http：//www.sina.com.cn，2007－10－18。

也不想购置，因为怕将来搬家时麻烦。这样的生活，其质量是不会太高的，所以人们普遍认为租的房子是别人的房子，不是自己的家，没有归属感，租不如买，只不过是买不起才不得不租。这种住房观念是难以改变的。

十五、建立健全房地产市场信息系统和信息发布制度

住房问题已成为人们关心和谈论的热点与焦点，牵动着亿万人的神经，稍有风吹草动，就会引起社会波动甚至不安。本来房地产市场和其他市场一样是扑朔迷离的，难以预测，可是偏偏有许多预言家几乎天天都在预测房价的涨跌，“什么 40 岁之前买房不如租房”，并且说得似乎有根有据，直接影响着人们的购房心理和行为，对房地产市场起着推波助澜的作用，有的甚至故意发布虚假信息误导购房者。基于此，“国十五条”要求城市人民政府要抓紧开展住房状况调查，全面掌握当地住房总量、结构、居住条件、消费特征等信息，建立健全房地产市场信息系统和信息发布制度，增强房地产市场信息透明度；要完善市场监测分析工作机制，统计和房地产主管部门要定期公布市场供求和房价情况，全面、及时、准确地发布市场供求信息。客观、公正地报道房地产市场情况，正确地宣传和解读房地产市场调控政策，增加房地产市场的透明度，建立健全房地产信息发布渠道，保证信息准确、信息对称，引导广大群众正确地进行住房消费，避免开发商发布虚假信息，对提供虚假信息、恶意炒作、误导消费预期的行为严肃处理，这些对于房地产市场的健康发展都作用重大。

从上面对我国房地产市场的宏观调控政策的分析和评论中，也许可以得到以下启示：一是对房地产价格的调控，并不是着眼于房地产价格本身，而是着力于影响和决定房地产价格的信贷、财税、土地和其他因素和政策，这样的调控才能抓住根本、发挥效力。二是正因为影响和决定房地产价格的因素众多，对房地产价格的调控不应是单打一的，而必须综合信贷、财税、土地和其他政策协力进行调控，才能奏效。三是尽管我们不断地出台房地产宏观调控政策，对房地产市场进行宏观调控，但房地产市场依然我行我素，甚至越调控，房价越涨，包括“国十五条”，对于它的效果，我们也要拭目以待。之所以会产生这种情形，我认为跟我们的房地产宏观调控政策有关。我们的房地产宏观调控政策大都是政府政策、行政命令，有的甚至只是意见和要求，没有上升为法

律，缺乏刚性，效力不够；核心概念界定不清，可操作性不强，如“90平方米占70％以上”这类规定即是如此，“第二套房”政策也是如此，解读和执行不一，难以统一适用；政策漏洞大多，并且发现漏洞以后，有关部门还不想弥补，任之由之，如“第二套房”政策就是这样，有意留空子给人钻，妨碍政策的执行。四是有的政策又过于细化和刚性，如都细化到百分比了，但这种“一刀切”也有弊端，如35％的信贷条件就是。宏观调控是政策法律，但又何尝不是艺术呢！五是由于房地产业已成为政府的支柱产业，有的还是政绩工程，房价持续上涨也许对政府有利，一些地方政府对房地产市场的宏观调控并不热心和尽力，所以许多人认为“国八条”是表态，发展商觉得无所谓，“国六条”是重申，发展商根本没在意，怀疑“国八条”和“国六条”是“空调”。宏观调控是一种政府行为，与政府的决心和态度有关，政府有什么样的决心和态度就有什么样的宏观调控，如果政府下定决心，严肃态度，强化房地产宏观调控政策，稳定房地产价格是完全可能的。

附录三

关于制定我国"国民经济稳定增长法"的构想

关于我国要不要制定一部宏观调控法典，一直就存在着激烈的争论，但这种争论始终有点不得要领。因为宏观调控法典是一个法律体系，由调整宏观经济社会关系的法律部门所构成，目前我国已经制定和实施了宏观调控方面的许多法律，如财政法、金融法、价格法等等，因此不能笼统地主张要不要制定宏观调控法典，而是要具体说明要不要制定宏观调控法体系中哪个或哪些法律。由于我国目前主要是缺少一部能够提纲挈领、统领全局、协调各法的宏观调控基本法，所以，具体说来，现在的问题是要不要制定一部宏观调控的基本法。对此，本部分主张我国亟须制定一部宏观调控的基本法，这部基本法就是“国民经济稳定增长法”①，具体构想如下：

一、制定“国民经济稳定增长法”的必要性和可行性

在市场经济体制下，国民经济主要由市场调节，但由于市场调节具有盲目性和无序性等固有的局限性，市场在调节国民经济时会使国民经济发生周期性波动，导致大起大落，甚至可能酿成经济危机。为了避免这些情况的发生，世界上许多国家摒弃了传统的自由放任主义，接受了经由“凯恩斯革命”发展起来的国家适当干预主义，主张加强对国民经济进行宏观调控，并制定了大量的相关立法。如 1967 年联邦德国的《经济稳定与增长促进法》，美国 1970 年制定的《经济稳定法》及 1978 年制定的《充分就业与经济平衡增长法》，1984 年日本修订的《国民生活安定紧急措施法》，1997 年欧盟通过的《经济稳定与增长公约》，等等。实践证明，这些发达市场经济国家和国际组织的立法是成功的，如德国自实施《经济稳定与增长促进法》以来，安然度过了 20 世纪 70、80 年代的两次大的危机；美国实施《充分就业与经济平衡增长法》以后，失业率大都成功地控制在 4%以内，通货膨胀率大都控制在 3%以内；日本制定了《国民生活安定紧急措施法》以后，未曾真正全面实施

① 关于该法的名称，尚有不同的叫法。如有的叫作“经济稳定增长法”，如国家发改委起草的草案，也有的叫作“经济与稳定增长法”，如德国和欧盟的有关法律，还有的叫作“国民经济稳定增长法”，如上海发改委起草的草案，等等。相比较而言，我认为还是叫作“国民经济稳定增长法”更好，因为叫作“经济稳定增长法”，尽管简洁明了，但省略了“国民”这个关键词，就没有突出该法的性质是宏观调控的基本法；而叫“经济稳定与增长法”，尽管有国际先例，但中外文语言毕竟有所不同，在中文里，加一个“与”实属多余。

过该法，因为该法起到了防患于未然的作用。市场经济有共同的规律，治国理政有相同的方略，法制建设有普适的经验，它们的立法经验对于我国制定“国民经济稳定增长法”具有重要的借鉴意义，我国要促进国民经济稳定增长，也必须制定“国民经济稳定增长法”并加以实施。

五十多年来，特别是改革开放以来，我国的国民经济发展取得了巨大成就，但也存在着一些重大问题，其中之一就是我国的国民经济发展始终存在着周期性波动，大起大落。从 1979 年至今，中央先后采取了 7 次大规模的宏观调控措施。虽然有所成效，但这些调控措施大都是政策调控而不是法律调控，其合法性和权威性不够；一般都是临时性的应急措施而不是持久性的常规措施，缺乏普遍性和规范性；措施的采取和运用基本上处于“人治”状态而未纳入法治轨道，法律的规范和约束不够。凡此种种，可以说都与缺乏一部宏观调控基本法有关。从未来国民经济的发展态势和发展环境来看，国内矛盾逐步显现，国际竞争日趋激烈，影响国民经济稳定增长的不确定性因素不断增多，调控国民经济的难度明显加大。在这种情况下，尤有必要加强宏观调控法制建设，抓紧制定“国民经济稳定增长法”。

我国《宪法》第 5 条规定：“中华人民共和国实行依法治国，建设社会主义法治国家。”经济是立国的基础，是治国的关键，依法治国首在依法治理经济，尤其是对关系国计民生、影响国泰民安的国民经济要依法进行宏观调控。这就决定了加强宏观调控法制建设不仅是依法治国的应有之义，而且宏观调控法制建设在依法治国中占有极其重要的地位，如果不能在宏观调控方面实现法治，国民经济盲目无序地发展，国民经济面临危机，就会导致国将不国，无国可治，那就根本谈不上依法治国。所以，我国《宪法》第 15 条第 2 款规定：“国家加强经济立法，完善宏观调控。”但这只是宪法的原则性规定，还必须将其具体化、规则化。就我国目前的宏观调控法体系来说，已经制定实施了其中的《预算法》、各种税法、《中国人民银行法》、《银行业监督管理法》、《价格法》等等，还有待具体化、规则化的主要是“国民经济稳定增长法”。“国民经济稳定增长法”是宏观调控法体系的基本法，在宏观调控法中具有核心地位和统率作用，如果缺乏“国民经济稳定增长法”，不仅我国的宏观调控法体系本身不甚完善，而且会严重地影响整个宏观调控法的实施和实效，进而也会妨碍国家宏观调控的权威和运行。所以，要完善我国的宏观调控法体系，就必须抓紧制定我国的“国民经济稳定增长法”。

我国自改革开放以来，先后对国民经济采取了7次大规模的宏观调控，每次宏观调控所针对的问题都有所不同，如有的是因基本建设投资过大、房地产过热和增长速度过快等引起的经济过热和通货膨胀，有的是因需求不足、亚洲金融危机和世界经济低迷等引起的经济萧条和通货紧缩。可以说，我国在对国民经济的多次宏观调控中，遍尝了经济的“冷热”和通货的“账缩”；我们初步学会了在复杂情况下，如何及时地掌握调控时机，如何正确地匹配调控手段，如何灵活地把握调控力度，如何顺利地转换调控目标；我们既有成功“软着陆”的经验，当然也有“急刹车”的教训，总之，我们积累了许多有益的经验教训。法律是经验的总结和升华，这些经验教训为我们制定“国民经济稳定增长法”奠定了现实的经验基础。

还值得一提的是，我国的不少学者已就宏观调控法的诸多领域和各个问题进行了比较广泛、系统、深入的研究，发布了许多论文和著作，仅就论著而言，就有王守渝等著的《宏观经济调控法律制度》（中国经济出版社，1995）、李力著的《宏观调控法律制度研究》（南京师范大学出版社，1998）、邱本著的《宏观调控法论》（中国工商出版社，2002）、刘文华主编的《宏观调控法制文集》（法律出版社，2002）、漆多俊主编的《宏观调控法研究》（中国方正出版社，2002）、卢炯星主编的《宏观经济法》（厦门大学出版社，2005），等等。这些学术研究为“国民经济稳定增长法”的制定打下了较坚实的学术基础。而且，我国的有关机关，如国家发改委和上海市发改委还着手组织有关人员召开过多次不同层次的国内、国际学术研讨会，并且已经拿出了较为成型的立法草案[①]，它们为制定“国民经济稳定增长法”提供了直接的法律文本。

二、“国民经济稳定增长法”的基本框架

既然要制定“国民经济稳定增长法”，那么它应包括哪些内容呢？这说的就是“国民经济稳定增长法”的基本框架。我们应该借鉴世界上一些国家或国际组织的有关法律以及我国有关部门起草的有关草案来设计“国民经济稳定增长法”的基本框架。

其中，德国的“经济稳定与增长促进法”一共32条，主要规定了

① 需要特别说明的是，本文的写作参考了他们的成果。

以下内容：(1) 经济政策的总方针。(2) 年度经济报告。(3) 一致行动的指导方针。(4) 对外经济方面的干预。(5) 联邦财政、经济协调储备金。(6) 超计划支出的批准程序；经济衰退时的补助性支出。(7) 联邦财政计划中的备用项目。(8) 财政五年计划。(9) 投资规划。(10) 关于财政补助的说明。(11) 各州、乡镇的财政。(12) 联邦与各州间提供情报的义务。 (13) 经济平衡发展委员会。 (14) 对贷款的限制。(15) 各州为保证各项限制的措施。(16) 责任平等原则。(17) 通报信贷需求的情况。①

美国的《经济稳定法》只有 6 个条文：第 1 条规定了立法目的，第 2 条规定了总统的权力，第 3 条规定了总统的授权，第 4 条规定了对违法行为的处罚，第 5 条规定了禁令，第 6 条规定了发布政令和条例的终止时间。②

日本的《国民生活安定紧急措施法》共有 37 条，包括立法目的，适用方针，标准价格的制定，标准价格的标注，有关标注价格的指令，特定标注价格的制定，罚款，强制征收，关于生产的指令，关于进口的指令，关于保管的指令，关于出售、运输或保管的指令，关于设备投资的指令，分配或配给，向国民生活审议会的咨询，向国会的报告，账簿的记载，现场检查，主管大臣以及主管机关令，罚则，等等。

欧盟的《经济稳定与增长公约》由一个决议和两个条例组成。条例之一是关于加强对预算的管制以及对经济政策的监督与协调；条例之二是关于推进和明确过度财政赤字程序的执行。决议和条例的目标都在于促进宏观经济稳定、增长和就业。欧洲理事会郑重要求所有成员国、欧盟部长理事会和欧盟委员会以严格而适时的方式执行《马斯特里赫特条约》以及《经济稳定与增长公约》，该决议为执行《经济稳定与增长公约》的加盟者提供坚定的政治指导。最后，欧洲理事会一致同意一些指导方针。③

我国国家发改委起草的“经济稳定增长法”的基本框架是这样的：

第一章，总则。第二章，经济稳定增长目标的确立。第三章，经济波动的监控与非正常经济波动的确定。第四章，非正常经济波动状态的治理。第五章，国家经济稳定储备。第六章，法律责任。第七章，

① 参见谢怀栻译：《经济稳定与增长促进法》，载《法学译丛》，1989 (1)。

② 参见国家发改委法规司、综合司编：《经济稳定增长立法参阅资料》。

③ 参见国家发改委法规司、综合司编：《经济稳定增长立法参阅资料》。

附则。

上海市发改委起草的“国民经济稳定增长法”的基本框架是这样的：

第一章，总则。第二章，增长目标的确定。第三章，经济波动的监测和调控。第四章，经济非正常波动的预防和治理。第五章，法律责任。第六章，附则。

综观上述有关法律和草案的内容与框架，借鉴其共同方面，我国的“国民经济稳定增长法”的基本框架可作如下设计：

第一章，总则。第二章，国民经济稳定增长目标的确立。第三章，国民经济波动的监测和非正常经济波动的确定。第四章，国民经济非正常波动的预防。第五章，国民经济非正常波动的调控。第六章，法律责任。①

上述各章作为“国民经济稳定增长法”的构成内容，具有内在的逻辑关系。“国民经济稳定增长法”首先要明确自己的立法目的以及为实现该目的所要贯彻的基本原则和所要设立的主管机构，它们构成该法的总则部分。其次要确立该法的具体目标，将立法目的具体化、标准化，作为监测和判断国民经济波动正常与否的参考标准；如果国民经济的波动与所确立的目标标准不符，就说明国民经济出现了非正常波动；当确认国民经济出现非正常波动以后，就要采取相应的预防措施进行预防；如果预防不力，就要进一步加强调控。最后，对国民经济非正常波动的预防和调控等全过程必须实行法治，对违法行为要追究相应的法律责任。

三、立法目的和目标

顾名思义，“国民经济稳定增长法”的立法目的就是实现国民经济的稳定增长。但国民经济稳定增长只是一种抽象的提法，尚待具体规定，至于如何具体规定，各国法律的规定有所不同。如德国《经济稳定与增长促进法》第 1 条规定：“联邦和各州应该通过各种经济的和财政的措施以达到总体经济的平衡。这些措施的目的在于：在市场经济体制下促进经济持续地适当地增长，同时保持物价稳定、高度就业和外资平

① 其中，第四章与第五章也可以合并为“国民经济非正常波动的预防与调控”。

衡。”美国《充分就业与经济平衡增长法》把充分就业、平衡增长和平衡预算以及4%以内的失业率和3%以内的年通货膨胀率规定为宏观经济政策的目标。日本《国民生活安定紧急措施法》第1条规定：“确保国民生活的安定和国民经济的正常运行，是制定本法律的宗旨。”欧盟《经济稳定与增长公约》的目标是预算平衡、物价稳定、经济可持续增长和增加就业。鉴于此，我国“国民经济稳定增长法”可以把其总的立法目的规定为“为了更好地发挥市场机制的基础性作用，加强和改善宏观调控，促进国民经济稳定增长”。其具体立法目的可规定为“（一）促进国民经济稳定增长；（二）保持国民经济平衡发展；（三）就业比较充分；（四）物价基本稳定；（五）国际收支基本平衡。”具体说来：

1. 促进国民经济稳定增长

这是该法的根本目标，该法的一切规定都是为了实现这一根本目标。这是不言而喻的。

2. 保持国民经济平衡发展

国民经济平衡包括国民经济总量平衡、结构优化和分配合理。国民经济总量平衡包括许多方面，如社会总供求平衡、投资与消费平衡、预算平衡、财政收支平衡、进出口平衡，等等。其中，哪一方面失衡都会影响国民经济的稳定增长。如社会总供求平衡，如果供大于求，产品销售不畅，就会反过来抑制生产，当生产下滑时就会影响国民经济的稳定增长；如果供不应求，物价高涨，就会产生泡沫，这并不是国民经济的真正稳定增长，而且人们的生活水平下降，即使增长也意义不大。再如预算平衡和财政收支平衡，这是关系到国民经济能否稳定增长的关键要素。德国的《经济稳定与增长促进法》以及欧盟的《经济稳定与增长公约》，主要就是为了促进国民经济稳定增长而必须对财政预算进行调控，使其保持平衡。如德国《经济稳定与增长促进法》第5条规定：“在联邦财政计划中，支出的规模和构成以及准许将某种负担列入下一财政年度作为债务，都应该按照为达到第1条规定的各项目的需要安排之。”欧盟《经济稳定与增长公约》规定：“欧洲理事会强调了保持合理的政府财政的重要性，这有利于保持物价稳定，并有利于经济的可持续增长和增加就业。必须确保国家预算政策支持稳定性取向的货币政策。坚持实际预算接近收支平衡或有盈余，这有利于各成员国在保持GDP参考价值3%以内的政府赤字情况下处理正常的循环波动。”这也是财政政策和货币政策能够普遍成为各国宏观调控基本政策的主要原因。

保持国民经济稳定增长的一个基本前提是经济结构优化，如经济结构比例协调、关联度高、带动力强、布局合理、技术先进、竞争有力，是国民经济稳定增长的基础，只有上述各个方面保持优化才能促进国民经济稳定增长。

促进国民经济稳定增长的最终目的是普遍提高人民群众的生活水平。为了实现这一最终目标，就必须保证分配合理，让国民经济稳定增长的成果为人人共享，让人人有所分配，让人民群众的生活水平随着国民经济的稳定增长而同步稳定增长。人民群众的生活水平是否稳定增长是检验国民经济稳定增长的试金石，只有当人民群众的生活水平稳定增长了才说明国民经济稳定增长了。如果分配不合理，贫富悬殊，两极分化，社会不和谐、不稳定，国民经济不可能稳定增长。如果人民群众的生活水平没有稳定增长，就根本谈不上国民经济稳定增长了。

3. 就业比较充分

一切稳定归根到底是人的稳定，而人只有在就业、安居乐业以后才能稳定。如果人们处于失业状态，流离失所，无所依凭，就不可能稳定，人不稳定国民经济就不可能稳定。一切增长归根到底是由人的劳动创造的，是人们在就业中创造的，只有人人就业才能充分发挥人人的创造性，才能促进国民经济的增长。如果社会失业率很高，也就是说，社会上有许多人没有发挥其创造性的职业，那么国民经济就不是真正充分的增长。尤其是，就业不仅是人们获得生存发展所必需的各种资料的基本来源，而且也是人的能动性本性的基本要求，在社会失业率很高的情况下，就会有许多人丧失发展的机会，得不到发展，如果没有人的发展，国民经济不可能发展增长；许多人因失业而生活无着，陷于穷困状态，穷则思变，会引发各种社会问题，影响社会稳定，当社会不稳定时，国民经济是不可能稳定增长的。所以，各国都把扩大就业作为其宏观调控政策及其法律的基本目标。美国在 1970 制定《经济稳定法》以后，于 1978 年制定了《充分就业和经济平衡增长法》，规定把失业率控制在 4%以内，其中的许多规定都是为了实现充分就业所要求采取的具体措施。该法把充分就业与经济平衡增长相提并论，不仅准确地说明了充分就业与经济平衡增长的关系，而且表明实现充分就业是促进国民经济稳定增长的重要途径。

4. 物价基本稳定

物价是表示国民经济运行状态的重要指数，国民经济运行是否正常往往首先从物价上表示出来，监测和评估国民经济是否稳定增长的一个重要指数就是看物价是否稳定，如果物价上涨过快，就表示国民经济可能过热，就要采取相应的抑制措施。所以日本的《国民生活安定紧急措施法》主要就是从稳定物价着手来稳定国民生活和国民经济运行的。如其第1条规定："为了应对物价高涨等我国经济出现的异常事态，制定有关调控与国民生活具有较高相关性的物资，以及对国民经济具有重要影响的物资的价格与供需关系相关的紧急措施，以此来确保国民生活的安定和国民经济的正常运行，是制定本法律的宗旨。"要促进国民经济稳定增长，必须保持物价基本稳定。这不仅是国民经济稳定增长的重要目标，也是促进国民经济稳定增长的基本途径。

5. 国际收支基本平衡

国民经济的稳定增长应是全面增长，是国内与国外的同时稳定增长。众所周知，出口是国民经济增长的一个重要"轮子"，要促进国民经济稳定增长就必须促进出口的稳定增长。尤其是在当代，人员、商品、资本、技术都已国际化了，在国际化的大背景下，一国要实现其国民经济的稳定增长，必须正确利用国内与国外两种资源和国内与国外两种市场，要妥善处理好国际收支平衡问题。如果国际收支不平衡，就会打破整个国民经济的平衡发展，妨碍国民经济的稳定增长。所以，追求国内外平衡是一国宏观调控的基本目标。为此，德国《经济稳定与增长促进法》第4条规定了"排除对外经济方面的干扰"，即"如果对外经济对整体经济的平衡有所干扰，仅以国内经济方面的措施不能排除干扰，或者排除这种干扰就要影响到第一条规定的目标时，联邦政府应尽一切可能，谋求国际经济方面的协作。如仍不能排除干扰时，为维持对外经济的平衡，联邦政府可以使用现有的各种经济政策上的手段"。

四、基本原则

上述国家的有关立法要么未对其基本原则作过规定，要么仅作粗略的规定。但考虑到该法涉及的是宏观经济，范围广泛，目标众多，内容繁复，而从上述各国的有关法律规定来看，大都条文甚少，如德国的《经济稳定与增长促进法》，相对来说算是较为完备的，但也只有32条，而有实质内容的又只有25条，而美国的《经济稳定法》只有区区6个条文，日本的《禁止囤积生活物资等的紧急措施法》只有12个条文，其《国民生活安定紧急措施法》也只有37个条文。法律作为规范人的行为和调整社会关系的规则，实质上是一种用有限的规则把握无限世界的方法，必然存在规则不够、规定不全、不敷运用的问题。为了有效地克服这些问题，一个基本的方法就是规定法律的基本原则。考虑到我国的研究状况、立法水平和立法惯例，应该在该法中规定该法的基本原则。这些基本原则应包括：(1) 市场调节与宏观调控相结合；(2) 中央与地方相结合；(3) 统筹发展与政策协调相结合；(4) 总体平衡与分类指导相结合。具体理由如下：

1. 市场调节与宏观调控相结合

人类社会发展的历史证明，市场经济是迄今为止最为优越的经济形式，为任何民族和国度所不可逾越。所以，德国《经济稳定与增长促进法》第 1 条就特别强调各种政策措施要“在市场经济体制下”促进各种目标的实现。我国亦然，我国《宪法》第 15 条规定：“国家实行社会主义市场经济。国家加强经济立法，完善宏观调控。”我国《宪法》的这一规定正确地处理了市场经济与宏观调控的关系，也是要在“国民经济稳定增长法”中规定“市场调节与宏观调控相结合”原则的宪法依据。这一原则认为，国民经济既由市场调节又受宏观调控，但市场调节与宏观调控并不是等量齐观的，而是主辅结合的，即市场调节为主，宏观调控为辅；市场经济是宏观调控的基础对象，宏观调控要服从、服务于市场经济，没有市场调节，宏观调控就没有了基础和内容，就会成为“空调”，同样，没有宏观调控，市场调节就会盲目无序，就会“失控”，在这两种情况下，都不可能促进国民经济又好又快地发展。其实，所谓的宏观调控，实质上就是对市场经济的宏观调控，最终就是为了促使和维护市场机制有效有序地运行，就是为了促进和保障国民经济又好又快地发展。

2. 中央与地方相结合原则

促进国民经济稳定增长是各级政府共同的职责，中央政府有职责促进全国国民经济的稳定增长，地方政府也有职责促进本地区国民经济的稳定增长，只有中央与地方各级政府相结合、相配合、同努力，才能促进整个国民经济稳定增长。如果只有中央政府的努力或者只有地方政府的努力，都不可能促进国民经济稳定增长：如果只有中央政府的努力，而地方政府不配合，就不可能促进国民经济的稳定增长，因为促进国民经济稳定增长的一个重要条件就是地方政府要促进本地区国民经济的稳定增长，全国国民经济稳定增长建立在地方国民经济稳定增长的基础之上，如果地方政府不促进本地区国民经济的稳定增长，中央政府促进国民经济稳定增长就是空中楼阁。同样，如果只有地方政府的努力，而中央政府不支持，也不可能促进国民经济稳定增长，因为促进国民经济稳定增长的一个基本条件是国家要对国民经济进行宏观调控，而只有中央政府才能履行和完成这一职责，宏观真正指的是全国范围内的国民经济，调控严格说来主要是中央政府的调控，所以宏观调控准确说来是中央政府对全国国民经济进行调控，没有中央政府的调控，地方政府的努力，往往是政出多门、相互冲突，即使地方国民经济有序发展也不能自然地促成全国国民经济有序发展。所以德国《经济稳定与增长促进法》在许多方面规定了联邦和地方政府的职责，欧盟《经济稳定与增长促进公约》规定“欧盟理事会郑重要求所有成员国、欧盟部长理事会和欧盟委员会以严格而适时的方式执行《马斯特里赫特条约》以及本公约”。此外，有时即使一国的中央政府和地方政府密切结合、配合，也不足以履行促进国民经济稳定增长的职责，因为现代经济是开放的全球化的经济，一国经济与世界经济息息相关，深受世界经济的影响，如发生像“亚洲金融危机”那样的事件，因此要促进国民经济稳定增长有时仅有一国的努力是不够的，还需要国际合作，所以才有欧盟《经济稳定与增长公约》的诞生。

3. 统筹发展与政策协调相结合

所谓的促进国民经济稳定增长，其基本内容是促进国民经济统筹发展，即统筹城乡发展、区域发展、经济与社会发展、人与自然和谐发展、国内发展与对外开放，只有统筹发展才能真正促进国民经济稳定增长。顾此失彼，片面发展，不能共赢，都不可能促进国民经济稳定增长。而要促进国民经济统筹发展就必须保证所采取的一系列宏观调控政策相互协调，如财政政策、货币政策、产业政策、社会政策等等要协调，政策协调才能促进国民经济统筹发展，如果所采取的政策相互掣肘，那么它们就不能形成一股合力而共同促进国民经济稳定增长，反而成为离心力，使国民经济四分五裂地发展，这种发展充其量只是片面发展、失衡发展，最终不能持久地促进国民经济稳定增长。所以德国《经济稳定与增长促进法》第3条规定了“一致行动的指导方针”，即“发生危及第一条规定的各项目的之一的情况时，联邦政府应立即制定‘指导方针’，使各级地方政府、各同业公会以及企业联合会同时采取互相配合的一致行动，以达到第一条规定的目的。指导方针应特别说明在这种形势下整个经济的各方面之间的相互关系”。而欧盟《经济稳定与增长公约》其实是欧洲理事会要求成员国、欧盟委员会、欧盟部长理事会“一致同意的指导方针”。

4. 总体平衡与分类指导相结合

国民经济是一个整体系统，促进国民经济稳定增长必须促进国民经济平衡发展，因为平衡发展才能平稳发展，平衡发展是国民经济稳定增长的重要前提和基本表现。为了促进国民经济平衡发展，就必须对国民经济发展进行总体平衡，做到政策协调、统一调控，如果政策不协调、调控不统一、总体不平衡，就难以促进国民经济稳定增长。但这不等于说，国民经济就是“铁板一块”、整齐划一，而不能有所区别、分类指导。事实上，国民经济是一个庞杂的系统，涉及方方面面，各个方面参差不齐。如我们国家幅员辽阔，不同地区的发展不平衡，不同行业处于不同的发展阶段，不同企业的情况更是千差万别。这就要求宏观调控要因地制宜、对症下药，宏观调控政策要区别对待、分类指导，要有针对性，要针对国民经济的不同情况采取不同的政策，该抑制的坚决抑制住，该支持的切实支持好。如前段时间，针对我国一方面固定资产投资增长过快、规模过大，一些行业和地区盲目投资和低水平重复扩张等问题，另一方面农业生产连年下滑，粮食连年减产，煤电油运全面紧张等薄弱环节，中央没有简单采取“一刀切”、“急刹车”的办法，而是分类指导，即一方面，采取果断措施，控制信贷过快增长，防止投资需求出现反弹，制止钢铁、电解铝、水泥等行业盲目投资，严格控制新上消耗高、污染重、技术落后的项目，清理整顿部分行业的无序建设；另一方面，加强农业和粮食生产，加强农林水利、生态环境、教育卫生及煤电油运等薄弱环节，积极支持符合条件的项目建设。实践证明，本次宏观调控取得了明显的成效。

所谓的总体平衡与分类指导相结合，就是坚持一切从实际出发，在总体平衡的基础上，根据不同地区、不同行业、不同企业的具体情况，在宏观调控政策方面，采取不同对策，做到松紧适度，抑扬有致，有保有压。坚持总体平衡与分类指导相结合，这不仅是中央指导宏观调控的基本原则，也是加强和改善宏观调控的有益经验，还是我国宏观调控之所以能够取得明显成效的重要原因。

五、主管机构

事在人为，政有人施。“国民经济稳定增长法”在确立了稳定增长的目标和基本原则以后，还必须要有得力的主管机构去贯彻执行，这就要求“国民经济稳定增长法”要对主管机构作出相应的规定。

如德国《经济稳定与增长促进法》不仅规定德国联邦政府、各部部长尤其是联邦经济部长、财政部长和德意志联邦银行，各州县等地方政府在该法中的职责，而且特别设立了“经济平衡发展委员会”为主管机构。该法第18条规定：“（1）联邦政府设立国家经济平衡发展委员会。委员会由下列人员组成：①联邦经济部长、财政部长；②各州代表一人；③乡镇与县的代表四人，由联邦参议院根据地方提议决定。联邦经济部长为国家经济平衡发展委员会主席。（2）国家经济发展平衡委员会按照联邦经济部长制定的议事规程定期开会，讨论下列事项：①为达到本法目的所必需的一切经济平衡发展措施；②填补财政信贷需要的各种方法。国家经济平衡发展委员会应首先依照第十五条、第十九条与第二十条考虑各种措施。（3）国家经济平衡发展委员会设立一个国家信贷特别小组，以联邦财政部长为主席，依照联邦财政部长制定的议事规程开会讨论。（4）联邦银行有权参加国家经济平衡发展委员会的会议。”美国的《经济稳定法》规定了“总统权力”和“总统授权”，日本的《国民生活安定紧急措施法》规定由“主管大臣”或“主管大臣”授权的官员负责。欧盟《经济稳定与增长公约》要求各成员国、欧盟委员会和欧盟部长理事会负责其实施。

就我国来说，立足我国政府部门的现有分工和职责，依据《国民经济稳定增长法》所确立的目标，根据实施该法的实际需要，宜设立国家宏观调控委员会作为决策机构，由国务院总理任主任，具体成员包括国家发改委、财政部门、中国人民银行、商务部门、劳动和社会保障部门、统计部门等国家宏观调控部门以及有关地方政府的负责人、专家和国务院总理认为其他必须参加的人。必要时还可以根据需要临时邀请有关人员参加。

至于国家宏观调控委员会的职责，可作如下规定：（1）参与审议国家国民经济和社会发展规划、计划和宏观调控决策；（2）监测、分析和评估宏观经济形势，确定国民经济处于正常波动还是非正常波动；（3）提出预防、调控国民经济非正常波动的基本方针、政策和措施，并加以协调；（4）国务院规定的其他职责。

与此同时，可以设立国家宏观调控委员会的常设机构，负责日常具体事务。

六、国民经济波动的监测和国民经济非正常波动的确定

这是对国民经济进行宏观调控的基本内容和重要前提。通过监测，才能发现国民经济存在的问题、运行的态势以及应采取的政策，有针对性的政策才能促进国民经济稳定增长。

为此，国家应建立国民经济监测和预警制度，及时预报国民经济的运行状况。

监测的前提是要获得相关的情报信息，只有在充分、客观、及时的情报信息的基础上才能准确地对国民经济的波动进行监测。所以法律必须明确规定有关部门或当事人有提供相关情报信息的义务。如德国《经济稳定与增长促进法》第 17 条规定：“联邦与各州间应提供为贯彻经济平衡发展的财政管理以及制定各自财政计划所必要的情报。”

这些情报信息具体包括经济增长、经济效益、市场供求、投资与消费、物价水平、财政收支、金融市场、外贸进出口、外汇储备、社会就业、收入分配等各个方面。国家宏观调控部门及其授权机构应对上述各个方面的情报信息进行定期监测，按月、季、年度向国家宏观调控委员会提供监测信息及分析报告、意见和建议。如德国《经济稳定与增长促进法》第 2 条规定，联邦政府应在每年 1 月向联邦议院和联邦参议院提交年度经济报告，内容包括：对于专家委员会的年度意见书提出意见，说明联邦政府在本年度内争取达到的经济和财政目标，对本年度计划中的经济政策和财政政策加以说明。欧盟《经济稳定与增长公约》也规定要对各成员国的公共财政进行定期监测，为此要求各成员国每年都要提交一份多年预算方案，其中要阐明其未来 3 年至 4 年预算情况的规划及实现这些目标要采取的措施。此外，各成员国要主动地公开部长理事会提出的建议，要求欧盟委员会应及时提出必要的报告、意见和建议。

国家宏观调控委员会应在监测信息和分析报告、意见和建议的基础上提出有针对性的宏观调控政策。

“国民经济稳定增长法”要规定判断国民经济非正常波动的标准。如美国《充分就业与经济平衡增长法》把充分就业、平衡增长和平衡预算以及 4%以内的失业率和 3%以内的年通货膨胀率作为标准，欧盟《经济稳定与增长公约》“坚持实际预算接近收支平衡或有盈余”，并规定了成员国的预算赤字和政府公债总额都不应超过其 GDP 的 3%和 60%，一旦某成员国的预算赤字和政府公债总额超过了这两个上限，就

说明某成员国的预算与其前期规划发生严重偏离，预警系统即被启动。我国的“国民经济稳定增长法”可以规定以下因素作为判断国民经济非正常波动的标准：(1) 经济总量或结构严重失衡；(2) 财政收支或国际收支严重失衡；(3) 金融风险快速集聚；(4) 通货膨胀或通货紧缩；(5) 失业率过高；(6) 其他严重情况。

当国民经济监测和预警指标显示国民经济出现上述情况时，可以确定国民经济处于非正常波动状态。非正常经济波动状态确定后，由国务院向全国宣布国家进入国民经济非正常波动状态。

七、国民经济非正常波动的调控

当确定并宣布国民经济处于非正常波动状态后，国家宏观调控部门就要采取相应的政策加以调控。这是该法的核心内容。德国的《经济稳定与增长促进法》依据所出现的不同情况提出了相应的治理措施。欧盟的《经济稳定与增长公约》的核心内容就是“预防措施”和“治理措施”。美国的《充分就业与经济平衡增长法》规定了促进充分就业和经济平衡增长所需的各种措施。大体说来，我国的“国民经济稳定增长法”对国民经济非正常波动的调控可规定如下具体内容：

1. 调控政策的确定

国家宏观调控委员会应根据不同的情况确定应采取什么样的具体政策去调控国民经济非正常波动。综观各国的有关法律规定，这些政策包括财政政策、货币政策、投资政策、物价政策、就业政策、国家储备金政策[①]，等等，但大都以财政政策和货币政策为主。如德国的《经济稳定与增长促进法》和欧盟的《经济稳定与增长公约》所采取的政策主要就是财政政策和货币政策。但在具体操作时，应根据不同情况，采取不

① 德国《经济稳定与增长促进法》第5条规定了“经济协调储备金”政策，我国国家发改委起草的“促进经济稳定增长法”草案，也把“国家经济稳定储备”设为专章。国家经济稳定储备包括储备资金和储备物资。尽管国家经济稳定储备是国家进行宏观调控、应对意外和突发事件、调控市场、平抑物价、稳定币值、扩大投资、促进就业、抵御风险等的重要措施，但依然是调控国民经济波动的一种政策，并且这一政策同样要运用财政政策和货币政策，因为国家经济稳定储备金主要来源于预算或财政资金以及存款保险基金、外汇储备和社保基金，国家经济稳定储备的动用和用处也应该遵照其他调控政策的权限和程序，单独把它列出一章，会破坏法律内在结构的协调。所以应一并规定在“国民经济非正常波动的调控”一章中，而不宜单列一章。

同的组合。如以财政政策为主、货币政策为辅或货币政策为主、财政政策为辅；或财政政策与货币政策并重；或双紧的财政货币政策；或积极的财政政策和稳健的货币政策；或稳健的财政政策和稳健的货币政策；或稳健的财政政策和扩张的货币政策，或积极的财政政策和扩张的货币政策，等等。

2. 政策制定的程序

当确定采取何种调控政策以后，为了保证调控政策的科学性和可行性，必须规定调控政策制定的程序。如德国《经济稳定与增长促进法》就规定经济平衡发展委员会按照联邦经济部长制定的议事规程定期开会并讨论所应采取的政策措施，国家信贷特别小组依照联邦财政部长制定的议事规程开会讨论。日本的《国民生活安定紧急措施法》规定内阁总理大臣或各相关大臣应向国民生活审议会咨询，政府应每 6 个月一次向国会汇报该法律实施的情况，等等。我国的“国民经济稳定增长法”应要求制定调控政策应依据监测信息、分析报告和所提出的意见和建议，应尽可能征求有关方面的意见，由国家宏观调控委员会对政策进行协调，报国务院批准。调控政策制定程序的目的是对所制定的政策层层把关、道道过滤、步步改进，使其更具有针对性、可行性和实效性。

3. 调控政策的实施

所制定的调控政策经国务院批准以后，必须加以实施。凡是与该调控政策不符的规划、措施和行为都应暂停实施或作相应调整。

由于出现紧急情况，特别是在国民经济处于非正常波动的非常时期，国家宏观调控委员会有权依法采取一些临时性的紧急措施，如调整国民经济和社会发展计划，对某些商品或物资实行统一管理，调整物价政策或管制物价，调整财政政策，调整金融政策，调整投资政策，调整外资政策，调整就业政策，动用国家稳定经济的战略性资金或储备物资，整顿市场秩序，打击扰乱市场秩序的非法行为，等等。

国家在必要时可以依法干预微观经济，控制有关企业的生产经营活动。

但紧急状态不是常态，紧急时期也不是长期的，在紧急状态和紧急时期所采取的措施不同于非紧急状态和非紧急时期所采取的措施，不能把紧急状态和紧急时期所采取的措施沿用到非紧急状态和非紧急时期，也不允许打着紧急状态和紧急时期的幌子擅自采取只有在紧急状态和紧急时期才能采取的措施。这就要求“国民经济稳定增长法”要明确规定各项紧急措施的适用条件、适用期限和适用范围，禁止在适用条件、适用期限和适用范围之外实施各项紧急措施。

当国民经济运行恢复正常状态以后，国家宏观调控委员会可以向国务院提出解除紧急状态的报告，经国务院批准后，解除紧急状态。

八、法律责任

法律是一种强制性规范，违反法律要追究相应的法律责任，如果无责就无罚，无罚就无法，所以法律责任是法律规定的基本内容之一，“国民经济稳定增长法”应规定法律责任。

综观世界上一些国家或国际组织的有关法律规定，有的对法律责任未作直接规定，如德国的《经济稳定与增长促进法》就是如此，但这不等于说违反该法就不承担法律责任，相反，违反该法也要承担法律责任，只是相应的法律责任规定在其他法律之中，可以参照适用，不必另外或重复规定。美国的《经济稳定法》直接规定了相应的法律责任，如该法的第 4 条规定：“任何人故意违反本法规定的任一政令和条例都将处以 5 000 美元以内的罚款。”日本的《国民生活安定紧急措施法》也规定了 1 年以下的有期徒刑和不同数额的罚款。欧盟《经济稳定与增长公约》规定：“如果参与成员国不能根据欧盟委员会的建议采取必要的措施结束过度赤字状况，将对其加以处罚。”具体的处罚方式是：“根据第 104c（11）条决定对某参与成员国加以处罚时，该成员国须交纳一笔无息存款”，“根据第 104c（11）条规定，认为过度财政赤字已在两年内没有得到纠正，无息存款将转为罚款”。但据欧盟经济和财政总司司长塞尔瓦斯·德鲁斯在 2006 年 12 月 8 日我国国家发改委举办的“促进经济稳定增长立法国际研讨会”上讲，该公约的制裁主要起震慑作用。到目前为止，欧盟委员会尚未在该公约框架下制裁过任何成员国。这也许是由该公约作为国际公约的性质所决定的，也许是各成员国严格遵循该公约的结果。日本为了应对物价高涨等经济异常事态，调控与国民生活密切相关的物资及其供求关系，确保国民生活的安定和国民经济的正常运行，制定了《国民生活安定紧急措施法》等法律和法令，但据日本学者在“中日第 9 届民商法研讨会”上说，这些法律实际上几乎没有得到实施，上述法律的效果是暂时的、有限的和心理层面的，如紧急立法对于物价暴涨的对策只能起到向发烧病人注射强心剂的作用，因为针对物价暴涨现象，正确的做法应该是开展适当的需求管理，而不是简单运用法律手段便能够加以解决的。如果运用过度还会带来生产停滞等相反效果。但即使如此，其作用也是不可低估的，因为物价失控在很大程度上也是受心理作用的影响，而上述法令恰恰可以收到抑制投机心理不使其过热的效果。这些情况倒是说明，当事人自觉遵守法律、积极配合国家宏观调控是国家或国际促进经济稳定增长的重要条件。法律是一种成本高昂的解决问题的方法，悬而不用的法律其实是最好的法律，一旦要诉诸法律责任来实施的法律总是不理想的。但现实生活还不够理想，还必须规定和诉诸法律责任。我国的“国民经济稳定增长法”亦然。

借鉴中外立法情况，我国的“国民经济稳定增长法”可对法律责任作如下具体规定：

各级政府、各企事业单位、各社会团体以及个人在经济和社会活动中，必须遵守本法，执行国家依据本法所制定的稳定经济、预防和调控国民经济非正常波动的政策。

各宏观调控部门或综合信息机构不按规定及时向国家宏观调控委员会或国务院提交监测信息和分析预测报告，或在信息和报告中弄虚作假的，依法追究有关机构、单位和个人的行政责任；情节严重，构成犯罪的，依法追究刑事责任。

违反本法及相关法律规定的职责、权限和程序擅自决策的，依法追究有关机构、单位和直接责任者的行政责任；情节严重，构成犯罪的，依法追究刑事责任。

凡违反本法及相关法律规定的职责、权限和程序对预防和调控经济非正常波动及所采取的政策措施擅自决策，对造成失误和损失的政府机构、单位或直接责任者，依法追究其行政责任；情节严重，构成犯罪的，依法追究刑事责任。

凡拒不执行国务院关于预防和调控国民经济非正常波动命令的政府机构、单位或直接责任者，依法追究行政责任；情节严重，构成犯罪的，依法追究刑事责任。

凡拒不执行国家紧急措施的政府机构、单位或个人，依法追究其行政责任；情节严重，构成犯罪的，依法追究刑事责任。

凡泄露国家有关宏观调控政策秘密，干扰和破坏国家宏观调控政策的贯彻执行，给经济、社会和人民生活造成损害的政府机构、单位或个人，依法追究其行政责任；情节严重，构成犯罪的，依法追究刑事责任。

凡未经国务院批准，超越法定权限或违反法定程序，擅自动用国家经济稳定储备的有关机构、单位和个人，依法追究其行政责任；情节严重，构成犯罪的，依法追究刑事责任。

在国家宏观调控工作中徇私舞弊、玩忽职守，给经济、社会和人民生活造成损害的有关机构、单位或个人，依法追究其行政责任；情节严重，构成犯罪的，依法追究刑事责任。

贪污、挪用国家经济稳定储备的有关机构、单位和个人，依法追究其行政责任；情节严重，构成犯罪的，依法追究刑事责任。

以上各方面构成我国“国民经济稳定增长法”的基本框架。

后记

书写到这里，要写的话似乎都写完了，但还是有些意犹未尽。

一

首先该对全书作个总结。通观全书，从梳理中外经济法学说史始，再到探究经济法的社会、经济和政治基础，总结出经济法的核心就是市场竞争和宏观调控，结合对市场经济属性的分析得出经济法的调整对象是市场竞争关系和宏观调控关系。以此为基础，把经济法的基本原则确定为市场竞争原则和宏观调控原则，把经济法的主要范畴界定为自由、竞争、秩序和调控，主张经济法的主体为竞争维护者和宏观调控者、经济法的权力（利）为市场竞争权和宏观调控权，认为经济法是以社会公共利益为本位、以确认和规范国家干预为特征、具有社会法属性的一个法律部门，经济法的体系由市场竞争法和宏观调控法构成，由此构建了一套经济法的原理。然后把所构建的经济法原理与有关经济法的规则相结合，对经济法体系构成要素的市场竞争法中的反不正当竞争法和反垄断法和宏观调控法中的计划法、财政法、金融法与产业政策法内容进行了具体阐析。无论是经济法原理的构建，还是经济法规则的阐析，阐述和昭示的都是这样一种中心思想，即市场公平、自由竞争是经济发展、社会进步和人类文明的基本动力，但市场竞争在千差万别的人们中间进行，必然会导致优胜劣汰，生产集中，形成垄断或者限制市场公平、自由竞争，从而严重阻碍经济发展、社会进步和人类文明，因此，必须反对垄断或者反对限制市场公平、自由竞争，反垄断法是促进市场公平、自由竞争的根本法，正是从这个意义上，反垄断法被称为“自由企业的大宪章”。同时，随着社会化和市场化程度越来越高，人际关系越来越紧密，人们联成一体，结成社会，每个人都被融化为社会的一分子并被社会所宰制，人人“身在其中，但身不由己”，个人命运与社会命运息息相关，社会命运从根本上决定着个人命运。如果宏观体制失控、社会秩序混乱，那么私人就无法意思自治；如果税收不法定、产权不安全，那么私有财产权就得不到有效保护；如果通货膨胀、金融危机，那么人们的经营所得就会变成一叠废纸。很显然，宏观调控先决于并制约着微观自治，只有在社会运行有序、宏观调控良好的情况下，人们才能意思自治、有所作为。正是在这种大背景下，人们高度认识到宏观调控法的重要性，宏观调控法已成为真正的“经济宪法”。因此，我认为，就法律发展的历史进程来看，18世纪是宪政的世纪，19世纪至20世纪是私法的世纪，21世纪是经济法的世纪。这并非戏言而是预言，人们不妨拭目展望。

二

本人一直认为法律是原理与规则的内在统一，因此，法学研究一方面要形而上，把法律规则上升为原理，在原理上能够一言穷理、一语中的，给人以真知，不至于知其然但不知其所以然；另一方面要形而下，把原理具体化为法律规则，规则能够分析问题和解决问题，给人以实用，不至于“问以经济策，茫如坠烟雾”。在这种思想的指导下，本书的体例作如下安排：一是“经济法原理研究”，旨在构建经济法的原理，二是“市场竞争法研究”，三是“宏观调控法研究”，旨在阐析经济法的规则，并且希望所构建的经济法原理与所阐析的经济法规则能够前后呼应、相互参证、融为一体，其中经济法的原理能够统率和说明经济法的规则，而经济法的规则能够贯彻和印证经济法的原理。每卷都包括正文和附录两大部分，其中正文是一个系统结构，论述的大都是原理问题，而附录是一些单篇论文，论述的更多是应用问题。这样安排不仅是由于把附录糅到正文里面会损坏既有的系统结构，而且在于把正文里的原理贯彻应用来分析解决具体问题，力求两者结合，相得益彰。

三

唐僧需要孙悟空、猪八戒、沙和尚等的保驾护航才能战胜西天取经路上的各种妖魔鬼怪和克服各种艰难险阻，并最终取经成功。我们从事学术研究也是“取经”，一路上也会遇到各种艰难险阻，也需要众人的保驾护航，本人的学术研究即是如此。本书的写作和出版得到了许多人的保驾护航，如王保树老师、崔建远老师、陈苏老师、王家福老师、王晓晔老师、徐炳老师、刘翠霄老师、徐孟洲老师，以及钱弘道、李建华、傅穹、谢鸿飞、梁代军、王广彬、杨峰、蒋悟真、龚汝富、邓辉、蒋岩波等学友，是他（她）们的保驾护航使我在学术“取经”的路上能够战胜各种艰难险阻并一路走来，从昨天走到今天、从今天走向明天。在此，我由衷地感谢他（她）们！